2015

INTELLECTUAL PROPERTY LAWS AND REGULATIONS

中华人民共和国

知识产权法律法规全书

（含司法解释）

法律出版社
LAW PRESS·CHINA

编辑出版说明

改革开放以来，我国经济社会持续快速发展，科学技术和文化创作取得长足进步，创新能力不断提升，知识在经济社会发展中的作用越来越突出。经过多年发展，我国知识产权法律法规体系逐步健全，执法水平不断提高。为全面梳理我国数量众多的知识产权法律法规，向各界读者展示我国知识产权立法的成果与现状，我们精心编辑出版了这本《中华人民共和国知识产权法律法规全书(含司法解释)》。本书具有以下特点：

一、收录全面，编排合理，查询方便

收录改革开放以来至2014年10月期间公布的现行有效的全部知识产权法律、行政法规、司法解释，重要的部门规章、相关政策规定。内容包括著作权、专利权、商标权三大传统知识产权，以及植物新品种权、集成电路布图设计权、技术成果与技术秘密等新型知识产权，全面覆盖知识产权法律的方方面面。结合我国加入WTO的实际，对我国加入的重要知识产权公约也进行了收录。本书具有体系清晰、查询方便的特点。

二、特设导读、条旨、典型案例，实用性强

全书各部分特设"导读"栏目，对本部分核心主体法进行解读；对重点法律附加条旨，可指引读者迅速找到自己需要的条文。另外，本书还对最高人民法院公布的部分典型案例进行了收录，这些典型案例具有指引"同案同判"的作用。

三、特色服务，动态增补

现在正是我国实施国家知识产权战略的重要时期，知识产权领域立法较多、变化较快，为保持本书与新法的同步更新，特结合法律出版社法规中心的资源优势提供动态增补服务。只要完整填写书末的"读者意见反馈表"并寄回出版社，即可获得一次免费的法规增补服务(电子版)，增补内容为本书出版后一年内新增加的法规内容。同时读者还可以优惠价选择常年的法规增补服务。

由于编者水平有限，还望读者在使用过程中不吝赐教，提出您的宝贵意见，以便本书继续修订完善。

法律出版社法规中心

2014年12月

2014 版修订说明

《中华人民共和国知识产权法律法规全书(含司法解释)》自 2011 年出版以来,受到广大读者的支持,编辑部每年收到大量读者来信,其中不乏对图书内容提出的真知灼见和宝贵建议。此次再版,我们针对读者意见较为集中的几个方面,做出如下改进:一是根据近年来国家立法的变化,更新了相应的法律文件,这是常规修订的必要工作。二是确定了免费增补的内容为本书下一次再版时新增加的内容(电子版),使读者购买的图书可以至少在两个更新周期内保持内容最新。三是提供更为便捷的读者反馈途径,除原有的撕页邮寄外,读者也可通过电子照片加电子邮件的形式将读者反馈表寄回出版社,获得免费增补服务。四是适当调整图书的内容结构,并适当删除那些与读者无甚关联或已失去普遍指导意义的文件。五是结合《商标法》修改后、本书出版前相关配套规定尚未更新的情况,提供商标法新旧条文序号对照表,方便读者对应查找相关新法条文。

本书在历次修订中得到广大读者的支持、指导和批评,在此一并致谢。作为文化出版企业,我们无权自行解释法律和代理案件,对部分读者在实践中遇到的具体法律问题未能提供详尽的咨询和帮助,在此致歉。希望读者在使用过程中对本书(内容、体例、文字、质量……等等)有任何意见、建议及时与我们沟通联系。

法律出版社法规中心

2013 年 12 月

总 目 录

目 录

一、综 合

1. 行政法规及法规性文件

2. 行政规章及规范性文件

3. 法律性文件、司法解释及司法文件

① 考虑到近年来中央国家机关法规清理工作较为频繁,往往一次性地修改和废止大量文件,但修改的内容有时又只涉及每个文件的个别条文,此时只标注最近一次修改的时间难免让部分读者产生疑惑。因此,我们在本书目录中对有修改的文件,将其第一次公布的时间和最近一次修改的时间一并列出,在正文中收录的是最新修改后的文本。特此说明。

二、著　作　权

1. 综合

2. 著作权登记

3. 计算机软件著作权

4. 信息网络传播权

5. 出版

6. 集体管理与付酬

7. 著作权行政执法

三、商　　标

1. 综合

6. 驰名商标认定和保护

7. 商标与相关标识

8. 侵权认定与行政执法

四、专　利

2. 专利代理

3. 专利申请

4. 专利许可

5. 侵权认定与行政执法

6. 专利纠纷诉讼

五、其他知识产权

1. 植物新品种权

六、反不正当竞争

七、侵犯知识产权的刑事责任

八、重要国际公约

一、综　合

《国家知识产权战略纲要》导读

2008年6月5日，国务院印发了《国家知识产权战略纲要》，这标志着中国知识产权战略正式启动实施。知识产权战略是我国运用知识产权制度促进经济社会全面发展的重要国家战略，《纲要》是这一战略的纲领性文件，也是今后较长一段时间内指导我国知识产权事业发展的纲领性文件。

国家知识产权战略是国家的总体发展战略之一。《纲要》从国家总体发展的战略高度，明确了到2020年将我国建设成为知识产权创造、运用、保护和管理水平较高的国家的目标；确定了"激励创造、有效运用、依法保护、科学管理"十六字的指导方针；突出了完善知识产权制度等战略重点；部署了实施知识产权战略的总体任务，确定了七大专项任务和九个方面的重点举措。《纲要》凝聚了中央和国务院对知识产权的最新科学认识，是我国发展战略的进一步丰富和深化。可以说国家知识产权战略的启动实施是中国知识产权发展史上的一个新的里程碑，它的重要意义表现在以下几个方面：

一是有利于增强我国自主创新能力，建设创新型国家。实施知识产权战略有利于构建创新的制度环境和市场环境，促进创新成果的大量涌现和广泛运用。

二是有利于完善市场经济体制。知识产权制度是当代市场经济体制的重要基础。实施知识产权战略，完善知识产权制度，必将有助于规范市场秩序和建立诚信社会。实施知识产权战略还将弘扬以创新为荣、剽窃为耻，以诚实守信为荣、假冒欺骗为耻的道德观念，营造尊重知识、崇尚创新、诚信守法的知识产权文化，努力提高全社会的知识产权意识。

三是有利于增强企业市场竞争力和提高国家核心竞争力。知识产权制度可以有效保障创新成果收益，激励创新、加速信息传播，优化配置市场创新资源。通过实施知识产权战略，把在创建过程中形成的原始创新能力、集成创新能力和引进消化吸收再创新能力转变为企业参与市场竞争的能力和国家的核心竞争力，促进自主创新成果的知识产权化，引导企业实现知识产权的市场价值，推动企业成为知识产权创造和运用的主体。

四是有利于扩大对外开放，实现互利共赢。知识产权已经成为国际经贸合作的重要议题。通过实施知识产权战略，有利于加快转变我国外贸增长方式，优化进出口结构，提高我国外向型经济的质量；有利于在开放的环境中有效吸纳利用国际创新资源；有利于我国创新成果走向世界；有利于世界各国共同开发智力资源，共享创新成果。

实施国家知识产权战略要按照激励创造、有效运用、依法保护、科学管理的要求，在国务院的统一领导下进行。实施国家知识产权战略，要坚持总体布局、突出重点，全面推进，确保各项任务顺利完成。包括对战略实施效果进行阶段性评估，动态调整实施工作的各项措施，确保全面有效落实国家知识产权战略确定的各项任务，按期达到预定的目标。

资料补充栏

1. 行政法规及法规性文件

国家知识产权战略纲要

1. 2008年6月5日国务院发布
2. 国发〔2008〕18号

为提升我国知识产权创造、运用、保护和管理能力,建设创新型国家,实现全面建设小康社会目标,制定本纲要。

一、序言

(1)改革开放以来,我国经济社会持续快速发展,科学技术和文化创作取得长足进步,创新能力不断提升,知识在经济社会发展中的作用越来越突出。我国正站在新的历史起点上,大力开发和利用知识资源,对于转变经济发展方式,缓解资源环境约束,提升国家核心竞争力,满足人民群众日益增长的物质文化生活需要,具有重大战略意义。

(2)知识产权制度是开发和利用知识资源的基本制度。知识产权制度通过合理确定人们对于知识及其他信息的权利,调整人们在创造、运用知识和信息过程中产生的利益关系,激励创新,推动经济发展和社会进步。当今世界,随着知识经济和经济全球化深入发展,知识产权日益成为国家发展的战略性资源和国际竞争力的核心要素,成为建设创新型国家的重要支撑和掌握发展主动权的关键。国际社会更加重视知识产权,更加重视鼓励创新。发达国家以创新为主要动力推动经济发展,充分利用知识产权制度维护其竞争优势;发展中国家积极采取适应国情的知识产权政策措施,促进自身发展。

(3)经过多年发展,我国知识产权法律法规体系逐步健全,执法水平不断提高;知识产权拥有量快速增长,效益日益显现;市场主体运用知识产权能力逐步提高;知识产权领域的国际交往日益增多,国际影响力逐渐增强。知识产权制度的建立和实施,规范了市场秩序,激励了发明创造和文化创作,促进了对外开放和知识资源的引进,对经济社会发展发挥了重要作用。但是,从总体上看,我国知识产权制度仍不完善,自主知识产权水平和拥有量尚不能满足经济社会发展需要,社会公众知识产权意识仍较薄弱,市场主体运用知识产权能力不强,侵犯知识产权现象还比较突出,知识产权滥用行为时有发生,知识产权服务支撑体系和人才队伍建设滞后,知识产权制度对经济社会发展的促进作用尚未得到充分发挥。

(4)实施国家知识产权战略,大力提升知识产权创造、运用、保护和管理能力,有利于增强我国自主创新能力,建设创新型国家;有利于完善社会主义市场经济体制,规范市场秩序和建立诚信社会;有利于增强我国企业市场竞争力和提高国家核心竞争力;有利于扩大对外开放,实现互利共赢。必须把知识产权战略作为国家重要战略,切实加强知识产权工作。

二、指导思想和战略目标

(一)指导思想。

(5)实施国家知识产权战略,要坚持以邓小平理论和"三个代表"重要思想为指导,深入贯彻落实科学发展观,按照激励创造、有效运用、依法保护、科学管理的方针,着力完善知识产权制度,积极营造良好的知识产权法治环境、市场环境、文化环境,大幅度提升我国知识产权创造、运用、保护和管理能力,为建设创新型国家和全面建设小康社会提供强有力支撑。

(二)战略目标。

(6)到2020年,把我国建设成为知识产权创造、运用、保护和管理水平较高的国家。知识产权法治环境进一步完善,市场主体创造、运用、保护和管理知识产权的能力显著增强,知识产权意识深入人心,自主知识产权的水平和拥有量能够有效支撑创新型国家建设,知识产权制度对经济发展、文化繁荣和社会建设的促进作用充分显现。

(7)近五年的目标是:

——自主知识产权水平大幅度提高,拥有量进一步增加。本国申请人发明专利年度授权量进入世界前列,对外专利申请大幅度增加。培育一批国际知名品牌。核心版权产业产值占国内生产总值的比重明显提高。拥有一批优良植物新品种和高水平集成电路布图设计。商业秘密、地理标志、遗传资源、传统知识和民间文艺等得到有效保护与合理利用。

——运用知识产权的效果明显增强,知识产权密集型商品比重显著提高。企业知识产权管理制度进一步健全,对知识产权领域的投入大幅度增加,运用知识产权参与市场竞争的能力明显提升。形成一批拥有知名品牌和核心知识产权,熟练运用知识产权制度的优势企业。

——知识产权保护状况明显改善。盗版、假冒等侵权行为显著减少,维权成本明显下降,滥用知识产权现象得到有效遏制。

——全社会特别是市场主体的知识产权意识普遍提高,知识产权文化氛围初步形成。

三、战略重点

(一)完善知识产权制度。

(8)进一步完善知识产权法律法规。及时修订专利法、商标法、著作权法等知识产权专门法律及有关法规。适时做好遗传资源、传统知识、民间文艺和地理标志等方面的立法工作。加强知识产权立法的衔接配套,增强法律法规可操作性。完善反不正当竞争、对外贸易、科技、国防等方面法律法规中有关知识产权的规定。

(9)健全知识产权执法和管理体制。加强司法保护体系和行政执法体系建设,发挥司法保护知识产权的主导作用,提高执法效率和水平,强化公共服务。深化知识产权行政管理体制改革,形成权责一致、分工合理、决策科学、执行顺畅、监督有力的知识产权行政管理体制。

(10)强化知识产权在经济、文化和社会政策中的导向作用。加强产业政策、区域政策、科技政策、贸易政策与知识产权政策的衔接。制定适合相关产业发展的知识产权政策,促进产业结构的调整与优化;针对不同地区发展特点,完善知识产权扶持政策,培育地区特色经济,促进区域经济协调发展;建立重大科技项目的知识产权工作机制,以知识产权的获取和保护为重点开展全程跟踪服务;健全与对外贸易有关的知识产权政策,建立和完善对外贸易领域知识产权管理体制、预警应急机制、海外维权机制和争端解决机制。加强文化、教育、科研、卫生等政策与知识产权政策的协调衔接,保障公众在文化、教育、科研、卫生等活动中依法合理使用创新成果和信息的权利,促进创新成果合理分享;保障国家应对公共危机的能力。

(二)促进知识产权创造和运用。

(11)运用财政、金融、投资、政府采购政策和产业、能源、环境保护政策,引导和支持市场主体创造和运用知识产权。强化科技创新活动中的知识产权政策导向作用,坚持技术创新以能够合法产业化为基本前提,以获得知识产权为追求目标,以形成技术标准为努力方向。完善国家资助开发的科研成果权利归属和利益分享机制。将知识产权指标纳入科技计划实施评价体系和国有企业绩效考核体系。逐步提高知识产权密集型商品出口比例,促进贸易增长方式的根本转变和贸易结构的优化升级。

(12)推动企业成为知识产权创造和运用的主体。促进自主创新成果的知识产权化、商品化、产业化,引导企业采取知识产权转让、许可、质押等方式实现知识产权的市场价值。充分发挥高等学校、科研院所在知识产权创造中的重要作用。选择若干重点技术领域,形成一批核心自主知识产权和技术标准。鼓励群众性发明创造和文化创新。促进优秀文化产品的创作。

(三)加强知识产权保护。

(13)修订惩处侵犯知识产权行为的法律法规,加大司法惩处力度。提高权利人自我维权的意识和能力。降低维权成本,提高侵权代价,有效遏制侵权行为。

(四)防止知识产权滥用。

(14)制定相关法律法规,合理界定知识产权的界限,防止知识产权滥用,维护公平竞争的市场秩序和公众合法权益。

(五)培育知识产权文化。

(15)加强知识产权宣传,提高全社会知识产权意识。广泛开展知识产权普及型教育。在精神文明创建活动和国家普法教育中增加有关知识产权的内容。在全社会弘扬以创新为荣、剽窃为耻,以诚实守信为荣、假冒欺骗为耻的道德观念,形成尊重知识、崇尚创新、诚信守法的知识产权文化。

四、专项任务

(一)专利。

(16)以国家战略需求为导向,在生物和医药、信息、新材料、先进制造、先进能源、海洋、资源环境、现代农业、现代交通、航空航天等技术领域超前部署,掌握一批核心技术的专利,支撑我国高技术产业与新兴产业发展。

(17)制定和完善与标准有关的政策,规范将专利纳入标准的行为。支持企业、行业组织积极参与国际标准的制定。

(18)完善职务发明制度,建立既有利于激发职务发明人创新积极性,又有利于促进专利技术实施的利益分配机制。

(19)按照授予专利权的条件,完善专利审查程序,提高审查质量。防止非正常专利申请。

(20)正确处理专利保护和公共利益的关系。在依法保护专利权的同时,完善强制许可制度,发挥例外制度作用,研究制定合理的相关政策,保证在发生公共危机时,公众能够及时、充分获得必需的产品和服务。

(二)商标。

(21)切实保护商标权人和消费者的合法权益。加强执法能力建设,严厉打击假冒等侵权行为,维护公平竞争的市场秩序。

(22)支持企业实施商标战略,在经济活动中使用自主商标。引导企业丰富商标内涵,增加商标附加值,提高商标知名度,形成驰名商标。鼓励企业进行国际商标注册,维护商标权益,参与国际竞争。

(23)充分发挥商标在农业产业化中的作用。积极推动市场主体注册和使用商标,促进农产品质量提高,保证食品安全,提高农产品附加值,增强市场竞争力。

(24)加强商标管理。提高商标审查效率,缩短审查周期,保证审查质量。尊重市场规律,切实解决驰名商标、著名商标、知名商品、名牌产品、优秀品牌的认定等问题。

(三)版权。

(25)扶持新闻出版、广播影视、文学艺术、文化娱乐、广告设计、工艺美术、计算机软件、信息网络等版权相关产业发展,支持具有鲜明民族特色、时代特点作品的创作,扶持难以参与市场竞争的优秀文化作品的创作。

(26)完善制度,促进版权市场化。进一步完善版权质押、作品登记和转让合同备案等制度,拓展版权利用方式,降低版权交易成本和风险。充分发挥版权集体管理组织、行业协会、代理机构等中介组织在版权市场化中的作用。

(27)依法处置盗版行为,加大盗版行为处罚力度。重点打击大规模制售、传播盗版产品的行为,遏制盗版现象。

(28)有效应对互联网等新技术发展对版权保护的挑战。妥善处理保护版权与保障信息传播的关系,既要依法保护版权,又要促进信息传播。

(四)商业秘密。

(29)引导市场主体依法建立商业秘密管理制度。依法打击窃取他人商业秘密的行为。妥善处理保护商业秘密与自由择业、涉密者竞业限制与人才合理流动的关系,维护职工合法权益。

(五)植物新品种。

(30)建立激励机制,扶持新品种培育,推动育种创新成果转化为植物新品种权。支持形成一批拥有植物新品种权的种苗单位。建立健全植物新品种保护的技术支撑体系,加快制订植物新品种测试指南,提高审查测试水平。

(31)合理调节资源提供者、育种者、生产者和经营者之间的利益关系,注重对农民合法权益的保护。提高种苗单位及农民的植物新品种权保护意识,使品种权人、品种生产经销单位和使用新品种的农民共同受益。

(六)特定领域知识产权。

(32)完善地理标志保护制度。建立健全地理标志的技术标准体系、质量保证体系与检测体系。普查地理标志资源,扶持地理标志产品,促进具有地方特色的自然、人文资源优势转化为现实生产力。

(33)完善遗传资源保护、开发和利用制度,防止遗传资源流失和无序利用。协调遗传资源保护、开发和利用的利益关系,构建合理的遗传资源获取与利益分享机制。保障遗传资源提供者知情同意权。

(34)建立健全传统知识保护制度。扶持传统知识的整理和传承,促进传统知识发展。完善传统医药知识产权管理、保护和利用协调机制,加强对传统工艺的保护、开发和利用。

(35)加强民间文艺保护,促进民间文艺发展。深入发掘民间文艺作品,建立民间文艺保存人与后续创作人之间合理分享利益的机制,维护相关个人、群体的合法权益。

(36)加强集成电路布图设计专有权的有效利用,促进集成电路产业发展。

(七)国防知识产权。

(37)建立国防知识产权的统一协调管理机制,着力解决权利归属与利益分配、有偿使用、激励机制以及紧急状态下技术有效实施等重大问题。

(38)加强国防知识产权管理。将知识产权管理纳入国防科研、生产、经营及装备采购、保障和项目管理各环节,增强对重大国防知识产权的掌控能力。发布关键技术指南,在武器装备关键技术和军民结合高新技术领域形成一批自主知识产权。建立国防知识产权安全预警机制,对军事技术合作和军品贸易中的国防知识产权进行特别审查。

(39)促进国防知识产权有效运用。完善国防知识产权保密解密制度,在确保国家安全和国防利益基础上,促进国防知识产权向民用领域转移。鼓励民用领域知识产权在国防领域运用。

五、战略措施

(一)提升知识产权创造能力。

(40)建立以企业为主体、市场为导向、产学研相结合的自主知识产权创造体系。引导企业在研究开发立项及开展经营活动前进行知识产权信息检索。支持企业通过原始创新、集成创新和引进消化吸收再创新,形成自主知识产权,提高把创新成果转变为知识产权的能力。支持企业等市场主体在境外取得知识产权。引导企业改进竞争模式,加强技术创新,提高产品质量和服务质量,支持企业打造知名品牌。

(二)鼓励知识产权转化运用。

(41)引导支持创新要素向企业集聚,促进高等学校、科研院所的创新成果向企业转移,推动企业知识产权的应用和产业化,缩短产业化周期。深入开展各类知识产权试点、示范工作,全面提升知识产权运用能力和应对知识产权竞争的能力。

(42)鼓励和支持市场主体健全技术资料与商业秘密管理制度,建立知识产权价值评估、统计和财务核算制度,制订知识产权信息检索和重大事项预警等制度,完善对外合作知识产权管理制度。

(43)鼓励市场主体依法应对涉及知识产权的侵权行为和法律诉讼,提高应对知识产权纠纷的能力。

(三)加快知识产权法制建设。

(44)建立适应知识产权特点的立法机制,提高立法质量,加快立法进程。加强知识产权立法前瞻性研究,做好立法后评估工作。增强立法透明度,拓宽企业、行业协会和社会公众参与立法的渠道。加强知识产权法律修改和立法解释,及时有效回应知识产权新问题。研究制定知识产权基础性法律的必要性和可行性。

(四)提高知识产权执法水平。

(45)完善知识产权审判体制,优化审判资源配置,简化救济程序。研究设置统一受理知识产权民事、行政和刑事案件的专门知识产权法庭。研究适当集中专利等技术性较强案件的审理管辖权问题,探索建立知识产权上诉法院。进一步健全知识产权审判机构,充实知识产权司法队伍,提高审判和执行能力。

(46)加强知识产权司法解释工作。针对知识产权案件专业性强等特点,建立和完善司法鉴定、专家证人、技术调查等诉讼制度,完善知识产权诉前临时措施制度。改革专利和商标确权、授权程序,研究专利无效审理和商标评审机构向准司法机构转变的问题。

(47)提高知识产权执法队伍素质,合理配置执法资源,提高执法效率。针对反复侵权、群体性侵权以及大规模假冒、盗版等行为,有计划、有重点地开展知识产权保护专项行动。加大行政执法机关向刑事司法机关移送知识产权刑事案件和刑事司法机关受理知识产权刑事案件的力度。

(48)加大海关执法力度,加强知识产权边境保护,维护良好的进出口秩序,提高我国出口商品的声誉。充分利用海关执法国际合作机制,打击跨境知识产权违法犯罪行为,发挥海关在国际知识产权保护事务中的影响力。

(五)加强知识产权行政管理。

(49)制定并实施地区和行业知识产权战略。建立健全重大经济活动知识产权审议制度。扶持符合经济社会发展需要的自主知识产权创造与产业化项目。

(50)充实知识产权管理队伍,加强业务培训,提高人员素质。根据经济社会发展需要,县级以上人民政府可设立相应的知识产权管理机构。

(51)完善知识产权审查及登记制度,加强能力建设,优化程序,提高效率,降低行政成本,提高知识产权公共服务水平。

(52)构建国家基础知识产权信息公共服务平台。建设高质量的专利、商标、版权、集成电路布图设计、植物新品种、地理标志等知识产权基础信息库,加快开发适合我国检索方式与习惯的通用检索系统。健全植物新品种保护测试机构和保藏机构。建立国防知识产权信息平台。指导和鼓励各地区、各有关行业建设符合自身需要的知识产权信息库。促进知识产权系统集成、资源整合和信息共享。

(53)建立知识产权预警应急机制。发布重点领域的知识产权发展态势报告,对可能发生的涉及面广、影响大的知识产权纠纷、争端和突发事件,制订预案,妥善应对,控制和减轻损害。

（六）发展知识产权中介服务。

（54）完善知识产权中介服务管理，加强行业自律，建立诚信信息管理、信用评价和失信惩戒等诚信管理制度。规范知识产权评估工作，提高评估公信度。

（55）建立知识产权中介服务执业培训制度，加强中介服务职业培训，规范执业资质管理。明确知识产权代理人等中介服务人员执业范围，研究建立相关律师代理制度。完善国防知识产权中介服务体系。大力提升中介组织涉外知识产权申请和纠纷处置服务能力及国际知识产权事务参与能力。

（56）充分发挥行业协会的作用，支持行业协会开展知识产权工作，促进知识产权信息交流，组织共同维权。加强政府对行业协会知识产权工作的监督指导。

（57）充分发挥技术市场的作用，构建信息充分、交易活跃、秩序良好的知识产权交易体系。简化交易程序，降低交易成本，提供优质服务。

（58）培育和发展市场化知识产权信息服务，满足不同层次知识产权信息需求。鼓励社会资金投资知识产权信息化建设，鼓励企业参与增值性知识产权信息开发利用。

（七）加强知识产权人才队伍建设。

（59）建立部门协调机制，统筹规划知识产权人才队伍建设。加快建设国家和省级知识产权人才库和专业人才信息网络平台。

（60）建设若干国家知识产权人才培养基地。加快建设高水平的知识产权师资队伍。设立知识产权二级学科，支持有条件的高等学校设立知识产权硕士、博士学位授予点。大规模培养各级各类知识产权专业人才，重点培养企业急需的知识产权管理和中介服务人才。

（61）制定培训规划，广泛开展对党政领导干部、公务员、企事业单位管理人员、专业技术人员、文学艺术创作人员、教师等的知识产权培训。

（62）完善吸引、使用和管理知识产权专业人才相关制度，优化人才结构，促进人才合理流动。结合公务员法的实施，完善知识产权管理部门公务员管理制度。按照国家职称制度改革总体要求，建立和完善知识产权人才的专业技术评价体系。

（八）推进知识产权文化建设。

（63）建立政府主导、新闻媒体支撑、社会公众广泛参与的知识产权宣传工作体系。完善协调机制，制定相关政策和工作计划，推动知识产权的宣传普及和知识产权文化建设。

（64）在高等学校开设知识产权相关课程，将知识产权教育纳入高校学生素质教育体系。制定并实施全国中小学知识产权普及教育计划，将知识产权内容纳入中小学教育课程体系。

（九）扩大知识产权对外交流合作。

（65）加强知识产权领域的对外交流合作。建立和完善知识产权对外信息沟通交流机制。加强国际和区域知识产权信息资源及基础设施建设与利用的交流合作。鼓励开展知识产权人才培养的对外合作。引导公派留学生、鼓励自费留学生选修知识产权专业。支持引进或聘用海外知识产权高层次人才。积极参与国际知识产权秩序的构建，有效参与国际组织有关议程。

中华人民共和国
知识产权海关保护条例

1. 2003年12月2日国务院令第395号公布

2. 根据2010年3月24日国务院令第572号《关于修改〈中华人民共和国知识产权海关保护条例〉的决定》修订

第一章　总　　则

第一条　为了实施知识产权海关保护，促进对外经济贸易和科技文化交往，维护公共利益，根据《中华人民共和国海关法》，制定本条例。

第二条　本条例所称知识产权海关保护，是指海关对与进出口货物有关并受中华人民共和国法律、行政法规保护的商标专用权、著作权和与著作权有关的权利、专利权（以下统称知识产权）实施的保护。

第三条　国家禁止侵犯知识产权的货物进出口。

海关依照有关法律和本条例的规定实施知识产权保护，行使《中华人民共和国海关法》规定的有关权力。

第四条　知识产权权利人请求海关实施知识产权保护的，应当向海关提出采取保护措施的申请。

第五条　进口货物的收货人或者其代理人、出口货物的发货人或者其代理人应当按照国家规定，向海关如实申报与进出口货物有关的知识产权状况，并提交有关证明文件。

第六条　海关实施知识产权保护时，应当保守有关当事人的商业秘密。

第二章　知识产权的备案

第七条　知识产权权利人可以依照本条例的规定,将其知识产权向海关总署申请备案;申请备案的,应当提交申请书。申请书应当包括下列内容:

(一)知识产权权利人的名称或者姓名、注册地或者国籍等;

(二)知识产权的名称、内容及其相关信息;

(三)知识产权许可行使状况;

(四)知识产权权利人合法行使知识产权的货物的名称、产地、进出境地海关、进出口商、主要特征、价格等;

(五)已知的侵犯知识产权货物的制造商、进出口商、进出境地海关、主要特征、价格等。

前款规定的申请书内容有证明文件的,知识产权权利人应当附送证明文件。

第八条　海关总署应当自收到全部申请文件之日起30个工作日内作出是否准予备案的决定,并书面通知申请人;不予备案的,应当说明理由。

有下列情形之一的,海关总署不予备案:

(一)申请文件不齐全或者无效的;

(二)申请人不是知识产权权利人的;

(三)知识产权不再受法律、行政法规保护的。

第九条　海关发现知识产权权利人申请知识产权备案未如实提供有关情况或者文件的,海关总署可以撤销其备案。

第十条　知识产权海关保护备案自海关总署准予备案之日起生效,有效期为10年。

知识产权有效的,知识产权权利人可以在知识产权海关保护备案有效期届满前6个月内,向海关总署申请续展备案。每次续展备案的有效期为10年。

知识产权海关保护备案有效期届满而不申请续展或者知识产权不再受法律、行政法规保护的,知识产权海关保护备案随即失效。

第十一条　知识产权备案情况发生改变的,知识产权权利人应当自发生改变之日起30个工作日内,向海关总署办理备案变更或者注销手续。

知识产权权利人未依照前款规定办理变更或者注销手续,给他人合法进出口或者海关依法履行监管职责造成严重影响的,海关总署可以根据有关利害关系人的申请撤销有关备案,也可以主动撤销有关备案。

第三章　扣留侵权嫌疑货物的申请及其处理

第十二条　知识产权权利人发现侵权嫌疑货物即将进出口的,可以向货物进出境地海关提出扣留侵权嫌疑货物的申请。

第十三条　知识产权权利人请求海关扣留侵权嫌疑货物的,应当提交申请书及相关证明文件,并提供足以证明侵权事实明显存在的证据。

申请书应当包括下列主要内容:

(一)知识产权权利人的名称或者姓名、注册地或者国籍等;

(二)知识产权的名称、内容及其相关信息;

(三)侵权嫌疑货物收货人和发货人的名称;

(四)侵权嫌疑货物名称、规格等;

(五)侵权嫌疑货物可能进出境的口岸、时间、运输工具等。

侵权嫌疑货物涉嫌侵犯备案知识产权的,申请书还应当包括海关备案号。

第十四条　知识产权权利人请求海关扣留侵权嫌疑货物的,应当向海关提供不超过货物等值的担保,用于赔偿可能因申请不当给收货人、发货人造成的损失,以及支付货物由海关扣留后的仓储、保管和处置等费用;知识产权权利人直接向仓储商支付仓储、保管费用的,从担保中扣除。具体办法由海关总署制定。

第十五条　知识产权权利人申请扣留侵权嫌疑货物,符合本条例第十三条的规定,并依照本条例第十四条的规定提供担保的,海关应当扣留侵权嫌疑货物,书面通知知识产权权利人,并将海关扣留凭单送达收货人或者发货人。

知识产权权利人申请扣留侵权嫌疑货物,不符合本条例第十三条的规定,或者未依照本条例第十四条的规定提供担保的,海关应当驳回申请,并书面通知知识产权权利人。

第十六条　海关发现进出口货物有侵犯备案知识产权嫌疑的,应当立即书面通知知识产权权利人。知识产权权利人自通知送达之日起3个工作日内依照本条例第十三条的规定提出申请,并依照本条例第十四条的规定提供担保的,海关应当扣留侵权嫌疑货物,书面通知知识产权权利人,并将海关扣留凭单送达收货人或者发货人。知识产权权利人逾期未提出申请或者未提供担保的,海关不得扣留货物。

第十七条 经海关同意，知识产权权利人和收货人或者发货人可以查看有关货物。

第十八条 收货人或者发货人认为其货物未侵犯知识产权权利人的知识产权的，应当向海关提出书面说明并附送相关证据。

第十九条 涉嫌侵犯专利权货物的收货人或者发货人认为其进出口货物未侵犯专利权的，可以在向海关提供货物等值的担保金后，请求海关放行其货物。知识产权权利人未能在合理期限内向人民法院起诉的，海关应当退还担保金。

第二十条 海关发现进出口货物有侵犯备案知识产权嫌疑并通知知识产权权利人后，知识产权权利人请求海关扣留侵权嫌疑货物的，海关应当自扣留之日起30个工作日内对被扣留的侵权嫌疑货物是否侵犯知识产权进行调查、认定；不能认定的，应当立即书面通知知识产权权利人。

第二十一条 海关对被扣留的侵权嫌疑货物进行调查，请求知识产权主管部门提供协助的，有关知识产权主管部门应当予以协助。

知识产权主管部门处理涉及进出口货物的侵权案件请求海关提供协助的，海关应当予以协助。

第二十二条 海关对被扣留的侵权嫌疑货物及有关情况进行调查时，知识产权权利人和收货人或者发货人应当予以配合。

第二十三条 知识产权权利人在向海关提出采取保护措施的申请后，可以依照《中华人民共和国商标法》、《中华人民共和国著作权法》、《中华人民共和国专利法》或者其他有关法律的规定，就被扣留的侵权嫌疑货物向人民法院申请采取责令停止侵权行为或者财产保全的措施。

海关收到人民法院有关责令停止侵权行为或者财产保全的协助执行通知的，应当予以协助。

第二十四条 有下列情形之一的，海关应当放行被扣留的侵权嫌疑货物：

（一）海关依照本条例第十五条的规定扣留侵权嫌疑货物，自扣留之日起20个工作日内未收到人民法院协助执行通知的；

（二）海关依照本条例第十六条的规定扣留侵权嫌疑货物，自扣留之日起50个工作日内未收到人民法院协助执行通知，并且经调查不能认定被扣留的侵权嫌疑货物侵犯知识产权的；

（三）涉嫌侵犯专利权货物的收货人或者发货人在向海关提供与货物等值的担保金后，请求海关放行其货物的；

（四）海关认为收货人或者发货人有充分的证据证明其货物未侵犯知识产权权利人的知识产权的；

（五）在海关认定被扣留的侵权嫌疑货物为侵权货物之前，知识产权权利人撤回扣留侵权嫌疑货物的申请的。

第二十五条 海关依照本条例的规定扣留侵权嫌疑货物，知识产权权利人应当支付有关仓储、保管和处置等费用。知识产权权利人未支付有关费用的，海关可以从其向海关提供的担保金中予以扣除，或者要求担保人履行有关担保责任。

侵权嫌疑货物被认定为侵犯知识产权的，知识产权权利人可以将其支付的有关仓储、保管和处置等费用计入其为制止侵权行为所支付的合理开支。

第二十六条 海关实施知识产权保护发现涉嫌犯罪案件的，应当将案件依法移送公安机关处理。

第四章 法律责任

第二十七条 被扣留的侵权嫌疑货物，经海关调查后认定侵犯知识产权的，由海关予以没收。

海关没收侵犯知识产权货物后，应当将侵犯知识产权货物的有关情况书面通知知识产权权利人。

被没收的侵犯知识产权货物可以用于社会公益事业的，海关应当转交给有关公益机构用于社会公益事业；知识产权权利人有收购意愿的，海关可以有偿转让给知识产权权利人。被没收的侵犯知识产权货物无法用于社会公益事业且知识产权权利人无收购意愿的，海关可以在消除侵权特征后依法拍卖，但对进口假冒商标货物，除特殊情况外，不能仅清除货物上的商标标识即允许其进入商业渠道；侵权特征无法消除的，海关应当予以销毁。

第二十八条 海关接受知识产权保护备案和采取知识产权保护措施的申请后，因知识产权权利人未提供确切情况而未能发现侵权货物、未能及时采取保护措施或者采取保护措施不力的，由知识产权权利人自行承担责任。

知识产权权利人请求海关扣留侵权嫌疑货物后，海关不能认定被扣留的侵权嫌疑货物侵犯知识产权权利人的知识产权，或者人民法院判定不侵犯知识产权权利人的知识产权的，知识产权权利人应当依法承担赔偿责任。

第二十九条 进口或者出口侵犯知识产权货物,构成犯罪的,依法追究刑事责任。

第三十条 海关工作人员在实施知识产权保护时,玩忽职守、滥用职权、徇私舞弊,构成犯罪的,依法追究刑事责任;尚不构成犯罪的,依法给予行政处分。

第五章 附　　则

第三十一条 个人携带或者邮寄进出境的物品,超出自用、合理数量,并侵犯本条例第二条规定的知识产权的,按照侵权货物处理。

第三十二条 知识产权权利人将其知识产权向海关总署备案的,应当按照国家有关规定缴纳备案费。

第三十三条 本条例自2004年3月1日起施行。1995年7月5日国务院发布的《中华人民共和国知识产权海关保护条例》同时废止。

国务院办公厅转发科技部、财政部关于国家科研计划项目研究成果知识产权管理若干规定的通知

1. 2002年4月15日
2. 国办发〔2002〕30号

各省、自治区、直辖市人民政府,国务院各部委、各直属机构:

科技部、财政部《关于国家科研计划项目研究成果知识产权管理的若干规定》已经国务院同意,现转发给你们,请认真贯彻执行。

关于国家科研计划项目研究成果知识产权管理的若干规定

(科技部、财政部 2002年3月5日)

为贯彻落实《中共中央、国务院关于加强技术创新,发展高科技,实现产业化的决定》(中发〔1999〕14号)精神,促进我国自主知识产权总量的增加,加强科技成果转化,保障国家、单位和个人的合法权益,对以财政资金资助为主的国家科研计划项目(包括科研专项项目,以下简称科研项目)研究成果的知识产权管理,作出如下规定。

一、科研项目研究成果及其形成的知识产权,除涉及国家安全、国家利益和重大社会公共利益的以外,国家授予科研项目承担单位(以下简称项目承担单位)。项目承担单位可以依法自主决定实施、许可他人实施、转让、作价入股等,并取得相应的收益。同时,在特定情况下,国家根据需要保留无偿使用、开发、使之有效利用和获取收益的权利。

二、单位申请承担科研项目时,须提交该项目的知识产权可行性分析报告。项目执行过程中,项目承担单位须根据相关领域知识产权的发展动态,及时调整研究策略和措施。

三、项目承担单位须建立规范有效的知识产权管理制度,对项目执行过程中产生的研究成果及时采取知识产权保护措施,依法取得相关知识产权,并予以有效管理和充分使用。

四、科研计划归口管理部门要将知识产权管理制度是否健全作为确定项目承担单位的重要条件。在科研项目合同中须明确约定项目承担单位管理、保护研究成果知识产权的义务,并依据合同对履行义务情况组织检查和验收。对不履行义务或履行不当、造成重大损失的,依法追究项目承担单位和主要责任人的责任。

科研计划归口管理部门对涉及国家安全、国家利益和重大社会公共利益的科研项目,须在立项或验收时予以确认,明确项目成果知识产权管理方式,拟定成果转化和应用方案。

五、科研项目研究成果取得相关知识产权的申请费用、维持费用等知识产权事务费用,一般由项目承担单位负担。经财政部门批准,在国家有关科研计划经费中可以开支知识产权事务费,用于补助负担上述费用确有困难的项目承担单位。

六、国务院有关部门和省、自治区、直辖市人民政府可以根据国家需要,报请国务院批准,决定科研项目研究成果在一定的范围内推广应用,允许指定的单位实施,并区别不同情况,决定实施单位或无偿使用,或由实施单位按照国家有关规定向项目承担单位支付知识产权使用费。

七、项目承担单位应当建立科技成果转化机制,采取有效措施,积极促进科研项目研究成果的转化。项目承担单位转让科研项目研究成果知识产权时,成果完成人

享有同等条件下优先受让的权利。

八、项目承担单位要按照《中华人民共和国促进科技成果转化法》、《中华人民共和国专利法》和《国务院办公厅转发科技部等部门关于促进科技成果转化若干规定的通知》(国办发〔1999〕29号)等有关规定,对科研项目研究成果完成人和为成果转化做出贡献的人员给予奖励和报酬。

九、科技部、财政部会同有关部门,根据本规定修订和完善各项科研计划管理制度,明确知识产权管理办法,制定科研项目合同知识产权标准条款,并负责组织实施和监督检查。

国务院办公厅转发知识产权局等部门关于加强战略性新兴产业知识产权工作若干意见的通知

1. *2012年4月28日*
2. *国办发〔2012〕28号*

各省、自治区、直辖市人民政府,国务院各部委、各直属机构:

知识产权局、发展改革委、教育部、科技部、工业和信息化部、财政部、商务部、工商总局、版权局、中科院《关于加强战略性新兴产业知识产权工作的若干意见》已经国务院同意,现转发给你们,请认真贯彻执行。

关于加强战略性新兴产业知识产权工作的若干意见

(知识产权局、发展改革委、教育部、科技部、工业和信息化部、财政部、商务部、工商总局、版权局、中科院)

为提高我国战略性新兴产业的知识产权创造、运用、保护和管理能力,推动战略性新兴产业的培育和发展,根据《国务院关于加快培育和发展战略性新兴产业的决定》(国发〔2010〕32号)、《国务院办公厅印发贯彻落实国务院关于加快培育和发展战略性新兴产业决定重点工作分工方案的通知》(国办函〔2011〕58号)等文件精神,现提出以下意见:

一、充分认识知识产权对培育和发展战略性新兴产业的重要意义

战略性新兴产业是我国转变经济发展方式、调整产业结构的重要力量,引导着未来经济社会发展,体现了新兴科技与新兴产业的深度融合。战略性新兴产业创新要素密集,投资风险大,发展国际化,国际竞争激烈,对知识产权创造和运用依赖强,对知识产权管理和保护要求高。积极创造知识产权,是抢占新一轮经济和科技发展制高点、化解战略性新兴产业发展风险的基础;有效运用知识产权,是培育战略性新兴产业创新链和产业链、推动创新成果产业化和市场化的重要途径;依法保护知识产权,是激发创新活力、支撑战略性新兴产业可持续发展、形成健康有序市场环境的关键;科学管理知识产权,是充分运用国内国外资源、提升战略性新兴产业创新水平、发挥创新成果市场价值的保障。做好战略性新兴产业知识产权工作,关系培育战略性新兴产业的成效和战略性新兴产业未来发展。各地区、各有关部门要充分认识知识产权工作对培育和发展战略性新兴产业的重要意义,把握战略性新兴产业发展规律,立足当前、着眼长远,加大工作力度,切实做好战略性新兴产业知识产权工作,促进战略性新兴产业发展。

二、明确战略性新兴产业知识产权工作思路和目标

(一)总体思路。

以邓小平理论和“三个代表”重要思想为指导,深入贯彻落实科学发展观,坚持市场驱动与政府引导相结合、分类指导与重点突破相结合、先行先试与辐射带动相结合的原则,促进知识产权创造,推动知识产权转化运用,不断提高企业知识产权管理水平,着力优化知识产权保护环境,有效推动企业运用知识产权实现创新发展,稳步构筑知识产权比较优势,为战略性新兴产业快速健康发展提供有力支撑。

(二)主要目标。

到2015年:

——知识产权创造能力明显增强。战略性新兴产业领域发明专利拥有量和专利国际申请量分别比2010年增长二倍。积累一批布局合理、结构优化、能有力增强产业竞争力的核心技术专利,在部分产业形成局部优势。打造一批国际知名商标、软件和版权。在战略性新兴产业领域国际标准制定中的影响力明显增强。

——知识产权运用水平显著提高。形成以咨询、评估、金融、法律等为重点,全方位配套、一体化衔接的知识产权服务体系和以知识产权为纽带的产学研合作机制。战略性新兴产业知识产权融资和转移转化渠道更加顺畅,知识产权运用环境更加优化。企业运用知识产权参与国际市场竞争的能力明显增强。

——企业和研发机构知识产权管理能力普遍加强。初步形成符合战略性新兴产业发展特点的企业知识产权管理体系和知识产权战略实施机制。涌现出一批具备知识产权比较优势的领军企业和研发机构,形成一批多层次、多领域的战略性新兴产业知识产权联盟。

到2020年:

我国战略性新兴产业的知识产权创造、运用、保护和管理水平显著提高,知识产权有效支撑战略性新兴产业发展,涌现一批国际竞争力强、具有较强产业影响力和知识产权优势的企业,形成较为明显的战略性新兴产业知识产权比较优势。

三、促进知识产权创造,夯实战略性新兴产业创新发展基础

(一)引导战略性新兴产业知识产权科学布局。紧密追踪市场竞争和专利技术动向,定期发布战略性新兴产业行业知识产权动态信息,引导企业和研发机构有针对性地申请或引进知识产权,构筑知识产权比较优势。建立重大经济科技活动知识产权审议制度。推动重大科技项目围绕产业发展制定并实施知识产权战略,形成符合市场竞争需要的战略性知识产权组合。

(二)提升战略性新兴产业知识产权质量。建立科学有效的评价指标体系,引导企业和研发机构以市场竞争为导向不断提高知识产权质量、优化知识产权结构。逐步加大知识产权质量和市场价值在相关考核和评价中的权重。实施知识产权质量提升工程,不断提高代理机构、企业、研发机构知识产权质量管理意识和能力。

(三)促进战略性新兴产业领域获得知识产权。完善知识产权申请与审查制度,建立并完善专利审查绿色通道、商标审查绿色通道和软件著作权快速登记通道。优化专利审查方式,加强关键技术专利的审查质量管理,支持战略性新兴产业创新成果及时获得稳定性较强的知识产权。

四、促进知识产权市场应用,推动战略性新兴产业实现知识产权价值

(一)拓展知识产权投融资方式。完善知识产权投融资政策,支持知识产权质押、出资入股、融资担保。探索与知识产权相关的股权债权融资方式,支持社会资本通过市场化方式设立以知识产权投资基金、集合信托基金、融资担保基金等为基础的投融资平台和工具。鼓励开展与知识产权有关的金融产品创新,探索建立知识产权融资机构,支持中小企业快速成长。

(二)创新知识产权转移转化形式。发挥国家科技成果转化引导基金作用,鼓励社会资本出资促进知识产权转化,鼓励开展知识产权流转储备、转移转化风险补偿等活动。促进战略性新兴产业集聚区知识产权运营综合服务体系建设,培育一批在区域经济发展中发挥重要作用的知识产权运营机构。探索建立知识产权拍卖及相关制度。加快完善知识产权入股、股权和分红权等形式的激励机制和资产管理制度。完善知识产权交易政策,加快建立知识产权评估交易机制,支持设立以知识产权转移为重点的技术转移机构,推进知识产权交易市场体系建设,促进知识产权交易。加强专利技术组合与商标保护的衔接配套,鼓励运用商标保护专利技术组合产品。

(三)构建产学研合作新机制。积极探索以合作开展共性关键技术研发为手段、以知识产权利益分享为纽带、以创新成果有效转化应用为目的的产学研合作机制。推动相关行业建立知识产权联盟。进一步落实国家财政投入形成的知识产权的运用管理政策,推动知识产权在重大科技项目关联企业和研发机构间的许可使用。

五、加强企业知识产权管理运用能力和相关服务体系建设,支撑战略性新兴产业形成竞争优势

(一)实施产业集聚区知识产权集群管理。在战略性新兴产业集聚区探索建立以优势企业为龙头、技术关联企业为主体、知识产权布局与产业链相匹配的知识产权集群管理模式。加快推动产业集聚区的知识产权公共服务平台建设,加强知识产权数据库配套、技能培训、管理咨询、维权援助等服务。推动建立产业集聚区知识产权战略支持中心。

(二)提升企业知识产权管理能力。推行企业知识产权管理标准,鼓励创建知识产权优势企业、开发核心知识产权产品,引导和鼓励企业加大经费投入、建立企业知识产权管理体系和知识产权战略实施机制。实施企业知识产权高端人才培养计划。进一步推广专业服务机构为企业培养知识产权实务人才的模式,为企

业加强知识产权管理提供人才支撑。

（三）提高企业知识产权信息运用水平。建立战略性新兴产业知识产权统计制度，促进知识产权信息的交流与共享，引导企业有效运用海内外知识产权制度信息和战略性新兴产业知识产权状况信息，支持企业实现创新发展。加强行业与企业知识产权预警能力建设，完善预警机制。结合战略性新兴产业发展需要，分领域开发公益性专利数据库。鼓励各类机构对专利数据进行深度加工和商业推广。

（四）加强知识产权服务体系建设。实施知识产权服务机构培育项目，开展知识产权分析研究机构和管理咨询机构的培育工作，培育一批能够支撑知识产权审议、满足企业实施知识产权战略需求的服务机构。根据知识产权服务的内容特点，分类制定服务标准和服务规范，加强知识产权服务机构的服务资质管理和分级分类管理。支持专业服务机构开发知识产权管理系统和工具，为创新型中小企业和小微企业提供全程服务。

六、完善知识产权保护政策措施，优化战略性新兴产业发展环境

（一）完善知识产权保护法律法规和政策。探索制定战略性新兴产业领域新产品、新技术等的专利保护政策，完善相关领域的专利审查标准。积极应对新一代信息技术发展带来的挑战，完善互联网知识产权保护法律法规。

（二）加强有针对性的知识产权保护措施。定期开展有针对性的专项行动，加强战略性新兴产业领域知识产权执法保护。强化战略性新兴产业领域展会知识产权保护，加大战略性新兴产业专业市场和重大技术标准中的知识产权保护力度。加强商品流通领域的知识产权监管，探索运用现代信息技术实施商品流转环节的全程保真监控。将战略性新兴产业领域的维权援助纳入全国维权援助机构的中心工作，建立由企业、行业组织、研发机构和服务机构共同参与的维权援助体系。

七、加强知识产权国际合作，支持战略性新兴产业企业走出去

（一）支持在国外部署知识产权。利用现有资金渠道加大对战略性新兴产业领域在国外申请专利的支持力度。支持我国企业和研发机构积极开展全球研发外包，在境外开展联合研发和设立研发机构，建立企业和研发机构与专利申请目的国专业服务机构的对接机制，促进我国企业和研发机构在国外申请专利。加强国际合作，进一步提高企业和研发机构国外获取知识产权的效率。

（二）鼓励到国外运营知识产权。支持战略性新兴产业企业在国外成立知识产权运营公司，开展知识产权运营。引导企业在境外注册商标，积极培育国际知名商标。支持战略性新兴产业领域的企业、研发机构、知识产权联盟等与国外研究机构、产业集群建立战略合作关系，联合开展知识产权运营。支持行业协会、非政府组织、企业、研发机构参与战略性新兴产业领域国际标准制定，积极推动相关技术标准在国外推广应用。

（三）加大国外知识产权维权援助力度。收集国外知识产权专业服务机构信息，发布国外知识产权专业服务机构指导目录，方便企业在国外获得当地专业化服务。在主要贸易目的地、对外投资目的地建立保护知识产权工作机制，进一步健全和完善相关知识产权预警应急机制、国外维权和争端解决机制，指导和帮助企业在当地及时有效得到知识产权保护。引导建立行业或知识产权联盟联合防御基金，提高企业应对国际知识产权纠纷的能力。

八、加强组织领导协调，确保各项政策措施贯彻落实

（一）加强组织领导。知识产权局会同发展改革委、教育部、科技部、工业和信息化部、财政部、商务部、工商总局、版权局、中科院等有关部门和单位建立战略性新兴产业知识产权工作长效推进机制，统筹协调并指导落实相关工作。各地要建立相应协调机制，将战略性新兴产业知识产权工作纳入本地区重要工作议程，列入年度工作要点，统筹调配资源，推动各项政策措施落实。

（二）创新工作模式。各地区和有关部门要结合战略性新兴产业发展需要和工作实际，积极探索、稳步推进知识产权管理模式创新。行业协会要充分发挥作用，开展知识产权服务模式创新。

（三）积极利用财税支持政策。充分利用《国务院关于加快培育和发展战略性新兴产业的决定》（国发〔2010〕32号）和《国务院办公厅关于加快发展高技术服务业的指导意见》（国办发〔2011〕58号）确定的各项财税支持政策，加强知识产权政策与有关财税政策的衔接配套。完善知识产权资助和费用减免政策，加大对战略性新兴产业的支持力度。发挥市场主体作用，支持、引导社会资金投入，逐步建立多渠道资金保障机制。加大地方资金保障力度，确保各项工作顺利开展。

2. 行政规章及规范性文件

高等学校知识产权保护管理规定

1999年4月8日教育部令第3号公布施行

第一章 总 则

第一条 为有效保护高等学校知识产权,鼓励广大教职员工和学生发明创造和智力创作的积极性,发挥高等学校的智力优势,促进科技成果产业化,依据国家知识产权法律、法规,制定本规定。

第二条 本规定适用于国家举办的高等学校、高等学校所属教学科研机构和企业事业单位(以下简称"所属单位")。社会力量举办的高等学校及其他教育机构参照适用本规定。

第三条 本规定所称的知识产权包括:

(一)专利权、商标权;

(二)技术秘密和商业秘密;

(三)著作权及其邻接权;

(四)高等学校的校标和各种服务标记;

(五)依照国家法律、法规规定或者依法由合同约定由高等学校享有或持有的其他知识产权。

第二章 任务和职责

第四条 高等学校知识产权保护工作的任务是:

(一)贯彻执行国家知识产权法律、法规,制定高等学校知识产权保护工作的方针、政策和规划;

(二)宣传、普及知识产权法律知识,增强高等学校知识产权保护意识和能力;

(三)进一步完善高等学校知识产权管理制度,切实加强高等学校知识产权保护工作;

(四)积极促进和规范管理高等学校科学技术成果及其他智力成果的开发、使用、转让和科技产业的发展。

第五条 国务院教育行政部门和各省、自治区、直辖市人民政府教育行政部门,在其职责范围内,负责对全国或本行政区域的高等学校知识产权工作进行领导和宏观管理,全面规划、推动、指导和监督高等学校知识产权保护工作的开展。

第六条 各高等学校在知识产权保护工作中应当履行的职责是:

(一)结合本校的实际情况,制定知识产权工作的具体规划和保护规定;

(二)加强对知识产权保护工作的组织和领导,完善本校知识产权保护制度,加强本校知识产权工作机构和队伍建设;

(三)组织知识产权法律、法规的教育和培训,开展知识产权课程教学和研究工作;

(四)组织开展本校知识产权的鉴定、申请、登记、注册、评估和管理工作;

(五)组织签订、审核本校知识产权的开发、使用和转让合同;

(六)协调解决本校内部有关知识产权的争议和纠纷;

(七)对在科技开发、技术转移以及知识产权保护工作中有突出贡献人员予以奖励;

(八)组织开展本校有关知识产权保护工作的国际交流与合作;

(九)其他在知识产权保护工作中应当履行的职责。

第三章 知识产权归属

第七条 高等学校对以下标识依法享有专用权:

(一)以高等学校名义申请注册的商标;

(二)校标;

(三)高等学校的其他服务性标记。

第八条 执行本校及其所属单位任务,或主要利用本校及其所属单位的物质技术条件所完成的发明创造或者其他技术成果,是高等学校职务发明创造或职务技术成果。

职务发明创造申请专利的权利属于高等学校。专利权被依法授予后由高等学校持有。职务技术成果的使用权、转让权由高等学校享有。

第九条 由高等学校主持、代表高等学校意志创作、并由高等学校承担责任的作品为高等学校法人作品,其著作权由高等学校享有。

为完成高等学校的工作任务所创作的作品是职务作品,除第十条规定情况外,著作权由完成者享有。高等学校在其业务范围内对职务作品享有优先使用权。作品完成二年内,未经高等学校同意,作者不得许可第三人以与高等学校相同的方式使用该作品。

第十条 主要利用高等学校的物质技术条件创作,并由高等学校承担责任的工程设计、产品设计图纸、计算机软件、地图等职务作品以及法律、行政法规规定的或者合同约定著作权由高等学校享有的职务作品，作者享有署名权，著作权的其他权利由高等学校享有。

第十一条 在执行高等学校科研等工作任务过程中所形成的信息、资料、程序等技术秘密属于高等学校所有。

第十二条 高等学校派遣出国访问、进修、留学及开展合作项目研究的人员，对其在校已进行的研究，而在国外可能完成的发明创造、获得的知识产权，应当与派遣的高等学校签订协议，确定其发明创造及其他知识产权的归属。

第十三条 在高等学校学习、进修或者开展合作项目研究的学生、研究人员，在校期间参与导师承担的本校研究课题或者承担学校安排的任务所完成的发明创造及其他技术成果，除另有协议外，应当归高等学校享有或持有。进入博士后流动站的人员，在进站前应就知识产权问题与流动站签订专门协议。

第十四条 高等学校的离休、退休、停薪留职、调离以及被辞退的人员，在离开高等学校一年内完成的与其原承担的本职工作或任务有关的发明创造或技术成果，由高等学校享有或持有。

第十五条 职务发明创造或职务技术成果，以及职务作品的完成人依法享有在有关技术文件和作品上署名及获得奖励和报酬的权利。

第四章 知识产权管理机构

第十六条 高等学校应建立知识产权办公会议制度，逐步建立健全知识产权工作机构。有条件的高等学校，可实行知识产权登记管理制度；设立知识产权保护与管理工作机构，归口管理本单位知识产权保护工作。暂未设立知识产权保护与管理机构的高等学校，应指定科研管理机构或其他机构担负相关职责。

第十七条 高等学校科研管理机构负责本校科研项目的立项、成果和档案管理。

应用技术项目的课题组或课题研究人员，在申请立项之前应当进行专利文献及其相关文献的检索。

课题组或课题研究人员在科研工作过程中，应当做好技术资料的记录和保管工作。科研项目完成后，课题负责人应当将全部实验报告、实验记录、图纸、声像、手稿等原始技术资料收集整理后交本校科研管理机构归档。

第十八条 在科研活动中作出的职务发明创造或者形成的职务技术成果，课题负责人应当及时向本校科研管理机构（知识产权管理机构）提出申请专利的建议，并提交相关资料。

高等学校的科研管理机构应当对课题负责人的建议和相关资料进行审查，对需要申请专利的应当及时办理专利申请，对不宜申请专利的技术秘密要采取措施予以保护。

第十九条 高等学校应当规范和加强有关知识产权合同的签订、审核和管理工作。

高等学校及其所属单位与国内外单位或者个人合作进行科学研究和技术开发，对外进行知识产权转让或者许可使用，应当依法签订书面合同，明确知识产权的归属以及相应的权利、义务等内容。

高等学校的知识产权管理机构负责对高等学校及其所属单位签订的知识产权合同进行审核和管理。

第二十条 高等学校所属单位对外进行知识产权转让或者许可使用前，应当经学校知识产权管理机构审查，并报学校批准。

第二十一条 高等学校的教职员工和学生凡申请非职务专利，登记非职务计算机软件的，以及进行非职务专利、非职务技术成果以及非职务作品转让和许可的，应当向本校知识产权管理机构申报，接受审核。对于符合非职务条件的，学校应出具相应证明。

第二十二条 高等学校要加强科技保密管理。高等学校的教职员工和学生，在开展国内外学术交流与合作过程中，对属于本校保密的信息和技术，要按照国家和本校的有关规定严格保密。

高等学校对在国内外科技展览会参展的项目应当加强审核和管理、做好科技保密管理工作。

第二十三条 高等学校应当重视开展知识产权的资产评估工作，加强对知识产权资产评估的组织和管理。

高等学校对外进行知识产权转让、许可使用、作价投资入股或者作为对校办科技产业的投入，应当对知识产权进行资产评估。

第二十四条 高等学校可根据情况逐步实行知识产权保证书制度。与有关教职员工和学生签订保护本校知识产权的保证书，明确保护本校知识产权的义务。

第五章 奖酬与扶持

第二十五条 高等学校应当依法保护职务发明创造、职务技术成果、高等学校法人作品及职务作品的研究、创作人员的合法权益，对在知识产权的产生、发展，科技成果产业化方面作出突出贡献的人员,按照国家的有关规定给予奖励。

第二十六条 高等学校将其知识产权或职务发明创造、职务技术成果转让给他人或许可他人使用的,应当从转让或许可使用所取得的净收入中,提取不低于20%的比例,对完成该项职务发明创造、职务技术成果及其转化作出重要贡献的人员给予奖励。为促进科技成果产业化,对经学校许可,由职务发明创造、职务技术成果完成人进行产业化的,可以从转化收入中提取不低于30%的比例给予奖酬。

第二十七条 高等学校及其所属单位独立研究开发或者与其他单位合作研究开发的科技成果实施转化成功投产后,高等学校应当连续三至五年从实施该项科技成果所取得的收入中提取不低于5%的比例,对完成该项科技成果及其产业化作出重要贡献的人员给予奖酬。

采用股份制形式的高等学校科技企业,或者主要以技术向其他股份制企业投资入股的高等学校,可以将在科技成果的研究开发、产业化中做出重要贡献的有关人员的报酬或者奖励,按照国家有关规定折算为相应的股份份额或者出资比例。该持股人依据其所持股份份额或出资比例分享收益。

第二十八条 高等学校应当根据实际情况,采取有效措施,对知识产权的保护、管理工作提供必要的条件保障。高等学校应拨出专款或从技术实施收益中提取一定比例,设立知识产权专项基金,用于支持补贴专利申请,维持和知识产权保护方面的有关费用。对知识产权保护与管理做出突出贡献的单位和个人,高等学校应给予奖励,并作为工作业绩和职称评聘的重要参考。

第六章 法律责任

第二十九条 剽窃、窃取、篡改、非法占有、假冒或者以其他方式侵害由高等学校及其教职员工和学生依法享有或持有的知识产权的,高等学校有处理权的,应责令其改正,并对直接责任人给予相应的处分;对无处理权的,应提请并协助有关行政部门依法作出处理。构成犯罪的,应当依法追究刑事责任。

第三十条 在高等学校教学、科研、创作以及成果的申报、评审、鉴定、产业化活动中,采取欺骗手段,获得优惠待遇或者奖励的,高等学校应当责令改正,退还非法所得,取消其获得的优惠待遇和奖励。

第三十一条 违反本规定,泄漏本校的技术秘密,或者擅自转让、变相转让以及许可使用高等学校的职务发明创造、职务技术成果、高等学校法人作品或者职务作品的,或造成高等学校资产流失和损失的,由高等学校或其主管教育行政部门对直接责任人员给予行政处分。

第三十二条 侵犯高等学校及其教职员工和学生依法享有或持有的知识产权,造成损失、损害的,应当依法承担民事责任。

第七章 附 则

第三十三条 本规定自发布之日起施行。

卫生知识产权保护管理规定

1. 2000年7月18日卫生部发布
2. 卫科教发[2000]230号

第一章 总 则

第一条 为了加强卫生知识产权保护与管理,维护国家、企事业单位、科技人员等产权所有或持有者的合法权益,鼓励发明创造,推动卫生科技进步和经济发展,依据国家有关法律、法规,制定本规定。

第二条 本规定适用于卫生系统的企业、事业单位、社会团体(以下简称单位)。

第三条 卫生部主管全国卫生系统知识产权保护与管理工作。省级卫生行政部门负责本地区卫生系统知识产权保护与管理工作。

第四条 本规定保护管理的知识产权,是指依照法律、法规规定或者合同约定,应该由单位所有或持有的知识产权,包括单位与他人共享的知识产权。

本规定所称知识产权包括:

1. 专利权;
2. 商标权;
3. 著作权;
4. 技术秘密及商业秘密;
5. 单位的名号及各种服务标志;
6. 国家颁布的法律、法规所保护的其它智力成果和活动的权利。

第二章 权 属

第五条 国家、部门或地方资助的各类科技项目,其形成的知识产权归国家所有,项目完成单位享有持有权。

第六条 执行本单位任务或主要利用本单位的物质技术

条件完成的发明创造或者其它技术成果，是单位的职务发明创造或职务技术成果。职务发明创造或职务技术成果，其专利申请权、持有权、使用权、许可权及转让权均属单位，完成者依法享有在有关技术文件上署名的权利，获得奖励和报酬的权利；非职务发明创造或非职务技术成果，其成果所有权属完成者。

第七条　根据国家计划，对单位持有的重要发明创造专利，卫生部有权决定在指定单位实施，由实施单位按照国家有关规定向持有专利的单位支付使用费。

第八条　以单位名义申请注册的商标和服务标记，其专用权依法归单位所有。

第九条　由单位主持、代表单位意志创作、并由单位承担责任的作品，其著作权由单位享有；为完成单位的工作任务所创作的作品，其著作权由完成者享有，单位在其业务范围内对其享有优先使用权。主要利用单位的物质技术条件创作、并由单位承担责任的职务作品，作者享有署名权，著作权的其它权利由单位享有。

第十条　在执行单位任务过程中所产生或形成的、不对外公开的信息，包括工艺参数、工艺技术流程、试验数据、图纸、调研资料、技术诀窍、设计方案、临床试用情况、用户情况、经营渠道等技术信息和商业信息，属单位所有。

第十一条　受单位委派出国讲学、进修、培训、留学等人员，除与接收方另有协议外，在国外完成的发明创造或其它智力劳动成果的知识产权归委派单位。

第十二条　经合法途径接收的培训、进修、离退休返聘、借用及兼职人员，在学习或工作期间，利用接收单位物质技术条件所完成的发明创造或技术成果，其知识产权归接收单位，完成者享有署名、获得奖励和报酬的权利。

第十三条　合作开发所完成（或形成）的专利或非专利技术成果，除合同另有约定外，其知识产权由合作各方共享。

第十四条　委托开发所完成的发明创造或技术成果，其权属按研究开发方与委托方合同约定划分。

第十五条　单位变更、终止时，对其专利权、非专利技术所有权以及仍在保护期内作品的著作权，依法由承受权利义务的单位享有。若无承受其权利义务的法人单位，则由国家享有。

第十六条　知识产权权属不清或有争议的，应当依法进行界定。

第三章　职　　责

第十七条　卫生部及省级卫生行政部门在卫生知识产权保护工作方面有下列主要职责：

1. 贯彻执行国家知识产权法律、法规，研究制定本部门、本地区知识产权保护工作的方针、政策和规划，指导、监督、检查有关单位的知识产权保护管理工作；

2. 组织宣传和学习有关知识产权的法律知识，增强各单位知识产权保护意识和能力；

3. 依法调处或协助调处本部门、本地区有关单位发生的知识产权争议和纠纷；

4. 负责国家和地方各类计划项目的知识产权管理；

5. 依照有关法律、法规，归口管理国家秘密技术。

第十八条　各单位应明确分管领导和归口管理部门，负责知识产权保护管理工作，其主要职责：

1. 宣传和组织职工学习知识产权的法律和法规；医学院校应当开设有关知识产权的选修课程，有条件的院校，可开设必修课程；

2. 结合本单位实际情况，制定知识产权保护管理具体规划或办法并组织实施；

3. 负责本单位的专利、商标、著作权管理，组织有关的无形资产评估，技术秘密认定，知识产权纠纷处理、诉讼等有关法律事宜；

4. 了解对本单位知识产权的侵权行为，采取适当方式，制止侵权行为。并对已认定的商业秘密的内容、范围采取保护措施，保护本单位知识产权的法律地位和经济权益；

5. 参与洽谈、审核本单位涉及有关知识产权内容的各类合同、协议，并进行监督。

第四章　管　　理

第十九条　研究与开发项目在立项前和进行中，项目承担单位应当进行专利及相关文献检索，必要时结果报单位知识产权归口管理部门审查并签署审查意见，防止知识产权侵权和重复研究、开发。

第二十条　单位必须建立和完善相应的制度，做好研究、开发各阶段技术资料的归档、保存及使用管理。研究、开发过程中，要做好技术资料记录、保管工作，确保原始资料的完整。项目完成后，须将实验数据、记录、工作底稿、图纸、声像等技术资料收齐，按各研究阶段整理送技术档案管理部门登记、归档。

第二十一条 研究、设计、开发和中试、生产、经营等过程中形成的智力成果,应及时向单位的知识产权归口管理部门申报,并同时提出拟保护的内容、范围及保护措施。

凡准备申请专利的职务发明或职务技术成果,在申请前任何人不得以任何形式公开(《专利法》规定的不丧失新颖性的情况除外);对不宜申请专利的职务发明创造,应作为单位的技术秘密或商业秘密予以保护。

第二十二条 批量产品必须按规定使用注册商标,单位应当注册服务标记。

第二十三条 在职、离退休留用、借调、进修、培训人员或在校学生的非职务智力成果进行专利申请、转让、使用、许可,或有涉及技术权益的非职务作品进行登记、发表、出售,必须事先向所在单位的知识产权归口管理部门申报。知识产权归口管理部门在接到申报后30个工作日内,提出书面审核意见,并通知申报者本人。过期未通知申报人,则视为认可。

第二十四条 为了避免侵权或失权,在引进或出口技术时,应对输出国或输入国有关该项技术的知识产权法律状况和技术状况进行检索、核查,结果报主管部门。

第二十五条 单位在签订技术合同、商标许可合同,以及涉及本规定第三条内容的其它合同时,应明确知识产权保护条款,经知识产权归口管理部门审查后,由单位法定代表人或其委托代理人签署。

第二十六条 单位在重组联合、建立股份制、股份合作企业。以技术投资入股或合资创办企业,或以专利权、非专利技术等无形资产进行产权交易或许可贸易时,必须根据国家规定委托有资格的评估中介机构进行无形资产价值评估。

第二十七条 单位对商业秘密应采取合法有效的保密措施,包括保密制度、保密协议、保密设施。

在职、离退休留用、借调、进修、培训人员或在校学生应自觉维护单位的合法权益,未经单位同意或许可,不得擅自将属于单位的技术成果或信息泄露、发表、使用或转让。

对涉及或可能知悉商业秘密的科技、管理或相关业务人员,单位应与之签订保密协议。对重大科研项目或对单位经济利益具有重大影响的项目,单位可与相关人员另行签订单项保密协议。

对国家科学技术秘密,应确定涉密人员范围。

第二十八条 建立参观、来访接待制度,除规定参观范围、注意事项等内容外,对涉及技术秘密的研究、实验、生产、制造、保存等重点场所,应当采取专门的防范措施。凡涉及国家科学技术秘密的单位,未经主管部门的批准,不得擅自安排与此相关的参观活动。

第二十九条 凡承担国家或部门重大科技项目的主要科技人员,在任务尚未结束之前,原则上不得调离、出国定居或辞职;被确定为国家技术秘密的涉密人员,须经确定密级的主管部门批准,并由单位对其进行保密审查,并签署保密责任承诺书后,方可调离、出国定居或辞职。

各类人员在办理离退休或调动、辞职、出国定居手续前,须交回属于单位的全部资料、实验数据、仪器设备、样品等,否则不予办理。

第三十条 单位应当实行知识产权保证书制度,与有关人员签订知识产权保证书,履行保护本单位知识产权的义务。

对单位技术权益和经济利益有重要影响的科技、管理或相关业务人员(包括离、退休人员),单位应在劳动聘用合同或者保密协议中约定竞业限制条款。约定在限制期限内,不得在生产同类产品或经营同类业务且有竞争关系的其它单位任职,或者自己生产、经营与原单位有竞争关系的同类产品或业务,限制期不应超过三年。

第三十一条 行政管理人员,对其业务范围内所涉及的技术秘密或不宜公开的信息负有保密责任,不得非法使用或透露给第三方。

第三十二条 参加项目鉴定、评审、评估、验收工作的专家及相关人员,未经项目单位或个人同意,不得擅自披露、使用或向他人提供、转让有关项目的技术资料、文件或商业秘密。

第三十三条 单位应设有知识产权保护专项费用(或拨出专款,或从单位技术转让收益中提取),用于知识产权管理、培训,补助专利申请、审查、维持,商标注册、续展,知识产权诉讼及竞业限制等项开支。

第五章 奖 惩

第三十四条 单位应按照国家有关规定,对职务发明创造者或被认定为职务技术秘密项目的完成者给予表彰、奖励或报酬,并作为考核其能力、业绩的重要指标之一。

第三十五条 对于在知识产权形成、科技成果转化及知识产权保护、管理工作中有突出贡献的,或有效制止侵权、维护单位知识产权合法权益、成绩显著的人员,各单位应给予表彰奖励。

第三十六条 单位将其知识产权或职务发明创造、职务技术成果自行产业化、自行实施的，单位应当在成功投产后连续三至五年从实施该项目所取得的年净收入中提取不低于5%的比例，奖励对完成该项目及对其产业化作出重要贡献的人员；单位将其知识产权或职务发明创造、职务技术成果进行转让，或者许可他人实施的，应从取得的净收入中，提取不低于30%的比例，奖励项目完成人员和转化有功人员。

采用股份制形式的单位科技企业，或者主要以技术向其它股份制企业投资人股的单位，可以将在科技成果研究、开发、转化中做出重要贡献的有关人员的报酬或奖励，接国家规定折算为股份份额或出资比例分享收益。

第三十七条 违反本规定，对科研、开发项目完成后不按时归档，资料不全或拒不归档的，要追究项目负责人和当事人的责任。情节严重的，不予受理成果鉴定及申报奖励，业务考核和提职晋级扣分以及其它处分。

第三十八条 违反本规定，擅自将属于单位的科技成果或信息泄露、发表、使用或转让的，或涉及单位重大利益的保密科技项目有关人员拒不与单位签定保密协议的，单位有权不予聘用、延期晋级、通报批评等，并有权要求经济赔偿。

第三十九条 违反本规定，未经批准擅自离职，对单位工作造成影响或造成损害的，单位有权拒绝办理各种手续。拒绝开具各种证明，并有权要求经济赔偿。

第四十条 违反本规定，借工作、职务之便，未经当事人许可，擅自披露、使用或向他人提供、转让有关技术资料、文件或商业秘密的，所在单位应视情节轻重，给予行政处分。

第六章 附　　则

第四十一条 本规定由卫生部负责解释。

第四十二条 本规定自公布之日起实施。

交通行业知识产权管理办法（试行）

1. 2003年11月18日交通部发布

2. 交科教发〔2003〕496号

第一章 总　　则

第一条 为规范交通行业知识产权工作，加强交通行业对知识产权的管理、保护和利用，鼓励发明创造，促进交通科技进步和创新，依据国家有关法律、法规，制定本办法。

第二条 本办法适用于交通行业的企事业单位和社会团体（以下简称单位）。

第三条 交通部主管全国交通行业知识产权保护与管理工作。省级交通行政部门负责本地区交通行业知识产权保护与管理工作。

第四条 本办法涉及的知识产权，是指依照国家有关法律、法规规定或者合同约定，应该属于单位享有的知识产权，包括单位与他人共享的知识产权。包括：

1. 专利权；
2. 商标权；
3. 著作权；
4. 技术秘密及商业秘密；
5. 单位的名号及各种服务标志；
6. 国家颁布的法律、法规所保护的其它智力成果和活动的权利。

第二章 权　　属

第五条 除以保证重大国家利益、国家安全和社会公共利益为目的，并由科技计划项目主管部门与承担单位在合同中明确约定外，执行国家科技计划项目所形成的科技成果的知识产权属于承担单位。

对国家利益或者公共利益具有重大意义的单位拥有知识产权的科技成果，交通部报经国务院有关部门批准，可以决定在批准的范围内推广应用，允许在指定单位实施，由实施单位按照国家有关规定向项目承担单位支付知识产权使用费。

第六条 执行本单位的任务或者主要是利用本单位的物质技术条件所完成的发明创造为职务发明创造。职务发明创造申请专利的权利属于该单位；申请被批准后，该单位为专利权人。发明人或者设计人依法享有在专利文件上署名的权利，获得奖励和报酬的权利。利用本单位的物质技术条件所完成的发明创造，单位与发明人或者设计人订有合同，对申请专利的权利和专利权的归属作出约定的，从其约定。

第七条 以单位名义申请注册的商标和服务标记，其专用权依法归单位所有。

第八条 由单位主持、代表单位意志创作、并由单位承担责任的作品，单位视为作者，著作权属于单位。

为完成单位的工作任务所创作的作品是职务作

品,著作权由作者享有,但单位在其业务范围内对其享有优先使用权。作品完成两年内,未经单位同意,作者不得许可第三人以与单位使用的相同方式使用该作品。

主要利用单位的物质技术条件创作、并由单位承担责任的工程设计图、产品设计图、地图、计算机软件等职务作品,作者享有署名权,著作权的其他权利由单位享有,单位可以给予作者奖励。

第九条 在执行单位任务过程中所产生或形成的、不对外公开的信息,包括工艺参数、工艺技术流程、试验数据、图纸、调研资料、技术诀窍、设计方案、新材料试用情况、用户情况、经营渠道等技术信息和商业信息,属单位所有。

第十条 受单位委派出国讲学、进修、培训、留学等人员,除与接收方另有协议外,在国外完成的发明创造或其它智力劳动成果的知识产权归委派单位;需向外国申请专利的,应当首先申请中国专利。

第十一条 经合法途径接收的培训、进修、离退休返聘、借用及兼职人员,在学习或工作期间,利用接收单位物质技术条件完成的发明创造或技术成果,所形成的知识产权归接收单位,完成者享有署名、获得奖励和报酬的权利。

第十二条 合作开发所完成的发明创造或技术成果,除合同另有约定外,所形成的知识产权由合作各方共享。

第十三条 委托开发所完成的发明创造或技术成果,其权属按研究开发方与委托方合同约定划分。

第十四条 单位变更、终止时,其知识产权,依法由承受其权利义务的法人单位享有。若无承受其权利义务的法人单位的,则由国家享有。

第十五条 知识产权权属不清或有争议的,应依法进行界定。

第三章 职 责

第十六条 交通部及省级交通行政部门在交通行业知识产权保护和管理工作中负有下列主要职责:

1. 贯彻执行国家知识产权法律、法规,研究制定本行业、本部门知识产权工作的方针、政策和规划,指导、监督、检查有关单位的知识产权保护和管理工作;

2. 宣传普及有关知识产权法律知识,培训知识产权管理人员,增强各单位知识产权保护意识和能力;

3. 调解或协助有关部门调处本行业、本部门内发生的知识产权争议和纠纷;

4. 负责交通行业国家和地区各类计划项目的知识产权管理;

5. 依照有关法律、法规,归口管理国家秘密技术。

第十七条 各单位应明确分管领导和归口管理部门,负责知识产权管理工作,其主要职责是:

1. 宣传和组织职工学习知识产权的法律和法规;交通院校应当开设有关知识产权的选修课程,有条件的院校,可开设必修课程;

2. 落实执行交通行业知识产权管理办法,结合本单位实际情况,建立和完善本单位各项有关知识产权的具体规章制度;开展本单位知识产权战略研究,制定知识产权工作规划并组织实施;

3. 负责本单位的专利、商标、著作权管理,组织有关的无形资产评估,技术秘密认定,协助处理知识产权纠纷、诉讼等有关法律事宜;

4. 保护本单位知识产权的法律地位和经济权益;

5. 参与洽谈、审核本单位涉及有关知识产权内容的各类合同、协议,并进行监督。

第四章 管 理

第十八条 单位应当建立和完善知识产权管理制度,有知识产权归口管理部门或有专人负责知识产权事务。应设有知识产权管理和保护的专项费用(或拨出专款,或从单位技术转让收益中提取),用于知识产权管理、保护、培训,补助专利申请、审查、维持,商标注册、续展,知识产权诉讼及竞业限制等项开支。

第十九条 单位申请承担科研项目时,须进行专利及相关文献检索,拟定自主知识产权目标,并提交知识产权可行性分析报告;项目执行过程中,项目承担单位须根据相关领域知识产权的发展动态,及时调整研究策略和措施,防止知识产权侵权,避免重复研究。

第二十条 单位应当建立本单位的知识产权信息数据库,完善信息获取手段,培训信息检索与分析人员。

第二十一条 单位必须建立和完善相应的制度,做好研究、开发各阶段技术资料的归档、保存及使用管理。研究、开发过程中,要做好技术资料记录、保管工作,确保原始资料的完整。项目完成后,必须将实验数据、记录、工作底稿、图纸、声像等技术资料收齐,按各研究阶段整理送技术档案管理部门登记、归档。

第二十二条 建立职工发明创造申报制度,对在研究、设计、开发和中试、生产、经营过程中形成的科技成果,应及时向单位的知识产权归口管理部门申报,提出拟保护的内容，知识产权归口管理部门应对拟保护的内容进行评估，确定应采取的保护措施。

第二十三条 建立论文发表的前置登记审查制度，对有可能申请专利的职务发明创造，在申请前任何人不得以任何形式公开(《专利法》规定的不丧失新颖性的情况除外)；对不宜申请专利的职务发明创造，应作为单位的技术秘密或商业秘密予以保护。

第二十四条 科研项目的承担单位应对其所有的科技计划项目研究成果采取必要措施，依法申请相关知识产权并加以管理和保护，对侵犯其知识产权的违法行为，有责任寻求法律手段予以制止。

知识产权归口管理部门应对科研项目执行中形成的资料、数据的保管和使用，专利申请、软件登记等成果保护措施的履行进行检查。

科技计划项目的行政主管部门负责对科研项目知识产权管理情况进行监督，有权对项目承担单位的知识产权工作随时进行检查。

对于科研项目的承担单位无正当理由不采取或者不适当采取知识产权保护措施，以及无正当理由在一定期限内确能转化而不转化应用科技计划项目研究成果的，科技计划项目的行政主管部门可以依法另行决定相关研究成果的知识产权归属，并以完成成果的科技人员为优先受让人。

第二十五条 在职、离退休留用、借调、进修、培训人员或在校学生，有与本单位的科研内容或经营内容相关的非职务发明创造，在进行专利申请、转让、使用、许可前，或有涉及本单位技术权益的非职务作品，在进行登记、发表、出售前，应当事先向所在单位的知识产权归口管理部门申报。知识产权归口管理部门在接到申报后30个工作日内，提出书面审核意见，通知申报者本人，并进行备案。过期未通知申报人的，则视为认可。与单位无关的非职务发明创造，或非职务作品，也可以告知单位知识产权归口管理部门进行登记备案，以避免纠纷。

第二十六条 批量产品必须按规定使用注册商标，单位应当注册服务标记。

第二十七条 为了避免侵权或失权，在引进或出口技术时，应对输出国或输入国有关该项技术的知识产权法律状况和技术状况进行检索、核查，结果报知识产权归口管理部门，以制定保护措施。

第二十八条 单位在签订专利技术许可或转让合同、商标许可合同，以及涉及本办法第四条内容的其它合同时，应明确知识产权的权属、保护、收益等条款，经知识产权归口管理部门审查后，由单位法定代表人或其委托代理人签署。

第二十九条 单位在重组联合、建立股份制、股份合作企业、以技术投资入股或合资创办企业，涉及知识产权进行产权交易或许可贸易时，必须根据国家规定委托有资格的评估中介机构进行无形资产价值评估。

第三十条 单位对商业秘密应采取合法有效的保密措施，包括保密制度、保密协议、保密设施。

在职、离退休留用、借调、进修、培训人员或在校学生应自觉维护单位的合法权益，未经单位同意或许可，不得擅自将属于单位的技术成果或信息泄露、发表、使用或转让。

对涉及或可能知悉商业秘密的科技、管理或相关业务人员，单位应与之签订保密协议。对重大科研项目或对单位经济利益具有重大影响的项目，单位可与相关人员另行签订单项保密协议。

第三十一条 建立参观、来访接待制度，除规定参观范围、介绍内容、注意事项外，对涉及技术秘密的研究、实验、生产、制造、保存等重点场所，应当采取专门的防范措施。凡涉及国家科学技术秘密的单位，未经主管部门的批准，不得擅自安排与此相关的参观活动。

第三十二条 凡承担国家或部门重大科技项目的主要科技人员，在任务尚未结束之前，原则上不得调离、出国定居或辞职；被确定为国家技术秘密的涉密人员，须经确定密级的主管部门批准，并由单位对其进行保密审查，并签署保密责任承诺书后，方可调离、出国定居或辞职。

各类人员在办理离退休或调动、辞职、出国定居手续前，须交回属于单位的全部资料、实验数据、仪器设备、样品等，否则不予办理。

第三十三条 单位应当实行知识产权保证书制度，与有关人员签订知识产权保证书，履行保护本单位知识产权的义务。

对单位技术权益和经济利益有重要影响的科技、管理或相关业务人员(包括离、退休人员)，单位应在劳动聘用合同或者保密协议中约定竞业限制条款。约定在限制期限内，不得在生产同类产品或经营同类业务且有竞争关系的其它单位任职，或自己生产、经营与原单位有竞争关系的同类产品或业务，限制期不应超过三年。

第三十四条 行政管理人员,对其业务范围内所涉及的技术秘密或不宜公开的信息负有保密责任,不得非法使用或透露给第三方。

参加项目鉴定、评审、评估、验收工作的专家及相关人员,未经项目单位或有关责任人同意,不得擅自披露、使用或向他人提供、转让有关项目的技术资料、文件或商业秘密。

第五章 奖 惩

第三十五条 单位应按照国家有关规定,对职务发明创造者或被认定为职务技术秘密项目的完成者给予表彰、奖励或报酬,并作为考核其能力、业绩的重要指标之一。

第三十六条 对于在知识产权取得、运用、保护以及知识产权管理工作中有突出贡献的,或有效制止侵权、维护单位知识产权合法权益、成绩显著的人员,各单位应给予表彰奖励。

第三十七条 取得专利权的单位,应对专利发明人或设计人作出的专利及其实施效益定期评价,根据专利法及实施细则的要求,兑现应分配利益与奖励。

被授予专利权后,单位应当自专利权公告之日起3个月内发给发明人或者设计人奖金。一项发明专利的奖金最低不少于2000元;一项实用新型专利或者外观设计专利的奖金最低不少于500元。

发给发明人或者设计人的奖金,企业可以计入成本,事业单位可以从事业费中列支。

单位在专利权有效期限内,实施发明创造专利后,每年应当从实施该项发明或者实用新型专利所得利润纳税后提取不低于2%或者从实施该项外观设计专利所得利润纳税后提取不低于0.2%,作为报酬支付发明人或者设计人;或者参照上述比例,发给发明人或者设计人一次性报酬。

单位许可其他单位或者个人实施其专利的,应当从许可实施该项专利收取的使用费纳税后提取不低于10%作为报酬支付发明人或者设计人。

非专利职务发明创造或技术成果实施转化的,按照科技部等部门下发的《关于促进科技成果转化的若干规定》执行。

第三十八条 违反本办法,对科研、开发项目完成后不按时归档,资料不全或拒不归档的,要追究项目负责人和当事人的责任。情节严重的,不予受理成果鉴定及申报奖励,业务考核和提职晋级扣分以及其它处分。

第三十九条 违反本办法,擅自将属于单位的科技成果或信息泄露、发表、使用或转让的,或涉及单位重大利益的保密科技项目有关人员拒不与单位签定保密协议的,单位有权不予聘用、延期晋级、通报批评等,并有权要求经济赔偿。

第四十条 违反本办法,未经批准擅自离职,对单位工作造成影响或造成损害的,单位有权拒绝办理各种手续,拒绝开具各种证明,并有权要求经济赔偿。

第四十一条 违反本办法,借工作、职务之便,未经当事人许可,擅自披露、使用或向他人提供、转让有关技术资料、文件或商业秘密的,所在单位应视情节轻重,给予行政处分。

第六章 附 则

第四十二条 本办法由交通部负责解释。

第四十三条 本办法自公布之日起实施。

展会知识产权保护办法

1. 2006年1月13日商务部、国家工商行政管理总局、国家版权局、国家知识产权局令第1号公布

2. 自2006年3月1日起施行

第一章 总 则

第一条 为加强展会期间知识产权保护,维护会展业秩序,推动会展业的健康发展,根据《中华人民共和国对外贸易法》、《中华人民共和国专利法》、《中华人民共和国商标法》和《中华人民共和国著作权法》及相关行政法规等制定本办法。

第二条 本办法适用于在中华人民共和国境内举办的各类经济技术贸易展览会、展销会、博览会、交易会、展示会等活动中有关专利、商标、版权的保护。

第三条 展会管理部门应加强对展会期间知识产权保护的协调、监督、检查,维护展会的正常交易秩序。

第四条 展会主办方应当依法维护知识产权权利人的合法权益。展会主办方在招商招展时,应加强对参展方有关知识产权的保护和对参展项目(包括展品、展板及相关宣传资料等)的知识产权状况的审查。在展会期间,展会主办方应当积极配合知识产权行政管理部门的知识产权保护工作。

展会主办方可通过与参展方签订参展期间知识产

权保护条款或合同的形式，加强展会知识产权保护工作。

第五条 参展方应当合法参展，不得侵犯他人知识产权，并应对知识产权行政管理部门或司法部门的调查予以配合。

第二章 投诉处理

第六条 展会时间在3天以上（含3天），展会管理部门认为有必要的，展会主办方应在展会期间设立知识产权投诉机构。设立投诉机构的展会举办地知识产权行政管理部门应当派员进驻，并依法对侵权案件进行处理。

未设立投诉机构的，展会举办地知识产权行政管理部门应当加强对展会知识产权保护的指导、监督和有关案件的处理，展会主办方应当将展会举办地的相关知识产权行政管理部门的联系人、联系方式等在展会场馆的显著位置予以公示。

第七条 展会知识产权投诉机构应由展会主办方、展会管理部门、专利、商标、版权等知识产权行政管理部门的人员组成，其职责包括：

（一）接受知识产权权利人的投诉，暂停涉嫌侵犯知识产权的展品在展会期间展出；

（二）将有关投诉材料移交相关知识产权行政管理部门；

（三）协调和督促投诉的处理；

（四）对展会知识产权保护信息进行统计和分析；

（五）其他相关事项。

第八条 知识产权权利人可以向展会知识产权投诉机构投诉也可直接向知识产权行政管理部门投诉。权利人向投诉机构投诉的，应当提交以下材料：

（一）合法有效的知识产权权属证明：涉及专利的，应当提交专利证书、专利公告文本、专利权人的身份证明、专利法律状态证明；涉及商标的，应当提交商标注册证明文件，并由投诉人签章确认，商标权利人身份证明；涉及著作权的，应当提交著作权权利证明著作权人身份证明；

（二）涉嫌侵权当事人的基本信息；

（三）涉嫌侵权的理由和证据；

（四）委托代理人投诉的，应提交授权委托书。

第九条 不符合本办法第八条规定的，展会知识产权投诉机构应当及时通知投诉人或者请求人补充有关材料。未予补充的，不予接受。

第十条 投诉人提交虚假投诉材料或其他因投诉不实给被投诉人带来损失的，应当承担相应法律责任。

第十一条 展会知识产权投诉机构在收到符合本办法第八条规定的投诉材料后，应于24小时内将其移交有关知识产权行政管理部门。

第十二条 地方知识产权行政管理部门受理投诉或者处理请求的，应当通知展会主办方，并及时通知被投诉人或者被请求人。

第十三条 在处理侵犯知识产权的投诉或者请求程序中，地方知识产权行政管理部门可以根据展会的展期指定被投诉人或者被请求人的答辩期限。

第十四条 被投诉人或者被请求人提交答辩书后，除非有必要作进一步调查，地方知识产权行政管理部门应当及时作出决定并送交双方当事人。

被投诉人或者被请求人逾期未提交答辩书的，不影响地方知识产权行政管理部门作出决定。

第十五条 展会结束后，相关知识产权行政管理部门应当及时将有关处理结果通告展会主办方。展会主办方应当做好展会知识产权保护的统计分析工作，并将有关情况及时报展会管理部门。

第三章 展会期间专利保护

第十六条 展会投诉机构需要地方知识产权局协助的，地方知识产权局应当积极配合，参与展会知识产权保护工作。地方知识产权局在展会期间的工作可以包括：

（一）接受展会投诉机构移交的关于涉嫌侵犯专利权的投诉，依照专利法律法规的有关规定进行处理；

（二）受理展出项目涉嫌侵犯专利权的专利侵权纠纷处理请求，依照专利法第五十七条的规定进行处理；

（三）受理展出项目涉嫌假冒他人专利和冒充专利的举报，或者依职权查处展出项目中假冒他人专利和冒充专利的行为，依据《专利法》第五十八条和第五十九条的规定进行处罚。

第十七条 有下列情形之一的，地方知识产权局对侵犯专利权的投诉或者处理请求不予受理：

（一）投诉人或者请求人已经向人民法院提起专利侵权诉讼的；

（二）专利权正处于无效宣告请求程序之中的；

（三）专利权存在权属纠纷，正处于人民法院的审理程序或者管理专利工作的部门的调解程序之中的；

(四)专利权已经终止,专利权人正在办理权利恢复的。

第十八条 地方知识产权局在通知被投诉人或者被请求人时,可以即行调查取证,查阅、复制与案件有关的文件,询问当事人,采用拍照、摄像等方式进行现场勘验,也可以抽样取证。

地方知识产权局收集证据应当制作笔录,由承办人员、被调查取证的当事人签名盖章。被调查取证的当事人拒绝签名盖章的,应当在笔录上注明原因;有其他人在现场的,也可同时由其他人签名。

第四章 展会期间商标保护

第十九条 展会投诉机构需要地方工商行政管理部门协助的,地方工商行政管理部门应当积极配合,参与展会知识产权保护工作。地方工商行政管理部门在展会期间的工作可以包括:

(一)接受展会投诉机构移交的关于涉嫌侵犯商标权的投诉,依照商标法律法规的有关规定进行处理;

(二)受理符合《商标法》第五十二条规定的侵犯商标专用权的投诉;

(三)依职权查处商标违法案件。

第二十条 有下列情形之一的,地方工商行政管理部门对侵犯商标专用权的投诉或者处理请求不予受理:

(一)投诉人或者请求人已经向人民法院提起商标侵权诉讼的;

(二)商标权已经无效或者被撤销的。

第二十一条 地方工商行政管理部门决定受理后,可以根据商标法律法规等相关规定进行调查和处理。

第五章 展会期间著作权保护

第二十二条 展会投诉机构需要地方著作权行政管理部门协助的,地方著作权行政管理部门应当积极配合,参与展会知识产权保护工作。地方著作权行政管理部门在展会期间的工作可以包括:

(一)接受展会投诉机构移交的关于涉嫌侵犯著作权的投诉,依照著作权法律法规的有关规定进行处理;

(二)受理符合《著作权法》第四十七条规定的侵犯著作权的投诉,根据著作权法的有关规定进行处罚。

第二十三条 地方著作权行政管理部门在受理投诉或请求后,可以采取以下手段收集证据:

(一)查阅、复制与涉嫌侵权行为有关的文件档案、账簿和其他书面材料;

(二)对涉嫌侵权复制品进行抽样取证;

(三)对涉嫌侵权复制品进行登记保存。

第六章 法律责任

第二十四条 对涉嫌侵犯知识产权的投诉,地方知识产权行政管理部门认定侵权成立的,应会同会展管理部门依法对参展方进行处理。

第二十五条 对涉嫌侵犯发明或者实用新型专利权的处理请求,地方知识产权局认定侵权成立的,应当依据《专利法》第十一条第一款关于禁止许诺销售行为的规定以及《专利法》第五十七条关于责令侵权人立即停止侵权行为的规定作出处理决定,责令被请求人从展会上撤出侵权展品,销毁介绍侵权展品的宣传材料,更换介绍侵权项目的展板。

对涉嫌侵犯外观设计专利权的处理请求,被请求人在展会上销售其展品,地方知识产权局认定侵权成立的,应当依据《专利法》第十一条第二款关于禁止销售行为的规定以及第五十七条关于责令侵权人立即停止侵权行为的规定作出处理决定,责令被请求人从展会上撤出侵权展品。

第二十六条 在展会期间假冒他人专利或以非专利产品冒充专利产品,以非专利方法冒充专利方法的,地方知识产权局应当依据《专利法》第五十八条和第五十九条规定进行处罚。

第二十七条 对有关商标案件的处理请求,地方工商行政管理部门认定侵权成立的,应当根据《商标法》、《商标法实施条例》等相关规定进行处罚。

第二十八条 对侵犯著作权及相关权利的处理请求,地方著作权行政管理部门认定侵权成立的,应当根据《著作权法》第四十七条的规定进行处罚,没收、销毁侵权展品及介绍侵权展品的宣传材料,更换介绍展出项目的展板。

第二十九条 经调查,被投诉或者被请求的展出项目已经由人民法院或者知识产权行政管理部门作出判定侵权成立的判决或者决定并发生法律效力的,地方知识产权行政管理部门可以直接作出第二十六条、第二十七条、第二十八条和第二十九条所述的处理决定。

第三十条 请求人除请求制止被请求人的侵权展出行为之外,还请求制止同一被请求人的其他侵犯知识产权行为的,地方知识产权行政管理部门对发生在其管辖地域之内的涉嫌侵权行为,可以依照相关知识产权法律法规以及规章的规定进行处理。

第三十一条 参展方侵权成立的,展会管理部门可依法对有关参展方予以公告;参展方连续两次以上侵权行为成立的,展会主办方应禁止有关参展方参加下一届展会。

第三十二条 主办方对展会知识产权保护不力的,展会管理部门应对主办方给予警告,并视情节依法对其再次举办相关展会的申请不予批准。

第七章 附 则

第三十三条 展会结束时案件尚未处理完毕的,案件的有关事实和证据可经展会主办方确认,由展会举办地知识产权行政管理部门在15个工作日内移交有管辖权的知识产权行政管理部门依法处理。

第三十四条 本办法中的知识产权行政管理部门是指专利、商标和版权行政管理部门;本办法中的展会管理部门是指展会的审批或者登记部门。

第三十五条 本办法自2006年3月1日起实施。

关于国际科技合作项目知识产权管理的暂行规定

1. 2006年11月29日科学技术部发布
2. 国科发外字〔2006〕479号

为贯彻落实《中共中央、国务院关于实施科技规划纲要,增强自主创新能力的决定》(中发〔2006〕4号)和《国家中长期科学和技术发展规划纲要(2006－2020年)》的精神,进一步加强国际科学技术合作中的知识产权管理和保护,保障合作各方的知识产权权益,制定本规定。

一、在国际科技合作协定、协议的磋商谈判以及国际科技合作项目的申请立项、组织实施、评估验收、监督检查等各项工作中全面加强知识产权管理和保护。

负责或者参与国际科技合作协定、协议以及国际科技合作项目谈判、管理和实施的各有关单位和个人,应按照本规定的要求,认真履行知识产权相关工作职责,切实做好国际科技合作项目的知识产权管理和保护工作。

二、本规定适用于下列国际科技合作项目:

1. 由科学技术部代表中国政府与其他外国政府或者国际组织签订并由科学技术部负责组织实施的政府间国际科技合作协定下所列的政府间国际科技合作项目;

2. 由国务院有关部门与外国政府部门签订的部门间科技合作协议以及省级人民政府与外国州级政府签订的省州间国际科技合作协议下所列的国际科技合作项目;

3. 国家科研计划以及其他由政府财政资金资助设立的国际科技合作项目。

三、科学技术部归口管理全国的国际科技合作知识产权管理和保护工作。国务院其他有关部门、各省级人民政府负责由本部门、本地区组织实施的国际科技合作项目的知识产权管理和保护工作。

四、国务院各有关部门、各省级人民政府及其授权或委托负责项目组织实施管理的机构(以下统称“项目管理部门”)应当采取有效措施,指导企业、科研院所、高等院校做好国际科技合作项目中的知识产权保护和管理工作,合理安排与其他合作方的知识产权关系,妥善处理合作过程中出现的知识产权问题,加快形成具有自主知识产权的科研成果。

五、国际科技合作项目的承担单位(以下简称“项目承担单位”)应当建立和完善知识产权管理制度,加大知识产权工作经费投入,设立专门的知识产权工作机构、配备专门人员或者委托知识产权中介服务机构负责项目的知识产权管理和保护工作,提高处理国际科技合作项目所涉知识产权事务的能力和水平,有效维护我方的合法权益。

六、处理国际科技合作中的知识产权问题应遵循平等互利、尊重协议、信守承诺的原则,遵守我国相关知识产权法律法规以及我国参加或与合作国签订的有关知识产权保护的国际公约或双边条约。

七、负责政府间国际科技合作协定或者部门间、省州间国际科技合作协议以及国际科技合作项目谈判的有关单位,应当根据拟开展国际科技合作的领域、项目等具体情况,自行或者委托知识产权中介机构、专家研究提出有关知识产权方面的谈判原则和具体方案,作为谈判和确定国际科技合作中所涉知识产权问题的参考依据之一。

八、在签订政府间国际科技合作协定或者部门间、省州间国际科技合作协议时,应按照本规定的要求,对国际科技合作所涉知识产权问题做出事先安排,通过与外国合作方进行协商,达成知识产权条款或者专门的知识产权协议,明确研究成果的知识产权归属和利用等方面的基本原则,确保我国能够有效掌握、合理分享合作研究成果及其知识产权权益。

九、对于必须掌握自主知识产权或者有明确技术指标要求的国际科技合作项目,国际科技合作项目申请单位要在项目建议书中写明项目计划达到的知识产权具体目标、与外方合作的内容以及知识产权分享与利用的方案,包括通过研究开发所能获取的知识产权的类型、数量及其获得的阶段,并附知识产权检索分析依据。

十、项目管理部门应当将知识产权管理制度建立、知识产权工作机构设置、知识产权工作经费配备等情况作为遴选和确定国际科技合作项目及项目承担单位的重要指标之一,并在与项目承担单位签署的任务书或项目合同书中明确约定该项目的知识产权具体目标、保护方式、中方与外国合作方的权利归属与分享以及项目承担单位的管理职责等事项。

十一、项目承担单位在与外国合作方签订项目合作协议时,应按照本规定在项目合作协议中设立知识产权专门条款或者双方另行签署专门的知识产权协议,对合作中所涉及或产生的知识产权归属及权益分配、违约责任、争议处理等知识产权事项做出具体约定,并按照原项目申请渠道报项目管理部门备案。

项目实施过程中,以付薪金方式聘请来华的外国专家,在华工作期间作出的智力劳动成果,应当约定其知识产权属于聘请单位,成果完成人享有身份权和荣誉权。项目承担单位需要派遣人员赴外国合作方进行研究的,应当与出国人员签订保密协议,确保国家秘密及本单位的技术秘密不向外泄密。

十二、国际科技合作项目实施过程中,项目承担单位要按照本规定以及与项目管理单位签署的任务书或项目合同书中的有关要求,切实履行知识产权管理职责,采取必要的知识产权管理措施,及时履行知识产权申请、注册、登记等保护手续,使项目实施各阶段所产生的各种形式的研究成果能够及时、准确、有效地得到保护。

十三、项目管理部门组织项目验收时,应根据需要吸收知识产权专家或者委托知识产权中介机构,以任务书、项目合同书或合作协议中约定的知识产权目标和管理职责为依据,对项目的知识产权管理和保护情况做出评价。

十四、国际科技合作研究成果,按照合作各方在合作协议的约定确定有关知识产权的归属。其申请专利等知识产权的权利一般属于合作各方单位共有,并可以按照下列原则办理:

1. 各方合作单位在本国领土内代表全体合作方申请专利、以及在获得专利后许可他人实施该项专利,由此获得的经济利益,应按协议约定的比例分配。

2. 申请专利时成果完成人的名次排列,应当按照成果完成者的贡献大小确定。难以分清贡献大小时,在本国领土内申请专利的,可以本方成果完成人为第一完成人,在第三国申请专利权,由双方协商决定,或以负担专利申请费与维持费一方的成果完成人为第一完成人。

3. 合作各方如有一方声明放弃专利申请权,另一方可以单独申请,或者由其他各方共同申请。成果被授予专利权以后,放弃专利申请权的一方可以免费实施该项专利。

4. 合作各方中,一方不同意申请专利的,如理由充分,另一方或者其他各方不应申请专利。

5. 合作各方中任何一方向第三方转让共有的专利申请权或共有的专利权时,应当通知其他合作方,合作的其他各方有优先受让的权利。

6. 合作方中任何一方同第三方订立专利实施许可合同,应事先征得其他各方的同意,并由合作各方共同确定专利使用费标准。由此产生的经济利益,合作各方应当根据协议规定,合理分享。

7. 确定专利使用费分享的比例时,应当考虑各方在合作中所提供的人力、资金、仪器、设备、情报资料等物质条件多少等因素。

十五、国际科技合作项目所产生的研究成果及其形成的知识产权中属于中方的部分,除涉及国家安全、国家利益和重大社会公共利益以及任务书、项目合同书或合作协议中另有约定的以外,依照《关于国家科研计划项目研究成果知识产权管理若干规定》(国办发〔2002〕30号)授予项目承担单位。特定情况下,国家根据需要保留无偿使用、开发、使之有效利用和获取收益的权利。

项目承担单位可以依法自主决定实施、许可他人实施、转让、作价入股等,并取得相应的收益。但是,研究成果及知识产权需要向国外转让的,应当按照原项目申请渠道报请项目管理部门同意。

十六、国际科技合作项目的承担单位可在课题经费预算中申请列支相关知识产权事务费,用于课题研究开发过程中中方需要支付的专利申请及其他知识产权事务等费用。

十七、国际科技合作项目所产生的研究成果取得相关知识产权后，项目承担单位应当在收到专利证书、植物新品种权登记证书、软件登记证、商标注册证等确权证明文件后的一个月内，将所取得知识产权的有关情况书面报告项目管理部门。

十八、对国际科技合作项目执行过程中出现的知识产权纠纷，项目承担单位应当在纠纷处理完毕后的一个月内，将有关处理情况书面报告项目管理部门。

十九、项目管理部门负责对国际科技合作项目承担单位的知识产权管理和保护情况进行监督检查。

项目承担单位违反本规定的，项目管理部门依照法定权限，分别情况责令改正、给予警告、通报批评、终止项目合同、追回已拨经费、一定时限内不接受其承担国际科技合作项目的申请；构成违纪的，建议有关部门给予纪律处分；构成犯罪的，依法移送司法机关追究刑事责任。

二十、国务院各有关部门、各省级人民政府根据本规定要求，依照法定权限制定必要的实施细则或者具体管理措施。

二十一、未列入本规定第二条的其它各类国际科技合作项目以及国家科研计划项目中需要进行国际科技合作与交流的，应当参照本规定加强知识产权的管理和保护。

二十二、本规定自发布之日起施行。

国家科技重大专项知识产权管理暂行规定

1. 2010年7月1日科学技术部、国家发展和改革委员会、财政部、国家知识产权局发布

2. 国科发专〔2010〕264号

3. 自2010年8月1日起施行

第一章 总 则

第一条 为了在国家科技重大专项（以下简称“重大专项”）中落实知识产权战略，充分运用知识产权制度提高科技创新层次，保护科技创新成果，促进知识产权转移和运用，为培育和发展战略性新兴产业，解决经济社会发展重大问题提供知识产权保障，根据《科学技术进步法》、《促进科技成果转化法》、《专利法》等法律法规和《国家科技重大专项管理暂行规定》的有关规定，制定本规定。

第二条 本规定适用于《国家中长期科学和技术发展规划纲要（2006－2020年）》所确定的重大专项的知识产权管理。

本规定所称知识产权，是指专利权、计算机软件著作权、集成电路布图设计专有权、植物新品种权、技术秘密。

第三条 组织和参与重大专项实施的部门和单位应将知识产权管理纳入重大专项实施全过程，掌握知识产权动态，保护科技创新成果，明晰知识产权权利和义务，促进知识产权应用和扩散，全面提高知识产权创造、运用、保护和管理能力。

第二章 知识产权管理职责

第四条 科学技术部、国家发展和改革委员会、财政部（以下简称“三部门”）作为重大专项实施的综合管理部门，负责制定重大专项知识产权管理制度和政策，对重大专项实施中的重大知识产权问题进行统筹协调和宏观指导，监督检查各重大专项的知识产权工作落实情况。

国家知识产权局和相关知识产权行政管理部门，有效运用专业人才和信息资源优势，加强对重大专项知识产权工作的业务指导和服务。

第五条 重大专项牵头组织单位在专项领导小组领导下，全面负责本重大专项知识产权工作：

（一）制定符合本重大专项科技创新和产业化特点的知识产权战略；

（二）制定和落实本重大专项知识产权管理措施；

（三）建立知识产权工作体系，落实有关保障条件；

（四）对重大成果的知识产权保护、管理和运用等进行指导和监督；

（五）建立重大专项知识产权专题数据库，推动知识产权信息共享平台建设，建立重大专项知识产权预警机制；

（六）推动和组织实施标准战略，研究提出相关标准中的知识产权政策。

各重大专项实施管理办公室应当设立专门岗位、配备专门人员负责本重大专项知识产权工作。

重大专项领导小组和牵头组织单位可以根据需要，委托知识产权服务机构对本重大专项知识产权战略制定和决策提供咨询和服务。

第六条 重大专项专职技术责任人带领总体组,负责组织开展知识产权战略分析,提出技术方向和集成方案设计中的知识产权策略建议,对成果产业化可能产生的知识产权问题进行预测评估并提出对策建议,对项目(课题)的知识产权工作予以技术指导。

各重大专项总体组应当有知识产权专家或指定专家专门负责知识产权工作。

第七条 项目(课题)责任单位针对项目(课题)任务应履行以下知识产权管理义务:

(一)提出项目(课题)知识产权目标,并纳入项目(课题)合同管理;

(二)制定项目(课题)知识产权管理工作计划与流程,将知识产权工作融入研究开发、产业化的全过程;

(三)指定专人具体负责项目(课题)知识产权工作,根据需要委托知识产权服务机构对项目(课题)知识产权工作提供咨询和服务;

(四)组织项目(课题)参与人员参加知识产权培训,保证相关人员熟练掌握和运用相关的知识产权知识;

(五)履行本规定提出的各项知识产权管理义务,履行信息登记和报告义务,积极推进知识产权的运用。

各项目(课题)知识产权工作实行项目(课题)责任单位法定代表人和项目(课题)组长负责制。因未履行本规定提出的义务,造成知识产权流失或其他损失的,由重大专项领导小组、牵头组织单位根据本规定追究法定代表人和项目(课题)组长的相应责任。

第八条 参与项目(课题)实施的研究和管理人员应当提高知识产权意识,遵守知识产权管理制度,协助做好相关知识产权工作。

因违反相关规定造成损失的,应当承担相应责任。

第九条 重大专项实施过程中,应充分发挥知识产权代理、信息服务、战略咨询、资产评估等中介服务机构的作用,加强重大专项知识产权保护,完善知识产权战略,促进重大专项科技成果及其知识产权的应用和扩散。

知识产权中介服务机构应当恪守职业道德,认真履行职责,最大限度地保护国家利益和委托人利益。

第三章 重大专项实施过程中的知识产权管理

第十条 牵头组织单位在编制五年实施计划时,应当组织开展知识产权战略研究,对本重大专项重点领域的国内外知识产权状况进行分析,分析结果作为制定五年实施计划、年度计划、项目(课题)申报指南等的重要参考。

本条第一款规定的知识产权分析内容包括本重大专项技术领域的知识产权分布和保护态势、主要国家和地区同行业的关键技术及其知识产权保护范围、对我国相关产业研究开发和产业化的影响、本重大专项研究开发和产业化的知识产权对策等。

第十一条 项目(课题)申报单位提交申请材料时,应提交本领域核心技术知识产权状况分析,内容包括分析的目标、检索方式和路径、知识产权现状和主要权利人分布、本单位相关的知识产权状况、项目(课题)的主要知识产权目标和风险应对策略及其对产业的影响等。

项目(课题)申报单位拟在研究开发中使用或购买他人的知识产权时,应当在申请材料中作出说明。

牵头组织单位对项目(课题)申报单位的知识产权状况分析内容进行抽查论证。项目(课题)申报单位的知识产权状况分析弄虚作假的,取消其项目(课题)申报资格。

第十二条 牵头组织单位应把知识产权作为立项评审的独立评价指标,合理确定其在整个评价指标体系中的权重。

牵头组织单位应聘请知识产权专家参加评审,并根据需要委托知识产权服务机构对同一项目(课题)申请者的知识产权目标及其可行性进行汇总和评估,评估结果作为项目评审的重要依据。

第十三条 对批准立项的项目(课题),牵头组织单位和项目(课题)责任单位应当在任务合同书中明确约定知识产权任务和目标。

对多个单位共同承担的项目(课题),各参与单位应当就研究开发任务分工和知识产权归属及利益分配签订协议。

第十四条 项目(课题)责任单位在签订子课题或委托协作开发协议时,应当在协议中明确各自的知识产权权利和义务。

第十五条 项目(课题)实施过程中,责任单位应密切跟踪相关技术领域的知识产权及技术标准发展动态,据此按照有关程序对项目(课题)的研究策略及知识产权措施及时进行相应调整。

在项目实施过程中,如发现因知识产权受他人制约等情况而无法实现项目(课题)目标,需对研究方案和技术路线等进行重大调整的,项目(课题)责任单位应及时报牵头组织单位批准。项目(课题)责任单位未进行知识产权跟踪分析或对分析结果故意隐瞒不报造成预期目标无法实现的,由重大专项领导小组、牵头组织单位根据各自职责予以通报批评、限期改正、缓拨项目经费、终止项目合同、追回已拨经费、取消承担重大专项项目(课题)资格等处理。

牵头组织单位发现本重大专项所涉及的领域发生重大知识产权事件,对重大专项实施带来重大风险的,应当及时进行分析评估,制定对策,调整布局,并按规定报批。

第十六条 各重大专项应当建立本领域知识产权专题数据库,作为重大专项管理信息系统的重要组成部分,向项目(课题)责任单位开放使用。鼓励项目(课题)责任单位和其他机构开发的与本领域密切相关的知识产权信息纳入重大专项管理信息系统,按照市场机制向项目(课题)责任单位开放使用。

第十七条 项目(课题)责任单位在提交阶段报告和验收申请报告中应根据要求报送知识产权信息,内容包括知识产权类别、申请号和授权(登记)号、申请日和授权(登记)日、权利人、权利状态等。

第十八条 牵头组织单位应定期对本重大专项申请和获取的知识产权总体情况进行评估分析,跟踪比较国内外发展态势,研究提出下一阶段知识产权策略。

第十九条 在三部门、重大专项领导小组组织开展的监测评估中,应当对各重大专项知识产权战略制定情况、项目(课题)评审知识产权工作落实情况、知识产权工作体系和制度建设情况、项目(课题)责任单位知识产权管理状况、项目(课题)知识产权目标完成情况、所取得知识产权的维护、转化和运用情况进行调查分析,做出评估判断,提出对策建议。

第二十条 知识产权情况是重大专项验收的重要内容之一。

项目(课题)验收报告应包含知识产权任务和目标完成情况、成果再开发和产业化前景预测。未完成任务合同书约定的知识产权目标的,项目(课题)责任单位应当予以说明。

牵头组织单位进行项目(课题)验收评价时,应当以任务合同书所约定的知识产权目标和考核指标为依据,对项目(课题)知识产权任务和目标完成、保护及运用情况做出明确评价。

三部门组织的验收中,各重大专项应当对本重大专项知识产权任务完成情况、对产业发展的影响等予以说明。

第二十一条 参与重大专项实施的各主体在进行知识产权分析、知识产权评估、项目(课题)知识产权验收等环节,应当充分发挥知识产权行政管理部门业务指导作用。

第四章 知识产权的归属和保护

第二十二条 重大专项产生的知识产权,其权利归属按照下列原则分配:

(一)涉及国家安全、国家利益和重大社会公共利益的,属于国家,项目(课题)责任单位有免费使用的权利。

(二)除第(一)项规定的情况外,授权项目(课题)责任单位依法取得,为了国家安全、国家利益和重大社会公共利益的需要,国家可以无偿实施,也可以许可他人有偿实施或者无偿实施。

项目(课题)任务合同书应当根据上述原则对所产生的知识产权归属做出明确约定。

属于国家所有的知识产权的管理办法另行规定。牵头组织单位或其指定机构对属于国家所有的知识产权负有保护、管理和运用的义务。

第二十三条 子课题或协作开发形成的知识产权的归属按照本规定第二十二条第一款的规定执行。项目(课题)责任单位在签订子课题或协作开发任务合同时,应当告知子课题和协作开发任务的承担单位国家对该项目(课题)知识产权所拥有的权利。上述合同内容与国家保留的权利相冲突的,不影响国家行使相关权利。

第二十四条 论文、学术报告等发表、发布前,项目(课题)责任单位要进行审查和登记,涉及到应当申请专利的技术内容,在提出专利申请前不得发表、公布或向他人泄漏。未经批准发表、发布或向他人泄漏,使研究成果无法获得专利保护的,由重大专项领导小组、牵头组织单位根据各自职责追究直接责任人、项目(课题)组长、法定代表人的责任。

第二十五条 对项目(课题)产生的科技成果,项目(课题)责任单位应当根据科技成果特点,按照相关法律法规的规定适时选择申请专利权、申请植物新品种权、进行著作权登记或集成电路布图设计登记、作为技术秘密等适当方式予以保护。

对于应当申请知识产权并有国际市场前景的科技成果,项目(课题)责任单位应当在优先权期限内申请国外专利权或者其他知识产权。

项目(课题)责任单位不申请知识产权保护或者不采取其他保护措施时,牵头组织单位认为有必要采取保护措施的,应书面督促项目(课题)责任单位采取相应的措施,在其仍不采取保护措施的情况下,牵头组织单位可以自行申请知识产权或者采取其他相应的保护措施。

第二十六条 对作为技术秘密予以保护的科技成果,项目(课题)责任单位应当明确界定、标识予以保护的技术信息及其载体,采取保密措施,与可能接触该技术秘密的科技人员和其他人员签订保密协议。涉密人员因调离、退休等原因离开单位的,仍负有协议规定的保密义务,离开单位前应当将实验记录、材料、样品、产品、装备和图纸、计算机软件等全部技术资料交所在单位。

第二十七条 项目(课题)责任单位应当对重大专项知识产权的发明人、设计人或创作者予以奖励。被授予专利权的项目(课题)责任单位应当依照专利法及其实施细则等法律法规的相关规定对职务发明创造的发明人、设计人或创作者予以奖励。

第二十八条 权利人拟放弃重大专项产生或购买的知识产权的,应当进行评估,并报牵头组织单位备案。未经评估放弃知识产权或因其他原因导致权利失效的,由重大专项领导小组、牵头组织单位根据各自职责对项目(课题)责任单位及其责任人予以通报批评,并责令其改进知识产权管理工作。

第二十九条 项目(课题)责任单位可以在项目(课题)知识产权事务经费中列支知识产权保护、维护、维权、评估等事务费。

项目(课题)验收结题后,项目(课题)责任单位应当根据需要对重大专项产生的知识产权的申请、维持等给予必要的经费支持。

第五章　知识产权的转移和运用

第三十条 重大专项牵头组织单位、知识产权权利人应积极推动重大专项产生的知识产权的转移和运用,加快知识产权的商品化、产业化。

第三十一条 重大专项产生的知识产权信息,在不影响知识产权保护、国家秘密和技术秘密保护的前提下,项目(课题)责任单位应当广泛予以传播。

项目(课题)责任单位、被许可人或受让人就项目(课题)产生的科技成果申请知识产权、进行发表或转让的,应当注明"国家科技重大专项资助"。

第三十二条 鼓励项目(课题)责任单位将获得的自主知识产权纳入国家标准,并积极参与国际标准制定。

第三十三条 重大专项产生的知识产权,应当首先在境内实施。许可他人实施的,一般应当采取非独占许可的方式。

知识产权转让、许可出现下列情形之一的,应当报牵头组织单位审批。牵头组织单位为企业的,应报专项领导小组组长单位审批。

(一)向境内机构或个人转让或许可其独占实施;

(二)向境外组织或个人转让或许可的;

(三)因并购等原因致使权利人发生变更的。

向境外组织或个人转让或许可的,经批准后,还应依照《中华人民共和国技术进出口管理条例》执行。

知识产权转让、许可主体为执行事业单位财务和会计制度的事业单位,或执行《民间非盈利组织会计制度》的社会团体及民办非企业单位的,按照《事业单位国有资产管理暂行办法》(财政部令第 36 号)规定执行。

第三十四条 重大专项产生的知识产权,各项目(课题)责任单位应当首先保证其它项目(课题)责任单位为了重大专项实施目的的使用。

项目(课题)责任单位为了重大专项研究开发目的,需要集成使用其它项目(课题)责任单位实施重大专项产生和购买的知识产权时,相关知识产权权利人应当许可其免费使用;为了重大专项科技成果产业化目的的使用时,相关知识产权权利人应当按照平等、合理、无歧视原则许可其实施。

项目(课题)责任单位为了研究开发目的而获得许可使用他人的知识产权时,应当在许可协议中约定许可方有义务按照平等、合理、无歧视原则授予项目(课题)责任单位为了产业化目的的使用。

第三十五条 对重大专项产生和购买的属于项目(课题)责任单位的知识产权,有下列情形之一,牵头组织单位可以依据本规定第二十二条第一款第(二)项的规定,要求项目(课题)责任单位以合理的条件许可他人实施;项目(课题)责任单位无正当理由拒绝许可的,牵头组织单位可以决定在批准的范围内推广使用,允许指定单位一定时期内有偿或者无偿实施：

（一）为了国家重大工程建设需要；

（二）对产业发展具有共性、关键作用需要推广应用；

（三）为了维护公共健康需要推广应用；

（四）对国家利益、重大社会公共利益和国家安全具有重大影响需要推广应用。

获得指定实施的单位不享有独占的实施权。取得有偿实施许可的，应当与知识产权权利人商定合理的使用费。

第三十六条 国家知识产权局可以根据专利法及其实施细则和《集成电路布图设计保护条例》的相关规定，给予实施重大专项产生的发明专利、实用新型专利和集成电路布图设计的强制许可或者非自愿许可。

第三十七条 项目（课题）责任单位许可或转让重大专项产生的知识产权时，应当告知被许可人或受让人国家拥有的权利。许可和转让协议不得影响国家行使相关权利。

第三十八条 鼓励项目（课题）责任单位以科技成果产业化为目标，按照产业链建立产业技术创新战略联盟，通过交叉许可、建立知识产权分享机制等方式，加速科技成果在产业领域应用、转移和扩散，为产业和社会发展提供完整的技术支撑和知识产权保障。

按照产业链不同环节部署项目（课题）的重大专项，牵头组织单位应当推动建立产业技术创新战略联盟。

第三十九条 在项目结束后五年内，项目（课题）责任单位或重大专项知识产权被许可人或受让人应当根据重大专项牵头组织单位的要求，报告知识产权应用、再开发和产业化等情况。

第四十条 项目（课题）责任单位应当依法奖励为完成该项科技成果及转化做出重要贡献的人员。

第六章 附 则

第四十一条 各重大专项可以依据本规定，结合本重大专项特点，制定本重大专项的知识产权管理实施细则。

第四十二条 事业单位转让无形资产取得的收入和取得无形资产所发生的支出，应当按照《事业单位财务规则》和《事业单位国有资产管理暂行办法》（财政部令36号）有关规定执行。

第四十三条 国防科技知识产权管理按有关规定执行。

第四十四条 本办法自2010年8月1日起施行。

中华人民共和国海关关于《中华人民共和国知识产权海关保护条例》的实施办法

1. 2009年3月3日海关总署令第183号公布
2. 自2009年7月1日起施行

第一章 总 则

第一条 为了有效实施《中华人民共和国知识产权海关保护条例》（以下简称《条例》），根据《中华人民共和国海关法》以及其他法律、行政法规，制定本办法。

第二条 知识产权权利人请求海关采取知识产权保护措施或者向海关总署办理知识产权海关保护备案的，境内知识产权权利人可以直接或者委托境内代理人提出申请，境外知识产权权利人应当由其在境内设立的办事机构或者委托境内代理人提出申请。

知识产权权利人按照前款规定委托境内代理人提出申请的，应当出具规定格式的授权委托书。

第三条 知识产权权利人及其代理人（以下统称知识产权权利人）请求海关扣留即将进出口的侵权嫌疑货物的，应当根据本办法的有关规定向海关提出扣留侵权嫌疑货物的申请。

第四条 进出口货物的收发货人或者其代理人（以下统称收发货人）应当在合理的范围内了解其进出口货物的知识产权状况。海关要求申报进出口货物知识产权状况的，收发货人应当在海关规定的期限内向海关如实申报并提交有关证明文件。

第五条 知识产权权利人或者收发货人向海关提交的有关文件或者证据涉及商业秘密的，知识产权权利人或者收发货人应当向海关书面说明。

海关实施知识产权保护，应当保守有关当事人的商业秘密，但海关应当依法公开的信息除外。

第二章 知识产权备案

第六条 知识产权权利人向海关总署申请知识产权海关保护备案的，应当向海关总署提交申请书。申请书应当包括以下内容：

（一）知识产权权利人的名称或者姓名、注册地或者国籍、通信地址、联系人姓名、电话和传真号码、电子邮箱地址等。

(二)注册商标的名称、核定使用商品的类别和商品名称、商标图形、注册有效期、注册商标的转让、变更、续展情况等;作品的名称、创作完成的时间、作品的类别、作品图片、作品转让、变更情况等;专利权的名称、类型、申请日期、专利权转让、变更情况等。

(三)被许可人的名称、许可使用商品、许可期限等。

(四)知识产权权利人合法行使知识产权的货物的名称、产地、进出境地海关、进出口商、主要特征、价格等。

(五)已知的侵犯知识产权货物的制造商、进出口商、进出境地海关、主要特征、价格等。

知识产权权利人应当就其申请备案的每一项知识产权单独提交一份申请书。知识产权权利人申请国际注册商标备案的,应当就其申请的每一类商品单独提交一份申请书。

第七条 知识产权权利人向海关总署提交备案申请书,应当随附以下文件、证据:

(一)知识产权权利人个人身份证件的复印件、工商营业执照的复印件或者其他注册登记文件的复印件。

(二)国务院工商行政管理部门商标局签发的《商标注册证》的复印件。申请人经核准变更商标注册事项、续展商标注册、转让注册商标或者申请国际注册商标备案的,还应当提交国务院工商行政管理部门商标局出具的有关商标注册的证明;著作权登记部门签发的著作权自愿登记证明的复印件和经著作权登记部门认证的作品照片。申请人未进行著作权自愿登记的,提交可以证明申请人为著作权人的作品样品以及其他有关著作权的证据;国务院专利行政部门签发的专利证书的复印件。专利授权自公告之日起超过 1 年的,还应当提交国务院专利行政部门在申请人提出备案申请前 6 个月内出具的专利登记簿副本;申请实用新型专利或者外观设计专利备案的,还应当提交由国务院专利行政部门作出的专利权评价报告。

(三)知识产权权利人许可他人使用注册商标、作品或者实施专利,签订许可合同的,提供许可合同的复印件;未签订许可合同的,提交有关被许可人、许可范围和许可期间等情况的书面说明。

(四)知识产权权利人合法行使知识产权的货物及其包装的照片。

(五)已知的侵权货物进出口的证据。知识产权权利人与他人之间的侵权纠纷已经人民法院或者知识产权主管部门处理的,还应当提交有关法律文书的复印件。

(六)海关总署认为需要提交的其他文件或者证据。

知识产权权利人根据前款规定向海关总署提交的文件和证据应当齐全、真实和有效。有关文件和证据为外文的,应当另附中文译本。海关总署认为必要时,可以要求知识产权权利人提交有关文件或者证据的公证、认证文书。

第八条 知识产权权利人向海关总署申请办理知识产权海关保护备案或者在备案失效后重新向海关总署申请备案的,应当缴纳备案费。知识产权权利人应当将备案费通过银行汇至海关总署指定账号。海关总署收取备案费的,应当出具收据。备案费的收取标准由海关总署会同国家有关部门另行制定并予以公布。

知识产权权利人申请备案续展或者变更的,无需再缴纳备案费。

知识产权权利人在海关总署核准前撤回备案申请或者其备案申请被驳回的,海关总署应当退还备案费。已经海关总署核准的备案被海关总署注销、撤销或者因其他原因失效的,已缴纳的备案费不予退还。

第九条 知识产权海关保护备案自海关总署核准备案之日起生效,有效期为 10 年。自备案生效之日起知识产权的有效期不足 10 年的,备案的有效期以知识产权的有效期为准。

《条例》施行前经海关总署核准的备案或者核准续展的备案的有效期仍按原有效期计算。

第十条 在知识产权海关保护备案有效期届满前 6 个月内,知识产权权利人可以向海关总署提出续展备案的书面申请并随附有关文件。海关总署应当自收到全部续展申请文件之日起 10 个工作日内作出是否准予续展的决定,并书面通知知识产权权利人;不予续展的,应当说明理由。

续展备案的有效期自上一届备案有效期满次日起算,有效期为 10 年。知识产权的有效期自上一届备案有效期满次日起不足 10 年的,续展备案的有效期以知识产权的有效期为准。

第十一条 知识产权海关保护备案经海关总署核准后,按照本办法第六条向海关提交的申请书内容发生改变的，知识产权权利人应当自发生改变之日起30个工作日内向海关总署提出变更备案的申请并随附有关文件。

第十二条　知识产权在备案有效期届满前不再受法律、行政法规保护或者备案的知识产权发生转让的，原知识产权权利人应当自备案的知识产权不再受法律、行政法规保护或者转让生效之日起30个工作日内向海关总署提出注销知识产权海关保护备案的申请并随附有关文件。知识产权权利人在备案有效期内放弃备案的，可以向海关总署申请注销备案。

未依据本办法第十一条和本条前款规定向海关总署申请变更或者注销备案，给他人合法进出口造成严重影响的，海关总署可以主动或者根据有关利害关系人的申请注销有关知识产权的备案。

海关总署注销备案，应当书面通知有关知识产权权利人，知识产权海关保护备案自海关总署注销之日起失效。

第十三条　海关总署根据《条例》第九条的规定撤销知识产权海关保护备案的，应当书面通知知识产权权利人。

海关总署撤销备案的，知识产权权利人自备案被撤销之日起1年内就被撤销备案的知识产权再次申请备案的，海关总署可以不予受理。

第三章　依申请扣留

第十四条　知识产权权利人发现侵权嫌疑货物即将进出口并要求海关予以扣留的，应当根据《条例》第十三条的规定向货物进出境地海关提交申请书。有关知识产权未在海关总署备案的，知识产权权利人还应当随附本办法第七条第一款第（一）、（二）项规定的文件、证据。

知识产权权利人请求海关扣留侵权嫌疑货物，还应当向海关提交足以证明侵权事实明显存在的证据。知识产权权利人提交的证据，应当能够证明以下事实：

（一）请求海关扣留的货物即将进出口；

（二）在货物上未经许可使用了侵犯其商标专用权的商标标识、作品或者实施了其专利。

第十五条　知识产权权利人请求海关扣留侵权嫌疑货物，应当在海关规定的期限内向海关提供相当于货物价值的担保。

第十六条　知识产权权利人提出的申请不符合本办法第十四条的规定或者未按照本办法第十五条的规定提供担保的，海关应当驳回其申请并书面通知知识产权权利人。

第十七条　海关扣留侵权嫌疑货物的，应当将货物的名称、数量、价值、收发货人名称、申报进出口日期、海关扣留日期等情况书面通知知识产权权利人。

经海关同意，知识产权权利人可以查看海关扣留的货物。

第十八条　海关自扣留侵权嫌疑货物之日起20个工作日内，收到人民法院协助扣押有关货物书面通知的，应当予以协助；未收到人民法院协助扣押通知或者知识产权权利人要求海关放行有关货物的，海关应当放行货物。

第十九条　海关扣留侵权嫌疑货物的，应当将扣留侵权嫌疑货物的扣留凭单送达收发货人。

经海关同意，收发货人可以查看海关扣留的货物。

第二十条　收发货人根据《条例》第十九条的规定请求放行其被海关扣留的涉嫌侵犯专利权货物的，应当向海关提出书面申请并提供与货物等值的担保金。

收发货人请求海关放行涉嫌侵犯专利权货物，符合前款规定的，海关应当放行货物并书面通知知识产权权利人。

知识产权权利人就有关专利侵权纠纷向人民法院起诉的，应当在前款规定的海关书面通知送达之日起30个工作日内向海关提交人民法院受理案件通知书的复印件。

第四章　依职权调查处理

第二十一条　海关对进出口货物实施监管，发现进出口货物涉及在海关总署备案的知识产权且进出口商或者制造商使用有关知识产权的情况未在海关总署备案的，可以要求收发货人在规定期限内申报货物的知识产权状况和提交相关证明文件。

收发货人未按照前款规定申报货物知识产权状况、提交相关证明文件或者海关有理由认为货物涉嫌侵犯在海关总署备案的知识产权的，海关应当中止放行货物并书面通知知识产权权利人。

第二十二条　知识产权权利人应当在本办法第二十一条规定的海关书面通知送达之日起3个工作日内按照下列规定予以回复：

（一）认为有关货物侵犯其在海关总署备案的知识产权并要求海关予以扣留的，向海关提出扣留侵权嫌疑货物的书面申请并按照本办法第二十三条或者第

二十四条的规定提供担保;

(二)认为有关货物未侵犯其在海关总署备案的知识产权或者不要求海关扣留侵权嫌疑货物的,向海关书面说明理由。

经海关同意,知识产权权利人可以查看有关货物。

第二十三条 知识产权权利人根据本办法第二十二条第一款第(一)项的规定请求海关扣留侵权嫌疑货物的,应当按照以下规定向海关提供担保:

(一)货物价值不足人民币2万元的,提供相当于货物价值的担保;

(二)货物价值为人民币2万至20万元的,提供相当于货物价值50%的担保,但担保金额不得少于人民币2万元;

(三)货物价值超过人民币20万元的,提供人民币10万元的担保。

知识产权权利人根据本办法第二十二条第一款第(一)项的规定请求海关扣留涉嫌侵犯商标专用权货物的,可以依据本办法第二十四条的规定向海关总署提供总担保。

第二十四条 在海关总署备案的商标专用权的知识产权权利人,经海关总署核准可以向海关总署提交银行或者非银行金融机构出具的保函,为其向海关申请商标专用权海关保护措施提供总担保。

总担保的担保金额应当相当于知识产权权利人上一年度向海关申请扣留侵权嫌疑货物后发生的仓储、保管和处置等费用之和;知识产权权利人上一年度未向海关申请扣留侵权嫌疑货物或者仓储、保管和处置等费用不足人民币20万元的,总担保的担保金额为人民币20万元。

自海关总署核准其使用总担保之日至当年12月31日,知识产权权利人根据《条例》第十六条的规定请求海关扣留涉嫌侵犯其已在海关总署备案的商标专用权的进出口货物的,无需另行提供担保,但知识产权权利人未按照《条例》第二十五条的规定支付有关费用或者未按照《条例》第二十九条的规定承担赔偿责任,海关总署向担保人发出履行担保责任通知的除外。

第二十五条 知识产权权利人根据本办法第二十二条第一款第(一)项的规定提出申请并根据本办法第二十三条、第二十四条的规定提供担保的,海关应当扣留侵权嫌疑货物并书面通知知识产权权利人;知识产权权利人未提出申请或者未提供担保的,海关应当放行货物。

第二十六条 海关扣留侵权嫌疑货物的,应当将扣留侵权嫌疑货物的扣留凭单送达收发货人。

经海关同意,收发货人可以查看海关扣留的货物。

第二十七条 海关扣留侵权嫌疑货物后,应当依法对侵权嫌疑货物以及其他有关情况进行调查。收发货人和知识产权权利人应当对海关调查予以配合,如实提供有关情况和证据。

海关对侵权嫌疑货物进行调查,可以请求有关知识产权主管部门提供咨询意见。

知识产权权利人与收发货人就海关扣留的侵权嫌疑货物达成协议,向海关提出书面申请并随附相关协议,要求海关解除扣留侵权嫌疑货物的,海关除认为涉嫌构成犯罪外,可以终止调查。

第二十八条 海关对扣留的侵权嫌疑货物进行调查,不能认定货物是否侵犯有关知识产权的,应当自扣留侵权嫌疑货物之日起30个工作日内书面通知知识产权权利人和收发货人。

海关不能认定货物是否侵犯有关专利权的,收发货人向海关提供相当于货物价值的担保后,可以请求海关放行货物。海关同意放行货物的,按照本办法第二十条第二款和第三款的规定办理。

第二十九条 对海关不能认定有关货物是否侵犯其知识产权的,知识产权权利人可以根据《条例》第二十三条的规定向人民法院申请采取责令停止侵权行为或者财产保全的措施。

海关自扣留侵权嫌疑货物之日起50个工作日内收到人民法院协助扣押有关货物书面通知的,应当予以协助;未收到人民法院协助扣押通知或者知识产权权利人要求海关放行有关货物的,海关应当放行货物。

第三十条 海关作出没收侵权货物决定的,应当将下列已知的情况书面通知知识产权权利人:

(一)侵权货物的名称和数量;

(二)收发货人名称;

(三)侵权货物申报进出口日期、海关扣留日期和处罚决定生效日期;

(四)侵权货物的启运地和指运地;

(五)海关可以提供的其他与侵权货物有关的情况。

人民法院或者知识产权主管部门处理有关当事人之间的侵权纠纷,需要海关协助调取与进出口货物有关的证据的,海关应当予以协助。

第三十一条 海关发现个人携带或者邮寄进出境的物品,涉嫌侵犯《条例》第二条规定的知识产权并超出自用、合理数量的,应当予以扣留,但旅客或者收寄件人向海关声明放弃并经海关同意的除外。

海关对侵权物品进行调查,知识产权权利人应当予以协助。进出境旅客或者进出境邮件的收寄件人认为海关扣留的物品未侵犯有关知识产权或者属于自用的,可以向海关书面说明有关情况并提供相关证据。

第三十二条 进出口货物或者进出境物品经海关调查认定侵犯知识产权,根据《条例》第二十七条第一款和第二十八条的规定应当由海关予以没收,但当事人无法查清的,自海关制发有关公告之日起满 3 个月后可由海关予以收缴。

进出口侵权行为有犯罪嫌疑的,海关应当依法移送公安机关。

第五章 货物处置和费用

第三十三条 对没收的侵权货物,海关应当按照下列规定处置:

(一)有关货物可以直接用于社会公益事业或者知识产权权利人有收购意愿的,将货物转交给有关公益机构用于社会公益事业或者有偿转让给知识产权权利人;

(二)有关货物不能按照第(一)项的规定处置且侵权特征能够消除的,在消除侵权特征后依法拍卖。拍卖货物所得款项上交国库;

(三)有关货物不能按照第(一)、(二)项规定处置的,应当予以销毁。

海关拍卖侵权货物,应当事先征求有关知识产权权利人的意见。海关销毁侵权货物,知识产权权利人应当提供必要的协助。有关公益机构将海关没收的侵权货物用于社会公益事业以及知识产权权利人接受海关委托销毁侵权货物的,海关应当进行必要的监督。

第三十四条 海关协助人民法院扣押侵权嫌疑货物或者放行被扣留货物的,知识产权权利人应当支付货物在海关扣留期间的仓储、保管和处置等费用。

海关没收侵权货物的,知识产权权利人应当按照货物在海关扣留后的实际存储时间支付仓储、保管和处置等费用。但海关自没收侵权货物的决定送达收发货人之日起 3 个月内不能完成货物处置,且非因收发货人申请行政复议、提起行政诉讼或者货物处置方面的其他特殊原因导致的,知识产权权利人不需支付 3 个月后的有关费用。

海关按照本办法第三十三条第一款第(二)项的规定拍卖侵权货物的,拍卖费用的支出按照有关规定办理。

第三十五条 知识产权权利人未按照本办法第三十四条的规定支付有关费用的,海关可以从知识产权权利人提交的担保金中扣除有关费用或者要求担保人履行担保义务。

海关没收侵权货物的,应当在货物处置完毕并结清有关费用后向知识产权权利人退还担保金或者解除担保人的担保责任。

海关协助人民法院扣押侵权嫌疑货物或者根据《条例》第二十四条第(一)、(二)、(四)项的规定放行被扣留货物的,收发货人可以就知识产权权利人提供的担保向人民法院申请财产保全。海关自协助人民法院扣押侵权嫌疑货物或者放行货物之日起 20 个工作日内,未收到人民法院就知识产权权利人提供的担保采取财产保全措施的协助执行通知的,海关应当向知识产权权利人退还担保金或者解除担保人的担保责任;收到人民法院协助执行通知的,海关应当协助执行。

第三十六条 海关根据《条例》第十九条的规定放行被扣留的涉嫌侵犯专利权的货物后,知识产权权利人按照本办法第二十条第三款的规定向海关提交人民法院受理案件通知书复印件的,海关应当根据人民法院的判决结果处理收发货人提交的担保金;知识产权权利人未提交人民法院受理案件通知书复印件的,海关应当退还收发货人提交的担保金。对知识产权权利人向海关提供的担保,收发货人可以向人民法院申请财产保全,海关未收到人民法院对知识产权权利人提供的担保采取财产保全措施的协助执行通知的,应当自处理收发货人提交的担保金之日起 20 个工作日后,向知识产权权利人退还担保金或者解除担保人的担保责任;收到人民法院协助执行通知的,海关应当协助执行。

第六章 附 则

第三十七条 海关参照本办法对奥林匹克标志和世界博览会标志实施保护。

第三十八条 在本办法中,“担保”指担保金、银行或者非银行金融机构保函。

第三十九条 本办法中货物的价值由海关以该货物的成

交价格为基础审查确定。成交价格不能确定的,货物价值由海关依法估定。

第四十条 本办法第十七条、二十一条、二十八条规定的海关书面通知可以采取直接、邮寄、传真或者其他方式送达。

第四十一条 本办法第二十条第三款和第二十二条第一款规定的期限自海关书面通知送达之日的次日起计算。期限的截止按照以下规定确定:

(一)知识产权权利人通过邮局或者银行向海关提交文件或者提供担保的,以期限到期日24时止;

(二)知识产权权利人当面向海关提交文件或者提供担保的,以期限到期日海关正常工作时间结束止。

第四十二条 知识产权权利人和收发货人根据本办法向海关提交有关文件复印件的,应当将复印件与文件原件进行核对。经核对无误后,应当在复印件上加注"与原件核对无误"字样并予以签章确认。

第四十三条 本办法自2009年7月1日起施行。2004年5月25日海关总署令第114号公布的《中华人民共和国海关关于〈中华人民共和国知识产权海关保护条例〉的实施办法》同时废止。

工业企业知识产权管理指南

1. 2013年11月8日工业和信息化部发布
2. 工信部科〔2013〕447号

1 范 围

本指南规定了工业企业知识产权管理的基本要求、基础管理、运用管理、评价与改进等。

工业企业应结合企业知识产权管理实际,有所侧重,灵活运用。

本指南适用于我国工业和信息化领域内企业知识产权的规范化管理和管理水平评价。

2 引用文件

本指南主要引用以下文件:

GB/T 19000-2008 质量管理体系 基础和术语

GB/T 21374-2008 知识产权文献与信息 基本词汇

GB/T 29490-2013 企业知识产权管理规范

3 概 念

下列概念适用于本指南。

3.1 知识产权

在科学技术、文学艺术等领域中,发明者、创造者等对自己的创造性劳动成果依法享有的专有权,其中包括专利、商标、著作权及相关权利、集成电路布图设计、地理标志、植物新品种、商业秘密、传统知识、遗传资源以及民间文艺等。

[GB/T21374-2008,术语和定义3.1.1]

3.2 知识产权运用

知识产权运用是指各类市场主体依法获得、拥有知识产权,并在生产经营中有效利用知识产权,增强知识产权防卫能力,实现知识产权价值的活动。

4 基本要求

4.1 健全体系

设立知识产权工作机构,明确领导分工及职责,配备知识产权工作人员等;建立、健全知识产权组织管理体系。

4.2 建立制度

建立各类知识产权管理规章与制度,建立、健全企业知识产权内部管理规范和企业知识产权评价制度。

4.3 协同运用

注重知识产权协同运用,积极推动创新成果转化和知识产权产业化;有效管理知识产权的转让、许可、输出和引进,开展知识产权投融资活动;加强商标运用,创建企业品牌,实现和提升企业知识产权价值。

4.4 有效防卫

建立和完善知识产权防卫体系,制定切实有效的防卫措施。尊重、合法使用他人知识产权,充分利用知识产权制度规则,保障企业和权利人合法权益。

5 基础管理

5.1 机构管理

5.1.1 设置机构

企业应建立知识产权管理机构开展知识产权业务,或根据企业实际确定企业研发、技术、生产经营等相关业务主管部门开展知识产权业务,或根据需要委托专业机构代管;企业可配备专、兼职知识产权工作人员。

5.1.2 管理者职责

企业最高管理者是企业知识产权管理的第一责任人,应通过以下活动实现知识产权管理体系的有效性:

(1)制定知识产权方针;

(2)确定知识产权目标;

(3)明确知识产权管理的职责和权限,确保有效沟通;

(4)确保资源的配备;

(5)组织管理评审。

参见[GB/T29490－2013 GB/T29490－2013 5.1]

知识产权分管负责人职责如下:

(1)负责制定企业知识产权发展规划;

(2)负责策划建立企业知识产权管理体系,并推进实施;

(3)负责对企业知识产权各项工作的审查、监督和批准实施;

(4)负责企业重大知识产权事务的处理;

(5)负责协调企业内外有关知识产权工作;

(6)及时向最高管理者报告有关工作信息。

管理机构职责:

参见[GB/T29490－2013 5.4.2]

5.2 制度管理

企业根据需要可制定专门或综合性的知识产权管理制度。

企业各类知识产权管理制度在主要环节和流程上协调有序。企业知识产权管理制度体系完善,包括但不限于下列制度:(1)知识产权议事决策制度;(2)知识产权信息利用制度;(3)知识产权奖惩制度;(4)知识产权教育培训制度;(5)知识产权文件档案管理制度;(6)技术合同管理制度;(7)知识产权交易管理制度;(8)知识产权工作考核评价制度;(9)知识产权评估制度;(10)知识产权权属管理制度;(11)知识产权保密制度;(12)知识产权风险管理制度;(13)专利管理制度;(14)商标管理制度;(15)著作权管理制度;(16)商业秘密管理制度;(17)集成电路布图设计管理制度;(18)其他知识产权相关管理制度。

5.3 人力资源管理

5.3.1 知识产权普及教育

企业定期对员工提供必要的知识产权普及教育。

企业对新入职员工提供知识产权入职教育。

企业知识产权普及教育内容至少包括知识产权基本知识、企业的知识产权管理制度。

5.3.2 知识产权培训

企业应建立知识产权内部培训制度,针对企业内部不同部门及岗位,确定应具备的各种知识产权知识及技能,制定合适的培训方案。

企业应对管理层开展知识产权教育和培训,提高企业管理层知识产权意识和能力。

企业应对相关业务人员开展知识产权业务培训,确保研发、营销等相关人员具备知识产权业务知识,使其了解其工作与实现知识产权管理目标的关系;确保知识产权工作人员的知识、技能和经验达到本指南的要求。

企业应培训知识产权专职人员,使其了解:(1)知识产权相关法律;(2)知识产权申请程序、救济方式、侵害鉴定、诉讼仲裁、授权协议;(3)知识产权风险规避;(4)知识产权评价;(5)知识产权信息安全管理等。

企业应积极组织、参与知识产权论坛或活动,鼓励员工参与知识产权实践,增加处理知识产权纠纷等相关事务的实际经验。

5.4 财务管理

5.4.1 经费保障

企业应根据不同发展阶段和规模水平等实际情况为知识产权工作提供相应的经费预算,一般按企业研发经费的1%～5%预算。预算包括日常工作经费和专项经费预算。

企业应提供知识产权相关工作经费保障,经费用于企业知识产权申请、注册、登记、维持和诉讼等事务,用于企业知识产权工作机构的人力成本、宣传培训、设备添置和日常开支等工作。

企业建立专项经费保障企业知识产权战略实施、知识产权数据库建设、知识产权预警分析、重大知识产权并购、海外知识产权布局等。

5.4.2 经费管理

企业应严格知识产权经费的管理,规范政府财政性知识产权专项资金的使用,必要时提供专项审计报告。

5.5 合同管理

企业应加强合同中的知识产权管理:(1)应建立健全合同审核机制,在合同签订流程上建立知识产权审查环节,并形成记录;(2)对检索与分析、预警、申请、诉讼、侵权调查与鉴定、管理咨询等知识产权对外委托业务应签订书面合同,并约定知识产权权属、保密等内容;(3)在进行委托开发或合作开发时,应签订书面合同,约定知识产权权属、许可及利益分配、后续改进的权属和使用等;(4)承担涉及国家重大专项等政府支持项目时,应了解项目相关的知识产权管理规定,并按照要求进行管理。参见[GB/T29490－2013 7.5]

企业应与入职员工、有关合作单位签订保密合同,确保企业的商业秘密得到有效保护。保密合同应清楚列明商业秘密范畴、用途与使用条件、保密义务内容、保密期限、保密津贴、违约处理等内容。

企业对新入职员工开展知识产权尽职调查,对于研发、生产、销售等与知识产权关系密切的岗位,要求新入职员工签订知识产权声明文件;对于涉及企业核心知识产权的在职员工签订竞业禁止协议;对离职员工进行相应的知识产权事项提醒。

6 运用管理

6.1 制定运用策略

企业应根据生产经营需要制定知识产权运用策略,明确专利、商标、著作权和商业秘密等在企业生产经营中的具体运用策略。

企业知识产权运用包括知识产权获得、实施、许可、转让、产业化等。

企业应规范知识产权运用流程,企业知识产权运用活动应遵循企业知识产权运用流程进行。

企业应结合发展需要,统筹开展专利、商标、著作权、商业秘密等类型的知识产权运用管理。

6.2 知识产权信息利用

6.2.1 知识产权信息获取

企业应根据知识产权战略实施的需要,收集相关专利、商标、著作权等知识产权信息,建立和拓展企业知识产权信息获取渠道。

企业知识产权信息包括但不限于:(1)各类知识产权的数据、文献、法规、政策等信息资料;(2)知识产权相关的协议、合同等;(3)知识产权产生、申请、注册、登记的原始文档及过程记录;(4)知识产权审查、评估、分析与预测研究等报告;(5)企业专利数据库;(6)企业认定的有关商业秘密;(7)知识产权诉讼的法律文件;(8)知识产权公文、图书、情报等资料;(9)经营和收购、并购的知识产权信息;(10)考核、奖励、惩处等知识产权工作历史文档。

6.2.2 知识产权数据库

企业可根据实际情况,自行或委托相关服务机构建立与自身技术领域相关的知识产权数据库,并定期整理和维护。

企业应充分利用知识产权数据库进行企业发展所需的知识产权检索、分析。

6.2.3 知识产权信息检索与分析

企业在立项、研发、采购、生产、销售和售后等活动中应对专利、商标、著作权及其他类型的知识产权信息进行检索与分析,评估自身的研发与经营活动,并保存相关的检索、分析或评估报告,避免侵犯他人知识产权或低水平重复研发。

企业创造或获得知识产权时,应对涉及的技术领域进行国内或国际专利检索与分析,确保知识产权的合法性和有效性;企业国内(外)合作、并购、异地(国外)研发和销售、参展等活动中,应注重适时开展知识产权检索与分析,提出检索报告及相应的建议。

企业技术创新活动立项之前,知识产权管理部门会同技术部门对技术创新活动涉及的技术领域进行国内外专利文献检索,提出专利检索报告及相应的研发建议。

企业在开发软件、集成电路布图设计等研发活动前,实行必要的著作权检索;开发软件、集成电路布图设计等工作完成后,进行必要的跟踪检索,对相应的著作权进行鉴定验收时应有著作权检索分析;企业投资建立中外合资、合作企业时,合作方以著作权作投资的,企业应就所涉及的著作权进行检索和分析,合作方应当对该著作权的权利予以确认,并作出合法性承诺。

企业知识产权管理部门应组织研发部门对拟申请专利的技术方案进行新颖性、创造性和实用性检索、分析、论证,及时作出是否申请专利的决策。

企业委托社会组织开发软件、设计集成电路布图等,项目取得阶段性成果或完成后,承担者应向企业提供软件、集成电路布图设计等属于创新性的著作权检索报告。

企业应定期进行相关的知识产权文献更新检索与分析,对企业希望制造或销售产品的国家(地区)及相关竞争对手进行重点检索与分析,防范在当地制造或销售时的侵权风险。

6.2.4 知识产权档案管理

企业应对相关知识产权文件进行分类、编目、登记、统计和必要的加工整理,并指派专人对企业的专利档案、商标档案、著作权档案、商业秘密档案等进行管理,且定期检查。

企业可根据自身信息化水平,指派专人对企业的专利档案、商标档案、著作权档案、商业秘密档案等进行数字化管理,建立相应的知识产权数字管理系统。

企业对档案保管采取防盗、防火等安全措施,进行安全防护,并建立档案管理工作的责任追究制度。

建立了知识产权电子档案的企业应采取有效的技术保护措施,保障企业知识产权电子档案的信息安全。

6.3 合理获得 规范实施

6.3.1 制定流程与计划

企业应当制定知识产权获得流程，知识产权获得应遵循企业知识产权获得流程进行。

企业根据知识产权战略，制定知识产权获得工作计划，确定所需知识产权的种类、获得方式、途径及保护范围。

6.3.2 选择获得方式，规范实施

企业依需要合理选择知识产权的获得方式。

企业原始取得知识产权，应明确归属以及成果完成人，设计研发相关记录文件保存完好。

企业转移取得知识产权，应查明权属状态，转移合同中注明转移知识产权法律状态、转移范围及附加条件。

企业合并或投资获得知识产权，应要求提供知识产权清单，开展知识产权风险及价值评估，尽到尽职调查义务，确保所获得知识产权的合理价值及其权属的真实性、合法性

企业技术合作开发获得知识产权，应在合同中明确约定知识产权归属和后续改进技术权利权属，注明保密义务。

企业根据产业发展和市场竞争需要规范实施自有知识产权。可自主实施、转让，或寻求双边或多边知识产权交叉许可，建立或参加知识产权联盟。

企业实施自有知识产权有以下方式：(1)生产自有知识产权产品；(2)使用自有知识产权保护的方法；(3)在产品上加注自有知识产权标记。

企业知识产权许可与转让应规范有序进行：(1)由知识产权管理机构向企业最高管理者汇报并获批准；(2)订立书面的知识产权许可或转让合同；(3)根据企业经营目标选择合适的收款方式；(4)企业应定期监控知识产权许可与转让权限、范围的状况。

企业应根据整体经营战略制定相应的单一商标、多商标、主副商标或商标并购等战略；企业对不使用的商标，经评估、批准后可转让；企业计划向国外出口产品或开展其他市场活动时，应考虑在相应国家注册商标，防止企业商标在他国被抢注。

许可他人使用本企业软件和集成电路布图的，须经可行性论证，委托评估后，根据许可的不同类型，结合许可使用时间确定许可使用费。

6.4 产业化

6.4.1 转化推广

企业应将拥有的知识产权成果适时有效地转化应用于企业产品生产、服务创新、商业模式创新或技术方案优化，努力使企业知识产权价值最大化。

企业应加强与科研机构、高等学校的合作，根据生产经营需要有效转化利用科研机构、高等学校的知识产权成果。

企业应通过各种媒体和平台传播与推广已拥有知识产权的产品、服务或技术方案。

企业可通过广告、媒体，传播和推广新产品、服务或技术方案的名称或标志，扩大企业的社会影响力。

企业可选择商号、商标等作为域名并进行注册，利用互联网标识，扩大企业影响。

6.4.2 品牌建设

企业应在分析市场基础上，结合自身的商标、产品资源优势，规划品牌的发展方向。

企业定期进行商标使用宣传，做好品牌定位与扩展，制定差异化的品牌培育策略，选择易于识别的商标作为品牌，进行品牌推广与宣传，凸显品牌形象。

企业应投放资源，向目标市场传递品牌标志信息，建立品牌地位；企业应结合品牌资源聚集程度和市场机遇，实施品牌延伸策略。

企业应提高产品质量，优化服务，夯实品牌物质技术基础；企业通过监测，全面、客观地对品牌定位、品牌设计、品牌传播等进行及时、系统的分析，不断修改完善企业品牌管理方案，不断提升品牌管理水平。

企业应综合运用商标、专利、著作权、商业秘密等知识产权资源，培育、管理、运营品牌。

6.4.3 知识产权合作

企业在产学研合作中应加强知识产权协同运用。

企业应选择适当方式与同行业或相关行业的其他企业协同运用知识产权，增强经营实力。

企业开展知识产权合作的主要方式有：(1)在产业/行业组织或企业联盟内将自有知识产权交叉许可；(2)与联盟企业共同制定专利技术标准的处置政策，增加行业话语权；(3)与联盟企业共同应对知识产权壁垒和竞争对手的知识产权滥用行为；(4)与科研机构、高等院校合作研发、合作转化推广知识产权成果。

6.4.4 知识产权与标准

企业在掌握核心技术的基础上，应积极参与地方、行业和国家标准制订，提升企业核心知识产权的市场价值和产业控制力。

企业应加强产学研用合作制定标准的工作，积极参

与知识产权中标准的合理、合法和合规处置。

企业可制定高于地方、行业和国家标准的企业标准，运用标准提高企业创新发展能力；企业应积极推动自主知识产权标准成为国际标准，争取国际话语权。

6.4.5　知识产权布局

企业可储备、布局知识产权，以便在市场竞争中为企业经营目标服务：(1)企业可就具有竞争潜力的技术或设计申请知识产权，占领行业制高点；(2)企业可有选择地引进具有一定先进性和发展潜力的核心知识产权，增加技术储备，有效提升技术竞争能力，实现战略跨越；(3)企业可根据不同知识产权性质，规划知识产权储备，进行知识产权布局。

企业应依据产品主要销售地、主要竞争对手所在国以及申请国的相关法律政策环境，合理选择专利申请地，做好境外及国际专利申请；企业应根据国际化生产经营的需要，及时跟踪竞争对手的国际专利布局，整合企业研发成果，有的放矢开展国际专利布局。

企业应积极利用并购或者专利购买等方式获得专利，开展专利布局。

6.4.6　知识产权运营

企业知识产权成果产业化中可探索组建知识产权业务的运营实体。企业可根据经营需要实现拥有知识产权的产业化、市场化运营，主要方式有：技术出资、入股、产业化运作、质押贷款等。

企业可将专利作价作为技术出资或入股，建立合资公司或者组建知识产权专营持股公司。

企业可以专利权、商标权、著作权等进行投资，评估后，明确投资相关内容。

企业可根据需要利用知识产权质押贷款进行融资。

企业可将拥有知识产权组合打包，增加市场竞争优势。

企业知识产权运营中，应定期监控拥有的知识产权法律状态，防止知识产权失效。

企业应规范知识产权账目，确保知识产权实施许可、作价出资等收益。

6.4.7　知识产权输出

企业知识产权产业化中应拓展知识产权利用空间，延展企业产业链、创新链，寻求和发展知识产权对外许可或者转让等知识产权输出机会，将其知识产权授权输入方按照约定使用或实施。

知识产权输出时，企业应通过输出合同界定双方的权利和义务，具体明确包括但不限于以下内容：(1)明确界定输出方、输入方范围；(2)知识产权归属条款；(3)输出方式；(4)输出地域；(5)输出知识产权涉及的产品、服务或技术；(6)保密条款；(7)违约责任；(8)费用及其计算方式；(9)争议解决条款等。

6.4.8　知识产权引进

企业知识产权产业化中应寻求外部可利用机会，积极引进知识产权，模仿、吸收和再创新，研发新产品或技术，增强企业竞争优势。

在进行知识产权引进时，企业应审查知识产权的有效性与法律状态，并通过合同界定双方的权利和义务，具体明确包括但不限于以下内容：(1)引进知识产权涉及的产品、服务或技术；(2)知识产权归属条款；(3)知识产权引进条款；(4)知识产权侵权责任条款；(5)输出方知识产权无瑕疵担保条款；(6)争议解决条款等。

6.4.9　知识产权运用评估

企业在知识产权产转让、许可、转移、并购等知识产权运用中，应对所涉及的知识产权进行评估。

企业应采取适当的机制及措施，评估其知识产权价值。企业申请或维持专利应评估其价值。企业并购涉及专利资产的，知识产权管理部门应开展专利价值评估。企业许可他人使用本企业软件和集成电路布图设计的，应委托评估其著作权价值。对企业不使用的商标，经批准后可实施商标转让，转让时应委托商标评估机构进行商标价值评估；企业以商标权投资，应委托商标评估机构进行价值评估。商业秘密使用中需要进行第三方价值评估的，委托符合专业服务要求的中介机构完成。

企业对知识产权的价值评估要报企业最高管理者研究审批后执行。

6.5　知识产权保护与防卫

6.5.1　方式选择

企业根据需要选择适当的知识产权保护方式和手段。企业可选择专利、商标、著作权或商业秘密等方式对创新成果进行保护。

6.5.2　知识产权维护

企业申请和维持专利、登记著作权、注册商标和延展商标使用、设置商业秘密保护范围、密级和保护期限可根据市场竞争需求来确定。

企业应当制定知识产权维护流程，知识产权维护行为应按流程进行。

企业应定期对拥有的各类知识产权进行内部评价，决定放弃或维持，以降低管理成本。

企业决定不再维持某项知识产权时，应经企业高层业务主管批准；不再维持关键核心技术知识产权时，应经企业最高管理者批准。

6.5.3 知识产权风险管理

企业应加强研发风险管理，对研发活动实施过程跟踪监控，适时调整研发策略和研发内容，规避知识产权侵权风险；企业应对设计与开发成果进行评估、确认，形成知识产权评估报告，并明确其保护方式，采取相应的保护措施。

企业应加强生产经营风险管理，在采购产品、技术和服务时，应对商品、商品包装、商品说明书等进行检查，以避免侵犯他人知识产权；企业在来料加工、贴牌生产、委托加工时，应避免侵犯第三人知识产权。企业可要求委托方提供相关知识产权信息和知识产权权属证明。企业应在合同中约定相应的知识产权权属、知识产权的许可使用范围、侵犯第三人知识产权时的责任承担以及损害赔偿数额等内容。

企业应加强产品出口或赴境外参展风险管理，企业将产品出口至境外、到境外参加相关展会，应先进行相关知识产权检索，避免海关、境外知识产权行政管理或司法机关扣货、查封等风险。

6.5.4 知识产权预警

企业可自行或委托专门服务机构对其所涉及的各类知识产权、知识产权纠纷、相关贸易和销售产品所在地知识产权法律政策等信息进行统计、分析、判断并及时作出警示预报，根据反馈的结果对信息进行分析，并对相关预警信息进行持续跟踪。

企业应结合市场竞争格局，跟踪竞争对手知识产权发展态势，分析竞争对手知识产权发展趋势，制定知识产权应对措施。

企业知识产权管理部门应从产品质量、标记、商品范围、文字图形组合、责任追究等多个方面对被授权使用、许可使用注册商标进行监测，对于商标使用不当行为，根据侵权情节，及时向决策层提出预警预报和处理建议。

企业可在必要时，就自己需要保护的知识产权向海关申请备案。

6.5.5 知识产权紧急事件响应

企业应建立知识产权应急事件紧急响应机制，制定紧急处理方案，采取正确的步骤和措施对知识产权应急事件进行处置，降低事件损害程度和社会影响。

对于重大知识产权事件，企业应成立紧急处理临时指挥小组或专家工作组，在事件评估与调查、事件信息发布、事件应急响应、事后恢复重建与总结调整等环节积极开展有关工作。

企业应及时将事件经过和有关整改措施向产业主管部门上报。

6.5.6 知识产权阻止

企业应合理利用自有知识产权，阻止竞争对手的知识产权滥用行为，并且防范他人对企业自有知识产权的侵害。

企业实施知识产权阻止的方式主要有：(1)及时有效公开不需要申请知识产权的技术创新成果，阻止他人利用相同成果获取知识产权进行讹诈；(2)合理规划企业原始创新取得、合作研发取得、并购取得、受让取得等知识产权获得行为，消除潜在的知识产权壁垒；(3)有针对性地开展主导技术标准的专利申请与布局、关键核心技术包绕式、组合式专利申请与布局、主要产品销售地专利的国际申请与布局等，增加防御性知识产权。

6.5.7 知识产权维权

企业自有知识产权遭受侵权时，应选择适当方法和手段维护自己合法权益。

企业作为知识产权权利人，可通过协商谈判、请求行政执法部门处理或提起法律诉讼等方式，制止和防范他人侵权行为。

企业应及时向相关管理部门进行著作权备案或登记，并以著作权标识或其他方式向公众明确创新成果受著作权保护，企业应主动监测市场使用状况，采取必要的技术手段防范非法复制、盗版等侵权行为。

企业应充分利用自有知识产权研发、设计等相关文档，必要时对不当申请进行专利异议或无效宣告请求。

7 评价与改进

7.1 工作机制

企业应建立有效的知识产权管理水平评价程序。企业知识产权管理机构应定期对本企业的知识产权工作开展检查与评价；企业可委托专业机构开展知识产权工作评价。

7.2 自我评价

企业应当建立自我监督和自我完善机制，对知识产权管理体系实施的各个环节以及各环节中产生的效果进行监督、分析和改进。

企业应当设立内部监督程序，对知识产权管理体系的各个环节产生的效果进行比较，定期对知识产权管理体系的实施效果进行内部监督，提交实施报告。

企业知识产权管理机构应明确检查频次,依据本指南的要求,按自我评价程序,检查知识产权管理全过程,及时发现知识产权管理体系和运用中存在的问题,将定期检查结果和建议上报企业最高管理者,并及时采取纠正或改进措施。

企业最高管理者应定期对知识产权管理体系的适宜性和有效性进行评价。评价应包括对知识产权战略实施的评价;知识产权管理绩效评价,管理目标、体系、运用是否需要调整和改进等。

7.3　持续改进

产业主管部门指导企业开展检查和评价,督促企业根据检查和评价结果改进工作;必要时可要求企业上报知识产权工作情况。

企业最高管理者应当根据实施情况,适时调整企业知识产权管理目标,修正企业知识产权管理体系。

产业主管部门应当根据本指南的实施情况,从环境优化、制度设计、目标修正、规划执行等方面不断完善本指南制度安排,持续改进指南实施机制。

境外企业知识产权指南(试行)

1. 2014年2月8日商务部发布
2. 商法函〔2014〕61号

第一条　【宗旨】为指导中国企业及其在境外投资设立的企业进一步规范在投资合作活动所在国家或地区的知识产权相关行为,及时防范知识产权侵权风险,妥善解决知识产权纠纷,引导企业积极维护自身权利并充分尊重合法权利人的权利,树立中国企业良好社会形象,制定本指南。

第二条　【适用范围】本指南适用于中国企业境外投资合作活动中的知识产权相关行为,包括知识产权的创造、运用、保护和管理。

第三条　【意识培养】企业应不断加强能力建设,提高知识产权意识,全面提升企业知识产权创造、运用、保护和管理能力,增强企业国际竞争力。

第四条　【文化建设】企业应建设有知识产权内涵的企业文化,重视知识产权人才的培养和储备,做好企业员工的知识产权培训工作。

第五条　【制度建设】企业应建立符合实际的知识产权相关的内部激励与管理制度,包括但不限于研发鼓励制度、研发档案管理制度、商业秘密管理制度以及流动人员知识产权保护义务管理制度等。

第六条　【人员配置】企业应配备知识产权法务人员,处理知识产权相关事务。

第七条　【资金配备】企业应设立专项资金,用于知识产权的创造、研发、培育、推广、保护以及知识产权纠纷的避免和处理。

第八条　【进入前总体要求】在进入海外市场前,企业应充分了解同类企业在国外的知识产权状况、所在国家或地区法律制度以及该国知识产权诉讼环境。

鼓励企业在进入海外市场时,积极与我驻当地经商机构、当地政府、行业协会、专业服务机构等建立联系并保持交流和沟通。

第九条　【海外知识产权战略】鼓励企业围绕境外投资合作发展战略,根据自身情况、竞争对手状况以及市场所在地状况,合理、经济地建立海外知识产权战略,建立专利、商标、版权等相关知识产权海外策略与布局,在已经和即将进入的海外市场,积极寻求知识产权的保护。

第十条　【专利】鼓励企业根据自身经营战略,重点选择相关海外市场提出专利申请。

第十一条　【专利】鼓励企业在申请专利时,不但要对核心技术申请专利,也要对相应的外围技术及时进行研发和申请,以避免因不掌握外围专利,影响核心专利的使用范围,引发不必要的侵权或纠纷。

第十二条　【专利】鼓励企业根据市场动向及时调整专利策略,并分析以往的专利,找出防御性专利和竞争对手可能用来攻击的专利,以更好应对潜在的专利纠纷。

第十三条　【商标】鼓励企业根据自身经营战略,重点选择相关海外市场提出商标申请。

第十四条　【商标】鼓励企业在产品进入特定海外市场之前先行申请商标注册,以防止被竞争对手抢注,避免不必要的商标侵权或纠纷。

第十五条　【著作权】鼓励境外企业根据所在国家或地区法律申请作品登记,以此获得权利的初步证明,避免或减少因著作权归属问题发生纠纷。

第十六条　【境外销售】鼓励中国企业在从事境外销售时,聘请专业知识产权机构对自身销售产品所涉及到的技术、商标等是否侵犯该国专利、商标等知识产权进行调查。

经调查后如果有侵权情况存在,可对自己的产品进行改进,避免侵权结果的发生。

第十七条 【境外生产、销售】境外企业应严格遵守所在国家或地区知识产权法律制度,不得从事侵权行为,不得生产和制售假冒伪劣产品。

第十八条 【境外收购】鼓励中国企业在从事境外收购时,聘请专业知识产权机构及行业顾问就目标企业的知识产权状况进行尽职调查,确保其不存在侵权或其他法律瑕疵,避免发生不必要的知识产权侵权或纠纷。

第十九条 【纠纷应对原则】鼓励企业积极应对知识产权纠纷,根据所在国家或地区法律法规及相关国际条约,维护自身的合法权益。

鼓励企业优先通过商业谈判或调解的方式解决知识产权纠纷。

第二十条 【对方侵权】企业在所在国家或地区境内发现他方涉嫌侵犯自身知识产权合法权益时,要及时搜集对方侵权证据,如情况紧急,可依法采取证据保全措施。

第二十一条 【对方侵权】企业确认在所在国家或地区遭受知识产权侵权后,可通过向对方发送律师函或沟通协商的方式解决。若双方未能达成一致意见,可选择申请临时禁令或提起诉讼。

第二十二条 【被控侵权】企业在所在国家或地区境内被控侵犯知识产权时,应及时搜集影响对方知识产权权利稳定性的证据及确认自身权利合法有效的证明材料,以进行侵权评估。

第二十三条 【被控侵权】企业在所在国家或地区境内被控侵犯知识产权,被提起诉讼的,企业应尽快建立应诉团队,确定适当的诉讼策略。

第二十四条 【执行裁决】企业在所在国家或地区境内被最终裁决侵犯知识产权的,应当承担相应的法律责任,认真执行东道国或地区司法机关的生效判决。

国家知识产权局关于开展知识产权维权援助工作的指导意见

1. 2007年11月7日

2. 国知发管字〔2007〕157号

当前,知识产权工作在我国政治、经济、科技、文化生活中的重要性日益凸显,加强知识产权公共服务,推进知识产权维权援助工作,大力提高全社会保护和运用知识产权的能力,已经成为我国经济社会发展的内在需要。同时,我国知识产权工作已开展20多年,培养了一支素质较高的队伍,积累了相当的经验与资源,一些地方在知识产权维权援助方面进行了有益的探索,这为有效开展知识产权维权援助工作打下了一定基础。胡锦涛总书记在党的十七大报告中指出,要加强行政管理体制改革,建设服务型政府,完善公共服务体系,强化社会管理和公共服务。为深入贯彻十七大精神,深入贯彻落实科学发展观,积极履行公共服务与社会管理职能,为发展社会主义市场经济、建设创新型国家提供有力支撑,促进社会和谐发展,我局决定在全国开展知识产权维权援助公共服务工作,有序推进知识产权维权援助中心(以下简称中心)建设工作。

一、工作原则

(一)发挥优势,积极推进。各地应结合当地实际,针对社会需求重点,充分利用和发挥优势,积极推进维权援助工作,不断完善维权援助工作机制。

(二)整合资源,协调运行。中心的运行要与现有的管理与服务工作机制相协调,充分调动和整合社会各界资源,为维权援助对象提供有效服务。要通过维权援助工作,积极推动、支持各类知识产权中介服务机构的发展。

(三)公开公平,优质高效。要公开知识产权维权援助的政策、措施与方式,向符合条件者公平地提供服务与支持。要不断提高维权援助工作的质量,向社会提供优质高效的知识产权公共服务。维权援助工作人员与案件有利害关系的,应当回避。

二、维权援助对象

(一)因经济困难,不能支付知识产权纠纷处理和诉讼费用的中国公民与法人;

(二)遇到难以解决的知识产权事项或案件的中国公民、法人或其他组织。

三、维权援助内容

(一)组织提供有关知识产权的法律法规、申请授权的程序与法律状态、纠纷处理和诉讼咨询及推介服务机构等服务;

(二)组织提供知识产权侵权判定及赔偿额估算的参考意见;

(三)为具有较大影响的涉外知识产权纠纷以及无能力支付纠纷处理和诉讼费用的中国当事人提供一定的经费资助;

(四)协调有关机构,研究促进重大涉外知识产权

纠纷与争端合理解决的方案;

(五)对疑难知识产权案件、滥用知识产权和不侵权诉讼的案件,组织研讨论证并提供咨询意见;

(六)为重大的研发、经贸、投资和技术转移活动组织提供知识产权分析论证和知识产权预警服务;

(七)对大型体育赛事、文化活动、展会、博览会和海关知识产权保护事项,组织提供快捷的法律状态查询及侵权判定等服务。

各地可以结合当地经济社会发展状况和知识产权工作现状,根据实际需求,对中心的援助内容进行适当调整。

四、维权援助程序

(一)申请人可以向申请人住所地、经常居住地,侵权行为地,或对方当事人住所地、经常居住地的中心提出维权援助申请。

(二)知识产权纠纷的双方当事人,符合本意见规定条件的,均可向中心提出维权援助申请。

(三)知识产权维权援助申请必须以书面形式提出,同时递交下列材料:申请人身份证明文件;申请援助事项的基本情况;援助对象属于经济困难的,应提交有关单位出具的申请人及其家庭成员经济状况证明;中心认为需要提供的其他材料。

(四)中心在收到维权援助申请后,应审查是否符合第(一)项和其他条款所规定的条件。

中心认为申请人提供的材料不完备或有疑义的,应通知申请人作必要的补充,并可视情况进行调查。

中心应当及时对维权援助申请作出是否予以维权援助的决定:对符合条件者,应作出同意提供维权援助的书面决定,并尽快组织落实;对不符合条件的,作出不予援助的决定,并通知申请人。

申请人对中心作出的不予援助的决定有异议的,可以申请当地知识产权局重新审议一次。

五、中心的建设与运行

(一)设置

各中心可以结合当地实际设置。设在省、自治区、直辖市、计划单列市、副省级城市的中心,工作人员不得少于6人;设在地级市的中心,工作人员不得少于4人。中西部地区可以适当放宽条件。

(二)条件保障

我局根据中心的运行情况提供适当的支持,各地方知识产权局主要依靠地方财政给予中心必要的资金支持。要创造条件,协调有关机构与组织,建立知识产权维权援助资金。

各中心必须具备一定的场地、办公设备等条件,设在省、自治区、直辖市、计划单列市、副省级城市的中心,办公场地不得少于80平方米;设在地级市的中心,办公场地不得少于50平方米。中西部地区可以适当放宽条件。

(三)工作机制

中心通过组织协调有关中介机构、研究机构、社会团体与专家,依照规定开展知识产权维权援助工作。

各地应根据本意见,结合本地实际,制定中心的工作方案或操作办法,报我局审批后施行。

对维权援助中的侵权判定、论证分析和代理等服务工作,中心应组织不具有公务员身份的中介服务机构人员和其他机构专业人员承担。

各中心应积极开展知识产权维权援助合作单位库、专家库等必要的基础工程建设。合作单位名单、专家名单应报我局审核备案。合作单位与专家名单的确定与调整,采用自愿申报、公正审核、统一标准、动态进出的工作机制。

各中心应根据工作需求,结合工作经费、人员数量等条件,确定知识产权维权援助规模,确保维权援助的质量与水平。

六、监督管理

地方知识产权局负责中心的日常监督和管理。

地方知识产权局要积极组织开展对中心及其工作人员的指导、培训和监督工作,按年度表彰奖励维权援助先进工作者,通过培训等方式,不断提高维权援助工作人员的业务能力与水平;要建立健全维权援助档案;要对违纪违法的工作人员按有关规定严肃处理;要积极防范骗取援助资金事件的发生,对弄虚作假,骗取援助资金者,要依法移交司法机关处理。

我局对知识产权维权援助工作的重要事项进行统筹安排,建立对中心的指导、监督、规范和扶持机制,组织条件成熟、工作基础好的中心,在海外主要国家和地区开展相应工作。

我局对中心的工作组织年度检查,进行总结部署,对工作突出的,予以重点支持;对工作不到位的,提出整改要求;对违章运行的,停止其运行。

我局对中心的工作人员组织上岗培训和业务研修,对表现突出的维权援助工作人员给予奖励。

七、中心的申报与审批

中心设立的条件为:能保证一定的工作人员、场所和经费,当地政府重视知识产权工作,有比较好的知识产权工作体系和工作基础,知识产权工作发展态势较好,当地对知识产权维权援助的需求较强。

省、自治区、直辖市知识产权局以及对知识产权维权援助工作有较强需求的城市的知识产权局,可以向我局申请在当地设立知识产权维权援助中心。提交的申报材料中,除工作方案外,还应包括对机构设置、工作人员详细情况、办公场所、计算机及网络软硬件条件配备,以及经费保障的说明。我局协调管理司负责申请的受理。我局将综合考虑各地实际工作开展情况、条件配备、人员情况和工作需求,进行审批。

联系人等(略)。

国家发展和改革委员会等建立和完善知识产权交易市场的指导意见

1. 2007年12月6日国家发展和改革委员会、科学技术部、财政部、国家工商行政管理总局、国家版权局、国家知识产权局发布
2. 发改企业[2007]3371号

为贯彻落实《国家中长期科学和技术发展规划纲要(2006-2020年)》、《国务院关于鼓励支持和引导个体私营等非公有制经济发展的若干意见》及配套政策有关精神,加快知识产权交易市场规范发展,国家发展改革委、财政部、科技部、国家工商总局、国家版权局、国家知识产权局研究提出以下意见:

一、指导思想、基本原则和总体目标

(一)指导思想

围绕提高企业自主创新能力,依托和发挥现有产权、技术产权和技术等要素市场的作用,发挥市场基础调节作用,加强政策引导和综合协调,推进知识产权交易市场的合理布局和功能多元化,完善交易规则与制度,引导专业中介组织参与交易活动,促进知识产权公开公正有序交易,形成有效的保护和监管体系,创新融资模式,拓宽融资渠道,促进中小企业又好又快发展。

(二)基本原则

一是坚持市场主导与政府推动相结合。充分发挥市场配置资源功能,加强政府引导和协调,促进各类知识产权成果通过市场进行转化,落实完善相关财税政策、实施有利的金融政策,鼓励企业自主创新和知识产权成果转化,形成政府推动与市场化发展的互动机制,推进知识产权交易市场体系的建设和发展。

二是坚持重点布局与协调发展相结合。充分利用已形成的产权、技术产权、技术市场等要素市场,根据区域经济发展水平和市场发育条件,逐步建立完善知识产权交易市场准入制度,重点布局带动力强、辐射面广的区域性知识产权交易市场,避免重复建设。协调多级产权、技术市场、技术产权等市场发展,促进技术、资本等要素跨区域流动。

三是坚持规范发展与探索创新相结合。建立健全知识产权交易机构行业组织和自律机制,遵循公开公平公正和诚实守信的原则,逐步建立完善政策法规体系。围绕交易市场发展过程中的关键问题和核心环节,鼓励有条件的区域进行交易模式、交易品种和体制机制的创新,实现交易品种的标准化。

四是坚持加快发展与合理监管相结合。抓住我国重大战略机遇期,加速建立与之相适应的知识产权交易市场体系的同时,加快建立有利于其发展的监管体制与监管模式,规范交易主体行为,维护其合法权益,保证交易市场正常秩序,形成知识产权保护的市场机制和社会环境。

(三)总体目标

通过政府引导和市场推动,逐步构建以重点区域知识产权交易市场为主导,各类分支交易市场为基础,专业知识产权市场为补充,各类专业中介组织广泛参与,与国际惯例接轨,布局合理,功能齐备,充满活力的多层次知识产权交易市场体系。

二、推进知识产权交易市场体系建设

(一)规范交易主体,提高交易质量。进场交易主体应具有完全民事行为能力的自然人、法人或其他经济组织。法人或其他经济组织在资金、评估、交易程序、运作方式、制度建设和专业人员配备等方面应具备相应的资质和水平,风险识别和防控能力较强。有条件的地区,要逐步建立交易主体信用制度,提高交易透明度与效率。

(二)丰富交易品种,创新交易方式。交易主要包含专利权、技术秘密、著作权及有关权、商标专用权、名称标记权、集成电路布图设计专有权、植物新品种等各类知识产权,具备条件的市场可交易以知识产权为主要载体的有限责任公司或未上市股份有限公司的股权等品种。交易可采取转让、许可使用、合资入股等方式。中小企业股权交易要按照《公司法》、《证券法》等法律法规，探索有利于企业股权流动、投资者便利进出的交易方式。

（三）建设交易市场，完备市场功能。有条件的地区，要逐步建立知识产权交易市场准入制度。知识产权交易市场应为各省（区、市）人民政府批准设立或认定并报相关业务主管部门备案的常设交易机构，可为事业法人或企业法人，其功能主要提供信息审核、信息发布、组织交易、交易鉴证、结算交割等服务。

交易市场应具备必要的交易场所，网络化的电子商务和信息服务平台，完善的交易系统及信息发布系统，较完善的交易制度、交易程序和规范的运作方式，按规定公开披露交易信息，并有明确的发展规划，拥有专业从业人员，满足交易活动需要。知识产权可在省（区、市）认定的产权交易中心登记托管。

（四）统筹安排，合理布局。知识产权交易市场在有条件的中心城市现有的技术交易市场、产权市场、技术产权交易市场、知识产权展示交易市场等基础上优化整合而成。积极推进专业化交易机构发展，逐步建立国家交易市场、区域性市场和专业化交易市场组成的多层次市场交易体系。

（五）整合资源，配套服务。根据知识产权交易需要和业务特点，交易机构可实行会员制，选择服务好、信誉高、能力强的交易中介为指定服务机构，进场从事交易服务。

三、规范知识产权交易行为

（一）严格交易程序，履行必要手续。程序主要涉及知识产权的真实性审查、价值评估、信息披露、竞价和撮合交易、合同鉴证与结算交割等。项目挂牌成交后，由转让双方签订合同并履行鉴证等相关手续。

（二）健全内部管理，建立信息披露制度。知识产权交易市场须建立健全交易规则及登记托管、结算交割、交易监督等规章制度，并报地方监管部门备案，接受管理和监督。项目披露应包括项目财务、经营管理、研发、人才储备、资金使用、价格评估、盈利分析及限制性条件等信息，由项目所有人选择评估、会计、律师事务所等专业机构、经纪会员委托代理。交易机构履行挂牌审核、信息内容认定和披露、交易方案确定和实施、交易主体和结算资金监管等职责，确保市场安全有序运行，保护交易参与者的合法权益。

（三）建立知识产权交易信息沟通反馈机制与运营网络。通过现代信息技术手段逐步建立参与知识产权交易主体的信用信息平台，完善交易市场信用信息数据库，促进企业自主知识产权信息的互联互通。

四、改进知识产权交易配套服务

（一）促进知识产权交易市场的有序运行，推进政策法规、信用服务、融资担保、资格认证及相关中介服务的配套体系建设，加速科技成果转化，营造市场发展的良好环境。

（二）整合各类中介服务资源，积极发展技术中介、咨询、经纪、信息、知识产权和技术评估、风险（创业）投资、产权交易等中介服务机构，为知识产权顺畅交易提供支撑。逐步形成以知识产权交易机构为主，产权代理机构、会计师事务所、律师事务所、风险（创业）投资公司、资产评估机构等相配套的服务体系和协调机制。

（三）加强市场中介服务机构规范管理，提高执业水平和服务能力。通过政策法规、执业能力培训及多种形式业务交流，提高市场从业人员的专业素养和操作能力。培养一支多专业、懂法律、善经营的知识产权经纪人队伍，建立相应的考评制度。

五、加大政策扶持力度

（一）政府采取多种形式促进知识产权交易等市场发展，通过财税政策引导和鼓励交易市场或机构的信息平台与能力建设。

（二）建立适应知识产权交易的多元化、多渠道投融资机制。政策性银行按稳妥审慎原则，经批准应开展知识产权等的质押贷款业务。鼓励商业银行积极开展以拥有自主知识产权的中小企业为服务对象的信贷业务。支持和引导各类信用担保机构为知识产权交易提供担保服务，探索建立社会化知识产权权益担保机制。研究开展知识产权权益托管服务。

（三）加大创业投资对知识产权交易的支持力度。积极发展创业风险投资，发挥政府创业风险投资引导基金作用，引导和鼓励民间资本投入知识产权交易活动，符合规定的可享受创业投资机构的有关优惠政策。

（四）积极探索知识产权投融资新模式。拓宽风险（创业）投资退出渠道，经批准在发展较好的知识产权交易市场开展未上市高成长性中小企业股权流通的试点工作。

（五）国家鼓励不同形式的知识产权进场交易。

政府财政性资金投入和支持的项目所形成的非关系到国家经济安全、国防安全和国家机密的知识产权应进场交易，促进民间资本投入所形成的和自然人所持有的知识产权进场交易。

六、加强领导和监督管理

（一）加强对知识产权交易市场的指导。各级政府要根据经济社会发展的需要，进一步改进工作方式，创新服务手段，加大指导与协调力度，及时发布交易信息，促进交易市场的规范发展。各地应结合实际，制定完善地方性知识产权交易市场的法规和配套政策，促进交易市场的制度化法制化。

（二）建立由国家发展改革委牵头，财政部、科技部、国家工商总局、国家版权局、国家知识产权局、国务院国资委、证监会等相关部门及部分省（区、市）级知识产权交易管理部门参加的指导委员会，加强对知识产权市场的指导和协调。依法建立和完善重大知识产权交易活动的审查制度。各业务主管部门要依法建立对知识产权等重大交易活动的特别审查机制，根据各自职能分工履行监管职责，加大知识产权保护力度。

（三）知识产权交易过程中，双方若出现争议，应协商解决，必要时依法采取纠纷调解、交易中止、撤销交易凭证、交易终止等措施解决，并及时向监管部门反映。对非法侵害知识产权、制销假冒产品和技术并造成重大损失的行为，要依法追究法律责任。

（四）国家和地方知识产权交易市场的监管部门，应依法实施管理，加强动态监管。通过年检方式，对交易不规范的机构予以警告并限期整改，对违反相关法律的机构依法予以中止、终止直至追究其法律责任。

（五）积极推进国家和区域性知识产权交易市场行业自律。切实发挥行业自律组织在自律维权、业务交流与合作、技术规范制定、管理咨询、业务培训、理论研究、对外合作等方面的作用，提高交易市场的整体效能与水平。

国务院国有资产监督管理委员会关于加强中央企业知识产权工作的指导意见

1. 2009年4月22日

2. 国资发法规〔2009〕100号

各中央企业：

为深入贯彻落实科学发展观，加强中央企业知识产权工作，按照国务院公布的《国家知识产权战略纲要》的总体部署，现就中央企业知识产权工作提出以下意见：

一、充分认识加强中央企业知识产权工作的重要意义

当前国际金融危机继续蔓延，对我国实体经济的影响不断加深，特别是一些劳动密集型、纯加工型、缺乏核心技术和自主知识产权的企业面临严重冲击和困难，中央企业也面临着市场疲软、出口下降、增长放缓等严峻挑战。为贯彻落实党中央、国务院有关“保增长、扩内需、调结构”的总体要求，积极应对国际金融危机，中央企业要把知识产权工作作为“转危为机”的重要手段，主动进行技术、产品转型升级，努力打造知名品牌，掌握具有自主知识产权的核心竞争能力，增强中央企业抵御各类风险能力，实现可持续发展。

二、中央企业加强知识产权工作的指导思想与总体要求

中央企业加强知识产权工作的指导思想是：按照贯彻《国家知识产权战略纲要》的有关要求，以科学发展观为指导，积极应对国际金融危机，全面实施企业知识产权战略，提高企业自主创新能力，坚持企业知识产权工作与企业改革、机制创新相结合，与结构调整、产业升级相结合，与企业开拓市场、经营发展相结合，与技术创新、提升自主开发能力相结合，努力打造一批拥有自主知识产权和知名品牌、熟练运用知识产权制度、国际竞争力较强的大公司大集团。

中央企业加强知识产权工作的总体要求是：紧紧围绕“一个核心，三条主线”，即以研究制定企业知识产权战略为核心，以拥有核心技术的自主知识产权、打造中央企业知名品牌、争取国际标准的话语权为知识产权工作开展的主线，充分运用“企业知识产权战略和管理指南”研究成果，大力提升中央企业知识产权创造、应用、管理和保护的能力与水平，增强企业国际竞争力。

三、全面启动中央企业知识产权战略研究制定工作

中央企业要将企业知识产权战略的研究制定放在企业知识产权工作的首位。要按照《国家知识产权战略纲要》的要求，结合本企业改革发展的实际，针对有关重点领域、重要产业的知识产权特点和发展趋势，抓紧制定和完善本企业的知识产权战略。所有中央企业要结合主业明确本企业知识产权工作的目标和任务，53家大型中央企业和其他具备条件的中央企业要在2009年底前制定并开始实施本企业知识产权战略。

中央企业制定实施企业知识产权战略的有关情况要及时向国资委反馈。

四、加大企业知识产权创造和应用力度，推进中央企业在关键领域、核心技术上拥有自主知识产权

中央企业要突出知识产权创造的重点，充分发挥中央企业科研机构具有的学科比较配套、设施比较齐备、科技人员比较集中的优势，着力于在重点领域的重大关键技术项目实现重点突破。要用好国家近期出台的一系列有关钢铁、汽车、轻工、石化等产业调整和振兴规划的各项优惠政策，加大对科研开发的投入，促进相关产业的优化升级。要充分运用知识产权法律制度，加强创新成果的知识产权确权工作，进一步将发明专利申请作为企业专利申请的重点，安排一定的经费用于专利申请、维持和实施。要努力提高企业核心技术领域的专利实施率，鼓励知识产权成果的资本化运作，重视开展专利、商标以及非专利技术等的转让和许可，推进知识产权成果的广泛应用。将知识产权的拥有量和实施效益作为衡量企业科技进步和经营管理水平的重要依据，并将其作为科技人员、经营管理人员绩效考核、职称评定、职级晋升的重要指标。

五、适应国内外市场竞争需要，加快打造中央企业知名品牌

中央企业近年来快速健康发展的良好态势，为打造中央企业知名品牌创造了条件。中央企业一定要结合知识产权工作，树立强烈的品牌意识。要加强企业知识产权战略与品牌战略的有机结合和相互促进。通过自主知识产权的创造与应用打造企业的知名品牌，通过自主知识产权的保护与管理维护并提升知名品牌的价值。要立足国际竞争，通过持续创新和长期维护，努力将知名品牌推向国际，逐步改变一些企业单纯贴牌生产的局面。要围绕企业品牌法律地位的确立，及时、规范地进行商标、商号的注册和企业商誉的保护，充分运用法律武器保护品牌成果。

六、推进知识产权成果运用与标准制订相结合，努力争取国际标准的话语权

知识产权与标准相结合已经成为各国大公司大集团占领市场的重要手段。争取国际标准的话语权，是中央企业打造具有国际竞争力的大公司大集团的重要途径。中央企业在加速知识产权成果产业化的同时，要高度重视将重大专利成果纳入技术标准的工作，积极与有关行业部门沟通，争取将企业标准上升为行业标准和国家标准。同时，中央企业作为我国行业排头兵，要进一步加强国际交流与合作，主动参与国际行业标准的制订，努力将我国优势领域拥有自主知识产权的核心技术上升为国际标准，谋求企业更大发展空间。

七、建立健全中央企业知识产权管理与保护的工作机制和制度

要立足于知识产权管理与保护，抓紧建立和完善企业知识产权综合管理制度，逐步推动知识产权由下属企业分散管理向集团集中管理转变。要在中央企业集团层面尽快明确知识产权工作综合协调机构，进一步增强集团知识产权工作的管控能力。建立健全对自主创新的激励机制，探索知识产权的收益分配制度，在知识产权转让、转化获得收益时，对职务发明人与团队及其他做出重要贡献人员依法予以适当奖励和报酬。要进一步加强知识产权人才队伍建设，加快培养一批懂技术、懂法律、懂外语，能进行知识产权分析且能熟悉运用有关国际规则的复合型人才。要针对企业知识产权的不同类型，分别建立符合企业实际情况的专利、商标、著作权和商业秘密等专项管理办法。要抓紧完善企业知识产权管理的各项制度，提高知识产权管理的信息化水平，探索建立知识产权信息检索制度、运营管理制度、侵权预警制度等。要进一步加大企业知识产权保护力度，积极防范在企业对外并购、改制重组过程中的知识产权流失。要认真贯彻落实《中华人民共和国劳动合同法》，防止因员工“跳槽”引发知识产权纠纷。

进一步加强企业知识产权工作，是当前中央企业调整优化结构、增强核心竞争力的一项重要举措。按照《中央企业负责人经营业绩考核暂行办法》的有关规定，国资委将继续落实对在自主创新(包括自主知识产权)等方面取得突出成绩的企业负责人设立单项特别奖，积极指导和推动中央企业把自主创新和知识产权工作纳入企业内部的业绩考核。同时结合中央企业知识产权战略制定工作，大力推动“企业知识产权战略和管理指南”专题研究成果的贯彻实施，促进中央企业之间的经验交流与合作。加强对中央企业知识产权工作的监督检查，继续做好对企业专利成果申报和授权情况的统计通报，及时选择一批自主创新能力强、知识产权工作基础好的中央企业进行宣传和推广。依法协调好中央企业知识产权法律纠纷，为中央企业深化知识产权工作营造良好的政策法律环境。

国家知识产权局等关于加快培育和发展知识产权服务业的指导意见

2012年11月13日国家知识产权局、国家发展和改革委员会、科学技术部、农业部、商务部、国家工商行政管理总局、国家质量监督检验检疫总局、国家版权局、国家林业局发布

为贯彻落实《国家知识产权战略纲要》(国发〔2008〕18号)和《国务院办公厅关于加快发展高技术服务业的指导意见》(国办发〔2011〕58号),积极推动知识产权服务业发展,培育产业发展新优势,强化知识产权服务对科技进步和经济发展的促进作用,现提出以下指导意见。

一、充分认识知识产权服务业对我国经济发展的重要作用

知识产权服务业,主要是指提供专利、商标、版权、商业秘密、植物新品种、特定领域知识产权等各类知识产权"获权—用权—维权"相关服务及衍生服务,促进智力成果权利化、商用化、产业化的新型服务业,是现代服务业的重要内容,是高技术服务业发展的重点领域。

我国正处于全面建设小康社会的关键时期,深化改革开放、加快转变经济发展方式的攻坚时期,"中国制造"向"中国创造"转变的战略转型期。发展知识产权服务业,有利于提升自主创新的效能与水平,有利于提高经济发展的质量和效益,有利于形成结构优化、附加值高、吸纳就业能力强的现代产业体系。加快发展知识产权服务业,是促进科技和经济紧密结合的重要抓手,是提高产业核心竞争力、促进经济结构调整、加快转变经济发展方式的重要举措。

知识产权服务业技术与知识密集,附加值高,对科技创新、产业发展、对外贸易和文化发展的支撑作用日益显现,市场前景广阔,但存在政策体系不完善,市场主体发育不健全,高端人才匮乏,综合服务能力不强等问题,与我国经济社会发展的要求不相适应,亟待着力培育发展。

二、发展知识产权服务业的指导思想、基本原则与发展目标

(一)指导思想

以邓小平理论和"三个代表"重要思想为指导,深入贯彻落实科学发展观,围绕加快经济发展方式转变和促进产业转型升级的发展主线,完善管理机制,建立健全服务体系,培育市场需求,拓展服务模式,促进知识产权服务业快速、持续、健康发展。

(二)基本原则

政府引导,市场驱动。发挥政府的引导作用,完善服务体系和配套政策。发挥市场在资源配置中的基础性作用,大力发展社会化、专业化、规模化的知识产权服务。

分类指导,突出重点。针对区域经济发展不平衡状况,对知识产权服务业发展实行分类指导,明确知识产权代理服务、法律服务、信息服务、商用化服务、咨询服务、培训服务等重点发展领域。

夯实基础,创新发展。强化知识产权服务业发展基础,加强基础信息资源和服务平台建设,完善支撑体系。改革管理体制机制,深化服务内容,创新服务模式,积极培育新兴业态。

(三)发展目标

总体目标:到2020年,知识产权服务与科技经济发展深度融合,知识产权创造、运用、保护和管理能力大幅提升,为科技创新水平提升和经济发展效益显著改善提供支撑;知识产权服务业成为高技术服务业中最具活力的领域之一,对经济社会发展的贡献率明显提高。

主要目标:知识产权服务体系进一步完善,公共服务和市场化服务协调发展;知识产权服务主体多元化,形成一批专业化、规模化和国际化的知识产权服务机构;知识产权服务业从业人员数量和服务能力大幅提高,人员结构优化,高端人才具有较强的国际竞争力;知识产权服务业规模和产值占现代服务业的比重明显提高。

三、知识产权服务业重点发展的领域

(一)知识产权代理服务

加速发展专利、商标、著作权、集成电路布图设计、植物新品种的申请、注册、登记、复审、无效、异议等代理服务。引导发展特定领域知识产权代理服务。着力提升代理机构涉外代理服务能力。鼓励代理机构拓展服务领域,提高服务质量,壮大发展规模。

(二)知识产权法律服务

发展知识产权相关法律服务,维护市场主体的合法权益。鼓励拓展企业上市、并购、重组、清算、投融资

等商业活动中的知识产权法律服务,加强知识产权尽职调查服务,完善中小微型企业知识产权法律援助服务,拓展海外知识产权维权服务,提升知识产权服务机构熟悉和运用国际规则的能力,增强国际竞争力。

(三)知识产权信息服务

发展知识产权信息检索分析、数据加工、文献翻译、数据库建设、软件开发、系统集成等信息服务。鼓励知识产权服务机构对知识产权基础信息进行深度加工,支持利用移动互联网、下一代互联网、云计算、物联网等新技术,建设专业化知识产权信息服务平台,创新服务模式,开发高端知识产权分析工具,提高知识产权信息利用效率。

(四)知识产权商用化服务

发展知识产权评估、价值分析、交易、转化、质押、投融资、运营、托管等商用化服务。加强和规范知识产权资产评估工作,建立健全知识产权运营工作体系,完善以金融机构、创业投资为主、民间资本广泛参与的知识产权投融资体系,推动金融机构拓展知识产权质押融资业务,鼓励融资性担保机构为知识产权质押融资提供担保服务,探索建立质押融资风险多方分担机制。

(五)知识产权咨询服务

发展知识产权战略咨询、政策咨询、管理咨询、实务咨询等高端服务。积极引导知识产权专业咨询机构健康发展,推动重大项目决策、行业发展规划、产业联盟构建中的咨询服务,加强企业管理制度完善、服务贸易、市场拓展、海外布局、核心技术转让、标准化等事务中的咨询服务。

(六)知识产权培训服务

发展知识产权教育培训服务,提升知识产权服务从业人员的专业素质。制定知识产权人才职业能力框架,引导培训机构规范发展,支持培训机构开展职业分类分级实务培训,推进国际交流合作,采用引进人才、合作办学等多种方式,培育一批专业化的知识产权培训服务品牌机构。

四、加快知识产权服务业发展的主要任务

(一)夯实知识产权服务业发展基础

加强知识产权基础信息资源整合和开放共享,提升知识产权信息公共服务能力,提供准确、及时、全面的知识产权信息。支持欠发达地区完善知识产权服务公共设施建设。建设全国专利技术运用转化平台。利用云计算等先进信息技术,推进标准化建设,促进资源共享。完善全国知识产权公共服务体系建设,建立政府部门、行业协会、图书情报机构、知识产权服务机构与企业、高校、科研机构等共同参与、协调联动的服务体系。

(二)完善知识产权服务法律政策环境

结合科技、经济发展,及时修订完善知识产权服务相关的法律法规和配套政策。加强产业、区域、科技、贸易等政策与知识产权政策的衔接。配合服务业改革的总体安排和试点工作,推动制定有利于知识产权服务业发展的财政、金融和税收政策。研究推动知识产权服务机构享受相关税收优惠政策。建立并完善重大经济科技项目知识产权审议制度。建立健全知识产权预警应急机制、海外维权和争端解决机制。

(三)增强知识产权服务对经济的支撑作用

面向节能环保、新一代信息技术、生物、高端装备制造、新能源、新材料、新能源汽车等战略性新兴产业,以及汽车、石油化工等重点产业,推动行业、企业建设相关知识产权信息服务平台和专题数据库,支持产业创新。推动知识产权服务融入地方经济发展,促进区域特色产业优化升级。加强专利、农产品商标、植物新品种等知识产权服务,促进现代农业和现代林业创新发展。加强版权、外观设计专利等知识产权服务,促进文化创意产业的繁荣发展。引导社会服务资源广泛挖掘国内地理标志,积极拓展涉外地理标志,进一步发挥地理标志及其专门保护在对外贸易和区域经济发展中的带动作用。实施知识产权服务对接工程,为科技创新型中小微型企业提供全流程知识产权服务。鼓励知识产权服务机构在企业产品出口、服务外包、境外设展、海外投资、品牌输出、专利纳入标准等活动中提供专业化服务,支持"走出去"战略的实施。

(四)增强知识产权服务对科技的支撑作用

为原始创新、集成创新和消化吸收再创新提供知识产权服务。促进闲置专利的筛选和实施,为高校和科研机构的专利转化提供多元化、市场化的渠道。鼓励科技企业积极利用商标和商业秘密制度保护创新成果。强化科技创新中的知识产权导向,健全国家科技计划和科技重大专项知识产权管理制度。鼓励科技重大专项有关单位根据需要委托知识产权服务机构提供咨询和服务。鼓励科技企业孵化器、生产力促进中心、技术转移机构、大学科技园等机构提供知识产权服务,提升科技创新层次,保护科技创新成果,促进转化应用。

（五）培育知识产权服务市场

按照政府职能转变和事业单位改革的要求，推进知识产权领域事业单位体制改革。支持各地有条件的知识产权公共服务机构进行企业化转制改革试点，并按规定享受有关税收优惠政策。有序开放知识产权基础信息资源，使各类知识产权服务主体可低成本地获得基础信息资源，以多种方式参与知识产权服务，增强市场服务供给能力。加大政府采购力度，在公共服务领域引入市场机制，促进服务主体多元化。探索设立由国家引导、多方参与的知识产权运营资金，促进知识产权运用。培育发展知识产权证券化、知识产权保险、知识产权经营等新兴模式。加强知识产权服务宣传和文化建设，扩大行业影响。

（六）开展知识产权服务试点示范

组织开展知识产权服务集聚发展和试点示范工作，鼓励先行先试。支持知识产权服务机构进驻国家自主创新示范区、国家现代服务业产业化基地、高技术服务产业基地、国家服务业综合改革试点、台港澳与内地合作区域，支持国家现代服务业创新发展示范试点城市发展知识产权服务业，引导知识产权服务集中、集约、集聚发展。依托移动互联网、下一代互联网、云计算、物联网等新技术，开展知识产权服务模式创新试点示范项目。在知识产权服务业重点发展领域，开展知识产权服务示范机构创建工作，推进知识产权服务机构品牌建设，重点培育一批基础较好、能力较强、业绩显著、信誉优良的知识产权服务机构，提升社会影响力和国际竞争力。

（七）加强知识产权服务人才培养

推动建立知识产权服务人才职业资格制度和职称评聘制度，加快培养知识产权实务人才。扩大知识产权代理人才队伍规模，提高代理人专业素质，发展知识产权管理、咨询、运营、评估、保险、信息分析人才队伍。支持引进懂技术、懂法律、懂经济、懂管理的复合型国际高端人才。完善知识产权服务人才培养机制，创新人才培养模式。鼓励开展校企合作，联合培养知识产权服务人才。引进国际师资，积极开展职业培训，培养知识产权服务高端实务人才。

五、促进知识产权服务业发展的主要措施

（一）加强组织领导

建立部门间知识产权服务业发展协调协作机制，统筹规划知识产权服务业发展，协调解决各种突出问题。各有关部门和地方要结合实际情况，制定推进知识产权服务业发展的实施意见，落实各项工作。不断完善工作机制，尽快形成总体部署、各方协作、有效联动的工作格局。

（二）加大投入力度

推动国家设立知识产权服务业发展专项资金，有条件的地区设立知识产权服务业发展专项资金。落实高技术服务业产业化专项对知识产权服务的支持。支持知识产权服务重大工程，开展知识产权服务业统计调查，推进知识产权服务试点示范，建设知识产权服务集聚区。实施知识产权服务引导项目，培育知识产权服务品牌机构，支持和引导民营知识产权服务机构健康发展。鼓励金融机构加大信贷支持，推进知识产权质押融资、产业链融资等金融产品创新。综合运用基金、贴息、担保等多种方式，引导吸引信贷资金、外资和社会资本多渠道投向知识产权服务业。

（三）加强行业监管和自律

建立并完善知识产权服务行业协会（联盟），充分发挥行业协会（联盟）在行业自律、标准制定、产品推广、交流合作等方面的作用。建立合理开放的知识产权服务市场准入制度，维护公平竞争的市场秩序。建立知识产权服务标准规范体系，提高服务质量和效率。加强对服务机构和人员的执业监督与管理，引导服务机构建立健全内部管理制度。建立知识产权服务机构分级评价体系，完善行业信用评价、诚信公示和失信惩戒等机制。鼓励服务机构成立区域性服务联盟，实现优势互补、资源共享。加强政府对行业协会的指导、支持与监管。

（四）建立统计监测体系

建立知识产权服务业统计调查制度。明确统计范围和统计对象，设计统计指标，规范统计内容，统一统计口径，支持完善高技术服务统计监测体系。探索研究将知识产权服务的新兴业态纳入国家统计的方式方法。建立健全知识产权服务业发展监测和信息发布机制。

财政部、国家知识产权局关于加强知识产权资产评估管理工作若干问题的通知

1. *2006年4月19日*
2. *财企〔2006〕109号*

各省、自治区、直辖市、计划单列市财政厅(局)、知识产权局:

为了加强知识产权资产评估管理,规范知识产权的评估行为,使知识产权资产评估更好地服务于国家创新经济建设和知识产权保护工作,依据《中华人民共和国公司法》、《中华人民共和国专利法》、《中华人民共和国商标法》、《中华人民共和国著作权法》、《中华人民共和国担保法》、《国有资产评估管理办法》等有关规定,现就知识产权资产评估管理工作的有关事项通知如下:

一、知识产权占有单位符合下列情形之一的,应当进行资产评估:

(一)根据《公司法》第二十七条规定,以知识产权资产作价出资成立有限责任公司或股份有限公司的;

(二)以知识产权质押,市场没有参照价格,质权人要求评估的;

(三)行政单位拍卖、转让、置换知识产权的;

(四)国有事业单位改制、合并、分立、清算、投资、转让、置换、拍卖涉及知识产权的;

(五)国有企业改制、上市、合并、分立、清算、投资、转让、置换、拍卖、偿还债务涉及知识产权的;

(六)国有企业收购或通过置换取得非国有单位的知识产权,或接受非国有单位以知识产权出资的;

(七)国有企业以知识产权许可外国公司、企业、其他经济组织或个人使用,市场没有参照价格的;

(八)确定涉及知识产权诉讼价值,人民法院、仲裁机关或当事人要求评估的;

(九)法律、行政法规规定的其他需要进行资产评估的事项。

非国有单位发生合并、分立、清算、投资、转让、置换、偿还债务等经济行为涉及知识产权的,可以参照国有企业进行资产评估。

二、知识产权评估应当依法委托经财政部门批准设立的资产评估机构进行评估。

资产评估机构从事知识产权评估业务时,应当严格遵循有关的资产评估准则和规范。在评估过程中,要考虑知识产权的特殊性,科学、客观地分析知识产权预期收益的可行性和合理性。

资产评估机构在执行知识产权评估业务时,可以聘请专利、商标、版权等知识产权方面的专家协助工作,但不能因此减轻或免除资产评估机构及注册资产评估师应当承担的法律责任。

三、财政部和国家知识产权局共同组织知识产权评估专业培训、考核并颁发培训证书,建立并严格执行继续教育、培训考核制度,确保培训的质量,不断提高注册资产评估师及从业人员知识产权评估的专业能力和水平。

四、中国资产评估协会应当加强行业自律和专业指导工作,可以建立知识产权评估专家库和相关的专业委员会,建立和完善知识产权数据库,为知识产权资产评估创建必要的平台,以提高资产评估的执业质量、行业公信力和影响力。

五、资产评估机构必须坚持独立、客观、公正的原则,不得以迎合委托方对评估结果高估或者低估的要求、给予"回扣"、恶性压价等不正当方式承揽知识产权评估业务。

财政部和国家知识产权局定期组织对从事知识产权评估业务的资产评估机构执业质量进行监督检查。

六、任何单位和个人不得非法干预知识产权评估业务和评估结果。

七、占有知识产权的国有单位和从事知识产权评估业务的资产评估机构违反上述规定的,按国家有关规定处理。

本通知发布后,过去有关规定与本通知内容相抵触的,以本通知为准。

财政部等关于加强知识产权质押融资与评估管理支持中小企业发展的通知

1. *2010年8月12日财政部、工业和信息化部、银监会、国家知识产权局、国家工商行政管理总局、国家版权局发布*
2. *财企〔2010〕199号*

各省、自治区、直辖市、计划单列市财政厅(局)、中小

企业管理部门、银监局、知识产权局、工商行政管理局、版权局：

为贯彻落实《国家知识产权战略纲要》（国发〔2008〕18）号和《国务院关于进一步促进中小企业发展的若干意见》（国发〔2009〕36 号），推进知识产权质押融资工作，拓展中小企业融资渠道，完善知识产权质押评估管理体系，支持中小企业创新发展，积极推动产业结构优化升级，加快经济发展方式转变，现就知识产权质押融资与评估管理有关问题通知如下：

一、建立促进知识产权质押融资的协同推进机制

知识产权质押融资是知识产权权利人将其合法拥有的且目前仍有效的专利权、注册商标权、著作权等知识产权出质，从银行等金融机构取得资金，并按期偿还资金本息的一种融资方式。各级财政、银监、知识产权、工商行政、版权、中小企业管理部门（以下统称各有关部门）要充分发挥各自的职能作用，加强协调配合和信息沟通，积极探索促进本地区知识产权质押融资工作的新模式、新方法，完善知识产权质押融资的扶持政策和管理机制，加强知识产权质押评估管理，支持中小企业开展知识产权质押融资，加快建立知识产权质押融资协同工作机制，有效推进知识产权质押融资工作。

二、创新知识产权质押融资的服务机制

各有关部门要指导和支持银行等金融机构探索和创新知识产权信贷模式，积极拓展知识产权质押融资业务，鼓励和支持商业银行结合自身特点和业务需要，选择符合国家产业政策和信贷政策、可以用货币估价并依法流转的知识产权作为质押物，有效满足中小企业的融资需求。

各有关部门要指导和支持商业银行等金融机构根据国家扶持中小企业发展的政策，充分利用知识产权的融资价值，开展多种模式的知识产权质押融资业务，扩大中小企业知识产权质押融资规模。要鼓励商业银行积极开展以拥有自主知识产权的中小企业为服务对象的信贷业务，对中小企业以自主知识产权质押的贷款项目予以优先支持。要充分利用国家财政现有中小企业信用担保资金政策，对担保机构开展的中小企业知识产权质押融资担保业务给予支持。

各有关部门要引导商业银行、融资性担保机构充分利用资产评估在知识产权质押中的作用，促进知识产权、资产评估法律及财政金融等方面的专业协作，协助贷款、担保等金融机构开展知识产权质押融资业务。要进一步加强知识产权、资产评估、金融等专业知识培训和业务交流，开展相关政策与理论研究，提升商业银行、融资性担保机构、资产评估机构等组织及有关从业人员的专业能力。

各有关部门要支持和指导中小企业运用相关政策开展知识产权质押融资，构建中小企业与商业银行等金融机构之间的信息交流平台，提高中小企业知识产权保护和运用水平。

三、建立完善知识产权质押融资风险管理机制

各地银监部门要指导和支持商业银行等金融机构建立健全知识产权质押融资管理体系，创新授信评级，严格授信额度管理，建立知识产权质押物价值动态评估机制，落实风险防控措施。

各有关部门要鼓励融资性担保机构为中小企业知识产权质押融资提供担保服务，引导企业开展同业担保业务，构建知识产权质押融资多层次风险分担机制。探索建立适合中小企业知识产权质押融资特点的风险补偿和尽职免责机制。支持和引导各类信用担保机构为知识产权交易提供担保服务，探索建立社会化知识产权权益担保机制。

四、完善知识产权质押融资评估管理体系

各有关部门要根据财政部和国家知识产权局、国家工商行政管理总局、国家版权局等部门有关加强知识产权资产评估管理的意见，完善知识产权质押评估管理制度，加强评估质量管理，防范知识产权评估风险。

各有关部门要鼓励商业银行、融资性担保机构、中小企业充分利用专业评估服务，由经财政部门批准设立的具有知识产权评估专业胜任能力的资产评估机构，对需要评估的质押知识产权进行评估。要指导商业银行、融资性担保机构、中小企业等评估业务委托方，针对知识产权质押融资的评估行为，充分关注评估报告披露事项，按照约定合理使用评估报告。

中国资产评估协会要加强相关评估业务的准则建设和自律监管，促进资产评估机构、注册资产评估师规范执业，加快推进知识产权评估理论研究和数据服务系统建设，为评估机构开展知识产权评估提供理论和数据支持。要在无形资产评估准则框架下，针对各类知识产权制定具体的资产评估指导意见，形成完整的知识产权评估准则体系。要加大知识产权评估相关业

务的培训，进一步提高注册资产评估师专业胜任能力。要监督资产评估机构按照国家有关规定合理收取评估费用，制止资产评估机构低价恶性竞争或超标准收费行为。

五、建立有利于知识产权流转的管理机制

各级知识产权部门要建立动态的信息跟踪和沟通机制，及时做好知识产权质押登记，加强流程管理，强化质押后的知识产权保护，并为商业银行、融资性担保机构、质押评估委托方查询质押知识产权法律状态、知识产权质押物经营状况等信息提供必要的支持，协助商业银行逐步建立知识产权质押融资信用体系。

各级中小企业管理部门要积极引导拥有自主知识产权的中小企业进行质押融资，提高其知识产权参与资产评估的积极性和有效性，建立适应知识产权交易的多元化、多渠道投融资机制，并将其纳入当地中小企业成长工程。

各有关部门要加快推进知识产权交易市场建设，充分依托各类产权交易市场，引导风险投资机构参与科技成果产业化投资，促进知识产权流转。要积极探索知识产权许可、拍卖、出资入股等多元化价值实现形式，支持商业银行、融资性担保机构质权的实现。

国家中医药管理局、国家知识产权局关于加强中医药知识产权工作的指导意见

1. 2011年1月19日

2. 国中医药科技发〔2011〕2号

各省、自治区、直辖市卫生厅局、中医药管理局、知识产权局，新疆生产建设兵团卫生局，中国中医科学院：

中医药知识产权是我国知识产权战略的重要领域，中医药知识产权工作是中医药行业在新形势下的一项新的重要任务。中医药知识产权既包括利用现行知识产权制度可获得的权利，也包括无法直接利用现行知识产权制度实现保护的中医药传统知识相关权益。

根据党的“十七大”关于“实施知识产权战略”和《国务院关于扶持和促进中医药事业发展的若干意见》中“加强中医药法制建设和知识产权保护”的精神，为贯彻落实《国家知识产权战略纲要》，提高中医药行业对知识产权的创造、运用、管理和保护能力，制定本意见。

一、指导思想

（一）以科学发展观为指导，以维护国家利益和充分发挥中医药优势特色为核心，以贯彻实施国家知识产权战略纲要为重点，按照激励创造、有效运用、依法保护、科学管理的方针，通过政府引导，多方协调，促进中医药知识产权保护和利用，建立、健全符合中医药发展规律和自身特点的知识产权法制和管理体系，使中医药的独特优势转化为现实价值，促进中医药事业可持续发展。

二、总体目标

（二）进一步完善现行知识产权制度，逐步建立符合中医药自身特点的中医药传统知识和中药资源等专门保护制度，形成中医药知识产权综合保护与利用体系，提高中医药行业知识产权创造、运用、保护和管理能力。

三、基本原则

（三）现行制度运用与专门制度建设相结合。充分运用现行知识产权制度对中医药创新成果进行保护，并在实践中不断探索、研究建立中医药传统知识专门保护制度。加强中医药知识的源头保护，实现两种制度的有效衔接和对传统知识的完整保护。

（四）加强保护与合理利用相结合。协调中医药知识产权保护与继承创新、中医药传统知识保护与鼓励利用、中药资源保护与产业发展的关系，推动中医药知识的运用和发展。

（五）国际合作与权益保护并重。推动中医药国际交流与合作要注重加强权益保护，建立和完善中医药知识产权预警和维权援助机制，维护国家和民族利益。

四、主要任务

（六）加强中医药知识产权法制建设。中医药和知识产权行政管理部门要加强与有关部门的沟通与协调，推动中医药知识产权相关法律法规的立法进程。制定并落实中医药知识产权相关政策与措施，促进中医药产业、科技、教育、贸易等政策与中医药知识产权政策相衔接。

（七）加强中医药知识产权工作指导与服务。知识产权行政管理部门要加强对中医药行业知识产权工作指导，中医药管理部门要完善与中医药知识产权相关的公共服务。

（八）加强中医药知识产权创造和运用。有关部门要在相关政策、项目资金和创新成果知识产权化等方面，引导和支持市场主体创造和运用中医药知识产权。强化中医药科技创新活动中知识产权政策的导向作用，完善中医药科技成果权利归属和利益分享机制。

（九）加强中医药传统知识的保护。支持中医药传统知识的整理和传承，研究建立中医药传统知识管理、保护和利用机制。加强对传统制药、民间医药、道地药材以及民族医药等传统知识富集领域的有效保护，实现中医药传统知识可持续发展。

五、工作措施

（十）建立健全中医药知识产权保护制度。推动中医药立法进程，建立中医药传统知识专门保护制度，促进地方出台地方性中医药传统知识管理规定。进一步推动中医药知识产权在政府定价、药品招标、金融支持、税收优惠、贸易促进等方面相关政策的落实。

（十一）开展中医药知识产权保护理论、政策与法制研究。开展中医药知识特点与知识产权保护的适应性研究和中医药传统知识保护专门制度的理论研究。完善中药发明专利审查标准并尽快纳入我国的专利审查实践。

（十二）完善中医药知识产权管理机制。中医药管理部门以及中医药企、事业单位应有专门部门或专人负责知识产权工作；建立健全中医药知识产权管理规章制度，设立专项资金支持知识产权工作。

（十三）培养中医药知识产权人才队伍。鼓励中医药院校开设知识产权相关课程。支持有条件的院校逐步设立相应专业，有计划、有步骤地培养中医药知识产权复合型、国际化人才。

（十四）培育中医药知识产权服务机构。引导知识产权代理机构、科技中介机构以及信息服务机构开展中医药知识产权服务，促进中医药知识产权的获得与转化，满足经济社会发展需求。加强中医药知识产权学术研究和交流，支持成立全国性中医药知识产权学术团体或行业协会。

（十五）强化中医药科研全过程的知识产权管理。中医药科技项目申请立项、过程实施和验收考核评价要将中医药知识产权作为重要指标纳入。中医临床研究基地、重点研究室（实验室）和重点学科等认定、考核要将知识产权创造、运用、保护和管理能力作为重要内容。

（十六）开展中医药传统知识保护技术研究。逐步建立中医药传统知识保护名录、中医药特有标志和符号名录，进一步开展中医药老字号等中医药特殊领域的保护研究。

（十七）加强道地药材的保护、开发与利用。充分发挥相关制度在道地药材保护中的重要作用，促进具有地方特色的、与中医药有关的自然、人文优势资源转化为地方现实生产力。逐步建立道地药材认证制度。

（十八）加强中医药国际合作与贸易中的知识产权管理。建立健全国际合作和贸易中的知识产权保护部门协作机制，不断完善中医药领域的外商投资和特定技术出口政策。建立健全中医药国际合作中的知识产权审核、监督制度，防止中医药传统知识和创新成果的不当公开和流失。

（十九）推动中医药知识产权保护的国际进程。鼓励企业和科研机构深入研究并充分运用主要贸易和合作国家或者地区的知识产权制度，在对外贸易合作中有效保护中医药传统知识和创新成果。加强国际交流与合作，积极探索建立中医药国际合作中利益双赢机制，积极参与制定与中医药知识产权保护有关的国际规则和标准，推动中医药知识产权保护的国际化进程。

（二十）开展中医药知识产权相关知识的宣传普及工作。各地要通过举办培训班、研讨会、继续教育和相关试点等方式，大力宣传普及知识产权基本知识，提高中医药行业的知识产权创造、运用、保护和管理能力。

商务部等关于进一步推进网络购物领域打击侵犯知识产权和制售假冒伪劣商品行动的通知

1. *2011年4月21日商务部、工业和信息化部、公安部、人民银行、海关总署、工商总局、质检总局、新闻出版总署（版权局）、知识产权局发布*
2. *商商贸发〔2011〕119号*

各省、自治区、直辖市、计划单列市及新疆生产建设兵团商务、通信、公安、人民银行、工商、质监、新闻出版（版权）、知识产权主管部门、海关总署广东分署、各直属海关，各检验检疫局：

网络购物领域打击侵犯知识产权和制售假冒伪劣商品行动开展以来,各地区和有关部门周密部署、精心组织、上下联动、团结协作、各司其职,破获了一批网络购物领域侵权大案要案,依法严惩了一批犯罪分子,取得了阶段性成果。但网络购物领域违法侵权案件仍时有发生,阿里巴巴供应商欺诈案件、淘宝网等网络购物平台上发生的侵权售假案件影响恶劣。为进一步净化网络购物市场环境,加大对网络购物领域侵犯知识产权和制售假冒伪劣商品行为的打击力度,现就有关事项通知如下:

一、各地工商、通信、公安、人民银行、海关、质检、新闻出版(版权)、知识产权主管部门要积极开展网上巡查,利用本部门投诉举报电话等多种渠道收集网络购物领域侵犯知识产权和制售假冒伪劣商品违法犯罪案件线索。各地要抓紧确定一批网络购物领域重点案件,由本地区专项行动领导小组办公室负责督办,建立办案责任制,落实到人,抓紧时间,限时办结。

二、各地商务、通信、海关、工商、新闻出版(版权)、知识产权主管部门要督促网络购物平台立即开展自查自纠,特别是浙江、上海、深圳等地要立即督促淘宝网、易趣网和拍拍网等大型网络购物平台开展自查自纠工作,加强对涉嫌销售侵权和假冒伪劣商品网店的查处整改工作,并要求网络购物平台每周将违规网店处理情况上报国家和省级专项行动领导小组办公室(具体表格见附件1)。对侵犯知识产权情节严重的网络购物平台,商务、工商、通信、新闻出版(版权)等部门要依法采取约谈、警告、限期整改等多种方式督促其健康规范发展,限期整改不到位且情节严重的要依法从严处理,直至停止其网站接入服务和域名解析服务。

三、各地商务、通信、海关、工商、新闻出版(版权)、知识产权主管部门要立即督导网络购物平台承担市场主办方责任,加强自律机制建设,并将其作为相关考核奖惩的重要依据。主要内容包括严格经营者主体和交易商品市场准入制度,建立商标、专利查询系统,采取技术手段屏蔽侵犯知识产权和制售假冒伪劣商品信息,健全信息发布、身份认证、交易、支付、物流、售后服务、纠纷处理、先行赔付、过程监控等保障机制,建立每日24小时网上巡查制度,及时排查隐患,处理违法违规行为,发现苗头性、倾向性、危害性严重的问题及时上报。

四、在各地打击侵犯知识产权和制售假冒伪劣商品领导小组办公室统筹协调下,商务、通信、公安、人民银行、海关、工商、质检、新闻出版(版权)、知识产权等部门要通过新闻发布会、现场会等多种方式曝光一批网络购物领域侵犯知识产权和制售假冒伪劣商品违法违规企业和典型案件,对案件频发的重点地区和重点购物平台加大曝光力度,要通过当地电视、广播、报纸等媒体多形式、多渠道、多角度宣传重点案件,形成行动热点,增强舆论攻势,表明打击决心,展示打击成效,震慑犯罪分子,合理引导消费,扭转网络购物领域侵犯知识产权和制售假冒伪劣商品违法犯罪活动猖獗的不利局面。

五、各地商务主管部门要按照有关要求及时汇总本地区网络购物领域打击侵犯知识产权和制售假冒伪劣商品行动进展情况、阶段性成果及案件查处情况、主要做法和经验、典型案例情况等,以文字材料为主、表格为辅,每周五下班前将地方网络购物领域案件进展情况汇总表报商务部(表格见附件2),每月30日前报月度总结书面材料,7月5日下班前报网络购物领域专项行动工作总结。各地商务主管部门要在4月29日前将本地区确定的网络购物领域重点侵权案件报商务部备案,并纳入每周进展情况汇总表。

联系人:(略)

附件:

1. 重点网络购物平台每周整改情况汇总表(略)
2. 地方网络购物领域案件每周进展情况汇总表(略)

农业部等关于进一步加强农业知识产权工作的意见

1. 2013年1月14日农业部、科技部、知识产权局发布

2. 农科教发〔2012〕7号

为落实中共中央《关于加快推进农业科技创新持续增强农产品供给保障能力的若干意见》(中发〔2012〕1号)、《中共中央国务院关于深化科技体制改革加快国家创新体系建设的意见》(中发〔2012〕6号)、《国务院关于加快推进现代农作物种业发展的意见》(国发〔2011〕8号)和《国务院关于进一步做好打击侵犯知识产权和制售假冒伪劣商品工作的意见》(国发〔2011〕37号)相关部署,深入实施《国家知识产权战略纲要》以及《农业知识产权战略纲要》,进一步提升农业领域的专利、商标、版权、植物新品种权以及农产品地理标志等农业知识产权创造、运用、保护和管理能力,提出如下意见。

一、指导思想

以邓小平理论、“三个代表”重要思想、科学发展观为指导,紧紧围绕建设现代农业和保障国家粮食安全的总体要求,按照“激励创造、有效运用、依法保护、科学管理”的方针,以建立健全符合我国农业发展规律和自身特点的知识产权战略、规章制度和管理体系为核心,提升管理服务能力,大力促进农业知识产权的创造和运用,进一步推动农业知识产权事业健康发展,为农业农村经济持续发展提供有力支撑。

二、总体目标

农业知识产权管理体系和规章制度基本健全,财政农业科研项目实现从立项到成果运用的知识产权全程管理。知识产权代理、法律、信息、咨询、评估等服务在农业领域得到发展,知识产权公共服务和技术支撑能力基本满足农业知识产权事业发展需要。农业知识产权交易与运用规范有序,以知识产权为纽带的产学研用协作机制基本健全。农业科技创新能力进一步增强,到2015年主要农业科技研发单位研发人员每百人年申请发明专利和植物新品种权达到12件。

三、基本原则

一是坚持政府引导。加强宏观政策指导,对不同类型、不同领域知识产权实施分类指导,引导农业企事业单位和社会组织加强知识产权管理与服务,推动农业知识产权事业大发展。

二是坚持产业导向。着眼农业产业发展的迫切需求,强化知识产权工作部署,突破一批具有自主知识产权的主导品种、主推技术和重大装备,抢占国际竞争制高点,加快实现产业化。

三是坚持市场驱动。充分发挥市场配置资源的基础性作用和知识产权制度的激励功效,优化发展环境,拓展市场空间,加快产学研用融合,培育生物育种等战略性新兴产业。

四是坚持重点突破。以杂交水稻和玉米为重点,推进建立以企业为主体的商业化育种体系,引导育种研发单位有针对性地创造知识产权,构筑知识产权比较优势,提升核心竞争力。选择一批农业企事业单位开展试点,建立健全知识产权管理机构和规章制度,提升知识产权获权、用权和维权水平。

四、主要任务

(一)健全农业知识产权工作体系。加强农业知识产权工作指导,推行农业知识产权管理标准。推动主要农业企事业单位设立专门知识产权业务部门、配置专职人员、设立专项资金、健全管理制度、实施知识产权战略。

(二)强化知识产权管理。项目主管单位和承担单位建立知识产权责任机制,开展财政农业科研项目的知识产权全程管理,健全农业重大项目立项和结题验收的知识产权评议机制,有效规避研发和产业化的知识产权风险,强化知识产权目标导向。完善评价体系,切实将知识产权的拥有量和实施效益纳入科研人员绩效和职称考核指标体系。健全职务技术成果管理运用和利益分配机制,调动单位与研发人员知识产权创造和运用的积极性。

(三)培育农业领域知识产权服务业。进一步培育各类农业知识产权服务市场,构建服务主体多元化的知识产权服务体系。强化部门合作,扩大涉农专利、植物新品种、农产品地理标志基础信息资源共享范围,使各类知识产权服务主体可低成本地获得农业知识产权基础信息资源。建立农业知识产权公共信息平台,开展知识产权信息分析、预警,定期发布农业知识产权创造指数报告等公共信息。大力发展农业领域知识产权服务业,加强业务指导,规范服务行为,发展咨询、检索、分析、数据加工等基础服务,重点培育一批专业化、规模化、规范化的知识产权服务机构;创新知识产权服务模式,培育评估、交易、转化、托管、投融资等增值服务。加强农业领域知识产权服务业统计工作。加强职业培训,培养专门人才,提高农业知识产权涉外事务处理能力,支持农业企事业单位、农民专业合作社申请境外知识产权。

(四)打击侵犯知识产权行为。认真贯彻落实《国务院关于进一步做好打击侵犯知识产权和制售假冒伪劣商品工作的意见》,加大行政执法力度,定期开展专项整治,强化日常监督检查,依法打击侵权行为。发挥种业知识产权联盟等社会组织和中介服务机构在诚信自律、维权救助等方面的积极作用。加强宣传培训,提高权利人主动保护、自我维权意识。

(五)构建产学研用合作新机制。进一步落实财政性资金资助形成知识产权的运用管理政策,推进建立公平、公开、高效的农业知识产权推广应用机制,充分发挥农业科技创新的公益性、基础性和社会性功能。积极探索以知识产权联营、入股等利益分享方式为纽带的产学研用合作机制。

(六)促进农业知识产权转化应用。发挥技术市场的作用,加快建立植物新品种权展示交易公共平台,推动实施品种权交易规则和标准合同,加强价值评估、融资、法律等服务,降低交易成本,促进育种成果转化运用。加强育种材料等遗传资源保护和管理工作,试点开展育种材料等遗传资源身份登记管理,健全惠益分享机制,促进遗传资源合理流动和充分利用。遴选发布农业知识产权重点产业化项目名录,强化政策支持力度。

(七)提升农业知识产权质量。强化农业企事业单位知识产权质量管理意识,加强决策支撑,引导农业企事业单位健全知识产权质量考评制度,开展知识产权信息分析,制定实施本单位知识产权战略,提升知识产权创造质量,优化知识产权结构。

(八)加强农业知识产权国际合作交流。加强与有关国际组织的对话与交流,积极参与知识产权国际规则和标准的制定。充分发挥社会组织和中介机构在处理农业知识产权国际事务和海外维权等方面的作用。支持国内农业企事业单位与国外研发机构、企业交流合作,及时学习借鉴先进理念和成功经验,不断改进工作提高水平。

五、保障措施

(一)加强组织领导。各级农业行政主管部门要高度重视,切实加强组织领导,根据本指导意见的要求抓紧制定具体实施方案和落实措施,加大工作力度,确保各项任务措施落到实处。农业部有关司局要按照职能分工,加强对农业知识产权发展的协调指导,细化政策措施,创新体制机制,加强监督检查。财政农业科研项目主管单位要建立项目知识产权考核指标体系,加强对项目结题的知识产权验收和结题后知识产权运用的追踪考核,并将考核结果作为项目承担单位继续申请和承担项目的重要依据。各农业企事业单位要积极创造条件实施本指导意见。

(二)加大支持力度。加强产业、科技、人才等政策与农业知识产权政策的衔接。探索建立申请国外植物新品种权等农业知识产权补贴制度。加强农业知识产权市场与金融市场的衔接,鼓励引导各类金融机构、投资基金及社会资金加大农业知识产权转化、信息开发利用和服务的投入力度。

(三)营造发展氛围。宣传普及农业知识产权相关法律法规,开展知识产权培训,大力增强农业管理人员、科技工作者和广大农民的知识产权意识。建立农业知识产权投诉、举报信息平台,畅通投诉举报渠道。发挥新闻媒体作用,通过开设专版专栏以及典型报道、案例报道、现场报道等形式,引导社会舆论,扩大农业知识产权宣传。

国家知识产权局等关于深入实施国家知识产权战略加强和改进知识产权管理的若干意见

1. *2014年7月15日国家知识产权局、教育部、科技部、工业和信息化部、国务院国有资产监督管理委员会、国家工商行政管理总局、国家版权局、中国科学院发布*
2. *国知发协字〔2014〕41号*

为加快政府职能转变,提高知识产权管理和公共服务能力,有效支撑创新驱动发展战略实施,提出以下意见。

一、总体要求

(一)指导思想。以邓小平理论、"三个代表"重要思想、科学发展观为指导,深入贯彻落实党的十八大和十八届二中、三中全会精神,按照创新驱动发展战略总体要求,大力实施国家知识产权战略,加强知识产权运用和保护,健全技术创新激励机制,以创造良好发展环境、提供优质公共服务和维护社会公平正义为宗旨,坚持规范、协同、主动、高效的原则,突出改进宏观管理、加强市场监管、健全管理制度、创新服务方式,全面提高知识产权科学管理水平,为市场主体创新发展提供强有力支撑。

(二)基本原则。

——规范管理。以依法管理为准绳,坚持市场主导与政府引导相结合,健全管理制度和流程,规范市场行为,增强创新主体知识产权管理能力,提高知识产权服务机构管理水平。

——协同管理。以确保知识产权制度体系协调顺畅运行为目标,坚持分工负责与统一协调相结合,健全政府部门管理机构和职责分工协作机制,凝聚行政管理合力。

——主动管理。以提高风险防范和处置能力为重点,坚持前瞻布局与积极应对相结合,强化知识产权管理的前瞻性和风险处置的及时性,变被动管理为主动管理。

——高效管理。以提高公共服务能力为导向,坚持转变职能和能力建设相结合,运用先进技术手段,建设公共服务平台,创新服务模式和流程,提高行政管理效能。

(三)主要目标。到2020年,建立起适应经济社会发展需要的知识产权行政管理体系和高效顺畅的协调机制,知识产权宏观管理能力显著加强和改进,战略规划和政策引导水平明显提高。企业、高等院校和科研院所建立起满足发展需求的知识产权管理制度和管理团队,重大科研项目实现知识产权全过程管理。知识产权市场监管能力进一步加强,社会组织和服务机构的服务能力基本满足市场需要,知识产权交易和服务市场秩序明显改善。科技、教育、经贸、文化等领域建立起比较规范和完善的知识产权管理制度,知识产权公共服务能力基本满足社会需求。

二、改进知识产权宏观管理,提高管理综合效能

(四)优化行政管理体系。深化知识产权行政管理体制改革,加强专利、商标和版权等行政管理队伍建设。加强地方知识产权管理工作体系建设,优化工作流程,完善工作机制,提高行政运行效能。进一步简政放权,改革知识产权行政审批制度,充分发挥市场配置创新资源的决定性作用。

(五)健全统筹协调机制。加强国家知识产权战略实施工作部际联席会议制度建设,加大对知识产权宏观管理的指导协调力度,定期研究制定知识产权发展的重大方针和政策,统筹推进知识产权战略实施,协商决策知识产权发展重大事项。加强部门协调配合,推进产业政策、区域政策、科技政策、经贸政策与知识产权政策的衔接。鼓励和支持地方建立高效运行的知识产权工作统筹协调机制,加强国家与地方的沟通协调,凝聚管理合力。

(六)加强知识产权战略布局。以提升产业创新驱动发展能力为目标,开展专利导航试点工程,面向产业集聚区、行业和企业,实施一批专利导航试点项目,开展专利布局,构建支撑产业(企业)竞争力的专利储备。定期发布重点产业专利发展态势报告,引导企业加强产业前沿技术的研发和储备,增强企业核心竞争力。开展国家重大经济活动知识产权评议工作,针对重要重大产业规划、政府重大投资活动开展知识产权评议服务,增强经济活动的知识产权风险防控能力。加强国家科技重大专项知识产权战略研究,定期开展知识产权分析预警,研究制定重大专项知识产权策略。

(七)综合运用政策手段支持知识产权创造运用。运用财政、税收、金融等政策引导市场主体创造和运用知识产权。完善企业研发费用税前加计扣除政策,将发明人奖励计入研发成本,激发发明创造动力。研究改革事业单位科技成果转化相关处置收益政策,调动单位和人员运用知识产权的积极性。鼓励金融机构继续创新开发专利许可证券化、专利保险试点等新型金融产品和服务,对开展知识产权质押贷款业务的金融机构提供金融支持,通过国家科技成果转化引导基金对科技成果转化贷款给予风险补偿,促进知识产权成果产业化。

三、加强知识产权执法监管,维护市场运行良好秩序

(八)加强知识产权行政执法。推进知识产权执法检查常态化机制建设,有序开展执法检查督导工作。进一步加强行政执法队伍建设,严格执法人员持证上岗和资格管理制度,充实行政执法人员队伍。加强对侵犯知识产权突出问题的专项整治。密切跨地区、跨部门执法协作,加强执法调度工作,推进综合执法和联合执法。开展知识产权保护社会满意度调查,完善知识产权执法维权绩效考核评价机制。加快建设知识产权行政执法与刑事司法衔接工作信息共享平台,实现执法司法信息全面共享。

(九)突出重点环节知识产权监管。加强生产源头和流通环节执法监管。加大各类展会的知识产权执法保护力度,在重点展会设立知识产权投诉处理机构。做好互联网和新兴媒体的知识产权监管工作,规范网络运行秩序。建立专业市场知识产权管理制度和标准,探索在重点专业市场设立知识产权保护巡查办公室,实现市场巡查常态化。

(十)加强知识产权服务市场监管。完善知识产权服务业统计监测体系,推动知识产权服务业标准化体系建设,明确服务内容和流程,提高服务规范化水平。推进建立知识产权服务职业资格制度,规范服务市场监管。加强对违规行为的惩戒,建立公平公正的市场秩序。加强对版权集体管理机构的指导和监督,规范收费活动和收益分配行为。建立知识产权服务信息平台,及时公开服务机构和从业人员信用评价、失信惩戒和表彰奖励等信息,引导服务机构向专业化、品牌化、国际化方向发展。鼓励知识产权服务业协会或联盟加强执业监督与管理,强化行业自律。

(十一)加强知识产权涉外风险防范。加强境外投资项目知识产权风险防范指导,引导企业防范进出口贸易中的知识产权风险,涉及技术进出口的,依法取得许可或者进行登记。完善涉外知识产权信息沟通交流机制,研究开展知识产权贸易统计监测可行性。发布重点领域涉外领域知识产权预警分析报告、重点国家和地区知识产权环境状况报告,有效支持我国企业国际化发展。

四、健全知识产权管理制度,提高管理规范化水平

(十二)引导企业标准化管理知识产权。实施企业知识产权管理标准化工程,推广《企业知识产权管理规范》国家标准,引导企业加强知识产权管理机构和管理制度建设,将规范管理贯穿到企业生产经营全流程。培育管理规范的贯标认证机构,规范认证工作。将企业知识产权管理规范认证情况作为科技项目立项,以及高新技术企业、知识产权示范企业和优势企业认定的重要参考条件,促进企业知识产权管理规范化。支持中小企业利用知识产权集中管理、委托管理等模式,降低管理成本。

(十三)推行科技项目知识产权全过程管理。将知识产权管理全面纳入科技重大专项和国家科技计划全流程管理。在高技术产业化项目、重大技术改造项目、国家科技重大专项等项目中,探索建立知识产权专员制度,加强科研项目立项、执行、验收、评估及成果转化、运营等各环节的知识产权管理。鼓励有条件的高等院校和科研院所设立集知识产权管理、转化运用为一体的机构,统筹知识产权管理工作。

(十四)建立健全知识产权资产管理制度。建立健全知识产权资产价值评估体系。帮助企业按照企业会计准则相关规定,科学合理地划分知识产权开发过程中应予以费用化和资本化的部分,准确反映知识产权资产的入账价值。科学核算企业自创、外购和投资获得的知识产权资产,规范企业在并购、股权流转、对外投资等活动中对知识产权资产的处置和运营。推进软件资产管理,建立企业软件正版化长效机制。制定上市公司知识产权资产信息发布指南,引导企业及时合理披露知识产权信息。

(十五)鼓励社会组织加强行业管理。鼓励协会、商会等社会组织建立知识产权管理部门,支持社会组织依法开展知识产权鉴定、咨询、培训、维权、调解等活动。鼓励发展知识产权联盟等新兴知识产权组织,集中管理行业知识产权资源,探索集约化运用和保护机制。引导社会组织健全行业知识产权自律规范,发挥自我约束、共同维权作用。建立专门机制,畅通社会组织与政府间的常态化、便捷化沟通渠道。

五、创新知识产权服务方式,提供优质公共服务

(十六)提高知识产权审查服务能力。完善知识产权审查标准,创新审查方式,推行电子申请,提高审查效率。建立专利申请人诚信档案制度,加强监控处理力度,规范专利申请行为。以优化专利质量为导向,完善专利申请资助政策,促进专利申请质量提升。完善商标审查和异议、评审审理工作机制,进一步提升商标注册审查效能。加强著作权登记体系建设,扩大版权登记覆盖面。

(十七)提升知识产权运用服务水平。推动专利、商标、版权等各类知识产权平台的互联互通,加强基础知识产权信息的共享开放,向社会提供便利好用的基础信息。推动知识产权管理和执法信息公开,方便公众查阅。采取政府购买服务的方式,支持建立重点领域和重点产业的社会化服务平台。在重点产业集聚区、重点园区建设具有申请受理、咨询、培训、信息服务等功能的"一站式"知识产权服务机构。鼓励建设多方参与、机制开放、资源共享,集交易、评估、投融资服务于一体的知识产权运营中心。探索建立集中经营模式,对高等院校和科研院所的知识产权特别是专利技术进行资本化运作,盘活无形资产。引导社会力量广泛开展知识产权培训。支持市场主体开发知识产权管理系统和工具。鼓励利用先进信息技术创新知识产权信息服务模式,促进协同创新发展。

(十八)提高知识产权维权服务水平。完善知识产权举报投诉机制,加强知识产权侵权热线举报投诉平台建设和信息共享,健全举报投诉电子档案库。加强知识产权维权援助中心建设,规范中心运行,扩大维权志愿者、监督员队伍。针对知识产权保护需求强烈的产业集聚区,探索建立专利快速维权工作机制,为权利人提供快速确权、维权等服务。完善企业海外知识产权维权援助机制,探索开展企业海外知识产权纠纷应急救助工作。

六、加强组织保障，确保各项措施落到实处

（十九）加强组织领导。国家知识产权战略实施工作部际联席会议要加强推进机制建设，提高知识产权管理和服务能力，组织协调落实相关工作。各有关部门要加强协调配合，加强对地方工作的指导，定期开展督导检查，确保政策落到实处。各级政府要加强知识产权战略协调机构建设，把知识产权管理工作纳入重要工作议程，统筹调配资源，推动各项政策措施落实。各地区和有关部门要结合工作实际，研究制定加强知识产权管理工作的配套政策，积极探索、稳步推进知识产权管理模式改革创新。

（二十）强化管理队伍建设。完善知识产权专业技术人才评价制度，将知识产权专业人才纳入职称评价范围，加强人才水平评价，促进人才成长发展和合理流动。鼓励高等院校发展知识产权学科，培养高水平知识产权专业人才。支持高等院校和科研院所的知识产权专员队伍建设，培养和培训一批熟悉科技前沿动态、知识产权法律和管理的人才。完善高层次人才回国优惠政策，优先引进一批知识产权战略实施亟需的海外高端管理人才。

（二十一）保障资金投入。创新投入机制，发挥财政资金引导作用，大力吸引社会资金投入知识产权管理和运营平台建设，逐步建立多渠道资金保障机制。国家科技计划（专项、基金等）项目承担单位的相关知识产权事务费在项目预算中应按规定列支。加大地方资金保障力度，确保各项工作顺利开展。

（二十二）加强考核督导。健全知识产权统计指标体系，将知识产权指标纳入经济社会发展情况统计调查范围，定期评价和发布知识产权发展状况。以公共服务水平和服务效果为核心，建立健全知识产权行政工作考核评价指标体系，提升管理和服务能力。引导企事业单位建立以知识产权实绩为核心的考核评价制度，科学引导知识产权创造与运用。

3. 法律性文件、司法解释及司法文件

全国人民代表大会常务委员会关于在北京、上海、广州设立知识产权法院的决定

2014年8月31日第十二届全国人民代表大会常务委员会第十次会议通过

为推动实施国家创新驱动发展战略,进一步加强知识产权司法保护,切实依法保护权利人合法权益,维护社会公共利益,根据宪法和人民法院组织法,特作如下决定:

一、在北京、上海、广州设立知识产权法院。

知识产权法院审判庭的设置,由最高人民法院根据知识产权案件的类型和数量确定。

二、知识产权法院管辖有关专利、植物新品种、集成电路布图设计、技术秘密等专业技术性较强的第一审知识产权民事和行政案件。

不服国务院行政部门裁定或者决定而提起的第一审知识产权授权确权行政案件,由北京知识产权法院管辖。

知识产权法院对第一款规定的案件实行跨区域管辖。在知识产权法院设立的三年内,可以先在所在省(直辖市)实行跨区域管辖。

三、知识产权法院所在市的基层人民法院第一审著作权、商标等知识产权民事和行政判决、裁定的上诉案件,由知识产权法院审理。

四、知识产权法院第一审判决、裁定的上诉案件,由知识产权法院所在地的高级人民法院审理。

五、知识产权法院审判工作受最高人民法院和所在地的高级人民法院监督。知识产权法院依法接受人民检察院法律监督。

六、知识产权法院院长由所在地的市人民代表大会常务委员会主任会议提请本级人民代表大会常务委员会任免。

知识产权法院副院长、庭长、审判员和审判委员会委员,由知识产权法院院长提请所在地的市人民代表大会常务委员会任免。

知识产权法院对所在地的市人民代表大会常务委员会负责并报告工作。

七、本决定施行满三年,最高人民法院应当向全国人民代表大会常务委员会报告本决定的实施情况。

八、本决定自公布之日起施行。

全国部分法院知识产权审判工作座谈会纪要

1. 1998年7月20日最高人民法院发布
2. 法〔1998〕65号

各省、自治区、直辖市高级人民法院,解放军军事法院,新疆维吾尔自治区高级人民法院生产建设兵团分院:

为了总结交流经验,研究解决新情况和新问题,推动知识产权审判工作顺利进行,1997年11月14~18日,最高人民法院在江苏省吴县市召开了全国部分法院首次知识产权审判工作座谈会。15个高级人民法院、20个中级人民法院和3个基层法院知识产权审判庭庭长或副庭长、审判人员,以及国务院知识产权办公会议办公室、国家知识产权局、国家版权局、国家工商行政管理局商标局、公平交易局等单位的领导和专家共60余位同志参加了座谈会。最高人民法院副院长李国光出席座谈会并作了讲话。北京、上海市高级人民法院和南京市中级人民法院的同志介绍了近年来开展知识产权审判工作的情况和经验。与会同志围绕当前知识产权审判工作中亟待解决的问题和5个司法解释(征求意见稿)进行了深入讨论。现纪要如下:

一、关于认真总结经验,加强知识产权审判工作的问题

与会同志认为,改革开放以来,随着我国知识产权法律制度的逐步建立与完善,人民法院的知识产权审判工作积极稳步地发展,取得了显著成绩,主要表现在:各级法院逐步树立正确的审判指导思想,越来越重视知识产权审判工作;依法受理并审结了一大批案件,其中有相当数量是社会影响较大、国内外关注的案件,通过对案件的审理,有效地保护了知识产权权利人的合法权益,树立了人民法院严肃、公正执法的形象;最高人民法院在总结各地法院审判经验的基础上,陆续发布了若干司法解释和文件,对指导各级法院审理知识产权案件起到了重要作用;各级法院重视知识产权审判组织建设,全国已有20余个法院设立了知识产权审判庭,许多未设立知识产权庭的法院也已将知识产

权民事案件统归一个审判庭审理,或专设合议庭审理;各级法院狠抓了队伍建设,注重提高法官的政治、业务素质,通过举办研讨会、培训班等方式培训专业审判人员,已有相当数量的审判人员能够胜任各类知识产权案件的审判工作。

知识产权审判工作在取得成绩的同时,也存在一些亟待解决的问题,主要是:不严格按照法律和司法解释审理案件、裁判不公的现象时有发生,损害了当事人的合法权益和人民法院严肃执法的形象;有的案件严重超审限,使合法的权利迟迟不能实现;审判人员的政治、业务素质需要进一步提高。

在新形势下,要使知识产权审判工作再上新台阶,要重点做好以下几方面工作:

(一)加强领导,进一步提高认识

江泽民同志在党的十五大报告中强调指出:要实施保护知识产权制度,严肃执行知识产权法律,大力实施保护知识产权制度,不仅是保护知识产权权利人和其他当事人的合法权益的需要,而且对鼓励科学技术进步和文化艺术的传播发展,把先进的科学技术转化为生产力,保护公平竞争,维护社会主义市场经济秩序,促进社会主义市场经济体制的建立和健康发展,为社会主义物质文明和精神文明建设服务,实现党的十五大提出的经济发展战略,具有十分重要的意义。知识产权审判工作是国家改革开放政策具体实施的一个重要方面,是人民法院审判工作中不可缺少的重要组成部分。搞好知识产权审判工作,关键在领导。各级法院领导一定要充分认识知识产权审判工作的重要性,对影响重大的疑难案件要多研究、多指导,要切实把好办案质量关,努力扩大办案的社会效果。

(二)健全知识产权专业审判机构

实践证明,建立专业审判机构对加强知识产权司法保护十分有益。在案件较多、又有条件的高、中级人民法院,可以在机构设置规定范围内,根据具体情况设立知识产权审判庭,统一审理知识产权民事纠纷案件;其他高、中级人民法院,可以将各类知识产权民事纠纷案件集中于一个庭审理,既有利于审判人员总结积累审判经验,提高办案质量和办案效率,也有利于上级法院的审判监督和指导。

(三)大力培养和稳定专业法官队伍

大力培养一支政治素质好、业务水平高的专业法官队伍对搞好知识产权审判工作十分重要。近年来,最高人民法院和各高级人民法院已经培训了数千人(次)的知识产权审判人员。但是,由于种种原因,虽然培训班年年搞,研讨会年年开,但仍有不少知识产权审判人员是新手,这与一些法院对知识产权审判人员频繁调动不无关系,这既不利于审判人员的专业培训、审判业务水平的提高和经验的积累,也不利于知识产权审判工作的整体发展。因此,必须保证一定的审判骨干力量相对稳定地从事知识产权审判工作。

(四)加强监督指导工作

坚持大案要案报告制度,对于保证知识产权案件办案质量是很有必要的。各高级人民法院对本辖区内受理的大案要案应及时向最高人民法院书面报告,包括:争议标的数额超过500万元以上的案件;涉外案件;同一法律关系和法律事实的当事人互为原、被告,并由两个省(自治区、直辖市)的法院先后立案的案件;全国人大代表或政协委员提出意见的案件;在各省(自治区、直辖市)范围内有重大影响的案件等。

对于下级人民法院上报请求的案件,要严格控制并予规范。凡不属于适用法律上重大疑难案件一律不得向上请示。必须请示的案件,应经过审判委员会讨论并有倾向性意见,同时附有案件审理报告。

各高级人民法院知识产权审判庭或归口审理知识产权民事纠纷案件的审判庭,对申请再审的知识产权纠纷案件,包括不服本院及下级法院生效判决、裁定申请再审的案件,要坚持实事求是、有错必纠原则,依法审查处理。

最高人民法院应加强对全国的知识产权审判工作的监督指导。抓紧制订司法解释,适时召开专题研讨会,举办培训班,努力改变监督、指导不力的状况。

二、关于严格诉讼程序问题

审理知识产权纠纷案件,应当严格执行民事诉讼法和最高人民法院有关审判程序的司法解释,切实纠正重实体轻程序的倾向。与会同志就知识产权审判程序,集中讨论了以下问题:

(一)收案范围和案件受理问题

人民法院应当依法受理以下各类知识产权民事纠纷案件:1. 关于知识产权的权利归属纠纷案件;2. 关于侵犯专利权、商标权、著作权和邻接权、科技成果权等纠纷案件;3. 不正当竞争纠纷案件,指依照《中华人民共和国反不正当竞争法》第五条、第九条、第十条、第十四条的规定受理的案件;4. 知识产权合同纠纷案件;5. 其他知识产权纠纷案件。知识产权民事纠纷案件的起诉人,可以是合同当事人,权利人和利害关系人。利害关系人包括独占、排他许可合同的被许可人、依照法律规定已经继承或正在继承的知识产权中财产权利的继承人等。

(二)案件管辖问题

1. 级别管辖。目前,除专利权纠纷案件属于指定管辖外,对于其他绝大多数知识产权民事纠纷案件,各级法院均有管辖权。近年来,虽然知识产权民事纠纷案件总量有增加,但是,案件的绝对数量仍然较少。许多基层法院审判人员由于接触案件少,难以较快熟悉审判业务,对保证办案质量有所影响。不少同志认为,知识产权民事纠纷案件由中级人民法院作一审,有利于锻炼专业法官队伍,提高办案质量。建议除少数已经成立知识产权审判庭的基层法院外,高级人民法院可以根据案件的具体情况,决定由中级人民法院作为知识产权民事纠纷案件的一审法院,并报最高人民法院备案。对专利纠纷案件,仍按照最高人民法院的规定确定一审法院。

2. 地域管辖。依照民事诉讼法的规定,知识产权民事纠纷案件依案件的性质可以由被告住所地、侵权行为地和合同履行地的人民法院管辖。在审判实践中,一些法院对最高人民法院司法解释中关于"侵权结果发生地"的理解,有一定的混乱,有的甚至认为,在侵权案件中,受到损害的原告住所地或者"侵权物"的达到地就是"侵权结果发生地"。与会同志普遍认为,在知识产权侵权纠纷案件中,侵权结果发生地,应当理解为是侵权行为直接产生的结果发生地,不能以原告受到损害就认为原告所在地就是侵权结果发生地。

对于以销售侵权物品为由起诉销售者的案件,销售地法院有管辖权;如果原告对销售者不起诉,仅对制造者起诉,制造地与销售地又不一致的,应由制造地(通常为被告住所地)法院管辖;如果在侵权物品销售地以制造者与销售者为共同被告起诉时,侵权物品销售地法院有管辖权。销售者是制造者的分支机构的,其销售行为视为制造者的销售行为,原告在销售地起诉制造者的制造、销售行为的,销售地法院有管辖权。

(三)举证责任和证据的审查认定问题

知识产权民事纠纷案件与其他民事纠纷案件一样,应当适用"谁主张,谁举证"的举证责任原则。在侵权案件中,原告应当证明自己享有的知识产权等民事权利及被告对其实施了法律所禁止的行为。原告完成举证义务后,由被告进行抗辩。被告提出的抗辩主张,可以是对原告所举事实与证据的否定,也可以提出其他主张,并且应当为此提供必要的证据,例如其主张没有过错不应承担责任时,应当举证证明其主观上没有过错。在举证过程中,人民法院应当注意举证责任的转移问题,即在当事人一方举证证明自己的主张时,对方对该项主张进行反驳的,应当提出充分的反证,这时,举证责任就转移到由对方承担。此外,人民法院对于当事人的某些主张,应当根据法律并从实际情况出发,实行"举证责任倒置"的原则,即一方对于自己的主张,由于证据被对方掌握而无法以合法手段收集证据时,人民法院应当要求对方当事人举证。例如,在方法专利和技术秘密侵权诉讼中的被告,应当提供其使用的方法的证据,被告拒不提供证据的,人民法院可以根据查明的案件事实,认定被告是否构成侵权。侵权行为证实后,权利人要求按照侵权人的获利额进行赔偿时,侵权人应当提供其经营额、利润等情况的全部证据,侵权人拒不提供其侵权获利证据的,人民法院可以查封有关账务账册,依法组织审计。

对证据的提交和审查认定,与会同志认为应当注意以下几个问题:

1. 证据一般应当在开庭前递交,并且应当给各方当事人留有交换证据的时间,交换证据可以通过开庭前组织各方当事人的方式进行。

2. 开庭后提交的证据,必须经过质证才能采信;经过庭审有待进一步查明的事实,可以给予当事人合理的举证期限,但以不影响在审限内结案为原则。

3. 对证据的审查,应当注意其真实性、合法性、关联性,认真审查其证明力。对违法取得的证据不得采信;对与证明案件事实无关的证据应予剔除;当争议双方提出相反证据时,应当结合其他关联证据确定采信哪方提供的证据。

4. 对能够证明案件事实的主要证据,必要时应当及时作出证据保全的裁定。

(四)专业鉴定问题

审理知识产权民事纠纷案件往往涉及对专业技术事实的审查认定,人民法院必须充分重视专业鉴定。不少同志介绍了组织专业鉴定的做法,主要有:

1. 人民法院可以根据审理案件的实际需要,决定是否进行专业鉴定。

2. 如果没有法定鉴定部门,可以由当事人自行协商选择鉴定部门进行鉴定;协商不成的,人民法院根据需要可以指定有一定权威的专业组织为鉴定部门,也可以委托国家科学技术部各省(自治区、直辖市)主管部门组织专家进行鉴定,但不应委托国家知识产权局、国家工商行政管理局商标局、国家版权局进行专业鉴定。

3. 鉴定部门和鉴定人应当鉴定专业技术问题,对所提交鉴定的事实问题发表意见。

4. 人民法院应当就当事人争议的专业技术事实,向鉴定部门提出明确的鉴定事项和鉴定要求;应当将当事人提供的与鉴定事项有关的全部证据、材料提交给鉴定部门;对当事人提交并要求保密的材料,鉴定部门和鉴定人负有保密义务。人民法院应当向当事人告知鉴定部门的名称以及鉴定人的身份,当事人有权对鉴定部门提出异议,也有权要求鉴定人回避。

5. 当事人有权就鉴定项目的有关问题向鉴定部门和鉴定人提出自己的意见,鉴定部门和鉴定人应当认真研究答复。

6. 人民法院应当监督鉴定部门和鉴定人在科学、保密、不受任何组织或者个人干预的情况下作出专业鉴定结论。

7. 鉴定部门和鉴定人应当将鉴定结论以及作出结论的事实依据和理由、意见以书面形式提交给人民法院。鉴定结论应当经过当事人质证后决定是否采信;当事人有权要求鉴定人出庭接受质询。未经当事人质证的鉴定结论不能采信。

(五)财产保全和先予执行问题

与会同志认为,在审理知识产权民事纠纷案件中,严格依法适用财产保全或先予执行措施,对于制止侵权,防止权利损失扩大并保证生效判决的顺利执行具有重要意义。

人民法院采取财产保全或先予执行措施应当严格按照民事诉讼法的有关规定慎重进行。在采取财产保全或先予执行措施前,应当严格审查当事人是否提出了财产保全或者先予执行的申请并提供了可靠足够的担保;申请人享有的知识产权是否具有稳定的法律效力;被申请人的侵权事实是否明显;保全的范围是否合理,保全的方式是否适当,先予执行是否必要,被申请人是否有偿付能力等。对于不必要保全或者先予执行的,或者保全或先予执行结果会给被申请人的合法权益造成无法挽回的重大损失的,人民法院不应当采取财产保全或先予执行措施。

三、关于正确适用法律问题

与会同志认为,在审理知识产权民事纠纷案件中要做到严肃执法,必须熟练掌握有关知识产权方面的法律、法规及其他相关法律、法规,深刻领会立法本意和正确理解各个条文的含义。要重点处理好以下几个问题:

(一)知识产权法律适用原则

全国人民代表大会及其常务委员会制定的有关知识产权方面的法律和国务院制定的有关知识产权方面的行政法规,是人民法院审理知识产权民事纠纷案件的法律依据。与会同志认为,对上述法律行政法规的适用应当坚持:第一,新法优于旧法、特别法优于普通法,法律有专门规定的依据专门规定的原则。除法律有明确规定外,新法不具有溯及既往的效力。第二,法律优于行政法规,即有法律依法律;无法律依行政法规;无法律也无行政法规的,依照有关法律所规定的法律原则处理。第三,人民法院在审理涉外知识产权民事纠纷案件中,应当严格按照我国法律、法规的有关规定办理。我国缔结或者参加的国际条约同我国法律有不同规定的,应当优先适用国际条约的规定,但我国声明保留的条款除外;我国法律、法规和我国缔结或者参加的国际条约没有规定的,可以适用国际惯例。

(二)知识产权权利冲突的处理原则

知识产权权利冲突,是指对争议的智力成果或者标记,原、被告双方均拥有知识产权。造成权利冲突的原因,主要是因为我国对知识产权审查授权的部门不同,且这些知识产权授权的最终审查权不在人民法院。近年来,人民法院在审理知识产权民事纠纷案件中,权利冲突的案件时有发生,主要表现为:1. 同一类型权利的冲突,如发明、实用新型及外观设计专利权之间的冲突;2. 不同类型权利的冲突,外观设计专利权与商标权发生冲突,或商标权与著作权发生冲突,或商标权与在先使用的商品的特有的名称、包装、装潢权利发生冲突,或商标权与企业名称权发生冲突等。

如何解决权利冲突,公正保护知识产权所有人的合法权益?与会同志认为,人民法院受理的知识产权纠纷案件或者其他民事纠纷案件中,凡涉及权利冲突的,一般应当由当事人按照有关知识产权的撤销或者无效程序,请求有关授权部门先解决权利冲突问题后,再处理知识产权的侵权纠纷或者其他民事纠纷案件。经过撤销或者无效程序未解决权利冲突的,或者自当事人请求之日起3个月内有关授权部门未作出处理结果且又无正当理由的,人民法院应当按照民法通则规定的诚实信用原则和保护公民、法人的合法的民事权益原则,依法保护在先授予的权利人或在先使用人享有继续使用的合法的民事权益。

(三)民事制裁的适用

根据民法通则第一百三十四条第三款和最高人民法院1994年9月29日制发的《关于进一步加强知识产权司法保护的通知》的规定,与会同志认为,为了加大对知识产权的保护力度,严厉制裁侵权者,人民法院在审理知识产权民事纠纷案件中,对情节严重的侵权行为给予相应的民事制裁是十分必要的。对于具体罚款数额,可以参照有关知识产权单行法律规定的处罚标准予以确定。

(四)侵权纠纷案件的诉讼时效

知识产权纠纷案件的诉讼时效应当依据民法通则关于诉讼时效的规定和有关法律的规定办理。审判实践表明,某些知识产权侵权行为往往是连续进行的,有的持续时间较长。有些权利人从知道或者应当知道权利被侵害之日起2年内未予追究,当权利人提起侵权之诉时,权利人的知识产权仍在法律规定的保护期内,侵权人仍然在实施侵权行为。对此类案件的诉讼时效如何认定?与会同志认为,对于连续实施的知识产权侵权行为,从权利人知道或者应当知道侵权行为发生之日起至权利人向人民法院提起诉讼之日止已超过2年的,人民法院不能简单地以超过诉讼时效为由判决驳回权利人的诉讼请求。在该项知识产权受法律保护期间,人民法院应当判决被告停止侵权行为,侵权损害赔偿额应自权利人向人民法院起诉之日起向前推算2年计算,超过2年的侵权损害不予保护。

(五)侵权损害赔偿

赔偿损失是侵权人承担民事责任的最广泛、最基本的方式之一。如果对权利人提出的赔偿损失问题解决不好,就会出现"赢了官司输了钱"、"损失大赔偿少"、"得不偿失"的情况,不能依法有效地保护知识产权。根据民法通则的规定,民事权利受到侵害的基本赔偿原则是赔偿实际损失。对此,最高人民法院曾对商标侵权、专利侵权损失赔偿的计算问题制发过司法解释。审判实践证明,这些司法解释对于大多数案件,是适用的,但也出现一些案件的损害赔偿额难以用现有的司法解释规定的方法来计算。对此,与会同志认为,对于已查明被告构成侵权并造成原告损害,但原告损失额与被告获得额等均不能确认的案件,可以采用定额赔偿的办法来确定损害赔偿额。定额赔偿的幅度,可掌握在5000元至30万元之间,具体数额,由人民法院根据被侵害的知识产权的类型、评估价值、侵权持续的时间、权利因侵权所受到的商誉损害等因素在定额赔偿幅度内确定。

(六)犯罪线索的移送

与会同志认为,在建立社会主义市场经济体制的过程中,进一步加大执法力度,严惩侵犯知识产权犯罪是十分必要的。人民法院在审理知识产权侵权纠纷案件中,如果发现侵权行为情节严重或者获取非法所得数额巨大构成犯罪嫌疑的案件,应当严格依照刑事诉讼法的规定和最高人民法院的有关司法解释及时移送公安机关处理。对于受害人提起刑事自诉的,人民法院应当依法受理。

民事案件案由规定(节录)

1. *2007年10月29日最高人民法院审判委员会第1438次会议通过*
2. *2008年2月4日发布*
3. *法发〔2008〕11号*
4. *根据2011年2月18日最高人民法院《关于修改〈民事案件案由规定〉的决定》(法〔2011〕41号)修正*

第五部分　知识产权与竞争纠纷

十三、知识产权合同纠纷

130. 著作权合同纠纷

(1)委托创作合同纠纷

(2)合作创作合同纠纷

(3)著作权转让合同纠纷

(4)著作权许可使用合同纠纷

(5)出版合同纠纷

(6)表演合同纠纷

(7)音像制品制作合同纠纷

(8)广播电视播放合同纠纷

(9)邻接权转让合同纠纷

(10)邻接权许可使用合同纠纷
(11)计算机软件开发合同纠纷
(12)计算机软件著作权转让合同纠纷
(13)计算机软件著作权许可使用合同纠纷
131. 商标合同纠纷
(1)商标权转让合同纠纷
(2)商标使用许可合同纠纷
(3)商标代理合同纠纷
132. 专利合同纠纷
(1)专利申请权转让合同纠纷
(2)专利权转让合同纠纷
(3)发明专利实施许可合同纠纷
(4)实用新型专利实施许可合同纠纷
(5)外观设计专利实施许可合同纠纷
(6)专利代理合同纠纷
133. 植物新品种合同纠纷
(1)植物新品种育种合同纠纷
(2)植物新品种申请权转让合同纠纷
(3)植物新品种权转让合同纠纷
(4)植物新品种实施许可合同纠纷
134. 集成电路布图设计合同纠纷
(1)集成电路布图设计创作合同纠纷
(2)集成电路布图设计专有权转让合同纠纷
(3)集成电路布图设计许可使用合同纠纷
135. 商业秘密合同纠纷
(1)技术秘密让与合同纠纷
(2)技术秘密许可使用合同纠纷
(3)经营秘密让与合同纠纷
(4)经营秘密许可使用合同纠纷
136. 技术合同纠纷
(1)技术委托开发合同纠纷
(2)技术合作开发合同纠纷
(3)技术转化合同纠纷
(4)技术转让合同纠纷
(5)技术咨询合同纠纷
(6)技术服务合同纠纷
(7)技术培训合同纠纷
(8)技术中介合同纠纷
(9)技术进口合同纠纷
(10)技术出口合同纠纷
(11)职务技术成果完成人奖励、报酬纠纷
(12)技术成果完成人署名权、荣誉权、奖励权纠纷
137. 特许经营合同纠纷
138. 企业名称(商号)合同纠纷
(1)企业名称(商号)转让合同纠纷
(2)企业名称(商号)使用合同纠纷
139. 特殊标志合同纠纷
140. 网络域名合同纠纷
(1)网络域名注册合同纠纷
(2)网络域名转让合同纠纷
(3)网络域名许可使用合同纠纷
141. 知识产权质押合同纠纷

十四、知识产权权属、侵权纠纷

142. 著作权权属、侵权纠纷
(1)著作权权属纠纷
(2)侵害作品发表权纠纷
(3)侵害作品署名权纠纷
(4)侵害作品修改权纠纷
(5)侵害保护作品完整权纠纷
(6)侵害作品复制权纠纷
(7)侵害作品发行权纠纷
(8)侵害作品出租权纠纷
(9)侵害作品展览权纠纷
(10)侵害作品表演权纠纷
(11)侵害作品放映权纠纷
(12)侵害作品广播权纠纷
(13)侵害作品信息网络传播权纠纷
(14)侵害作品摄制权纠纷
(15)侵害作品改编权纠纷
(16)侵害作品翻译权纠纷
(17)侵害作品汇编权纠纷
(18)侵害其他著作财产权纠纷
(19)出版者权权属纠纷
(20)表演者权权属纠纷
(21)录音录像制作者权权属纠纷
(22)广播组织权权属纠纷
(23)侵害出版者权纠纷
(24)侵害表演者权纠纷
(25)侵害录音录像制作者权纠纷
(26)侵害广播组织权纠纷
(27)计算机软件著作权权属纠纷
(28)侵害计算机软件著作权纠纷

143. 商标权权属、侵权纠纷
(1)商标权权属纠纷
(2)侵害商标权纠纷
144. 专利权权属、侵权纠纷
(1)专利申请权权属纠纷
(2)专利权权属纠纷
(3)侵害发明专利权纠纷
(4)侵害实用新型专利权纠纷
(5)侵害外观设计专利权纠纷
(6)假冒他人专利纠纷
(7)发明专利临时保护期使用费纠纷
(8)职务发明创造发明人、设计人奖励、报酬纠纷
(9)发明创造发明人、设计人署名权纠纷
145. 植物新品种权权属、侵权纠纷
(1)植物新品种申请权权属纠纷
(2)植物新品种权权属纠纷
(3)侵害植物新品种权纠纷
146. 集成电路布图设计专有权权属、侵权纠纷
(1)集成电路布图设计专有权权属纠纷
(2)侵害集成电路布图设计专有权纠纷
147. 侵害企业名称(商号)权纠纷
148. 侵害特殊标志专有权纠纷
149. 网络域名权属、侵权纠纷
(1)网络域名权属纠纷
(2)侵害网络域名纠纷
150. 发现权纠纷
151. 发明权纠纷
152. 其他科技成果权纠纷
153. 确认不侵害知识产权纠纷
(1)确认不侵害专利权纠纷
(2)确认不侵害商标权纠纷
(3)确认不侵害著作权纠纷
154. 因申请知识产权临时措施损害责任纠纷
(1)因申请诉前停止侵害专利权损害责任纠纷
(2)因申请诉前停止侵害注册商标专用权损害责任纠纷
(3)因申请诉前停止侵害著作权损害责任纠纷
(4)因申请诉前停止侵害植物新品种权损害责任纠纷
(5)因申请海关知识产权保护措施损害责任纠纷
155. 因恶意提起知识产权诉讼损害责任纠纷
156. 专利权宣告无效后返还费用纠纷

十五、不正当竞争纠纷

157. 仿冒纠纷
(1)擅自使用知名商品特有名称、包装、装潢纠纷
(2)擅自使用他人企业名称、姓名纠纷
(3)伪造、冒用产品质量标志纠纷
(4)伪造产地纠纷
158. 商业贿赂不正当竞争纠纷
159. 虚假宣传纠纷
160. 侵害商业秘密纠纷
(1)侵害技术秘密纠纷
(2)侵害经营秘密纠纷
161. 低价倾销不正当竞争纠纷
162. 捆绑销售不正当竞争纠纷
163. 有奖销售纠纷
164. 商业诋毁纠纷
165. 串通投标不正当竞争纠纷
……

最高人民法院关于贯彻执行《中华人民共和国民法通则》若干问题的意见(试行)(节录)

1. 1988年4月2日
2. 法(办)发〔1988〕6号

四、民 事 权 利

(三)关于知识产权、人身权问题

133. 作品不论是否发表,作者均享有著作权(版权)。

134. 二人以上按照约定共同创作作品的,不论各人的创作成果在作品中被采用多少,应当认定该项作品为共同创作。

135. 合著的作品,著作权(版权)应当认定为全体合著人共同享有;其中各组成部分可以分别独立存在的,各组成部分的著作权(版权)由各组成部分的作者分别享有。

136. 作者死亡后,著作权(版权)中由继承人继承的财产权利在法律规定的保护期限内受到侵犯,继承人依法要求保护的,人民法院应当予以支持。

137. 公民、法人通过申请专利取得的专利权,或者通过继承、受赠、受让等方式取得的专利权,应当予以保护。

转让专利权应当由国家专利局登记并公告,专利权自国家专利局公告之日起转移。

138. 法人、个体工商户、个人合伙通过申请商标注册或者受让等方式取得的商标专用权,除依法定程序撤销者外,应当予以保护。

转让商标专用权应当由国家工商行政管理局商标局核准,商标专用权自核准之日起转移。

……

最高人民法院关于全面加强知识产权审判工作为建设创新型国家提供司法保障的意见

1. 2007年1月11日

2. 法发〔2007〕1号

以胡锦涛同志为总书记的党中央,从全面建设小康社会、加快推进社会主义现代化事业的战略高度出发,在《中共中央国务院关于实施科技规划纲要增强自主创新能力的决定》和《中共中央关于构建社会主义和谐社会若干重大问题的决定》中明确提出把我国建设成为创新型国家的目标和任务。为充分发挥人民法院的审判职能作用,为建设创新型国家提供强有力的司法保障,现就全面加强人民法院知识产权审判工作,提出如下意见。

一、充分认识全面加强知识产权审判工作的重大意义

1. 全面加强知识产权审判工作必将促进创新型国家建设。人民法院作为国家审判机关对知识产权的司法保护,在国家整体的知识产权执法保护体系中居于基础地位,发挥着主导作用。人民法院在依法调整知识产权关系、维护知识产权权利人合法权益、惩治侵犯知识产权犯罪和维护社会主义市场经济秩序等方面,负有不可替代的法律职责,肩负着重大使命。通过全面加强知识产权审判工作,必将推进人才强国战略的实施,全面贯彻和体现尊重劳动、尊重知识、尊重人才、尊重创造的方针。

2. 全面加强知识产权审判工作必将树立我国良好的国际形象。全面加强知识产权司法保护,不仅是我国参与国际竞争、营造更具吸引力的引进国外资金和先进技术的良好投资软环境的现实需要,也是我国履行对外承诺、树立良好国际形象的客观要求。全面加强知识产权审判工作必将更好地保护和吸引外商投资,保障和提升我国企业国际竞争力,进一步促进扩大对外开放。人民法院通过严格依法制裁知识产权侵权行为,依法严惩商标假冒和盗版等严重违法犯罪行为,依法平等保护中外当事人的合法权益,必将树立中国知识产权司法保护的良好形象。

3. 全面加强知识产权审判工作必将推进社会主义和谐社会建设。通过知识产权审判,可以使有利于社会进步的创造愿望得到尊重、创造活动得到支持、创造能力得到发挥、创造成果得到保护,使社会充满生机与活力;可以促进和保障社会诚信机制的建立,引导人们信守约定、讲求信用、维护良好风尚,促成彼此信任,增加价值认同和凝聚力,实现社会的诚信友爱。

二、知识产权审判工作的指导思想、目标任务和基本原则

4. 为建设创新型国家提供司法保障,必须坚持以邓小平理论和"三个代表"重要思想为指导,全面贯彻落实科学发展观,按照建设创新型国家的要求,坚持"公正司法,一心为民"方针和"公正与效率"工作主题,进一步加大知识产权司法保护力度,依法保护知识产权,维护公平竞争,促进自主创新,服务对外开放,把知识产权司法保护贯穿于知识产权创造、管理和运用的全过程,为实施国家知识产权战略,为建设创新型国家和构建社会主义和谐社会提供强有力的司法保障,努力营造公正高效权威的法治环境。

5. 为建设创新型国家提供司法保障的主要目标和任务是:知识产权审判工作全面加强;知识产权刑事、民事和行政审判职能作用得到充分发挥;知识产权诉讼制度不断完善;知识产权司法保护体系更加健全;知识产权法官队伍素质显著提高;司法公正高效权威、权利人维权积极便捷、侵权人必受惩处、知识财富有序流转的良好的知识产权司法保护环境基本建立;知识产权司法保障能力和水平显著增强;创新型国家的司法需求得到全面满足。

6. 为建设创新型国家提供司法保障,必须坚持以下原则:一是坚持公正司法。始终把公正司法作为知识产权审判的灵魂和生命,通过依法公正高效权威的知识产权司法,最大限度地维护和实现知识产权领域的公平正义。二是坚持司法统一。严格依法办案,确保法律规范和司法解释在知识产权审判中的统一适用,努力实现司法标准和裁判结果的协调。三是坚持平等保护。依法平等保护中外当事人的合法权益,坚决抵制地方保护和部门本位，克服地方封锁和行业垄断。四是坚持利益平衡。正确处理保护知识产权和维护公众利益的关系、激励科技创新和鼓励科技运用的关系，既要切实保护知识产权，也要制止权利滥用和非法垄断。五是坚持服务大局。牢固树立大局观念和服务意识，克服就案办案的单纯业务观念，实现个案处理的法律效果与社会效果的有机统一。

三、充分发挥知识产权司法保护的职能作用，保障全社会的创造活力和创新能力

7. 依法严惩侵犯知识产权犯罪。充分发挥知识产权刑事司法保护的职能作用，依法运用各种刑事制裁措施，发挥刑罚惩治和预防知识产权犯罪的功能。对假冒、盗版等涉及知识产权的犯罪行为，进一步完善和统一定罪量刑标准，规范缓刑适用，根据犯罪情况和危害后果，依法从严惩处；在依法适用主刑的同时，加大罚金刑的适用与执行力度；注意通过采取追缴违法所得、收缴犯罪工具、销毁侵权产品、责令赔偿损失等措施，从经济上剥夺侵权人的再犯罪能力和条件；依法审理侵犯知识产权刑事自诉案件，切实保障被害人的刑事自诉权利；在行政案件审理过程中发现涉嫌刑事犯罪应当给予刑事制裁而仅受到行政处罚或者行政处理的，应在向行政机关提出司法建议的同时，及时将犯罪线索移送公安机关侦查处理；民事案件审理中发现犯罪嫌疑线索，符合刑事自诉条件的，应当告知权利人可以同时提起刑事自诉；依法应当提起公诉的，应及时将涉嫌犯罪内容移送公安机关侦查处理，移送后不影响民事案件审理的，民事案件可以继续审理。

8. 依法妥善审理知识产权民事案件。注意充分发挥知识产权民事审判在保护知识产权和激励自主创新中的主导作用。依法审理涉及专利、技术秘密、计算机软件、植物新品种、集成电路布图设计等技术性知识产权案件，合理适度保护创新成果，加大对经济增长有重大突破性带动作用、具有自主知识产权的关键核心技术的保护力度；依法审理涉及商标、地理标志等标识性知识产权案件和各类不正当竞争案件，严格规范市场竞争秩序；依法审理涉及作品和录音录像制品等表达性知识产权案件，促进版权相关产业健康发展；依法审理涉及计算机网络和新技术、新类型知识产权纠纷，促进新兴产业的健康成长；依法审理涉外知识产权案件，平等保护中外当事人的合法权益；积极保护传统知识、遗传资源和民间文艺，保护持有者知情同意和惠益分享的权益；依法科学合理地解释权利范围，正确运用侵权判定方法，严格掌握专利侵权案件认定等同特征的条件；依法慎重认定驰名商标，凡是超出认定范围或者不符合认定条件的案件、原告的侵权指控不能成立的案件，不得认定驰名商标；注意商业秘密案件中对当事人的双向保护，依法平衡择业自由和商业秘密保护的关系；准确认定知识产权合同的效力与责任，严格合同解除条件，充分尊重当事人意思自治。

9. 依法监督和支持行政机关依法行政。切实发挥行政审判对知识产权行政执法行为的司法审查职能，监督和支持行政机关依法行政，保护知识产权行政相对人的合法权益，维护知识产权行政管理秩序，促进知识产权行政保护。依法支持行政机关制裁侵权行为；行政机关申请强制执行行政处理决定，经审查符合执行条件的，应及时裁定并予以强制执行；加大对严重知识产权侵权行为行政不作为的司法监督力度，督促行政执法机关及时依职权制止侵权行为；依法履行对专利、商标等知识产权确权纠纷案件的司法复审职责，在事实认定和法律适用上对行政行为进行全面的合法性审查。

10. 加强知识产权审判监督和案件协调。畅通知识产权案件申请再审渠道，严格依法审查当事人和社会反映强烈的案件，发现确有错误的裁判，及时予以再审改判；确属无理申诉的，要依照法律和政策，切实做好息诉息访工作；加强对知识产权行政授权争议案件的审判监督。对有较大社会影响的关联案件，审理法院之间要注意沟通，统一案件审判标准，保证裁判结果的协调，发现裁判结果可能发生冲突的，及时报请上级法院予以指导和协调解决；建立重大知识产权案件报告制度，对关系全局、有重大影响的案件，以及诉讼标的额巨大的案件、尚无先例的新类型案件，受理法院应及时向上级法院通报审理情况；进一步完善驰名商标认定备案制度。

11. 健全知识产权案件执行制度。建立知识产权案件归口执行制度，受理知识产权案件较多的法院，应在执行部门中指定专门合议庭或者小组负责；被执行人拒不履行停止侵权的生效裁判内容继续其原侵权行为的，除权利人可依法追究其民事责任以外，法院应当依法协调公安、检察机关以拒不执行判决、裁定罪追究其刑事责任。

12. 完善知识产权民事案件管辖和受理制度。知

识产权民事案件原则上由中级以上法院一审，案件数量较多审理压力大的地方，可以通过高级法院报请最高法院指定部分基层法院管辖部分知识产权案件；从严掌握对专利、植物新品种和集成电路布图设计案件的指定管辖制度；适当调整知识产权民事案件级别管辖标准，扩大中级法院受理一审案件的范围；具有普遍法律适用意义的知识产权案件，下级法院经审判委员会讨论决定，可以报请上级法院审理，上级法院经审查认为符合条件的，可以直接审理；积极探索知识产权案件审级管辖改革；对于诉前临时措施案件，立案部门在进行登记后应当立即移交负责知识产权审判的业务庭，由专业审判人员进行审查，确保在法定期限内作出裁定，并由审判人员协调立即予以执行。

13. 依法加大侵权赔偿和民事制裁力度。严格知识产权侵权损害赔偿适用规则，贯彻全面赔偿原则，努力降低维权成本，加大民事制裁的威慑力度。依法适当减轻权利人的赔偿举证责任；有证据证明侵权人在不同时间多次实施侵权行为的，推定其存在持续侵权行为，相应确认其赔偿范围；作为自然人的原告因侵权行为受到精神损害的，可以根据其请求依法确定合理的精神损害抚慰金；当事人为诉讼支付的符合规定的律师费，应当根据当事人的请求，综合考虑其必要性、全部诉讼请求的支持程度、请求赔偿额和实际判赔额的比例等因素合理确定，并计入赔偿范围；考虑当事人的主观过错确定相应的赔偿责任；依法运用民事制裁惩处侵权人。

14. 依法正确适用临时措施。对于当事人诉前或者诉中提出的临时禁令或者先予执行、财产保全和证据保全等申请，要积极受理、迅速审查、慎重裁定、立即执行。高度重视诉前临时措施的时效性；准确把握采取临时措施的实质性条件，对于临时禁令要在重点审查侵权可能性的同时，考虑诉讼时效和损害状况；对于证据保全，在考虑侵权可能性的同时，重点考虑证据风险和申请人的取证能力；科学、合理地确定担保要求。

15. 妥善处理专业技术事实认定。注重发挥人民陪审员、专家证人、专家咨询、技术鉴定在解决知识产权审判专业技术事实认定难题中的作用。注意把具有专业技术特长和一定法律知识、普遍公认的专家，通过所在城市的基层法院推荐、提请任命为人民陪审员；支持当事人聘请具有专门知识的人员作为诉讼辅助人员出庭就案件的专门性问题进行说明，不受举证时限的限制；复杂、疑难知识产权案件，可以向相关领域的技术和法律专家咨询；对于采取其他方式仍难以作出认定的专业技术事实问题，可以委托进行技术鉴定。对于域外形成的公开出版物等可以直接初步确认其真实性的证据材料，除非对方当事人对其真实性能够提出有效质疑而举证方又不能有效反驳，无需办理公证认证等证明手续。

16. 禁止知识产权权利滥用。准确界定知识产权权利人和社会公众的权利界限，依法审查和支持当事人的在先权、先用权、公知技术、禁止反悔、合理使用、正当使用等抗辩事由；制止非法垄断技术、妨碍技术进步的行为，依法认定限制研发、强制回授、阻碍实施、搭售、限购和禁止有效性质疑等技术合同无效事由，维护技术市场的公平竞争；防止权利人滥用侵权警告和滥用诉权，完善确认不侵权诉讼和滥诉反赔制度。

17. 加大知识产权案件调解力度。在运用裁判方式审判案件的同时，注重知识产权案件的诉讼调解，坚持"能调则调，当判则判，调判结合，案结事了"的原则，将调解贯穿于案件审理的全过程，提高诉讼的调解率、和解撤诉率；高度重视在诉前临时措施案件中的调解；积极探索和总结知识产权行政案件协调和刑事自诉案件调解的经验；注意发挥行业协会和专业人士等的沟通协商作用，帮助消除对立情绪，协调解决矛盾纠纷。

18. 认真落实司法为民措施。加强诉讼指导和诉讼释明，增进当事人参与诉讼的能力，增强裁判的公信度和执行力。编制知识产权诉讼指南；坚持公开审判制度；全面实行当事人权利义务告知制度；实施诉讼风险提示制度；探索当事人举证指导制度；探索试行调查令制度，对于属于国家有关部门保存而当事人无法自行取得的证据和当事人确因客观原因不能自行收集的其他证据，可以探索由法院授权当事人的代理律师进行调查取证；加大司法救助力度，对经济确有困难的知识分子和特困、濒临破产企业，减免诉讼费；加强对代理人资格的审查，依法规范公民代理知识产权诉讼；依法规范法官和律师的关系，认真审查律师依法提交的诉讼材料，充分听取律师的意见；强化审限意识和效率意识，严格审查决定中止诉讼，避免造成当事人的诉累；提高裁判文书制作水平，做到辨法析理、胜败皆明。

四、采取有力措施，提高知识产权司法保障能力

19. 加强知识产权审判队伍职业化建设。注意从

精通法律、外语基础较好、具有理工专业背景和一定审判经验的人员中选拔、培养知识产权法官,进一步完善知识产权审判队伍的专业结构;注意保持知识产权法官队伍的相对稳定;建立科学合理的绩效评价制度,避免简单以案件数量为衡量标准;加大对知识产权法官职业技能的培训力度;注意提高知识产权法官的政治素质和职业道德修养,切实提高廉洁司法意识。

20. 健全知识产权审判组织。最高法院、高级法院、受理知识产权民事案件较多的中级法院和指定受理知识产权民事案件的基层法院要设立独立的知识产权审判庭,其他中级法院要设置统一审理知识产权民事案件的合议庭;立案、刑事审判、行政审判、执行和审判监督等职能部门要指定专门的合议庭或者专业人员负责知识产权案件的审查、审判、执行。

21. 加强知识产权保护职能部门之间的协调与配合。要加强知识产权刑事、民事、行政审判部门之间的业务协调与沟通,加强知识产权审判部门与立案、执行和审判监督部门之间的工作衔接,加强上下级法院之间的信息通报和业务交流。要注意加强与相关知识产权行政执法部门的工作协调,加强与公安、检察机关在知识产权刑事执法中的工作配合与相互制约,加强同外事、商务、科技、信息产业、新闻、宣传等综合部门在知识产权保护工作中的信息沟通与相互协作。

22. 探索建立知识产权审判工作新机制。要从整体提升知识产权司法保护能力出发,以实现方便当事人诉讼和法院审理、优化审判资源配置、简化救济程序、保证司法统一为目标,提出完善知识产权司法保护的组织基础和理顺程序运作机制的科学对策。深入研究和推动完善专利、商标等知识产权确权纠纷解决机制。

23. 加强知识产权司法解释和立法建议。进一步提高司法解释的质量,增强司法解释的可操作性和工作透明度,统一司法尺度,不断完善知识产权诉讼制度;积极参与知识产权立法活动,及时向立法机关和国家有关部门提出立法建议,将实践证明成熟可行的司法经验通过立法形式予以肯定,推动知识产权法律体系的不断健全和完善。

24. 深入开展知识产权司法保护调研。要结合科技、经济、文化发展的特点和审判工作实际,加强对知识产权司法保护新问题的法律适用和诉讼制度建设的研究,适当借鉴国际知识产权保护的有益经验,跟踪国际知识产权研究的新成果,提出科学合理、切实可行的对策建议,推动调研成果的转化。积极参与国际知识产权立法活动。

25. 积极开展知识产权司法建议。针对知识产权案件审理中发现的地方政府和企业、科研机构等在知识产权工作中存在的问题,及时向行政主管部门、行业协会和企业、科研机构等提出司法建议,督促其健全制度、加强管理、堵塞漏洞、消除隐患,为地方党委、政府制定相关政策提供决策依据。对我国科技经济发展和行业兴衰可能产生重大影响的知识产权动向,应当及时向有关方面发出预警,以便做好应对准备。

26. 加大知识产权司法保护宣传力度。结合人民法院新闻发布制度,适时发布知识产权审判中的重要新闻和典型案例;坚持审判公开和透明原则,严格按照有关规定和要求,将生效知识产权裁判文书及时上网公开;选择有影响的案例,邀请人大代表、政协委员、行业协会和有关部门的代表、外国政府和国际组织驻华机构代表、专家学者等代表性人士和社会公众等旁听庭审,增强知识产权审判的公开性和公信力;加大对外宣传力度,加深世界各国对我国知识产权司法保护制度及保护状况的全面、客观的了解。

为建设创新型国家提供强有力的知识产权司法保障是人民法院的神圣职责。各级人民法院和全体知识产权法官要不断增强做好知识产权审判工作为建设创新型国家提供强有力的司法保障的责任感和使命感,不辱使命,扎实工作,求真务实,开拓创新,努力建设公正高效权威的知识产权司法保护制度,为建设创新型国家创造良好的法治环境。

最高人民法院关于贯彻实施国家知识产权战略若干问题的意见

1. 2009年3月30日
2. 法发〔2009〕16号

党的十七大明确提出"实施知识产权战略"的要求。国务院于2008年6月5日发布了《国家知识产权战略纲要》(以下简称《纲要》),决定实施国家知识产权战略。贯彻落实国家知识产权战略,是摆在全国法院面前的一项长期而紧迫的重要任务。各级人民法院必须以邓小平理论和"三个代表"重要思想为指导,深入学习实践科学发展观，始终坚持“三个至上”指导思想，紧紧围绕“为大局服务、为人民司法”工作主题，全面加强知识产权司法保护体系建设，充分发挥司法保护知识产权的主导作用，为建设创新型国家和全面建设小康社会提供强有力的司法保障。现根据国家知识产权战略要求，结合人民法院知识产权司法保护工作实际，制定如下意见：

一、充分认识实施国家知识产权战略的重大意义，切实增强人民法院知识产权司法保护的责任感和使命感

1. 实施知识产权战略，是提高自主创新能力，建设创新型国家，促进国民经济又好又快发展，实现全面建成小康社会奋斗目标的重大战略抉择。提高自主创新能力，建设创新型国家，这是国家发展战略的核心，是提高综合国力的关键。实施知识产权战略，这是在改革开放新时期，党中央、国务院根据提高自主创新能力和建设创新型国家的需要作出的一项重大战略部署，是关系国家前途和民族未来的大事。当前正在向实体经济蔓延的国际金融危机，更加突显了加强知识产权保护，提高自主创新能力，建设创新型国家的重要性。各级人民法院要从深入贯彻落实科学发展观的高度，从我国经济社会文化自身发展需求和知识经济发展迅速及经济全球化进程加快的角度，深刻领会知识产权战略是我国主动运用知识产权制度促进经济发展和社会进步的重要国家战略；要从有利于增强我国自主创新能力，有利于完善我国社会主义市场经济体制，有利于增强我国企业市场竞争力和提高国家核心竞争力，有利于扩大对外开放等方面，深刻领会实施知识产权战略是建设创新型国家的迫切需要，是转变经济发展方式的必由之路，是提高国家核心竞争力的关键举措；要从激励创造、有效运用、依法保护、科学管理四个方面，深刻领会实施国家知识产权战略的指导思想和基本精神。

2. 贯彻实施好国家知识产权战略，是人民法院服务大局的重要使命。为党和国家工作大局服务，是人民法院知识产权司法保护的重要出发点和立足点。各级人民法院要认清形势和明确任务，以高度的政治责任感和历史使命感，切实增强贯彻实施国家知识产权战略的自觉性和坚定性，紧紧依靠党委领导、人大监督、政府支持、政协以及社会各界的关心，抓住机遇、迎难而上，积极主动、开拓进取，加强组织领导、加大投入力度，有计划、分步骤，确保国家知识产权战略有关人民法院工作要求的贯彻落实和各项战略措施的顺利实施，使人民法院在实施国家知识产权战略进程中更加积极主动地发挥作用。

二、充分发挥司法保护知识产权的主导作用，切实保障创新型国家建设

3. 大力加强人民法院知识产权司法保护体系建设，切实发挥司法保护知识产权的主导作用。根据新形势新任务和我国知识产权保护的实际情况，《纲要》将“加强司法保护体系建设”、“发挥司法保护知识产权的主导作用”纳入国家知识产权战略重点。这是对我国司法在知识产权保护中职能作用的基本定位，也是从全局和国家发展战略的高度对我国知识产权司法保护工作提出的殷切期望和全新要求。人民法院贯彻实施国家知识产权战略，必须增强发挥司法保护知识产权主导作用的自觉性和主动性，以保障和促进创新型国家建设为基本目标，高度重视并全面加强知识产权审判工作，充分发挥各项知识产权审判的职能作用，切实加大知识产权司法保护力度，不断提高人民法院知识产权司法保护的整体效能，努力营造鼓励和引导创新的知识产权司法环境；必须大力解决影响和制约科学发展的突出问题，不断提高司法水平和司法效率，及时出台司法解释和司法政策，建立健全知识产权相关诉讼制度，大力完善知识产权司法保护制度；必须着力构建有利于科学发展、符合知识产权案件特点的审判体制和工作机制，全面优化知识产权审判资源配置，整体提升知识产权审判队伍素质，大幅度提升人民法院知识产权司法保护能力。

4. 充分发挥各项知识产权审判的职能作用，全面加强对各种知识产权的司法保护。以执法办案为第一要务，不断提高知识产权审判质量和效率，努力确保每一起案件都能够依法公正及时裁判并得到有效执行，增强知识产权司法保护的公信力和权威性，切实体现法院司法定分止争的终局作用，最大限度地维护人民群众的创新权益，实现知识产权领域的公平正义。充分运用刑事、民事和行政三种审判职能，大力发挥知识产权审判整体效能，对各种知识产权提供全面有效的司法保护。依法严惩各类侵犯知识产权犯罪，综合运用各种刑事制裁措施，充分发挥刑事审判惩治和预防知识产权犯罪的功能；依法调整涉及各种知识产权的民事法律关系，合理界定当事人权利义务，积极采取民事救济措施，充分发挥民事审判解决各种知识产权纠纷的主渠道作用；依法保护行政相对人的合法权益，监督和维护各相关行政主管机关依法履行各自职权范围内的知识产权行政执法和行政管理职责，充分发挥行政审判监督和支持知识产权行政执法保护的职能。

5. 综合运用知识产权司法救济手段，不断增强知识产权司法保护的有效性。依法确定当事人应当承担的各种法律责任，积极采取各种救济手段，对知识产权进行全方位的有效保护。通过判决赔偿经济损失和责令停止侵权、消除影响和赔礼道歉等，对权利人予以物质的与精神的、金钱的与非金钱的综合救济；通过终审判决和诉前或诉中临时措施裁定等，对权利人予以现实的和临时的司法救济；通过判处罚金、没收财产和采取民事制裁措施等，剥夺侵权人再侵权的能力和消除再侵权危险。特别是要突出发挥损害赔偿在制裁侵权和救济权利中的作用，坚持全面赔偿原则，依法加大赔偿力度，加重恶意侵权、重复侵权、规模化侵权等严重侵权行为的赔偿责任，努力确保权利人获得足够的充分的损害赔偿，切实保障当事人合法权益的实现。

6. 及时明晰知识产权法律适用标准，有效发挥司法保护知识产权的导向作用。根据知识产权司法保护中的法律适用需求，认真总结审判实践经验，及时发布司法解释，统一司法尺度，为确保法律正确适用和有效保护知识产权及时提供操作性规范依据。深入调查研究，找准司法保护服务经济社会发展的结合点和着力点，通过各种行之有效的形式，明确司法政策，加强司法指导，积极引导经济社会文化发展。加快构建符合中国国情的知识产权司法案例指导制度，充分发挥指导性案例在规范自由裁量权行使、统一法律适用标准中的作用，减少裁量过程中的随意性。依法受理并妥善裁决各种复杂疑难和新类型知识产权纠纷，及时为企业和社会提供价值判断和行为指引，规范和促进新兴产业发展。强化知识产权裁判的说理性，充分公开裁判文书，实现审判全过程的公开，发挥司法裁判的教育和导向作用，促使当事人息诉止争，引导案外人自行解决类似矛盾纠纷。

7. 努力加强人民法院与其他司法机关和知识产权行政执法机关之间的协作配合，推动形成知识产权保护的整体合力。加强与公安、检察机关在知识产权刑事司法程序中的配合，依法受理和裁判知识产权刑事案件，切实加大刑事保护力度。加强与工商、版权、专利等行政主管部门在知识产权行政执法程序上的衔接，实现司法保护与行政保护的优势互补和良性互动。加强与知识产权、外事、商务、科技、信息产业、新闻、宣传等综合部门在知识产权保护工作中的沟通协调，扩大我国知识产权保护的影响力。

三、依法审理好各类知识产权案件，切实加大知识产权司法保护力度

8. 统筹兼顾各种重大关系，确保《纲要》提出的各项专项任务在人民法院系统的贯彻落实，实现知识产权审判全面协调可持续发展。一是处理好执行法律与服务大局的关系，既要坚持宪法和法律至上，履行法定职责，遵循司法规律、司法途径和司法方式，严格依法办案，做到公正司法，维护法律权威；又要强化大局意识和宏观思维，正确处理局部利益与全局利益的关系，努力实现办案法律效果与社会效果的有机统一，确保正确政治方向。二是处理好保护私权与维护公共利益的关系，既要强化私权保护意识和尊重私权保护规律，依法保护当事人的合法权益，通过保护私权实现激励创新的知识产权制度目标；又要合理界定知识产权的界限，服从法律为保护公共利益所设定的强制性规范，确保私权与公共利益的平衡，维护公共秩序。三是处理好依法保护与适度保护的关系，充分考虑和把握我国经济社会和科技文化发展状况，善于利用司法政策、自由裁量权和法律适用技术，使司法保护既合法，又适度；既能激励科技创新和经济发展，又有利于促进知识传播和运用；既能切实保护创新成果和创新权益，又能促进企业提高自主创新能力。四是处理好保护权利与防止滥用的关系，既要加大知识产权司法保护力度，严厉打击假冒、盗版等严重侵权行为，大力降低维权成本，大幅提高侵权代价，有效遏制侵权行为，切实保护权利人和消费者的合法权益，维护公平竞争的市场秩序；又要防止知识产权滥用，依法审查和支持在先权、先用权、现有技术、禁止反悔、合理使用等抗辩事由，制止垄断行为，依法受理和审查确认不侵权之诉和滥诉反赔之诉，规制滥用知识产权和诉讼程序打击竞争对手、排除和限制竞争、阻碍创新的行为，维护社会公众的合法权益。

9. 加强专利权司法保护，保障技术创新权益，促进自主创新。从我国国情出发，以国家战略需求为导向，依法保护专利权，根据我国科技发展阶段和产业知识产权政策，确定合理的权利保护范围和强度，平衡好权利人、使用者和社会公众之间的利益格局，强化科技

创新活动中的知识产权司法政策导向作用。加大对经济增长有重大突破性带动作用、具有自主知识产权的关键核心技术的保护力度，促进高技术产业与新兴产业发展，提升我国自主创新能力和增强国家核心竞争力。不断完善专利侵权判定标准，准确确定专利权保护范围，正确认定专利侵权行为，在依法保护专利权的同时，防止不适当地扩张专利权保护范围、压缩创新空间、损害创新能力和公共利益。严格专利权利要求的解释，充分尊重权利要求的公示和划界作用，妥善处理相同侵权与等同侵权的关系，适度从严把握等同侵权的适用条件，合理确定等同侵权的适用范围，防止等同侵权的过度适用。注重发挥人民陪审员、专家证人和专家咨询、技术鉴定的作用，通过多种途径和渠道有效解决专业技术事实认定问题。

10. 加强商标权司法保护，维护商标信誉，推动形成自主品牌。通过商标案件的审判，支持和引导企业实施商标战略，促使其在经营中积极、规范使用自主商标，促进自主品牌的形成和品牌经济的发展。严厉制裁商标假冒、恶意模仿等侵权行为，严格适用侵权法律责任，切实保障商标权人和消费者的利益，维护公平竞争的市场秩序。正确把握商标权的法律属性，根据商标用于区别商品或服务来源的核心功能，合理界定商标权的范围，根据商标的显著性程度、知名度大小等确定保护强度和范围，准确认定商标侵权判定中的商品类似、商标近似和误导性后果。正确把握驰名商标司法认定和保护的法律定位，坚持事实认定、个案认定、被动认定、因需认定等司法原则，依法慎重认定驰名商标，合理适度确定驰名商标跨类保护范围，强化有关案件的审判监督和业务指导。妥善处理商标权保护与特定产业发展的关系，既注重保护商标权，又有利于促进相关产业的升级和发展。依法受理并及时处理好涉及地理标志和奥林匹克标志、世界博览会标志、特殊标志等案件。

11. 加强著作权司法保护，维护著作权人合法权利，提升国家文化软实力。严厉制裁盗版、抄袭等侵犯著作权行为，加大侵权赔偿力度，提高全社会的版权保护意识。依法合理界定著作权保护与合理使用、法定许可的关系，平衡处理创作者、传播者和利用者之间的利益关系，确保私人权利与公共利益的平衡，保障人民基本文化权益。加强对新闻出版、广播影视、文学艺术、文化娱乐、广告设计、工艺美术、计算机软件、信息网络等领域的著作权案件审判，推动版权相关产业健康有序发展，推进文化创新，增强文化发展活力，繁荣文化市场。有效应对互联网等新技术发展对著作权保护的挑战，准确把握网络环境下著作权司法保护的尺度，妥善处理保护著作权与保障信息传播的关系，既要有利于网络新技术和新商业模式的开发和运用，促进信息传播，又要充分考虑网络侵权的特点和维权的困难，完善网络环境下的证据规则，有效保障著作权。加大对计算机软件的司法保护力度，帮助企业开拓市场，促进相关服务外包产业成长。

12. 加强商业秘密司法保护，保护企业权益和职工择业自由，保障商业信息安全与人才合理流动。依法制裁窃取和非法披露、使用他人商业秘密的行为，保护企业商业秘密权益，引导市场主体依法建立健全商业秘密管理制度。妥善处理保护商业秘密与自由择业、涉密者竞业限制与人才合理流动的关系，维护职工合法权益。根据商业秘密案件特点，合理分配当事人的举证责任，合理确定当事人和诉讼参与人的保密义务。注意保护被控侵权人对自己商业秘密的正当权益，防止原告滥用诉权获取他人商业秘密。

13. 加强植物新品种权司法保护，激励农业科技创新，促进农业发展。强化农业知识产权保护，依法保护植物新品种权和育种技术，加大对具有自主知识产权的重大农业科技成果和植物新品种的保护力度，合理调节资源提供者、育种者、生产者和经营者之间的利益关系，激励农业科技创新，推动现代农业经营方式的转变，促进农业发展，保护农民利益，维护农村稳定，保障社会主义新农村建设。准确掌握植物新品种侵权判定标准，以繁殖材料承载的性状特征确定品种权的保护范围，以生产、销售或者重复使用授权品种的繁殖材料为侵权行为方式。依法判定民事责任，保障权利人利益的实现，注重对农民合法权益的保护，通过育种者免责、农民免责等权利限制，合理平衡权利人与社会公众的利益关系；本着既要及时制止侵权和防止侵权物再扩散，又要避免资源浪费的原则，慎重适用销毁侵权物的民事责任。针对种子生产和销售的季节性特点，注意运用证据保全措施及时固定相关证据。

14. 加强特定领域知识产权司法保护，有效保护特种资源，维护我国特色优势。根据现有法律规则和立法精神，积极保护遗传资源、传统知识、民间文艺和其他一切非物质文化遗产，根据历史和现实，公平合理地协调和平衡在发掘、整理、传承、保护、开发和利用过程中各方主体的利益关系，保护提供者、持有者知情同意和惠益分享的正当权益，合理利用相关信息。加强对传统医药和传统工艺的保护，促进传统知识和民间文艺的发展，推动传统资源转化为现实生产力和市场竞争力，弘扬民族产业优势和地区特色经济优势。依法保护集成电路布图设计专有权，及时予以司法救济，促进集成电路产业发展。

15. 依法制止不正当竞争，规范市场竞争秩序，推动形成统一开放竞争有序的现代市场体系。审理好仿冒知名商品特有名称、包装、装潢和虚假宣传、商业诋毁等不正当竞争案件，积极受理涉及企业名称（商号）、商业外观、计算机网络域名等新类型知识产权案件，制止一切非诚信的仿冒搭车行为，避免市场混淆和误导公众，切实维护权利人和消费者的合法权益，确保诚信竞争和有序竞争，促进社会信用体系建设。依法积极受理涉及注册商标、企业名称等与在先权利冲突的民事纠纷，按照遵循诚实信用、维护公平竞争和保护在先权利等原则，妥善予以裁决。准确把握反不正当竞争法的立法精神和适用条件，既要与时俱进，对市场上新出现的竞争行为，适用反不正当竞争法的原则规定予以规范和调整；又要严格依法，对于法律未作特别规定的竞争行为，只有按照公认的商业标准和普遍认识能够认定违反反不正当竞争法的原则规定时，才可以认定为不正当竞争行为，防止因不适当扩大不正当竞争行为方式范围而妨碍自由、公平竞争。对于既不存在商业秘密、又不存在法定和约定竞业限制的竞争领域，不能简单地以利用或损害特定竞争优势为由，适用反不正当竞争法的原则规定认定构成不正当竞争。

16. 积极开展反垄断审判，保护市场公平竞争，维护消费者利益与社会公共利益。根据民事诉讼法和反垄断法规定的受理条件，依法受理当事人因垄断行为提起的民事诉讼。切实履行审判职责，妥善处理竞争政策与产业政策的关系，审理好涉及滥用知识产权的垄断案件以及其他各类垄断案件，制止垄断行为，鼓励公平竞争，提高引进外资质量，促进经济结构调整，维护国家经济运行健康有序。加强反垄断审判调查研究工作，认真总结审判经验，及时明确司法原则、裁判标准和操作程序。

17. 妥善处理知识产权合同纠纷，维护交易安全，促进智力成果创造运用。尊重当事人意思自治，维护合同的严肃性和有效性，严格合同解除条件，依法制裁违约行为。依法合理掌握权属纠纷诉讼时效，准确界定职务成果与非职务成果，既要有利于激发研发创作人创新积极性，又要有利于促进成果的转化实施。本着尽可能降低交易风险和减少交易成本的精神，依法界定在知识产权委托或合作创造、转让、许可、质押等环节形成的法律关系和利益分配及责任承担，促进自主创新成果的知识产权化、商品化、产业化、市场化。积极受理特许经营合同纠纷，妥善处理知识产权代理合同纠纷。

18. 认真审查知识产权诉前临时措施申请，及时慎重裁定，有效制止侵权。发挥诉前临时措施的及时救济功能，确保在法定时限内作出裁定并立即予以执行。对于商标和著作权侵权案件，尤其是假冒和盗版等显性侵权和故意侵权案件，注意积极采取诉前责令停止侵权措施。适度从严掌握认定侵权可能性的标准，原则上应当达到基本确信的程度，在专利案件尤其是发明和实用新型专利案件中，要审慎决定采取诉前责令停止侵权措施。对于当事人起诉时或诉讼中提出的临时措施申请，要迅速审查并及时裁定和执行。对于证据保全申请，重点考虑证据风险和申请人的取证能力，及时作出裁定。

19. 强化对知识产权授权确权行为的司法复审，依法审查授权条件，统一和完善授权审查标准。在事实认定和法律适用上对专利和商标等知识产权授权确权行政行为进行全面的合法性审查，既要给予行政主管机关对专业技术事实评判的适当尊重，又要对相关的实质性授权条件进行独立审查判断，切实依法全面履行司法复审的基本职责。加强与行政主管机关的工作协调与业务交流，促进审理和审查标准的统一与完善，提高相关案件的执法水平。努力提高审判效率，及时依法确认权利的有效性，保障权利维护和利益实现的时效性。

20. 加强知识产权行政司法保护，依法监督行政行为，支持依法行政。依法审理各类知识产权行政案件，在合法性审查中既要保护知识产权行政相对人的合法权益，又要维护知识产权行政管理秩序，依法支持行政机关制裁侵权行为，促进知识产权行政保护。行政机关申请强制执行行政处理决定，经审查符合执行条件的，应及时裁定并予以强制执行。

21. 加大知识产权刑事司法保护力度，依法严厉制裁侵犯知识产权犯罪行为，充分体现惩罚和震慑犯罪功能。依法受理知识产权刑事案件并及时作出裁判，切实加大对假冒注册商标和侵犯著作权犯罪行为的打击力度，在依法适用主刑的同时，加大罚金刑的适用与执行力度，并注意通过采取追缴违法所得、收缴犯罪工具、销毁侵权产品等措施，从经济上剥夺侵权人的再犯罪能力和条件。配合有关部门，针对反复侵权、群体性侵权以及大规模假冒、盗版等行为，有计划、有重点地开展知识产权保护专项行动，遏制假冒盗版现象。统一和规范侵犯知识产权犯罪案件适用刑罚的条件和标准，准确把握宽严相济的刑事政策。依法审理侵犯知识产权的刑事自诉案件，切实保障被害人的刑事自诉权利。

22. 加强知识产权审判监督，保障当事人申诉权，维护知识产权司法公正。既要充分维护正确生效裁判的既判力，又要让符合法定条件的案件及时进入再审，确保公正司法和维护法制统一。统一裁定再审的标准，以生效裁判确有错误作为上级法院和本院依职权启动再审的标准，以符合法定再审事由作为依当事人申请裁定再审的标准。通过及时、规范的听证程序和耐心细致的审查说服工作，尽可能使当事人服判息诉，尽可能降低多次申诉的比率。努力提高审查的质量和效率，对于经审查申请书、答辩意见等足以确定再审事由是否成立的，可以迳行裁定。

23. 加大知识产权案件执行力度，保障裁判权益及时实现，树立司法保护权威。健全知识产权案件强制执行机制，充分运用执行工作联动威慑机制，完善提级执行、指定执行、委托执行等措施，保证知识产权案件的切实执行，强化对诉前临时措施裁定的及时执行。对被执行人拒不履行停止侵权的生效裁判内容继续其原侵权行为的，除支持权利人依法追究其民事责任以外，积极协调公安、检察机关以拒不执行判决、裁定罪追究其刑事责任。

24. 依法开展涉外知识产权司法保护，保障对外开放，促进国际经贸合作。正确处理本国利益与他国利益的关系、对外关系与具体案件审理的关系、本国当事人与外国当事人的利益关系，始终坚持依法公正审判和平等保护原则，维护和提升我国司法良好的国际形象，优化经济发展外部环境。统筹国内国际两个大局，妥善处理与贸易有关的重大知识产权纠纷，既确保遵循相关国际公约及国际惯例，也始终维护国家利益和经济安全。注意从个案中发现知识产权工作的薄弱环节和管理漏洞，通过司法建议和裁判说明等形式，对行政管理提出改进建议，为行业和产业提供行为预警，提高企业应对知识产权纠纷的能力，延伸知识产权司法保护效果。

四、完善知识产权审判体制和工作机制，优化审判资源配置

25. 积极探索符合知识产权特点的审判组织模式。按照《纲要》要求，研究设置统一受理知识产权民事、行政和刑事案件的专门知识产权审判庭，尽快统一专利和商标等知识产权授权确权案件的审理分工，优化知识产权审判资源配置，实现知识产权司法的统一高效。认真总结近年来一些地方法院开展的由一个审判庭统一受理知识产权民事、行政和刑事案件试点工作，以及采用扩大合议庭组成或知识产权民事法官参与知识产权刑事、行政案件审判的探索工作，深入调查研究，认真解决试点和探索工作中出现的问题，加强统一协调和工作指导，积极稳妥地加以推进。

26. 探索建立知识产权上诉法院。按照《纲要》要求，加强与相关部门的沟通、协调和配合，根据完善知识产权案件上诉机制的要求，深入研究建立知识产权上诉法院的可行性和必要性，积极探索有关改革路径和模式，努力实现知识产权确权程序与侵权诉讼程序的有效衔接，简化司法救济程序，提高裁判效率，保证司法统一。

27. 推动改革专利和商标确权授权程序。积极配合国家有关部门，以简化救济程序为目标，研究专利无效审理和商标评审机构向准司法机构转变的问题，积极推动相关法律规定的修订。

28. 健全知识产权多元纠纷解决机制。坚持“调解优先、调判结合”原则和“定分止争、案结事了”要求，加大知识产权案件调解力度，将调解贯穿于案件审理的全过程。高度重视在诉前临时措施案件和刑事自诉案件中的调解以及在知识产权行政案件中的协调，加强审判工作与人民调解、行政调解、仲裁等纠纷解决方式的衔接，积极支持调解和仲裁机构以及知识产权援助中心等发挥处理知识产权纠纷的作用，注意发挥行业协会、专业部门和专业人士等的沟通协商、参与调解的作用，扩大邀请协助调解的案件范围，努力提高诉讼调解率、和解撤诉率。

29. 加强知识产权司法保护宣传。采取各种形式

大力宣传知识产权司法保护，提高全社会知识产权意识，推进知识产权文化建设。结合人民法院新闻发布制度，适时发布知识产权审判中的重要新闻和典型案例，努力做到"4·26"世界知识产权日司法保护宣传常态化。坚持审判公开和透明原则，严格按照有关规定和要求，将生效知识产权裁判文书及时上网公开。定期选择有影响的案例，邀请人大代表、政协委员、专家学者、行业协会和有关部门的代表、外国政府和国际组织驻华机构代表等代表性人士和社会公众等旁听庭审，增进司法公开，接受群众监督，扩大社会影响。

30. 扩大知识产权对外司法交流合作。建立和完善知识产权司法保护对外信息沟通交流机制，积极参与国际和区域知识产权交流与合作，拓展交流深度，加大宣传力度，加深世界各国对我国知识产权司法保护制度及保护状况的全面、客观了解。既要根据我国国情和发展需求开展知识产权司法保护，又要有针对性地学习借鉴吸收国外有益司法经验。

五、加强知识产权司法解释工作，完善知识产权诉讼制度

31. 及时制定知识产权司法解释。按照《纲要》要求，增强司法解释的针对性和及时性，针对审判实践存在的比较普遍和突出的法律适用问题，及时制定司法解释，明确司法原则和政策，统一司法标准，规范并细化自由裁量权的行使，完善知识产权诉讼制度。强化司法解释的科学性和实效性，深入开展调查研究，广泛听取和征求各方面的意见，注意发挥学术团体、研究机构以及中介组织的参与作用，共同为完善知识产权司法保护制度提供智力支持。近期发布关于驰名商标司法保护的司法解释，尽快出台关于专利侵权判断标准和反垄断民事诉讼程序的司法解释。

32. 建立健全知识产权相关诉讼制度。按照《纲要》要求，与有关部门协调配合，针对知识产权案件专业性强等特点，建立和完善司法鉴定、专家证人、技术调查等诉讼制度，鼓励有条件的法院在专利等技术性案件审判中积极探索开展技术调查的有效方式和具体做法。完善知识产权诉前临时措施制度，适时启动相关司法解释的起草工作。配合有关部门明确知识产权代理人的诉讼执业资质问题，推动有关部门研究建立相关律师代理制度。

33. 调整完善知识产权案件管辖制度。按照既方便法院审理和当事人诉讼，又充分满足科技创新和经济社会发展对知识产权审判新需求的原则，统筹规划知识产权审判管辖体制。继续坚持对专利、植物新品种和集成电路布图设计案件的指定管辖制度，严格控制新增专利案件管辖权的中级人民法院的数量；适度集中垄断案件和涉及驰名商标认定等特殊类型知识产权案件的管辖权；适当增加受理著作权、商标、不正当竞争和知识产权合同等一般知识产权案件的基层法院；经上级人民法院依法指定，具有一般知识产权案件管辖权的基层法院可以跨区域管辖同一上级人民法院辖区内的一般知识产权案件。

六、加强知识产权审判队伍建设，提高知识产权司法保护能力

34. 进一步健全知识产权审判机构。各级人民法院要根据担负的知识产权审判职责和任务的客观需要，本着立足现实、兼顾长远的原则精神，加强知识产权审判庭的机构设置、人员编制和内设机构配置。在中级以上法院和具有案件管辖权的基层法院普遍建立知识产权审判庭，暂不具备独立设庭的中级人民法院，也应当建立或指定专门负责审理知识产权案件的合议庭。

35. 大力充实知识产权审判队伍。采取切实有效措施，调整和充实知识产权法官队伍，提高知识产权法官队伍素质，强化审判和执行能力。注意从精通法律、外语基础较好、具有理工专业背景和一定审判经验的人员中选拔、培养知识产权法官，有效缓解案件持续增长与专业审判力量相对不足的矛盾。保持知识产权法官队伍的基本稳定，完善知识产权审判人才的专业结构，对于专业性和技术性较强的知识产权案件，尽可能由相对固定的合议庭和专业法官负责审理，重点培养一批社会认可度高的专业型、专家型知识产权法官。充分考虑知识产权审判和知识产权法官培养的规律，在工作量、业务考核等方面采用科学合理的业绩评价指标。积极开展与专利复审委员会等知识产权专业部门的人员和业务交流，鼓励东中西部法院之间开展各种形式的业务和人才交流。加大知识产权审判技能和专业知识培训力度，最高人民法院和各高级人民法院要制定长期培训规划，及时更新培训大纲，保证培训时间和质量，重点加大对中、基层法院和中西部地区法院知识产权审判人员的培训力度。

36. 高度重视知识产权法官队伍思想政治建设和廉政建设。强化知识产权审判人员的政治纪律和工作责任，进一步加强社会主义法治理念教育，使全体审判

人员牢固树立“三个至上”指导思想，切实做到为民、务实、清廉。严格执行有关反腐倡廉的制度和要求，认真落实“五个严禁”的规定，每一位审判人员要时刻保持警惕，各级领导要切实负起责任，加强对关键环节的监督检查，规范司法行为，严惩违规行为，确保知识产权司法的公正和廉洁。积极发掘并大力宣传知识产权司法保护工作中的好经验、好做法、好人物、好事迹，树立人民法院和知识产权法官的良好形象。

最高人民法院关于当前经济形势下知识产权审判服务大局若干问题的意见

1. 2009年4月21日

2. 法发〔2009〕23号

当前，我国国民经济继续保持平稳较快发展，改革开放深入推进，社会事业加快发展，人民生活进一步改善，但同时也面临着严重的困难和挑战。为深入贯彻全国“两会”精神，落实国家知识产权战略，使知识产权审判更好地服务于有效应对国际金融危机冲击，促进经济平稳较快发展的大局，为“保增长、保民生、保稳定”作出更加积极的贡献，现就当前经济形势下人民法院做好知识产权审判工作的若干问题，提出如下意见：

一、立足实际，突出重点，努力增强知识产权审判服务大局的针对性和有效性

1. 充分认识知识产权保护对于促进经济平稳较快发展的重要性，切实增强服务大局的使命感。知识产权是国家科技创新能力和水平的集中体现，是国家发展的战略性资源，是提高国际竞争力的核心要素。现代经济竞争归根结底也是知识产权的竞争。加强知识产权保护，提高知识产权的创造、运用和管理水平，对于加快经济结构调整、转变发展方式、推进自主创新、深化改革、提高对外开放水平，从而保持经济平稳较快发展，都具有重要意义。历史经验表明，经济危机常常伴随着科技革命，科技革命又成为推动新一轮经济增长和繁荣的重要引擎。在当前经济形势下加强知识产权保护，对于有效推动科技创新和科技革命，为催生新兴产业、创造新的市场需求、培育新的经济增长点和引领经济发展新方向，具有重大作用。

2. 高度关注国际国内经济形势变化对于知识产权审判的新需求，切实增强服务大局的针对性、有效性和主动性。当前经济形势对于知识产权审判提出了更新更高的要求和期待。知识产权司法保护只能加强和提升，不能削弱和放松。各级法院务必要增强危机意识、忧患意识、宏观意识和大局意识，更加注重拓展创新空间，促进培育自主知识产权、自主品牌和新的经济增长点，增强企业的市场竞争力，提高国家的核心竞争力；更加注重营造开放自由的贸易和投资环境，规范市场秩序，维护公平竞争，完善社会主义市场经济体制，大力推动诚信社会的建设，在应对挑战、化危为机中充分发挥知识产权审判的独特职能作用。

二、加大专利权保护力度，着力培育科技创新能力和拓展创新空间，积极推进自主创新

3. 以贯彻新修订的专利法为契机，高度重视专利审判工作，全面提高专利审判水平。以专利为核心的科技创新成果构成了企业和国家的核心竞争力，加强专利权保护对于科技进步和自主创新具有最直接、最重要的促进作用。各有关法院要以提高创新能力和建设创新型国家的责任感和使命感，高度重视专利案件的审理，把提高专利审判水平作为一项重点工作。要深刻领会和正确把握专利法立法宗旨和精神，加强调查研究，及时发现新情况，解决新问题，确保修订后的专利法的正确贯彻实施。

4. 准确把握专利司法政策，切实加强专利权保护。要从我国国情出发，根据我国科技发展阶段和产业知识产权政策，依法确定合理的专利司法保护范围和强度，既要使企业具有投资创新的动力，使个人具有创造热情，使社会富有创造活力，又不能使专利权成为阻碍技术进步、不正当打击竞争对手的工具；既能够充分调动、配置全社会的资本和技术资源，又能够加速技术信息的传播和利用。要正确适用专利侵权判定原则和方法，进一步总结审判经验，完善权利要求解释规则和侵权对比判定标准。正确解释发明和实用新型专利的权利要求，准确界定专利权保护范围，既不能简单地将专利权保护范围限于权利要求严格的字面含义，也不能将权利要求作为一种可以随意发挥的技术指导，应当从上述两种极端解释的中间立场出发，使权利要求的解释既能够为专利权人提供公平的保护，又能确保给予公众以合理的法律稳定性。凡写入独立权利要求的技术特征，均应纳入技术特征对比之列。对于权利人在专利授权确权程序中所做的实质性的放弃或者限制，在侵权诉讼中应当禁止反悔，不能将有关技术内容再纳入保护范围。严格等同侵权的适用条件，探索完善等同侵权的适用规则，防止不适当地扩张保护范围。依法认真审查各种不侵权抗辩事由和侵权责任抗辩事由，合理认定先用权，依法支持现有技术抗辩。

三、加强商业标识保护，积极推动品牌经济发展，规范市场秩序和维护公平竞争

5. 充分尊重知名品牌的市场价值，依法加强知名品牌保护。知名品牌凝聚了企业的竞争优势，是企业参与国内国际市场竞争的利器，代表着核心的经济竞争力，是企业和国家的战略性资产，也是引领市场消费方向的主要因素。人民法院要通过依法加强商标权保护和制止不正当竞争，为知名品牌的创立和发展提供和谐宽松的法律环境，促进品牌经济发展，刺激和创造消费需求，拉动经济增长，增强我国企业的国内和国际竞争力。

6. 完善商标司法政策，加强商标权保护，促进自主品牌的培育。正确把握商标权的专用权属性，合理界定权利范围，既确保合理利用商标资源，又维护公平竞争；既以核定使用的商品和核准使用的商标为基础，加强商标专用权核心领域的保护，又以市场混淆为指针，合理划定商标权的排斥范围，确保经营者之间在商标的使用上保持清晰的边界，使自主品牌的创立和发展具有足够的法律空间。未经商标注册人许可，在同一种商品上使用与其注册商标相同的商标的，除构成正当合理使用的情形外，认定侵权行为时不需要考虑混淆因素。认定商品类似和商标近似要考虑请求保护的注册商标的显著程度和市场知名度，对于显著性越强和市场知名度越高的注册商标，给予其范围越宽和强度越大的保护，以激励市场竞争的优胜者，净化市场环境，遏制不正当搭车、模仿行为。

7. 妥善处理注册商标实际使用与民事责任承担的关系，使民事责任的承担有利于鼓励商标使用，激活商标资源，防止利用注册商标不正当地投机取巧。请求保护的注册商标未实际投入商业使用的，确定民事责任时可将责令停止侵权行为作为主要方式，在确定赔偿责任时可以酌情考虑未实际使用的事实，除为维权而支出的合理费用外，如果确无实际损失和其他损害，一般不根据被控侵权人的获利确定赔偿；注册人或者受让人并无实际使用意图，仅将注册商标作为索赔工具的，可以不予赔偿；注册商标已构成商标法规定的连续三年停止使用情形的，可以不支持其损害赔偿请求。

8. 加强驰名商标司法认定的审核监督，完善驰名商标司法保护制度，确保司法保护的权威性和公信力。严格把握驰名商标的认定范围和认定条件，严禁扩张认定范围和降低认定条件。凡商标是否驰名不是认定被诉侵权行为要件的情形，均不应认定商标是否驰名。凡能够在认定类似商品的范围内给予保护的注册商标，均无需认定驰名商标。对于确实符合法律要求的驰名商标，要加大保护力度，坚决制止贬损或者淡化驰名商标的侵权行为，依法维护驰名商标的品牌价值。认真贯彻《最高人民法院关于涉及驰名商标认定的民事纠纷案件管辖问题的通知》（法〔2009〕1号），凡通知下发以后不具有管辖权的法院受理的此类案件，均需移送有管辖权的法院审理；通知下发前受理、尚未审结的此类案件，要严格执行判前审核制度。各级法院均应加强已认定驰名商标的案件的评查和审判监督，对于伪造证据骗取驰名商标认定的案件，以及其他违法认定驰名商标的案件，均需通过审判监督程序予以纠正；当事人在涉及驰名商标认定的案件中有妨碍民事诉讼行为的，依法给予制裁。有管辖权的法院均应积极接受各有关方面对于驰名商标司法认定的监督，发现问题务必及时解决。有关驰名商标司法保护的司法解释颁布施行以后，各级法院要认真贯彻落实，使驰名商标司法保护更加规范化。

9. 加强商标授权确权案件的审判工作，正确处理保护商标权与维持市场秩序的关系。既要有效遏制不正当抢注他人在先商标行为，加强对于具有一定知名度的在先商标的保护，又要准确把握商标权的相对权属性，不能轻率地给予非驰名注册商标跨类保护。正确区分撤销注册商标的公权事由和私权事由，防止不适当地扩张撤销注册商标的范围，避免撤销注册商标的随意性。对于注册使用时间较长、已建立较高市场声誉和形成自身的相关公众群体的商标，不能轻率地予以撤销，在依法保护在先权利的同时，尊重相关公众已在客观上将相关商标区别开来的市场实际。要把握商标法有关保护在先权利与维护市场秩序相协调的立法精神，注重维护已经形成和稳定了的市场秩序，防止当事人假商标争议制度不正当地投机取巧和巧取豪夺，避免因轻率撤销已注册商标给企业正常经营造成重大困难。与他人著作权、企业名称权等在先财产权利相冲突的注册商标,因超过商标法规定的争议期限而不可撤销的,在先权利人仍可在诉讼时效期间内对其提起侵权的民事诉讼,但人民法院不再判决承担停止使用该注册商标的民事责任。

10. 妥善处理注册商标、企业名称与在先权利的冲突,依法制止“傍名牌”等不正当竞争行为。除注册商标之间的权利冲突民事纠纷外,对于涉及注册商标、企业名称与在先权利冲突的民事纠纷,包括被告实际使用中改变了注册商标或者超出核定使用的商品范围使用注册商标的纠纷,只要属于民事权益争议并符合民事诉讼法规定的受理条件,人民法院应予受理。凡被诉侵权商标在人民法院受理案件时尚未获得注册的,均不妨碍人民法院依法受理和审理;被诉侵权商标虽为注册商标,但被诉侵权行为是复制、摹仿、翻译在先驰名商标的案件,人民法院应当依法受理。

按照诚实信用、维护公平竞争和保护在先权利等原则,依法审理该类权利冲突案件。有工商登记等的合法形式,但实体上构成商标侵权或者不正当竞争的,依法认定构成商标侵权或者不正当竞争,既不需要以行政处理为前置条件,也不应因行政处理而中止诉讼。在中国境外取得的企业名称等商业标识,即便其取得程序符合境外的法律规定,但在中国境内的使用行为违反我国法律和扰乱我国市场经济秩序的,按照知识产权的独立性和地域性原则,依照我国法律认定其使用行为构成商标侵权或者不正当竞争。企业名称因突出使用而侵犯在先注册商标专用权的,依法按照商标侵权行为处理;企业名称未突出使用但其使用足以产生市场混淆、违反公平竞争的,依法按照不正当竞争处理。对于因历史原因造成的注册商标与企业名称的权利冲突,当事人不具有恶意的,应当视案件具体情况,在考虑历史因素和使用现状的基础上,公平合理地解决冲突,不宜简单地认定构成商标侵权或者不正当竞争;对于权属已经清晰的老字号等商业标识纠纷,要尊重历史和维护已形成的法律秩序。对于具有一定市场知名度、为相关公众所熟知、已实际具有商号作用的企业名称中的字号、企业或者企业名称的简称,视为企业名称并给予制止不正当竞争的保护。因使用企业名称而构成侵犯商标权的,可以根据案件具体情况判令停止使用,或者对该企业名称的使用方式、使用范围作出限制。因企业名称不正当使用他人具有较高知名度的注册商标,不论是否突出使用均难以避免产生市场混淆的,应当根据当事人的请求判决停止使用或者变更该企业名称。判决停止使用而当事人拒不执行的,要加大强制执行和相应的损害赔偿救济力度。

11. 加强不正当竞争和反垄断审判,统筹兼顾自由竞争与公平竞争的关系,积极促进市场结构完善和社会主义市场经济体制的健全。妥善处理专利、商标、著作权等知识产权专门法与反不正当竞争法的关系,反不正当竞争法补充性保护不能抵触专门法的立法政策,凡专门法已作穷尽规定的,原则上不再以反不正当竞争法作扩展保护。凡反不正当竞争法已在特别规定中作穷尽性保护的行为,一般不再按照原则规定扩展其保护范围;对于其未作特别规定的竞争行为,只有按照公认的商业标准和普遍认识能够认定违反原则规定时,才可以认定构成不正当竞争行为,防止因不适当地扩大不正当竞争范围而妨碍自由、公平竞争。妥善处理保护商业秘密与自由择业、涉密者竞业限制和人才合理流动的关系,维护劳动者正当就业、创业的合法权益。高度重视反垄断法的执行,依法审理好各类垄断纠纷案件,遏制垄断行为,维护公平竞争,为企业提供自由宽松的创业和发展环境。

四、完善知识产权诉讼制度,着力改善贸易和投资环境,积极推动对外开放水平的提高

12. 加强诉权保护,畅通诉讼渠道。依法加强诉权保护,凡符合受理条件的起诉均应及时受理;凡经权利人明确授权代为提起诉讼的律师,均可以权利人的名义提起诉讼,并考虑境外当事人维权的实际,不苛求境外权利人在起诉书上签章。结合知识产权审判实际,完善各种诉讼制度,简化救济程序,积极施行各项便民利民措施,增强司法救济的有效性。

13. 完善确认不侵权诉讼制度,遏制知识产权滥用行为,为贸易和投资提供安全宽松的司法环境。继续探索和完善知识产权领域的确认不侵权诉讼制度,充分发挥其维护投资和经营活动安全的作用。除知识产权权利人针对特定主体发出侵权警告且未在合理期限内依法提起诉讼,被警告人可以提起确认不侵权诉讼以外,正在实施或者准备实施投资建厂等经营活动的当事人,受到知识产权权利人以其他方式实施的有关侵犯专利权等的警告或威胁,主动请求该权利人确认其行为不构成侵权,且以合理的方式提供了确认所需的资料和信息,该权利人在合理期限内未作答复或者拒绝确认的,也可以提起确认不侵权诉讼。探索确认不侵犯商业秘密诉讼的审理问题,既保护原告的合法权益和投资安全,又防止原告滥用诉权获取他人商业秘密。

14. 严格把握法律条件,慎用诉前停止侵权措施。采取诉前停止侵权措施既要积极又要慎重,既要合理又要有效,要妥善处理有效制止侵权与维护企业正常经营的关系。诉前停止侵权主要适用于事实比较清楚、侵权易于判断的案件,适度从严掌握认定侵权可能性的标准,应当达到基本确信的程度。在认定是否会对申请人造成难以弥补的损害时,应当重点考虑有关损害是否可以通过金钱赔偿予以弥补以及是否有可执行的合理预期。担保金额的确定既要合理又要有效,主要考虑禁令实施后对被申请人可能造成的损失,也可以参考申请人的索赔数额。严格审查被申请人的社会公共利益抗辩,一般只有在涉及公众健康、环保以及其他重大社会利益的情况下才予考虑。诉前停止侵权涉及当事人的重大经济利益和市场前景,要注意防止和规制当事人滥用有关权利。应考虑被诉企业的生存状态,防止采取措施不当使被诉企业生产经营陷入困境。特别是在专利侵权案件中,如果被申请人的行为不构成字面侵权,其行为还需要经进一步审理进行比较复杂的技术对比才能作出判定时,不宜裁定责令诉前停止侵犯专利权;在被申请人依法已经另案提出确认不侵权诉讼或者已就涉案专利提出无效宣告请求的情况下,要对被申请人主张的事实和理由进行审查,慎重裁定采取有关措施。根据案件进展情况,注意依法适时解除诉前停止侵权裁定。加强在诉前停止侵权措施申请错误时对受害人的救济,申请人未在法定期限内起诉或者已经实际构成申请错误,受害人提起损害赔偿诉讼的,应给予受害人应有的充分赔偿。对于为阻碍他人新产品上市等重大经营活动而恶意申请诉前停止侵权措施,致使他人的市场利益受到严重损害的情形,要注意给予受害人充分保护。

15. 充分发挥停止侵害的救济作用,妥善适用停止侵害责任,有效遏制侵权行为。根据当事人的诉讼请求、案件的具体情况和停止侵害的实际需要,可以明确责令当事人销毁制造侵权产品的专用材料、工具等,但采取销毁措施应当以确有必要为前提,与侵权行为的严重程度相当,且不能造成不必要的损失。如果停止有关行为会造成当事人之间的重大利益失衡,或者有悖社会公共利益,或者实际上无法执行,可以根据案件具体情况进行利益衡量,不判决停止行为,而采取更充分的赔偿或者经济补偿等替代性措施了断纠纷。权利人长期放任侵权、怠于维权,在其请求停止侵害时,倘若责令停止有关行为会在当事人之间造成较大的利益不平衡,可以审慎地考虑不再责令停止行为,但不影响依法给予合理的赔偿。

16. 增强损害赔偿的补偿、惩罚和威慑效果,降低维权成本,提高侵权代价。在确定损害赔偿时要善用证据规则,全面、客观地审核计算赔偿数额的证据,充分运用逻辑推理和日常生活经验,对有关证据的真实性、合法性和证明力进行综合审查判断,采取优势证据标准认定损害赔偿事实。积极引导当事人选用侵权受损或者侵权获利方法计算赔偿,尽可能避免简单适用法定赔偿方法。对于难以证明侵权受损或侵权获利的具体数额,但有证据证明前述数额明显超过法定赔偿最高限额的,应当综合全案的证据情况,在法定最高限额以上合理确定赔偿额。除法律另有规定外,在适用法定赔偿时,合理的维权成本应另行计赔。适用法定赔偿时要尽可能细化和具体说明各种实际考虑的酌定因素,使最终得出的赔偿结果合理可信。根据权利人的主张和被告无正当理由拒不提供所持证据的行为推定侵权获利的数额,要有合理的根据或者理由,所确定的数额要合情合理,具有充分的说服力。注意参照许可费计算赔偿时的可比性,充分考虑正常许可与侵权实施在实施方式、时间和规模等方面的区别,并体现侵权赔偿金适当高于正常许可费的精神。注意发挥审计、会计等专业人员辅助确定损害赔偿的作用,引导当事人借助专业人员帮助计算、说明和质证。积极探索知识产权损害赔偿专业评估问题,在条件成熟时适当引入由专业机构进行专门评估的损害赔偿认定机制。

17. 注意研究经济领域的知识产权新问题,积极促进科技兴贸基地和服务外包基地建设。加强科技兴贸基地和服务外包基地建设所涉及的知识产权保护问题的调查研究,有针对性地加强相关知识产权的司法保护,为促进科技兴贸基地和服务外包基地建设提供优良的司法环境。加大对信息、软件、医药、新材料、航空航天、精细化工等高新技术领域的知识产权保护力度,积极促进科技兴贸基地建设。引导高技术企业进一步增强自主创新能力,拥有自主知识产权,大力支持具有自主品牌和自主知识产权的高新技术产品出口,进一步提高出口产品国际市场竞争力。深入研究服务外包中的知识产权法律问题，促进服务外包基地建设。通过司法裁判引导服务外包企业树立知识产权保护意识，建立健全企业知识产权保护制度，提高外包服务的竞争力。

18. 完善有关加工贸易的司法政策，促进加工贸易健康发展。认真研究加工贸易中的知识产权保护问题，抓紧总结涉及加工贸易的知识产权案件的审判经验，解决其中存在的突出问题，完善司法保护政策，促进加工贸易的转型升级。妥善处理当前外贸"贴牌加工"中多发的商标侵权纠纷，对于构成商标侵权的情形，应当结合加工方是否尽到必要的审查注意义务，合理确定侵权责任的承担。

19. 坚持平等保护原则，坚决反对任何形式的保护主义。严格依法办案，平等保护本地与外地、本国与外国当事人的合法权益，坚决遏制地方保护和部门保护，促进国内市场的统一开放，完善投资环境和增强投资信心，提高国际声誉和树立良好形象，提高对外开放水平。统筹好国内国际两个大局，妥善处理与贸易有关的重大知识产权纠纷，积极服务于国内国际两个市场、两种资源的统筹利用，既确保遵循相关国际公约和国际惯例，促进国际经贸合作，又始终注意维护国家利益和经济安全，激励和促进自主创新，提升我国的知识产权综合能力和国际竞争力。正确处理对外关系与具体案件审理的关系，无论普通涉外案件还是引起国际关注的敏感性案件，都要严格依法办案，不能为盲目迎合片面的外部舆论而牺牲公正司法。

20. 加强同类案件和关联案件的协调指导，规范司法行为，维护法治统一。加强同类案件的调查研究和业务指导，加大司法解释力度，完善司法政策，积极推行典型案例指导制度，不断明确和完善法律适用标准。强化对法官行使自由裁量权的约束和规范机制，细化正当行使自由裁量权的标准。对于法律问题相同、裁判定性不一的案件，强化审级监督，充分发挥二审和再审的纠错功能。加强关联案件的协调指导力度，完善协调处理机制。对于涉及同一法律事实或者同一法律关系的关联案件，需要移送的，应当依照法律规定移送管辖和合并审理。健全关联案件审理法院之间的相互沟通制度和报请共同上级法院协调指导制度。在后受理的法院，应积极主动加强沟通并及时报请上级法院进行协调，避免作出相互矛盾的判决。

最高人民法院关于充分发挥知识产权审判职能作用推动社会主义文化大发展大繁荣和促进经济自主协调发展若干问题的意见

1. 2011年12月16日
2. 法发〔2011〕18号

为深入贯彻十七届六中全会、中央经济工作会议精神和"十二五"规划纲要要求，充分发挥知识产权审判在推动社会主义文化大发展大繁荣及促进经济发展方式加快转变和经济自主协调发展中的职能作用，现就有关问题提出如下意见：

一、解放思想，能动司法，切实增强提供知识产权司法保障的责任感和使命感

1. 提高认识，切实增强推动社会主义文化大发展大繁荣和促进经济自主协调发展的积极性和主动性。十七届六中全会通过的《中共中央关于深化文化体制改革推动社会主义文化大发展大繁荣若干重大问题的决定》，确定了中国特色社会主义文化发展道路，确立了建设社会主义文化强国的战略目标，提出了新形势下推动文化改革发展的指导思想、目标任务、重要方针、重大举措，是当前和今后一个时期指导我国社会主义文化建设的纲领性文件。国民经济和社会发展"十二五"规划纲要明确，未来五年我国各项工作必须以科学发展为主题，以加快转变经济发展方式为主线；坚持把经济结构战略性调整作为主攻方向，把科技进步和创新作为重要支撑。中央经济工作会议要求，要牢牢把握发展实体经济这一坚实基础，努力营造鼓励脚踏实地、勤劳创业、实业致富的社会氛围；牢牢把握加快改革创新这一强大动力，抓住时机尽快在一些重点领域和关键环节取得突破，着力提高原始创新能力，不断增强集成创新、引进消化吸收再创新能力；坚持创新驱动，强化知识产权保护；培育发展战略性新兴产业，注重推动重大技术突破，注重增强核心竞争力；加快壮大文化产业，推动文化事业蓬勃发展。文化发展、科技进步和知识创新，是推动经济发展方式转变和经济自主协调发展的根本动力。知识产权保护与促进文化发展繁荣和经济自主协调发展密切相关。各级法院和广大知识产权法官要充分认清形势，切实增强大局意识和责任意识，坚持能动司法，找准结合点和着力点，在

知识产权司法保护中,更加注重激励文化发展和科技进步,更加注重推进文化创新和发展新型文化业态,更加注重推动知识产权文化的发展和繁荣;更加注重发挥知识产权对实体经济的促进和引领作用,更加注重培育发展战略性新兴产业和推动经济结构战略性调整,更加注重提高我国的综合国力和国际竞争力,在推动社会主义文化大发展大繁荣和经济自主协调发展中充分发挥建设者和保障者的作用。

2. 更新观念,切实增强服务社会主义文化大发展大繁荣和经济自主协调发展的针对性和有效性。要强化加强保护观念,充分认识加强保护是当前知识产权司法保护的主要矛盾、基本定位和政策取向,统筹好国际国内两个大局,用足用好知识产权法律,加强各类知识产权司法保护,切实降低维权成本和加大制裁力度。要强化分门别类和宽严适度观念,在知识产权司法保护中注意适应各类知识产权的属性和特点,符合各类不同知识产权的功能和保护需求,使知识产权司法保护更加适应我国所处的国际国内发展环境,更加符合我国经济社会文化发展新的阶段性特征,更加符合我国文化发展和科技创新的新要求。要强化利益平衡观念,把利益平衡作为知识产权司法保护的重要基点,统筹兼顾智力创造者、商业利用者和社会公众的利益,协调好激励创造、促进产业发展和保障基本文化权益之间的关系,使利益各方共同受益、均衡发展。要强化初次裁判正确观念,高度重视提高第一审初次裁判的正确率,使当事人及早获得司法公正,提高服判息诉率和减少上诉率,促进社会和谐稳定。

3. 发挥优势,进一步增强司法保护知识产权的主导性。继续深入落实发挥司法保护知识产权主导作用的国家知识产权战略构想和目标,增强贯彻这一战略目标的坚定性和自觉性,确保贯彻落实的科学性和准确性。要适应中国特色社会主义法律体系形成后的新形势新要求,更加重视司法保护知识产权,确保知识产权法律的贯彻实施,弘扬社会主义法治理念。要更加重视知识产权法律适用的稳定性和可预期性,重视程序保障和过程透明,重视在先典型案例示范作用,最大限度地为利益攸关方提供稳定和可期待的预期,最大限度地使其避免受司法标准不统一的困扰,积极营造良好的法律环境、投资环境和市场环境。要更加重视长效保护机制,重视一以贯之的法律执行,重视营造一种持之以恒的长效保护机制,避免为一时一事改变甚至损害法律的长效执行。要更加重视平等保护,重视知识产权法律的一体执行,坚决遏制地方保护。要更加重视裁判的引领和导向功能,在裁判中重视弘扬社会主义核心价值体系,注意把法律评价与道德评价有机结合起来,引领社会主流价值观,把维护公共道德作为司法保护的重要价值追求,提升全社会尊重知识、崇尚创新、诚信守法的知识产权法治文化。

二、加强涉文化类知识产权案件的审判,促进文化创新和培育新型文化业态,积极推动社会主义文化大发展大繁荣

4. 高度重视涉文化类知识产权案件的审判,依法加强文化类知识产权的保护。我国已形成以著作权法、非物质文化遗产法、计算机软件保护条例、信息网络传播权保护条例等法律、行政法规为主干的文化法律体系,涉文化类知识产权案件的审判已成为知识产权审判的重要方面。要认真贯彻落实中央关于大力发展公益性文化事业、加快发展文化产业的政策措施,制定和完善有关司法解释和司法政策,高度重视涉文化类审判工作,充分发挥知识产权审判对文化建设的规范、引导、促进和保障作用,激励全民族文化创造活力持续迸发,丰富人民社会文化生活,保障人民基本文化权益,推动文化产业跨越式发展,提升我国整体文化实力和国际竞争力。要高度重视涉及文化产业的新类型知识产权保护,积极推动文化产业发展成为国民经济支柱性产业。特别是依法加强出版发行、影视制作、广告、演艺、娱乐、设计等产业领域的著作权保护,推动传统文化产业发展壮大。深入研究和大力加强文化创意、数字出版、移动多媒体、动漫游戏、软件、数据库等战略性新兴文化产业的著作权保护,培育新型文化业态,扩展文化产业发展新领域,培育国民经济新的增长点,提升我国整体文化实力和竞争力。密切关注电信网、广电网、互联网"三网融合"等信息技术发展带来的新问题,在保护著作权益的同时,注重促进新兴产业的发展,促进我国信息化水平的提高。

5. 加大文化创造者权益保护,保障文化创造源泉充分涌流。要妥善处理作品的独创性与独创高度的关系,既维护给予作品著作权保护的基本标准的统一性,又注意把握各类作品的特点和适应相关保护领域的特殊需求,使保护强度与独创高度相协调。要妥善适用著作权法有关著作权的概括性规定,及时保护创作者的新权益。妥善处理个人作品、职务作品和法人作品

的关系，既最大限度保护作者权益和鼓励创作积极性，又依法保护法人或者其他组织的合法权益。妥善运用思想和表达两分法，注意思想与表达区分的相对性，合理界定作品保护范围。高度重视传播者权益保护，充分保护出版者、表演者、录音录像制作者、广播电台、电视台的合法权益，促进作品的传播和利用。积极探索对综艺晚会、体育节目等所涉权益的法律保护，合理平衡相关各方利益。

6. 加强网络环境下的著作权保护，妥善处理保护著作权与促进信息网络产业发展和保障信息传播的关系。要准确把握法律、行政法规和司法解释有关网络环境下著作权保护的精神实质，特别要准确把握权利人、网络服务提供者和社会公众之间的利益平衡，既要加强网络环境下著作权保护，又要注意促进信息网络技术创新和商业模式发展，确保社会公众利益。正确把握作品、表演、录音录像制品提供行为与网络服务提供行为的划分，妥善处理有关网络服务提供者免责与归责、"通知与移除"规则与过错归责、网络服务提供者侵权过错与一般侵权过错的差别等关系。凡网络服务提供行为符合法定免责条件的，网络服务提供者不承担侵权赔偿责任；虽然不完全符合法定的免责条件，但网络服务提供者不具有过错的，也不承担侵权赔偿责任。要根据信息网络环境的特点和实际，准确把握网络服务提供行为的侵权过错认定，既要根据侵权事实明显的过错标准认定过错，不使网络服务提供者承担一般性的事先审查义务和较高的注意义务，又要适当地调动网络服务提供者主动防止侵权和与权利人合作防止侵权的积极性。要维护"通知与移除"规则的基本价值，除根据明显的侵权事实能够认定网络服务提供者具有明知或者应知的情形外，追究网络服务提供者的侵权赔偿责任应当以首先适用"通知与移除"规则为前提，既要防止降低网络服务提供者的过错认定标准，使"通知与移除"规则形同虚设；又要防止网络服务提供者对于第三方利用其网络服务侵权消极懈怠，滥用"通知与移除"规则。

7. 妥善处理好技术中立与侵权行为认定的关系，实现有效保护著作权与促进技术创新、产业发展的和谐统一。既要准确把握技术作为工具手段所具有的价值中立性和多用途性，又要充分认识技术所反映和体现的技术提供者的行为与目的。既不能把技术所带来的侵权后果无条件地归责于技术提供者，窒息技术创新和发展；也不能将技术中立绝对化，简单地把技术中立作为不适当免除侵权责任的挡箭牌。对于具有实质性非侵权商业用途的技术，严格把握技术提供者承担连带责任的条件，不能推定技术提供者应知具体的直接侵权行为的存在，其只在具备其他帮助或者教唆行为的条件下才与直接侵权人承担连带责任；对于除主要用于侵犯著作权外不具有其他实质性商业用途的技术，可以推定技术提供者应知具体的直接侵权行为的存在，其应与直接侵权人承担连带责任。在审理涉及网络著作权、"三网融合"等新兴产业著作权案件时，尤其要准确把握技术中立的精神，既有利于促进科技和商业创新，又防止以技术中立为名行侵权之实。

8. 妥当运用著作权的限制和例外规定，正确判定被诉侵权行为的合法性，促进商业和技术创新，充分保障人民基本文化权益。正确认定合理使用和法定许可行为，依法保护作品的正当利用和传播。在促进技术创新和商业发展确有必要的特殊情形下，考虑作品使用行为的性质和目的、被使用作品的性质、被使用部分的数量和质量、使用对作品潜在市场或价值的影响等因素，如果该使用行为既不与作品的正常使用相冲突，也不至于不合理地损害作者的正当利益，可以认定为合理使用。对设置或者陈列在室外社会公共场所的艺术作品进行临摹、绘画、摄影或者录像，并对其成果以合理的方式和范围再行使用，无论该使用行为是否具有商业目的，均可认定为合理使用。

9. 综合运用多种法律手段，积极推动非物质文化遗产的保护、传承和开发利用，促进我国丰富的文化资源转化为强大的文化竞争力。非物质文化遗产是凝聚民族精神、传承民族文化、维护文化多样性、促进社会和谐和可持续发展的重要基础和纽带，是文化创新的重要源泉。本着传承与创新、保护和利用并重的原则，根据现有法律和立法精神，积极保护民间文学艺术、传统知识、遗传资源等非物质文化遗产，公平合理地协调和平衡在发掘、整理、传承、保护、开发和利用过程中各方主体的利益关系。坚持尊重原则，利用非物质文化遗产应尊重其形式和内涵，不得以歪曲、贬损等方式使用非物质文化遗产。坚持来源披露原则，利用非物质文化遗产应以适当方式说明信息来源。鼓励知情同意和惠益分享，非物质文化遗产利用者应尽可能取得保存者、提供者、持有者或者相关保护部门的知情同意，并以适当方式与其分享使用利益。综合运用著作权法、商标法、专利法、反不正当竞争法等多种手段,积极保护非物质文化遗产的传承和商业开发利用。

10.充分利用著作权保护手段,依法保护民间文学艺术作品。民间文学艺术作品的著作权保护,既要有利于民间文学艺术的传承,发挥其凝聚民族精神和维系民族精神家园的作用,又要有利于创新和利用,提高中华文化影响力。民间文学艺术作品可由产生和传承该作品的特定民族或者区域群体共同享有著作权,该特定民族或者区域的相关政府部门有权代表行使保护权利。对于民间文学艺术作品的保存人和整理人,应尊重其以适当方式署名的权利。利用民间文学艺术的元素或者素材进行后续创作,无需取得许可或者支付费用;形成具有独创性作品的,作者可依法获得完整的著作权保护,但应说明其作品的素材来源。不当利用民间文学艺术作品给特定民族或者区域群体精神权益造成损害的,人民法院可以判令不当利用人承担相应的民事责任。

11.有效利用商标法、专利法等法律手段,保护非物质文化遗产的商业价值,促进具有地方特色的自然、人文资源优势转化为现实生产力。将非物质文化遗产的名称、标志等申请商标注册,构成对非物质文化遗产的歪曲、贬损、误导等不正当利用行为,损害特定民族或者区域群体的精神权益的,可以认定为具有其他不良影响,禁止作为商标使用;已经使用并造成不良影响的,人民法院可以根据具体案情,判决使用人承担停止使用、赔礼道歉,消除影响等民事责任。非物质文化遗产的名称、标志等构成地理标志的,可以视具体情况作为在先权利予以保护。非物质文化遗产中的传统知识和遗传资源构成商业秘密的,禁止他人窃取、非法披露和使用。违反法律、法规的规定获取或者利用遗传资源,依赖该遗传资源完成发明创造并获得专利授权,专利权人指控他人侵犯其专利权的,可以不予支持。

三、加大科技成果权保护力度,推动科技进步与创新,提高自主创新能力

12.依法加强专利、植物新品种、集成电路布图设计等科技类知识产权保护,积极推动科技进步和创新。根据科技进步的新趋势和经济发展的新需求,以提高我国原始创新能力和增强集成创新、引进消化吸收再创新能力为重要目标,准确贯彻专利法立法精神和正确进行侵权判定,加强对关键核心技术、基础前沿领域和战略性新兴产业的知识产权保护,推动技术突破和技术创新,推进传统产业优化升级,加快培育和发展战略性新兴产业,加快形成先导性、支柱性产业,增强企业和国家核心竞争力。加大涉文化领域科技类知识产权保护力度,发挥科技创新对文化发展的引擎作用,推动提高文化产业技术装备水平,增强文化产业核心竞争力,推动中华文化走向世界。

13.正确把握专利权保护宽严适度的司法政策,大力提高自主创新能力。确定专利权的具体保护范围和强度时要适当考虑不同技术领域专利权的特点和创新实际,符合不同技术领域的创新需求、创新特点和发展实际。坚持发明和实用新型专利权利范围的折衷解释原则,准确界定专利权的保护范围。重视专利的发明目的对专利权保护范围的限定作用,不应把具有专利所要克服的现有技术缺陷或者不足的技术方案纳入保护范围。对于创新程度高、研发投入大、对经济增长具有突破和带动作用的首创发明,应给予相对较高的保护强度和较宽的等同保护范围;对于创新程度相对较低的改进发明,应适当限制其等同保护范围。

14.正确运用专利侵权判定方法,加大对专利侵权行为的遏制力度。准确把握发明和实用新型专利侵权判定的全部技术特征对比、禁止反悔、捐献等判断规则,继续探索完善等同侵权适用条件。等同侵权应以手段、功能和效果基本相同并且对所属领域普通技术人员显而易见为必要条件,防止简单机械适用等同侵权或者不适当扩展其适用范围。现有技术抗辩规则在等同侵权和相同侵权中均可适用。准确把握外观设计专利侵权判定的整体观察设计特征、综合判断整体视觉效果的判定方法,以外观设计产品的一般消费者为判断主体,以外观设计的区别设计特征为核心,以产品外观设计整体视觉效果的相同或者近似作为判断侵权成立的根本标准。正确适用现有技术和设计抗辩,被诉侵权人以一份对比文献中记载的一项现有技术方案或者一项现有设计与公知常识或者惯常设计的显而易见组合主张现有技术或者现有设计抗辩的,应当予以支持。被诉侵权人以实施抵触申请中的技术方案或者外观设计主张其不构成专利侵权的,可以参照现有技术或者现有设计抗辩的审查判断标准予以评判。

15.妥善审理产品制造方法发明专利侵权案件,依法保护方法发明专利权。在适当考虑方法专利权利人维权的实际困难的同时,兼顾被诉侵权人保护其商业秘密的合法权益。依法适用新产品制造方法专利的举

证责任倒置规则，使用专利方法获得的产品以及制造该产品的技术方案在专利申请日前不为公众所知的，制造相同产品的被诉侵权人应当承担其产品制造方法不同于专利方法的举证责任。使用专利方法获得的产品不属于新产品，专利权人能够证明被诉侵权人制造了同样产品，经合理努力仍无法证明被诉侵权人确实使用了该专利方法，但根据案件具体情况，结合已知事实以及日常生活经验，能够认定该同样产品经由专利方法制造的可能性很大的，可以根据民事诉讼证据司法解释有关规定，不再要求专利权人提供进一步的证据，而由被诉侵权人提供其制造方法不同于专利方法的证据。要针对方法专利侵权举证困难的实际，依法采取证据保全措施，适当减轻方法专利权利人的举证负担。要注意保护被申请人的利益，防止当事人滥用证据保全制度非法获取他人商业秘密。被诉侵权人提供了其制造方法不同于专利方法的证据，涉及商业秘密的，在审查判断时应注意采取措施予以保护。

16. 妥善处理保护专利权与防止权利滥用的关系，依法规制滥用专利权及滥用诉前禁令制度。在依法保护专利权和保障当事人诉权的同时，注意防止专利权人明显违背法律目的行使权利，不正当地损害竞争对手，妨碍公平竞争和扰乱市场秩序。对于明知其专利权属于现有技术或者现有设计，仍然恶意向正当实施者及其交易对象滥发侵权警告或者滥用诉权，构成侵权的，可以视情支持受害人的损害赔偿请求。适度从严把握法律条件，加强程序保障，依法慎重采取诉前停止侵犯专利权措施。坚持把事实比较清楚、侵权易于判断作为采取诉前停止侵权措施的前提条件。对于需要进行比较复杂的技术对比才能作出侵权可能性判断的行为，不宜裁定采取责令诉前停止侵权措施。在条件允许的情况下，尽可能通过听取申请人与被申请人意见的方式对侵权可能性作出准确判断。宣告涉案专利权无效的无效请求审查决定已经作出的，一般不得裁定采取诉前停止侵害专利权措施。

17. 加强植物新品种权保护，推进农业科技创新，促进农业发展方式加快转变。加大对具有自主知识产权的重大农业科技成果和植物新品种的保护力度，促进提高自主创新能力，推进农业科技进步，提高农业综合生产能力、抗风险能力和市场竞争力。依法严格保障品种权人的利益，大力促进品种的培育和创新成果的转化，发展现代农业。加大对侵犯植物新品种行为的打击力度，对于为商业目的生产、销售或者重复使用授权品种繁殖材料等侵权行为，要及时依法予以制止；对于假冒他人授权品种的行为，也应以侵犯植物新品种权纠纷论处。依法审查品种权人的证据保全申请，积极采取证据保全措施，保障品种权人及时获得司法救济。对被诉侵权繁殖材料采取证据保全措施，应尽量遵守相应的技术规程，保证取样的客观性和代表性，但不得以未邀请有关专业技术人员协助取样为由简单否定证据保全的效力。注意依法保护农民的合法权益，维护农业和农村稳定。正确区分作为品种生产者、管理者的制种大户与以种植为业的普通个人、农村承包经营户，既要依法免除以种植为业的普通个人、农村承包经营户自繁自用授权品种繁殖材料的侵权责任，又要防止实质上成为品种生产者和管理者的制种大户逃避法律制裁。

四、加强商标权保护，培育和维护知名品牌，积极促进社会主义市场经济的竞争性、创新性和包容性增长

18. 依法加强商标权保护。商标权的保护，必须有利于鼓励正当竞争，有利于划清商业标识之间的边界，有利于遏制恶意抢注他人知名商业标识及“傍名牌”行为，有利于为知名品牌的创立和发展提供和谐宽松的法律环境，为培育知名品牌和提升企业综合竞争力提供助力，推动我国从制造大国向品牌强国加快转变。要根据商标的知名度、显著程度等，恰当运用商标近似、商品类似、在先使用并且有一定影响的商标、以欺骗或者其他不正当手段取得商标注册等裁量性法律标准，妥善把握商标注册申请人或者注册人是否有真实使用意图，以及结合商标使用过程中的“傍名牌”行为认定主观恶意等，用足用好商标法有关规定，加大遏制恶意抢注、“傍名牌”等不正当行为的力度，充分体现商标权保护的法律导向。

19. 妥善处理商标近似与商标构成要素近似的关系，准确把握认定商标近似的法律尺度。认定是否构成近似商标，要根据案件的具体情况。通常情况下，相关商标的构成要素整体上构成近似的，可以认定为近似商标。相关商标构成要素整体上不近似，但主张权利的商标的知名度远高于被诉侵权商标的，可以采取比较主要部分决定其近似与否。要妥善处理最大限度划清商业标识之间的边界与特殊情况下允许构成要素近似商标之间适当共存的关系。相关商标均具有较高知名度，或者相关商标的共存是特殊条件下形成时，认

定商标近似还应根据两者的实际使用状况、使用历史、相关公众的认知状态、使用者的主观状态等因素综合判定,注意尊重已经客观形成的市场格局,防止简单地把商标构成要素近似等同于商标近似,实现经营者之间的包容性发展。

20.充分考虑商标所使用商品的关联性,准确把握商品类似的认定标准。认定商品类似可以参考类似商品区分表,但更应当尊重市场实际。要以相关公众的一般认识为标准,结合商品的功能、用途、生产部门、销售渠道、消费对象等因素,正确认定商标法意义上的商品类似。主张权利的商标已实际使用并具有一定知名度的,认定商品类似要充分考虑商品之间的关联性。相关公众基于对商品的通常认知和一般交易观念认为存在特定关联性的商品,可视情纳入类似商品范围。

21.规范驰名商标的认定和保护,切实加强驰名商标保护。驰名商标保护的目的在于适当扩张具有较高知名程度的商标的保护范围和保护强度,不是评定或者授予荣誉称号。凡当事人主张驰名商标保护且符合保护条件和确有必要的,应当依法予以认定和保护。对于一般公众广泛知晓的驰名商标,要结合众所周知的驰名事实,减轻商标权人对于商标驰名情况的举证责任。认定驰名商标并不要求具有等同划一的知名程度,但驰名商标的保护范围和强度要与其显著性和知名度相适应,对于显著性越强和知名度越高的驰名商标,要给予其更宽的跨类保护范围和更强的保护力度。要认真执行司法解释的规定,准确把握驰名商标的保护范围,加强对驰名商标事实认定的严格把关,坚持判前审核制度,防止当事人弄虚作假,为骗取驰名商标的认定而进行虚假诉讼。

22.妥善认定商标侵权抗辩,维护正当经营者的合法权益。商标侵权行为应以在商业标识意义上使用相同或者近似商标为条件,被诉侵权人为描述或者说明其产品或者服务的特点而善意合理地使用相同或者近似标识的,可以依法认定为正当使用。注册商标权人的注册商标属于复制、摹仿或者翻译他人未在中国注册的驰名商标、抢注被代理人或者被代表人的商标或者以不正当手段抢注他人已经使用并有一定影响的商标,被诉侵权的在先商标使用人以此为由提出抗辩的,应当予以支持。

23.妥善处理实体与程序的关系,强化商标授权确权争议的实质性解决。程序既有其独立的法律价值,又必须以实体问题的解决和实体公正的实现为取向和终极目标。实体公正既是程序运行的目标和指向,又需要以程序公正为支撑和保障。既要高度重视程序公正,防止忽视程序公正片面追求实体公正,又要以实体公正为依归,防止机械司法。当事人因行使程序权利的瑕疵而可能影响其重大实体权益,甚至可能导致其丧失救济机会且没有其他救济途径的,可以根据案件具体情况给予补救机会。要注重商标授权确权争议的实质性解决,避免陷入不必要的程序重复,搁置实体问题和回避矛盾。对于商标是否应予注册、是否应当撤销等能够做出实体性判断的,可以在裁判理由中作出明确的判断,为被诉行政机关重作决定作出明确指引。

五、依法规范竞争秩序,培育自由公平、诚信守法的竞争文化,创造公平有序、充满活力的市场环境

24.加强不正当竞争案件的审判,维护市场公平竞争。妥善处理好知识产权专门法与反不正当竞争法的关系,在激励创新的同时,又要鼓励公平竞争。反不正当竞争法补充保护作用的发挥不得抵触知识产权专门法的立法政策,凡是知识产权专门法已作穷尽性规定的领域,反不正当竞争法原则上不再提供附加保护,允许自由利用和自由竞争,但在与知识产权专门法的立法政策相兼容的范围内,仍可以从制止不正当竞争的角度给予保护。妥善处理好反不正当竞争法的原则规定与特别规定之间的关系,既要充分利用原则规定的灵活性和适应性,有效制止各种花样翻新、层出不穷的不正当竞争行为,又要防止原则规定适用的随意性,避免妨碍市场自由公平竞争。严格把握反不正当竞争法原则规定的适用条件,凡属反不正当竞争法特别规定已作明文禁止的行为领域,只能依照特别规定规制同类不正当竞争行为,原则上不宜再适用原则规定扩张适用范围。反不正当竞争法未作特别规定予以禁止的行为,如果给其他经营者的合法权益造成损害,确属违反诚实信用原则和公认的商业道德而具有不正当性,不制止不足以维护公平竞争秩序的,可以适用原则规定予以规制。正确把握诚实信用原则和公认的商业道德的评判标准,以特定商业领域普遍认同和接受的经济人伦理标准为尺度,避免把诚实信用原则和公认的商业道德简单等同于个人道德或者社会公德。

25.依法加强商业秘密保护,有效制止侵犯商业秘密的行为,为企业的创新和投资创造安全和可信赖的法律环境。根据案件具体情况,合理把握秘密性和不

正当手段的证明标准,适度减轻商业秘密权利人的维权困难。权利人提供了证明秘密性的优势证据或者对其主张的商业秘密信息与公有领域信息的区别点作出充分合理的解释或者说明的,可以认定秘密性成立。商业秘密权利人提供证据证明被诉当事人的信息与其商业秘密相同或者实质相同且被诉当事人具有接触或者非法获取该商业秘密的条件,根据案件具体情况或者已知事实以及日常生活经验,能够认定被诉当事人具有采取不正当手段的较大可能性,可以推定被诉当事人采取不正当手段获取商业秘密的事实成立,但被诉当事人能够证明其通过合法手段获得该信息的除外。以符合法定条件的商业秘密信息为依据,准确界定商业秘密的保护范围,每个单独的商业秘密信息单元均构成独立的保护对象。完善商业秘密案件的审理和质证方式,对于涉及商业秘密的证据,要尝试采取仅向代理人展示、分阶段展示、具结保密承诺等措施限制商业秘密的知悉范围和传播渠道,防止在审理过程中二次泄密。妥善处理商业秘密民事侵权诉讼程序与刑事诉讼程序的关系,既注意两种程序的关联性,又注意其相互独立性,在依法保护商业秘密的同时,也要防止经营者恶意启动刑事诉讼程序干扰和打压竞争对手。

26. 妥善处理保护商业秘密与自由择业、涉密者竞业限制和人才合理流动的关系,维护劳动者正当就业、创业的合法权益,依法促进劳动力的合理流动。职工在工作中掌握和积累的知识、经验和技能,除属于单位的商业秘密的情形外,构成其人格的组成部分,职工离职后有自主利用的自由。在既没有违反竞业限制义务,又没有侵犯商业秘密的情况下,劳动者运用自己在原用人单位学习的知识、经验与技能为其他与原单位存在竞争关系的单位服务的,不宜简单地以反不正当竞争法的原则规定认定构成不正当竞争。妥善处理商业秘密保护和竞业限制协议的关系,竞业限制协议以可保护的商业秘密存在为前提,但两者具有不同的法律依据和行为表现,违反竞业限制义务不等于侵犯商业秘密,竞业限制的期限也不等于保密期限。原告以侵犯商业秘密为由提起侵权之诉,不受已存在竞业限制约定的限制。

27. 加强垄断案件的审理工作,及时有效制止垄断行为,增强市场活力,促进市场结构的完善和市场经济的健康发展。要强化反垄断法的效果思维,全面考虑各种相关因素,综合评估涉嫌垄断行为的反竞争和促进竞争的效果,依法认定垄断行为。注意发挥经济学专家和专业机构的作用,探索引进经济分析方法的途径和方式。要根据不同的垄断行为类型,合理分配垄断民事纠纷案件中当事人的证明责任。对于明显具有严重排除、限制竞争效果的垄断协议,可以不再要求受害人举证证明该协议具有排除、限制竞争的效果;对于公用企业以及其他具有独占经营资格的经营者滥用市场支配地位的,可以根据案件具体情况适当减轻受害人的举证责任。

六、加强知识产权诉讼制度建设,完善审判体制和工作机制

28. 深刻把握知识产权案件的特点与规律,建立健全适合知识产权案件特点的纠纷解决机制。正确把握"调解优先、调判结合"的工作原则。要根据知识产权案件专业技术性强的特点,积极引导当事人选择委托调解、专家调解、行业调解等方式解决纠纷。坚持依法自愿调解原则,不得违背当事人意愿强调硬调和以拖促调。对于当事人或者相关行业对判明是非的期待高,或者对明确规则的要求强烈,或者对判决的接受程度高的案件,尽可能选择以判决方式解决纠纷,充分发挥司法裁判的指引和导向功能。要发挥科技专家在解决纠纷中的作用,完善知识产权案件专业技术问题解决机制。

29. 继续完善知识产权审判体制机制,充分发挥知识产权司法保护的综合效能。按照国家知识产权战略的要求,积极推进由知识产权审判庭集中审理知识产权民事、行政和刑事案件的试点工作,建立知识产权民事、行政和刑事审判协调机制,提高司法效率,统一司法标准,发挥整体保护效能,努力构建资源优化、科学运行、高效权威的知识产权审判体系。要加强与公安机关、检察机关以及知识产权行政执法机关的协调配合,形成保护合力。优化知识产权案件管辖布局,适当增加管辖一般知识产权案件的基层法院,鼓励中、基层法院根据工作需要开展跨地区划片集中管辖,合理配置审判资源。

30. 维护法治统一,促进市场统一开放。完善案件管辖制度,加强监督制约,适当采取提级管辖、异地指定管辖等措施,有效遏制地方保护和部门保护现象,保障案件公正审理。决定提级管辖或者异地指定管辖的,原管辖法院要正确对待,及时移交案件。切实加强审判监督,发挥二审和再审的纠错功能,防止为顾及审判绩效考核指标而迁就错误裁判。对于指令再审的案件,有关再审法院要正确理解和认真对待再审指令,依法改正错误。对于无视再审指令,拖延再审或者无正当理由不执行再审指令的,要严肃纪律,情节严重的给予通报批评。进一步完善工作机制,适当加大知识产权关联案件的协调和指导力度,维护裁判标准的统一。

最高人民法院关于调整地方各级人民法院管辖第一审知识产权民事案件标准的通知

1. *2010年1月28日*
2. *法发〔2010〕5号*

各省、自治区、直辖市高级人民法院,解放军军事法院,新疆维吾尔自治区高级人民法院生产建设兵团分院:

为进一步加强最高人民法院和高级人民法院的知识产权审判监督和业务指导职能,合理均衡各级人民法院的工作负担,根据人民法院在知识产权民事审判工作中贯彻执行修改后的民事诉讼法的实际情况,现就调整地方各级人民法院管辖第一审知识产权民事案件标准问题,通知如下:

一、高级人民法院管辖诉讼标的额在2亿元以上的第一审知识产权民事案件,以及诉讼标的额在1亿元以上且当事人一方住所地不在其辖区或者涉外、涉港澳台的第一审知识产权民事案件。

二、对于本通知第一项标准以下的第一审知识产权民事案件,除应当由经最高人民法院指定具有一般知识产权民事案件管辖权的基层人民法院管辖的以外,均由中级人民法院管辖。

三、经最高人民法院指定具有一般知识产权民事案件管辖权的基层人民法院,可以管辖诉讼标的额在500万元以下的第一审一般知识产权民事案件,以及诉讼标的额在500万元以上1000万元以下且当事人住所地均在其所属高级或中级人民法院辖区的第一审一般知识产权民事案件,具体标准由有关高级人民法院自行确定并报最高人民法院批准。

四、对重大疑难、新类型和在适用法律上有普遍意义的知识产权民事案件,可以依照民事诉讼法第三十九条的规定,由上级人民法院自行决定由其审理,或者根据下级人民法院报请决定由其审理。

五、对专利、植物新品种、集成电路布图设计纠纷案件和涉及驰名商标认定的纠纷案件以及垄断纠纷案件等特殊类型的第一审知识产权民事案件,确定管辖时还应当符合最高人民法院有关上述案件管辖的特别规定。

六、军事法院管辖军内第一审知识产权民事案件的标准,参照当地同级地方人民法院的标准执行。

七、本通知下发后,需要新增指定具有一般知识产权民事案件管辖权的基层人民法院的,有关高级人民法院应将该基层人民法院管辖第一审一般知识产权民事案件的标准一并报最高人民法院批准。

八、本通知所称"以上"包括本数,"以下"不包括本数。

九、本通知自2010年2月1日起执行。之前已经受理的案件,仍按照各地原标准执行。

本通知执行过程中遇到的问题,请及时报告最高人民法院。

最高人民法院关于印发基层人民法院管辖第一审知识产权民事案件标准的通知

1. *2010年1月28日*
2. *法发〔2010〕6号*

各省、自治区、直辖市高级人民法院,解放军军事法院,新疆维吾尔自治区高级人民法院生产建设兵团分院:

根据各有关高级人民法院的报请,现将经最高人民法院批准的目前具有一般知识产权民事案件管辖权的基层人民法院管辖第一审知识产权民事案件的标准(见附件)统一予以印发,自2010年2月1日起施行。之前已经受理的案件,仍按照各地原标准执行。

特此通知。

附件：

基层人民法院管辖第一审知识产权民事案件标准

地区	基层人民法院		管辖第一审知识产权民事案件的标准
北京市		东城区人民法院	诉讼标的额在500万元以下的第一审一般知识产权民事案件以及诉讼标的额在500万元以上1000万元以下且当事人住所地均在北京市高级人民法院辖区的第一审一般知识产权民事案件
		西城区人民法院	
		崇文区人民法院	
		宣武区人民法院	
		朝阳区人民法院	
		海淀区人民法院	
		丰台区人民法院	
		石景山区人民法院	
		昌平区人民法院	
天津市		和平区人民法院	诉讼标的额在100万元以下的第一审一般知识产权民事案件
		经济技术开发区人民法院	诉讼标的额在50万元以下的第一审一般知识产权民事案件
辽宁省	大连市	西岗区人民法院	诉讼标的额在500万元以下的第一审一般知识产权民事案件
上海市		浦东新区人民法院	诉讼标的额在200万元以下的第一审一般知识产权民事案件
		卢湾区人民法院	
		杨浦区人民法院	
		黄浦区人民法院	
江苏省	南京市	宣武区人民法院	诉讼标的额在200万元以下的第一审一般知识产权民事案件
		鼓楼区人民法院	
		江宁区人民法院	
	苏州市	虎丘区人民法院	
		昆山市人民法院	
		太仓市人民法院	
		常熟市人民法院	
		工业园区人民法院	
	无锡市	滨湖区人民法院	
		江阴市人民法院	
		宜兴市人民法院	
	常州市	武进区人民法院	诉讼标的额在100万元以下的第一审一般知识产权民事案件
		天宁区人民法院	
		常州高新技术产业开发区人民法院	
	镇江市	镇江经济开发区人民法院	
	南通市	通州区人民法院	

续表

地区	基层人民法院		管辖第一审知识产权民事案件的标准
浙江省	杭州市	西湖区人民法院	诉讼标的额在500万元以下的第一审一般知识产权民事案件(义乌市人民法院同时管辖诉讼标的额在500万元以下的第一审实用新型和外观设计专利纠纷案件)
		滨江区人民法院	
		余杭区人民法院	
		萧山区人民法院	
	宁波市	北仑区人民法院	
		鄞州区人民法院	
		余姚市人民法院	
		慈溪市人民法院	
	温州市	鹿城区人民法院	
		瓯海区人民法院	
		乐清市人民法院	
		瑞安市人民法院	
	嘉兴市	南湖区人民法院	
		海宁市人民法院	
	绍兴市	绍兴县人民法院	
	金华市	婺城区人民法院	
		义乌市人民法院	
	台州市	玉环县人民法院	
安徽省	合肥市	高新技术产业开发区人民法院	诉讼标的额在5万元以下的第一审一般知识产权民事案件
福建省	福州市	鼓楼区人民法院	诉讼标的额在50万元以下的第一审一般知识产权民事案件
	厦门市	思明区人民法院	
	泉州市	晋江市人民法院	
江西省	南昌市	南昌高新技术产业开发区人民法院	诉讼标的额在100万元以下的第一审一般知识产权民事案件
		南昌经济技术开发区人民法院	
山东省	济南市	历下区人民法院	诉讼标的额在50万元以下的第一审一般知识产权民事案件以及诉讼标的额在50万元以上100万元以下且当事人住所地均在其所属中级人民法院辖区的第一审一般知识产权民事案件
	青岛市	市南区人民法院	
湖北省	武汉市	江岸区人民法院	诉讼标的额在300万元以下的第一审一般知识产权民事案件以及诉讼标的额在300万元以上800万元以下且当事人住所地均在武汉市中级人民法院辖区的第一审一般知识产权民事案件
湖南省	长沙市	天心区人民法院	诉讼标的额在300万元以下的第一审一般知识产权民事案件
		岳麓区人民法院	
	株洲市	天元区人民法院	

续表

地区	基层人民法院		管辖第一审知识产权民事案件的标准
广东省	广州市	越秀区人民法院	诉讼标的额在200万元以下的第一审一般知识产权民事案件
		海珠区人民法院	
		天河区人民法院	
		白云区人民法院	
		萝岗区人民法院	
		南沙区人民法院	
	深圳市	罗湖区人民法院	
		福田区人民法院	
		南山区人民法院	
		盐田区人民法院	
		龙岗区人民法院	
		宝安区人民法院	
	佛山市	南海区人民法院	
		禅城区人民法院	
		顺德区人民法院	
	汕头市	龙湖区人民法院	
	江门市	蓬江区人民法院	
		新会区人民法院	
	东莞市	东莞市第一人民法院	
	中山市	中山市人民法院	
广西壮族自治区	南宁市	青秀区人民法院	诉讼标的额在80万元以下的第一审一般知识产权民事案件以及诉讼标的额在80万元以上150万元以下且当事人住所地均在南宁市中级人民法院辖区的第一审一般知识产权民事案件
四川省	成都市	高新区人民法院	诉讼标的额在50万元以下的第一审一般知识产权民事案件
		武侯区人民法院	
		锦江区人民法院	
重庆市	渝中区人民法院		诉讼标的额在300万元以下的第一审一般知识产权民事案件
	沙坪坝区人民法院		
甘肃省	兰州市	城关区人民法院	诉讼标的额在30万元以下的第一审一般知识产权民事案件
	天水市	秦州区人民法院	
新疆生产建设兵团	农十二师	乌鲁木齐垦区人民法院	诉讼标的额在100万元以下的第一审一般知识产权民事案件以及诉讼标的额在100万元以上300万元以下且当事人住所地均在农十二师中级人民法院辖区的第一审一般知识产权民事案件
	农六师	五家渠市人民法院	诉讼标的额在100万元以下的第一审一般知识产权民事案件以及诉讼标的额在100万元以上200万元以下且当事人住所地均在农六师中级人民法院辖区的第一审一般知识产权民事案件

注:本附件所称"以上"包括本数,"以下"不包括本数。

最高人民法院关于北京、上海、广州知识产权法院案件管辖的规定

1. *2014年10月27日最高人民法院审判委员会第1628次会议通过*
2. *2014年10月31日公布*
3. *法释〔2014〕12号*
4. *自2014年11月3日起施行*

为进一步明确北京、上海、广州知识产权法院的案件管辖,根据《中华人民共和国民事诉讼法》、《中华人民共和国行政诉讼法》、《全国人民代表大会常务委员会关于在北京、上海、广州设立知识产权法院的决定》等规定,制定本规定。

第一条 知识产权法院管辖所在市辖区内的下列第一审案件:

(一)专利、植物新品种、集成电路布图设计、技术秘密、计算机软件民事和行政案件;

(二)对国务院部门或者县级以上地方人民政府所作的涉及著作权、商标、不正当竞争等行政行为提起诉讼的行政案件;

(三)涉及驰名商标认定的民事案件。

第二条 广州知识产权法院对广东省内本规定第一条第(一)项和第(三)项规定的案件实行跨区域管辖。

第三条 北京市、上海市各中级人民法院和广州市中级人民法院不再受理知识产权民事和行政案件。

广东省其他中级人民法院不再受理本规定第一条第(一)项和第(三)项规定的案件。

北京市、上海市、广东省各基层人民法院不再受理本规定第一条第(一)项和第(三)项规定的案件。

第四条 案件标的既包含本规定第一条第(一)项和第(三)项规定的内容,又包含其他内容的,按本规定第一条和第二条的规定确定管辖。

第五条 下列第一审行政案件由北京知识产权法院管辖:

(一)不服国务院部门作出的有关专利、商标、植物新品种、集成电路布图设计等知识产权的授权确权裁定或者决定的;

(二)不服国务院部门作出的有关专利、植物新品种、集成电路布图设计的强制许可决定以及强制许可使用费或者报酬的裁决的;

(三)不服国务院部门作出的涉及知识产权授权确权的其他行政行为的。

第六条 当事人对知识产权法院所在市的基层人民法院作出的第一审著作权、商标、技术合同、不正当竞争等知识产权民事和行政判决、裁定提起的上诉案件,由知识产权法院审理。

第七条 当事人对知识产权法院作出的第一审判决、裁定提起的上诉案件和依法申请上一级法院复议的案件,由知识产权法院所在地的高级人民法院知识产权审判庭审理。

第八条 知识产权法院所在省(直辖市)的基层人民法院在知识产权法院成立前已经受理但尚未审结的本规定第一条第(一)项和第(三)项规定的案件,由该基层人民法院继续审理。

除广州市中级人民法院以外,广东省其他中级人民法院在广州知识产权法院成立前已经受理但尚未审结的本规定第一条第(一)项和第(三)项规定的案件,由该中级人民法院继续审理。

最高人民法院关于在知识产权审判中贯彻落实《全国人民代表大会常务委员会关于修改〈中华人民共和国民事诉讼法〉的决定》有关问题的通知

1. *2012年12月24日*
2. *法〔2012〕317号*

各省、自治区、直辖市高级人民法院,解放军军事法院,新疆维吾尔自治区高级人民法院生产建设兵团分院:

第十一届全国人民代表大会常务委员会第二十八次会议审议通过的《关于修改〈中华人民共和国民事诉讼法〉的决定》(以下简称《民事诉讼法修改决定》)将于2013年1月1日起施行。为在知识产权审判工作中正确适用《民事诉讼法修改决定》,现就有关事项通知如下:

一、充分认识贯彻落实《民事诉讼法修改决定》对知识产权审判工作的重要意义《民事诉讼法修改决定》明确规定了诚实信用原则,修改了关于委托代理人的规定,完善了证据制度,新增了诉前证据保全和诉前行为保全制度等,对于完善知识产权司法保护机制、充分发挥

知识产权司法保护主导作用具有重要意义。要高度重视和深入研究《民事诉讼法修改决定》在知识产权审判工作中的贯彻落实，进一步完善知识产权诉讼制度，加大司法保护力度，提高司法保护水平。

二、规范专利代理人以公民身份担任诉讼代理人《民事诉讼法修改决定》施行后，专利代理人经中华全国专利代理人协会推荐，可以公民身份在专利案件中担任诉讼代理人。

中华全国专利代理人协会在具体案件中向人民法院个别推荐专利代理人担任诉讼代理人的，人民法院应当对推荐手续和专利代理人资格予以审查。

中华全国专利代理人协会以名单方式向最高人民法院推荐专利代理人担任诉讼代理人，经最高人民法院确认后，名单内的专利代理人在具体案件中担任诉讼代理人无需再履行个别推荐手续。各级人民法院根据最高人民法院确认的推荐名单对专利代理人资格予以审查。

三、正确适用诉前保全制度《民事诉讼法修改决定》施行后，利害关系人因专利、商标和著作权纠纷在起诉前向人民法院申请采取诉前证据保全或者诉前行为保全措施的，适用修改后民事诉讼法。相关司法解释关于诉前证据保全和诉前行为保全的规定与修改后民事诉讼法有关规定不一致的，不再适用；不相冲突的，应继续适用。

《民事诉讼法修改决定》施行后，利害关系人因不正当竞争、植物新品种、垄断等纠纷在起诉前向人民法院申请采取诉前证据保全或者诉前行为保全措施的，人民法院应当依法受理。

本通知执行中如有问题和新情况，请及时层报最高人民法院。

二、著作权

《中华人民共和国著作权法》导读

1990年9月7日，七届全国人大常委会第十五次会议通过了《中华人民共和国著作权法》，自1991年6月1日起施行。2001年10月27日和2010年2月26日，全国人大常委会两次对本法进行了修改。修改后的《著作权法》有以下主要内容：

（一）完善著作权的权利内容。

著作权包括人身权和财产权。1990年著作权法对财产权只规定了使用权和获得报酬权，比较原则。考虑到著作权中的财产权是著作权人的重要民事权利，法律对此需要作出具体规定。因此，修改后的著作权借鉴国际上的通常做法，将"使用权和获得报酬权"具体化，明确为十二项（复制权、发行权、出租权、展览权、表演权、放映权、广播权、信息网络传播权、摄制权、改编权、翻译权、汇编权），并对每项权利的基本内涵作了界定。特别是增加了"信息网络传播权"，以适应计算机网络技术在我国迅猛发展的需要。

（二）关于数据库等汇编作品。

1990年著作权法规定的"编辑作品"没有将数据库作为保护对象。如果著作权法不保护数据库，对信息产业的发展不利。因此，在2001年的修改过程中，将"编辑作品"改为"汇编作品"，对不构成作品的数据或者其他材料，进行选择或者编排，创作出具有独创性的作品，受著作权法保护。

（三）关于对版式设计的保护。

出版者的版式设计权属于著作权的邻接权，1990年著作权法对版式设计的保护问题未作规定。修改后的著作权法增加规定："出版者有权许可或者禁止他人使用其出版的图书、期刊的版式设计。"

（四）关于合理使用。

1990年著作权法规定了对作品"合理使用"的十二种情形，使用人可以不经著作权人许可，不向其支付报酬。其中，有些规定与知识产权协议尚有一定的差距。根据知识产权协议的规定，作了相应的修改。

（五）关于编写出版教材使用他人作品的法定许可。

借鉴一些国家的规定，编写出版教材使用他人作品属于法定许可的范围，即不经著作权人许可，就可以使用。考虑到教育事业是一项非营利的社会公益事业，增加规定："为实施九年制义务教育和国家教育规划而编写出版教科书，除作者事先声明不许使用的外，可以不经著作权人许可，在教科书中汇编已经发表的作品片段或者短小的文字作品、音乐作品或者单幅的美术作品、摄影作品，但应当按照规定支付报酬，指明作者姓名、作品名称，并且不得侵犯著作权人依照本法享有的其他权利。"

（六）关于著作权的转让。

1990年著作权法只规定了著作权许可使用合同，随着社会主义市场经济的发展，著作权人转让财产权的行为势必越来越普遍。修改后的著作权法增加了转让著作权中的财产权的规定。

（七）关于广播电视组织播放录音制品。

1990年著作权法第四十三条规定："广播电台、电视台非营业性播放已经出版的录音制品，可以不经著作权人、表演者、录音制作者许可，不向其支付报酬。"这一条实质上是把所规定的情形纳入了"合理使用"的范围。伯尔尼公约第十一条之二规定，作者对其作品享有播放权，行使权利的条件由成员国法律规定，但在任何情况下，这些条件均不应有损于作者获得合理报酬的权利。这次修改，首先规定原则上应当付酬，但涉及诸多复杂问题，因此规定：关于付酬的标准、办法等由国务院另行制定一个具体办法。

（八）关于著作权集体管理组织。

著作权制度比较完善的国家的做法是，权利人通过著作权集体行使组织代为行使权利。目前，我国在这方面的实践经验还很不足，修改后的著作权法只是原则规定，著作权人和与著作权有关的权利人可以授权著作权集体管理组织行使著作权或者与著作权有关的权利。著作权集体管理组织是非营利性组织，可以以自己的名义为著作权人和与著作权有关的权利人主张权利。著作权集体管理组织由国务院另行制定行政法规予以规范。

（九）关于临时措施。

知识产权协议第五十条规定，司法当局有权采取有效的临时措施，防止任何延误给权利人造成不可弥补的损害或者证据灭失。修改后的著作权法增加规定，著作权人或者与著作权有关的权利人有证据证明他人正在实施或者即将实施侵犯其权利的行为，如不及时制止将会使其合法权益受到难以弥补的损害的，可以在起诉前向人民法院申请采取责令停止有关行为和财产保全的措施。

（十）关于侵权赔偿的法定数额及侵权人的举证责任。

司法实践中，被侵权人的实际损失和侵权人的非法所得都不能确定时，侵权案件就很难处理。修改后的著作权法增加规定，权利人的实际损失或者侵权人的违法所得不能确定的，由人民法院根据侵权行为的情节，判决给予五十万元以下的赔偿。

为贯彻修改后的著作权法，国务院于2002年8月颁布了《中华人民共和国著作权法实施条例》，条例于2011年和2013年分别有个别条文的修改。

1. 综 合

中华人民共和国著作权法

1. 1990年9月7日第七届全国人民代表大会常务委员会第十五次会议通过

2. 根据2001年10月27日第九届全国人民代表大会常务委员会第二十四次会议《关于修改〈中华人民共和国著作权法〉的决定》第一次修正

3. 根据2010年2月26日第十一届全国人民代表大会常务委员会第十三次会议《关于修改〈中华人民共和国著作权法〉的决定》第二次修正

目 录

第一章 总 则

第一条 【立法目的】[①]为保护文学、艺术和科学作品作者的著作权,以及与著作权有关的权益,鼓励有益于社会主义精神文明、物质文明建设的作品的创作和传播,促进社会主义文化和科学事业的发展与繁荣,根据宪法制定本法。

第二条 【适用范围】中国公民、法人或者其他组织的作品,不论是否发表,依照本法享有著作权。

外国人、无国籍人的作品根据其作者所属国或者经常居住地国同中国签订的协议或者共同参加的国际条约享有的著作权,受本法保护。

外国人、无国籍人的作品首先在中国境内出版的,依照本法享有著作权。

未与中国签订协议或者共同参加国际条约的国家的作者以及无国籍人的作品首次在中国参加的国际条约的成员国出版的,或者在成员国和非成员国同时出版的,受本法保护。

第三条 【著作权客体】本法所称的作品,包括以下列形式创作的文学、艺术和自然科学、社会科学、工程技术等作品:

(一)文字作品;

(二)口述作品;

(三)音乐、戏剧、曲艺、舞蹈、杂技艺术作品;

(四)美术、建筑作品;

(五)摄影作品;

(六)电影作品和以类似摄制电影的方法创作的作品;

(七)工程设计图、产品设计图、地图、示意图等图形作品和模型作品;

(八)计算机软件;

(九)法律、行政法规规定的其他作品。

第四条 【监督管理】著作权人行使著作权,不得违反宪法和法律,不得损害公共利益。国家对作品的出版、传播依法进行监督管理。

第五条 【不适用客体】本法不适用于:

(一)法律、法规,国家机关的决议、决定、命令和其他具有立法、行政、司法性质的文件,及其官方正式译文;

(二)时事新闻;

(三)历法、通用数表、通用表格和公式。

第六条 【民间文学艺术作品的保护】民间文学艺术作品的著作权保护办法由国务院另行规定。

第七条 【著作权行政管理部门】国务院著作权行政管理部门主管全国的著作权管理工作;各省、自治区、直辖市人民政府的著作权行政管理部门主管本行政区域的著作权管理工作。

第八条 【著作权集体管理组织】著作权人和与著作权有关的权利人可以授权著作权集体管理组织行使著作权或者与著作权有关的权利。著作权集体管理组织被

① 条文主旨为编者所加,下同。

授权后,可以以自己的名义为著作权人和与著作权有关的权利人主张权利,并可以作为当事人进行涉及著作权或者与著作权有关的权利的诉讼、仲裁活动。

著作权集体管理组织是非营利性组织,其设立方式、权利义务、著作权许可使用费的收取和分配,以及对其监督和管理等由国务院另行规定。

第二章 著 作 权

第一节 著作权人及其权利

第九条 【著作权人】著作权人包括:

(一)作者;

(二)其他依照本法享有著作权的公民、法人或者其他组织。

第十条 【著作权内容】著作权包括下列人身权和财产权:

(一)发表权,即决定作品是否公之于众的权利;

(二)署名权,即表明作者身份,在作品上署名的权利;

(三)修改权,即修改或者授权他人修改作品的权利;

(四)保护作品完整权,即保护作品不受歪曲、篡改的权利;

(五)复制权,即以印刷、复印、拓印、录音、录像、翻录、翻拍等方式将作品制作一份或者多份的权利;

(六)发行权,即以出售或者赠与方式向公众提供作品的原件或者复制件的权利;

(七)出租权,即有偿许可他人临时使用电影作品和以类似摄制电影的方法创作的作品、计算机软件的权利,计算机软件不是出租的主要标的的除外;

(八)展览权,即公开陈列美术作品、摄影作品的原件或者复制件的权利;

(九)表演权,即公开表演作品,以及用各种手段公开播送作品的表演的权利;

(十)放映权,即通过放映机、幻灯机等技术设备公开再现美术、摄影、电影和以类似摄制电影的方法创作的作品等的权利;

(十一)广播权,即以无线方式公开广播或者传播作品,以有线传播或者转播的方式向公众传播广播的作品,以及通过扩音器或者其他传送符号、声音、图像的类似工具向公众传播广播的作品的权利;

(十二)信息网络传播权,即以有线或者无线方式向公众提供作品,使公众可以在其个人选定的时间和地点获得作品的权利;

(十三)摄制权,即以摄制电影或者以类似摄制电影的方法将作品固定在载体上的权利;

(十四)改编权,即改变作品,创作出具有独创性的新作品的权利;

(十五)翻译权,即将作品从一种语言文字转换成另一种语言文字的权利;

(十六)汇编权,即将作品或者作品的片段通过选择或者编排,汇集成新作品的权利;

(十七)应当由著作权人享有的其他权利。

著作权人可以许可他人行使前款第(五)项至第(十七)项规定的权利,并依照约定或者本法有关规定获得报酬。

著作权人可以全部或者部分转让本条第一款第(五)项至第(十七)项规定的权利,并依照约定或者本法有关规定获得报酬。

第二节 著作权归属

第十一条 【作者】著作权属于作者,本法另有规定的除外。

创作作品的公民是作者。

由法人或者其他组织主持,代表法人或者其他组织意志创作,并由法人或者其他组织承担责任的作品,法人或者其他组织视为作者。

如无相反证明,在作品上署名的公民、法人或者其他组织为作者。

第十二条 【演绎作品】改编、翻译、注释、整理已有作品而产生的作品,其著作权由改编、翻译、注释、整理人享有,但行使著作权时不得侵犯原作品的著作权。

第十三条 【合作作品】两人以上合作创作的作品,著作权由合作作者共同享有。没有参加创作的人,不能成为合作作者。

合作作品可以分割使用的,作者对各自创作的部分可以单独享有著作权,但行使著作权时不得侵犯合作作品整体的著作权。

第十四条 【汇编作品】汇编若干作品、作品的片段或者不构成作品的数据或者其他材料,对其内容的选择或者编排体现独创性的作品,为汇编作品,其著作权由汇编人享有,但行使著作权时,不得侵犯原作品的著作权。

第十五条 【电影作品】电影作品和以类似摄制电影的方法创作的作品的著作权由制片者享有,但编剧、导演、摄影、作词、作曲等作者享有署名权，并有权按照与制片者签订的合同获得报酬。

电影作品和以类似摄制电影的方法创作的作品中的剧本、音乐等可以单独使用的作品的作者有权单独行使其著作权。

第十六条 【职务作品】公民为完成法人或者其他组织工作任务所创作的作品是职务作品，除本条第二款的规定以外，著作权由作者享有，但法人或者其他组织有权在其业务范围内优先使用。作品完成两年内，未经单位同意，作者不得许可第三人以与单位使用的相同方式使用该作品。

有下列情形之一的职务作品，作者享有署名权，著作权的其他权利由法人或者其他组织享有，法人或者其他组织可以给予作者奖励：

（一）主要是利用法人或者其他组织的物质技术条件创作，并由法人或者其他组织承担责任的工程设计图、产品设计图、地图、计算机软件等职务作品；

（二）法律、行政法规规定或者合同约定著作权由法人或者其他组织享有的职务作品。

第十七条 【委托作品】受委托创作的作品，著作权的归属由委托人和受托人通过合同约定。合同未作明确约定或者没有订立合同的，著作权属于受托人。

第十八条 【作品原件的转移】美术等作品原件所有权的转移，不视为作品著作权的转移，但美术作品原件的展览权由原件所有人享有。

第十九条 【著作权的继承和承受】著作权属于公民的，公民死亡后，其本法第十条第一款第（五）项至第（十七）项规定的权利在本法规定的保护期内，依照继承法的规定转移。

著作权属于法人或者其他组织的，法人或者其他组织变更、终止后，其本法第十条第一款第（五）项至第（十七）项规定的权利在本法规定的保护期内，由承受其权利义务的法人或者其他组织享有；没有承受其权利义务的法人或者其他组织的，由国家享有。

第三节 权利的保护期

第二十条 【署名权、修改权、保护作品完整权】作者的署名权、修改权、保护作品完整权的保护期不受限制。

第二十一条 【发表权、财产权】公民的作品，其发表权、本法第十条第一款第（五）项至第（十七）项规定的权利的保护期为作者终生及其死亡后五十年，截止于作者死亡后第五十年的12月31日；如果是合作作品，截止于最后死亡的作者死亡后第五十年的12月31日。

法人或者其他组织的作品、著作权（署名权除外）由法人或者其他组织享有的职务作品，其发表权、本法第十条第一款第（五）项至第（十七）项规定的权利的保护期为五十年，截止于作品首次发表后第五十年的12月31日，但作品自创作完成后五十年内未发表的，本法不再保护。

电影作品和以类似摄制电影的方法创作的作品、摄影作品，其发表权、本法第十条第一款第（五）项至第（十七）项规定的权利的保护期为五十年，截止于作品首次发表后第五十年的12月31日，但作品自创作完成后五十年内未发表的，本法不再保护。

第四节 权利的限制

第二十二条 【合理使用】在下列情况下使用作品，可以不经著作权人许可，不向其支付报酬，但应当指明作者姓名、作品名称，并且不得侵犯著作权人依照本法享有的其他权利：

（一）为个人学习、研究或者欣赏，使用他人已经发表的作品；

（二）为介绍、评论某一作品或者说明某一问题，在作品中适当引用他人已经发表的作品；

（三）为报道时事新闻，在报纸、期刊、广播电台、电视台等媒体中不可避免地再现或者引用已经发表的作品；

（四）报纸、期刊、广播电台、电视台等媒体刊登或者播放其他报纸、期刊、广播电台、电视台等媒体已经发表的关于政治、经济、宗教问题的时事性文章，但作者声明不许刊登、播放的除外；

（五）报纸、期刊、广播电台、电视台等媒体刊登或者播放在公众集会上发表的讲话，但作者声明不许刊登、播放的除外；

（六）为学校课堂教学或者科学研究，翻译或者少量复制已经发表的作品，供教学或者科研人员使用，但不得出版发行；

（七）国家机关为执行公务在合理范围内使用已经发表的作品；

（八）图书馆、档案馆、纪念馆、博物馆、美术馆等为陈列或者保存版本的需要，复制本馆收藏的作品；

（九）免费表演已经发表的作品，该表演未向公众收取费用，也未向表演者支付报酬；

（十）对设置或者陈列在室外公共场所的艺术作

品进行临摹、绘画、摄影、录像；

(十一)将中国公民、法人或者其他组织已经发表的以汉语言文字创作的作品翻译成少数民族语言文字作品在国内出版发行；

(十二)将已经发表的作品改成盲文出版。

前款规定适用于对出版者、表演者、录音录像制作者、广播电台、电视台的权利的限制。

第二十三条　【法定许可使用】为实施九年制义务教育和国家教育规划而编写出版教科书,除作者事先声明不许使用的外,可以不经著作权人许可,在教科书中汇编已经发表的作品片段或者短小的文字作品、音乐作品或者单幅的美术作品、摄影作品,但应当按照规定支付报酬,指明作者姓名、作品名称,并且不得侵犯著作权人依照本法享有的其他权利。

前款规定适用于对出版者、表演者、录音录像制作者、广播电台、电视台的权利的限制。

第三章　著作权许可使用和转让合同

第二十四条　【许可使用合同】使用他人作品应当同著作权人订立许可使用合同,本法规定可以不经许可的除外。

许可使用合同包括下列主要内容：

(一)许可使用的权利种类；

(二)许可使用的权利是专有使用权或者非专有使用权；

(三)许可使用的地域范围、期间；

(四)付酬标准和办法；

(五)违约责任；

(六)双方认为需要约定的其他内容。

第二十五条　【著作权的转让】转让本法第十条第一款第(五)项至第(十七)项规定的权利,应当订立书面合同。

权利转让合同包括下列主要内容：

(一)作品的名称；

(二)转让的权利种类、地域范围；

(三)转让价金；

(四)交付转让价金的日期和方式；

(五)违约责任；

(六)双方认为需要约定的其他内容。

第二十六条　【著作权质押】以著作权出质的,由出质人和质权人向国务院著作权行政管理部门办理出质登记。

第二十七条　【未明确许可、转让的权利】许可使用合同和转让合同中著作权人未明确许可、转让的权利,未经著作权人同意,另一方当事人不得行使。

第二十八条　【使用作品付酬标准】使用作品的付酬标准可以由当事人约定,也可以按照国务院著作权行政管理部门会同有关部门制定的付酬标准支付报酬。当事人约定不明确的,按照国务院著作权行政管理部门会同有关部门制定的付酬标准支付报酬。

第二十九条　【禁止侵犯作者权利】出版者、表演者、录音录像制作者、广播电台、电视台等依照本法有关规定使用他人作品的,不得侵犯作者的署名权、修改权、保护作品完整权和获得报酬的权利。

第四章　出版、表演、录音录像、播放

第一节　图书、报刊的出版

第三十条　【出版合同】图书出版者出版图书应当和著作权人订立出版合同,并支付报酬。

第三十一条　【专有出版权】图书出版者对著作权人交付出版的作品,按照合同约定享有的专有出版权受法律保护,他人不得出版该作品。

第三十二条　【作品的交付及重印、再版】著作权人应当按照合同约定期限交付作品。图书出版者应当按照合同约定的出版质量、期限出版图书。

图书出版者不按照合同约定期限出版,应当依照本法第五十四条的规定承担民事责任。

图书出版者重印、再版作品的,应当通知著作权人,并支付报酬。图书脱销后,图书出版者拒绝重印、再版的,著作权人有权终止合同。

第三十三条　【投稿、转载】著作权人向报社、期刊社投稿的,自稿件发出之日起十五日内未收到报社通知决定刊登的,或者自稿件发出之日起三十日内未收到期刊社通知决定刊登的,可以将同一作品向其他报社、期刊社投稿。双方另有约定的除外。

作品刊登后,除著作权人声明不得转载、摘编的外,其他报刊可以转载或者作为文摘、资料刊登,但应当按照规定向著作权人支付报酬。

第三十四条　【对作品的修改、删节】图书出版者经作者许可,可以对作品修改、删节。

报社、期刊社可以对作品作文字性修改、删节。对内容的修改,应当经作者许可。

第三十五条　【演绎作品中原作品著作权人的权利】出

版改编、翻译、注释、整理、汇编已有作品而产生的作品，应当取得改编、翻译、注释、整理、汇编作品的著作权人和原作品的著作权人许可，并支付报酬。

第三十六条 【版式设计专有使用权】出版者有权许可或者禁止他人使用其出版的图书、期刊的版式设计。

前款规定的权利的保护期为十年，截止于使用该版式设计的图书、期刊首次出版后第十年的12月31日。

第二节 表 演

第三十七条 【表演者义务】使用他人作品演出，表演者（演员、演出单位）应当取得著作权人许可，并支付报酬。演出组织者组织演出，由该组织者取得著作权人许可，并支付报酬。

使用改编、翻译、注释、整理已有作品而产生的作品进行演出，应当取得改编、翻译、注释、整理作品的著作权人和原作品的著作权人许可，并支付报酬。

第三十八条 【表演者权利】表演者对其表演享有下列权利：

（一）表明表演者身份；

（二）保护表演形象不受歪曲；

（三）许可他人从现场直播和公开传送其现场表演，并获得报酬；

（四）许可他人录音录像，并获得报酬；

（五）许可他人复制、发行录有其表演的录音录像制品，并获得报酬；

（六）许可他人通过信息网络向公众传播其表演，并获得报酬。

被许可人以前款第（三）项至第（六）项规定的方式使用作品，还应当取得著作权人许可，并支付报酬。

第三十九条 【表演者权利保护期】本法第三十八条第一款第（一）项、第（二）项规定的权利的保护期不受限制。

本法第三十八条第一款第（三）项至第（六）项规定的权利的保护期为五十年，截止于该表演发生后第五十年的12月31日。

第三节 录音录像

第四十条 【录音录像制作者使用作品】录音录像制作者使用他人作品制作录音录像制品，应当取得著作权人许可，并支付报酬。

录音录像制作者使用改编、翻译、注释、整理已有作品而产生的作品，应当取得改编、翻译、注释、整理作品的著作权人和原作品著作权人许可，并支付报酬。

录音制作者使用他人已经合法录制为录音制品的音乐作品制作录音制品，可以不经著作权人许可，但应当按照规定支付报酬；著作权人声明不许使用的不得使用。

第四十一条 【合同和报酬】录音录像制作者制作录音录像制品，应当同表演者订立合同，并支付报酬。

第四十二条 【录音录像制作者专有权和权利保护期】录音录像制作者对其制作的录音录像制品，享有许可他人复制、发行、出租、通过信息网络向公众传播并获得报酬的权利；权利的保护期为五十年，截止于该制品首次制作完成后第五十年的12月31日。

被许可人复制、发行、通过信息网络向公众传播录音录像制品，还应当取得著作权人、表演者许可，并支付报酬。

第四节 广播电台、电视台播放

第四十三条 【广播电台、电视台使用作品】广播电台、电视台播放他人未发表的作品，应当取得著作权人许可，并支付报酬。

广播电台、电视台播放他人已发表的作品，可以不经著作权人许可，但应当支付报酬。

第四十四条 【播放录音制品】广播电台、电视台播放已经出版的录音制品，可以不经著作权人许可，但应当支付报酬。当事人另有约定的除外。具体办法由国务院规定。

第四十五条 【广播组织专有权和权利保护期】广播电台、电视台有权禁止未经其许可的下列行为：

（一）将其播放的广播、电视转播；

（二）将其播放的广播、电视录制在音像载体上以及复制音像载体。

前款规定的权利的保护期为五十年，截止于该广播、电视首次播放后第五十年的12月31日。

第四十六条 【电视台播放他人作品】电视台播放他人的电影作品和以类似摄制电影的方法创作的作品、录像制品，应当取得制片者或者录像制作者许可，并支付报酬；播放他人的录像制品，还应当取得著作权人许可，并支付报酬。

第五章 法律责任和执法措施

第四十七条 【侵权行为的民事责任】有下列侵权行为

的,应当根据情况,承担停止侵害、消除影响、赔礼道歉、赔偿损失等民事责任:

(一)未经著作权人许可,发表其作品的;

(二)未经合作作者许可,将与他人合作创作的作品当作自己单独创作的作品发表的;

(三)没有参加创作,为谋取个人名利,在他人作品上署名的;

(四)歪曲、篡改他人作品的;

(五)剽窃他人作品的;

(六)未经著作权人许可,以展览、摄制电影和以类似摄制电影的方法使用作品,或者以改编、翻译、注释等方式使用作品的,本法另有规定的除外;

(七)使用他人作品,应当支付报酬而未支付的;

(八)未经电影作品和以类似摄制电影的方法创作的作品、计算机软件、录音录像制品的著作权人或者与著作权有关的权利人许可,出租其作品或者录音录像制品的,本法另有规定的除外;

(九)未经出版者许可,使用其出版的图书、期刊的版式设计的;

(十)未经表演者许可,从现场直播或者公开传送其现场表演,或者录制其表演的;

(十一)其他侵犯著作权以及与著作权有关的权益的行为。

第四十八条 **【侵权行为的民事、行政、刑事责任】**有下列侵权行为的,应当根据情况,承担停止侵害、消除影响、赔礼道歉、赔偿损失等民事责任;同时损害公共利益的,可以由著作权行政管理部门责令停止侵权行为,没收违法所得,没收、销毁侵权复制品,并可处以罚款;情节严重的,著作权行政管理部门还可以没收主要用于制作侵权复制品的材料、工具、设备等;构成犯罪的,依法追究刑事责任:

(一)未经著作权人许可,复制、发行、表演、放映、广播、汇编、通过信息网络向公众传播其作品的,本法另有规定的除外;

(二)出版他人享有专有出版权的图书的;

(三)未经表演者许可,复制、发行录有其表演的录音录像制品,或者通过信息网络向公众传播其表演的,本法另有规定的除外;

(四)未经录音录像制作者许可,复制、发行、通过信息网络向公众传播其制作的录音录像制品的,本法另有规定的除外;

(五)未经许可,播放或者复制广播、电视的,本法另有规定的除外;

(六)未经著作权人或者与著作权有关的权利人许可,故意避开或者破坏权利人为其作品、录音录像制品等采取的保护著作权或者与著作权有关的权利的技术措施的,法律、行政法规另有规定的除外;

(七)未经著作权人或者与著作权有关的权利人许可,故意删除或者改变作品、录音录像制品等的权利管理电子信息的,法律、行政法规另有规定的除外;

(八)制作、出售假冒他人署名的作品的。

第四十九条 **【赔偿标准】**侵犯著作权或者与著作权有关的权利的,侵权人应当按照权利人的实际损失给予赔偿;实际损失难以计算的,可以按照侵权人的违法所得给予赔偿。赔偿数额还应当包括权利人为制止侵权行为所支付的合理开支。

权利人的实际损失或者侵权人的违法所得不能确定的,由人民法院根据侵权行为的情节,判决给予五十万元以下的赔偿。

第五十条 **【诉前财产保全措施和禁止令】**著作权人或者与著作权有关的权利人有证据证明他人正在实施或者即将实施侵犯其权利的行为,如不及时制止将会使其合法权益受到难以弥补的损害的,可以在起诉前向人民法院申请采取责令停止有关行为和财产保全的措施。

人民法院处理前款申请,适用《中华人民共和国民事诉讼法》第九十三条至第九十六条和第九十九条的规定。

第五十一条 **【诉前证据保全】**为制止侵权行为,在证据可能灭失或者以后难以取得的情况下,著作权人或者与著作权有关的权利人可以在起诉前向人民法院申请保全证据。

人民法院接受申请后,必须在四十八小时内作出裁定;裁定采取保全措施的,应当立即开始执行。

人民法院可以责令申请人提供担保,申请人不提供担保的,驳回申请。

申请人在人民法院采取保全措施后十五日内不起诉的,人民法院应当解除保全措施。

第五十二条 **【法院对侵权行为的民事制裁】**人民法院审理案件,对于侵犯著作权或者与著作权有关的权利的,可以没收违法所得、侵权复制品以及进行违法活动的财物。

第五十三条 **【过错推定】**复制品的出版者、制作者不能证明其出版、制作有合法授权的,复制品的发行者或者电影作品或者以类似摄制电影的方法创作的作品、计算机软件、录音录像制品的复制品的出租者不能证明其发行、出租的复制品有合法来源的,应当承担法律责任。

第五十四条 **【违约责任】**当事人不履行合同义务或者履行合同义务不符合约定条件的,应当依照《中华人民共和国民法通则》、《中华人民共和国合同法》等有关法律规定承担民事责任。

第五十五条 **【纠纷解决途径】**著作权纠纷可以调解,也可以根据当事人达成的书面仲裁协议或者著作权合同中的仲裁条款,向仲裁机构申请仲裁。

当事人没有书面仲裁协议,也没有在著作权合同中订立仲裁条款的,可以直接向人民法院起诉。

第五十六条 **【行政诉讼】**当事人对行政处罚不服的,可以自收到行政处罚决定书之日起三个月内向人民法院起诉,期满不起诉又不履行的,著作权行政管理部门可以申请人民法院执行。

第六章 附 则

第五十七条 **【版权】**本法所称的著作权即版权。

第五十八条 **【出版】**本法第二条所称的出版,指作品的复制、发行。

第五十九条 **【计算机软件、信用网络传播权】**计算机软件、信息网络传播权的保护办法由国务院另行规定。

第六十条 **【著作权法溯及力】**本法规定的著作权人和出版者、表演者、录音录像制作者、广播电台、电视台的权利,在本法施行之日尚未超过本法规定的保护期的,依照本法予以保护。

本法施行前发生的侵权或者违约行为,依照侵权或者违约行为发生时的有关规定和政策处理。

第六十一条 **【施行时间】**本法自 1991 年 6 月 1 日起施行。

中华人民共和国著作权法实施条例

1. *2002 年 8 月 2 日国务院令第 359 号公布*
2. *根据 2011 年 1 月 8 日国务院令第 588 号《关于废止和修改部分行政法规的决定》第一次修订*
3. *根据 2013 年 1 月 30 日国务院令第 633 号《关于修改〈中华人民共和国著作权法实施条例〉的决定》第二次修订*

第一条 根据《中华人民共和国著作权法》(以下简称著作权法),制定本条例。

第二条 著作权法所称作品,是指文学、艺术和科学领域内具有独创性并能以某种有形形式复制的智力成果。

第三条 著作权法所称创作,是指直接产生文学、艺术和科学作品的智力活动。

为他人创作进行组织工作,提供咨询意见、物质条件,或者进行其他辅助工作,均不视为创作。

第四条 著作权法和本条例中下列作品的含义:

(一)文字作品,是指小说、诗词、散文、论文等以文字形式表现的作品;

(二)口述作品,是指即兴的演说、授课、法庭辩论等以口头语言形式表现的作品;

(三)音乐作品,是指歌曲、交响乐等能够演唱或者演奏的带词或者不带词的作品;

(四)戏剧作品,是指话剧、歌剧、地方戏等供舞台演出的作品;

(五)曲艺作品,是指相声、快书、大鼓、评书等以说唱为主要形式表演的作品;

(六)舞蹈作品,是指通过连续的动作、姿势、表情等表现思想情感的作品;

(七)杂技艺术作品,是指杂技、魔术、马戏等通过形体动作和技巧表现的作品;

(八)美术作品,是指绘画、书法、雕塑等以线条、色彩或者其他方式构成的有审美意义的平面或者立体的造型艺术作品;

(九)建筑作品,是指以建筑物或者构筑物形式表现的有审美意义的作品;

(十)摄影作品,是指借助器械在感光材料或者其他介质上记录客观物体形象的艺术作品;

(十一)电影作品和以类似摄制电影的方法创作的作品,是指摄制在一定介质上,由一系列有伴音或者无伴音的画面组成,并且借助适当装置放映或者以其他方式传播的作品;

(十二)图形作品,是指为施工、生产绘制的工程设计图、产品设计图,以及反映地理现象、说明事物原理或者结构的地图、示意图等作品;

(十三)模型作品,是指为展示、试验或者观测等用途,根据物体的形状和结构,按照一定比例制成的立体作品。

第五条 著作权法和本条例中下列用语的含义:

(一)时事新闻,是指通过报纸、期刊、广播电台、电视台等媒体报道的单纯事实消息；

（二）录音制品，是指任何对表演的声音和其他声音的录制品；

（三）录像制品，是指电影作品和以类似摄制电影的方法创作的作品以外的任何有伴音或者无伴音的连续相关形象、图像的录制品；

（四）录音制作者，是指录音制品的首次制作人；

（五）录像制作者，是指录像制品的首次制作人；

（六）表演者，是指演员、演出单位或者其他表演文学、艺术作品的人。

第六条 著作权自作品创作完成之日起产生。

第七条 著作权法第二条第三款规定的首先在中国境内出版的外国人、无国籍人的作品，其著作权自首次出版之日起受保护。

第八条 外国人、无国籍人的作品在中国境外首先出版后，30日内在中国境内出版的，视为该作品同时在中国境内出版。

第九条 合作作品不可以分割使用的，其著作权由各合作作者共同享有，通过协商一致行使；不能协商一致，又无正当理由的，任何一方不得阻止他方行使除转让以外的其他权利，但是所得收益应当合理分配给所有合作作者。

第十条 著作权人许可他人将其作品摄制成电影作品和以类似摄制电影的方法创作的作品的，视为已同意对其作品进行必要的改动，但是这种改动不得歪曲篡改原作品。

第十一条 著作权法第十六条第一款关于职务作品的规定中的"工作任务"，是指公民在该法人或者该组织中应当履行的职责。

著作权法第十六条第二款关于职务作品的规定中的"物质技术条件"，是指该法人或者该组织为公民完成创作专门提供的资金、设备或者资料。

第十二条 职务作品完成两年内，经单位同意，作者许可第三人以与单位使用的相同方式使用作品所获报酬，由作者与单位按约定的比例分配。

作品完成两年的期限，自作者向单位交付作品之日起计算。

第十三条 作者身份不明的作品，由作品原件的所有人行使除署名权以外的著作权。作者身份确定后，由作者或者其继承人行使著作权。

第十四条 合作作者之一死亡后，其对合作作品享有的著作权法第十条第一款第五项至第十七项规定的权利无人继承又无人受遗赠的，由其他合作作者享有。

第十五条 作者死亡后，其著作权中的署名权、修改权和保护作品完整权由作者的继承人或者受遗赠人保护。

著作权无人继承又无人受遗赠的，其署名权、修改权和保护作品完整权由著作权行政管理部门保护。

第十六条 国家享有著作权的作品的使用，由国务院著作权行政管理部门管理。

第十七条 作者生前未发表的作品，如果作者未明确表示不发表，作者死亡后50年内，其发表权可由继承人或者受遗赠人行使；没有继承人又无人受遗赠的，由作品原件的所有人行使。

第十八条 作者身份不明的作品，其著作权法第十条第一款第五项至第十七项规定的权利的保护期截止于作品首次发表后第50年的12月31日。作者身份确定后，适用著作权法第二十一条的规定。

第十九条 使用他人作品的，应当指明作者姓名、作品名称；但是，当事人另有约定或者由于作品使用方式的特性无法指明的除外。

第二十条 著作权法所称已经发表的作品，是指著作权人自行或者许可他人公之于众的作品。

第二十一条 依照著作权法有关规定，使用可以不经著作权人许可的已经发表的作品的，不得影响该作品的正常使用，也不得不合理地损害著作权人的合法利益。

第二十二条 依照著作权法第二十三条、第三十三条第二款、第四十条第三款的规定使用作品的付酬标准，由国务院著作权行政管理部门会同国务院价格主管部门制定、公布。

第二十三条 使用他人作品应当同著作权人订立许可使用合同，许可使用的权利是专有使用权的，应当采取书面形式，但是报社、期刊社刊登作品除外。

第二十四条 著作权法第二十四条规定的专有使用权的内容由合同约定，合同没有约定或者约定不明的，视为被许可人有权排除包括著作权人在内的任何人以同样的方式使用作品；除合同另有约定外，被许可人许可第三人行使同一权利，必须取得著作权人的许可。

第二十五条 与著作权人订立专有许可使用合同、转让合同的，可以向著作权行政管理部门备案。

第二十六条 著作权法和本条例所称与著作权有关的权益，是指出版者对其出版的图书和期刊的版式设计享有的权利，表演者对其表演享有的权利，录音录像制作者对其制作的录音录像制品享有的权利,广播电台、电视台对其播放的广播、电视节目享有的权利。

第二十七条 出版者、表演者、录音录像制作者、广播电台、电视台行使权利,不得损害被使用作品和原作品著作权人的权利。

第二十八条 图书出版合同中约定图书出版者享有专有出版权但没有明确其具体内容的,视为图书出版者享有在合同有效期限内和在合同约定的地域范围内以同种文字的原版、修订版出版图书的专有权利。

第二十九条 著作权人寄给图书出版者的两份订单在6个月内未能得到履行,视为著作权法第三十二条所称图书脱销。

第三十条 著作权人依照著作权法第三十三条第二款声明不得转载、摘编其作品的,应当在报纸、期刊刊登该作品时附带声明。

第三十一条 著作权人依照著作权法第四十条第三款声明不得对其作品制作录音制品的,应当在该作品合法录制为录音制品时声明。

第三十二条 依照著作权法第二十三条、第三十三条第二款、第四十条第三款的规定,使用他人作品的,应当自使用该作品之日起2个月内向著作权人支付报酬。

第三十三条 外国人、无国籍人在中国境内的表演,受著作权法保护。

外国人、无国籍人根据中国参加的国际条约对其表演享有的权利,受著作权法保护。

第三十四条 外国人、无国籍人在中国境内制作、发行的录音制品,受著作权法保护。

外国人、无国籍人根据中国参加的国际条约对其制作、发行的录音制品享有的权利,受著作权法保护。

第三十五条 外国的广播电台、电视台根据中国参加的国际条约对其播放的广播、电视节目享有的权利,受著作权法保护。

第三十六条 有著作权法第四十八条所列侵权行为,同时损害社会公共利益,非法经营额5万元以上的,著作权行政管理部门可处非法经营额1倍以上5倍以下的罚款;没有非法经营额或者非法经营额5万元以下的,著作权行政管理部门根据情节轻重,可处25万元以下的罚款。

第三十七条 有著作权法第四十八条所列侵权行为,同时损害社会公共利益的,由地方人民政府著作权行政管理部门负责查处。

国务院著作权行政管理部门可以查处在全国有重大影响的侵权行为。

第三十八条 本条例自2002年9月15日起施行。1991年5月24日国务院批准、1991年5月30日国家版权局发布的《中华人民共和国著作权法实施条例》同时废止。

实施国际著作权条约的规定

1. 1992年9月25日国务院令第105号公布
2. 自1992年9月30日起施行

第一条 为实施国际著作权条约,保护外国作品著作权人的合法权益,制定本规定。

第二条 对外国作品的保护,适用《中华人民共和国著作权法》(以下称著作权法)、《中华人民共和国著作权法实施条例》、《计算机软件保护条例》和本规定。

第三条 本规定所称国际著作权条约,是指中华人民共和国(以下称中国)参加的《伯尔尼保护文学和艺术作品公约》(以下称伯尔尼公约)和与外国签订的有关著作权的双边协定。

第四条 本规定所称外国作品,包括:

(一)作者或者作者之一,其他著作权人或者著作权人之一是国际著作权条约成员国的国民或者在该条约的成员国有经常居所的居民的作品;

(二)作者不是国际著作权条约成员国的国民或者在该条约的成员国有经常居所的居民,但是在该条约的成员国首次或者同时发表的作品;

(三)中外合资经营企业、中外合作经营企业和外资企业按照合同约定是著作权人或者著作权人之一的,其委托他人创作的作品。

第五条 对未发表的外国作品的保护期,适用著作权法第二十条、第二十一条的规定。

第六条 对外国实用艺术作品的保护期,为自该作品完成起二十五年。

美术作品(包括动画形象设计)用于工业制品的,不适用前款规定。

第七条 外国计算机程序作为文学作品保护,可以不履行登记手续,保护期为自该程序首次发表之年年底起五十年。

第八条 外国作品是由不受保护的材料编辑而成,但是在材料的选取或者编排上有独创性的,依照著作权法第十四条的规定予以保护。此种保护不排斥他人利用同样的材料进行编辑。

第九条 外国录像制品根据国际著作权条约构成电影作品的,作为电影作品保护。

第十条 将外国人已经发表的以汉族文字创作的作品,翻译成少数民族文字出版发行的,应当事先取得著作权人的授权。

第十一条 外国作品著作权人,可以授权他人以任何方式、手段公开表演其作品或者公开传播对其作品的表演。

第十二条 外国电影、电视和录像作品的著作权人可以授权他人公开表演其作品。

第十三条 报刊转载外国作品,应当事先取得著作权人的授权;但是,转载有关政治、经济等社会问题的时事文章除外。

第十四条 外国作品的著作权人在授权他人发行其作品的复制品后,可以授权或者禁止出租其作品的复制品。

第十五条 外国作品的著作权人有权禁止进口其作品的下列复制品:

(一)侵权复制品;

(二)来自对其作品不予保护的国家的复制品。

第十六条 表演、录音或者广播外国作品,适用伯尔尼公约的规定;有集体管理组织的,应当事先取得该组织的授权。

第十七条 国际著作权条约在中国生效之日尚未在起源国进入公有领域的外国作品,按照著作权法和本规定规定的保护期受保护,到期满为止。

前款规定不适用于国际著作权条约在中国生效之日前发生的对外国作品的使用。

中国公民或者法人在国际著作权条约在中国生效之日前为特定目的而拥有和使用外国作品的特定复制本的,可以继续使用该作品的复制本而不承担责任;但是,该复制本不得以任何不合理地损害该作品著作权人合法权益的方式复制和使用。

前三款规定依照中国同有关国家签订的有关著作权的双边协定的规定实施。

第十八条 本规定第五条、第十二条、第十四条、第十五条、第十七条适用于录音制品。

第十九条 本规定施行前,有关著作权的行政法规与本规定有不同规定的,适用本规定。本规定与国际著作权条约有不同规定的,适用国际著作权条约。

第二十条 国家版权局负责国际著作权条约在中国的实施。

第二十一条 本规定由国家版权局负责解释。

第二十二条 本规定自1992年9月30日起施行。

著作权资产评估指导意见

1. 中国资产评估协会在财政部和国家版权局等部门指导下制定
2. 2010年12月18日中国资产评估协会发布
3. 中评协〔2010〕215号
4. 自2011年7月1日起施行

第一章 引　言

第一条 为规范注册资产评估师执行著作权资产评估业务行为,维护社会公共利益和资产评估各方当事人合法权益,根据《资产评估准则——无形资产》,制定本指导意见。

第二条 本指导意见所称著作权资产,是指权利人所拥有或者控制的,能够持续发挥作用并且预期能带来经济利益的著作权的财产权益和与著作权有关权利的财产权益。

第三条 本指导意见所称著作权资产评估,是指注册资产评估师依据相关法律、法规和资产评估准则,对著作权资产的价值进行分析、估算并发表专业意见的行为和过程。

第四条 注册资产评估师执行著作权资产评估业务,应当遵守本指导意见。

第五条 注册资产评估师执行与著作权资产价值估算相关的其他业务,可以参照本指导意见。

第二章 基本要求

第六条 从事著作权资产评估业务的评估机构应当持有财政部门颁发的资产评估资格证书。

第七条 注册资产评估师执行著作权资产评估业务,应当遵守相关法律法规和资产评估准则。

第八条 注册资产评估师执行著作权资产评估业务,应当经过专门教育或者培训,具备相应的专业知识和著作权资产评估经验,具有专业胜任能力。

第九条 注册资产评估师执行著作权资产评估业务,应当在合理考虑评估对象、评估目的、市场条件等因素的基础上,恰当选择价值类型。

第十条 注册资产评估师执行著作权资产评估业务，应当合理确定评估假设以及限定条件。

第十一条 注册资产评估师执行著作权资产评估业务，应当勤勉尽责，保持应有的职业谨慎，避免出现对评估结论具有重大影响的疏漏。

第三章 评估对象

第十二条 著作权资产评估对象是指著作权中的财产权益以及与著作权有关权利的财产权益。

第十三条 著作权资产的财产权利形式包括著作权人享有的权利和转让或者许可他人使用的权利。

许可使用形式包括法定许可和授权许可；授权许可形式包括专有许可、非专有许可和其他形式许可等。

第十四条 注册资产评估师执行著作权资产评估业务，应当明确著作权资产的权利形式。当评估对象为著作权使用权时，应当明确著作权使用权的具体许可形式和许可内容。

第十五条 著作权财产权利种类包括：复制权、发行权、出租权、展览权、表演权、放映权、广播权、信息网络传播权、摄制权、改编权、翻译权、汇编权以及著作权人享有的其他财产权利。

与著作权有关权利包括：出版者对其出版的图书、期刊的版式设计的权利，表演者对其表演享有的权利，录音、录像制作者对其制作的录音、录像制品享有的权利，广播电台、电视台对其制作的广播、电视所享有的权利以及由国家法律、行政法规规定的其他与著作权有关的权利。

第十六条 注册资产评估师执行著作权资产评估业务，应当关注评估对象的基本状况以及在时间、地域和其他方面的限制条件，评估对象涉及的作品在著作权法中所属的作品类别，作品的发表状况、使用状态、登记情况以及著作权的保护期限。

第十七条 注册资产评估师执行著作权资产评估业务，应当要求委托方明确著作权评估对象的组成形式。著作权资产评估对象通常有下列组成形式：

（一）单个著作权中的单项财产权利；

（二）单个著作权中的多项财产权利的组合；

（三）分属于不同著作权的单项或者多项财产权利的组合；

（四）著作权中财产权和与著作权有关权利的财产权益的组合；

（五）在权利客体不可分割或者不需要分割的情况下，著作权资产与其他无形资产的组合。

第十八条 注册资产评估师执行著作权资产评估业务，应当关注著作权的法律状态。著作权的法律状态包括著作权权利人信息、权利人变更情况、著作权质押情况和涉及诉讼情况等。

第十九条 注册资产评估师执行质押目的的著作权资产评估业务，应当要求委托方提交由著作权登记机关出具的权属证明文件；执行出资目的的著作权资产评估业务，应当关注著作权的登记情况。

第四章 操作要求

第二十条 注册资产评估师执行著作权评估业务，应当对享有著作权的作品相关情况进行调查，包括必要的现场调查，并收集相关信息、资料等。

注册资产评估师在调查过程中收集的相关信息、资料通常包括：

（一）作品作者和著作权权利人的基本情况；

（二）作品基本情况，包括作品创作完成时间、首次发表时间、复制、发行、出租、展览、表演、放映、广播、信息网络传播、摄制、改编、翻译、汇编等使用情况；

（三）作品的类别，包括文字作品，口述作品，音乐、戏剧、曲艺、舞蹈、杂技艺术作品，美术、建筑作品，摄影作品，电影作品和以类似摄制电影的方法创作的作品，工程设计图、产品设计图、地图、示意图等图形作品和模型作品，计算机软件，法律、行政法规规定的其他作品；

（四）作品的创作形式，包括原创或者各种形式的改编、翻译、注释、整理等；

（五）作品的题材类型、体裁特征等情况；

（六）著作权和与著作权有关权利的情况及其登记情况；

（七）各种权利限制情况，包括相关财产权利在时间、地域方面的限制以及质押、诉讼等方面的限制；

（八）与作品相关的其他无形资产权利的情况；

（九）作品的创作成本、费用支出；

（十）著作权资产以往的评估和交易情况，包括转让、许可使用以及其他形式的交易情况；

（十一）著作权权利维护情况，包括权利维护方式、效果，历史上的维护成本费用支出等；

（十二）宏观经济发展和相关行业政策与作品市场发展状况；

（十三）作品的使用范围、市场需求、经济寿命、同类产品的竞争状况；

（十四）作品使用、收益的可能性和方式；

（十五）同类作品近期的市场交易及成交价格情况。

第二十一条 注册资产评估师执行著作权资产评估业务，应当了解与著作权资产共同发挥作用的其他因素，并重点关注下列情况：

（一）著作权资产与相关有形资产以及其他无形资产共同发挥作用；

（二）原创作品著作权与演绎作品著作权共同发挥作用；

（三）著作权和与著作权有关权利共同发挥作用。

当存在与评估对象共同发挥作用的其他因素时，注册资产评估师应当分析这些因素对著作权资产价值的影响。

第二十二条 注册资产评估师执行著作权资产评估业务，应当根据评估对象、评估目的、价值类型、资料收集情况等相关条件，分析收益法、市场法和成本法三种资产评估基本方法的适用性，恰当选择一种或者多种评估方法。

第二十三条 注册资产评估师运用收益法进行著作权资产评估时，应当根据著作权资产对应作品的运营模式合理估计评估对象的预期收益，并关注运营模式法律上的合规性、技术上的可能性、经济上的可行性。著作权的预期收益通常通过分析计算增量收益、节省许可费和超额收益等途径实现。

第二十四条 注册资产评估师执行著作权资产评估业务，应当关注该作品演绎出新作品并产生衍生收益的可能性。当具有充分证据证明该作品在可预见的未来可能会演绎出新作品并产生衍生收益时，注册资产评估师应当谨慎、恰当地考虑这种衍生收益对著作权资产价值的影响。

第二十五条 当原创作品的演绎作品尚未形成时，注册资产评估师应当了解其衍生收益的产生在评估基准日具有较大的不确定性，应当按或有资产评估衍生收益对应的著作权资产的价值。

第二十六条 注册资产评估师运用收益法进行著作权资产评估时，应当合理确定资产的剩余经济寿命。剩余经济寿命需要综合考虑法律保护期限、相关合同约定期限、作品类别、创作完成时间、首次发表时间以及作品的权利状况等因素确定。

第二十七条 注册资产评估师运用收益法进行著作权资产评估时，应当综合考虑评估基准日的利率、资本成本，以及著作权实施过程中的技术、经营、市场、生命周期等方面的风险因素，合理确定折现率。著作权资产折现率应当区别于企业整体资产或者有形资产折现率。

著作权资产折现率口径应当与预期收益的口径保持一致。

第二十八条 注册资产评估师运用市场法进行著作权资产评估时，应当对收集的交易案例与评估对象进行比较，分析在交易时间、权利种类或者形式以及限制条件、交易方的关系、获利能力、竞争能力、剩余经济寿命、风险程度等方面的差异。

第二十九条 注册资产评估师运用成本法进行著作权资产评估时，应当合理确定作品的重置成本。作品重置成本包括创作人员和管理人员的人工成本、材料成本、创作环境配套成本、场地使用或者占用等合理成本以及合理利润和相关税费等。

第三十条 注册资产评估师运用成本法进行著作权资产评估时，应当了解著作权资产的贬值在其经济寿命期内可能不是均匀分布的，应当采用适当方法确定评估对象的贬值。

第三十一条 注册资产评估师对同一著作权资产采用多种评估方法评估时，应当对各种方法取得的初步结果进行比较分析，形成合理的最终评估结论。

第五章 披露要求

第三十二条 注册资产评估师执行著作权资产评估业务，应当在履行必要的评估程序后，根据《资产评估准则——评估报告》编制评估报告。

第三十三条 注册资产评估师执行著作权资产评估业务，应当在评估报告中披露必要的信息，使评估报告使用者能够合理理解评估结论。

第三十四条 注册资产评估师应当在著作权资产评估报告中反映著作权资产的特点，通常包括以下内容：

（一）作者和著作权权利人的基本情况；

（二）评估对象的详细组成情况，包括作品基本情况、作品的类别、作品的创作形式，涉及的演绎作品的详细情况；

（三）评估对象包含的财产权利限制条件；

（四）与著作权有关的权利情况；

（五）著作权和与著作权有关权利事项登记情况；

（六）作品含有其他无形资产的情况；

（七）作品产生收益的方式；

（八）著作权剩余法定保护期限以及剩余经济寿命；

（九）对影响著作权资产价值的法律因素、技术因素、经济因素的分析过程；

（十）使用的评估假设以及限定条件；

（十一）著作权资产许可、转让、诉讼以及质押等情况；

（十二）有关评估方法的主要内容，包括评估方法的选取及其理由，评估方法的运用和逻辑推理计算过程，各重要参数的来源、分析、比较与测算过程，对初步价值结论进行分析并形成最终评估结论的过程。

第六章 附 则

第三十五条 本指导意见自2011年7月1日起施行。

最高人民法院关于审理著作权民事纠纷案件适用法律若干问题的解释

1. 2002年10月12日最高人民法院审判委员会第1246次会议通过

2. 2002年10月12日公布

3. 法释〔2002〕31号

4. 自2002年10月15日起施行

为了正确审理著作权民事纠纷案件，根据《中华人民共和国民法通则》、《中华人民共和国合同法》、《中华人民共和国著作权法》、《中华人民共和国民事诉讼法》等法律的规定，就适用法律若干问题解释如下：

第一条 人民法院受理以下著作权民事纠纷案件：

（一）著作权及与著作权有关权益权属、侵权、合同纠纷案件；

（二）申请诉前停止侵犯著作权、与著作权有关权益行为，申请诉前财产保全、诉前证据保全案件；

（三）其他著作权、与著作权有关权益纠纷案件。

第二条 著作权民事纠纷案件，由中级以上人民法院管辖。

各高级人民法院根据本辖区的实际情况，可以确定若干基层人民法院管辖第一审著作权民事纠纷案件。

第三条 对著作权行政管理部门查处的侵犯著作权行为，当事人向人民法院提起诉讼追究该行为人民事责任的，人民法院应当受理。

人民法院审理已经过著作权行政管理部门处理的侵犯著作权行为的民事纠纷案件，应当对案件事实进行全面审查。

第四条 因侵犯著作权行为提起的民事诉讼，由著作权法第四十六条、第四十七条所规定侵权行为的实施地、侵权复制品储藏地或者查封扣押地、被告住所地人民法院管辖。

前款规定的侵权复制品储藏地，是指大量或者经常性储存、隐匿侵权复制品所在地；

查封扣押地，是指海关、版权、工商等行政机关依法查封、扣押侵权复制品所在地。

第五条 对涉及不同侵权行为实施地的多个被告提起的共同诉讼，原告可以选择其中一个被告的侵权行为实施地人民法院管辖；

仅对其中某一被告提起的诉讼，该被告侵权行为实施地的人民法院有管辖权。

第六条 依法成立的著作权集体管理组织，根据著作权人的书面授权，以自己的名义提起诉讼，人民法院应当受理。

第七条 当事人提供的涉及著作权的底稿、原件、合法出版物、著作权登记证书、认证机构出具的证明、取得权利的合同等，可以作为证据。

在作品或者制品上署名的自然人、法人或者其他组织视为著作权、与著作权有关权益的权利人，但有相反证明的除外。

第八条 当事人自行或者委托他人以定购、现场交易等方式购买侵权复制品而取得的实物、发票等，可以作为证据。

公证人员在未向涉嫌侵权的一方当事人表明身份的情况下，如实对另一方当事人按照前款规定的方式取得的证据和取证过程出具的公证书，应当作为证据使用，但有相反证据的除外。

第九条 著作权法第十条第（一）项规定的“公之于众”，是指著作权人自行或者经著作权人许可将作品向不特定的人公开，但不以公众知晓为构成条件。

第十条 著作权法第十五条第二款所指的作品，著作权人是自然人的，其保护期适用著作权法第二十一条第一款的规定；

著作权人是法人或其他组织的，其保护期适用著作权法第二十一条第二款的规定。

第十一条 因作品署名顺序发生的纠纷,人民法院按照下列原则处理:

有约定的按约定确定署名顺序;

没有约定的,可以按照创作作品付出的劳动、作品排列、作者姓氏笔画等确定署名顺序。

第十二条 按照著作权法第十七条规定委托作品著作权属于委托人的情形,委托人在约定的使用范围内享有使用作品的权利;

双方没有约定使用作品范围的,委托人可以在委托创作的特定目的范围内免费使用该作品。

第十三条 除著作权法第十一条第三款规定的情形外,由他人执笔,本人审阅定稿并以本人名义发表的报告、讲话等作品,著作权归报告人或者讲话人享有。

著作权人可以支付执笔人适当的报酬。

第十四条 当事人合意以特定人物经历为题材完成的自传体作品,当事人对著作权权属有约定的,依其约定;没有约定的,著作权归该特定人物享有,执笔人或整理人对作品完成付出劳动的,著作权人可以向其支付适当的报酬。

第十五条 由不同作者就同一题材创作的作品,作品的表达系独立完成并且有创作性的,应当认定作者各自享有独立著作权。

第十六条 通过大众传播媒介传播的单纯事实消息属于著作权法第五条第(二)项规定的时事新闻。

传播报道他人采编的时事新闻,应当注明出处。

第十七条 著作权法第三十二条第二款规定的转载,是指报纸、期刊登载其他报刊已发表作品的行为。

转载未注明被转载作品的作者和最初登载的报刊出处的,应当承担消除影响、赔礼道歉等民事责任。

第十八条 著作权法第二十二条第(十)项规定的室外公共场所的艺术作品,是指设置或者陈列在室外社会公众活动所处的雕塑、绘画、书法等艺术作品。

对前款规定艺术作品的临摹、绘画、摄影、录像人,可以对其成果以合理的方式和范围再行使用,不构成侵权。

第十九条 出版者、制作者应当对其出版、制作有合法授权承担举证责任,发行者、出租者应当对其发行或者出租的复制品有合法来源承担举证责任。

举证不能的,依据著作权法第四十六条、第四十七条的相应规定承担法律责任。

第二十条 出版物侵犯他人著作权的,出版者应当根据其过错、侵权程度及损害后果等承担民事赔偿责任。

出版者对其出版行为的授权、稿件来源和署名、所编辑出版物的内容等未尽到合理注意义务的,依据著作权法第四十八条的规定,承担赔偿责任。

出版者尽了合理注意义务,著作权人也无证据证明出版者应当知道其出版涉及侵权的,依据民法通则第一百一十七条第一款的规定,出版者承担停止侵权、返还其侵权所得利润的民事责任。

出版者所尽合理注意义务情况,由出版者承担举证责任。

第二十一条 计算机软件用户未经许可或者超过许可范围商业使用计算机软件的,依据著作权法第四十七条第(一)项、《计算机软件保护条例》第二十四条第(一)项的规定承担民事责任。

第二十二条 著作权转让合同未采取书面形式的,人民法院依据合同法第三十六条、第三十七条的规定审查合同是否成立。

第二十三条 出版者将著作权人交付出版的作品丢失、毁损致使出版合同不能履行的,依据著作权法第五十三条、民法通则第一百一十七条以及合同法第一百二十二条的规定追究出版者的民事责任。

第二十四条 权利人的实际损失,可以根据权利人因侵权所造成复制品发行减少量或者侵权复制品销售量与权利人发行该复制品单位利润乘积计算。

发行减少量难以确定的,按照侵权复制品市场销售量确定。

第二十五条 权利人的实际损失或者侵权人的违法所得无法确定的,人民法院根据当事人的请求或者依职权适用著作权法第四十八条第二款的规定确定赔偿数额。

人民法院在确定赔偿数额时,应当考虑作品类型、合理使用费、侵权行为性质、后果等情节综合确定。

当事人按照本条第一款的规定就赔偿数额达成协议的,应当准许。

第二十六条 著作权法第四十八条第一款规定的制止侵权行为所支付的合理开支,包括权利人或者委托代理人对侵权行为进行调查、取证的合理费用。

人民法院根据当事人的诉讼请求和具体案情,可以将符合国家有关部门规定的律师费用计算在赔偿范围内。

第二十七条 在著作权法修改决定施行前发生的侵犯著

作权行为起诉的案件，人民法院于该决定施行后做出判决的，可以参照适用著作权法第四十八条的规定。

第二十八条 侵犯著作权的诉讼时效为二年，自著作权人知道或者应当知道侵权行为之日起计算。

权利人超过二年起诉的，如果侵权行为在起诉时仍在持续，在该著作权保护期内，人民法院应当判决被告停止侵权行为；

侵权损害赔偿数额应当自权利人向人民法院起诉之日起向前推算二年计算。

第二十九条 对著作权法第四十七条规定的侵权行为，人民法院根据当事人的请求除追究行为人民事责任外，还可以依据民法通则第一百三十四条第三款的规定给予民事制裁，罚款数额可以参照《中华人民共和国著作权法实施条例》的有关规定确定。

著作权行政管理部门对相同的侵权行为已经给予行政处罚的，人民法院不再予以民事制裁。

第三十条 对2001年10月27日前发生的侵犯著作权行为，当事人于2001年10月27日后向人民法院提出申请采取责令停止侵权行为或者证据保全措施的，适用著作权法第四十九条、第五十条的规定。

人民法院采取诉前措施，参照《最高人民法院关于诉前停止侵犯注册商标专用权行为和保全证据适用法律问题的解释》的规定办理。

第三十一条 除本解释另行规定外，2001年10月27日以后人民法院受理的著作权民事纠纷案件，涉及2001年10月27日前发生的民事行为的，适用修改前著作权法的规定；

涉及该日期以后发生的民事行为的，适用修改后著作权法的规定；

涉及该日期前发生，持续到该日期后的民事行为的，适用修改后著作权法的规定。

第三十二条 以前的有关规定与本解释不一致的，以本解释为准。

·典型案例·

丁晓春诉南通市教育局、江苏美术出版社侵犯著作权纠纷案

【裁判摘要】

根据《义务教育法》的规定，义务教育的教学制度、教学内容、课程设置和教科书审订，应当由国务院教育行政主管部门确定。国家教委制定的《全国中小学教材审定委员会章程》规定，教科书的编写必须经中央或省级教育行政部门批准，经学科审查委员会通过，并报审定委员会批准后，由国家教育委员会列入全国普通中小学教学用书目录。因此，《著作权法》第二十三条第一款规定的教科书并非泛指中小学使用的所有教材，而应当界定为经省级以上教育行政部门批准编写、经国家教育委员会列入全国普通中小学教学用书目录中的中小学课堂正式用书。除此以外的教材，不适用《著作权法》第二十三条第一款关于法定许可使用的规定。

【基本案情】

原告丁晓春因与被告南通市教育局、江苏美术出版社发生侵犯著作权纠纷，向江苏省南通市中级人民法院提起诉讼。

原告丁晓春诉称：1999年2月7日，本人在街头为妻儿拍摄了一张选购红灯笼的生活照。该幅照片以“街上红灯闹”为题，发表于1999年2月12日的《南通日报》“周末特刊”上。后本人在翻阅由被告南通市教育局组织编写和摄影、由被告江苏美术出版社于2000年1月出版、2002年1月第三次印刷发行的《南通美术乡土教材（小学高年级版）》（以下简称《乡土教材》）时，发现该书使用了本人拍摄的上述照片。两被告未征得本人同意，即在其编辑、出版发行的图书中使用本人享有著作权的作品，且未支付报酬，已构成对本人著作权的侵犯。请求法院判令两被告停止侵害，在南通市级报刊上公开赔礼道歉，赔偿损失2万元，并承担本案诉讼费用。

被告南通市教育局辩称：我局不是本案的适格被告，《乡土教材》是由严抒勤等编写、江苏美术出版社出版的，我局不是该书的编辑者。原告丁晓春诉称我局侵犯其著作权无法律依据，请求驳回原告对我局的诉讼请求。

被告江苏美术出版社辩称：原告丁晓春无权以个人身份主张涉案照片的著作权。本社出版发行的《乡土教材》中选用的涉案“大红灯笼”照片，系从1999年2月12日的《南通日报》转载的。该幅作品是原告为完成《南通日报》社交办的工作任务，并且代表法人意志而完成的作品，其著作权人应为《南通日报》社；本社出版的《乡土教材》是为了实施九年制义务教育和国家教育规划而编写出版的教科书，本社使用涉案照片属于《中华人民共和国著作权法》（以下简称著作权法）第二十三条规定

的法定许可使用的情形,更何况本社在编审时已尽审慎义务,主观上没有过错。因此,本社愿意按国家规定的标准向原告补付稿酬,但原告提起的侵权之诉不能成立,请求驳回原告的诉讼请求。

【争议焦点】

本案的争议焦点是:1."街上红灯闹"照片著作权的归属;2. 被告江苏美术出版社在其出版的《乡土教材》中使用原告丁晓春拍摄的"街上红灯闹"照片是否属于著作权法第二十三条规定的法定许可使用的情形;3. 被告南通市教育局在本案中应否承担民事责任;4. 丁晓春主张两被告赔偿2万元损失是否具有事实依据和法律依据。

【裁判理由】

南通市中级人民法院认为:

一、"街上红灯闹"照片的著作权归属于原告丁晓春。

"街上红灯闹"照片由原告丁晓春独立拍摄完成,照片以串连在一起、色彩鲜艳的中国传统节日灯饰——大红灯笼为主体,辅以母子选购时的喜悦神情,以简洁的画面渲染出太平盛世时期普通百姓喜迎中华民族传统节日——春节的欢乐、祥和氛围,具有一定的独创性,属于我国著作权法所保护的摄影作品。

对于该幅摄影作品著作权归属的问题,原告丁晓春主张其本人系该作品的著作权人,被告江苏美术出版社根据丁晓春系《南通日报》社摄影记者和该照片刊登于《南通日报》的事实,认为该作品为法人作品,丁晓春个人对该作品不享有著作权。法院认为,根据著作权法第十一条第三款的规定,由法人或者其他组织主持,代表法人或者其他组织意志创作,并由法人或者其他组织承担责任的作品,法人或者其他组织视为作者。而"街上红灯闹"这幅摄影作品系由丁晓春在假日期间利用自己的摄影器材拍摄完成,该创作行为并不代表法人或者其他组织的意志。因此,该作品的作者是丁晓春个人。

原告丁晓春系《南通日报》社摄影记者,"街上红灯闹"照片的拍摄行为虽然系其个人行为,但其同意《南通日报》迎春特刊"过大年"使用该幅作品,并同意在其署名前冠以"本报记者"的身份,据此可以认定该作品是丁晓春为完成《南通日报》社组办迎春特刊"过大年"的工作任务而拍摄,属于著作权法第十六条第一款规定的职务作品。但该作品并非主要是利用《南通日报》社的物质技术条件创作并由该社承担责任,也没有相关法律、行政法规规定或者合同约定该作品的著作权由《南通日报》社享有,不属于著作权法第十六条第二款规定的"作者享有署名权,著作权的其他权利由法人或者其他组织享有"的情形。因此,"街上红灯闹"照片的著作权仍应归作者丁晓春享有。

二、被告江苏美术出版社在其出版的《乡土教材》中使用原告丁晓春拍摄的"街上红灯闹"摄影作品,不属于著作权法第二十三条规定的法定许可使用的情形。

被告江苏美术出版社辩称《乡土教材》是根据《九年制义务教育全日制小学美术教学大纲(修订试用版)》的有关要求编写的,属于为了实施九年制义务教育和国家教育规划而出版的教科书,故其使用"街上红灯闹"照片可以不经著作权人许可。法院认为,著作权法第二十三条第一款规定:"为实施九年制义务教育和国家教育规划而编写出版教科书,除作者事先声明不许使用的外,可以不经著作权人许可,在教科书中汇编已经发表的作品片段或者短小的文字作品、音乐作品或者单幅的美术作品、摄影作品,但应当按照规定支付报酬,指明作者姓名、作品名称,并且不得侵犯著作权人依照本法享有的其他权利。"本案中原告丁晓春创作的"街上红灯闹"照片属单幅摄影作品,原告对该摄影作品事先没有声明不许使用。因此,判定江苏美术出版社将该作品使用于《乡土教材》的行为是否属于著作权法第二十三条第一款规定的法定许可使用的情形,关键在于判断《乡土教材》是否属于为实施九年制义务教育和国家教育规划而编写出版的教科书。

我国著作权法第二十三条第一款关于法定许可使用的规定,旨在平衡著作权保护与公共利益需要,但该规定仅是对著作权的一种适度限制,适用该规定的教科书也并非泛指中小学使用的所有教材。根据《中华人民共和国义务教育法》的规定,义务教育的教学制度、教学内容、课程设置和教科书审订,应当由国务院教育主管部门确定。国家教委在《全国中小学教材审定委员会章程》中规定,教科书的编写必须经中央或省级教育行政部门批准,经学科审查委员会通过,并报送审定委员会批准后,由国家教育委员会列入全国普通中小学教学用书目录。因此,著作权法第二十三条第一款规定的教科书,应当界定为经省级以上教育行政部门批准编写、经国家专门设立的学科审查委员会通过,并报送审定委员会批准后,由国家教育委员会列入全国普通中小学教学用书目录的中小学课堂正式用书。在被告江苏美术出版社出版发行《乡土教材》前,该教材的编写者未按规定向江苏省教育厅补办编写地方性教材的立项申请核准手续，该教材也未经江苏省中小学教材审定委员会审查，更未经江苏省教育厅批准并列入南通市辖区范围内的《中小学教学用书目录》。因此，该教材不属于著作权法第二十三条第一款规定的教科书，江苏美术出版社关于在该教材中使用原告丁晓春的摄影作品“街上红灯闹”属于法定许可使用的答辩理由亦不能成立。

三、被告南通市教育局在本案中不承担民事责任。

根据本案事实，《乡土教材》系由南通市教研室严抒勤等人编写，由被告江苏美术出版社出版发行。被告南通市教育局既非该教材的编写者，也非该教材的出版发行者。因此，原告丁晓春关于南通市教育局侵犯其著作权的诉讼主张，缺乏事实依据，其对南通市教育局的诉讼请求不能予以支持。至于南通市教育局曾将《乡土教材》列入《南通市小学高年级教学用书目录》的做法，因不属于民事诉讼的调整范围，故不予置议。

四、被告江苏美术出版社所应承担的法律责任。

被告江苏美术出版社在明知涉案照片系原告丁晓春之作品的情形下，未经丁晓春许可，擅自在其出版发行的《乡土教材》中使用该摄影作品，既未指明作者姓名，也未向作者支付报酬，并将该作品更名为“大红灯笼”，其行为已构成对原告所享有的“街上红灯闹”摄影作品著作权的侵害，应停止侵害，赔礼道歉，并赔偿原告的经济损失。

原告丁晓春未能就其实际损失提供证据，而是选择按被告江苏美术出版社出版发行《乡土教材》的价格扣除相应成本后酌情计算赔偿数额，但未将一些必要的、合理的出版发行费用计入成本。江苏美术出版社出版发行的《乡土教材》中，除使用了丁晓春的摄影作品“街上红灯闹”外，还使用了其他作品；同时，编写者还为部分民间艺术作品拍摄了照片，组织撰写了文字说明，均需支付一定的费用。且江苏美术出版社自2000年1月以来，虽曾先后三次印刷发行《乡土教材》，累计印数为294 701册，但第三次印刷在国家教育部等部门发出清理整顿中小学教材的通知之后，该次印刷的72 993册《乡土教材》因此而积压。故江苏美术出版社出版发行《乡土教材》所得收益难以确定。因此，应从江苏美术出版社出版发行《乡土教材》所获收入中扣除印刷成本、合理的分摊费用及发行费用，以此为基础，根据涉案照片在整个教材中所占的比例、侵权人的侵权情节，并结合江苏美术出版社的侵权行为对丁晓春本人的影响程度等因素，综合考虑、酌情确定本案的赔偿额。

【裁判结果】

南通市中级人民法院根据著作权法第十一条、第十六条、第二十三条第一款、第四十七条第一款第一项、第四十八条的规定，于2002年12月19日判决：

一、被告江苏美术出版社今后如重印或再版《乡土教材》，应将原告丁晓春拍摄的“街上红灯闹”摄影作品予以删除；

二、被告江苏美术出版社于本判决生效之日起15日内，在《南通日报》上刊登向原告丁晓春道歉的声明，声明内容须经南通市中级人民法院审核同意。如江苏美术出版社逾期不刊登道歉声明，则由丁晓春以江苏美术出版社的名义在《南通日报》上刊登道歉声明，声明内容亦须经南通市中级人民法院审核同意，相关费用由江苏美术出版社负担；

三、被告江苏美术出版社赔偿原告丁晓春人民币6000元，于本判决生效之日起15日内履行；

四、驳回原告丁晓春对被告南通市教育局的诉讼请求。

案件受理费810元，由原告丁晓春负担250元，由被告江苏美术出版社负担560元。

一审宣判后，双方当事人均未提出上诉，一审判决已发生法律效力。

张林英等4人诉广元公司、革命博物馆、工美集团侵犯著作权纠纷案

【裁判摘要】

美术作品的收藏者不是作品的著作权人，无权许可他人复制、发行该油画作品。

【基本案情】

原告张林英、董沙贝、董沙雷、董一沙因与被告上海广元艺术工艺品有限公司（以下简称广元公司）、北京工美集团有限责任公司（以下简称工美集团）、中国革命博物馆（以下简称革命博物馆）发生侵犯著作权纠纷，向北京市第二中级人民法院提起诉讼。

原告张林英、董沙贝、董沙雷、董一沙诉称：董希文是油画《开国大典》的著作权人。我们是董希文的合法继承人，依照继承法享有油画《开国大典》的著作权。被告广元公司和革命博物馆未经许可，于1999年12月复制、

发行了油画《开国大典》的金箔画15 000份,侵害了我们对于油画《开国大典》享有的使用权及获得报酬权,并对董希文及我们的声誉造成恶劣影响。被告丁美集团以营利为目的销售了该侵权产品,也构成了侵权。

原告的诉讼请求是:要求广元公司和革命博物馆停止侵权行为、公开赔礼道歉、消除影响、赔偿原告经济损失275 000元;要求工美集团停止销售侵权制品。

被告广元公司辩称:油画《开国大典》原作收藏于革命博物馆,著作权应属于该馆;我公司与革命博物馆合作制作《开国大典》的金箔画,没有侵犯原告的权益。原告的赔偿请求没有依据。

被告工美集团辩称:《开国大典》金箔画是革命博物馆与广元公司联合发行的,我公司作为销售者已经尽到了必要的注意义务,且原告诉讼后我公司已经按原告的要求停止了该金箔画的销售。

被告革命博物馆辩称:我馆与广元公司签订协议合作发行《开国大典》金箔画时,曾要求广元公司与原告联系以取得授权。虽然合作协议标明我馆是监制、发行单位,但实际上我馆仅提供底片,负责监制,制作和发行是由广元公司负责的,广元公司是本案的主要侵权人。我馆没有侵权的主观故意,也没有直接实施侵权行为。

【争议焦点】

本案当事人的争议焦点为:(1)革命博物馆作为油画《开国大典》的收藏者是否有权许可他人复制、发行该油画作品?(2)被告广元公司和革命博物馆对制作、发行《开国大典》金箔画是否构成共同侵权?(3)如果构成侵权,应如何确定侵权责任?

【一审裁判理由】

北京市第二中级人民法院认为:

2001年10月27日,第九届全国人民代表大会常务委员会第二十四次会议修正了《中华人民共和国著作权法》。但由于本案争议的侵权纠纷发生在《中华人民共和国著作权法》修正之前,故应该适用修正前的《中华人民共和国著作权法》(以下简称1990年著作权法)。

1990年著作权法第十一条第一款规定:"著作权属于作者,本法另有规定的除外。"第四款规定:"如无相反证明,在作品上署名的公民、法人或非法人单位为作者。"第十九条规定:"著作权属于公民的,公民死亡后,其作品的使用权和获得报酬权在本法规定的保护期内,依照继承法的规定转移。"董希文是油画《开国大典》的作者,依法对该作品享有著作权。原告张林英、董沙贝、董沙雷、董一沙作为董希文的合法继承人,有权继承董希文对该作品所享有的使用权和获得报酬权。

1990年著作权法第十八条规定:"美术等作品原件所有权的转移,不视为作品著作权的转移,但美术作品原件的展览权由原件所有人享有。"油画《开国大典》原作已由革命博物馆收藏,革命博物馆作为美术作品的物权所有者,依照法律规定仅享有该作品的展览权,但该油画作品著作权的其他权利仍应由著作权人享有。未经著作权人的许可,革命博物馆无权以著作权人的身份授权他人使用其收藏的作品。革命博物馆在明知未经著作权人授权的情况下,以营利为目的,擅自向广元公司提供油画《开国大典》的底片用于制作成金箔画并参与发行,该行为侵害了油画《开国大典》的著作权人的继承人张林英、董沙贝、董沙雷、董一沙依法对该作品享有的使用权及获得报酬权,应承担停止侵害、消除影响、公开赔礼道歉及赔偿损失的责任。被告广元公司作为油画《开国大典》金箔画的制作及发行者,有义务审查该油画作品著作权人的授权情况,不应简单地认为该油画作品现收藏于革命博物馆,其著作权就归属于该馆。广元公司在未取得著作权人许可的情况下,将油画《开国大典》制作成金箔画并发行,其行为侵害了该油画著作权人应享有的权利,应承担停止侵害、消除影响、公开赔礼道歉及赔偿损失的责任。丁美集团销售的《开国大典》金箔画因属于侵权制品,故应承担停止销售侵权制品的责任。

被告广元公司在与被告革命博物馆就制作发行《开国大典》金箔画一事签订的合作协议中,明确约定了双方承担的责任、制作产品的数量及规格、利益分配等具体事宜,在公开销售的金箔画所附"收藏证书"中亦标明是联合发行。上述事实表明,广元公司与革命博物馆是基于共同的商业目的,实施了制作、发行《开国大典》金箔画的行为。革命博物馆和广元公司构成共同侵权,应承担连带责任。革命博物馆提出其仅负责监制,广元公司应负主要责任的辩解理由,缺乏法律依据,不能成立。

广元公司与革命博物馆在合作协议中对制作金箔画的数量进行了约定,但在公开销售的《开国大典》金箔画所附"收藏证书"中,对外公开标明该金箔画的制作数量总计为15 000幅。由于广元公司已经承认将其生产、发行的《开国大典》金箔画样品赠与革命博物馆,革命博物馆亦认可收到了金箔画样品,且对"收藏证书"的内容未提出异议,故应视为双方在履行合同的过程中对金箔画的制作数量达成了新的协议,即金箔画的实际生产数量为15 000幅。革命博物馆提出“收藏证书”及有关宣传材料均是广元公司单方制作的，并未取得其许可；广元公司否认制作了15 000幅金箔画，提出这是宣传上的需要，实际生产数量仅为67幅。但二被告对其主张均未提供相应的证据予以佐证，故金箔画的实际生产数量应以“收藏证书”对外公布的15 000幅为准。对于广元公司与革命博物馆的侵权责任，应根据被告侵权行为的性质、后果、影响等因素综合考虑予以确定。

【一审裁判结果】

北京市第二中级人民法院于2002年6月19日判决：

一、上海广元艺术工艺品有限公司、中国革命博物馆立即停止制作、发行《开国大典》金箔画的侵权行为；

二、上海广元艺术工艺品有限公司、中国革命博物馆未经著作权人许可，不得以任何形式使用《开国大典》金箔画；

三、上海广元艺术工艺品有限公司、中国革命博物馆于本判决生效后三十日内在《法制日报》上发表向张林英、董沙贝、董沙雷、董一沙致歉的声明（致歉内容需经法院核准。逾期不执行，法院将在该报上公布本判决内容，相关费用由上海广元艺术工艺品有限公司、中国革命博物馆共同负担）；

四、上海广元艺术工艺品有限公司、中国革命博物馆于本判决生效后十日内赔偿张林英、董沙贝、董沙雷、董一沙经济损失人民币二十六万元；

五、北京工美集团有限责任公司未经著作权人许可，不得再销售《开国大典》金箔画。

案件受理费6635元，由被告上海广元艺术工艺品有限公司、中国革命博物馆共同负担。

【上诉情况】

一审宣判后，被告广元公司和革命博物馆向北京市高级人民法院提起上诉。

广元公司的主要上诉理由是：(1)油画《开国大典》是董希文为完成中央美术学院的工作任务而制作，系职务作品，著作权应属中央美术学院。该油画作品已赠送给国家，其著作权应归属国家，广元公司经革命博物馆许可复制《开国大典》油画的行为不构成侵权。(2)广元公司从未与工美集团有过业务往来，认定董一沙提供的《开国大典》金箔画属广元公司制作缺乏证据。(3)本案被控侵权的《开国大典》油画不是董希文的原作，已经过他人修改。

革命博物馆的主要上诉理由是：广元公司在签订“合作协议”之前即开始生产《开国大典》金箔画，且擅自印发“授权声明”，在“监制证书”中假冒革命博物馆公章和馆长签名，由此，博物馆不应承担共同侵权责任。我馆向广元公司提供的《开国大典》油画并非董希文的原作，而是经他人修改后的作品。

工美集团和张林英、董沙贝、董沙雷、董一沙均表示服从一审判决。

【二审裁判理由】

北京市高级人民法院认为：

油画《开国大典》在公开发表时署名即为董希文，广元公司认为《开国大典》属于职务作品且该作品已赠与国家，并因此对该作品的著作权属于董希文及其继承人持有异议，但并未能提出充分证据证实其主张，因此，广元公司对油画《开国大典》的著作权人的异议不能成立。

董希文在创作油画《开国大典》后，曾经对该作品进行过多次的修改，革命博物馆也曾经组织他人对该作品进行过重新绘制，并且又将重新绘制的该作品恢复到董希文1953年第一次创作时的原样。董希文对其创作油画作品享有著作权应始于作品创作完成时，他本人对作品的修改，及他人对其作品的修改及重新绘制，均不影响对原作品著作权的保护。广元公司和革命博物馆在上诉中提出，《开国大典》金箔画所参照的作品并非董希文的原作而系他人修改后的作品，故不构成侵权的理由，缺乏法律依据，不能成立。

广元公司承认制作、发行了《开国大典》金箔画，但认为工美集团销售的《开国大典》金箔画并不是广元公司制作、发行的。由于广元公司不能提供具体的证据证明其主张，故一审法院认定工美集团销售的《开国大典》金箔画系广元公司生产并无不当。

革命博物馆在不否认与广元公司签订的“合作协议”效力的情况下，提出金箔画“监制证书”中的革命博物馆的公章和馆长的签名未经过博物馆的授权，不能因此认定革命博物馆共同侵权，其主张缺乏法律依据，故不予支持。

【二审裁判结果】

北京市高级人民法院依照《中华人民共和国民事诉讼法》第一百五十三条第一款第（一）项之规定，于2002年12月16日判决：

驳回上诉，维持原判。

齐良芷、齐良末等诉江苏文艺出版社侵犯著作权纠纷案

【裁判摘要】

《著作权法》规定作品的著作权属于公民的,公民死亡后,其著作财产权依照继承法的规定转移。结合《中华人民共和国著作权法实施条例》的规定:合作作品不可以分割使用的,其著作权由各合作作者共同享有,通过协商一致行使;不能协商一致,又无正当理由的,任何一方不得阻止他方行使除转让以外的其他权利,但是所得收益应当合理分配给所有合作作者。上述规定体现了著作权的立法宗旨,即通过赋予著作权人有限的权利以鼓励有益于社会主义精神文明、物质文明建设的作品得以产生和传播,但并非使著作权人对作品的传播和使用享有绝对的垄断权。

【基本案情】

原告齐良芷、齐良末、齐秉颐、齐金平、邓桐生、尹寿山、齐来欢、齐展仪、齐良憐因与被告江苏文艺出版社发生侵犯著作权纠纷,向江苏省南京市鼓楼区人民法院提起诉讼。

原告齐良芷等诉称:原告系著名画家齐白石的合法继承人,被告江苏文艺出版社在没有合法授权的情况下,以营利为目的,将齐白石的作品汇编成《煮画多年》一书进行出版发行。原告诉至法院,请求:1. 判令被告停止侵害,用书面形式或在新闻媒体上公开赔礼道歉,2. 被告赔偿原告经济损失10万元,3. 请求被告支付原告为制止侵权行为所支出的合理费用。

被告江苏文艺出版社质证认为,对上述证据真实性无异议,但原告齐良芷等主张的律师费数额太高,不符合法律规定,对住宿费中在沧州发生的费用不予认可,公证费发票上并未写明是因本案所作公证,与本案没有关联性,交通费中原告从南京至天津选择的是动车,标准偏高。

被告江苏文艺出版社辩称:我社在《煮画多年》一书出版前曾与湖南湘潭齐白石纪念馆(以下简称齐白石纪念馆)签订过《图书出版合同》,并得到了齐白石后人齐金平与齐灵根的授权,且已支付了稿酬,故我社并未侵犯原告的著作权,请求驳回原告齐良芷等的诉讼请求。

【裁判理由】

南京市鼓楼区人民法院一审认为:

《中华人民共和国著作权法》(以下简称著作权法)规定,作品的著作权属于公民的,公民死亡后,其著作财产权依照《中华人民共和国继承法》(以下简称继承法)的规定转移。齐白石去世后,其作品的著作财产权在没有遗嘱继承等情况下,发生法定继承。即公民死亡后,其财产按照法定继承的顺序由第一顺序继承人继承。在法定继承中,被继承人的子女先于被继承人死亡时,由已死亡的晚辈直系血亲代位继承。如果被继承人的子女在继承开始后遗产分割前死亡的,则其应该继承的遗产份额转由其合法继承人转继承。继承是从被继承人死亡时开始。对于继承开始之后去世的子女,该子女所应当继承的份额应当按照继承法的规定,由该子女的继承人继承。原告齐良芷等均是齐白石的著作财产权的相应继承人,有权对侵犯齐白石著作财产权的行为提出主张,原告的主体适格。

根据著作权法规定,在作者生前及其死亡后五十年的保护期限内,作者的发表权、复制权、发行权、获得报酬权等权利受法律保护。在此期间内,未经作者或作者继承人的许可,任何人不得使用作者的作品。齐白石于1957年9月16日去世,根据法律规定其作品著作权保护期截止时间应计算至2007年12月31日,被告江苏文艺出版社出版《煮画多年》的时间为2007年10月,仍在该保护期内,故被告的出版行为应依法得到许可。

被告江苏文艺出版社在出版前与齐白石纪念馆签订了出版合同,审理中又提交了齐金平和齐灵根共同出具的《证明》和《授权委托书》证明其出版行为已获得许可,原告齐良芷等对《证明》和《授权委托书》不予认可,但并未提交相反证据,法院对《证明》和《授权委托书》予以采信。两份证据证明齐白石纪念馆委托被告出版《煮画多年》,并取得了齐金平和齐灵根的许可,虽然此二人不能代表所有齐白石继承人,但因齐白石的继承人人数众多,难以确定,且分散于各地,齐白石作品的出版如需取得全体继承人的同意,几无可能,如此将会导致齐白石的所有作品在保护期内难以出版。事实上,在本案中原告起诉也未能获得全体继承人的授权。著作权法以保护著作权为宗旨,通过赋予著作权人有限的权利以鼓励有益于社会主义精神文明、物质文明建设的作品得以产生和传播,从而促进社会主义文化和科学事业的发展与繁荣,但并非使著作权人对作品的传播和使用享有绝对的垄断权。《中华人民共和国著作权法实施条例》第九条规定也体现了这一原则,该条规定合作作品不可以分割使用的,其著作权由各合作作者共同享有,通过协商一致行使;不能

协商一致,又无正当理由的,任何一方不得阻止他方行使除转让以外的其他权利,但是所得收益应当合理分配给所有合作作者。齐白石作为享誉世界的艺术大师,其作品如果由于未取得所有继承人同意而无法在保护期内出版,则不仅不符合原告方自身的利益,也不符合著作权法促进文化传承和发展的精神。本案中,被告出版《煮画多年》一书是为了配合齐白石去世50周年的纪念活动,其出版行为具有一定的公益性质,并在出版前与齐白石纪念馆签订了书面合同,得到了齐白石部分继承人的许可,被告的出版行为并不会妨碍齐白石继承人对作品的正常使用也不会损害其合法利益。综合这些因素,法院认为被告取得齐金平、齐灵根的许可即应视为已获得了合法授权,其出版《煮画多年》不构成侵权。

根据法律规定,被告江苏文艺出版社出版《煮画多年》应当支付相应的报酬。齐白石纪念馆并非权利人,无权收取稿酬,更无权将稿酬与其购书费用进行充抵,被告给付稿酬的相对方应当是齐白石继承人。原告齐良芷等的诉讼请求虽然是要求被告赔偿侵权损失,但在法院释明后表示如果被告不构成侵权,其仍要求被告支付报酬,故被告应将约定的稿酬支付给原告。关于原告要求被告停止侵权、赔礼道歉并支付合理费用的请求,须以侵权事实的成立为前提,因被告的出版行为不构成侵权,故该请求法院不予支持。

【裁判结果】

南京市鼓楼区人民法院依据《中华人民共和国著作权法》第二条第一款、第十条第二款之规定,于2011年3月15日判决:

一、被告江苏文艺出版社于本判决生效之日起十日内一次性给付原告齐良芷等稿酬人民币5150元;

二、驳回原告齐良芷等的其他诉讼请求。

原告齐良芷等不服一审判决,向南京市中级人民法院提起上诉。在二审中,原告于2011年9月撤回上诉,南京市中级人民法院作出民事裁定准许原告撤回上诉。

胡进庆、吴云初诉上海美术电影制片厂著作权权属纠纷案

【裁判摘要】

公民为完成法人交付的工作任务所创作的作品是职务作品。但是,1980年代中期,我国著作权法尚未颁布,职工为了单位拍摄动画电影的需要,根据职责所在创作的角色造型美术作品,其创作成果的归属,根据创作当时的时代背景、历史条件和双方当事人的行为综合分析,应判定作品的性质为特殊职务作品,作者仅享有署名权,而著作权的其他权利由法人享有。所谓历史背景,包括经济体制、法律制度、社会现实和约定俗成的普遍认知;当事人的行为则可以从单位的规章制度、明令禁止、获得报酬、双方的言行等方面进行深入探究。

【基本案情】

原告胡进庆、吴云初因与被告上海美术电影制片厂(以下简称美影厂)发生著作权权属纠纷,向上海市黄浦区人民法院提起诉讼。

两原告诉称:1.早在《葫芦兄弟》摄制组成立之前的1984年,原告胡进庆即开始创作"葫芦娃"造型美术作品并酝酿美影厂的第一部系列剪纸动画片。与现代动画电影不同,当时的剪纸动画片需要导演用墨笔画出融剧情、文字、角色造型、拍摄方式于一体的分镜头台本。1984年3月和1984年5月原告胡进庆分别绘制《葫芦兄弟》第三集和第一、二集的分镜头台本,并勾勒出包含"葫芦娃"发型、脸型、体型、服装、颈饰等特征的基本美术造型,确立用七色区分七兄弟的原则。原告吴云初强化其葫芦冠饰,将胡进庆创作的"葫芦娃"暗含葫芦形的菱形头饰、右边一片叶子改为头戴葫芦冠,左右各点缀一片叶子,并勾画出"葫芦娃"美术造型的正面完善稿、侧面稿和彩色稿,该美术造型经全厂征集评选于1985年年底被被告全部采用,并运用于影片之中,故两原告成为"葫芦娃"角色造型形象的原创作者。1986年3月至10月,原告胡进庆分别绘制《葫芦兄弟》第四集至第十三集分镜头台本,交由两个摄制组分别拍摄。2.1988年1月至6月原告胡进庆绘制《葫芦兄弟》续集《葫芦小金刚》六集分镜头台本。"金刚葫芦娃"的造型与"葫芦娃"基本一致,仅改为身穿白衣、颈部佩戴金光闪闪的葫芦挂件。在上述两部影片的每集片尾均标明"造型设计:进庆、吴云初",即表明被告承认两原告系"葫芦娃"角色造型的创作人员。3.两原告从未利用被告的物质技术条件创作涉案影片的分镜头台本,原、被告双方就角色造型美术作品的著作权也无任何约定。被告所谓的组织影片主创人员深入生活与"葫芦娃"角色造型美术作品的创作无关。涉案影片的酬金和获奖奖励分配已收到,但其性质是劳务费,与涉案美术作品的著作权无关。虽然"葫芦娃"角色造型美术作品的最终定稿系被告决定,但其创作却是

两原告主动而为,应属于职务作品,而非法人作品。4. 虽然“葫芦娃”角色造型美术作品诞生于著作权法施行之日前,但由于本案涉及的作品仍在保护期内,故著作权法可回溯适用本案争议。在美术电影中,人物角色表演的载体是由人创作的美术作品所虚拟的形象造型,其角色造型美术作品先于电影而存在,根据著作权法的规定,可以独立于影片而由作者即两原告享有著作权,而且映射在影片中的“葫芦娃”形象的著作权也应归两原告所有,故请求法院确认《葫芦兄弟》及其续集《葫芦小金刚》系列剪纸动画电影中“葫芦娃”(即葫芦兄弟和金刚葫芦娃)角色形象造型原创美术作品的著作权归原告胡进庆、吴云初所有。

被告美影厂辩称:1. 系争角色造型是由两原告等人绘制草稿张贴于摄制组内,经组内人员集体讨论修改,并经美影厂创作办公室、艺术委员会反复讨论提出修改意见不断完善,最终由美影厂艺术委员会审定。原告胡进庆依据定稿的剧本、角色造型、背景设计,绘制分镜头台本,该项工作是导演的职责。被告并不否认两原告对系争角色造型所做贡献,但作品的创作系在被告领导下,体现法人的意志,并由法人承担责任,系法人作品。署名为两原告,是因为成立摄制组时确定的工作岗位是由两原告负责造型设计,并由两原告具体执笔。2. 涉案影片的摄制是在计划经济体制的背景下,被告根据国家下达的制片任务指标编制拍摄计划,报电影局审批后成立摄制组投入拍摄,所有的摄制人员均受被告指派,工作任务由被告分配,影片完成后由同家按计划统包统销。涉案影片的主创人员深入生活、投资拍摄、制作、出版发行等费用均由被告承担。当时著作权法尚未颁布,双方不可能签订合同约定著作权的归属。3. 根据被告的规定,导演每年需完成一部长片(约 20 分钟)或二部短片(约 10 分钟)的工作任务,其他创作人员参照导演的标准完成相应的工作。自《葫芦兄弟》影片开始,对创作人员首次实行酬金制,《葫芦兄弟》还获得国内外多个奖项,奖励已按比例发放给主创人员。4. 创作“葫芦娃”角色造型是为了拍摄影片,影片中的葫芦娃形象是连续的、动态的,截取任何一副画面而单独使用,缺乏法律依据。角色造型不可以脱离影片单独使用,即使可以单独使用,也应由被告享有著作权,这样更有利于动漫产业的发展。综上,被告请求驳回原告的诉讼请求。

【争议焦点】

本案一审的争议焦点是:1.“葫芦娃”造型设计是否构成作品及由谁创作;2.“葫芦娃”造型设计美术作品的性质;3.“葫芦娃”角色造型能否作为可以单独使用的作品并由作者单独行使其著作权;4.“葫芦娃”形象与“葫芦娃”角色造型美术作品的关系。

【一审裁判理由】

上海市黄浦区人民法院一审认为:

一、“葫芦娃”造型设计是否构成作品及由谁创作

无论是文言文形式的民间故事《七兄弟》,还是民间流传的十兄弟故事,直至涉案影片的《七兄弟》文学剧本大纲,均系文字作品,即便是《葫芦兄弟》的剧本及其中有关“葫芦娃”的描述,也是一种文字表达,“葫芦娃”造型设计的作者首次以线条勾勒出“葫芦娃”的基本造型,四方的脸型体现出善良和正直,粗短的眉毛、长长的睫毛、明亮的大眼、小嘴红唇透露出孩童的天真与慧黠,粗壮有力的手部与腿部线条暗含蕴藏的无穷力量与本领;上装的坎肩与下装的短裤相配显得精干利落;头顶的葫芦冠饰衬以两片嫩叶,颈部的黑色项圈上点缀两片葫芦嫩叶,腰部的葫芦叶围裙清晰可见叶片的茎脉,既富有层次感又相互呼应,其巧妙地将葫芦与中国男童形象相融合,塑造出炯炯有神、孔武有力、天真可爱的“葫芦娃”角色造型,并以七色区分七兄弟,既表明兄弟的身份又以示区别,体现了作者的匠心独运与绘画技巧,其通过手工绘制而形成的视觉图像,结合线条、轮廓、服饰以及颜色的运用形成特定化、固定化的“葫芦娃”角色造型,已不再停留于抽象的概念或者思想,其所具有的审美意义、艺术性、独创性和可复制性,符合我国著作权法规定的作品的构成要件,应当受到我国著作权法的保护。至于“金刚葫芦娃”,因其与“葫芦娃”的基本造型并无二致,仅在衣服的颜色和颈部佩饰方面稍做改动,故不构成新的作品,可归结为一个“葫芦娃”角色造型。综上,法院认定“葫芦娃”角色造型构成美术作品。

关于“葫芦娃”角色造型由谁创作的问题,两原告既未提供定稿的“葫芦娃”角色造型美术作品,也从未就该作品进行版权登记。原告胡进庆提供的据以证明其作者身份的 70 页分镜头台本既不完整,也无作者署名和形成时间,每集片名系事后添加或有涂改,且分镜头台本并不等同于角色造型;原告胡进庆提供的“葫芦娃”造型美术作品三幅无形成时间和作者署名;原告吴云初提供的《葫芦兄弟》、《葫芦小金刚》人物美术资料 6 页无形成时间和作者署名,明显形成于《葫芦兄弟》影片完成之后,系事后制作,且上述造型稿与影片中的“葫芦娃”形象仍

有差异,而原告提供的证人均未到庭作证,故本院对上述证据均不予采信。因此,两原告提供的上述证据尚不足以证明其独立创作了"葫芦娃"角色造型美术作品。但是,涉案影片的影片目录、每集的完成台本和1996年美影厂出品的《葫芦兄弟》系列VCD光盘的每集片尾工作人员名单均显示,造型设计:吴云初、进庆,对该署名自影片创作完成至今双方均无异议,被告美影厂亦承认两原告对系争造型所作的贡献。根据我国著作权法有关如无相反证明,在作品上署名的公民、法人或者其他组织为作者的规定,法院据此认定,两原告共同创作了"葫芦娃"角色造型美术作品。

二、"葫芦娃"造型设计美术作品的性质

法律制度通常反映了一国的经济、文化、社会和时代特征,对系争权属的判定,同样不能脱离作品创作的时代背景和当时的法律制度。其一,从宏观的社会现实角度来看,被告美影厂提供的一系列证据显示,在涉案影片创作的当时,我国正处于计划经济时期,被告作为全民所有制单位,影片的创作需严格遵循行政审批程序,影片的发行放映需严格遵循国家的计划安排,如根据上级单位下达的年度指标任务上报年度创作题材规划,根据年初规划组织安排人员落实,创作成果归属于单位,单位再将最终创作成果交由相关单位统一出版发行,年底向上级单位、政府部门汇报各项指标任务的完成情况等。在作品创作的当时,两原告作为被告方的造型设计人员完成被告交付的工作任务,正是其职责所在,其创作的成果归属于单位是毋庸置疑的行业惯例,也是整个社会的一种约定俗成。其二,从当时的法律制度来看,1987年1月1日起施行的《中华人民共和国民法通则》第九十四条仅原则性地规定,公民、法人享有著作权(版权),依法有署名、发表、出版、获得报酬等权利。对于电影作品著作权的归属及电影作品中哪些作品可以单独使用并由作者单独行使著作权均未作出规定。可供参照的1985年1月1日起生效,现已失效的《图书、期刊版权保护试行条例》也仅规定,用机关、团体和企业事业单位的名义或其他集体名义发表的作品,版权归单位或集体所有。本案当事人在系争作品创作的当时,也不可能预先按照于1991年6月1日起施行的我国著作权法的规定,就职务作品著作权的归属以合同的形式进行明确约定。因此,认定两原告对其创作的作品于创作的当时享有著作财产权缺乏法律依据。其三,从微观的规章制度来看,被告提供的三位证人证言均证实,在涉案影片创作的当时,导演等工作人员均需完成美影厂创作办公室每年下达的任务指标,其他创作人员跟随导演完成相应工作量。原、被告均认可被告就涉案影片成立了摄制组,并指派原告胡进庆担任导演,两原告任造型设计,此系完成被告交付的工作任务。可见,完成法人交付的工作指标任务,取得工资、奖金及相关的医疗、分房等福利待遇,创作成果则归属于法人,符合当时社会人们的普遍认知,也是社会公众普遍认同的行为准则。其四,从取得的奖励来看,1986年3月被告上级公司下达的文件明确规定:自1月1日起创作人员实行酬金制。1986年8月18日广电部电影局发函明确表示:奖金全额发给获奖影片的摄制组,其中60%发给主要创作人员;为鼓励导演努力拍摄出更多的优秀影片,从今年开始分给导演的奖金应适当提高数额。其制度设计本身亦说明,在当时的历史条件下国家对影片主创人员创造性劳动的鼓励、尊重和其劳动价值的体现。上述文件结合两原告陈述、三位证人有关已领取酬金和奖励的证言及被告提供的财务凭证均表明,就系争作品的创作,两原告已取得远高于工资性奖金的酬金和奖励,自涉案影片最初播映的1986年起至2010年两原告起诉之日前的24年间,也没有证据表明两原告曾就此向被告提出过异议。而且,在系争作品创作完成的24年间两原告也从未就系争造型的著作权向被告提出异议。综上,根据系争作品创作当时的时代背景、历史条件和双方当事人的上述行为,可以认定"葫芦娃"角色造型美术作品的著作权由被告享有,两原告仅享有表明其作者身份的权利。

至于被告美影厂关于系争作品系法人作品的辩称意见,法院认为,虽然两原告系单位职工,造型设计属于其职责范围,系争作品是在单位主持下,为了完成单位的工作任务而进行的创作,责任亦由单位承担,但是,我们不能将法人意志简单地等同于单位指派工作任务、就创作提出原则性要求或提出修改完善意见等,否则,所有的职务作品均可被视为法人作品,作为自然人的创作者将丧失作者地位。系争美术作品的创作无须高度借助单位的物质技术条件,创作的过程也并不反映单位的意志,而是体现了作者独特的思想、感情、意志和人格。无论是"葫芦娃"角色造型的线条、轮廓、色彩还是服饰、颈饰、腰饰、葫芦冠等的选择都体现了作者个人的构思、选择和表达。虽然,被告美影厂主张摄制组其他成员和被告的部门负责人曾提出过修改意见,但这并不影响对"葫芦娃"角色造型作出实质性贡献的仍然是作者个人。而且,从片尾的署名来看，造型设计也已署名两原告个人。因此，“葫芦娃”角色造型美术作品并不是代表法人的意志创作，不应认定为法人作品，对被告的上述主张，法院不予采信。

三、“葫芦娃”角色造型能否作为可以单独使用的作品并由作者单独行使其著作权

我国著作权法第十五条第二款关于“电影作品和以类似摄制电影的方法创作的作品中的剧本、音乐等可以单独使用的作品的作者有权单独行使其著作权”的规定的适用前提有三个，一是身份系作者，其意义在于进一步保护电影作品中合作作者的单独的著作权，如果不是作品的作者，就不能成为适用本条款的合格主体，也就丧失了获得单独保护的前提条件。本案中，被告美影厂在影片的片尾将造型设计署名两原告，即是承认两原告系涉案影片角色造型美术作品的作者；二是著作财产权归属于该位作者，即只有在作者已获得著作财产权的前提下，编剧、词曲作者等才能够独立地行使著作权，反之，如著作财产权归属于法人或其他组织，则即使确系作品的作者也无权行使该作品的著作财产权，更谈不上独立行使其著作权，即只有根据我国著作权法第十一条和第十六条第一款的规定，著作财产权属于作者时，才能适用本条的规定。本案中，前已论述系争作品的著作权应属被告所有，两原告仅享有表明其作者身份的权利，故两原告也就丧失了适用本条的前提；三是作品可以单独使用。所谓单独使用，并非是指截取影片中的任何一幅截图进行使用。电影截图是电影整体表达的不可分割的组成部分，其本身并不具有独立于电影的表达，它仍然是在电影设定的背景和场景之下，表达着电影中的人物或故事内容，该等使用仍是对电影的使用，而不是一种对电影中其他作品的单独使用。本法条虽然仅列举剧本、音乐两类作品，但由于系争角色造型可以从电影中抽离出来，并独立地使用在其他的商品或服务标识之上，事实上，多年来原、被告分别起诉的众多著作权侵权案件，也从侧面印证了系争作品已被他人进行独立于影片的单独使用，故“葫芦娃”角色造型美术作品属于可以单独使用的作品。上述三个前提条件只有在同时满足的情况下，才能适用本条，由于两原告并不享有系争作品除署名权以外的著作权，故两原告不得援引该条款获得法律的保护。

四、“葫芦娃”形象与“葫芦娃”角色造型美术作品的关系

两原告在庭审中一再提及其所主张的著作权也包括映射在电影中的每一个“葫芦娃”形象。法院认为，就存在于影片中的每一个“葫芦娃”形象而言，由于两原告已同意被告美影厂将其作品拍摄成电影，且电影作品的整体著作权应由被告行使，双方当事人对此均无异议，故两原告关于影片中“葫芦娃”形象的著作权归其所有的主张，法院不予采信。

当系争的角色造型美术作品进入影片以后，经动作设计、背景设计、绘制、摄影、编剧、导演、配音等人员的创造性劳动，形成了“葫芦娃”具有个性特征的完整形象，该形象由包含姓名、身份、造型、声音、性格等个性特征、人物在特定环境下的经历和故事等情节以及人物对人的反应和对物的反应等组成，上述形象确认因素构成一个具有整体性的“葫芦娃”形象，当人们看到静态的“葫芦娃”形象时，它已不是单纯的一幅美术作品，而是包含个性特征、情节、反应等要素的生动形象。因此，法院认定被告美影厂对于“葫芦娃”形象的整体性作出了贡献。关于“葫芦娃”形象的知名度，结合被告提供的证据及陈述表明，“葫芦娃”形象之所以能够成为家喻户晓、深受观众喜爱的动画形象，其知名度的形成有赖于：一是被告于1986年作出的投资拍摄《葫芦兄弟》系列剪纸动画电影的决定；二是被告在1986年至1991年期间连续不断地推出《葫芦兄弟》、《葫芦小金刚》共十九集系列剪纸动画电影；三是二十多年来被告通过电视台播映、电影院放映、发行VCD等载体形式，公开、广泛、持续、全面地传播涉案影片及所涉的“葫芦娃”形象，使之成为具有机智、勇敢、正义、协作等精神品质的可爱中国男童的代表，在广大的少年儿童乃至成人社会中产生良好的公众效应，在社会公众中享有较高的知名度。两原告对于被告的上述投资、出版发行等行为均未表示异议。因此，从民法的公平原则角度出发，对于“葫芦娃”形象的整体性和知名度所作的贡献均应归功于被告，故两原告关于影片中“葫芦娃”形象的著作权归其所有的主张，法院不予支持。

【一审裁判结果】

上海市黄浦区人民法院依照《中华人民共和国著作权法》第三条第（四）项，第十一条第一、二、四款，第十五条，第十六条第二款第（二）项，第六十条，第六十一条，《中华人民共和国著作权法实施条例》第四条第（八）项、第（十一）项，第十一条第一款，《中华人民共和国民法通则》第四条的规定，于2011年8月4日判决如下：

原告胡进庆、吴云初要求确认《葫芦兄弟》及其续集

《葫芦小金刚》系列剪纸动画电影中“葫芦娃”（即葫芦兄弟和金刚葫芦娃）角色形象造型原创美术作品的著作权归原告胡进庆、吴云初所有的诉讼请求，不予支持。

【上诉情况】

胡进庆、吴云初不服一审判决，向上海市第二中级人民法院提起上诉，请求撤销一审判决，依法改判。主要理由如下：1.上诉人提供的前三集分镜头台本中的“葫芦娃”形象是葫芦兄弟和金刚葫芦娃角色形象的原创美术作品，由上诉人于1984年创作完成，原审法院对此事实认定有误；2.上诉人对“葫芦娃”职务作品应享有完整的著作权，而非仅有署名权，原审法院适用法律错误。

被上诉人美影厂辩称，不同意上诉人的上诉请求，分镜头台本不能证明上诉人享有“葫芦娃”造型著作权，其形成于造型确定之后。被上诉人坚持在一审中所持观点，即《葫芦兄弟》影片和“葫芦娃”形象是在美影厂的集体领导下创作完成的，属于法人作品。

【二审裁判理由】

上海市第二中级人民法院二审认为，从动画电影的创作过程看，动画电影中的角色形象应有在先的静态造型，该造型如构成美术作品，应受到著作权法的保护。本案中，双方当事人均确认，系争造型即“葫芦娃”角色形象最初由胡进庆创作，经吴云初修改。被上诉人虽称该造型综合了集体的意见，代表了被上诉人的意志而最终形成，但根据现有证据，在《葫芦兄弟》动画片正式立项以前，胡进庆已独立创作了“葫芦娃”造型初稿，经吴云初补充修改，再报美影厂相关部门审核。最终形成的“葫芦娃”造型虽经美影厂其他创作人员的若干修改而成，但与原作相比并无实质性差别，不构成新的作品。故难以证明“葫芦娃”造型是由被上诉人主持，代表其意志而创作的。此外，虽然当时已有《七兄弟》的文学剧本梗概，但该剧本的内容与后来形成的《葫芦兄弟》有较大差异，且当时尚无角色形象造型，故也不能据此认为“葫芦娃”造型是基于《七兄弟》而产生的。综上，法院确认系争“葫芦娃”造型美术作品不属于著作权法第十一条第三款规定的情形，即不属于“法人作品”。

另一方面，上诉人提交了《葫芦兄弟》前三集的分镜头台本，作为“葫芦娃”造型美术作品原件的证据。该分镜头台本因形式要件欠缺，未被原审法院采信，对此二审法院不表异议。但证明作品的著作权归属并不必然与作品的载体相联系。换言之，即使上诉人未能提交其主张的造型作品的原件，也不意味着就应否认其权利。本案中，根据《葫芦兄弟》动画片的署名、证人证言，以及双方对创作过程的陈述等，足以确认上诉人创作了系争“葫芦娃”角色造型美术作品，且是为完成单位的工作任务所创作的。因此，系争作品属于著作权法第十六条规定的职务作品。本案的关键就在于该职务作品的著作权归属问题。

本案系争造型美术作品创作于著作权法施行之前，当时的法律法规和政策对职务作品著作权的归属并无规定，因涉案作品尚在著作权保护期内，故本案应适用著作权法的现行规定予以处理。著作权法第十六条区分了职务作品著作权归属的不同情况，法院认为，系争作品属于该条第二款第（二）项规定的“特殊职务作品”，即“法律、行政法规规定或者合同约定著作权由法人或者其他组织享有的职务作品”，理由如下：

首先，本案中，双方当事人的确没有就系争作品的著作权归属签订书面合同，但这是特定历史条件下的行为。正如原审判决所言，难以要求本案当事人在作品创作当时，就预先按照著作权法的规定，对职务作品著作权的归属作出明确约定。同时，因为当时的法律法规对此问题也无规范，故应深入探究当事人行为时所采取的具体形式，及其真实意思表示，在此基础上才能正确判断系争职务作品著作权的归属。

其次，就当时的法律环境来看，我国尚未建立著作权法律制度，社会公众也缺乏著作权保护的法律意识，双方当事人对此也予认可。因此，才有证人所述的，谈论权利问题是“很不光彩的事情”的情况发生。这说明，针对动画电影的整个创作而言，完成工作任务所创作的成果归属于单位，是符合当时人们的普遍认知的。另外，在《葫芦兄弟》动画片拍摄过程中，时任美影厂创作办公室主任的蒋友毅曾明确要求创作人员不得对外投稿，而作为创作人员的本案上诉人并未对此提出异议。现有证据也不能证明上诉人是在《葫芦兄弟》动画片拍摄期间即向《动画大王》投稿的。也就是说，上诉人以实际行为遵守了被上诉人的规定。这一事实表明，双方当事人均认可被上诉人可对包括上诉人在内的创作人员提出上述要求，即被上诉人有权对动画电影的角色形象造型进行支配。因此，从诚信的角度出发，上诉人不得在事后作出相反的意思表示，主张系争角色造型美术作品的著作权。

再次，从被上诉人的行为来看，被上诉人在动画电影拍摄完成后，对上诉人将《葫芦兄弟》连环画对外投稿并出版的行为未加干涉，并不表明其放弃了权利，而只是放弃行使权利,即放弃利用作品所带来的经济利益。因为在此过程中,被上诉人的著作权并未受到质疑,也未产生如本案这样的权属纠纷,故其行为不能看作是对权属问题的表态。同理,被上诉人其后在相关侵权诉讼中未以原告的身份主张权利,也仅能作如上理解,而非如上诉人所言是不具备权利人的资格。

最后,本案中,系争"葫芦娃"角色造型美术作品确由胡进庆、吴云初创作,体现的是二人的个人意志,故对上诉人作为作者的人格应予尊重。具体而言,对于系争作品这样的"特殊职务作品",应根据著作权法第十六条第二款的规定,由上诉人享有署名权,著作权的其他权利由被上诉人享有。

综上,本案系争的"葫芦娃"角色造型美术作品属于特定历史条件下,上诉人创作的职务作品,由被上诉人享有除署名权以外的其他著作权。因此,一审法院认定事实清楚,适用法律正确,上诉人的上诉请求不能成立。

【二审裁判结果】

据此,上海市第二中级人民法院依照《中华人民共和国民事诉讼法》第一百五十三条第一款第(一)项、第一百五十八条之规定,于2012年3月30日判决如下:

驳回上诉,维持原判。

本判决为终审判决。

2. 著作权登记

作品自愿登记试行办法

1. 1994年12月31日国家版权局发布
2. 国权〔1994〕78号
3. 自1995年1月1日起施行

第一条 为维护作者或其他著作权人和作品使用者的合法权益,有助于解决因著作权归属造成的著作权纠纷,并为解决著作权纠纷提供初步证据,特制定本办法。

第二条 作品实行自愿登记。作品不论是否登记,作者或其他著作权人依法取得的著作权不受影响。

第三条 各省、自治区、直辖市版权局负责本辖区的作者或其他著作权人的作品登记工作。国家版权局负责外国以及台湾、香港和澳门地区的作者或其他著作权人的作品登记工作。

第四条 作品登记申请者应当是作者、其他享有著作权的公民、法人或者非法人单位和专有权所有人及其代理人。

第五条 属于下列情况之一的作品,作品登记机关不予登记:

1. 不受著作权法保护的作品;
2. 超过著作权保护期的作品;
3. 依法禁止出版、传播的作品。

第六条 有下列情况的,作品登记机关应撤销其登记:

1. 登记后发现有本办法第五条所规定的情况的;
2. 登记后发现与事实不相符的;
3. 申请人申请撤销原作品登记的;
4. 登记后发现是重复登记的。

第七条 作者或其他享有著作权的公民的所属辖区,原则上以其身份证上住处所在地的所属辖区为准。合作作者及有多个著作权人情况的,以受托登记者所属辖区为准。法人或者非法人单位所属辖区以其营业场所所在地所属辖区为准。

第八条 作者或其他著作权人申请作品登记应出示身份证明和提供表明作品权利归属的证明(如:封面及版权页的复印件、部分手稿的复印件及照片、样本等),填写作品登记表,并交纳登记费。其他著作权人申请作品登记还应出示表明著作权人身份的证明(如继承人应出示继承人身份证明;委托作品的委托人应出示委托合同)。专有权所有人应出示证明其享有专有权的合同。

第九条 登记作品经作品登记机关核查后,由作品登记机关发给作品登记证。作品登记证按本办法所附样本由登记机关制作。登记机关的核查期限为一个月,该期限自登记机关收到申请人提交的所有申请登记的材料之日起计算。

第十条 作品登记表和作品登记证应载有作品登记号。作品登记号格式为作登字:(地区编号)—(年代)—(作品分类号)—(顺序号)号。国家版权局负责登记的作品登记号不含地区编号。

第十一条 各省、自治区、直辖市版权局应每月将本地区作品登记情况报国家版权局。

第十二条 作品登记应实行计算机数据库管理,并对公众开放。查阅作品应填写查阅登记表,交纳查阅费。

第十三条 有关作品登记和查阅的费用标准另行制定。

第十四条 录音、录像制品的登记参照本办法执行。

第十五条 计算机软件的登记按《计算机软件著作权登记办法》执行。

第十六条 本办法由国家版权局负责解释。

第十七条 本办法自1995年1月1日起生效。

著作权质权登记办法

1. 2010年11月25日国家版权局令第8号公布
2. 自2011年1月1日起施行

第一条 为规范著作权出质行为,保护债权人合法权益,维护著作权交易秩序,根据《中华人民共和国物权法》、《中华人民共和国担保法》和《中华人民共和国著作权法》的有关规定,制定本办法。

第二条 国家版权局负责著作权质权登记工作。

第三条 《中华人民共和国著作权法》规定的著作权以及与著作权有关的权利(以下统称"著作权")中的财产权可以出质。

以共有的著作权出质的,除另有约定外,应当取得全体共有人的同意。

第四条 以著作权出质的,出质人和质权人应当订立书面质权合同,并由双方共同向登记机构办理著作权质权登记。

出质人和质权人可以自行办理,也可以委托代理人办理。

第五条 著作权质权的设立、变更、转让和消灭,自记载于《著作权质权登记簿》时发生效力。

第六条 申请著作权质权登记的,应提交下列文件:

(一)著作权质权登记申请表;

(二)出质人和质权人的身份证明;

(三)主合同和著作权质权合同;

(四)委托代理人办理的,提交委托书和受托人的身份证明;

(五)以共有的著作权出质的,提交共有人同意出质的书面文件;

(六)出质前授权他人使用的,提交授权合同;

(七)出质的著作权经过价值评估的、质权人要求价值评估的或相关法律法规要求价值评估的,提交有效的价值评估报告;

(八)其他需要提供的材料。

提交的文件是外文的,需同时附送中文译本。

第七条 著作权质权合同一般包括以下内容:

(一)出质人和质权人的基本信息;

(二)被担保债权的种类和数额;

(三)债务人履行债务的期限;

(四)出质著作权的内容和保护期;

(五)质权担保的范围和期限;

(六)当事人约定的其他事项。

第八条 申请人提交材料齐全的,登记机构应当予以受理。提交的材料不齐全的,登记机构不予受理。

第九条 经审查符合要求的,登记机构应当自受理之日起 10 日内予以登记,并向出质人和质权人发放《著作权质权登记证书》。

第十条 经审查不符合要求的,登记机构应当自受理之日起 10 日内通知申请人补正。补正通知书应载明补正事项和合理的补正期限。无正当理由逾期不补正的,视为撤回申请。

第十一条 《著作权质权登记证书》的内容包括:

(一)出质人和质权人的基本信息;

(二)出质著作权的基本信息;

(三)著作权质权登记号;

(四)登记日期。

《著作权质权登记证书》应当标明:著作权质权自登记之日起设立。

第十二条 有下列情形之一的,登记机构不予登记:

(一)出质人不是著作权人的;

(二)合同违反法律法规强制性规定的;

(三)出质著作权的保护期届满的;

(四)债务人履行债务的期限超过著作权保护期的;

(五)出质著作权存在权属争议的;

(六)其他不符合出质条件的。

第十三条 登记机构办理著作权质权登记前,申请人可以撤回登记申请。

第十四条 著作权出质期间,未经质权人同意,出质人不得转让或者许可他人使用已经出质的权利。

出质人转让或者许可他人使用出质的权利所得的价款,应当向质权人提前清偿债务或者提存。

第十五条 有下列情形之一的,登记机构应当撤销质权登记:

(一)登记后发现有第十二条所列情形的;

(二)根据司法机关、仲裁机关或行政管理机关作出的影响质权效力的生效裁决或行政处罚决定书应当撤销的;

(三)著作权质权合同无效或者被撤销的;

(四)申请人提供虚假文件或者以其他手段骗取著作权质权登记的;

(五)其他应当撤销的。

第十六条 著作权出质期间,申请人的基本信息、著作权的基本信息、担保的债权种类及数额、或者担保的范围等事项发生变更的,申请人持变更协议、原《著作权质权登记证书》和其他相关材料向登记机构申请变更登记。

第十七条 申请变更登记的,登记机构自受理之日起 10 日内完成审查。经审查符合要求的,对变更事项予以登记。

变更事项涉及证书内容变更的,应交回原登记证书,由登记机构发放新的证书。

第十八条 有下列情形之一的,申请人应当申请注销质权登记:

(一)出质人和质权人协商一致同意注销的;

(二)主合同履行完毕的;

(三)质权实现的;

(四)质权人放弃质权的;

(五)其他导致质权消灭的。

第十九条　申请注销质权登记的，应当提交注销登记申请书、注销登记证明、申请人身份证明等材料，并交回原《著作权质权登记证书》。

登记机构应当自受理之日起10日内办理完毕，并发放注销登记通知书。

第二十条　登记机构应当设立《著作权质权登记簿》，记载著作权质权登记的相关信息，供社会公众查询。

《著作权质权登记证书》的内容应当与《著作权质权登记簿》的内容一致。记载不一致的，除有证据证明《著作权质权登记簿》确有错误外，以《著作权质权登记簿》为准。

第二十一条　《著作权质权登记簿》应当包括以下内容：

（一）出质人和质权人的基本信息；

（二）著作权质权合同的主要内容；

（三）著作权质权登记号；

（四）登记日期；

（五）登记撤销情况；

（六）登记变更情况；

（七）登记注销情况；

（八）其他需要记载的内容。

第二十二条　《著作权质权登记证书》灭失或者毁损的，可以向登记机构申请补发或换发。登记机构应自收到申请之日起5日内予以补发或换发。

第二十三条　登记机构应当通过国家版权局网站公布著作权质权登记的基本信息。

第二十四条　本办法由国家版权局负责解释。

第二十五条　本办法自2011年1月1日起施行。1996年9月23日国家版权局发布的《著作权质押合同登记办法》同时废止。

国家版权局关于进一步规范作品登记程序等有关工作的通知

2011年10月24日

各省、自治区、直辖市版权局，新疆生产建设兵团版权局，解放军总政治部宣传部版权局，中国版权保护中心：

为贯彻落实《国家知识产权战略纲要》、《版权工作“十二五”规划》，加强版权公共服务体系建设，强化版权服务功能，完善作品登记制度，逐步实现作品登记工作统一管理的目标，针对近年来作品登记工作存在的问题，现就进一步规范作品登记程序等有关工作通知如下：

一、作品登记申请受理：申请人在提交按要求填写的作品登记申请表的同时，还应提交作品样本，申请人的身份证明；委托他人代为办理作品登记的，应提交相应的授权委托书，以及其他必要材料。

二、作品登记申请审查：登记部门收到申请材料后，要对申请人提交的作品登记申请表、作品样本、身份证明、授权委托书、以及其他材料是否符合要求进行审查。申请材料有瑕疵的，登记机构应当在收到材料后7日内通知申请人补正。申请人自收到补正通知之日起30日内未能补正的，视为撤回申请。

三、作品登记时限：对经过审查符合规定的登记申请，登记机构要在规定的30日登记时限内完成登记工作，并向申请人发放《作品登记证书》。同时，登记机构要进一步提高工作效率，在保证质量的前提下，尽量缩短登记时间。

四、不予登记决定：对申请人提交的作品的著作权归属存在争议的、申请人拒绝提交其他必要的材料的，登记机构应作出不予登记决定，并发放《作品登记不予登记通知书》。

五、《作品登记证书》内容：《作品登记证书》应包含作品名称、作品类别、作者姓名或名称、权利人姓名或名称、权利取得方式、已发表作品的发表日期、出版日期和制作单位等事项。

六、作品登记表证格式：登记机构必须使用由国家版权局统一监制的《作品登记申请表》、《作品登记不予登记通知书》和《作品登记证书》（见附件1）。上述表证由国家版权局以电子版形式发放，登记机构可通过国家版权局网站（www. ncac. gov. cn）下载，并严格按照《作品登记证书》样本自行印制。各地应尽快启用上述表证，最迟不得晚于2012年1月1日。

《作品登记申请表》和《作品登记证书》应载有作品登记号，作品登记号格式为：地区编号－年份－作品分类号－序号（8位起始）。地区列表、作品分类号（见附件2）。

作品登记信息统计：登记机构要完善作品登记信息统计及报送制度，建立作品登记数据库，联网的即时传送，尚未联网的要将本地区作品登记情况以电子版方式在每月的最后一天前报送中国版权保护中心，进入国家登记档案。报送邮箱为:zuopinxinxitongji@ccopyright.com(报送格式见附件3)。国家版权局将在指定的报刊和网站上对作品登记情况进行统一公告和查询。

各地要积极支持有条件的省会、中心城市和地级市开展作品登记业务;积极探索为重点地区、行业、企业及团体提供便捷高效的作品登记服务方式。

将作品登记纳入版权工作考核的重点内容,作品登记数量等情况将作为省级及国家级版权示范城市、单位和园区(基地)评选的重要条件;鼓励有条件的地区建立各种有效的作品登记资助激励机制。

各省、自治区、直辖市版权局,新疆生产建设兵团版权局,解放军总政治部宣传部版权局及中国版权保护中心,要认真贯彻落实本通知的要求,进一步加大作品登记工作力度,不断扩大作品登记覆盖面,全面推进作品登记工作。

附件:1. 作品登记申请表、作品登记不予登记通知书(略)

2. 地区编号列表、作品分类号(略)

3. 全国作品登记公告月度统计表、全国作品登记情况月度统计表(略)

3. 计算机软件著作权

计算机软件保护条例

1. 2001年12月20日中华人民共和国国务院令第339号公布

2. 根据2011年1月8日国务院令第588号《关于废止和修改部分行政法规的决定》第一次修订

3. 根据2013年1月30日国务院令第632号《关于修改〈计算机软件保护条例〉的决定》第二次修订

第一章 总 则

第一条 为了保护计算机软件著作权人的权益,调整计算机软件在开发、传播和使用中发生的利益关系,鼓励计算机软件的开发与应用,促进软件产业和国民经济信息化的发展,根据《中华人民共和国著作权法》,制定本条例。

第二条 本条例所称计算机软件(以下简称软件),是指计算机程序及其有关文档。

第三条 本条例下列用语的含义:

(一)计算机程序,是指为了得到某种结果而可以由计算机等具有信息处理能力的装置执行的代码化指令序列,或者可以被自动转换成代码化指令序列的符号化指令序列或者符号化语句序列。同一计算机程序的源程序和目标程序为同一作品。

(二)文档,是指用来描述程序的内容、组成、设计、功能规格、开发情况、测试结果及使用方法的文字资料和图表等,如程序设计说明书、流程图、用户手册等。

(三)软件开发者,是指实际组织开发、直接进行开发,并对开发完成的软件承担责任的法人或者其他组织;或者依靠自己具有的条件独立完成软件开发,并对软件承担责任的自然人。

(四)软件著作权人,是指依照本条例的规定,对软件享有著作权的自然人、法人或者其他组织。

第四条 受本条例保护的软件必须由开发者独立开发,并已固定在某种有形物体上。

第五条 中国公民、法人或者其他组织对其所开发的软件,不论是否发表,依照本条例享有著作权。

外国人、无国籍人的软件首先在中国境内发行的,依照本条例享有著作权。

外国人、无国籍人的软件,依照其开发者所属国或者经常居住地国同中国签订的协议或者依照中国参加的国际条约享有的著作权,受本条例保护。

第六条 本条例对软件著作权的保护不延及开发软件所用的思想、处理过程、操作方法或者数学概念等。

第七条 软件著作权人可以向国务院著作权行政管理部门认定的软件登记机构办理登记。软件登记机构发放的登记证明文件是登记事项的初步证明。

办理软件登记应当缴纳费用。软件登记的收费标准由国务院著作权行政管理部门会同国务院价格主管部门规定。

第二章 软件著作权

第八条 软件著作权人享有下列各项权利:

(一)发表权,即决定软件是否公之于众的权利;

(二)署名权,即表明开发者身份,在软件上署名的权利;

(三)修改权,即对软件进行增补、删节,或者改变指令、语句顺序的权利;

(四)复制权,即将软件制作一份或者多份的权利;

(五)发行权,即以出售或者赠与方式向公众提供软件的原件或者复制件的权利;

(六)出租权,即有偿许可他人临时使用软件的权利,但是软件不是出租的主要标的的除外;

(七)信息网络传播权,即以有线或者无线方式向公众提供软件,使公众可以在其个人选定的时间和地点获得软件的权利;

(八)翻译权,即将原软件从一种自然语言文字转换成另一种自然语言文字的权利;

(九)应当由软件著作权人享有的其他权利。

软件著作权人可以许可他人行使其软件著作权,并有权获得报酬。

软件著作权人可以全部或者部分转让其软件著作权,并有权获得报酬。

第九条 软件著作权属于软件开发者,本条例另有规定的除外。

如无相反证明,在软件上署名的自然人、法人或者其他组织为开发者。

第十条 由两个以上的自然人、法人或者其他组织合作开发的软件,其著作权的归属由合作开发者签订书面合同约定。无书面合同或者合同未作明确约定,合作开发的软件可以分割使用的,开发者对各自开发的部分可以单独享有著作权;但是,行使著作权时,不得扩展到合作开发的软件整体的著作权。合作开发的软件不能分割使用的,其著作权由各合作开发者共同享有,通过协商一致行使;不能协商一致,又无正当理由的,任何一方不得阻止他方行使除转让权以外的其他权利,但是所得收益应当合理分配给所有合作开发者。

第十一条 接受他人委托开发的软件,其著作权的归属由委托人与受托人签订书面合同约定;无书面合同或者合同未作明确约定的,其著作权由受托人享有。

第十二条 由国家机关下达任务开发的软件,著作权的归属与行使由项目任务书或者合同规定;项目任务书或者合同中未作明确规定的,软件著作权由接受任务的法人或者其他组织享有。

第十三条 自然人在法人或者其他组织中任职期间所开发的软件有下列情形之一的,该软件著作权由该法人或者其他组织享有,该法人或者其他组织可以对开发软件的自然人进行奖励:

(一)针对本职工作中明确指定的开发目标所开发的软件;

(二)开发的软件是从事本职工作活动所预见的结果或者自然的结果;

(三)主要使用了法人或者其他组织的资金、专用设备、未公开的专门信息等物质技术条件所开发并由法人或者其他组织承担责任的软件。

第十四条 软件著作权自软件开发完成之日起产生。

自然人的软件著作权,保护期为自然人终生及其死亡后50年,截止于自然人死亡后第50年的12月31日;软件是合作开发的,截止于最后死亡的自然人死亡后第50年的12月31日。

法人或者其他组织的软件著作权,保护期为50年,截止于软件首次发表后第50年的12月31日,但软件自开发完成之日起50年内未发表的,本条例不再保护。

第十五条 软件著作权属于自然人的,该自然人死亡后,在软件著作权的保护期内,软件著作权的继承人可以依照《中华人民共和国继承法》的有关规定,继承本条例第八条规定的除署名权以外的其他权利。

软件著作权属于法人或者其他组织的,法人或者其他组织变更、终止后,其著作权在本条例规定的保护期内由承受其权利义务的法人或者其他组织享有;没有承受其权利义务的法人或者其他组织的,由国家享有。

第十六条 软件的合法复制品所有人享有下列权利:

(一)根据使用的需要把该软件装入计算机等具有信息处理能力的装置内;

(二)为了防止复制品损坏而制作备份复制品。这些备份复制品不得通过任何方式提供给他人使用,并在所有人丧失该合法复制品的所有权时,负责将备份复制品销毁;

(三)为了把该软件用于实际的计算机应用环境或者改进其功能、性能而进行必要的修改;但是,除合同另有约定外,未经该软件著作权人许可,不得向任何第三方提供修改后的软件。

第十七条 为了学习和研究软件内含的设计思想和原理,通过安装、显示、传输或者存储软件等方式使用软件的,可以不经软件著作权人许可,不向其支付报酬。

第三章 软件著作权的许可使用和转让

第十八条 许可他人行使软件著作权的,应当订立许可使用合同。

许可使用合同中软件著作权人未明确许可的权利,被许可人不得行使。

第十九条 许可他人专有行使软件著作权的,当事人应当订立书面合同。

没有订立书面合同或者合同中未明确约定为专有许可的,被许可行使的权利应当视为非专有权利。

第二十条 转让软件著作权的,当事人应当订立书面合同。

第二十一条 订立许可他人专有行使软件著作权的许可合同,或者订立转让软件著作权合同,可以向国务院著作权行政管理部门认定的软件登记机构登记。

第二十二条 中国公民、法人或者其他组织向外国人许可或者转让软件著作权的,应当遵守《中华人民共和国技术进出口管理条例》的有关规定。

第四章 法律责任

第二十三条 除《中华人民共和国著作权法》或者本条例另有规定外,有下列侵权行为的,应当根据情况,承担停止侵害、消除影响、赔礼道歉、赔偿损失等民事责任:

(一)未经软件著作权人许可,发表或者登记其软件的;

（二）将他人软件作为自己的软件发表或者登记的；

（三）未经合作者许可，将与他人合作开发的软件作为自己单独完成的软件发表或者登记的；

（四）在他人软件上署名或者更改他人软件上的署名的；

（五）未经软件著作权人许可，修改、翻译其软件的；

（六）其他侵犯软件著作权的行为。

第二十四条 除《中华人民共和国著作权法》、本条例或者其他法律、行政法规另有规定外，未经软件著作权人许可，有下列侵权行为的，应当根据情况，承担停止侵害、消除影响、赔礼道歉、赔偿损失等民事责任；同时损害社会公共利益的，由著作权行政管理部门责令停止侵权行为，没收违法所得，没收、销毁侵权复制品，可以并处罚款；情节严重的，著作权行政管理部门并可以没收主要用于制作侵权复制品的材料、工具、设备等；触犯刑律的，依照刑法关于侵犯著作权罪、销售侵权复制品罪的规定，依法追究刑事责任：

（一）复制或者部分复制著作权人的软件的；

（二）向公众发行、出租、通过信息网络传播著作权人的软件的；

（三）故意避开或者破坏著作权人为保护其软件著作权而采取的技术措施的；

（四）故意删除或者改变软件权利管理电子信息的；

（五）转让或者许可他人行使著作权人的软件著作权的。

有前款第一项或者第二项行为的，可以并处每件100元或者货值金额1倍以上5倍以下的罚款；有前款第三项、第四项或者第五项行为的，可以并处20万元以下的罚款。

第二十五条 侵犯软件著作权的赔偿数额，依照《中华人民共和国著作权法》第四十九条的规定确定。

第二十六条 软件著作权人有证据证明他人正在实施或者即将实施侵犯其权利的行为，如不及时制止，将会使其合法权益受到难以弥补的损害的，可以依照《中华人民共和国著作权法》第五十条的规定，在提起诉讼前向人民法院申请采取责令停止有关行为和财产保全的措施。

第二十七条 为了制止侵权行为，在证据可能灭失或者以后难以取得的情况下，软件著作权人可以依照《中华人民共和国著作权法》第五十一条的规定，在提起诉讼前向人民法院申请保全证据。

第二十八条 软件复制品的出版者、制作者不能证明其出版、制作有合法授权的，或者软件复制品的发行者、出租者不能证明其发行、出租的复制品有合法来源的，应当承担法律责任。

第二十九条 软件开发者开发的软件，由于可供选用的表达方式有限而与已经存在的软件相似的，不构成对已经存在的软件的著作权的侵犯。

第三十条 软件的复制品持有人不知道也没有合理理由应当知道该软件是侵权复制品的，不承担赔偿责任；但是，应当停止使用、销毁该侵权复制品。如果停止使用并销毁该侵权复制品将给复制品使用人造成重大损失的，复制品使用人可以在向软件著作权人支付合理费用后继续使用。

第三十一条 软件著作权侵权纠纷可以调解。

软件著作权合同纠纷可以依据合同中的仲裁条款或者事后达成的书面仲裁协议，向仲裁机构申请仲裁。

当事人没有在合同中订立仲裁条款，事后又没有书面仲裁协议的，可以直接向人民法院提起诉讼。

第五章 附 则

第三十二条 本条例施行前发生的侵权行为，依照侵权行为发生时的国家有关规定处理。

第三十三条 本条例自2002年1月1日起施行。1991年6月4日国务院发布的《计算机软件保护条例》同时废止。

计算机软件著作权登记办法

1. 2002年2月20日国家版权局令第1号公布

2. 根据2004年6月18日新闻出版总署、国家版权局令第24号《关于实施〈中华人民共和国行政许可法〉清理有关规章、规范性文件的规定》修正

第一章 总 则

第一条 为贯彻《计算机软件保护条例》（以下简称《条例》）制定本办法。

第二条 为促进我国软件产业发展，增强我国信息产业的创新能力和竞争能力，国家著作权行政管理部门鼓励软件登记，并对登记的软件予以重点保护。

第三条　本办法适用于软件著作权登记、软件著作权专有许可合同和转让合同登记。

第四条　软件著作权登记申请人应当是该软件的著作权人以及通过继承、受让或者承受软件著作权的自然人、法人或者其他组织。

软件著作权合同登记的申请人,应当是软件著作权专有许可合同或者转让合同的当事人。

第五条　申请人或者申请人之一为外国人、无国籍人的,适用本办法。

第六条　国家版权局主管全国软件著作权登记管理工作。

国家版权局认定中国版权保护中心为软件登记机构。

中国版权保护中心可以在地方设立软件登记办事机构,并须在设立后一个月内报国家版权局备案。

第二章　登记申请

第七条　申请登记的软件应是独立开发的,或者经原著作权人许可对原有软件修改后形成的在功能或者性能方面有重要改进的软件。

第八条　合作开发的软件进行著作权登记的,可以由全体著作权人协商确定一名著作权人作为代表办理。著作权人协商不一致的,任何著作权人均可在不损害其他著作权人利益的前提下申请登记,但应当注明其他著作权人。

第九条　申请软件著作权登记的,应当向中国版权保护中心提交以下材料:

(一)按要求填写的软件著作权登记申请表;

(二)软件的鉴别材料;

(三)相关的证明文件。

第十条　软件的鉴别材料包括程序和文档的鉴别材料。

程序和文档的鉴别材料应当由源程序和任何一种文档前、后各连续30页组成。整个程序和文档不到60页的,应当提交整个源程序和文档。除特定情况外,程序每页不少于50行,文档每页不少于30行。

第十一条　申请软件著作权登记的,应当提交以下主要证明文件:

(一)自然人、法人或者其他组织的身份证明;

(二)有著作权归属书面合同或者项目任务书的,应当提交合同或者项目任务书;

(三)经原软件著作权人许可,在原有软件上开发的软件,应当提交原著作权人的许可证明;

(四)权利继承人、受让人或者承受人,提交权利继承、受让或者承受的证明。

第十二条　申请软件著作权登记的,可以选择以下方式之一对鉴别材料作例外交存:

(一)源程序的前、后各连续的30页,其中的机密部分用黑色宽斜线覆盖,但覆盖部分不得超过交存源程序的50%;

(二)源程序连续的前10页,加上源程序的任何部分的连续的50页;

(三)目标程序的前、后各连续的30页,加上源程序的任何部分的连续的20页。

文档作例外交存的,参照前款规定处理。

第十三条　软件著作权登记时,申请人可以申请将源程序、文档或者样品进行封存。除申请人或者司法机关外,任何人不得启封。

第十四条　软件著作权转让合同或者专有许可合同当事人可以向中国版权保护中心申请合同登记。申请合同登记时,应当提交以下材料:

(一)按要求填写的合同登记表;

(二)合同复印件;

(三)申请人身份证明。

第十五条　申请人在登记申请批准之前,可以随时请求撤回申请。

第十六条　软件著作权登记人或者合同登记人可以对已经登记的事项作变更或者补充。申请登记变更或者补充时,申请人应当提交以下材料:

(一)按照要求填写的变更或者补充申请表;

(二)登记证书或者证明的复印件;

(三)有关变更或者补充的材料。

第十七条　登记申请应当使用中国版权保护中心制定的统一表格,并由申请人盖章(签名)。

申请表格应当使用中文填写。提交的各种证件和证明文件是外文的,应当附中文译本。

申请登记的文件应当使用国际标准A4型297mm×210mm(长×宽)纸张。

第十八条　申请文件可以直接递交或者挂号邮寄。申请人提交有关申请文件时,应当注明申请人、软件的名称,有受理号或登记号的,应当注明受理号或登记号。

第三章　审查和批准

第十九条　对于本办法第九条和第十四条所指的申请,以收到符合本办法第二章规定的材料之日为受理日,并书面通知申请人。

第二十条　中国版权保护中心应当自受理日起60日内审查完成所受理的申请，申请符合《条例》和本办法规定的，予以登记，发给相应的登记证书，并予以公告。

第二十一条　有下列情况之一的，不予登记并书面通知申请人：

（一）表格内容填写不完整、不规范，且未在指定期限内补正的；

（二）提交的鉴别材料不是《条例》规定的软件程序和文档的；

（三）申请文件中出现的软件名称、权利人署名不一致，且未提交证明文件的；

（四）申请登记的软件存在权属争议的。

第二十二条　中国版权保护中心要求申请人补正其他登记材料的，申请人应当在30日内补正，逾期未补正的，视为撤回申请。

第二十三条　国家版权局根据下列情况之一，可以撤销登记：

（一）最终的司法判决；

（二）著作权行政管理部门作出的行政处罚决定。

第二十四条　中国版权保护中心可以根据申请人的申请，撤销登记。

第二十五条　登记证书遗失或损坏的，可申请补发或换发。

第四章　软件登记公告

第二十六条　除本办法另有规定外，任何人均可查阅软件登记公告以及可公开的有关登记文件。

第二十七条　软件登记公告的内容如下：

（一）软件著作权的登记；

（二）软件著作权合同登记事项；

（三）软件登记的撤销；

（四）其他事项。

第五章　费　　用

第二十八条　申请软件登记或者办理其他事项，应当交纳下列费用：

（一）软件著作权登记费；

（二）软件著作权合同登记费；

（三）变更或补充登记费；

（四）登记证书费；

（五）封存保管费；

（六）例外交存费；

（七）查询费；

（八）撤销登记申请费；

（九）其他需交纳的费用。

具体收费标准由国家版权局会同国务院价格主管部门规定并公布。

第二十九条　申请人自动撤回申请或者登记机关不予登记的，所交费用不予退回。

第三十条　本办法第二十八条规定的各种费用，可以通过邮局或银行汇付，也可以直接向中国版权保护中心交纳。

第六章　附　　则

第三十一条　本办法规定的、中国版权保护中心指定的各种期限，第一日不计算在内。期限以年或者月计算的，以最后一个月的相应日为届满日；该月无相应日的，以该月的最后一日为届满日。届满日是法定节假日的，以节假日后的第一个工作日为届满日。

第三十二条　申请人向中国版权保护中心邮寄的各种文件，以寄出的邮戳日为递交日。信封上寄出的邮戳日不清晰的，除申请人提出证明外，以收到日为递交日。中国版权保护中心邮寄的各种文件，送达地是省会、自治区首府及直辖市的，自文件发出之日满十五日，其他地区满二十一日，推定为收件人收到文件之日。

第三十三条　申请人因不可抗力或其他正当理由，延误了本办法规定或者中国版权保护中心指定的期限，在障碍消除后三十日内，可以请求顺延期限。

第三十四条　本办法由国家版权局负责解释和补充修订。

第三十五条　本办法自发布之日起实施。

计算机软件著作权登记档案查询办法

2009年3月10日中国版权保护中心公告第3号公布施行

第一条　为了规范软件登记档案查询管理，保护软件著作权人的权益，更好地为社会公众、著作权人、司法机关提供服务，根据《计算机软件保护条例》、《计算机软件著作权登记办法》、《著作权质押合同登记办法》等有关法规及行政规章，制定本办法。

第二条　中国版权保护中心（以下简称“中心”）软件登记部负责软件登记档案的管理和查询工作。档案管理人员应当做好软件登记档案资料的归档、保管,确保档案的完整、准确和安全。

第三条　软件著作权登记档案(以下简称"软件登记档案")是软件登记人办理登记时依据相关规定交存的申请表、源程序、文档、证明文件等材料,以及软件登记证书或证明,是软件著作权登记申请登记事项的原始记载。

第四条　自然人、法人或其他组织可以依照本办法查询有关软件登记档案。

第五条　软件登记档案查询范围包括:

(一)软件著作权登记;

(二)软件著作权转让或专有许可合同登记;

(三)软件变更或补充登记;

(四)软件著作权质押合同登记;

(五)撤销软件著作权登记;

(六)其他软件登记档案。

第六条　软件登记档案可公开查询的内容包括:

(一)申请表;

(二)申请人身份证明;

(三)软件登记基本信息记载;

(四)软件登记证书或证明;

(五)其他可公开登记文件。

第七条　软件登记档案不对外公开查询的内容包括:

(一)源程序;

(二)软件文档;

(三)软件合同;

(四)涉及软件登记人技术秘密、商业秘密的材料;

(五)登记机构内部审批文件的部分信息和档案;

(六)软件登记人封存的软件源程序或文档;

(七)其他申请人声明不得公开的登记信息和登记文件。

第八条　软件登记人可以查询和复印本办法第六条和第七条所列范围中属于自身的软件登记档案。

第九条　司法机关可以查阅、复印、打印和借阅本办法第六条和第七条所列范围的软件登记档案。

第十条　软件登记档案查询方式包括:

(一)通过中心网站公告栏查询;

(二)软件登记电子档案查询;

(三)软件登记纸质原始档案查询。

第十一条　查询人应当按照下述规定办理查询手续:

(一)自然人、法人或其他组织办理查询的,应当填写《查询申请表》,并持身份证件、工作证或单位介绍信办理。软件登记人查询和复印自身登记文件的,还应当提交软件登记证书原件。

(二)司法机关因执行公务查询、复印和借阅登记档案的,承办人应当填写《查询申请表》,持单位介绍信或公函及工作证办理,复印和借阅登记档案的,应当经中心软件登记部负责人、中心主管领导签字同意后,方可办理。

(三)中心软件登记部工作人员因工作需要查阅、借阅登记档案的,应当填写《借阅档案申请表》,经过软件登记部负责人签字同意后办理。

第十二条　查询人应当遵守以下规定:

(一)查询人应当在档案管理员陪同下在登记大厅查询窗口区域阅览或摘录登记档案。复印纸质原始登记档案和打印电子登记档案应当由档案管理员完成。

(二)查询纸质原始软件登记档案的人员,禁止在档案材料上修改、涂抹、标记等。

(三)查询人违反上述规定的,档案管理人员应当予以制止和纠正;拒不改正的,可以拒绝提供查询;造成损失的,查询人应当承担赔偿责任。

第十三条　对于符合查询规定的申请,中心应在受理查询之日起十个工作日内给予书面答复。

第十四条　有下列情形之一者,将不予受理查询:

(一)查询申请人未能提交合法证明文件的;

(二)查询内容超出本办法规定查阅范围的;

(三)查询申请人未按照规定缴纳查询费的;

(四)其他依规定不予受理查询的。

第十五条　对于属于本办法第十四条规定的不予受理的查询申请,以及受理后发现所查询内容属于不予受理查询范围的,应当在十个工作日内,将不予受理的原因书面通知申请人。

第十六条　涉及本办法第七条内容的查询人必须遵守保密制度,不得随意向他人提供登记档案材料或扩大登记档案使用范围,并应当对查询的内容保密,不得泄露当事人的隐私或技术和商业秘密。违反规定的,依照有关法律、法规予以处理。

第十七条　档案管理人员应当严格遵守本办法的规定,对软件登记档案严格保密,不得随意向他人提供。违反规定的,视情节轻重,予以批评教育或行政处分。

第十八条 查询人应按照国家财政部和国家发改委批准的“计算机软件著作权登记收费标准”缴纳查询费用。

第十九条 本办法由中国版权保护中心负责解释。

第二十条 本办法自发布之日起施行。

·典型案例·

石鸿林诉泰州市华仁电子资讯有限公司著作权侵权纠纷案

【裁判摘要】

在计算机软件侵权纠纷中，判断是否存在侵权行为的主要方法之一是比较软件著作权人、被控侵权人双方的软件源程序之间是否相同或者构成实质性相同。最高人民法院《关于民事诉讼证据的若干规定》第七十五条规定：“有证据证明一方当事人持有证据无正当理由拒不提供，如果对方当事人主张该证据的内容不利于证据持有人，可以推定该主张成立。”软件的源程序一般由开发者持有，在被控侵权人无正当理由拒绝提供软件源程序供直接比对，而因技术的限制无法从被控侵权产品中直接读出其软件的源程序的情形下，如果软件著作权人已经证明了被控侵权人的软件在软件设计缺陷等方面与著作权人的软件确实存在相同或相似之处，可以证明被控侵权人持有但拒不提供的源程序的内容不利于被控侵权人的，人民法院可以直接根据前述规定，判定双方软件之间构成实质性相同，由被控侵权人承担民事责任。

【基本案情】

原告石鸿林因与被告泰州市华仁电子资讯有限公司（以下简称华仁公司）发生著作权侵权纠纷，向江苏省泰州市中级人民法院提起诉讼。

原告石鸿林诉称：原告于2000年8月1日开发完成了“S型线切割机床单片机控制器系统软件V1.0”，原告是该软件的合法著作权人。原告发现被告华仁公司销售的切割机床单片机控制器（单板机）使用的系统软件指令代码序列及硬件使用配置、键盘布局、操作显示内容等与原告涉案软件完全相同。被告未经许可，非法复制原告享有著作权的软件，并安装至单板机内向生产线切割机床的厂商销售，每月销售单板机多达200余台，其行为严重损害了原告合法权益。诉请判令被告停止侵权，公开赔礼道歉，支付鉴定费用，赔偿原告经济损失100 000元以及为制止被告侵权行为所支付的证据保全公证费、诉讼代理费9200元。

被告华仁公司辩称：被告销售的HR－Z型线切割机床控制器所采用的系统软件系被告独立自主开发完成，与原告石鸿林S型线切割机床单片机控制系统应没有相同的可能，且被告的线切割机床控制器产品与原告生产的S型线切割机床单片机控制器的硬件及键盘布局完全不同。原告的诉讼主张没有事实根据，请求驳回原告的诉讼请求。

【一审争议焦点】

本案一审的争议焦点是：被告华仁公司生产、销售主板及控制器的内置软件是否侵犯原告石鸿林的S型线切割机床单片机控制器系统软件V1.0的著作权。

【一审裁判理由】

泰州市中级人民法院一审认为：

相对于特殊侵权行为而言，知识产权侵权诉讼属于普通侵权诉讼，应按照“谁主张，谁举证”原则，对存在侵权行为的举证责任应当由主张对方侵权的一方承担。本案中，原告石鸿林起诉被告华仁公司侵害其软件著作权，原告即应当对被告存在侵权行为提供证据加以证明。原告确实享有涉案软件S型线切割机床单片机控制器系统软件V1.0的著作权，也提交了被告华仁公司生产、销售的线切割机床控制器，但经鉴定机构鉴定，不能直接证明被告控制器内置软件与其软件源程序具有相同性或者实质相似性，无法确认被告生产、销售线切割机床控制器的行为构成对原告软件著作权的侵犯，也就无从判令由被告承担侵权行为责任。

针对被告华仁公司认为其销售的线切割机床控制器所使用的软件系由其自主开发，不构成侵权并拒绝提供其控制器内置软件源程序作比对鉴定的事实，原告石鸿林在庭审中提出了本案应实行举证责任倒置，将举证责任转移给被告的主张。法院认为，实行举证责任倒置必须以法律有明确规定为前提，而一般侵权诉讼中将证明侵权行为存在的责任倒置给被控侵权行为人，或者由被控侵权人承担其行为不构成侵权的证明责任，缺乏法律依据，故对原告关于本案应适用举证责任倒置的主张，不予采纳。至于被告使用的涉案软件是否由被告自主开发，理论上讲应由被告承担提供证据证明的责任，但被告的行为是否构成侵权，首要问题是原告必须依证据规则先举证证明被告非法复制并发行了原告享有著作权的软件。因此，原告不能以被告不提供自主研发的有关证据即直接推定其相关行为对原告软件著作权构成侵权。

对于原告石鸿林提出再次鉴定的申请,其目的是通过功能比对鉴定,在各自软件实现的功能相同或者一致的情况下,证明被告华仁公司存在侵权可能性,进而产生举证责任转移的效果,以使被告提供其软件源程序。法院认为,功能通常被认为是软件的思想、概念,任何人都不能排斥他人研发与自己功能相同的软件,软件功能相同并不等同于比对软件具有实质性相似或者相同,因此,不同软件实现了相同、相似的功能,不能当然得出一方软件侵权的结论。故对原告提出再次鉴定的申请,不予支持。

综上,原告石鸿林起诉称被告华仁公司对其实施了软件著作权侵权行为的证据不足,对其要求被告承担侵权责任的诉讼主张不予支持。

【一审裁判结果】

江苏省泰州市中级人民法院于2006年12月8日判决:

驳回原告石鸿林的诉讼请求。

【上诉情况】

石鸿林不服一审判决,向江苏省高级人民法院提起上诉,请求撤销原判,依法改判。其主要理由是:一、一审判决认定事实不清。1. 一审法院委托科咨中心作出的司法鉴定报告,认为无法鉴定,这个结论是不科学的。根据《计算机软件保护条例》第二条、第三条的相关规定,计算机软件指计算机程序及其有关文档。同一计算机程序的源程序和目标程序为同一作品。计算机软件单独以源程序方式向外传播的情况较少,大多是以目标程序的形式向外传播,其表达方式有时也记载在相关文档中。因此,进行鉴定时不应局限于源程序的比对,也可以通过对目标程序、文档等进行比对,从整体上进行分析,以判断争议软件的相似性或相同性。本案中,上诉人享有著作权的软件和被控侵权软件在目标程序及文档存在几个共同的特征性漏洞,但鉴定机构并没有进行仔细分析就简单地作出无法进行鉴定的结论。另外,科咨中心出具的鉴定报告中,并没有对鉴定人鉴定资格的说明以及鉴定机构、鉴定人员的签字盖章。上诉人有理由怀疑科咨中心及其鉴定人员是否具有计算机软件鉴定的资质,且该司法鉴定报告没有作出明确的鉴定结论,应当认定为自始无效。最高人民法院《关于民事诉讼证据的若干规定》第二十七条规定:"当事人对人民法院委托的鉴定部门作出的鉴定结论有异议申请重新鉴定,提出证据证明存在下列情形之一的,人民法院应予准许:(一)鉴定机构或者鉴定人员不具备相关的鉴定资格的;(二)鉴定程序严重违法的;(三)鉴定结论明显依据不足的;(四)经过质证认定不能作为证据使用的其他情形……"根据上述规定,一审法院不应当拒绝上诉人提出的重新鉴定申请,应当重新委托有资质有能力进行计算机软件鉴定的鉴定机构进行鉴定。2. 上诉人已经提供了初步的侵权证据,如公证保全的被上诉人的产品及其说明书、被上诉人产品的键盘分布及操作显示界面、上诉人的著作权登记证书、上诉人的源程序等,这些均能初步表明诉争软件存在相同性或相似性。二、关于举证责任分配,一审判决适用法律错误。《司法鉴定程序通则(试行)》第十条规定:"与案件有关的公民、法人和其他组织应当向司法鉴定机构如实提供鉴定材料。"最高人民法院《关于民事诉讼证据的若干规定》第二十五条第二款规定:"对需要鉴定的事项负有举证责任的当事人,在人民法院指定的期限内无正当理由不提出鉴定申请或者不预交鉴定费用或者拒不提供相关材料,致使对案件争议的事实无法通过鉴定结论予以认定的,应当对该事实承担举证不能的法律后果。"因此,被上诉人有义务提供其软件源程序进行鉴定。最高人民法院《关于民事诉讼证据的若干规定》第七条规定"在法律没有具体规定,依本规定及其他司法解释无法确定举证责任时,人民法院可以根据公平原则和诚实信用原则,综合当事人举证能力等因素确定举证责任的承担",本案中,源程序是被上诉人拥有,上诉人对此无法获得,法院应当依法要求被上诉人提供源程序,而不应将此项举证责任转移给上诉人。此外,提供源程序进行司法鉴定并不会导致其源程序公开或泄密,被上诉人以保密为由拒不提供源程序不符合法律规定。一审判决简单套用"谁主张、谁举证"原则属于适用法律错误。

被上诉人华仁公司辩称:首先,被上诉人没有义务提供源程序,源程序是企业最大的商业秘密,一旦提供就需要经过多个专家对比,难免不造成泄密,而且上诉人石鸿林对由此造成的损失拒绝赔偿,因此,被上诉人不同意提供源程序。其次,关于上诉人反复提到的相似性问题,一方面,上诉人、被上诉人双方产品的按键数量并不一致。另一方面,由于目前比较流行的线切割机软件都是用3B代码进行编程的,故操作显示界面存在若干相似之处是正常的。综上,请求驳回上诉,维持原判,并判令上诉人赔偿被上诉人的经济损失。

【二审争议焦点】

本案二审的争议焦点是：一、被上诉人华仁公司是否侵犯了上诉人石鸿林的涉案计算机软件著作权；二、如果华仁公司构成侵权，应如何承担民事责任。

【二审裁判理由】

江苏省高级人民法院二审认为：

本案的核心问题在于比对涉案 HR－Z 型控制器计算机软件是否侵犯上诉人石鸿林享有著作权的 S 系列软件著作权。鉴于被上诉人华仁公司无正当理由拒绝提供软件源程序以供直接比对，因此石鸿林有关比对双方软件是否存在共同缺陷及运行特征的请求应予采纳。根据本案二审查明的事实，上诉人提供的 HX－Z 软件属于其对 S 系列软件的改版，而根据中国版权保护中心版权鉴定委员会作出的 HX－Z 软件源程序与 S 系列软件源程序实质性相同的鉴定结论，可以证明这两个系统软件本身也构成实质性相同，故 HX－Z 软件源程序可以作为石鸿林主张著作权的依据与被控侵权的 HR－Z 软件进行比对。

最高人民法院《关于民事诉讼证据的若干规定》第二条第一款规定："当事人对自己提出的诉讼请求所依据的事实或者反驳对方诉讼请求所依据的事实有责任提供证据加以证明。"上诉人石鸿林主张被上诉人华仁公司侵犯其"S 型线切割机床单片机控制器系统软件 V1.0"著作权，应当举证证明双方计算机软件之间构成相同或实质性相同。要证明这一点，需要比对双方计算机软件的源程序或目标程序之间构成相同或实质性相同。根据本案查明的事实，HR－Z 软件的目标程序系加载于 HR－Z 型控制器中的内置芯片上，由于该芯片属于加密芯片，因此也无法从芯片中读出 HR－Z 软件的目标程序，并进而反向编译出源程序。因此，依靠现有技术手段无法从 HR－Z 型控制器中获得 HR－Z 软件源程序或目标程序。而由于被控侵权的 HR－Z 软件的源程序及目标程序由华仁公司持有并一直拒绝向法院提供，因此石鸿林实际无法提供 HR－Z 软件的源程序或目标程序以供直接对比。

根据本案查明的事实，运行安装 HX－Z 软件的 HX－Z型控制器和安装 HR－Z 软件的 HR－Z 型控制器，即可发现二者存在如下相同的系统软件缺陷情况：(1)二控制器连续加工程序段超过 2048 条后，均出现无法正常执行的情况；(2)在加工完整的一段程序后只让自动报警两声以下即按任意键关闭报警时，在下一次加工过程中加工回复线之前自动暂停后，二控制器均有偶然出现蜂鸣器响声 2 声的现象。运行安装 HX－Z 软件的 HX－Z 型控制器和安装 HR－Z 软件的 HR－Z 型控制器，二者在加电运行时存在相同的特征性情况。HX－Z 和 HR－Z 型控制器的使用说明书基本相同。两者对控制器功能的描述及技术指标基本相同；两者对使用操作的说明基本相同；两者在段落编排方式和多数语句的使用上基本相同。HX－Z 和 HR－Z 型控制器的整体外观和布局基本相同，主要包括面板、键盘的总体布局基本相同等。

根据计算机软件设计的一般性原理，在独立完成设计的情况下，不同软件之间出现相同的软件缺陷几率极小，而如果软件之间存在共同的软件缺陷，则软件之间的源程序相同的概率较大。同时结合 HX－Z 和 HR－Z 型控制器两者在加电运行时存在相同的特征性情况、HX－Z 和 HR－Z 型控制器的使用说明书基本相同、HX－Z 和 HR－Z 型控制器的整体外观和布局基本相同等相关事实，上诉人石鸿林提供的现有证据能够初步证明 HX－Z 和 HR－Z 软件构成实质相同。同时，由于 HX－Z 软件是石鸿林对其 S 系列软件的改版，且 HX－Z 软件与 S 系列软件实质相同。因此，石鸿林提供的现有证据亦能够初步证明被控侵权的 HR－Z 软件与石鸿林的 S 系列软件亦构成实质相同。

最高人民法院《关于民事诉讼证据的若干规定》第七十五条规定："有证据证明一方当事人持有证据无正当理由拒不提供，如果对方当事人主张该证据的内容不利于证据持有人，可以推定该主张成立。"在上诉人石鸿林提供了初步证据证明其诉讼主张的情形下，完全可以证明被上诉人华仁公司持有但拒不提供的源程序的内容不利于华仁公司，经法院反复释明，华仁公司最终仍不提供被控侵权的 HR－Z 软件源程序以供比对，故依法应当承担举证不能的不利后果。

综上，在被上诉人华仁公司持有被控侵权的 HR－Z 软件源程序且无正当理由拒不提供的情形下，根据现有证据，可以认定被控侵权的 HR－Z 软件与上诉人石鸿林的 S 系列软件构成实质相同，华仁公司侵犯了石鸿林 S 系列软件著作权。

《中华人民共和国著作权法》第四十八条规定："侵犯著作权或者与著作权有关的权利的，侵权人应当按照权利人的实际损失给予赔偿；实际损失难以计算的，可以按照侵权人的违法所得给予赔偿。赔偿数额还应当包括权利人为制止侵权行为所支付的合理开支。权利人的实际损失或者侵权人的违法所得不能确定的，由人民法院根据侵权行为的情节，判决给予五十万元以下的赔偿。”本案中，上诉人石鸿林在一审诉讼中支付的诉讼代理费8000元、公证保全费用1200元，属于其为制止侵权行为所支付的合理开支，应予支持。因石鸿林并未举证证明其所受实际损失及被上诉人华仁公司侵权获利的准确数额，据此，法院根据华仁公司侵权行为的情节、侵权行为持续的时间、石鸿林为制止侵权行为所支付的合理开支等因素，酌情确定赔偿数额为79 200元。因华仁公司侵权行为成立，本案二审鉴定费用21 282元也应由华仁公司负担。

被上诉人华仁公司二审答辩要求判令上诉人石鸿林赔偿被上诉人的经济损失，被上诉人一审并未提出反诉，二审请求上诉人赔偿损失不符合法律规定，不予支持。

综上，上诉人石鸿林的上诉理由成立，应予支持。一审判决认定事实基本清楚，但上诉人在二审中提交了新的证据，二审依据新证据查明了新的案件事实，应当在查清事实的基础上予以改判。

【二审裁判结果】

江苏省高级人民法院依照《中华人民共和国民事诉讼法》第一百五十三条第一款第(三)项之规定，于2007年12月17日判决：

一、撤销江苏省泰州市中级人民法院(2006)泰民三初字第2号民事判决；

二、被上诉人华仁公司立即停止生产、销售侵犯上诉人石鸿林S型线切割机床单片机控制器系统软件V1.0著作权的产品；

三、华仁公司于本判决生效之日起10日内赔偿石鸿林经济损失79 200元；

四、驳回石鸿林的其他诉讼请求。

本判决为终审判决。

4. 信息网络传播权

信息网络传播权保护条例

1. 2006年5月18日国务院令第468号公布
2. 根据2013年1月30日国务院令第634号《关于修改〈信息网络传播权保护条例〉的决定》修订

第一条 为保护著作权人、表演者、录音录像制作者(以下统称权利人)的信息网络传播权,鼓励有益于社会主义精神文明、物质文明建设的作品的创作和传播,根据《中华人民共和国著作权法》(以下简称著作权法),制定本条例。

第二条 权利人享有的信息网络传播权受著作权法和本条例保护。除法律、行政法规另有规定的外,任何组织或者个人将他人的作品、表演、录音录像制品通过信息网络向公众提供,应当取得权利人许可,并支付报酬。

第三条 依法禁止提供的作品、表演、录音录像制品,不受本条例保护。

权利人行使信息网络传播权,不得违反宪法和法律、行政法规,不得损害公共利益。

第四条 为了保护信息网络传播权,权利人可以采取技术措施。

任何组织或者个人不得故意避开或者破坏技术措施,不得故意制造、进口或者向公众提供主要用于避开或者破坏技术措施的装置或者部件,不得故意为他人避开或者破坏技术措施提供技术服务。但是,法律、行政法规规定可以避开的除外。

第五条 未经权利人许可,任何组织或者个人不得进行下列行为:

(一)故意删除或者改变通过信息网络向公众提供的作品、表演、录音录像制品的权利管理电子信息,但由于技术上的原因无法避免删除或者改变的除外;

(二)通过信息网络向公众提供明知或者应知未经权利人许可被删除或者改变权利管理电子信息的作品、表演、录音录像制品。

第六条 通过信息网络提供他人作品,属于下列情形的,可以不经著作权人许可,不向其支付报酬:

(一)为介绍、评论某一作品或者说明某一问题,在向公众提供的作品中适当引用已经发表的作品;

(二)为报道时事新闻,在向公众提供的作品中不可避免地再现或者引用已经发表的作品;

(三)为学校课堂教学或者科学研究,向少数教学、科研人员提供少量已经发表的作品;

(四)国家机关为执行公务,在合理范围内向公众提供已经发表的作品;

(五)将中国公民、法人或者其他组织已经发表的、以汉语言文字创作的作品翻译成的少数民族语言文字作品,向中国境内少数民族提供;

(六)不以营利为目的,以盲人能够感知的独特方式向盲人提供已经发表的文字作品;

(七)向公众提供在信息网络上已经发表的关于政治、经济问题的时事性文章;

(八)向公众提供在公众集会上发表的讲话。

第七条 图书馆、档案馆、纪念馆、博物馆、美术馆等可以不经著作权人许可,通过信息网络向本馆馆舍内服务对象提供本馆收藏的合法出版的数字作品和依法为陈列或者保存版本的需要以数字化形式复制的作品,不向其支付报酬,但不得直接或者间接获得经济利益。当事人另有约定的除外。

前款规定的为陈列或者保存版本需要以数字化形式复制的作品,应当是已经损毁或者濒临损毁、丢失或者失窃,或者其存储格式已经过时,并且在市场上无法购买或者只能以明显高于标定的价格购买的作品。

第八条 为通过信息网络实施九年制义务教育或者国家教育规划,可以不经著作权人许可,使用其已经发表作品的片断或者短小的文字作品、音乐作品或者单幅的美术作品、摄影作品制作课件,由制作课件或者依法取得课件的远程教育机构通过信息网络向注册学生提供,但应当向著作权人支付报酬。

第九条 为扶助贫困,通过信息网络向农村地区的公众免费提供中国公民、法人或者其他组织已经发表的种植养殖、防病治病、防灾减灾等与扶助贫困有关的作品和适应基本文化需求的作品,网络服务提供者应当在提供前公告拟提供的作品及其作者、拟支付报酬的标准。自公告之日起30日内,著作权人不同意提供的,网络服务提供者不得提供其作品;自公告之日起满30日,著作权人没有异议的,网络服务提供者可以提供其作品,并按照公告的标准向著作权人支付报酬。网络服务提供者提供著作权人的作品后,著作权人不同意提供的,网络服务提供者应当立即删除著作权人的作品,并按照公告的标准向著作权人支付提供作品期间的报酬。

依照前款规定提供作品的,不得直接或者间接获得经济利益。

第十条 依照本条例规定不经著作权人许可、通过信息网络向公众提供其作品的,还应当遵守下列规定:

(一)除本条例第六条第一项至第六项、第七条规定的情形外,不得提供作者事先声明不许提供的作品;

(二)指明作品的名称和作者的姓名(名称);

(三)依照本条例规定支付报酬;

(四)采取技术措施,防止本条例第七条、第八条、第九条规定的服务对象以外的其他人获得著作权人的作品,并防止本条例第七条规定的服务对象的复制行为对著作权人利益造成实质性损害;

(五)不得侵犯著作权人依法享有的其他权利。

第十一条 通过信息网络提供他人表演、录音录像制品的,应当遵守本条例第六条至第十条的规定。

第十二条 属于下列情形的,可以避开技术措施,但不得向他人提供避开技术措施的技术、装置或者部件,不得侵犯权利人依法享有的其他权利:

(一)为学校课堂教学或者科学研究,通过信息网络向少数教学、科研人员提供已经发表的作品、表演、录音录像制品,而该作品、表演、录音录像制品只能通过信息网络获取;

(二)不以营利为目的,通过信息网络以盲人能够感知的独特方式向盲人提供已经发表的文字作品,而该作品只能通过信息网络获取;

(三)国家机关依照行政、司法程序执行公务;

(四)在信息网络上对计算机及其系统或者网络的安全性能进行测试。

第十三条 著作权行政管理部门为了查处侵犯信息网络传播权的行为,可以要求网络服务提供者提供涉嫌侵权的服务对象的姓名(名称)、联系方式、网络地址等资料。

第十四条 对提供信息存储空间或者提供搜索、链接服务的网络服务提供者,权利人认为其服务所涉及的作品、表演、录音录像制品,侵犯自己的信息网络传播权或者被删除、改变了自己的权利管理电子信息的,可以向该网络服务提供者提交书面通知,要求网络服务提供者删除该作品、表演、录音录像制品,或者断开与该作品、表演、录音录像制品的链接。通知书应当包含下列内容:

(一)权利人的姓名(名称)、联系方式和地址;

(二)要求删除或者断开链接的侵权作品、表演、录音录像制品的名称和网络地址;

(三)构成侵权的初步证明材料。

权利人应当对通知书的真实性负责。

第十五条 网络服务提供者接到权利人的通知书后,应当立即删除涉嫌侵权的作品、表演、录音录像制品,或者断开与涉嫌侵权的作品、表演、录音录像制品的链接,并同时将通知书转送提供作品、表演、录音录像制品的服务对象;服务对象网络地址不明、无法转送的,应当将通知书的内容同时在信息网络上公告。

第十六条 服务对象接到网络服务提供者转送的通知书后,认为其提供的作品、表演、录音录像制品未侵犯他人权利的,可以向网络服务提供者提交书面说明,要求恢复被删除的作品、表演、录音录像制品,或者恢复与被断开的作品、表演、录音录像制品的链接。书面说明应当包含下列内容:

(一)服务对象的姓名(名称)、联系方式和地址;

(二)要求恢复的作品、表演、录音录像制品的名称和网络地址;

(三)不构成侵权的初步证明材料。

服务对象应当对书面说明的真实性负责。

第十七条 网络服务提供者接到服务对象的书面说明后,应当立即恢复被删除的作品、表演、录音录像制品,或者可以恢复与被断开的作品、表演、录音录像制品的链接,同时将服务对象的书面说明转送权利人。权利人不得再通知网络服务提供者删除该作品、表演、录音录像制品,或者断开与该作品、表演、录音录像制品的链接。

第十八条 违反本条例规定,有下列侵权行为之一的,根据情况承担停止侵害、消除影响、赔礼道歉、赔偿损失等民事责任;同时损害公共利益的,可以由著作权行政管理部门责令停止侵权行为,没收违法所得,非法经营额5万元以上的,可处非法经营额1倍以上5倍以下的罚款;没有非法经营额或者非法经营额5万元以下的,根据情节轻重,可处25万元以下的罚款;情节严重的,著作权行政管理部门可以没收主要用于提供网络服务的计算机等设备;构成犯罪的,依法追究刑事责任:

(一)通过信息网络擅自向公众提供他人的作品、

表演、录音录像制品的；

（二）故意避开或者破坏技术措施的；

（三）故意删除或者改变通过信息网络向公众提供的作品、表演、录音录像制品的权利管理电子信息，或者通过信息网络向公众提供明知或者应知未经权利人许可而被删除或者改变权利管理电子信息的作品、表演、录音录像制品的；

（四）为扶助贫困通过信息网络向农村地区提供作品、表演、录音录像制品超过规定范围，或者未按照公告的标准支付报酬，或者在权利人不同意提供其作品、表演、录音录像制品后未立即删除的；

（五）通过信息网络提供他人的作品、表演、录音录像制品，未指明作品、表演、录音录像制品的名称或者作者、表演者、录音录像制作者的姓名（名称），或者未支付报酬，或者未依照本条例规定采取技术措施防止服务对象以外的其他人获得他人的作品、表演、录音录像制品，或者未防止服务对象的复制行为对权利人利益造成实质性损害的。

第十九条 违反本条例规定，有下列行为之一的，由著作权行政管理部门予以警告，没收违法所得，没收主要用于避开、破坏技术措施的装置或者部件；情节严重的，可以没收主要用于提供网络服务的计算机等设备；非法经营额5万元以上的，可处非法经营额1倍以上5倍以下的罚款；没有非法经营额或者非法经营额5万元以下的，根据情节轻重，可处25万元以下的罚款；构成犯罪的，依法追究刑事责任：

（一）故意制造、进口或者向他人提供主要用于避开、破坏技术措施的装置或者部件，或者故意为他人避开或者破坏技术措施提供技术服务的；

（二）通过信息网络提供他人的作品、表演、录音录像制品，获得经济利益的；

（三）为扶助贫困通过信息网络向农村地区提供作品、表演、录音录像制品，未在提供前公告作品、表演、录音录像制品的名称和作者、表演者、录音录像制作者的姓名（名称）以及报酬标准的。

第二十条 网络服务提供者根据服务对象的指令提供网络自动接入服务，或者对服务对象提供的作品、表演、录音录像制品提供自动传输服务，并具备下列条件的，不承担赔偿责任：

（一）未选择并且未改变所传输的作品、表演、录音录像制品；

（二）向指定的服务对象提供该作品、表演、录音录像制品，并防止指定的服务对象以外的其他人获得。

第二十一条 网络服务提供者为提高网络传输效率，自动存储从其他网络服务提供者获得的作品、表演、录音录像制品，根据技术安排自动向服务对象提供，并具备下列条件的，不承担赔偿责任：

（一）未改变自动存储的作品、表演、录音录像制品；

（二）不影响提供作品、表演、录音录像制品的原网络服务提供者掌握服务对象获取该作品、表演、录音录像制品的情况；

（三）在原网络服务提供者修改、删除或者屏蔽该作品、表演、录音录像制品时，根据技术安排自动予以修改、删除或者屏蔽。

第二十二条 网络服务提供者为服务对象提供信息存储空间，供服务对象通过信息网络向公众提供作品、表演、录音录像制品，并具备下列条件的，不承担赔偿责任：

（一）明确标示该信息存储空间是为服务对象所提供，并公开网络服务提供者的名称、联系人、网络地址；

（二）未改变服务对象所提供的作品、表演、录音录像制品；

（三）不知道也没有合理的理由应当知道服务对象提供的作品、表演、录音录像制品侵权；

（四）未从服务对象提供作品、表演、录音录像制品中直接获得经济利益；

（五）在接到权利人的通知书后，根据本条例规定删除权利人认为侵权的作品、表演、录音录像制品。

第二十三条 网络服务提供者为服务对象提供搜索或者链接服务，在接到权利人的通知书后，根据本条例规定断开与侵权的作品、表演、录音录像制品的链接的，不承担赔偿责任；但是，明知或者应知所链接的作品、表演、录音录像制品侵权的，应当承担共同侵权责任。

第二十四条 因权利人的通知导致网络服务提供者错误删除作品、表演、录音录像制品，或者错误断开与作品、表演、录音录像制品的链接，给服务对象造成损失的，权利人应当承担赔偿责任。

第二十五条 网络服务提供者无正当理由拒绝提供或者拖延提供涉嫌侵权的服务对象的姓名（名称）、联系方式、网络地址等资料的，由著作权行政管理部门予以警告;情节严重的,没收主要用于提供网络服务的计算机等设备。

第二十六条 本条例下列用语的含义:

信息网络传播权,是指以有线或者无线方式向公众提供作品、表演或者录音录像制品,使公众可以在其个人选定的时间和地点获得作品、表演或者录音录像制品的权利。

技术措施,是指用于防止、限制未经权利人许可浏览、欣赏作品、表演、录音录像制品的或者通过信息网络向公众提供作品、表演、录音录像制品的有效技术、装置或者部件。

权利管理电子信息,是指说明作品及其作者、表演及其表演者、录音录像制品及其制作者的信息,作品、表演、录音录像制品权利人的信息和使用条件的信息,以及表示上述信息的数字或者代码。

第二十七条 本条例自2006年7月1日起施行。

互联网著作权行政保护办法

1. 2005年4月30日国家版权局、信息产业部令第5号公布
2. 自2005年5月30日起施行

第一条 为了加强互联网信息服务活动中信息网络传播权的行政保护,规范行政执法行为,根据《中华人民共和国著作权法》及有关法律、行政法规,制定本办法。

第二条 本办法适用于互联网信息服务活动中根据互联网内容提供者的指令,通过互联网自动提供作品、录音录像制品等内容的上载、存储、链接或搜索等功能,且对存储或传输的内容不进行任何编辑、修改或选择的行为。

互联网信息服务活动中直接提供互联网内容的行为,适用著作权法。

本办法所称"互联网内容提供者"是指在互联网上发布相关内容的上网用户。

第三条 各级著作权行政管理部门依照法律、行政法规和本办法对互联网信息服务活动中的信息网络传播权实施行政保护。国务院信息产业主管部门和各省、自治区、直辖市电信管理机构依法配合相关工作。

第四条 著作权行政管理部门对侵犯互联网信息服务活动中的信息网络传播权的行为实施行政处罚,适用《著作权行政处罚实施办法》。

侵犯互联网信息服务活动中的信息网络传播权的行为由侵权行为实施地的著作权行政管理部门管辖。侵权行为实施地包括提供本办法第二条所列的互联网信息服务活动的服务器等设备所在地。

第五条 著作权人发现互联网传播的内容侵犯其著作权,向互联网信息服务提供者或者其委托的其他机构(以下统称"互联网信息服务提供者")发出通知后,互联网信息服务提供者应当立即采取措施移除相关内容,并保留著作权人的通知6个月。

第六条 互联网信息服务提供者收到著作权人的通知后,应当记录提供的信息内容及其发布的时间、互联网地址或者域名。互联网接入服务提供者应当记录互联网内容提供者的接入时间、用户账号、互联网地址或者域名、主叫电话号码等信息。

前款所称记录应当保存60日,并在著作权行政管理部门查询时予以提供。

第七条 互联网信息服务提供者根据著作权人的通知移除相关内容的,互联网内容提供者可以向互联网信息服务提供者和著作权人一并发出说明被移除内容不侵犯著作权的反通知。反通知发出后,互联网信息服务提供者即可恢复被移除的内容,且对该恢复行为不承担行政法律责任。

第八条 著作权人的通知应当包含以下内容:

(一)涉嫌侵权内容所侵犯的著作权权属证明;
(二)明确的身份证明、住址、联系方式;
(三)涉嫌侵权内容在信息网络上的位置;
(四)侵犯著作权的相关证据;
(五)通知内容的真实性声明。

第九条 互联网内容提供者的反通知应当包含以下内容:

(一)明确的身份证明、住址、联系方式;
(二)被移除内容的合法性证明;
(三)被移除内容在互联网上的位置;
(四)反通知内容的真实性声明。

第十条 著作权人的通知和互联网内容提供者的反通知应当采取书面形式。

著作权人的通知和互联网内容提供者的反通知不具备本办法第八条、第九条所规定内容的,视为未发出。

第十一条 互联网信息服务提供者明知互联网内容提供者通过互联网实施侵犯他人著作权的行为,或者虽不明知,但接到著作权人通知后未采取措施移除相关内容,同时损害社会公共利益的,著作权行政管理部门可以根据《中华人民共和国著作权法》第四十七条的规定责令停止侵权行为,并给予下列行政处罚:

(一)没收违法所得;

(二)处以非法经营额3倍以下的罚款;非法经营额难以计算的,可以处10万元以下的罚款。

第十二条 没有证据表明互联网信息服务提供者明知侵权事实存在的,或者互联网信息服务提供者接到著作权人通知后,采取措施移除相关内容的,不承担行政法律责任。

第十三条 著作权行政管理部门在查处侵犯互联网信息服务活动中的信息网络传播权案件时,可以按照《著作权行政处罚实施办法》第十二条规定要求著作权人提交必备材料,以及向互联网信息服务提供者发出的通知和该互联网信息服务提供者未采取措施移除相关内容的证明。

第十四条 互联网信息服务提供者有本办法第十一条规定的情形,且经著作权行政管理部门依法认定专门从事盗版活动,或有其他严重情节的,国务院信息产业主管部门或者省、自治区、直辖市电信管理机构依据相关法律、行政法规的规定处理;互联网接入服务提供者应当依据国务院信息产业主管部门或者省、自治区、直辖市电信管理机构的通知,配合实施相应的处理措施。

第十五条 互联网信息服务提供者未履行本办法第六条规定的义务,由国务院信息产业主管部门或者省、自治区、直辖市电信管理机构予以警告,可以并处3万元以下罚款。

第十六条 著作权行政管理部门在查处侵犯互联网信息服务活动中的信息网络传播权案件过程中,发现互联网信息服务提供者的行为涉嫌构成犯罪的,应当依照国务院《行政执法机关移送涉嫌犯罪案件的规定》将案件移送司法部门,依法追究刑事责任。

第十七条 表演者、录音录像制作者等与著作权有关的权利人通过互联网向公众传播其表演或者录音录像制品的权利的行政保护适用本办法。

第十八条 本办法由国家版权局和信息产业部负责解释。

第十九条 本办法自2005年5月30日起施行。

最高人民法院关于做好涉及网吧著作权纠纷案件审判工作的通知

1. *2010年11月25日*
2. *法发〔2010〕50号*

各省、自治区、直辖市高级人民法院,新疆维吾尔自治区高级人民法院生产建设兵团分院:

近年来,各级人民法院审理的网吧因提供影视作品被诉侵权的相关案件大幅增加,出现了一些新情况和新问题,引起有关方面的高度关注。为解决当前审理涉及网吧著作权纠纷案件中存在的突出问题,依法妥善审理好此类案件,现就有关事项通知如下:

一、各级人民法院要认真研究分析当前涉及网吧著作权纠纷案件急剧上升的成因和现状,在此类案件的审理中,在积极支持当事人依法维权的同时,也要注意防止滥用权利情形的发生。要注意处理好依法保护与适度保护的关系,既要依法保护当事人的著作权,有效制止侵权行为,又要正确确定网吧经营者和相关影视作品提供者的责任承担,注意把握司法导向和利益平衡,积极促进信息传播和规范传播秩序,推动相关互联网文化产业健康发展。

二、要积极探索有效解决纠纷的途径,认真贯彻"调解优先,调判结合"的工作原则。在加强诉讼调解的同时,积极推动建立诉讼与非诉讼相衔接的矛盾纠纷解决机制,发挥行业主管部门和行业协会的作用,采取各种措施引导网吧经营者规范经营行为,以减少诉讼,维护社会和谐稳定。

三、网吧经营者未经许可,通过网吧自行提供他人享有著作权的影视作品,侵犯他人信息网络传播权等权利的,应当根据原告的诉讼请求判决其停止侵权和赔偿损失。赔偿数额的确定要合理和适度,要符合网吧经营活动的特点和实际,除应考虑涉案影视作品的市场影响、知名度、上映档期、合理的许可使用费外,还应重点考虑网吧的服务价格、规模、主观过错程度以及侵权行为的性质、持续时间、对侵权作品的点击或下载数量、当地经济文化发展状况等因素。

法律、行政法规对网吧经营者承担侵权责任的情形另有规定的,按其规定执行。

四、网吧经营者能证明涉案影视作品是从有经营资质的影视作品提供者合法取得,根据取得时的具体情形不知道也没有合理理由应当知道涉案影视作品侵犯他人信息网络传播权等权利的,不承担赔偿损失的民事责任。但网吧经营者经权利人通知后,未及时采取必要措施的,应对损害的扩大部分承担相应的民事责任。

五、网吧经营者请求追加涉案影视作品提供者为共同被告的,可根据案件的具体情况决定是否追加其参加诉讼。

本通知自下发之日起执行。执行中如有问题和新情况,请及时层报最高人民法院。

最高人民法院关于审理侵害信息网络传播权民事纠纷案件适用法律若干问题的规定

1. 2012年11月26日最高人民法院审判委员会第1561次会议通过
2. 2012年12月17日公布
3. 法释〔2012〕20号
4. 自2013年1月1日起施行

为正确审理侵害信息网络传播权民事纠纷案件,依法保护信息网络传播权,促进信息网络产业健康发展,维护公共利益,根据《中华人民共和国民法通则》《中华人民共和国侵权责任法》《中华人民共和国著作权法》《中华人民共和国民事诉讼法》等有关法律规定,结合审判实际,制定本规定。

第一条　人民法院审理侵害信息网络传播权民事纠纷案件,在依法行使裁量权时,应当兼顾权利人、网络服务提供者和社会公众的利益。

第二条　本规定所称信息网络,包括以计算机、电视机、固定电话机、移动电话机等电子设备为终端的计算机互联网、广播电视网、固定通信网、移动通信网等信息网络,以及向公众开放的局域网络。

第三条　网络用户、网络服务提供者未经许可,通过信息网络提供权利人享有信息网络传播权的作品、表演、录音录像制品,除法律、行政法规另有规定外,人民法院应当认定其构成侵害信息网络传播权行为。

通过上传到网络服务器、设置共享文件或者利用文件分享软件等方式,将作品、表演、录音录像制品置于信息网络中,使公众能够在个人选定的时间和地点以下载、浏览或者其他方式获得的,人民法院应当认定其实施了前款规定的提供行为。

第四条　有证据证明网络服务提供者与他人以分工合作等方式共同提供作品、表演、录音录像制品,构成共同侵权行为的,人民法院应当判令其承担连带责任。网络服务提供者能够证明其仅提供自动接入、自动传输、信息存储空间、搜索、链接、文件分享技术等网络服务,主张其不构成共同侵权行为的,人民法院应予支持。

第五条　网络服务提供者以提供网页快照、缩略图等方式实质替代其他网络服务提供者向公众提供相关作品的,人民法院应当认定其构成提供行为。

前款规定的提供行为不影响相关作品的正常使用,且未不合理损害权利人对该作品的合法权益,网络服务提供者主张其未侵害信息网络传播权的,人民法院应予支持。

第六条　原告有初步证据证明网络服务提供者提供了相关作品、表演、录音录像制品,但网络服务提供者能够证明其仅提供网络服务,且无过错的,人民法院不应认定为构成侵权。

第七条　网络服务提供者在提供网络服务时教唆或者帮助网络用户实施侵害信息网络传播权行为的,人民法院应当判令其承担侵权责任。

网络服务提供者以言语、推介技术支持、奖励积分等方式诱导、鼓励网络用户实施侵害信息网络传播权行为的,人民法院应当认定其构成教唆侵权行为。

网络服务提供者明知或者应知网络用户利用网络服务侵害信息网络传播权,未采取删除、屏蔽、断开链接等必要措施,或者提供技术支持等帮助行为的,人民法院应当认定其构成帮助侵权行为。

第八条　人民法院应当根据网络服务提供者的过错,确定其是否承担教唆、帮助侵权责任。网络服务提供者的过错包括对于网络用户侵害信息网络传播权行为的明知或者应知。

网络服务提供者未对网络用户侵害信息网络传播权的行为主动进行审查的,人民法院不应据此认定其具有过错。

网络服务提供者能够证明已采取合理、有效的技术措施,仍难以发现网络用户侵害信息网络传播权行为的,人民法院应当认定其不具有过错。

第九条　人民法院应当根据网络用户侵害信息网络传播权的具体事实是否明显,综合考虑以下因素,认定网络服务提供者是否构成应知：

（一）基于网络服务提供者提供服务的性质、方式及其引发侵权的可能性大小，应当具备的管理信息的能力；

（二）传播的作品、表演、录音录像制品的类型、知名度及侵权信息的明显程度；

（三）网络服务提供者是否主动对作品、表演、录音录像制品进行了选择、编辑、修改、推荐等；

（四）网络服务提供者是否积极采取了预防侵权的合理措施；

（五）网络服务提供者是否设置便捷程序接收侵权通知并及时对侵权通知作出合理的反应；

（六）网络服务提供者是否针对同一网络用户的重复侵权行为采取了相应的合理措施；

（七）其他相关因素。

第十条 网络服务提供者在提供网络服务时，对热播影视作品等以设置榜单、目录、索引、描述性段落、内容简介等方式进行推荐，且公众可以在其网页上直接以下载、浏览或者其他方式获得的，人民法院可以认定其应知网络用户侵害信息网络传播权。

第十一条 网络服务提供者从网络用户提供的作品、表演、录音录像制品中直接获得经济利益的，人民法院应当认定其对该网络用户侵害信息网络传播权的行为负有较高的注意义务。

网络服务提供者针对特定作品、表演、录音录像制品投放广告获取收益，或者获取与其传播的作品、表演、录音录像制品存在其他特定联系的经济利益，应当认定为前款规定的直接获得经济利益。网络服务提供者因提供网络服务而收取一般性广告费、服务费等，不属于本款规定的情形。

第十二条 有下列情形之一的，人民法院可以根据案件具体情况，认定提供信息存储空间服务的网络服务提供者应知网络用户侵害信息网络传播权：

（一）将热播影视作品等置于首页或者其他主要页面等能够为网络服务提供者明显感知的位置的；

（二）对热播影视作品等的主题、内容主动进行选择、编辑、整理、推荐，或者为其设立专门的排行榜的；

（三）其他可以明显感知相关作品、表演、录音录像制品为未经许可提供，仍未采取合理措施的情形。

第十三条 网络服务提供者接到权利人以书信、传真、电子邮件等方式提交的通知，未及时采取删除、屏蔽、断开链接等必要措施的，人民法院应当认定其明知相关侵害信息网络传播权行为。

第十四条 人民法院认定网络服务提供者采取的删除、屏蔽、断开链接等必要措施是否及时，应当根据权利人提交通知的形式，通知的准确程度，采取措施的难易程度，网络服务的性质，所涉作品、表演、录音录像制品的类型、知名度、数量等因素综合判断。

第十五条 侵害信息网络传播权民事纠纷案件由侵权行为地或者被告住所地人民法院管辖。侵权行为地包括实施被诉侵权行为的网络服务器、计算机终端等设备所在地。侵权行为地和被告住所地均难以确定或者在境外的，原告发现侵权内容的计算机终端等设备所在地可以视为侵权行为地。

第十六条 本规定施行之日起，《最高人民法院关于审理涉及计算机网络著作权纠纷案件适用法律若干问题的解释》（法释〔2006〕11号）同时废止。

本规定施行之后尚未终审的侵害信息网络传播权民事纠纷案件，适用本规定。本规定施行前已经终审，当事人申请再审或者按照审判监督程序决定再审的，不适用本规定。

5. 出　版

出版管理条例

1. 2001年12月25日国务院令第343号公布
2. 根据2011年3月19日国务院令第594号《关于修改〈出版管理条例〉的决定》第一次修订
3. 根据2013年7月18日国务院令第638号《关于废止和修改部分行政法规的决定》第二次修订
4. 根据2014年7月29日国务院令第653号《关于修改部分行政法规的决定》第三次修订

第一章　总　　则

第一条　为了加强对出版活动的管理,发展和繁荣有中国特色社会主义出版产业和出版事业,保障公民依法行使出版自由的权利,促进社会主义精神文明和物质文明建设,根据宪法,制定本条例。

第二条　在中华人民共和国境内从事出版活动,适用本条例。

本条例所称出版活动,包括出版物的出版、印刷或者复制、进口、发行。

本条例所称出版物,是指报纸、期刊、图书、音像制品、电子出版物等。

第三条　出版活动必须坚持为人民服务、为社会主义服务的方向,坚持以马克思列宁主义、毛泽东思想、邓小平理论和"三个代表"重要思想为指导,贯彻落实科学发展观,传播和积累有益于提高民族素质、有益于经济发展和社会进步的科学技术和文化知识,弘扬民族优秀文化,促进国际文化交流,丰富和提高人民的精神生活。

第四条　从事出版活动,应当将社会效益放在首位,实现社会效益与经济效益相结合。

第五条　公民依法行使出版自由的权利,各级人民政府应当予以保障。

公民在行使出版自由的权利的时候,必须遵守宪法和法律,不得反对宪法确定的基本原则,不得损害国家的、社会的、集体的利益和其他公民的合法的自由和权利。

第六条　国务院出版行政主管部门负责全国的出版活动的监督管理工作。国务院其他有关部门按照国务院规定的职责分工,负责有关的出版活动的监督管理工作。

县级以上地方各级人民政府负责出版管理的部门(以下简称出版行政主管部门)负责本行政区域内出版活动的监督管理工作。县级以上地方各级人民政府其他有关部门在各自的职责范围内,负责有关的出版活动的监督管理工作。

第七条　出版行政主管部门根据已经取得的违法嫌疑证据或者举报,对涉嫌违法从事出版物出版、印刷或者复制、进口、发行等活动的行为进行查处时,可以检查与涉嫌违法活动有关的物品和经营场所;对有证据证明是与违法活动有关的物品,可以查封或者扣押。

第八条　出版行业的社会团体按照其章程,在出版行政主管部门的指导下,实行自律管理。

第二章　出版单位的设立与管理

第九条　报纸、期刊、图书、音像制品和电子出版物等应当由出版单位出版。

本条例所称出版单位,包括报社、期刊社、图书出版社、音像出版社和电子出版物出版社等。

法人出版报纸、期刊,不设立报社、期刊社的,其设立的报纸编辑部、期刊编辑部视为出版单位。

第十条　国务院出版行政主管部门制定全国出版单位总量、结构、布局的规划,指导、协调出版产业和出版事业发展。

第十一条　设立出版单位,应当具备下列条件:

(一)有出版单位的名称、章程;

(二)有符合国务院出版行政主管部门认定的主办单位及其主管机关;

(三)有确定的业务范围;

(四)有30万元以上的注册资本和固定的工作场所;

(五)有适应业务范围需要的组织机构和符合国家规定的资格条件的编辑出版专业人员;

(六)法律、行政法规规定的其他条件。

审批设立出版单位,除依照前款所列条件外,还应当符合国家关于出版单位总量、结构、布局的规划。

第十二条　设立出版单位,由其主办单位向所在地省、自治区、直辖市人民政府出版行政主管部门提出申请;省、自治区、直辖市人民政府出版行政主管部门审核同意后,报国务院出版行政主管部门审批。设立的出版单位为事业单位的,还应当办理机构编制审批手续。

第十三条　设立出版单位的申请书应当载明下列事项:

（一）出版单位的名称、地址；

（二）出版单位的主办单位及其主管机关的名称、地址；

（三）出版单位的法定代表人或者主要负责人的姓名、住址、资格证明文件；

（四）出版单位的资金来源及数额。

设立报社、期刊社或者报纸编辑部、期刊编辑部的，申请书还应当载明报纸或者期刊的名称、刊期、开版或者开本、印刷场所。

申请书应当附具出版单位的章程和设立出版单位的主办单位及其主管机关的有关证明材料。

第十四条 国务院出版行政主管部门应当自受理设立出版单位的申请之日起60日内，作出批准或者不批准的决定，并由省、自治区、直辖市人民政府出版行政主管部门书面通知主办单位；不批准的，应当说明理由。

第十五条 设立出版单位的主办单位应当自收到批准决定之日起60日内，向所在地省、自治区、直辖市人民政府出版行政主管部门登记，领取出版许可证。登记事项由国务院出版行政主管部门规定。

出版单位领取出版许可证后，属于事业单位法人的，持出版许可证向事业单位登记管理机关登记，依法领取事业单位法人证书；属于企业法人的，持出版许可证向工商行政管理部门登记，依法领取营业执照。

第十六条 报社、期刊社、图书出版社、音像出版社和电子出版物出版社等应当具备法人条件，经核准登记后，取得法人资格，以其全部法人财产独立承担民事责任。

依照本条例第九条第三款的规定，视为出版单位的报纸编辑部、期刊编辑部不具有法人资格，其民事责任由其主办单位承担。

第十七条 出版单位变更名称、主办单位或者其主管机关、业务范围、资本结构，合并或者分立，设立分支机构，出版新的报纸、期刊，或者报纸、期刊变更名称的，应当依照本条例第十二条、第十三条的规定办理审批手续。出版单位属于事业单位法人的，还应当持批准文件到事业单位登记管理机关办理相应的登记手续；属于企业法人的，还应当持批准文件到工商行政管理部门办理相应的登记手续。

出版单位除前款所列变更事项外的其他事项的变更，应当经主办单位及其主管机关审查同意，向所在地省、自治区、直辖市人民政府出版行政主管部门申请变更登记，并报国务院出版行政主管部门备案。出版单位属于事业单位法人的，还应当持批准文件到事业单位登记管理机关办理变更登记；属于企业法人的，还应当持批准文件到工商行政管理部门办理变更登记。

第十八条 出版单位中止出版活动的，应当向所在地省、自治区、直辖市人民政府出版行政主管部门备案并说明理由和期限；出版单位中止出版活动不得超过180日。

出版单位终止出版活动的，由主办单位提出申请并经主管机关同意后，由主办单位向所在地省、自治区、直辖市人民政府出版行政主管部门办理注销登记，并报国务院出版行政主管部门备案。出版单位属于事业单位法人的，还应当持批准文件到事业单位登记管理机关办理注销登记；属于企业法人的，还应当持批准文件到工商行政管理部门办理注销登记。

第十九条 图书出版社、音像出版社和电子出版物出版社自登记之日起满180日未从事出版活动的，报社、期刊社自登记之日起满90日未出版报纸、期刊的，由原登记的出版行政主管部门注销登记，并报国务院出版行政主管部门备案。

因不可抗力或者其他正当理由发生前款所列情形的，出版单位可以向原登记的出版行政主管部门申请延期。

第二十条 图书出版社、音像出版社和电子出版物出版社的年度出版计划及涉及国家安全、社会安定等方面的重大选题，应当经所在地省、自治区、直辖市人民政府出版行政主管部门审核后报国务院出版行政主管部门备案；涉及重大选题，未在出版前报备案的出版物，不得出版。具体办法由国务院出版行政主管部门制定。

期刊社的重大选题，应当依照前款规定办理备案手续。

第二十一条 出版单位不得向任何单位或者个人出售或者以其他形式转让本单位的名称、书号、刊号或者版号、版面，并不得出租本单位的名称、刊号。

出版单位及其从业人员不得利用出版活动谋取其他不正当利益。

第二十二条 出版单位应当按照国家有关规定向国家图书馆、中国版本图书馆和国务院出版行政主管部门免费送交样本。

第三章 出版物的出版

第二十三条 公民可以依照本条例规定，在出版物上自由表达自己对国家事务、经济和文化事业、社会事务的见解和意愿,自由发表自己从事科学研究、文学艺术创作和其他文化活动的成果。

合法出版物受法律保护,任何组织和个人不得非法干扰、阻止、破坏出版物的出版。

第二十四条　出版单位实行编辑责任制度,保障出版物刊载的内容符合本条例的规定。

第二十五条　任何出版物不得含有下列内容:

(一)反对宪法确定的基本原则的;

(二)危害国家统一、主权和领土完整的;

(三)泄露国家秘密、危害国家安全或者损害国家荣誉和利益的;

(四)煽动民族仇恨、民族歧视,破坏民族团结,或者侵害民族风俗、习惯的;

(五)宣扬邪教、迷信的;

(六)扰乱社会秩序,破坏社会稳定的;

(七)宣扬淫秽、赌博、暴力或者教唆犯罪的;

(八)侮辱或者诽谤他人,侵害他人合法权益的;

(九)危害社会公德或者民族优秀文化传统的;

(十)有法律、行政法规和国家规定禁止的其他内容的。

第二十六条　以未成年人为对象的出版物不得含有诱发未成年人模仿违反社会公德的行为和违法犯罪的行为的内容,不得含有恐怖、残酷等妨害未成年人身心健康的内容。

第二十七条　出版物的内容不真实或者不公正,致使公民、法人或者其他组织的合法权益受到侵害的,其出版单位应当公开更正,消除影响,并依法承担其他民事责任。

报纸、期刊发表的作品内容不真实或者不公正,致使公民、法人或者其他组织的合法权益受到侵害的,当事人有权要求有关出版单位更正或者答辩,有关出版单位应当在其近期出版的报纸、期刊上予以发表;拒绝发表的,当事人可以向人民法院提起诉讼。

第二十八条　出版物必须按照国家的有关规定载明作者、出版者、印刷者或者复制者、发行者的名称、地址,书号、刊号或者版号,在版编目数据,出版日期、刊期以及其他有关事项。

出版物的规格、开本、版式、装帧、校对等必须符合国家标准和规范要求,保证出版物的质量。

出版物使用语言文字必须符合国家法律规定和有关标准、规范。

第二十九条　任何单位和个人不得伪造、假冒出版单位名称或者报纸、期刊名称出版出版物。

第三十条　中学小学教科书由国务院教育行政主管部门审定;其出版、发行单位应当具有适应教科书出版、发行业务需要的资金、组织机构和人员等条件,并取得国务院出版行政主管部门批准的教科书出版、发行资质。纳入政府采购范围的中学小学教科书,其发行单位按照《中华人民共和国政府采购法》的有关规定确定。其他任何单位或者个人不得从事中学小学教科书的出版、发行业务。

第四章　出版物的印刷或者复制和发行

第三十一条　从事出版物印刷或者复制业务的单位,应当向所在地省、自治区、直辖市人民政府出版行政主管部门提出申请,经审核许可,并依照国家有关规定到工商行政管理部门办理相关手续后,方可从事出版物的印刷或者复制。

未经许可并办理相关手续的,不得印刷报纸、期刊、图书,不得复制音像制品、电子出版物。

第三十二条　出版单位不得委托未取得出版物印刷或者复制许可的单位印刷或者复制出版物。

出版单位委托印刷或者复制单位印刷或者复制出版物的,必须提供符合国家规定的印刷或者复制出版物的有关证明,并依法与印刷或者复制单位签订合同。

印刷或者复制单位不得接受非出版单位和个人的委托印刷报纸、期刊、图书或者复制音像制品、电子出版物,不得擅自印刷、发行报纸、期刊、图书或者复制、发行音像制品、电子出版物。

第三十三条　印刷或者复制单位经所在地省、自治区、直辖市人民政府出版行政主管部门批准,可以承接境外出版物的印刷或者复制业务;但是,印刷或者复制的境外出版物必须全部运输出境,不得在境内发行。

境外委托印刷或者复制的出版物的内容,应当经省、自治区、直辖市人民政府出版行政主管部门审核。委托人应当持有著作权人授权书,并向著作权行政管理部门登记。

第三十四条　印刷或者复制单位应当自完成出版物的印刷或者复制之日起2年内,留存一份承接的出版物样本备查。

第三十五条　从事出版物批发业务的单位,须经省、自治区、直辖市人民政府出版行政主管部门审核许可。

从事出版物零售业务的单位和个体工商户，须经县级人民政府出版行政主管部门审核许可。

从事出版物发行业务的单位和个体工商户经出版行政主管部门批准、取得《出版物经营许可证》，并向工商行政管理部门依法领取营业执照后，方可从事出版物发行业务。

第三十六条 通过互联网等信息网络从事出版物发行业务的单位或者个体工商户，应当依照本条例规定取得《出版物经营许可证》。

提供网络交易平台服务的经营者应当对申请通过网络交易平台从事出版物发行业务的单位或者个体工商户的经营主体身份进行审查，验证其《出版物经营许可证》。

第三十七条 从事出版物发行业务的单位和个体工商户变更《出版物经营许可证》登记事项，或者兼并、合并、分立的，应当依照本条例第三十五条的规定办理审批手续，并持批准文件到工商行政管理部门办理相应的登记手续。

从事出版物发行业务的单位和个体工商户终止经营活动的，应当到工商行政管理部门办理注销登记，并向原批准的出版行政主管部门备案。

第三十八条 出版单位可以发行本出版单位出版的出版物，不得发行其他出版单位出版的出版物。

第三十九条 国家允许设立从事图书、报纸、期刊、电子出版物发行业务的中外合资经营企业、中外合作经营企业、外资企业。

第四十条 印刷或者复制单位、发行单位或者个体工商户不得印刷或者复制、发行有下列情形之一的出版物：

（一）含有本条例第二十五条、第二十六条禁止内容的；

（二）非法进口的；

（三）伪造、假冒出版单位名称或者报纸、期刊名称的；

（四）未署出版单位名称的；

（五）中学小学教科书未经依法审定的；

（六）侵犯他人著作权的。

第五章 出版物的进口

第四十一条 出版物进口业务，由依照本条例设立的出版物进口经营单位经营；其他单位和个人不得从事出版物进口业务。

第四十二条 设立出版物进口经营单位，应当具备下列条件：

（一）有出版物进口经营单位的名称、章程；

（二）有符合国务院出版行政主管部门认定的主办单位及其主管机关；

（三）有确定的业务范围；

（四）具有进口出版物内容审查能力；

（五）有与出版物进口业务相适应的资金；

（六）有固定的经营场所；

（七）法律、行政法规和国家规定的其他条件。

第四十三条 设立出版物进口经营单位，应当向国务院出版行政主管部门提出申请，经审查批准，取得国务院出版行政主管部门核发的出版物进口经营许可证后，持证到工商行政管理部门依法领取营业执照。

设立出版物进口经营单位，还应当依照对外贸易法律、行政法规的规定办理相应手续。

第四十四条 出版物进口经营单位变更名称、业务范围、资本结构、主办单位或者其主管机关，合并或者分立，设立分支机构，应当依照本条例第四十二条、第四十三条的规定办理审批手续，并持批准文件到工商行政管理部门办理相应的登记手续。

第四十五条 出版物进口经营单位进口的出版物，不得含有本条例第二十五条、第二十六条禁止的内容。

出版物进口经营单位负责对其进口的出版物进行内容审查。省级以上人民政府出版行政主管部门可以对出版物进口经营单位进口的出版物直接进行内容审查。出版物进口经营单位无法判断其进口的出版物是否含有本条例第二十五条、第二十六条禁止内容的，可以请求省级以上人民政府出版行政主管部门进行内容审查。省级以上人民政府出版行政主管部门应出版物进口经营单位的请求，对其进口的出版物进行内容审查的，可以按照国务院价格主管部门批准的标准收取费用。

国务院出版行政主管部门可以禁止特定出版物的进口。

第四十六条 出版物进口经营单位应当在进口出版物前将拟进口的出版物目录报省级以上人民政府出版行政主管部门备案；省级以上人民政府出版行政主管部门发现有禁止进口的或者暂缓进口的出版物的，应当及时通知出版物进口经营单位并通报海关。对通报禁止进口或者暂缓进口的出版物，出版物进口经营单位不得进口，海关不得放行。

出版物进口备案的具体办法由国务院出版行政主管部门制定。

第四十七条 发行进口出版物的,必须从依法设立的出版物进口经营单位进货。

第四十八条 出版物进口经营单位在境内举办境外出版物展览,必须报经国务院出版行政主管部门批准。未经批准,任何单位和个人不得举办境外出版物展览。

依照前款规定展览的境外出版物需要销售的,应当按照国家有关规定办理相关手续。

第六章 监督与管理

第四十九条 出版行政主管部门应当加强对本行政区域内出版单位出版活动的日常监督管理;出版单位的主办单位及其主管机关对所属出版单位出版活动负有直接管理责任,并应当配合出版行政主管部门督促所属出版单位执行各项管理规定。

出版单位和出版物进口经营单位应当按照国务院出版行政主管部门的规定,将从事出版活动和出版物进口活动的情况向出版行政主管部门提出书面报告。

第五十条 出版行政主管部门履行下列职责:

(一)对出版物的出版、印刷、复制、发行、进口单位进行行业监管,实施准入和退出管理;

(二)对出版活动进行监管,对违反本条例的行为进行查处;

(三)对出版物内容和质量进行监管;

(四)根据国家有关规定对出版从业人员进行管理。

第五十一条 出版行政主管部门根据有关规定和标准,对出版物的内容、编校、印刷或者复制、装帧设计等方面质量实施监督检查。

第五十二条 国务院出版行政主管部门制定出版单位综合评估办法,对出版单位分类实施综合评估。

出版物的出版、印刷或者复制、发行和进口经营单位不再具备行政许可的法定条件的,由出版行政主管部门责令限期改正;逾期仍未改正的,由原发证机关撤销行政许可。

第五十三条 国家对在出版单位从事出版专业技术工作的人员实行职业资格制度;出版专业技术人员通过国家专业技术人员资格考试取得专业技术资格。具体办法由国务院人力资源社会保障主管部门、国务院出版行政主管部门共同制定。

第七章 保障与奖励

第五十四条 国家制定有关政策,保障、促进出版产业和出版事业的发展与繁荣。

第五十五条 国家支持、鼓励下列优秀的、重点的出版物的出版:

(一)对阐述、传播宪法确定的基本原则有重大作用的;

(二)对弘扬社会主义核心价值体系,在人民中进行爱国主义、集体主义、社会主义和民族团结教育以及弘扬社会公德、职业道德、家庭美德有重要意义的;

(三)对弘扬民族优秀文化,促进国际文化交流有重大作用的;

(四)对推进文化创新,及时反映国内外新的科学文化成果有重大贡献的;

(五)对服务农业、农村和农民,促进公共文化服务有重大作用的;

(六)其他具有重要思想价值、科学价值或者文化艺术价值的。

第五十六条 国家对教科书的出版发行,予以保障。

国家扶持少数民族语言文字出版物和盲文出版物的出版发行。

国家对在少数民族地区、边疆地区、经济不发达地区和在农村发行出版物,实行优惠政策。

第五十七条 报纸、期刊交由邮政企业发行的,邮政企业应当保证按照合同约定及时、准确发行。

承运出版物的运输企业,应当对出版物的运输提供方便。

第五十八条 对为发展、繁荣出版产业和出版事业作出重要贡献的单位和个人,按照国家有关规定给予奖励。

第五十九条 对非法干扰、阻止和破坏出版物出版、印刷或者复制、进口、发行的行为,县级以上各级人民政府出版行政主管部门及其他有关部门,应当及时采取措施,予以制止。

第八章 法律责任

第六十条 出版行政主管部门或者其他有关部门的工作人员,利用职务上的便利收受他人财物或者其他好处,批准不符合法定设立条件的出版、印刷或者复制、进口、发行单位,或者不履行监督职责,或者发现违法行为不予查处,造成严重后果的,依法给予降级直至开除的处分;构成犯罪的,依照刑法关于受贿罪、滥用职权罪、玩忽职守罪或者其他罪的规定,依法追究刑事责任。

第六十一条 未经批准，擅自设立出版物的出版、印刷或者复制、进口、发行单位，或者擅自从事出版物的出版、印刷或者复制、进口、发行业务，假冒出版单位名称或者伪造、假冒报纸、期刊名称出版出版物的，由出版行政主管部门、工商行政管理部门依照法定职权予以取缔；依照刑法关于非法经营罪的规定，依法追究刑事责任；尚不够刑事处罚的，没收出版物、违法所得和从事违法活动的专用工具、设备，违法经营额1万元以上的，并处违法经营额5倍以上10倍以下的罚款，违法经营额不足1万元的，可以处5万元以下的罚款；侵犯他人合法权益的，依法承担民事责任。

第六十二条 有下列行为之一，触犯刑律的，依照刑法有关规定，依法追究刑事责任；尚不够刑事处罚的，由出版行政主管部门责令限期停业整顿，没收出版物、违法所得，违法经营额1万元以上的，并处违法经营额5倍以上10倍以下的罚款；违法经营额不足1万元的，可以处5万元以下的罚款；情节严重的，由原发证机关吊销许可证：

（一）出版、进口含有本条例第二十五条、第二十六条禁止内容的出版物的；

（二）明知或者应知出版物含有本条例第二十五条、第二十六条禁止内容而印刷或者复制、发行的；

（三）明知或者应知他人出版含有本条例第二十五条、第二十六条禁止内容的出版物而向其出售或者以其他形式转让本出版单位的名称、书号、刊号、版号、版面，或者出租本单位的名称、刊号的。

第六十三条 有下列行为之一的，由出版行政主管部门责令停止违法行为，没收出版物、违法所得，违法经营额1万元以上的，并处违法经营额5倍以上10倍以下的罚款；违法经营额不足1万元的，可以处5万元以下的罚款；情节严重的，责令限期停业整顿或者由原发证机关吊销许可证：

（一）进口、印刷或者复制、发行国务院出版行政主管部门禁止进口的出版物的；

（二）印刷或者复制走私的境外出版物的；

（三）发行进口出版物未从本条例规定的出版物进口经营单位进货的。

第六十四条 走私出版物的，依照刑法关于走私罪的规定，依法追究刑事责任；尚不够刑事处罚的，由海关依照海关法的规定给予行政处罚。

第六十五条 有下列行为之一的，由出版行政主管部门没收出版物、违法所得，违法经营额1万元以上的，并处违法经营额5倍以上10倍以下的罚款；违法经营额不足1万元的，可以处5万元以下的罚款；情节严重的，责令限期停业整顿或者由原发证机关吊销许可证：

（一）出版单位委托未取得出版物印刷或者复制许可的单位印刷或者复制出版物的；

（二）印刷或者复制单位未取得印刷或者复制许可而印刷或者复制出版物的；

（三）印刷或者复制单位接受非出版单位和个人的委托印刷或者复制出版物的；

（四）印刷或者复制单位未履行法定手续印刷或者复制境外出版物的，印刷或者复制的境外出版物没有全部运输出境的；

（五）印刷或者复制单位、发行单位或者个体工商户印刷或者复制、发行未署出版单位名称的出版物的；

（六）印刷或者复制单位、发行单位或者个体工商户印刷或者复制、发行伪造、假冒出版单位名称或者报纸、期刊名称的出版物的；

（七）出版、印刷、发行单位出版、印刷、发行未经依法审定的中学小学教科书，或者非依照本条例规定确定的单位从事中学小学教科书的出版、发行业务的。

第六十六条 出版单位有下列行为之一的，由出版行政主管部门责令停止违法行为，给予警告，没收违法经营的出版物、违法所得，违法经营额1万元以上的，并处违法经营额5倍以上10倍以下的罚款；违法经营额不足1万元的，可以处5万元以下的罚款；情节严重的，责令限期停业整顿或者由原发证机关吊销许可证：

（一）出售或者以其他形式转让本出版单位的名称、书号、刊号、版号、版面，或者出租本单位的名称、刊号的；

（二）利用出版活动谋取其他不正当利益的。

第六十七条 有下列行为之一的，由出版行政主管部门责令改正，给予警告；情节严重的，责令限期停业整顿或者由原发证机关吊销许可证：

（一）出版单位变更名称、主办单位或者其主管机关、业务范围，合并或者分立，出版新的报纸、期刊，或者报纸、期刊改变名称，以及出版单位变更其他事项，未依照本条例的规定到出版行政主管部门办理审批、变更登记手续的；

（二）出版单位未将其年度出版计划和涉及国家

安全、社会安定等方面的重大选题备案的;

(三)出版单位未依照本条例的规定送交出版物的样本的;

(四)印刷或者复制单位未依照本条例的规定留存备查的材料的;

(五)出版进口经营单位未将其进口的出版物目录报送备案的;

(六)出版单位擅自中止出版活动超过180日的;

(七)出版物发行单位、出版物进口经营单位未依照本条例的规定办理变更审批手续的;

(八)出版物质量不符合有关规定和标准的。

第六十八条　未经批准,举办境外出版物展览的,由出版行政主管部门责令停止违法行为,没收出版物、违法所得;情节严重的,责令限期停业整顿或者由原发证机关吊销许可证。

第六十九条　印刷或者复制、批发、零售、出租、散发含有本条例第二十五条、第二十六条禁止内容的出版物或者其他非法出版物的,当事人对非法出版物的来源作出说明、指认,经查证属实的,没收出版物、违法所得,可以减轻或者免除其他行政处罚。

第七十条　单位违反本条例,被处以吊销许可证行政处罚的,应当按照国家有关规定到事业单位登记管理机关或者工商行政管理部门办理注销登记或者变更登记;逾期未办理的,由事业单位登记管理机关撤销登记或者由工商行政管理部门吊销营业执照。

第七十一条　单位违反本条例被处以吊销许可证行政处罚的,其法定代表人或者主要负责人自许可证被吊销之日起10年内不得担任出版、印刷或者复制、进口、发行单位的法定代表人或者主要负责人。

出版从业人员违反本条例规定,情节严重的,由原发证机关吊销其资格证书。

第七十二条　依照本条例的规定实施罚款的行政处罚,应当依照有关法律、行政法规的规定,实行罚款决定与罚款收缴分离;收缴的罚款必须全部上缴国库。

第九章　附　　则

第七十三条　行政法规对音像制品和电子出版物的出版、复制、进口、发行另有规定的,适用其规定。

接受境外机构或者个人赠送出版物的管理办法、订户订购境外出版物的管理办法、网络出版审批和管理办法,由国务院出版行政主管部门根据本条例的原则另行制定。

第七十四条　本条例自2002年2月1日起施行。1997年1月2日国务院发布的《出版管理条例》同时废止。

音像制品管理条例

1. 2001年12月25日国务院令第341号公布

2. 根据2011年3月19日国务院令第595号《关于修改〈音像制品管理条例〉的决定》第一次修订

3. 根据2013年12月7日国务院令第645号《关于修改部分行政法规的决定》第二次修订

第一章　总　　则

第一条　为了加强音像制品的管理,促进音像业的健康发展和繁荣,丰富人民群众的文化生活,促进社会主义物质文明和精神文明建设,制定本条例。

第二条　本条例适用于录有内容的录音带、录像带、唱片、激光唱盘和激光视盘等音像制品的出版、制作、复制、进口、批发、零售、出租等活动。

音像制品用于广播电视播放的,适用广播电视法律、行政法规。

第三条　出版、制作、复制、进口、批发、零售、出租音像制品,应当遵守宪法和有关法律、法规,坚持为人民服务和为社会主义服务的方向,传播有益于经济发展和社会进步的思想、道德、科学技术和文化知识。

音像制品禁止载有下列内容:

(一)反对宪法确定的基本原则的;

(二)危害国家统一、主权和领土完整的;

(三)泄露国家秘密、危害国家安全或者损害国家荣誉和利益的;

(四)煽动民族仇恨、民族歧视,破坏民族团结,或者侵害民族风俗、习惯的;

(五)宣扬邪教、迷信的;

(六)扰乱社会秩序,破坏社会稳定的;

(七)宣扬淫秽、赌博、暴力或者教唆犯罪的;

(八)侮辱或者诽谤他人,侵害他人合法权益的;

(九)危害社会公德或者民族优秀文化传统的;

(十)有法律、行政法规和国家规定禁止的其他内容的。

第四条　国务院出版行政主管部门负责全国音像制品的出版、制作、复制、进口、批发、零售和出租的监督管理工作;国务院其他有关行政部门按照国务院规定的职责分工，负责有关的音像制品经营活动的监督管理工作。

县级以上地方人民政府负责出版管理的行政主管部门（以下简称出版行政主管部门）负责本行政区域内音像制品的出版、制作、复制、进口、批发、零售和出租的监督管理工作；县级以上地方人民政府其他有关行政部门在各自的职责范围内负责有关的音像制品经营活动的监督管理工作。

第五条 国家对出版、制作、复制、进口、批发、零售音像制品，实行许可制度；未经许可，任何单位和个人不得从事音像制品的出版、制作、复制、进口、批发、零售等活动。

依照本条例发放的许可证和批准文件，不得出租、出借、出售或者以其他任何形式转让。

第六条 国务院出版行政主管部门负责制定音像业的发展规划，确定全国音像出版单位、音像复制单位的总量、布局和结构。

第七条 音像制品经营活动的监督管理部门及其工作人员不得从事或者变相从事音像制品经营活动，并不得参与或者变相参与音像制品经营单位的经营活动。

第二章 出 版

第八条 设立音像出版单位，应当具备下列条件：

（一）有音像出版单位的名称、章程；

（二）有符合国务院出版行政主管部门认定的主办单位及其主管机关；

（三）有确定的业务范围；

（四）有适应业务范围需要的组织机构和符合国家规定的资格条件的音像出版专业人员；

（五）有适应业务范围需要的资金、设备和工作场所；

（六）法律、行政法规规定的其他条件。

审批设立音像出版单位，除依照前款所列条件外，还应当符合音像出版单位总量、布局和结构的规划。

第九条 申请设立音像出版单位，由所在地省、自治区、直辖市人民政府出版行政主管部门审核同意后，报国务院出版行政主管部门审批。国务院出版行政主管部门应当自受理申请之日起60日内作出批准或者不批准的决定，并通知申请人。批准的，发给《音像制品出版许可证》，由申请人持《音像制品出版许可证》到工商行政管理部门登记，依法领取营业执照；不批准的，应当说明理由。

申请书应当载明下列内容：

（一）音像出版单位的名称、地址；

（二）音像出版单位的主办单位及其主管机关的名称、地址；

（三）音像出版单位的法定代表人或者主要负责人的姓名、住址、资格证明文件；

（四）音像出版单位的资金来源和数额。

第十条 音像出版单位变更名称、主办单位或者其主管机关、业务范围，或者兼并其他音像出版单位，或者因合并、分立而设立新的音像出版单位的，应当依照本条例第九条的规定办理审批手续，并到原登记的工商行政管理部门办理相应的登记手续。

音像出版单位变更地址、法定代表人或者主要负责人，或者终止出版经营活动的，应当到原登记的工商行政管理部门办理变更登记或者注销登记，并向国务院出版行政主管部门备案。

第十一条 音像出版单位的年度出版计划和涉及国家安全、社会安定等方面的重大选题，应当经所在地省、自治区、直辖市人民政府出版行政主管部门审核后报国务院出版行政主管部门备案；重大选题音像制品未在出版前报备案的，不得出版。

第十二条 音像出版单位应当在其出版的音像制品及其包装的明显位置，标明出版单位的名称、地址和音像制品的版号、出版时间、著作权人等事项；出版进口的音像制品，还应当标明进口批准文号。

音像出版单位应当按照国家有关规定向国家图书馆、中国版本图书馆和国务院出版行政主管部门免费送交样本。

第十三条 音像出版单位不得向任何单位或者个人出租、出借、出售或者以其他任何形式转让本单位的名称，不得向任何单位或者个人出售或者以其他形式转让本单位的版号。

第十四条 任何单位和个人不得以购买、租用、借用、擅自使用音像出版单位的名称或者购买、伪造版号等形式从事音像制品出版活动。

图书出版社、报社、期刊社、电子出版物出版社，不得出版非配合本版出版物的音像制品；但是，可以按照国务院出版行政主管部门的规定，出版配合本版出版物的音像制品，并参照音像出版单位享有权利、承担义务。

第十五条 音像出版单位可以与香港特别行政区、澳门特别行政区、台湾地区或者外国的组织、个人合作制作音像制品。具体办法由国务院出版行政主管部门制定。

第十六条　音像出版单位实行编辑责任制度,保证音像制品的内容符合本条例的规定。

第十七条　音像出版单位以外的单位申请设立独立从事音像制品的制作业务的单位(以下简称音像制作单位),由所在地省、自治区、直辖市人民政府出版行政主管部门审批。省、自治区、直辖市人民政府出版行政主管部门应当自受理申请之日起60日内作出批准或者不批准的决定,并通知申请人。批准的,发给《音像制品制作许可证》,由申请人持《音像制品制作许可证》到工商行政管理部门登记,依法领取营业执照;不批准的,应当说明理由。广播、电视节目制作经营单位的设立,依照有关法律、行政法规的规定办理。

申请书应当载明下列内容:

(一)音像制作单位的名称、地址;

(二)音像制作单位的法定代表人或者主要负责人的姓名、住址、资格证明文件;

(三)音像制作单位的资金来源和数额。

审批设立音像制作单位,除依照前款所列条件外,还应当兼顾音像制作单位总量、布局和结构。

第十八条　音像制作单位变更名称、业务范围,或者兼并其他音像制作单位,或者因合并、分立而设立新的音像制作单位的,应当依照本条例第十七条的规定办理审批手续,并到原登记的工商行政管理部门办理相应的登记手续。

音像制作单位变更地址、法定代表人或者主要负责人,或者终止制作经营活动的,应当到原登记的工商行政管理部门办理变更登记或者注销登记,并向省、自治区、直辖市人民政府出版行政主管部门备案。

第十九条　音像出版单位不得委托未取得《音像制品制作许可证》的单位制作音像制品。

音像制作单位接受委托制作音像制品的,应当按照国家有关规定,与委托的出版单位订立制作委托合同;验证委托的出版单位的《音像制品出版许可证》或者本版出版物的证明及由委托的出版单位盖章的音像制品制作委托书。

音像制作单位不得出版、复制、批发、零售音像制品。

第三章　复　　制

第二十条　设立音像复制单位应当具备下列条件:

(一)有音像复制单位的名称、章程;

(二)有确定的业务范围;

(三)有适应业务范围需要的组织机构和人员;

(四)有适应业务范围需要的资金、设备和复制场所;

(五)法律、行政法规规定的其他条件。

审批设立音像复制单位,除依照前款所列条件外,还应当符合音像复制单位总量、布局和结构的规划。

第二十一条　申请设立音像复制单位,由所在地省、自治区、直辖市人民政府出版行政主管部门审批。省、自治区、直辖市人民政府出版行政主管部门应当自受理申请之日起20日内作出批准或者不批准的决定,并通知申请人。批准的,发给《复制经营许可证》,由申请人持《复制经营许可证》到工商行政管理部门登记,依法领取营业执照;不批准的,应当说明理由。

申请书应当载明下列内容:

(一)音像复制单位的名称、地址;

(二)音像复制单位的法定代表人或者主要负责人的姓名、住址;

(三)音像复制单位的资金来源和数额。

第二十二条　音像复制单位变更业务范围,或者兼并其他音像复制单位,或者因合并、分立而设立新的音像复制单位的,应当依照本条例第二十一条的规定办理审批手续,并到工商行政管理部门办理相应的登记手续。

音像复制单位变更名称、地址、法定代表人或者主要负责人,或者终止复制经营活动的,应当到原登记的工商行政管理部门办理变更登记或者注销登记,并向国务院出版行政主管部门备案。

第二十三条　音像复制单位接受委托复制音像制品的,应当按照国家有关规定,与委托的出版单位订立复制委托合同;验证委托的出版单位的《音像制品出版许可证》、营业执照副本、盖章的音像制品复制委托书以及出版单位取得的授权书;接受委托复制的音像制品属于非卖品的,应当验证委托单位的身份证明和委托单位出具的音像制品非卖品复制委托书。

音像复制单位应当自完成音像制品复制之日起2年内,保存委托合同和所复制的音像制品的样本以及验证的有关证明文件的副本,以备查验。

第二十四条　音像复制单位不得接受非音像出版单位或者个人的委托复制经营性的音像制品;不得自行复制音像制品;不得批发、零售音像制品。

第二十五条 从事光盘复制的音像复制单位复制光盘，必须使用蚀刻有国务院出版行政主管部门核发的激光数码储存片来源识别码的注塑模具。

第二十六条 音像复制单位接受委托复制境外音像制品的，应当经省、自治区、直辖市人民政府出版行政主管部门批准，并持著作权人的授权书依法到著作权行政管理部门登记；复制的音像制品应当全部运输出境，不得在境内发行。

第四章 进 口

第二十七条 音像制品成品进口业务由国务院出版行政主管部门批准的音像制品成品进口经营单位经营；未经批准，任何单位或者个人不得经营音像制品成品进口业务。

第二十八条 进口用于出版的音像制品，以及进口用于批发、零售、出租等的音像制品成品，应当报国务院出版行政主管部门进行内容审查。

国务院出版行政主管部门应当自收到音像制品内容审查申请书之日起30日内作出批准或者不批准的决定，并通知申请人。批准的，发给批准文件；不批准的，应当说明理由。

进口用于出版的音像制品的单位、音像制品成品进口经营单位应当持国务院出版行政主管部门的批准文件到海关办理进口手续。

第二十九条 进口用于出版的音像制品，其著作权事项应当向国务院著作权行政管理部门登记。

第三十条 进口供研究、教学参考的音像制品，应当委托音像制品成品进口经营单位依照本条例第二十八条的规定办理。

进口用于展览、展示的音像制品，经国务院出版行政主管部门批准后，到海关办理临时进口手续。

依照本条规定进口的音像制品，不得进行经营性复制、批发、零售、出租和放映。

第五章 批发、零售和出租

第三十一条 设立音像制品批发、零售单位，应当具备下列条件：

（一）有音像制品批发、零售单位的名称、章程；

（二）有确定的业务范围；

（三）有适应业务范围需要的组织机构和人员；

（四）有适应业务范围需要的资金和场所；

（五）法律、行政法规规定的其他条件。

第三十二条 申请设立音像制品批发单位，应当报所在地省、自治区、直辖市人民政府出版行政主管部门审批。申请从事音像制品零售业务，应当报县级地方人民政府出版行政主管部门审批。出版行政主管部门应当自受理申请书之日起30日内作出批准或者不批准的决定，并通知申请人。批准的，应当发给《出版物经营许可证》，由申请人持《出版物经营许可证》到工商行政管理部门登记，依法领取营业执照；不批准的，应当说明理由。

《出版物经营许可证》应当注明音像制品经营活动的种类。

第三十三条 音像制品批发、零售单位变更名称、业务范围，或者兼并其他音像制品批发、零售单位，或者因合并、分立而设立新的音像制品批发、零售单位的，应当依照本条例第三十二条的规定办理审批手续，并到原登记的工商行政管理部门办理相应的登记手续。

音像制品批发、零售单位变更地址、法定代表人或者主要负责人或者终止经营活动，从事音像制品零售经营活动的个体工商户变更业务范围、地址或者终止经营活动的，应当到原登记的工商行政管理部门办理变更登记或者注销登记，并向原批准的出版行政主管部门备案。

第三十四条 音像出版单位可以按照国家有关规定，批发、零售本单位出版的音像制品。从事非本单位出版的音像制品的批发、零售业务的，应当依照本条例第三十二条的规定办理审批手续，并到原登记的工商行政管理部门办理登记手续。

第三十五条 国家允许设立从事音像制品发行业务的中外合作经营企业。

第三十六条 音像制品批发单位和从事音像制品零售、出租等业务的单位或者个体工商户，不得经营非音像出版单位出版的音像制品或者非音像复制单位复制的音像制品，不得经营未经国务院出版行政主管部门批准进口的音像制品，不得经营侵犯他人著作权的音像制品。

第六章 罚 则

第三十七条 出版行政主管部门或者其他有关行政部门及其工作人员，利用职务上的便利收受他人财物或者其他好处，批准不符合法定设立条件的音像制品出版、制作、复制、进口、批发、零售单位，或者不履行监督职责，或者发现违法行为不予查处，造成严重后果的，对负有责任的主管人员和其他直接责任人员依法给予降级直至开除的处分;构成犯罪的,依照刑法关于受贿罪、滥用职权罪、玩忽职守罪或者其他罪的规定,依法追究刑事责任。

第三十八条 音像制品经营活动的监督管理部门的工作人员从事或者变相从事音像制品经营活动的,参与或者变相参与音像制品经营单位的经营活动的,依法给予撤职或者开除的处分。

音像制品经营活动的监督管理部门有前款所列行为的,对负有责任的主管人员和其他直接责任人员依照前款规定处罚。

第三十九条 未经批准,擅自设立音像制品出版、制作、复制、进口、批发、零售单位,擅自从事音像制品出版、制作、复制业务或者进口、批发、零售经营活动的,由出版行政主管部门、工商行政管理部门依照法定职权予以取缔;依照刑法关于非法经营罪的规定,依法追究刑事责任;尚不够刑事处罚的,没收违法经营的音像制品和违法所得以及进行违法活动的专用工具、设备;违法经营额1万元以上的,并处违法经营额5倍以上10倍以下的罚款;违法经营额不足1万元的,可以处5万元以下的罚款。

第四十条 出版含有本条例第三条第二款禁止内容的音像制品,或者制作、复制、批发、零售、出租、放映明知或者应知含有本条例第三条第二款禁止内容的音像制品的,依照刑法有关规定,依法追究刑事责任;尚不够刑事处罚的,由出版行政主管部门、公安部门依据各自职权责令停业整顿,没收违法经营的音像制品和违法所得;违法经营额1万元以上的,并处违法经营额5倍以上10倍以下的罚款;违法经营额不足1万元的,可以处5万元以下的罚款;情节严重的,并由原发证机关吊销许可证。

第四十一条 走私音像制品的,依照刑法关于走私罪的规定,依法追究刑事责任;尚不够刑事处罚的,由海关依法给予行政处罚。

第四十二条 有下列行为之一的,由出版行政主管部门责令停止违法行为,给予警告,没收违法经营的音像制品和违法所得;违法经营额1万元以上的,并处违法经营额5倍以上10倍以下的罚款;违法经营额不足1万元的,可以处5万元以下的罚款;情节严重的,并责令停业整顿或者由原发证机关吊销许可证:

(一)音像出版单位向其他单位、个人出租、出借、出售或者以其他任何形式转让本单位的名称,出售或者以其他形式转让本单位的版号的;

(二)音像出版单位委托未取得《音像制品制作许可证》的单位制作音像制品,或者委托未取得《复制经营许可证》的单位复制音像制品的;

(三)音像出版单位出版未经国务院出版行政主管部门批准擅自进口的音像制品的;

(四)音像制作单位、音像复制单位未依照本条例的规定验证音像出版单位的委托书、有关证明的;

(五)音像复制单位擅自复制他人的音像制品,或者接受非音像出版单位、个人的委托复制经营性的音像制品,或者自行复制音像制品的。

第四十三条 音像出版单位违反国家有关规定与香港特别行政区、澳门特别行政区、台湾地区或者外国的组织、个人合作制作音像制品,音像复制单位违反国家有关规定接受委托复制境外音像制品,未经省、自治区、直辖市人民政府出版行政主管部门审核同意,或者未将复制的境外音像制品全部运输出境的,由省、自治区、直辖市人民政府出版行政主管部门责令改正,没收违法经营的音像制品和违法所得;违法经营额1万元以上的,并处违法经营额5倍以上10倍以下的罚款;违法经营额不足1万元的,可以处5万元以下的罚款;情节严重的,并由原发证机关吊销许可证。

第四十四条 有下列行为之一的,由出版行政主管部门责令改正,给予警告;情节严重的,并责令停业整顿或者由原发证机关吊销许可证:

(一)音像出版单位未将其年度出版计划和涉及国家安全、社会安定等方面的重大选题报国务院出版行政主管部门备案的;

(二)音像制品出版、制作、复制、批发、零售单位变更名称、地址、法定代表人或者主要负责人、业务范围等,未依照本条例规定办理审批、备案手续的;

(三)音像出版单位未在其出版的音像制品及其包装的明显位置标明本条例规定的内容的;

(四)音像出版单位未依照本条例的规定送交样本的;

(五)音像复制单位未依照本条例的规定留存备查的材料的;

(六)从事光盘复制的音像复制单位复制光盘,使用未蚀刻国务院出版行政主管部门核发的激光数码储存片来源识别码的注塑模具的。

第四十五条 有下列行为之一的,由出版行政主管部门责令停止违法行为,给予警告,没收违法经营的音像制品和违法所得;违法经营额1万元以上的,并处违法经营额5倍以上10倍以下的罚款;违法经营额不足1万元的,可以处5万元以下的罚款;情节严重的,并责令停业整顿或者由原发证机关吊销许可证:

(一)批发、零售、出租、放映非音像出版单位出版的音像制品或者非音像复制单位复制的音像制品的;

(二)批发、零售、出租或者放映未经国务院出版行政主管部门批准进口的音像制品的;

(三)批发、零售、出租、放映供研究、教学参考或者用于展览、展示的进口音像制品的。

第四十六条 单位违反本条例的规定,被处以吊销许可证行政处罚的,应当到工商行政管理部门办理变更登记或者注销登记;逾期未办理的,由工商行政管理部门吊销营业执照。

第四十七条 单位违反本条例的规定,被处以吊销许可证行政处罚的,其法定代表人或者主要负责人自许可证被吊销之日起10年内不得担任音像制品出版、制作、复制、进口、批发、零售单位的法定代表人或者主要负责人。

从事音像制品零售业务的个体工商户违反本条例的规定,被处以吊销许可证行政处罚的,自许可证被吊销之日起10年内不得从事音像制品零售业务。

第四十八条 依照本条例的规定实施罚款的行政处罚,应当依照有关法律、行政法规的规定,实行罚款决定与罚款收缴分离;收缴的罚款必须全部上缴国库。

第七章 附　　则

第四十九条 除本条例第三十五条外,电子出版物的出版、制作、复制、进口、批发、零售等活动适用本条例。

第五十条 依照本条例发放许可证,除按照法定标准收取成本费外,不得收取其他任何费用。

第五十一条 本条例自2002年2月1日起施行。1994年8月25日国务院发布的《音像制品管理条例》同时废止。

互联网出版管理暂行规定

1. 2002年6月27日新闻出版总署、信息产业部令第17号公布
2. 自2002年8月1日起施行

第一章 总　　则

第一条 为了加强对互联网出版活动的管理,保障互联网出版机构的合法权益,促进我国互联网出版事业健康、有序地发展,根据《出版管理条例》和《互联网信息服务管理办法》,制定本规定。

第二条 从事互联网出版活动应当遵守宪法和有关法律、法规,坚持为人民服务、为社会主义服务的方向,传播和积累一切有益于提高民族素质、推动经济发展、促进社会进步的思想道德、科学技术和文化知识,丰富人民的精神生活。

第三条 在中华人民共和国境内从事互联网出版活动,适用本规定。

第四条 新闻出版总署负责监督管理全国互联网出版工作,其主要职责是:

(一)制定全国互联网出版规划,并组织实施;

(二)制定互联网出版管理的方针、政策和规章;

(三)制定全国互联网出版机构总量、结构和布局的规划,并组织实施;

(四)对互联网出版机构实行前置审批;

(五)依据有关法律、法规和规章,对互联网出版内容实施监管,对违反国家出版法规的行为实施处罚。

省、自治区、直辖市新闻出版行政部门负责本行政区域内互联网出版的日常管理工作,对本行政区域内申请从事互联网出版业务者进行审核,对本行政区域内违反国家出版法规的行为实施处罚。

第五条 本规定所称互联网出版,是指互联网信息服务提供者将自己创作或他人创作的作品经过选择和编辑加工,登载在互联网上或者通过互联网发送到用户端,供公众浏览、阅读、使用或者下载的在线传播行为。其作品主要包括:

(一)已正式出版的图书、报纸、期刊、音像制品、电子出版物等出版物内容或者在其他媒体上公开发表的作品;

(二)经过编辑加工的文学、艺术和自然科学、社会科学、工程技术等方面的作品。

本规定所称互联网出版机构,是指经新闻出版行政部门和电信管理机构批准,从事互联网出版业务的互联网信息服务提供者。

第二章 行政审批与监督管理

第六条 从事互联网出版活动,必须经过批准。未经批准,任何单位或个人不得开展互联网出版活动。

互联网出版机构依法从事互联网出版活动,任何组织和个人不得干扰、阻止和破坏。

第七条 从事互联网出版业务,除符合《互联网信息服务管理办法》规定的条件以外,还应当具备以下条件:

(一)有确定的出版范围;

(二)有符合法律、法规规定的章程;

(三)有必要的编辑出版机构和专业人员;

(四)有适应出版业务需要的资金、设备和场所。

第八条 申请从事互联网出版业务,应当由主办者向所在地省、自治区、直辖市新闻出版行政部门提出申请,经省、自治区、直辖市新闻出版行政部门审核同意后,报新闻出版总署审批。

第九条 申请从事互联网出版业务,应提交以下材料:

(一)新闻出版总署统一制发的《互联网出版业务申请表》;

(二)机构章程;

(三)资金来源、数额及其信用证明;

(四)主要负责人或者法定代表人及主要编辑、技术人员的专业职称证明和身份证明;

(五)工作场所使用证明。

第十条 新闻出版行政部门应当自受理申请之日起60日内,做出批准或者不批准的决定,并由所在地省、自治区、直辖市新闻出版行政部门书面通知主办者;不批准的,应当说明理由。

第十一条 互联网出版业务经批准后,主办者应当持新闻出版行政部门的批准文件到省、自治区、直辖市电信管理机构办理相关手续。

第三章 互联网出版机构的权利和义务

第十二条 互联网出版机构,应当在其网站主页上标明新闻出版行政部门批准文号。

第十三条 互联网出版机构改变名称、主办者,合并或者分立,应当依据本规定第八条、第九条的规定办理变更手续,并应持新闻出版行政部门的批准文件到省、自治区、直辖市电信管理机构办理相应的手续。

第十四条 互联网出版机构终止互联网出版业务,主办者应当自终止互联网出版业务之日起30日内到所在地省、自治区、直辖市新闻出版行政部门办理注销手续,并报新闻出版总署备案。同时,到相关省、自治区、直辖市电信管理机构办理互联网信息服务业务经营许可证的变更或注销手续。

第十五条 互联网出版机构自登记之日起满180日未开展互联网出版活动的,由原登记的新闻出版行政部门注销登记,并向新闻出版总署备案。同时,向相关省、自治区、直辖市电信管理机构通报。

第十六条 互联网出版机构出版涉及国家安全、社会安定等方面的重大选题,应当依照重大选题备案的规定,报新闻出版总署备案。未经备案的重大选题,不得出版。

第十七条 互联网出版不得载有以下内容:

(一)反对宪法确定的基本原则的;

(二)危害国家统一、主权和领土完整的;

(三)泄露国家秘密、危害国家安全或者损害国家荣誉和利益的;

(四)煽动民族仇恨、民族歧视,破坏民族团结,或者侵害民族风俗、习惯的;

(五)宣扬邪教、迷信的;

(六)散布谣言,扰乱社会秩序,破坏社会稳定的;

(七)宣扬淫秽、赌博、暴力或者教唆犯罪的;

(八)侮辱或者诽谤他人,侵害他人合法权益的;

(九)危害社会公德或者民族优秀文化传统的;

(十)有法律、行政法规和国家规定禁止的其他内容的。

第十八条 以未成年人为对象的互联网出版内容不得含有诱发未成年人模仿违反社会公德的行为和违法犯罪的行为的内容,以及恐怖、残酷等妨害未成年人身心健康的内容。

第十九条 互联网出版的内容不真实或不公正,致使公民、法人或者其他组织合法利益受到侵害的,互联网出版机构应当公开更正,消除影响,并依法承担民事责任。

第二十条 互联网出版机构发现所登载或者发送的作品含有本规定第十七条、第十八条所列内容之一的,应当立即停止登载或者发送,保存有关记录,并向所在地省、自治区、直辖市新闻出版行政部门报告并同时抄报新闻出版总署。

第二十一条 互联网出版机构应当实行编辑责任制度,必须有专门的编辑人员对出版内容进行审查,保障互联网出版内容的合法性。互联网出版机构的编辑人员应当接受上岗前的培训。

第二十二条 互联网出版机构应当记录备份所登载或者发送的作品内容及其时间、互联网地址或者域名,记录备份应当保存60日,并在国家有关部门依法查询时,予以提供。

第二十三条 从事互联网出版活动,应当遵守国家有关著作权的法律、法规，应当标明与所登载或者发送作品相关的著作权记录。

第四章 罚 则

第二十四条 未经批准，擅自从事互联网出版活动的，由省、自治区、直辖市新闻出版行政部门或者新闻出版总署予以取缔，没收从事非法出版活动的主要设备、专用工具及违法所得，违法经营额1万元以上的，并处违法经营额5倍以上10倍以下罚款；违法经营额不足1万元的，并处1万元以上5万元以下罚款。

第二十五条 违反本规定第十二条的，由省、自治区、直辖市新闻出版行政部门或者新闻出版总署予以警告，并处5000元以上5万元以下罚款。

第二十六条 违反本规定第十六条的，责令停止登载或者发送未经备案的重大选题作品，由省、自治区、直辖市新闻出版行政部门或者新闻出版总署予以警告，并处1万元以上5万元以下罚款；情节严重的，责令限期停业整顿或者撤销批准。

第二十七条 互联网出版机构登载或者发送本规定第十七条、第十八条禁止内容的，由省、自治区、直辖市新闻出版行政部门或者新闻出版总署没收违法所得，违法经营额1万元以上的，并处违法经营额5倍以上10倍以下罚款；违法经营额不足1万元的，并处1万元以上5万元以下罚款；情节严重的，责令限期停业整顿或者撤销批准。

第二十八条 违反本规定第二十二条的，由省、自治区、直辖市电信管理机构责令改正；情节严重的，责令停业整顿或者暂时关闭网站。

第五章 附 则

第二十九条 本规定施行前按照国家有关规定已经从事互联网出版活动的，应当自本规定施行之日起60日内依据本规定第八条、第九条的规定办理审批手续。

第三十条 本规定自2002年8月1日起施行。

音像制品出版管理规定

1. 2004年6月17日新闻出版总署令第22号公布

2. 自2004年8月1日起施行

第一章 总 则

第一条 为了加强音像制品出版的管理，促进我国音像出版事业的健康发展与繁荣，根据《出版管理条例》、《音像制品管理条例》，制定本规定。

第二条 在中华人民共和国境内从事音像制品出版活动，适用本规定。

本规定所称音像制品是指录有内容的录音带(AT)、录像带(VT)、激光唱盘(CD)、数码激光视盘(VCD)及高密度光盘(DVD)等。

第三条 任何组织和个人不得出版含有《音像制品管理条例》第三条第二款禁止内容的音像制品。

第四条 新闻出版总署负责全国音像制品出版的监督管理工作。县级以上地方人民政府负责出版管理的行政部门(以下简称出版行政部门)负责本行政区域内音像制品出版的监督管理工作。

音像出版单位的主管机关、主办单位应当按照出版法律、法规和规章，对音像出版单位的出版活动履行管理职责。

第五条 国家对出版音像制品，实行许可制度；未经许可，任何单位和个人不得从事音像制品的出版活动。

音像制品出版的许可证件和批准文件，不得出租、出借、出售或者以其他任何形式转让。

第六条 音像出版行业的社会团体按照其章程，在出版行政部门的指导下，实行自律管理。

第二章 出版单位的设立

第七条 设立音像出版单位，应当具备下列条件：

(一)有音像出版单位的名称、章程；

(二)有符合新闻出版总署认定的主办单位及其主管机关；

(三)有确定的业务范围；

(四)有适应业务范围需要的组织机构和取得国家出版专业技术人员资格的编辑人员，其人数不得少于10人，其中从事音像出版业务2年以上并具有中级以上出版专业技术人员职业资格的不得少于5人；

(五)有30万元以上的注册资本；

(六)有适应业务范围需要的设备和工作场所，其固定工作场所面积不得低于200平方米；

(七)法律、行政法规规定的其他条件。

审批设立音像出版单位，除依照前款所列条件外，还应当符合国家关于音像出版单位总量、布局和结构的规划。

第八条 申请设立音像出版单位，由主办单位向所在地省、自治区、直辖市人民政府出版行政部门提出申请；

省、自治区、直辖市人民政府出版行政部门自受理申请之日起20日内提出审核意见,连同申请材料报新闻出版总署审批。

第九条 设立音像出版单位的申请书应当载明下列事项:

(一)音像出版单位的名称、地址;

(二)音像出版单位的主办单位及其主管机关的名称、地址;

(三)音像出版单位的法定代表人或者主要负责人及音像出版专业人员的姓名、住址、资格证明文件;

(四)音像出版单位的资金来源、数额及其信用证明;

(五)音像出版单位工作场所使用证明文件。

申请书应当附具出版单位的章程和设立出版单位的主办单位及主管机关的有关证明材料。

第十条 新闻出版总署应当自收到申请书之日起60日内作出批准或者不批准的决定,并由省、自治区、直辖市人民政府出版行政部门书面通知主办单位;不批准的,应当说明理由。

第十一条 音像出版单位的主办单位应当自收到批准决定之日起60日内,向所在地省、自治区、直辖市人民政府出版行政部门登记,领取《音像制品出版许可证》(以下简称出版许可证)。音像出版单位经登记后,持出版许可证到工商行政管理部门登记,依法领取营业执照。

音像出版单位自登记之日起满180日未从事出版活动的,由原登记的出版行政部门注销登记,并报新闻出版总署备案。因不可抗力或者其他正当理由发生前款所列情形的,向出版行政部门申请延期。

第十二条 音像出版单位变更名称、主办单位或者主管机关、业务范围,或者兼并其他音像出版单位,或者因合并、分立而设立新的音像出版单位的,应当依照本规定第七条至第十条的规定办理审批手续,并到原登记的工商行政管理部门办理相应的登记手续。

第十三条 音像出版单位变更地址、法定代表人或者主要负责人,或者终止音像出版经营活动的,应当到原登记的工商行政管理部门办理变更登记或者注销登记,并在30日内向新闻出版总署备案。

第十四条 音像出版单位的法定代表人或者主要负责人应当具有中级以上出版专业技术人员职业资格,具有从事音像出版业务3年以上的经历,并应通过新闻出版总署或省、自治区、直辖市人民政府出版行政部门组织的岗位培训,获得《岗位培训合格证书》。

第十五条 音像出版单位中从事编辑、出版、校对等专业技术工作的人员,必须通过国家出版专业技术人员职业资格考试,取得规定级别的出版专业职业资格,持相应的《中华人民共和国出版专业技术人员职业资格证书》上岗。

第三章 出版活动的管理

第十六条 音像出版单位不得超出出版许可证确定的业务范围从事音像制品的出版活动。

第十七条 音像出版单位应当按照国家标准及其他有关规定标识、使用《中国标准音像制品编码》(以下简称版号)。版号由新闻出版总署负责管理和调控,由省、自治区、直辖市人民政府出版行政部门发放。

第十八条 音像出版单位实行编辑责任制度,保障音像制品刊载的内容合法。

第十九条 音像出版单位实行年度出版计划备案制度,出版计划的内容应包括选题名称、制作单位、主创人员、类别、载体、内容提要、节目长度、计划出版时间。出版计划报送的程序为:

(一)本年度上一年的12月20日以前报送本年度出版计划;本年度3月1日-20日、9月1日-20日报送本年度出版调整计划。

(二)出版计划及出版调整计划,须经所在地省、自治区、直辖市人民政府出版行政部门审核。

(三)省、自治区、直辖市人民政府出版行政部门应当自受理出版计划报送申请之日起20日内,向音像出版单位回复审核意见,并报新闻出版总署备案。

第二十条 音像出版单位出版涉及国家安全、社会安定等方面的重大选题,应当依照重大选题备案的有关规定报新闻出版总署备案。未经备案的重大选题,不得出版。

第二十一条 图书出版社、报社、期刊社、电子出版物出版社,出版配合本版出版物的音像制品,须向所在地省、自治区、直辖市人民政府出版行政部门提交申请书和样本。

第二十二条 出版配合本版出版物的音像制品申请书,须写明本版出版物的名称、制作单位;主创人员、主要内容、出版时间、节目长度;复制数量和载体形式等内容。

第二十三条 出版单位所在地省、自治区、直辖市人民政府出版行政部门,应当自受理申请之日起20日内对其申请书和样本进行审核。审核同意的,配发版号,发放复制委托书，并报新闻出版总署备案；审核不同意的，应当说明理由。

第二十四条 经批准出版的配合本版出版物音像制品，其名称须与本版出版物一致，并须与本版出版物统一配套销售，不得单独定价销售。

第二十五条 音像出版单位及经批准出版配合本版出版物音像制品的其他出版单位，应在其出版的音像制品及其包装的明显位置，标明出版单位的名称、地址和音像制品的版号；出版时间、责任编辑、著作权人和条形码。出版进口的音像制品，还应当标明进口批准文号。

第二十六条 音像出版单位不得向任何单位或者个人出租、出借、出售或者以其他任何形式转让本单位的名称，不得向任何单位或者个人出售或者以其他形式出售或转让本单位版号。

第二十七条 任何单位和个人不得以购买、租用、借用、擅自使用音像出版单位的名称或者以购买、伪造版号等形式从事音像制品出版活动。

第二十八条 音像出版单位不得委托未取得《音像制品制作许可证》的单位制作音像制品。

第二十九条 音像出版单位、经批准出版配合本版出版物音像制品的出版单位，应自音像制品出版之日起30日内，分别向国家图书馆、中国版本图书馆和新闻出版总署免费送交样本。

第四章 非卖品的管理

第三十条 用于无偿赠送、发放及业务交流的音像制品属于音像非卖品，不得定价，不得销售或变相销售，不得收取任何费用。

第三十一条 委托复制音像非卖品，须向委托方或者受托方所在地省、自治区、直辖市人民政府出版行政部门提出申请，其申请书应写明非卖品使用目的、名称、制作单位、主要内容、发送对象、复制数量、节目长度和载体形式等内容，并附样本。

省、自治区、直辖市人民政府出版行政部门，应当自受理委托复制音像非卖品申请之日起20日内予以审查，对符合本规定的，向委托复制单位核发音像制品复制委托书。

第三十二条 音像非卖品须统一编号。编号为四段：第一段为各省、自治区、直辖市简称，第二段为“音像非卖品”字样，第三段为年度，第四段为数字编号。音像非卖品应当在其包装和盘（带）显著位置注明其音像非卖品编号。

第五章 委托复制的管理

第三十三条 委托复制音像制品，须使用复制委托书。

音像出版单位及其他委托复制单位，必须遵守国家关于复制委托书的管理规定。

复制委托书由新闻出版总署统一印制。

第三十四条 复制委托书由音像出版单位及其他委托复制单位向所在地省、自治区、直辖市人民政府出版行政部门领取。

第三十五条 出版单位及其他委托复制单位应当按照规定开具或填写复制委托书，并将复制委托书直接交送复制单位。

出版单位及其他委托复制单位须保证复制委托书内容真实、准确、完整。

出版单位及其他委托复制单位不得以任何形式向任何单位或者个人出售或者转让复制委托书。

第三十六条 音像出版单位及其他委托复制单位，须确定专人管理复制委托书并建立使用记录。复制委托书使用记录的内容包括开具时间、音像制品及具体节目名称、相对应的版号、管理人员签名。

复制委托书使用记录保存期为两年。

第三十七条 音像出版单位及其他委托复制单位，自音像制品完成复制之日起30日内，向所在地省、自治区、直辖市人民政府出版行政部门上交由本单位及复制单位签章的复制委托书第二联及音像制品样品。

第三十八条 申请出版配合本版出版物音像制品或音像非卖品的单位，自获得批准之日起90日内未能出版的，须向所在地省、自治区、直辖市人民政府出版行政部门交回复制委托书。

第三十九条 音像出版单位出版的音像制品、其他出版单位出版的配合本版出版物音像制品、音像非卖品须委托依法设立的复制单位复制。

第六章 审核登记

第四十条 音像出版单位实行审核登记制度，审核登记每两年进行一次。

第四十一条 申请审核登记的音像出版单位应提交以下材料：

（一）《音像出版单位审核登记表》；

（二）音像制品出版业务情况报告，应当包括：执行出版管理的法律、法规和规章的情况，出版经营情况，人员、场所、设施情况；

（三）两年内出版的音像制品登记表；

(四)出版许可证的复印件。

第四十二条 音像出版单位应于审核登记年度1月15日前向所在地省、自治区、直辖市人民政府出版行政部门申请年度审核登记并提交相应材料。各省、自治区、直辖市人民政府出版行政部门对本行政区域内申请登记的音像出版单位进行审核,并于同年2月底前完成审核登记工作。

第四十三条 对符合下列条件的音像出版单位,省、自治区、直辖市人民政府出版行政部门予以登记:

(一)符合本规定第七条的规定;

(二)两年内无违反出版管理法律、法规和规章的情形;

(三)两年内出版音像制品不少于10种。

第四十四条 对不符合前条所列条件之一的音像出版单位,省、自治区、直辖市人民政府出版行政部门予以暂缓登记。

暂缓登记的期限为3个月。省、自治区、直辖市人民政府出版行政部门应当责令暂缓登记的出版单位在此期限内进行整顿,达到本规定第七条的规定条件。

在暂缓登记的期限届满前,省、自治区、直辖市人民政府出版行政部门应对暂缓登记的出版单位进行审查,对于达到本规定第七条的规定条件的,予以登记。对于未达到本规定第七条的规定条件的,提出注销登记意见报新闻出版总署批准。对注销登记的出版单位,由所在地省、自治区、直辖市人民政府出版行政部门缴回其出版许可证。

第四十五条 各省、自治区、直辖市人民政府出版行政部门应于同年3月20日前将审核登记情况及有关材料复印件汇总后报新闻出版总署备案。

第七章 罚 则

第四十六条 未经批准,擅自设立音像制品出版单位,擅自从事音像制品出版业务的,依照《音像制品管理条例》第三十九条处罚。

第四十七条 出版含有《音像制品管理条例》第三条第二款禁止内容的音像制品,依照《音像制品管理条例》第四十条处罚。

第四十八条 出版音像制品的单位有下列行为之一的,依照《音像制品管理条例》第四十二条处罚:

(一)向其他单位、个人出租、出借、出售或者以其他任何形式转让本单位的名称、音像制品出版的许可证件或者批准文件,出售或者以其他任何形式转让本单位的版号或者复制委托书的;

(二)委托未取得《音像制品制作许可证》的单位制作音像制品,或者委托非依法设立的复制单位复制音像制品的。

第四十九条 出版音像制品的单位有下列行为之一的,依照《音像制品管理条例》第四十四条处罚:

(一)未按规定将年度出版计划和涉及国家安全、社会安定等方面的重大选题报新闻出版总署备案的;

(二)变更名称、主办单位或者主管机关、地址、法定代表人或者主要负责人、业务范围等,未依照本规定第十二条、第十三条办理审批、备案手续的;

(三)未在其出版的音像制品及其包装的明显位置标明本规定所规定的项目的;

(四)未依照规定期限送交音像制品样本的。

第五十条 有下列行为之一的,由出版行政部门责令停止违法行为,给予警告,并处3万元以下的罚款:

(一)其他出版单位配合本版出版物出版音像制品,其名称与本版出版物不一致或者单独定价销售的;

(二)音像出版单位及其他委托复制单位,未按照本规定第三十六条规定的内容、期限留存备查材料的;

(三)委托复制非卖品的单位销售或变相销售非卖品或者以非卖品收取费用的;

(四)委托复制非卖品的单位未在非卖品包装和盘带显著位置注明非卖品编号的。

第八章 附 则

第五十一条 音像制品的出版许可证由新闻出版总署统一印制。

第五十二条 本规定有关行政许可的期限以工作日计算,不含法定节假日。

第五十三条 本办法自2004年8月1日起施行,新闻出版署1996年2月1日发布的《音像制品出版管理办法》同时废止。

报纸出版管理规定

1. 2005年9月30日新闻出版总署令第32号公布

2. 自2005年12月1日起施行

第一章 总 则

第一条 为促进我国报业的发展与繁荣,规范报纸出版活动,加强报纸出版管理,根据国务院《出版管理条例》及相关法律法规,制定本规定。

第二条 在中华人民共和国境内从事报纸出版活动,适用本规定。

报纸由依法设立的报纸出版单位出版。报纸出版单位出版报纸,必须经新闻出版总署批准,持有国内统一连续出版物号,领取《报纸出版许可证》。

本规定所称报纸,是指有固定名称、刊期、开版,以新闻与时事评论为主要内容,每周至少出版一期的散页连续出版物。

本规定所称报纸出版单位,是指依照国家有关规定设立,经新闻出版总署批准并履行登记注册手续的报社。法人出版报纸不设立报社的,其设立的报纸编辑部视为报纸出版单位。

第三条 报纸出版必须坚持马克思列宁主义、毛泽东思想、邓小平理论和"三个代表"重要思想,坚持正确的舆论导向和出版方向,坚持把社会效益放在首位、社会效益和经济效益相统一和贴近实际、贴近群众、贴近生活的原则,为建设中国特色社会主义营造良好氛围,丰富广大人民群众的精神文化生活。

第四条 新闻出版总署负责全国报纸出版活动的监督管理工作,制定并实施全国报纸出版的总量、结构、布局的规划,建立健全报纸出版质量综合评估制度、报纸年度核验制度以及报纸出版退出机制等监督管理制度。

地方各级新闻出版行政部门负责本行政区域内的报纸出版活动的监督管理工作。

第五条 报纸出版单位负责报纸的编辑、出版等报纸出版活动。

报纸出版单位合法的出版活动受法律保护。任何组织和个人不得非法干扰、阻止、破坏报纸的出版。

第六条 新闻出版总署对为我国报业繁荣和发展做出突出贡献的报纸出版单位及个人实施奖励。

第七条 报纸出版行业的社会团体按照其章程,在新闻出版行政部门的指导下,实行自律管理。

第二章 报纸创办与报纸出版单位设立

第八条 创办报纸、设立报纸出版单位,应当具备下列条件:

(一)有确定的、不与已有报纸重复的名称;

(二)有报纸出版单位的名称、章程;

(三)有符合新闻出版总署认定条件的主管、主办单位;

(四)有确定的报纸出版业务范围;

(五)有30万元以上的注册资本;

(六)有适应业务范围需要的组织机构和符合国家规定资格条件的新闻采编专业人员;

(七)有与主办单位在同一行政区域的固定的工作场所;

(八)有符合规定的法定代表人或者主要负责人,该法定代表人或者主要负责人必须是在境内长久居住的中国公民;

(九)法律、行政法规规定的其他条件。

除前款所列条件外,还须符合国家对报纸及报纸出版单位总量、结构、布局的规划。

第九条 中央在京单位创办报纸并设立报纸出版单位,经主管单位同意后,由主办单位报新闻出版总署审批。

中国人民解放军和中国人民武装警察部队系统创办报纸并设立报纸出版单位,由中国人民解放军总政治部宣传部新闻出版局审核同意后报新闻出版总署审批。

其他单位创办报纸并设立报纸出版单位,经主管单位同意后,由主办单位向所在地省、自治区、直辖市新闻出版行政部门提出申请,省、自治区、直辖市新闻出版行政部门审核同意后,报新闻出版总署审批。

第十条 两个以上主办单位合办报纸,须确定一个主要主办单位,并由主要主办单位提出申请。

报纸的主要主办单位应为其主管单位的隶属单位。报纸出版单位和主要主办单位须在同一行政区域。

第十一条 创办报纸、设立报纸出版单位,由报纸出版单位的主办单位提出申请,并提交以下材料:

(一)按要求填写的《报纸出版申请表》;

(二)主办单位、主管单位的有关资质证明材料;

(三)拟任报纸出版单位法定代表人或者主要负责人的简历、身份证明文件及国家有关部门颁发的职业资格证书;

(四)新闻采编人员的职业资格证书;

(五)报纸出版单位办报资金来源及数额的相关证明文件;

(六)报纸出版单位的章程;

(七)工作场所使用证明;

(八)报纸出版可行性论证报告。

第十二条 新闻出版总署自收到创办报纸、设立报纸出版单位申请之日起90日内,作出批准或者不批准的决定,并直接或者由省、自治区、直辖市新闻出版行政部门书面通知主办单位;不批准的,应当说明理由。

第十三条 报纸主办单位应当自收到新闻出版总署批准决定之日起60日内办理注册登记手续:

(一)持批准文件到所在地省、自治区、直辖市新闻出版行政部门领取并填写《报纸出版登记表》,经主管单位审核签章后,报所在地省、自治区、直辖市新闻出版行政部门;

(二)《报纸出版登记表》一式五份,由报纸出版单位、主办单位、主管单位及省、自治区、直辖市新闻出版行政部门各存一份,另一份由省、自治区、直辖市新闻出版行政部门在15日内报送新闻出版总署备案;

(三)省、自治区、直辖市新闻出版行政部门对《报纸出版登记表》审核无误后,在10日内向主办单位发放《报纸出版许可证》,并编入国内统一连续出版物号;

(四)报纸出版单位持《报纸出版许可证》到工商行政管理部门办理登记手续,依法领取营业执照。

第十四条 报纸主办单位自收到新闻出版总署的批准文件之日起60日内未办理注册登记手续,批准文件自行失效,登记机关不再受理登记,报纸主办单位须把有关批准文件缴回新闻出版总署。

报纸出版单位自登记之日起满90日未出版报纸的,由新闻出版总署撤销《报纸出版许可证》,并由原登记的新闻出版行政部门注销登记。

因不可抗力或者其他正当理由发生前款所列情形的,报纸出版单位的主办单位可以向原登记的新闻出版行政部门申请延期。

第十五条 报社应当具备法人条件,经核准登记后,取得法人资格,以其全部法人财产独立承担民事责任。

报纸编辑部不具有法人资格,其民事责任由其主办单位承担。

第十六条 报纸出版单位变更名称、合并或者分立,改变资本结构,出版新的报纸,依照本规定第九条至第十三条的规定办理审批、登记手续。

第十七条 报纸变更名称、主办单位、主管单位、刊期、业务范围,依照本规定第九条至第十三条的规定办理审批、登记手续。

报纸变更刊期,新闻出版总署可以委托省、自治区、直辖市新闻出版行政部门审批。

本规定所称业务范围包括办报宗旨、文种。

第十八条 报纸变更开版,经主办单位审核同意后,由报纸出版单位报所在地省、自治区、直辖市新闻出版行政部门批准。

第十九条 报纸出版单位变更单位地址、法定代表人或者主要负责人、报纸承印单位,经其主办单位审核同意后,由报纸出版单位在15日内向所在地省、自治区、直辖市新闻出版行政部门备案。

第二十条 报纸休刊连续超过10日的,报纸出版单位须向所在地省、自治区、直辖市新闻出版行政部门办理休刊备案手续,说明休刊理由和休刊期限。

报纸休刊时间不得超过180日。报纸休刊超过180日仍不能正常出版的,由新闻出版总署撤销《报纸出版许可证》,并由所在地省、自治区、直辖市新闻出版行政部门注销登记。

第二十一条 报纸出版单位终止出版活动的,经主管单位同意后,由主办单位向所在地省、自治区、直辖市新闻出版行政部门办理注销登记,并由省、自治区、直辖市新闻出版行政部门报新闻出版总署备案。

第二十二条 报纸注销登记,以同一名称设立的报纸出版单位须与报纸同时注销,并到原登记的工商行政管理部门办理注销登记。

注销登记的报纸和报纸出版单位不得再以该名称从事出版、经营活动。

第二十三条 中央报纸出版单位组建报业集团,由新闻出版总署批准;地方报纸出版单位组建报业集团,向所在地省、自治区、直辖市新闻出版行政部门提出申请,经审核同意后,报新闻出版总署批准。

第三章 报纸的出版

第二十四条 报纸出版实行编辑责任制度,保障报纸刊载内容符合国家法律、法规的规定。

第二十五条 报纸不得刊载《出版管理条例》和其他有关法律、法规以及国家规定的禁止内容。

第二十六条 报纸开展新闻报道必须坚持真实、全面、客观、公正的原则,不得刊载虚假、失实报道。

报纸刊载虚假、失实报道,致使公民、法人或者其他组织的合法权益受到侵害的,其出版单位应当公开更正,消除影响,并依法承担相应民事责任。

报纸刊载虚假、失实报道,致使公民、法人或者其他组织的合法权益受到侵害的,当事人有权要求更正或者答辩,报纸应当予以发表;拒绝发表的,当事人可以向人民法院提出诉讼。

报纸因刊载虚假、失实报道而发表的更正或者答辩应自虚假、失实报道发现或者当事人要求之日起，在其最近出版的一期报纸的相同版位上发表。

报纸刊载虚假或者失实报道，损害公共利益的，新闻出版总署或者省、自治区、直辖市新闻出版行政部门可以责令该报纸出版单位更正。

第二十七条 报纸发表或者摘转涉及国家重大政策、民族宗教、外交、军事、保密等内容，应严格遵守有关规定。

报纸转载、摘编互联网上的内容，必须按照有关规定对其内容进行核实，并在刊发的明显位置标明下载文件网址、下载日期等。

第二十八条 报纸发表新闻报道，必须刊载作者的真实姓名。

第二十九条 报纸出版质量须符合国家标准和行业标准。报纸使用语言文字须符合国家有关规定。

第三十条 报纸出版须与《报纸出版许可证》的登记项目相符，变更登记项目须按本规定办理审批或者备案手续。

第三十一条 报纸出版时须在每期固定位置标示以下版本记录：

（一）报纸名称；

（二）报纸出版单位、主办单位、主管单位名称；

（三）国内统一连续出版物号；

（四）总编辑（社长）姓名；

（五）出版日期、总期号、版数、版序；

（六）报纸出版单位地址、电话、邮政编码；

（七）报纸定价（号外须注明“免费赠阅”字样）；

（八）印刷单位名称、地址；

（九）广告经营许可证号；

（十）国家规定的涉及公共利益或者行业标准的其他标识。

第三十二条 一个国内统一连续出版物号只能对应出版一种报纸，不得用同一国内统一连续出版物号出版不同版本的报纸。

出版报纸地方版、少数民族文字版、外文版等不同版本（文种）的报纸，须按创办新报纸办理审批手续。

第三十三条 同一种报纸不得以不同开版出版。

报纸所有版页须作为一个整体出版发行，各版页不得单独发行。

第三十四条 报纸专版、专刊的内容应与报纸的宗旨、业务范围相一致，专版、专刊的刊头字样不得明显于报纸名称。

第三十五条 报纸在正常刊期之外可出版增期。出版增期应按变更刊期办理审批手续。

增期的内容应与报纸的业务范围相一致；增期的开版、文种、发行范围、印数应与主报一致，并随主报发行。

第三十六条 报纸出版单位因重大事件可出版号外；出版号外须在报头注明“号外”字样，号外连续出版不得超过3天。

报纸出版单位须在号外出版后15日内向所在地省、自治区、直辖市新闻出版行政部门备案，并提交所有号外样报。

第三十七条 报纸出版单位不得出卖、出租、转让本单位名称及所出版报纸的刊号、名称、版面，不得转借、转让、出租和出卖《报纸出版许可证》。

第三十八条 报纸刊登广告须在报纸明显位置注明“广告”字样，不得以新闻形式刊登广告。

报纸出版单位发布广告应依据法律、行政法规查验有关证明文件，核实广告内容，不得刊登有害的、虚假的等违法广告。

报纸的广告经营者限于在合法授权范围内开展广告经营、代理业务，不得参与报纸的采访、编辑等出版活动。

第三十九条 报纸出版单位不得在报纸上刊登任何形式的有偿新闻。

报纸出版单位及其工作人员不得利用新闻报道牟取不正当利益，不得索取、接受采访报道对象及其利害关系人的财物或者其他利益。

第四十条 报纸采编业务和经营业务必须严格分开。

新闻采编业务部门及其工作人员不得从事报纸发行、广告等经营活动；经营部门及其工作人员不得介入新闻采编业务。

第四十一条 报纸出版单位的新闻采编人员从事新闻采访活动，必须持有新闻出版总署统一核发的新闻记者证，并遵守新闻出版总署《新闻记者证管理办法》的有关规定。

第四十二条 报纸出版单位根据新闻采访工作的需要，可以依照新闻出版总署《报社记者站管理办法》设立记者站，开展新闻业务活动。

第四十三条 报纸出版单位不得以不正当竞争行为或者

方式开展经营活动,不得利用权力摊派发行报纸。

第四十四条　报纸出版单位须遵守国家统计法规,依法向新闻出版行政部门报送统计资料。

报纸出版单位应配合国家认定的出版物发行数据调查机构进行报纸发行量数据调查,提供真实的报纸发行数据。

第四十五条　报纸出版单位须按照国家有关规定向国家图书馆、中国版本图书馆和新闻出版总署以及所在地省、自治区、直辖市新闻出版行政部门缴送报纸样本。

第四章　监督管理

第四十六条　报纸出版活动的监督管理实行属地原则。

省、自治区、直辖市新闻出版行政部门依法负责本行政区域报纸和报纸出版单位的登记、年度核验、质量评估、行政处罚等工作,对本行政区域的报纸出版活动进行监督管理。

其他地方新闻出版行政部门依法对本行政区域内报纸出版单位及其报纸出版活动进行监督管理。

第四十七条　报纸出版管理实施报纸出版事后审读制度、报纸出版质量评估制度、报纸出版年度核验制度和报纸出版从业人员资格管理制度。

报纸出版单位应当按照新闻出版总署的规定,将从事报纸出版活动的情况向新闻出版行政部门提出书面报告。

第四十八条　新闻出版总署负责全国报纸审读工作。地方各级新闻出版行政部门负责对本行政区域内出版的报纸进行审读。下级新闻出版行政部门要定期向上一级新闻出版行政部门提交审读报告。

主管单位须对其主管的报纸进行审读,定期向所在地新闻出版行政部门报送审读报告。

报纸出版单位应建立报纸阅评制度,定期写出阅评报告。新闻出版行政部门根据管理工作需要,可以随时调阅、检查报纸出版单位的阅评报告。

第四十九条　新闻出版总署制定报纸出版质量综合评估标准体系,对报纸出版质量进行全面评估。

经报纸出版质量综合评估,报纸出版质量未达到规定标准或者不能维持正常出版活动的,由新闻出版总署撤销《报纸出版许可证》,所在地省、自治区、直辖市新闻出版行政部门注销登记。

第五十条　省、自治区、直辖市新闻出版行政部门负责对本行政区域的报纸出版单位实施年度核验。年度核验内容包括报纸出版单位及其所出版报纸登记项目、出版质量、遵纪守法情况、新闻记者证和记者站管理等。

第五十一条　年度核验按照以下程序进行:

(一)报纸出版单位提出年度自检报告,填写由新闻出版总署统一印制的《报纸出版年度核验表》,经报纸主办单位、主管单位审核盖章后,连同核验之日前连续出版的30期样报,在规定时间内报所在地省、自治区、直辖市新闻出版行政部门;

(二)省、自治区、直辖市新闻出版行政部门对报纸出版单位自检报告、《报纸出版年度核验表》等送检材料审核查验;

(三)经核验符合规定标准的,省、自治区、直辖市新闻出版行政部门在其《报纸出版许可证》上加盖年度核验章;《报纸出版许可证》上加盖年度核验章即为通过年度核验,报纸出版单位可以继续从事报纸出版活动;

(四)省、自治区、直辖市新闻出版行政部门自完成报纸出版年度核验工作后的30日内,向新闻出版总署提交报纸年度核验工作报告。

第五十二条　有下列情形之一的,暂缓年度核验:

(一)正在限期停刊整顿的;

(二)经审核发现有违法情况应予处罚的;

(三)主管单位、主办单位未履行管理责任,导致报纸出版管理混乱的;

(四)存在其他违法嫌疑需要进一步核查的。

暂缓年度核验的期限由省、自治区、直辖市新闻出版行政部门确定,报新闻出版总署备案。缓验期满,按照本规定第五十条、第五十一条重新办理年度核验。

第五十三条　有下列情形之一的,不予通过年度核验:

(一)违法行为被查处后拒不改正或者没有明显整改效果的;

(二)报纸出版质量长期达不到规定标准的;

(三)经营恶化已经资不抵债的;

(四)已经不具备本规定第八条规定条件的。

不予通过年度核验的,由新闻出版总署撤销《报纸出版许可证》,所在地省、自治区、直辖市新闻出版行政部门注销登记。

未通过年度核验的,报纸出版单位自第二年起停止出版该报纸。

第五十四条　《报纸出版许可证》加盖年度核验章后方可继续使用。有关部门在办理报纸出版、印刷、发行等手续时,对未加盖年度核验章的《报纸出版许可证》不予采用。

不按规定参加年度核验的报纸出版单位，经催告仍未参加年度核验的，由新闻出版总署撤销《报纸出版许可证》，所在地省、自治区、直辖市新闻出版行政部门注销登记。

第五十五条 年度核验结果，核验机关可以向社会公布。

第五十六条 报纸出版从业人员，应具备国家规定的新闻出版职业资格条件。

第五十七条 报纸出版单位的社长、总编辑须符合国家规定的任职资格和条件。

报纸出版单位的社长、总编辑须参加新闻出版行政部门组织的岗位培训。

报纸出版单位的新任社长、总编辑须经过岗位培训合格后才能上岗。

第五章 法律责任

第五十八条 报纸出版单位违反本规定的，新闻出版行政部门视其情节轻重，可采取下列行政措施：

（一）下达警示通知书；

（二）通报批评；

（三）责令公开检讨；

（四）责令改正；

（五）责令停止印制、发行报纸；

（六）责令收回报纸；

（七）责成主办单位、主管单位监督报纸出版单位整改。

警示通知书由新闻出版总署制定统一格式，由新闻出版总署或者省、自治区、直辖市新闻出版行政部门下达给违法的报纸出版单位，并抄送违法报纸出版单位的主办单位及其主管单位。

本条所列行政措施可以并用。

第五十九条 未经批准，擅自设立报纸出版单位，或者擅自从事报纸出版业务，假冒报纸出版单位名称或者伪造、假冒报纸名称出版报纸的，依照《出版管理条例》第五十五条处罚。

第六十条 出版含有《出版管理条例》和其他有关法律、法规以及国家规定禁载内容报纸的，依照《出版管理条例》第五十六条处罚。

第六十一条 报纸出版单位违反本规定第三十七条的，依照《出版管理条例》第六十条处罚。

报纸出版单位允许或者默认广告经营者参与报纸的采访、编辑等出版活动，按前款处罚。

第六十二条 报纸出版单位有下列行为之一的，依照《出版管理条例》第六十一条处罚：

（一）报纸出版单位变更名称、合并或者分立，改变资本结构，出版新的报纸，未依照本规定办理审批手续的；

（二）报纸变更名称、主办单位、主管单位、刊期、业务范围、开版，未依照本规定办理审批手续的；

（三）报纸出版单位未依照本规定缴送报纸样本的。

第六十三条 报纸出版单位有下列行为之一的，由新闻出版总署或者省、自治区、直辖市新闻出版行政部门给予警告，并处3万元以下罚款：

（一）报纸出版单位变更单位地址、法定代表人或者主要负责人、承印单位，未按照本规定第十九条报送备案的；

（二）报纸休刊，未按照本规定第二十条报送备案的；

（三）刊载损害公共利益的虚假或者失实报道，拒不执行新闻出版行政部门更正命令的；

（四）在其报纸上发表新闻报道未登载作者真实姓名的；

（五）违反本规定第二十七条发表或者摘转有关文章的；

（六）未按照本规定第三十一条刊登报纸版本记录的；

（七）违反本规定第三十二条，“一号多版”的；

（八）违反本规定第三十三条，出版不同开版的报纸或者部分版页单独发行的；

（九）违反本规定关于出版报纸专版、专刊、增期、号外的规定的；

（十）报纸刊登广告未在明显位置注明“广告”字样，或者以新闻形式刊登广告的；

（十一）刊登有偿新闻或者违反本规定第三十九条其他规定的；

（十二）违反本规定第四十三条，以不正当竞争行为开展经营活动或者利用权力摊派发行的。

第六十四条 报纸出版单位新闻采编人员违反新闻记者证的有关规定，依照新闻出版总署《新闻记者证管理办法》的规定处罚。

第六十五条 报纸出版单位违反报社记者站的有关规定，依照新闻出版总署《报社记者站管理办法》的规定处罚。

第六十六条 对报纸出版单位做出行政处罚,应告知其主办单位和主管单位,可以通过媒体向社会公布。

对报纸出版单位做出行政处罚,新闻出版行政部门可以建议其主办单位或者主管单位对直接责任人和主要负责人予以行政处分或者调离岗位。

第六章 附 则

第六十七条 以非新闻性内容为主或者出版周期超过一周,持有国内统一连续出版物号的其他散页连续出版物,也适用本规定。

第六十八条 本规定施行后,新闻出版署《报纸管理暂行规定》同时废止,此前新闻出版行政部门对报纸出版活动的其他规定,凡与本规定不一致的,以本规定为准。

第六十九条 本规定自2005年12月1日起施行。

期刊出版管理规定

1. 2005年9月30日新闻出版总署令第31号公布
2. 自2005年12月1日起施行

第一章 总 则

第一条 为了促进我国期刊业的繁荣和发展,规范期刊出版活动,加强期刊出版管理,根据国务院《出版管理条例》及相关法律法规,制定本规定。

第二条 在中华人民共和国境内从事期刊出版活动,适用本规定。

期刊由依法设立的期刊出版单位出版。期刊出版单位出版期刊,必须经新闻出版总署批准,持有国内统一连续出版物号,领取《期刊出版许可证》。

本规定所称期刊又称杂志,是指有固定名称,用卷、期或者年、季、月顺序编号,按照一定周期出版的成册连续出版物。

本规定所称期刊出版单位,是指依照国家有关规定设立,经新闻出版总署批准并履行登记注册手续的期刊社。法人出版期刊不设立期刊社的,其设立的期刊编辑部视为期刊出版单位。

第三条 期刊出版必须坚持马克思列宁主义、毛泽东思想、邓小平理论和"三个代表"重要思想,坚持正确的舆论导向和出版方向,坚持把社会效益放在首位、社会效益和经济效益相统一的原则,传播和积累有益于提高民族素质、经济发展和社会进步的科学技术和文化知识,弘扬中华民族优秀文化,促进国际文化交流,丰富人民群众的精神文化生活。

第四条 期刊发行分公开发行和内部发行。

内部发行的期刊只能在境内按指定范围发行,不得在社会上公开发行、陈列。

第五条 新闻出版总署负责全国期刊出版活动的监督管理工作,制定并实施全国期刊出版的总量、结构、布局的规划,建立健全期刊出版质量评估制度、期刊年度核验制度以及期刊出版退出机制等监督管理制度。

地方各级新闻出版行政部门负责本行政区域内的期刊出版活动的监督管理工作。

第六条 期刊出版单位负责期刊的编辑、出版等期刊出版活动。

期刊出版单位合法的出版活动受法律保护。任何组织和个人不得非法干扰、阻止、破坏期刊的出版。

第七条 新闻出版总署对为我国期刊业繁荣和发展做出突出贡献的期刊出版单位及个人实施奖励。

第八条 期刊出版行业的社会团体按照其章程,在新闻出版行政部门的指导下,实行自律管理。

第二章 期刊创办和期刊出版单位设立

第九条 创办期刊、设立期刊出版单位,应当具备下列条件:

(一)有确定的、不与已有期刊重复的名称;

(二)有期刊出版单位的名称、章程;

(三)有符合新闻出版总署认定条件的主管、主办单位;

(四)有确定的期刊出版业务范围;

(五)有30万元以上的注册资本;

(六)有适应期刊出版活动需要的组织机构和符合国家规定资格条件的编辑专业人员;

(七)有与主办单位在同一行政区域的固定的工作场所;

(八)有确定的法定代表人或者主要负责人,该法定代表人或者主要负责人必须是在境内长久居住的中国公民;

(九)法律、行政法规规定的其他条件。

除前款所列条件外,还须符合国家对期刊及期刊出版单位总量、结构、布局的总体规划。

第十条 中央在京单位创办期刊并设立期刊出版单位,经主管单位审核同意后,由主办单位报新闻出版总署审批。

中国人民解放军和中国人民武装警察部队系统创办期刊并设立期刊出版单位，由中国人民解放军总政治部宣传部新闻出版局审核同意后报新闻出版总署审批。

其他单位创办期刊并设立期刊出版单位，经主管单位审核同意后，由主办单位向所在地省、自治区、直辖市新闻出版行政部门提出申请，省、自治区、直辖市新闻出版行政部门审核同意后，报新闻出版总署审批。

第十一条 两个以上主办单位合办期刊，须确定一个主要主办单位，并由主要主办单位提出申请。

期刊的主要主办单位应为其主管单位的隶属单位。期刊出版单位和主要主办单位须在同一行政区域。

第十二条 创办期刊、设立期刊出版单位，由期刊出版单位的主办单位提出申请，并提交以下材料：

（一）按要求填写的《期刊出版申请表》；

（二）主管单位、主办单位的有关资质证明材料；

（三）拟任出版单位法定代表人或主要负责人简历、身份证明文件及国家有关部门颁发的职业资格证书；

（四）编辑出版人员的职业资格证书；

（五）办刊资金来源、数额及相关的证明文件；

（六）期刊出版单位的章程；

（七）工作场所使用证明；

（八）期刊出版可行性论证报告。

第十三条 新闻出版总署应当自收到创办期刊、设立期刊出版单位的申请之日起90日内，作出批准或者不批准的决定，并直接或者由省、自治区、直辖市新闻出版行政部门书面通知主办单位；不批准的，应当说明理由。

第十四条 期刊主办单位应当自收到新闻出版总署批准决定之日起60日内办理注册登记手续：

（一）持批准文件到所在地省、自治区、直辖市新闻出版行政部门领取《期刊出版登记表》，填写一式五份，经期刊主管单位审核签章后，报所在地省、自治区、直辖市新闻出版行政部门，省、自治区、直辖市新闻出版行政部门应在15日内，将《期刊出版登记表》报送新闻出版总署备案；

（二）公开发行的期刊，可以向ISSN中国国家中心申领国际标准连续出版物号，并向新闻出版总署条码中心申领条型码；

（三）省、自治区、直辖市新闻出版行政部门对《期刊出版登记表》审核无误后，在10日内向主办单位发放《期刊出版许可证》；

（四）期刊出版单位持《期刊出版许可证》到工商行政管理部门办理登记手续，依法领取营业执照。

《期刊出版登记表》由期刊出版单位、主办单位、主管单位及所在地省、自治区、直辖市新闻出版行政部门各留存一份。

第十五条 期刊主办单位自收到新闻出版总署的批准文件之日起60日内未办理注册登记手续，批准文件自行失效，登记机关不再受理登记，期刊主办单位须把有关批准文件缴回新闻出版总署。

期刊出版单位自登记之日起满90日未出版期刊的，由新闻出版总署撤销《期刊出版许可证》，并由原登记的新闻出版行政部门注销登记。

因不可抗力或者其他正当理由发生前款所列情形的，期刊出版单位可以向原登记的新闻出版行政部门申请延期。

第十六条 期刊社应当具备法人条件，经核准登记后，取得法人资格，以其全部法人财产独立承担民事责任。

期刊编辑部不具有法人资格，其民事责任由其主办单位承担。

第十七条 期刊出版单位变更名称、合并或者分立、改变资本结构，出版新的期刊，依照本规定第十条至第十四条的规定办理审批、登记手续。

第十八条 期刊变更名称、主办单位或主管单位、登记地、业务范围、刊期的，依照本规定第十条至第十四条的规定办理审批、登记手续。

期刊变更刊期，新闻出版总署可以委托省、自治区、直辖市新闻出版行政部门审批。

本规定所称期刊业务范围包括办刊宗旨、文种。

第十九条 期刊出版单位变更期刊开本、法定代表人或者主要负责人、在同一登记地内变更地址，经其主办单位审核同意后，由期刊出版单位在15日内向所在地省、自治区、直辖市新闻出版行政部门备案。

第二十条 期刊休刊，期刊出版单位须向所在地省、自治区、直辖市新闻出版行政部门备案并说明休刊理由和期限。

期刊休刊时间不得超过一年。休刊超过一年的，由新闻出版总署撤销《期刊出版许可证》，所在地省、自治区、直辖市新闻出版行政部门注销登记。

第二十一条 期刊出版单位终止期刊出版活动的,经主管单位同意后,由其主办单位向所在地省、自治区、直辖市新闻出版行政部门办理注销登记,并由省、自治区、直辖市新闻出版行政部门报新闻出版总署备案。

第二十二条 期刊注销登记,以同一名称设立的期刊出版单位须与期刊同时注销,并到原登记的工商行政管理部门办理注销登记。

注销登记的期刊和期刊出版单位不得再以该名称从事出版、经营活动。

第二十三条 中央期刊出版单位组建期刊集团,由新闻出版总署批准;地方期刊出版单位组建期刊集团,向所在地省、自治区、直辖市新闻出版行政部门提出申请,经审核同意后,报新闻出版总署批准。

第三章 期刊的出版

第二十四条 期刊出版实行编辑责任制度,保障期刊刊载内容符合国家法律、法规的规定。

第二十五条 期刊不得刊载《出版管理条例》和其他有关法律、法规以及国家规定的禁止内容。

第二十六条 期刊刊载的内容不真实、不公正,致使公民、法人或者其他组织的合法权益受到侵害的,期刊出版单位应当公开更正,消除影响,并依法承担其他民事责任。

期刊刊载的内容不真实、不公正,致使公民、法人或者其他组织的合法权益受到侵害的,当事人有权要求期刊出版单位更正或者答辩,期刊出版单位应当在其最近出版的一期期刊上予以发表;拒绝发表的,当事人可以向人民法院提出诉讼。

期刊刊载的内容不真实、不公正,损害公共利益的,新闻出版总署或者省、自治区、直辖市新闻出版行政部门可以责令该期刊出版单位更正。

第二十七条 期刊刊载涉及国家安全、社会安定等重大选题的内容,须按照重大选题备案管理规定办理备案手续。

第二十八条 公开发行的期刊不得转载、摘编内部发行出版物的内容。

期刊转载、摘编互联网上的内容,必须按照有关规定对其内容进行核实,并在刊发的明显位置标明下载文件网址、下载日期等。

第二十九条 期刊出版单位与境外出版机构开展合作出版项目,须经新闻出版总署批准,具体办法另行规定。

第三十条 期刊出版质量须符合国家标准和行业标准。期刊使用语言文字须符合国家有关规定。

第三十一条 期刊须在封底或版权页上刊载以下版本记录:期刊名称、主管单位、主办单位、出版单位、印刷单位、发行单位、出版日期、总编辑(主编)姓名、发行范围、定价、国内统一连续出版物号、广告经营许可证号等。

领取国际标准连续出版物号的期刊须同时刊印国际标准连续出版物号。

第三十二条 期刊须在封面的明显位置刊载期刊名称和年、月、期、卷等顺序编号,不得以总期号代替年、月、期号。

期刊封面其他文字标识不得明显于刊名。

期刊的外文刊名须是中文刊名的直译。外文期刊封面上必须同时刊印中文刊名;少数民族文种期刊封面上必须同时刊印汉语刊名。

第三十三条 一个国内统一连续出版物号只能对应出版一种期刊,不得用同一国内统一连续出版物号出版不同版本的期刊。

出版不同版本的期刊,须按创办新期刊办理审批手续。

第三十四条 期刊可以在正常刊期之外出版增刊。每种期刊每年可以出版两期增刊。

期刊出版单位出版增刊,应在申请报告中说明拟出增刊的文章编目、印数、定价、出版时间、印刷单位,经其主管单位审核同意后,由主办单位报所在地省、自治区、直辖市新闻出版行政部门审批;批准的,发给一次性增刊许可证。

增刊内容必须符合正刊的业务范围,开本和发行范围必须与正刊一致;增刊除刊印本规定第三十一条所列版本纪录外,还须刊印增刊许可证编号,并在封面刊印正刊名称和注明“增刊”。

第三十五条 期刊合订本须按原期刊出版顺序装订,不得对期刊内容另行编排,并在其封面明显位置标明期刊名称及“合订本”字样。

期刊因内容违法被新闻出版行政部门给予行政处罚的,该期期刊的相关篇目不得收入合订本。

被注销登记的期刊,不得制作合订本。

第三十六条 期刊出版单位不得出卖、出租、转让本单位名称及所出版期刊的刊号、名称、版面,不得转借、转让、出租和出卖《期刊出版许可证》。

第三十七条 期刊出版单位利用其期刊开展广告业务，必须遵守广告法律规定，发布广告须依法查验有关证明文件，核实广告内容，不得刊登有害的、虚假的等违法广告。

期刊的广告经营者限于在合法授权范围内开展广告经营、代理业务，不得参与期刊的采访、编辑等出版活动。

第三十八条 期刊采编业务与经营业务必须严格分开。

禁止以采编报道相威胁，以要求被报道对象做广告、提供赞助、加入理事会等损害被报道对象利益的行为牟取不正当利益。

期刊不得刊登任何形式的有偿新闻。

第三十九条 期刊出版单位的新闻采编人员从事新闻采访活动，必须持有新闻出版总署统一核发的新闻记者证，并遵守新闻出版总署《新闻记者证管理办法》的有关规定。

第四十条 具有新闻采编业务的期刊出版单位在登记地以外的地区设立记者站，参照新闻出版总署《报社记者站管理办法》审批、管理。其他期刊出版单位一律不得设立记者站。

期刊出版单位是否具有新闻采编业务由新闻出版总署认定。

第四十一条 期刊出版单位不得以不正当竞争行为或者方式开展经营活动，不得利用权力摊派发行期刊。

第四十二条 期刊出版单位须遵守国家统计法规，依法向新闻出版行政部门报送统计资料。

期刊出版单位应配合国家认定的出版物发行数据调查机构进行期刊发行数据调查，提供真实的期刊发行数据。

第四十三条 期刊出版单位须在每期期刊出版 30 日内，分别向新闻出版总署、中国版本图书馆、国家图书馆以及所在地省、自治区、直辖市新闻出版行政部门缴送样刊 3 本。

第四章 监督管理

第四十四条 期刊出版活动的监督管理实行属地原则。

省、自治区、直辖市新闻出版行政部门依法负责对本行政区域期刊和期刊出版单位的登记、年度核验、质量评估、行政处罚等工作，对本行政区域的期刊出版活动进行监督管理。

其他地方新闻出版行政部门依法对本行政区域内期刊出版单位及其期刊出版活动进行监督管理。

第四十五条 期刊出版管理实施期刊出版事后审读制度、期刊出版质量评估制度、期刊年度核验制度和期刊出版从业人员资格管理制度。

期刊出版单位应当按照新闻出版总署的规定，将从事期刊出版活动的情况向新闻出版行政部门提出书面报告。

第四十六条 新闻出版总署负责全国期刊审读工作。地方各级新闻出版行政部门负责对本行政区域内出版的期刊进行审读。下级新闻出版行政部门要定期向上一级新闻出版行政部门提交审读报告。

主管单位须对其主管的期刊进行审读，定期向所在地新闻出版行政部门报送审读报告。

期刊出版单位应建立期刊阅评制度，定期写出阅评报告。新闻出版行政部门根据管理工作的需要，可以随时调阅、检查期刊出版单位的阅评报告。

第四十七条 新闻出版总署制定期刊出版质量综合评估标准体系，对期刊出版质量进行全面评估。

经期刊出版质量综合评估，期刊出版质量未达到规定标准或者不能维持正常出版活动的，由新闻出版总署撤销《期刊出版许可证》，所在地省、自治区、直辖市新闻出版行政部门注销登记。

第四十八条 省、自治区、直辖市新闻出版行政部门负责对本行政区域的期刊实施年度核验。年度核验内容包括期刊出版单位及其所出版期刊登记项目、出版质量、遵纪守法情况等。

第四十九条 年度核验按照以下程序进行：

（一）期刊出版单位提出年度自检报告，填写由新闻出版总署统一印制的《期刊登记项目年度核验表》，经期刊主办单位、主管单位审核盖章后，连同本年度出版的样刊报省、自治区、直辖市新闻出版行政部门；

（二）省、自治区、直辖市新闻出版行政部门对期刊出版单位自检报告、《期刊登记项目年度核验表》及样刊进行审核查验；

（三）经核验符合规定标准的，省、自治区、直辖市新闻出版行政部门在《期刊出版许可证》上加盖年度核验章；《期刊出版许可证》上加盖年度核验章即为通过年度核验，期刊出版单位可以继续从事期刊出版活动；

（四）省、自治区、直辖市新闻出版行政部门在完成期刊年度核验工作 30 日内向新闻出版总署提交期刊年度核验工作报告。

第五十条 有下列情形之一的,暂缓年度核验:

(一)正在限期停业整顿的;

(二)经审核发现有违法情况应予处罚的;

(三)主管单位、主办单位未履行管理责任,导致期刊出版管理混乱的;

(四)存在其他违法嫌疑需要进一步核查的。

暂缓年度核验的期限由省、自治区、直辖市新闻出版行政部门确定,报新闻出版总署备案。缓验期满,按本规定第四十八条、第四十九条重新办理年度核验。

第五十一条 期刊有下列情形之一的,不予通过年度核验:

(一)违法行为被查处后拒不改正或者没有明显整改效果的;

(二)期刊出版质量长期达不到规定标准的;

(三)经营恶化已经资不抵债的;

(四)已经不具备本规定第九条规定条件的。

不予通过年度核验的,由新闻出版总署撤销《期刊出版许可证》,所在地省、自治区、直辖市新闻出版行政部门注销登记。

未通过年度核验的,期刊出版单位自第二年起停止出版该期刊。

第五十二条 《期刊出版许可证》加盖年度核验章后方可继续使用。有关部门在办理期刊出版、印刷、发行等手续时,对未加盖年度核验章的《期刊出版许可证》不予采用。

不按规定参加年度核验的期刊出版单位,经催告仍未参加年度核验的,由新闻出版总署撤销《期刊出版许可证》,所在地省、自治区、直辖市新闻出版行政部门注销登记。

第五十三条 年度核验结果,核验机关可以向社会公布。

第五十四条 期刊出版从业人员,应具备国家规定的新闻出版职业资格条件。

第五十五条 期刊出版单位的社长、总编辑须符合国家规定的任职资格和条件。

期刊出版单位的社长、总编辑须参加新闻出版行政部门组织的岗位培训。

期刊出版单位的新任社长、总编辑须经过岗位培训合格后才能上岗。

第五章 法律责任

第五十六条 期刊出版单位违反本规定的,新闻出版行政部门视其情节轻重,可以采取下列行政措施:

(一)下达警示通知书;

(二)通报批评;

(三)责令公开检讨;

(四)责令改正;

(五)责令停止印制、发行期刊;

(六)责令收回期刊;

(七)责成主办单位、主管单位监督期刊出版单位整改。

警示通知书由新闻出版总署制定统一格式,由新闻出版总署或者省、自治区、直辖市新闻出版行政部门下达给违法的期刊出版单位,并抄送违法期刊出版单位的主办单位及其主管单位。

本条所列行政措施可以并用。

第五十七条 未经批准,擅自设立期刊出版单位,或者擅自从事期刊出版业务,假冒期刊出版单位名称或者伪造、假冒期刊名称出版期刊的,依照《出版管理条例》第五十五条处罚。

期刊出版单位擅自出版增刊、擅自与境外出版机构开展合作出版项目的,按前款处罚。

第五十八条 出版含有《出版管理条例》和其他有关法律、法规以及国家规定禁载内容期刊的,依照《出版管理条例》第五十六条处罚。

第五十九条 期刊出版单位违反本规定第三十六条的,依照《出版管理条例》第六十条处罚。

期刊出版单位允许或者默认广告经营者参与期刊采访、编辑等出版活动的,按前款处罚。

第六十条 期刊出版单位有下列行为之一的,依照《出版管理条例》第六十一条处罚:

(一)期刊变更名称、主办单位或主管单位、登记地、业务范围、刊期,未依照本规定办理审批手续的;

(二)期刊出版单位变更名称、合并或分立、改变资本结构、出版新的期刊,未依照本规定办理审批手续的;

(三)期刊出版单位未将涉及国家安全、社会安定等方面的重大选题备案的;

(四)期刊出版单位未依照本规定缴送样刊的。

第六十一条 期刊出版单位违反本规定第四条第二款的,依照新闻出版总署《出版物市场管理规定》第四十八条处罚。

第六十二条 期刊出版单位有下列行为之一的,由新闻出版总署或者省、自治区、直辖市新闻出版行政部门给

予警告,并处3万元以下罚款:

(一)期刊出版单位变更期刊开本、法定代表人或者主要负责人、在同一登记地内变更地址,未按本规定第十九条报送备案的;

(二)期刊休刊未按本规定第二十条报送备案的;

(三)刊载损害公共利益的虚假或者失实报道,拒不执行新闻出版行政部门更正命令的;

(四)公开发行的期刊转载、摘编内部发行出版物内容的;

(五)期刊转载、摘编互联网上的内容,违反本规定第二十八条第二款的;

(六)未按照本规定第三十一条刊载期刊版本记录的;

(七)违反本规定第三十二条关于期刊封面标识的规定的;

(八)违反本规定第三十三条,"一号多刊"的;

(九)出版增刊违反本规定第三十四条第三款的;

(十)违反本规定第三十五条制作期刊合订本的;

(十一)刊登有偿新闻或者违反本规定第三十八条其他规定的;

(十二)违反本规定第四十一条,以不正当竞争行为开展经营活动或者利用权力摊派发行的。

第六十三条 期刊出版单位新闻采编人员违反新闻记者证的有关规定,依照新闻出版总署《新闻记者证管理办法》的规定处罚。

第六十四条 期刊出版单位违反记者站的有关规定,依照新闻出版总署《报社记者站管理办法》的规定处罚。

第六十五条 对期刊出版单位做出行政处罚,新闻出版行政部门应告知其主办单位和主管单位,可以通过媒体向社会公布。

对期刊出版单位做出行政处罚,新闻出版行政部门可以建议其主办单位或者主管单位对直接责任人和主要负责人予以行政处分或者调离岗位。

第六章 附 则

第六十六条 本规定施行后,新闻出版署《期刊管理暂行规定》和《〈期刊管理暂行规定〉行政处罚实施办法》同时废止,此前新闻出版行政部门对期刊出版活动的其他规定,凡与本规定不一致的,以本规定为准。

第六十七条 本规定自2005年12月1日起施行。

图书出版管理规定

1. 2008年2月21日新闻出版总署令第36号公布

2. 自2008年5月1日起施行

第一章 总 则

第一条 为了规范图书出版,加强对图书出版的监督管理,促进图书出版的发展和繁荣,根据国务院《出版管理条例》及相关法律法规,制定本规定。

第二条 在中华人民共和国境内从事图书出版,适用本规定。

本规定所称图书,是指书籍、地图、年画、图片、画册,以及含有文字、图画内容的年历、月历、日历,以及由新闻出版总署认定的其他内容载体形式。

第三条 图书出版必须坚持为人民服务、为社会主义服务的方向,坚持马克思列宁主义、毛泽东思想、邓小平理论和"三个代表"重要思想,坚持科学发展观,坚持正确的舆论导向和出版方向,坚持把社会效益放在首位、社会效益和经济效益相统一的原则,传播和积累有益于提高民族素质、推动经济发展、促进社会和谐与进步的科学技术和文化知识,弘扬民族优秀文化,促进国际文化交流,丰富人民群众的精神文化生活。

第四条 新闻出版总署负责全国图书出版的监督管理工作,建立健全监督管理制度,制定并实施全国图书出版总量、结构、布局的规划。

省、自治区、直辖市新闻出版行政部门负责本行政区域内图书出版的监督管理工作。

第五条 图书出版单位依法从事图书的编辑、出版等活动。

图书出版单位合法的出版活动受法律保护,任何组织和个人不得非法干扰、阻止、破坏。

第六条 新闻出版总署对为发展、繁荣我国图书出版事业作出重要贡献的图书出版单位及个人给予奖励,并评选奖励优秀图书。

第七条 图书出版行业的社会团体按照其章程,在新闻出版行政部门的指导下,实行自律管理。

第二章 图书出版单位的设立

第八条 图书由依法设立的图书出版单位出版。设立图书出版单位须经新闻出版总署批准,取得图书出版许可证。

本规定所称图书出版单位，是指依照国家有关法规设立，经新闻出版总署批准并履行登记注册手续的图书出版法人实体。

第九条　设立图书出版单位，应当具备下列条件：

(一)有图书出版单位的名称、章程；

(二)有符合新闻出版总署认定条件的主办单位、主管单位；

(三)有确定的图书出版业务范围；

(四)有30万元以上的注册资本；

(五)有适应图书出版需要的组织机构和符合国家规定资格条件的编辑出版专业人员；

(六)有确定的法定代表人或者主要负责人，该法定代表人或者主要负责人必须是在境内长久居住的具有完全行为能力的中国公民；

(七)有与主办单位在同一省级行政区域的固定工作场所；

(八)法律、行政法规规定的其他条件。

设立图书出版单位，除前款所列条件外，还应当符合国家关于图书出版单位总量、结构、布局的规划。

第十条　中央在京单位设立图书出版单位，由主办单位提出申请，经主管单位审核同意后，由主办单位报新闻出版总署审批。

中国人民解放军和中国人民武装警察部队系统设立图书出版单位，由主办单位提出申请，经中国人民解放军总政治部宣传部新闻出版局审核同意后，报新闻出版总署审批。

其他单位设立图书出版单位，经主管单位审核同意后，由主办单位向所在地省、自治区、直辖市新闻出版行政部门提出申请，省、自治区、直辖市新闻出版行政部门审核同意后，报新闻出版总署审批。

第十一条　申请设立图书出版单位，须提交以下材料：

(一)按要求填写的设立图书出版单位申请表；

(二)主管单位、主办单位的有关资质证明材料；

(三)拟任图书出版单位法定代表人或者主要负责人简历、身份证明文件；

(四)编辑出版人员的出版专业职业资格证书；

(五)由依法设立的验资机构出具的注册资本验资证明；

(六)图书出版单位的章程；

(七)工作场所使用证明；

(八)设立图书出版单位的可行性论证报告。

第十二条　新闻出版总署应当自收到设立图书出版单位申请之日起90日内，作出批准或者不批准的决定，并直接或者由省、自治区、直辖市新闻出版行政部门书面通知主办单位；不批准的，应当说明理由。

第十三条　申请设立图书出版单位的主办单位应当自收到新闻出版总署批准文件之日起60日内办理如下注册登记手续：

(一)持批准文件到所在地省、自治区、直辖市新闻出版行政部门领取图书出版单位登记表，经主管单位审核签章后，报所在地省、自治区、直辖市新闻出版行政部门；

(二)图书出版单位登记表一式五份，图书出版单位、主办单位、主管单位及省、自治区、直辖市新闻出版行政部门各存一份，另一份由省、自治区、直辖市新闻出版行政部门在收到之日起15日内，报送新闻出版总署备案；

(三)新闻出版总署对图书出版单位登记表审核后，在10日内通过中国标准书号中心分配其出版者号并通知省、自治区、直辖市新闻出版行政部门；

(四)省、自治区、直辖市新闻出版行政部门对图书出版单位登记表审核后，在10日内向主办单位发放图书出版许可证；

(五)图书出版单位持图书出版许可证到工商行政管理部门办理登记手续，依法领取营业执照。

第十四条　图书出版单位的主办单位自收到新闻出版总署批准文件之日起60日内未办理注册登记手续，批准文件自行失效，登记机关不再受理登记，图书出版单位的主办单位须将有关批准文件缴回新闻出版总署。

图书出版单位自登记之日起满180日未从事图书出版的，由原登记的新闻出版行政部门注销登记，收回图书出版许可证，并报新闻出版总署备案。

因不可抗力或者其他正当理由发生前款所列情形的，图书出版单位可以向原登记的新闻出版行政部门申请延期。

第十五条　图书出版单位应当具备法人条件，经核准登记后，取得法人资格，以其全部法人财产独立承担民事责任。

第十六条　图书出版单位变更名称、主办单位或者主管单位、业务范围，合并或者分立，改变资本结构，依照本规定第九条至第十三条的规定办理审批、登记手续。

图书出版单位除前款所列变更事项外的其他事项

的变更，应当经其主办单位和主管单位审查同意后，向所在地省、自治区、直辖市新闻出版行政部门申请变更登记，由省、自治区、直辖市新闻出版行政部门报新闻出版总署备案。

第十七条 图书出版单位终止图书出版的，由主办单位提出申请并经主管单位同意后，由主办单位向所在地省、自治区、直辖市新闻出版行政部门办理注销登记，并由省、自治区、直辖市新闻出版行政部门报新闻出版总署备案。

第十八条 组建图书出版集团，参照本规定第十条办理。

第三章 图书的出版

第十九条 任何图书不得含有《出版管理条例》和其他有关法律、法规以及国家规定禁止的内容。

第二十条 图书出版实行编辑责任制度，保障图书内容符合国家法律规定。

第二十一条 出版辞书、地图、中小学教科书等类别的图书，实行资格准入制度，出版单位须按照新闻出版总署批准的业务范围出版。具体办法由新闻出版总署另行规定。

第二十二条 图书出版实行重大选题备案制度。涉及国家安全、社会安定等方面的重大选题，涉及重大革命题材和重大历史题材的选题，应当按照新闻出版总署有关选题备案管理的规定办理备案手续。未经备案的重大选题，不得出版。

第二十三条 图书出版实行年度出版计划备案制度。图书出版单位的年度出版计划，须经省、自治区、直辖市新闻出版行政部门审核后报新闻出版总署备案。

第二十四条 图书出版单位实行选题论证制度、图书稿件三审责任制度、责任编辑制度、责任校对制度、图书重版前审读制度、稿件及图书资料归档制度等管理制度，保障图书出版质量。

第二十五条 图书使用语言文字须符合国家语言文字法律规定。

图书出版质量须符合国家标准、行业标准和新闻出版总署关于图书出版质量的管理规定。

第二十六条 图书使用中国标准书号或者全国统一书号、图书条码以及图书在版编目数据须符合有关标准和规定。

第二十七条 图书出版单位不得向任何单位或者个人出售或者以其他形式转让本单位的名称、中国标准书号或者全国统一书号。

第二十八条 图书出版单位不得以一个中国标准书号或者全国统一书号出版多种图书，不得以中国标准书号或者全国统一书号出版期刊。中国标准书号使用管理办法由新闻出版总署另行规定。

第二十九条 图书出版单位租型出版图书、合作出版图书、出版自费图书须按照新闻出版总署的有关规定执行。

第三十条 图书出版单位与境外出版机构在境内开展合作出版，在合作出版的图书上双方共同署名，须经新闻出版总署批准。

第三十一条 图书出版单位须按照国家有关规定在其出版的图书上载明图书版本记录事项。

第三十二条 图书出版单位应当委托依法设立的出版物印刷单位印刷图书，并按照国家规定使用印刷委托书。

第三十三条 图书出版单位须遵守国家统计规定，依法向新闻出版行政部门报送统计资料。

第三十四条 图书出版单位在图书出版30日内，应当按照国家有关规定向国家图书馆、中国版本图书馆、新闻出版总署免费送交样书。

第四章 监督管理

第三十五条 图书出版的监督管理实行属地原则。

省、自治区、直辖市新闻出版行政部门依法对本行政区域内的图书出版进行监督管理，负责本行政区域内图书出版单位的审核登记、年度核验及其出版图书的审读、质量评估等管理工作。

第三十六条 图书出版管理实行审读制度、质量保障管理制度、出版单位分级管理制度、出版单位年度核验制度和出版从业人员职业资格管理制度。

第三十七条 新闻出版总署负责全国图书审读工作。省、自治区、直辖市新闻出版行政部门负责对本行政区域内出版的图书进行审读，并定期向新闻出版总署提交审读报告。

第三十八条 新闻出版行政部门可以根据新闻出版总署《图书质量管理规定》等规定，对图书质量进行检查，并予以奖惩。

第三十九条 新闻出版总署制定图书出版单位等级评估办法，对图书出版单位进行评估，并实行分级管理。

第四十条 图书出版单位实行年度核验制度，年度核验每两年进行一次。

年度核验按照以下程序进行：

（一）图书出版单位提出年度自查报告，填写由新闻出版总署统一印制的图书出版年度核验表,经图书出版单位的主办单位、主管单位审核盖章后,在规定时间内报所在地省、自治区、直辖市新闻出版行政部门;

(二)省、自治区、直辖市新闻出版行政部门在收到图书出版单位自查报告、图书出版年度核验表等年度核验材料30日内予以审核查验、出具审核意见,报送新闻出版总署;

(三)新闻出版总署在收到省、自治区、直辖市新闻出版行政部门报送的图书出版单位年度核验材料和审核意见60日内作出是否予以通过年度核验的批复;

(四)图书出版单位持新闻出版总署予以通过年度核验的批复文件、图书出版许可证副本等相关材料,到所在地省、自治区、直辖市新闻出版行政部门办理登记手续。

第四十一条　图书出版单位有下列情形之一的,暂缓年度核验:

(一)正在限期停业整顿的;

(二)经审核发现有违法情况应予处罚的;

(三)主管单位、主办单位未认真履行管理责任,导致图书出版管理混乱的;

(四)所报年度核验自查报告内容严重失实的;

(五)存在其他违法嫌疑需要进一步核查的。

暂缓年度核验的期限为6个月。在暂缓年度核验期间,图书出版单位除教科书、在印图书可继续出版外,其他图书出版一律停止。缓验期满,按照本规定重新办理年度核验手续。

第四十二条　图书出版单位有下列情形之一的,不予通过年度核验:

(一)出版导向严重违反管理规定并未及时纠正的;

(二)违法行为被查处后拒不改正或者在整改期满后没有明显效果的;

(三)图书出版质量长期达不到规定标准的;

(四)经营恶化已经资不抵债的;

(五)已经不具备本规定第九条规定条件的;

(六)暂缓登记期满,仍未符合年度核验基本条件的;

(七)不按规定参加年度核验,经催告仍未参加的;

(八)存在其他严重违法行为的。

对不予通过年度核验的图书出版单位,由新闻出版总署撤销图书出版许可证,所在地省、自治区、直辖市新闻出版行政部门注销登记。

第四十三条　年度核验结果,新闻出版总署和省、自治区、直辖市新闻出版行政部门可以向社会公布。

第四十四条　图书出版从业人员,应具备国家规定的出版职业资格条件。

第四十五条　图书出版单位的社长、总编辑须符合国家规定的任职资格和条件。

图书出版单位的社长、总编辑须参加新闻出版行政部门组织的岗位培训,取得岗位培训合格证书后才能上岗。

第五章　法律责任

第四十六条　图书出版单位违反本规定的,新闻出版总署或者省、自治区、直辖市新闻出版行政部门可以采取下列行政措施:

(一)下达警示通知书;

(二)通报批评;

(三)责令公开检讨;

(四)责令改正;

(五)核减中国标准书号数量;

(六)责令停止印制、发行图书;

(七)责令收回图书;

(八)责成主办单位、主管单位监督图书出版单位整改。

警示通知书由新闻出版总署制定统一格式,由新闻出版总署或者省、自治区、直辖市新闻出版行政部门下达给违法的图书出版单位,并抄送违法图书出版单位的主办单位及其主管单位。

本条所列行政措施可以并用。

第四十七条　未经批准,擅自设立图书出版单位,或者擅自从事图书出版业务,假冒、伪造图书出版单位名称出版图书的,依照《出版管理条例》第五十五条处罚。

第四十八条　图书出版单位出版含有《出版管理条例》和其他有关法律、法规以及国家规定禁止内容图书的,由新闻出版总署或者省、自治区、直辖市新闻出版行政部门依照《出版管理条例》第五十六条处罚。

第四十九条　图书出版单位违反本规定第二十七条的,由新闻出版总署或者省、自治区、直辖市新闻出版行政部门依照《出版管理条例》第六十条处罚。

第五十条　图书出版单位有下列行为之一的,由新闻出版总署或者省、自治区、直辖市新闻出版行政部门依照

《出版管理条例》第六十一条处罚：

（一）变更名称、主办单位或者其主管单位、业务范围、合并或分立、改变资本结构，未依法办理审批手续的；

（二）未按规定将其年度出版计划备案的；

（三）未按规定履行重大选题备案的；

（四）未按规定送交样书的。

第五十一条　图书出版单位有下列行为之一的，由新闻出版总署或者省、自治区、直辖市新闻出版行政部门给予警告，并处3万元以下罚款：

（一）未按规定使用中国标准书号或者全国统一书号、图书条码、图书在版编目数据的；

（二）图书出版单位违反本规定第二十八条的；

（三）图书出版单位擅自在境内与境外出版机构开展合作出版，在合作出版的图书上双方共同署名的；

（四）未按规定载明图书版本记录事项的；

（五）图书出版单位委托非依法设立的出版物印刷单位印刷图书的，或者未按照国家规定使用印刷委托书的。

第五十二条　图书出版单位租型出版图书、合作出版图书、出版自费图书，违反新闻出版总署有关规定的，由新闻出版总署或者省、自治区、直辖市新闻出版行政部门给予警告，并处3万元以下罚款。

第五十三条　图书出版单位出版质量不合格的图书，依据新闻出版总署《图书质量管理规定》处罚。

第五十四条　图书出版单位未依法向新闻出版行政部门报送统计资料的，依据新闻出版总署、国家统计局联合颁布的《新闻出版统计管理办法》处罚。

第五十五条　对图书出版单位作出行政处罚，新闻出版行政部门应告知其主办单位和主管单位，可以通过媒体向社会公布。

对图书出版单位作出行政处罚，新闻出版行政部门可以建议其主办单位或者主管单位对直接责任人和主要负责人予以行政处分或者调离岗位。

第六章　附　　则

第五十六条　本规定自2008年5月1日起施行。

自本规定施行起，此前新闻出版行政部门对图书出版的其他规定，凡与本规定不一致的，以本规定为准。

电子出版物出版管理规定

1. 2008年2月21日新闻出版总署令第34号公布

2. 自2008年4月15日起施行

第一章　总　　则

第一条　为了加强对电子出版物出版活动的管理，促进电子出版事业的健康发展与繁荣，根据国务院《出版管理条例》、《国务院对确需保留的行政审批项目设定行政许可的决定》和有关法律、行政法规，制定本规定。

第二条　在中华人民共和国境内从事电子出版物的制作、出版、进口活动，适用本规定。

本规定所称电子出版物，是指以数字代码方式，将有知识性、思想性内容的信息编辑加工后存储在固定物理形态的磁、光、电等介质上，通过电子阅读、显示、播放设备读取使用的大众传播媒体，包括只读光盘（CD－ROM、DVD－ROM等）、一次写入光盘（CD－R、DVD－R等）、可擦写光盘（CD－RW、DVD－RW等）、软磁盘、硬磁盘、集成电路卡等，以及新闻出版总署认定的其他媒体形态。

第三条　电子出版物不得含有《出版管理条例》第二十六条、第二十七条禁止的内容。

第四条　新闻出版总署负责全国电子出版物出版活动的监督管理工作。

县级以上地方新闻出版行政部门负责本行政区域内电子出版物出版活动的监督管理工作。

第五条　国家对电子出版物出版活动实行许可制度；未经许可，任何单位和个人不得从事电子出版物的出版活动。

第二章　出版单位设立

第六条　设立电子出版物出版单位，应当具备下列条件：

（一）有电子出版物出版单位的名称、章程；

（二）有符合新闻出版总署认定条件的主管、主办单位；

（三）有确定的电子出版物出版业务范围；

（四）有200万元以上的注册资本；

（五）有适应业务范围需要的设备和工作场所，其固定工作场所面积不得少于200平方米；

（六）有适应业务范围需要的组织机构，有2人以上具有中级以上出版专业职业资格；

（七）法律、行政法规规定的其他条件。

除依照前款所列条件外，还应当符合国家关于电子出版物出版单位总量、结构、布局的规划。

第七条 设立电子出版物出版单位，经其主管单位同意后，由主办单位向所在地省、自治区、直辖市新闻出版行政部门提出申请；经省、自治区、直辖市新闻出版行政部门审核同意后，报新闻出版总署审批。

第八条 申请设立电子出版物出版单位，应当提交下列材料：

（一）按要求填写的申请表，应当载明出版单位的名称、地址、资本结构、资金来源及数额，出版单位的主管、主办单位的名称和地址等内容；

（二）主办单位、主管单位的有关资质证明材料；

（三）出版单位章程；

（四）法定代表人或者主要负责人及本规定第六条要求的有关人员的资格证明和身份证明；

（五）可行性论证报告；

（六）由依法设立的验资机构出具的注册资本验资证明；

（七）工作场所使用证明。

第九条 新闻出版总署自受理设立电子出版物出版单位的申请之日起90日内，作出批准或者不批准的决定，直接或者由省、自治区、直辖市新闻出版行政部门书面通知主办单位；不批准的，应当说明理由。

第十条 设立电子出版物出版单位的主办单位应当自收到批准决定之日起60日内，向所在地省、自治区、直辖市新闻出版行政部门登记，领取新闻出版总署颁发的《电子出版物出版许可证》。

电子出版物出版单位持《电子出版物出版许可证》向所在地工商行政管理部门登记，依法领取营业执照。

第十一条 电子出版物出版单位自登记之日起满180日未从事出版活动的，由省、自治区、直辖市新闻出版行政部门注销登记，收回《电子出版物出版许可证》，并报新闻出版总署备案。

因不可抗力或者其他正当理由发生前款所列情形的，电子出版物出版单位可以向省、自治区、直辖市新闻出版行政部门申请延期。

第十二条 电子出版物出版单位变更名称、主办单位或者主管单位、业务范围、资本结构，合并或者分立，须依照本规定第七条、第八条的规定重新办理审批手续，并到原登记的工商行政管理部门办理相应的登记手续。

电子出版物出版单位变更地址、法定代表人或者主要负责人的，应当经其主管、主办单位同意，向所在地省、自治区、直辖市新闻出版行政部门申请变更登记后，到原登记的工商行政管理部门办理变更登记。

省、自治区、直辖市新闻出版行政部门须将有关变更登记事项报新闻出版总署备案。

第十三条 电子出版物出版单位终止出版活动的，应当向所在地省、自治区、直辖市新闻出版行政部门办理注销登记手续，并到原登记的工商行政管理部门办理注销登记。

省、自治区、直辖市新闻出版行政部门应将有关注销登记报新闻出版总署备案。

第十四条 申请出版连续型电子出版物，经主管单位同意后，由主办单位向所在地省、自治区、直辖市新闻出版行政部门提出申请；经省、自治区、直辖市新闻出版行政部门审核同意后，报新闻出版总署审批。

本规定所称连续型电子出版物，是指有固定名称，用卷、期、册或者年、月顺序编号，按照一定周期出版的电子出版物。

第十五条 申请出版连续型电子出版物，应当提交下列材料：

（一）申请书，应当载明连续型电子出版物的名称、刊期、媒体形态、业务范围、读者对象、栏目设置、文种等；

（二）主管单位的审核意见。

申请出版配报纸、期刊的连续型电子出版物，还须报送报纸、期刊样本。

第十六条 经批准出版的连续型电子出版物，新增或者改变连续型电子出版物的名称、刊期与出版范围的，须按照本规定第十四条、第十五条办理审批手续。

第十七条 出版行政部门对从事电子出版物制作的单位实行备案制管理。电子出版物制作单位应当于单位设立登记以及有关变更登记之日起30日内，将单位名称、地址、法定代表人或者主要负责人的姓名及营业执照复印件、法定代表人或主要负责人身份证明报所在地省、自治区、直辖市新闻出版行政部门备案。

本规定所称电子出版物制作，是指通过创作、加工、设计等方式，提供用于出版、复制、发行的电子出版物节目源的经营活动。

第三章 出版管理

第十八条 电子出版物出版单位实行编辑责任制度,保障电子出版物的内容符合有关法规、规章规定。

第十九条 电子出版物出版单位应于每年12月1日前将下一年度的出版计划报所在地省、自治区、直辖市新闻出版行政部门,省、自治区、直辖市新闻出版行政部门审核同意后报新闻出版总署备案。

第二十条 电子出版物出版实行重大选题备案制度。涉及国家安全、社会安定等方面重大选题,涉及重大革命题材和重大历史题材的选题,应当按照新闻出版总署有关选题备案的规定办理备案手续;未经备案的重大选题,不得出版。

第二十一条 出版电子出版物,必须按规定使用中国标准书号。同一内容,不同载体形态、格式的电子出版物,应当分别使用不同的中国标准书号。

出版连续型电子出版物,必须按规定使用国内统一连续出版物号,不得使用中国标准书号出版连续型电子出版物。

第二十二条 电子出版物出版单位不得以任何形式向任何单位或者个人转让、出租、出售本单位的名称、电子出版物中国标准书号、国内统一连续出版物号。

第二十三条 电子出版物应当符合国家的技术、质量标准和规范要求。

出版电子出版物,须在电子出版物载体的印刷标识面或其装帧的显著位置载明电子出版物制作、出版单位的名称,中国标准书号或国内统一连续出版物号及条码,著作权人名称以及出版日期等其他有关事项。

第二十四条 电子出版物出版单位申请出版境外著作权人授权的电子出版物,须向所在地省、自治区、直辖市新闻出版行政部门提出申请;所在地省、自治区、直辖市新闻出版行政部门审核同意后,报新闻出版总署审批。

第二十五条 申请出版境外著作权人授权的电子出版物,应当提交下列材料:

(一)申请书,应当载明电子出版物名称、内容简介、授权方名称、授权方基本情况介绍等;

(二)申请单位的审读报告;

(三)样品及必要的内容资料;

(四)申请单位所在地省、自治区、直辖市著作权行政管理部门的著作权合同登记证明文件。

出版境外著作权人授权的电子游戏出版物还须提交游戏主要人物和主要场景图片资料、代理机构营业执照、发行合同及发行机构批发许可证、游戏文字脚本全文等材料。

第二十六条 新闻出版总署自受理出版境外著作权人授权电子出版物申请之日起,20日内作出批准或者不批准的决定;不批准的,应当说明理由。

审批出版境外著作权人授权电子出版物,应当组织专家评审,并应当符合国家总量、结构、布局规划。

第二十七条 境外著作权人授权的电子出版物,须在电子出版物载体的印刷标识面或其装帧的显著位置载明引进出版批准文号和著作权授权合同登记证号。

第二十八条 已经批准出版的境外著作权人授权的电子出版物,若出版升级版本,须按照本规定第二十五条提交申请材料,报所在地省、自治区、直辖市新闻出版行政部门审批。

第二十九条 出版境外著作权人授权的电子游戏测试盘及境外互联网游戏作品客户端程序光盘,须按照本规定第二十五条提交申请材料,报所在地省、自治区、直辖市新闻出版行政部门审批。

第三十条 电子出版物出版单位与境外机构合作出版电子出版物,须经主管单位同意后,将选题报所在地省、自治区、直辖市新闻出版行政部门审核;省、自治区、直辖市新闻出版行政部门审核同意后,报新闻出版总署审批。

新闻出版总署自受理合作出版电子出版物选题申请之日起20日内,作出批准或者不批准的决定;不批准的,应当说明理由。

第三十一条 电子出版物出版单位申请与境外机构合作出版电子出版物,应当提交下列材料:

(一)申请书,应当载明合作出版的电子出版物的名称、载体形态、内容简介、合作双方名称、基本情况、合作方式等,并附拟合作出版的电子出版物的有关文字内容、图片等材料;

(二)合作意向书;

(三)主管单位的审核意见。

第三十二条 电子出版物出版单位与境外机构合作出版电子出版物,应在该电子出版物出版30日内将样盘报送新闻出版总署备案。

第三十三条 出版单位配合本版出版物出版电子出版物,向所在地省、自治区、直辖市新闻出版行政部门提出申请,省、自治区、直辖市新闻出版行政部门审核同意的,发放电子出版物中国标准书号和复制委托书,并报新闻出版总署备案。

第三十四条 出版单位申请配合本版出版物出版电子出版物,应提交申请书及本版出版物、拟出版电子出版物样品。

申请书应当载明配合本版出版物出版的电子出版物的名称、制作单位、主要内容、出版时间、复制数量和载体形式等内容。

第三十五条 电子出版物发行前,出版单位应当向国家图书馆、中国版本图书馆和新闻出版总署免费送交样品。

第三十六条 电子出版物出版单位的从业人员,应当具备国家规定的出版专业职业资格条件。

电子出版物出版单位的社长、总编辑须符合国家规定的任职资格和条件。

电子出版物出版单位的社长、总编辑须参加新闻出版行政部门组织的岗位培训,取得岗位培训合格证书后才能上岗。

第三十七条 电子出版物出版单位须遵守国家统计规定,依法向新闻出版行政部门报送统计资料。

第四章 进口管理

第三十八条 进口电子出版物成品,须由新闻出版总署批准的电子出版物进口经营单位提出申请;所在地省、自治区、直辖市新闻出版行政部门审核同意后,报新闻出版总署审批。

第三十九条 申请进口电子出版物,应当提交下列材料:

(一)申请书,应当载明进口电子出版物的名称、内容简介、出版者名称、地址、进口数量等;

(二)主管单位审核意见;

(三)申请单位关于进口电子出版物的审读报告;

(四)进口电子出版物的样品及必要的内容资料。

第四十条 新闻出版总署自受理进口电子出版物申请之日起20日内,作出批准或者不批准的决定;不批准的,应当说明理由。

审批进口电子出版物,应当组织专家评审,并应当符合国家总量、结构、布局规划。

第四十一条 进口电子出版物的外包装上应贴有标识,载明批准进口文号及用中文注明的出版者名称、地址、著作权人名称、出版日期等有关事项。

第五章 非卖品管理

第四十二条 委托复制电子出版物非卖品,须向委托方或受托方所在地省、自治区、直辖市新闻出版行政部门提出申请,申请书应写明电子出版物非卖品的使用目的、名称、内容、发送对象、复制数量、载体形式等,并附样品。

电子出版物非卖品内容限于公益宣传、企事业单位业务宣传、交流、商品介绍等,不得定价,不得销售、变相销售或与其他商品搭配销售。

第四十三条 省、自治区、直辖市新闻出版行政部门应当自受理委托复制电子出版物非卖品申请之日起20日内,作出批准或者不批准的决定,批准的,发给电子出版物复制委托书;不批准的,应当说明理由。

第四十四条 电子出版物非卖品载体的印刷标识面及其装帧的显著位置应当注明电子出版物非卖品统一编号,编号分为四段:第一段为方括号内的各省、自治区、直辖市简称,第二段为“电子出版物非卖品”字样,第三段为圆括号内的年度,第四段为顺序编号。

第六章 委托复制管理

第四十五条 电子出版物、电子出版物非卖品应当委托经新闻出版总署批准设立的复制单位复制。

第四十六条 委托复制电子出版物和电子出版物非卖品,必须使用复制委托书,并遵守国家关于复制委托书的管理规定。

复制委托书由新闻出版总署统一印制。

第四十七条 委托复制电子出版物、电子出版物非卖品的单位,应当保证开具的复制委托书内容真实、准确、完整,并须将开具的复制委托书直接交送复制单位。

委托复制电子出版物、电子出版物非卖品的单位不得以任何形式向任何单位或者个人转让、出售本单位的复制委托书。

第四十八条 委托复制电子出版物的单位,自电子出版物完成复制之日起30日内,须向所在地省、自治区、直辖市新闻出版行政部门上交本单位及复制单位签章的复制委托书第二联及样品。

委托复制电子出版物的单位须将电子出版物复制委托书第四联保存2年备查。

第四十九条 委托复制电子出版物、电子出版物非卖品的单位,经批准获得电子出版物复制委托书之日起90日内未使用的,须向发放该委托书的省、自治区、直辖市新闻出版行政部门交回复制委托书。

第七章 年度核验

第五十条 电子出版物出版单位实行年度核验制度,年度核验每两年进行一次。省、自治区、直辖市新闻出版行政部门负责对本行政区域内的电子出版物出版单位实施年度核验。核验内容包括电子出版物出版单位的登记项目、设立条件、出版经营情况、遵纪守法情况、内部管理情况等。

第五十一条 电子出版物出版单位进行年度核验,应提交以下材料:

（一）电子出版物出版单位年度核验登记表;

（二）电子出版物出版单位两年的总结报告,应当包括执行出版法规的情况、出版业绩、资产变化等内容;

（三）两年出版的电子出版物出版目录;

（四）《电子出版物出版许可证》的复印件。

第五十二条 电子出版物出版单位年度核验程序为:

（一）电子出版物出版单位应于核验年度的1月15日前向所在地省、自治区、直辖市新闻出版行政部门提交年度核验材料;

（二）各省、自治区、直辖市新闻出版行政部门对本行政区域内电子出版物出版单位的设立条件、开展业务及执行法规等情况进行全面审核,并于该年度的2月底前完成年度核验工作;对符合年度核验要求的单位予以登记,并换发《电子出版物出版许可证》;

（三）各省、自治区、直辖市新闻出版行政部门应于核验年度的3月20日前将年度核验情况及有关书面材料报新闻出版总署备案。

第五十三条 电子出版物出版单位有下列情形之一的,暂缓年度核验:

（一）不具备本规定第六条规定条件的;

（二）因违反出版管理法规,正在限期停业整顿的;

（三）经审核发现有违法行为应予处罚的;

（四）曾违反出版管理法规受到行政处罚,未认真整改,仍存在违法问题的;

（五）长期不能正常开展电子出版物出版活动的。

暂缓年度核验的期限由省、自治区、直辖市新闻出版行政部门确定,最长不得超过3个月。暂缓期间,省、自治区、直辖市新闻出版行政部门应当督促、指导电子出版物出版单位进行整改。暂缓年度核验期满,对达到年度核验要求的电子出版物出版单位予以登记;仍未达到年度核验要求的电子出版物出版单位,由所在地省、自治区、直辖市新闻出版行政部门提出注销登记意见,新闻出版总署撤销《电子出版物出版许可证》,所在地省、自治区、直辖市新闻出版行政部门办理注销登记。

第五十四条 不按规定参加年度核验的电子出版物出版单位,经书面催告仍未参加年度核验的,由所在地省、自治区、直辖市新闻出版行政部门提出注销登记意见,新闻出版总署撤销《电子出版物出版许可证》,所在地省、自治区、直辖市新闻出版行政部门办理注销登记。

第五十五条 出版连续型电子出版物的单位按照本章规定参加年度核验。

第八章 法律责任

第五十六条 电子出版物出版单位违反本规定的,新闻出版总署或者省、自治区、直辖市新闻出版行政部门可以采取下列行政措施:

（一）下达警示通知书;

（二）通报批评;

（三）责令公开检讨;

（四）责令改正;

（五）责令停止复制、发行电子出版物;

（六）责令收回电子出版物;

（七）责成主办单位、主管单位监督电子出版物出版单位整改。

警示通知书由新闻出版总署制定统一格式,由新闻出版总署或者省、自治区、直辖市新闻出版行政部门下达给违法的电子出版物出版单位,并抄送违法电子出版物出版单位的主办单位及其主管单位。

本条所列行政措施可以并用。

第五十七条 未经批准,擅自设立电子出版物出版单位,擅自从事电子出版物出版业务,伪造、假冒电子出版物出版单位或者连续型电子出版物名称、电子出版物专用中国标准书号出版电子出版物的,按照《出版管理条例》第五十五条处罚。

图书、报纸、期刊、音像等出版单位未经批准,配合本版出版物出版电子出版物的,属于擅自从事电子出版物出版业务,按照前款处罚。

第五十八条 从事电子出版物制作、出版业务,有下列行为之一的,按照《出版管理条例》第五十六条处罚:

（一）制作、出版含有《出版管理条例》第二十六条、第二十七条禁止内容的电子出版物的;

（二）明知或者应知他人出版含有《出版管理条例》第二十六条、第二十七条禁止内容的电子出版物而向其出售、出租或者以其他形式转让本出版单位的名称、电子出版物专用中国标准书号、国内统一连续出版物号、条码及电子出版物复制委托书的。

第五十九条 电子出版物出版单位出租、出借、出售或者以其他任何形式转让本单位的名称、电子出版物专用中国标准书号、国内统一连续出版物号的,按照《出版管理条例》第六十条处罚。

第六十条 有下列行为之一的,按照《出版管理条例》第六十一条处罚:

(一)电子出版物出版单位变更名称、主办单位或者主管单位、业务范围、资本结构,合并或者分立,电子出版物出版单位变更地址、法定代表人或者主要负责人,未依照本规定的要求办理审批、变更登记手续的;

(二)经批准出版的连续型电子出版物,新增或者改变连续型电子出版物的名称、刊期与出版范围,未办理审批手续的;

(三)电子出版物出版单位未按规定履行年度出版计划和重大选题备案的;

(四)出版单位未按照有关规定送交电子出版物样品的;

(五)电子出版物进口经营单位违反本规定第三十八条未经批准进口电子出版物的。

第六十一条 电子出版物出版单位未依法向新闻出版行政部门报送统计资料的,依据新闻出版总署、国家统计局联合颁布的《新闻出版统计管理办法》处罚。

第六十二条 有下列行为之一的,由新闻出版行政部门责令改正,给予警告,可并处三万元以下罚款:

(一)电子出版物制作单位违反本规定第十七条,未办理备案手续的;

(二)电子出版物出版单位违反本规定第二十一条,未按规定使用中国标准书号或者国内统一连续出版物号的;

(三)电子出版物出版单位出版的电子出版物不符合国家的技术、质量标准和规范要求的,或者未按本规定第二十三条载明有关事项的;

(四)电子出版物出版单位出版境外著作权人授权的电子出版物,违反本规定第二十四条、第二十七条、第二十八条、第二十九条有关规定的;

(五)电子出版物出版单位与境外机构合作出版电子出版物,未按本规定第三十条办理选题审批手续的,未按本规定第三十二条将样盘报送备案的;

(六)电子出版物进口经营单位违反本规定第四十一条的;

(七)委托复制电子出版物非卖品违反本规定第四十二条的有关规定,或者未按第四十四条标明电子出版物非卖品统一编号的;

(八)电子出版物出版单位及其他委托复制单位违反本规定第四十五条至第四十九条的规定,委托未经批准设立的复制单位复制,或者未遵守有关复制委托书的管理制度的。

第九章 附　　则

第六十三条 本规定自2008年4月15日起施行,新闻出版署1997年12月30日颁布的《电子出版物管理规定》同时废止,此前新闻出版行政部门对电子出版物制作、出版、进口活动的其他规定,凡与本规定不一致的,以本规定为准。

音像制品制作管理规定

1. 2008年2月21日新闻出版总署令第35号公布

2. 自2008年4月15日起施行

第一章 总　　则

第一条 为了加强音像制品制作经营活动的管理,促进音像制品制作行业的发展和繁荣,根据国务院《音像制品管理条例》、《出版管理条例》,制定本规定。

第二条 本规定所称音像制品制作是指通过录音、录像等技术手段,将声音、图像、文字等内容整理加工成音像制品节目源的活动。

第三条 任何组织和个人不得制作含有《音像制品管理条例》第三条第二款禁止内容的音像制品。

第四条 国家对从事音像制品制作经营活动实行许可制度;未经许可,任何单位和个人不得从事音像制品制作经营活动。音像出版单位从事音像制品制作经营活动,无需再申请取得《音像制品制作许可证》。

第五条 新闻出版总署负责对全国音像制品制作管理工作实施监督。

县级以上地方新闻出版行政部门负责本行政区域内音像制品制作的监督管理工作。

第二章 制作单位设立

第六条 申请设立音像制作单位应当具备下列条件:

（一）有音像制作单位的名称、章程；

（二）有适应业务范围需要的组织机构和音像制作专业技术人员，从事音像制作业务的专业技术人员不得少于5人；

（三）有50万元以上的注册资本；

（四）有必要的技术设备；

（五）固定经营场所面积不低于100平方米；

（六）法律、法规规定的其他条件。

审批设立音像制作单位，除依照前款所列条件外，还应符合本地区音像制作单位总量、布局和结构的规划。

经报请新闻出版总署同意，各省、自治区、直辖市新闻出版行政部门可以根据本地情况，对设立音像制作单位所需注册资本和经营场所面积另行规定。

第七条 申请设立音像制作单位，由所在地省、自治区、直辖市新闻出版行政部门审批。省、自治区、直辖市新闻出版行政部门应当自收到申请设立音像制作单位的申请书之日起60日内，作出批准或者不批准的决定，并通知申请人。批准的，发给《音像制品制作许可证》；不批准的，应当说明理由。

第八条 申请设立音像制作单位，应当提交以下材料：

（一）申请书，申请书应当载明单位名称、地址，制作业务范围，资金来源及数额，法定代表人或者主要负责人姓名、住址等内容；

（二）单位章程；

（三）专业技术人员的资历证明文件；

（四）由依法设立的验资机构出具的注册资本验资证明；

（五）经营场所使用证明。

第九条 音像制作单位变更名称、业务范围，或者兼并其他音像制作单位，或者因合并、分立而设立新的音像制作单位的，应当依照本办法第七条、第八条的规定办理审批手续，并到工商行政管理部门办理相应的登记手续。

第十条 音像制作单位变更地址、法定代表人或者主要负责人，或者终止音像制作经营活动的，应当到原登记的工商行政管理部门办理变更登记或者注销登记，并在10日内向所在地省、自治区、直辖市新闻出版行政部门备案。

第十一条 自取得《音像制品制作许可证》6个月内未开展音像制品制作业务或者停业满1年的，由所在地省、自治区、直辖市新闻出版行政部门注销《音像制品制作许可证》。

第三章 制作经营活动管理

第十二条 音像制作单位的法定代表人或者主要负责人应当接受所在地地市以上新闻出版行政部门组织的岗位培训。

第十三条 音像制作单位必须有健全的内部管理制度，并填写制作文档记录。制作文档记录须归档保存2年以备查验。

制作文档记录由新闻出版总署制定统一格式。

第十四条 音像制作单位接受委托制作音像制品的，应当按照国家有关规定，与委托方订立制作委托合同，并验证委托方《营业执照》或者身份证明材料。

前款所涉及的合同、《营业执照》及身份证明材料复印件，音像制作单位应当归档保存2年以备查验。

第十五条 音像制作单位未经授权，不得以任何形式将接受委托制作的音像制品提供给委托方以外的单位或者个人。

第十六条 音像制作单位制作的音像制品，应当符合国家有关质量、技术标准和规定。

第十七条 依法设立的音像制作单位有权在出版的音像制品及其包装上署名。其他单位或者个人不得以制作单位名义在音像制品上署名。

第十八条 音像制作单位每2年履行一次年度核验手续。

省、自治区、直辖市新闻出版行政部门负责年度核验工作并制定具体办法。

省、自治区、直辖市新闻出版行政部门应在年度核验工作完成后30日内将年度核验情况报新闻出版总署。

第十九条 音像制作单位须遵守国家统计规定，依法向新闻出版行政部门报送统计资料。

第二十条 音像出版单位可以与香港特别行政区、澳门特别行政区、台湾地区或者外国的组织、个人合作制作音像制品（以下简称合作制作音像制品），但应由音像出版单位在制作完成后10日内向所在地省、自治区、直辖市新闻出版行政部门备案。

第二十一条 合作制作音像制品应报送以下备案材料：

（一）合作制作音像制品的名称、节目长度、载体形式及内容简介等；

（二）合作双方的名称、基本情况、投资数额；

(三)项目合作合同。

第四章 法律责任

第二十二条 未经批准,擅自设立音像制品制作单位,擅自从事音像制品制作经营活动的,依照《音像制品管理条例》第三十九条的规定处罚。

音像制作单位以外的单位或者个人以制作单位名义在音像制品上署名的,按照擅自从事音像制品制作经营活动处罚。

第二十三条 制作明知或者应知含有《音像制品管理条例》第三条第二款禁止内容的音像制品的,依照《音像制品管理条例》第四十条的规定处罚。

第二十四条 音像制作单位接受音像出版单位委托制作音像制品未依照本规定验证有关证明的,依照《音像制品管理条例》第四十二条的规定处罚。

第二十五条 音像出版单位与香港特别行政区、澳门特别行政区、台湾地区或者外国的组织、个人合作制作音像制品,未按本规定报送备案的,依照《音像制品管理条例》第四十三条的规定处罚。

第二十六条 音像制作单位有下列行为之一的,依照《音像制品管理条例》第四十四条的规定处罚:

(一)变更名称、业务范围,或者兼并其他音像制作单位,或者因合并、分立而设立新的音像制作单位未依照本规定办理审批手续的;

(二)变更地址、法定代表人或者主要负责人,或者终止制作经营活动,未依照本规定办理备案手续的。

第二十七条 音像制作单位有下列行为之一的,由出版行政部门责令改正,给予警告;情节严重的,并处3万元以下的罚款:

(一)法定代表人或者主要负责人未按本规定参加岗位培训的;

(二)未按本规定填写制作或者归档保存制作文档记录的;

(三)接受非出版单位委托制作音像制品,未依照本规定验证委托单位的有关证明文件的或者未依照本规定留存备查材料的;

(四)未经授权将委托制作的音像制品提供给委托方以外的单位或者个人的;

(五)制作的音像制品不符合国家有关质量、技术标准和规定的;

(六)未依照有关规定参加年度核验的。

第二十八条 音像制作单位未依法向新闻出版行政部门报送统计资料的,依据新闻出版总署、国家统计局联合颁布的《新闻出版统计管理办法》处罚。

第五章 附则

第二十九条 《音像制品制作许可证》由各省、自治区、直辖市新闻出版行政部门根据新闻出版总署制定的样式印制。

第三十条 在本规定施行前已经取得《音像制品制作许可证》的音像制作单位,在经营期限届满前可继续从事音像制作业务;经营期限届满,需延长经营期限的,应当依照本规定重新办理审批手续。

第三十一条 本规定自2008年4月15日起施行。

关于《音像制品制作管理规定》的补充规定

1. 2010年11月23日新闻出版总署令第47号公布
2. 自2011年1月1日起施行

为促进香港、澳门与内地建立更紧密经贸关系,鼓励香港、澳门服务提供者在内地设立商业企业,根据国务院批准的《〈内地与香港关于建立更紧密经贸关系的安排〉补充协议七》及《〈内地与澳门关于建立更紧密经贸关系的安排〉补充协议七》,现就《音像制品制作管理规定》(新闻出版总署令第35号)做出如下补充规定:

一、允许香港、澳门服务提供者在内地设立独资、合资或合作企业,从事音像制品制作业务。

二、本规定中的香港、澳门服务提供者应分别符合《内地与香港关于建立更紧密经贸关系的安排》及《内地与澳门建立更紧密经贸关系的安排》中关于"服务提供者"定义及相关规定的要求。

三、香港、澳门服务提供者在内地投资音像制品制作企业的其他事项,按照《音像制品制作管理规定》执行。

四、本规定自2011年1月1日起施行。

复制管理办法

1. 2009年6月30日新闻出版总署令第42号公布
2. 自2009年8月1日起施行

第一章 总则

第一条 为了加强管理,促进我国复制业健康发展,根据

《出版管理条例》和《音像制品管理条例》的有关规定，制定本办法。

第二条 本办法适用于光盘、磁带磁盘以及新闻出版总署认定的其他存储介质形态（以下简称其他介质）的复制经营活动。

本办法所称光盘包括只读类光盘和可录类光盘。其中，只读类光盘是指存储有内容的光盘；可录类光盘是指空白光盘。

本办法所称复制经营活动，包括经营性的光盘复制生产和存储有内容的磁带磁盘复制等活动。

本办法所称复制单位是指从事光盘、磁带磁盘和其他介质复制经营活动的单位。

第三条 任何单位和个人禁止复制含有以下内容的复制品：

（一）反对宪法确定的基本原则的；

（二）危害国家统一、主权和领土完整的；

（三）泄露国家秘密、危害国家安全或者损害国家荣誉和利益的；

（四）煽动民族仇恨、民族歧视，破坏民族团结，或者侵害民族风俗、习惯的；

（五）宣扬邪教、迷信的；

（六）扰乱社会秩序，破坏社会稳定的；

（七）宣扬淫秽、赌博、暴力或者教唆犯罪的；

（八）侮辱或者诽谤他人，侵害他人合法权益的；

（九）危害社会公德或者民族优秀文化传统的；

（十）有法律、行政法规和国家规定禁止的其他内容的。

第四条 新闻出版总署主管全国光盘、磁带磁盘以及其他介质复制经营活动的监督管理工作，负责只读类光盘设立的审批。

县级以上地方新闻出版行政部门负责本行政区域内光盘、磁带磁盘以及其他介质复制经营活动的监督管理工作。其中，省级新闻出版行政部门负责可录类光盘生产单位和磁带磁盘复制单位设立的审批。

第五条 新闻出版行政部门根据已经取得的违法嫌疑证据或者举报，对涉嫌违法从事复制经营活动的行为进行查处时，可以检查与违法活动有关的物品；对有证据证明是与违法活动有关的物品，可以查封或者扣押。

第六条 复制单位应当建立质量保障体系，健全各项管理制度。

第七条 复制行业的社会团体按照其章程，在新闻出版行政部门的指导下，实行自律管理。

第二章 复制单位的设立

第八条 国家对复制经营活动实行许可制度；未经许可，任何单位和个人不得从事复制经营活动。

设立复制单位须由新闻出版行政部门审批，核发复制经营许可证，并经工商行政部门登记注册后方可进行生产。设立外商投资复制单位，除由新闻出版行政部门批准外，还须报商务部审批并颁发外商投资企业批准证书。

第九条 设立复制单位应当具备下列条件：

（一）有复制单位的名称、章程；

（二）有确定的业务范围；

（三）有适应业务范围需要的生产经营场所和必要的资金、设备等生产经营条件。其中，只读类光盘复制单位注册资本不得低于1500万元；可录类光盘生产单位注册资本不得低于3000万元；磁带磁盘复制单位注册资本不得低于50万元；

（四）有适应业务范围需要的组织机构和人员；

（五）有关法律、行政法规规定的其他条件。

审批设立复制单位，除依照前款规定外，还应当符合国家有关复制单位总量、结构和布局的规划。

第十条 设立复制单位，应当向所在地省级新闻出版行政部门提出申请，并提交下列申请文件：

（一）按要求填写的申请表；

（二）企业章程；

（三）可行性研究报告；

（四）法定代表人或者主要负责人的身份证明和履历证明；

（五）法定验资机构出具的资金信用证明；

（六）经营场所和必备的生产条件证明；

（七）新设立企业的，须提交工商部门核发的企业名称预先核准通知书。

第十一条 申请设立只读类光盘复制单位的，由所在地省级新闻出版行政部门审核同意后，报新闻出版总署审批，并提交省级新闻出版行政部门的初审文件和本办法第十条规定的申请文件。新闻出版总署应自受理之日起60日内作出批准或不批准的决定，并由省级新闻出版行政部门通知申请人；不批准的，应当说明理由。

申请设立可录类光盘生产单位和磁带磁盘复制单位的，省级新闻出版行政部门应自受理之日起20日内作出批准或不批准的决定,并通知申请人;不批准的,应当说明理由。

第十二条　国家允许设立外商投资可录类光盘生产单位,允许设立中外合资经营、中外合作经营只读类光盘和磁带磁盘复制单位,但中方必须控股或占主导地位。国家禁止设立外商独资只读类光盘和磁带磁盘复制单位。

第十三条　经新闻出版行政部门批准设立的复制单位,其复制生产设备安装调试完毕,经所在地省级新闻出版行政部门验收合格并发给复制经营许可证后,方可投产。

复制单位应当在60日内持新闻出版行政部门有关批准文件或复制经营许可证到所在地工商行政部门办理登记手续。

第十四条　复制单位申请兼营或者变更业务范围,或者兼并其他复制单位,或者因合并、分立而设立新的复制单位,应当依照本办法第九条至第十一条的规定办理审批登记手续。

复制单位变更名称、地址、法定代表人或者主要负责人或者终止复制经营活动的,应当到原登记的工商行政部门办理变更登记或者注销登记。由省级新闻出版行政部门批准设立的复制单位,应在工商机关登记后30日内直接向省级新闻出版行政部门备案;由新闻出版总署批准设立的复制单位,应在工商机关登记后20日内向省级新闻出版行政部门提交备案申请,省级新闻出版行政部门在接到申请之日起20日内向新闻出版总署备案;备案机关进行备案后变更或者注销复制经营许可证。

第三章　复制生产设备管理

第十五条　国家对光盘复制生产设备实行审批管理。

本办法所称的光盘复制生产设备是指从事光盘母盘刻录生产和子盘复制生产的设备。包括下列主要部分:用于光盘生产的金属母盘生产设备、精密注塑机、真空金属溅镀机、粘合机、保护胶涂覆机、染料层旋涂机、专用模具、盘面印刷机和光盘质量在线检测仪、离线检测仪等。

增加、进口、购买、变更光盘复制生产设备,须由新闻出版行政部门审批。其中增加、进口、购买、变更只读类光盘复制生产设备,由新闻出版总署审批;增加、进口、购买、变更可录类光盘生产设备,由所在地省级新闻出版行政部门审批,报新闻出版总署备案。

第十六条　光盘复制生产设备进口管理流程依据新闻出版总署、商务部、海关总署有关规定执行。

禁止进口旧(二手)光盘复制生产设备,禁止旧(二手)光盘复制生产设备进入出口加工区、保税区等海关监管特殊区域。

第十七条　被查处关闭光盘复制单位和被查缴的光盘复制生产设备的处理,由所在地省级新闻出版行政部门在本辖区内定向审批。需要跨省处理的,所在地省级新闻出版行政部门可报新闻出版总署在省际之间调剂,由同意接收或收购的光盘复制单位所在地省级新闻出版行政部门审批。接收或收购上述光盘复制生产设备的单位,必须是现有的合法光盘复制单位在许可经营的范围内接收或收购对应的生产设备,超出原许可经营范围的,应按本办法第十四条的规定办理审批手续。

被查处关闭光盘复制单位的光盘复制生产设备的价格,由买卖双方协商解决;被查缴的光盘复制生产设备的价格,由有关部门评估定价。

省级新闻出版行政部门应在审批后20日内向新闻出版总署备案。

申请单位向所在地省级新闻出版行政部门提出申请,经批准后,凭新闻出版行政部门的批准文件按上述程序办理有关设备的交接手续。

第十八条　进口用于国产设备制造或者其他科研用途的光盘复制生产设备的,依照本办法第十五条、第十六条的规定办理相关手续。

第十九条　国家对国产光盘复制生产设备的生产和销售实行备案管理。国产光盘复制生产设备生产和销售后,应分别在30日内向所在地省级新闻出版行政部门备案。备案内容包括生产和销售国产光盘复制生产设备的时间、设备名称、设备编号、设备数量和销售对象等。

第二十条　从事只读类光盘复制,必须使用蚀刻有新闻出版总署核发的光盘来源识别码(SID码)的注塑模具。

光盘复制单位蚀刻SID码,应当向所在地省级新闻出版行政部门提出申请,由所在地省级新闻出版部门报新闻出版总署核发SID码;复制单位应于收到核发文件之日起20日内到指定刻码单位进行蚀刻,并在刻码后按有关规定向光盘生产源鉴定机构报送样盘。

刻码单位应将蚀刻SID码的情况通报新闻出版

总署,光盘生产源鉴定机构应将样盘报送情况通报新闻出版总署。

第二十一条 复制生产设备的技术、质量指标应当符合国家或者行业标准。

第四章 复制经营活动管理

第二十二条 复制单位必须严格按所批准的经营范围进行复制经营,不得超范围复制经营。

第二十三条 国家对复制经营活动实行复制委托书制度。

复制单位接受委托复制音像制品或者电子出版物的,应当验证委托的出版单位盖章的复制委托书及其他法定文书。

接受委托复制属于非卖品或计算机软件的,应当验证经省级新闻出版行政部门核发并由委托单位盖章的复制委托书。

第二十四条 复制单位接受委托复制境外产品的,应当事先将该样品及有关证明文件报经所在地省级新闻出版行政部门审核同意;复制的产品除样品外应当全部出境。

加工贸易项下只读类光盘的进出口管理,依照国家有关规定执行。

第二十五条 复制单位不得接受非音像出版单位、电子出版物出版单位或者个人的委托复制经营性的音像制品、电子出版物;不得擅自复制音像制品、电子出版物、计算机软件、音像非卖品、电子出版物非卖品等。

第二十六条 复制单位应该建立和保存完整清晰的复制业务档案,包括委托方按本办法有关规定所提交的复制委托书和其他法定文书以及复制样品、生产单据、发货记录等。保存期为2年,以备查验。

第二十七条 复制单位对委托加工的产品除样品外必须全部交付委托单位,不得擅自加制,不得将委托单位提供的母盘、母带、样品等以任何方式转让或出售、复制给任何单位和个人。

第二十八条 复制单位所复制的产品质量应符合国家或者行业标准。

第二十九条 复制单位必须依照国家有关统计法规和规定按时填报有关统计报表,并由省级新闻出版行政部门审核汇总后上报新闻出版总署。

第三十条 复制单位在复制生产过程中,如发现所复制的产品涉及本办法第三条内容或与委托证明文件所规定的内容不符,或复制的产品被新闻出版行政部门明令查禁、停止复制的,应立即停止复制,及时报告新闻出版行政部门,并按要求上缴或封存,不得拖延或隐匿。

第三十一条 复制单位的法定代表人或者主要负责人应当接受所在地省级新闻出版行政部门组织的岗位培训。

第三十二条 复制单位实行年度核验制度,年度核验每两年逢单数年进行一次。新闻出版总署负责指导年度核验,省级新闻出版行政部门负责对本行政区域内的复制单位实施年度核验。核验内容包括复制单位的登记项目、设立条件、经营状况、资产变化、技术设备、产品质量、人员培训、遵纪守法情况等。

第三十三条 复制单位进行年度核验,应提交以下材料:

(一)复制单位年度核验登记表;

(二)复制单位按照年度核验要求提交的自检报告;

(三)复制经营许可证、营业执照等有关企业证明文件的复印件。

第三十四条 复制单位年度核验程序:

(一)复制单位应于核验年度1月15日前向所在地省级新闻出版行政部门提交年度核验材料;

(二)各省级新闻出版行政部门对本行政区域内复制单位情况进行全面审核,并于该年度2月底前完成年度核验工作。对符合要求的单位予以通过年度核验;对不符合要求的单位暂缓年度核验;

(三)各省级新闻出版行政部门应于该年度3月底前将年度核验情况报送新闻出版总署备案。

第三十五条 复制单位有下列情形之一的,暂缓年度核验:

(一)不具备本办法第九条规定条件的;

(二)因违反规定正在限期停业整顿的;

(三)发现有违法行为应予处罚的;

(四)经营恶化不能正常开展复制经营活动的;

(五)存在其他违法嫌疑活动需要进一步核查的。

暂缓年度核验的期限由省级新闻出版行政部门确定,最长不得超过3个月。期间,省级新闻出版行政部门应当督促、指导暂缓年度核验的复制单位进行整改。暂缓年度核验期满,达到要求的复制单位予以通过年度核验;仍未达到要求的复制单位,所在地省级新闻出版行政部门提出注销登记意见,由原发证机关撤销复制经营许可证。

第三十六条 不按规定参加年度核验的复制单位,经书面催告仍未参加年度核验的,所在地省级新闻出版行政部门提出注销登记意见,由原发证机关撤销复制经营许可证。

第三十七条 对非法干扰、阻止和破坏复制经营活动的,县级以上新闻出版行政部门及其他有关部门,应当及时采取措施,予以制止。

第五章 法律责任

第三十八条 未经批准,擅自设立复制单位或擅自从事复制业务的,由新闻出版行政部门、工商行政部门依照法定职权予以取缔;触犯刑律的,依照刑法有关规定,依法追究刑事责任;尚不够刑事处罚的,没收违法经营的复制产品和违法所得以及进行违法活动的专用工具、设备;违法经营额1万元以上的,并处违法经营额5倍以上10倍以下的罚款;违法经营额不足1万元的,并处5万元以下的罚款。

第三十九条 复制明知或者应知含有本办法第三条所列内容产品或其他非法出版物的,依照刑法有关规定,依法追究刑事责任;尚不够刑事处罚的,由新闻出版行政部门责令限期停业整顿,没收违法所得,违法经营额1万元以上的,并处违法经营额5倍以上10倍以下的罚款;违法经营额不足1万元的,可以并处5万元以下罚款;情节严重的,由批准设立的新闻出版行政部门吊销其复制经营许可证。如果当事人对所复制产品的来源作出说明、指认,经查证属实的,没收出版物、违法所得,可以减轻或者免除其他行政处罚。

第四十条 有下列行为之一的,由新闻出版行政部门责令停止违法行为,给予警告,没收违法经营的产品和违法所得;违法经营额1万元以上的,并处违法经营额5倍以上10倍以下的罚款;违法经营额不足1万元的,并处1万元以上5万元以下罚款;情节严重的,并责令停业整顿或者由新闻出版总署吊销其复制经营许可证:

(一)复制单位未依照本办法的规定验证复制委托书及其他法定文书的;

(二)复制单位擅自复制他人的只读类光盘和磁带磁盘的;

(三)复制单位接受非音像出版单位、电子出版物单位或者个人委托复制经营性的音像制品、电子出版物或者自行复制音像制品、电子出版物的;

(四)复制单位未履行法定手续复制境外产品的,或者复制的境外产品没有全部运输出境的。

第四十一条 有下列行为之一的,由新闻出版行政部门责令改正,给予警告;情节严重的,并责令停业整顿或者由新闻出版总署吊销其复制经营许可证:

(一)复制单位变更名称、地址、法定代表人或者主要负责人、业务范围等,未依照本办法规定办理审批、备案手续的;

(二)复制单位未依照本办法的规定留存备查的材料的;

(三)光盘复制单位使用未蚀刻或者未按本办法规定蚀刻SID码的注塑模具复制只读类光盘的。

第四十二条 有下列行为之一的,由新闻出版行政部门责令停止违法行为,给予警告,并处3万元以下的罚款:

(一)光盘复制单位违反本办法第十五条的规定,未经审批,擅自增加、进口、购买、变更光盘复制生产设备的;

(二)国产光盘复制生产设备的生产商未按本办法第十九条的要求报送备案的;

(三)光盘复制单位未按本办法第二十条规定报送样盘的;

(四)复制生产设备或复制产品不符合国家或行业标准的;

(五)复制单位的有关人员未按本办法第三十一条参加岗位培训的;

(六)违反本办法的其他行为。

第四十三条 复制单位违反本办法被处以吊销许可证行政处罚的,其法定代表人或者主要负责人自许可证被吊销之日起10年内不得担任复制单位法定代表人或者主要负责人。

第六章 附 则

第四十四条 本办法自2009年8月1日起施行。1996年2月1日新闻出版署发布的《音像制品复制管理办法》同时废止。其他有关复制管理规定,凡与本办法相抵触的,以本办法为准。

出版物市场管理规定

2011年3月25日新闻出版总署、商务部令第52号公布施行

第一章 总 则

第一条 为规范出版物发行活动及其监督管理,建立全国统一、开放、竞争、有序的出版物市场体系，发展社会主义出版产业，根据《出版管理条例》和有关法律、行政法规，制定本规定。

第二条　本规定适用于出版物发行活动及其监督管理。

本规定所称出版物，是指图书、报纸、期刊、音像制品、电子出版物等。

本规定所称发行，包括总发行、批发、零售以及出租、展销等活动。

总发行是指由唯一供货商向其他出版物经营者销售出版物。

批发是指供货商向其他出版物经营者销售出版物。

零售是指经营者直接向消费者销售出版物。

出租是指经营者以收取租金的形式向读者提供出版物。

展销是指主办者在一定场所、时间内组织出版物经营者集中展览、销售、订购出版物。

第三条　国家对出版物发行依法实行许可制度，未经许可，任何单位和个人不得从事出版物发行活动。本规定另有规定的除外。

第四条　新闻出版总署负责全国出版物发行活动的监督管理，负责制定全国出版物发行业发展规划。

省、自治区、直辖市新闻出版行政部门负责本行政区域内出版物发行活动的监督管理，制定本省、自治区、直辖市出版物发行业发展规划。省级以下各级人民政府新闻出版行政部门负责本行政区域内出版物发行活动的监督管理。

制定出版物发行业发展规划须经科学论证，遵循合法公正、符合实际、促进发展的原则。

第五条　发行行业的社会团体按照其章程，在新闻出版行政部门的指导下，实行自律管理。

第二章　出版物发行单位设立

第六条　设立出版物总发行企业或者其他单位从事出版物总发行业务，应当具备下列条件：

（一）有确定的企业名称和经营范围；

（二）以出版物发行为主营业务；

（三）有与出版物总发行业务相适应的组织机构和发行人员，至少一名负责人应当具有高级以上出版物发行员职业资格或者新闻出版总署认可的与出版物发行专业相关的中级以上专业技术资格；

（四）有与出版物总发行业务相适应的设备和固定的经营场所，经营场所的营业面积不少于1000平方米；

（五）注册资本不少于2000万元；

（六）具备健全的管理制度并具有符合行业标准的信息管理系统；

（七）最近三年内未受到新闻出版行政部门行政处罚，无其他严重违法记录。

除出版物总发行企业依法设立的从事总发行业务的分公司外，总发行单位应为公司制法人。

第七条　申请设立出版物总发行企业或者其他单位申请从事出版物总发行业务，须向所在地省、自治区、直辖市新闻出版行政部门提交申请材料，经其审核后，报新闻出版总署审批。

新闻出版总署应当自受理申请之日起60个工作日内作出批准或者不予批准的决定，并书面告知申请人。批准的，由新闻出版总署颁发《出版物经营许可证》，申请人持《出版物经营许可证》到工商行政管理部门依法办理相关手续；不予批准的，应当书面说明理由。

申请材料包括下列书面材料：

（一）申请书，载明单位基本情况及申请事项；

（二）组织机构和章程；

（三）注册资本信用证明；

（四）经营场所的情况和使用权证明；

（五）法定代表人及主要负责人的身份证明；

（六）负责人的发行员职业资格证书或其他专业技术资格证明材料；

（七）企业信息管理系统情况的证明材料；

（八）其他需要的证明材料。

第八条　设立出版物批发企业或者其他单位从事出版物批发业务，应当具备下列条件：

（一）有确定的企业名称和经营范围；

（二）有与出版物批发业务相适应的组织机构和发行人员，至少一名负责人应当具有中级以上出版物发行员职业资格或者新闻出版总署认可的与出版物发行专业相关的中级以上专业技术资格；

（三）有与出版物批发业务相适应的设备和固定的经营场所，其中进入出版物批发市场的单店营业面积不少于50平方米，独立设置经营场所的营业面积不少于200平方米；

（四）注册资本不少于500万元；

(五)具备健全的管理制度并具有符合行业标准的信息管理系统;

(六)最近三年内未受到新闻出版行政部门行政处罚,无其他严重违法记录。

除出版物发行企业依法设立的从事批发业务的分公司外,批发单位应为公司制法人。

第九条　申请设立出版物批发企业或者其他单位申请从事出版物批发业务,须向所在地地市级新闻出版行政部门提交申请材料,经审核后报省、自治区、直辖市新闻出版行政部门审批。

省、自治区、直辖市新闻出版行政部门自受理申请之日起20个工作日内作出批准或者不予批准的决定,并书面告知申请人。批准的,由省、自治区、直辖市新闻出版行政部门颁发《出版物经营许可证》,并报新闻出版总署备案。申请人持《出版物经营许可证》到工商行政管理部门依法办理相关手续。不予批准的,应当书面说明理由。

申请材料包括下列书面材料:

(一)申请书,载明单位基本情况及申请事项;

(二)企业章程;

(三)注册资本信用证明;

(四)经营场所的情况及使用权证明;

(五)法定代表人及主要负责人的身份证明;

(六)负责人的发行员职业资格证书或其他专业技术资格证明材料;

(七)企业信息管理系统情况的证明材料;

(八)其他需要的证明材料。

第十条　设立出版物零售企业或者其他单位、个人从事出版物零售业务,应当具备下列条件:

(一)有确定的名称和经营范围;

(二)至少一名负责人应当具有初级以上出版物发行员职业资格或者新闻出版总署认可的与出版物发行专业相关的初级以上专业技术资格;

(三)有固定的经营场所。

第十一条　申请设立出版物零售企业或者其他单位、个人申请从事出版物零售业务,须向所在地县级人民政府新闻出版行政部门提交申请材料。

县级新闻出版行政部门应当自受理申请之日起20个工作日内作出批准或者不予批准的决定,并书面告知申请人。批准的,由县级人民政府新闻出版行政部门颁发《出版物经营许可证》,并同时报上一级新闻出版行政部门备案,其中营业面积在5000平方米以上的应同时报省、自治区、直辖市新闻出版行政部门备案。申请人持《出版物经营许可证》到工商行政管理部门依法办理相关手续。不予批准的,应当书面说明理由。

申请材料包括下列书面材料:

(一)申请书,载明单位基本情况及申请事项;

(二)经营场所的使用权证明;

(三)经营者的身份证明和发行员职业资格证书或其他专业技术资格证明材料。

第十二条　设立出版物出租企业或者其他单位、个人从事出版物出租业务,应当于取得营业执照后15日内持营业执照复印件及经营地址、法定代表人或者主要负责人情况等材料到当地县级人民政府新闻出版行政部门备案。

第十三条　设立出版物连锁经营企业或者其他连锁经营企业从事出版物连锁经营业务,应当具备下列条件:

(一)有确定的企业名称和经营范围;

(二)符合连锁经营的组织形式和经营方式;

(三)注册资本不少于300万元,其中从事全国性连锁经营的不少于1000万元;

(四)有10个以上的直营连锁门店;

(五)有与出版物连锁业务相适应的组织机构和发行人员,至少一名负责人应当具有中级以上出版物发行员职业资格或者新闻出版总署认可的与出版物发行专业相关的中级以上专业技术资格;

(六)有与出版物连锁业务相适应的设备和固定的经营场所,其中样本店的经营面积不少于500平方米;

(七)具备健全的管理制度并具有符合行业标准的信息管理系统;

(八)最近三年内未受到新闻出版行政部门行政处罚,无其他严重违法记录。

第十四条　申请设立出版物连锁经营企业或者其他连锁经营企业申请从事出版物连锁经营业务,须向总部所在地地市级新闻出版行政部门提交申请材料。经审核后报省、自治区、直辖市新闻出版行政部门审批;省、自治区、直辖市新闻出版行政部门自受理申请之日起20个工作日内作出批准或者不予批准的决定,并书面告知申请人。批准的,由省、自治区、直辖市新闻出版行政部门颁发《出版物经营许可证》,并报新闻出版总署备案;不予批准的,应当书面说明理由。

申请设立全国性出版物连锁经营企业或者其他连锁经营企业申请从事全国性出版物连锁经营业务,须向总部所在地省、自治区、直辖市新闻出版行政部门提交申请材料,经审核后报新闻出版总署审批。新闻出版总署应当自受理申请之日起 60 个工作日内作出批准或者不予批准的决定,并书面告知申请人。批准的,由新闻出版总署颁发《出版物经营许可证》。申请人持《出版物经营许可证》到工商行政管理部门依法办理相关手续。不予批准的,应当书面说明理由。申请材料包括下列书面材料:

(一)申请书,载明企业基本情况、申请事项等;

(二)组织机构和章程;

(三)注册资本信用证明;

(四)总部和连锁门店经营场所名单及使用权证明;

(五)法定代表人及主要负责人的身份证明;

(六)负责人的发行员职业资格证书或其他专业技术资格证明材料;

(七)企业信息管理系统使用情况证明材料;

(八)其他需要的证明材料。

第十五条 出版物连锁经营企业设立直营连锁门店不需单独办理《出版物经营许可证》,可以凭出版物连锁经营企业总部的《出版物经营许可证》复印件到门店所在地县级人民政府新闻出版行政部门备案后,到工商行政管理部门依法领取非法人的营业执照。

出版物连锁经营企业开设非直营连锁门店,连锁门店须按照本规定第十条、第十一条的有关规定办理审批手续,已具有《出版物经营许可证》的除外。

第十六条 国家允许设立从事图书、报纸、期刊、电子出版物发行活动的中外合资经营企业、中外合作经营企业和外资企业,允许设立从事音像制品发行活动的中外合作经营企业;其中,从事图书、报纸、期刊连锁经营业务,连锁门店超过 30 家的,不允许外资控股;外国投资者不得以变相参股方式违反上述有关 30 家连锁门店的限制。

设立外商投资出版物总发行、批发、零售、连锁经营企业应具备的条件及新闻出版行政部门的审批程序按照本规定第六条至第十五条的有关规定执行;申请人获得新闻出版行政部门批准文件后,还须按照有关法律、法规向商务主管部门提出申请,办理外商投资审批手续,并于获得批准后 90 天内持批准文件和《外商投资企业批准证书》到原批准的新闻出版行政部门领取《出版物经营许可证》。申请人持《出版物经营许可证》和《外商投资企业批准证书》向所在地工商行政管理部门依法领取营业执照。

第十七条 通过互联网等信息网络从事出版物发行业务的单位或者个人,应当依照本规定取得《出版物经营许可证》,外商投资企业还应按照相关规定办理外商投资审批手续。

已经取得《出版物经营许可证》的出版物发行单位在批准的经营范围内通过互联网等信息网络从事出版物发行业务,应自开展网络出版物发行业务 15 日内到原批准的新闻出版行政部门备案。

第十八条 申请设立从事出版物发行的书友会、读者俱乐部或者其他类似组织,按照本规定第十条、第十一条的规定办理。

出版物发行企业可以设立不具备法人资格的书友会、读者俱乐部或者其他类似组织,无需审批,但应于设立后 15 日内持相关材料到原批准的新闻出版行政部门备案。

第十九条 出版物发行单位可在原批准的新闻出版行政部门所辖行政区域一定地点及时间内,设立临时零售点开展其业务范围内的出版物销售活动,但须提前到设点所在地县级新闻出版行政部门履行备案手续,并须遵守所在地其他有关管理规定。

第二十条 出版物总发行单位可以从事出版物批发、零售业务;出版物批发单位可以从事出版物零售业务。

出版物发行单位设立不具备法人资格的发行分支机构,根据拟设分支机构的业务范围,分别按照设立出版物总发行、批发、零售单位的有关规定办理审批手续。

出版单位设立发行本版出版物的不具备法人资格的发行分支机构,出版单位须持《出版物经营许可证》复印件及分支机构设立地址、人员情况等相关材料于分支机构设立后 15 日内到分支机构所在地省、自治区、直辖市新闻出版行政部门备案。

第二十一条 从事出版物发行业务的单位和个人变更《出版物经营许可证》登记事项,或者兼并、合并、分立的,应当依照本办法到原批准的新闻出版行政部门办理审批手续,并持批准文件到工商行政管理部门办理相应的登记手续,外商投资企业还应按照相关规定办理外商投资审批手续。

从事出版物发行业务的单位和个人终止经营活动的,应当到工商行政管理部门办理注销登记,并向原批准的新闻出版行政部门备案。

第三章　出版物发行活动管理

第二十二条　任何组织和个人不得发行下列出版物:

(一)含有《出版管理条例》禁止内容的违禁出版物;

(二)各种非法出版物,包括:未经批准擅自出版、印刷或者复制的出版物,伪造、假冒出版单位或者报刊名称出版的出版物,非法进口的出版物;

(三)侵犯他人著作权或者专有出版权的出版物;

(四)新闻出版行政部门明令禁止出版、印刷或者复制、发行的出版物。

第二十三条　内部发行的出版物不得公开宣传、陈列、展示、销售。

内部资料性出版物只能在本系统、本行业或者本单位内部免费分发,任何组织和个人不得发行。

第二十四条　从事出版物发行业务的单位和个人在发行活动中应当遵循公平、合法、诚实守信的原则,依法订立供销合同,不得损害消费者的合法权益。

从事出版物发行业务的单位和个人,必须遵守下列规定:

(一)从依法设立的出版发行单位进货;发行进口出版物的,须从依法设立的出版物进口经营单位进货;

(二)将出版物发行进销货清单等有关非财务票据至少保存两年,以备查验;

(三)不得超出新闻出版行政部门核准的经营范围经营;

(四)不得张贴和散发有法律、法规禁止内容的或者有欺诈性文字的征订单、广告和宣传画;

(五)不得擅自更改出版物版权页;

(六)《出版物经营许可证》应在经营场所明显处张挂;利用信息网络从事出版物发行业务的,应在其网站主页面或者从事经营活动的网页醒目位置公开《出版物经营许可证》和营业执照登载的有关信息或链接标识;

(七)不得涂改、变造、出租、出借、出售或者以其他任何形式转让《出版物经营许可证》和批准文件。

第二十五条　出版物发行单位应当建立职业培训制度,按照《中华人民共和国劳动法》和国家确定的职业分类以及出版物发行员职业技能标准,组织本单位从业人员参加经过国家劳动行政部门批准的考核鉴定机构所实施的职业技能鉴定考核。

第二十六条　出版单位对本版出版物具有总发行权。

出版单位不得向无出版物总发行权的单位转让或者变相转让出版物总发行权,不得委托无出版物批发权的单位批发出版物或者代理出版物批发业务,不得委托非出版物发行单位发行出版物。

第二十七条　建立发行出版物的网络交易平台应向所在地省、自治区、直辖市新闻出版行政部门备案,接受新闻出版行政部门的指导与监督管理。

提供出版物发行网络交易平台服务的经营者,应当对申请通过网络交易平台从事出版物发行的经营主体身份进行审查,核实经营主体的营业执照、《出版物经营许可证》,并留存证照复印件备查。不得向无证无照、证照不齐的经营者提供网络交易平台服务。

提供出版物发行网络交易平台服务的经营者,发现在网络交易平台内从事各类违法活动的,应当采取有效措施予以制止,并及时向所在地新闻出版行政部门报告。

第二十八条　省、自治区、直辖市新闻出版行政部门和全国性出版、发行行业协会,可以申请主办全国性的出版物展销活动,并须提前6个月报新闻出版总署审批。

全国性出版、发行行业协会可以主办跨省专业性出版物展销活动;市、县级新闻出版行政部门和省级出版、发行协会可以主办地方性的出版物展销活动;主办单位须提前2个月报所在地省、自治区、直辖市新闻出版行政部门备案。

第二十九条　中学小学教科书发行单位应当具有适应教科书发行业务需要的资金、组织机构和人员等条件,并取得新闻出版总署批准的教科书发行资质。纳入政府采购范围的中学小学教科书,其发行单位还须按照《中华人民共和国政府采购法》的有关规定确定。其他任何单位或者个人不得从事中学小学教科书的发行业务。

中小学教科书发行管理办法由新闻出版总署另行制定。

第三十条　任何单位和个人不得从事本规定第二十二条所列出版物的征订、储存、运输、邮寄、投递、散发、附送等活动。

从事出版物储存、运输、投递活动,应当接受新闻出版行政部门的监督检查。

第三十一条 从事出版物发行业务的单位和个人应当按照新闻出版行政部门的规定接受年度核验，并按照《中华人民共和国统计法》、《新闻出版统计管理办法》及有关规定如实报送统计资料，不得以任何借口拒报、迟报、虚报、瞒报以及伪造和篡改统计资料。

出版物发行单位不再具备行政许可的法定条件的，由新闻出版行政部门责令限期改正；逾期仍未改正的，由原发证机关撤销《出版物经营许可证》。

第四章　罚　　则

第三十二条 未经批准，擅自设立出版物发行单位，或者擅自从事出版物发行业务的，依照《出版管理条例》第六十一条处罚。

未经批准擅自设立发行分支机构、出版物批发市场，擅自主办全国性出版物展销活动或者不符合本条例规定的主办单位擅自主办地方性或者跨省专业性出版物展销活动的，按照前款处罚。

第三十三条 发行违禁出版物的，依照《出版管理条例》第六十二条处罚。

发行新闻出版总署禁止进口的出版物，或者发行进口出版物未从依法批准的出版物进口经营单位进货的，依照《出版管理条例》第六十三条处罚。

发行其他非法出版物和新闻出版行政部门明令禁止出版、印刷或者复制、发行的出版物的，依照《出版管理条例》第六十五条处罚。

发行违禁出版物或者非法出版物的，当事人对其来源作出说明、指认，经查证属实的，没收出版物和非法所得，可以减轻或免除其他行政处罚。

第三十四条 违反本规定发行侵犯他人著作权或者专有出版权的出版物的，依照《中华人民共和国著作权法》和《中华人民共和国著作权法实施条例》的规定处罚。

第三十五条 发行未经依法审定的中学小学教科书，或者未经法定方式确定的单位从事中学小学教科书的发行业务的，依照《出版管理条例》第六十五条处罚。

第三十六条 出版物发行单位未依照规定办理变更审批手续的，按照《出版管理条例》第六十七条处罚。

第三十七条 单位违反本规定被吊销《出版物经营许可证》的，由原发证单位吊销其法定代表人或者主要负责人及直接责任人的出版物发行员职业资格证书；其法定代表人或者主要负责人自许可证被吊销之日起10年内不得担任发行单位的法定代表人或者主要负责人。

第三十八条 违反本规定，有下列行为之一的，由新闻出版行政部门责令停止违法行为，予以警告，并处3万元以下罚款：

（一）未能提供近两年的出版物发行进销货清单等有关非财务票据的；

（二）超出新闻出版行政部门核准的经营范围经营的；

（三）张贴和散发有法律、法规禁止内容的或者有欺诈性文字的征订单、广告和宣传画的；

（四）擅自更改出版物版权页的；

（五）《出版物经营许可证》未在经营场所明显处张挂或未在网页醒目位置公开《出版物经营许可证》和营业执照登载的有关信息或链接标识的；

（六）出售、出借、出租、转让或擅自涂改、变造《出版物经营许可证》的；

（七）发行内部资料性出版物的，或公开宣传、陈列、销售规定应由内部发行的出版物的；

（八）向无总发行权的单位转让或者变相转让出版物总发行权，委托无出版物批发权的单位批发出版物或代理出版物批发业务，委托非出版物发行单位发行出版物的；

（九）提供出版物网络交易平台服务的经营者未按本规定履行有关审查及管理责任的；

（十）应按本规定进行备案而未备案的；

（十一）不按规定接受年度核检的。

第三十九条 征订、储存、运输、邮寄、投递、散发、附送本规定第二十二条所列出版物的，按照本规定第三十三条进行处罚。

第四十条 违反本规定第三十一条未报送统计数据的，按照新闻出版总署《新闻出版统计管理办法》处理。

第五章　附　　则

第四十一条 香港特别行政区、澳门特别行政区、台湾地区的投资者在其他省、自治区、直辖市设立出版物发行企业，按照本规定第十六条办理，并作如下补充规定：

（一）允许香港、澳门服务提供者在内地以独资、合资形式提供音像制品（含后电影产品）的发行服务；

（二）对于同一香港、澳门服务提供者在内地从事图书、报纸、期刊连锁经营，允许其控股，但出资比例不得超过65%；

（三）香港、澳门服务提供者应分别符合《内地与香港关于建立更紧密经贸关系的安排》及《内地与澳门关于建立更紧密经贸关系的安排》中关于“服务提供者”定义及相关规定的要求,取得香港、澳门服务提供者证明书。

第四十二条　除已依法设立的出版物批发市场外,各省、自治区、直辖市不得再设立或者变相设立出版物批发市场;进入出版物批发市场的经营单位在出版物销售前,须将出版物样本报送批发市场管理机构审验,报送审验的出版物样本必须与所销售的出版物一致。

第四十三条　本规定所称全国性连锁经营,是指跨省、自治区、直辖市连锁经营。

第四十四条　《出版物经营许可证》正、副本的样式由新闻出版总署规定,由新闻出版总署或者省、自治区、直辖市新闻出版行政部门统一印制。

第四十五条　本规定自公布之日起施行,此前新闻出版总署和有关部门颁布的《出版物市场管理规定》、《音像制品批发、零售、出租管理办法》、《外商投资图书、报纸、期刊分销企业管理办法》和《中外合作音像制品分销企业管理办法》及有关补充规定同时废止,本规定施行前与本规定不一致的其它规定不再执行。

报刊转载、摘编法定许可付酬标准暂行规定

1. 1993年8月1日国家版权局发布

2. 国权〔1993〕41号

第一条　各报刊依《中华人民共和国著作权法》第三十二条的规定,转载、摘编其他报刊上已发表的作品,按本规定向著作权人付酬,但著作权人声明不得转载、摘编的除外。

第二条　报刊转载、摘编作品,采取元/千字的方式向著作权人付酬。

第三条　报刊转载、摘编作品的付酬标准为25元/千字;社会科学、自然科学纯理论、学术性专业报刊可适当降低,但不得低于10元/千字。

500字以上不足千字的按千字计算;不足500字的按千字作半计算。

第四条　本规定颁发前有关报刊转载、摘编作品付酬的规定与本规定相抵触的,以本规定为准。

第五条　本规定由国家版权局负责解释。

教科书法定许可使用作品支付报酬办法

1. 2013年10月22日国家版权局、国家发展和改革委员会令第10号公布

2. 自2013年12月1日起施行

第一条　为保护文学、艺术和科学作品作者的著作权,规范编写出版教科书使用已发表作品的行为,根据《中华人民共和国著作权法》、《中华人民共和国著作权法实施条例》及《著作权集体管理条例》,制定本办法。

第二条　本办法适用于使用已发表作品编写出版九年制义务教育和国家教育规划教科书的行为。本办法所称教科书不包括教学参考书和教学辅导材料。

本办法所称九年制义务教育教科书和国家教育规划教科书,是指为实施义务教育、高中阶段教育、职业教育、高等教育、民族教育、特殊教育,保证基本的教学标准,或者为达到国家对某一领域、某一方面教育教学的要求,根据国务院教育行政部门或者省级人民政府教育行政部门制定的课程方案、专业教学指导方案而编写出版的教科书。

第三条　在教科书中汇编已经发表的作品片断或者短小的文字作品、音乐作品或者单幅的美术作品、摄影作品,除作者事先声明不许使用的外,可以不经著作权人许可,但应当支付报酬,指明作者姓名、作品名称,并且不得侵犯著作权人依法享有的其他权利。

作品片断或者短小的文字作品,是指九年制义务教育教科书中使用的单篇不超过2000字的文字作品,或者国家教育规划(不含九年制义务教育)教科书中使用的单篇不超过3000字的文字作品。

短小的音乐作品,是指九年制义务教育和国家教育规划教科书中使用的单篇不超过5页面或时长不超过5分钟的单声部音乐作品,或者乘以相应倍数的多声部音乐作品。

第四条　教科书汇编者支付报酬的标准如下:

(一)文字作品:每千字300元,不足千字的按千字计算;

(二)音乐作品:每首300元;

(三)美术作品、摄影作品:每幅200元,用于封面或者封底的,每幅400元;

（四）在与音乐教科书配套的录音制品教科书中使用的已有录音制品：每首 50 元。

支付报酬的字数按实有正文计算，即以排印的版面每行字数乘以全部实有的行数计算。占行题目或者末尾排印不足一行的，按一行计算。

诗词每十行按一千字计算；不足十行的按十行计算。

非汉字的文字作品，按照相同版面同等字号汉字数付酬标准的 80% 计酬。

第五条 使用改编作品编写出版教科书，按照本办法第四条的规定确定报酬后，由改编作品的作者和原作品的作者协商分配，协商不成的，应当等额分配。

使用的作品有两个或者两个以上作者的，应当等额分配该作品的报酬，作者另有约定的除外。

第六条 教科书出版发行存续期间，教科书汇编者应当按照本办法每年向著作权人支付一次报酬。

报酬自教科书出版之日起 2 个月内向著作权人支付。

教科书汇编者未按照前款规定向著作权人支付报酬，应当在每学期开学第一个月内将其应当支付的报酬连同邮资以及使用作品的有关情况交给相关的著作权集体管理组织。教科书汇编者支付的报酬到账后，著作权集体管理组织应当及时按相关规定向著作权人转付，并及时在其网站上公告教科书汇编者使用作品的有关情况。

著作权集体管理组织收转报酬，应当编制报酬收转记录。

使用作品的有关情况包括使用作品的名称、作者（包括原作者和改编者）姓名、作品字数、出版时间等。

第七条 教科书出版后，著作权人要求教科书汇编者提供样书的，教科书汇编者应当向著作权人提供。

教科书汇编者按照本办法通过著作权集体管理组织转付报酬的，可以将样书交给相关的著作权集体管理组织，由其转交给著作权人。

转交样书产生的费用由教科书汇编者承担。

第八条 教科书汇编者按照本办法第六条第三款规定将相应报酬转交给著作权集体管理组织后，对著作权人不再承担支付报酬的义务。

第九条 教科书汇编者未按照本办法规定支付报酬的，应当承担停止侵权、消除影响、赔礼道歉、赔偿损失等民事责任。

第十条 教科书汇编者向录音制作者支付报酬，适用本办法第六条、第八条和第九条规定。

第十一条 本办法自 2013 年 12 月 1 日起施行。本办法施行前发布的其他有关规定与本办法不一致的，以本办法为准。

使用文字作品支付报酬办法

1. 2014 年 9 月 23 日国家版权局、国家发展和改革委员会令第 11 号公布

2. 自 2014 年 11 月 1 日起施行

第一条 为保护文字作品著作权人的著作权，规范使用文字作品的行为，促进文字作品的创作与传播，根据《中华人民共和国著作权法》及相关行政法规，制定本办法。

第二条 除法律、行政法规另有规定外，使用文字作品支付报酬由当事人约定；当事人没有约定或者约定不明的，适用本办法。

第三条 以纸介质出版方式使用文字作品支付报酬可以选择版税、基本稿酬加印数稿酬或者一次性付酬等方式。

版税，是指使用者以图书定价 × 实际销售数或者印数 × 版税率的方式向著作权人支付的报酬。

基本稿酬，是指使用者按作品的字数，以千字为单位向著作权人支付的报酬。

印数稿酬，是指使用者根据图书的印数，以千册为单位按基本稿酬的一定比例向著作权人支付的报酬。

一次性付酬，是指使用者根据作品的质量、篇幅、作者的知名度、影响力以及使用方式、使用范围和授权期限等因素，一次性向著作权人支付的报酬。

第四条 版税率标准和计算方法：

（一）原创作品：3%—10%

（二）演绎作品：1%—7%

采用版税方式支付报酬的，著作权人可以与使用者在合同中约定，在交付作品时或者签订合同时由使用者向著作权人预付首次实际印数或者最低保底发行数的版税。

首次出版发行数不足千册的，按千册支付版税，但在下次结算版税时对已经支付版税部分不再重复支付。

第五条 基本稿酬标准和计算方法:

(一)原创作品:每千字 80 - 300 元,注释部分参照该标准执行。

(二)演绎作品:

1. 改编:每千字 20—100 元
2. 汇编:每千字 10—20 元
3. 翻译:每千字 50—200 元

支付基本稿酬以千字为单位,不足千字部分按千字计算。

支付报酬的字数按实有正文计算,即以排印的版面每行字数乘以全部实有的行数计算。占行题目或者末尾排不足一行的,按一行计算。

诗词每十行按一千字计算,作品不足十行的按十行计算。

辞书类作品按双栏排版的版面折合的字数计算。

第六条 印数稿酬标准和计算方法:

每印一千册,按基本稿酬的 1% 支付。不足一千册的,按一千册计算。

作品重印时只支付印数稿酬,不再支付基本稿酬。

采用基本稿酬加印数稿酬的付酬方式的,著作权人可以与使用者在合同中约定,在交付作品时由使用者支付基本稿酬的 30%—50%。除非合同另有约定,作品一经使用,使用者应当在 6 个月内付清全部报酬。作品重印的,应在重印后 6 个月内付清印数稿酬。

第七条 一次性付酬的,可以参照本办法第五条规定的基本稿酬标准及其计算方法。

第八条 使用演绎作品,除合同另有约定或者原作品已进入公有领域外,使用者还应当取得原作品著作权人的许可并支付报酬。

第九条 使用者未与著作权人签订书面合同,或者签订了书面合同但未约定付酬方式和标准,与著作权人发生争议的,应当按本办法第四条、第五条规定的付酬标准的上限分别计算报酬,以较高者向著作权人支付,并不得以出版物抵作报酬。

第十条 著作权人许可使用者通过转授权方式在境外出版作品,但对支付报酬没有约定或约定不明的,使用者应当将所得报酬扣除合理成本后的 70% 支付给著作权人。

第十一条 报刊刊载作品只适用一次性付酬方式。

第十二条 报刊刊载未发表的作品,除合同另有约定外,应当自刊载后 1 个月内按每千字不低于 100 元的标准向著作权人支付报酬。

报刊刊载未发表的作品,不足五百字的按千字作半计算;超过五百字不足千字的按千字计算。

第十三条 报刊依照《中华人民共和国著作权法》的相关规定转载、摘编其他报刊已发表的作品,应当自报刊出版之日起 2 个月内,按每千字 100 元的付酬标准向著作权人支付报酬,不足五百字的按千字作半计算,超过五百字不足千字的按千字计算。

报刊出版者未按前款规定向著作权人支付报酬的,应当将报酬连同邮资以及转载、摘编作品的有关情况送交中国文字著作权协会代为收转。中国文字著作权协会收到相关报酬后,应当按相关规定及时向著作权人转付,并编制报酬收转记录。

报刊出版者按前款规定将相关报酬转交给中国文字著作权协会后,对著作权人不再承担支付报酬的义务。

第十四条 以纸介质出版方式之外的其他方式使用文字作品,除合同另有约定外,使用者应当参照本办法规定的付酬标准和付酬方式付酬。

在数字或者网络环境下使用文字作品,除合同另有约定外,使用者可以参照本办法规定的付酬标准和付酬方式付酬。

第十五条 教科书法定许可使用文字作品适用《教科书法定许可使用作品支付报酬办法》。

第十六条 本办法由国家版权局会同国家发展和改革委员会负责解释。

第十七条 本办法自 2014 年 11 月 1 日起施行。国家版权局 1999 年 4 月 5 日发布的《出版文字作品报酬规定》同时废止。

出版文字作品报酬规定(已废止)

1. 1999年4月5日国家版权局发布
2. 国权〔1999〕8号
3. 自1999年6月1日起施行

第一条 为保护文字作品作者的著作权,维护文字作品出版者的合法权益,促进文字作品的创作与传播,根据《中华人民共和国著作权法》,制定本规定。

第二条 本规定只适用以纸介质出版的文字作品。

第三条 除著作权人与出版者另有约定外,出版社、报刊社出版文字作品,应当按本规定向著作权人支付报酬。

第四条 支付报酬可以选择基本稿酬加印数稿酬,或版税,或一次性付酬的方式。

基本稿酬加印数稿酬,指出版者按作品的字数,以千字为单位向作者支付一定报酬(即基本稿酬),再根据图书的印数,以千册为单位按基本稿酬的一定比例向著作权人支付报酬(即印数稿酬)。作品重印时只付印数稿酬,不再付基本稿酬。

版税,指出版者以图书定价×发行数×版税率的方式向作者付酬。

一次性付酬,指出版者按作品的质量、篇幅、经济价值等情况计算出报酬,并一次向作者付清。

通过行政手段大量印刷发行的九年义务教育教材,国家规划教材、法律法规汇编、学习或考试指定用书等作品,不适用版税付酬方式。

报刊刊载作品只适用一次性付酬方式。

第五条 图书出版者出版作品,应在出版合同中与著作权人约定支付报酬的方式和标准。

第六条 基本稿酬标准

(一)原创作品:每千字30-100元

(二)演绎作品:

(1)改编:每千字10-50元

(2)汇编:每千字3-10元

(3)翻译:每千字20-80元

(4)注释:注释部分参照原创作品的标准执行。

出版者出版演绎作品,除合同另有约定或原作品已进入公有领域之外,出版者还应取得原作品著作权人的授权,并按原创作品基本稿酬标准向原作品的著作权人支付报酬。

第七条 支付基本稿酬以千字为单位,不足千字部分按千字计算。

支付报酬的字数按实有正文计算,即以排印的版面每行字数乘以全部实有的行数计算。末尾排不足一行或占行题目的,按一行计算。

诗词每10行作一千字计算。每一作品不足10行的按10行计算。

辞书类作品按双栏排版的版面折合的字数计算。

非汉字作品,一般情况按相同版面相同字号汉字数付酬标准的80%计酬。

报刊刊载作品,不足五百字的按千字作半计算;超过五百字不足千字的按千字计算。

第八条 印数稿酬标准和计算方法

每印一千册,按基本稿酬的一定比例支付。不足一千册的,按一千册计算。

原创作品和演绎作品均按基本稿酬的1%支付。

九年义务教育教材年累计印数超过10万册的,对超过部分按基本稿酬的0.2%支付;通过行政手段大量印刷发行的国家规划教材、法律法规汇编、学习或考试指定用书等作品,年累计超过10万册的,对超出部分按基本稿酬的0.3%支付。

第九条 版税标准和计算方法

版税率:

(一)原创作品:3%-10%

(二)演绎作品:1%-7%

出版者出版演绎作品,除合同另有约定或原作品已进入公有领域之外,出版者还应取得原作品著作权人的授权,并按原创作品版税标准向原作品的著作权人支付报酬。

第十条 一次性付酬标准

一次性付酬标准可参照本规定第六、第七条规定的标准和办法执行。

第十一条 采用基本稿酬加印数稿酬的付酬方式的,著作权人可以与出版者在合同中约定,在交付作品时由出版者预付总报酬的30%-50%。除非合同另有约定,作品一经出版,出版者应在六个月内付清全部报酬。作品重印的,应在重印后六个月内付清印数稿酬。

第十二条 采用版税方式付酬的,著作权人可与出版者在合同中约定,在交付作品时由出版者向著作权人预付最低保底发行数的版税。作品发行后出版者应于每年年终与著作权人结算一次版税。首次出版发行数不足千册的,按千册支付版税,但在下次结算版税时对已经支付版税部分不再重复支付。

第十三条 图书出版者出版作品,没有与著作权人签订书面合同,或签订了书面合同但没有约定付酬方式和标准,与著作权人发生争议的,应按本规定第六条或第九条规定的付酬标准的上限向著作权人支付报酬,并不得以出版物抵作报酬。

第十四条 出版社对其出版的作品,经著作权人授权许可他人在境外出版,除合同另有约定外,出版社应将所得全部报酬的60%支付给著作权人。

第十五条 出版者已与著作权人签订出版合同,由于非著作权人原因导致作品未能出版的,除合同另有约定外,出版者应按合同约定使用作品付酬标准的60%向著作权人支付违约金。

第十六条　作者主动向图书出版社投稿,出版社应在六个月内决定是否采用。满六个月,既不与作者签订合同、不予采用又不通知作者的,出版社应按第六条规定的同类作品付酬标准平均值的30%向作者支付经济补偿,并将书稿退还作者。

第十七条　报刊刊载作品,应在刊载后一个月内向著作权人支付报酬。

报刊刊载作品,未与著作权人约定付酬标准的,应按每千字不低于50元的付酬标准向著作权人支付报酬。

第十八条　报刊转载、摘编其他报刊已发表的作品,应按每千字50元的付酬标准向著作权人付酬。社会科学、自然科学纯理论学术性专业报刊,经国家版权局特别批准可适当下调付酬标准。

报刊转载、摘编其他报刊上已发表的作品,著作权人或著作权人地址不明的,应在一个月内将报酬寄送中国版权保护中心代为收转。到期不按规定寄送的,每迟付一月,加付应付报酬5%的滞付费。

第十九条　本规定第六条规定的基本稿酬标准为可变标准,国家版权局将根据国家公布的物价涨落指数和书价涨落情况,不定期作相应调整。

第二十条　作者自费出版的,不适用本规定。

第二十一条　出版社、报刊社可根据本规定,视具体情况制定实施本规定的付酬办法,并报国家版权局备案。

少数享受国家财政补贴或情况特殊的出版单位,经国家版权局特别批准,可适当下调付酬标准。

第二十二条　本规定由国家版权局负责解释。

第二十三条　本规定自1999年6月1日起施行。

本规定施行前的有关出版文字作品报酬规定同时废止。

国家版权局关于报刊社声明对所发表的作品享有专有出版权的意见

1. 1991年8月9日
2. (91)权字第25号

著作权法施行后,一些报刊社刊登启事,声明对其发表的作品享有专有出版权。

关于报社、杂志社刊登作品,著作权法第三十二条规定,"作品刊登后,除著作权人声明不得转载、摘编的外,其他报刊可以转载或者作为文摘、资料刊登,但应当按照规定向著作权人支付报酬。"据此,报刊发表作品,仅获得非专有出版权,只有著作权人有权声明不得转载、摘编和授权刊登此类声明。因此,未经著作权人授权,报刊刊登对其发表的作品享有专有出版权的启事,不符合著作权法的规定。

·典型案例·

沈家和诉北京出版社出版合同纠纷及侵犯修改权、保护作品完整权纠纷案

【裁判摘要】

作者在出版合同中将修改权赋予出版社的,出版社有权以自己认为合理的方式对作品进行修改,这种修改行为本身并无不当,不构成侵权。但是按照合同的约定,出版社的任何修改,最后都必须得到作者的认可。出版社没有履行这一合同义务的,构成违约。

【基本案情】

原告沈家和因与被告北京出版社发生出版合同纠纷及侵犯修改权、保护作品完整权纠纷,向北京市第一中级人民法院提起诉讼。

原告诉称:《正阳门外》是原告创作的京味系列长篇小说,前6卷《鬼亲》、《活祭》等均由被告出版发行。1999年11月,原告、被告双方通过订立图书出版合同,约定原告将小说《正阳门外》后3卷《坤伶》、《戏神》、《闺梦》在国内外以图书形式出版发行的中文本专有使用权授予被告,被告应于2000年6月前出版上述作品,并按8%的版税支付稿酬。合同订立后,原告依约向被告交稿,而被告却未按期出版上述作品。后经协商,原告同意由被告继续履行出版合同。2000年7月24日,被告将出版样书交予原告。原告发现被告出版的这3本书中,被告未经原告同意,对原告的作品进行了大量修改和删减,使原告的系列小说前后风格不一致,丧失了作为长篇京味小说应有的特色。这3本书还存在大量的错字、漏字,出版质量低劣。原告就此与被告联系,要求被告作出解释和处理。同年8月15日被告承诺,对库存书不再销售、集中销毁,校改后保证质量,并向原告致歉。但直

至8月31日,原告发现上述3本书仍在市场销售,被告并未履行自己的承诺。被告的行为不仅违反了合同的约定,还严重侵犯了原告享有的保护作品完整权和修改权,在读者中造成了不良影响,毁坏了原告作为京味小说作家的声誉。请求判令:1. 解除双方订立的图书出版合同;2. 被告停止侵权行为,销毁库存的《闺梦》一书;3. 被告为《坤伶》、《戏神》两本书印发勘误表;4. 被告向原告公开赔礼道歉,为原告消除影响,恢复名誉;5. 被告重印《闺梦》8000册和《坤伶》、《戏神》各2000册,并向原告支付稿酬7360元及取证费1000元;6. 被告赔偿原告的精神损失6万元;7. 本案诉讼费、律师费由被告负担。

被告辩称:《正阳门外》是由被告策划并由原告创作的系列长篇小说丛书。为丛书出版,被告投入了大量人力、物力。该书编辑在对《坤伶》、《戏神》两本书依照责任编辑的职责进行编辑、润色时,严格遵守了以下几条原则:1. 以新修订版《现代汉语词典》为准;2. 参考《北京土语辞典》,如果《北京土语辞典》与《现代汉语词典》表达方式不同,则以《现代汉语词典》为依据;3. 同一词汇几种表达方式共存的条件下,选取《现代汉语词典》的首选条目;如《现代汉语词典》没有的,则以《北京土语辞典》为准;4. 为防止作者语言呆板单调,编辑时进行润色;5. 过度暴露的性描写,予以删节。这些都是图书编辑职责范围内的工作。原告据此指控被告未经许可,对《坤伶》、《戏神》两本书的京味特色语言进行修改,侵犯了其对作品的修改权和保护作品完整权,不能成立。原告于2000年8月向被告反映这3本书有大量的错字、漏字等质量问题后,被告非常重视。经查,《坤伶》、《戏神》两本书的差错率均未超过万分之一,符合出版规定,不存在质量问题,属合格品,不需重印。对《闺梦》一书存在的质量问题,总编辑批示了4点改正意见:1. 总结教训;2. 库存书不能再销售,应集中销毁;3. 向作者道歉;4. 校改后再版,确保质量。根据《图书质量管理规定》,对质量不合格的图书,纠正期限是3个月。原告仅凭提出意见半个月后在书店里还能买到此书,就起诉被告不予纠正图书差错,在事实上和法律上均站不住脚。综上,在这3本书出版过程中,被告没有侵犯原告的著作权。《闺梦》一书虽然存在着按规定应改正重印的质量问题,但质量问题与侵权问题性质不同,不应混为一谈,不能就此要求被告承担侵权责任。法院应当驳回原告的诉讼请求。

【一审裁判理由】

北京市第一中级人民法院认为:

原告沈家和与被告北京出版社于1999年11月25日签订的《闺梦》、《戏神》、《坤伶》3本书的图书出版合同,是有效合同。《中华人民共和国著作权法》第十条第(三)、(四)项规定,作者的著作权包括修改权,即修改或者授权他人修改作品的权利;保护作品完整权,即保护作品不受歪曲、篡改的权利。根据合同约定,为使作品达到出版要求,沈家和同意北京出版社对3本书进行必要的修改、删节。这表明,沈家和通过签订合同,已经将自己作品的修改权授予北京出版社,即北京出版社有权根据出版的需要,对沈家和的作品进行必要的修改和删节,但最终定稿应由沈家和签字认可。实际履行中,北京出版社并未按照约定将3本书的定稿交付沈家和书面认可,以致3本书出版发行后,使沈家和认为其对作品享有的修改权和保护作品完整权受到侵犯,这正是引发本案纠纷的主要原因。著作权法第四十七条规定:"当事人不履行合同义务或者履行合同义务不符合约定条件的,应当依照民法通则有关规定承担民事责任。"《中华人民共和国民法通则》第一百一十一条规定:"当事人一方不履行合同义务或者履行合同义务不符合约定条件的,另一方有权要求履行或者采取补救措施,并有权要求赔偿损失。"第一百一十二条第一款规定:"当事人一方违反合同的赔偿责任,应当相当于另一方因此所受到的损失。"北京出版社违反了合同的约定,应当根据其违约行为给各本书造成的不同后果,承担相应的违约责任。

《闺梦》一书有大量错误,存在图书质量问题,属于不合格产品,双方当事人对此不持异议。如果被告北京出版社在出版该书前,能够按照合同的约定将该书定稿交原告沈家和确认,则有可能防止这些问题发生。因此,该书存在的问题,与北京出版社的违约行为有一定联系。双方当事人签订的合同中,对图书出版质量未作约定,故应参照国家标准或者行业标准执行。新闻出版署1997年发布的《图书质量管理规定》中规定,图书中差错率超过万分之一的,为不合格。现北京出版社承诺停止销售并销毁库存的《闺梦》一书,并在修改后重印8000册,应予准许。沈家和要求此书重印后应另付稿酬,因北京出版社已就该书向沈家和支付了8000册的稿酬,截止到2000年10月18日,该书仍库存7620册,只发行了380册,故北京出版社应在重印8000册的基础上,按照合同约定的稿酬计算方式,向沈家和支付380册的稿酬729.6元。如果库存数量不足7620册,则向沈家和支付的稿酬以8000册扣减实际库存数量后计算。沈家和在北京花市新华书店、北京春季书市购买《闺梦》一书的取证费,应作为沈家和的损失,由北京出版社承担。沈家和要求北京出版社承担其在南京新华书店购买《闺梦》一书的取证费,因不能证明该书是北京出版社在南京销售的,且沈家和不能提供其往返南京相关费用的原始证据,故不予支持。

《闺梦》一书存在着严重质量问题,该书在社会上公开发行后,必然使作为该书作者的原告沈家和的社会评价有所降低,声誉受到影响。故被告北京出版社出版发行有严重质量问题的《闺梦》一书,不仅构成违约,同时侵害了沈家和所享有的保护作品完整权。北京出版社除应承担相应的违约责任外,亦应承担公开赔礼道歉的侵权责任。对北京出版社出版发行《闺梦》一书是否给沈家和造成严重的精神损害后果,沈家和没有举出充分的证据证明,故沈家和所提由北京出版社赔偿其精神损失6万元的请求,不予支持。沈家和请求北京出版社负担其因诉讼支出的律师费,也未提供相关证据,对此不予支持。

原告沈家和指出,《坤伶》、《戏神》两书中存在着若干处意思表示相悖的差错。对沈家和指出的这些地方,除了由被告北京出版社根据《现代汉语词典》、读者阅读习惯进行修改的以外,其他错字、漏字及标点符号错误等现象,应认定为差错。据此计算出的差错率,均未超过《图书质量管理规定》允许的万分之一,故《坤伶》、《戏神》两书不属于不合格产品,无需重印,但北京出版社应为上述两书印发勘误表。对沈家和关于重印《坤伶》、《戏神》两书各2000册并再向其支付稿酬的请求,不予支持。

原告沈家和提出解除双方图书出版合同,但是至双方发生纠纷时止,合同中约定的解除情形或者法律规定的解除合同情形均未出现,故对沈家和的这一诉讼请求,依法不予支持。

小说的风格体现在小说表现的内容、历史背景,作者描述的手法和他的整体文风中,并不唯一体现在小说的遣词用字上。被告北京出版社根据合同的授权,以《现代汉语词典》为依据,对《闺梦》、《戏神》、《坤伶》3本书的部分文字进行修改,没有改变原告沈家和所主张的京味小说风格。上述3本书中存在的差错,也不足以导致小说风格的变化。故沈家和认为北京出版社的修改改变了其作品的京味风格、侵犯了其享有的保护作品完整权和修改权,理由不能成立。沈家和虽主张双方曾口头约定对上述作品的修改以《北京土语词典》为依据,但北京出版社不予认可,沈家和又不能提供相应的证据,故对该主张不予支持。

【一审裁判结果】

北京市第一中级人民法院于2001年5月9日判决:

一、被告北京出版社自判决生效后立即停止销售《闺梦》一书,并于判决生效后30日内销毁库存的该书,修改后重印8000册;

二、被告北京出版社自判决生效后30日内,在《新闻出版报》上就《闺梦》一书的侵权行为向原告沈家和公开赔礼道歉,道歉内容需经法院审核。逾期不执行,法院将公布判决主要内容,费用由北京出版社负担;

三、被告北京出版社自判决生效后30日内,为《坤伶》、《戏神》两书印发勘误表;

四、被告北京出版社自判决生效后10日内,向原告沈家和支付《闺梦》一书380册的稿酬729.6元及合理损失56.8元(如《闺梦》一书库存数量不足7620册,则每缺少一本,北京出版社按每本1.92元向沈家和增加支付稿酬);

五、驳回原告沈家和的其他诉讼请求。

【上诉情况】

一审宣判后,原告沈家和不服,向北京市高级人民法院提出上诉。理由是:1. 被上诉人北京出版社未在合同约定的2000年6月出版涉案作品,已经违约,应当承担违约责任,向上诉人支付违约金。2. 上诉人请画家为《坤伶》一书第450页绘制的插图,被北京出版社安插到第414页上。作者使用哪个词表达自己的意思,是一种艺术创作行为。北京出版社在原文语句通顺的情况下,没有必要也没有权利在未经作者同意的情况下,用同义词或者近义词替换作者作品中原来的词语。一审判决仅以内容勉强相符,便认为随意插图和替换作品原用词语的行为不侵犯作者的权利,理由不能成立。3. 上诉人在发现自己的作品被搞得面目全非、错误百出后,多次找有关领导单位申诉,都未能得到满意的答复,致使精神上和身体上受到极大伤害,2000年9月体检时查出患有心脏病。一审否定上诉人精神上受到伤害,理由不能成立。4. 2000年10月13日,上诉人在南京全国书市上拍摄的照片及购买《闺梦》一书的发票,足以证明北京出版社在南京书市上销售《闺梦》一书。此次上诉人从北京到南京时,将硬卧火车票改为软卧火车票;从南京返回北京后,火车票被车站工作人员验票时收回。上诉人虽然未提供从南京到北京的火车票，但既去了南京，当然还要返回北京。本案律师费用的支出，也是北京出版社的违约及侵权行为给上诉人造成的损失。这些费用，都应当由违约和侵权的北京出版社承担。一审对上诉人的这些请求，均以证据不足为由不予支持，理由不能成立。5. 北京出版社违反合同的约定，致使上诉人对其失去了最起码的信任。如果北京出版社继续履行合同，合同的目的难以达到。请求二审改判解除双方签订的《图书出版合同》；判令北京出版社承担因其违约、侵权而给上诉人造成的律师费、诉讼费、出租车费、餐费、地铁票、购书费、复印费、火车票等费用10 026.6元，给付违约金17 720元，赔偿精神损害费6万元。

北京出版社服从一审判决。

【二审裁判理由】

北京市高级人民法院经审理后认为，一审判决认定的事实清楚。

依法成立的合同，对双方当事人均具有法律约束力。依照合同的约定，被上诉人北京出版社应当在涉案图书出版前，将付印书稿交由上诉人沈家和书面认可。这是双方当事人为保证图书质量，避免日后发生纠纷而在合同中约定的条款。无论是插图位置摆放得妥当与否，还是作品中原来的词语是否有必要以同义词或者近义词替换，均属图书编辑问题。既然沈家和在出版合同中将修改权赋予北京出版社，北京出版社就有权以自己认为合理的方式对作品进行修改。这种修改行为本身并无不当，不构成侵权。只是按照合同的约定，北京出版社的任何修改，最后都必须得到沈家和的认可。北京出版社没有履行这一合同义务，因此构成违约。北京出版社违约出版发行的3本书中出现差错，《闺梦》一书的差错甚至超出《图书质量管理规定》允许的差错幅度，不仅造成严重质量问题，也由此侵害了作者的保护作品完整权。对此，北京出版社应承担违约责任。鉴于本案还不具有法律规定或者合同约定的解除合同情形，一审没有判令解除合同，而是根据本案具体情况，判决北京出版社停止出售、销毁库存和修改后重印《闺梦》一书，并向沈家和支付适当的稿酬，判决北京出版社在报刊上向沈家和公开赔礼道歉，判决北京出版社为《坤伶》、《戏神》两书的差错印发勘误表，足以保证实现双方当初订立合同时要达到的目的。沈家和以纠纷发生后双方已互不信任，合同目的不能实现为由，请求解除本案的出版合同，没有道理，不予支持。

上诉人沈家和认为，被上诉人北京出版社没有按照合同的约定于2000年6月前出版涉案作品，构成违约，由此请求判令北京出版社给付违约金17 720元。鉴于北京出版社没有按约定期限出版涉案作品后，双方当事人又重新口头约定了继续履行先前签订的合同。这一口头约定已经对书面约定的出版期限作了变更，故沈家和现在仍以北京出版社违反了合同约定的出版期限为由要求支付违约金，没有道理，不予支持。

一审根据被上诉人北京出版社的违约行为，判决北京出版社赔偿上诉人沈家和在北京购买《闺梦》一书支出的取证费，是正确的。由于沈家和提交的出租车票、就餐发票、地铁票、火车票、复印费发票等，不能充分证明都是北京出版社给其造成的损失；请求赔偿的律师费、诉讼费，也没有依据；故对沈家和请求判令北京出版社赔偿以上费用，不予支持。

自然人因其人格权益遭受非法侵害并造成严重后果的，有权请求侵害人给付精神损害赔偿。上诉人沈家和上诉称，在被上诉人北京出版社违约后，其曾多次找有关领导单位申诉，均因未能得到满意的答复而使其精神和身体受到极大伤害，以致体检时查出患有心脏病。沈家和的这一主张，不仅没有足够的证据支持，且与北京出版社的违约行为没有直接的联系。沈家和以此请求精神损害赔偿，不予支持。

综上所述，一审判决认定事实清楚，适用法律正确，应予维持。

【二审裁判结果】

北京市高级人民法院于2001年12月14日判决：

驳回上诉，维持原判。

6. 集体管理与付酬

著作权集体管理条例

1. 2004年12月28日国务院令第429号公布
2. 根据2011年1月8日国务院令第588号《关于废止和修改部分行政法规的决定》第一次修订
3. 根据2013年12月7日国务院令第645号《关于修改部分行政法规的决定》第二次修订

第一章 总 则

第一条 为了规范著作权集体管理活动,便于著作权人和与著作权有关的权利人(以下简称权利人)行使权利和使用者使用作品,根据《中华人民共和国著作权法》(以下简称著作权法)制定本条例。

第二条 本条例所称著作权集体管理,是指著作权集体管理组织经权利人授权,集中行使权利人的有关权利并以自己的名义进行的下列活动:

(一)与使用者订立著作权或者与著作权有关的权利许可使用合同(以下简称许可使用合同);

(二)向使用者收取使用费;

(三)向权利人转付使用费;

(四)进行涉及著作权或者与著作权有关的权利的诉讼、仲裁等。

第三条 本条例所称著作权集体管理组织,是指为权利人的利益依法设立,根据权利人授权、对权利人的著作权或者与著作权有关的权利进行集体管理的社会团体。

著作权集体管理组织应当依照有关社会团体登记管理的行政法规和本条例的规定进行登记并开展活动。

第四条 著作权法规定的表演权、放映权、广播权、出租权、信息网络传播权、复制权等权利人自己难以有效行使的权利,可以由著作权集体管理组织进行集体管理。

第五条 国务院著作权管理部门主管全国的著作权集体管理工作。

第六条 除依照本条例规定设立的著作权集体管理组织外,任何组织和个人不得从事著作权集体管理活动。

第二章 著作权集体管理组织的设立

第七条 依法享有著作权或者与著作权有关的权利的中国公民、法人或者其他组织,可以发起设立著作权集体管理组织。

设立著作权集体管理组织,应当具备下列条件:

(一)发起设立著作权集体管理组织的权利人不少于50人;

(二)不与已经依法登记的著作权集体管理组织的业务范围交叉、重合;

(三)能在全国范围代表相关权利人的利益;

(四)有著作权集体管理组织的章程草案、使用费收取标准草案和向权利人转付使用费的办法(以下简称使用费转付办法)草案。

第八条 著作权集体管理组织章程应当载明下列事项:

(一)名称、住所;

(二)设立宗旨;

(三)业务范围;

(四)组织机构及其职权;

(五)会员大会的最低人数;

(六)理事会的职责及理事会负责人的条件和产生、罢免的程序;

(七)管理费提取、使用办法;

(八)会员加入、退出著作权集体管理组织的条件、程序;

(九)章程的修改程序;

(十)著作权集体管理组织终止的条件、程序和终止后资产的处理。

第九条 申请设立著作权集体管理组织,应当向国务院著作权管理部门提交证明符合本条例第七条规定的条件的材料。国务院著作权管理部门应当自收到材料之日起60日内,作出批准或者不予批准的决定。批准的,发给著作权集体管理许可证;不予批准的,应当说明理由。

第十条 申请人应当自国务院著作权管理部门发给著作权集体管理许可证之日起30日内,依照有关社会团体登记管理的行政法规到国务院民政部门办理登记手续。

第十一条 依法登记的著作权集体管理组织,应当自国务院民政部门发给登记证书之日起30日内,将其登记证书副本报国务院著作权管理部门备案;国务院著作权管理部门应当将报备的登记证书副本以及著作权集体管理组织章程、使用费收取标准、使用费转付办法予以公告。

第十二条 著作权集体管理组织设立分支机构，应当经国务院著作权管理部门批准，并依照有关社会团体登记管理的行政法规到国务院民政部门办理登记手续。经依法登记的，应当将分支机构的登记证书副本报国务院著作权管理部门备案，由国务院著作权管理部门予以公告。

第十三条 著作权集体管理组织应当根据下列因素制定使用费收取标准：

（一）使用作品、录音录像制品等的时间、方式和地域范围；

（二）权利的种类；

（三）订立许可使用合同和收取使用费工作的繁简程度。

第十四条 著作权集体管理组织应当根据权利人的作品或者录音录像制品等使用情况制定使用费转付办法。

第十五条 著作权集体管理组织修改章程，应当依法经国务院民政部门核准后，由国务院著作权管理部门予以公告。

第十六条 著作权集体管理组织被依法撤销登记的，自被撤销登记之日起不得再进行著作权集体管理业务活动。

第三章 著作权集体管理组织的机构

第十七条 著作权集体管理组织会员大会（以下简称会员大会）为著作权集体管理组织的权力机构。

会员大会由理事会依照本条例规定负责召集。理事会应当于会员大会召开60日以前将会议的时间、地点和拟审议事项予以公告；出席会员大会的会员，应当于会议召开30日以前报名。报名出席会员大会的会员少于章程规定的最低人数时，理事会应当将会员大会报名情况予以公告，会员可以于会议召开5日以前补充报名，并由全部报名出席会员大会的会员举行会员大会。

会员大会行使下列职权：

（一）制定和修改章程；

（二）制定和修改使用费收取标准；

（三）制定和修改使用费转付办法；

（四）选举和罢免理事；

（五）审议批准理事会的工作报告和财务报告；

（六）制定内部管理制度；

（七）决定使用费转付方案和著作权集体管理组织提取管理费的比例；

（八）决定其他重大事项。

会员大会每年召开一次；经10%以上会员或者理事会提议，可以召开临时会员大会。会员大会作出决定，应当经出席会议的会员过半数表决通过。

第十八条 著作权集体管理组织设立理事会，对会员大会负责，执行会员大会决定。理事会成员不得少于9人。

理事会任期为4年，任期届满应当进行换届选举。因特殊情况可以提前或者延期换届，但是换届延期不得超过1年。

第四章 著作权集体管理活动

第十九条 权利人可以与著作权集体管理组织以书面形式订立著作权集体管理合同，授权该组织对其依法享有的著作权或者与著作权有关的权利进行管理。权利人符合章程规定加入条件的，著作权集体管理组织应当与其订立著作权集体管理合同，不得拒绝。

权利人与著作权集体管理组织订立著作权集体管理合同并按照章程规定履行相应手续后，即成为该著作权集体管理组织的会员。

第二十条 权利人与著作权集体管理组织订立著作权集体管理合同后，不得在合同约定期限内自己行使或者许可他人行使合同约定的由著作权集体管理组织行使的权利。

第二十一条 权利人可以依照章程规定的程序，退出著作权集体管理组织，终止著作权集体管理合同。但是，著作权集体管理组织已经与他人订立许可使用合同的，该合同在期限届满前继续有效；该合同有效期内，权利人有权获得相应的使用费并可以查阅有关业务材料。

第二十二条 外国人、无国籍人可以通过与中国的著作权集体管理组织订立相互代表协议的境外同类组织，授权中国的著作权集体管理组织管理其依法在中国境内享有的著作权或者与著作权有关的权利。

前款所称相互代表协议，是指中国的著作权集体管理组织与境外的同类组织相互授权对方在其所在国家或者地区进行集体管理活动的协议。

著作权集体管理组织与境外同类组织订立的相互代表协议应当报国务院著作权管理部门备案，由国务院著作权管理部门予以公告。

第二十三条 著作权集体管理组织许可他人使用其管理

的作品、录音录像制品等,应当与使用者以书面形式订立许可使用合同。

著作权集体管理组织不得与使用者订立专有许可使用合同。

使用者以合理的条件要求与著作权集体管理组织订立许可使用合同,著作权集体管理组织不得拒绝。

许可使用合同的期限不得超过2年;合同期限届满可以续订。

第二十四条 著作权集体管理组织应当建立权利信息查询系统,供权利人和使用者查询。权利信息查询系统应当包括著作权集体管理组织管理的权利种类和作品、录音录像制品等的名称、权利人姓名或者名称、授权管理的期限。

权利人和使用者对著作权集体管理组织管理的权利的信息进行咨询时,该组织应当予以答复。

第二十五条 除著作权法第二十三条、第三十三条第二款、第四十条第三款、第四十三条第二款和第四十四条规定应当支付的使用费外,著作权集体管理组织应当根据国务院著作权管理部门公告的使用费收取标准,与使用者约定收取使用费的具体数额。

第二十六条 两个或者两个以上著作权集体管理组织就同一使用方式向同一使用者收取使用费,可以事先协商确定由其中一个著作权集体管理组织统一收取。统一收取的使用费在有关著作权集体管理组织之间经协商分配。

第二十七条 使用者向著作权集体管理组织支付使用费时,应当提供其使用的作品、录音录像制品等的名称、权利人姓名或者名称和使用的方式、数量、时间等有关使用情况;许可使用合同另有约定的除外。

使用者提供的有关使用情况涉及该使用者商业秘密的,著作权集体管理组织负有保密义务。

第二十八条 著作权集体管理组织可以从收取的使用费中提取一定比例作为管理费,用于维持其正常的业务活动。

著作权集体管理组织提取管理费的比例应当随着使用费收入的增加而逐步降低。

第二十九条 著作权集体管理组织收取的使用费,在提取管理费后,应当全部转付给权利人,不得挪作他用。

著作权集体管理组织转付使用费,应当编制使用费转付记录。使用费转付记录应当载明使用费总额、管理费数额、权利人姓名或者名称、作品或者录音录像制品等的名称、有关使用情况、向各权利人转付使用费的具体数额等事项,并应当保存10年以上。

第五章 对著作权集体管理组织的监督

第三十条 著作权集体管理组织应当依法建立财务、会计制度和资产管理制度,并按照国家有关规定设置会计账簿。

第三十一条 著作权集体管理组织的资产使用和财务管理受国务院著作权管理部门和民政部门的监督。

著作权集体管理组织应当在每个会计年度结束时制作财务会计报告,委托会计师事务所依法进行审计,并公布审计结果。

第三十二条 著作权集体管理组织应当对下列事项进行记录,供权利人和使用者查阅:

(一)作品许可使用情况;

(二)使用费收取和转付情况;

(三)管理费提取和使用情况。

权利人有权查阅、复制著作权集体管理组织的财务报告、工作报告和其他业务材料;著作权集体管理组织应当提供便利。

第三十三条 权利人认为著作权集体管理组织有下列情形之一的,可以向国务院著作权管理部门检举:

(一)权利人符合章程规定的加入条件要求加入著作权集体管理组织,或者会员依照章程规定的程序要求退出著作权集体管理组织,著作权集体管理组织拒绝的;

(二)著作权集体管理组织不按照规定收取、转付使用费,或者不按照规定提取、使用管理费的;

(三)权利人要求查阅本条例第三十二条规定的记录、业务材料,著作权集体管理组织拒绝提供的。

第三十四条 使用者认为著作权集体管理组织有下列情形之一的,可以向国务院著作权管理部门检举:

(一)著作权集体管理组织违反本条例第二十三条规定拒绝与使用者订立许可使用合同的;

(二)著作权集体管理组织未根据公告的使用费收取标准约定收取使用费的具体数额的;

(三)使用者要求查阅本条例第三十二条规定的记录,著作权集体管理组织拒绝提供的。

第三十五条 权利人和使用者以外的公民、法人或者其他组织认为著作权集体管理组织有违反本条例规定的行为的,可以向国务院著作权管理部门举报。

第三十六条 国务院著作权管理部门应当自接到检举、举报之日起60日内对检举、举报事项进行调查并依法处理。

第三十七条 国务院著作权管理部门可以采取下列方式对著作权集体管理组织进行监督,并应当对监督活动作出记录:

(一)检查著作权集体管理组织的业务活动是否符合本条例及其章程的规定;

(二)核查著作权集体管理组织的会计账簿、年度预算和决算报告及其他有关业务材料;

(三)派员列席著作权集体管理组织的会员大会、理事会等重要会议。

第三十八条 著作权集体管理组织应当依法接受国务院民政部门和其他有关部门的监督。

第六章 法律责任

第三十九条 著作权集体管理组织有下列情形之一的,由国务院著作权管理部门责令限期改正:

(一)违反本条例第二十二条规定,未将与境外同类组织订立的相互代表协议报国务院著作权管理部门备案的;

(二)违反本条例第二十四条规定,未建立权利信息查询系统的;

(三)未根据公告的使用费收取标准约定收取使用费的具体数额的。

著作权集体管理组织超出业务范围管理权利人的权利的,由国务院著作权管理部门责令限期改正,其与使用者订立的许可使用合同无效;给权利人、使用者造成损害的,依法承担民事责任。

第四十条 著作权集体管理组织有下列情形之一的,由国务院著作权管理部门责令限期改正;逾期不改正的,责令会员大会或者理事会根据本条例规定的权限罢免或者解聘直接负责的主管人员:

(一)违反本条例第十九条规定拒绝与权利人订立著作权集体管理合同的,或者违反本条例第二十一条的规定拒绝会员退出该组织的要求的;

(二)违反本条例第二十三条规定,拒绝与使用者订立许可使用合同的;

(三)违反本条例第二十八条规定提取管理费的;

(四)违反本条例第二十九条规定转付使用费的;

(五)拒绝提供或者提供虚假的会计账簿、年度预算和决算报告或者其他有关业务材料的。

第四十一条 著作权集体管理组织自国务院民政部门发给登记证书之日起超过6个月无正当理由未开展著作权集体管理活动,或者连续中止著作权集体管理活动6个月以上的,由国务院著作权管理部门吊销其著作权集体管理许可证,并由国务院民政部门撤销登记。

第四十二条 著作权集体管理组织从事营利性经营活动的,由工商行政管理部门依法予以取缔,没收违法所得;构成犯罪的,依法追究刑事责任。

第四十三条 违反本条例第二十七条的规定,使用者能够提供有关使用情况而拒绝提供,或者在提供有关使用情况时弄虚作假的,由国务院著作权管理部门责令改正;著作权集体管理组织可以中止许可使用合同。

第四十四条 擅自设立著作权集体管理组织或者分支机构,或者擅自从事著作权集体管理活动的,由国务院著作权管理部门或者民政部门依照职责分工予以取缔,没收违法所得;构成犯罪的,依法追究刑事责任。

第四十五条 依照本条例规定从事著作权集体管理组织审批和监督工作的国家行政机关工作人员玩忽职守、滥用职权、徇私舞弊,构成犯罪的,依法追究刑事责任;尚不构成犯罪的,依法给予行政处分。

第七章 附 则

第四十六条 本条例施行前已经设立的著作权集体管理组织,应当自本条例生效之日起3个月内,将其章程、使用费收取标准、使用费转付办法及其他有关材料报国务院著作权管理部门审核,并将其与境外同类组织订立的相互代表协议报国务院著作权管理部门备案。

第四十七条 依照著作权法第二十三条、第三十三条第二款、第四十条第三款的规定使用他人作品,未能依照《中华人民共和国著作权法实施条例》第三十二条的规定向权利人支付使用费的,应当将使用费连同邮资以及使用作品的有关情况送交管理相关权利的著作权集体管理组织,由该著作权集体管理组织将使用费转付给权利人。

负责转付使用费的著作权集体管理组织应当建立作品使用情况查询系统,供权利人、使用者查询。

负责转付使用费的著作权集体管理组织可以从其收到的使用费中提取管理费,管理费按照会员大会决定的该集体管理组织管理费的比例减半提取。除管理费外,该著作权集体管理组织不得从其收到的使用费中提取其他任何费用。

第四十八条 本条例自2005年3月1日起施行。

广播电台电视台播放录音制品支付报酬暂行办法

1. 2009年11月10日国务院令第566号公布

2. 根据2011年1月8日国务院令第588号《关于废止和修改部分行政法规的决定》修订

第一条 为了保障著作权人依法行使广播权,方便广播电台、电视台播放录音制品,根据《中华人民共和国著作权法》(以下称著作权法)第四十四条的规定,制定本办法。

第二条 广播电台、电视台可以就播放已经发表的音乐作品向著作权人支付报酬的方式、数额等有关事项与管理相关权利的著作权集体管理组织进行约定。

广播电台、电视台播放已经出版的录音制品,已经与著作权人订立许可使用合同的,按照合同约定的方式和标准支付报酬。

广播电台、电视台依照著作权法第四十四条的规定,未经著作权人的许可播放已经出版的录音制品(以下称播放录音制品)的,依照本办法向著作权人支付报酬。

第三条 本办法所称播放,是指广播电台、电视台以无线或者有线的方式进行的首播、重播和转播。

第四条 广播电台、电视台播放录音制品,可以与管理相关权利的著作权集体管理组织约定每年向著作权人支付固定数额的报酬;没有就固定数额进行约定或者约定不成的,广播电台、电视台与管理相关权利的著作权集体管理组织可以以下列方式之一为基础,协商向著作权人支付报酬:

(一)以本台或者本台各频道(频率)本年度广告收入扣除15%成本费用后的余额,乘以本办法第五条或者第六条规定的付酬标准,计算支付报酬的数额;

(二)以本台本年度播放录音制品的时间总量,乘以本办法第七条规定的单位时间付酬标准,计算支付报酬的数额。

第五条 以本办法第四条第(一)项规定方式确定向著作权人支付报酬的数额的,自本办法施行之日起5年内,按照下列付酬标准协商支付报酬的数额:

(一)播放录音制品的时间占本台或者本频道(频率)播放节目总时间的比例(以下称播放时间比例)不足1%的,付酬标准为0.01%;

(二)播放时间比例为1%以上不足3%的,付酬标准为0.02%;

(三)播放时间比例为3%以上不足6%的,相应的付酬标准为0.09%到0.15%,播放时间比例每增加1%,付酬标准相应增加0.03%;

(四)播放时间比例为6%以上10%以下的,相应的付酬标准为0.24%到0.4%,播放时间比例每增加1%,付酬标准相应增加0.04%;

(五)播放时间比例超过10%不足30%的,付酬标准为0.5%;

(六)播放时间比例为30%以上不足50%的,付酬标准为0.6%;

(七)播放时间比例为50%以上不足80%的,付酬标准为0.7%;

(八)播放时间比例为80%以上的,付酬标准为0.8%。

第六条 以本办法第四条第(一)项规定方式确定向著作权人支付报酬的数额的,自本办法施行届满5年之日起,按照下列付酬标准协商支付报酬的数额:

(一)播放时间比例不足1%的,付酬标准为0.02%;

(二)播放时间比例为1%以上不足3%的,付酬标准为0.03%;

(三)播放时间比例为3%以上不足6%的,相应的付酬标准为0.12%到0.2%,播放时间比例每增加1%,付酬标准相应增加0.04%;

(四)播放时间比例为6%以上10%以下的,相应的付酬标准为0.3%到0.5%,播放时间比例每增加1%,付酬标准相应增加0.05%;

(五)播放时间比例超过10%不足30%的,付酬标准为0.6%;

(六)播放时间比例为30%以上不足50%的,付酬标准为0.7%;

(七)播放时间比例为50%以上不足80%的,付酬标准为0.8%;

(八)播放时间比例为80%以上的,付酬标准为0.9%。

第七条 以本办法第四条第(二)项规定的方式确定向著作权人支付报酬的数额的,按照下列付酬标准协商支付报酬的数额:

（一）广播电台的单位时间付酬标准为每分钟0.30元；

（二）电视台的单位时间付酬标准自本办法施行之日起5年内为每分钟1.50元，自本办法施行届满5年之日起为每分钟2元。

第八条 广播电台、电视台播放录音制品，未能依照本办法第四条的规定与管理相关权利的著作权集体管理组织约定支付报酬的固定数额，也未能协商确定应支付报酬的，应当依照本办法第四条第（一）项规定的方式和第五条、第六条规定的标准，确定向管理相关权利的著作权集体管理组织支付报酬的数额。

第九条 广播电台、电视台转播其他广播电台、电视台播放的录音制品的，其播放录音制品的时间按照实际播放时间的10%计算。

第十条 中部地区的广播电台、电视台依照本办法规定方式向著作权人支付报酬的数额，自本办法施行之日起5年内，按照依据本办法规定计算出的数额的50%计算。

西部地区的广播电台、电视台以及全国专门对少年儿童、少数民族和农村地区等播出的专业频道（频率），依照本办法规定方式向著作权人支付报酬的数额，自本办法施行之日起5年内，按照依据本办法规定计算出的数额的10%计算；自本办法施行届满5年之日起，按照依据本办法规定计算出的数额的50%计算。

第十一条 县级以上人民政府财政部门将本级人民政府设立的广播电台、电视台播放录音制品向著作权人支付报酬的支出作为核定其收支的因素，根据本地区财政情况综合考虑，统筹安排。

第十二条 广播电台、电视台向著作权人支付报酬，以年度为结算期。

广播电台、电视台应当于每年度第一季度将其上年度应当支付的报酬交由著作权集体管理组织转付给著作权人。

广播电台、电视台通过著作权集体管理组织向著作权人支付报酬时，应当提供其播放作品的名称、著作权人姓名或者名称、播放时间等情况，双方已有约定的除外。

第十三条 广播电台、电视台播放录音制品，未向管理相关权利的著作权集体管理组织会员以外的著作权人支付报酬的，应当按照本办法第十二条的规定将应支付的报酬送交管理相关权利的著作权集体管理组织；管理相关权利的著作权集体管理组织应当向著作权人转付。

第十四条 著作权集体管理组织向著作权人转付报酬，除本办法已有规定外，适用《著作权集体管理条例》的有关规定。

第十五条 广播电台、电视台依照本办法规定将应当向著作权人支付的报酬交给著作权集体管理组织后，对著作权集体管理组织与著作权人之间的纠纷不承担责任。

第十六条 广播电台、电视台与著作权人或者著作权集体管理组织因依照本办法规定支付报酬产生纠纷的，可以依法向人民法院提起民事诉讼，或者根据双方达成的书面仲裁协议向仲裁机构申请仲裁。

第十七条 本办法自2010年1月1日起施行。

录音法定许可付酬标准暂行规定

1. 1993年8月1日国家版权局发布
2. 国权〔1993〕41号

第一条 根据《中华人民共和国著作权法》第三十七条的规定以录音的形式使用已发表的作品，依本规定向著作权人付酬，但著作权人声明不得使用的除外。

第二条 录制发行录音制品采用版税的方式付酬，即录音制品批发价×版税率×录音制品发行数。

第三条 录制发行录音制品付酬标准为：

不含文字的纯音乐作品版税率为35%；

歌曲、歌剧作品版税率为35%，其中音乐部分占版税所得60%，文字部分占版税所得40%；

纯文字作品（含外国文字）版税率为3%；

国家机关通过行政措施保障发行的录音制品（如教材）版税率为15%。

第四条 录音制品中涉及两个或两个以上作品的，按照版税的方式以及相对应的版税率计算出录音制品中所有作品的报酬总额，再根据每一作品在整个录音制品中所占时间比例，确定其具体报酬。

第五条 使用改编作品进行录音，依照第三条和第四条的规定确定具体报酬后，向作品的著作权人支付70%，向原作品著作权人支付30%。原作品已超过著作权保护期或不适用著作权法的，只按上述比例向被录制作品的著作权人付酬。

第六条 本规定由国家版权局负责解释。

国家版权局关于《录音法定许可付酬标准暂行规定》的补充通知

1. 1994年10月7日发布
2. 国权〔1994〕65号

1993年8月1日国家版权局颁布了《录音法定许可付酬标准暂行规定》,规定了以录音的形式使用已发表的作品的付酬标准。根据《中华人民共和国著作权法》第三十九条和第四十二条的规定,录音制作者经许可复制发行其他录音制作者制作的录音制品和广播电台制作的广播节目,均应当按照规定向著作权人和表演者支付报酬。对于上述两种复制发行情况的付酬标准,《录音法定许可证酬标准暂行规定》中没有做出规定,为此,特做如下补充规定:

除合同另有约定的,根据《中华人民共和国著作权法》第三十九条和第四十二条的规定,录音制作者经许可复制发行其他录音制作者制作的录音制品或复制发行广播电台制作的广播节目,向著作权人支付报酬的,适用《录音法定许可付酬标准暂行规定》第二条、第三条、第四条和第五条的规定;向表演者付酬的适用第二条、第四条和第五条的规定并按第二条规定的各类作品标准的50%付酬。

电影作品著作权集体管理使用费收取标准

2010年9月14日国家版权局公告2010年第1号公布施行

根据《中华人民共和国著作权法》、《著作权集体管理条例》等法律法规的有关规定,借鉴国内外著作权集体管理组织的价格尺度,结合目前中国电影版权交易的实际情况,经过广泛深入地调查研究,并充分听取权利人和使用者的意见,就电影作品在大众传媒领域内的使用,制定本电影作品著作权集体管理使用费收取标准。

鉴于电影作品的可看性、受众面以及成本差异较大,为尽量准确计算使用费,以国内票房和影片成本的高低为标准将影片分为六类(其中国内票房所占比重为65%,影片成本所占比重为35%。设定N =国内票房×65% +影片成本×35%):

第一类,N≥2亿元人民币的影片。

第二类,1亿元人民币≤N<2亿元人民币的影片。

第三类,5000万元人民币≤N<1亿元人民币的影片。

第四类,1000万元人民币≤N<5000万元人民币的影片。

第五类,N<1000万元人民币的影片。

第六类,未进院线上映的影片。

收取著作权使用费的电影作品包括:所有取得政府主管部门颁发的《电影片公映许可证》、且在《著作权法》规定的保护期内的影片。其中,美术片长度超过110分钟的,按110%计算,长度等于、少于85分钟的,按85%计算;科教片、(新闻)纪录片大于、等于或少于60分钟的,分别以100%、90%及80%计算。

一、网络

通过有线或无线网络提供用户在线观看或下载影片,使用的是电影作品的信息网络传播权。根据影片类别的不同,其使用费分别按以下两类办法结算:

(一)第一、二、三、四类影片的著作权使用费按用户点击次数×每次点击费用×35%计算,但是使用者应在取得使用许可时支付基本使用费:

第一类影片,距首映两年内的,基本使用费下限为10万元/部年,其后每年递减20%,至12000元/部年不再递减;

第二类影片,距首映两年内的,基本使用费为8-10万元/部年,其后每年递减20%,至10000元/部年不再递减;

第三类影片,距首映两年内的,基本使用费为6-8万元/部年,其后每年递减20%,至8000元/部年不再递减;

第四类影片,距首映两年内的,基本使用费为4-6万元/部年,其后每年递减20%,至6000元/部年不再递减。

用户点击次数×每次点击费用×35%>基本使用费的,超过基本使用费之后的每一次点击,按20%-25%追加支付;

用户点击次数×每次点击费用×35%≤基本使用

费的，则不再追加支付，但基本使用费不减。

（二）一次性结算

第五、第六类影片实行打包收费办法结算，根据打包数量以及影片种类、长度，距首映时间的长短等因素计算，确定为2000－40000元/部年。

二、网吧

网吧使用电影作品一般是通过服务器下载建立数据库提供的。网吧播映影片使用的是电影作品的复制权和放映权（或区别于互联网的局域网内使用的信息网络传播权）。其每天的使用费为：电脑总量×网吧每小时收费标准×7.5%。

三、视频点播（VOD）

由VOD运营商向用户（包括宾馆饭店）提供电影作品，使用的是电影作品的复制权和局域网信息网络传播权。

使用第一、二、三、四类影片在按点击次数收费时，应先缴纳基本使用费，再结算使用费：

（一）每年每部影片的基本使用费：由VOD运营商确定的该部影片每次点击的单价×33.3%×终端用户数×10%

（二）年度使用费的计算方式是按VOD运营商确定的每次点击该影片的单价×30%×年点击次数，即为每部影片每年的使用费。

基本使用费必须预付，次年结算。年度使用费少于基本使用费的，基本使用费不退；多于基本使用费的则须补足。

使用第五、六类影片或第一、二、三、四类影片点播下线后纳入打包收费的，每部影片的使用费根据用户数量、距首映时间的长短及影片本身的可看性确定为5000－50000元/年。

四、交通工具

飞机、火车、轮船、长途汽车等交通工具目前一般都是通过各自公司或中介公司提供并建立的数据库播映影片，使用的是电影作品的复制权和放映权。其使用费标准如下：

（一）飞机和火车：

在影片首映两年内，其覆盖范围超过10000架次（列次）/年的，每年每部影片的使用费为：

第一类影片，2.5－5万元；

第二类影片，1.8－2.5万元；

第三类影片，1.6－1.8万元；

第四类影片，1.4－1.6万元；

第五、六类影片，2500－14000元。

覆盖范围在10000架次（列次）/年以下的，使用费减半。

影片首映两年后，使用费可酌减。

（二）轮船：

影片首映两年内，其覆盖范围超过5000航次/年的，每年每部影片使用费为：

第一类影片，10000－11000元；

第二类影片，9000－10000元；

第三类影片，8000－9000元；

第四类影片，7000－8000元；

其余影片因类别和长度不同，800－6000元。

覆盖范围少于5000航次/年的，使用费减半。

影片首映两年后，使用费可酌减。

（三）长途汽车：

凡播映电影作品的长途汽车，不分使用影片的数量及类别，一律实行统收，每辆车每年收取著作权使用费365－500元。

五、非营利性局域网

社区、机关、企事业单位的非营利性局域网播映电影，使用的是电影作品的信息网络传播权，按每500户终端为一个计算单位，每个计算单位每年每部影片的著作权使用费为100元。一年内使用满50部影片的按九折计算，一年内使用满100部的按八折计算。

六、音像制品出租

经营影片音像制品出租业务，使用的是电影作品的出租权。每年每个出租点统收电影作品出租权使用费200元。

七、其他

在广播、电视、网络、手机等领域通过剪辑、汇编电影作品传播的，使用的是电影作品的汇编权。使用电影作品的汇编权必须事先（或通过著作权集体管理组织）得到权利人的许可。汇编后的作品应得到权利人的认可。其使用费可根据选用量的多少等因素另行商定。

本使用费收取标准为基准价。在实施过程中根据实际情况可作适当浮动，但浮动幅度由协会理事会讨论决定。

电影作品著作权集体管理使用费转付办法

2010年9月14日国家版权局公告2010年第1号公布施行

根据《中华人民共和国著作权法》、《著作权集体管理条例》和《中国电影著作权协会章程》，制定向权利人转付电影作品著作权使用费办法。

第一章 适用范围和转付类型

第一条 适用范围

(1)本办法适用于中国电影著作权协会(以下简称“协会”)按《电影作品著作权集体管理使用费收取标准》收取的电影作品著作权使用费向电影作品权利人的转付。

(2)本办法还适用于由协会按与境外相关著作权协会订立的“相互代表协议”委托收取的电影作品著作权使用费的转付。

第二条 转付类型

本办法规定的转付类型包括：常规转付(首次转付和最终转付)、境外著作权集体管理组织收取的使用费转付和其他转付。

第二章 转付原则和方式

第三条 转付原则

(1)收取的使用费在扣除第三章规定的费用后，其余必须及时足额向作品权利人转付，不得无故拖延，不得挪作他用。

(2)同一作品向不同使用者因不同使用方式收取的使用费，实行按日历年度汇集后一次转付。

(3)权利人向协会授权、登记并经核实其所提供的信息准确无误后，可以获得转付的使用费。

(4)转付使用费必须编制使用费转付记录，载明使用费总额、管理费总额、权利人名称、作品名称、有关使用情况、向权利人转付使用费数额等事项。转付记录保存期不低于十年。

第四条 转付方式

(1)使用费的收取和转付必须使用协会指定的账户。

(2)根据作品使用的实际情况及能掌握的信息详尽程度，实行下列三种转付方式：

精确转付。在使用者能按许可合同提供详尽的作品使用信息，或通过具有权威性的第三方能获得作品使用的详尽信息的情况下，应严格依据这些信息精确地向作品权利人转付使用费；

抽样转付。在使用面较广而使用者又无法提供作品使用的详尽信息的情况下，可按抽样调查的信息实行抽样转付；

平均转付。在作品使用面广、使用单价低而又难以实行精确转付或抽样转付的情况下，可对相关作品的使用费实行平均分配。

(3)同一作品有多个权利人时，应按向协会登记并核实无误的各方分享比例，将使用费转付给各权利人；如各权利人一致同意其中一个权利人代表各方收取使用费，则使用费转付给该权利人。

第三章 管理费、版权保护基金和准备金

第五条 管理费

(1)会员电影作品的著作权的使用费，协会按实收使用费提取10%作为管理费，这一比例应当随着使用费收入的增加而逐步降低。

(2)非会员电影作品的著作权的使用费，协会按实收使用费提取15%作为管理费。

(3)按与境外相关著作权协会订立的“相互代表协议”委托收取的著作权使用费，协会从实收使用费中提取8%作为管理费，非会员电影作品从实收使用费中提取12%作为管理费。

(4)管理费的使用应严格遵照会员大会表决通过的“管理费使用办法”执行，并每年向会员大会通报，接受会员监督。

第六条 版权保护基金和准备金

(1)从收到使用费至向权利人实行转付期间，使用费产生的利息纳入版权保护基金。

(2)版权保护基金及其使用办法由协会理事会决定。因确有实际需要而版权保护基金又数额不足时，理事会可提议从使用费结余或转付款项中提取适当比例注入版权保护基金，但必须经会员大会表决通过。

(3)如因无现行法律、法规和司法解释的明确依据或对作品权利登记有争议，致使其使用费无法转付时，该应转付款项留作准备金。

第四章 常规转付

第七条 首次转付

（1）已按第六章规定登记的电影作品，每年收取的使用费扣除第三章规定的费用后的金额为使用费首次转付总额。

（2）在日历年度使用费收取工作完成后一个月内开始实行首次转付。

第八条　最终转付

（1）未按第六章规定登记的电影作品，如使用者合法使用并主动交纳使用费，该项使用费列入准备金。权利人两年内作补充登记的，在登记日后一个月内可获得最终转付；逾期两年不作登记的，该项使用费纳入版权保护基金。

（2）按第三章第六条（3）留取的准备金，在确定法律依据或权利登记争议解决后一个月内，实行最终转付。

第五章　境外著作权集体管理组织收取的使用费转付和其他转付

第九条　境外著作权集体管理组织收取的使用费转付

（1）境外著作权集体管理组织收取的使用费是指境外著作权集体管理组织与协会订立相互代表协议并按协议收取的使用费。

（2）境外著作权集体管理组织收取的使用费实行单项结算并在收到使用费一个月内向权利人转付。

（3）境外收取的使用费一律按兑换日牌价向作品权利人转付人民币。

第十条　其他转付

在特殊情况下，可以根据协会理事会的决定，对某些作品实行其他转付。

第六章　附　　则

第十一条　作品登记

（1）纳入著作权集体管理的电影作品必须由权利人向协会登记，并与协会订立著作权集体管理合同。

（2）作品登记必须载明作品名称、权利人姓名或名称、著作权转让情况（已转让的应注明年限及受让方姓名或名称）、出品和首映（首播）日期等详细信息。

（3）从作品登记的日历年度开始，权利人可以获得转付的使用费。

第十二条　协会作品库

（1）协会作品库包括协会会员授权协会管理的所有电影作品。

（2）协会作品库还包括权利人自己独立授权的电影作品和境外同类组织与协会签订相互代表协议所授权的电影作品。

第十三条　办法的实行和修改

（1）本办法经会员大会讨论通过并经国务院著作权管理部门公告后实行。

（2）本办法的修改必须经理事会提请会员大会通过并报请国务院著作权管理部门批准。

第十四条　本办法解释权

本办法解释权属协会理事会。

使用音乐作品进行表演的著作权许可使用费标准

2011年10月27日国家版权局公告2011年第3号公布施行

本标准根据音乐作品表演权内容分为现场表演类收费标准和机械表演类收费标准两部分。

现场表演收费标准

音乐会、演唱会等现场表演的收费，按以下公式计算：

音乐著作权使用费＝座位数×平均票价×4%

按此公式计算，分摊至每首音乐作品时，最低使用费为：

座位数在1000（含）以下时，每首音乐作品收费低于100元的，按100元计；

座位数在1001－2000时，每首音乐作品收费低于200元的，按200元计；

座位数在2001－5000时，每首音乐作品收费低于300元的，按300元计；

座位数在5001－10000时，每首音乐作品收费低于500元的，按500元计；

座位数在10001－20000时，每首音乐作品收费低于1000元的，按1000元计；

座位数在20001－30000时，每首音乐作品收费低于1500元的，按1500元计；

座位数在30001－40000时，每首音乐作品收费低于2000元的，按2000元计；

座位数在40001－50000时，每首音乐作品收费低于2500元的，按2500元计；

座位数在50001（含）以上时，每首音乐作品收费低于3000元的，按3000元计。

注：

“座位数”，指演出场地可以提供给观众的实际座位数。

“平均票价”应依申请人演出前提供的预计出售门票的价位及其相应票数的清单计算；申请人未提供的，按各档票价之和除以档数计算。

超过5分钟的音乐作品，每5分钟按一首音乐作品计。其中，超过部分不足5分钟的，按5分钟计。

不售票的演出，每首音乐作品均应按照上述标准中的最低使用费计算。

机械表演收费标准

收费标准一 本标准适用于夜总会、歌舞厅（不含卡拉OK歌厅）、迪斯科舞厅等。

此类场所按营业面积收费，则：

1）营业面积不足100平方米的，每平方米每天收费0.15元；

2）营业面积超过100平方米的，增加的部分每平方米每天收费0.12元。

收费标准二 本标准适用于酒吧、咖啡厅、餐厅等。

1. 仅提供机械表演的：

营业面积不足40平方米的，每平方米每天收费0.025元；

营业面积超过40平方米的，增加的部分每平方米每天收费0.02元。

2. 提供机械表演和现场表演的：

营业面积不足40平方米的，每平方米每天收费0.05元；

营业面积超过40平方米的，增加的部分每平方米每天收费0.04元。

3. 如设有荧光屏播放音乐作品，则每个荧光屏每年加收350元。

收费标准三 本标准适用于宾馆。

此类场所按客房数收费，其中：

五星级宾馆，每年每间客房45元；

四星级宾馆，每年每间客房40元；

三星级宾馆，每年每间客房35元；

二星级宾馆，每年每间客房15元；

一星级宾馆，每年每间客房10元。

此类场所如在客房外设有荧光屏播放音乐作品，则每个荧光屏每年加收200元。

所附夜总会、歌舞厅、咖啡厅、餐厅等场所按相关标准另行计算。

收费标准四 本标准适用于各类卖场。

1. 超市

对于同一家门店：

①营业面积在200平方米（含）以下的部分，每平方米每年收费2.65元；

营业面积在201－500平方米的部分，每平方米每年收费2.60元；

营业面积在501－1000平方米的部分，每平方米每年收费2.50元；

营业面积在1001－3000平方米的部分，每平方米每年收费2.38元；

营业面积在3001－5000平方米的部分，每平方米每年收费2.25元；

营业面积在5001－10000平方米的部分，每平方米每年收费2.10元；

营业面积在10001－20000平方米的部分，每平方米每年收费1.90元；

营业面积在20001平方米以上的部分，每平方米每年收费1.80元。

依照上述标准计算，年度使用费不足200元的按200元计。

②设有荧光屏播放音乐作品的，则：

荧光屏之对角线长度不超过20英寸的，每个荧光屏每年加收200元；

荧光屏之对角线长度在20－50英寸的，每个荧光屏每年加收500元；

荧光屏之对角线长度超过50英寸的，每个荧光屏每年加收1000元。

2. 商场

对于同一家门店：

①营业面积在1000平方米（含）以下的部分，每年每平方米收费3元；

营业面积在1001－5000平方米的部分，每年每平方米收费2.8元；

营业面积在5001－10000平方米的部分，每年每平方米收费2.55元；

营业面积在10001－30000平方米的部分，每年每平方米收费2.25元；

营业面积在30001－50000平方米的部分，每年每平方米收费1.90元；

营业面积在 50001 - 100000 平方米的部分,每年每平方米收费 1.5 元;

营业面积在 100000 平方米以上的部分,每年每平方米收费 1 元。

依照上述标准计算,年度使用费不足 500 元的按 500 元计。

②如设有荧光屏播放音乐作品,则:

荧光屏之对角线长度不超过 20 英寸的,每个荧光屏每年加收 200 元;

荧光屏之对角线长度在 20 - 50 英寸的,每个荧光屏每年加收 500 元;

荧光屏之对角线长度超过 50 英寸的,每个荧光屏每年加收 1000 元。

3. 家居店

对于同一家门店:

①营业面积在 3000 平方米(含)以下的部分,每平方米每年收费 1.80 元;

营业面积在 3001 - 10000 平方米的部分,每平方米每年收费 1.50 元;

营业面积在 10001 - 20000 平方米的部分,每平方米每年收费 1.20 元;

营业面积在 20001 平方米以上的部分,每平方米每年收费 1 元。

②如设有荧光屏播放音乐作品,则:

荧光屏之对角线长度不超过 20 英寸的,每个荧光屏每年加收 200 元;

荧光屏之对角线长度在 20 - 50 英寸的,每个荧光屏每年加收 300 元;

荧光屏之对角线长度超过 50 英寸的,每个荧光屏每年加收 600 元。

4. 汽车四 S 店

①按照营业面积,每平方米每年收费 1.5 元;照此标准计算,年度使用费低于 200 元的按 200 元计。

②如设有荧光屏播放音乐作品,则:

荧光屏之对角线长度不超过 20 英寸的,每个荧光屏每年加收 200 元;

荧光屏之对角线长度在 20 - 50 英寸的,每个荧光屏每年加收 300 元;

荧光屏之对角线长度超过 50 英寸的,每个荧光屏每年加收 600 元。

5. 音像店

①按照营业面积,每平方米每年收费 5 元。照此标准计算,年度使用费低于 400 元的按 400 元计。

②设有荧光屏播放音乐作品的,每个荧光屏每年加收 200 元。

注:收费标准四所列各经营场所中,所附餐厅等已有相应收费标准的均按相应收费标准另行计算。

收费标准五　本标准适用于健身房。

对于同一家门店:

①按照营业面积,

不超过 200 平方米的部分,每平方米每年收费 4.5 元;

201 - 500 平方米的部分,每平方米每年收费 4.2 元;

501 - 1000 平方米的部分,每平方米每年收费 4 元;

1000 平方米以上的部分,每平方米每年收费 3.6 元。

②设有荧光屏播放音乐作品的,则:

荧光屏之对角线长度不超过 20 英寸的,每个每年 200 元;

荧光屏之对角线长度在 20 - 50 英寸的,每个每年 500 元;

荧光屏之对角线长度超过 50 英寸的,每个每年 1000 元。

收费标准六　本标准适用于溜冰场。

①按照营业面积,每平方米每年收费 7 元。

②设有荧光屏播放音乐作品的,每个荧光屏每年加收 500 元。

收费标准七　本标准适用于保龄球馆、台球厅、洗浴中心、美容院、发廊、影楼。

①按照营业面积,每平方米每年收费 1.8 元;照此标准计算,年度使用费低于 300 元的按 300 元计。

②设有荧光屏播放音乐作品的,每个荧光屏每年加收 350 元。

③所附餐厅等已有相应收费标准的场所均按相应收费标准另行计算。

收费标准八　本标准适用于音乐喷泉。

面积在 50 平方米以下的,每年收费 200 元;

面积在 51 - 300 平方米的,每年收费 400 元;

面积在 301 平方米以上的,每年收费 1000 元。

收费标准九　本标准适用于话剧、戏剧。

①以机械表演方式使用音乐作品的,按照每场每分

钟100元的标准收取音乐著作权使用费,不足一分钟的按一分钟计算。

②以演员演唱的方式使用音乐作品的,按照每场每半分钟100元的标准收取音乐著作权使用费,不足半分钟的按半分钟计算。

收费标准十 本标准适用于银行、电信等行业的营业厅。

①按照营业面积,每平方米每年5元。照此标准计算,年度使用费低于500元的按500元计。

②设有荧光屏播放音乐作品的,每个荧光屏每年加收400元。

收费标准十一 本标准适用于展厅。

长期使用音乐的展厅,每平方米每天收费0.01元。照此标准计算,年度使用费低于200元的按200元计。

收费标准十二 本标准适用于短期展览(车展、时装展等)。

此类场所按照展台费的1%计算或

1. 仅以机械表演方式使用音乐作品的:每展台每天200元;

2. 以机械表演和现场表演两种方式使用音乐作品的:每展台每天500元。

本标准中所指展台以100平方米为单位,不足100平方米的按100平方米计算。

收费标准十三 本标准适用于办公楼、写字楼。

①每平方米每年收费1元。照此标准计算,年度使用费低于200元的按200元计。

②电梯间如播放音乐,则每部电梯每年加收300元。

③设有荧光屏播放音乐作品的,每个荧光屏每年加收200元。

④所附餐厅等已有相应收费标准的场所均按相应收费标准另行计算。

收费标准十四 本标准适用于公园。

此类场所按照扬声器的数量计算使用费:

1. 非主题公园,每个扬声器每年100元;

2. 主题公园,每个扬声器每年200元;

3. 游乐场,每个扬声器每年300元。

以上场所中,如有现场表演,则音乐著作权使用费加倍计算。

所附餐厅等已有相应收费标准的场所均按相应收费标准另行计算。

收费标准十五 本标准适用于嘉年华。

在嘉年华活动中以播放背景音乐或进行现场表演(演唱会除外)的方式使用音乐作品,按照每天每千平米100元的标准收取音乐著作权使用费,不足一千平米的按一千平米计。

注:本标准中所称"嘉年华活动"特指室外大型文化、娱乐活动。

收费标准十六 本标准适用于各类交通工具及其等候场所。

1. 客运汽车

客车数量在50辆车(含)以内的,每辆车每年收费为400元;客车数量超过50辆的,超过部分每辆车每年收费为300元。

2. 航空

国际运营线:

每运载1000名乘客每公里0.10元;

但每班次最低收费不得低于30元。

国内运营线:

每运载1000名乘客每公里0.05元;

但每班次最低收费不得低于6元。

3. 铁路

高铁线路:每车次运行每公里收费0.02元。

动车线路:每车次运行每公里收费0.015元。

直快线路和旅游线路:每车次运行每公里收费0.01元。

特快线路:每车次运行每公里收费0.008元。

快速线路:每车次运行每公里收费0.007元。

普通线路:每车次运行每公里收费0.005元。

4. 船舶

容客量不超过100人的,每艘船每年收费300元;

容客量在101-500人的,每艘船每年收费500元;

容客量在501-1000人的,每艘船每年收费1000元;

容客量超过1000人的,每艘船每年收费2000元。

5. 候车、候船、候机大厅

按照营业面积,每平方米每年收费1元。照此标准计算,每个场所年度使用费低于200元的按200元计。

收费标准十七 本标准适用于电话等候音乐。

在电话等候音乐中使用音乐作品,按照使用电话线的数量计算使用费:5条电话线以下(含5条)每年500元;5至10条电话线(含10条)每年750元;10条电话线以上每增加10条电话线每年增加400元。

注:电话线的数量应与电话总机和分机的总数相一致。

附　　则

该许可标准在我国中部、西部等经济相对落后的地区执行时,可以根据实际情况进行适当调整后适用。

在连锁企业就其所属门店统一解决音乐作品表演权时,可以基于连锁企业经营规模将本标准进行适当调整后适用。

在行业协会就其会员单位统一解决音乐表演权时,可以基于行业覆盖率将本标准进行适当调整后适用。

国家版权局关于复制发行境外录音制品向著作权人付酬有关问题的通知

1. 2000年9月13日

2. 国权〔2000〕38号

各省、自治区、直辖市版权局:

近年来,国内音像出版单位和其他单位引进境外录音制品在境内复制发行时,因授权方和引进方在授权合同中未约定向词曲作品著作权人付酬事项,引起了不必要的纷争。为避免今后再发生此类纠纷,进一步规范引进境外录音制品合同,经研究,就有关事宜通知如下:

一、音像出版单位或其他单位在引进境外录音制品时,应在授权合同中就向音乐作品的著作权人付酬事宜与授权方做出明确约定。

二、凡在合同中约定由引进方(包括音像出版单位或其他单位)向境外录音制品中的词曲著作权人付酬,词曲著作权人是中国音乐著作权协会会员的,或词曲著作权人所属的集体管理协会与中国音乐著作权协会签订相互代理协议的,引进方应将使用报酬支付给中国音乐著作权协会。词曲著作权人不属于中国音乐著作权协会管理范围的,引进方应直接向词曲著作权人付酬或委托著作权集体管理组织代办为转付。

三、引进方支付报酬的标准按国家版权局颁发的《录音法定许可付酬标准暂行规定》和《关于录音法定许可付酬标准暂行规定的补充通知》中规定的标准支付。

请各地版权局将本通知转发当地音像出版单位,并认真检查执行情况。

国家版权局关于制止未经批准从事集体管理活动的通知

1. 2005年12月30日

2. 国权办〔2005〕49号

江苏省版权局:

近日,我局从媒体了解到,北京音得利国际音乐文化有限公司(简称音得利)在获得部分境外唱片公司授权后,开始向南京地区卡拉OK经营者收费,并报道了你局有关同志对此事的看法。

根据《著作权集体管理条例》的规定,未经国务院著作权行政管理部门批准,任何组织和个人不得从事著作权集体管理活动。“音得利”公司显然未经国家有关部门的批准。

“音得利”公司的行为是在进行著作权集体管理活动。著作权集体管理活动是通过各种方式获得著作权人及与著作权有关权益的权利人的专有授权后,再向不特定使用者发放广泛的非专有许可,并收取使用费的活动。“音得利”公司大量地获取相关权利人的授权后,不是自己使用,而是转给他人使用并发放许可从中收取费用,是在变相从事著作权集体管理活动。

为了建立健全著作权集体管理制度,保护权利人和使用者的利益,国家版权局正在与有关部门一起加快集体管理组织的审批工作。2005年12月23日,已正式批准成立了中国音像集体管理协会,该协会将与中国音乐著作权协会协商后共同向卡拉OK经营者收取著作权使用费,以保护权利人的合法权益。

“音得利”公司这些活动如不加以制止,会损害权利人的合法权益,给使用者合法使用作品造成混乱,对正在建立的我国著作权集体管理制度造成严重冲击,严重扰乱市场秩序。同时,“音得利”公司对唱片公司权利的垄断,也会对我国的文化安全构成一定威胁,这种趋势已经引起有关部门高度重视。

希望你局对此事进行认真调查,立即制止“音得利”公司的这种变相从事集体管理活动的行为,同时消除媒体报道的不良影响,并在调查结束后向我局提供书面报告。

7. 著作权行政执法

举报、查处侵权盗版行为奖励暂行办法

2007年9月20日国家版权局公告2007年第2号公布施行

第一条 为鼓励举报和查处侵权盗版行为,严厉打击侵权盗版活动,保障版权相关产业有序发展,根据国家有关法律、法规,制定本办法。

第二条 国家版权局设立反盗版举报中心(以下称举报中心),承担奖励举报及查处重大侵权盗版行为有功单位及个人的有关工作。举报中心设立12390免费举报电话及jubao@ncac.gov.cn举报邮箱地址,接受社会公众针对侵权盗版行为的举报。

第三条 重大侵权盗版行为和案件,指各级版权、公安、文化、工商、海关、出版物市场监管等部门依据著作权法律、法规及刑法关于侵犯著作权罪的相关规定查处或协助查处的侵权盗版案件。

第四条 举报重大侵权盗版案件单位和个人(以下称举报人)获奖条件:

(一)以书面、电话、电子邮件或其他方式举报侵权盗版行为;

(二)能够提供违法事实、线索或证据,举报对象明确、具体,对案件查处起到关键性作用;

(三)提供的证据或线索事先未被行政机关、司法机关掌握;

(四)举报事实清楚、查证属实,并依据著作权法律、法规及刑法关于侵犯著作权罪的相关规定做出行政处罚,或者依法移送司法机关立案处理;

(五)应当具备的其他条件。

第五条 根据举报人提供的违法事实、线索或证据等与案件调查结论相符合的程度,分为以下三类进行奖励:

(一)提供被举报人的详细违法事实、侵权盗版线索或相关证据,协助参与现场查处工作,举报情况与事实结论完全相符。

(二)提供被举报人的部分违法事实、侵权盗版线索或相关证据,协助查处工作,举报情况与事实结论相符。

(三)提供被举报人的少量违法事实、侵权盗版线索或相关证据,未直接协助查处工作,举报情况与事实结论基本相符。

第六条 根据举报的侵权盗版案件影响程度或查获的违法财产数额,结合本办法第五条规定的举报类别确定奖励数额。每个案件的奖励金额不超过10万元。案情重大,或者在全国有重大影响,或者案值数额巨大的案件,奖励金额可不受此限。

第七条 两名以上举报人先后举报同一违法行为的,仅奖励在先举报人;两名以上举报人共同举报同一违法行为的,由举报人自行协商分配比例,协商不成的,奖励资金平均分配。

第八条 查处或协助查处重大侵权盗版案件单位和人员的获奖条件:

(一)在查处重大侵权盗版案件中表现突出的;

(二)在查处重大侵权盗版案件过程中,主动提供设备、技术、人员或其他帮助,并对查处案件起到重大作用的;

(三)查处的案件已依据著作权法律、法规、规章做出行政处罚,或者已依法移送司法机关立案处理;

(四)应当具备的其他条件。

第九条 对查处或协助查处重大侵权盗版案件有功单位和个人的奖励,每个案件对有功单位的奖励一般在10万元以下,对有功个人的奖励一般在1万元以下。对在全国有重大影响的案件可不受此限。

第十条 举报中心定期审核确定奖励对象及奖励数额,并通知受奖人领奖。

第十一条 受奖单位和个人应当在接到奖励通知后,凭单位有效证明文件或本人身份证,及时办理领奖手续。

第十二条 举报中心对举报材料和举报人的信息应严格保密。未经举报人许可,不得公开举报人姓名、身份及居住地等有关信息,违者依法承担法律责任。

第十三条 任何单位和个人不得对举报人进行打击报复,违者依法承担法律责任。

第十四条 本办法的实施,不影响其他法律、法规关于奖励举报和查处侵权盗版行为规定的适用。

第十五条 本办法由国家版权局负责解释。

第十六条 本办法自公布之日起施行。

著作权行政处罚实施办法

1. 2009年5月7日国家版权局令第6号公布
2. 自2009年6月15日起施行

第一章 总 则

第一条 为规范著作权行政管理部门的行政处罚行为，保护公民、法人和其他组织的合法权益，根据《中华人民共和国行政处罚法》（以下称行政处罚法）、《中华人民共和国著作权法》（以下称著作权法）和其他有关法律、行政法规，制定本办法。

第二条 国家版权局以及地方人民政府享有著作权行政执法权的有关部门（以下称著作权行政管理部门），在法定职权范围内就本办法列举的违法行为实施行政处罚。法律、法规另有规定的，从其规定。

第三条 本办法所称的违法行为是指：

（一）著作权法第四十七条列举的侵权行为，同时损害公共利益的；

（二）《计算机软件保护条例》第二十四条列举的侵权行为，同时损害公共利益的；

（三）《信息网络传播权保护条例》第十八条列举的侵权行为，同时损害公共利益的；第十九条、第二十五条列举的侵权行为；

（四）《著作权集体管理条例》第四十一条、第四十四条规定的应予行政处罚的行为；

（五）其他有关著作权法律、法规、规章规定的应给予行政处罚的违法行为。

第四条 对本办法列举的违法行为，著作权行政管理部门可以依法责令停止侵权行为，并给予下列行政处罚：

（一）警告；

（二）罚款；

（三）没收违法所得；

（四）没收侵权制品；

（五）没收安装存储侵权制品的设备；

（六）没收主要用于制作侵权制品的材料、工具、设备等；

（七）法律、法规、规章规定的其他行政处罚。

第二章 管辖和适用

第五条 本办法列举的违法行为，由侵权行为实施地、侵权结果发生地、侵权制品储藏地或者依法查封扣押地的著作权行政管理部门负责查处。法律、行政法规另有规定的除外。

侵犯信息网络传播权的违法行为由侵权人住所地、实施侵权行为的网络服务器等设备所在地或侵权网站备案登记地的著作权行政管理部门负责查处。

第六条 国家版权局可以查处在全国有重大影响的违法行为，以及认为应当由其查处的其他违法行为。地方著作权行政管理部门负责查处本辖区发生的违法行为。

第七条 两个以上地方著作权行政管理部门对同一违法行为均有管辖权时，由先立案的著作权行政管理部门负责查处该违法行为。

地方著作权行政管理部门因管辖权发生争议或者管辖不明时，由争议双方协商解决；协商不成的，报请共同的上一级著作权行政管理部门指定管辖；其共同的上一级著作权行政管理部门也可以直接指定管辖。

上级著作权行政管理部门在必要时，可以处理下级著作权行政管理部门管辖的有重大影响的案件，也可以将自己管辖的案件交由下级著作权行政管理部门处理；下级著作权行政管理部门认为其管辖的案件案情重大、复杂，需要由上级著作权行政管理部门处理的，可以报请上一级著作权行政管理部门处理。

第八条 著作权行政管理部门发现查处的违法行为，根据我国刑法规定涉嫌构成犯罪的，应当由该著作权行政管理部门依照国务院《行政执法机关移送涉嫌犯罪案件的规定》将案件移送司法部门处理。

第九条 著作权行政管理部门对违法行为予以行政处罚的时效为两年，从违法行为发生之日起计算。违法行为有连续或者继续状态的，从行为终了之日起计算。侵权制品仍在发行或仍在向公众进行传播的，视为违法行为仍在继续。

违法行为在两年内未被发现的，不再给予行政处罚。法律另有规定的除外。

第三章 处罚程序

第十条 除行政处罚法规定适用简易程序的情况外，著作权行政处罚适用行政处罚法规定的一般程序。

第十一条 著作权行政管理部门适用一般程序查处违法行为，应当立案。

对本办法列举的违法行为，著作权行政管理部门可以自行决定立案查处，或者根据有关部门移送的材料决定立案查处，也可以根据被侵权人、利害关系人或者其他知情人的投诉或者举报决定立案查处。

第十二条 投诉人就本办法列举的违法行为申请立案查处的,应当提交申请书、权利证明、被侵权作品(或者制品)以及其他证据。

申请书应当说明当事人的姓名(或者名称)、地址以及申请查处所根据的主要事实、理由。

投诉人委托代理人代为申请的,应当由代理人出示委托书。

第十三条 著作权行政管理部门应当在收到所有投诉材料之日起十五日内,决定是否受理并通知投诉人。不予受理的,应当书面告知理由。

第十四条 立案时应当填写立案审批表,同时附上相关材料,包括投诉或者举报材料、上级著作权行政管理部门交办或者有关部门移送案件的有关材料、执法人员的检查报告等,由本部门负责人批准,指定两名以上办案人员负责调查处理。

办案人员与案件有利害关系的,应当自行回避;没有回避的,当事人可以申请其回避。办案人员的回避,由本部门负责人批准。负责人的回避,由本级人民政府批准。

第十五条 执法人员在执法过程中,发现违法行为正在实施,情况紧急来不及立案的,可以采取下列措施:

(一)对违法行为予以制止或者纠正;

(二)对涉嫌侵权制品、安装存储涉嫌侵权制品的设备和主要用于违法行为的材料、工具、设备等依法先行登记保存;

(三)收集、调取其他有关证据。

执法人员应当及时将有关情况和材料报所在著作权行政管理部门,并于发现情况之日起七日内办理立案手续。

第十六条 立案后,办案人员应当及时进行调查,并要求法定举证责任人在著作权行政管理部门指定的期限内举证。

办案人员取证时可以采取下列手段收集、调取有关证据:

(一)查阅、复制与涉嫌违法行为有关的文件档案、账簿和其他书面材料;

(二)对涉嫌侵权制品进行抽样取证;

(三)对涉嫌侵权制品、安装存储涉嫌侵权制品的设备、涉嫌侵权的网站网页、涉嫌侵权的网站服务器和主要用于违法行为的材料、工具、设备等依法先行登记保存。

第十七条 办案人员在执法中应当向当事人或者有关人员出示由国家版权局或者地方人民政府制发的行政执法证件。

第十八条 办案时收集的证据包括:

(一)书证;

(二)物证;

(三)证人证言;

(四)视听资料;

(五)当事人陈述;

(六)鉴定结论;

(七)检查、勘验笔录。

第十九条 当事人提供的涉及著作权的底稿、原件、合法出版物、作品登记证书、著作权合同登记证书、认证机构出具的证明、取得权利的合同,以及当事人自行或者委托他人以定购、现场交易等方式购买侵权复制品而取得的实物、发票等,可以作为证据。

第二十条 办案人员抽样取证、先行登记保存有关证据,应当有当事人在场。对有关物品应当当场制作清单一式二份,由办案人员和当事人签名、盖章后,分别交由当事人和办案人员所在著作权行政管理部门保存。当事人不在场或者拒绝签名、盖章的,由现场两名以上办案人员注明情况。

第二十一条 办案人员先行登记保存有关证据,应当经本部门负责人批准,并向当事人交付证据先行登记保存通知书。当事人或者有关人员在证据保存期间不得转移、损毁有关证据。

先行登记保存的证据,应当加封著作权行政管理部门先行登记保存封条,由当事人就地保存。先行登记保存的证据确需移至他处的,可以移至适当的场所保存。情况紧急来不及办理本条规定的手续时,办案人员可以先行采取措施,事后及时补办手续。

第二十二条 对先行登记保存的证据,应当在交付证据先行登记保存通知书后七日内作出下列处理决定:

(一)需要鉴定的,送交鉴定;

(二)违法事实成立,应当予以没收的,依照法定程序予以没收;

(三)应当移送有关部门处理的,将案件连同证据移送有关部门处理;

(四)违法事实不成立,或者依法不应予以没收的,解除登记保存措施;

（五）其他有关法定措施。

第二十三条 著作权行政管理部门在查处案件过程中，委托其他著作权行政管理部门代为调查的，须出具委托书。受委托的著作权行政管理部门应当积极予以协助。

第二十四条 对查处案件中的专业性问题，著作权行政管理部门可以委托专门机构或者聘请专业人员进行鉴定。

第二十五条 调查终结后，办案人员应当提交案件调查报告，说明有关行为是否违法，提出处理意见及有关事实、理由和依据，并附上全部证据材料。

第二十六条 著作权行政管理部门拟作出行政处罚决定的，应当由本部门负责人签发行政处罚事先告知书，告知当事人拟作出行政处罚决定的事实、理由和依据，并告知当事人依法享有的陈述权、申辩权和其他权利。

行政处罚事先告知书应当由著作权行政管理部门直接送达当事人，当事人应当在送达回执上签名、盖章。当事人拒绝签收的，由送达人员注明情况，把送达文书留在受送达人住所，并报告本部门负责人。著作权行政管理部门也可以采取邮寄送达方式告知当事人。无法找到当事人时，可以以公告形式告知。

第二十七条 当事人要求陈述、申辩的，应当在被告知后七日内，或者自发布公告之日起三十日内，向著作权行政管理部门提出陈述、申辩意见以及相应的事实、理由和证据。当事人在此期间未行使陈述权、申辩权的，视为放弃权利。

采取直接送达方式告知的，以当事人签收之日为被告知日期；采取邮寄送达方式告知的，以回执上注明的收件日期为被告知日期。

第二十八条 办案人员应当充分听取当事人的陈述、申辩意见，对当事人提出的事实、理由和证据进行复核，并提交复核报告。

著作权行政管理部门不得因当事人申辩加重处罚。

第二十九条 著作权行政管理部门负责人应当对案件调查报告及复核报告进行审查，并根据审查结果分别作出下列处理决定：

（一）确属应当予以行政处罚的违法行为的，根据侵权人的过错程度、侵权时间长短、侵权范围大小及损害后果等情节，予以行政处罚；

（二）违法行为轻微并及时纠正，没有造成危害后果的，不予行政处罚；

（三）违法事实不成立的，不予行政处罚；

（四）违法行为涉嫌构成犯罪的，移送司法部门处理。

对情节复杂或者重大的违法行为给予较重的行政处罚，由著作权行政管理部门负责人集体讨论决定。

第三十条 著作权行政管理部门作出罚款决定时，罚款数额应当依照《中华人民共和国著作权法实施条例》第三十六条、《计算机软件保护条例》第二十四条的规定和《信息网络传播权保护条例》第十八条、第十九条的规定确定。

第三十一条 违法行为情节严重的，著作权行政管理部门可以没收主要用于制作侵权制品的材料、工具、设备等。

具有下列情形之一的，属于前款所称“情节严重”：

（一）违法所得数额（即获利数额）二千五百元以上的；

（二）非法经营数额在一万五千元以上的；

（三）经营侵权制品在二百五十册（张或份）以上的；

（四）因侵犯著作权曾经被追究法律责任，又侵犯著作权的；

（五）造成其他重大影响或者严重后果的。

第三十二条 对当事人的同一违法行为，其他行政机关已经予以罚款的，著作权行政管理部门不得再予罚款，但仍可以视具体情况予以本办法第四条所规定的其他种类的行政处罚。

第三十三条 著作权行政管理部门作出较大数额罚款决定或者法律、行政法规规定应当听证的其他行政处罚决定前，应当告知当事人有要求举行听证的权利。

前款所称“较大数额罚款”，是指对个人处以两万元以上、对单位处以十万元以上的罚款。地方性法规、规章对听证要求另有规定的，依照地方性法规、规章办理。

第三十四条 当事人要求听证的，著作权行政管理部门应当依照行政处罚法第四十二条规定的程序组织听证。当事人不承担组织听证的费用。

第三十五条 著作权行政管理部门决定予以行政处罚的，应当制作行政处罚决定书。

著作权行政管理部门认为违法行为轻微,决定不予行政处罚的,应当制作不予行政处罚通知书,说明不予行政处罚的事实、理由和依据,并送达当事人;违法事实不成立的,应当制作调查结果通知书,并送达当事人。

著作权行政管理部门决定移送司法部门处理的案件,应当制作涉嫌犯罪案件移送书,并连同有关材料和证据及时移送有管辖权的司法部门。

第三十六条　行政处罚决定书应当由著作权行政管理部门在宣告后当场交付当事人。当事人不在场的,应当在七日内送达当事人。

第三十七条　当事人对国家版权局的行政处罚不服的,可以向国家版权局申请行政复议;当事人对地方著作权行政管理部门的行政处罚不服的,可以向该部门的本级人民政府或者其上一级著作权行政管理部门申请行政复议。

当事人对行政处罚或者行政复议决定不服的,可以依法提起行政诉讼。

第四章　执 行 程 序

第三十八条　当事人收到行政处罚决定书后,应当在行政处罚决定书规定的期限内予以履行。

当事人申请行政复议或者提起行政诉讼的,行政处罚不停止执行。法律另有规定的除外。

第三十九条　没收的侵权制品应当销毁,或者经被侵权人同意后以其他适当方式处理。

销毁侵权制品时,著作权行政管理部门应当指派两名以上执法人员监督销毁过程,核查销毁结果,并制作销毁记录。

对没收的主要用于制作侵权制品的材料、工具、设备等,著作权行政管理部门应当依法公开拍卖或者依照国家有关规定处理。

第四十条　上级著作权行政管理部门作出的行政处罚决定,可以委托下级著作权行政管理部门代为执行。代为执行的下级著作权行政管理部门,应当将执行结果报告该上级著作权行政管理部门。

第五章　附　　则

第四十一条　本办法所称的侵权制品包括侵权复制品和假冒他人署名的作品。

第四十二条　著作权行政管理部门应当按照国家统计法规建立著作权行政处罚统计制度,每年向上一级著作权行政管理部门提交著作权行政处罚统计报告。

第四十三条　行政处罚决定或者复议决定执行完毕后,著作权行政管理部门应当及时将案件材料立卷归档。

立卷归档的材料主要包括:行政处罚决定书、立案审批表、案件调查报告、复核报告、复议决定书、听证笔录、听证报告、证据材料、财物处理单据以及其他有关材料。

第四十四条　本办法涉及的有关法律文书,应当参照国家版权局确定的有关文书格式制作。

第四十五条　本办法自2009年6月15日起施行。国家版权局2003年9月1日发布的《著作权行政处罚实施办法》同时废止,本办法施行前发布的其他有关规定与本办法相抵触的,依照本办法执行。

国家版权局关于市、县级(含县级市)著作权行政管理机关是否具有行政执法主体资格的请示的答复

1. 2000年11月28日
2. 国权〔2000〕47号

湘版权字〔2000〕3号文收悉。经研究,答复如下:

《著作权法》第八条规定:“国务院著作权行政管理部门主管全国的著作权管理工作;各省、自治区、直辖市人民政府的著作权行政管理部门主管本行政区域的著作权行政管理工作。”《著作权法实施条例》第八条规定:“地方人民政府著作权行政管理部门主管本行政区域的著作权管理工作,其职责由各省、自治区、直辖市人民政府确定。”第五十二条规定:“地方人民政府著作权行政管理部门负责查处本地区发生的著作权法第四十六条所列的侵权行为。”《行政处罚法》第十五条规定:“行政处罚由具有行政处罚权的行政机关在法定职权范围内实施。”关于“地方人民政府”的界定,宪法第九十五条有明确规定。

依据上述各项规定,我们认为,“地方人民政府的著作权行政管理部门”指宪法第九十五条所说的各级人民政府所属的著作权行政管理部门,省级以下的著作权管理部门如何设置,其行政管理职责,包括行政处罚的权限,应由各省、自治区、直辖市人民政府确定。

以上意见,供参考。

国家版权局办公厅关于对查处涉嫌侵权MP3制品有关问题的意见

1. 2002年8月21日
2. 国权办〔2002〕12号

苏权发〔2002〕18号涵收悉。经研究，现答复如下：

一、关于出版MP3音乐制品国家是否有明确规定的问题

MP3是一种对音乐录制的数字压缩技术，国家是否允许出版社利用MP3技术制作音乐制品，属于新闻出版的管理范围，由新闻出版相关政策进行规范。从著作权法的角度看，这种技术同印刷、复印等一样，仍然是一种复制技术。根据著作权法的规定，复制他人的作品或者录音制品应经过权利人的许可，否则，即属侵权。

二、关于擅自从网上下载MP3音乐作品用于出版、发行的行为性质

从网上下载音乐作品以属于复制行为，将下载后的音乐制品复制后进行销售，属于发行行为。根据著作权法的规定，擅自复制、发行他人作品者录音制品的，是侵犯他人的复制权、发行权的行为。

三、关于此类MP3制品如何定性问题

著作权法第五十二条规定，复制品的出版者、发行者如果不能证明其出版、发行的复制品有合法来源的，应当承担法律责任。据此，我们认为，MP3制品的出版者和发行者如不能证明有合法来源，应当认定其出版、发行的MP3制品为侵权制品，著作权行政管理部门可依据著作权法第四十七条的规定、著作权法实施条例及著作权行政处罚实施办法的有关规定给予行政处罚。

国家版权局关于查处著作权侵权案件如何理解适用损害公共利益有关问题的复函

1. 2006年11月2日
2. 国权办〔2006〕43号

浙江省版权局：

你局10月26日《关于在查处著作权侵权案件时如何理解适用“损害公共利益”问题的请示》收悉。

就如何认定损害公共利益这一问题，依据《中华人民共和国著作权法》规定，第四十七条所列侵权行为，均有可能侵犯公共利益。就一般原则而言，向公众传播侵权作品，构成不正当竞争，损害经济秩序就是损害公共利益的具体表现。在“2002年WTO过渡性审议”中，国家版权局也曾明确答复“构成不正当竞争，危害经济秩序的行为即可认定为损害公共利益”。此答复得到了全国人大法工委、国务院法制办、最高人民法院的认可。

如商业性卡拉OK经营者，未经著作权人许可使用作品，特别是在著作权人要求其履行合法义务的情况下，仍然置之不理，主观故意明显，应属情节严重的侵权行为。这种行为不仅侵犯了著作权人的合法权益，并且损害了市场经济秩序和公平竞争环境。我局认为该行为应属一种损害公共利益的侵权行为。

三、商　　标

《中华人民共和国商标法》导读

2013年8月30日，十二届全国人大常委会第四次会议通过了《全国人民代表大会常务委员会关于修改〈中华人民共和国商标法〉的决定》，并由中华人民共和国主席令第六号公布，自2014年5月1日起施行。此次商标法的主要修改内容包括以下几个方面：

一、增加关于商标审查时限的规定，规范行政行为，提高行政效率

参考实践中商标案件的平均审查时限，增加了商标审查时限的规定：商标局初步审查时限为九个月；对异议申请调查核实的时限为十二个月。商标评审委员会对商标局驳回申请不予公告决定进行复审的时限为九个月，对商标局认为异议成立而不予注册决定复审的时限为十二个月。有特殊情况需要延长的，经国务院工商行政管理部门批准，可以分别延长三个月或者六个月。同时，对商标无效宣告、撤销的审查时限等也作了相应规定。

二、增加可以注册的商标要素，优化申请方式，方便申请人注册商标

为方便申请人注册商标，主要从以下几个方面对现行商标法进行了修改：

一是根据实践需要，删除了现行商标法关于商标必须是“可视性标志”的限制性规定，明确“声音”可以作为商标申请注册；

二是明确了“一标多类”的申请方式，规定申请人可以通过一份申请就多个类别的商品申请注册同一商标；

三是明确了电子申请的效力，规定商标注册申请等有关文件可以以书面方式或者数据电文方式提出。

三、完善驰名商标保护规定

进一步明确了驰名商标的内涵，按照“个案认定、被动保护”的原则，对驰名商标认定机关、认定环节等作出明确规定，并禁止以驰名商标名义进行广告宣传，避免误导消费者，以对这一制度的本质进一步厘清，正本清源。

一是进一步明确了驰名商标的内涵，即“为相关公众所熟知的商标”；同时，按照“个案认定、被动保护”的原则，明确规定，持有人认为其权利受到侵害时，可以依照本法规定请求驰名商标保护；驰名商标应当作为处理涉及商标案件需要认定的事实进行认定。也就是说，商标局、商标评审委员会、人民法院不得主动适用本法有关保护驰名商标的规定，只有当事人在商标案件中提出保护其驰名商标的申请后，才可以适用相应的规定；同时，认定结果仅对该案件有效。

二是对驰名商标认定机关、认定环节等作出明确限定。规定在商标注册审查、商标争议处理、查处商标违法案件以及商标民事、行政案件审理过程中，当事人主张驰名商标权利的，商标局、商标评审委员会和有关人民法院，才可以对商标驰名情况作出认定，认定情况作为处理涉及具体商标案件需要认定的事实。

三是禁止以“驰名商标”的名义进行广告宣传，避免误导消费者。规定生产、经营者不得将“驰名商标”字样用于商品、商品包装或者容器上，或者用于广告宣传、展览以及其他商业活动中。违反上述规定，通过宣传自己的商标是“驰名商标”的方式进行广告宣传的，由地方工商行政管理部门责令改正，处十万元罚款。需要注意的是，对商标进行合法的广告宣传并不禁止。

四、完善商标注册异议制度，简化程序

从以下方面对异议制度进行了完善：

一是对提出异议申请的主体进行了适当限制，将以侵犯在先权利为由提出异议的主体限定为在先权利人或者利害关系人。

二是简化了异议程序，删除了商标局对商标异议进行审查作出裁定的环节，规定商标局对异议进行审查后直接作出准予或者不予注册的决定；对商标局认为异议不成立、准予注册的，异议人不能申请复审，而是通过无效宣告程序请求宣告该注册商标无效；对商标局认为异议成立、不予注册的，被异议人可以申请复审。

五、加大对侵权行为的打击力度，加强对商标专用权的保护

为进一步加强对注册商标专用权的保护，遏制商标侵权行为，主要从以下几个方面对现行商标法进行了修改：

一是增加了应承担法律责任的侵权行为种类。针对实践中帮助他人实施商标侵权日益增多的情况，增加规定：故意为侵权提供便利条件，帮助他人实施侵犯商标专用权行为的，属于侵犯商标专用权的行为。

二是增加了惩罚性赔偿规定，提高了法定的侵权赔偿数额。针对实践中商标侵权案件中受害人维权成本高、"赢了官司赔了钱"的现象，此次修改引入了惩罚性赔偿制度，规定对恶意侵犯商标专用权情节严重的，可以在权利人因侵权受到的损失、侵权人因侵权获得的利益或者商标许可费的一到三倍的范围内确定赔偿数额。同时将法定的侵权赔偿额由"五十万元以下"修改为"三百万元以下"，即权利人因侵权受到的损失、侵权人因侵权获得的利益或者商标许可费难以确定的情况下，由法院根据侵权行为的情节判决给予三百万元以下的赔偿。

三是为加大对商标侵权行为的打击力度，考虑到很少有工具是"专门"用于制造侵权商品、伪造注册商标标识，此次修改将工商行政管理部门查处侵权案件时可以没收的对象，由"专门"制造侵权商品、伪造注册商标标识的工具，修改为"主要"制造侵权商品、伪造注册商标标识的工具。

四是减轻了商标专用权人的举证负担，增加了有关文书提供令的规定：人民法院为确定赔偿数额，在权利人已经尽力举证，而与侵权行为相关的账簿、资料主要由侵权人掌握的情况下，可以责令侵权人提供与侵权行为相关的账簿、资料；侵权人不提供或者提供虚假的账簿、资料的，人民法院可以参考权利人的主张和提供的证据判定侵权赔偿数额。这一规定将一定程度上减轻权利人的举证负担，有利于解决商标侵权案件中的索赔依据不充分的问题。

六、规范商标申请和使用，禁止恶意抢注，维护公平竞争的市场秩序

为规范商标申请和使用，维护公平竞争的市场秩序，主要增加了以下内容：

一是禁止抢注因业务往来等关系而明知他人已经在先使用的商标。实践中一些企业或者个人利用与商标在先使用人的特定关系而恶意抢注该商标的现象时有发生，如在订立合同过程中知悉的他人已经使用的未注册商标而抢先注册等，严重损害了商标在先使用人的权益，也不利于营造公平竞争的市场环境。因此，此次修改增加规定，禁止与商标在先使用人具有合同、业务往来关系或者其他关系而明知该他人商标存在的人抢注该商标。

二是保护在先使用人的权利，明确规定，商标注册人申请商标注册前，他人已经在同一种商品或者类似商品上先于商标注册人使用与注册商标相同或者近似并有一定影响的商标的，注册商标专用权人无权禁止该使用人在原使用范围内继续使用该商标，但可以要求其附加适当区别标识。这一规定给在先使用并有一定影响的未注册商标提供了一定程度的保护。

三是禁止将他人商标用作企业字号。实践中，有的人"傍名牌"，将他人商标用作企业字号，进行不正当竞争。此次修改增加规定，将他人注册商标、未注册驰名商标作为企业名称中的字号使用，误导公众，构成不正当竞争行为的，依照《反不正当竞争法》处理。

七、规范商标代理活动，倡导诚信经营

增加了对商标代理活动进行规范的内容，主要包括：

一是明确规定，商标代理机构应当遵循诚实信用原则，遵守法律、行政法规，按照被代理人的委托办理商标注册申请或者其他商标事宜。对在代理过程中知悉的被代理人的商业秘密，负有保密义务。

二是规定委托人申请注册的商标可能存在商标法规定不得注册情形的，商标代理组织应当明确告知委托人。

三是规定商标代理组织知道或者应当知道委托人申请注册的商标属于恶意抢注他人商标或者侵犯他人在先权利的，不得接受委托。

四是明确商标代理组织除对其代理服务申请商标注册外，不得申请注册其他商标，以防止其申请商标注册牟利。

五是规定商标代理机构有本法规定的违法行为的，除依法追究其法律责任外，由工商行政管理部门记入信用档案；对违反法律规定且情节严重的商标代理组织，还可以由商标局、商标评审委员会决定停止受理其办理商标代理业务，并予以公告。

1. 综 合

中华人民共和国商标法

1. 1982年8月23日第五届全国人民代表大会常务委员会第二十四次会议通过

2. 根据1993年2月22日第七届全国人民代表大会常务委员会第三十次会议《关于修改〈中华人民共和国商标法〉的决定》第一次修正

3. 根据2001年10月27日第九届全国人民代表大会常务委员会第二十四次会议《关于修改〈中华人民共和国商标法〉的决定》第二次修正

4. 根据2013年8月30日第十二届全国人民代表大会常务委员会第四次会议《关于修改〈中华人民共和国商标法〉的决定》第三次修正

目 录

第一章 总 则

第一条 【立法宗旨】为了加强商标管理,保护商标专用权,促使生产、经营者保证商品和服务质量,维护商标信誉,以保障消费者和生产、经营者的利益,促进社会主义市场经济的发展,特制定本法。

第二条 【商标主管部门】国务院工商行政管理部门商标局主管全国商标注册和管理的工作。

国务院工商行政管理部门设立商标评审委员会,负责处理商标争议事宜。

第三条 【注册商标及其分类、保护】经商标局核准注册的商标为注册商标,包括商品商标、服务商标和集体商标、证明商标;商标注册人享有商标专用权,受法律保护。

本法所称集体商标,是指以团体、协会或者其他组织名义注册,供该组织成员在商事活动中使用,以表明使用者在该组织中的成员资格的标志。

本法所称证明商标,是指由对某种商品或者服务具有监督能力的组织所控制,而由该组织以外的单位或者个人使用于其商品或者服务,用以证明该商品或者服务的原产地、原料、制造方法、质量或者其他特定品质的标志。

集体商标、证明商标注册和管理的特殊事项,由国务院工商行政管理部门规定。

第四条 【商标注册】自然人、法人或者其他组织在生产经营活动中,对其商品或者服务需要取得商标专用权的,应当向商标局申请商标注册。

本法有关商品商标的规定,适用于服务商标。

第五条 【注册商标共有】两个以上的自然人、法人或者其他组织可以共同向商标局申请注册同一商标,共同享有和行使该商标专用权。

第六条 【商标强制注册】法律、行政法规规定必须使用注册商标的商品,必须申请商标注册,未经核准注册的,不得在市场销售。

第七条 【诚实信用原则和商品质量】申请注册和使用商标,应当遵循诚实信用原则。

商标使用人应当对其使用商标的商品质量负责。各级工商行政管理部门应当通过商标管理,制止欺骗消费者的行为。

第八条 【商标的本质特征和构成要素】任何能够将自然人、法人或者其他组织的商品与他人的商品区别开的标志,包括文字、图形、字母、数字、三维标志、颜色组合和声音等,以及上述要素的组合,均可以作为商标申请注册。

第九条 【申请注册和使用商标的原则】申请注册的商标,应当有显著特征,便于识别,并不得与他人在先取得的合法权利相冲突。

商标注册人有权标明"注册商标"或者注册标记。

第十条 【不得作为商标使用的标志】下列标志不得作为商标使用:

(一)同中华人民共和国的国家名称、国旗、国徽、国歌、军旗、军徽、军歌、勋章等相同或者近似的,以及同中央国家机关的名称、标志、所在地特定地点的名称或者标志性建筑物的名称、图形相同的;

(二)同外国的国家名称、国旗、国徽、军旗等相同

或者近似的,但经该国政府同意的除外;

(三)同政府间国际组织的名称、旗帜、徽记等相同或者近似的,但经该组织同意或者不易误导公众的除外;

(四)与表明实施控制、予以保证的官方标志、检验印记相同或者近似的,但经授权的除外;

(五)同"红十字"、"红新月"的名称、标志相同或者近似的;

(六)带有民族歧视性的;

(七)带有欺骗性,容易使公众对商品的质量等特点或者产地产生误认的;

(八)有害于社会主义道德风尚或者有其他不良影响的。

县级以上行政区划的地名或者公众知晓的外国地名,不得作为商标。但是,地名具有其他含义或者作为集体商标、证明商标组成部分的除外;已经注册的使用地名的商标继续有效。

第十一条 【不得作为商标注册的标志及显著特征的取得】下列标志不得作为商标注册:

(一)仅有本商品的通用名称、图形、型号的;

(二)仅直接表示商品的质量、主要原料、功能、用途、重量、数量及其他特点的;

(三)其他缺乏显著特征的。

前款所列标志经过使用取得显著特征,并便于识别的,可以作为商标注册。

第十二条 【三维标志商标的限制】以三维标志申请注册商标的,仅由商品自身的性质产生的形状、为获得技术效果而需有的商品形状或者使商品具有实质性价值的形状,不得注册。

第十三条 【驰名商标的特别保护】为相关公众所熟知的商标,持有人认为其权利受到侵害时,可以依照本法规定请求驰名商标保护。

就相同或者类似商品申请注册的商标是复制、摹仿或者翻译他人未在中国注册的驰名商标,容易导致混淆的,不予注册并禁止使用。

就不相同或者不相类似商品申请注册的商标是复制、摹仿或者翻译他人已经在中国注册的驰名商标,误导公众,致使该驰名商标注册人的利益可能受到损害的,不予注册并禁止使用。

第十四条 【驰名商标认定】驰名商标应当根据当事人的请求,作为处理涉及商标案件需要认定的事实进行认定。认定驰名商标应当考虑下列因素:

(一)相关公众对该商标的知晓程度;

(二)该商标使用的持续时间;

(三)该商标的任何宣传工作的持续时间、程度和地理范围;

(四)该商标作为驰名商标受保护的记录;

(五)该商标驰名的其他因素。

在商标注册审查、工商行政管理部门查处商标违法案件过程中,当事人依照本法第十三条规定主张权利的,商标局根据审查、处理案件的需要,可以对商标驰名情况作出认定。

在商标争议处理过程中,当事人依照本法第十三条规定主张权利的,商标评审委员会根据处理案件的需要,可以对商标驰名情况作出认定。

在商标民事、行政案件审理过程中,当事人依照本法第十三条规定主张权利的,最高人民法院指定的人民法院根据审理案件的需要,可以对商标驰名情况作出认定。

生产、经营者不得将"驰名商标"字样用于商品、商品包装或者容器上,或者用于广告宣传、展览以及其他商业活动中。

第十五条 【禁止恶意抢注】未经授权,代理人或者代表人以自己的名义将被代理人或者被代表人的商标进行注册,被代理人或者被代表人提出异议的,不予注册并禁止使用。

就同一种商品或者类似商品申请注册的商标与他人在先使用的未注册商标相同或者近似,申请人与该他人具有前款规定以外的合同、业务往来关系或者其他关系而明知该他人商标存在,该他人提出异议的,不予注册。

第十六条 【地理标志】商标中有商品的地理标志,而该商品并非来源于该标志所标示的地区,误导公众的,不予注册并禁止使用;但是,已经善意取得注册的继续有效。

前款所称地理标志,是指标示某商品来源于某地区,该商品的特定质量、信誉或者其他特征,主要由该地区的自然因素或者人文因素所决定的标志。

第十七条 【外国人或者外国企业在我国申请商标注册】外国人或者外国企业在中国申请商标注册的,应当按其所属国和中华人民共和国签订的协议或者共同参加的国际条约办理,或者按对等原则办理。

第十八条 【商标代理】申请商标注册或者办理其他商标事宜,可以自行办理,也可以委托依法设立的商标代理机构办理。

外国人或者外国企业在中国申请商标注册和办理其他商标事宜的,应当委托依法设立的商标代理机构办理。

第十九条 【商标代理机构的行为规范】商标代理机构应当遵循诚实信用原则,遵守法律、行政法规,按照被代理人的委托办理商标注册申请或者其他商标事宜;对在代理过程中知悉的被代理人的商业秘密,负有保密义务。

委托人申请注册的商标可能存在本法规定不得注册情形的,商标代理机构应当明确告知委托人。

商标代理机构知道或者应当知道委托人申请注册的商标属于本法第十五条和第三十二条规定情形的,不得接受其委托。

商标代理机构除对其代理服务申请商标注册外,不得申请注册其他商标。

第二十条 【商标代理行业组织】商标代理行业组织应当按照章程规定,严格执行吸纳会员的条件,对违反行业自律规范的会员实行惩戒。商标代理行业组织对其吸纳的会员和对会员的惩戒情况,应当及时向社会公布。

第二十一条 【商标国际注册】商标国际注册遵循中华人民共和国缔结或者参加的有关国际条约确立的制度,具体办法由国务院规定。

第二章 商标注册的申请

第二十二条 【商标注册申请的提出】商标注册申请人应当按规定的商品分类表填报使用商标的商品类别和商品名称,提出注册申请。

商标注册申请人可以通过一份申请就多个类别的商品申请注册同一商标。

商标注册申请等有关文件,可以以书面方式或者数据电文方式提出。

第二十三条 【核定使用范围之外需另行申请】注册商标需要在核定使用范围之外的商品上取得商标专用权的,应当另行提出注册申请。

第二十四条 【改变标志需重新注册】注册商标需要改变其标志的,应当重新提出注册申请。

第二十五条 【优先权】商标注册申请人自其商标在外国第一次提出商标注册申请之日起六个月内,又在中国就相同商品以同一商标提出商标注册申请的,依照该外国同中国签订的协议或者共同参加的国际条约,或者按照相互承认优先权的原则,可以享有优先权。

依照前款要求优先权的,应当在提出商标注册申请的时候提出书面声明,并且在三个月内提交第一次提出的商标注册申请文件的副本;未提出书面声明或者逾期未提交商标注册申请文件副本的,视为未要求优先权。

第二十六条 【国际展览会中的临时保护】商标在中国政府主办的或者承认的国际展览会展出的商品上首次使用的,自该商品展出之日起六个月内,该商标的注册申请人可以享有优先权。

依照前款要求优先权的,应当在提出商标注册申请的时候提出书面声明,并且在三个月内提交展出其商品的展览会名称、在展出商品上使用该商标的证据、展出日期等证明文件;未提出书面声明或者逾期未提交证明文件的,视为未要求优先权。

第二十七条 【申请商标注册的行为规则】为申请商标注册所申报的事项和所提供的材料应当真实、准确、完整。

第三章 商标注册的审查和核准

第二十八条 【初步审查】对申请注册的商标,商标局应当自收到商标注册申请文件之日起九个月内审查完毕,符合本法有关规定的,予以初步审定公告。

第二十九条 【说明或者修正】在审查过程中,商标局认为商标注册申请内容需要说明或者修正的,可以要求申请人做出说明或者修正。申请人未做出说明或者修正的,不影响商标局做出审查决定。

第三十条 【驳回申请】申请注册的商标,凡不符合本法有关规定或者同他人在同一种商品或者类似商品上已经注册的或者初步审定的商标相同或者近似的,由商标局驳回申请,不予公告。

第三十一条 【申请在先原则】两个或者两个以上的商标注册申请人,在同一种商品或者类似商品上,以相同或者近似的商标申请注册的,初步审定并公告申请在先的商标;同一天申请的,初步审定并公告使用在先的商标,驳回其他人的申请,不予公告。

第三十二条 【保护在先权利和禁止恶意抢注】申请商标注册不得损害他人现有的在先权利,也不得以不正当手段抢先注册他人已经使用并有一定影响的商标。

第三十三条 【商标异议程序和核准注册】对初步审定

公告的商标,自公告之日起三个月内,在先权利人、利害关系人认为违反本法第十三条第二款和第三款、第十五条、第十六条第一款、第三十条、第三十一条、第三十二条规定的,或者任何人认为违反本法第十条、第十一条、第十二条规定的,可以向商标局提出异议。公告期满无异议的,予以核准注册,发给商标注册证,并予公告。

第三十四条　【驳回申请的救济程序】对驳回申请、不予公告的商标,商标局应当书面通知商标注册申请人。商标注册申请人不服的,可以自收到通知之日起十五日内向商标评审委员会申请复审。商标评审委员会应当自收到申请之日起九个月内做出决定,并书面通知申请人。有特殊情况需要延长的,经国务院工商行政管理部门批准,可以延长三个月。当事人对商标评审委员会的决定不服的,可以自收到通知之日起三十日内向人民法院起诉。

第三十五条　【商标异议的处理程序】对初步审定公告的商标提出异议的,商标局应当听取异议人和被异议人陈述事实和理由,经调查核实后,自公告期满之日起十二个月内做出是否准予注册的决定,并书面通知异议人和被异议人。有特殊情况需要延长的,经国务院工商行政管理部门批准,可以延长六个月。

商标局做出准予注册决定的,发给商标注册证,并予公告。异议人不服的,可以依照本法第四十四条、第四十五条的规定向商标评审委员会请求宣告该注册商标无效。

商标局做出不予注册决定,被异议人不服的,可以自收到通知之日起十五日内向商标评审委员会申请复审。商标评审委员会应当自收到申请之日起十二个月内做出复审决定,并书面通知异议人和被异议人。有特殊情况需要延长的,经国务院工商行政管理部门批准,可以延长六个月。被异议人对商标评审委员会的决定不服的,可以自收到通知之日起三十日内向人民法院起诉。人民法院应当通知异议人作为第三人参加诉讼。

商标评审委员会在依照前款规定进行复审的过程中,所涉及的在先权利的确定必须以人民法院正在审理或者行政机关正在处理的另一案件的结果为依据的,可以中止审查。中止原因消除后,应当恢复审查程序。

第三十六条　【决定的生效时间、权利取得时间及其效力】法定期限届满,当事人对商标局做出的驳回申请决定、不予注册决定不申请复审或者对商标评审委员会做出的复审决定不向人民法院起诉的,驳回申请决定、不予注册决定或者复审决定生效。

经审查异议不成立而准予注册的商标,商标注册申请人取得商标专用权的时间自初步审定公告三个月期满之日起计算。自该商标公告期满之日起至准予注册决定做出前,对他人在同一种或者类似商品上使用与该商标相同或者近似的标志的行为不具有追溯力;但是,因该使用人的恶意给商标注册人造成的损失,应当给予赔偿。

第三十七条　【及时审查】对商标注册申请和商标复审申请应当及时进行审查。

第三十八条　【更正】商标注册申请人或者注册人发现商标申请文件或者注册文件有明显错误的,可以申请更正。商标局依法在其职权范围内作出更正,并通知当事人。

前款所称更正错误不涉及商标申请文件或者注册文件的实质性内容。

第四章　注册商标的续展、变更、转让和使用许可

第三十九条　【有效期】注册商标的有效期为十年,自核准注册之日起计算。

第四十条　【续展手续】注册商标有效期满,需要继续使用的,商标注册人应当在期满前十二个月内按照规定办理续展手续;在此期间未能办理的,可以给予六个月的宽展期。每次续展注册的有效期为十年,自该商标上一届有效期满次日起计算。期满未办理续展手续的,注销其注册商标。

商标局应当对续展注册的商标予以公告。

第四十一条　【变更】注册商标需要变更注册人的名义、地址或者其他注册事项的,应当提出变更申请。

第四十二条　【转让】转让注册商标的,转让人和受让人应当签订转让协议,并共同向商标局提出申请。受让人应当保证使用该注册商标的商品质量。

转让注册商标的,商标注册人对其在同一种商品上注册的近似的商标,或者在类似商品上注册的相同或者近似的商标,应当一并转让。

对容易导致混淆或者有其他不良影响的转让,商标局不予核准,书面通知申请人并说明理由。

转让注册商标经核准后,予以公告。受让人自公

告之日起享有商标专用权。

第四十三条 【**使用许可**】商标注册人可以通过签订商标使用许可合同,许可他人使用其注册商标。许可人应当监督被许可人使用其注册商标的商品质量。被许可人应当保证使用该注册商标的商品质量。

经许可使用他人注册商标的,必须在使用该注册商标的商品上标明被许可人的名称和商品产地。

许可他人使用其注册商标的,许可人应当将其商标使用许可报商标局备案,由商标局公告。商标使用许可未经备案不得对抗善意第三人。

第五章 注册商标的无效宣告

第四十四条 【**违反绝对拒绝注册理由的无效程序**】已经注册的商标,违反本法第十条、第十一条、第十二条规定的,或者是以欺骗手段或者其他不正当手段取得注册的,由商标局宣告该注册商标无效;其他单位或者个人可以请求商标评审委员会宣告该注册商标无效。

商标局做出宣告注册商标无效的决定,应当书面通知当事人。当事人对商标局的决定不服的,可以自收到通知之日起十五日内向商标评审委员会申请复审。商标评审委员会应当自收到申请之日起九个月内做出决定,并书面通知当事人。有特殊情况需要延长的,经国务院工商行政管理部门批准,可以延长三个月。当事人对商标评审委员会的决定不服的,可以自收到通知之日起三十日内向人民法院起诉。

其他单位或者个人请求商标评审委员会宣告注册商标无效的,商标评审委员会收到申请后,应当书面通知有关当事人,并限期提出答辩。商标评审委员会应当自收到申请之日起九个月内做出维持注册商标或者宣告注册商标无效的裁定,并书面通知当事人。有特殊情况需要延长的,经国务院工商行政管理部门批准,可以延长三个月。当事人对商标评审委员会的裁定不服的,可以自收到通知之日起三十日内向人民法院起诉。人民法院应当通知商标裁定程序的对方当事人作为第三人参加诉讼。

第四十五条 【**违反相对拒绝注册理由的无效程序**】已经注册的商标,违反本法第十三条第二款和第三款、第十五条、第十六条第一款、第三十条、第三十一条、第三十二条规定的,自商标注册之日起五年内,在先权利人或者利害关系人可以请求商标评审委员会宣告该注册商标无效。对恶意注册的,驰名商标所有人不受五年的时间限制。

商标评审委员会收到宣告注册商标无效的申请后,应当书面通知有关当事人,并限期提出答辩。商标评审委员会应当自收到申请之日起十二个月内做出维持注册商标或者宣告注册商标无效的裁定,并书面通知当事人。有特殊情况需要延长的,经国务院工商行政管理部门批准,可以延长六个月。当事人对商标评审委员会的裁定不服的,可以自收到通知之日起三十日内向人民法院起诉。人民法院应当通知商标裁定程序的对方当事人作为第三人参加诉讼。

商标评审委员会在依照前款规定对无效宣告请求进行审查的过程中,所涉及的在先权利的确定必须以人民法院正在审理或者行政机关正在处理的另一案件的结果为依据的,可以中止审查。中止原因消除后,应当恢复审查程序。

第四十六条 【**无效审查决定、裁定的生效**】法定期限届满,当事人对商标局宣告注册商标无效的决定不申请复审或者对商标评审委员会的复审决定、维持注册商标或者宣告注册商标无效的裁定不向人民法院起诉的,商标局的决定或者商标评审委员会的复审决定、裁定生效。

第四十七条 【**商标无效的法律效力**】依照本法第四十四条、第四十五条的规定宣告无效的注册商标,由商标局予以公告,该注册商标专用权视为自始即不存在。

宣告注册商标无效的决定或者裁定,对宣告无效前人民法院做出并已执行的商标侵权案件的判决、裁定、调解书和工商行政管理部门做出并已执行的商标侵权案件的处理决定以及已经履行的商标转让或者使用许可合同不具有追溯力。但是,因商标注册人的恶意给他人造成的损失,应当给予赔偿。

依照前款规定不返还商标侵权赔偿金、商标转让费、商标使用费,明显违反公平原则的,应当全部或者部分返还。

第六章 商标使用的管理

第四十八条 【**商标使用**】本法所称商标的使用,是指将商标用于商品、商品包装或者容器以及商品交易文书上,或者将商标用于广告宣传、展览以及其他商业活动中,用于识别商品来源的行为。

第四十九条 【**注册商标的撤销**】商标注册人在使用注册商标的过程中,自行改变注册商标、注册人名义、地址或者其他注册事项的,由地方工商行政管理部门责令限期改正;期满不改正的,由商标局撤销其注册商标。

注册商标成为其核定使用的商品的通用名称或者没有正当理由连续三年不使用的,任何单位或者个人可以向商标局申请撤销该注册商标。商标局应当自收到申请之日起九个月内做出决定。有特殊情况需要延长的,经国务院工商行政管理部门批准,可以延长三个月。

第五十条　【一年内不予核准】注册商标被撤销、被宣告无效或者期满不再续展的,自撤销、宣告无效或者注销之日起一年内,商标局对与该商标相同或者近似的商标注册申请,不予核准。

第五十一条　【违反强制注册规定的法律责任】违反本法第六条规定的,由地方工商行政管理部门责令限期申请注册,违法经营额五万元以上的,可以处违法经营额百分之二十以下的罚款,没有违法经营额或者违法经营额不足五万元的,可以处一万元以下的罚款。

第五十二条　【不当使用未注册商标的法律责任】将未注册商标冒充注册商标使用的,或者使用未注册商标违反本法第十条规定的,由地方工商行政管理部门予以制止,限期改正,并可以予以通报,违法经营额五万元以上的,可以处违法经营额百分之二十以下的罚款,没有违法经营额或者违法经营额不足五万元的,可以处一万元以下的罚款。

第五十三条　【违法使用"驰名商标"字样的法律责任】违反本法第十四条第五款规定的,由地方工商行政管理部门责令改正,处十万元罚款。

第五十四条　【撤销决定的救济程序】对商标局撤销或者不予撤销注册商标的决定,当事人不服的,可以自收到通知之日起十五日内向商标评审委员会申请复审。商标评审委员会应当自收到申请之日起九个月内做出决定,并书面通知当事人。有特殊情况需要延长的,经国务院工商行政管理部门批准,可以延长三个月。当事人对商标评审委员会的决定不服的,可以自收到通知之日起三十日内向人民法院起诉。

第五十五条　【撤销决定的生效及其效力】法定期限届满,当事人对商标局做出的撤销注册商标的决定不申请复审或者对商标评审委员会做出的复审决定不向人民法院起诉的,撤销注册商标的决定、复审决定生效。

被撤销的注册商标,由商标局予以公告,该注册商标专用权自公告之日起终止。

第七章　注册商标专用权的保护

第五十六条　【保护范围】注册商标的专用权,以核准注册的商标和核定使用的商品为限。

第五十七条　【商标侵权的情形】有下列行为之一的,均属侵犯注册商标专用权:

(一)未经商标注册人的许可,在同一种商品上使用与其注册商标相同的商标的;

(二)未经商标注册人的许可,在同一种商品上使用与其注册商标近似的商标,或者在类似商品上使用与其注册商标相同或者近似的商标,容易导致混淆的;

(三)销售侵犯注册商标专用权的商品的;

(四)伪造、擅自制造他人注册商标标识或者销售伪造、擅自制造的注册商标标识的;

(五)未经商标注册人同意,更换其注册商标并将该更换商标的商品又投入市场的;

(六)故意为侵犯他人商标专用权行为提供便利条件,帮助他人实施侵犯商标专用权行为的;

(七)给他人的注册商标专用权造成其他损害的。

第五十八条　【将商标用作企业字号】将他人注册商标、未注册的驰名商标作为企业名称中的字号使用,误导公众,构成不正当竞争行为的,依照《中华人民共和国反不正当竞争法》处理。

第五十九条　【注册商标专用权的限制】注册商标中含有的本商品的通用名称、图形、型号,或者直接表示商品的质量、主要原料、功能、用途、重量、数量及其他特点,或者含有的地名,注册商标专用权人无权禁止他人正当使用。

三维标志注册商标中含有的商品自身的性质产生的形状、为获得技术效果而需有的商品形状或者使商品具有实质性价值的形状,注册商标专用权人无权禁止他人正当使用。

商标注册人申请商标注册前,他人已经在同一种商品或者类似商品上先于商标注册人使用与注册商标相同或者近似并有一定影响的商标的,注册商标专用权人无权禁止该使用人在原使用范围内继续使用该商标,但可以要求其附加适当区别标识。

第六十条　【商标侵权的处理】有本法第五十七条所列侵犯注册商标专用权行为之一,引起纠纷的,由当事人协商解决;不愿协商或者协商不成的,商标注册人或者利害关系人可以向人民法院起诉,也可以请求工商行政管理部门处理。

工商行政管理部门处理时,认定侵权行为成立的,责令立即停止侵权行为,没收、销毁侵权商品和主要用于制造侵权商品、伪造注册商标标识的工具,违法经营额五万元以上的,可以处违法经营额五倍以下的罚款,没有违法经营额或者违法经营额不足五万元的,可以处二十五万元以下的罚款。对五年内实施两次以上商标侵权行为或者有其他严重情节的,应当从重处罚。销售不知道是侵犯注册商标专用权的商品,能证明该商品是自己合法取得并说明提供者的,由工商行政管理部门责令停止销售。

对侵犯商标专用权的赔偿数额的争议,当事人可以请求进行处理的工商行政管理部门调解,也可以依照《中华人民共和国民事诉讼法》向人民法院起诉。经工商行政管理部门调解,当事人未达成协议或者调解书生效后不履行的,当事人可以依照《中华人民共和国民事诉讼法》向人民法院起诉。

第六十一条 【商标侵权的查处和司法移送】对侵犯注册商标专用权的行为,工商行政管理部门有权依法查处;涉嫌犯罪的,应当及时移送司法机关依法处理。

第六十二条 【工商部门的职权及中止查处】县级以上工商行政管理部门根据已经取得的违法嫌疑证据或者举报,对涉嫌侵犯他人注册商标专用权的行为进行查处时,可以行使下列职权:

(一)询问有关当事人,调查与侵犯他人注册商标专用权有关的情况;

(二)查阅、复制当事人与侵权活动有关的合同、发票、账簿以及其他有关资料;

(三)对当事人涉嫌从事侵犯他人注册商标专用权活动的场所实施现场检查;

(四)检查与侵权活动有关的物品;对有证据证明是侵犯他人注册商标专用权的物品,可以查封或者扣押。

工商行政管理部门依法行使前款规定的职权时,当事人应当予以协助、配合,不得拒绝、阻挠。

在查处商标侵权案件过程中,对商标权属存在争议或者权利人同时向人民法院提起商标侵权诉讼的,工商行政管理部门可以中止案件的查处。中止原因消除后,应当恢复或者终结案件查处程序。

第六十三条 【商标侵权的赔偿数额】侵犯商标专用权的赔偿数额,按照权利人因被侵权所受到的实际损失确定;实际损失难以确定的,可以按照侵权人因侵权所获得的利益确定;权利人的损失或者侵权人获得的利益难以确定的,参照该商标许可使用费的倍数合理确定。对恶意侵犯商标专用权,情节严重的,可以在按照上述方法确定数额的一倍以上三倍以下确定赔偿数额。赔偿数额应当包括权利人为制止侵权行为所支付的合理开支。

人民法院为确定赔偿数额,在权利人已经尽力举证,而与侵权行为相关的账簿、资料主要由侵权人掌握的情况下,可以责令侵权人提供与侵权行为相关的账簿、资料;侵权人不提供或者提供虚假的账簿、资料的,人民法院可以参考权利人的主张和提供的证据判定赔偿数额。

权利人因被侵权所受到的实际损失、侵权人因侵权所获得的利益、注册商标许可使用费难以确定的,由人民法院根据侵权行为的情节判决给予三百万元以下的赔偿。

第六十四条 【不承担赔偿责任的情形】注册商标专用权人请求赔偿,被控侵权人以注册商标专用权人未使用注册商标提出抗辩的,人民法院可以要求注册商标专用权人提供此前三年内实际使用该注册商标的证据。注册商标专用权人不能证明此前三年内实际使用过该注册商标,也不能证明因侵权行为受到其他损失的,被控侵权人不承担赔偿责任。

销售不知道是侵犯注册商标专用权的商品,能证明该商品是自己合法取得并说明提供者的,不承担赔偿责任。

第六十五条 【诉前临时措施】商标注册人或者利害关系人有证据证明他人正在实施或者即将实施侵犯其注册商标专用权的行为,如不及时制止将会使其合法权益受到难以弥补的损害的,可以依法在起诉前向人民法院申请采取责令停止有关行为和财产保全的措施。

第六十六条 【诉前证据保全】为制止侵权行为,在证据可能灭失或者以后难以取得的情况下,商标注册人或者利害关系人可以依法在起诉前向人民法院申请保全证据。

第六十七条 【刑事责任】未经商标注册人许可,在同一种商品上使用与其注册商标相同的商标,构成犯罪的,除赔偿被侵权人的损失外,依法追究刑事责任。

伪造、擅自制造他人注册商标标识或者销售伪造、擅自制造的注册商标标识,构成犯罪的,除赔偿被侵权人的损失外,依法追究刑事责任。

销售明知是假冒注册商标的商品,构成犯罪的,除赔偿被侵权人的损失外,依法追究刑事责任。

第六十八条 【**商标代理机构的法律责任**】商标代理机构有下列行为之一的,由工商行政管理部门责令限期改正,给予警告,处一万元以上十万元以下的罚款;对直接负责的主管人员和其他直接责任人员给予警告,处五千元以上五万元以下的罚款;构成犯罪的,依法追究刑事责任:

(一)办理商标事宜过程中,伪造、变造或者使用伪造、变造的法律文件、印章、签名的;

(二)以诋毁其他商标代理机构等手段招徕商标代理业务或者以其他不正当手段扰乱商标代理市场秩序的;

(三)违反本法第十九条第三款、第四款规定的。

商标代理机构有前款规定行为的,由工商行政管理部门记入信用档案;情节严重的,商标局、商标评审委员会并可以决定停止受理其办理商标代理业务,予以公告。

商标代理机构违反诚实信用原则,侵害委托人合法利益的,应当依法承担民事责任,并由商标代理行业组织按照章程规定予以惩戒。

第六十九条 【**国家机关工作人员的行为规范**】从事商标注册、管理和复审工作的国家机关工作人员必须秉公执法,廉洁自律,忠于职守,文明服务。

商标局、商标评审委员会以及从事商标注册、管理和复审工作的国家机关工作人员不得从事商标代理业务和商品生产经营活动。

第七十条 【**工商部门的内部监督**】工商行政管理部门应当建立健全内部监督制度,对负责商标注册、管理和复审工作的国家机关工作人员执行法律、行政法规和遵守纪律的情况,进行监督检查。

第七十一条 【**国家机关工作人员的法律责任**】从事商标注册、管理和复审工作的国家机关工作人员玩忽职守、滥用职权、徇私舞弊,违法办理商标注册、管理和复审事项,收受当事人财物,牟取不正当利益,构成犯罪的,依法追究刑事责任;尚不构成犯罪的,依法给予处分。

第八章 附 则

第七十二条 【**费用**】申请商标注册和办理其他商标事宜的,应当缴纳费用,具体收费标准另定。

第七十三条 【**施行日期及效力**】本法自1983年3月1日起施行。1963年4月10日国务院公布的《商标管理条例》同时废止;其他有关商标管理的规定,凡与本法抵触的,同时失效。

本法施行前已经注册的商标继续有效。

中华人民共和国商标法实施条例

1. 2002年8月3日国务院令第358号公布
2. 2014年4月29日国务院令第651号修订
3. 自2014年5月1日起施行

第一章 总 则

第一条 根据《中华人民共和国商标法》(以下简称商标法),制定本条例。

第二条 本条例有关商品商标的规定,适用于服务商标。

第三条 商标持有人依照商标法第十三条规定请求驰名商标保护的,应当提交其商标构成驰名商标的证据材料。商标局、商标评审委员会应当依照商标法第十四条的规定,根据审查、处理案件的需要以及当事人提交的证据材料,对其商标驰名情况作出认定。

第四条 商标法第十六条规定的地理标志,可以依照商标法和本条例的规定,作为证明商标或者集体商标申请注册。

以地理标志作为证明商标注册的,其商品符合使用该地理标志条件的自然人、法人或者其他组织可以要求使用该证明商标,控制该证明商标的组织应当允许。以地理标志作为集体商标注册的,其商品符合使用该地理标志条件的自然人、法人或者其他组织,可以要求参加以该地理标志作为集体商标注册的团体、协会或者其他组织,该团体、协会或者其他组织应当依据其章程接纳为会员;不要求参加以该地理标志作为集体商标注册的团体、协会或者其他组织的,也可以正当使用该地理标志,该团体、协会或者其他组织无权禁止。

第五条 当事人委托商标代理机构申请商标注册或者办理其他商标事宜,应当提交代理委托书。代理委托书应当载明代理内容及权限;外国人或者外国企业的代理委托书还应当载明委托人的国籍。

外国人或者外国企业的代理委托书及与其有关的证明文件的公证、认证手续,按照对等原则办理。

申请商标注册或者转让商标,商标注册申请人或者商标转让受让人为外国人或者外国企业的,应当在申请书中指定中国境内接收人负责接收商标局、商标评审委员会后继商标业务的法律文件。商标局、商标评审委员会后继商标业务的法律文件向中国境内接收人送达。

商标法第十八条所称外国人或者外国企业,是指在中国没有经常居所或者营业所的外国人或者外国企业。

第六条 申请商标注册或者办理其他商标事宜,应当使用中文。

依照商标法和本条例规定提交的各种证件、证明文件和证据材料是外文的,应当附送中文译文;未附送的,视为未提交该证件、证明文件或者证据材料。

第七条 商标局、商标评审委员会工作人员有下列情形之一的,应当回避,当事人或者利害关系人可以要求其回避:

(一)是当事人或者当事人、代理人的近亲属的;

(二)与当事人、代理人有其他关系,可能影响公正的;

(三)与申请商标注册或者办理其他商标事宜有利害关系的。

第八条 以商标法第二十二条规定的数据电文方式提交商标注册申请等有关文件,应当按照商标局或者商标评审委员会的规定通过互联网提交。

第九条 除本条例第十八条规定的情形外,当事人向商标局或者商标评审委员会提交文件或者材料的日期,直接递交的,以递交日为准;邮寄的,以寄出的邮戳日为准;邮戳日不清晰或者没有邮戳的,以商标局或者商标评审委员会实际收到日为准,但是当事人能够提出实际邮戳日证据的除外。通过邮政企业以外的快递企业递交的,以快递企业收寄日为准;收寄日不明确的,以商标局或者商标评审委员会实际收到日为准,但是当事人能够提出实际收寄日证据的除外。以数据电文方式提交的,以进入商标局或者商标评审委员会电子系统的日期为准。

当事人向商标局或者商标评审委员会邮寄文件,应当使用给据邮件。

当事人向商标局或者商标评审委员会提交文件,以书面方式提交的,以商标局或者商标评审委员会所存档案记录为准;以数据电文方式提交的,以商标局或者商标评审委员会数据库记录为准,但是当事人确有证据证明商标局或者商标评审委员会档案、数据库记录有错误的除外。

第十条 商标局或者商标评审委员会的各种文件,可以通过邮寄、直接递交、数据电文或者其他方式送达当事人;以数据电文方式送达当事人的,应当经当事人同意。当事人委托商标代理机构的,文件送达商标代理机构视为送达当事人。

商标局或者商标评审委员会向当事人送达各种文件的日期,邮寄的,以当事人收到的邮戳日为准;邮戳日不清晰或者没有邮戳的,自文件发出之日起满15日视为送达当事人,但是当事人能够证明实际收到日的除外;直接递交的,以递交日为准;以数据电文方式送达的,自文件发出之日起满15日视为送达当事人,但是当事人能够证明文件进入其电子系统日期的除外。文件通过上述方式无法送达的,可以通过公告方式送达,自公告发布之日起满30日,该文件视为送达当事人。

第十一条 下列期间不计入商标审查、审理期限:

(一)商标局、商标评审委员会文件公告送达的期间;

(二)当事人需要补充证据或者补正文件的期间以及因当事人更换需要重新答辩的期间;

(三)同日申请提交使用证据及协商、抽签需要的期间;

(四)需要等待优先权确定的期间;

(五)审查、审理过程中,依案件申请人的请求等待在先权利案件审理结果的期间。

第十二条 除本条第二款规定的情形外,商标法和本条例规定的各种期限开始的当日不计算在期限内。期限以年或者月计算的,以期限最后一月的相应日为期限届满日;该月无相应日的,以该月最后一日为期限届满日;期限届满日是节假日的,以节假日后的第一个工作日为期限届满日。

商标法第三十九条、第四十条规定的注册商标有效期从法定日开始起算,期限最后一月相应日的前一日为期限届满日,该月无相应日的,以该月最后一日为期限届满日。

第二章 商标注册的申请

第十三条 申请商标注册,应当按照公布的商品和服务分类表填报。每一件商标注册申请应当向商标局提交《商标注册申请书》1份、商标图样1份;以颜色组合或者着色图样申请商标注册的,应当提交着色图样,并提交黑白稿1份;不指定颜色的,应当提交黑白图样。

商标图样应当清晰,便于粘贴,用光洁耐用的纸张印制或者用照片代替，长和宽应当不大于 10 厘米，不小于 5 厘米。

以三维标志申请商标注册的，应当在申请书中予以声明，说明商标的使用方式，并提交能够确定三维形状的图样，提交的商标图样应当至少包含三面视图。

以颜色组合申请商标注册的，应当在申请书中予以声明，说明商标的使用方式。

以声音标志申请商标注册的，应当在申请书中予以声明，提交符合要求的声音样本，对申请注册的声音商标进行描述，说明商标的使用方式。对声音商标进行描述，应当以五线谱或者简谱对申请用作商标的声音加以描述并附加文字说明；无法以五线谱或者简谱描述的，应当以文字加以描述；商标描述与声音样本应当一致。

申请注册集体商标、证明商标的，应当在申请书中予以声明，并提交主体资格证明文件和使用管理规则。

商标为外文或者包含外文的，应当说明含义。

第十四条　申请商标注册的，申请人应当提交其身份证明文件。商标注册申请人的名义与所提交的证明文件应当一致。

前款关于申请人提交其身份证明文件的规定适用于向商标局提出的办理变更、转让、续展、异议、撤销等其他商标事宜。

第十五条　商品或者服务项目名称应当按照商品和服务分类表中的类别号、名称填写；商品或者服务项目名称未列入商品和服务分类表的，应当附送对该商品或者服务的说明。

商标注册申请等有关文件以纸质方式提出的，应当打字或者印刷。

本条第二款规定适用于办理其他商标事宜。

第十六条　共同申请注册同一商标或者办理其他共有商标事宜的，应当在申请书中指定一个代表人；没有指定代表人的，以申请书中顺序排列的第一人为代表人。

商标局和商标评审委员会的文件应当送达代表人。

第十七条　申请人变更其名义、地址、代理人、文件接收人或者删减指定的商品的，应当向商标局办理变更手续。

申请人转让其商标注册申请的，应当向商标局办理转让手续。

第十八条　商标注册的申请日期以商标局收到申请文件的日期为准。

商标注册申请手续齐备、按照规定填写申请文件并缴纳费用的，商标局予以受理并书面通知申请人；申请手续不齐备、未按照规定填写申请文件或者未缴纳费用的，商标局不予受理，书面通知申请人并说明理由。申请手续基本齐备或者申请文件基本符合规定，但是需要补正的，商标局通知申请人予以补正，限其自收到通知之日起 30 日内，按照指定内容补正并交回商标局。在规定期限内补正并交回商标局的，保留申请日期；期满未补正的或者不按照要求进行补正的，商标局不予受理并书面通知申请人。

本条第二款关于受理条件的规定适用于办理其他商标事宜。

第十九条　两个或者两个以上的申请人，在同一种商品或者类似商品上，分别以相同或者近似的商标在同一天申请注册的，各申请人应当自收到商标局通知之日起 30 日内提交其申请注册前在先使用该商标的证据。同日使用或者均未使用的，各申请人可以自收到商标局通知之日起 30 日内自行协商，并将书面协议报送商标局；不愿协商或者协商不成的，商标局通知各申请人以抽签的方式确定一个申请人，驳回其他人的注册申请。商标局已经通知但申请人未参加抽签的，视为放弃申请，商标局应当书面通知未参加抽签的申请人。

第二十条　依照商标法第二十五条规定要求优先权的，申请人提交的第一次提出商标注册申请文件的副本应当经受理该申请的商标主管机关证明，并注明申请日期和申请号。

第三章　商标注册申请的审查

第二十一条　商标局对受理的商标注册申请，依照商标法及本条例的有关规定进行审查，对符合规定或者在部分指定商品上使用商标的注册申请符合规定的，予以初步审定，并予以公告；对不符合规定或者在部分指定商品上使用商标的注册申请不符合规定的，予以驳回或者驳回在部分指定商品上使用商标的注册申请，书面通知申请人并说明理由。

第二十二条　商标局对一件商标注册申请在部分指定商品上予以驳回的，申请人可以将该申请中初步审定的部分申请分割成另一件申请，分割后的申请保留原申请的申请日期。

需要分割的，申请人应当自收到商标局《商标注册申请部分驳回通知书》之日起 15 日内，向商标局提出分割申请。

商标局收到分割申请后，应当将原申请分割为两件，对分割出来的初步审定申请生成新的申请号，并予以公告。

第二十三条　依照商标法第二十九条规定，商标局认为对商标注册申请内容需要说明或者修正的，申请人应当自收到商标局通知之日起15日内作出说明或者修正。

第二十四条　对商标局初步审定予以公告的商标提出异议的，异议人应当向商标局提交下列商标异议材料一式两份并标明正、副本：

（一）商标异议申请书；

（二）异议人的身份证明；

（三）以违反商标法第十三条第二款和第三款、第十五条、第十六条第一款、第三十条、第三十一条、第三十二条规定为由提出异议的，异议人作为在先权利人或者利害关系人的证明。

商标异议申请书应当有明确的请求和事实依据，并附送有关证据材料。

第二十五条　商标局收到商标异议申请书后，经审查，符合受理条件的，予以受理，向申请人发出受理通知书。

第二十六条　商标异议申请有下列情形的，商标局不予受理，书面通知申请人并说明理由：

（一）未在法定期限内提出的；

（二）申请人主体资格、异议理由不符合商标法第三十三条规定的；

（三）无明确的异议理由、事实和法律依据的；

（四）同一异议人以相同的理由、事实和法律依据针对同一商标再次提出异议申请的。

第二十七条　商标局应当将商标异议材料副本及时送交被异议人，限其自收到商标异议材料副本之日起30日内答辩。被异议人不答辩的，不影响商标局作出决定。

当事人需要在提出异议申请或者答辩后补充有关证据材料的，应当在商标异议申请书或者答辩书中声明，并自提交商标异议申请书或者答辩书之日起3个月内提交；期满未提交的，视为当事人放弃补充有关证据材料。但是，在期满后生成或者当事人有其他正当理由未能在期满前提交的证据，在期满后提交的，商标局将证据交对方当事人并质证后可以采信。

第二十八条　商标法第三十五条第三款和第三十六条第一款所称不予注册决定，包括在部分指定商品上不予注册决定。

被异议商标在商标局作出准予注册决定或者不予注册决定前已经刊发注册公告的，撤销该注册公告。经审查异议不成立而准予注册的，在准予注册决定生效后重新公告。

第二十九条　商标注册申请人或者商标注册人依照商标法第三十八条规定提出更正申请的，应当向商标局提交更正申请书。符合更正条件的，商标局核准后更正相关内容；不符合更正条件的，商标局不予核准，书面通知申请人并说明理由。

已经刊发初步审定公告或者注册公告的商标经更正的，刊发更正公告。

第四章　注册商标的变更、转让、续展

第三十条　变更商标注册人名义、地址或者其他注册事项的，应当向商标局提交变更申请书。变更商标注册人名义的，还应当提交有关登记机关出具的变更证明文件。商标局核准的，发给商标注册人相应证明，并予以公告；不予核准的，应当书面通知申请人并说明理由。

变更商标注册人名义或者地址的，商标注册人应当将其全部注册商标一并变更；未一并变更的，由商标局通知其限期改正；期满未改正的，视为放弃变更申请，商标局应当书面通知申请人。

第三十一条　转让注册商标的，转让人和受让人应当向商标局提交转让注册商标申请书。转让注册商标申请手续应当由转让人和受让人共同办理。商标局核准转让注册商标申请的，发给受让人相应证明，并予以公告。

转让注册商标，商标注册人对其在同一种或者类似商品上注册的相同或者近似的商标未一并转让的，由商标局通知其限期改正；期满未改正的，视为放弃转让该注册商标的申请，商标局应当书面通知申请人。

第三十二条　注册商标专用权因转让以外的继承等其他事由发生移转的，接受该注册商标专用权的当事人应当凭有关证明文件或者法律文书到商标局办理注册商标专用权移转手续。

注册商标专用权移转的，注册商标专用权人在同一种或者类似商品上注册的相同或者近似的商标，应当一并移转；未一并移转的，由商标局通知其限期改正；期满未改正的，视为放弃该移转注册商标的申请，

商标局应当书面通知申请人。

商标移转申请经核准的,予以公告。接受该注册商标专用权移转的当事人自公告之日起享有商标专用权。

第三十三条　注册商标需要续展注册的,应当向商标局提交商标续展注册申请书。商标局核准商标注册续展申请的,发给相应证明并予以公告。

第五章　商标国际注册

第三十四条　商标法第二十一条规定的商标国际注册,是指根据《商标国际注册马德里协定》(以下简称马德里协定)、《商标国际注册马德里协定有关议定书》(以下简称马德里议定书)及《商标国际注册马德里协定及该协定有关议定书的共同实施细则》的规定办理的马德里商标国际注册。

马德里商标国际注册申请包括以中国为原属国的商标国际注册申请、指定中国的领土延伸申请及其他有关的申请。

第三十五条　以中国为原属国申请商标国际注册的,应当在中国设有真实有效的营业所,或者在中国有住所,或者拥有中国国籍。

第三十六条　符合本条例第三十五条规定的申请人,其商标已在商标局获得注册的,可以根据马德里协定申请办理该商标的国际注册。

符合本条例第三十五条规定的申请人,其商标已在商标局获得注册,或者已向商标局提出商标注册申请并被受理的,可以根据马德里议定书申请办理该商标的国际注册。

第三十七条　以中国为原属国申请商标国际注册的,应当通过商标局向世界知识产权组织国际局(以下简称国际局)申请办理。

以中国为原属国的,与马德里协定有关的商标国际注册的后期指定、放弃、注销,应当通过商标局向国际局申请办理;与马德里协定有关的商标国际注册的转让、删减、变更、续展,可以通过商标局向国际局申请办理,也可以直接向国际局申请办理。

以中国为原属国的,与马德里议定书有关的商标国际注册的后期指定、转让、删减、放弃、注销、变更、续展,可以通过商标局向国际局申请办理,也可以直接向国际局申请办理。

第三十八条　通过商标局向国际局申请商标国际注册及办理其他有关申请的,应当提交符合国际局和商标局要求的申请书和相关材料。

第三十九条　商标国际注册申请指定的商品或者服务不得超出国内基础申请或者基础注册的商品或者服务的范围。

第四十条　商标国际注册申请手续不齐备或者未按照规定填写申请书的,商标局不予受理,申请日不予保留。

申请手续基本齐备或者申请书基本符合规定,但需要补正的,申请人应当自收到补正通知书之日起30日内予以补正,逾期未补正的,商标局不予受理,书面通知申请人。

第四十一条　通过商标局向国际局申请商标国际注册及办理其他有关申请的,应当按照规定缴纳费用。

申请人应当自收到商标局缴费通知单之日起15日内,向商标局缴纳费用。期满未缴纳的,商标局不受理其申请,书面通知申请人。

第四十二条　商标局在马德里协定或者马德里议定书规定的驳回期限(以下简称驳回期限)内,依照商标法和本条例的有关规定对指定中国的领土延伸申请进行审查,作出决定,并通知国际局。商标局在驳回期限内未发出驳回或者部分驳回通知的,该领土延伸申请视为核准。

第四十三条　指定中国的领土延伸申请人,要求将三维标志、颜色组合、声音标志作为商标保护或者要求保护集体商标、证明商标的,自该商标在国际局国际注册簿登记之日起3个月内,应当通过依法设立的商标代理机构,向商标局提交本条例第十三条规定的相关材料。未在上述期限内提交相关材料的,商标局驳回该领土延伸申请。

第四十四条　世界知识产权组织对商标国际注册有关事项进行公告,商标局不再另行公告。

第四十五条　对指定中国的领土延伸申请,自世界知识产权组织《国际商标公告》出版的次月1日起3个月内,符合商标法第三十三条规定条件的异议人可以向商标局提出异议申请。

商标局在驳回期限内将异议申请的有关情况以驳回决定的形式通知国际局。

被异议人可以自收到国际局转发的驳回通知书之日起30日内进行答辩,答辩书及相关证据材料应当通过依法设立的商标代理机构向商标局提交。

第四十六条　在中国获得保护的国际注册商标,有效期自国际注册日或者后期指定日起算。在有效期届满前,注册人可以向国际局申请续展,在有效期内未申请续展的,可以给予6个月的宽展期。商标局收到国际局的续展通知后,依法进行审查。国际局通知未续展的,注销该国际注册商标。

第四十七条 指定中国的领土延伸申请办理转让的,受让人应当在缔约方境内有真实有效的营业所,或者在缔约方境内有住所,或者是缔约方国民。

转让人未将其在相同或者类似商品或者服务上的相同或者近似商标一并转让的,商标局通知注册人自发出通知之日起3个月内改正;期满未改正或者转让容易引起混淆或者有其他不良影响的,商标局作出该转让在中国无效的决定,并向国际局作出声明。

第四十八条 指定中国的领土延伸申请办理删减,删减后的商品或者服务不符合中国有关商品或者服务分类要求或者超出原指定商品或者服务范围的,商标局作出该删减在中国无效的决定,并向国际局作出声明。

第四十九条 依照商标法第四十九条第二款规定申请撤销国际注册商标,应当自该商标国际注册申请的驳回期限届满之日起满3年后向商标局提出申请;驳回期限届满时仍处在驳回复审或者异议相关程序的,应当自商标局或者商标评审委员会作出的准予注册决定生效之日起满3年后向商标局提出申请。

依照商标法第四十四条第一款规定申请宣告国际注册商标无效的,应当自该商标国际注册申请的驳回期限届满后向商标评审委员会提出申请;驳回期限届满时仍处在驳回复审或者异议相关程序的,应当自商标局或者商标评审委员会作出的准予注册决定生效后向商标评审委员会提出申请。

依照商标法第四十五条第一款规定申请宣告国际注册商标无效的,应当自该商标国际注册申请的驳回期限届满之日起5年内向商标评审委员会提出申请;驳回期限届满时仍处在驳回复审或者异议相关程序的,应当自商标局或者商标评审委员会作出的准予注册决定生效之日起5年内向商标评审委员会提出申请。对恶意注册的,驰名商标所有人不受5年的时间限制。

第五十条 商标法和本条例下列条款的规定不适用于办理商标国际注册相关事宜:

(一)商标法第二十八条、第三十五条第一款关于审查和审理期限的规定;

(二)本条例第二十二条、第三十条第二款;

(三)商标法第四十二条及本条例第三十一条关于商标转让由转让人和受让人共同申请并办理手续的规定。

第六章 商标评审

第五十一条 商标评审是指商标评审委员会依照商标法第三十四条、第三十五条、第四十四条、第四十五条、第五十四条的规定审理有关商标争议事宜。当事人向商标评审委员会提出商标评审申请,应当有明确的请求、事实、理由和法律依据,并提供相应证据。

商标评审委员会根据事实,依法进行评审。

第五十二条 商标评审委员会审理不服商标局驳回商标注册申请决定的复审案件,应当针对商标局的驳回决定和申请人申请复审的事实、理由、请求及评审时的事实状态进行审理。

商标评审委员会审理不服商标局驳回商标注册申请决定的复审案件,发现申请注册的商标有违反商标法第十条、第十一条、第十二条和第十六条第一款规定情形,商标局并未依据上述条款作出驳回决定的,可以依据上述条款作出驳回申请的复审决定。商标评审委员会作出复审决定前应当听取申请人的意见。

第五十三条 商标评审委员会审理不服商标局不予注册决定的复审案件,应当针对商标局的不予注册决定和申请人申请复审的事实、理由、请求及原异议人提出的意见进行审理。

商标评审委员会审理不服商标局不予注册决定的复审案件,应当通知原异议人参加并提出意见。原异议人的意见对案件审理结果有实质影响的,可以作为评审的依据;原异议人不参加或者不提出意见的,不影响案件的审理。

第五十四条 商标评审委员会审理依照商标法第四十四条、第四十五条规定请求宣告注册商标无效的案件,应当针对当事人申请和答辩的事实、理由及请求进行审理。

第五十五条 商标评审委员会审理不服商标局依照商标法第四十四条第一款规定作出宣告注册商标无效决定的复审案件,应当针对商标局的决定和申请人申请复审的事实、理由及请求进行审理。

第五十六条 商标评审委员会审理不服商标局依照商标法第四十九条规定作出撤销或者维持注册商标决定的复审案件,应当针对商标局作出撤销或者维持注册商标决定和当事人申请复审时所依据的事实、理由及请求进行审理。

第五十七条　申请商标评审,应当向商标评审委员会提交申请书,并按照对方当事人的数量提交相应份数的副本;基于商标局的决定书申请复审的,还应当同时附送商标局的决定书副本。

商标评审委员会收到申请书后,经审查,符合受理条件的,予以受理;不符合受理条件的,不予受理,书面通知申请人并说明理由;需要补正的,通知申请人自收到通知之日起30日内补正。经补正仍不符合规定的,商标评审委员会不予受理,书面通知申请人并说明理由;期满未补正的,视为撤回申请,商标评审委员会应当书面通知申请人。

商标评审委员会受理商标评审申请后,发现不符合受理条件的,予以驳回,书面通知申请人并说明理由。

第五十八条　商标评审委员会受理商标评审申请后应当及时将申请书副本送交对方当事人,限其自收到申请书副本之日起30日内答辩;期满未答辩的,不影响商标评审委员会的评审。

第五十九条　当事人需要在提出评审申请或者答辩后补充有关证据材料的,应当在申请书或者答辩书中声明,并自提交申请书或者答辩书之日起3个月内提交;期满未提交的,视为放弃补充有关证据材料。但是,在期满后生成或者当事人有其他正当理由未能在期满前提交的证据,在期满后提交的,商标评审委员会将证据交对方当事人并质证后可以采信。

第六十条　商标评审委员会根据当事人的请求或者实际需要,可以决定对评审申请进行口头审理。

商标评审委员会决定对评审申请进行口头审理的,应当在口头审理15日前书面通知当事人,告知口头审理的日期、地点和评审人员。当事人应当在通知书指定的期限内作出答复。

申请人不答复也不参加口头审理的,其评审申请视为撤回,商标评审委员会应当书面通知申请人;被申请人不答复也不参加口头审理的,商标评审委员会可以缺席评审。

第六十一条　申请人在商标评审委员会作出决定、裁定前,可以书面向商标评审委员会要求撤回申请并说明理由,商标评审委员会认为可以撤回的,评审程序终止。

第六十二条　申请人撤回商标评审申请的,不得以相同的事实和理由再次提出评审申请。商标评审委员会对商标评审申请已经作出裁定或者决定的,任何人不得以相同的事实和理由再次提出评审申请。但是,经不予注册复审程序予以核准注册后向商标评审委员会提起宣告注册商标无效的除外。

第七章　商标使用的管理

第六十三条　使用注册商标,可以在商品、商品包装、说明书或者其他附着物上标明“注册商标”或者注册标记。

注册标记包括㊟和®。使用注册标记,应当标注在商标的右上角或者右下角。

第六十四条　《商标注册证》遗失或者破损的,应当向商标局提交补发《商标注册证》申请书。《商标注册证》遗失的,应当在《商标公告》上刊登遗失声明。破损的《商标注册证》,应当在提交补发申请时交回商标局。

商标注册人需要商标局补发商标变更、转让、续展证明,出具商标注册证明,或者商标申请人需要商标局出具优先权证明文件的,应当向商标局提交相应申请书。符合要求的,商标局发给相应证明;不符合要求的,商标局不予办理,通知申请人并告知理由。

伪造或者变造《商标注册证》或者其他商标证明文件的,依照刑法关于伪造、变造国家机关证件罪或者其他罪的规定,依法追究刑事责任。

第六十五条　有商标法第四十九条规定的注册商标成为其核定使用的商品通用名称情形的,任何单位或者个人可以向商标局申请撤销该注册商标,提交申请时应当附送证据材料。商标局受理后应当通知商标注册人,限其自收到通知之日起2个月内答辩;期满未答辩的,不影响商标局作出决定。

第六十六条　有商标法第四十九条规定的注册商标无正当理由连续3年不使用情形的,任何单位或者个人可以向商标局申请撤销该注册商标,提交申请时应当说明有关情况。商标局受理后应当通知商标注册人,限其自收到通知之日起2个月内提交该商标在撤销申请提出前使用的证据材料或者说明不使用的正当理由;期满未提供使用的证据材料或者证据材料无效并没有正当理由的,由商标局撤销其注册商标。

前款所称使用的证据材料,包括商标注册人使用注册商标的证据材料和商标注册人许可他人使用注册商标的证据材料。

以无正当理由连续3年不使用为由申请撤销注册

商标的，应当自该注册商标注册公告之日起满3年后提出申请。

第六十七条　下列情形属于商标法第四十九条规定的正当理由：

（一）不可抗力；

（二）政府政策性限制；

（三）破产清算；

（四）其他不可归责于商标注册人的正当事由。

第六十八条　商标局、商标评审委员会撤销注册商标或者宣告注册商标无效，撤销或者宣告无效的理由仅及于部分指定商品的，对在该部分指定商品上使用的商标注册予以撤销或者宣告无效。

第六十九条　许可他人使用其注册商标的，许可人应当在许可合同有效期内向商标局备案并报送备案材料。备案材料应当说明注册商标使用许可人、被许可人、许可期限、许可使用的商品或者服务范围等事项。

第七十条　以注册商标专用权出质的，出质人与质权人应当签订书面质权合同，并共同向商标局提出质权登记申请，由商标局公告。

第七十一条　违反商标法第四十三条第二款规定的，由工商行政管理部门责令限期改正；逾期不改正的，责令停止销售，拒不停止销售的，处10万元以下的罚款。

第七十二条　商标持有人依照商标法第十三条规定请求驰名商标保护的，可以向工商行政管理部门提出请求。经商标局依照商标法第十四条规定认定为驰名商标的，由工商行政管理部门责令停止违反商标法第十三条规定使用商标的行为，收缴、销毁违法使用的商标标识；商标标识与商品难以分离的，一并收缴、销毁。

第七十三条　商标注册人申请注销其注册商标或者注销其商标在部分指定商品上的注册的，应当向商标局提交商标注销申请书，并交回原《商标注册证》。

商标注册人申请注销其注册商标或者注销其商标在部分指定商品上的注册，经商标局核准注销的，该注册商标专用权或者该注册商标专用权在该部分指定商品上的效力自商标局收到其注销申请之日起终止。

第七十四条　注册商标被撤销或者依照本条例第七十三条的规定被注销的，原《商标注册证》作废，并予以公告；撤销该商标在部分指定商品上的注册的，或者商标注册人申请注销其商标在部分指定商品上的注册的，重新核发《商标注册证》，并予以公告。

第八章　注册商标专用权的保护

第七十五条　为侵犯他人商标专用权提供仓储、运输、邮寄、印制、隐匿、经营场所、网络商品交易平台等，属于商标法第五十七条第六项规定的提供便利条件。

第七十六条　在同一种商品或者类似商品上将与他人注册商标相同或者近似的标志作为商品名称或者商品装潢使用，误导公众的，属于商标法第五十七条第二项规定的侵犯注册商标专用权的行为。

第七十七条　对侵犯注册商标专用权的行为，任何人可以向工商行政管理部门投诉或者举报。

第七十八条　计算商标法第六十条规定的违法经营额，可以考虑下列因素：

（一）侵权商品的销售价格；

（二）未销售侵权商品的标价；

（三）已查清侵权商品实际销售的平均价格；

（四）被侵权商品的市场中间价格；

（五）侵权人因侵权所产生的营业收入；

（六）其他能够合理计算侵权商品价值的因素。

第七十九条　下列情形属于商标法第六十条规定的能证明该商品是自己合法取得的情形：

（一）有供货单位合法签章的供货清单和货款收据且经查证属实或者供货单位认可的；

（二）有供销双方签订的进货合同且经查证已真实履行的；

（三）有合法进货发票且发票记载事项与涉案商品对应的；

（四）其他能够证明合法取得涉案商品的情形。

第八十条　销售不知道是侵犯注册商标专用权的商品，能证明该商品是自己合法取得并说明提供者的，由工商行政管理部门责令停止销售，并将案件情况通报侵权商品提供者所在地工商行政管理部门。

第八十一条　涉案注册商标权属正在商标局、商标评审委员会审理或者人民法院诉讼中，案件结果可能影响案件定性的，属于商标法第六十二条第三款规定的商标权属存在争议。

第八十二条　在查处商标侵权案件过程中，工商行政管理部门可以要求权利人对涉案商品是否为权利人生产或者其许可生产的产品进行辨认。

第九章　商 标 代 理

第八十三条　商标法所称商标代理，是指接受委托人的委托，以委托人的名义办理商标注册申请、商标评审或者其他商标事宜。

第八十四条 商标法所称商标代理机构,包括经工商行政管理部门登记从事商标代理业务的服务机构和从事商标代理业务的律师事务所。

商标代理机构从事商标局、商标评审委员会主管的商标事宜代理业务的,应当按照下列规定向商标局备案:

(一)交验工商行政管理部门的登记证明文件或者司法行政部门批准设立律师事务所的证明文件并留存复印件;

(二)报送商标代理机构的名称、住所、负责人、联系方式等基本信息;

(三)报送商标代理从业人员名单及联系方式。

工商行政管理部门应当建立商标代理机构信用档案。商标代理机构违反商标法或者本条例规定的,由商标局或者商标评审委员会予以公开通报,并记入其信用档案。

第八十五条 商标法所称商标代理从业人员,是指在商标代理机构中从事商标代理业务的工作人员。

商标代理从业人员不得以个人名义自行接受委托。

第八十六条 商标代理机构向商标局、商标评审委员会提交的有关申请文件,应当加盖该代理机构公章并由相关商标代理从业人员签字。

第八十七条 商标代理机构申请注册或者受让其代理服务以外的其他商标,商标局不予受理。

第八十八条 下列行为属于商标法第六十八条第一款第二项规定的以其他不正当手段扰乱商标代理市场秩序的行为:

(一)以欺诈、虚假宣传、引人误解或者商业贿赂等方式招徕业务的;

(二)隐瞒事实,提供虚假证据,或者威胁、诱导他人隐瞒事实,提供虚假证据的;

(三)在同一商标案件中接受有利益冲突的双方当事人委托的。

第八十九条 商标代理机构有商标法第六十八条规定行为的,由行为人所在地或者违法行为发生地县级以上工商行政管理部门进行查处并将查处情况通报商标局。

第九十条 商标局、商标评审委员会依照商标法第六十八条规定停止受理商标代理机构办理商标代理业务的,可以作出停止受理该商标代理机构商标代理业务6个月以上直至永久停止受理的决定。停止受理商标代理业务的期间届满,商标局、商标评审委员会应当恢复受理。

商标局、商标评审委员会作出停止受理或者恢复受理商标代理的决定应当在其网站予以公告。

第九十一条 工商行政管理部门应当加强对商标代理行业组织的监督和指导。

第十章　附　　则

第九十二条 连续使用至1993年7月1日的服务商标,与他人在相同或者类似的服务上已注册的服务商标相同或者近似的,可以继续使用;但是,1993年7月1日后中断使用3年以上的,不得继续使用。

已连续使用至商标局首次受理新放开商品或者服务项目之日的商标,与他人在新放开商品或者服务项目相同或者类似的商品或者服务上已注册的商标相同或者近似的,可以继续使用;但是,首次受理之日后中断使用3年以上的,不得继续使用。

第九十三条 商标注册用商品和服务分类表,由商标局制定并公布。

申请商标注册或者办理其他商标事宜的文件格式,由商标局、商标评审委员会制定并公布。

商标评审委员会的评审规则由国务院工商行政管理部门制定并公布。

第九十四条 商标局设置《商标注册簿》,记载注册商标及有关注册事项。

第九十五条 《商标注册证》及相关证明是权利人享有注册商标专用权的凭证。《商标注册证》记载的注册事项,应当与《商标注册簿》一致;记载不一致的,除有证据证明《商标注册簿》确有错误外,以《商标注册簿》为准。

第九十六条 商标局发布《商标公告》,刊发商标注册及其他有关事项。

《商标公告》采用纸质或者电子形式发布。

除送达公告外,公告内容自发布之日起视为社会公众已经知道或者应当知道。

第九十七条 申请商标注册或者办理其他商标事宜,应当缴纳费用。缴纳费用的项目和标准,由国务院财政部门、国务院价格主管部门分别制定。

第九十八条 本条例自2014年5月1日起施行。

中华人民共和国烟草专卖法（节录）

1. 1991年6月29日第七届全国人民代表大会常务委员会第二十次会议通过
2. 根据2009年8月27日第十一届全国人民代表大会常务委员会第十次会议《关于修改部分法律的决定》第一次修正
3. 根据2013年12月28日第十二届全国人民代表大会常务委员会第六次会议《关于修改〈中华人民共和国海洋环境保护法〉等七部法律的决定》第二次修正

……

第二十条 【商标注册】卷烟、雪茄烟和有包装的烟丝必须申请商标注册，未经核准注册的，不得生产、销售。

禁止生产、销售假冒他人注册商标的烟草制品。

第二十一条 【标识印制】烟草制品商标标识必须由省级工商行政管理部门指定的企业印制；非指定的企业不得印制烟草制品商标标识。

……

第三十六条 【违反商标规定】生产、销售没有注册商标的卷烟、雪茄烟、有包装的烟丝的，由工商行政管理部门责令停止生产、销售，并处罚款。

生产、销售假冒他人注册商标的烟草制品的，由工商行政管理部门责令停止侵权行为，赔偿被侵权人的损失，可以并处罚款；构成犯罪的，依法追究刑事责任。

第三十七条 【非法印制商标】违反本法第二十一条的规定，非法印制烟草制品商标标识的，由工商行政管理部门销毁印制的商标标识，没收违法所得，并处罚款。

……

中华人民共和国烟草专卖法实施条例（节录）

1. 1997年7月3日国务院令第223号公布
2. 根据2013年7月18日国务院令第638号《关于废止和修改部分行政法规的决定》修订

……

第二十四条 卷烟、雪茄烟和有包装的烟丝，应当使用注册商标。

……

第三十二条 有关部门依法查获的假冒商标烟草制品，应当交由烟草专卖行政主管部门按照国家有关规定公开销毁，禁止以任何方式销售。

第三十三条 假冒商标烟草制品的鉴别检测工作，由国务院产品质量监督管理部门和省、自治区、直辖市人民政府产品质量监督管理部门指定的烟草质量检测站进行。

……

烟草制品商标使用管理规定

1996年8月23日国家烟草专卖局发布施行

第一章 总　　则

第一条 为加强卷烟、雪茄烟及有包装的烟丝（以下简称烟草制品）商标的管理，保护烟草制品生产者、消费者的合法权益，提高烟草行业的整体效益，依据《中华人民共和国商标法》（以下简称《商标法》）、《中华人民共和国烟草专卖法》（以下简称《专卖法》）的有关规定，制定本规定。

第二条 凡从事烟草制品生产、销售活动的，必须遵守本规定。

第三条 国家烟草专卖局商标主管部门负责全国烟草制品商标的使用管理和监督；省级烟草专卖局商标主管部门负责所辖地区的烟草制品商标的使用管理和监督。

第四条 经国家烟草专卖局批准的烟草制品生产企业，方可申请和拥有烟草制品注册商标。

第二章 商标文字和图形

第五条 烟草制品商标文字、图形必须符合《商标法》的有关规定。商标的名称和图形应高雅、美观。

第六条 按照《专卖法》的规定，卷烟、雪茄烟必须在包装上标明卷烟国家标准中规定的内容和“吸烟有害健康”字样。

第七条 卷烟、雪茄烟应按卷烟国家标准规定的类型标注相应的类型。出口的卷烟、雪茄烟应在包装上标明“专供出口”的中文字样。

第八条 除国家烟草专卖局另有规定的产品外，在国内销售的烟草制品，必须以中文标明其商标名称和生产企业名称。

第九条 商标上标注的生产企业名称，应与企业营业执照登记名称一致。

第十条　除国家烟草专卖局另有规定外,禁止标注其它任何认证标志、名优标志以及对产品质量引人误解的表述。

第十一条　中外技术合作和国内企业间技术合作开发的产品,必须提交有关合作协议、技术文件和成果鉴定报告等文件,经国家烟草专卖局商标主管部门审查同意后,方可在商标上加注有关合作字样及合作方的名称。

第十二条　禁止在商标上标注各种地方专卖、专营字样。禁止自行在注册商标上加注各种旅游、纪念性的文字和图形。

第十三条　禁止自行改变注册商标上的文字、图形或者其组合。

第三章　商标的管理

第十四条　烟草制品投产前,其商标所有者必须将注册证、实用标识及有关文件,报国家烟草专卖局商标主管部门审查。

第十五条　使用他人注册商标者,必须与商标注册人签订商标使用许可合同。商标使用许可合同必须在国家烟草专卖局商标主管部门备案。

第十六条　各省级烟草专卖局应有相应的部门负责所属企业商标使用的管理工作,并建立完整的商标档案。

第十七条　企业申请商标注册,必须同时向所属省级烟草专卖局和国家烟草专卖局商标主管部门备案。

第十八条　企业应建立严格、完整的商标申请、印制、使用管理制度。

第十九条　对于违反本《规定》第四至十二条的,商标所有者应于1996年12月31日前自行更改,并将新的实用标识报所在地省级烟草专卖局和国家烟草专卖局商标主管部门。对拖延不改的,国家烟草专卖局将核减其卷烟生产计划指标,并禁止该产品在中国卷烟批发交易市场销售。

第二十条　对于违反《规定》第十三条的,国家烟草专卖局将依据有关规定处罚或移交有关部门处罚。

第二十一条　对于违反《规定》第十四、十五、十七条的,国家烟草专卖局不予核发准产证。

第四章　附　　则

第二十二条　各省级烟草专卖局可依据本《规定》制定具体管理办法。

第二十三条　本《规定》自发布之日起施行。1988年4月8日公布的《中国烟草总公司关于卷烟、雪茄烟商标管理的若干规定》同时废止;其他有关烟草制品商标使用管理的规定,凡与本《规定》相抵触的,应以本《规定》为准。

第二十四条　本《规定》由国家烟草专卖局负责解释。

集体商标、证明商标注册和管理办法

1. 2003年4月17日国家工商行政管理总局令第6号公布
2. 自2003年6月1日起施行

第一条　根据《中华人民共和国商标法》(以下简称商标法)第三条的规定,制定本办法。

第二条　集体商标、证明商标的注册和管理,依照商标法、《中华人民共和国商标法实施条例》(以下简称实施条例)和本办法的有关规定进行。

第三条　本办法有关商品的规定,适用于服务。

第四条　申请集体商标注册的,应当附送主体资格证明文件并应当详细说明该集体组织成员的名称和地址;以地理标志作为集体商标申请注册的,应当附送主体资格证明文件并应当详细说明其所具有的或者其委托的机构具有的专业技术人员、专业检测设备等情况,以表明其具有监督使用该地理标志商品的特定品质的能力。

申请以地理标志作为集体商标注册的团体、协会或者其他组织,应当由来自该地理标志标示的地区范围内的成员组成。

第五条　申请证明商标注册的,应当附送主体资格证明文件并应当详细说明其所具有的或者其委托的机构具有的专业技术人员、专业检测设备等情况,以表明其具有监督该证明商标所证明的特定商品品质的能力。

第六条　申请以地理标志作为集体商标、证明商标注册的,还应当附送管辖该地理标志所标示地区的人民政府或者行业主管部门的批准文件。

外国人或者外国企业申请以地理标志作为集体商标、证明商标注册的,申请人应当提供该地理标志以其名义在其原属国受法律保护的证明。

第七条　以地理标志作为集体商标、证明商标注册的,应当在申请书件中说明下列内容:

(一)该地理标志所标示的商品的特定质量、信誉或者其他特征;

(二)该商品的特定质量、信誉或者其他特征与该地理标志所标示的地区的自然因素和人文因素的关系；

（三）该地理标志所标示的地区的范围。

第八条 作为集体商标、证明商标申请注册的地理标志，可以是该地理标志标示地区的名称，也可以是能够标示某商品来源于该地区的其他可视性标志。

前款所称地区无需与该地区的现行行政区划名称、范围完全一致。

第九条 多个葡萄酒地理标志构成同音字或者同形字的，在这些地理标志能够彼此区分且不误导公众的情况下，每个地理标志都可以作为集体商标或者证明商标申请注册。

第十条 集体商标的使用管理规则应当包括：

（一）使用集体商标的宗旨；

（二）使用该集体商标的商品的品质；

（三）使用该集体商标的手续；

（四）使用该集体商标的权利、义务；

（五）成员违反其使用管理规则应当承担的责任；

（六）注册人对使用该集体商标商品的检验监督制度。

第十一条 证明商标的使用管理规则应当包括：

（一）使用证明商标的宗旨；

（二）该证明商标证明的商品的特定品质；

（三）使用该证明商标的条件；

（四）使用该证明商标的手续；

（五）使用该证明商标的权利、义务；

（六）使用人违反该使用管理规则应当承担的责任；

（七）注册人对使用该证明商标商品的检验监督制度。

第十二条 使用他人作为集体商标、证明商标注册的葡萄酒、烈性酒地理标志标示并非来源于该地理标志所标示地区的葡萄酒、烈性酒，即使同时标出了商品的真正来源地，或者使用的是翻译文字，或者伴有诸如某某“种”、某某“型”、某某“式”、某某“类”等表述的，适用商标法第十六条的规定。

第十三条 集体商标、证明商标的初步审定公告的内容，应当包括该商标的使用管理规则的全文或者摘要。

集体商标、证明商标注册人对使用管理规则的任何修改，应报经商标局审查核准，并自公告之日起生效。

第十四条 集体商标注册人的成员发生变化的，注册人应当向商标局申请变更注册事项，由商标局公告。

第十五条 证明商标注册人准许他人使用其商标的，注册人应当在一年内报商标局备案，由商标局公告。

第十六条 申请转让集体商标、证明商标的，受让人应当具备相应的主体资格，并符合商标法、实施条例和本办法的规定。

集体商标、证明商标发生移转的，权利继受人应当具备相应的主体资格，并符合商标法、实施条例和本办法的规定。

第十七条 集体商标注册人的集体成员，在履行该集体商标使用管理规则规定的手续后，可以使用该集体商标。

集体商标不得许可非集体成员使用。

第十八条 凡符合证明商标使用管理规则规定条件的，在履行该证明商标使用管理规则规定的手续后，可以使用该证明商标，注册人不得拒绝办理手续。

实施条例第六条第二款中的正当使用该地理标志是指正当使用该地理标志中的地名。

第十九条 使用集体商标的，注册人应发给使用人《集体商标使用证》；使用证明商标的，注册人应发给使用人《证明商标使用证》。

第二十条 证明商标的注册人不得在自己提供的商品上使用该证明商标。

第二十一条 集体商标、证明商标注册人没有对该商标的使用进行有效管理或者控制，致使该商标使用的商品达不到其使用管理规则的要求，对消费者造成损害的，由工商行政管理部门责令限期改正；拒不改正的，处以违法所得三倍以下的罚款，但最高不超过三万元；没有违法所得的，处以一万元以下的罚款。

第二十二条 违反实施条例第六条、本办法第十四条、第十五条、第十七条、第十八条、第二十条规定的，由工商行政管理部门责令限期改正；拒不改正的，处以违法所得三倍以下的罚款，但最高不超过三万元；没有违法所得的，处以一万元以下的罚款。

第二十三条 本办法自2003年6月1日起施行。国家工商行政管理局1994年12月30日发布的《集体商标、证明商标注册和管理办法》同时废止。

商标印制管理办法

1. 2004年8月19日国家工商行政管理总局令第15号公布
2. 自2004年9月1日起施行

第一条 为了加强商标印制管理,保护注册商标专用权,维护社会主义市场经济秩序,根据《中华人民共和国商标法》、《中华人民共和国商标法实施条例》(以下分别简称《商标法》、《商标法实施条例》)的有关规定,制定本办法。

第二条 以印刷、印染、制版、刻字、织字、晒蚀、印铁、铸模、冲压、烫印、贴花等方式制作商标标识的,应当遵守本办法。

第三条 商标印制委托人委托商标印制单位印制商标的,应当出示营业执照副本或者合法的营业证明或者身份证明。

第四条 商标印制委托人委托印制注册商标的,应当出示《商标注册证》或者由注册人所在地县级工商行政管理局签章的《商标注册证》复印件,并另行提供一份复印件。

签订商标使用许可合同使用他人注册商标,被许可人需印制商标的,还应当出示商标使用许可合同文本并提供一份复印件;商标注册人单独授权被许可人印制商标的,除出示由注册人所在地县级工商行政管理局签章的《商标注册证》复印件外,还应当出示授权书并提供一份复印件。

第五条 委托印制注册商标的,商标印制委托人提供的有关证明文件及商标图样应当符合下列要求:

(一)所印制的商标样稿应当与《商标注册证》上的商标图样相同;

(二)被许可人印制商标标识的,应有明确的授权书,或其所提供的《商标使用许可合同》含有许可人允许其印制商标标识的内容;

(三)被许可人的商标标识样稿应当标明被许可人的企业名称和地址;其注册标记的使用符合《商标法实施条例》的有关规定。

第六条 委托印制未注册商标的,商标印制委托人提供的商标图样应当符合下列要求:

(一)所印制的商标不得违反《商标法》第十条的规定;

(二)所印制的商标不得标注"注册商标"字样或者使用注册标记。

第七条 商标印制单位应当对商标印制委托人提供的证明文件和商标图样进行核查。

商标印制委托人未提供本办法第三条、第四条所规定的证明文件,或者其要求印制的商标标识不符合本办法第五条、第六条规定的,商标印制单位不得承接印制。

第八条 商标印制单位承印符合本办法规定的商标印制业务的,商标印制业务管理人员应当按照要求填写《商标印制业务登记表》,载明商标印制委托人所提供的证明文件的主要内容,《商标印制业务登记表》中的图样应当由商标印制单位业务主管人员加盖骑缝章。

商标标识印制完毕,商标印制单位应当在15天内提取标识样品,连同《商标印制业务登记表》、《商标注册证》复印件、商标使用许可合同复印件、商标印制授权书复印件等一并造册存档。

第九条 商标印制单位应当建立商标标识出入库制度,商标标识出入库应当登记台帐。废次标识应当集中进行销毁,不得流入社会。

第十条 商标印制档案及商标标识出入库台帐应当存档备查,存查期为两年。

第十一条 商标印制单位违反本办法第七条至第十条规定的,由所在地工商行政管理局责令其限期改正,并视其情节予以警告,处以非法所得额三倍以下的罚款,但最高不超过三万元,没有违法所得的,可以处以一万元以下的罚款。

第十二条 擅自设立商标印刷企业或者擅自从事商标印刷经营活动的,由所在地或者行为地工商行政管理局依照《印刷业管理条例》的有关规定予以处理。

第十三条 商标印制单位违反第七条规定承接印制业务,且印制的商标与他人注册商标相同或者近似的,属于《商标法实施条例》第五十条第(二)项所述的商标侵权行为,由所在地或者行为地工商行政管理局依《商标法》的有关规定予以处理。

第十四条 商标印制单位的违法行为构成犯罪的,所在地或者行为地工商行政管理局应及时将案件移送司法机关追究刑事责任。

第十五条 本办法所称"商标印制"是指印刷、制作商标标识的行为。

本办法所称"商标标识"是指与商品配套一同进

入流通领域的带有商标的有形载体,包括注册商标标识和未注册商标标识。

本办法所称"商标印制委托人"是指要求印制商标标识的商标注册人、未注册商标使用人、注册商标被许可使用人以及符合《商标法》规定的其他商标使用人。

本办法所称"商标印制单位"是指依法登记从事商标印制业务的企业和个体工商户。

本办法所称《商标注册证》包括国家工商行政管理总局商标局所发的有关变更、续展、转让等证明文件。

第十六条 本办法自2004年9月1日起施行。国家工商行政管理局1996年9月5日发布的《商标印制管理办法》同时废止。

注册商标专用权质权登记程序规定

1. 2009年9月10日国家工商行政管理总局发布
2. 工商标字〔2009〕182号
3. 自2009年11月1日起施行

第一条 为充分发挥商标专用权无形资产的价值,促进经济发展,根据《物权法》、《担保法》、《商标法》和《商标法实施条例》的有关规定,制定本程序规定。国家工商行政管理总局商标局负责办理注册商标专用权质权登记。

第二条 自然人、法人或者其他组织以其注册商标专用权出质的,出质人与质权人应当订立书面合同,并向商标局办理质权登记。质权登记申请应由质权人和出质人共同提出。质权人和出质人可以直接向商标局申请,也可以委托商标代理机构代理。在中国没有经常居所或者营业所的外国人或者外国企业应当委托代理机构办理。

第三条 办理注册商标专用权质权登记,出质人应当将在相同或者类似商品/服务上注册的相同或者近似商标一并办理质权登记。质权合同和质权登记申请书中应当载明出质的商标注册号。

第四条 申请注册商标专用权质权登记的,应提交下列文件:

(一)申请人签字或者盖章的《商标专用权质权登记申请书》;

(二)出质人、质权人的主体资格证明或者自然人身份证明复印件;

(三)主合同和注册商标专用权质权合同;

(四)直接办理的,应当提交授权委托书以及被委托人的身份证明;委托商标代理机构办理的,应当提交商标代理委托书;

(五)出质注册商标的注册证复印件;

(六)出质商标专用权的价值评估报告。如果质权人和出质人双方已就出质商标专用权的价值达成一致意见并提交了相关书面认可文件,申请人可不再提交;

(七)其他需要提供的材料。

上述文件为外文的,应当同时提交其中文译文。中文译文应当由翻译单位和翻译人员签字盖章确认。

第五条 注册商标专用权质权合同一般包括以下内容:

(一)出质人、质权人的姓名(名称)及住址;

(二)被担保的债权种类、数额;

(三)债务人履行债务的期限;

(四)出质注册商标的清单(列明注册商标的注册号、类别及专用期);

(五)担保的范围;

(六)当事人约定的其他事项。

第六条 申请登记书件齐备、符合规定的,商标局予以受理。受理日期即为登记日期。商标局自登记之日起5个工作日内向双方当事人发放《商标专用权质权登记证》。

《商标专用权质权登记证》应当载明下列内容:出质人和质权人的名称(姓名)、出质商标注册号、被担保的债权数额、质权登记期限、质权登记日期。

第七条 质权登记申请不符合本办法第二条、第三条、第四条、第五条规定的,商标局应当通知申请人,并允许其在30日内补正。申请人逾期不补正或者补正不符合要求的,视为其放弃该质权登记申请,商标局应书面通知申请人。

第八条 有下列情形之一的,商标局不予登记:

(一)出质人名称与商标局档案所记载的名称不一致,且不能提供相关证明证实其为注册商标权利人的;

(二)合同的签订违反法律法规强制性规定的;

(三)商标专用权已经被撤销、被注销或者有效期满未续展的;

(四)商标专用权已被人民法院查封、冻结的;

(五)其他不符合出质条件的。

第九条 质权登记后,有下列情形之一的,商标局应当撤销登记:

(一)发现有属于本办法第八条所列情形之一的;

(二)质权合同无效或者被撤销;

(三)出质的注册商标因法定程序丧失专用权的;

(四)提交虚假证明文件或者以其他欺骗手段取得商标专用权质权登记的。

第十条 质权人或出质人的名称(姓名)更改,以及质权合同担保的主债权数额变更的,当事人可以凭下列文件申请办理变更登记:

(一)申请人签字或者盖章的《商标专用权质权登记事项变更申请书》;

(二)出质人、质权人的主体资格证明或者自然人身份证明复印件;

(三)有关登记事项变更的协议或相关证明文件;

(四)原《商标专用权质权登记证》;

(五)授权委托书、被委托人的身份证明或者商标代理委托书;

(六)其他有关文件。

出质人名称(姓名)发生变更的,还应按照《商标法实施条例》的规定在商标局办理变更注册人名义申请。

第十一条 因被担保的主合同履行期限延长、主债权未能按期实现等原因需要延长质权登记期限的,质权人和出质人双方应当在质权登记期限到期前,持以下文件申请办理延期登记:

(一)申请人签字或者盖章的《商标专用权质权登记期限延期申请书》;

(二)出质人、质权人的主体资格证明或者自然人身份证明复印件;

(三)当事人双方签署的延期协议;

(四)原《商标专用权质权登记证》;

(五)授权委托书、被委托人的身份证明或者商标代理委托书;

(六)其他有关文件。

第十二条 办理质权登记事项变更申请或者质权登记期限延期申请后,由商标局在原《商标专用权质权登记证》上加注发还,或者重新核发《商标专用权质权登记证》。

第十三条 商标专用权质权登记需要注销的,质权人和出质人双方可以持下列文件办理注销申请:

(一)申请人签字或者盖章的《商标专用权质权登记注销申请书》;

(二)出质人、质权人的主体资格证明或者自然人身份证明复印件;

(三)当事人双方签署的解除质权登记协议或合同履行完毕凭证;

(四)原《商标专用权质权登记证》;

(五)授权委托书、被委托人的身份证明或者商标代理委托书;

(六)其他有关文件。

质权登记期限届满后,该质权登记自动失效。

第十四条 《商标专用权质权登记证》遗失的,可以向商标局申请补发。

第十五条 商标局设立质权登记簿,供相关公众查阅。

第十六条 反担保及最高额质权适用本规定。

第十七条 本规定自2009年11月1日起施行。本规定施行之日起原《商标专用权质押登记程序》(国家工商行政管理局工商标字〔1997〕第127号)废止。

附件:1. 商标专用权质权登记申请书(略)

2. 商标专用权质权登记事项变更申请书(略)

3. 商标专用权质权登记期限延期申请书(略)

4. 商标专用权质权登记注销申请书(略)

5. 商标专用权质权登记证补发申请书(略)

国家工商行政管理总局关于执行修改后的《中华人民共和国商标法》有关问题的通知

1. 2014年4月15日

2. 工商标字〔2014〕81号

各省、自治区、直辖市及计划单列市、副省级市工商行政管理局、市场监督管理局:

第十二届全国人民代表大会常务委员会第四次会议通过的《关于修改〈中华人民共和国商标法〉的决定》于2014年5月1日起施行。为了贯彻执行修改后的《中华人民共和国商标法》(以下简称商标法),现就新旧商标法衔接的有关问题通知如下：

一、关于商标注册事宜

（一）对于2014年5月1日以前向商标局提出的商标注册、异议、变更、转让、续展、撤销、注销、许可备案等申请，商标局于2014年5月1日以后（含5月1日，下同）作出的行政决定适用修改后的商标法。但是，对异议申请中异议人主体资格和异议理由的审查适用修改前的商标法。

（二）对于2014年5月1日以前向商标局提出的商标注册、异议、撤销申请，应自2014年5月1日起开始计算审查期限。但是，被异议商标初审公告至2014年5月1日不满三个月的，应自公告期满之日起计算审查期限。

二、关于商标评审

（一）对于当事人不服商标局作出的驳回商标注册申请决定在2014年5月1日以前向商标评审委员会提出复审申请，商标评审委员会于2014年5月1日以后审理的案件，适用修改后的商标法。

（二）对于当事人不服商标局作出的异议裁定在2014年5月1日以前向商标评审委员会提出复审申请，商标评审委员会于2014年5月1日以后审理的案件，当事人提出异议和复审的主体资格适用修改前的商标法，其他程序问题和实体问题适用修改后的商标法。

（三）对于已经注册的商标，当事人在2014年5月1日以前向商标评审委员会提出争议和撤销复审申请，商标评审委员会于2014年5月1日以后审理的案件，相关程序问题适用修改后的商标法，实体问题适用修改前的商标法。

（四）对于当事人在2014年5月1日以前向商标评审委员会提出申请的商标评审案件，应自2014年5月1日起开始计算审理期限。

三、关于商标监督管理

（一）商标违法行为发生在2014年5月1日以前的，适用修改前的商标法处理；商标违法行为发生在2014年5月1日以前且持续到2014年5月1日以后的，适用修改后的商标法处理。

（二）对于将“驰名商标”字样用于商品、商品包装或者容器上，或者用于广告宣传、展览以及其他商业活动中的行为，适用修改后的商标法处理。但是，对于将“驰名商标”字样用于商品、商品包装或者容器上并于2014年5月1日以前已经进入流通领域的除外。

对于将“驰名商标”字样用于商品、商品包装或者容器上，驰名商标持有人应承担违法责任，由其住所地工商行政管理部门查处。住所地以外的工商行政管理部门发现上述违法行为的，移送其住所地工商行政管理部门查处。住所地不在中国境内或者因管辖权发生争议的，由国家工商行政管理总局指定的工商行政管理部门查处。

国家工商行政管理总局关于商标印制监管有关问题的回复

1. *2003年9月18日*
2. *工商标字〔2003〕118号*

云南省工商行政管理局：

你局《关于商标印制监管有关问题的请示》（云工商发〔2003〕38号）收悉。经研究，现答复如下：

一、根据《印刷业管理条例》以及国务院取消行政审批的有关规定，凡欲从事属于《印刷业管理条例》调整范围的业务的企业，必须持有省级人民政府出版行政部门颁发的印刷经营许可证，向工商行政管理部门申请登记注册，取得营业执照。

二、按照《印刷业管理条例》规定，设立从事包装装潢印刷经营活动的企业，向工商行政管理部门提交的《印刷经营许可证》应当由所在地省、自治区、直辖市人民政府出版行政部门核发。工商行政管理部门应当严格执行该规定。

三、根据《印刷业管理条例》的有关规定，用于印刷包装装潢印刷品的材料是指纸、金属、塑料等。经征求国务院新闻出版部门的意见，纸箱、编织袋、塑料包装印刷属于《印刷业管理条例》调整的范围，应该取得《印刷经营许可证》。

四、“商标标识”包括注册商标标识和未注册商标标识。《印刷业管理条例》中对商标标识印刷品的管理既包括注册商标标识，也包括未注册商标标识。

五、《商标法》第九条第二款规定，商标注册人有权标明“注册商标”或者注册标记。“有权”应理解为可以表明，也可以不标明注册标记。不标明“注册商标”字样或者注册标记的，并不影响对注册商标的保护。印刷企业未经商标注册人允许，伪造、擅自制造他人没有标明注册标记的注册商标标识的行为,属于《商标法》第五十二条第(三)项所指的侵犯商标专用权的行为。

国家工商行政管理总局关于如何处理商标专用权与外观设计专利权冲突问题的批复

1. 2009年11月9日
2. 工商标函字〔2009〕291号

广东省工商行政管理局:

你局《关于如何处理商标专用权与外观设计专利权冲突问题的请示》(粤工商标字〔2009〕353号)收悉。经研究,现就函中请示的问题批复如下:

一、商标专用权和外观设计专利权是重要的知识产权,分别受《商标法》和《专利法》的保护。这些权利的取得与行使,应当遵循诚实信用原则,不得以不正当手段侵害他人的在先权利。

二、外观设计专利对他人在先商标专用权构成侵害的,工商行政管理机关可以依照《商标法》及其实施条例的有关规定,及时作出处理。

2. 商标代理

商标代理管理办法

2010年7月12日国家工商行政管理总局令第50号公布施行

第一条 为维护商标代理秩序，保障委托人及商标代理组织的合法权益，根据《中华人民共和国商标法》及《中华人民共和国商标法实施条例》，制定本办法。

第二条 本办法所称商标代理是指商标代理组织接受委托人的委托，以委托人的名义办理商标注册申请及其他有关商标事宜。

本办法所称商标代理组织是指接受委托人的委托，以委托人的名义办理商标注册申请或者其他商标事宜的法律服务机构。

本办法所称商标代理人是指在商标代理组织中执业的工作人员。

第三条 国务院工商行政管理部门依法对全国商标代理组织和商标代理人的代理行为进行管理和监督。

县级以上工商行政管理部门依法对本辖区的商标代理组织和商标代理人的代理行为进行管理和监督。

第四条 申请设立商标代理组织的，申请人向所在地县级以上工商行政管理部门申请登记，领取《企业法人营业执照》或者《营业执照》。

律师事务所从事商标代理的，不适用前款规定。

第五条 商标代理组织不得委托其他单位和个人从事商标代办活动，并不得为从事上述活动提供任何便利。

第六条 商标代理组织可以接受委托人委托，指定商标代理人办理下列代理业务：

（一）代理商标注册申请、变更、续展、转让、异议、撤销、评审、侵权投诉等有关事项；

（二）提供商标法律咨询，担任商标法律顾问；

（三）代理其他有关商标事务。

商标代理人办理的商标注册申请书等文件，应当由商标代理人签字并加盖商标代理组织印章。

第七条 商标代理组织不得接受同一商标案件中双方当事人的委托。

第八条 商标代理人应当遵守法律，恪守职业道德和执业纪律，依法开展商标代理业务，及时准确地为委托人提供良好的商标代理服务，认真维护委托人的合法权益。

第九条 商标代理人应当符合以下条件：

（一）具有完全的民事行为能力；

（二）熟悉商标法和相关法律、法规，具备商标代理专业知识；

（三）在商标代理组织中执业。

第十条 商标代理人不得同时在两个以上的商标代理组织执业。

第十一条 商标代理人应当为委托人保守商业秘密，未经委托人同意，不得把未经公开的代理事项泄露给其他机构和个人。

第十二条 在明知委托人的委托事宜出于恶意或者其行为违反国家法律或者具有欺诈性的情况下，商标代理人应当拒绝接受委托。

第十三条 商标代理组织有下列行为之一的，由其所在地或者行为地县级以上工商行政管理部门予以警告或者处以一万元以下罚款；有违法所得的，处以违法所得额三倍以下，但最高不超过三万元罚款：

（一）与第三方串通，损害委托人合法权益的；

（二）违反本办法第五条、第七条规定的；

（三）损害国家和社会公共利益或者其他代理组织合法权益的；

（四）从事其他非法活动的。

第十四条 商标代理人有下列行为之一的，由其所在地或者行为地县级以上工商行政管理部门予以警告或者处以一万元以下罚款：

（一）私自接受委托，向委托人收取费用，收受委托人财物的；

（二）隐瞒事实，提供虚假证据，或者威胁、诱导他人隐瞒事实，提供虚假证据的；

（三）违反本办法第十条、第十一条、第十二条规定的；

（四）有其他违法行为的。

第十五条 违反本办法第四条第一款规定，未经工商行政管理部门登记即从事商标代理活动或者用欺骗手段取得登记的组织，由所在地县级以上工商行政管理部门依照有关企业登记管理的法律、法规处罚。

第十六条 被处罚的商标代理组织及商标代理人对工商行政管理部门的行政处罚不服的，可以依照《行政复议法》的规定申请复议；也可以直接向人民法院依法提起诉讼。

第十七条 本办法由国家工商行政管理总局负责解释。

第十八条 本办法自公布之日起施行。

香港、澳门服务提供者在内地开展商标代理业务暂行办法

1. 2004年11月24日国家工商行政管理总局发布

2. 工商标字[2004]第192号

3. 自2005年1月1日起施行

第一条 自2005年1月1日起,允许香港、澳门服务提供者在内地以合资、合作、独资的形式设立有限责任公司,从事商标代理业务。

第二条 香港、澳门服务提供者取得审批机构的批准证书后,应当向企业设立所在地的省、自治区、直辖市工商行政管理局办理登记手续。

香港、澳门服务提供者办理登记手续提交的文件中应包括符合《内地与香港关于建立更紧密经贸关系的安排》附件5和《内地与澳门关于建立更紧密经贸关系的安排》附件5关于"服务提供者"的定义及相关规定的身份证明文件。

第三条 各省、自治区、直辖市工商行政管理局应当每月一次将依照本办法登记的商标代理组织的有关信息报送商标局,报送的内容包括:机构名称、住所、法定代表人、联系电话、邮政编码。

第四条 香港、澳门服务提供者在内地设立商标代理组织的其他事项,按照外资登记的法律、法规、规章和有关规定办理。

香港、澳门服务提供者在内地设立的商标代理组织从事商标代理事宜,按照商标代理的法律、法规、规章和有关规定办理。

第五条 本办法自2005年1月1日起施行。

律师事务所从事商标代理业务管理办法

1. 2012年11月6日国家工商行政管理总局、司法部发布

2. 工商标字[2012]192号

3. 自2013年1月1日起施行

第一章 总 则

第一条 为了规范律师事务所及其律师从事商标代理的执业行为,维护商标代理法律服务秩序,保障委托人的合法权益,根据《中华人民共和国商标法》、《中华人民共和国律师法》等法律、法规、规章的规定,制定本办法。

第二条 律师事务所及其律师从事商标代理业务,适用本办法。

本办法所称律师事务所,是指律师的执业机构。

本办法所称律师,是指依法取得律师执业证书,受律师事务所指派为当事人提供法律服务的执业人员。

第三条 律师事务所及其律师从事商标代理业务,应当依法、诚信、尽责执业,恪守律师职业道德和执业纪律,接受当事人和社会的监督。

第四条 工商行政管理机关和司法行政机关依法对律师事务所及其律师从事商标代理业务活动进行监督管理。

第二章 业务范围及备案

第五条 律师事务所可以接受当事人委托,指派律师办理下列商标代理业务:

(一)代理商标注册申请、变更、续展、转让、补证、质权登记、许可合同备案、异议、注销、撤销以及马德里国际注册等国家工商行政管理总局商标局(以下简称商标局)主管的有关商标事宜;

(二)代理商标注册驳回复审、异议复审、撤销复审及注册商标争议案件等国家工商行政管理总局商标评审委员会(以下简称商评委)主管的有关商标事宜;

(三)代理其他商标国际注册有关事宜;

(四)代理商标侵权证据调查、商标侵权投诉;

(五)代理商标行政复议、诉讼案件;

(六)代理参加商标纠纷调解、仲裁等活动;

(七)担任商标法律顾问,提供商标法律咨询,代写商标法律事务文书;

(八)代理其他商标法律事务。

律师事务所从事前款第一项、第二项商标代理业务,应当向商标局办理备案。

第六条 律师事务所办理备案,应当向商标局提交下列材料:

(一)备案申请书,其中应当载明律师事务所名称、住所、组织形式、负责人、电话、传真、电子邮箱、邮政编码等信息;

(二)加盖本所印章的律师事务所执业许可证复印件。

申请材料齐备的,商标局应当自收到申请之日起

15 日内完成备案并予以公告；申请材料不齐备的，应当通知申请人补正后予以备案。

第七条 律师事务所名称、住所、负责人、联系方式等备案事项变更的，应当在变更后 30 日内向商标局办理变更备案。办理变更备案，应当提交下列材料：

（一）变更备案事项申请书；

（二）律师事务所所在地司法行政机关出具的该所变更事项证明文件；

（三）加盖本所印章的律师事务所执业许可证复印件。

变更除名称、住所、负责人以外备案事项的，可以不提交前款第二项规定的材料。

第八条 办理商标代理业务备案的律师事务所终止的，应当向商标局申请结算和注销备案。申请结算，应当提交下列材料（一式两份）：

（一）结算申请书，载明申请事项、开户银行、账号、收款人、经办人及联系方式等；

（二）该所已上报商标局和商评委的商标代理业务清单；

（三）该所出具的授权经办人办理结算手续的证明文件。

商标局应当自收到申请之日起三个月内办结律师事务所结算手续，出具结算证明，注销其从事商标代理业务的备案并予以公告。

第三章 业务规则

第九条 律师承办商标代理业务，应当由律师事务所统一接受委托，与委托人签订书面委托合同，按照国家规定统一收取费用并如实入账。

律师事务所受理商标代理业务，应该依照有关规定进行利益冲突审查，不得违反规定受理与本所承办的法律事务及其委托人有利益冲突的商标代理业务。

第十条 律师承办商标代理业务，应当按照委托合同约定，严格履行代理职责，及时向委托人通报委托事项办理进展情况，无正当理由不得拖延、拒绝代理。

委托事项违法，委托人利用律师提供的服务从事违法活动，委托人故意隐瞒重要事实、隐匿证据或者提供虚假、伪造证据的，律师有权拒绝代理。

第十一条 律师就商标代理出具的法律意见、提供的相关文件，应当符合有关法律、法规、规章的规定，符合商标局、商评委和地方工商行政管理机关的要求，应当真实、准确、完整，并经律师事务所审查无误后盖章出具。

第十二条 向商标局办理备案的律师事务所，应当按规定将商标规费预付款汇至商标局账户。

商标规费预付款余额不足的，由商标局或者商评委按照《商标法实施条例》第十八条第一款的规定，对律师事务所代理的商标申请不予受理。

第十三条 律师事务所及其律师承办商标代理业务，不得委托其他单位或者个人代为办理，不得与非法律服务机构、非商标代理组织合作办理。

第十四条 律师只能在一个律师事务所执业，不得同时在其他商标代理组织从事商标代理业务。

第十五条 律师事务所及其律师承办商标代理业务，应当遵守律师执业保密规定。未经委托人同意，不得将代理事项及相关信息泄露给其他单位或者个人。

第十六条 律师事务所及其律师不得以诋毁其他律师事务所和律师、商标代理组织和商标代理人或者支付介绍费等不正当手段承揽商标代理业务。

第十七条 律师事务所及其律师承办商标代理业务，不得利用提供法律服务的便利牟取当事人争议的权益，不得接受对方当事人的财物或者其他利益，不得与对方当事人或者第三人恶意串通，侵害委托人权益。

第十八条 律师事务所在终止事由发生后，有未办结的商标代理业务的，应当及时与委托人协商终止委托代理关系，或者告知委托人办理变更委托代理手续；委托人为外国人或者外国企业的，应当协助其办理变更委托代理手续。

律师变更执业机构、终止执业或者受到停止执业处罚的，应当在律师事务所安排下，及时办妥其承办但尚未办结的商标代理业务的交接手续。

第十九条 律师事务所应当加强对律师从事商标代理业务的监督，及时纠正律师在商标代理执业活动中的违法违规行为，调处律师在执业中与委托人之间的纠纷。

律师事务所应当组织律师参加商标业务培训，开展经验交流和业务研讨，提高律师商标代理业务水平。

第四章 监督管理

第二十条 律师事务所及其律师从事商标代理业务有违反法律、法规和规章行为，需要给予警告、罚款处罚的，由受理投诉、发现问题的工商行政管理机关、司法行政机关分别依据有关法律、法规和规章的规定实施处罚；需要对律师事务所给予停业整顿或者吊销执业许可证书处罚、对律师给予停止执业或者吊销律师执业证书处罚的，由司法行政机关依法实施处罚；有违反律师行业规范行为的,由律师协会给予相应的行业惩戒。

律师和律师事务所从事商标代理业务的违法行为涉嫌犯罪的,应当移送司法机关处理。

第二十一条　律师事务所及其律师违反本办法第七条、第八条、第十八条的规定,导致商标局或者商评委发出的文件无法按规定时限送达的,其法律后果由律师事务所及其律师承担。

律师事务所及其律师违反本办法第七条、第八条、第十八条的规定,导致送达文件被退回或者被委托人投诉的,经查实,商标局可以按照规定予以公开通报。

第二十二条　律师事务所依法受到停业整顿处罚的,在其停业整顿期间,商标局或者商评委可以暂停受理该律师事务所新的商标代理业务。

向商标局办理备案的律师事务所受到停业整顿处罚的,应当及时将受到处罚的情况及处罚期限报告商标局和商评委。

第二十三条　工商行政管理机关和司法行政机关在查处律师事务所和律师从事商标代理业务违法行为的工作中,应当相互配合,互通情况,建立协调协商机制。对于依法应当由对方实施处罚的,及时移送对方处理;一方实施处罚后,应当将处罚结果书面告知另一方。

第五章　附　　则

第二十四条　本办法由国家工商行政管理总局和司法部负责解释。

第二十五条　本办法自2013年1月1日起施行。

国家工商行政管理总局关于新设商标代理机构由省级工商行政管理局备案的通知

1. *2004年2月13日*
2. *工商标字〔2004〕第21号*

各省、自治区、直辖市及计划单列市工商行政管理局:

为方便商标代理机构开展商标代理业务,现就有关事项通知如下:

一、自2004年3月1日起,新登记注册的商标代理机构,由各直辖市工商行政管理局每月一次将名单抄送国家工商行政管理总商标局备案。抄送的内容包括:机构名称、住所、法定代表人、邮政编码。

二、商标代理机构需要通过邮寄的方式代理商标注册申请等事宜的,应到国家工商行政管理总局商标局办理开设账户、交纳规费预付款事宜。

三、商标代理机构需要了解如何开设账户等有关情况的,请登录"中国商标网"查询,网址为:http://www.ctmo.gov.cn或http://sbj.saic.gov.cn。

国家工商行政管理总局关于进一步规范商标代理市场秩序的通知

1. *2009年8月12日*
2. *工商办字〔2009〕159号*

各省、自治区、直辖市及计划单列市、副省级市工商行政管理局:

自取消商标代理组织设立和商标代理人资格核准行政审批以来,商标代理行业得到迅猛发展,我国商标代理组织从原来的147家猛增至4317家(截至2009年7月31日),为促进我国商标事业的发展作出了积极的贡献。但是,在商标代理行业快速发展的同时,也出现了一些阻碍行业健康发展、扰乱商标代理市场秩序的因素:一些不具备基本专业要求、不了解相关法律法规、不讲职业操守的人员涌入商标代理行业;见利忘义、出具虚假法律文件、欺诈委托人钱财、违背诚信原则、损害其他代理组织合法权益的情况时有发生;恶意申请、恶意异议、恶意转让等行为屡见不鲜。另外,由于代理组织的数量远远超过了市场需求,恶性竞争愈演愈烈。上述情况造成了全行业整体素质和诚信水平的下降,不仅损害了委托人的利益,也损害了国家利益,扰乱了商标注册和管理工作秩序,败坏了商标代理行业的社会形象。

严格规范商标代理市场秩序,是当前工商行政管理工作的重点。各级工商行政管理部门要按照总局2009年工作会议的精神,严格依法查处各种非法商标代理行为,进一步规范商标代理市场秩序,加强对商标代理人、商标代理组织的监督指导,积极推动行业自律和行业管理,尽快扭转商标代理市场存在的混乱无序状况,保证我国商标注册和管理工作健康有序的发展。现将有关工作通知如下:

一、充分认识规范商标代理市场秩序工作的重要意义,切实做好新形势下商标代理市场的监管工作

党的十七大报告明确提出"规范发展行业协会和

市场中介组织,健全社会信用体系”的要求。国务院于2008年6月颁布的《国家知识产权战略纲要》中指出,要“完善知识产权中介服务管理,加强行业自律,建立诚信信息管理、信用评价和失信惩戒等诚信管理制度”。总局领导一贯重视商标代理市场的监管工作。周伯华局长在部署2008年工作时指出,要充分发挥各类协会组织提供服务、反映诉求、行业自律、规范行为的作用。要采取有力措施,切实规范商标代理行为,保障商标申请人的合法权益。周伯华局长在部署2009年工作时强调,要深入学习实践科学发展观,牢固树立科学监管、依法监管、有效监管的理念,着力更新思想观念,创新体制机制,提高监管水平,千方百计促进经济平稳较快发展,尽职尽责维护公平公正的市场秩序。

各级工商行政管理部门要认真学习党中央、国务院精神以及总局的工作部署,从深入学习实践科学发展观和构建和谐社会的高度充分认识新形势下进一步加强商标代理市场监管,规范商标代理行为的重要性和迫切性,努力实现监管与发展、监管与服务、监管与维权、监管与执法的“四个统一”。要充分认识规范商标代理市场秩序及建设统一规范、健康发展的社会主义市场经济的重要作用及二者之间的关系,严格依法行政,大胆探索创新,做好新形势下商标代理市场的监督管理工作,切实维护商标权人的合法权益,维护市场经济秩序,促进经济社会又好又快发展。

二、积极采取有效措施,切实规范商标代理市场秩序

各级工商行政管理部门要积极行动起来,把整顿规范商标代理市场秩序作为深入学习实践科学发展观活动的一项重要内容,转变监管观念,创新监管方式,依据法律和法规赋予的职责,采取有效措施,切实规范商标代理市场秩序。

(一)要建立和完善商标代理组织信息数据库,做到监督有序、管理有据。

各级工商行政管理部门要对本辖区内商标代理组织进行详细的调查摸底,对商标代理组织数量、从业人员数量、商标代理业务的数量、代理组织被吊销和注销的情况、行政主管机关处罚的情况等进行详细统计,并将统计数据及时上报总局商标局。总局商标局要对各省报送的统计数据进行汇总、分类和分析,建立和完善商标代理组织信息数据库,研究商标代理组织发展的趋势,促进商标代理行业健康有序发展。

(二)要建立工商系统内部上下联动、快速高效的信息交流和工作联系机制。

总局商标局要及时发布商标代理组织代理的商标申请和注册数量、欠费情况等有关信息,为地方工商行政管理部门日常监管商标代理组织提供便利。各省、自治区、直辖市工商行政管理局要每月向总局商标局报送本辖区商标代理组织的情况,包括商标代理组织备案名单(对港澳服务提供者依法设立的商标代理组织要单独标注“港资、澳资”)以及商标代理组织被吊销或注销名单(应包括商标代理组织名称、吊销或注销时间、吊销或注销原因、吊销或注销机关),协助总局商标局及时更新商标代理组织备案和注销数据库。

(三)要充分利用“工商行政管理网”,对商标代理组织实施信用分类监管。

总局商标局要与企业注册局等企业登记管理部门加强沟通与配合,根据《关于对企业实施信用分类监管的意见》和《企业信用分类监管数据规范》的要求,抓紧研究制定商标代理组织和商标代理人信用分类管理办法。总局商标局要定期对外发布商标代理组织信用信息,探索实行商标代理组织不良行为预警制度。各级工商行政管理部门对商标代理组织的处罚情况,应及时报送商标局,协助总局商标局建立健全商标代理组织的信用评价系统。

(四)要综合运用《广告法》、《反不正当竞争法》、《合同法》、《商标代理管理办法》和企业登记法律法规及有关规定,对本辖区的商标代理市场进行集中清理、整顿。

要严格执法,加大对商标代理组织和从业人员违法违规行为的查处力度,重点查处以下违法行为:申请开办业务时隐瞒真实情况,弄虚作假;伪造、变造法律文件;以欺诈手段骗取委托人钱财;不履行或不完全履行委托义务,损害委托人利益;在明知委托人的委托事宜出于恶意或者其行为违反国家法律或者具有欺诈性的情况下,仍然接受委托;未经委托人同意,擅自把未经公开的代理事项泄露给其他组织或个人;以夸大、虚假宣传等方式误导委托人;诽谤其他商标代理组织和商标代理人,或者以回扣及其他不正当竞争手段争揽业务;等等。对构成犯罪的,依法移送司法机关追究刑事责任。

(五)要动员社会力量,加强对商标代理违法行为的社会监督。

各级工商行政管理部门要充分发挥“12315”投诉举报热线的作用,对商标代理违法行为的举报,要高度重视,及时依法立案查处。

三、进一步转变职能,充分发挥和支持商标代理行业协会的作用,实施行业自律管理

切实转变政府职能,充分发挥行业协会的作用,是我国政府行政体制改革的重要内容。为贯彻落实党中央和国务院精神,健全完善商标代理行业自律和行业管理机制,引导和监督商标代理行业规范、健康的发展,中华商标协会商标代理分会,要充分发挥行业协会职能,切实做好商标代理行业管理和自律工作。

在取消商标代理组织设立和商标代理人资格核准行政审批后,商标代理分会在商标代理行业的管理和自律方面尤显重要和必要。商标代理分会要紧紧围绕其宗旨,以科学发展观为指导,充分发挥自身优势,配合各级工商行政管理部门,规范商标代理市场秩序,实施行业自律管理,积极为规范商标代理市场秩序作出自己的贡献。

各级工商行政管理部门要积极支持中华商标协会商标代理分会的工作,采取切实有效的措施,支持商标代理分会进行行业自律管理。

(一)高度重视发挥商标代理分会在规范商标代理市场秩序中的重要作用。

发挥商标代理分会的行业管理作用,是贯彻落实党的十七大精神和国务院政府工作报告中“转变政府职能”的要求、解决当前代理市场混乱情况的重要举措。各级工商行政管理部门要高度重视,更新观念,转变职能,切实发挥行政管理和行业管理各自的优势,努力履行监管职能、提高执法效能,共同做好规范商标代理秩序的工作。

(二)探索建立新形势下商标代理行业管理的新机制。

各级工商行政管理部门要认真研究和认识新形势下商标代理工作的特点,切实推进制度化、规范化、程序化、法治化建设,在构建长效机制上下功夫。要创新管理机制和服务方式,建立工商部门和代理分会的协调配合、信息沟通交流、权益保护协调等机制。充分发挥商标代理分会在商标代理组织和商标代理人信用分类和评级管理过程中的作用。

(三)加强各级工商行政管理部门与商标代理分会在监管工作中的配合和沟通。

要加强与商标代理分会的配合和沟通,及时研究代理管理工作中的新问题。

商标局和各级工商行政管理部门应将对商标代理组织的相关统计数据、备案信息、信用评级信息及处罚情况等及时抄送商标代理分会。对商标代理分会提出的有关对代理机构的违法行为的执法建议,工商行政管理机关应及时反馈处理情况。

商标代理分会应将对商标代理组织及代理人的管理情况和有关统计数据及时抄送商标局和商标代理组织登记地工商行政管理部门。

四、工作要求

各级工商行政管理部门要按照党中央、国务院的精神以及总局部署,切实将规范商标代理行业的工作抓出成效。各级工商行政管理部门应及时向总局上报工作情况,同时抄送商标代理分会。对于工作中发现的新情况、新问题要及时总结,把握不准的应及时向总局请示。

联系人:(略)。

3. 商标注册与评审

商标评审规则

1. 1995年11月2日国家工商行政管理局第37号令公布
2. 根据2002年9月17日国家工商行政管理总局令第3号第一次修订
3. 根据2005年9月26日国家工商行政管理总局令第20号第二次修订
4. 根据2014年5月28日国家工商行政管理总局令第65号第三次修订
5. 自2014年6月1日起施行

第一章 总 则

第一条 为规范商标评审程序,根据《中华人民共和国商标法》(以下简称商标法)和《中华人民共和国商标法实施条例》(以下简称实施条例),制定本规则。

第二条 根据商标法及实施条例的规定,国家工商行政管理总局商标评审委员会(以下简称商标评审委员会)负责处理下列商标评审案件:

(一)不服国家工商行政管理总局商标局(以下简称商标局)驳回商标注册申请决定,依照商标法第三十四条规定申请复审的案件;

(二)不服商标局不予注册决定,依照商标法第三十五条第三款规定申请复审的案件;

(三)对已经注册的商标,依照商标法第四十四条第一款、第四十五条第一款规定请求无效宣告的案件;

(四)不服商标局宣告注册商标无效决定,依照商标法第四十四条第二款规定申请复审的案件;

(五)不服商标局撤销或者不予撤销注册商标决定,依照商标法第五十四条规定申请复审的案件。

在商标评审程序中,前款第(一)项所指请求复审的商标统称为申请商标,第(二)项所指请求复审的商标统称为被异议商标,第(三)项所指请求无效宣告的商标统称为争议商标,第(四)、(五)项所指请求复审的商标统称为复审商标。本规则中,前述商标统称为评审商标。

第三条 当事人参加商标评审活动,可以以书面方式或者数据电文方式办理。

数据电文方式办理的具体办法由商标评审委员会另行制定。

第四条 商标评审委员会审理商标评审案件实行书面审理,但依照实施条例第六十条规定决定进行口头审理的除外。

口头审理的具体办法由商标评审委员会另行制定。

第五条 商标评审委员会根据商标法、实施条例和本规则做出的决定和裁定,应当以书面方式或者数据电文方式送达有关当事人,并说明理由。

第六条 除本规则另有规定外,商标评审委员会审理商标评审案件实行合议制度,由三名以上的单数商标评审人员组成合议组进行审理。

合议组审理案件,实行少数服从多数的原则。

第七条 当事人或者利害关系人依照实施条例第七条的规定申请商标评审人员回避的,应当以书面方式办理,并说明理由。

第八条 在商标评审期间,当事人有权依法处分自己的商标权和与商标评审有关的权利。在不损害社会公共利益、第三方权利的前提下,当事人之间可以自行或者经调解以书面方式达成和解。

对于当事人达成和解的案件,商标评审委员会可以结案,也可以做出决定或者裁定。

第九条 商标评审案件的共同申请人和共有商标的当事人办理商标评审事宜,应当依照实施条例第十六条第一款的规定确定一个代表人。

代表人参与评审的行为对其所代表的当事人发生效力,但代表人变更、放弃评审请求或者承认对方当事人评审请求的,应当有被代表的当事人书面授权。

商标评审委员会的文件应当送达代表人。

第十条 外国人或者外国企业办理商标评审事宜,在中国有经常居所或者营业所的,可以委托依法设立的商标代理机构办理,也可以直接办理;在中国没有经常居所或者营业所的,应当委托依法设立的商标代理机构办理。

第十一条 代理权限发生变更、代理关系解除或者变更代理人的,当事人应当及时书面告知商标评审委员会。

第十二条 当事人及其代理人可以申请查阅本案有关材料。

第二章 申请与受理

第十三条 申请商标评审,应当符合下列条件:

(一)申请人须有合法的主体资格;

(二)在法定期限内提出;

(三)属于商标评审委员会的评审范围;

(四)依法提交符合规定的申请书及有关材料;

(五)有明确的评审请求、事实、理由和法律依据;

(六)依法缴纳评审费用。

第十四条 申请商标评审,应当向商标评审委员会提交申请书;有被申请人的,应当按照被申请人的数量提交相应份数的副本;评审商标发生转让、移转、变更,已向商标局提出申请但是尚未核准公告的,当事人应当提供相应的证明文件;基于商标局的决定书申请复审的,还应当同时附送商标局的决定书。

第十五条 申请书应当载明下列事项:

(一)申请人的名称、通信地址、联系人和联系电话。评审申请有被申请人的,应当载明被申请人的名称和地址。委托商标代理机构办理商标评审事宜的,还应当载明商标代理机构的名称、地址、联系人和联系电话;

(二)评审商标及其申请号或者初步审定号、注册号和刊登该商标的《商标公告》的期号;

(三)明确的评审请求和所依据的事实、理由及法律依据。

第十六条 商标评审申请不符合本规则第十三条第(一)、(二)、(三)、(六)项规定条件之一的,商标评审委员会不予受理,书面通知申请人,并说明理由。

第十七条 商标评审申请不符合本规则第十三条第(四)、(五)项规定条件之一的,或者未按照实施条例和本规则规定提交有关证明文件的,或者有其他需要补正情形的,商标评审委员会应当向申请人发出补正通知,申请人应当自收到补正通知之日起三十日内补正。

经补正仍不符合规定的,商标评审委员会不予受理,书面通知申请人,并说明理由。未在规定期限内补正的,依照实施条例第五十七条规定,视为申请人撤回评审申请,商标评审委员会应当书面通知申请人。

第十八条 商标评审申请经审查符合受理条件的,商标评审委员会应当在三十日内向申请人发出《受理通知书》。

第十九条 商标评审委员会已经受理的商标评审申请,有下列情形之一的,属于不符合受理条件,应当依照实施条例第五十七条规定予以驳回:

(一)违反实施条例第六十二条规定,申请人撤回商标评审申请后,又以相同的事实和理由再次提出评审申请的;

(二)违反实施条例第六十二条规定,对商标评审委员会已经做出的裁定或者决定,以相同的事实和理由再次提出评审申请的;

(三)其他不符合受理条件的情形。

对经不予注册复审程序予以核准注册的商标提起宣告注册商标无效的,不受前款第(二)项规定限制。

商标评审委员会驳回商标评审申请,应当书面通知申请人,并说明理由。

第二十条 当事人参加评审活动,应当按照对方当事人的数量,提交相应份数的申请书、答辩书、意见书、质证意见及证据材料副本,副本内容应当与正本内容相同。不符合前述要求且经补正仍不符合要求的,依照本规则第十七条第二款的规定,不予受理评审申请,或者视为未提交相关材料。

第二十一条 评审申请有被申请人的,商标评审委员会受理后,应当及时将申请书副本及有关证据材料送达被申请人。被申请人应当自收到申请材料之日起三十日内向商标评审委员会提交答辩书及其副本;未在规定期限内答辩的,不影响商标评审委员会的评审。

商标评审委员会审理不服商标局不予注册决定的复审案件,应当通知原异议人参加并提出意见。原异议人应当在收到申请材料之日起三十日内向商标评审委员会提交意见书及其副本;未在规定期限内提出意见的,不影响案件审理。

第二十二条 被申请人参加答辩和原异议人参加不予注册复审程序应当有合法的主体资格。

商标评审答辩书、意见书及有关证据材料应当按照规定的格式和要求填写、提供。

不符合第二款规定或者有其他需要补正情形的,商标评审委员会向被申请人或者原异议人发出补正通知,被申请人或者原异议人应当自收到补正通知之日起三十日内补正。经补正仍不符合规定或者未在法定期限内补正的,视为未答辩或者未提出意见,不影响商标评审委员会的评审。

第二十三条 当事人需要在提出评审申请或者答辩后补充有关证据材料的,应当在申请书或者答辩书中声明,并自提交申请书或者答辩书之日起三个月内一次性提交;未在申请书或者答辩书中声明或者期满未提交的,视为放弃补充证据材料。但是,在期满后生成或者当事人有其他正当理由未能在期满前提交的证据，在期满后提交的，商标评审委员会将证据交对方当事人并质证后可以采信。

对当事人在法定期限内提供的证据材料，有对方当事人的，商标评审委员会应当将该证据材料副本送达给对方当事人。当事人应当在收到证据材料副本之日起三十日内进行质证。

第二十四条 当事人应当对其提交的证据材料逐一分类编号和制作目录清单，对证据材料的来源、待证的具体事实作简要说明，并签名盖章。

商标评审委员会收到当事人提交的证据材料后，应当按目录清单核对证据材料，并由经办人员在回执上签收，注明提交日期。

第二十五条 当事人名称或者通信地址等事项发生变更的，应当及时通知商标评审委员会，并依需要提供相应的证明文件。

第二十六条 在商标评审程序中，当事人的商标发生转让、移转的，受让人或者承继人应当及时以书面方式声明承受相关主体地位，参加后续评审程序并承担相应的评审后果。

未书面声明且不影响评审案件审理的，商标评审委员会可以将受让人或者承继人列为当事人做出决定或者裁定。

第三章 审 理

第二十七条 商标评审委员会审理商标评审案件实行合议制度。但有下列情形之一的案件，可以由商标评审人员一人独任评审：

（一）仅涉及商标法第三十条和第三十一条所指在先商标权利冲突的案件中，评审时权利冲突已消除的；

（二）被请求撤销或者无效宣告的商标已经丧失专用权的；

（三）依照本规则第三十二条规定应当予以结案的；

（四）其他可以独任评审的案件。

第二十八条 当事人或者利害关系人依照实施条例第七条和本规则第七条的规定对商标评审人员提出回避申请的，被申请回避的商标评审人员在商标评审委员会做出是否回避的决定前，应当暂停参与本案的审理工作。

商标评审委员会在做出决定、裁定后收到当事人或者利害关系人提出的回避申请的，不影响评审决定、裁定的有效性。但评审人员确实存在需要回避的情形的，商标评审委员会应当依法做出处理。

第二十九条 商标评审委员会审理商标评审案件，应当依照实施条例第五十二条、第五十三条、第五十四条、第五十五条、第五十六条的规定予以审理。

第三十条 经不予注册复审程序予以核准注册的商标，原异议人向商标评审委员会请求无效宣告的，商标评审委员会应当另行组成合议组进行审理。

第三十一条 依照商标法第三十五条第四款、第四十五条第三款和实施条例第十一条第（五）项的规定，需要等待在先权利案件审理结果的，商标评审委员会可以决定暂缓审理该商标评审案件。

第三十二条 有下列情形之一的，终止评审，予以结案：

（一）申请人死亡或者终止后没有继承人或者继承人放弃评审权利的；

（二）申请人撤回评审申请的；

（三）当事人自行或者经调解达成和解协议，可以结案的；

（四）其他应当终止评审的情形。

商标评审委员会予以结案，应当书面通知有关当事人，并说明理由。

第三十三条 合议组审理案件应当制作合议笔录，并由合议组成员签名。合议组成员有不同意见的，应当如实记入合议笔录。

经审理终结的案件，商标评审委员会依法做出决定、裁定。

第三十四条 商标评审委员会做出的决定、裁定应当载明下列内容：

（一）当事人的评审请求、争议的事实、理由和证据；

（二）决定或者裁定认定的事实、理由和适用的法律依据；

（三）决定或者裁定结论；

（四）可以供当事人选用的后续程序和时限；

（五）决定或者裁定做出的日期。

决定、裁定由合议组成员署名，加盖商标评审委员会印章。

第三十五条 对商标评审委员会做出的决定、裁定，当事人不服向人民法院起诉的，应当在向人民法院递交起诉状的同时或者至迟十五日内将该起诉状副本抄送或者另行将起诉信息书面告知商标评审委员会。

除商标评审委员会做出的准予初步审定或者予以核准注册的决定外,商标评审委员会自发出决定、裁定之日起四个月内未收到来自人民法院应诉通知或者当事人提交的起诉状副本、书面起诉通知的,该决定、裁定移送商标局执行。

商标评审委员会自收到当事人提交的起诉状副本或者书面起诉通知之日起四个月内未收到来自人民法院应诉通知的,相关决定、裁定移送商标局执行。

第三十六条 在一审行政诉讼程序中,若因商标评审决定、裁定所引证的商标已经丧失在先权利导致决定、裁定事实认定、法律适用发生变化的,在原告撤诉的情况下,商标评审委员会可以撤回原决定或者裁定,并依据新的事实,重新做出商标评审决定或者裁定。

商标评审决定、裁定送达当事人后,商标评审委员会发现存在文字错误等非实质性错误的,可以向评审当事人发送更正通知书对错误内容进行更正。

第三十七条 商标评审决定、裁定经人民法院生效判决撤销的,商标评审委员会应当重新组成合议组,及时审理,并做出重审决定、裁定。

重审程序中,商标评审委员会对当事人新提出的评审请求和法律依据不列入重审范围;对当事人补充提交的足以影响案件审理结果的证据可以予以采信,有对方当事人的,应当送达对方当事人予以质证。

第四章 证据规则

第三十八条 当事人对自己提出的评审请求所依据的事实或者反驳对方评审请求所依据的事实有责任提供证据加以证明。

证据包括书证、物证、视听资料、电子数据、证人证言、鉴定意见、当事人的陈述等。

没有证据或者证据不足以证明当事人的事实主张的,由负有举证责任的当事人承担不利后果。

一方当事人对另一方当事人陈述的案件事实明确表示承认的,另一方当事人无需举证,但商标评审委员会认为确有必要举证的除外。

当事人委托代理人参加评审的,代理人的承认视为当事人的承认。但未经特别授权的代理人对事实的承认直接导致承认对方评审请求的除外;当事人在场但对其代理人的承认不作否认表示的,视为当事人的承认。

第三十九条 下列事实,当事人无需举证证明:

(一)众所周知的事实;

(二)自然规律及定理;

(三)根据法律规定或者已知事实和日常生活经验法则,能推定出的另一事实;

(四)已为人民法院发生法律效力的裁判所确认的事实;

(五)已为仲裁机构的生效裁决所确认的事实;

(六)已为有效公证文书所证明的事实。

前款(一)、(三)、(四)、(五)、(六)项,有相反证据足以推翻的除外。

第四十条 当事人向商标评审委员会提供书证的,应当提供原件,包括原本、正本和副本。提供原件有困难的,可以提供相应的复印件、照片、节录本;提供由有关部门保管的书证原件的复制件、影印件或者抄录件的,应当注明出处,经该部门核对无异后加盖其印章。

当事人向商标评审委员会提供物证的,应当提供原物。提供原物有困难的,可以提供相应的复制件或者证明该物证的照片、录像等其他证据;原物为数量较多的种类物的,可以提供其中的一部分。

一方当事人对另一方当事人所提书证、物证的复制件、照片、录像等存在怀疑并有相应证据支持的,或者商标评审委员会认为有必要的,被质疑的当事人应当提供或者出示有关证据的原件或者经公证的复印件。

第四十一条 当事人向商标评审委员会提供的证据系在中华人民共和国领域外形成,或者在香港、澳门、台湾地区形成,对方当事人对该证据的真实性存在怀疑并有相应证据支持的,或者商标评审委员会认为必要的,应当依照有关规定办理相应的公证认证手续。

第四十二条 当事人向商标评审委员会提供外文书证或者外文说明资料,应当附有中文译文。未提交中文译文的,该外文证据视为未提交。

对方当事人对译文具体内容有异议的,应当对有异议的部分提交中文译文。必要时,可以委托双方当事人认可的单位对全文,或者所使用或者有异议的部分进行翻译。

双方当事人对委托翻译达不成协议的,商标评审委员会可以指定专业翻译单位对全文,或者所使用的或者有异议的部分进行翻译。委托翻译所需费用由双方当事人各承担50%;拒绝支付翻译费用的,视为其承认对方提交的译文。

第四十三条 对单一证据有无证明力和证明力大小可以从下列方面进行审核认定：

（一）证据是否原件、原物，复印件、复制品与原件、原物是否相符；

（二）证据与本案事实是否相关；

（三）证据的形式、来源是否符合法律规定；

（四）证据的内容是否真实；

（五）证人或者提供证据的人，与当事人有无利害关系。

第四十四条 评审人员对案件的全部证据，应当从各证据与案件事实的关联程度、各证据之间的联系等方面进行综合审查判断。

有对方当事人的，未经交换质证的证据不应当予以采信。

第四十五条 下列证据不能单独作为认定案件事实的依据：

（一）未成年人所作的与其年龄和智力状况不相适应的证言；

（二）与一方当事人有亲属关系、隶属关系或者其他密切关系的证人所作的对该当事人有利的证言，或者与一方当事人有不利关系的证人所作的对该当事人不利的证言；

（三）应当参加口头审理作证而无正当理由不参加的证人证言；

（四）难以识别是否经过修改的视听资料；

（五）无法与原件、原物核对的复制件或者复制品；

（六）经一方当事人或者他人改动，对方当事人不予认可的证据材料；

（七）其他不能单独作为认定案件事实依据的证据材料。

第四十六条 一方当事人提出的下列证据，对方当事人提出异议但没有足以反驳的相反证据的，商标评审委员会应当确认其证明力：

（一）书证原件或者与书证原件核对无误的复印件、照片、副本、节录本；

（二）物证原物或者与物证原物核对无误的复制件、照片、录像资料等；

（三）有其他证据佐证并以合法手段取得的、无疑点的视听资料或者与视听资料核对无误的复制件。

第四十七条 一方当事人委托鉴定部门做出的鉴定结论，另一方当事人没有足以反驳的相反证据和理由的，可以确认其证明力。

第四十八条 一方当事人提出的证据，另一方当事人认可或者提出的相反证据不足以反驳的，商标评审委员会可以确认其证明力。

一方当事人提出的证据，另一方当事人有异议并提出反驳证据，对方当事人对反驳证据认可的，可以确认反驳证据的证明力。

第四十九条 双方当事人对同一事实分别举出相反的证据，但都没有足够的依据否定对方证据的，商标评审委员会应当结合案件情况，判断一方提供证据的证明力是否明显大于另一方提供证据的证明力，并对证明力较大的证据予以确认。

因证据的证明力无法判断导致争议事实难以认定的，商标评审委员会应当依据举证责任分配原则做出判断。

第五十条 评审程序中，当事人在申请书、答辩书、陈述及其委托代理人的代理词中承认的对己方不利的事实和认可的证据，商标评审委员会应当予以确认，但当事人反悔并有相反证据足以推翻的除外。

第五十一条 商标评审委员会就数个证据对同一事实的证明力，可以依照下列原则认定：

（一）国家机关以及其他职能部门依职权制作的公文文书优于其他书证；

（二）鉴定结论、档案材料以及经过公证或者登记的书证优于其他书证、视听资料和证人证言；

（三）原件、原物优于复制件、复制品；

（四）法定鉴定部门的鉴定结论优于其他鉴定部门的鉴定结论；

（五）原始证据优于传来证据；

（六）其他证人证言优于与当事人有亲属关系或者其他密切关系的证人提供的对该当事人有利的证言；

（七）参加口头审理作证的证人证言优于未参加口头审理作证的证人证言；

（八）数个种类不同、内容一致的证据优于一个孤立的证据。

第五章 期间、送达

第五十二条 期间包括法定期间和商标评审委员会指定的期间。期间应当依照实施条例第十二条的规定计算。

第五十三条 当事人向商标评审委员会提交的文件或者材料的日期,直接递交的,以递交日为准;邮寄的,以寄出的邮戳日为准;邮戳日不清晰或者没有邮戳的,以商标评审委员会实际收到日为准,但是当事人能够提出实际邮戳日证据的除外。通过邮政企业以外的快递企业递交的,以快递企业收寄日为准;收寄日不明确的,以商标评审委员会实际收到日为准,但是当事人能够提出实际收寄日证据的除外。以数据电文方式提交的,以进入商标评审委员会电子系统的日期为准。

当事人向商标评审委员会邮寄文件,应当使用给据邮件。

当事人向商标评审委员会提交文件,应当在文件中标明商标申请号或者注册号、申请人名称。提交的文件内容,以书面方式提交的,以商标评审委员会所存档案记录为准;以数据电文方式提交的,以商标评审委员会数据库记录为准,但是当事人确有证据证明商标评审委员会档案、数据库记录有错误的除外。

第五十四条 商标评审委员会的各种文件,可以通过邮寄、直接递交、数据电文或者其他方式送达当事人;以数据电文方式送达当事人的,应当经当事人同意。当事人委托商标代理机构的,文件送达商标代理机构视为送达当事人。

商标评审委员会向当事人送达各种文件的日期,邮寄的,以当事人收到的邮戳日为准;邮戳日不清晰或者没有邮戳的,自文件发出之日起满十五日,视为送达当事人,但当事人能够证明实际收到日的除外;直接递交的,以递交日为准。以数据电文方式送达的,自文件发出之日满十五日,视为送达当事人;文件通过上述方式无法送达的,可以通过公告方式送达当事人,自公告发布之日起满三十日,该文件视为已经送达。

商标评审委员会向当事人邮寄送达文件被退回后通过公告送达的,后续文件均采取公告送达方式,但当事人在公告送达后明确告知通信地址的除外。

第五十五条 依照实施条例第五条第三款的规定,商标评审案件的被申请人或者原异议人是在中国没有经常居所或者营业所的外国人或者外国企业的,由该评审商标注册申请书中载明的国内接收人负责接收商标评审程序的有关法律文件;商标评审委员会将有关法律文件送达该国内接收人,视为送达当事人。

依照前款规定无法确定国内接收人的,由商标局原审程序中的或者最后一个申请办理该商标相关事宜的商标代理机构承担商标评审程序中有关法律文件的签收及转达义务;商标评审委员会将有关法律文件送达该商标代理机构。商标代理机构在有关法律文件送达之前已经与国外当事人解除商标代理关系的,应当以书面形式向商标评审委员会说明有关情况,并自收到文件之日起十日内将有关法律文件交回商标评审委员会,由商标评审委员会另行送达。

马德里国际注册商标涉及国际局转发相关书件的,应当提交相应的送达证据。未提交的,应当书面说明原因,自国际局发文之日起满十五日视为送达。

上述方式无法送达的,公告送达。

第六章 附 则

第五十六条 从事商标评审工作的国家机关工作人员玩忽职守、滥用职权、徇私舞弊,违法办理商标评审事项,收受当事人财物,牟取不正当利益的,依法给予处分。

第五十七条 对于当事人不服商标局做出的驳回商标注册申请决定在2014年5月1日以前向商标评审委员会提出复审申请,商标评审委员会于2014年5月1日以后(含5月1日,下同)审理的案件,适用修改后的商标法。

对于当事人不服商标局做出的异议裁定在2014年5月1日以前向商标评审委员会提出复审申请,商标评审委员会于2014年5月1日以后审理的案件,当事人提出异议和复审的主体资格适用修改前的商标法,其他程序问题和实体问题适用修改后的商标法。

对于已经注册的商标,当事人在2014年5月1日以前向商标评审委员会提出争议和撤销复审申请,商标评审委员会于2014年5月1日以后审理的案件,相关程序问题适用修改后的商标法,实体问题适用修改前的商标法。

对于当事人在2014年5月1日以前向商标评审委员会提出申请的商标评审案件,应当自2014年5月1日起开始计算审理期限。

第五十八条 办理商标评审事宜的文书格式,由商标评审委员会制定并公布。

第五十九条 本规则由国家工商行政管理总局负责解释。

第六十条 本规则自2014年6月1日起施行。

自然人办理商标注册申请注意事项

1. 2007年2月6日国家工商行政管理总局商标局发布
2. 自2007年2月12日起施行

依照《中华人民共和国商标法》第四条的规定，从事生产、制造、加工、拣选、经销商品或者提供服务的自然人，需要取得商标专用权的，应当向商标局申请商标注册。以自然人名义办理商标注册、转让等申请事宜；除按照有关规定提交《商标注册申请书》、商标图样等材料外，还应注意以下事项：

一、个体工商户可以以其《个体工商户营业执照》登记的字号作为申请人名义提出商标注册申请，也可以以执照上登记的负责人名义提出商标注册申请。以负责人名义提出申请时应提交以下材料的复印件：

（一）负责人的身份证；

（二）营业执照。

二、个人合伙可以以其《营业执照》登记的字号或有关主管机关登记文件登记的字号作为申请人名义提出商标注册申请，也可以以全体合伙人的名义共同提出商标注册申请。以全体合伙人的名义共同提出申请时应提交以下材料的复印件：

（一）合伙人的身份证；

（二）营业执照；

（三）合伙协议。

三、农村承包经营户可以以其承包合同签约人的名义提出商标注册申请，申请时应提交以下材料的复印件：

（一）签约人身份证；

（二）承包合同。

四、其他依法获准从事经营活动的自然人，可以以其在有关行政主管机关颁发的登记文件中登载的经营者名义提出商标注册申请，申请时应提交以下材料的复印件：

（一）经营者的身份证；

（二）有关行政主管机关颁发的登记文件。

五、自然人提出商标注册申请的商品和服务范围，应以其在营业执照或有关登记文件核准的经营范围为限，或者以其自营的农副产品为限。

六、对于不符合《商标法》第四条规定的商标注册申请，商标局不予受理并书面通知申请人。

申请人提供虚假材料取得商标注册的，由商标局撤销该注册商标。

七、办理转让商标申请，受让人为自然人的，应参照上述事项办理。

马德里商标国际注册实施办法

1. 2003年4月17日国家工商行政管理总局令第7号公布
2. 自2003年6月1日起施行

第一条　根据《中华人民共和国商标法实施条例》（以下简称实施条例）第十二条的规定，制定本办法。

实施条例第十二条规定的商标国际注册，是指根据《商标国际注册马德里协定》（以下简称马德里协定）和《商标国际注册马德里协定有关议定书》（以下简称马德里议定书）及《商标国际注册马德里协定及该协定有关议定书的共同实施细则》（以下简称共同实施细则）规定办理的商标国际注册。

第二条　本办法适用于以中国为原属国的商标国际注册申请、指定中国的领土延伸申请及其他有关的申请。

非经马德里系统途径办理商标国外注册的，不属本办法的调整范围。申请人可以委托商标代理组织，或者委托国外代表人或者律师事务所，或者其在国外的分公司代为办理。

第三条　以中国为原属国申请商标国际注册的，应当在中国设有真实有效的工商营业场所，或者在中国有住所，或者拥有中国国籍。

第四条　具有本办法第三条规定的商标国际注册申请人资格，其商标已经在国务院工商行政管理部门商标局（以下简称商标局）获得注册的，可以根据马德里协定申请该商标的国际注册。

具有本办法第三条规定的商标国际注册申请人资格，其商标已经在商标局获得注册，或者已经向商标局提出商标注册申请的，可以根据马德里议定书申请该商标的国际注册。

第五条　申请商标国际注册的，应当通过商标局办理。

申请人或者其委托的商标代理组织可以直接到商标局提交申请，也可以向商标局寄交申请。

第六条　申请与马德里协定有关的商标国际注册的后期指定、放弃、注销等事宜的，应当通过商标局办理。申请与马德里协定有关的商标国际注册的转让、删减、注册人名义或者地址变更、代理人名义或者地址变更、续展等事宜的,可以通过商标局办理,也可以直接向世界知识产权组织国际局(以下简称国际局)办理。

申请与马德里议定书有关的商标国际注册的后期指定、转让、删减、放弃、注销、注册人名义或者地址变更、代理人名义或者地址变更、续展等事宜的,可以通过商标局办理,也可以直接向国际局办理。

通过商标局办理的,申请人或者其委托的商标代理组织可以直接到商标局提交申请,也可以向商标局寄交申请。

直接向国际局办理的,申请人或者其委托的商标代理组织可以到国际局提交申请,也可以向国际局寄交申请。

第七条 通过商标局申请商标国际注册及办理其他有关事宜的,可以使用国际局提供的英文或者法文书式填写,也可以使用商标局制定的中文书式填写,但需向商标局缴纳翻译费。

申请商标国际注册及办理其他有关事宜的,除按共同实施细则缴纳规定的费用外,还应当向商标局缴纳手续费。

第八条 商标国际注册申请人是自然人的,应当写明其中文姓名。申请人是法人或者其他组织的,应当写明其中文全称。

自然人、法人或者其他组织有对应的外文译名的,可以注明该外文译名。没有外文译名的,应当注明对应的汉语拼音。

第九条 申请人应当在商标国际注册申请书中注明其详细地址(包括通信地址和邮政编码)、电话号码、传真号码等。

第十条 一件商标国际注册申请可以指定一个类别的商品或服务,也可以指定两个或者两个以上类别的商品或服务。

第十一条 申请商标国际注册时,申请人应当提供以下附件:

(一)国内商标注册证复印件1份,或者商标局出具的商标注册申请受理通知书复印件1份;

(二)要求优先权的,该优先权证明1份;

(三)申请人资格证明1份,如营业执照复印件、居住证明复印件、身份证件复印件等;

(四)委托代理的,代理人委托书1份;

(五)商标图样2份,其尺寸不大于80mm×80mm,不小于20mm×20mm。

第十二条 商标局收到商标国际注册申请书的日期为申请日。

商标国际注册申请未按照规定填写的,商标局退回申请书,申请日不予保留。

申请手续基本齐备,但需要补正的,商标局通知申请人或者其代理人在收到通知之日起的15日内补正。商标局以邮寄形式向当事人送达补正通知的日期,以当事人收到补正通知的邮戳日为准。邮戳日不清晰或者没有邮戳的,或者没有被邮局退回的,自通知发出之日起满15日,视为送达当事人。未补正的,该申请视为放弃,商标局书面通知申请人。

通过商标局办理的商标国际注册申请或者其他申请,按规定需要缴费的,应当自收到商标局缴费通知单之日起15日内,向商标局缴纳有关费用。商标局以邮寄形式向当事人送达缴费通知单的日期,以当事人收到缴费通知单的邮戳日为准。邮戳日不清晰或者没有邮戳的,或者没有被邮局退回的,自缴费通知单发出之日起满15日,视为送达当事人。逾期未缴纳的,该申请视为放弃,商标局书面通知申请人。

第十三条 对指定中国的领土延伸申请,商标局通知国际局依职权驳回的,不再向国际局确认该驳回。

第十四条 在世界知识产权组织《国际商标公告》出版的次月一日起的3个月内,任何人可以对该公告刊登的指定中国的领土延伸申请向商标局提出异议。

一件异议申请可以涉及一个类别的商品或服务,也可以涉及两个或者两个以上类别的商品或服务。

异议人撤回异议申请的,商标局终止异议程序,书面通知当事人。

第十五条 指定中国的集体商标或者证明商标领土延伸申请人,自该商标在世界知识产权组织国际局国际注册簿登记之日起的3个月内,应当通过商标代理组织,依照有关规定,向商标局送交主体资格证明和商标使用管理规则以及其他证明文件。

未在上述3个月内送交主体资格证明和商标使用管理规则以及其他证明文件的,商标局驳回该集体商标或者证明商标的领土延伸申请。

第十六条 转让人未依法申请一并转让的,商标局通知国际商标注册人自收到通知之日起30日内改正;期满未改正的,商标局决定该转让在中国没有效力,并向国际局做出声明。当事人对商标局的声明不服的,可以在其收到商标局声明之日起30日内向人民法院起诉。

期满未起诉的,商标局决定生效。生效日为商标局做出决定之日。

删减内容不符合我国商品或服务分类要求的,商标局决定该删减在中国没有效力,并向国际局做出声明。当事人对商标局的声明不服的,可以在其收到商标局声明之日起30日内向人民法院起诉。期满未起诉的,商标局决定生效。生效日为商标局做出决定之日。

第十七条 许可他人在中国境内使用其国际注册商标的,应当按照商标法及其实施条例办理。

第十八条 指定中国的领土延伸申请人以其商标的国际注册代替已经在我国获得的商标注册的,该国际注册不影响该已经在我国获得的商标注册的权利。

要求在商标局商标注册簿登记国际注册代替在先国家注册的,应当通过商标代理组织办理,并按规定缴纳费用。

第十九条 已经在中国得到保护的国际注册商标,有商标法第四十一条规定情形的,商标所有人或者利害关系人或者其他人可以依不同情况,向商标评审委员会申请争议裁定或者申请裁定撤销在中国得到保护的该商标。裁定申请应当自该商标在中国的驳回期限届满后提出。

第二十条 指定中国保护国际注册商标的,自其商标的驳回期限届满之日起,可以委托商标代理组织向商标局申请出具其商标在中国得到保护的证明。

第二十一条 本办法自2003年6月1日起施行。1996年5月24日国家工商行政管理局发布的《马德里商标国际注册实施办法》同时废止。

商标网上申请试用办法

1. 2009年1月7日国家工商行政管理总局商标局发布
2. 商标综字〔2009〕第30号
3. 自2009年1月20日起施行

第一章 总 则

第一条 为了规范通过互联网以电子文件形式提出商标申请(以下简称商标网上申请)的有关程序和要求,根据《商标法》及其实施条例的有关规定,制定本办法。

第二条 提交商标网上申请的,应当遵守本办法和国家工商行政管理总局商标局(以下简称“商标局”)制定的商标网上申请流程及其他相关规定。

第三条 提交商标网上申请的,应当通过中国商标网(http://www.ctmo.gov.cn)以商标局规定的文件格式、数据标准、操作规范和传输方式提交申请文件。

第四条 提交商标网上申请的,应当真实、完整、准确地填写申请信息。

第五条 提交商标网上申请的,申请信息以商标局的数据库记录为准。

第六条 商标申请人可以直接提交商标网上申请,也可以委托商标代理组织办理。通过商标代理组织提交商标网上申请的,视为商标申请人与商标代理组织存在委托代理关系。

第七条 直接提交商标网上申请的申请人,应当符合《商标法》第四条的规定,不违反《商标法》第十八条的规定,并具备在线支付商标申请费的技术条件。

代理商标网上申请的商标代理组织,应经企业登记机关依法登记并在商标局备案。

第二章 商标网上申请

第八条 由于技术原因,商标申请人或商标代理组织不得提交下列情形的网上申请:

(一)商标局公布的《自然人办理商标注册申请注意事项》所规范的商标注册申请;

(二)有优先权诉求的商标注册申请;

(三)人物肖像的商标注册申请;

(四)集体商标、证明商标的商标注册申请;

(五)指定使用的商品或服务项目没有列入《类似商品和服务区分表》的商标注册申请;

(六)外国人或外国企业作为商标申请人或共同申请人,未委托商标代理组织提交的商标注册申请。我国香港、澳门特别行政区和台湾地区的商标申请人参照本项规定办理。

(七)其它暂不宜采用网上申请的商标注册申请。

第九条 商标申请人直接提交商标网上申请的,应当在提交商标网上申请时,使用本人或其委托的付款人的银行卡立即在线足额支付商标规费;商标代理组织代理商标网上申请的,应当足额预付商标规费。

商标局对付款方式另有规定的,从其规定。

第十条 商标申请人直接提交商标网上申请的,商标局收到符合要求的电子申请书数据和足额缴纳商标申请费的信息视为该申请提交成功;商标代理组织代理商标网上申请的,商标局收到符合要求的电子申请书数据视为该申请提交成功。

不符合前款规定的,视为申请人或受其委托的商标代理组织未提交商标网上申请。商标申请人或商标代理组织可以登录中国商标网对其提交的商标申请进行查询。

第十一条　提交商标网上申请的,商标申请日期以商标局收到提交成功的电子申请书数据的日期为准。

第十二条　提交商标网上申请后,除商标网上申请是在试用过渡期内提交的或商标局规定应当递交相关书面申请材料的外,商标申请人或受其委托的商标代理组织无需再就同一件商标申请向商标局递交书面申请书和其他书面申请材料,否则,视为另一件商标申请。

提交商标网上申请后,商标网上申请是在试用过渡期内提交的或商标局规定应当递交相关书面申请材料的,商标申请人或受其委托的商标代理组织应当按商标网上申请流程的要求办理。《商标法》及其实施条例对递交期限有规定的,从其规定;《商标法》及其实施条例对递交期限没有规定的,商标申请人或受其委托的商标代理组织应当按商标网上申请流程的要求办理。

第十三条　代理商标网上申请的商标代理组织,应当妥善保存委托人的营业执照、身份证等主体资格证明文件的复印件和委托书原件,有关书件应当经委托人签章。商标注册与管理工作需要时,商标代理组织应当自接到商标局通知之日起15日内递交。

第十四条　商标网上申请的接收时间为法定工作日的8:00至16:30。但因故临时调整的,将在中国商标网予以公告,并以公告中标明的时间为准。

商标网上申请的接收时间以外提交的申请,不予受理。

第三章　法律责任

第十五条　提交商标网上申请的,因所提交的申请信息不真实、不完整或不准确所造成的后果由其自行承担。

第十六条　严禁向商标局的商标网上申请系统发送计算机病毒或以任何手段进行网络攻击。因发送计算机病毒、网络攻击造成后果的,由其承担相应的法律责任,并赔偿商标局因此所遭受的损失。

第十七条　具有下列情形的,商标局将暂停其使用商标网上申请系统:

(一)违反本办法第四、六、七、九、十三、十四条规定的;

(二)违反本办法第十二条第二款的规定,未按期向商标局递交相关纸质申请材料或者递交的纸质申请材料与商标局的要求不一致的;

(三)提交的商标网上申请属于本办法第八条所列情形的;

(四)自本办法实施之日起,因拖欠商标申请费用导致商标申请被不予受理的;

(五)具有不诚信行为或其他违法行为的;

(六)违反本办法其它规定且情节严重的。

上述暂停使用商标网上申请系统的情形妥善解决后,当事人可以申请恢复使用。但是,暂停期不少于五个工作日。

第十八条　具有下列情形的,商标局将停止其使用商标网上申请系统:

(一)连续2年内被暂停使用商标网上申请系统三次(含)以上的;

(二)具有本办法第十六条规定情形的。

第四章　附　　则

第十九条　商标网上申请系统受理的业务类型和商标申请人直接提交网上申请的具体事宜由商标局另行公告。

第二十条　在商标网上申请试用期间,商标局采用对试用单位日申请量适度限制的做法,并根据实际运行情况逐步放开限制。具体事宜另行公告。

第二十一条　本办法由商标局负责解释。

第二十二条　本办法自2009年1月20日起施行。

含“中国”及首字为“国”字商标的审查审理标准

2010年7月28日国家工商行政管理总局商标局发布

为进一步规范商标审查标准,做好商标审理工作,服务企业,促进加快经济发展方式转变,根据商标法及有关法规的规定,经研究,现对含有与我国国家名称相同或者近似文字的商标的审查标准明确如下:

第一部分　法律依据

对含有与我国国家名称相同或者近似文字的商标申请应当依照《商标法》相关规定进行审查,具体为:

一、《商标法》第十条　下列标志不得作为商标使用:

（一）同中华人民共和国的国家名称、国旗、国徽、军旗、勋章相同或者近似的，以及同中央国家机关所在地特定地点的名称或者标志性建筑物的名称、图形相同的；

（二）同外国的国家名称、国旗、国徽、军旗相同或者近似的，但该国政府同意的除外；

（三）同政府间国际组织的名称、旗帜、徽记相同或者近似的，但经该组织同意或者不易误导公众的除外；

（七）夸大宣传并带有欺骗性的；

（八）有害于社会主义道德风尚或者有其他不良影响的。

二、《商标法》第十一条　下列标志不得作为商标注册：

（一）仅有本商品的通用名称、图形、型号的；

（三）缺乏显著特征的。

第二部分　含"中国"字样商标的审查审理标准

对含有与我国国家名称相同或者近似文字的商标申请，申请人及申请商标同时具备以下四个条件的，可予以初步审定：

一、申请人主体资格应当是经国务院或其授权的机关批准设立的。申请人名称应经名称登记管理机关依法登记。

二、申请商标与申请人企业名称或者该名称简称一致，简称是经国务院或其授权的机关批准。

三、申请商标与申请人主体之间具有紧密对应关系。

四、申请商标指定使用的商品或服务范围应与核定的经营范围相一致。

第三部分　首字为"国"字商标的审查审理标准

首字为"国"字商标的，应当严格按照以下标准审查：

一、对"国＋商标指定商品名称"作为商标申请，或者商标中含有"国＋商标指定商品名称"的，以其"构成夸大宣传并带有欺骗性"、"缺乏显著特征"和"具有不良影响"为由，予以驳回。

二、对带"国"字头但不是"国＋商标指定商品名称"组合的申请商标，应当区别对待。对使用在指定商品上直接表示了商品质量特点或者具有欺骗性，甚至有损公平竞争的市场秩序，或者容易产生政治上不良影响的，应予驳回。

对于上述含"中国"及首字为"国"字商标的审查，应当从严审查，慎之又慎，通过相关审查处处务会、商标局审查业务工作会议、商标局局务会议或者商标评审委员会委务会议研究决定。

在商标注册申请程序过程中，商标申请人可以提交相关证明材料。

台湾地区商标注册申请人要求优先权有关事项的规定

1. 2010年11月18日国家工商行政管理总局商标局发布
2. 工商标字〔2010〕220号
3. 自2010年11月22日起施行

为落实《海峡两岸知识产权保护合作协议》，保障台湾地区商标注册申请人的优先权权益，现就台湾地区申请人在国家工商行政管理总局商标局申请商标注册要求台湾地区优先权有关事项作如下规定：

一、自2010年11月22日起，台湾地区申请人自其商标在台湾地区第一次提出商标注册申请之日起六个月内，又在国家工商行政管理总局商标局就同一商标在相同商品上提出商标注册申请的，可以要求优先权。其第一次申请的日期可以追溯到2010年9月12日。

二、依照前述规定要求优先权的，应当参照《商标法》第二十四条第二款、《商标法实施条例》第二十条第一款的规定办理。

三、依照前述规定要求优先权的，其商标注册申请书应当使用国家工商行政管理总局发布的商标注册申请书式。

四、台湾地区申请人要求台湾地区优先权的声明，经认可后，其在台湾地区的第一次申请商标注册的日期，即视为在国家工商行政管理总局商标局的申请日期。

国家工商行政管理总局商标局关于提交商标异议申请有关事项的通知

2008年12月1日

各商标异议申请人、商标代理机构：

为进一步提高商标注册工作效率，规范商标异议申请受理工作，根据《商标法》及《商标法实施条例》的有关规定，现将提交商标异议申请的有关注意事项通知如下：

一、根据《商标法》及《商标法实施条例》的有关规定，异议人提交异议申请时，应有明确的请求和事实依据的文字表述。如以被异议商标违反《商标法》第二十八条、二十九条（即被异议商标侵犯在先申请商标或在先注册商标）为由的，则应指出在先商标的申请号或注册号以及商标名称，并提供相应证据；如以违反《商标法》其它规定为由的，则应清楚表述其理由及事实依据，并提供相应证据。请求和事实依据的文字表述应便于对方当事人答辩。异议人提交异议申请时，如没有明确的请求和事实依据，我局依法不予受理。

二、依据《商标法》、《商标法实施条例》及《中华人民共和国邮政法》等法律法规之规定，当事人通过邮政部门（含邮政部门所属快递公司）向商标局提交异议申请的，异议申请日以寄出的邮戳日为准。当事人通过非邮政部门所属的其他快递公司向商标局提交异议申请的，异议申请日以商标局收到日为准。

通过邮政部门邮寄异议申请或其他相关材料的，一件申请最好使用一个信封，以便于异议申请日期的确定及有关文件的归档与查阅。

国家工商行政管理总局商标局关于在第16类“报纸、期刊、杂志（期刊）、新闻刊物”四种商品上申请注册商标注意事项的通知

1. 2009年2月17日

2. 商标综字〔2009〕第39号

商标申请人、各商标代理机构：

《中华人民共和国商标法》第十条对不得作为商标使用的标志作出了明确的规定。但在第16类“报纸、期刊、杂志（期刊）、新闻刊物”四种商品上申请注册的商标，其整体是国家出版行政部门批准的报纸、期刊、杂志名称的，可以初步审定。因此，商标申请人在第16类“报纸、期刊、杂志（期刊）、新闻刊物”四种商品上申请注册商标的，除按照商标注册申请的有关规定提交材料外，还应注意以下事项：

一、申请注册的商标属于以下情形之一的，商标申请人应当向商标局提交国家出版行政部门核发的报纸、期刊出版许可证（复印件）：

（一）同我国的国家名称相同或者近似的，以及同中央国家机关所在地特定地点的名称或者标志性建筑物的名称相同的；

（二）由县级以上行政区划的地名构成，或者含有县级以上行政区划的地名的；

（三）属于《中华人民共和国商标法》第十条规定的其他情形，商标局需核对国家出版行政部门核发的报纸、期刊出版许可证的。

二、商标申请人提交的报纸、期刊出版许可证（复印件）应当符合以下要求：

（一）商标申请人名义应与所提交的报纸、期刊出版许可证上显示的持有人名义一致。

（二）商标申请人申请注册的商标名称应与所提交的报纸、期刊出版许可证上显示的国家出版行政部门批准使用的报纸、期刊名称相同。

三、商标申请人可以通过以下两种途径提交报纸、期刊出版许可证（复印件）：

（一）在提出商标注册申请时提交。商标申请人可在提出商标注册申请时将报纸、期刊出版许可证（复印件）与商标注册申请材料一并提交到商标局。

（二）在商标注册补正程序中提交。我局在商标审查过程中，将依法向未在提出商标注册申请的同时提交有效的报纸、期刊出版许可证（复印件）的相关商标申请人发出《商标补正通知书》。商标申请人在收到此类《商标补正通知书》后，应在规定时限内通过补正回文程序提交报纸、期刊出版许可证（复印件）。

特此通知。

国家工商行政管理总局商标局关于依法妥善处理违规商标注册网上申请有关问题的通知

1. 2009年5月7日

2. 商标综字〔2009〕第126号

各商标代理组织：

《商标网上申请试用办法》及《商标注册网上申请流程》（商标综字〔2009〕第30号）等涉及商标网上申

请的有关规定已经由国家工商行政管理总局商标局公布,并自2009年1月20日起施行。

根据《商标网上申请试用办法》第八条、第十二条第二款和《商标注册网上申请流程》的规定,在目前商标网上申请试用期内,不得提交第八条所列情形的商标注册网上申请,例如以自然人名义作为商标申请人的商标注册申请、肖像商标注册申请等。同时,成功提交商标注册网上申请后,应当按照《商标注册网上申请流程》的要求,在规定时间内提交与网上申请内容完全一致的纸质申请书件。

但是,近来,我局发现部分商标代理组织未严格遵守上述有关规定,违规提交了商标注册网上申请件,或没有在规定期限内提交纸质申请书件,或未提交符合要求的纸质申请书件,严重地损害了相关商标申请人的权益,影响了商标局审查工作效率。对此,我局将按照《商标网上申请试用办法》等有关规定进行如下处理:

一、违规提交了《商标网上申请试用办法》第八条所列情形的商标注册申请的,根据《商标网上申请试用办法》第十七条、第十八条的规定,自本通知发出之日起,我局将暂停其代理商标网上申请业务。相关申请人应当在5月31日前提交符合《商标网上申请试用办法》相关规定的证明文件。未能按期提交符合要求的证明文件的,视为放弃该商标注册申请,并视具体情况停止其代理商标网上申请业务。今后,对此类情况,我局将不再给予补正和进行通知。

二、未在规定期限内提交纸质申请书件的,或提交的纸质申请书件不符合《商标注册网上申请流程》规定的,或网上申请书件存在其他违规情形的,相关申请人应当在5月31日前提交符合要求的纸质申请书件。递交前述纸质申请书件时,应当单独制作清单并在清单上注明"补寄"字样。

三、自6月1日起,逾期未提交纸质申请书的,或提交的纸质申请书不符合要求的,根据《商标网上申请试用办法》第十七条、第十八条的规定,我局将暂停或停止其代理商标网上申请业务。对此类情况,我局将不再进行通知。

国家工商行政管理总局商标局关于不得擅自更改商标申请书式的通知

1. *2010年8月27日*
2. *商标综字〔2010〕第241号*

各商标代理组织、商标申请人:

近期,接连发生了几起因商标申请人擅自更改商标申请书式,导致申请不予受理、申请日无法保留的问题。为避免此类问题出现,更好地保障申请人权益,现就商标申请书式有关事宜通知如下:

《商标法实施条例》第五十六条第二款规定:"申请商标注册或者办理其他商标事宜的文件格式,由国务院工商行政管理部门制定并公布。"据此,申请人在提交商标申请时必须按规定使用商标局制定并公布的商标申请书式,且不得随意更改或者自行设计申请书式,包括也不得删减或增加栏目内容。擅自更改的,商标局将不予受理。

请各商标代理组织在日常商标代理业务中,加强对代理人员的业务培训,切实了解各种商标申请书式的使用和填写要求,严格执行有关规定,以保障商标申请人的合法权益。

国家工商行政管理局商标局关于饲料使用数字商标问题的批复

1995年10月19日

湖南省工商行政管理局:

你局《关于湖南饲料商标有关问题的请示》(湘工商标字〔1995〕71号)收悉。现就有关问题批复如下:

一、经研究来函所述情况和我局了解的事实,饲料使用数字作为商标的问题已引起我局重视。我局在此类商标的注册审查中将充分考虑来函中所提的建议,从严掌握。

二、已注册的数字商标,其专用权应依法予以保护,保护的范围应当以核准注册的商标图样为准。他人正当地使用产品代号(货号)且不足以造成误认的,不属于商标侵权行为。

三、对注册不当的商标,可根据《商标法》的有关规定,向商标评审委员会提出撤销请求。

国家工商行政管理局商标局关于出口罐头代号申请商标注册问题的函

1997年11月5日

中国轻工总会食品造纸部：

你部《关于请求解决出口罐头代号注册商标问题的函》(轻总食罐便〔1997〕28号)收悉。经研究,现答复如下：

一、罐头代号仅为外贸公司和生产企业内部掌握,虽经长期使用,可以区别不同出口罐头生产厂家,但广大消费者并不知道代号的作用,更不会据此辨别罐头的生产厂家。因此,以规范形式表示的罐头代号不具有商标识别作用,不能作为商标进行注册。

二、以非规范形式表示的罐头代号,在整体上具备了显著特征,能够起到商标区别商品出处作用的,则可以获准注册。商标注册人注册的商标受法律保护,与该注册商标近似的代号,无论其规范形式,还是非规范形式,他人均不得非法使用。

三、根据《商标法》的规定,商标申请必须由生产厂家提出,而不能以你部名义提出。你部可以将罐头代号编排目录提供给我局参考。如果有人将他人罐头代号申请商标注册,你部和企业均可以向我局提出异议。

国家工商行政管理局商标局关于注册商标中文字使用问题的批复

1. 2000年3月3日
2. 商标案〔2000〕96号

陕西省工商行政管理局：

你局2000年1月10日《关于注册商标中的文字使用事宜的请示》(陕工商标字〔2000〕14号)收悉。经研究,现批复如下：

根据第896536号"维思通"、第353889号"吗丁啉"、第1206275号"妥泰"和第627498号"采乐"商标的注册情况及来函所附标识,我局认为,对"维思通"、"吗丁啉"、"妥泰"字样的使用,不属于《商标法》第30条第(一)项所述的行为,但对"采乐"字样的使用,属于上述行为。

国家工商行政管理总局商标局关于"槟榔"等商品有关问题的批复

1. 2003年6月3日
2. 商标案〔2003〕60号

湖南省工商行政管理局：

你局《关于"槟榔"等商品有关问题的请示》(湘工商标字〔2003〕86号)收悉。现批复如下：

一、"槟榔"是水果的一种。根据《商标注册用商品和服务国际分类》(以下简称国际分类),"鲜槟榔"属于国际分类第31类第5组"未加工过的水果及干果";"加工过的槟榔"属于国际分类第29类第4组"腌渍、干制水果及制品"。"槟榔"与国际分类第29类第11组"加工过的坚果"类似群组名下的商品不类似。

二、"含醋饮料"应为一种添加了醋成分的不含酒精的饮料,属于国际分类第32类第2组"不含酒精饮料",与国际分类第30类第15组"醋"商品不类似。

此复。

国家工商行政管理总局商标局关于"商品房"如何确定类别问题的复函

1. 2003年7月3日
2. 商标函〔2003〕32号

武汉中南商标事务所有限公司：

你公司2003年6月18日《关于"商品房"如何确定类别的请示》收悉,经研究,现函复如下：

我局认为,按照世界知识产权组织提供的《商标注册用商品和服务国际分类》的分类原则,第19类的"非金属建筑物"是指简易的或是可移动的建筑物,不包括"商品房"。

在"商品房"建筑、销售等环节中,建造永久性建筑的服务属于37类,以"商品房建造"申报;出售"商品房"的服务属于36类,以"商品房销售服务"申报。

国家工商行政管理总局商标局关于在保健酒上申请注册商标有关问题的复函

1. 2003年8月19日
2. 商标函〔2003〕40号

四川省宜宾五粮液集团服务公司：

你公司《关于申请保健酒商标的请示报告》收悉，现答复如下：

一、“保健酒”是“酒(饮料)”的一种，属规范的商品通用名称，可以在第33类直接申请注册。

二、关于是否需要在“保健酒”商品上重新申请注册商标，应视你公司现有注册商标的核定使用商品的范围而定。如你公司现有注册商标的核定使用商品的范围包括“酒(饮料)”或“酒精饮料(啤酒除外)”，则该商品范围已经包含了“保健酒”，无需重新注册；否则应根据《商标法》第21条“注册商标需要在同一类的其他商品上使用的，应当另行提出注册申请”的规定重新申请注册。

三、在保健酒商品上申请注册商标所需文件无特殊规定，与在其它商品或服务上申请商标注册相同。

国家工商行政管理总局商标局关于国际分类第35类是否包括商场、超市服务问题的批复

1. 2004年8月13日
2. 商标申字〔2004〕第171号

四川省工商行政管理局：

你局2004年6月28日《关于服务国际分类第35类服务项目是否包括商场、超市服务的请示》(川工商办〔2004〕106号)收悉。经研究，现批复如下：

商场、超市属于销售商品的企业，其主要活动是批发、零售。《商标注册用商品和服务国际分类》第35类的注释明确说明，该类别服务的主要目的在于“对商业企业的经营或管理进行帮助”，或者“对工商企业的业务活动或者商业职能的管理进行帮助”，且“尤其不包括其主要职能是销售商品的企业，即商业企业的活动”。因此《商标注册用商品和服务国际分类》第35类的服务项目不包括“商品的批发、零售”，商场、超市的服务不属于该类的内容。该类“推销(替他人)”服务的内容是：为他人销售商品(服务)提供建议、策划、宣传、咨询等服务。

4. 商标转让、续展、变更

国家工商行政管理总局商标局关于申请转让商标有关问题的规定

1. 2009年8月6日发布

2. 自2009年8月10日起施行

为了规范商标转让行为,减少商标转让争议,避免虚假转让行为,根据《中华人民共和国商标法》、《中华人民共和国商标法实施条例》,制定本规定。

一、在办理转让商标申请手续时,除应当按照有关规定提交《转让申请/注册商标申请书》等材料外,还应当提供能够证明转、受让双方主体资格的加盖公章的有效证件复印件。

商标局对上述证件的真实性、有效性产生怀疑的,可以要求提供有关证明文件或经过公证的复印件,对于在国外形成的文件可以要求提供经公证、认证的复印件,对于在港、澳、台地区形成的文件可以要求履行相关证明手续。

二、申请人提供的转让申请材料中有外文文件的,应当同时提交其中文译文。中文译文应当由申请人或代理组织签字盖章确认。

三、商标局对转让商标申请进行形式审查后,对于符合有关规定的,向受让人发送《转让申请受理通知书》,同时向国内(港、澳、台除外)转让人发送《转让申请受理通知书》。

四、商标权利人发现其商标未经同意被他人申请转让并向商标局提出书面反映的,或者商标局对转让的真实性产生怀疑的,商标局可以向受让人发出补正通知书,要求其书面说明有关情况,必要时可以要求提供经公证的转让协议或经公证的转让人同意转让的声明,或者其他证明文件。

五、商标权利人或利害关系人对商标转让存在异议,要求商标局中止审查的,应当提出书面申请,并提供有关司法机关的立案证明或其他证明文件。商标局依据该申请可以中止对转让商标申请的审查程序。

六、商标权利人发现其商标未经同意已经被他人转让的,可以向人民法院提起民事诉讼。商标局依据人民法院的裁判对该商标转让作出决定。

七、转让注册商标的,受让人自公告之日起享有商标专用权。受让人在取得商标专用权之后才能提出再次转让申请。转让商标申请权的,受让人在取得核准转让通知书之后才能提出再次转让申请。

八、本规定自2009年8月10日起施行。

国家工商行政管理局商标局关于《转让注册商标申请书》中转让人名义问题的通知

1. 1997年12月18日

2. 商标〔1997〕50号

各商标代理组织:

近期,我局在商标转让注册申请的审查中发现,有的商标代理组织在提交《转让注册商标申请书》时所填写的转让人名义和注册人名义不符。其中一些名义不符是由连续转让造成的,即第一次转让申请还未被核准,受让人就以转让人的名义申请第二次转让。

根据《商标法》有关规定,转让注册商标,转让人必须是商标注册人,否则,无权将商标转让他人。转让注册商标的申请被受理,并不说明受让人即为商标注册人,只有当转让申请被商标局核准后,受让人才享有该商标权。

因此,我局决定,凡连续转让注册商标的,应在第一次转让申请被核准后,再提交第二次转让申请,否则,我局将不予受理。

特此通知。

国家工商行政管理局商标局对《关于续展商标有关法律问题的请示》的答复

1. 1995年2月5日

2. 商标字〔1995〕3号

深圳市工商行政管理局:

你局《关于续展商标有关法律问题的请示》(深工商标〔1995〕1号)收悉,现答复如下:

一、商标续展只是原商标权的延续。如果没有违反法律规定的特殊情况,商标续展申请不会被驳回。

二、1993年进行的商标续展是我国实施《商标法》以来的第一次,数量大、任务重。由于我局人员少,设施跟不上,致使续展登记时间拖后。但是续展商标仍应自上届有效期满次日起计算新的有效期。

三、为了保证商标案件查处工作依法进行,受案机关可以与我局联系,我局将对所询问的商标续展注册情况予以答复。

国家工商行政管理局商标局关于办理商标续展注册有关问题的通知

1. 1999年5月5日

2. 商标〔1999〕14号

各商标代理组织:

根据《国务院关于办理商标注册附送证件问题的批复》(国函〔1995〕29号)的规定,对1988年11月1日以后递交申请并取得专用权的注册商标(即注册号为第50万号以后的注册商标)以及1988年11月1日以后曾续展过的注册商标,在申请续展时不再附送《商标注册证》,经商标局核准后发给相应证明。

鉴于第50万号以后的部分《商标注册证》上存在着商标名称未标注在商标图样中的问题,为理顺法律关系,妥善做好注册商标的续展工作,现就有关问题通知如下:

一、对第50万号以后的注册商标,《商标注册证》上标注有商标名称但该名称未标注在商标图样中的,若注册人要求保留该商标名称专用权,在申请续展时对该商标名称应另行申请续展注册。申请时应附原注册证复印件,并交纳相应的费用,经商标局核准后,另发给《商标注册证》及相应证明。

二、商标名称另行申请续展注册的,应在《商标续展注册申请书》上注明"该申请另编注册号",并附上原《商标注册证》的复印件。

三、商标名称未标注在商标图样中且续展时未另行申请续展注册的,根据《商标法》第三十七条的规定,该名称不享有商标专用权。

国家工商行政管理局商标局关于办理注册商标指定商品的删减或缩小商品范围问题的意见

1. 1997年10月16日

2. 商标〔1997〕47号

各商标代理组织:

近来,一些商标代理组织来函询问能否办理注册商标指定商品的删减或缩小商品范围问题,现就此问题答复如下:

一、根据《商标法实施细则》第二十条规定,商标注册人可以通过《变更商标其他注册事项》程序向商标局交送《变更商标其他注册事项申请书》,经核准后删减部分已核定使用的商品。

二、因代理人在注册申请时翻译的商品名称不够准确,需要对核定使用的商品名称进行修正的,只要这种修正不扩大原核定使用商品的范围,可以通过《变更商标其他注册事项》办理。

三、因注册商标变更程序与注销、撤销程序不同,因此,他人以相同或近似商标在被删减商品上提出的注册申请,不受《商标法》第三十二条所规定的一年期限的限制。

国家工商行政管理局商标局关于《撤回商标变更/续展/转让/注销申请书》填写事宜的通知

1. 1997年10月22日

2. 商标〔1997〕48号

各商标代理组织:

10月13日,国家工商行政管理局下发了《关于增设商标申请书式的通知》(工商标字〔1997〕第247号)。为使各商标代理组织、商标注册申请人准确使用该书式,现就该书式的填写事宜通知如下:

一、日期、编号由商标局编定。

二、撤回商标申请有关事宜,在"□"处划"√"。原申请日期、原申请编号指代理人或申请人办理商标变更、续展、转让或注销申请时由商标局编定的申请日期、申请编号。注册号指该商标注册证上的编号。

三、撤回商标变更、续展或注销申请的,只填写"申请人"栏。

四、撤回商标转让申请的应同时填写"受让人"栏和"转让人"栏。

五、一份申请书只能办理一件撤回申请。办理撤回申请不再交纳费用。

六、委托代理的须填写"代理人"栏并附《商标代理委托书》。在我局直接办理的,不需填写"代理人"栏。

七、此书式适用于代理人或商标注册人在其申请变更、续展、转让或注销的商标未获核准之前的撤回申请。我局1997年4月1日起开始施行的《撤回商标注册申请书》继续有效,但只适用于撤回商标注册申请。

5. 商标许可使用

商业特许经营管理条例

1. 2007年2月6日国务院令第485号公布
2. 自2007年5月1日起施行

第一章 总 则

第一条 为规范商业特许经营活动,促进商业特许经营健康、有序发展,维护市场秩序,制定本条例。

第二条 在中华人民共和国境内从事商业特许经营活动,应当遵守本条例。

第三条 本条例所称商业特许经营(以下简称特许经营),是指拥有注册商标、企业标志、专利、专有技术等经营资源的企业(以下称特许人),以合同形式将其拥有的经营资源许可其他经营者(以下称被特许人)使用,被特许人按照合同约定在统一的经营模式下开展经营,并向特许人支付特许经营费用的经营活动。

企业以外的其他单位和个人不得作为特许人从事特许经营活动。

第四条 从事特许经营活动,应当遵循自愿、公平、诚实信用的原则。

第五条 国务院商务主管部门依照本条例规定,负责对全国范围内的特许经营活动实施监督管理。省、自治区、直辖市人民政府商务主管部门和设区的市级人民政府商务主管部门依照本条例规定,负责对本行政区域内的特许经营活动实施监督管理。

第六条 任何单位或者个人对违反本条例规定的行为,有权向商务主管部门举报。商务主管部门接到举报后应当依法及时处理。

第二章 特许经营活动

第七条 特许人从事特许经营活动应当拥有成熟的经营模式,并具备为被特许人持续提供经营指导、技术支持和业务培训等服务的能力。

特许人从事特许经营活动应当拥有至少2个直营店,并且经营时间超过1年。

第八条 特许人应当自首次订立特许经营合同之日起15日内,依照本条例的规定向商务主管部门备案。在省、自治区、直辖市范围内从事特许经营活动的,应当向所在地省、自治区、直辖市人民政府商务主管部门备案;跨省、自治区、直辖市范围从事特许经营活动的,应当向国务院商务主管部门备案。

特许人向商务主管部门备案,应当提交下列文件、资料:

(一)营业执照复印件或者企业登记(注册)证书复印件;

(二)特许经营合同样本;

(三)特许经营操作手册;

(四)市场计划书;

(五)表明其符合本条例第七条规定的书面承诺及相关证明材料;

(六)国务院商务主管部门规定的其他文件、资料。

特许经营的产品或者服务,依法应当经批准方可经营的,特许人还应当提交有关批准文件。

第九条 商务主管部门应当自收到特许人提交的符合本条例第八条规定的文件、资料之日起10日内予以备案,并通知特许人。特许人提交的文件、资料不完备的,商务主管部门可以要求其在7日内补充提交文件、资料。

第十条 商务主管部门应当将备案的特许人名单在政府网站上公布,并及时更新。

第十一条 从事特许经营活动,特许人和被特许人应当采用书面形式订立特许经营合同。

特许经营合同应当包括下列主要内容:

(一)特许人、被特许人的基本情况;

(二)特许经营的内容、期限;

(三)特许经营费用的种类、金额及其支付方式;

(四)经营指导、技术支持以及业务培训等服务的具体内容和提供方式;

(五)产品或者服务的质量、标准要求和保证措施;

(六)产品或者服务的促销与广告宣传;

(七)特许经营中的消费者权益保护和赔偿责任的承担;

(八)特许经营合同的变更、解除和终止;

(九)违约责任;

(十)争议的解决方式;

(十一)特许人与被特许人约定的其他事项。

第十二条 特许人和被特许人应当在特许经营合同中约

定,被特许人在特许经营合同订立后一定期限内,可以单方解除合同。

第十三条　特许经营合同约定的特许经营期限应当不少于3年。但是,被特许人同意的除外。

特许人和被特许人续签特许经营合同的,不适用前款规定。

第十四条　特许人应当向被特许人提供特许经营操作手册,并按照约定的内容和方式为被特许人持续提供经营指导、技术支持、业务培训等服务。

第十五条　特许经营的产品或者服务的质量、标准应当符合法律、行政法规和国家有关规定的要求。

第十六条　特许人要求被特许人在订立特许经营合同前支付费用的,应当以书面形式向被特许人说明该部分费用的用途以及退还的条件、方式。

第十七条　特许人向被特许人收取的推广、宣传费用,应当按照合同约定的用途使用。推广、宣传费用的使用情况应当及时向被特许人披露。

特许人在推广、宣传活动中,不得有欺骗、误导的行为,其发布的广告中不得含有宣传被特许人从事特许经营活动收益的内容。

第十八条　未经特许人同意,被特许人不得向他人转让特许经营权。

被特许人不得向他人泄露或者允许他人使用其所掌握的特许人的商业秘密。

第十九条　特许人应当在每年第一季度将其上一年度订立特许经营合同的情况向商务主管部门报告。

第三章　信息披露

第二十条　特许人应当依照国务院商务主管部门的规定,建立并实行完备的信息披露制度。

第二十一条　特许人应当在订立特许经营合同之日前至少30日,以书面形式向被特许人提供本条例第二十二条规定的信息,并提供特许经营合同文本。

第二十二条　特许人应当向被特许人提供以下信息:

(一)特许人的名称、住所、法定代表人、注册资本额、经营范围以及从事特许经营活动的基本情况;

(二)特许人的注册商标、企业标志、专利、专有技术和经营模式的基本情况;

(三)特许经营费用的种类、金额和支付方式(包括是否收取保证金以及保证金的返还条件和返还方式);

(四)向被特许人提供产品、服务、设备的价格和条件;

(五)为被特许人持续提供经营指导、技术支持、业务培训等服务的具体内容、提供方式和实施计划;

(六)对被特许人的经营活动进行指导、监督的具体办法;

(七)特许经营网点投资预算;

(八)在中国境内现有的被特许人的数量、分布地域以及经营状况评估;

(九)最近2年的经会计师事务所审计的财务会计报告摘要和审计报告摘要;

(十)最近5年内与特许经营相关的诉讼和仲裁情况;

(十一)特许人及其法定代表人是否有重大违法经营记录;

(十二)国务院商务主管部门规定的其他信息。

第二十三条　特许人向被特许人提供的信息应当真实、准确、完整,不得隐瞒有关信息,或者提供虚假信息。

特许人向被特许人提供的信息发生重大变更的,应当及时通知被特许人。

特许人隐瞒有关信息或者提供虚假信息的,被特许人可以解除特许经营合同。

第四章　法律责任

第二十四条　特许人不具备本条例第七条第二款规定的条件,从事特许经营活动的,由商务主管部门责令改正,没收违法所得,处10万元以上50万元以下的罚款,并予以公告。

企业以外的其他单位和个人作为特许人从事特许经营活动的,由商务主管部门责令停止非法经营活动,没收违法所得,并处10万元以上50万元以下的罚款。

第二十五条　特许人未依照本条例第八条的规定向商务主管部门备案的,由商务主管部门责令限期备案,处1万元以上5万元以下的罚款;逾期仍不备案的,处5万元以上10万元以下的罚款,并予以公告。

第二十六条　特许人违反本条例第十六条、第十九条规定的,由商务主管部门责令改正,可以处1万元以下的罚款;情节严重的,处1万元以上5万元以下的罚款,并予以公告。

第二十七条　特许人违反本条例第十七条第二款规定的,由工商行政管理部门责令改正,处3万元以上10万元以下的罚款;情节严重的,处10万元以上30万元以下的罚款,并予以公告;构成犯罪的,依法追究刑事责任。

特许人利用广告实施欺骗、误导行为的，依照广告法的有关规定予以处罚。

第二十八条 特许人违反本条例第二十一条、第二十三条规定，被特许人向商务主管部门举报并经查实的，由商务主管部门责令改正，处1万元以上5万元以下的罚款；情节严重的，处5万元以上10万元以下的罚款，并予以公告。

第二十九条 以特许经营名义骗取他人财物，构成犯罪的，依法追究刑事责任；尚不构成犯罪的，由公安机关依照《中华人民共和国治安管理处罚法》的规定予以处罚。

以特许经营名义从事传销行为的，依照《禁止传销条例》的有关规定予以处罚。

第三十条 商务主管部门的工作人员滥用职权、玩忽职守、徇私舞弊，构成犯罪的，依法追究刑事责任；尚不构成犯罪的，依法给予处分。

第五章 附 则

第三十一条 特许经营活动中涉及商标许可、专利许可的，依照有关商标、专利的法律、行政法规的规定办理。

第三十二条 有关协会组织在国务院商务主管部门指导下，依照本条例的规定制定特许经营活动规范，加强行业自律，为特许经营活动当事人提供相关服务。

第三十三条 本条例施行前已经从事特许经营活动的特许人，应当自本条例施行之日起1年内，依照本条例的规定向商务主管部门备案；逾期不备案的，依照本条例第二十五条的规定处罚。

前款规定的特许人，不适用本条例第七条第二款的规定。

第三十四条 本条例自2007年5月1日起施行。

商标使用许可合同备案办法

1. 1997年8月1日国家工商行政管理总局商标局发布
2. 商标〔1997〕39号

第一条 为了加强对商标使用许可合同的管理，规范商标使用许可行为，根据《中华人民共和国商标法》及《中华人民共和国商标法实施细则》的有关规定，制订本办法。

第二条 商标注册人许可他人使用其注册商标，必须签订商标使用许可合同。

第三条 订立商标使用许可合同，应当遵循自愿和诚实信用的原则。

任何单位和个人不得利用许可合同从事违法活动，损害社会公共利益和消费者权益。

第四条 商标使用许可合同自签订之日起三个月内，许可人应当将许可合同副本报送商标局备案。

第五条 向商标局办理商标使用许可合同备案事宜的，可以委托国家工商行政管理局认可的商标代理组织代理，也可以直接到商标局办理。

许可人是外国人或者外国企业的，应当委托国家工商行政管理局指定的商标代理组织代理。

第六条 商标使用许可合同至少应当包括下列内容：

（一）许可使用的商标及其注册证号；

（二）许可使用的商品范围；

（三）许可使用期限；

（四）许可使用商标的标识提供方式；

（五）许可人对被许可人使用其注册商标的商品质量进行监督的条款；

（六）在使用许可人注册商标的商品上标明被许可人的名称和商品产地的条款。

第七条 申请商标使用许可合同备案，应当提交下列书件：

（一）商标使用许可合同备案表；

（二）商标使用许可合同副本；

（三）许可使用商标的注册证复印件。

人用药品商标使用许可合同备案，应当同时附送被许可人取得的卫生行政管理部门的有效证明文件。

卷烟、雪茄烟和有包装烟丝的商标使用许可合同备案，应当同时附送被许可人取得的国家烟草主管部门批准生产的有效证明文件。

外文书件应当同时附送中文译本。

第八条 商标注册人通过被许可人许可第三方使用其注册商标的，其商标使用许可合同中应当含有允许被许可人许可第三方使用的内容或者出具相应的授权书。

第九条 申请商标使用许可合同备案，应当按照许可使用的商标数量填报商标使用许可合同备案表，并附送相应的使用许可合同副本及《商标注册证》复印件。

通过一份合同许可一个被许可人使用多个商标的，许可人应当按照商标数量报送商标使用许可合同备案表及《商标注册证》复印件，但可以只报送一份使用许可合同副本。

第十条 申请商标使用许可合同备案，许可人应当按照许可使用的商标数量缴纳备案费。

缴纳备案费可以采取直接向商标局缴纳的方式,也可以采取委托商标代理组织缴纳的方式。具体收费标准依照有关商标业务收费的规定执行。

第十一条 有下列情形之一的,商标局不予备案:

(一)许可人不是被许可商标的注册人的;

(二)许可使用的商标与注册商标不一致的;

(三)许可使用商标的注册证号与所提供商标注册证号不符的;

(四)许可使用的期限超过该注册商标的有效期限的;

(五)许可使用的商品超出了该注册商标核定使用的商品范围的;

(六)商标使用许可合同缺少本办法第六条所列内容的;

(七)备案申请缺少本办法第七条所列书件的;

(八)未缴纳商标使用许可合同备案费的;

(九)备案申请中的外文书件未附中文译本的;

(十)其他不予备案的情形。

第十二条 商标使用许可合同备案书件齐备,符合《商标法》及《商标法实施细则》有关规定的,商标局予以备案。

已备案的商标使用许可合同,由商标局向备案申请人发出备案通知书,并集中刊登在每月第2期《商标公告》上。

第十三条 不符合备案要求的,商标局予以退回并说明理由。

许可人应当自收到退回备案材料之日起一个月内,按照商标局指定的内容补正再报送备案。

第十四条 有下列情形之一的,应当重新申请商标使用许可合同备案:

(一)许可使用的商品范围变更的;

(二)许可使用的期限变更的;

(三)许可使用的商标所有权发生转移的;

(四)其他应当重新申请备案的情形。

第十五条 有下列情形之一的,许可人和被许可人应当书面通知商标局及其各自所在地县级工商行政管理机关:

(一)许可人名义变更的;

(二)被许可人名义变更的;

(三)商标使用许可合同提前终止的;

(四)其他需要通知的情形。

第十六条 对以欺骗手段或者其他不正当手段取得备案的,由商标局注销其商标使用许可合同备案并予以公告。

第十七条 对已备案的商标使用许可合同,任何单位和个人均可以提出书面查询申请,并按照有关规定交纳查询费。

第十八条 按照《商标法实施细则》第三十五条的规定,许可人和被许可人应当在许可合同签订之日起三个月内,将许可合同副本交送其所在地工商行政管理机关存查,具体存查办法可以参照本办法执行。

第十九条 县级以上工商行政管理机关依据《商标法》及其他法律、法规和规章的规定,负责对商标使用许可行为的指导、监督和管理。

第二十条 利用商标使用许可合同从事违法活动的,由县级以上工商行政管理机关依据《商标法》及其他法律、法规和规章的规定处理;构成犯罪的,依法追究刑事责任。

第二十一条 本办法所称商标许可人是指商标使用许可合同中许可他人使用其注册商标的人,商标被许可人是指符合《商标法》及《商标法实施细则》有关规定并经商标注册人授权使用其商标的人。

本办法有关商品商标的规定,适用于业务商标。

第二十二条 商标使用许可合同示范文本由商标局制定并公布。

第二十三条 本办法自发布之日起施行。商标局1985年2月25日颁发的《商标使用许可合同备案注意事项》同时废止。

附件1:

商标使用许可合同
(示范文本)

合同编号:

签订地点:

商标使用许可人(甲方)________

商标使用被许可人(乙方)________

根据《中华人民共和国商标法》第二十六条和《商标法实施细则》第三十五条规定,甲、乙双方遵循自愿和诚实信用的原则,经协商一致,签订本商标使用许可合同。

一、甲方将已注册的使用在____类____商品上的第____号____商标,许可乙方使用在____类____商品上。

商标标识:

二、许可使用的期限自________年____月____日起至________年____月____日止。合同期满，如需延长使用时间，由甲、乙双方另行续订商标使用许可合同。

三、甲方有权监督乙方使用注册商标的商品质量，乙方应当保证使用该注册商标的商品质量。具体措施为：____。

四、乙方必须在使用该注册商标的商品上标明自己的企业名称和商品产地。

五、乙方不得任意改变甲方注册商标的文字、图形或者其组合，并不得超越许可的商品范围使用甲方的注册商标。

六、未经甲方授权，乙方不得以任何形式和理由将甲方注册商标许可第三方使用。

七、注册商标标识的提供方式：

八、许可使用费及支付方式：

九、本合同提前终止时，甲、乙双方应当分别自终止之日起一个月内书面通知商标局及其各自所在地县级工商行政管理机关。

十、违约责任：

十一、纠纷解决方式：

十二、其他事宜：

本合同一式____份，自签订之日起三个月内，由甲、乙双方分别将合同副本交送所在地县级工商行政管理机关存查，并由甲方报送商标局备案。

商标使用许可人（甲方）

（签章）

商标使用被许可人（乙方）

（签章）

法定代表人	法定代表人
地址	地址
邮编	邮编

年　　月　　日

附件2：

国家工商行政管理局商标局
商标使用许可合同备案通知书

标合同备字〔　　〕号

________：

根据《中华人民共和国商标法》及《中华人民共和国商标法实施细则》有关规定，你（　　　）于________年____月____日报送我局的许可________使用的第____号____商标使用许可合同副本，经审查，我局予以备案。

商标使用许可合同备案号为__________。

特此通知。

（商标局章）

年　　月　　日

商业特许经营备案管理办法

1. 2011年12月12日商务部令2011年第5号公布

2. 自2012年2月1日起施行

第一条 为加强对商业特许经营活动的管理，规范特许经营市场秩序，根据《商业特许经营管理条例》（以下简称《条例》）的有关规定，制定本办法。

第二条 在中华人民共和国境内（以下简称中国境内）从事商业特许经营活动，适用本办法。

第三条 商务部及省、自治区、直辖市人民政府商务主管部门是商业特许经营的备案机关。在省、自治区、直辖市范围内从事商业特许经营活动的，向特许人所在地省、自治区、直辖市人民政府商务主管部门备案；跨省、自治区、直辖市范围从事特许经营活动的，向商务部备案。

商业特许经营实行全国联网备案。符合《条例》规定的特许人，依据本办法规定通过商务部设立的商业特许经营信息管理系统进行备案。

第四条 商务部可以根据有关规定，将跨省、自治区、直辖市范围从事商业特许经营的备案工作委托有关省、自治区、直辖市人民政府商务主管部门完成。受委托的省、自治区、直辖市人民政府商务主管部门应当自行完成备案工作，不得再委托其他任何组织和个人备案。

受委托的省、自治区、直辖市人民政府商务主管部门未依法行使备案职责的，商务部可以直接受理特许人的备案申请。

第五条 任何单位或者个人对违反本办法规定的行为，有权向商务主管部门举报，商务主管部门应当依法处理。

第六条 申请备案的特许人应当向备案机关提交以下材料：

（一）商业特许经营基本情况。

(二)中国境内全部被特许人的店铺分布情况。

(三)特许人的市场计划书。

(四)企业法人营业执照或其他主体资格证明。

(五)与特许经营活动相关的商标权、专利权及其他经营资源的注册证书。

(六)符合《条例》第七条第二款规定的证明文件。

在2007年5月1日前已经从事特许经营活动的特许人在提交申请商业特许经营备案材料时不适用于上款的规定。

(七)与中国境内的被特许人订立的第一份特许经营合同。

(八)特许经营合同样本。

(九)特许经营操作手册的目录(须注明每一章节的页数和手册的总页数,对于在特许系统内部网络上提供此类手册的,须提供估计的打印页数)。

(十)国家法律法规规定经批准方可开展特许经营的产品和服务,须提交相关主管部门的批准文件。

外商投资企业应当提交《外商投资企业批准证书》,《外商投资企业批准证书》经营范围中应当包括"以特许经营方式从事商业活动"项目。

(十一)经法定代表人签字盖章的特许人承诺。

(十二)备案机关认为应当提交的其他资料。

以上文件在中华人民共和国境外形成的,需经所在国公证机关公证(附中文译本),并经中华人民共和国驻所在国使领馆认证,或者履行中华人民共和国与所在国订立的有关条约中规定的证明手续。在香港、澳门、台湾地区形成的,应当履行相关的证明手续。

第七条 特许人应当在与中国境内的被特许人首次订立特许经营合同之日起15日内向备案机关申请备案。

第八条 特许人的以下备案信息有变化的,应当自变化之日起30日内向备案机关申请变更:

(一)特许人的工商登记信息。

(二)经营资源信息。

(三)中国境内全部被特许人的店铺分布情况。

第九条 特许人应当在每年3月31日前将其上一年度订立、撤销、终止、续签的特许经营合同情况向备案机关报告。

第十条 特许人应认真填写所有备案事项的信息,并确保所填写内容真实、准确和完整。

第十一条 备案机关应当自收到特许人提交的符合本办法第六条规定的文件、资料之日起10日内予以备案,并在商业特许经营信息管理系统予以公告。

特许人提交的文件、资料不完备的,备案机关可以要求其在7日内补充提交文件、资料。备案机关在特许人材料补充齐全之日起10日内予以备案。

第十二条 已完成备案的特许人有下列行为之一的,备案机关可以撤销备案,并在商业特许经营信息管理系统予以公告:

(一)特许人注销工商登记,或因特许人违法经营,被主管登记机关吊销营业执照的。

(二)备案机关收到司法机关因为特许人违法经营而作出的关于撤销备案的司法建议书。

(三)特许人隐瞒有关信息或者提供虚假信息,造成重大影响的。

(四)特许人申请撤销备案并经备案机关同意的。

(五)其他需要撤销备案的情形。

第十三条 各省、自治区、直辖市人民政府商务主管部门应当将备案及撤销备案的情况在10日内反馈商务部。

第十四条 备案机关应当完整准确地记录和保存特许人的备案信息材料,依法为特许人保守商业秘密。

特许人所在地的(省、自治区、直辖市或设区的市级)人民政府商务主管部门可以向通过备案的特许人出具备案证明。

第十五条 公众可通过商业特许经营信息管理系统查询以下信息:

(一)特许人的企业名称及特许经营业务使用的注册商标、企业标志、专利、专有技术等经营资源。

(二)特许人的备案时间。

(三)特许人的法定经营场所地址与联系方式、法定代表人姓名。

(四)中国境内全部被特许人的店铺分布情况。

第十六条 特许人未按照《条例》和本办法的规定办理备案的,由设区的市级以上商务主管部门责令限期备案,并处1万元以上5万元以下罚款;逾期仍不备案的,处5万元以上10万元以下罚款,并予以公告。

第十七条 特许人违反本办法第九条规定的,由设区的市级以上商务主管部门责令改正,可以处1万元以下的罚款;情节严重的,处1万元以上5万元以下的罚款,并予以公告。

第十八条 国外特许人在中国境内从事特许经营活动,按照本办法执行。香港、澳门特别行政区及台湾地区特许人参照本办法执行。

第十九条　相关协会组织应当依照本办法规定，加强行业自律，指导特许人依法备案。

第二十条　本办法由商务部负责解释。

第二十一条　本办法自2012年2月1日起施行。2007年5月1日施行的《商业特许经营备案管理办法》（商务部2007年第15号令）同时废止。

商业特许经营信息披露管理办法

1. 2012年2月23日商务部令2012年第2号公布
2. 自2012年4月1日起施行

第一条　为维护特许人与被特许人双方的合法权益，根据《商业特许经营管理条例》（以下简称《条例》），制定本办法。

第二条　在中华人民共和国境内开展商业特许经营活动适用本办法。

第三条　本办法所称关联方，是指特许人的母公司或其自然人股东、特许人直接或间接拥有全部或多数股权的子公司、与特许人直接或间接地由同一所有人拥有全部或多数股权的公司。

第四条　特许人应当按照《条例》的规定，在订立商业特许经营合同之日前至少30日，以书面形式向被特许人披露本办法第五条规定的信息，但特许人与被特许人以原特许合同相同条件续约的情形除外。

第五条　特许人进行信息披露应当包括以下内容：

（一）特许人及特许经营活动的基本情况。

1. 特许人名称、通讯地址、联系方式、法定代表人、总经理、注册资本额、经营范围以及现有直营店的数量、地址和联系电话。

2. 特许人从事商业特许经营活动的概况。

3. 特许人备案的基本情况。

4. 由特许人的关联方向被特许人提供产品和服务的，应当披露该关联方的基本情况。

5. 特许人或其关联方过去2年内破产或申请破产的情况。

（二）特许人拥有经营资源的基本情况。

1. 注册商标、企业标志、专利、专有技术、经营模式及其他经营资源的文字说明。

2. 经营资源的所有者是特许人关联方的，应当披露该关联方的基本信息、授权内容，同时应当说明在与该关联方的授权合同中止或提前终止的情况下，如何处理该特许体系。

3. 特许人（或其关联方）的注册商标、企业标志、专利、专有技术等与特许经营相关的经营资源涉及诉讼或仲裁的情况。

（三）特许经营费用的基本情况。

1. 特许人及代第三方收取费用的种类、金额、标准和支付方式，不能披露的，应当说明原因，收费标准不统一的，应当披露最高和最低标准，并说明原因。

2. 保证金的收取、返还条件、返还时间和返还方式。

3. 要求被特许人在订立特许经营合同前支付费用的，该部分费用的用途以及退还的条件、方式。

（四）向被特许人提供产品、服务、设备的价格、条件等情况。

1. 被特许人是否必须从特许人（或其关联方）处购买产品、服务或设备及相关的价格、条件等。

2. 被特许人是否必须从特许人指定（或批准）的供货商处购买产品、服务或设备。

3. 被特许人是否可以选择其他供货商以及供货商应具备的条件。

（五）为被特许人持续提供服务的情况。

1. 业务培训的具体内容、提供方式和实施计划，包括培训地点、方式和期限等。

2. 技术支持的具体内容、提供方式和实施计划，包括经营资源的名称、类别及产品、设施设备的种类等。

（六）对被特许人的经营活动进行指导、监督的方式和内容。

1. 经营指导的具体内容、提供方式和实施计划，包括选址、装修装潢、店面管理、广告促销、产品配置等。

2. 监督的方式和内容，被特许人应履行的义务和不履行义务的责任。

3. 特许人和被特许人对消费者投诉和赔偿的责任划分。

（七）特许经营网点投资预算情况。

1. 投资预算可以包括下列费用：加盟费；培训费；房地产和装修费用；设备、办公用品、家具等购置费；初始库存；水、电、气费；为取得执照和其他政府批准所需的费用；启动周转资金。

2. 上述费用的资料来源和估算依据。

（八）中国境内被特许人的有关情况。

1. 现有和预计被特许人的数量、分布地域、授权范围、有无独家授权区域(如有,应说明预计的具体范围)的情况。

2. 现有被特许人的经营状况,包括被特许人实际的投资额、平均销售量、成本、毛利、纯利等信息,同时应当说明上述信息的来源。

(九)最近2年的经会计师事务所或审计事务所审计的特许人财务会计报告摘要和审计报告摘要。

(十)特许人最近5年内与特许经营相关的诉讼和仲裁情况,包括案由、诉讼(仲裁)请求、管辖及结果。

(十一)特许人及其法定代表人重大违法经营记录情况。

1. 被有关行政执法部门处以30万元以上罚款的。

2. 被追究刑事责任的。

(十二)特许经营合同文本。

1. 特许经营合同样本。

2. 如果特许人要求被特许人与特许人(或其关联方)签订其他有关特许经营的合同,应当同时提供此类合同样本。

第六条 特许人在推广、宣传活动中,不得有欺骗、误导的行为,发布的广告中不得含有宣传单个被特许人从事商业特许经营活动收益的内容。

第七条 特许人向被特许人披露信息前,有权要求被特许人签署保密协议。

被特许人在订立合同过程中知悉的商业秘密,无论特许经营合同是否成立,不得泄露或者不正当使用。

特许经营合同终止后,被特许人因合同关系知悉特许人商业秘密的,即使未订立合同终止后的保密协议,也应当承担保密义务。

被特许人违反本条前两款规定,泄露或者不正当使用商业秘密给特许人或者其他人造成损失的,应当承担相应的损害赔偿责任。

第八条 特许人在向被特许人进行信息披露后,被特许人应当就所获悉的信息内容向特许人出具回执说明(一式两份),由被特许人签字,一份由被特许人留存,另一份由特许人留存。

第九条 特许人隐瞒影响特许经营合同履行致使不能实现合同目的的信息或者披露虚假信息的,被特许人可以解除特许经营合同。

第十条 特许人违反本办法有关规定的,被特许人有权向商务主管部门举报,经查实的,分别依据《条例》第二十六条、第二十七条、第二十八条予以处罚。

第十一条 本办法由中华人民共和国商务部负责解释。

第十二条 本办法自2012年4月1日起施行。原《商业特许经营信息披露管理办法》(商务部令2007年第16号)同时废止。

国家工商行政管理局商标局关于分公司使用总公司注册商标是否需要办理商标使用许可手续问题的批复

1. 1995年7月19日

2. 商标[1995]29号

山西省工商行政管理局:

你局4月26日《关于公司易地开设公司(分公司)使用其注册商标是否需要备案的请示函》收悉。现批复如下:

总公司下设的分公司若单独登记注册取得《营业执照》,则属于相对独立的经营实体。因此,分公司与总公司之间或分公司与其他分公司之间相互需要使用对方注册商标的,应当签订商标使用许可合同,并报我局备案。

最高人民法院关于商标侵权纠纷中注册商标排他使用许可合同的被许可人是否有权单独提起诉讼问题的函

1. 2002年9月10日

2. [2002]民三他字第3号

上海市高级人民法院:

你院《关于商标侵权纠纷中注册商标排他使用人应如何依法行使诉权的请示》收悉。经研究,答复如下:

注册商标排他使用许可合同的被许可人与商标注册人可以提起共同诉讼,在商标注册人不起诉的情况下,可以自行向人民法院提起诉讼。商标注册人不起诉包括商标注册人明示放弃起诉的情形,也包括注册商标排他使用许可合同的被许可人有证据证明其已告知商标注册人或者商标注册人已知道有侵犯商标专用权行为发生而仍不起诉的情形。

此复

6. 驰名商标认定和保护

驰名商标认定和保护规定

1. 2003年4月17日国家工商行政管理总局令第5号公布
2. 根据2014年7月3日国家工商行政管理总局令第66号修订

第一条 为规范驰名商标认定工作,保护驰名商标持有人的合法权益,根据《中华人民共和国商标法》(以下简称商标法)、《中华人民共和国商标法实施条例》(以下简称实施条例),制定本规定。

第二条 驰名商标是在中国为相关公众所熟知的商标。

相关公众包括与使用商标所标示的某类商品或者服务有关的消费者,生产前述商品或者提供服务的其他经营者以及经销渠道中所涉及的销售者和相关人员等。

第三条 商标局、商标评审委员会根据当事人请求和审查、处理案件的需要,负责在商标注册审查、商标争议处理和工商行政管理部门查处商标违法案件过程中认定和保护驰名商标。

第四条 驰名商标认定遵循个案认定、被动保护的原则。

第五条 当事人依照商标法第三十三条规定向商标局提出异议,并依照商标法第十三条规定请求驰名商标保护的,可以向商标局提出驰名商标保护的书面请求并提交其商标构成驰名商标的证据材料。

第六条 当事人在商标不予注册复审案件和请求无效宣告案件中,依照商标法第十三条规定请求驰名商标保护的,可以向商标评审委员会提出驰名商标保护的书面请求并提交其商标构成驰名商标的证据材料。

第七条 涉及驰名商标保护的商标违法案件由市(地、州)级以上工商行政管理部门管辖。当事人请求工商行政管理部门查处商标违法行为,并依照商标法第十三条规定请求驰名商标保护的,可以向违法行为发生地的市(地、州)级以上工商行政管理部门进行投诉,并提出驰名商标保护的书面请求,提交证明其商标构成驰名商标的证据材料。

第八条 当事人请求驰名商标保护应当遵循诚实信用原则,并对事实及所提交的证据材料的真实性负责。

第九条 以下材料可以作为证明符合商标法第十四条第一款规定的证据材料:

(一)证明相关公众对该商标知晓程度的材料。

(二)证明该商标使用持续时间的材料,如该商标使用、注册的历史和范围的材料。该商标为未注册商标的,应当提供证明其使用持续时间不少于五年的材料。该商标为注册商标的,应当提供证明其注册时间不少于三年或者持续使用时间不少于五年的材料。

(三)证明该商标的任何宣传工作的持续时间、程度和地理范围的材料,如近三年广告宣传和促销活动的方式、地域范围、宣传媒体的种类以及广告投放量等材料。

(四)证明该商标曾在中国或者其他国家和地区作为驰名商标受保护的材料。

(五)证明该商标驰名的其他证据材料,如使用该商标的主要商品在近三年的销售收入、市场占有率、净利润、纳税额、销售区域等材料。

前款所称"三年"、"五年",是指被提出异议的商标注册申请日期、被提出无效宣告请求的商标注册申请日期之前的三年、五年,以及在查处商标违法案件中提出驰名商标保护请求日期之前的三年、五年。

第十条 当事人依照本规定第五条、第六条规定提出驰名商标保护请求的,商标局、商标评审委员会应当在商标法第三十五条、第三十七条、第四十五条规定的期限内及时作出处理。

第十一条 当事人依照本规定第七条规定请求工商行政管理部门查处商标违法行为的,工商行政管理部门应当对投诉材料予以核查,依照《工商行政管理机关行政处罚程序规定》的有关规定决定是否立案。决定立案的,工商行政管理部门应当对当事人提交的驰名商标保护请求及相关证据材料是否符合商标法第十三条、第十四条、实施条例第三条和本规定第九条规定进行初步核实和审查。经初步核查符合规定的,应当自立案之日起三十日内将驰名商标认定请示、案件材料副本一并报送上级工商行政管理部门。经审查不符合规定的,应当依照《工商行政管理机关行政处罚程序规定》的规定及时作出处理。

第十二条 省(自治区、直辖市)工商行政管理部门应当对本辖区内市(地、州)级工商行政管理部门报送的驰名商标认定相关材料是否符合商标法第十三条、第十四条、实施条例第三条和本规定第九条规定进行核实和审查。经核查符合规定的,应当自收到驰名商标认定相关材料之日起三十日内,将驰名商标认定请示、案件材料副本一并报送商标局。经审查不符合规定的,应当将有关材料退回原立案机关,由其依照《工商行政管理机关行政处罚程序规定》的规定及时作出处理。

第十三条 商标局、商标评审委员会在认定驰名商标时,应当综合考虑商标法第十四条第一款和本规定第九条所列各项因素,但不以满足全部因素为前提。

商标局、商标评审委员会在认定驰名商标时,需要地方工商行政管理部门核实有关情况的,相关地方工商行政管理部门应当予以协助。

第十四条 商标局经对省(自治区、直辖市)工商行政管理部门报送的驰名商标认定相关材料进行审查,认定构成驰名商标的,应当向报送请示的省(自治区、直辖市)工商行政管理部门作出批复。

立案的工商行政管理部门应当自商标局作出认定批复后六十日内依法予以处理,并将行政处罚决定书抄报所在省(自治区、直辖市)工商行政管理部门。省(自治区、直辖市)工商行政管理部门应当自收到抄报的行政处罚决定书之日起三十日内将案件处理情况及行政处罚决定书副本报送商标局。

第十五条 各级工商行政管理部门在商标注册和管理工作中应当加强对驰名商标的保护,维护权利人和消费者合法权益。商标违法行为涉嫌犯罪的,应当将案件及时移送司法机关。

第十六条 商标注册审查、商标争议处理和工商行政管理部门查处商标违法案件过程中,当事人依照商标法第十三条规定请求驰名商标保护时,可以提供该商标曾在我国作为驰名商标受保护的记录。

当事人请求驰名商标保护的范围与已被作为驰名商标予以保护的范围基本相同,且对方当事人对该商标驰名无异议,或者虽有异议,但异议理由和提供的证据明显不足以支持该异议的,商标局、商标评审委员会、商标违法案件立案部门可以根据该保护记录,结合相关证据,给予该商标驰名商标保护。

第十七条 在商标违法案件中,当事人通过弄虚作假或者提供虚假证据材料等不正当手段骗取驰名商标保护的,由商标局撤销对涉案商标已作出的认定,并通知报送驰名商标认定请示的省(自治区、直辖市)工商行政管理部门。

第十八条 地方工商行政管理部门违反本规定第十一条、第十二条规定未履行对驰名商标认定相关材料进行核实和审查职责,或者违反本规定第十三条第二款规定未予以协助或者未履行核实职责,或者违反本规定第十四条第二款规定逾期未对商标违法案件作出处理或者逾期未报送处理情况的,由上一级工商行政管理部门予以通报,并责令其整改。

第十九条 各级工商行政管理部门应当建立健全驰名商标认定工作监督检查制度。

第二十条 参与驰名商标认定与保护相关工作的人员,玩忽职守、滥用职权、徇私舞弊,违法办理驰名商标认定有关事项,收受当事人财物,牟取不正当利益的,依照有关规定予以处理。

第二十一条 本规定自公布之日起30日后施行。2003年4月17日国家工商行政管理总局公布的《驰名商标认定和保护规定》同时废止。

驰名商标认定工作细则

1. 2009年4月21日国家工商行政管理总局发布
2. 工商标字〔2009〕81号

第一章 总 则

第一条 为推进商标战略的实施,规范驰名商标的认定工作,促进驰名商标认定工作进一步制度化、规范化、程序化、法治化,切实维护商标权人的合法权益,健全知识产权保护体系,优化创新环境,促进经济社会又好又快发展,根据《中华人民共和国商标法》、《中华人民共和国商标法实施条例》、《驰名商标认定和保护规定》和《国家工商行政管理总局主要职责内设机构和人员编制规定》,制定本细则。

第二条 本细则中的驰名商标认定是指商标局、商标评审委员会依照《商标法》、《商标法实施条例》、《驰名商标认定和保护规定》、《商标评审规则》以及国家工商行政管理总局《各司(厅、局、室)主要职责内设机构和人员编制规定》的有关规定认定驰名商标。

第三条 驰名商标认定工作的目的是加大商标权保护力度,引导企业实施商标战略,使用自主商标,丰富商标内涵,重视商标知识产权创新和保护,提高商标知名度,形成一批拥有自主知识产权和知名品牌、国际竞争力较强的优势企业,促进企业和经济社会发展,推动创新型国家建设。

第四条 商标局、商标评审委员会应严格、准确、依法开展驰名商标认定工作,正确引导舆论宣传,促进驰名商标认定和保护制度的健康发展,支持帮助企业合理实施商标战略。

商标局应指导各地工商行政管理部门在驰名商标认定申请工作中严格把关,确保申请材料内容真实、准确。

第五条 商标局、商标评审委员会成立驰名商标认定委员会,其成员包括商标局、商标评审委员会的局长、主任、副局长、副主任、巡视员、副巡视员,局长、主任为主任委员。

第六条 商标局、商标评审委员会承办处依本细则进行驰名商标认定申请材料的受理、整理和审查工作;商标局局长办公会、商标评审委员会委务会依本细则进行驰名商标认定中的审定工作;驰名商标认定委员会依本细则进行驰名商标认定中的复审工作;国家工商行政管理总局局长办公会对驰名商标认定委员会拟认定的驰名商标予以核审。

第二章 驰名商标认定申请的审查、审定

第一节 驰名商标认定应考虑的因素、证据材料

第七条 认定驰名商标应当根据《商标法》第十四条的规定,考虑下列各项因素,但并不以该商标必须满足下列全部因素为前提:

(一)相关公众对该商标的知晓程度;

(二)该商标使用的持续时间;

(三)该商标的任何宣传工作的持续时间、程度和地理范围;

(四)该商标作为驰名商标受保护的记录;

(五)该商标驰名的其他因素。

第八条 认定驰名商标应当根据《驰名商标认定和保护规定》第三条的规定,审查下列证明商标驰名的证据材料:

(一)证明相关公众对该商标知晓程度的有关材料;

(二)证明该商标使用持续时间的有关材料,包括该商标使用、注册的历史和范围的有关材料;

(三)证明该商标的任何宣传工作的持续时间、程度和地理范围的有关材料,包括广告宣传和促销活动的方式、地域范围、宣传媒体的种类以及广告投放量等有关材料;

(四)证明该商标作为驰名商标受保护记录的有关材料,包括该商标曾在中国或者其他国家和地区作为驰名商标受保护的有关材料;

(五)证明该商标驰名的其他证据材料,包括使用该商标的主要商品近三年的产量、销售量、销售收入、利税、销售区域等有关材料。

第二节 商标管理程序中的审查

第九条 对经省级工商行政管理机关依《驰名商标认定和保护规定》上报的驰名商标认定申请的案件材料及证明商标驰名的证据材料,商标局实行收文和办文分开制度,由商标局综合处负责收文,有关承办处负责材料整理,建立登记簿登记。

对在商标管理中提出的驰名商标认定申请,申请人提交补充证据材料的,有关承办处在相关申请提交商标局局长办公会之前可将补充材料内容纳入申请材料予以整理。

第十条 承办处可以就商标的显著性和驰名程度等技术性问题征求有关处室或有关部门的意见。

承办处认为确有必要时,可以向地方工商行政管理部门了解有关情况。

第十一条 对于在商标管理中提出的驰名商标认定申请,由承办处处长主持召开处务会讨论并提出初步意见。处务会的参加人员不得少于全处人员的三分之二。会议应做记录。

第十二条 经处务会讨论,形成符合驰名商标条件或不符合驰名商标条件的初步意见,由处长报分管副局长。分管副局长提交商标局局长办公会讨论。

第三节 商标异议程序中的审查

第十三条 对于在商标异议(含国际注册程序中的商标异议)程序中提出的驰名商标认定申请,按照《商标法》、《商标法实施条例》和《驰名商标认定和保护规定》的规定,原则上根据商标异议的申请时间顺序进行审理。

第十四条 承办人员对驰名商标的证明材料进行整理,经合议组讨论后报处务会讨论。承办处的处长主持召开处务会议,处务会的参加人员不得少于全处人员的三分之二。会议应做记录。

第十五条 经处务会讨论,形成证据材料充足且该异议案件确需依《商标法》第十三条裁定的意见或证据不足、该异议案件不需要依《商标法》第十三条裁定的意见,由处长报分管副局长。分管副局长提交商标局局

长办公会讨论。

第四节 商标异议复审、商标争议程序中的审查

第十六条 对在商标异议复审、商标争议程序中提出的驰名商标认定申请，商标评审委员会按照《商标法》、《商标法实施条例》、《驰名商标认定和保护规定》和《商标评审规则》的规定进行审理。

第十七条 商标评审委员会对涉及驰名商标认定的案件应由案件承办处组成合议组进行审理。

合议组由商标评审人员三人以上的单数组成，案件承办处处长必须担任合议组成员。合议组审理涉及驰名商标认定的案件，实行少数服从多数的原则。

第十八条 合议组经审理认为基本符合驰名商标条件的，由处长报分管副主任。分管副主任经研究认为基本符合驰名商标条件的，报经主任同意后，提交商标评审委员会委务会讨论。

第十九条 主任同意将涉及驰名商标认定案件提交委务会讨论的，案件承办人应当及时将相关材料送交综合处。综合处应当在委务会召开三天之前，将相关材料复印并送交参加委务会的人员。

第五节 审　　定

第二十条 商标局讨论驰名商标认定案件的局长办公会由局长、副局长、巡视员、副巡视员组成，承办处处长列席。

第二十一条 商标评审委员会讨论驰名商标认定案件的委务会由主任、巡视员、副主任、副巡视员、各处处长组成。

第二十二条 商标局局长办公会就商标局分管副局长提交的意见进行研究审定，认为符合驰名商标条件的提出拟认定的意见；认为不符合驰名商标条件的，退回承办处按有关程序办理。其中，对于商标异议程序中提出的驰名商标认定申请，商标局局长办公会认为证据不足或该异议案件不需要依《商标法》第十三条裁定的，承办处按一般的异议案件处理；对于商标管理程序中提出的驰名商标认定申请，商标局局长办公会认为不符合驰名商标条件的，承办处按照公文办理程序发文退回申请，并将申请材料一并退回。

商标评审委员会委务会就分管副主任提交的意见进行研究审定，认为符合驰名商标条件的提出拟认定的意见；认为不符合驰名商标条件的，退回承办处按有关程序办理。商标评审委员会委务会的参加人员不得少于应到人员的三分之二。

商标局局长办公会或商标评审委员会委务会形成意见后，及时报驰名商标认定委员会研究。

第三章 复审与核审

第二十三条 驰名商标认定委员会按照《商标法》、《商标法实施条例》、《驰名商标认定和保护规定》和《商标评审规则》的规定对商标局、商标评审委员会提交的驰名商标审定意见进行研究复审，并及时将经复审拟认定的驰名商标，报总局局长办公会议核审。经复审拟退回的，退回商标局或商标评审委员会按照有关程序处理。

驰名商标认定委员会召开上述复审会议时，参加人员不得少于应到人员的三分之二。

第二十四条 根据总局的核审意见，商标局、商标评审委员会应当按照各自的公文办理程序作出批复或裁定，并及时向社会公布认定的驰名商标。

第二十五条 商标局和商标评审委员会在作出商标异议裁定、商标异议复审裁定、商标争议裁定后，应将有关驰名商标认定的材料与商标异议、商标异议复审、商标争议案件材料一并归档。

商标局在商标管理程序中作出有关认定驰名商标的批复后，应将该有关材料立卷归档。驰名商标认定的材料应一案一卷，保留期限为三年。

第二十六条 对于商标管理程序中提出的驰名商标认定申请，在复审、核审程序中认为不符合驰名商标条件的，一律作退回处理，由总局分管副局长核审。根据总局领导的核审意见，商标局按照公文办理程序发文退回申请，并将申请材料一并退回。

第四章 监督与法律责任

第二十七条 商标局局长办公会、商标评审委员会委务会研究驰名商标认定时，中央纪委、监察部驻国家工商行政管理总局纪检组、监察局派员进行监督。

驰名商标认定委员会召开复审会议时，中央纪委、监察部驻国家工商行政管理总局纪检组、监察局派员监督，中华商标协会派代表列席会议。

第二十八条 商标局、商标评审委员会应将驰名商标的认定工作列为廉政风险点，建立健全监督检查制度，加强风险点管理。

第二十九条 驰名商标认定审查期间，任何单位、个人均

可向商标局、商标评审委员会反映情况，提出意见。驰名商标权利主张者、利害关系人及其代理人就相关驰名商标认定申请的来访，由商标局综合处或商标评审委员会综合处接待。商标局综合处或商标评审委员会综合处应及时将反映的情况书面反馈有关承办处。

第三十条 从事驰名商标认定工作的人员要严格遵守工作纪律，不得泄露驰名商标认定工作中的保密事项和按照相关要求不应公开的情况。

第三十一条 驰名商标认定工作以及从事认定工作的人员要严格遵守廉洁自律的有关规定，要严格遵守《商标法》、《工商行政管理部门商标注册、管理和评审工作守则》等有关规定。

对于违法、违纪行为，要依照有关规定，追究相关当事人的责任。

第五章 附 则

第三十二条 本细则由国家工商行政管理总局负责解释。

第三十三条 本细则自发布之日起施行。

国家工商行政管理局商标局关于申请认定驰名商标若干问题的通知

1. 2000年4月28日

2. 商标〔2000〕19号

各省、自治区、直辖市及计划单列市工商行政管理局：

自《驰名商标认定和管理暂行规定》颁布并实施以来，我国驰名商标的认定和保护工作走上了法制化、规范化的轨道，驰名商标作为保护企业合法权益的有力法律武器在市场竞争中发挥了重要作用。但是，我局在受理企业申请认定驰名商标的过程中，也发现了一些问题，一些企业对申请认定驰名商标的法律诉求和申报程序不甚了解，有些商标代理机构以及不具有商标代理资格的机构或者个人利用企业急于认定驰名商标的心理，向企业收取高额费用，不仅使企业蒙受损失，而且损害了驰名商标认定工作的严肃性。为进一步规范驰名商标申报程序，避免上述问题继续发生，保证驰名商标认定工作正常有序地进行，现就申请认定驰名商标的有关问题通知如下：

一、企业需要申请认定驰名商标的，必须通过所在地省、自治区、直辖市工商行政管理局（以下简称省级工商局）报送有关材料。

对企业申请认定驰名商标的有关材料，各省级工商局应进行初审，并签署意见。各省级工商局应将经过其初审并签署意见的有关申请材料以邮寄方式及时报我局。

二、企业商标权受到以下损害时，可以申请认定驰名商标：

（一）他人将与申请人申请认定商标相同或者近似的标识在非类似商品或者服务上注册或者使用，可能损害申请人权益的；

（二）他人将与申请人申请商标相同或者近似的文字作为企业名称的一部分登记或者使用，可能引起公众误认的；

（三）申请人申请认定的商标在境外被他人恶意注册，可能对申请人在境外的业务发展造成损害的；

（四）申请人申请认定商标的权益受到其他损害而难以解决的。

三、企业在申请认定驰名商标时，应提交驰名商标认定申请报告，在报告中须提供其商标权益受到损害的证据。同时应如实填写《驰名商标认定申请表》，并提供相应的证明材料。

四、企业根据《驰名商标认定申请表》的要求应提供的证明材料主要包括：

1. 驰名商标认定申请人的营业执照副本复印件；

2. 驰名商标认定申请人委托商标代理机构代理的，应提供申请人签章的委托书，或者申请人与商标代理机构签订的委托协议（合同）；

3. 使用该商标的主要商品或服务近3年来主要经济指标（应提供加盖申请人财务专用章以及当地财政与税务部门专用章的各年度财务报表或其他报表复印件，行业证明材料应由国家级行业协会或者国家级行业行政主管部门出具）；

4. 使用该商标的主要商品或服务在国内外的销售或经营情况及区域（应提供相关的主要的销售发票或销售合同复印件）；

5. 该商标在国内外的注册情况（应将该商标在所有商品或服务类别以及在所有国家或地区的注册情况列明，并提供相应的商标注册证复印件）；

6. 该商标近年来的广告发布情况（应提供相关的主要的广告合同与广告图片复印件）；

7. 该商标最早使用及连续使用时间（应提供使用该商标的商品或服务的最早销售发票或合同或该商标

最早的广告或商标注册证复印件）；

8. 有关该商标驰名的其他证明文件（如省著名商标复印件等）。

五、企业申请认定驰名商标，可以自行准备申请材料，也可以委托国家工商行政管理局批准的商标代理机构代理。凡委托不具备商标代理资格的机构或个人提交的驰名商标认定申请材料，各省级工商局不予受理。

六、接受企业委托办理申请认定驰名商标有关事宜的商标代理机构，除收取适当的代理费用外，不得向委托人收取其他任何费用。

七、各省级工商局应严格按照《驰名商标认定和管理暂行规定》及本通知精神，加强对本辖区内企业申请认定驰名商标工作的指导和管理，加大对驰名商标认定目的及作用的宣传力度。对企业申请认定驰名商标中的违法违纪行为，如提供虚假证明材料或者以其他不正当手段欺骗行政管理机关等行为，应依据有关法律、法规严肃查处。

最高人民法院关于建立驰名商标司法认定备案制度的通知

1. 2006年11月12日

2. 明传〔2006〕8号

各省、自治区、直辖市高级人民法院，解放军军事法院，新疆维吾尔自治区高级人民法院生产建设兵团分院：

近年来，各地人民法院在审理商标侵权等民事纠纷案件中，根据《中华人民共和国商标法》和相关司法解释的有关规定，认定了一定数量的驰名商标。根据审判工作需要，及时掌握和研究驰名商标司法认定的情况和问题，最高人民法院决定对驰名商标的司法认定设立备案制度。现就有关问题通知如下：

一、本通知下发前，已经生效的涉及驰名商标认定的案件，在本通知下发之日起两个月内，由各高级人民法院将一、二审法律文书连同认定驰名商标案件的统计表报送最高人民法院民三庭备案；

二、自本通知下发之日，各高级人民法院对于辖区内法律文书已生效的涉及认定驰名商标的案件，在文书生效之日起二十日内将一、二审法律文书及统计表报最高人民法院民三庭备案。

附：统计表式样（略）

最高人民法院关于涉及驰名商标认定的民事纠纷案件管辖问题的通知

1. 2009年1月5日

2. 法〔2009〕1号

各省、自治区、直辖市高级人民法院，解放军军事法院，新疆维吾尔自治区高级人民法院生产建设兵团分院：

为进一步加强人民法院对驰名商标的司法保护，完善司法保护制度，规范司法保护行为，增强司法保护的权威性和公信力，维护公平竞争的市场经济秩序，为国家经济发展大局服务，从本通知下发之日起，涉及驰名商标认定的民事纠纷案件，由省、自治区人民政府所在地的市、计划单列市中级人民法院，以及直辖市辖区内的中级人民法院管辖。其他中级人民法院管辖此类民事纠纷案件，需报经最高人民法院批准；未经批准的中级人民法院不再受理此类案件。

以上通知，请遵照执行。

最高人民法院关于审理涉及驰名商标保护的民事纠纷案件应用法律若干问题的解释

1. 2009年4月22日最高人民法院审判委员会第1467次会议通过

2. 2009年4月23日公布

3. 法释〔2009〕3号

4. 自2009年5月1日起施行

为在审理侵犯商标权等民事纠纷案件中依法保护驰名商标，根据《中华人民共和国商标法》、《中华人民共和国反不正当竞争法》、《中华人民共和国民事诉讼法》等有关法律规定，结合审判实际，制定本解释。

第一条　本解释所称驰名商标，是指在中国境内为相关公众广为知晓的商标。

第二条　在下列民事纠纷案件中，当事人以商标驰名作为事实根据，人民法院根据案件具体情况，认为确有必要的，对所涉商标是否驰名作出认定：

（一）以违反商标法第十三条的规定为由，提起的侵犯商标权诉讼；

（二）以企业名称与其驰名商标相同或者近似为由，提起的侵犯商标权或者不正当竞争诉讼；

（三）符合本解释第六条规定的抗辩或者反诉的诉讼。

第三条 在下列民事纠纷案件中，人民法院对于所涉商标是否驰名不予审查：

（一）被诉侵犯商标权或者不正当竞争行为的成立不以商标驰名为事实根据的；

（二）被诉侵犯商标权或者不正当竞争行为因不具备法律规定的其他要件而不成立的。

原告以被告注册、使用的域名与其注册商标相同或者近似，并通过该域名进行相关商品交易的电子商务，足以造成相关公众误认为由，提起的侵权诉讼，按照前款第（一）项的规定处理。

第四条 人民法院认定商标是否驰名，应当以证明其驰名的事实为依据，综合考虑商标法第十四条规定的各项因素，但是根据案件具体情况无需考虑该条规定的全部因素即足以认定商标驰名的情形除外。

第五条 当事人主张商标驰名的，应当根据案件具体情况，提供下列证据，证明被诉侵犯商标权或者不正当竞争行为发生时，其商标已属驰名：

（一）使用该商标的商品的市场份额、销售区域、利税等；

（二）该商标的持续使用时间；

（三）该商标的宣传或者促销活动的方式、持续时间、程度、资金投入和地域范围；

（四）该商标曾被作为驰名商标受保护的记录；

（五）该商标享有的市场声誉；

（六）证明该商标已属驰名的其他事实。

前款所涉及的商标使用的时间、范围、方式等，包括其核准注册前持续使用的情形。

对于商标使用时间长短、行业排名、市场调查报告、市场价值评估报告、是否曾被认定为著名商标等证据，人民法院应当结合认定商标驰名的其他证据，客观、全面地进行审查。

第六条 原告以被诉商标的使用侵犯其注册商标专用权为由提起民事诉讼，被告以原告的注册商标复制、摹仿或者翻译其在先未注册驰名商标为由提出抗辩或者提起反诉的，应当对其在先未注册商标驰名的事实负举证责任。

第七条 被诉侵犯商标权或者不正当竞争行为发生前，曾被人民法院或者国务院工商行政管理部门认定驰名的商标，被告对该商标驰名的事实不持异议的，人民法院应当予以认定。被告提出异议的，原告仍应当对该商标驰名的事实负举证责任。

除本解释另有规定外，人民法院对于商标驰名的事实，不适用民事诉讼证据的自认规则。

第八条 对于在中国境内为社会公众广为知晓的商标，原告已提供其商标驰名的基本证据，或者被告不持异议的，人民法院对该商标驰名的事实予以认定。

第九条 足以使相关公众对使用驰名商标和被诉商标的商品来源产生误认，或者足以使相关公众认为使用驰名商标和被诉商标的经营者之间具有许可使用、关联企业关系等特定联系的，属于商标法第十三条第一款规定的“容易导致混淆”。

足以使相关公众认为被诉商标与驰名商标具有相当程度的联系，而减弱驰名商标的显著性、贬损驰名商标的市场声誉，或者不正当利用驰名商标的市场声誉的，属于商标法第十三条第二款规定的“误导公众，致使该驰名商标注册人的利益可能受到损害”。

第十条 原告请求禁止被告在不相类似商品上使用与原告驰名的注册商标相同或者近似的商标或者企业名称的，人民法院应当根据案件具体情况，综合考虑以下因素后作出裁判：

（一）该驰名商标的显著程度；

（二）该驰名商标在使用被诉商标或者企业名称的商品的相关公众中的知晓程度；

（三）使用驰名商标的商品与使用被诉商标或者企业名称的商品之间的关联程度；

（四）其他相关因素。

第十一条 被告使用的注册商标违反商标法第十三条的规定，复制、摹仿或者翻译原告驰名商标，构成侵犯商标权的，人民法院应当根据原告的请求，依法判决禁止被告使用该商标，但被告的注册商标有下列情形之一的，人民法院对原告的请求不予支持：

（一）已经超过商标法第四十一条第二款规定的请求撤销期限的；

（二）被告提出注册申请时，原告的商标并不驰名的。

第十二条 当事人请求保护的未注册驰名商标，属于商标法第十条、第十一条、第十二条规定不得作为商标使用或者注册情形的，人民法院不予支持。

第十三条 在涉及驰名商标保护的民事纠纷案件中，人民法院对于商标驰名的认定，仅作为案件事实和判决理由，不写入判决主文；以调解方式审结的，在调解书中对商标驰名的事实不予认定。

第十四条 本院以前有关司法解释与本解释不一致的，以本解释为准。

·典型案例·

伊士曼柯达公司诉苏州科达液压电梯有限公司商标权侵权纠纷案

【裁判摘要】

一、人民法院在审判侵犯商标权纠纷的案件中，对涉案商标是否属于驰名商标作出认定，属于对案件基本事实的认定，不受当事人诉讼请求的限制。

二、根据《最高人民法院关于审理商标民事纠纷案件适用法律若干问题的解释》第一条第（二）项的规定，复制、摹仿、翻译他人注册的驰名商标或其主要部分在不相同或不相类似商品上作为商标使用，误导公众，致使该驰名商标注册人的利益可能受到损害的，属于商标法第五十二条第（五）项规定的给他人注册商标专用权造成其他损害的行为，依法应当承担相应的民事责任。

【基本案情】

伊士曼柯达公司（以下简称伊士曼公司）因与苏州科达液压电梯有限公司（以下简称科达电梯公司）发生商标权侵权纠纷，向江苏省苏州市中级人民法院提起诉讼。

原告伊士曼公司诉称：伊士曼公司始创于1880年，是一家生产传统和数码影像产品、医疗影像产品、商业摄影产品、光学元器件和显示器的知名跨国公司。早在1888年，伊士曼公司就已将“KODAK”作为商标使用在照相机上，至今已有117年的悠久历史。作为世界知名企业，伊士曼公司在150多个国家和地区注册了将近1700件“KODAK”商标或以“KODAK”文字为主体的商标，具有极高的知名度和良好的市场声誉。在中国，伊士曼公司的“KODAK”商标早在1982年就已在第1类“有机化学品和无机化学品”上核准注册，注册号为154121。在此基础上，伊士曼公司又在第1类、第9类商品上注册了多个“KODAK”商标。作为世界最大的影像产品及相关服务的生产和供应商，伊士曼公司的“KODAK”商标在中外早已成为驰名商标，中国国家工商行政管理局先后于1999年和2000年两次将“KODAK柯达”商标列入了《全国重点商标保护名录》，中国的多家法院、工商执法机关及海关也认定和查处过众多侵犯伊士曼公司“KODAK”商标的侵权行为。

2005年6月，原告伊士曼公司在城外城家居文化广场、中国第一商城发现其所使用的自动扶梯上带有“KODAK”标识。经调查发现该电梯由被告科达电梯公司生产并销售。除电梯产品外，科达电梯公司及其北京分公司、广州分公司还在其企业网站、工厂大门、公司门牌、员工名片、产品介绍、企业宣传资料上使用了“KODAK”标识。同时，科达电梯公司及其北京分公司还将“KODAK”商标注册成其网站域名kodaklift.com.cn，kodak-bj.com，并加以使用。科达电梯公司未经授权，在其产品、宣传资料以及公司网站上使用与伊士曼公司“KODAK”注册商标完全相同的商标，并将“KODAK”注册成为其域名，侵犯了伊士曼公司注册商标专用权，损害了伊士曼公司“KODAK”商标的形象。请求法院判令：1.科达电梯公司立即停止对“KODAK”商标的全部侵权行为；2.科达电梯公司就其侵权行为向伊士曼公司赔偿经济损失50万元（包括伊士曼公司支出的合理费用）；3.科达电梯公司就其侵权行为在全国性报刊上刊登启事公开消除影响。

被告科达电梯公司辩称：1.科达电梯公司与原告伊士曼公司经营不同类且不相类似的产品，要认定科达电梯公司构成商标侵权的首要前提，是认定“KODAK”商标为驰名商标，其次才能适用跨类保护。而伊士曼公司注册的“KODAK”商标是否为驰名商标应由法院依照法律进行认定；2.即使伊士曼公司注册的“KODAK”商标被认定为驰名商标，科达电梯公司的行为也不构成侵权，理由是：（1）科达电梯公司使用“KODAK”字样只是表达企业字号“科达”的英文翻译方法，没有将“KODAK”作为产品商标使用，而其电梯产品与伊士曼公司注册的“KODAK”商标核准使用的商品既非同类商品也不是相似商品，不会造成公众混淆与误认，科达电梯公司使用“KODAK”字样对伊士曼公司的利益不构成实质性损害；（2）科达电梯公司注册网站域名kodaklift.com.cn、kodak-bj.com进行宣传的均是有关电梯的产品，而非通过这些域名进行与伊士曼公司相同或类似产品的交易，不存在造成相关公众误认的效果或后果；3.伊士曼公司无证据表明科达电梯公司使用"KODAK"字样造成其商品销量减少或其他经济损失,伊士曼公司要求科达电梯公司赔偿经济损失50万元无依据;4. 科达电梯公司使用"KODAK"标识在电梯产品上数量极少,取得盈利也很少。综上,请求法院依法驳回伊士曼公司的诉讼请求。

【争议焦点】

本案的争议焦点是:一、原告伊士曼公司所有的"KODAK"商标应否作为驰名商标予以保护;二、被告科达电梯公司使用"KODAK"商业标识的行为是否构成对伊士曼公司"KODAK"注册商标权的侵犯,如果构成商标侵权,科达电梯公司应如何承担责任。

【裁判理由】

苏州市中级人民法院一审认为:

本案中,原告伊士曼公司指控被告科达电梯公司侵害其民事权利,构成侵犯注册商标专用权,据此请求法院依法追究科达电梯公司的民事侵权责任。因伊士曼公司在美国注册设立,系美国法人,我国与美国均属《保护工业产权巴黎公约》及《世界贸易组织》的成员国,故本案应适用我国相关法律及《保护工业产权巴黎公约》、TRIPS协议。

首先,原告伊士曼公司所有的"KODAK"注册商标应当认定为驰名商标,并依法予以相应的保护。

根据《中华人民共和国商标法》(以下简称商标法)第十四条的规定,认定驰名商标应当考虑下列因素:1. 相关公众对该商标的知晓程度;2. 该商标使用的持续时间;3. 该商标的任何宣传工作的持续时间、程度和地理范围;4. 该商标作为驰名商标受保护的记录;5. 该商标驰名的其他因素。

根据本案事实,"KODAK"注册商标系原告伊士曼公司于1888年开始创设的臆造性文字商业标识,已先后在全球范围内广泛注册。通过伊士曼公司100多年来对该商标进行的大范围、持续的广告宣传,以及"KODAK"商标相关商品的良好质量,使得伊士曼公司的"KODAK"商品在全球范围内拥有广泛的用户群,为大众所熟知,长期以来享有极高的商誉。

我国也是原告伊士曼公司的主要市场,"KODAK"商标早于1979年开始即在我国进行了相关注册,伊士曼公司对该商标享有专用权。伊士曼公司多年来投入巨额费用对该商标及其商品进行了持续广泛的广告宣传,"KODAK"品牌的传统和数码影像产品在我国拥有大量的消费者。同时,由于"KODAK"传统和数码影像产品事实上已经与广大民众的日常生活紧密联系,"KODAK"商标在我国也已实际成为家喻户晓的商业品牌。

鉴于以上事实,可以认定原告伊士曼公司所有的"KODAK"注册商标属在市场上享有较高声誉并为相关公众所熟知的商标,在司法保护中,应认定该注册商标为驰名商标,并依法予以跨商品或服务领域的高水平保护。

被告科达电梯公司答辩认为原告伊士曼公司未在诉讼请求中独立要求认定"KODAK"注册商标为驰名商标,且"KODAK"注册商标未经我国商标行政管理部门认定为驰名商标,故主张不能将该商标认定为驰名商标并予以相应的法律保护。对此法院认为,人民法院在审判侵犯商标权纠纷的案件中,对涉案商标是否属于驰名商标作出认定,属对案件基本事实的认定,不受当事人诉讼请求的限制。基于事实认定,对构成驰名商标的涉案商标依法应当予以相应的法律保护。因此,科达电梯公司的上述抗辩理由不能成立,不予支持。

其次,被告科达电梯公司使用"KODAK"商业标识的行为构成对原告伊士曼公司所有的"KODAK"注册商标权的侵犯。

被告科达电梯公司在其商品、公司门牌、员工名片及企业宣传资料上均印制独立且突出的"KODAK"文字标识,科达电梯公司及其分公司还以"KODAK"为商业标识索引申请注册了kodaklift.com.cn及kodak-bj.com域名,并将该域名用于网络宣传经营。在本案诉讼中,虽然科达电梯公司解释其所使用的"KODAK"商业标识系其企业字号"科达"的英文翻译方法,且未作为产品商标使用,但从其实际使用形式来看,科达电梯公司显然是以商品商标的形式突出使用"KODAK"商业标识。另外,如前所述,"KODAK"系原告伊士曼公司臆造创设的商业标识,并无其他文字含义。该标识直接指向于伊士曼公司,是伊士曼公司具有独特性、显著性的商业标识。科达电梯公司虽称其所使用的"KODAK"商业标识系对其"科达"企业字号的英文翻译,但"KODAK"与"科达"之间并不具有语言学上的中英文翻译对应关系,且不符合我国语言文字的英文翻译惯例及语音习惯。对此,科达电梯公司也没有进一步做出合理解释。而结合伊士曼公司所有的"KODAK"注册商标标识及"柯达"商标早已广为公众知晓的事实,可以认定,科达电梯公司以"KODAK"标示其"科达"字号的使用行为,明显是复制、摹仿了伊士曼公司"柯达"与"KODAK"驰名商标的相对应关系。因此,科达电梯公司关于其"KODAK"标识系其"科达”企业字号的语言翻译,其使用该标识属合理使用的答辩理由不能成立。

根据《最高人民法院关于审理商标民事纠纷案件适用法律若干问题的解释》第一条第(二)项的规定,复制、摹仿、翻译他人注册的驰名商标或其主要部分在不相同或不相类似商品上作为商标使用,误导公众,致使该驰名商标注册人的利益可能受到损害的,属于商标法第五十二条第(五)项规定的给他人注册商标专用权造成其他损害的行为。与该规定相对应,《保护工业产权巴黎公约》第六条之二规定:“驰名商标,本联盟各国承诺,如本国法律允许,应依职权,或依有关当事人的请求,对商标注册国或使用国主管机关认为在该国已经属于有权享受本公约利益的人所有而驰名、并且用于相同或类似商品的商标构成复制、仿制或翻译,易于产生混淆的商标,拒绝或取消注册,并禁止使用。这些规定,在商标的主要部分构成对上述驰名商标的复制或仿制,易于产生混淆时,也应适用。”TRIPS 协议则在其第二部分“有关知识产权的效力、范围及利用的标准”第二节“商标”第十六条“所授予的权利”之2 进一步规定:“巴黎公约 1967 年文本第六条之2 原则上适用于与注册商标所标示的商品或服务不类似的商品或服务,只要一旦在不类似的商品或服务上使用该商标,即会暗示该商品或服务与注册商标所有人存在某种联系,从而注册商标所有人的利益可能受损。”结合本案事实及上述法律规范,被告科达电梯公司使用“KODAK”标识,显然是模仿原告伊士曼公司所有的“KODAK”驰名商标,并借此攀附该商标的良好商誉,以取得不正当的商业利益。从保护驰名商标专有性的角度看,科达电梯公司使用“KODAK”标识必然会降低伊士曼公司所有的“KODAK”驰名商标的显著性,损害其商誉价值,给伊士曼公司所有的“KODAK”驰名商标的专有性及其形象利益造成实质性损害。因此,科达电梯公司未经“KODAK”驰名商标权利人同意而使用“KODAK”商业标识的行为,构成商标侵权。科达电梯公司关于其使用“KODAK”字样对伊士曼公司的利益不构成实质性损害,因而不构成侵权的答辩理由不能成立,依法不予支持。

被告科达电梯公司复制、摹仿使用“KODAK”驰名商标,侵犯原告伊士曼公司所有的“KODAK”商标专用权,依法应承担停止侵权、消除影响及赔偿经济损失的民事侵权责任,伊士曼公司关于科达电梯公司立即停止对“KODAK”商标的全部侵权行为并在全国性报刊上刊登启事公开消除影响的诉讼请求,依法应予支持。关于伊士曼公司提出的、判令科达电梯公司赔偿经济损失 50 万元(包括伊士曼公司支出的合理费用)的诉讼请求,鉴于科达电梯公司并未从事与伊士曼公司相同的商品生产、销售,不宜以各自产品的直接经营获利或损失为主要计赔依据,故确定本案经济赔偿数额,应参考科达电梯公司使用“KODAK”商标过程中可能获取的利益以及伊士曼公司为制止涉案侵权所支付的合理费用等因素,酌情确定科达电梯公司应承担的经济赔偿责任。对伊士曼公司主张赔偿过高的部分,不予支持。

【裁判结果】

苏州市中级人民法院依照商标法第十四条、第五十二条、第五十六条,《最高人民法院关于民事诉讼证据的若干规定》第十一条,《最高人民法院关于审理商标民事纠纷案件适用法律若干问题的解释》第一条第(二)项、第二十二条之规定,判决如下:

一、被告科达电梯公司立即停止使用“KODAK”商业标识;

二、被告科达电梯公司赔偿原告伊士曼公司经济损失人民币 5 万元,于本判决生效后 10 日内履行;

三、被告科达电梯公司就本案所涉商标侵权事实及商标禁用事项于本判决生效之日起 15 日内在两家全国性的报刊上各刊登启事一次,以消除影响。刊登的启事内容须经法院审核,逾期不刊登,法院将本判决内容公开刊登,相关费用由被告科达电梯公司承担;

四、驳回原告伊士曼公司的其他诉讼请求。

一审宣判后,双方当事人均未提出上诉,一审判决已经发生法律效力。

7. 商标与相关标识

(1)商标与原产地标记、地理标志

中华人民共和国农业法(节录)

1. 1993年7月2日第八届全国人民代表大会常务委员会第二次会议通过
2. 2002年12月28日第九届全国人民代表大会常务委员会第三十一次会议修订
3. 根据2009年8月27日第十一届全国人民代表大会常务委员会第十次会议《关于修改部分法律的决定》第一次修正
4. 根据2012年12月28日第十一届全国人民代表大会常务委员会第三十次会议《关于修改〈中华人民共和国农业法〉的决定》第二次修正

……

第二十三条 【认证和标志制度】国家支持依法建立健全优质农产品认证和标志制度。

国家鼓励和扶持发展优质农产品生产。县级以上地方人民政府应当结合本地情况,按照国家有关规定采取措施,发展优质农产品生产。

符合国家规定标准的优质农产品可以依照法律或者行政法规的规定申请使用有关的标志。符合规定产地及生产规范要求的农产品可以依照有关法律或者行政法规的规定申请使用农产品地理标志。

……

第四十九条 【发展农业科技】国家保护植物新品种、农产品地理标志等知识产权,鼓励和引导农业科研、教育单位加强农业科学技术的基础研究和应用研究,传播和普及农业科学技术知识,加速科技成果转化与产业化,促进农业科学技术进步。

国务院有关部门应当组织农业重大关键技术的科技攻关。国家采取措施促进国际农业科技、教育合作与交流,鼓励引进国外先进技术。

……

中华人民共和国进出口货物原产地条例

1. 2004年9月3日国务院令第416号公布
2. 自2005年1月1日起施行

第一条 为了正确确定进出口货物的原产地,有效实施各项贸易措施,促进对外贸易发展,制定本条例。

第二条 本条例适用于实施最惠国待遇、反倾销和反补贴、保障措施、原产地标记管理、国别数量限制、关税配额等非优惠性贸易措施以及进行政府采购、贸易统计等活动对进出口货物原产地的确定。

实施优惠性贸易措施对进出口货物原产地的确定,不适用本条例。具体办法依照中华人民共和国缔结或者参加的国际条约、协定的有关规定另行制定。

第三条 完全在一个国家(地区)获得的货物,以该国(地区)为原产地;两个以上国家(地区)参与生产的货物,以最后完成实质性改变的国家(地区)为原产地。

第四条 本条例第三条所称完全在一个国家(地区)获得的货物,是指:

(一)在该国(地区)出生并饲养的活的动物;

(二)在该国(地区)野外捕捉、捕捞、搜集的动物;

(三)从该国(地区)的活的动物获得的未经加工的物品;

(四)在该国(地区)收获的植物和植物产品;

(五)在该国(地区)采掘的矿物;

(六)在该国(地区)获得的除本条第(一)项至第(五)项范围之外的其他天然生成的物品;

(七)在该国(地区)生产过程中产生的只能弃置或者回收用作材料的废碎料;

(八)在该国(地区)收集的不能修复或者修理的物品,或者从该物品中回收的零件或者材料;

(九)由合法悬挂该国旗帜的船舶从其领海以外海域获得的海洋捕捞物和其他物品;

(十)在合法悬挂该国旗帜的加工船上加工本条第(九)项所列物品获得的产品;

(十一)从该国领海以外享有专有开采权的海床或者海床底土获得的物品;

(十二)在该国(地区)完全从本条第(一)项至第(十一)项所列物品中生产的产品。

第五条 在确定货物是否在一个国家(地区)完全获得时,不考虑下列微小加工或者处理:

(一)为运输、贮存期间保存货物而作的加工或者处理;

(二)为货物便于装卸而作的加工或者处理;

(三)为货物销售而作的包装等加工或者处理。

第六条 本条例第三条规定的实质性改变的确定标准,以税则归类改变为基本标准;税则归类改变不能反映实质性改变的,以从价百分比、制造或者加工工序等为补充标准。具体标准由海关总署会同商务部、国家质量监督检验检疫总局制定。

本条第一款所称税则归类改变,是指在某一国家(地区)对非该国(地区)原产材料进行制造、加工后,所得货物在《中华人民共和国进出口税则》中某一级的税目归类发生了变化。

本条第一款所称从价百分比,是指在某一国家(地区)对非该国(地区)原产材料进行制造、加工后的增值部分,超过所得货物价值一定的百分比。

本条第一款所称制造或者加工工序,是指在某一国家(地区)进行的赋予制造、加工后所得货物基本特征的主要工序。

世界贸易组织《协调非优惠原产地规则》实施前,确定进出口货物原产地实质性改变的具体标准,由海关总署会同商务部、国家质量监督检验检疫总局根据实际情况另行制定。

第七条 货物生产过程中使用的能源、厂房、设备、机器和工具的原产地,以及未构成货物物质成分或者组成部件的材料的原产地,不影响该货物原产地的确定。

第八条 随所装货物进出口的包装、包装材料和容器,在《中华人民共和国进出口税则》中与该货物一并归类的,该包装、包装材料和容器的原产地不影响所装货物原产地的确定;对该包装、包装材料和容器的原产地不再单独确定,所装货物的原产地即为该包装、包装材料和容器的原产地。

随所装货物进出口的包装、包装材料和容器,在《中华人民共和国进出口税则》中与该货物不一并归类的,依照本条例的规定确定该包装、包装材料和容器的原产地。

第九条 按正常配备的种类和数量随货物进出口的附件、备件、工具和介绍说明性资料,在《中华人民共和国进出口税则》中与该货物一并归类的,该附件、备件、工具和介绍说明性资料的原产地不影响该货物原产地的确定;对该附件、备件、工具和介绍说明性资料的原产地不再单独确定,该货物的原产地即为该附件、备件、工具和介绍说明性资料的原产地。

随货物进出口的附件、备件、工具和介绍说明性资料在《中华人民共和国进出口税则》中虽与该货物一并归类,但超出正常配备的种类和数量的,以及在《中华人民共和国进出口税则》中与该货物不一并归类的,依照本条例的规定确定该附件、备件、工具和介绍说明性资料的原产地。

第十条 对货物所进行的任何加工或者处理,是为了规避中华人民共和国关于反倾销、反补贴和保障措施等有关规定的,海关在确定该货物的原产地时可以不考虑这类加工和处理。

第十一条 进口货物的收货人按照《中华人民共和国海关法》及有关规定办理进口货物的海关申报手续时,应当依照本条例规定的原产地确定标准如实申报进口货物的原产地;同一批货物的原产地不同的,应当分别申报原产地。

第十二条 进口货物进口前,进口货物的收货人或者与进口货物直接相关的其他当事人,在有正当理由的情况下,可以书面申请海关对将要进口的货物的原产地作出预确定决定;申请人应当按照规定向海关提供作出原产地预确定决定所需的资料。

海关应当在收到原产地预确定书面申请及全部必要资料之日起150天内,依照本条例的规定对该进口货物作出原产地预确定决定,并对外公布。

第十三条 海关接受申报后,应当按照本条例的规定审核确定进口货物的原产地。

已作出原产地预确定决定的货物,自预确定决定作出之日起3年内实际进口时,经海关审核其实际进口的货物与预确定决定所述货物相符,且本条例规定的原产地确定标准未发生变化的,海关不再重新确定该进口货物的原产地;经海关审核其实际进口的货物与预确定决定所述货物不相符的,海关应当按照本条例的规定重新审核确定该进口货物的原产地。

第十四条 海关在审核确定进口货物原产地时,可以要求进口货物的收货人提交该进口货物的原产地证书,并予以审验;必要时,可以请求该货物出口国(地区)的有关机构对该货物的原产地进行核查。

第十五条 根据对外贸易经营者提出的书面申请,海关可以依照《中华人民共和国海关法》第四十三条的规定,对将要进口的货物的原产地预先作出确定原产地的行政裁定,并对外公布。

进口相同的货物,应当适用相同的行政裁定。

第十六条 国家对原产地标记实施管理。货物或者其包装上标有原产地标记的,其原产地标记所标明的原产地应当与依照本条例所确定的原产地相一致。

第十七条 出口货物发货人可以向国家质量监督检验检疫总局所属的各地出入境检验检疫机构、中国国际贸易促进委员会及其地方分会(以下简称签证机构),申请领取出口货物原产地证书。

第十八条 出口货物发货人申请领取出口货物原产地证书,应当在签证机构办理注册登记手续,按照规定如实申报出口货物的原产地,并向签证机构提供签发出口货物原产地证书所需的资料。

第十九条 签证机构接受出口货物发货人的申请后,应当按照规定审查确定出口货物的原产地,签发出口货物原产地证书;对不属于原产于中华人民共和国境内的出口货物,应当拒绝签发出口货物原产地证书。

出口货物原产地证书签发管理的具体办法,由国家质量监督检验检疫总局会同国务院其他有关部门、机构另行制定。

第二十条 应出口货物进口国(地区)有关机构的请求,海关、签证机构可以对出口货物的原产地情况进行核查,并及时将核查情况反馈进口国(地区)有关机构。

第二十一条 用于确定货物原产地的资料和信息,除按有关规定可以提供或者经提供该资料和信息的单位、个人的允许,海关、签证机构应当对该资料和信息予以保密。

第二十二条 违反本条例规定申报进口货物原产地的,依照《中华人民共和国对外贸易法》、《中华人民共和国海关法》和《中华人民共和国海关行政处罚实施条例》的有关规定进行处罚。

第二十三条 提供虚假材料骗取出口货物原产地证书或者伪造、变造、买卖或者盗窃出口货物原产地证书的,由出入境检验检疫机构、海关处5000元以上10万元以下的罚款;骗取、伪造、变造、买卖或者盗窃作为海关放行凭证的出口货物原产地证书的,处货值金额等值以下的罚款,但货值金额低于5000元的,处5000元罚款。有违法所得的,由出入境检验检疫机构、海关没收违法所得。构成犯罪的,依法追究刑事责任。

第二十四条 进口货物的原产地标记与依照本条例所确定的原产地不一致的,由海关责令改正。

出口货物的原产地标记与依照本条例所确定的原产地不一致的,由海关、出入境检验检疫机构责令改正。

第二十五条 确定进出口货物原产地的工作人员违反本条例规定的程序确定原产地的,或者泄露所知悉的商业秘密的,或者滥用职权、玩忽职守、徇私舞弊的,依法给予行政处分;有违法所得的,没收违法所得;构成犯罪的,依法追究刑事责任。

第二十六条 本条例下列用语的含义:

获得,是指捕捉、捕捞、搜集、收获、采掘、加工或者生产等。

货物原产地,是指依照本条例确定的获得某一货物的国家(地区)。

原产地证书,是指出口国(地区)根据原产地规则和有关要求签发的,明确指出该证中所列货物原产于某一特定国家(地区)的书面文件。

原产地标记,是指在货物或者包装上用来表明该货物原产地的文字和图形。

第二十七条 本条例自2005年1月1日起施行。1992年3月8日国务院发布的《中华人民共和国出口货物原产地规则》、1986年12月6日海关总署发布的《中华人民共和国海关关于进口货物原产地的暂行规定》同时废止。

原产地标记管理规定

1. 2001年3月5日国家出入境检验检疫局发布

2. 国检法〔2001〕51号

3. 自2001年4月1日起施行

第一章 总 则

第一条 为加强原产地标记管理工作,规范原产地标记的使用,保护生产者、经营者和消费者的合法权益,根据《中华人民共和国进出口商品检验法》及其实施条例、《中华人民共和国出口货物原产地规则》等有关法律法规和世界贸易组织《原产地规则协议》等国际条约、协议的规定,制定本规定。

第二条 本规定适用于对原产地标记的申请、评审、注册等原产地标记的认证和管理工作。

第三条 国家出入境检验检疫局(以下简称国家检验检疫局)统一管理全国原产地标记工作,负责原产地标记管理办法的制定、组织协调和监督管理。国家检验检疫局设在各地的出入境检验检疫局(以下简称检验检疫机构)负责其辖区内的原产地标记申请的受理、评审、报送注册和监督管理。

第四条　本规定所称原产地标记包括原产国标记和地理标志。原产地标记是原产地工作不可分割的组成部分。原产国标记是指用于指示一项产品或服务来源于某个国家或地区的标识、标签、标示、文字、图案以及与产地有关的各种证书等。地理标志是指一个国家、地区或特定地方的地理名称,用于指示一项产品来源于该地,且该产品的质量特征完全或主要取决于该地的地理环境、自然条件、人文背景等因素。

第五条　原产地标记的使用范围包括:

(一)标有“中国制造/生产”等字样的产品;

(二)名、优、特产品和传统的手工艺品;

(三)申请原产地认证标记的产品;

(四)涉及安全、卫生、环境保护及反欺诈行为的货物;

(五)涉及原产地标记的服务贸易和政府采购的商品;

(六)根据国家规定须标明来源地的产品。

第六条　检验检疫机构对原产地标记实施注册认证制度。

第七条　原产地标记的注册坚持自愿申请原则,原产地标记经注册后方可获得保护。涉及安全、卫生、环境保护及反欺诈行为的入境产品,以及我国法律、法规、双边协议等规定须使用原产地标记的进出境产品或者服务,按有关规定办理。

第八条　经国家检验检疫局批准注册的原产地标记为原产地认证标记,国家检验检疫局定期公布《受保护的原产地标记产品目录》,对已列入保护的产品,在检验检疫、放行等方面给予方便。已经检验检疫机构施加的各种标志、标签,凡已标明原产地的可视作原产地标记,未标明原产地的,按本规定有关条款办理。

第九条　取得原产地标记认证注册的产品或服务可以使用原产地认证标记,原产地认证标记包括图案、证书或者经国家检验检疫局认可的其他形式。

第十条　原产地标记的评审认定工作应坚持公平、公正、公开的原则。

第二章　原产地标记的申请、评审、注册和使用

第十一条　原产地标记的申请人包括国内外的组织、团体、生产经营企业或者自然人。

第十二条　申请出境货物原产地标记注册,申请人应向所在地检验检疫机构提出申请,并提交相关的资料。申请入境货物原产地标记注册的,申请人应向国家检验检疫局提出申请,并提交相关的资料。

第十三条　检验检疫机构受理原产地标记注册申请后,按相关程序组织评审。经评审符合条件的,由国家检验检疫局批准注册并定期发布《受保护的原产地标记产品目录》。

第十四条　使用“中国制造”或“中国生产”原产地标记的出口货物须符合下列标准:

(一)在中国获得的完全原产品;

(二)含有进口成分的,须符合《中华人民共和国出口货物原产地规则》要求,并取得中国原产地资格。

第三章　原产地标记的保护与监督

第十五条　国家检验检疫局可根据有关地方人民政府和社会团体对原产地标记产品保护的建议,组织行业主管部门、行业协会、生产者代表以及有关专家进行评审,符合要求的,列入《受保护的原产地标记产品目录》。

第十六条　取得原产地认证标记的产品、服务及其生产经营企业,应接受检验检疫机构的监督检查。

第十七条　对违反本规定使用原产地标记的行为,依法追究其法律责任。

第十八条　从事原产地标记工作的人员滥用职权、徇私舞弊、泄露商业秘密的,给予行政处分;构成犯罪的,依法追究刑事责任。

第十九条　对原产地标记的申请受理、评审认证、注册、使用认定和管理工作有异议的,可以向所在地检验检疫机构或国家检验检疫局提出复审。

第四章　附　　则

第二十条　检验检疫机构办理原产地标记,按有关规定收取费用。

第二十一条　国家检验检疫局根据本规定制定实施办法。

第二十二条　本办法由国家检验检疫局负责解释。

第二十三条　本规定自2001年4月1日起施行。

原产地标记管理规定实施办法

1. 2001年3月5日国家出入境检验检疫局发布
2. 国检法〔2001〕51号
3. 自2001年4月1日起施行

第一章 总 则

第一条 根据《原产地标记管理规定》,制定本办法。

第二条 国家出入境检验检疫局(以下简称国家检验检疫局)设立原产地标记工作小组及其办公室,主要职责是:

(一)原产地标记的有关管理办法的制、修订;

(二)受理入境原产地标记申请,办理原产地标记的注册审批;

(三)统一发布原产地标记认证的种类和形式;

(四)原产地标记管理工作的协调和监督管理。

第三条 各地出入境检验检疫局(以下简称检验检疫机构)按照相应的模式,负责其辖区内的原产地标记的申请受理、评审、报送注册和监督管理。

第四条 对已取得国家检验检疫局批准注册的原产地标记,由国家检验检疫局每半年一次公开发布《受保护的原产地标记产品目录》。

第二章 原产地标记的使用范围

第五条 使用原产国标记的产品包括:

(一)在生产国获得的完全原产品;

(二)含有进口成分,并获得原产资格的产品;

(三)标有原产国标记的涉及安全、卫生及环境保护的进口产品;

(四)国外生产商申请原产地标记保护的商品;

(五)涉及反倾销、反补贴的产品;

(六)服务贸易和政府采购中的原产地标记的产品。

第六条 使用地理标志的产品包括:

(一)用特定地区命名的产品,其原材料全部、部分或主要来自该地区,或来自其它特定地区,其产品的特殊品质、特色和声誉取决于当地的自然环境和人文因素,并在该地采用传统工艺生产;

(二)以非特定地区命名的产品,其主要原材料来自该地区或其它特定地区,但该产品的品质、风味、特征取决于该地的自然环境和人文因素以及采用传统工艺生产、加工、制造或形成的产品,也视为地理标志产品。

第三章 原产地标记的申请、评审和注册

第七条 申请地理标志注册的,申请人须填写《原产地标记注册申请书》,并提供以下资料:

(一)所适用的产地范围;

(二)生产或形成时所用的原材料、生产工艺、流程、主要质量特征;

(三)生产产品的质量情况与地理环境(自然因素、人文因素或二者结合)的相关资料;

(四)检验检疫机构要求的其它相关资料。

第八条 检验检疫机构受理地理标志申请后,依据如下原则进行评审:

(一)产品名称应由其原产地地理名称和反映其真实属性的通用产品名称构成;

(二)产品的品质、品位、特征、特色和声誉能体现原产地的自然环境和人文因素,并具有稳定的质量、历史悠久、享有盛名;

(三)在生产中采用传统的工艺生产或特殊的传统的生产设备生产;

(四)其原产地是公认的,协商一致的并经确认的。

第九条 检验检疫机构评审的依据如下:

(一)历史渊源、当地的自然条件和人文因素;

(二)标记产品原有的标准(包括工艺);

(三)申请人提供的经确认的感官特性,理化、卫生指标和实验方法;

(四)涉及安全、卫生、环保的产品要求应符合国家标准的规定;

(五)申请人提供的其它与审核有关的文件。

第十条 国家检验检疫局对所受理的入境货物原产地认证标记的申请,组织专家进行评审,评审合格的,预计注册。

第十一条 检验检疫机构受理出境货物地理标记认证申请后,由直属检验检疫局依据《原产地标记注册程序》进行评审,评审合格的,报国家检验检疫局审批。经审批合格的,国家检验检疫局批准注册并颁发证书。

出境货物原产国标记注册的申请,检验检疫机构按照《中华人民共和国出口货物原产地规则》签发原产地证书的要求进行审核。经审核符合要求的,生产制造厂商可在其产品上施加原产地标记“中国制造/

生产”字样;不符合要求的,不得施加。

第十二条　服务贸易中的原产地标记,申请人应提供该项服务的权力证明和服务特殊性的依据,由检验检疫机构组织验证,对符合标准的,签发《原产地标记证明书》。

第四章　原产地认证标记的使用

第十三条　经国家检验检疫局注册的原产地标记为原产地认证标记。表示使用人应按照原产地标记注册证书核准的产品及表示方法的范围使用相应的原产地标记。

第十四条　原产地认证标记的形势和种类:

(一)标记图案:CIQ - Origin

标记图案的图形为椭圆形,底色为瓷兰色,字体为白色。标记的材质为纸制,有耐热要求时为铝箔。

标记的规格分为5号,各种规格的外围尺寸见下表:

标志规格	1号	2号	3号	4号	5号
直径(mm)	60	45	30	20	10

标记图案的长、段半径比例为1.5:1。

(二)证书

1. 原产地标记注册证书

2. 原产地标记的书面证明

(三)经国家检验检疫局认可的其它形式

第十五条　原产地认证标记的标示方法有:

(一)直接加贴或吊挂在产品或包装物上;

(二)图案压模,适用于金属、塑料等产品或包装物上;

(三)原产地标记证书;

(四)直接印刷在标签或包装物上;

(五)应申请人的要求或根据实际情况,采用相应的标示方法。

第十六条　对土特产品、传统手工艺品、名牌优质产品,申请人提出申请原产地标记后,检验检疫机构应组织评审,经注册后方可使用原产地认证标记。

第五章　监 督 管 理

第十七条　下列标记不受保护:

(一)不符合规定的原产国标记和地理标志;

(二)违反道德或公共秩序的标记,特别是在商品的品质、来源、制造方法、质量特征或用途等方面容易引起误导的标记;

(三)已成为普通名称或公知公用的原产地标记;

(四)未经注册,自行施加或自我声明“中国制造”的标记。

第十八条　原产地标记的使用不得有下列情形:

(一)使用虚假的、欺骗性的或引起误解的原产地标记,使用虚假、欺骗性说明或者仿造原产地名称的;

(二)在原产地标记上加注了诸如“类”、“型”、“式”等类似用语以混淆原产地的;

(三)使用原产地标记与实际货物不符合的;

(四)未经许可使用、变更或伪造原产地标记的。

第十九条　检验检疫机构对已注册原产地标记的企业实行监督管理,发现不符合要求的,给予暂停使用或停止使用的处罚。对暂停使用的注册单位,改进后经审核合格的,可恢复使用;对停止使用的注册单位,以公告形式予以公布。

第二十条　对违反本规定的行为,情节轻微的,由检验检疫机构依法予以行政处罚;情节严重构成犯罪的,依法追究其刑事责任。

第六章　附　　则

第二十一条　检验检疫机构办理原产地标记注册、加贴认证标志,以及实施有关检验、鉴定、测试等应按规定收取费用。

第二十二条　政府采购中的原产地标记,国家检验检疫局将根据我国政府采购的法律和法规,对政府采购中的原产地标记进行认定。

第二十三条　国家规定的“西部地区”的产品,可标有特定的“西部地区”标记,该标记视为原产地标记。

本条所称的“西部地区”是指国家公开发布的省、市、自治区。

第二十四条　本办法由国家检验检疫局负责解释。

第二十五条　本办法自2001年4月1日起实施。

附件:(略)

地理标志产品保护规定

1. 2005年6月1日国家质量监督检验检疫总局令第78号公布

2. 自2005年7月15日起施行

第一章　总　　则

第一条　为了有效保护我国的地理标志产品,规范地理标志产品名称和专用标志的使用，保证地理标志产品的质量和特色，根据《中华人民共和国产品质量法》、《中华人民共和国标准化法》、《中华人民共和国进出口商品检验法》等有关规定，制定本规定。

第二条　本规定所称地理标志产品，是指产自特定地域，所具有的质量、声誉或其他特性本质上取决于该产地的自然因素和人文因素，经审核批准以地理名称进行命名的产品。地理标志产品包括：

（一）来自本地区的种植、养殖产品。

（二）原材料全部来自本地区或部分来自其他地区，并在本地区按照特定工艺生产和加工的产品。

第三条　本规定适用于对地理标志产品的申请受理、审核批准、地理标志专用标志注册登记和监督管理工作。

第四条　国家质量监督检验检疫总局（以下简称“国家质检总局”）统一管理全国的地理标志产品保护工作。各地出入境检验检疫局和质量技术监督局（以下简称各地质检机构）依照职能开展地理标志产品保护工作。

第五条　申请地理标志产品保护，应依照本规定经审核批准。使用地理标志产品专用标志，必须依照本规定经注册登记，并接受监督管理。

第六条　地理标志产品保护遵循申请自愿，受理及批准公开的原则。

第七条　申请地理标志保护的产品应当符合安全、卫生、环保的要求，对环境、生态、资源可能产生危害的产品，不予受理和保护。

第二章　申请及受理

第八条　地理标志产品保护申请，由当地县级以上人民政府指定的地理标志产品保护申请机构或人民政府认定的协会和企业（以下简称申请人）提出，并征求相关部门意见。

第九条　申请保护的产品在县域范围内的，由县级人民政府提出产地范围的建议；跨县域范围的，由地市级人民政府提出产地范围的建议；跨地市范围的，由省级人民政府提出产地范围的建议。

第十条　申请人应提交以下资料：

（一）有关地方政府关于划定地理标志产品产地范围的建议。

（二）有关地方政府成立申请机构或认定协会、企业作为申请人的文件。

（三）地理标志产品的证明材料，包括：

1. 地理标志产品保护申请书；

2. 产品名称、类别、产地范围及地理特征的说明；

3. 产品的理化、感官等质量特色及其与产地的自然因素和人文因素之间关系的说明；

4. 产品生产技术规范（包括产品加工工艺、安全卫生要求、加工设备的技术要求等）；

5. 产品的知名度，产品生产、销售情况及历史渊源的说明。

（四）拟申请的地理标志产品的技术标准。

第十一条　出口企业的地理标志产品的保护申请向本辖区内出入境检验检疫部门提出；按地域提出的地理标志产品的保护申请和其他地理标志产品的保护申请向当地（县级或县级以上）质量技术监督部门提出。

第十二条　省级质量技术监督局和直属出入境检验检疫局，按照分工，分别负责对拟申报的地理标志产品的保护申请提出初审意见，并将相关文件、资料上报国家质检总局。

第三章　审核及批准

第十三条　国家质检总局对收到的申请进行形式审查。审查合格的，由国家质检总局在国家质检总局公报、政府网站等媒体上向社会发布受理公告；审查不合格的，应书面告知申请人。

第十四条　有关单位和个人对申请有异议的，可在公告后的2个月内向国家质检总局提出。

第十五条　国家质检总局按照地理标志产品的特点设立相应的专家审查委员会，负责地理标志产品保护申请的技术审查工作。

第十六条　国家质检总局组织专家审查委员会对没有异议或者有异议但被驳回的申请进行技术审查，审查合格的，由国家质检总局发布批准该产品获得地理标志产品保护的公告。

第四章　标准制定及专用标志使用

第十七条　拟保护的地理标志产品，应根据产品的类别、范围、知名度、产品的生产销售等方面的因素，分别制定相应的国家标准、地方标准或管理规范。

第十八条　国家标准化行政主管部门组织草拟并发布地理标志保护产品的国家标准；省级地方人民政府标准化行政主管部门组织草拟并发布地理标志保护产品的地方标准。

第十九条　地理标志保护产品的质量检验由省级质量技

术监督部门、直属出入境检验检疫部门指定的检验机构承担。必要时,国家质检总局将组织予以复检。

第二十条 地理标志产品产地范围内的生产者使用地理标志产品专用标志,应向当地质量技术监督局或出入境检验检疫局提出申请,并提交以下资料:

(一)地理标志产品专用标志使用申请书。

(二)由当地政府主管部门出具的产品产自特定地域的证明。

(三)有关产品质量检验机构出具的检验报告。

上述申请经省级质量技术监督局或直属出入境检验检疫局审核,并经国家质检总局审查合格注册登记后,发布公告,生产者即可在其产品上使用地理标志产品专用标志,获得地理标志产品保护。

第五章 保护和监督

第二十一条 各地质检机构依法对地理标志保护产品实施保护。对于擅自使用或伪造地理标志名称及专用标志的;不符合地理标志产品标准和管理规范要求而使用该地理标志产品的名称的;或者使用与专用标志相近、易产生误解的名称或标识及可能误导消费者的文字或图案标志,使消费者将该产品误认为地理标志保护产品的行为,质量技术监督部门和出入境检验检疫部门将依法进行查处。社会团体、企业和个人可监督、举报。

第二十二条 各地质检机构对地理标志产品的产地范围,产品名称,原材料,生产技术工艺,质量特色,质量等级、数量、包装、标识,产品专用标志的印刷、发放、数量、使用情况,产品生产环境、生产设备,产品的标准符合性等方面进行日常监督管理。

第二十三条 获准使用地理标志产品专用标志资格的生产者,未按相应标准和管理规范组织生产的,或者在2年内未在受保护的地理标志产品上使用专用标志的,国家质检总局将注销其地理标志产品专用标志使用注册登记,停止其使用地理标志产品专用标志并对外公告。

第二十四条 违反本规定的,由质量技术监督行政部门和出入境检验检疫部门依据《中华人民共和国产品质量法》、《中华人民共和国标准化法》、《中华人民共和国进出口商品检验法》等有关法律予以行政处罚。

第二十五条 从事地理标志产品保护工作的人员应忠于职守,秉公办事,不得滥用职权、以权谋私,不得泄露技术秘密。违反以上规定的,予以行政纪律处分;构成犯罪的依法追究刑事责任。

第六章 附 则

第二十六条 国家质检总局接受国外地理标志产品在中华人民共和国的注册并实施保护。具体办法另外规定。

第二十七条 本规定由国家质检总局负责解释。

第二十八条 本规定自2005年7月15日起施行。原国家质量技术监督局公布的《原产地域产品保护规定》同时废止。原国家出入境检验检疫局公布的《原产地标记管理规定》、《原产地标记管理规定实施办法》中关于地理标志的内容与本规定不一致的,以本规定为准。

地理标志产品专用标志管理办法

1. 2007年1月24日国家工商行政管理总局发布
2. 工商标字[2007]15号
3. 自2007年1月30日起施行

第一条 为了加强对地理标志的保护,维护地理标志注册人的合法权益,规范地理标志产品专用标志(以下简称专用标志)的使用,促进地理标志产品的发展,根据《中华人民共和国商标法》、《中华人民共和国商标法实施条例》的有关规定,制定本办法。

第二条 本办法所指的专用标志,是国家工商行政管理总局商标局为地理标志产品设立的专用标志,用以表明使用该专用标志的产品的地理标志已经国家工商行政管理总局商标局核准注册。

第三条 专用标志的基本图案由中华人民共和国国家工商行政管理总局商标局中英文字样、中国地理标志字样、GI的变形字体、小麦和天坛图形构成,绿色(C:70 M:0 Y:100 K:15;C:100 M:0 Y:100 K:75)和黄色(C:0 M:20 Y:100 K:0)为专用标志的基本组成色。

第四条 已注册地理标志的合法使用人可以同时在其地理标志产品上使用该专用标志,并可以标明该地理标志注册号。

第五条 专用标志使用人可以将专用标志用于商品、商品包装或者容器上,或者用于广告宣传、展览以及其他商业活动中。

第六条 使用专用标志无需缴纳任何费用。

第七条 专用标志应与地理标志一同使用,不得单独使用。

第八条 地理标志注册人应对专用标志使用人的使用行为进行监督。专用标志应严格按照国家工商行政管理总局商标局颁布的专用标志样式使用,不得随意变化。

第九条 专用标志属于《中华人民共和国商标法》第十条规定保护的官方标志,各级工商行政管理部门负责对专用标志实施管理。对于擅自使用专用标志,或者使用与专用标志近似的标记的,各级工商行政管理部门可依照《中华人民共和国商标法》、《中华人民共和国商标法实施条例》的有关规定予以查处。

第十条 本办法由国家工商行政管理总局解释。

第十一条 本办法自2007年1月30日起施行。

附:地理标志产品专用标志图案说明(略)

最高人民法院关于对南京金兰湾房地产开发公司与南京利源物业发展有限公司侵犯商标专用权纠纷一案请示的答复

1. 2004年2月2日

2. 〔2003〕民三他字第10号

江苏省高级人民法院:

你院〔2003〕苏民三审监字第008号《关于南京利源物业发展有限公司与南京金兰湾房地产开发公司商标侵权纠纷一案的请示报告》收悉。经研究,答复如下:

根据《中华人民共和国商标法》第五十二条第(一)项、《中华人民共和国商标法实施条例》第三条、第四十九条的规定,以地名作为文字商标进行注册的,商标专用权人有权禁止他人将与该地名相同的文字作为商标或者商品名称等商业标识在相同或者类似商品上使用来表示商品的来源;但无权禁止他人在相同或者类似商品上正当使用该地名来表示商品与产地、地理位置等之间的联系(地理标志作为商标注册的另论)。能否准确把握上述界限,是正确认定涉及地名的文字商标专用权的权利范围,依法保护商标专用权并合理维护正当的公众利益的关键。

我们认为应当注意以下问题:一、使用人使用地名的目的和方式。使用地名的方式往往表现出使用目的。使用人使用地名的方式是公众惯常理解的表示商品产地、地理位置等方式的,应当认为属于正当使用地名。二、商标和地名的知名度。所使用的文字,如果其作为商标知名度高,则一般情况下,相关公众混淆、误认的可能性较大;如果其作为地名知名度高,则相关公众对其出处的混淆、误认的可能性会较小。三、相关商品或服务的分类情况。商品或服务的分类情况,往往决定了是否需要指示其地理位置。房地产销售中指示房地产的地理位置,一般应当认为是基于说明该商品的自然属性的需要。四、相关公众在选择此类商品或服务时的注意程度。根据相关公众选择此类商品或服务时的一般注意程度,审查确认是否会因这种使用而对该商品或服务的来源混淆、误认。五、地名使用的具体环境、情形。在房地产广告上为突出地理位置的优越而突出使用地名与在一般商品上、一般商品的广告上为突出商品的产地而突出使用地名往往给予公众的注意程度不同,产生的效果也有所差别。

你院请示中涉及的是否构成侵权的问题,请你院在查明事实的基础上,根据有关法律和司法解释的规定并结合上述意见自行决定。

此复

最高人民法院对《辽宁省高级人民法院关于大连金州酒业有限公司与大连市金州区白酒厂商标侵权纠纷一案的请示》的答复

1. 2005年8月19日

2. 〔2005〕民三他字第6号

辽宁省高级人民法院:

你院〔2004〕辽民四知终字第176号《关于大连金州酒业有限公司与大连市金州区白酒厂商标侵权纠纷一案的请示》收悉。经研究,答复如下:

注册商标含有地名的,商标专用权人不得禁止地名所在区域的其他经营者为表明地理来源等正当用途而在商品名称中使用该地名。但是,除各自使用的地名文字相同外,如果商品名称与使用特殊的字体、形状等外观的注册商标构成相同或者近似,或者注册商标使用的地名除具有地域含义外,还具有使相关公众与注册商标的商品来源必然联系起来的其他含义(即第二含义),则不在此限。

请你院依据有关商标的法律、行政法规和司法解释的规定,并结合上述意见,根据案件事实,认真请示案件中的被诉行为是否构成侵权。

·典型案例·

浙江省食品有限公司诉上海市泰康食品有限公司、浙江永康四路火腿一厂商标侵权纠纷案

【裁判摘要】

对于因历史原因形成的、含有地名的注册商标，虽然商标权人根据商标法享有商标专用权，但是如果该地名经国家专门行政机关批准实施原产地域产品保护，则被获准使用的民事主体可以在法定范围内使用该原产地域专用标志。商标权人以行为人合法使用的原产地域专用标志侵犯自己的商标专用权为由诉至人民法院，请求侵权损害赔偿的，人民法院不予支持。

【基本案情】

原告浙江省食品有限公司(以下简称浙食公司)因与被告上海市泰康食品有限公司(以下简称泰康公司)、浙江永康四路火腿一厂(以下简称永康火腿厂)发生商标侵权纠纷，向上海市第二中级人民法院提起诉讼。

被告泰康公司辩称：1. 康泰公司在销售被告永康火腿厂产品前，已经对产品的外包装、商标等进行了检查和核对。确认外包装上标明的"真方宗"商标是永康火腿厂的注册商标，使用的原产地域名称和标记经国家职能部门审批。2."金华火腿"是知名的商品名称，康泰公司销售的"金华火腿"产自金华地区，不会误导消费者，也没有对消费者造成侵害。3. 康泰公司店铺拥有"中华老字号"美名，"金华火腿"是其经营的传统产品。故请求法院驳回原告浙食公司的诉讼请求。

被告永康火腿厂辩称：1. 原告浙食公司注册商标标识是"金华"，而不是"金华火腿"。原告注册商标证上的商标标识为"金华"，而商标注册证是唯一证明原告商标权保护范围的法律文件。原告在自己的网站中明确自己的注册商标为"金华"牌，已经生效的民事判决(2003)杭民三初字第110号民事判决书以及(2004)浙民三终字第154号民事判决书也确认了这个事实。国家商标局曾同意原告在其产品上使用"金华火腿"字样，是基于原告相关请示中对加工工艺的特殊要求的描述。国家商标局只是准许原告在火腿表皮上使用"金华火腿"字样，但这种不规范使用不能对抗他人正当使用。2."金华火腿"是原产地域产品名称，被告使用该名称未侵犯原告的注册商标专用权。国家部委的有关公告及其国家标准明确，"金华火腿"是原产地域产品名称，只要生产厂家履行一定的法律手续就可以使用该名称；包括被告在内的55家企业经批准可以使用"金华火腿"原产地域产品名称。现被告生产的火腿上使用该名称，是经国家质量监督检验检疫总局(以下简称国家质检局)和金华火腿原产地域产品保护委员会批准，并严格按照国家强制性标准规范使用的。3. 被告使用"金华"属于合理使用。(1)"金华"是行政地域名称。当描述产自金华地区的产品时，只有引用"金华"才能正确表述其产品的来源。(2)"火腿"是产品的通用名称，原告无权禁止他人使用。被告在"火腿"前加有"金华"两字，目的是为了表明产品的品质、产地和对消费者进行一定的消费指导。(3)被告使用属于善意使用，符合诚实信用原则。被告在使用时，没有故意突出或夸大与原告商标相同或相似部分使消费者产生误认。4."金华火腿"是知名商品特有的名称。"金华火腿"具有一千两百多年的历史，早在十七世纪已经被广泛使用，并得到社会的接受和公认，是典型的在先使用。另外，允许被告使用"金华火腿"是对社会效益最大化的表现。5. 被告主观上没有侵害原告注册商标的故意。被告使用"金华火腿"目的是要向消费者表明产品是产于金华，是真正的"金华火腿"，主观上不存在侵权故意。综上，请求法院驳回原告的诉讼请求。

【争议焦点】

本案的争议焦点是：一、原告浙食公司注册商标的专用权保护范围；二、被告泰康公司、永康火腿厂行为是否侵犯原告注册商标专用权。

【裁判理由】

上海市第二中级人民法院认为：

一、关于原告浙食公司注册商标的专用权保护范围的问题

原告浙食公司认为：原告注册商标的专用权保护范围是"金华火腿"。"金华牌"是对该注册商标的称呼。根据注册证右下角的标注内容，排除"发展经济、保障供给"、企业名称及装潢内容，原告注册商标专用权保护范围是"金华火腿"。国家商标局在《复函》中，已经同意原告对其注册商标在火腿表皮的具体使用样式做适当改变，该《复函》具有与注册商标同等的法律证明力。同时，国家商标局的《批复》以及浙江省著名商标证，也均明确原告商标为"金华火腿"商标。被告泰康公司、永康

火腿厂认为：原告注册商标专用权保护范围为“金华”，并非“金华火腿”。原告商标注册证上写明原告的商标为“金华牌”。浙江省食品公司在《请示》中，也称自己的商标是“金华”火腿商标。浙江省食品公司的部分荣誉证书、原告自己的网站资料以及相关的法院判决中，也称原告商标为“金华牌”或“金华”商标。

首先，根据《中华人民共和国民法通则》和《中华人民共和国商标法》(以下简称商标法)规定，公民、法人和其他组织的注册商标专用权受我国法律保护。注册商标的专用权，以商标行政管理部门核准注册的商标和核定使用的商品为限。原告浙食公司注册证号为第130131号注册商标经商标行政部门注册并经续展目前仍然有效，该注册商标的商标专用权受我国法律保护。

其次，关于原告浙食公司注册商标的专用权保护范围，应当根据商标当时注册的历史背景以及商标注册证上记载的内容确定。原告商标注册证是一个完整的整体，该商标注册于上世纪七十年代末，那时注册商标的形式、商标注册证等，与目前有明显的不同，但是这并不改变商标专用权的保护范围。原告商标注册证右下角注中明确注明将“‘发展经济、保障供给’、企业名称及装潢内容”排除在专用范围外，国家商标局作为我国商标注册和管理工作的主管部门也在其《批复》中明确，浙食公司的注册商标为“金华火腿”商标。

综上，原告注册商标专用权保护范围的核心是“金华火腿”。被告永康火腿厂称原告注册商标的专用权保护范围仅仅为“金华”的观点，与事实不符，本院不予支持。

二、关于被告泰康公司、永康火腿厂行为是否侵犯原告浙食公司注册商标专用权的问题

原告浙食公司认为：原告在其生产火腿上加盖“金华火腿”皮印，是对其注册商标的延伸使用，与注册商标具有同等的法律效力。被告永康火腿厂在皮印上使用“金华火腿”不具有合法性。被告抗辩的原产地域产品保护不能对抗原告注册商标专用权。《原产地域产品保护规定》属于国家规章，不能与商标法的规定相抵触。根据火腿产品特殊的销售方式以及被告销售侵权产品的时间，被告主观上具有侵害原告注册商标权的故意。民族品牌的保护需要以商标保护为核心，只有依靠法律制度的保障才能促进民族品牌的有序发展。被告泰康公司认为：在销售前已经尽到了对商品的审查义务。外包装上“真方宗”商标是永康火腿厂的注册商标，使用的原产地域名称经国家职能部门审批。被告销售的“金华火腿”产自金华地区，不会误导消费者，不会对原告注册商标造成侵害。永康火腿厂认为：被告依照原产地域产品保护的规定使用“金华火腿”，未侵犯原告的注册商标专用权。“金华”是行政地域名称，“火腿”是产品的通用名称，被告使用“金华”属于合理使用。“金华火腿”同时也是知名商品特有的名称。“金华火腿”具有一千两百多年的历史，仅允许原告一家使用“金华火腿”是不公平的。被告主观上没有侵害原告注册商标的任何故意。

原产地域产品，即地理标志，是指其标示出某商品来源于该地域中的某地区或某地方，该商品的特定质量、信誉或其他特征，主要与该地理来源相关联。我国已经参加的《与贸易有关的知识产权协议》第三节对各成员国地理标志的保护作了专门的规定。我国加入世界贸易组织时承诺遵守《与贸易有关的知识产权协议》关于地理标志的有关条款。商标法第十六条专门增加了对地理标志的保护规定。该条规定：“商标中有商品的地理标志，而该商品并非来源于该标志所标示的地区，误导公众的，不予注册并禁止使用；但是，已经善意取得注册的继续有效。前款所称地理标志，是指标示某商品来源于某地区，该商品的特定质量、信誉或者其他特征，主要由该地区的自然因素或者人文因素所决定的标志。”之后颁布的实施条例第六条规定，地理标志可以通过申请证明商标和集体商标予以保护。2005年6月7日，国家质检局发布第78号令，公布了《地理标志产品保护规定》。

长期以来，我国重视对原产地域产品的保护工作。为了有效保护我国的原产地域产品，规范原产地域产品专业标志的使用，保护原产地域产品的质量和特色，1999年以来，国家质量技术监督局制定了《原产地域产品保护规定》和《原产地域产品通用要求》等规定，对原产地域产品的定义、申报机构、申报材料、审批管理部门、保护范围和专用标志的使用等作出了规定。上述一系列的规定，构成了我国对原产地域产品实施保护的法律体系。因此，原产地域产品与其他知识产权一样，在我国受法律保护。

被告永康火腿厂有权依法使用原产地域产品名称及专用标志。国家质检局批准了对“金华火腿”实施原产地域产品保护，同意包括永康火腿厂在内的55家企业使用“金华火腿”原产地域产品专用标志。因此，永康火腿厂有权依照国家的相关规定在其生产、销售的火腿产品外包装、标签等处标注“金华火腿”原产地域产品名称及

原产地域产品专用标记。

根据本案的案情分析，首先，被告永康火腿厂在其火腿外包装显著位置标明了自己的注册商标"真方宗"，同时也标明了企业名称、厂址、联系方式等信息。其次，永康火腿厂在火腿表皮上标注的"金华火腿"字样下端标明了"原产地管委会认定"，在火腿表皮上端还标有"真方宗"注册商标。因此，从上述使用方式可以认定，永康火腿厂标注"金华火腿"目的是表明原产地域产品。故永康火腿厂上述使用"金华火腿"原产地域产品名称行为，不构成对原告注册商标专用权的侵害。

对于本案争议的商标权与原产地域产品冲突，应按照诚实信用、尊重历史以及权利与义务平衡的原则予以解决。从"金华火腿"历史发展来看，"金华火腿"有着悠久的历史，品牌的形成凝聚着金华地区以及相关地区几十代人的心血和智慧。原告成为商标注册人以后，对提升商标知名度做了大量的工作。原告的商标多次获浙江省著名商标、国家技术监督局金质奖及浙江省名牌产品等荣誉称号。原告的注册商标应当受到法律的保护。但是，另一方面，原告作为注册商标的专用权人，无权禁止他人正当使用。实施条例第四十九条规定："注册商标中含有的本商品的通用名称、图形、型号，或者直接表示商品的质量、主要原料、功能、用途、重量、数量及其他特点，或者含有地名，注册商标专用权人无权禁止他人正当使用。"在我国，权利人的注册商标专用权与原产地域产品均受到法律保护，只要权利人依照相关规定使用均属合法、合理。在本案中，被告永康火腿厂经国家质检局审核批准使用原产地域产品名称和专用标志受法律保护，永康火腿厂的使用行为不构成对原告商标权的侵害。被告泰康公司是金华火腿的销售商，鉴于生产商永康火腿厂的行为不构成对原告商标专用权侵害，故泰康公司的销售行为也不构成对原告商标权的侵害。因此，原告要求两被告承担相关民事责任的请求，不予支持。

综上，对于本案争议的处理，既要严格依照现有的法律法规，又要尊重历史，促进权利义务的平衡。原告浙食公司注册商标专用权保护范围的核心是"金华火腿"，其专用权受法律保护。任何侵犯原告注册商标专用权行为，应依法承担责任。但原告无权禁止他人正当使用。"金华火腿"经国家质检局批准实施原产地域产品保护，被告永康火腿厂获准使用"金华火腿"原产地域专用标志，因此，永康火腿厂上述行为属于正当使用。永康火腿厂今后应当规范使用原产地域产品。原、被告之间均应相互尊重对方的知识产权，依法行使自己的权利。原告认为两被告侵犯其注册商标专用权的依据不足，不予支持。

【裁判结果】

上海市第二中级人民法院于2005年8月25日判决：

驳回原告的诉讼请求。

案件受理费人民币2375元，由原告浙江省食品有限公司负担。

判决后，双方当事人在法定的上诉期内均没有上诉，一审判决已经生效。

(2)商标与特殊标志

特殊标志管理条例

1996年7月13日国务院令第202号公布施行

第一章 总 则

第一条 为了加强对特殊标志的管理,推动文化、体育、科学研究及其他社会公益活动的发展,保护特殊标志所有人、使用人和消费者的合法权益,制定本条例。

第二条 本条例所称特殊标志,是指经国务院批准举办的全国性和国际性的文化、体育、科学研究及其他社会公益活动所使用的,由文字、图形组成的名称及缩写、会徽、吉祥物等标志。

第三条 经国务院工商行政管理部门核准登记的特殊标志,受本条例保护。

第四条 含有下列内容的文字、图形组成的特殊标志,不予登记:

(一)有损于国家或者国际组织的尊严或者形象的;

(二)有害于社会善良习俗和公共秩序的;

(三)带有民族歧视性,不利于民族团结的;

(四)缺乏显著性,不便于识别的;

(五)法律、行政法规禁止的其他内容。

第五条 特殊标志所有人使用或者许可他人使用特殊标志所募集的资金,必须用于特殊标志所服务的社会公益事业,并接受国务院财政部门、审计部门的监督。

第二章 特殊标志的登记

第六条 举办社会公益活动的组织者或者筹备者对其使用的名称、会徽、吉祥物等特殊标志,需要保护的,应当向国务院工商行政管理部门提出登记申请。

登记申请可以直接办理,也可以委托他人代理。

第七条 申请特殊标志登记,应当填写特殊标志登记申请书并提交下列文件:

(一)国务院批准举办该社会公益活动的文件;

(二)准许他人使用特殊标志的条件及管理办法;

(三)特殊标志图样5份,黑白墨稿1份。图样应当清晰,便于粘贴,用光洁耐用的纸张印制或者用照片代替,长和宽不大于10厘米、不小于5厘米;

(四)委托他人代理的,应当附代理人委托书,注明委托事项和权限;

(五)国务院工商行政管理部门认为应当提交的其他文件。

第八条 国务院工商行政管理部门收到申请后,按照以下规定处理:

(一)符合本条例有关规定,申请文件齐备无误的,自收到申请之日起15日内,发给特殊标志登记申请受理通知书,并在发出通知之日起2个月内,将特殊标志有关事项、图样和核准使用的商品和服务项目,在特殊标志登记簿上登记,发给特殊标志登记证书。

特殊标志经核准登记后,由国务院工商行政管理部门公告。

(二)申请文件不齐备或者有误的,自收到申请之日起10日内发给特殊标志登记申请补正通知书,并限其自收到通知之日起15日内予以补正;期满不补正或者补正仍不符合规定的,发给特殊标志登记申请不予受理通知书。

(三)违反本条例第四条规定的,自收到申请之日起15日内发给特殊标志登记申请驳回通知书。申请人对驳回通知不服的,可以自收到驳回通知之日起15日内,向国务院工商行政管理部门申请复议。

前款所列各类通知书,由国务院工商行政管理部门送达申请人或者其代理人。因故不能直接送交的,以国务院工商行政管理部门公告或者邮寄之日起的20日为送达日期。

第九条 特殊标志有效期为4年,自核准登记之日起计算。

特殊标志所有人可以在有效期满前3个月内提出延期申请,延长的期限由国务院工商行政管理部门根据实际情况和需要决定。

特殊标志所有人变更地址,应当自变更之日起1个月内报国务院工商行政管理部门备案。

第十条 已获准登记的特殊标志有下列情形之一的,任何单位和个人可以在特殊标志公告刊登之日至其有效期满的期间,向国务院工商行政管理部门申明理由并提供相应证据,请求宣告特殊标志登记无效:

(一)同已在先申请的特殊标志相同或者近似的;

(二)同已在先申请注册的商标或者已获得注册的商标相同或者近似的;

(三)同已在先申请外观设计专利或者已依法取

得专利权的外观设计专利相同或者近似的;

(四)侵犯他人著作权的。

第十一条 国务院工商行政管理部门自收到特殊标志登记无效申请之日起10日内,通知被申请人并限其自收到通知之日起15日内作出答辩。

被申请人拒绝答辩或者无正当理由超过答辩期限的,视为放弃答辩的权利。

第十二条 国务院工商行政管理部门自收到特殊标志登记无效申请之日起3个月内作出裁定,并通知当事人;当事人对裁定不服的,可以自收到通知之日起15日内,向国务院工商行政管理部门申请复议。

第三章 特殊标志的使用与保护

第十三条 特殊标志所有人可以在与其公益活动相关的广告、纪念品及其他物品上使用该标志,并许可他人在国务院工商行政管理部门核准使用该标志的商品或者服务项目上使用。

第十四条 特殊标志的使用人应当是依法成立的企业、事业单位、社会团体、个体工商户。

特殊标志使用人应当同所有人签订书面使用合同。

特殊标志使用人应当自合同签订之日起1个月内,将合同副本报国务院工商行政管理部门备案,并报使用人所在地县级以上人民政府工商行政管理部门存查。

第十五条 特殊标志所有人或者使用人有下列行为之一的,由其所在地或者行为发生地县级以上人民政府工商行政管理部门责令改正,可以处5万元以下的罚款;情节严重的,由县级以上人民政府工商行政管理部门责令使用人停止使用该特殊标志,由国务院工商行政管理部门撤销所有人的特殊标志登记:

(一)擅自改变特殊标志文字、图形的;

(二)许可他人使用特殊标志,未签订使用合同,或者使用人在规定期限内未报国务院工商行政管理部门备案或者未报所在地县级以上人民政府工商行政管理机关存查的;

(三)超出核准登记的商品或者服务范围使用的。

第十六条 有下列行为之一的,由县级以上人民政府工商行政管理部门责令侵权人立即停止侵权行为,没收侵权商品,没收违法所得,并处违法所得5倍以下的罚款,没有违法所得的,处1万元以下的罚款:

(一)擅自使用与所有人的特殊标志相同或者近似的文字、图形或者其组合的;

(二)未经特殊标志所有人许可,擅自制造、销售其特殊标志或者将其特殊标志用于商业活动的;

(三)有给特殊标志所有人造成经济损失的其他行为的。

第十七条 特殊标志所有人或者使用人发现特殊标志所有权或者使用权被侵害时,可以向侵权人所在地或者侵权行为发生地县级以上人民政府工商行政管理部门投诉;也可以直接向人民法院起诉。

工商行政管理部门受理特殊标志侵权案件投诉的,应当依特殊标志所有人的请求,就侵权的民事赔偿主持调解;调解不成的,特殊标志所有人可以向人民法院起诉。

第十八条 工商行政管理部门受理特殊标志侵权案件,在调查取证时,可以行使下列职权,有关当事人应当予以协助,不得拒绝:

(一)询问有关当事人;

(二)检查与侵权活动有关的物品;

(三)调查与侵权活动有关的行为;

(四)查阅、复制与侵权活动有关的合同、账册等业务资料。

第四章 附 则

第十九条 特殊标志申请费、公告费、登记费的收费标准,由国务院财政部门、物价部门会同国务院工商行政管理部门制定。

第二十条 申请特殊标志登记有关文书格式由国务院工商行政管理部门制定。

第二十一条 经国务院批准代表中国参加国际性文化、体育、科学研究等活动的组织所使用的名称、徽记、吉祥物等标志的保护,参照本条例的规定施行。

第二十二条 本条例自发布之日起施行。

世界博览会标志保护条例

1. 2004年10月20日国务院令第422号公布

2. 自2004年12月1日起施行

第一条 为了加强对世界博览会标志的保护,维护世界博览会标志权利人的合法权益,制定本条例。

第二条 本条例所称世界博览会标志,是指:

(一)中国2010年上海世界博览会申办机构的名

称(包括全称、简称、译名和缩写,下同)、徽记或者其他标志;

(二)中国2010年上海世界博览会组织机构的名称、徽记或者其他标志;

(三)中国2010年上海世界博览会的名称、会徽、会旗、吉祥物、会歌、主题词、口号;

(四)国际展览局的局旗。

第三条 本条例所称世界博览会标志权利人,是指中国2010年上海世界博览会组织机构和国际展览局。

中国2010年上海世界博览会组织机构为本条例第二条第(一)、(二)、(三)项规定的世界博览会标志的权利人。中国2010年上海世界博览会组织机构和国际展览局之间关于本条例第二条第(四)项规定的世界博览会标志的权利划分,依照中国2010年上海世界博览会《申办报告》、《注册报告》和国际展览局《关于使用国际展览局局旗的规定》确定。

第四条 世界博览会标志权利人依照本条例享有世界博览会标志专有权。

未经世界博览会标志权利人许可,任何人不得为商业目的(含潜在商业目的,下同)使用世界博览会标志。

第五条 本条例所称为商业目的使用,是指以营利为目的,以下列方式使用世界博览会标志:

(一)将世界博览会标志用于商品、商品包装或者容器以及商品交易文书上;

(二)将世界博览会标志用于服务业中;

(三)将世界博览会标志用于广告宣传、商业展览、营业性演出以及其他商业活动中;

(四)销售、进口、出口含有世界博览会标志的商品;

(五)制造或者销售世界博览会标志;

(六)将世界博览会标志作为字号申请企业名称登记,可能造成市场误认、混淆的;

(七)可能使他人认为行为人与世界博览会标志权利人之间存在许可使用关系而使用世界博览会标志的其他行为。

第六条 国务院工商行政管理部门依照本条例的规定,负责全国的世界博览会标志保护工作。

县级以上地方工商行政管理部门依照本条例的规定,负责本行政区域内的世界博览会标志保护工作。

第七条 世界博览会标志权利人应当将世界博览会标志报国务院工商行政管理部门备案,由国务院工商行政管理部门公告。

第八条 在本条例施行前已经依法使用世界博览会标志的,可以在原有范围内继续使用。

第九条 未经世界博览会标志权利人许可,为商业目的擅自使用世界博览会标志即侵犯世界博览会标志专有权,引起纠纷的,由当事人协商解决;不愿协商或者协商不成的,世界博览会标志权利人或者利害关系人可以依法向人民法院提起诉讼,也可以请求工商行政管理部门处理。

应当事人的请求,工商行政管理部门可以就侵犯世界博览会标志专有权的赔偿数额进行调解;调解不成的,当事人可以依法向人民法院提起诉讼。

第十条 工商行政管理部门根据已经取得的违法嫌疑证据或者举报查处涉嫌侵犯世界博览会标志专有权的行为时,可以行使下列职权:

(一)询问有关当事人,调查与侵犯世界博览会标志专有权有关的情况;

(二)查阅、复制与侵权活动有关的合同、发票、账簿以及其他有关资料;

(三)对当事人涉嫌侵犯世界博览会标志专有权活动的场所实施现场检查;

(四)检查与侵权活动有关的物品;对有证据证明侵犯世界博览会标志专有权的物品,予以查封或者扣押。

工商行政管理部门依法行使前款规定的职权时,当事人应当予以协助、配合,不得拒绝、阻挠。

第十一条 工商行政管理部门处理侵犯世界博览会标志专有权行为时,认定侵权行为成立的,责令立即停止侵权行为,没收、销毁侵权商品和专门用于制造侵权商品或者为商业目的擅自制造世界博览会标志的工具,有违法所得的,没收违法所得,可以并处违法所得5倍以下的罚款;没有违法所得的,可以并处5万元以下的罚款。

利用世界博览会标志进行诈骗等活动,构成犯罪的,依法追究刑事责任。

第十二条 侵犯世界博览会标志专有权的货物禁止进出口。世界博览会标志专有权海关保护的程序适用《中华人民共和国知识产权海关保护条例》的规定。

第十三条 侵犯世界博览会标志专有权的赔偿数额,按照权利人因被侵权所受到的损失或者侵权人因侵权所获得的利益确定,包括为制止侵权行为所支付的合理开支;被侵权人的损失或者侵权人获得的利益难以确定的,参照该世界博览会标志许可使用费合理确定。

销售不知道是侵犯世界博览会标志专有权的商品,能证明该商品是自己合法取得并说明提供者的,不承担赔偿责任。

第十四条 任何单位或者个人可以向工商行政管理部门或有关行政管理部门举报违反本条例使用世界博览会标志的行为。

第十五条 世界博览会标志除依照本条例受到保护外,还可以依照《中华人民共和国著作权法》、《中华人民共和国商标法》、《中华人民共和国专利法》、《中华人民共和国反不正当竞争法》、《特殊标志管理条例》等法律、行政法规的规定获得保护。

第十六条 本条例自2004年12月1日起施行。

世界博览会标志备案办法

1. 2004年12月24日国家工商行政管理总局令第19号公布
2. 自2005年1月24日起施行

第一条 为了加强对世界博览会标志的保护,保障世界博览会标志权利人的合法权益,规范世界博览会标志的备案申请,根据《世界博览会标志保护条例》的有关规定,制定本办法。

第二条 国家工商行政管理总局商标局根据《世界博览会标志保护条例》的规定负责世界博览会标志的备案工作。

第三条 世界博览会标志权利人申请标志备案,可以直接向商标局办理,也可以委托国家认可的具有商标代理资格的组织代理。在中国没有经常居所或者营业所的,应当委托国家认可的具有商标代理资格的组织代理。

第四条 申请世界博览会标志备案的,应当提交下列书件:

(一)按照商标局规定书式填写的备案申请书。

(二)世界博览会标志图样5份。图样应当清晰,便于粘贴,用光洁耐用的纸张印制或者用照片代替,长和宽分别不大于10厘米、不小于5厘米。

(三)委托他人代理的,应当附代理人委托书,注明委托事项和权限。

第五条 申请备案的标志符合《世界博览会标志保护条例》及本办法规定的,商标局予以备案,书面通知权利人并公告。不符合规定的,不予备案,书面通知权利人。

第六条 申请人对商标局有关世界博览会标志备案的行政决定不服的,可以依照《中华人民共和国行政复议法》的规定,向国家工商行政管理总局申请复议;也可以依照《中华人民共和国行政诉讼法》的有关规定向人民法院提起诉讼。

第七条 本办法自2005年1月24日起实施。

奥林匹克标志保护条例

1. 2002年2月4日国务院令第345号公布
2. 自2002年4月1日起施行

第一条 为了加强对奥林匹克标志的保护,保障奥林匹克标志权利人的合法权益,维护奥林匹克运动的尊严,制定本条例。

第二条 本条例所称奥林匹克标志,是指:

(一)国际奥林匹克委员会的奥林匹克五环图案标志、奥林匹克旗、奥林匹克格言、奥林匹克徽记、奥林匹克会歌;

(二)奥林匹克、奥林匹亚、奥林匹克运动会及其简称等专有名称;

(三)中国奥林匹克委员会的名称、徽记、标志;

(四)北京2008年奥林匹克运动会申办委员会的名称、徽记、标志;

(五)第29届奥林匹克运动会组织委员会的名称、徽记,第29届奥林匹克运动会的吉祥物、会歌、口号,“北京2008”、第29届奥林匹克运动会及其简称等标志;

(六)《奥林匹克宪章》和《第29届奥林匹克运动会主办城市合同》中规定的其他与第29届奥林匹克运动会有关的标志。

第三条 本条例所称奥林匹克标志权利人,是指国际奥林匹克委员会、中国奥林匹克委员会和第29届奥林匹克运动会组织委员会。

国际奥林匹克委员会、中国奥林匹克委员会和第29届奥林匹克运动会组织委员会之间的权利划分,依照《奥林匹克宪章》和《第29届奥林匹克运动会主办城市合同》确定。

第四条 奥林匹克标志权利人依照本条例对奥林匹克标志享有专有权。

未经奥林匹克标志权利人许可,任何人不得为商业目的(含潜在商业目的,下同)使用奥林匹克标志。

第五条 本条例所称为商业目的使用,是指以营利为目的,以下列方式利用奥林匹克标志:

(一)将奥林匹克标志用于商品、商品包装或者容器以及商品交易文书上;

(二)将奥林匹克标志用于服务项目中;

(三)将奥林匹克标志用于广告宣传、商业展览、营业性演出以及其他商业活动中;

(四)销售、进口、出口含有奥林匹克标志的商品;

(五)制造或者销售奥林匹克标志;

(六)可能使人认为行为人与奥林匹克标志权利人之间有赞助或者其他支持关系而使用奥林匹克标志的其他行为。

第六条 国务院工商行政管理部门依据本条例的规定,负责全国的奥林匹克标志保护工作。

县级以上地方工商行政管理部门依据本条例的规定,负责本行政区域内的奥林匹克标志保护工作。

第七条 奥林匹克标志权利人应当将奥林匹克标志报国务院工商行政管理部门备案,由国务院工商行政管理部门公告。

第八条 取得奥林匹克标志权利人许可,为商业目的使用奥林匹克标志的,应当同奥林匹克标志权利人订立使用许可合同。其中,使用本条例第二条第(一)项、第(二)项规定的奥林匹克标志的,应当同国际奥林匹克委员会及其授权或者批准的机构订立合同;使用本条例第二条第(三)项规定的奥林匹克标志的,应当同中国奥林匹克委员会订立合同;使用本条例第二条第(四)项、第(五)项、第(六)项规定的奥林匹克标志的,在2008年12月31日以前,应当同第29届奥林匹克运动会组织委员会订立合同。奥林匹克标志权利人应当将使用许可合同报国务院工商行政管理部门备案。

依照前款规定订立使用许可合同的,被许可人只得在合同约定的地域范围、期间内使用奥林匹克标志。

第九条 本条例施行前已经依法使用奥林匹克标志的,可以在原有范围内继续使用。

第十条 未经奥林匹克标志权利人许可,为商业目的擅自使用奥林匹克标志,即侵犯奥林匹克标志专有权,引起纠纷的,由当事人协商解决;不愿协商或者协商不成的,奥林匹克标志权利人或者利害关系人可以向人民法院提起诉讼,也可以请求工商行政管理部门处理。工商行政管理部门处理时,认定侵权行为成立的,责令立即停止侵权行为,没收、销毁侵权商品和专门用于制造侵权商品或者为商业目的擅自制造奥林匹克标志的工具,有违法所得的,没收违法所得,可以并处违法所得5倍以下的罚款;没有违法所得的,可以并处5万元以下的罚款。当事人对处理决定不服的,可以自收到处理通知之日起15日内依照《中华人民共和国行政诉讼法》向人民法院提起诉讼;侵权人期满不起诉又不履行的,工商行政管理部门可以申请人民法院强制执行。进行处理的工商行政管理部门应当事人的请求,可以就侵犯奥林匹克标志专有权的赔偿数额进行调解;调解不成的,当事人可以依照《中华人民共和国民事诉讼法》向人民法院提起诉讼。

利用奥林匹克标志进行诈骗等活动,触犯刑律的,依照刑法关于诈骗罪或者其他罪的规定,依法追究刑事责任。

第十一条 对侵犯奥林匹克标志专有权的行为,工商行政管理部门有权依法查处。

工商行政管理部门根据已经取得的违法嫌疑证据或者举报,对涉嫌侵犯奥林匹克标志专有权的行为进行查处时,可以行使下列职权:

(一)询问有关当事人,调查与侵犯奥林匹克标志专有权有关的情况;

(二)查阅、复制与侵权活动有关的合同、发票、账簿以及其他有关资料;

(三)对当事人涉嫌侵犯奥林匹克标志专有权活动的场所实施现场检查;

(四)检查与侵权活动有关的物品;对有证据证明是侵犯奥林匹克标志专有权的物品,予以查封或者扣押。

工商行政管理部门依法行使前款规定的职权时,当事人应当予以协助、配合,不得拒绝、阻挠。

第十二条 进出口货物涉嫌侵犯奥林匹克标志专有权的,由海关参照《中华人民共和国海关法》和《中华人民共和国知识产权海关保护条例》规定的权限和程序查处。

第十三条 侵犯奥林匹克标志专有权的赔偿数额,按照权利人因被侵权所受到的损失或者侵权人因侵权所获得的利益确定,包括为制止侵权行为所支付的合理开支;被侵权人的损失或者侵权人获得的利益难以确定的,参照该奥林匹克标志许可使用费合理确定。

销售不知道是侵犯奥林匹克标志专有权的商品,能证明该商品是自己合法取得并说明提供者的,不承担赔偿责任。

第十四条 奥林匹克标志除依照本条例受到保护外,还可以依照《中华人民共和国著作权法》、《中华人民共和国商标法》、《中华人民共和国专利法》、《特殊标志管理条例》等法律、行政法规的规定获得保护。

第十五条 本条例自2002年4月1日起施行。

奥林匹克标志备案及管理办法

1. 2002年4月22日国家工商行政管理总局令第2号公布
2. 自2002年6月1日起施行

第一条 为了加强对奥林匹克标志的保护,保障奥林匹克标志权利人的合法权益,规范奥林匹克标志的使用、根据《奥林匹克标志保护条例》的有关规定,制定本办法。

第二条 奥林匹克标志权利人应当将需要保护的奥林匹克标志向国家工商行政管理总局商标局申请备案。

第三条 奥林匹克标志权利人申请标志备案或者申请标志使用许可备案,可以直接向商标局办理,也可以委托国家认可的具有商标代理资格的组织代理。在中国没有经常居所或者营业所的,应当委托国家认可的具有商标代理资格的组织代理。

第四条 申请奥林匹克标志备案的,应当填写申请书并附送下列书件:

(一)奥林匹克标志图样5份。图样应当清晰,便于粘贴,用光洁耐用的纸张印制或者用照片代替,长和宽分别不大于10厘米、不小于5厘米。

(二)委托他人代理的,应当附代理人委托书,注明委托事项和权限。

第五条 申请备案的标志符合《奥林匹克标志保护条例》及本办法规定的,商标局予以备案,书面通知权利人并公告。不符合规定的,不予备案,书面通知权利人。

第六条 奥林匹克标志权利人许可他人为商业目的使用奥林匹克标志的,应当签订使用许可合同。

第七条 奥林匹克标志使用许可合同应当包括下列内容:

(一)许可使用的奥林匹克标志及其备案号;

(二)许可使用的商品或服务范围;

(三)许可使用的地域范围;

(四)许可使用期限。

第八条 自签订使用许可合同之日起一个月内,奥林匹克标志利人应当将使用许可合同副本报商标局备案。商标局备案后书面通知权利人。

第九条 经许可使用奥林匹克标志的,应当在使用时标明使用许可备案号。

对违反前款规定的,由县级以上工商行政管理机关责令限期改正;对逾期不改的,处以一万元以下的罚款。

第十条 申请人对商标局有关奥林匹克标志备案或者标志使用许可合同备案的行政决定不服的,可以依照《中华人民共和国行政复议法》的规定,向国家工商行政管理总局申请复议;也可以依照《中华人民共和国行政诉讼法》的有关规定向人民法院提起诉讼。

第十一条 本办法自2002年6月1日起实施。

亚洲运动会标志保护办法

2010年4月2日国家工商行政管理总局令第48号公布施行

第一条 为了加强对亚洲运动会标志(以下简称亚运会标志)的保护,维护亚运会标志权利人的合法权益,根据《中华人民共和国商标法》、《中华人民共和国商标法实施条例》、《特殊标志管理条例》的规定,制定本办法。

第二条 本办法所称亚运会标志是指亚洲奥林匹克理事会、第16届亚运会组织机构按照《中华人民共和国商标法》、《中华人民共和国商标法实施条例》有关规定在国务院工商行政管理部门商标局作为商标依法核准注册以及按照《特殊标志管理条例》的规定在国务院工商行政管理部门商标局作为特殊标志核准登记的下列内容:

(一)亚洲奥林匹克理事会的名称(包括全称、简称、译名和缩写,下同)、会徽、会旗、会歌、格言等;

(二)第16届亚运会申办机构的名称、标识、口号和其他标志;

（三）第16届亚运会组织机构的名称、徽记和其他标志；

（四）第16届亚运会的名称、会徽、吉祥物、口号、会歌、会旗和其他标志；

（五）《亚奥理事会章程和规则》和《第16届亚运会主办城市合同》中规定的其他与第16届亚运会有关的标志。

第三条 本办法所称亚运会标志权利人，是指亚洲奥林匹克理事会和第16届亚运会组织机构。

亚洲奥林匹克理事会与第16届亚运会组织机构关于亚运会标志的权利划分，依照《亚奥理事会章程和规则》和《第16届亚运会主办城市合同》确定。

第四条 亚运会标志权利人依照《中华人民共和国商标法》、《中华人民共和国商标法实施条例》、《特殊标志管理条例》享有亚运会标志权。

第五条 取得亚运会标志权利人许可，为商业目的（含潜在商业目的，下同）使用亚运会标志的，应当同亚运会标志权利人订立使用许可合同。

第六条 任何组织或者个人不得侵犯亚运会标志权。

侵犯亚运会标志权是指未经亚运会标志权利人许可，为商业目的擅自使用亚运会标志。

第七条 本办法所称为商业目的使用，是指以营利为目的，以下列方式使用亚运会标志：

（一）将亚运会标志用于商品、商品包装或者容器以及商品交易文书上；

（二）将亚运会标志用于服务项目中；

（三）将亚运会标志用于广告宣传、商业展览、营业性演出以及其他商业活动中；

（四）销售含有亚运会标志商品；

（五）制造或者销售亚运会标志；

（六）可能使人认为行为人与亚运会标志权利人之间有赞助或者其他支持关系而使用亚运会标志的其他行为。

第八条 在本办法施行前已经依法使用亚运会标志的，可以在原有范围内继续使用。

第九条 县级以上工商行政管理部门依据《中华人民共和国商标法》、《中华人民共和国商标法实施条例》、《特殊标志管理条例》以及本办法的规定，负责本行政区域内的亚运会标志的保护工作。

第十条 侵犯亚运会标志权，引起纠纷的，由当事人协商解决；不愿协商或者协商不成的，亚运会标志权利人或者利害关系人可以请求工商行政管理部门处理。

工商行政管理部门受理亚运会标志侵权案件投诉的，应亚运会标志权利人的请求，可以就侵权的民事赔偿主持调解。

第十一条 对侵犯亚运会标志权的行为，工商行政管理部门有权依法查处。

第十二条 任何组织或者个人可以向工商行政管理部门举报侵犯亚运会标志权的行为。

第十三条 工商行政管理部门在对涉嫌侵犯亚运会标志权的案件进行调查取证时，案件涉及作为商标注册的亚运会标志的，可以行使《中华人民共和国商标法》、《中华人民共和国商标法实施条例》规定的职权；案件涉及作为特殊标志登记的亚运会标志的，可以行使《特殊标志管理条例》规定的职权。

第十四条 对违反《中华人民共和国商标法》、《中华人民共和国商标法实施条例》，侵犯亚运会标志权的，工商行政管理部门依据《中华人民共和国商标法》、《中华人民共和国商标法实施条例》的有关规定处理。

对违反《特殊标志管理条例》，侵犯亚运会标志权的，工商行政管理部门依据《特殊标志管理条例》的有关规定处理。

第十五条 本办法自公布之日起施行。

(3)商标与企业名称

企业名称登记管理规定

1. 1991年5月6日国务院批准

2. 1991年7月22日国家工商行政管理局令第7号公布

3. 根据2012年11月9日国务院令第628号《关于修改和废止部分行政法规的决定》修订

第一条　为了加强企业名称管理,保护企业的合法权益,维护社会经济秩序,制定本规定。

第二条　本规定适用于中国境内具备法人条件的企业及其他依法需要办理登记注册的企业。

第三条　企业名称在企业申请登记时,由企业名称的登记主管机关核定。企业名称经核准登记注册后方可使用,在规定的范围内享有专用权。

第四条　企业名称的登记主管机关(以下简称登记主管机关)是国家工商行政管理局和地方各级工商行政管理局。登记主管机关核准或者驳回企业名称登记申请,监督管理企业名称的使用,保护企业名称专用权。

登记主管机关依照《中华人民共和国企业法人登记管理条例》,对企业名称实行分级登记管理。外商投资企业名称由国家工商行政管理局核定。

第五条　登记主管机关有权纠正已登记注册的不适宜的企业名称,上级登记主管机关有权纠正下级登记主管机关已登记注册的不适宜的企业名称。

对已登记注册的不适宜的企业名称,任何单位和个人可以要求主管机关予以纠正。

第六条　企业只准许用一个名称,在登记主管机关辖区内不得与已登记注册的同行业企业名称相同或者近似。

确有特殊需要的,经省级以上登记主管机关核准,企业可以在规定的范围内使用一个从属名称。

第七条　企业名称应当由以下部分依次组成:字号(或者商号,下同)、行业或者经营特点、组织形式。

企业名称应当冠以企业所在地省(包括自治区、直辖市,下同)或者市(包括州,下同)或者县(包括市辖区,下同)行政区域名称。

经国家工商行政管理局核准,下列企业的企业名称可以不冠以企业所在地行政区划名称:

(一)本规定第十三条所列企业;

(二)历史悠久、字号驰名的企业;

(三)外商投资企业。

第八条　企业名称应当使用汉字,民族自治地方的企业名称可以同时使用本民族自治地方通用的民族文字。

企业使用外文名称的,其外文名称应当与中文名称相一致,并报登记主管机关登记注册。

第九条　企业名称不得含有下列内容和文字:

(一)有损于国家、社会公共利益的;

(二)可能对公众造成欺骗或者误解的;

(三)外国国家(地区)名称、国际组织名称;

(四)政党名称、党政军机关名称、群众组织名称、社会团体名称及部队番号;

(五)汉语拼音字母(外文名称中使用的除外)、数字;

(六)其他法律、行政法规规定禁止的。

第十条　企业可选择字号。字号应当由两个以上的字组成。

企业有正当理由可以使用本地或者异地地名作字号,但不得使用县以上行政区划名称作字号。

私营企业可以使用投资人姓名作字号。

第十一条　企业应当根据其主管业务,依照国家行业分类标准划分的类别,在企业名称中标明所属行业或者经营特点。

第十二条　企业应当根据其组织结构或者责任形式,在企业名称中标明组织形式。所标明的组织形式必须明确易懂。

第十三条　下列企业,可以申请在企业名称中使用"中国"、"中华"或者冠以"国际"字词:

(一)全国性公司;

(二)国务院或其授权的机关批准的大型进出口企业;

(三)国务院或其授权的机关批准的大型企业集团;

(四)国家工商行政管理局规定的其他企业。

第十四条　企业设立分支机构的,企业及其分支机构的企业名称应当符合下列规定:

(一)在企业名称中使用"总"字的,必须下设三个以上分支机构;

(二)不能独立承担民事责任的分支机构,其企业名称应当冠以其所从属企业的名称,缀以"分公司"、

"分厂"、"分店"等字词,并标明该分支机构的行业和所在地行政区划名称或者地名,但其行业与其所从属的企业一致的,可以从略;

(三)能够独立承担民事责任的分支机构,应当使用独立的企业名称,并可以使用其所从属企业的企业名称中的字号;

(四)能够独立承担民事责任的分支机构再设立分支机构的,所设立的分支机构不得在其企业名称中使用总机构的名称。

第十五条　联营企业的企业名称可以使用联营成员的字号,但不得使用联营成员的企业名称。联营企业应当在其企业名称中标明"联营"或者"联合"字词。

第十六条　企业有特殊原因的,可以在开业登记前预先单独申请企业名称登记注册。预先单独申请企业名称登记注册时,应当提交企业组建负责人签署的申请书、章程草案和主管部门或者审批机关的批准文件。

第十七条　外商投资企业应当在项目建议书和可行性研究报告批准后,合同、章程批准之前,预先单独申请企业名称登记注册。外商投资企业预先单独申请企业名称登记注册时,应当提交企业组建负责人签署的申请书、项目建议书、可行性研究报告的批准文件,以及投资者所在国(地名)主管当局出具的合法开业证明。

第十八条　登记主管机关应当在收到企业提交的预先单独申请企业名称登记注册的全部材料之日起,十日内作出核准或者驳回的决定。

登记主管机关核准预先单独申请登记注册的企业名称后,核发《企业名称登记证书》。

第十九条　预先单独申请登记注册的企业名称经核准后,保留期为一年,经批准有筹建期的,企业名称保留到筹建期终止。在保留期内不得用于从事生产经营活动。

保留期届满不办理企业开业登记的,其企业名称自动失效,企业应当在期限届满之日起十日内将《企业名称登记证书》交回登记主管机关。

第二十条　企业的印章、银行账户、牌匾、信笺所使用的名称应当与登记注册的企业名称相同。从事商业、公共饮食、服务等行业的企业名称牌匾可适当简化,但应当报登记主管机关备案。

第二十一条　申请登记注册的企业名称与下列情况的企业名称相同或者近似的,登记主管机关不予核准:

(一)企业被撤销未满三年的;

(二)企业营业执照被吊销未满三年的;

(三)企业因本条第(一)、(二)项所列情况以外的原因办理注销登记未满一年的。

第二十二条　企业名称经核准登记注册后,无特殊原因在一年内不得申请变更。

第二十三条　企业名称可以随企业或者企业的一部分一并转让。

企业名称只能转让给一户企业。企业名称的转让方与受让方应当签订书面合同或者协议,报原登记主管机关核准。

企业名称转让后,转让方不得继续使用已转让的企业名称。

第二十四条　两个以上企业向同一登记主管机关申请相同的符合规定的企业名称,登记主管机关依照申请在先原则核定。属于同一天申请的,应当由企业协商解决;协商不成的,由登记主管机关作出裁决。

两个以上企业向不同登记主管机关申请相同的企业名称,登记主管机关依照受理在先原则核定。属于同一天受理的,应当由企业协商解决;协商不成的,由各该登记主管机关报共同的上级登记主管机关作出裁决。

第二十五条　两个以上的企业因已登记注册的企业名称相同或者近似而发生争议时,登记主管机关依照注册在先原则处理。

中国企业的企业名称与外国(地区)企业的企业名称在中国境内发生争议并向登记主管机关申请裁决时,由国家工商行政管理局依据我国缔结或者参加的国际条约的规定的原则或者本规定处理。

第二十六条　违反本规定的下列行为,由登记主管机关区别情节,予以处罚:

(一)使用未经核准登记注册的企业名称从事生产经营活动的,责令停止经营活动,没收非法所得或者处以两千元以上、两万元以下罚款,情节严重的,可以并处;

(二)擅自改变企业名称的,予以警告或者处以一千元以上、一万元以下罚款,并限期办理变更登记;

(三)擅自转让或者出租自己的企业名称的,没收非法所得并处以一千元以上、一万元以下罚款;

(四)使用保留期内的企业名称从事生产经营活动或者保留期届满不按期将《企业名称登记证书》交回登记主管机关的,予以警告或者处以五百元以上、五

千元以下罚款;

(五)违反本规定第二十条规定的,予以警告并处以五百元以上、五千元以下罚款。

第二十七条　擅自使用他人已经登记注册的企业名称或者有其他侵犯他人企业名称专用权行为的,被侵权人可以向侵权人所在地登记主管机关要求处理。登记主管机关有权责令侵权人停止侵权行为,赔偿被侵权人因该侵权行为所遭受的损失,没收非法所得并处以五千元以上、五万元以下罚款。

对侵犯他人企业名称专用权的,被侵权人也可以直接向人民法院起诉。

第二十八条　对登记主管机关根据本规定作出的具体行政行为不服的,当事人可以在收到通知之日起十五日内向上一级登记主管机关申请复议。上级登记主管机关应当在收到复议申请之日起三十日内作出复议决定。对复议决定不服的,可以依法向人民法院起诉。

逾期不申请复议,或者复议后拒不执行复议决定,又不起诉的,登记主管机关可以强制更改企业名称,扣缴企业营业执照。

第二十九条　外国(地区)企业可以在中国境内申请企业名称登记注册。

外国(地区)企业应当向国家工商行政管理局提出企业名称登记注册的申请,并提交外国(地区)企业法定代表人签署的申请书、外国(地区)企业章程和企业所在国(地区)主管当局出具的合法开业证明。登记主管机关应当在收到外国(地区)企业申请名称登记注册的全部材料之日起三十日内作出初步审查,通过初审的,予以公告。外国(地区)企业名称的公告期为六个月,在此期间无异议或者异议不成立的,予以核准登记注册,企业名称保留期为五年。登记主管机关核准登记注册外国(地区)企业名称后,应当核发《企业名称登记证书》。外国(地区)企业名称登记注册后需要变更或者保留期届满要求续展的,应当重新申请登记注册。

第三十条　在登记主管机关登记注册的事业单位及事业单位开办的经营单位的名称和个体工商户的名称登记管理,参照本规定执行。

第三十一条　本规定施行前已经核准登记注册的企业名称,准予继续使用,但严重不符合本规定的,应予纠正。

第三十二条　《企业名称登记证书》由国家工商行政管理局统一印制。

第三十三条　本规定由国家工商行政管理局负责解释。

第三十四条　本规定自1991年9月1日起施行。1985年5月23日国务院批准,1985年6月15日国家工商行政管理局公布的《工商企业名称登记管理暂行规定》同时废止。

企业名称登记管理实施办法

1. 1999年12月8日国家工商行政管理局令第93号公布
2. 2004年6月14日国家工商行政管理总局令第10号修订
3. 自2004年7月1日起施行

第一章　总　　则

第一条　为了加强和完善企业名称的登记管理,保护企业名称所有人的合法权益,维护公平竞争秩序,根据《企业名称登记管理规定》和有关法律、行政法规,制定本办法。

第二条　本办法适用于工商行政管理机关登记注册的企业法人和不具有法人资格的企业的名称。

第三条　企业应当依法选择自己的名称,并申请登记注册。企业自成立之日起享有名称权。

第四条　各级工商行政管理机关应当依法核准登记企业名称。

超越权限核准的企业名称应当予以纠正。

第五条　工商行政管理机关对企业名称实行分级登记管理。国家工商行政管理总局主管全国企业名称登记管理工作,并负责核准下列企业名称:

(一)冠以“中国”、“中华”、“全国”、“国家”、“国际”等字样的;

(二)在名称中间使用“中国”、“中华”、“全国”、“国家”等字样的;

(三)不含行政区划的。

地方工商行政管理局负责核准前款规定以外的下列企业名称:

(一)冠以同级行政区划的;

(二)符合本办法第十二条的含有同级行政区划的。

国家工商行政管理总局授予外商投资企业核准登记权的工商行政管理局按本办法核准外商投资企业名称。

第二章　企 业 名 称

第六条　企业法人名称中不得含有其他法人的名称,国家工商行政管理总局另有规定的除外。

第七条　企业名称中不得含有另一个企业名称。

企业分支机构名称应当冠以其所从属企业的名称。

第八条　企业名称应当使用符合国家规范的汉字，不得使用汉语拼音字母、阿拉伯数字。

企业名称需译成外文使用的，由企业依据文字翻译原则自行翻译使用，不需报工商行政管理机关核准登记。

第九条　企业名称应当由行政区划、字号、行业、组织形式依次组成，法律、行政法规和本办法另有规定的除外。

第十条　除国务院决定设立的企业外，企业名称不得冠以“中国”、“中华”、“全国”、“国家”、“国际”等字样。

在企业名称中间使用“中国”、“中华”、“全国”、“国家”、“国际”等字样的，该字样应是行业的限定语。

使用外国（地区）出资企业字号的外商独资企业、外方控股的外商投资企业，可以在名称中间使用“（中国）”字样。

第十一条　企业名称中的行政区划是本企业所在地县级以上行政区划的名称或地名。

市辖区的名称不能单独用作企业名称中的行政区划。市辖区名称与市行政区划连用的企业名称，由市工商行政管理局核准。

省、市、县行政区划连用的企业名称，由最高级别行政区的工商行政管理局核准。

第十二条　具备下列条件的企业法人，可以将名称中的行政区划放在字号之后，组织形式之前：

（一）使用控股企业名称中的字号；

（二）该控股企业的名称不含行政区划。

第十三条　经国家工商行政管理总局核准，符合下列条件之一的企业法人，可以使用不含行政区划的企业名称：

（一）国务院批准的；

（二）国家工商行政管理总局登记注册的；

（三）注册资本（或注册资金）不少于5000万元人民币的；

（四）国家工商行政管理总局另有规定的。

第十四条　企业名称中的字号应当由2个以上的字组成。

行政区划不得用作字号，但县以上行政区划的地名具有其他含义的除外。

第十五条　企业名称可以使用自然人投资人的姓名作字号。

第十六条　企业名称中的行业表述应当是反映企业经济活动性质所属国民经济行业或者企业经营特点的用语。

企业名称中行业用语表述的内容应当与企业经营范围一致。

第十七条　企业经济活动性质分别属于国民经济行业不同大类的，应当选择主要经济活动性质所属国民经济行业类别用语表述企业名称中的行业。

第十八条　企业名称中不使用国民经济行业类别用语表述企业所从事行业的，应当符合以下条件：

（一）企业经济活动性质分别属于国民经济行业5个以上大类；

（二）企业注册资本（或注册资金）1亿元以上或者是企业集团的母公司；

（三）与同一工商行政管理机关核准或者登记注册的企业名称中字号不相同。

第十九条　企业为反映其经营特点，可以在名称中的字号之后使用国家（地区）名称或者县级以上行政区划的地名。

上述地名不视为企业名称中的行政区划。

第二十条　企业名称不应当明示或者暗示有超越其经营范围的业务。

第三章　企业名称的登记注册

第二十一条　企业营业执照上只准标明一个企业名称。

第二十二条　设立公司应当申请名称预先核准。

法律、行政法规规定设立企业必须报经审批或者企业经营范围中有法律、行政法规规定必须报经审批项目的，应当在报送审批前办理企业名称预先核准，并以工商行政管理机关核准的企业名称报送审批。

设立其他企业可以申请名称预先核准。

第二十三条　申请企业名称预先核准，应当由全体出资人、合伙人、合作者（以下统称投资人）指定的代表或者委托的代理人，向有名称核准管辖权的工商行政管理机关提交企业名称预先核准申请书。

企业名称预先核准申请书应当载明企业的名称（可以载明备选名称）、住所、注册资本、经营范围、投资人名称或者姓名、投资额和投资比例、授权委托意见（指定的代表或者委托的代理人姓名、权限和期限），并由全体投资人签名盖章。

企业名称预先核准申请书上应当粘贴指定的代表或者委托的代理人身份证复印件。

第二十四条 直接到工商行政管理机关办理企业名称预先核准的,工商行政管理机关应当场对申请预先核准的企业名称作出核准或者驳回的决定。予以核准的,发给《企业名称预先核准通知书》;予以驳回的,发给《企业名称驳回通知书》。

通过邮寄、传真、电子数据交换等方式申请企业名称预先核准的,按照《企业登记程序规定》执行。

第二十五条 申请企业设立登记,已办理企业名称预先核准的,应当提交《企业名称预先核准通知书》。

设立企业名称涉及法律、行政法规规定必须报经审批,未能提交审批文件的,登记机关不得以预先核准的企业名称登记注册。

企业名称预先核准与企业登记注册不在同一工商行政管理机关办理的,登记机关应当自企业登记注册之日起30日内,将有关登记情况送核准企业名称的工商行政管理机关备案。

第二十六条 企业变更名称,应当向其登记机关申请变更登记。

企业申请变更的名称,属登记机关管辖的,由登记机关直接办理变更登记。

企业申请变更的名称,不属登记机关管辖的,按本办法第二十七条的规定办理。

企业名称变更登记核准之日起30日内,企业应当申请办理其分支机构名称的变更登记。

第二十七条 申请企业名称变更登记,企业登记和企业名称核准不在同一工商行政管理机关的,企业登记机关应当对企业拟变更的名称进行初审,并向有名称管辖权的工商行政管理机关报送企业名称变更核准意见书。

企业名称变更核准意见书上应当载明原企业名称、拟变更的企业名称(备选名称)、住所、注册资本、经营范围、投资人名称或者姓名、企业登记机关的审查意见,并加盖公章。有名称管辖权的工商行政管理机关收到企业名称变更核准意见书后,应在5日内作出核准或驳回的决定,核准的,发给《企业名称变更核准通知书》;驳回的,发给《企业名称驳回通知书》。

登记机关应当在核准企业名称变更登记之日起30日内,将有关登记情况送核准企业名称的工商行政管理机关备案。

第二十八条 公司名称预先核准和公司名称变更核准的有效期为6个月,有效期满,核准的名称自动失效。

第二十九条 企业被撤销有关业务经营权,而其名称又表明了该项业务时,企业应当在被撤销该项业务经营权之日起1个月内,向登记机关申请变更企业名称等登记事项。

第三十条 企业办理注销登记或者被吊销营业执照,如其名称是经其他工商行政管理机关核准的,登记机关应当将核准注销登记情况或者行政处罚决定书送核准该企业名称的工商行政管理机关备案。

第三十一条 企业名称有下列情形之一的,不予核准:

(一)与同一工商行政管理机关核准或者登记注册的同行业企业名称字号相同,有投资关系的除外;

(二)与同一工商行政管理机关核准或者登记注册符合本办法第十八条的企业名称字号相同,有投资关系的除外;

(三)与其他企业变更名称未满1年的原名称相同;

(四)与注销登记或者被吊销营业执照未满3年的企业名称相同;

(五)其他违反法律、行政法规的。

第三十二条 工商行政管理机关应当建立企业名称核准登记档案。

第三十三条 《企业名称预先核准通知书》、《企业名称变更核准通知书》、《企业名称驳回通知书》及企业名称核准登记表格式样由国家工商行政管理总局统一制定。

第三十四条 外国(地区)企业名称,依据我国参加的国际公约、协定、条约等有关规定予以保护。

第四章 企业名称的使用

第三十五条 预先核准的企业名称在有效期内,不得用于经营活动,不得转让。

企业变更名称,在其登记机关核准变更登记前,不得使用《企业名称变更核准通知书》上核准变更的企业名称从事经营活动,也不得转让。

第三十六条 企业应当在住所处标明企业名称。

第三十七条 企业的印章、银行账户、信笺所使用的企业名称,应当与其营业执照上的企业名称相同。

第三十八条 法律文书使用企业名称,应当与该企业营业执照上的企业名称相同。

第三十九条 企业使用名称,应当遵循诚实信用的原则。

第五章 监督管理与争议处理

第四十条 各级工商行政管理机关对在本机关管辖地域内从事活动的企业使用企业名称的行为,依法进行监督管理。

第四十一条 已经登记注册的企业名称,在使用中对公众造成欺骗或者误解的,或者损害他人合法权益的,应当认定为不适宜的企业名称予以纠正。

第四十二条 企业因名称与他人发生争议,可以向工商行政管理机关申请处理,也可以向人民法院起诉。

第四十三条 企业请求工商行政管理机关处理名称争议时,应当向核准他人名称的工商行政管理机关提交以下材料:

(一)申请书;

(二)申请人的资格证明;

(三)举证材料;

(四)其他有关材料。

申请书应当由申请人签署并载明申请人和被申请人的情况、名称争议事实及理由、请求事项等内容。

委托代理的,还应当提交委托书和被委托人资格证明。

第四十四条 工商行政管理机关受理企业名称争议后,应当按以下程序在6个月内作出处理:

(一)查证申请人和被申请人企业名称登记注册的情况;

(二)调查核实申请人提交的材料和有关争议的情况;

(三)将有关名称争议情况书面告知被申请人,要求被申请人在1个月内对争议问题提交书面意见;

(四)依据保护工业产权的原则和企业名称登记管理的有关规定作出处理。

第六章 附 则

第四十五条 以下需在工商行政管理机关办理登记的名称,参照《企业名称登记管理规定》和本办法办理:

(一)企业集团的名称,其构成为:行政区划 + 字号 + 行业 +“集团”字样;

(二)其他按规定需在工商行政管理机关办理登记的组织的名称。

第四十六条 企业名称预先核准申请书和企业名称变更核准意见书由国家工商行政管理总局统一制发标准格式文本,各地工商行政管理机关按照标准格式文本印制。

第四十七条 本办法自2004年7月1日起施行。

国家工商行政管理局《关于贯彻〈企业名称登记管理规定〉有关问题的通知》(工商企字〔1991〕第309号)、《关于执行〈企业名称登记管理规定〉有关问题的补充通知》(工商企字〔1992〕第283号)、《关于外商投资企业名称登记管理有关问题的通知》(工商企字〔1993〕第152号)同时废止。

国家工商行政管理总局其他文件中有关企业名称的规定,与《企业名称登记管理规定》和本办法抵触的,同时失效。

国家工商行政管理总局关于对企业名称许可使用有关问题的答复

1. 2002年2月7日

2. 工商企字〔2002〕第33号

湖北省、内蒙古自治区工商行政管理局:

湖北省工商行政管理局《关于企业名称许可使用有关问题的请示》(鄂工商文字〔2001〕36号)、内蒙古自治区工商行政管理局《关于对内蒙古大华食品有限公司以特许加盟名义授权包头市塞尚商贸有限责任公司使用其企业名称如何定性处罚的请示》(内工商外企字〔2001〕248号)收悉。现一并答复如下:

一、关于企业名称许可使用问题,鉴于《中华人民共和国民法通则》将企业名称权列在人身权范畴,我局认为,企业不得许可他人使用自己的企业名称,更不得许可他人使用第三方的企业名称或未经核准登记的企业名称。

二、企业许可他人使用自己的企业名称从事经营活动的行为属于“出租自己的企业名称”。登记机关应依照《企业名称登记管理规定》第二十六条第(三)项规定对许可人予以处罚。

企业许可他人使用未经核准登记的企业名称从事经营活动的行为属于《企业名称登记管理规定》第二十六条第(一)项规定禁止的行为,登记机关应依照上述规定对许可人和被许可人一并予以处罚。

三、《企业名称登记管理规定》第二十六条第(三)项规定“擅自转让或者出租自己的企业名称的,没收非法所得,并处以一千元以上、一万元以下罚款”中所指的企业名称应是登记机关核发的营业执照上的企业名称。

四、企业和个体工商户应当按照登记机关核发的营业执照上的企业名称使用,未按自己营业执照上的名称使用的,登记机关应分别按照《企业名称登记管理规定》以及相应登记法规关于擅自改变登记事项有关规定予以处罚。

五、使用“中国移动通信营业厅”名称,应按照企业名称登记管理有关规定,经登记机关核准登记后方可使用,未经核准登记注册不得使用。

最高人民法院关于审理注册商标、企业名称与在先权利冲突的民事纠纷案件若干问题的规定

1. 2008年2月18日最高人民法院审判委员会第1444次会议通过

2. 2008年2月18日公布

3. 法释〔2008〕3号

4. 自2008年3月1日起施行

为正确审理注册商标、企业名称与在先权利冲突的民事纠纷案件,根据《中华人民共和国民事诉讼法》、《中华人民共和国民法通则》、《中华人民共和国商标法》和《中华人民共和国反不正当竞争法》等法律的规定,结合审判实践,制定本规定。

第一条　原告以他人注册商标使用的文字、图形等侵犯其著作权、外观设计专利权、企业名称权等在先权利为由提起诉讼,符合民事诉讼法第一百零八条规定的,人民法院应当受理。

原告以他人使用在核定商品上的注册商标与其在先的注册商标相同或者近似为由提起诉讼的,人民法院应当根据民事诉讼法第一百一十一条第(三)项的规定,告知原告向有关行政主管机关申请解决。但原告以他人超出核定商品的范围或者以改变显著特征、拆分、组合等方式使用的注册商标,与其注册商标相同或者近似为由提起诉讼的,人民法院应当受理。

第二条　原告以他人企业名称与其在先的企业名称相同或者近似,足以使相关公众对其商品的来源产生混淆,违反反不正当竞争法第五条第(三)项的规定为由提起诉讼,符合民事诉讼法第一百零八条规定的,人民法院应当受理。

第三条　人民法院应当根据原告的诉讼请求和争议民事法律关系的性质,按照民事案件案由规定,确定注册商标或者企业名称与在先权利冲突的民事纠纷案件的案由,并适用相应的法律。

第四条　被诉企业名称侵犯注册商标专用权或者构成不正当竞争的,人民法院可以根据原告的诉讼请求和案件具体情况,确定被告承担停止使用、规范使用等民事责任。

最高人民法院关于对杭州张小泉剪刀厂与上海张小泉刀剪总店、上海张小泉刀剪制造有限公司商标侵权及不正当竞争纠纷一案有关适用法律问题的函

1. 2003年11月4日

2. 〔2003〕民三他字第1号

上海市高级人民法院:

你院《关于杭州张小泉剪刀厂与上海张小泉刀剪总店、上海张小泉刀剪制造有限公司商标侵权及不正当竞争纠纷一案的请示报告》收悉。经研究,对请示中涉及的法律适用问题答复如下:

一、同意你院关于应当依法受理本案的意见。

二、同意你院关于在先取得企业名称权的权利人有权正当使用自己的企业名称,不构成侵犯在后注册商标专用权行为的意见。企业名称权和商标专用权各自有其权利范围,均受法律保护。企业名称经核准登记以后,权利人享有在不侵犯他人合法权益的基础上使用企业名称进行民事活动、在相同行政区划范围内阻止他人登记同一名称、禁止他人假冒企业名称等民事权利。考虑到本案纠纷发生的历史情况和行政法规、规章允许企业使用简化名称以及字号的情况,上海张小泉刀剪总店过去在产品上使用“张小泉”或者“上海张小泉”字样的行为不宜认定侵犯杭州张小泉剪刀厂的合法权益。今后上海张小泉刀剪总店应当在商品、服务上规范使用其经核准登记的企业名称。

三、使用与他人在先注册并驰名的商标文字相同的文字作为企业名称或者名称中部分文字,该企业所属行业(或者经营特点)又与注册商标核定使用的商品或者服务相同或者有紧密联系,客观上可能产生淡化他人

驰名商标,损害商标注册人的合法权益的,人民法院应当根据当事人的请求对这类行为予以制止。从你院请示报告中所陈述的查明事实看,本案“上海张小泉”刀剪总店成立在先且其字号的知名度较高,上海张小泉刀剪制造有限公司系上海张小泉刀剪总店与他人合资设立,且“张小泉”文字无论作为字号还是商标,其品牌知名度和声誉的产生都是有长期的历史原因。因此,请你院根据本案存在的上述事实以及本案被告是否存在其他不正当竞争行为等全案情况,对上海张小泉刀剪制造有限公司使用“张小泉”文字是否构成侵权或者不正当竞争及赔偿等问题,依法自行裁决。

以上意见供参考。

·典型案例·

上海罗芙仙妮化妆品有限公司诉上海市工商行政管理局金山分局工商行政处罚决定案

【裁判摘要】

一、《中华人民共和国反不正当竞争法》第五条规定:“经营者不得采用下列不正当手段从事市场交易,损害竞争对手:……(三)擅自使用他人的企业名称或者姓名,引人误认为是他人的商品……”据此,使用他人企业名称构成不正当竞争的,应当具备以下要素:使用者与被使用者一般存在同业竞争关系;使用行为未征得被使用人的许可,属擅自使用;被使用的企业名称在市场上具有一定的知名度,为相关公众所知悉;使用行为易使相关公众将使用人提供的商品误认为是被使用人的商品。

二、根据最高人民法院《关于审理不正当竞争民事案件应用法律若干问题的解释》第六条第一款的规定,具有一定的市场知名度、为相关公众所知悉的企业名称中的字号,可以认定为反不正当竞争法第五条第(三)项规定的“企业名称”。

三、行为人通过在境外注册登记企业,然后再授权其所控制的境内企业使用境外企业名称的方式,以规避我国对企业注册的审查,从而间接达到其擅自使用国内外知名企业名称或者企业名称中的字号的目的,造成相关公众对商品产生误认的,尽管该行为表面上是使用了行为人自己注册的企业名称或者企业名称中的字号,同样属于《中华人民共和国反不正当竞争法》第五条第(三)项规定的不正当竞争行为,应当依法承担相应的法律责任。

【基本案情】

原告上海罗芙仙妮化妆品有限公司(以下简称罗芙仙妮公司)不服被告上海市工商行政管理局金山分局(以下简称工商金山分局)作出的沪工商金案处字(2008)第280200810005号行政处罚决定具体行政行为(以下简称涉案行政处罚决定),向上海市金山区人民法院提起行政诉讼。因欧莱雅(中国)有限公司(以下简称欧莱雅公司)与本案有利害关系,故依法追加其作为第三人参加诉讼。

原告罗芙仙妮公司诉称:被告工商金山分局认为原告存放在上海复杉生物制品有限公司(以下简称复杉公司)仓库内的“罗芙仙妮”和“碧优泉”系列化妆品涉嫌不正当竞争,予以查扣,并作出涉案行政处罚决定。原告系依法登记的合法企业,产品上使用的系原告在香港合法登记的法国欧莱雅集团有限公司的企业名称和合法注册的“罗芙仙妮”商标等,原告未擅自使用他人的企业名称或商标。涉案行政处罚决定缺乏事实和法律依据,故请求撤销被告作出的涉案行政处罚决定具体行政行为。

被告工商金山分局辩称:原告罗芙仙妮公司之行为属于擅自使用欧莱雅股份有限公司和第三人欧莱雅公司的企业字号,足以导致消费者的误认和混淆,违反了反不正当竞争法的相关规定,应当依法予以处罚。被告所作行政处罚决定合法正确,故请求驳回原告诉讼请求。

第三人欧莱雅公司述称:“欧莱雅 L'OREAL”在中国已成为高知名度的驰名商标,是其知名字号和品牌的核心文字。原告罗芙仙妮公司使用“欧莱雅”字号无合法依据,且使相关公众产生混淆、误认,侵犯了第三人的企业名称权,构成不正当竞争,被告工商金山分局所作具体行政行为正确,请求法院驳回原告之诉讼请求。

【一审争议焦点】

本案一审的争议焦点是:一、被告工商金山分局将原告罗芙仙妮公司认定为涉案行政处罚决定的相对人是否正确;二、被告认定原告的行为构成不正当竞争是否正确。

【一审裁判理由】

上海市金山区人民法院一审认为:

根据反不正当竞争法第三条第二款之规定,被告工商金山分局具有在本行政区域内对不正当竞争行为进行监督检查的行政执法职权。被告基于鼓励和保护公平竞争,制止不正当竞争行为,保护经营者和消费者的合法权益,维护正常的市场竞争的目的,作出涉案行政处罚决定,其执法目的正当。被告在接到举报后,对原告罗芙仙妮公司的涉案化妆品进行了封存和扣留,经过现场检查,并经过调查取证,依法履行了向原告告知行政处罚的事实、理由及依据,告知原告享有陈述、申辩和听证的权利等法定程序,据此作出涉案行政处罚决定的具体行政行为,其执法程序合法。

关于被告工商金山分局将原告罗芙仙妮公司认定为涉案行政处罚决定的相对人是否正确的问题。违法行为人应当成为行政处罚的对象。本案中,涉案化妆品的生产,系由原告委托豪生公司印制包装盒,再由原告提供加工上述化妆品的内外包装及配套材料,委托嘉妮公司定牌生产,销售也由原告以其和法国欧莱雅集团有限公司的名义在各省市征召代理商进行代理销售,货款亦由原告收取。因此,原告是涉案化妆品的生产组织者和销售者,被告以其作为涉案行政处罚决定的相对人并无不当。

关于被告工商金山分局认定原告罗芙仙妮公司的行为构成不正当竞争是否正确的问题。判断该问题必须明确以下几点:1. 被告认定原告使用“欧莱雅”属于“使用他人的企业名称”是否成立。“欧莱雅”商标权和企业名称权属于欧莱雅股份有限公司和第三人欧莱雅公司,第三人成立后,“欧莱雅”又成为其企业字号,并且通过在中国大陆市场的销售行为获得相当的市场占有率和知名度,对此第三人享有“欧莱雅”知名企业名称权。“欧莱雅”作为商标和企业字号均享有相当的市场知名度,成为我国诸多消费者所熟悉的化妆品品牌和企业。“欧莱雅”商标先后被国家商标局列为重点保护商标名录,被认定为驰名商标。“欧莱雅”作为国际品牌的商标,早已受到我国商标法的保护。因此,被告关于原告使用“欧莱雅”属于使用他人企业名称的认定正确。2. 被告认定原告的行为属于“擅自使用他人企业名称”是否成立。原告以“法国欧莱雅集团有限公司”的名义宣传其“罗芙仙妮”系列和“碧优泉”系列化妆品,在其产品上标注该企业名称,但该授权使用应当遵守我国相关法律、法规的规定,不应侵害他人的合法权益。首先,企业法人的名称权属于法人的人身权范畴,按照人身权的一般原理,人身权具有专属性,不得任意授予他人使用;其次,由于知名企业名称的特殊性,擅自使用知名企业名称中的字号可被认定为擅自使用他人的企业名称,这已经为最高人民法院《关于审理不正当竞争民事案件应用法律若干问题的解释》第六条第一款明确规定;再次,该授权系原告关联企业间的授权,表面上似乎是使用香港“法国欧莱雅集团有限公司”的企业名称,但其本质,是通过使用“法国欧莱雅集团有限公司”的企业名称,间接达到使用第三人欧莱雅公司企业名称的目的。在实际使用中,原告还将“OREAL”与“法国欧莱雅集团有限公司”等不规范连用,对此原告不能说明该使用系合法。综上,被告认定原告的行为属于“擅自使用他人企业名称”是正确的。3. 被告认定原告的行为造成消费者对商品的误认和混淆是否成立。原告使用“法国欧莱雅集团有限公司”的企业名称,不但含有第三人企业名称中字号的核心文字,又有第三人投资人所属国名,作为普通消费者,显然难以将原告与欧莱雅股份有限公司和第三人加以区分。除了标注上述企业名称外,原告又在其“碧优泉”系列化妆品的包装容器上标注了“OREAL”标记,该商标与“L'OREAL”注册商标相近;其“碧优泉”商标及波浪形图形,与第三人代理的“碧欧泉”商标一字之差,所标记的波浪图形也相近。再结合原告在其招商手册、网站上以“法国欧莱雅集团有限公司”名义所作宣传,已经足以使消费者产生混淆和误解。被告据此认定原告的行为会导致消费者的误认和混淆是正确的。

综上,被告工商金山分局依据所收集的证据,认定原告罗芙仙妮公司擅自使用他人的企业名称,并足以导致消费者的误认和混淆,违反了反不正当竞争法第五条第(三)项的规定,构成对第三人欧莱雅公司的不正当竞争,具有充足的事实依据和法律根据,并无不当。由于涉案化妆品的案值为 2 760 214 元,根据产品质量法第五十三条的规定,被告作出没收涉案化妆品,并对原告处以罚款 450 000 元的涉案行政处罚决定,并无不当。

【一审裁判结果】

上海市金山区人民法院根据反不正当竞争法第五条第(三)项、第二十一条第一款,产品质量法第五十三条,最高人民法院《关于审理不正当竞争民事案件应用法律若干问题的解释》第六条第一款及《中华人民共和国行政诉讼法》第五十四条第(一)项之规定,于 2008 年 9 月 23 日判决:

维持被告工商金山分局作出的涉案行政处罚决定具体行政行为。

【上诉情况】

罗芙仙妮公司不服一审判决,向上海市第一中级人民法院提起上诉。其主要上诉理由是:罗芙仙妮系列化妆品拥有合法授权,碧优泉系列化妆品标识是上诉人的法定代表人才宝晶向国家商标局申请注册的商标，上诉人不存在擅自使用他人企业名称等行为。被上诉人工商金山分局作出的涉案行政处罚决定没有法律依据，执法程序违法，请求撤销一审判决，撤销涉案行政处罚决定。

被上诉人工商金山分局辩称：上诉人罗芙仙妮公司的法定代表人才宝晶在香港注册的法国欧莱雅集团有限公司实际并不从事生产，设立法国欧莱雅集团有限公司并授权上诉人使用该公司企业名称的实质，是想不正当使用原审第三人欧莱雅公司的企业名称，造成公众对其商品的误解。涉案行政处罚决定正确，请求二审法院维持原判。

原审第三人欧莱雅公司述称：2004 年才宝晶在香港注册法国欧莱雅集团有限公司之时，原审第三人在中国已经具备了相当的知名度，才宝晶注册法国欧莱雅集团有限公司的实质目的就是为了“傍名牌”，其对上诉人罗芙仙妮公司的授权侵犯了原审第三人的企业名称权，涉案行政处罚决定正确，请求维持原判。

【二审争议焦点】

本案二审的争议焦点是：一、被上诉人工商金山分局关于上诉人罗芙仙妮公司的行为会导致消费者对其产品发生误认和混淆的认定是否正确；二、被上诉人关于上诉人的行为属于不正当竞争的认定是否正确。

【二审裁判理由】

上海市第一中级人民法院二审认为：

涉案化妆品品牌“碧优泉”名称与原审第三人欧莱雅公司代理的化妆品品牌“碧欧泉”名称仅一字之差，其上标注的“OREAL”、波浪形图形与原审第三人的“L'OREAL”和波浪形图形商标相近，该文字及图形与上诉人罗芙仙妮公司法定代表人才宝晶向国家商标局申请注册而尚未获准的商标并不相同，且涉案产品包装上还标有包含原审第三人企业字号“欧莱雅”、原审第三人投资者所属国“法国”等字样在内的“法国欧莱雅集团有限公司”字样。鉴于“欧莱雅”的知名度，结合上述多重因素，普通消费者很难将涉案化妆品与原审第三人代理的产品加以区分，被上诉人工商金山分局据此认定上诉人的行为会导致消费者对其产品的误认和混淆是正确的。

上诉人罗芙仙妮公司认为法国欧莱雅集团有限公司和原审第三人欧莱雅公司是不同的企业，生产销售不同品牌的化妆品，上诉人不存在不正当竞争行为。对此法院认为，企业生产经营中应当遵循诚实信用、公平竞争的原则。上诉人在委托生产、销售“罗芙仙妮”系列化妆品和“碧优泉”系列化妆品的过程中，在上述产品的外包装以及宣传中突出使用“法国”、“欧莱雅”等字样，在招商手册中称涉案产品为“来自法国的顶级品牌”，又将与大众消费者所熟悉的“L'OREAL”标识相似的“OREAL”图形商标等在涉案化妆品上联合标注，而同时在涉案化妆品的包装上均未标注实际权利人或生产企业，在宣传中也从未就此予以特别的说明。同时，法国欧莱雅集团有限公司由上诉人法定代表人才宝晶于 2004 年 5 月 27 日在香港注册成立，2004 年 9 月 14 日罗芙仙妮公司成立，同月 17 日法国欧莱雅集团有限公司即对罗芙仙妮公司授权使用其企业名称、公章等；2006 年 12 月才宝晶通过股权转让成为复杉公司的唯一股东和法定代表人后，罗芙仙妮公司又委托复杉公司加工生产涉案化妆品。纵观上述事实，结合才宝晶关于“法国欧莱雅集团有限公司不从事实际生产经营活动，仅为罗芙仙妮品牌产品授权而注册”的陈述，可以认定法国欧莱雅集团有限公司在香港的注册成立，系为了规避我国法律关于企业注册审查的规定，进而达到使用他人企业名称的不正当目的，同时可以认定上诉人实施了擅自使用原审第三人欧莱雅公司企业名称的行为，造成消费者将上诉人商品误认为原审第三人产品，属于不正当竞争行为。上诉人关于其行为不构成不正当竞争的上诉理由不能成立。

根据反不正当竞争法第二十一条第一款的规定，经营者假冒他人的注册商标、擅自使用他人的企业名称或姓名，伪造或者冒用质量标志，对商品质量作引人误解的虚假表示的，依照《中华人民共和国商标法》和产品质量法的规定处罚。上诉人罗芙仙妮公司生产、销售的“罗芙仙妮”系列化妆品上标有“法国”、“欧莱雅”字样，而“欧莱雅”是原审第三人欧莱雅公司企业名称中的字号，同时作为国际品牌的商标也已成为我国重点保护的商标和驰名商标；上诉人生产、销售的“碧优泉”系列化妆品上有容易与欧莱雅公司代理的“碧欧泉”化妆品发生混淆和误认的品牌、商标标识；上诉人在公司招商手册中声称其品牌是“来自法国的顶级品牌”，故意作引人误解的表示。基于上述事实，被上诉人工商金山分局根据产品质量法第五十三条的规定，作出涉案行政处罚决定是正确的，应予维持。

【二审裁判结果】

上海市第一中级人民法院依照《中华人民共和国行政诉讼法》第六十一条第（一）项之规定，于 2008 年 12 月 19 日判决：

驳回上诉，维持原判。

本判决为终审判决。

8. 侵权认定与行政执法

(1)商标侵权认定

国家工商行政管理局关于个人合伙企业商标使用问题的批复

1. 1995年2月28日
2. 工商标字〔1995〕31号

河南省工商行政管理局:

你局《关于李风志退伙后仍使用原合伙组织的商标是否构成侵权问题的请示》(豫工商字〔1994〕第224号)收悉。现批复如下:

根据你局请示中所述,使用在灭蚊片商品上的"豫光"商标,系由温县金香卫生制品厂注册的,注册人依法享有该商标专用权,其它单位或个人不得未经许可擅自使用。《中华人民共和国民法通则》第二章第五节第三十二条规定:"合伙经营积累的财产,归合伙人共有。"温县金香卫生制品厂作为个人合伙企业,其合作期间注册的"豫光"商标,应为合伙人所共有,以商标注册人的名义使用,不得由其中某一个合伙人单独使用,更不得以其个人名义与他人或其它企业共同使用,否则即构成商标侵权行为。

国家工商行政管理局商标局关于印刷体注册商标使用事宜的批复

1. 1994年11月15日
2. 商标管〔1994〕234号

广州市工商行政管理局:

你局工商函字〔1994〕270号文收悉,现批复如下:

一、印刷体注册商标使用非印刷体,可不作为《商标法》第三十条第(1)项所述的行为,法律不予禁止。

二、由于汉字的真草隶篆字体很多,特别是有人利用不规范的字体,故意模仿他人注册商标字体与字形,应予禁止。如果在同一种或类似商品上与他人注册商标产生相同近似的,应按照商标侵权严肃查处。

三、在商标管理环节中,判定他人商标与其注册商标的相同或近似,仍以其核准注册的印刷体商标为准。

四、为了加强商标管理,应告诫企业使用中最好不要改变其注册商标的原样。如确需使用其他字体与字形的,最好申请注册,以免发生不必要的纠纷。

此复

国家工商行政管理局商标局对淮南市印刷厂商标侵权行为定性问题的批复

1. 1994年12月1日
2. 商标管〔1994〕251号

安徽省工商行政管理局:

你省淮南市工商行政管理局《关于安徽省淮南市印刷厂商标侵权行为性质认定的请示》,淮工商商字〔94〕第125号收悉。现批复如下:

使用在扑克牌商品上的"小天使骑自行车"图形商标是国营泰县人民印刷厂(江苏)于1994年7月14日在我局注册的(注册号:649983)。

根据来函及所附实物材料中反映的情况,淮南市印刷厂(安徽)从1981年开始生产和销售"蜻蜓"牌扑克。从1991年起,该厂仿制一种进口扑克的包装及装潢(装潢中含有"车"图形)进行生产。1993年7月14日,泰县人民印刷厂将上述装潢中的"小天使骑车"图形予以注册,淮南市印刷厂在不知的情况下继续生产,在其生产的"蜻蜓"牌扑克上使用上述图形。

我局认为:淮南市印刷厂的上述行为不属于假冒注册商标行为,而属于《商标法实施细则》第四十一条第(2)项所指行为。请你局指导淮南市工商行政管理局依法处理,并将处理结果及时报我局。

国家工商行政管理局商标局对利用旧玻璃容器灌装饮料进行销售是否构成商标侵权行为的请示的批复

1. 1995年10月19日
2. 商标管〔1995〕373号

江苏省工商行政管理局:

你局《关于利用他人带有注册商标图样的饮料瓶加

贴自己的标识后重新灌装饮料进行销售是否构成商标侵权行为的请示》(苏工商〔1995〕194 号)收悉。现批复如下:

对尚有利用价值而又缀附无法消除的商标图样的各类玻璃制饮料容器,他人将其收购后灌装自己生产的饮料出售,应当将该商标图样全部覆盖。没有覆盖他人注册商标的,或者覆盖后商标图样主体部分仍然显露的,属于《商标法》第三十八条第(4)项所述的商标侵权行为,应予以制止。

国家工商行政管理局商标局
关于冒充注册商标问题的批复

1. 1997年6月16日

2. 商标案〔1997〕246号

江苏省工商行政管理局:

你局《关于南通荣祥制衣有限公司是否构成冒充注册商标行为的请示》(苏工商标〔1997〕91 号)收悉,现批复如下:

根据《商标法实施细则》第二十六条的规定,R 是注册标记。在未注册商标图样周围使用 K 符号,与 R 标记近似,易使人误认为该商标是注册商标,属于冒充注册商标行为。

国家工商行政管理局商标局
关于提请确认商标侵权问题的复函

1. 1997年8月21日

2. 商标函〔1997〕31号

海关总署监管司:

你司8月1日《关于提请确认商标侵权问题的函》收悉。经研究,现函复如下:

根据《中华人民共和国商标法》第四条及其实施细则第二十九条第二款规定,在生产、制造、加工、拣选或者经销商品过程中,商标的使用包括将商标用于商品、商品包装或者容器以及商品交易文书上,或者将商标用于广告宣传、展览以及其他业务活动。

对非商标注册人或非其授权的其他人提供的商品,无论该商品本身是否使用商标,只要该商品属于商标注册人注册商标的保护范围,他人为了逃避海关监管,在合同、发票、贸易单证等该商品交易文书上擅自使用商标注册人商标的行为,构成商标侵权行为。

国家工商行政管理局商标局
关于"三株菌+中草药"文字
是否构成商标侵权的批复

1. 1997年10月16日

2. 商标案〔1997〕505号

江苏省工商行政管理局:

你局9月26日《关于在产品包装上使用"三株菌+中草药"文字是否构成商标侵权的请示》(苏工商标〔1997〕177号)收悉。现批复如下:

经查,使用在商品国际分类第5类药品、医用营养物品等商品上的"三株"及图形商标,已由济南三株药业有限公司在我局注册,注册号为第832040号,刊登在第540期《商标公告》上,其商标专用权受法律保护。

根据你局来函及提供的材料,江苏天宝药业有限公司在第5类口服液商品包装上使用的"三株菌+中草药"文字,既不是商标,又不是商品名称,而是对该商品成份进行说明的文字。因此,不构成侵犯"三株"及图形注册商标专用权的行为。

国家工商行政管理局商标局
关于在组装的摩托车发动机上
使用他人注册商标问题的批复

1. 1997年11月6日

2. 商标案〔1997〕548号

重庆市工商行政管理局:

你局9月23日《关于重庆中意摩托车有限公司生产销售的摩托车发动机是否构成商标侵权的请示》(重工商发〔1997〕20号)收悉。现批复如下:

使用在商标注册用商品国际分类第12类摩托车及摩托车配件上的"JD"、"JL"和"JIALING"商标,是中国嘉陵工业股份有限公司(集团)的注册商标,注册号分别为第870214号、第716448号和717731号,分别刊登在第559期、第472期和第473期《商标公告》上,上述注册商标专用权应受法律保护。

生产者将带有他人注册商标的汽缸头叶片等零部用于组装摩托车发动机时，如果零部上的商标使用形式不会使消费者对发动机成品的产源产生误认，则发动机生产者上述行为属于正常使用商标的行为。

根据你局来函及所附材料，重庆中意摩托车有限公司在其组装的发动机边盖上使用“JIALING”商标的行为（第三种商标使用情况），构成商标侵权行为。该公司在发动机汽缸头叶片上使用“JD”、“JL”的行为（第一种、第二种商标使用情况），不构成商标侵权行为。

国家工商行政管理总局商标局
关于冒充注册商标管辖权问题的批复

2004年6月8日

福建省工商行政管理局：

你局2004年4月16日《关于对冒充注册商标案件管辖权的请示》（闽工商标〔2004〕121号）收悉。现批复如下：

根据《商标法》第四十八条的规定，有冒充注册商标行为的，由地方工商行政管理部门予以制止，限期改正，并可以予以通报或者处以罚款。《行政处罚法》第二十条规定：“行政处罚由违法行为发生地的县级以上地方人民政府具有行政处罚权的行政机关管辖。法律、行政法规另有规定的除外。”

根据上述法律规定，对于冒充注册商标的行为，违法行为发生地的工商行政管理部门均享有管辖权。鉴于此案的特殊情况，由行为人所在地的工商行政管理部门立案处理，则更有利于从根本上规范企业的商标使用行为。

国家工商行政管理总局商标局
关于假冒注册商标商品及标识鉴定
有关问题的批复

2005年11月14日

浙江省工商行政管理局：

你局《关于查处商标侵权违法案件中商标注册人鉴定商品效力问题的请示》（浙工商标〔2005〕36号）收悉。经研究，现批复如下：

在查处商标违法行为过程中，工商行政管理机关可以委托商标注册人对涉嫌假冒注册商标商品及商标标识进行鉴定，出具书面鉴定意见，并承担相应的法律责任。被鉴定者无相反证据推翻该鉴定结论的，工商行政管理机关将该鉴定结论作为证据予以采纳。

(2)商标行政执法

工商行政管理机关
查处商标违法案件监控规定

1997年8月1日国家工商行政管理总局发布

第一条　为及时掌握和协调商标办案工作情况,加强对商标办案工作的指导和监督,提高商标办案工作质量,根据《工商行政管理机关行政处罚程序暂行规定》第三条第(六)项制定本规定。

第二条　工商行政管理机关立案查处的商标违法案件,均适用本规定。

第三条　商标违法案件监控,应当坚持依法、公正、效率的原则。

第四条　下列案件应当自立案之日起,案件调查终结之前,由承办案件的工商行政管理机关(以下简称办案机关)直接向国家工商行政管理局商标局(以下简称商标局)报告:

(一)非法经营额在100万元以上的商标违法案件;

(二)非法经营额在50万元以上的涉外商标违法案件;

(三)非法经营额在50万元以上的涉及驰名商标的案件;

(四)跨省区重大复杂的商标违法案件;

(五)商标局交办、批复或者认为需要报告的商标违法案件。

办案机关向商标局报告案件,应当同时抄报其所属的上级工商行政管理机关。

第五条　办案机关在报告案件时,应当填写商标违法案件报告表,经局长审签后,连同有关材料一并上报。

第六条　办案机关报告案件,应当同时报送下列材料:

(一)案件情况的简要说明;

(二)立案报告表(复印件);

(三)案件涉及的主要证据(实物或者影印);

(四)其他有关材料。

第七条　办案机关就所报告的案件中的疑难问题,需要向商标局咨询或者请求商标局协调的,可以在上报材料中一并提出。

第八条　已报告的案件,办案机关在案件调查过程中发现有其他需要报告的情形的,应当及时将有关材料补送商标局;商标局认为需要补送有关材料的,可以要求办案机关补送。

第九条　商标局自收到办案机关齐备的报告材料之日起一个月内,填写商标违法案件报告收存通知书告知办案机关。

第十条　商标局发现报告的案件有违反法律、法规和规章规定或者其他情形的,可以在商标违法案件报告收存通知书中提出意见。

商标局对办案机关就报告的案件所提出的疑难问题,按照有关规定另行办理。

第十一条　报告期间,不停止查处商标违法案件程序的进行,但办案机关认为有必要的除外。

第十二条　办案机关在查处商标违法案件时,应当依照《中华人民共和国商标法》、《中华人民共和国商标法实施细则》和《工商行政管理机关行政处罚程序暂行规定》等法律、法规和规章执行,同时应当考虑商标局的意见。

商标局的意见作为对案件实施事中监督的指导意见,不对案件发生直接法律效力。

第十三条　已报告的商标违法案件,办案机关应当自作出行政处罚决定之日起5日内,将处罚决定书报送商标局。

第十四条　凡符合《工商行政管理机关查处违法案件审批规定》中审批要求的案件,办案机关应当按有关程序另行报国家工商行政管理局审批。

第十五条　凡符合《工商行政管理机关行政处罚程序暂行规定》中备案要求的案件,办案机关应当按有关程序另行报国家工商行政管理局备案。

第十六条　本规定自公布之日起执行。

国家工商行政管理局关于商标侵权案件
涉及异议、争议等程序问题的处理意见

1. 1996年3月25日
2. 工商标字〔1996〕80号

各省、自治区、直辖市及计划单列市工商行政管理局:

随着社会主义市场经济的发展和全社会商标意识的增强,商标侵权纠纷也日趋复杂,在商标案件查处过程中,涉及异议、争议等程序的情况时有发生,一些地

方工商行政管理机关也曾就此类案件的处理问题向我局请示。为有效制止商标侵权,切实保护商标注册人的合法权益,及时处理和解决商标纠纷,现就此类案件的处理提出如下意见:

一、被投诉人使用的商标已经向我局商标局提出注册申请但尚未获准注册(包括处于异议期)的,工商行政管理机关如认为该商标与投诉人注册商标近似,构成侵权的,有权立案查处。

二、被投诉人在被查处过程中以注册不当为由向商标评审委员会请求裁定撤销投诉人注册商标的,工商行政管理机关可以中止处理,但被投诉人应当提供相应的经济担保。

三、投诉人对被投诉人的注册商标提出争议同时又请求工商行政管理机关查处商标侵权行为的,工商行政管理机关不予立案。

国家工商行政管理总局关于侵权商品有关问题的批复

1. 2003年8月8日

2. 工商标字〔2003〕第99号

福建省工商行政管理局:

你局《关于制造侵权商品的原辅材料和商标标识如何处理的请示》(闽工商标〔2003〕156号)收悉。经研究,现批复如下:

在查处商标侵权案件过程中,侵犯他人商标专用权的商标标识和现场查封的仅用于制造侵权商品的原辅材料属于《商标法》第五十三条中所述的侵权商品。

国家工商行政管理总局关于适用《商标法》第五十三条有关问题的批复

1. 2006年9月15日

2. 工商标字〔2006〕174号

云南省工商行政管理局:

你局2006年6月19日《关于〈商标法〉有关条款适用的请示》(云工商法发〔2006〕15号)收悉。经研究,现批复如下:

《商标法》第五十三条中有关行政处罚及侵权物品处理的规定,既适用于当事人请求工商行政管理部门处理的案件,也适用于工商行政管理部门依职权主动查处的案件。

国家工商行政管理局商标局关于鉴定使用注册商标的商品真伪问题的批复

1997年10月5日

浙江省工商行政管理局:

你局9月12日《关于应以商标注册人的鉴定作为假冒他人注册商标商品认定的最终依据的请示》(浙工商标〔1997〕47号)收悉。经研究,现批复如下:

使用注册商标的商品真伪,应由该注册商标的合法使用人或者法定检验机构鉴定。在双方鉴定结论不一致的情况下,如果注册商标合法使用人能提供有效证据证明其结论是真实合法的,则应以注册商标合法使用人的鉴定结论为准。

国家工商行政管理总局商标局关于当事人协商解决后如何追究侵权人行政法律责任的批复

1. 2004年4月15日

2. 商标案字〔2004〕第111号

吉林省工商行政管理局:

你局2004年2月13日《关于已经立案但尚未作出行政处理决定的商标侵权案件,投诉人申请撤诉的,工商行政管理机关可否根据实际情况依法追究侵权人行政法律责任的请示》(吉工商标字〔2004〕21号)收悉。经研究,现批复如下:

根据《商标法》和《行政处罚法》的有关规定,对工商行政管理机关已经立案但尚未作出行政处理决定的商标侵权案件,当事人协商解决后商标注册人或者利害关系人申请撤诉的,工商行政管理机关可以根据侵权行为是否侵害社会公众利益和消费者权益以及情节轻重等具体情况依法追究侵权人的行政法律责任。侵权人主动减轻或者消除违法行为危害后果的,应当从轻处罚或者不予行政处罚。

国家工商行政管理总局商标局关于查处商标侵权行为中涉及被异议商标有关问题的批复

1. 2005年4月26日
2. 商标综字〔2005〕第76号

广东省工商行政管理局：

你局2004年7月12日《关于如何处理在初审公告商标的异议期间被他人提出侵权诉讼情况的请示》（粤工商标字〔2004〕418号）收悉。经研究，现批复如下：

根据《商标法》和《商标法实施条例》的有关规定，当事人实际使用的商标由我局初步审定予以公告后被他人提出异议的，县级以上工商行政管理部门在我局异议裁定期间如果认为该商标涉嫌侵犯他人的注册商标专用权，有权依法查处。

另查，本案中被投诉商标与投诉人的注册商标基本相同，所使用的服务项目也相同或类似，但被投诉人申请注册的日期早于投诉人申请注册的日期。因此，处理机关可以考虑中止处理程序。

·典型案例·

苏州鼎盛食品公司不服苏州市工商局商标侵权行政处罚案

【裁判摘要】

判断商品上的标识是否属于商标性使用时，必须根据该标识的具体使用方式，看其是否具有识别商品或服务来源之功能；侵犯注册商标专用权意义上商标近似应当是混淆性近似，是否造成市场混淆是判断商标近似的重要因素之一。其中，是否造成市场混淆，通常情况下，不仅包括现实的混淆，也包括混淆的可能性；工商行政机关依法对行政相对人的商标侵权行为实施行政处罚时，应遵循过罚相当原则，综合考虑处罚相对人的主观过错程度、违法行为的情节、性质、后果及危害程度等因素行使自由裁量权。工商行政机关如果未考虑上述应当考虑的因素，违背过罚相当原则，导致行政处罚结果显失公正的，人民法院有权依法判决变更。

【基本案情】

原告苏州鼎盛食品有限公司（以下简称鼎盛公司）因不服被告江苏省苏州工商行政管理局（以下简称苏州工商局）工商行政处罚，向苏州市中级人民法院提起诉讼。

原告鼎盛公司诉称：（1）被告苏州工商局作出的行政处罚决定书认定事实错误。鼎盛公司在产品包装上使用"乐活 LOHAS"并未作为商标使用，而是作为商品的名称以及对该词汇本意的使用。（2）行政处罚决定书认定鼎盛公司在产品包装上使用"乐活 LOHAS"构成侵权不符合我国商标法的规定。"乐活 LOHAS"是社会通用词汇，鼎盛公司合理使用他人注册商标的行为不会产生误导公众的后果，不应属于商标法规定的侵权行为。故请求法院依法撤销苏工商案字(2010)第00053号行政处罚决定书并由苏州工商局承担本案的诉讼费用。

被告苏州工商局辩称：其对原告鼎盛公司的处罚认定事实清楚、正确；其认定鼎盛公司的行为属于商标侵权行为符合法律规定。故请求法院驳回鼎盛公司的诉讼请求。

第三人东华公司述称：涉案行政处罚决定书所述事实清楚，证据确凿，适用法律正确，处罚得当，请求法院驳回原告鼎盛公司的诉讼请求。

【一审裁判理由】

苏州市中级人民法院一审认为：

原告鼎盛公司对涉案标识的使用构成商标意义上的使用，与"乐活 LOHAS"注册商标相比，两者构成近似。本案是否构成商标侵权的争议主要在于应否考虑混淆，但若他人使用标志的行为使这种联系受到削弱或影响，从而对商标权人使用注册商标产生实质性妨碍的，则无需考虑是否混淆。本案中，爱维尔品牌在特定区域范围内具有相对较强的知名度，鼎盛公司在该区域大量使用涉案标识会使相关公众在"乐活 LOHAS"与"I Will 爱维尔"之间建立起某种关联，从而客观导致东华公司与其注册的"乐活 LOHAS"商标的联系被割裂。故鼎盛公司使用"乐活 LOHAS"的行为构成对东华公司注册商标专用权的侵害。

至于原告鼎盛公司诉讼中提及的被告苏州工商局多次听证违反《行政处罚法》相关规定的问题。苏州工商局在涉案行政处罚过程中根据认定事实和实体判断出现变更的实际情况而再次组织听证的行为并不违反相关法律的禁止性规定，故鼎盛公司据此主张行政处罚程序瑕疵并无法律依据。

综上,被告苏州工商局作出的苏工商案字(2010)第00053号行政处罚决定认定事实基本清楚,适用法律正确,原告鼎盛公司要求撤销该处罚决定的诉讼请求缺乏事实和法律依据,不予支持。

【一审裁判结果】

苏州市中级人民法院依照最高人民法院《关于执行〈中华人民共和国行政诉讼法〉若干问题的解释》第五十六条第(四)项之规定,于2011年7月20日作出判决:

驳回原告鼎盛公司的诉讼请求。

【上诉情况】

鼎盛公司不服一审判决,向江苏省高级人民法院提起上诉。主要理由是:一审判决认定事实部分错误。鼎盛公司在月饼系列商品上使用"乐活LOHAS"是将其作为商品款式名称使用。一审法院认为鼎盛公司使用"乐活LOHAS"系商标意义上的使用缺乏法律和事实依据。对于相关公众是否误认的问题,一审法院排除是否导致相关公众混淆这一重要事实,于法无据,依法不能成立。"乐活LOHAS"注册商标来源于社会流行词语,其显著性较弱,他人有合理使用的权利。故一审判决认定事实有误,适用法律错误,请求二审法院依法改判,撤销苏工商案字(2010)第00053号行政处罚决定。

被上诉人苏州工商局答辩称:一审判决认定事实清楚、正确,鼎盛公司的上诉请求错误,应予驳回。

被上诉人东华公司庭审口头述称:一审判决认定事实清楚、证据确凿、适用法律正确、程序合法,请求二审法院依法驳回上诉,维持原判。

【二审争议焦点】

本案二审的争议焦点为:被上诉人苏州工商局作出的苏工商案字(2010)第00053号行政处罚决定是否合法。

【二审裁判理由】

江苏省高级人民法院二审认为:

上诉人鼎盛公司对"I will 爱维尔"与"乐活LOHAS"连用标识的使用系商标性使用,该标识与东华公司"乐活LOHAS"注册商标构成近似,其行为侵害了东华公司注册商标专用权。被上诉人苏州工商局认定鼎盛公司的行为侵犯注册商标专用权,并作出责令停止侵权行为的行政处罚正确,但其作出罚款50万元的行政处罚显失公正。具体理由是:

(一)上诉人鼎盛公司使用"I will 爱维尔"与"乐活LOHAS"连用的标识系商标性使用

商标是商品生产经营者或服务提供者为使自己的商品或服务区别于他人而使用的一种标识,其应当具有显著性和区别的功能。在判断商品上的标识是否属于商标性使用时,必须根据该标识的具体使用方式,看其是否具有识别商品或服务来源之功能。

本案中,上诉人鼎盛公司在2009年中秋月饼的推销活动中,将其生产销售的月饼划分为"秋爽"、"美满"、"星月"、"和谐"以及涉案"乐活"等总计23个款式,虽然鼎盛公司认为"乐活LOHAS"只是作为其月饼款式中一款的商品名称使用,但根据其在月饼包装上的标注情况,"I will 爱维尔"与"乐活LOHAS"连用的标识使用方式属于商标性使用。首先,鼎盛公司并未在其月饼包装上规范且以显著方式突出使用自己的"爱维尔"系列注册商标;其次,在"I will 爱维尔"与"乐活LOHAS"连用的标识中,"乐活LOHAS"与"I will 爱维尔"连用,融为一体,鼎盛公司并未突出其自有商标"I will 爱维尔",相反却突出了"乐活LOHAS",标识性效果明显。因此,从涉案"I will 爱维尔"与"乐活LOHAS"连用标识的实际使用情况来看,无法看出"乐活LOHAS"的使用方式属于其注册商标或"I will 爱维尔"商标项下的一种款式名称,"乐活LOHAS"与"I will 爱维尔"连用后作为一个整体标识,起到区别商品来源的功能,属于商标性使用。

(二)上诉人鼎盛公司使用的"I will 爱维尔"与"乐活LOHAS"连用的标识与东华公司的"乐活LOHAS"注册商标构成近似,其行为侵害了被上诉人东华公司注册商标专用权

我国《商标法》第五十二条第(一)项规定,未经商标注册人的许可,在同一种商品或者类似商品上使用与其注册商标相同或近似的商标,属于侵犯注册商标专用权的行为。本案中,上诉人鼎盛公司使用诉争标识的商品月饼与被上诉人东华公司注册商标核定使用的糕点等商品属于类似商品,且两商标并不相同,对此各方当事人并无争议,因此,判断鼎盛公司的行为是否构成商标侵权的关键在于,鼎盛公司使用的诉争标识与东华公司"乐活LOHAS"注册商标是否构成近似。

虽然我国商标法对商标近似的判断未作具体规定,但在司法实践中,一般认为商标近似是指被控侵权的商标与注册商标相比较,其文字的字形、读音、含义或者图形的构图及颜色,或者其各要素组合后的整体结构相似,或者其立体形状、颜色组合近似,易使相关公众对商品的

来源产生误认或者认为其来源与注册商标的商品有特定的联系。亦即,侵犯注册商标专用权意义上的商标近似应当是混淆性近似,是否造成市场混淆是判断商标近似的重要因素之一。其中,是否造成市场混淆,通常情况下,不仅包括现实的混淆,也包括混淆的可能性。具体判断商标是否近似时,应掌握的原则:一是以相关公众的一般注意力为标准;二是既要对商标进行整体比对,又要对商标的主要部分进行比对,且比对应当在比对对象隔离的状态下分别进行;三是应当考虑请求保护注册商标的显著性和知名度。本案中,上诉人鼎盛公司使用的诉争标识与被上诉人东华公司的"乐活 LOHAS"注册商标相比,应当认定构成近似商标。理由是:

首先,从整体对比来看,上诉人鼎盛公司使用的"I will 爱维尔"与"乐活 LOHAS"连用标识中,"乐活 LOHAS"在整体结构中较为突出,占主要部分,且该部分的中英文字的字形、读音及含义与东华公司"乐活 LOHAS"注册商标完全相同,其构成要素非常接近,易使相关公众对商品的来源产生误认。

其次,从"乐活 LOHAS"注册商标的显著性和知名度考虑,两商标易造成市场相关公众的混淆和误认:

其一,"乐活族"一词虽然被《中国语言生活状况报告(2006)》所收录,但作为 2006 年度才出现的新词语,只能说明该词语在 2006 年这一时段因一定使用频率及流行度而被收录,并不代表该词语在当时已经达到通用词汇的程度,更不能以该词汇在本案进入诉讼阶段后的流行度来反推在2009 年"乐活 LOHAS"商标被核准注册时,已经成为社会通用词汇。目前,"乐活 LOHAS"作为注册商标并未被撤销,也说明"乐活"一词虽具有一定含义,但该词汇在核准注册时因尚未达到通用词汇的程度,具有一定的显著性。因此,应认定鼎盛公司使用的诉争标识起到的是商标标识性作用,而非是对商品进行的一种描述,一般消费者看到"I will 爱维尔"与"乐活 LOHAS"连用的标识时,并不会将其理解为"我愿意健康生活"这一含义。上诉人鼎盛公司认为"乐活 LOHAS"作为社会通用词汇,其是根据该词的本义使用,属于合理使用的主张不能成立。

其二,"乐活 LOHAS"商标于 2009 年 7 月核准注册。虽然在被上诉人苏州工商局 2009 年 9 月查处、2010 年 6 月作出行政处罚决定时,"乐活 LOHAS"注册商标因尚未实际使用而不存在市场知名度,且在本案二审诉讼期间该注册商标仍未使用,但由于"乐活 LOHAS"商标刚被核准注册,上诉人鼎盛公司的使用行为即被工商行政机关查处,因此,本案对是否造成两者混淆的侵权判断应当以行政机关查处的时间为判断基准。在没有证据证明被上诉人东华公司注册"乐活 LOHAS"商标的行为存在恶意抢注的主观故意时,需要为尚未使用注册商标的商标权人预留一定的保护空间,此时关于混淆的判断,应当更多地考虑混淆的可能性,而非是否产生了实际混淆。司法实践中,近似商标侵权判定以实际混淆作为判断标准的,通常需要有被控侵权商标经长期善意使用,两个商标已形成善意共存状态等特殊历史因素存在,而本案中不存在上述特殊历史因素。虽然鼎盛公司在涉案商标核准注册之前即已使用"乐活 LOHAS"字样进行相应包装设计和委托生产,但由于该使用时间很短暂,不足一个月,并未形成两商标因长期使用而善意共存的状况。如果一味以涉案注册商标未实际使用,不会造成实际混淆作为侵权判断标准,则有可能对商标注册制度造成不应有的冲击,不利于注册商标专用权的保护。

(三)被上诉人苏州工商局作出的行政处罚显失公正

行政处罚显失公正一般是指行政处罚虽然在形式上不违法,但处罚结果明显不公正,损害了公民、法人或者其他组织的合法权益。我国《行政处罚法》第四条第二款规定,实施行政处罚必须以事实为依据,与违法行为的事实、性质、情节以及社会危害程度相当。因此,行政主体在实施行政处罚时,应当遵循该条规定的"过罚相当原则"。如果行政机关作出的行政处罚明显违背"过罚相当原则",使行政处罚结果与违法程度不相适应,则应当认定属于行政处罚显失公正。

我国《商标法》第五十三条规定,工商行政管理部门在处理侵犯注册商标专用权纠纷时,认定侵权行为成立的,责令立即停止侵权行为,并可处以罚款。对该条款的正确理解应当是工商行政机关对商标侵权行为作出行政处罚时,在责令立即停止侵权行为的同时,可以对是否并处罚款作出选择。因此,工商行政机关在行使该自由裁量权时,应当根据《行政处罚法》第四条第二款确立的"过罚相当原则",综合考虑处罚相对人的主观过错程度、违法行为的情节、性质、后果及危害程度等因素,决定是否对相对人并处罚款。本案中,上诉人鼎盛公司使用的诉争标识与被上诉人东华公司的"乐活 LOHAS"注册商标构成近似商标,其行为构成商标侵权,苏州工商局作为查处侵犯注册商标专用权行为的行政机关,有权依据我国商标法对其违法行为予以查处并作出处罚,但其在责令鼎盛公司停止侵权行为的同时并处50万元罚款,并未考虑以下应当考虑的因素:

第一,在"乐活LOHAS"注册商标核准之前,上诉人鼎盛公司就进行了相应的包装设计并委托生产,鼎盛公司不存在攀附被上诉人东华公司注册商标声誉的主观恶意。

第二,"乐活LOHAS"商标于2009年7月核准注册,被上诉人苏州工商局对上诉人鼎盛公司的侵权行为于2009年9月查处、2010年6月作出行政处罚决定。因鼎盛公司的侵权时间非常短暂,且涉案注册商标尚未实际使用,故鼎盛公司的侵权行为对商标权人东华公司并未造成实际损害后果。

第三,从"I will 爱维尔"与"乐活LOHAS"连用的标识使用情况来看,上诉人鼎盛公司仅是在2009年中秋月饼的促销活动中使用该标识,且作为该年度中秋23款系列月饼中的一款,鼎盛公司并未对使用该标识的月饼进行专门、广泛、大量的宣传,其对商品的销售模式也仅限于其专卖店销售或直接推销。加之"乐活LOHAS"注册商标因未使用不存在市场知名度,尚未造成市场中相关公众实际的混淆和误认,故其侵权行为和情节显著轻微。

基于以上因素,被上诉人苏州工商局在对上诉人鼎盛公司进行行政处罚时,责令其停止侵权行为即足以达到保护注册商标专用权以及保障消费者和相关公众利益的行政执法目的,但苏州工商局未考虑鼎盛公司上述主观上无过错,侵权性质、行为和情节显著轻微,尚未造成实际危害后果等因素,同时对鼎盛公司并处50万元罚款,使行政处罚的结果与违法行为的社会危害程度之间明显不适当,其行政处罚缺乏妥当性和必要性,应当认定属于显失公正的行政处罚。

关于上诉人鼎盛公司认为被上诉人苏州工商局多次听证违反《行政处罚法》的相关规定,属于程序违法的问题。二审法院认为,我国行政处罚法规定听证程序,但对听证的次数没有作出明确规定,因此苏州工商局多次听证并未违反相关法律的禁止性规定,鼎盛公司认为苏州工商局存在程序违法的理由于法无据,不予支持。

综上,江苏省高级人民法院认为,工商行政机关依法对行政相对人的商标侵权行为实施行政处罚时,应遵循过罚相当原则行使自由裁量权;也就是说,在保证行政管理目标实现的同时,兼顾保护行政相对人的合法权益,行政处罚以达到行政执法目的和目标为限,并尽可能使相对人的权益遭受最小的损害。工商行政机关如果未考虑应当考虑的因素,违背过罚相当原则,导致行政处罚结果显失公正的,人民法院有权依法判决变更。本案中,被上诉人苏州工商局的行政处罚显失公正,应当予以变更。一审判决认定事实清楚,审判程序合法,但适用法律错误,应予改判。

【二审裁判结果】

江苏省高级人民法院依照《中华人民共和国商标法》第五十二条第(一)项、第五十三条,《中华人民共和国行政处罚法》第四条第二款,《中华人民共和国行政诉讼法》第五十四条第(四)项、第六十一条第(二)项的规定,于2012年7月31日作出判决:

一、撤销江苏省苏州市中级人民法院(2011)苏中知行初字第0001号行政判决;

二、变更2010年6月11日江苏省苏州工商行政管理局作出的苏工商案字(2010)第00053号行政处罚决定"1.责令停止侵权行为,2.罚款人民币50万元"为"责令停止侵权行为"。

本判决为终审判决。

9. 商标纠纷诉讼

最高人民法院关于审理商标案件有关管辖和法律适用范围问题的解释

1. 2001年12月25日最高人民法院审判委员会第1203次会议通过
2. 2002年1月9日公布
3. 法释〔2002〕1号
4. 自2002年1月21日起施行

《全国人民代表大会常务委员会关于修改〈中华人民共和国商标法〉的决定》(以下简称商标法修改决定)已由第九届全国人民代表大会常务委员会第二十四次会议通过,自2001年12月1日起施行。为了正确审理商标案件,根据《中华人民共和国商标法》(以下简称商标法)、《中华人民共和国民事诉讼法》和《中华人民共和国行政诉讼法》(以下简称行政诉讼法)的规定,现就人民法院审理商标案件有关管辖和法律适用范围等问题,作如下解释:

第一条　人民法院受理以下商标案件:

1. 不服国务院工商行政管理部门商标评审委员会(以下简称商标评审委员会)作出的复审决定或者裁定的案件;

2. 不服工商行政管理部门作出的有关商标的具体行政行为的案件;

3. 商标专用权权属纠纷案件;

4. 侵犯商标专用权纠纷案件;

5. 商标专用权转让合同纠纷案件;

6. 商标许可使用合同纠纷案件;

7. 申请诉前停止侵犯商标专用权案件;

8. 申请诉前财产保全案件;

9. 申请诉前证据保全案件;

10. 其他商标案件。

第二条　本解释第一条所列第1项第一审案件,由北京市高级人民法院根据最高人民法院的授权确定其辖区内有关中级人民法院管辖。

本解释第一条所列第2项第一审案件,根据行政诉讼法的有关规定确定管辖。

商标民事纠纷第一审案件,由中级以上人民法院管辖。

各高级人民法院根据本辖区的实际情况,经最高人民法院批准,可以在较大城市确定1-2个基层人民法院受理第一审商标民事纠纷案件。

第三条　商标注册人或者利害关系人向工商行政管理部门就侵犯商标专用权行为请求处理,又向人民法院提起侵犯商标专用权诉讼请求损害赔偿的,人民法院应当受理。

第四条　商标评审委员会在商标法修改决定施行前受理的案件,于该决定施行后作出复审决定或裁定,当事人对复审决定或裁定不服向人民法院起诉的,人民法院应当受理。

第五条　除本解释另行规定外,对商标法修改决定施行前发生,属于修改后商标法第四条、第五条、第八条、第九条第一款、第十条第一款第(二)、(三)、(四)项、第十条第二款、第十一条、第十二条、第十三条、第十五条、第十六条、第二十四条、第二十五条、第三十一条所列举的情形,商标评审委员会于商标法修改决定施行后作出复审决定或者裁定,当事人不服向人民法院起诉的行政案件,适用修改后商标法的相应规定进行审查;属于其他情形的,适用修改前商标法的相应规定进行审查。

第六条　当事人就商标法修改决定施行时已满一年的注册商标发生争议,不服商标评审委员会作出的裁定向人民法院起诉的,适用修改前商标法第二十七条第二款规定的提出申请的期限处理;商标法修改决定施行时商标注册不满一年的,适用修改后商标法第四十一条第二款、第三款规定的提出申请的期限处理。

第七条　对商标法修改决定施行前发生的侵犯商标专用权行为,商标注册人或者利害关系人于该决定施行后在起诉前向人民法院提出申请采取责令停止侵权行为或者保全证据措施的,适用修改后商标法第五十七条、第五十八条的规定。

第八条　对商标法修改决定施行前发生的侵犯商标专用权行为起诉的案件,人民法院于该决定施行时尚未作出生效判决的,参照修改后商标法第五十六条的规定处理。

第九条　除本解释另行规定外,商标法修改决定施行后人民法院受理的商标民事纠纷案件,涉及该决定施行前发生的民事行为的,适用修改前商标法的规定;涉及该决定施行后发生的民事行为的,适用修改后商标法的规定;涉及该决定施行前发生,持续到该决定施行后的民事行为的,分别适用修改前、后商标法的规定。

第十条　人民法院受理的侵犯商标专用权纠纷案件,已经过工商行政管理部门处理的,人民法院仍应当就当事人民事争议的事实进行审查。

最高人民法院关于商标法修改决定施行后商标案件管辖和法律适用问题的解释

1. 2014年2月10日最高人民法院审判委员会第1606次会议通过

2. 2014年3月25日公布

3. 法释〔2014〕4号

4. 自2014年5月1日起施行

为正确审理商标案件,根据2013年8月30日第十二届全国人民代表大会常务委员会第四次会议《关于修改〈中华人民共和国商标法〉的决定》和重新公布的《中华人民共和国商标法》、《中华人民共和国民事诉讼法》和《中华人民共和国行政诉讼法》等法律的规定,就人民法院审理商标案件有关管辖和法律适用等问题,制定本解释。

第一条　人民法院受理以下商标案件:

1. 不服国务院工商行政管理部门商标评审委员会(以下简称商标评审委员会)作出的复审决定或者裁定的行政案件;

2. 不服工商行政管理部门作出的有关商标的其他具体行政行为的案件;

3. 商标权权属纠纷案件;

4. 侵害商标专用权纠纷案件;

5. 确认不侵害商标专用权纠纷案件;

6. 商标权转让合同纠纷案件;

7. 商标使用许可合同纠纷案件;

8. 商标代理合同纠纷案件;

9. 申请诉前停止侵害商标专用权案件;

10. 因申请停止侵害商标专用权损害责任案件;

11. 因商标纠纷申请诉前财产保全案件;

12. 因商标纠纷申请诉前证据保全案件;

13. 其他商标案件。

第二条　不服商标评审委员会作出的复审决定或者裁定的行政案件及国家工商行政管理总局商标局(以下简称商标局)作出的有关商标的具体行政行为案件,由北京市有关中级人民法院管辖。

第三条　第一审商标民事案件,由中级以上人民法院及最高人民法院指定的基层人民法院管辖。

涉及对驰名商标保护的民事、行政案件,由省、自治区人民政府所在地市、计划单列市、直辖市辖区中级人民法院及最高人民法院指定的其他中级人民法院管辖。

第四条　在工商行政管理部门查处侵害商标权行为过程中,当事人就相关商标提起商标权权属或者侵害商标专用权民事诉讼的,人民法院应当受理。

第五条　对于在商标法修改决定施行前提出的商标注册及续展申请,商标局于决定施行后作出对该商标申请不予受理或者不予续展的决定,当事人提起行政诉讼的,人民法院审查时适用修改后的商标法。

对于在商标法修改决定施行前提出的商标异议申请,商标局于决定施行后作出对该异议不予受理的决定,当事人提起行政诉讼的,人民法院审查时适用修改前的商标法。

第六条　对于在商标法修改决定施行前当事人就尚未核准注册的商标申请复审,商标评审委员会于决定施行后作出复审决定或者裁定,当事人提起行政诉讼的,人民法院审查时适用修改后的商标法。

对于在商标法修改决定施行前受理的商标复审申请,商标评审委员会于决定施行后作出核准注册决定,当事人提起行政诉讼的,人民法院不予受理;商标评审委员会于决定施行后作出不予核准注册决定,当事人提起行政诉讼的,人民法院审查相关诉权和主体资格问题时,适用修改前的商标法。

第七条　对于在商标法修改决定施行前已经核准注册的商标,商标评审委员会于决定施行前受理、在决定施行后作出复审决定或者裁定,当事人提起行政诉讼的,人民法院审查相关程序问题适用修改后的商标法,审查实体问题适用修改前的商标法。

第八条　对于在商标法修改决定施行前受理的相关商标案件,商标局、商标评审委员会于决定施行后作出决定或者裁定,当事人提起行政诉讼的,人民法院认定该决定或者裁定是否符合商标法有关审查时限规定时,应当从修改决定施行之日起计算该审查时限。

第九条　除本解释另行规定外,商标法修改决定施行后人民法院受理的商标民事案件,涉及该决定施行前发生的行为的,适用修改前商标法的规定;涉及该决定施行前发生,持续到该决定施行后的行为的,适用修改后商标法的规定。

最高人民法院关于审理商标民事纠纷案件适用法律若干问题的解释

1. *2002年10月12日最高人民法院审判委员会第1246次会议通过*
2. *2002年10月12日公布*
3. *法释〔2002〕32号*
4. *自2002年10月16日起施行*

为了正确审理商标纠纷案件,根据《中华人民共和国民法通则》、《中华人民共和国合同法》、《中华人民共和国商标法》、《中华人民共和国民事诉讼法》等法律的规定,就适用法律若干问题解释如下:

第一条　下列行为属于商标法第五十二条第(五)项规定的给他人注册商标专用权造成其他损害的行为:

(一)将与他人注册商标相同或者相近似的文字作为企业的字号在相同或者类似商品上突出使用,容易使相关公众产生误认的;

(二)复制、摹仿、翻译他人注册的驰名商标或其主要部分在不相同或者不相类似商品上作为商标使用,误导公众,致使该驰名商标注册人的利益可能受到损害的;

(三)将与他人注册商标相同或者相近似的文字注册为域名,并且通过该域名进行相关商品交易的电子商务,容易使相关公众产生误认的。

第二条　依据商标法第十三条第一款的规定,复制、摹仿、翻译他人未在中国注册的驰名商标或其主要部分,在相同或者类似商品上作为商标使用,容易导致混淆的,应当承担停止侵害的民事法律责任。

第三条　商标法第四十条规定的商标使用许可包括以下三类:

(一)独占使用许可,是指商标注册人在约定的期间、地域和以约定的方式,将该注册商标仅许可一个被许可人使用,商标注册人依约定不得使用该注册商标;

(二)排他使用许可,是指商标注册人在约定的期间、地域和以约定的方式,将该注册商标仅许可一个被许可人使用,商标注册人依约定可以使用该注册商标但不得另行许可他人使用该注册商标;

(三)普通使用许可,是指商标注册人在约定的期间、地域和以约定的方式,许可他人使用其注册商标,并可自行使用该注册商标和许可他人使用其注册商标。

第四条　商标法第五十三条规定的利害关系人,包括注册商标使用许可合同的被许可人、注册商标财产权利的合法继承人等。

在发生注册商标专用权被侵害时,独占使用许可合同的被许可人可以向人民法院提起诉讼;

排他使用许可合同的被许可人可以和商标注册人共同起诉,也可以在商标注册人不起诉的情况下,自行提起诉讼;

普通使用许可合同的被许可人经商标注册人明确授权,可以提起诉讼。

第五条　商标注册人或者利害关系人在注册商标续展宽展期内提出续展申请,未获核准前,以他人侵犯其注册商标专用权提起诉讼的,人民法院应当受理。

第六条　因侵犯注册商标专用权行为提起的民事诉讼,由商标法第十三条、第五十二条所规定侵权行为的实施地、侵权商品的储藏地或者查封扣押地、被告住所地人民法院管辖。

前款规定的侵权商品的储藏地,是指大量或者经常性储存、隐匿侵权商品所在地;

查封扣押地,是指海关、工商等行政机关依法查封、扣押侵权商品所在地。

第七条　对涉及不同侵权行为实施地的多个被告提起的共同诉讼,原告可以选择其中一个被告的侵权行为实施地人民法院管辖;

仅对其中某一被告提起的诉讼,该被告侵权行为实施地的人民法院有管辖权。

第八条　商标法所称相关公众,是指与商标所标识的某类商品或者服务有关的消费者和与前述商品或者服务的营销有密切关系的其他经营者。

第九条　商标法第五十二条第(一)项规定的商标相同,是指被控侵权的商标与原告的注册商标相比较,二者在视觉上基本无差别。

商标法第五十二条第(一)项规定的商标近似,是指被控侵权的商标与原告的注册商标相比较,其文字的字形、读音、含义或者图形的构图及颜色,或者其各要素组合后的整体结构相似,或者其立体形状、颜色组合近似,易使相关公众对商品的来源产生误认或者认为其来源与原告注册商标的商品有特定的联系。

第十条　人民法院依据商标法第五十二条第(一)项的规定,认定商标相同或者近似按照以下原则进行:

(一)以相关公众的一般注意力为标准;

(二)既要进行对商标的整体比对,又要进行对商标主要部分的比对,比对应当在比对对象隔离的状态下分别进行;

(三)判断商标是否近似,应当考虑请求保护注册商标的显著性和知名度。

第十一条　商标法第五十二条第(一)项规定的类似商品,是指在功能、用途、生产部门、销售渠道、消费对象等方面相同,或者相关公众一般认为其存在特定联系、容易造成混淆的商品。

类似服务,是指在服务的目的、内容、方式、对象等方面相同,或者相关公众一般认为存在特定联系、容易造成混淆的服务。

商品与服务类似,是指商品和服务之间存在特定联系,容易使相关公众混淆。

第十二条　人民法院依据商标法第五十二条第(一)项的规定,认定商品或者服务是否类似,应当以相关公众对商品或者服务的一般认识综合判断;

《商标注册用商品和服务国际分类表》、《类似商品和服务区分表》可以作为判断类似商品或者服务的参考。

第十三条　人民法院依据商标法第五十六条第一款的规定确定侵权人的赔偿责任时,可以根据权利人选择的计算方法计算赔偿数额。

第十四条　商标法第五十六条第一款规定的侵权所获得的利益,可以根据侵权商品销售量与该商品单位利润乘积计算;

该商品单位利润无法查明的,按照注册商标商品的单位利润计算。

第十五条　商标法第五十六条第一款规定的因被侵权所受到的损失,可以根据权利人因侵权所造成商品销售减少量或者侵权商品销售量与该注册商标商品的单位利润乘积计算。

第十六条　侵权人因侵权所获得的利益或者被侵权人因被侵权所受到的损失均难以确定的,人民法院可以根据当事人的请求或者依职权适用商标法第五十六条第二款的规定确定赔偿数额。

人民法院在确定赔偿数额时,应当考虑侵权行为的性质、期间、后果,商标的声誉,商标使用许可费的数额,商标使用许可的种类、时间、范围及制止侵权行为的合理开支等因素综合确定。

当事人按照本条第一款的规定就赔偿数额达成协议的,应当准许。

第十七条　商标法第五十六条第一款规定的制止侵权行为所支付的合理开支,包括权利人或者委托代理人对侵权行为进行调查、取证的合理费用。

人民法院根据当事人的诉讼请求和案件具体情况,可以将符合国家有关部门规定的律师费用计算在赔偿范围内。

第十八条　侵犯注册商标专用权的诉讼时效为二年,自商标注册人或者利害权利人知道或者应当知道侵权行为之日起计算。商标注册人或者利害关系人超过二年起诉的,如果侵权行为在起诉时仍在持续,在该注册商标专用权有效期限内,人民法院应当判决被告停止侵权行为,侵权损害赔偿数额应当自权利人向人民法院起诉之日起向前推算二年计算。

第十九条　商标使用许可合同未经备案的,不影响该许可合同的效力,但当事人另有约定的除外。

商标使用许可合同未在商标局备案的,不得对抗善意第三人。

第二十条　注册商标的转让不影响转让前已经生效的商标使用许可合同的效力,但商标使用许可合同另有约定的除外。

第二十一条　人民法院在审理侵犯注册商标专用权纠纷案件中,依据民法通则第一百三十四条、商标法第五十三条的规定和案件具体情况,可以判决侵权人承担停止侵害、排除妨碍、消除危险、赔偿损失、消除影响等民事责任,还可以作出罚款,收缴侵权商品、伪造的商标标识和专门用于生产侵权商品的材料、工具、设备等财物的民事制裁决定。

罚款数额可以参照《中华人民共和国商标法实施条例》的有关规定确定。

工商行政管理部门对同一侵犯注册商标专用权行为已经给予行政处罚的,人民法院不再予以民事制裁。

第二十二条　人民法院在审理商标纠纷案件中,根据当事人的请求和案件的具体情况，可以对涉及的注册商标是否驰名依法作出认定。

认定驰名商标，应当依照商标法第十四条的规定进行。

当事人对曾经被行政主管机关或者人民法院认定的驰名商标请求保护的，对方当事人对涉及的商标驰名不持异议，人民法院不再审查。

提出异议的，人民法院依照商标法第十四条的规定审查。

第二十三条 本解释有关商品商标的规定，适用于服务商标。

第二十四条 以前的有关规定与本解释不一致的，以本解释为准。

最高人民法院关于人民法院对注册商标权进行财产保全的解释

1. *2000年11月22日最高人民法院审判委员会第1144次会议通过*
2. *2001年1月2日公布*
3. *法释〔2001〕1号*
4. *自2001年1月21日起施行*

为了正确实施对注册商标权的财产保全措施，避免重复保全，现就人民法院对注册商标权进行财产保全有关问题解释如下：

第一条 人民法院根据民事诉讼法有关规定采取财产保全措施时，需要对注册商标权进行保全的，应当向国家工商行政管理局商标局（以下简称商标局）发出协助执行通知书，载明要求商标局协助保全的注册商标的名称、注册人、注册证号码、保全期限以及协助执行保全的内容，包括禁止转让、注销注册商标、变更注册事项和办理商标权质押登记等事项。

第二条 对注册商标权保全的期限一次不得超过六个月，自商标局收到协助执行通知书之日起计算。如果仍然需要对该注册商标权继续采取保全措施的，人民法院应当在保全期限届满前向商标局重新发出协助执行通知书，要求继续保全。否则，视为自动解除对该注册商标权的财产保全。

第三条 人民法院对已经进行保全的注册商标权，不得重复进行保全。

最高人民法院关于诉前停止侵犯注册商标专用权行为和保全证据适用法律问题的解释

1. *2001年12月25日最高人民法院审判委员会第1203次会议通过*
2. *2002年1月9日公布*
3. *法释〔2002〕2号*
4. *自2002年1月22日起施行*

为切实保护商标注册人和利害关系人的合法权益，根据《中华人民共和国民法通则》、《中华人民共和国商标法》（以下简称商标法）、《中华人民共和国民事诉讼法》（以下简称民事诉讼法）的有关规定，现就有关诉前停止侵犯注册商标专用权行为和保全证据适用法律问题解释如下：

第一条 根据商标法第五十七条、第五十八条的规定，商标注册人或者利害关系人可以向人民法院提出诉前责令停止侵犯注册商标专用权行为或者保全证据的申请。

提出申请的利害关系人，包括商标使用许可合同的被许可人、注册商标财产权利的合法继承人。注册商标使用许可合同被许可人中，独占使用许可合同的被许可人可以单独向人民法院提出申请；排他使用许可合同的被许可人在商标注册人不申请的情况下，可以提出申请。

第二条 诉前责令停止侵犯注册商标专用权行为或者保全证据的申请，应当向侵权行为地或者被申请人住所地对商标案件有管辖权的人民法院提出。

第三条 商标注册人或者利害关系人向人民法院提出诉前停止侵犯注册商标专用权行为的申请，应当递交书面申请状。申请状应当载明：（一）当事人及其基本情况；（二）申请的具体内容、范围；（三）申请的理由，包括有关行为如不及时制止，将会使商标注册人或者利害关系人的合法权益受到难以弥补的损害的具体说明。

商标注册人或者利害关系人向人民法院提出诉前保全证据的申请，应当递交书面申请状。申请状应当载明：（一）当事人及其基本情况；（二）申请保全证据的具体内容、范围、所在地点；（三）请求保全的证据能够证明的对象；（四）申请的理由，包括证据可能灭失或者以后难以取得，且当事人及其诉讼代理人因客观原因不能自行收集的具体说明。

第四条　申请人提出诉前停止侵犯注册商标专用权行为的申请时,应当提交下列证据:

(一)商标注册人应当提交商标注册证,利害关系人应当提交商标使用许可合同、在商标局备案的材料及商标注册证复印件;排他使用许可合同的被许可人单独提出申请的,应当提交商标注册人放弃申请的证据材料;注册商标财产权利的继承人应当提交已经继承或者正在继承的证据材料。

(二)证明被申请人正在实施或者即将实施侵犯注册商标专用权的行为的证据,包括被控侵权商品。

第五条　人民法院作出诉前停止侵犯注册商标专用权行为或者保全证据的裁定事项,应当限于商标注册人或者利害关系人申请的范围。

第六条　申请人提出诉前停止侵犯注册商标专用权行为的申请时应当提供担保。

申请人申请诉前保全证据可能涉及被申请人财产损失的,人民法院可以责令申请人提供相应的担保。

申请人提供保证、抵押等形式的担保合理、有效的,人民法院应当准许。

申请人不提供担保的,驳回申请。

人民法院确定担保的范围时,应当考虑责令停止有关行为所涉及的商品销售收益,以及合理的仓储、保管等费用,停止有关行为可能造成的合理损失等。

第七条　在执行停止有关行为裁定过程中,被申请人可能因采取该项措施造成更大损失的,人民法院可以责令申请人追加相应的担保。申请人不追加担保的,可以解除有关停止措施。

第八条　停止侵犯注册商标专用权行为裁定所采取的措施,不因被申请人提供担保而解除,但申请人同意的除外。

第九条　人民法院接受商标注册人或者利害关系人提出责令停止侵犯注册商标专用权行为的申请后,经审查符合本规定第四条的,应当在四十八小时内作出书面裁定;裁定责令被申请人停止侵犯注册商标专用权行为的,应当立即开始执行。

人民法院作出诉前责令停止有关行为的裁定,应当及时通知被申请人,至迟不得超过五日。

第十条　当事人对诉前责令停止侵犯注册商标专用权行为裁定不服的,可以在收到裁定之日起十日内申请复议一次。复议期间不停止裁定的执行。

第十一条　人民法院对当事人提出的复诉申请应当从以下方面进行审查:

(一)被申请人正在实施或者即将实施的行为是否侵犯注册商标专用权;

(二)不采取有关措施,是否会给申请人合法权益造成难以弥补的损害;

(三)申请人提供担保的情况;

(四)责令被申请人停止有关行为是否损害社会公共利益。

第十二条　商标注册人或者利害关系人在人民法院采取停止有关行为或者保全证据的措施后十五日内不起诉的,人民法院应当解除裁定采取的措施。

第十三条　申请人不起诉或者申请错误造成被申请人损失的,被申请人可以向有管辖权的人民法院起诉请求申请人赔偿,也可以在商标注册人或者利害关系人提起的侵犯注册商标专用权的诉讼中提出损害赔偿请求,人民法院可以一并处理。

第十四条　停止侵犯注册商标专用权行为裁定的效力,一般应维持到终审法律文书生效时止。

人民法院也可以根据案情,确定停止有关行为的具体期限;期限届满时,根据当事人的请求及追加担保的情况,可以作出继续停止有关行为的裁定。

第十五条　被申请人违反人民法院责令停止侵犯注册商标专用权行为或者保全证据裁定的,依照民事诉讼法第一百零二条规定处理。

第十六条　商标注册人或者利害关系人向人民法院提起商标侵权诉讼时或者诉讼中,提出先行停止侵权注册商标专用权请求的,人民法院可以先行作出裁定。前款规定涉及的有关申请、证据提交、担保的确定、裁定的执行和复议等事项,参照本司法解释有关规定办理。

第十七条　诉前停止侵犯注册商标专用权行为和保全证据的案件,申请人应当按照《人民法院诉讼收费办法》及其补充规定缴纳费用。

最高人民法院关于对注册商标专用权进行财产保全和执行等问题的复函

1. *2002年1月9日*
2. *〔2001〕民三函字第3号*

国家工商行政管理总局商标局:

你局商标变〔2001〕66号来函收悉。经研究,对该函中所提出的问题答复如下：

一、关于不同法院在同一天对同一注册商标进行保全的协助执行问题

根据民事诉讼法和我院有关司法解释的规定，你局在同一天内接到两份以上对同一注册商标进行保全的协助执行通知书时，应当按照收到文书的先后顺序，协助执行在先收到的协助执行通知书；同时收到文书无法确认先后顺序时，可以告知有关法院按照《最高人民法院关于人民法院执行工作若干问题的规定（试行）》第125条关于“两个或两个以上人民法院在执行相关案件中发生争议的，应当协商解决。协商不成的，逐级报请上级法院，直至报请共同的上级法院协调处理”的规定进行协商以及报请协调处理。在有关法院协商以及报请协调处理期间，你局可以暂不办理协助执行事宜。

二、关于你局在依据法院的生效判决办理权利人变更手续过程中，另一法院要求协助保全注册商标的协助执行问题

《最高人民法院关于人民法院执行工作若干问题的规定（试行）》第88条第1款规定，各债权人对执行标的物均无担保物权的，按照执行法院采取执行措施的先后顺序受偿。根据这一规定，对于某一法院依据已经发生法律效力的裁判文书要求你局协助办理注册商标专用权权利人变更等手续后，另一法院对同一注册商标以保全原商标专用权人财产的名义再行保全，又无权利质押情形的，同意你局来函中提出的处理意见，即协助执行在先采取执行措施法院的裁判文书，并将协助执行的情况告知在后采取保全措施的法院。

三、关于法院已经保全注册商标后，另一法院宣告其注册人进入破产程序并要求你局再行协助保全该注册商标的问题

根据《中华人民共和国企业破产法（试行）》第11条的规定，人民法院受理破产案件后，对债务人财产的其他民事执行程序必须中止。人民法院应当按照这一规定办理相关案件。在具体处理问题上，你局可以告知审理破产案件的法院有关注册商标已被保全的情况，由该法院通知在先采取保全措施的法院自行解除保全措施。你局收到有关解除财产保全措施的通知后，应立即协助执行审理破产案件法院的裁定。你局也可以告知在先采取保全措施的法院有关商标注册人进入破产程序的情况，由其自行决定解除保全措施。

四、关于法院裁决将注册商标作为标的执行时应否适用商标法实施细则第二十一条规定的问题

根据商标法实施细则第二十一条的规定，转让注册商标专用权的，商标注册人对其在同一种类或者类似商品上注册的相同或者近似的商标，必须一并办理。法院在执行注册商标专用权的过程中，应当根据上述规定的原则，对注册商标及相同或者类似商品上相同和近似的商标一并进行评估、拍卖、变卖等，并在采取执行措施时，裁定将相同或近似注册商标一并予以执行。商标局在接到法院有关转让注册商标的裁定时，如发现无上述内容，可以告知执行法院，由执行法院补充裁定后再协助执行。

来函中所涉及的具体案件，可按照上述意见处理。

此复

最高人民法院关于专利、商标等授权确权类知识产权行政案件审理分工的规定

1. 2009年6月26日发布
2. 法发〔2009〕39号
3. 自2009年7月1日起施行

为贯彻落实《国家知识产权战略纲要》，完善知识产权审判体制，确保司法标准的统一，现就专利、商标等授权确权类知识产权行政案件的审理分工作如下规定：

第一条 下列一、二审案件由北京市有关中级人民法院、北京市高级人民法院和最高人民法院知识产权审判庭审理：

（一）不服国务院专利行政部门专利复审委员会作出的专利复审决定和无效决定的案件；

（二）不服国务院专利行政部门作出的实施专利强制许可决定和实施专利强制许可的使用费裁决的案件；

（三）不服国务院工商行政管理部门商标评审委员会作出的商标复审决定和裁定的案件；

（四）不服国务院知识产权行政部门作出的集成电路布图设计复审决定和撤销决定的案件；

（五）不服国务院知识产权行政部门作出的使用集成电路布图设计非自愿许可决定的案件和使用集成

电路布图设计非自愿许可的报酬裁决的案件；

(六)不服国务院农业、林业行政部门植物新品种复审委员会作出的植物新品种复审决定、无效决定和更名决定的案件；

(七)不服国务院农业、林业行政部门作出的实施植物新品种强制许可决定和实施植物新品种强制许可的使用费裁决的案件。

第二条　当事人对于人民法院就第一条所列案件作出的生效判决或者裁定不服,向上级人民法院申请再审的案件,由上级人民法院知识产权审判庭负责再审审查和审理。

第三条　由最高人民法院、北京市高级人民法院和北京市有关中级人民法院知识产权审判庭审理的上述案件,立案时统一使用"知行"字编号。

第四条　本规定自2009年7月1日起施行,最高人民法院于2002年5月21日作出的《关于专利法、商标法修改后专利、商标相关案件分工问题的批复》(法〔2002〕117号)同时废止。

最高人民法院关于审理商标授权确权行政案件若干问题的意见

1. 2010年4月20日
2. 法发〔2010〕12号

自2001年12月1日《全国人民代表大会常务委员会关于修改〈中华人民共和国商标法〉的决定》施行以来,人民法院开始依法受理和审理利害关系人诉国家工商行政管理总局商标评审委员会作出的商标驳回复审、商标异议复审、商标争议、商标撤销复审等具体行政行为的商标授权确权行政案件,对相关法律适用问题进行了积极探索,积累了较为丰富的审判经验。为了更好地审理商标授权确权行政案件,进一步总结审判经验,明确和统一审理标准,最高人民法院先后召开多次专题会议和进行专题调研,广泛听取相关法院、相关部门和专家学者的意见,对于审理商标授权确权行政案件中的法律适用问题进行了研究和总结。在此基础上,根据《中华人民共和国商标法》、《中华人民共和国行政诉讼法》等法律规定,结合审判实际,对审理此类案件提出如下意见:

1. 人民法院在审理商标授权确权行政案件时,对于尚未大量投入使用的诉争商标,在审查判断商标近似和商品类似等授权确权条件及处理与在先商业标志冲突上,可依法适当从严掌握商标授权确权的标准,充分考虑消费者和同业经营者的利益,有效遏制不正当抢注行为,注重对于他人具有较高知名度和较强显著性的在先商标、企业名称等商业标志权益的保护,尽可能消除商业标志混淆的可能性;对于使用时间较长、已建立较高市场声誉和形成相关公众群体的诉争商标,应当准确把握商标法有关保护在先商业标志权益与维护市场秩序相协调的立法精神,充分尊重相关公众已在客观上将相关商业标志区别开来的市场实际,注重维护已经形成和稳定的市场秩序。

2. 实践中,有些标志或者其构成要素虽有夸大成分,但根据日常生活经验或者相关公众的通常认识等并不足以引人误解。对于这种情形,人民法院不宜将其认定为夸大宣传并带有欺骗性的标志。

3. 人民法院在审查判断有关标志是否构成具有其他不良影响的情形时,应当考虑该标志或者其构成要素是否可能对我国政治、经济、文化、宗教、民族等社会公共利益和公共秩序产生消极、负面影响。如果有关标志的注册仅损害特定民事权益,由于商标法已经另行规定了救济方式和相应程序,不宜认定其属于具有其他不良影响的情形。

4. 根据商标法的规定,县级以上行政区划的地名或者公众知晓的外国地名一般不得作为商标注册和使用。实践中,有些商标由地名和其他要素组成,在这种情形下,如果商标因有其他要素的加入,在整体上具有显著特征,而不再具有地名含义或者不以地名为主要含义的,就不宜因其含有县级以上行政区划的地名或者公众知晓的外国地名,而认定其属于不得注册的商标。

5. 人民法院在审理商标授权确权行政案件时,应当根据诉争商标指定使用商品的相关公众的通常认识,从整体上对商标是否具有显著特征进行审查判断。标志中含有的描述性要素不影响商标整体上具有显著特征的,或者描述性标志是以独特方式进行表现,相关公众能够以其识别商品来源的,应当认定其具有显著特征。

6. 人民法院在审理商标授权确权行政案件时,应当根据中国境内相关公众的通常认识,审查判断诉争外文商标是否具有显著特征。诉争标志中的外文虽有固有含义,但相关公众能够以该标志识别商品来源的,不影响对其显著特征的认定。

7. 人民法院在判断诉争商标是否为通用名称时,应当审查其是否属于法定的或者约定俗成的商品名称。依据法律规定或者国家标准、行业标准属于商品通用名称的,应当认定为通用名称。相关公众普遍认为某一名称能够指代一类商品的,应当认定该名称为约定俗成的通用名称。被专业工具书、辞典列为商品名称的,可以作为认定约定俗成的通用名称的参考。

约定俗成的通用名称一般以全国范围内相关公众的通常认识为判断标准。对于由于历史传统、风土人情、地理环境等原因形成的相关市场较为固定的商品,在该相关市场内通用的称谓,可以认定为通用名称。

申请人明知或者应知其申请注册的商标为部分区域内约定俗成的商品名称的,应视其申请注册的商标为通用名称。

8. 人民法院审查判断诉争商标是否属于通用名称,一般以提出商标注册申请时的事实状态为准。如果申请时不属于通用名称,但在核准注册时诉争商标已经成为通用名称的,仍应认定其属于本商品的通用名称;虽在申请时属于本商品的通用名称,但在核准注册时已经不是通用名称的,则不妨碍其取得注册。

9. 如果某标志只是或者主要是描述、说明所使用商品的质量、主要原料、功能、用途、重量、数量、产地等特点,应当认定其不具有显著特征。标志或者其构成要素暗示商品的特点,但不影响其识别商品来源功能的,不属于上述情形。

10. 人民法院审理涉及驰名商标保护的商标授权确权行政案件,可以参照《最高人民法院关于审理涉及驰名商标保护的民事纠纷案件应用法律若干问题的解释》第五条、第九条、第十条等相关规定。

11. 对于已经在中国注册的驰名商标,在不相类似商品上确定其保护范围时,要注意与其驰名程度相适应。对于社会公众广为知晓的已经在中国注册的驰名商标,在不相类似商品上确定其保护范围时,要给予与其驰名程度相适应的较宽范围的保护。

12. 商标代理人、代表人或者经销、代理等销售代理关系意义上的代理人、代表人未经授权,以自己的名义将被代理人或者被代表人商标进行注册的,人民法院应当认定属于代理人、代表人抢注被代理人、被代表人商标的行为。审判实践中,有些抢注行为发生在代理、代表关系尚在磋商的阶段,即抢注在先,代理、代表关系形成在后,此时应将其视为代理人、代表人的抢注行为。与上述代理人或者代表人有串通合谋抢注行为的商标注册申请人,可以视其为代理人或者代表人。对于串通合谋抢注行为,可以视情况根据商标注册申请人与上述代理人或者代表人之间的特定身份关系等进行推定。

13. 代理人或者代表人不得申请注册的商标标志,不仅包括与被代理人或者被代表人商标相同的标志,也包括相近似的标志;不得申请注册的商品既包括与被代理人或者被代表人商标所使用的商品相同的商品,也包括类似的商品。

14. 人民法院在审理商标授权确权行政案件中判断商品类似和商标近似,可以参照《最高人民法院关于审理商标民事纠纷案件适用法律若干问题的解释》的相关规定。

15. 人民法院审查判断相关商品或者服务是否类似,应当考虑商品的功能、用途、生产部门、销售渠道、消费群体等是否相同或者具有较大的关联性;服务的目的、内容、方式、对象等是否相同或者具有较大的关联性;商品和服务之间是否具有较大的关联性,是否容易使相关公众认为商品或者服务是同一主体提供的,或者其提供者之间存在特定联系。《商标注册用商品和服务国际分类表》、《类似商品和服务区分表》可以作为判断类似商品或者服务的参考。

16. 人民法院认定商标是否近似,既要考虑商标标志构成要素及其整体的近似程度,也要考虑相关商标的显著性和知名度、所使用商品的关联程度等因素,以是否容易导致混淆作为判断标准。

17. 要正确理解和适用商标法第三十一条关于"申请商标注册不得损害他人现有的在先权利"的概括性规定。人民法院审查判断诉争商标是否损害他人现有的在先权利时,对于商标法已有特别规定的在先权利,按照商标法的特别规定予以保护;商标法虽无特别规定,但根据民法通则和其他法律的规定属于应予保护的合法权益的,应当根据该概括性规定给予保护。

人民法院审查判断诉争商标是否损害他人现有的在先权利,一般以诉争商标申请日为准。如果在先权利在诉争商标核准注册时已不存在的,则不影响诉争商标的注册。

18. 根据商标法的规定,申请人不得以不正当手段抢先注册他人已经使用并有一定影响的商标。如果申请人明知或者应知他人已经使用并有一定影响的商标而予以抢注,即可认定其采用了不正当手段。

在中国境内实际使用并为一定范围的相关公众所知

晓的商标,即应认定属于已经使用并有一定影响的商标。有证据证明在先商标有一定的持续使用时间、区域、销售量或者广告宣传等的,可以认定其有一定影响。

对于已经使用并有一定影响的商标,不宜在不相类似商品上给予保护。

19. 人民法院在审理涉及撤销注册商标的行政案件时,审查判断诉争商标是否属于以其他不正当手段取得注册,要考虑其是否属于欺骗手段以外的扰乱商标注册秩序、损害公共利益、不正当占用公共资源或者以其他方式谋取不正当利益的手段。对于只是损害特定民事权益的情形,则要适用商标法第四十一条第二款、第三款及商标法的其他相应规定进行审查判断。

20. 人民法院审理涉及撤销连续三年停止使用的注册商标的行政案件时,应当根据商标法有关规定的立法精神,正确判断所涉行为是否构成实际使用。

商标权人自行使用、许可他人使用以及其他不违背商标权人意志的使用,均可认定属于实际使用的行为。实际使用的商标与核准注册的商标虽有细微差别,但未改变其显著特征的,可以视为注册商标的使用。没有实际使用注册商标,仅有转让或许可行为,或者仅有商标注册信息的公布或者对其注册商标享有专有权的声明等的,不宜认定为商标使用。

如果商标权人因不可抗力、政策性限制、破产清算等客观事由,未能实际使用注册商标或者停止使用,或者商标权人有真实使用商标的意图,并且有实际使用的必要准备,但因其他客观事由尚未实际使用注册商标的,均可认定有正当理由。

最高人民法院知识产权庭关于烟台市京蓬农药厂诉潍坊市益农化工厂商标侵权纠纷案的答复

1. 2000年4月17日
2. 〔1999〕知他字第5号

山东省高级人民法院:

你院鲁高法函〔1999〕118号《关于烟台市京蓬农药厂诉潍坊市益农化工厂商标侵权纠纷一案的请示》收悉。经研究,答复如下:

烟台市京蓬农药厂(以下简称京蓬厂)的"桃小灵"注册商标与潍坊市益农化工厂(以下简称益农厂)的"桃小一次净"商品名称都具有区别商品品质和来源的标识作用。"桃小"在其中均是起主要识别作用的部分,"灵"与"一次净"都均有功效显著之意,因此,两者的字形和含义存在一定的近似之处。本案的关键问题就是判定这种"近似"是否足以造成消费者的误认,即是否符合《商标法实施细则》第四十一条第(2)项的规定,属于《商标法》第三十八条第(4)项所指的对他人的商标权造成其他损害的行为。参照国家工商行政管理《关于执行〈商标法〉及其〈实施细则〉若干问题的通知》第七条的解释,"足以造成误认"是指会造成对商品来源的误认。或者会产生双方当事人之间存在某种特殊联系的错误认识。从本案现有材料看,证明已经在客观上造成误认的证据似有不足,以普通消费者的一般注意力为标准判定足以造成误认的证据也不扎实,原审判决作出使消费者产生两者存在一种特殊联系感觉的认定,在事实依据方面尚有所欠缺。但你院倾向性意见所述理由似尚不足以推翻原审判决的认定。理由是:一、字形结构、词语组合、包装装潢上的明显差异不能作为否定两者近似并足以造成误认的充足理由,因为认定近似并不需要在字形、读音、含义三方面均构成近似,而且包装装潢的异同不能作为商标侵权的判断依据。二、虽然"桃小"是昆虫的通用名称,商标权人不能以其注册了"桃小灵"商标而限制他人使用该词汇,且农药行业有将药物防治对象与防治效果组合命名的惯例,但这并不等于说他人在任何情况下使用"桃小"均是正当合理的。判断正当与否,要结合案件的实际情况。根据是否造成了对他人商标权的损害来认定。如果本案"桃小灵"与"桃小一次净"之间构成近似并足以造成消费者的误认,则益农厂使用"桃小"就是不正当的,要承担侵权的法律责任。此外,从京蓬厂提供的证据看,似已发生了农药经销商产生"桃小一次净"是"桃小灵"替代产品错误认识的客观事实,经销商虽然不是最终消费者。但在一定程度上反映了普通消费者的主观判断。你院复查本案时应当考虑这一情况。

综上,虽然原审判决存在一定缺陷,但鉴于本案二审判决已经发生法律效力,且本案影响较大,故建议你院进一步查明有关事实,取得足够的事实依据后,依法对本案作出慎重处理。

以上意见供参考。

最高人民法院关于对TCL集团公司在产品促销活动中使用与汉都公司注册商标相近的“千禧龙”文字是否构成商标侵权请示的批复

1. 2003年7月31日

2. 〔2003〕民三他字第4号

江苏省高级人民法院：

你院〔2003〕苏民三终字第025号《关于对TCL集团公司在产品促销活动中使用与汉都公司“千禧龙QIANXILONG”文字商标相近的“千禧龙”文字是否构成侵犯汉都公司商标权问题的请示》收悉。经研究，答复如下：

判断在产品促销活动中使用与他人注册商标相同或者相近似的文字是否侵犯商标专用权，应当以这种使用行为是否容易造成相关公众对商品和服务的来源产生混淆，是否借用他人注册商标的信誉为自己谋取不正当利益，或者是否对注册商标专用权造成其他损害为标准进行。

由于在产品促销活动中使用与他人注册商标相同或者相近似的文字，不同于在商品和服务中直接使用他人注册商标，因此，在认定是否造成“混淆”、“借用”、“损害”等事实时，应当特别注意：一、要考虑注册商标的知名度与显著性。商标的显著性，即能够起到区别作用的特性的强弱，是商标侵权判断中确定商标专用权权利范围以及确认是否构成侵权的重要因素之一。知名度高显著性强的商标，被“混淆”、“借用”的可能性就大，而知名度低显著性弱的商标，被“混淆”、“借用”的可能性就小。二、要对产品促销活动中使用他人商标的具体情形进行分析，如行为人是否将他人商标作为自己的商标或者自己的商品名称使用，是否在使用他人商标的方式、时间等方面容易使相关公众混淆商品或者服务的来源，或者误认商品、服务的提供者存在特殊的关系等。

你院请示中涉及的侵权认定问题，应当在查明事实的基础上，根据法律和司法解释的规定并结合上述意见进行处理。

此复

·典型案例·

雷茨饭店有限公司诉上海黄浦丽池休闲健身有限公司侵权纠纷案

【裁判摘要】

根据《中华人民共和国商标法》第五十二条的规定，未经商标注册人的许可，在同一种商品或者类似商品上使用与其注册商标相同或者近似的商标的，构成侵犯注册商标专用权。根据该法第四条的规定，该法关于商品商标的规定，适用于服务商标。判断被控侵权标识与主张权利的注册商标是否构成近似，应在考虑注册商标的显著性、市场知名度的基础上，对比两者文字的音、形、义，图形的构图及颜色，或者文字及图形等各要素的组合等因素，对两者的整体、主体部分等起到主要识别作用的要素进行综合判断，从而得出两者是否易使相关公众产生混淆的结论。类似服务，则是指在服务的目的、内容、方式、对象等方面相同，或者相关公众一般认为存在特定联系、容易造成混淆的服务。据此，行为人未经商标注册人的许可，将近似标识用于与商标注册人提供的服务类似的服务中，易使相关公众产生误认、混淆或认为两者具有特定联系的，其行为构成对注册商标专用权的侵犯。

【基本案情】

原告雷茨饭店有限公司（以下简称雷茨公司）因与被告上海黄浦丽池休闲健身有限公司（以下简称黄浦丽池公司）发生商标侵权纠纷，向上海市第二中级人民法院提起诉讼。

原告雷茨公司诉称：原告是全球著名的酒店经营公司。“RITZ”作为其商业字号以及主要商标已经有近百年的历史。“RITZ”商标在全球的注册超过900项，遍及100多个国家和地区。在中国，原告在第43类和第44类的饭店、餐馆、美容院等服务项目上皆注册了“RITZ”商标，商标注册号分别为3098934和3098933。被告黄浦丽池公司是一家以经营公共浴室（包括桑拿浴）、按摩等服务项目为主的公司，其在经营活动中使用“RITS”商标标识。原告认为，原告的注册商标“RITZ”享有极高的知名度，被告在与原告注册商标核定服务类似的经营活动中使用与原告注册商标近似的标识“RITS”，使消费者对服务的来源产生混淆和误认，淡化原告商标在相关公众中的知名度,降低原告商标的品牌价值,给原告造成了严重的经济损失,侵犯了原告上述两个商标的专用权。据此请求判令被告立即停止使用"RITS"商标,赔偿原告经济损失人民币30万元,承担原告为制止被告侵权行为而支付的律师费、调查费等,原告还请求法院对被告的侵权行为作出罚款并收缴侵权物品。

被告黄浦丽池公司辩称:首先,被告主要以"RITS"与"丽池"组合或"丽池RITS及图"文字图形组合的方式使用"RITS",从标识整体来看,与原告雷茨公司的商标并不近似,不会引起误认或混淆。原告的"RITZ"商标在中国没有单独使用过,"RITZ"本身没有显著性和知名度,相关公众亦不可能产生混淆或误认。其次,被告提供的服务与原告商标所核定的服务项目不相同也不类似。被告主要提供桑拿和指压服务,是一种"娱乐或消遣时的服务",原告商标所涉的是"医疗服务"以及"个人卫生和美容服务",原告、被告的服务种类和目的明显不同。至于被告提供的配套饮食服务,并非被告的主营业务,不能以此对被告的服务进行定性。第三,被告使用系争标识、申请商标注册皆在先,被告对系争标识享有在先权利。第四,被告使用的系争标识由被告的关联公司自主创作,且一直善意使用。被告及其关联公司提供的"桑拿指压"特色经营服务已为上海地区的相关公众所知悉,被告不存在侵权的故意。因此,被告没有对原告构成侵权,请求驳回原告的诉讼请求。

【一审争议焦点】

本案一审的争议焦点是:一、被告黄浦丽池公司使用的标识与原告雷茨公司的注册商标标识是否近似;二、被告使用标识的范围与原告商标所核定的服务项目是否相同或类似;三、被告对系争标识是否享有在先权利;四、原告诉请的赔偿数额是否有事实根据和法律依据。

【一审裁判理由】

上海市第二中级人民法院一审认为:

一、关于第一个争议焦点,即被告黄浦丽池公司使用的标识与原告雷茨公司的注册商标标识是否近似的问题

根据最高人民法院《关于审理商标民事纠纷案件适用法律若干问题的解释》第九条第二款的规定,商标近似,是指被控侵权的商标与原告的注册商标相比较,其文字的字形、读音、含义或者图形的构图及颜色,或者其各要素组合后的整体结构相似,或者其立体形状、颜色组合近似,易使相关公众对商品的来源产生误认或者认为其来源与原告注册商标的商品有特定的联系。该司法解释的第十条规定,认定商标相同或近似应以相关公众的一般注意力为标准,既要进行对商标的整体比对,又要进行对商标主要部分的比对,要考虑请求保护的注册商标的显著性和知名度。

本案中,将"RITS"与"RITZ"进行比对,可以发现:两标识组成相似,都由四个字母组成,前三个字母完全相同,仅最后一个字母不同;两标识皆用普通字体表达,外形也近似;两标识发音近似。因此,被告黄浦丽池公司使用的"RITS"标识与原告雷茨公司的"RITZ"商标相近似,易使相关公众对服务的来源产生误认,或者认为其来源与原告的服务有特定的联系。

从原告雷茨公司商标的知名度和显著性来看,根据前述查明的事实,原告成立于1896年,其使用"RITZ"标识已有逾百年的历史。"RITZ"及包含"RITZ"的商标在世界多个国家获得注册,在日本还曾被认定为驰名商标。

在中国,案外人上海波特曼丽思卡尔顿酒店、北京金融街丽思卡尔顿酒店、北京建国路丽思卡尔顿酒店在经营中皆使用"RITZ－CARLTON"的标识。原告雷茨公司称上述酒店均系根据原告与案外人丽嘉公司签订的《商标许可协议》,经丽嘉公司授权而使用"RITZ－CARLTON"的。根据《商标许可协议》,原告授权丽嘉公司可在包括中国在内的部分区域内将"RITZ"作为"RITZ－CARLTON"标识的一部分自行使用或者再许可他人使用。丽嘉公司在获得授权后在中国注册了"RITZ－CARLTON"商标。之后,上海波特曼丽思卡尔顿酒店等在经营活动中使用了该商标。从上述事实来看,原告有关授权的主张可以成立。上海波特曼丽思卡尔顿酒店、北京金融街丽思卡尔顿酒店、北京建国路丽思卡尔顿酒店对"RITZ－CARLTON"的使用源于原告及丽嘉公司的授权。因上海波特曼丽思卡尔顿酒店等在业内享有较高的知名度,"RITZ"作为其商业标识的一部分在中国也享有较高的知名度和较强的显著性。

因原告雷茨公司的"RITZ"标识有较高的知名度和较强的显著性,而从被告黄浦丽池公司经营场所所处的地理位置以及宣传资料的相关内容来看,被告以服务高端人士为目标,服务对象不仅包括中国人,也包括外国人,因此,被告的"RITS"与"丽池"组合标识以及"丽池RITS及图"组合标识中的"RITS"易受到相关公众的关注,且容易引起相关公众的混淆和误认。因此,上述包含"RITS"的组合标识与原告的"RITZ"商标亦构成近似。

二、关于第二个争议焦点,即双方当事人使用标识所

涉及的服务是否相同或类似的问题

根据最高人民法院《关于审理商标民事纠纷案件适用法律若干问题的解释》第十一条第二款的规定，类似服务，是指在服务的目的、内容、方式、对象等方面相同，或者相关公众一般认为存在特定联系、容易造成混淆的服务。首先，被告黄浦丽池公司的经营范围为公共浴室、足部保健，其在经营活动中提供了桑拿、指压、按摩、美容、美发、足疗等服务。原告雷茨公司第3098933号商标的核定服务项目为第44类的美容院、理发室、疗养院、矿泉疗养院。从相关公众的一般认识来看，被告上述服务与原告第3098933号商标的核定服务在服务内容、服务方式等方面基本相同，属于相同或类似服务。被告关于双方各自的服务侧重点不同，因而服务不类似的辩称没有法律依据，不予支持。其次，根据被告的宣传资料及其陈述，其在经营活动中提供餐饮、住宿等服务，而原告第3098934号商标的核定服务项目为第43类的饭店、餐馆、快餐馆等，显然被告提供的该项服务与原告商标的核定服务项目是相同的。被告辩称当前的桑拿场所都提供配套餐饮，该服务并不属于被告的主营业务，因此不能以此判定被告服务的性质。对此，一审法院认为，被告提供餐饮、住宿服务是一个客观事实，该服务是否为被告的主营业务不影响对服务相同或类似性的判断。

综上，被告黄浦丽池公司在与原告雷茨公司第3098933号、第3098934号注册商标核定服务相同或类似的服务上使用了与原告注册商标近似的标识。

三、关于第三个争议焦点，即被告黄浦丽池公司对系争标识是否享有在先权利的问题

被告黄浦丽池公司称，其关联公司案外人厦门丽晶公司自2000年就开始使用“丽池RITS及图”的标识，原告雷茨公司的第3098933号商标和第3098934号商标的申请日均为2002年，在被告标识使用之后。而且经过被告及关联公司的努力，“丽池会所”在桑拿、指压方面已形成特色，并得到媒体及大众的广泛赞誉，有较高的知名度。因此被告享有在先权利。

原告雷茨公司认为，原告早在1993年就已经注册了“LE RITZ”商标，在1998年就已经在中国使用“RITZ”商标，因此被告黄浦丽池公司并没有在先使用，也未形成在先权利。

根据前述查明的事实，原告雷茨公司于1993年经国际注册并领土延伸至中国获得第G611405号“LE RITZ”商标的专用权。案外人上海波特曼丽思卡尔顿酒店(The Portman Ritz – Carlton, Shanghai)成立于1998年，该酒店自1998年就已经在其名称及经营活动中使用“RITZ – CARLTON”的标识，这种使用源于原告及案外人丽嘉公司的授权。因此，虽然原告在中国并未单独使用“RITZ”商标，但案外人根据原告的授权，将原告的“RITZ”商标作为“RITZ – CARLTON”的一部分在中国使用，也是原告“RITZ”商标的一种使用方式。

案外人厦门丽晶公司2000年申请注册“丽池RITS及图”商标，晚于原告雷茨公司“LE RITZ”商标的注册及“RITZ”商标的使用，因此被告黄浦丽池公司辩称其关联公司使用在先不能成立，其有关在先权利的主张亦不予支持。

四、关于第四个争议焦点，即原告雷茨公司诉请的赔偿数额是否有事实和法律依据的问题

原告雷茨公司主张被告黄浦丽池公司赔偿其经济损失人民币30万元，并承担原告为制止被告的侵权行为所支付的合理费用。原告称因无法证明其因被告侵权所遭受的损失或被告的非法所得，故请求法院在考虑被告自成立起就使用“RITS”标识，明知原告已就其组合商标提出异议，但仍然坚持使用，明显存在恶意等因素的基础上，酌情确定赔偿数额。

被告黄浦丽池公司坚持认为其并未侵权，故不应赔偿，并认为，因原告雷茨公司在中国并未单独使用“RITZ”商标，故不存在损失，也无所谓赔偿。另外，被告标识系由被告自己创设，被告一直善意使用，经被告努力，被告的“丽池会所”在桑拿、指压方面已有很高知名度，标识中“RITS”的使用对被告营利的贡献微乎其微。而且，原告明知被告的行为，但至2008年才起诉，明显存在恶意。即使侵权成立，其也仅能对起诉之日前两年间的行为提出索赔。

一审法院认为，原告雷茨公司系第3098933号、第3098934号“RITZ”商标的注册人，依法享有上述两注册商标的专用权。根据《中华人民共和国商标法》的规定，注册商标的专用权以核准注册的商标和核定使用的商品为限。未经商标注册人的许可，在同一种商品或者类似商品上使用与其注册商标相同或者近似的商标的，构成商标侵权。如前所述，被告黄浦丽池公司在与原告上述两注册商标核定服务相同或类似的服务上使用了与原告注册商标“RITZ”近似的标识，构成商标侵权。

关于赔偿数额，鉴于原告雷茨公司因被告黄浦丽池公司的侵权行为所遭受的损失及被告因侵权所获得的利

益均难以确定,在考虑原告商标的知名度和显著性,原告商标在中国的使用方式,原告为制止被告侵权行为的合理开支,以及被告侵权行为的性质、期间、后果等因素的基础上,酌情确定为人民币20万元。本案在确定赔偿数额时,特别考虑了以下因素:被告主要以"RITS"与"丽池"组合、"丽池RITS及图"组合的方式使用"RITS";上述使用"RITS"标识的场所,除招牌外,主要都在被告的经营场所内;被告现已变更了店外招牌中的外文名称,不再使用"RITS UNION";原告从被告成立之日起就知晓被告的侵权行为,但原告直至2008年3月13日才向被告提起民事诉讼,根据最高人民法院《关于审理商标民事纠纷案件适用法律若干问题的解释》第十八条的规定,侵权损害赔偿数额应当自原告向法院起诉之日起向前推算二年计算,即本案对赔偿数额的计算期间自2006年3月13日至2008年3月13日。

综上,被告黄浦丽池公司侵犯了原告雷茨公司第3098933号、第3098934号"RITZ"商标专用权,应当承担停止侵权、赔偿损失的民事责任。原告请求对被告的侵权行为作出罚款并收缴侵权物品,因上述两项内容不属于被告应该承担的民事责任的范畴,故不予支持。

【一审裁判结果】

上海市第二中级人民法院依照《中华人民共和国商标法》第四条第三款、第五十一条、第五十二条第(一)项、第五十六条第一款、第二款,最高人民法院《关于审理商标民事纠纷案件适用法律若干问题的解释》第八条、第九条第二款、第十条、第十一条第二款、第十二条、第十六条第二款、第十七条第一款、第十八条的规定,于2008年4月21日判决如下:

一、被告黄浦丽池公司应立即停止在经营活动中使用"RITS"标识;

二、被告黄浦丽池公司应于本判决生效之日起10日内赔偿原告雷茨公司经济损失人民币20万元;

三、驳回原告雷茨公司其余的诉讼请求。

案件受理费人民币5800元,由原告雷茨公司负担人民币967元,被告黄浦丽池公司负担人民币4833元。

【上诉情况】

黄浦丽池公司不服一审判决,向上海市高级人民法院提起上诉,主要理由是:一、一审程序违法,判决不公。1. 涉案商标注册异议正在复审,本案应当中止审理。2. 异议人如果对复审决定不服,还可以提起行政诉讼,本案民事裁判不能干涉行政裁决。二、一审查明事实不清,认定有误。1. 上诉人使用的涉案商标与被上诉人雷茨公司的"LE RITZ"商标不相同或相似,不会引起相关公众混淆或误认。2. 被上诉人商标核定的服务项目范围并未直接涉及上诉人从事的浴场、桑拿会所、健身指压服务,一审认定两者相同或类似,是扩充理解。上诉人即使不规范使用自己的商标,也是行政处罚范畴。3. 即使被上诉人1993年经国际注册并领土延伸到中国获得"LE RITZ"商标专用权,也未依法使用或授权使用。被上诉人授权他人使用的是"RITZ - CARLTON"商标,与"RITZ"、"LE RITZ"是三个不同的商标,权利人也不同。4. 被上诉人商标的注册申请晚于上诉人关联企业对涉案商标的使用和注册申请。上诉人商标在先使用,且"丽池会所"标识在中国特别是上海桑拿会所具有很高知名度,故拥有在先权利。5. 一审被上诉人的诉状只有律师签章,无律师事务所盖章确认,故不能代表被上诉人起诉。三、一审适用法律错误,判决不当。1. 一审未依法中止审理,先行作出民事判决,干涉行政裁决。2. 一审认定上诉人使用"RITS"标识对被上诉人"LE RITZ"商标构成侵权错误。

被上诉人雷茨公司辩称:一审认定事实清楚,适用法律正确,审判程序合法,请求驳回上诉,维持原判。其主要理由为:一、行政程序未结束并不影响本案审理。行政审查是对商标授权进行审查,而本案是对商标侵权进行认定。即便行政案件审理结果与本案不同,当事人也可以提起行政诉讼,因此程序法已经给了权利人充分的救济。二、一审认定事实清楚。1. 上诉人黄浦丽池公司没有任何合法的在先权利,被上诉人的商标合法有效。上诉人使用的"RITS、丽池及图"标识仅通过初审,尚未注册,不享有法律保护。通过初审的商标仅具有行政程序上的在先权利,可对抗在后申请的商标,但不享有民法上的在先权利。上诉人使用"RITS"标识具有主观恶意,不构成合法在先权利。2. 被上诉人的"RITZ"商标虽未单独使用,但被许可人以"RITZ - CARLTON"形式在商业活动中使用"RITZ"商标,是有效的使用方式之一。三、一审适用法律正确。1. 上诉人使用的"RITS"标识与被上诉人的"RITZ"和"LE RITZ"商标构成近似。2. 上诉人提供的服务与被上诉人商标指定的服务构成相同或类似服务。

【二审裁判理由】

上海市高级人民法院二审认为:

在商标侵权纠纷案件中,判断被控侵权标识与主张权利的注册商标是否构成近似，应在考虑注册商标的显著性、市场知名度的基础上，对比两者文字的音、形、义，图形的构图及颜色，或者文字及图形等各要素的组合等因素，对两者的整体、主体部分等起到主要识别作用的要素进行综合判断，从而得出两者是否易使相关公众产生混淆的结论。

被上诉人雷茨公司经中国商标局核准，依法在第42类服务项目上享有"LE RITZ"商标，注册号为G611405，注册有效期自1993年12月9日至2013年12月9日，核定服务项目为"饭店；餐馆；休养所；疗养院；哺乳室；社交陪伴；婚姻事务所；美容美发沙龙；为旅游者提供预订房间的服务等"；在第43类服务项目上享有"RITZ"商标，商标注册证为第3098934号，注册有效期自2003年10月7日至2013年10月6日，核定服务项目为"饭店；餐馆；带有烤肉房的饭店；快餐馆；茶室；鸡尾酒会服务；酒吧；旅馆预订"；在第44类服务项目上享有"RITZ"商标。商标注册证为第3098933号，注册有效期自2005年5月21日至2015年5月20日，核定服务项目为"美容院；理发室；疗养院；矿泉疗养院"。被上诉人上述注册商标在其被核定使用的服务项目中享有专有使用权，有权禁止他人未经其许可，在同种或类似服务中使用与其注册商标相同或近似的商标。

被上诉人雷茨公司的上述"RITZ"以及"LE RITZ"注册商标，能够起到区别服务来源的作用，具有较高的显著性。同时，"RITZ"商标经过被上诉人多年的使用，已经在世界上许多国家获得了注册，并曾被日本法院认定为驰名商标；在国内，被上诉人的"RITZ"商标也通过许可相关豪华酒店使用包含"RITZ"文字的"RITZ - CARLTON"商标的形式，使"RITZ"商标为相关公众所知悉。

本案中，上诉人黄浦丽池公司在其经营活动中不但单独使用"RITS"或"RITS CLUB"、"RITS UNION"、"RITS SAUNA"、"RITS 丽池"等文字，同时还使用了包含有"RITS"文字的"RITS、丽池及图"标识。

从上诉人黄浦丽池公司使用的"RITS"文字和被上诉人雷茨公司"RITZ"商标的相似性来看，上诉人使用的"RITS"文字与被上诉人的"RITZ"商标相比较，均为英文大写字母，字体、读音和整体结构近似；前三个字母完全相同；而两者最后一个字母"S"和"Z"，在英文中是对应的一对清浊辅音，发音亦近似。因此，以相关公众的一般注意力为标准进行隔离比对，结合被上诉人"RITZ"注册商标的显著性和知名度，上诉人使用的"RITS"文字与被上诉人的"RITZ"商标构成近似。

从上诉人黄浦丽池公司使用的"RITS"文字提供的服务类别和被上诉人雷茨公司"RITZ"商标核准注册的服务类别上看，上诉人的经营范围为健身房、沐浴按摩、足底按摩、美容、美发、饭菜（不含外送）以及饮料。上诉人在其提供的桑拿、指压、按摩、美容、美发、足疗、餐饮等服务中，在其服务及相关的物品上均使用了"RITS"文字或包括"RITS"文字的组合标识；而被上诉人"RITZ"商标核准注册的服务包括饭店、餐馆、快餐馆、茶室、美容院、理发室、矿泉疗养院等。由于美容、美发和矿泉疗养服务通常都包括各种形式的指压、按摩以及各种沐浴、水疗和相关的餐饮服务，因此，应认定上诉人和被上诉人均向公众提供美容、美发、与沐浴水疗相关的服务以及餐饮等服务，故两者提供服务的目的、内容、方式相同或近似；且根据上诉人的宣传资料和被上诉人的"RITZ"商标的相关许可使用情况来看，两者均以高端客户作为服务对象，故其服务的对象亦相同或相似。因此，上诉人提供的服务与被上诉人"RITZ"商标核准注册的服务构成相同或类似服务。

上诉人黄浦丽池公司使用"RITS"或"RITS CLUB"、"RITS UNION"、"RITS SAUNA"、"RITS 丽池"等文字，易使相关公众对上诉人与被上诉人雷茨公司所提供的相同或类似服务产生混淆，或认为两者具有特定联系，上述行为已构成对被上诉人两项"RITZ"注册商标专用权的侵犯。

同时，上诉人黄浦丽池公司还在经营活动中使用了包含"RITS"文字的"RITS、丽池及图"标识。虽然该组合标识中"RITS"文字所占比例较小，但文字作为商标中起到较强识别作用的要素，对于接受较为高端服务的相关公众，尤其是外籍人士而言，"RITS"文字仍是该标识中区分服务来源的主要因素。由于"RITS"文字与被上诉人雷茨公司"RITZ"注册商标构成近似，而上诉人在经营活动中又同时使用了"RITS"、"RITS CLUB"、"RITS UNION"、"RITS SAUNA"、"RITS 丽池"等文字，显然，上诉人主观上具有借用被上诉人"RITZ"商标商誉的故意，客观上相关公众也易对上诉人包含"RITS"文字的"RITS、丽池及图"标识所指示的服务来源产生混淆，或误认为上诉人和被上诉人具有特定联系，因此，上诉人使用的包含"RITS"文字的"RITS、丽池及图"标识，亦对被上诉人"RITZ"注册商标的专用权构成侵犯。

综上,上诉人黄浦丽池公司在与被上诉人雷茨公司“RITZ”注册商标核定使用的服务项目相同或类似的服务中使用“RITS”文字以及在“RITS、丽池及图”标识中使用“RITS”文字,构成对被上诉人“RITZ”注册商标专用权的侵犯,应承担停止侵权并赔偿损失的民事责任。

对于上诉人黄浦丽池公司认为的一审程序违法,判决不公的理由,案外人厦门丽晶公司申请注册的“RITS、丽池及图”标识,因被上诉人雷茨公司以其注册的“LE RITZ”注册商标提出异议,被中国商标局裁定认为构成近似商标并不予注册。厦门丽晶公司对该裁定不服并申请复审,并不必然引起本案民事审判的中止审理。本案系关于上诉人使用的商业标识中所包含的“RITS”文字是否对被上诉人“RITZ”注册商标构成侵权的民事案件,而案外人对中国商标局的裁定申请复审系针对“RITS、丽池及图”标识,上述两个案件的标的并不完全相同,该行政复审案件的处理结果,也并非是本案民事案件审理的法定前提。即便案外人对复审决定不服提起行政诉讼,也并不影响本案的处理结果。一审法院未中止审理本案,并无不妥。上诉人认为一审程序违法,民事裁判干涉行政裁决的上诉理由,不予支持。

对于上诉人黄浦丽池公司认为一审查明事实不清,认定有误的上诉理由,首先,根据前述事实,上诉人使用的“RITS”文字以及包含“RITS”文字的相关标识构成对被上诉人雷茨公司“RITZ”注册商标专用权的侵犯。至于上诉人不规范使用自己的商标,是否应给予行政处罚,并非本案民事侵权案件审理范围;但只要上诉人不规范使用标识,侵犯了他人的合法注册商标专用权,即构成侵权,应承担相应的民事责任。其次,被上诉人商标核定的服务项目与上诉人提供的服务项目亦构成相同或类似服务。第三,被上诉人“RITZ”注册商标在饭店服务类别中国际知名度较高,通过授权国内多家豪华酒店使用包含“RITZ”商标字样的“RITZ-CARLTON”商标,使其服务的高端人士,尤其是外籍人士,能够识别该文字所标识的服务来源,故属于对其商标的一种许可使用方式。第四,标识的在先使用并不必然产生权利,已经使用并已有一定影响的未注册商标能够获得的救济也仅是可以阻止他人以不正当手段抢先注册;况且,在本案中,上诉人在“RITS、丽池及图”标识中使用“RITS”文字,虽然先于被上诉人“RITZ”商标注册的时间,但被上诉人早在1993年12月即已经通过国际注册获得了“LE RITZ”商标的注册商标专用权。由于被上诉人“LE RITZ”商标的主体部分与其“RITZ”商标相同,而上诉人使用的“RITS”文字又与被上诉人“RITZ”商标构成近似,因此在相同或类似服务中,上诉人对“RITS”文字并不享有在先权利。上诉人认为其对“RITS”文字享有在先权利的主张,缺乏事实和法律依据。至于上诉人“丽池会所”标识的知名度问题,本案中上诉人仅提供了证据证明“丽池会所”曾获荣誉,并未能够提供证据证明其使用的“RITS、丽池及图”标识具有一定知名度。同时,从被上诉人“RITZ”商标2002年申请注册并获核准至今,上诉人也并未以“RITS、丽池及图”标识通过使用已经具有一定知名度为由,向国家工商行政管理总局商标评审委员会申请撤销“RITZ”商标,故被上诉人的“RITZ”注册商标合法有效。在被上诉人“RITZ”商标获得注册之后,上诉人使用“RITS”文字及在“RITS、丽池及图”标识中使用与被上诉人“RITZ”商标近似的“RITS”文字,即对被上诉人“RITZ”注册商标的专用权构成了侵犯。最后,对于被上诉人的诉状只有律师签章能否代表被上诉人起诉的问题,根据我国民法通则第六十三条第一款和第二款的规定,法人可以通过代理人实施民事法律行为,而代理人在代理权限内,以被代理人的名义实施民事法律行为。被代理人对代理人的代理行为,承担民事责任。本案被上诉人已于2007年10月31日授权律师孟霆、赵天娟参加与商标侵权相关的全部诉讼程序,包括代为起诉、代为签署任何相关的法律文件(包括起诉书)等,而上海雷曼律师事务所北京分所也出具了律师事务所函,证实上述委托关系。因此,该两位律师在2007年12月25日对上诉人起诉的诉状上签字盖章的行为,系以被上诉人的名义代为提起诉讼的代理行为,具有法律效力。上诉人认为一审查明事实不清、认定有误的上诉理由,不予支持。

对于上诉人黄浦丽池公司认为一审适用法律错误,判决不当的上诉理由。本案是否应当中止审理以及上诉人使用“RITS”文字对被上诉人雷茨公司“LE RITZ”商标的主体部分“RITZ”构成近似的问题,上文已经详述,故上诉人认为一审适用法律错误、判决不当的上诉理由,不予支持。

综上,上诉人黄浦丽池公司的上诉请求及理由无事实及法律依据,应予驳回。

【二审裁判结果】

上海市高级人民法院依照《中华人民共和国民事诉讼法》第一百五十三条第一款第(一)项、第一百五十八条之规定,于2008年7月22日判决如下:

驳回上诉，维持原判。

本案二审案件受理费人民币4300元，由上诉人黄浦丽池公司负担。

本判决为终审判决。

山东鲁锦实业有限公司诉鄄城县鲁锦工艺品有限责任公司、济宁礼之邦家纺有限公司侵犯注册商标专用权及不正当竞争纠纷案

【裁判摘要】

一、《中华人民共和国商标法实施条例》第四十九条规定："注册商标中含有的本商品的通用名称、图形、型号，或者直接表示商品的质量、主要原料、功能、用途、重量、数量及其他特点，或者含有地名，注册商标专用权人无权禁止他人正当使用。"据此，注册商标专用权的行使应有所限制。商标的作用主要在于商品的识别性，即购买者、消费者能够通过不同的商标而区别相应的商品或者服务，防止购买者、消费者对商品及服务的来源产生混淆。因此，虽然在商品或服务上使用了他人注册商标中含有的本商品的通用名称等，属于正当使用，不构成对他人注册商标专用权的侵犯。

二、商品通用名称应当具有广泛性、规范性。对于具有地域性特点的商品通用名称，判断其是否具有广泛性，应以特定产区及相关公众的接受程度为标准，而不应以是否在全国范围内广泛使用为标准；判断其是否具有规范性，应当以相关公众的一般认识及其指代是否明确为标准。对于约定俗成、已为相关公众认可的名称，即使其不尽符合相关科学原理，亦不影响将其认定为通用名称。具体判断是否构成商品的通用名称，应当注意把握以下几点：1. 该名称是否在某一地区或领域普遍使用并为相关公众所接受；2. 该名称所指代的商品生产工艺是否经某一地区或领域长期共同劳动实践而形成；3. 该名称所指代的商品生产原料是否在某一地区或领域普遍生产。

【基本案情】

原告山东鲁锦实业有限公司（以下简称鲁锦公司）因与被告鄄城县鲁锦工艺品有限责任公司（以下简称鄄城鲁锦公司）、济宁礼之邦家纺有限公司（以下简称礼之邦公司）发生侵犯注册商标专用权及不正当竞争纠纷，向山东省济宁市中级人民法院提起诉讼。

原告鲁锦公司诉称：原告前身是嘉祥县瑞锦民间工艺品厂。1985年起原告将所产棉布、工艺品、服装和床上用品等产品统称为"鲁锦"。1999年原告申请注册了"鲁锦"文字商标；2001年申请注册了"图形＋LUJIN（鲁锦拼音）"组合商标。2006年，原告被中国商业联合会吸收为"中华老字号"会员单位。同年，原告的"鲁锦"商标被山东省工商局认定为"山东省著名商标"。原告发现在济宁市区域内，有大量被告鄄城鲁锦公司、礼之邦公司生产、销售的鲁锦产品。这些产品都在显著位置标明了"鲁锦"字样，并由礼之邦鲁锦专卖店等众多专卖店进行销售。被告的上述产品侵犯了原告的"鲁锦"注册商标专用权。另外，鄄城鲁锦公司企业名称中含有原告的"鲁锦"注册商标字样，误导消费者，构成不正当竞争。请求判令二被告立即停止生产、销售带有"鲁锦"字样的侵权产品，并销毁已生产的侵权产品和包装；判令鄄城鲁锦公司变更企业名称，去掉其名称中的"鲁锦"字样；判令礼之邦公司所属店堂门面不得使用"鲁锦"字样；判令二被告赔偿经济损失50万元，并承担本案诉讼费、调查费、律师费等原告为制止被告侵权行为所支出的一切费用。

被告鄄城鲁锦公司辩称：原告鲁锦公司注册成立于2001年2月9日，在原告成立之前及1999年鲁锦商标注册完成之前，"鲁锦"这两个文字已经变成了通用名称，成为一种工艺技术、文化的代表，各行各业都有权加以使用。因此，原告认为被告侵犯其注册商标专用权，构成不正当竞争，要求赔偿其50万元经济损失的诉讼请求不成立。请求依法驳回原告的全部诉讼请求。

被告礼之邦公司未作答辩。

【争议焦点】

本案的争议焦点是：被告鄄城鲁锦公司、礼之邦公司的行为是否构成对原告鲁锦公司注册商标专用权的侵犯；鄄城鲁锦公司在字号中使用"鲁锦"，是否构成不正当竞争。

【一审裁判理由】

济宁市中级人民法院一审认为：

原告鲁锦公司的"鲁锦"文字商标和"Lj＋LUJIN"的组合商标，已经国家商标局核准注册并核定使用于第25类、第24类商品上，在该类商品上原告依法享有注册商标的专用权，受法律保护。被告鄄城鲁锦公司提供商评委的《注册商标争议申请受理通知书》，用于证明"鲁锦"注册商标发生争议并已被受理，但未提供商评委作出的结论性裁定，不能据此否认原告对"鲁锦"注册商标依法

享有的专用权。鄄城鲁锦公司庭审中虽然提供了大量丛书、期刊、报纸、报道、宣传资料、专题片、获奖证书等书面、视听资料证据,但均不足以证明"鲁锦"是历史文化遗产,属于社会公共资源,也不能证明"鲁锦"属于国家商标局制定的《类似商品和服务区分表》中的第25、24类商品的通用名称或者第25、24类商品中某一具体商品的通用名称。故鄄城鲁锦公司关于"鲁锦"是历史文化遗产、社会公共资源、通用名称,原告无权禁止被告在第25、24类商品上使用"鲁锦"的理由无法律依据和事实根据,不予支持。

根据《中华人民共和国商标法实施条例》第五十条第一款(一)项的规定,在同一种或者类似商品上,将与他人注册商标相同或者近似的标志作为商品名称或者商品装潢使用,误导公众的,属侵犯注册商标专用权的行为。根据本案事实,被告鄄城鲁锦公司在与原告鲁锦公司相同或者类似的商品上,将与原告注册商标相同或者近似的"鲁锦"作为商品名称或者商品装潢,在被控侵权商品的标签(吊牌)、包装盒、包装袋及其店堂门面上使用,且特意放大显示、醒目突出,容易使消费者在视觉上将注意力集中在"鲁锦"上,暗示自己同"鲁锦"之间存在特殊的关系。原告的企业字号和注册商标均为"鲁锦"且使用在先,2006年原告的"鲁锦"商标又被认定为山东省著名商标,原告的"鲁锦"商品在相关公众中具有较高的知名度,依法应当认定为知名商品。被告突出使用"鲁锦"的行为,客观上极易使了解"鲁锦"的相关公众对被控侵权商品的来源产生误认、误购,可以认定其存在主观过错,构成对原告注册商标专用权的侵犯。

根据被告礼之邦公司对其售出商品所出具的发票,可以认定其客观上销售了被告鄄城鲁锦公司所生产的侵权商品,且被告礼之邦公司将"鲁锦"文字放大、突出使用在其店堂门面上,客观上容易使相关公众产生误认,其行为亦构成对原告鲁锦公司注册商标专用权的侵犯。

原告鲁锦公司生产"鲁锦"系列服装及纺织品、床上用品已有十几年的历史,所获得的各类荣誉称号表明"鲁锦"系列服装在服装生产行业具有一定的知名度,在山东省境内服装行业享有很高的知名度,在济宁市及其周边地区的知名度则更高,已为相关的经营者或者消费者知悉,属知名商品。"鲁锦"注册商标于1999年12月经国家商标局核准注册并使用至今,现仍在有效期内且系山东省著名商标。2001年2月原告经核准使用"鲁锦"作为企业字号后,原告商品的品牌和生产者名称中均含有"鲁锦",因此"鲁锦"应当认定为原告知名商品特有标识。被告鄄城鲁锦公司的企业名称获得核准的时间为2003年3月,被告企业名称中的字号"鲁锦"与原告使用的"鲁锦"完全相同,但原告使用在先,被告使用在后。结合被告在侵权商品的包装袋上将"鲁锦"文字放大、突出使用,且未标识生产商、地址的实际情况,可以认定被告明显具有傍名牌及误导公众的主观故意,其行为违反了诚实信用原则,构成不正当竞争。

综上,原告鲁锦公司关于被告鄄城鲁锦公司停止使用"鲁锦"作为企业名称,被告礼之邦公司停止在其店堂门面上使用"鲁锦"字样,二被告立即停止生产、销售带有"鲁锦"字样的侵权产品的诉讼请求,应予支持。原告要求二被告赔偿损失50万元,但未就其因被控侵权行为遭受的损失、被告因被控侵权行为获得的利益提交相关证据。结合二被告各自侵权行为的性质、主观恶意程度、侵权时间长短及影响、生产、销售侵权商品的数量等各方面的因素,酌定鄄城鲁锦公司赔偿原告经济损失人民币25万元,礼之邦公司赔偿原告经济损失人民币1万元。

【一审裁判结果】

济宁市中级人民法院依照《中华人民共和国民法通则》第一百一十八条,第一百三十四条第(一)项、第(七)项,《中华人民共和国商标法》第五十二条第(二)项、第(五)项,第五十六条第一款、第二款,《中华人民共和国商标法实施条例》第五十条第一款(一)项及最高人民法院《关于审理商标民事纠纷案件适用法律若干问题的解释》第一条第一款(一)、第十七条,《中华人民共和国反不正当竞争法》第二条,最高人民法院《关于审理注册商标、企业名称与在先权利冲突的民事纠纷案件若干问题的规定》第四条,《中华人民共和国民事诉讼法》第一百三十条之规定,于2008年8月25日判决如下:

一、被告鄄城鲁锦公司于本判决生效之日立即停止在其生产、销售的第25类服装类系列商品上使用"鲁锦"作为其商品名称或者商品装潢,并于本判决生效之日起30日内,消除其现存被控侵权产品上标明的"鲁锦"字样;被告礼之邦公司立即停止销售被告鄄城鲁锦公司生产的被控侵权商品。

二、被告鄄城鲁锦公司于本判决生效之日起十五日内赔偿原告鲁锦公司经济损失人民币25万元;被告礼之邦公司赔偿原告鲁锦公司经济损失人民币1万元。

三、被告鄄城鲁锦公司于本判决生效之日起30日内变更企业名称,变更后的企业名称中不得包含"鲁锦"文字；被告礼之邦公司于本判决生效之日立即将其位于济宁运河路商业街3号店堂门面上的“鲁锦”字样消除。

【上诉情况】

鄄城鲁锦公司不服一审判决，向山东省高级人民法院提起上诉，请求撤销一审判决，依法改判驳回被上诉人鲁锦公司的诉讼请求。主要理由是：在1999年鲁锦公司注册“鲁锦”商标之前，“鲁锦”就已成为通用名称，是社会公共财富，历史文化遗产。《商标法实施条例》第四十九条规定：“注册商标中含有的本商品的通用名称、图形、型号，或者直接表示商品的质量、主要原料、功能、用途、重量、数量及其他特点，或者含有地名，注册商标专用权人无权禁止他人正当使用。”上诉人使用“鲁锦”的行为，仅是表明上诉人的商品是用鲁锦面料制成的，属于“正当使用”，不构成商标侵权，也不构成不正当竞争。

礼之邦公司不服一审判决，向山东省高级人民法院提起上诉，请求撤销一审判决，依法改判驳回鲁锦公司诉讼请求。主要理由是：“鲁锦”是鲁西南一带特有的民间纯棉手工纺织品的通用名称，上诉人不知道“鲁锦”是被上诉人鲁锦公司的注册商标，接到诉状后已停止了相关使用行为，故不应承担赔偿责任。

被上诉人鲁锦公司未提交答辩状，在二审庭审中辩称：1.“鲁锦”是被上诉人于1985年独自创造使用的，是被上诉人依法注册的商标，不是通用名称。当地人称他们所织造的织物为“土布”、“粗布”，不用“鲁锦”一词。上诉人鄄城鲁锦公司、礼之邦公司认为“鲁锦”是通用名称，但对于“鲁锦”到底是指鲁西南织锦，还是指鲁西南织锦技艺，或者是指鲁锦服饰并不确定，所以不能证明“鲁锦”是通用名称。2. 商品的通用名称除了要具备较强的针对性外，还必须具备名称的规范性和公众知晓的广泛性。将棉布定义为“锦”反科学，且很多地方并不将“土布”称为鲁锦，不具有广泛性。故不能认定“鲁锦”为通用名称。3. 自1999年“鲁锦”商标申请注册至今，被上诉人进行了广泛的使用和宣传，与被上诉人形成了唯一对应的关系，上诉人的行为构成了对被上诉人注册商标专用权的侵犯，也构成了不正当竞争。4. 即使能够认定“鲁锦”是通用名称，上诉人的使用行为突出了“鲁锦”两字，也不属于正当使用，仍然构成侵权。请求驳回上诉，维持原判。

【二审争议焦点】

本案二审的争议焦点仍然是：上诉人鄄城鲁锦公司、礼之邦公司的行为是否构成对被上诉人鲁锦公司注册商标专用权的侵犯；鄄城鲁锦公司在字号中使用“鲁锦”，是否构成不正当竞争。

【二审裁判理由】

山东省高级人民法院二审认为：

根据本案事实，可以认定，在1999年被上诉人鲁锦公司将“鲁锦”注册为商标之前，已是山东民间手工棉纺织品的通用名称，“鲁锦”织造技艺为非物质文化遗产。上诉人鄄城鲁锦公司、济宁礼之邦公司的行为不构成商标侵权，也不构成不正当竞争。

首先，被上诉人鲁锦公司的“鲁锦”文字商标和“Lj + LUJIN”的组合商标已经国家商标局核准注册并核定使用于第25类、第24类商品上，此注册商标专用权应依法受法律保护。虽然上诉人鄄城鲁锦公司对此商标提出撤销申请，国家商标局商标评审委员会也已经受理，但在商评委未做出决定之前，仍应确认此两商标的法律效力。但任何权利均有限制，没有限制的权利就会被滥用，从而威胁到公共利益。注册商标专用权也有其权利限制。《中华人民共和国商标法实施条例》第四十九条规定：“注册商标中含有的本商品的通用名称、图形、型号，或者直接表示商品的质量、主要原料、功能、用途、重量、数量及其他特点，或者含有地名，注册商标专用权人无权禁止他人正当使用。”商标的作用主要为识别性，即消费者能够依不同的商标而区别相应的商品及服务的提供者。保护商标权的目的，就是防止对商品及服务的来源产生混淆，故虽然在商品或服务上使用了他人商标，但属于正当使用，不具有侵犯他人商标权的目的，不会使消费者对商品或服务来源产生误认的，不应认定为侵犯注册商标专用权的行为。

其次，根据本案事实可以认定，“鲁锦”专指鲁西南民间织锦，即一种山东民间纯棉手工纺织品，其纹彩绚丽，灿烂似锦，在鲁西南地区已有上千年的历史。“鲁锦”作为这种具有山东特色的手工纺织品的通用名称，为国家级主流媒体、各类专业报纸以及山东省内新闻媒体所公认，山东省及济宁、菏泽、嘉祥、鄄城省市县三级史志资料均将“鲁锦”记载为传统鲁西南民间织锦的“新名”，有关工艺美术、艺术的工具书中也确认“鲁锦”就是产自山东的一种民间纯棉手工纺织品。大量证据表明，“鲁锦”织造工艺历史悠久，用这种工艺织造出的纺织品具有手工织造、纯棉质地、色彩绚丽、图案古雅、绿色环保、舒适耐用等特点。在提到“鲁锦”两字时，人们想到的就是具有鲜明地方特色、传统悠久的山东民间手工棉纺织品及其织造工艺。经山东省嘉祥县、鄄城县共同申报，“鲁锦织造技艺”于2006年被确定为第一批山东省非物质文化遗产，2008年被确定为国家级非物质文化遗产。“鲁锦”代表的纯棉手工纺织生产工艺并非由某一自然人或企业法人发明而成，而是由山东地区特别是鲁西南地区人民长期劳动实践而形成。“鲁锦”代表的纯棉手工纺织品的生产原料亦非某一自然人或企业法人特定种植，而是山东不特定地区广泛种植的棉花。自上世纪八十年代中期后，传统鲁西南民间织锦开始走入现代生活，以在北京民族文化宫举办“鲁锦与现代生活方式展”为起点，经过媒体的大量宣传，“鲁锦”一词进入公众视野，已成为以棉花为主要原料、手工织线、手工染色、手工织造的山东地区特有民间手工纺织品的通称，且已在山东地区纺织行业领域内通用并被相关社会公众所接受。综上，可以认定“鲁锦”是专指山东地区特别是鲁西南地区民间纯棉手工纺织品的通用名称，是一种无形的公共资产，应为该地区的生产、经营者共同享有。被上诉人鲁锦公司认为“鲁锦”这一名称不具有广泛性，主张在我国其他地方也出产老粗布，但不叫“鲁锦”。对此法院认为，对于具有地域性特点的商品通用名称，判断其广泛性应以特定产区及相关人群为标准，而不应以全国为标准。我国其他省份的手工棉纺织品不叫“鲁锦”，并不影响“鲁锦”专指山东地区特有的民间手工棉纺织品这一事实。鲁锦公司认为“鲁锦”这一名称不具有科学性，主张棉织品应称为“棉”而不应称为“锦”。对此法院认为，名称的确定与其是否符合科学没有必然关系，对于已为相关公众接受、指代明确、约定俗成的名称，即使不符合科学，亦不影响其成为通用名称。鲁锦公司还认为“鲁锦”这一名称不具有普遍性，主张山东省内有些经营者、消费者将这种民间手工棉纺织品称为“粗布”或“老土布”。对此法院认为，山东棉纺织业历史悠久，人们一直将民间手工棉纺织品称为“粗布”、“老土布”，“鲁锦”这一称谓是上世纪80年代中期确定的新的名称，经过多年的宣传与使用，现已为相关公众所知悉和接受。“粗布”、“老土布”等旧有名称的存在，不影响“鲁锦”通用名称的认定。综上，鲁锦公司的上述诉讼主张均不能成立，不予采纳。

第三，被上诉人鲁锦公司于1999年注册“鲁锦”文字商标，核定使用商品为第25类服装、鞋、帽类等。2001年注册“Lj + LUJIN”组合商标，核定使用商品为第24类纺织物、棉织品等。由于鲁锦公司上述商标所使用的文字与作为山东民间手工棉纺织品通用名称的“鲁锦”一致，其应具备的显著性区别特征因此趋于弱化，作为商标被保护的特性亦相应弱化。“鲁锦”虽不是鲁锦服装的通用名称，但却是山东民间手工棉纺织品的通用名称。鲁西南地区有不少以鲁锦为面料生产床上用品、工艺品、服饰的厂家，这些厂家为了突出“手工、绿色、环保、舒适”的“鲁锦”特点，均有权正当使用“鲁锦”名称，在其产品上叙述性标明其面料采用鲁锦。本案中，上诉人鄄城鲁锦公司在其生产的涉案产品的包装盒、包装袋上使用“鲁锦”两字，仅是为了表明其产品采用鲁锦面料，其生产技艺具备鲁锦特点，并不具有侵犯鲁锦公司“鲁锦”注册商标专用权的主观恶意，也并非作为商业标识使用，不会造成相关消费者对商品来源的误认和混淆，属于合理、正当使用，故不构成对“鲁锦”注册商标专用权的侵犯。基于同样的理由，鄄城鲁锦公司在其企业名称中使用“鲁锦”字样，也系正当使用，不构成不正当竞争。上诉人礼之邦公司作为鲁锦制品的专卖店，同样有权使用“鲁锦”字样，亦不构成对“鲁锦”注册商标专用权的侵犯。

鉴于“鲁锦”目前仍是合法有效的注册商标，为规范市场秩序，保护公平竞争，鄄城鲁锦公司在今后使用“鲁锦”字样以标明其产品面料性质的同时，应合理避让鲁锦公司的注册商标专用权，应在其产品包装上突出使用自己的“精一坊”商标，以显著区别产品来源，方便消费者加以识别。

综上，一审判决认定事实部分有误，判决结果不当。上诉人鄄城鲁锦公司、礼之邦公司提出的上诉理由充分，依法应予支持。

【二审裁判结果】

根据《中华人民共和国商标法实施条例》第四十九条、《中华人民共和国民事诉讼法》第一百五十三条第二款之规定，山东省高级人民法院于2009年8月5日判决如下：

一、撤销山东省济宁市中级人民法院(2007)济民五初字第6号民事判决；

二、驳回被上诉人鲁锦公司的诉讼请求。

本判决为终审判决。

大宇资讯股份有限公司诉上海盛大网络发展有限公司侵犯注册商标专用权纠纷案

【裁判摘要】

在提供在线网络游戏的服务上经核准注册的商标，含有相关公众约定俗成的一类游戏的名称的，如果他人不是将该游戏名称作为区分商品或者服务来源的商标使用，只是在网络游戏服务中以介绍游戏内容、特点的方式使用该游戏名称，不会造成相关公众对网络游戏服务提供者的混淆，属于对注册商标的正当使用，不构成对注册商标专用权的侵犯。

【基本案情】

原告大宇资讯股份有限公司（以下简称大宇公司）因与被告上海盛大网络发展有限公司（以下简称盛大公司）商标侵权纠纷一案，向上海市浦东新区人民法院提起诉讼。

原告大宇公司诉称：自1989年起，原告自主开发研制并销售了8款"大富翁"系列电子游戏软件，在市场上建立了良好的口碑，具有产品识别性。2005年经国家工商行政管理总局商标局核准，原告取得了"大富翁"文字商标，核定使用在第41类服务项目，其中包括"（在计算机网络上）提供在线游戏"项目。2005年6月，原告发现被告盛大公司通过计算机网络推出网络在线游戏"盛大富翁"，与原告的"大富翁"电子游戏同属"（在计算机网络上）提供在线游戏"的服务项目，且"盛大富翁"与"大富翁"在文字组合、含义、读音等方面均构成近似，"盛大富翁"并没有改变"大富翁"的基本含义，两者之间没有明显的区别性，客观上已经对众多游戏用户造成了混淆和误解。因此被告的行为侵犯了原告的商标专用权，要求判令被告立即停止侵权、赔偿经济损失人民币50万元及其他损失人民币44 825.3元（其中包括律师费人民币3万元、公证费人民币3500元、差旅费人民币11 325.3元）。

被告盛大公司辩称："大富翁"是一类模拟商业风险的智力游戏棋的通用名称，"大富翁"作为商标不具有显著性，被告有权正当使用。被告的游戏名称"盛大富翁"系由被告的企业字号"盛大"和通用词汇"富翁"两部分组成，属合理使用，且与原告大宇公司的商标不相同也不相近似。被告的企业字号"盛大"已经注册了商标，而且在业内有知名度，不会造成与原告商标的混淆。被告已经注册了许多与"盛大"有关的游戏商标，"盛大富翁"的商标注册申请也已经得到了商标局的受理。此外，原告的"大富翁"文字仅在其单机版游戏上使用过，还是作为商品名称而不是作为商标使用，其单机版游戏上使用的商标是"softstar"，而原告在第41类"（在计算机网络上）提供在线游戏"项目上从未推出过产品，也未使用过涉案商标。因此被告的游戏名称"盛大富翁"并没有侵犯原告的商标专用权，故不同意原告的诉讼请求。

【一审争议焦点】

本案一审的争议焦点是：被告盛大公司在网站上使用"盛大富翁"标识和《盛大富翁》游戏名称的行为是否构成商标侵权。

【一审裁判理由】

上海市浦东新区人民法院一审认为：

"大富翁"是一类游戏的通用名称，原告大宇公司不能禁止他人对"大富翁"在表示一类"按骰子点数走棋的模拟现实经商之道的游戏"名称时的正当使用；另外，经比对，图文标识"盛大富翁"与文字商标"大富翁"不相近似，且被控侵权标识在网站上被使用时直接标明了服务来源，而大宇公司又至今未在商标核定使用的服务范围内进行过以"大富翁"为商标的经营，"大富翁"的显著性极其有限，故被告盛大公司在网站上使用"盛大富翁"标识和《盛大富翁》游戏名称的行为不构成商标侵权。

【一审裁判结果】

上海市浦东新区人民法院根据《中华人民共和国商标法》第四条第三款、第五十二条第一款第一项、《中华人民共和国商标法实施条例》第四十九条、最高人民法院《关于审理商标民事案件适用法律若干问题的解释》第九条第二款、第十条之规定，于2007年9月13日判决：

驳回原告大宇公司的诉讼请求。

【上诉情况】

大宇公司不服一审判决，向上海市第一中级人民法院提起上诉，请求撤销原审判决，依法改判，支持其一审全部诉讼请求。主要理由是：1. 一审法院依据被上诉人提供之香港地区出版的报纸、美国专利授权资料、外国著作等认定"大富翁"系一类游戏的通用名称，既混淆了商品名称与网络服务名称的概念，又违反了注册商标地域性属性，不应以"大富翁"在境外或香港地区的情况来确认其是否为通用名称。由于"大富翁"是上诉人在计算机网络在线服务的注册商标,且“大富翁”绝非计算机网络在线游戏的通用名称,故被上诉人不能擅自使用在其经营的计算机网络在线游戏上。2. 一审法院错误认定被上诉人使用的“盛大富翁”图形、文字标识及游戏名称与原告的“大富翁”文字注册商标不构成近似。事实上,“盛大富翁”并没有改变“大富翁”的基本含义,且在文字组合、含义、读音诸方面均构成近似,客观上已经对众多游戏用户造成了混淆和误解。

被上诉人盛大公司表示接受一审判决,请求维持原判。

【二审争议焦点】

本案二审的争议焦点仍是:被上诉人盛大公司在网站上使用“盛大富翁”标识和《盛大富翁》游戏名称的行为是否构成商标侵权。

【二审裁判理由】

上海市第一中级人民法院二审认为:

上诉人大宇公司在中国大陆申请注册之商标“大富翁”的核定使用服务类别为第41类即“(在计算机网络上)提供在线游戏”,任何人未经大宇公司许可,在与注册商标“大富翁”核定使用的同一种服务上或者类似服务上使用与该商标相同或者近似标识的,均构成对大宇公司商标专用权的侵害。但是,由于“大富翁”作为一种在计算机上“按骰子点数走棋的模拟现实经商之道的游戏”已经广为人知,“大富翁”已成为这种商业冒险类游戏约定俗成的名称,如果他人正当使用“大富翁”文字用以概括或说明游戏的对战目的、规则、特点和内容时,则不应被认定为是商标侵权行为。

本案中,上诉人大宇公司在第41类服务上申请注册“大富翁”商标之前,“大富翁”作为一种在计算机上“按骰子点数走棋的模拟现实经商之道的游戏”已经广为人知,对于相关公众而言“大富翁”与这种商业冒险类游戏已建立起紧密的对应关系,“大富翁”已成为这种商业冒险类游戏约定俗成的名称。因此,“大富翁”文字虽然被大宇公司注册为“提供在线游戏”服务的商标,但是其仍然具有指代前述商业冒险类游戏的含义,大宇公司并不能禁止他人对这种含义的正当使用。本案中,被上诉人盛大公司使用“盛大富翁”有两种方式,一种是在游戏文字介绍中作为游戏名称使用;另一种是在相关网页左上角显示相应标识或者在游戏画面右上角显示相应标识等。以此分析盛大公司使用被控侵权标识的方式和目的,盛大公司并未将被控侵权标识使用于其网站的所有在线游戏服务上,而仅在与“掷骰子前进,目的是通过买地盖房等商业活动在经济上击败对手并成为大富翁”这一款游戏相关的在线游戏服务中使用了被控侵权标识,这说明被上诉人使用被控侵权标识意在以其中所含“大富翁”文字描述性地表明其在线提供的这款游戏的内容和对战目标。再者,游戏玩家只有进入盛大公司的网站才能进行该款游戏的对战,在网站“游戏介绍”中又清楚地写明“《盛大富翁》是由盛大网络自主研发的一款休闲网络游戏”,加之“盛大”字号具有相当的知名度,相关公众一般不会将盛大公司的“大富翁”游戏误认为是大宇公司的“大富翁”游戏,也不会将两者的服务来源相混淆。由此可见,盛大公司的被控侵权行为属于叙述服务所对应游戏品种的正当使用,作为服务商标“大富翁”的商标专用权人大宇公司无权加以禁止。

上诉人大宇公司强调“大富翁”是其网络在线游戏服务的注册商标,被上诉人盛大公司不应擅自将与该商标近似的标识使用在所经营的计算机网络在线游戏上。二审法院认为,上诉人在本案诉讼期间所提交的证据表明,盛大公司并未在除“按骰子点数走棋的模拟现实经商之道的游戏”之外的其他在线游戏的网络服务中使用被控侵权标识,而公证保全所呈现的行为尚属合理使用范畴。

至于上诉人大宇公司认为,一审法院错误认定“盛大富翁”图文标识及游戏名称与“大富翁”文字注册商标不构成近似,并以上诉人未实际使用“大富翁”注册商标为由不支持上诉人的诉讼请求于法无据。法院认为,上诉人未实际使用注册商标并非原审法院的唯一判决依据,商标正当使用的判定与涉案标识之间是否近似的判断亦无直接的关联,故上诉人前述上诉理由成立与否并不影响本案的处理。

综上所述,原审法院认定事实基本清楚,适用法律正确,审判程序合法。上诉人大宇公司的上诉理由不能成立。

【二审裁判结果】

上海市第一中级人民法院依照《中华人民共和国民事诉讼法》第一百五十三条第一款第(一)项的规定,于2010年12月24日判决:

驳回上诉,维持原判。

本判决为终审判决。

衣念(上海)时装贸易有限公司诉浙江淘宝网络有限公司、杜国发侵害商标权纠纷案

【裁判摘要】

网络交易平台经营者对于网络商户的侵权行为一般不具有预见和避免的能力，故不当然为此承担侵权赔偿责任，但如果网络交易平台经营者知道网络商户利用其所提供的网络服务实施侵权行为，而仍然为侵权行为人提供网络服务或者没有采取必要的措施，则应当与网络商户承担共同侵权责任。网络交易平台经营者是否知道侵权行为的存在，可以结合权利人是否发出侵权警告、侵权现象的明显程度等因素综合判定。网络交易平台经营者是否采取了必要的避免侵权行为发生的措施，应当根据网络交易平台经营者对侵权警告的反应、避免侵权行为发生的能力、侵权行为发生的几率大小等因素综合判定。

【基本案情】

原告衣念(上海)时装贸易有限公司(以下简称衣念公司)因与被告杜国发、浙江淘宝网络有限公司(以下简称淘宝公司)发生侵害商标权纠纷，向上海市浦东新区人民法院提起诉讼。

原告衣念公司诉称：依兰德有限公司(E. LAND LTD)是第1545520号注册商标和第1326011号注册商标的权利人，依兰德有限公司将上述商标的独占许可使用权授予原告。原告生产的TEENIE WEENIE等品牌服装拥有很高的知名度，曾获得2009年度上海名牌称号。被告杜国发在淘宝网销售的服装中使用了TEENIE WEENIE等商标，侵犯了原告享有的注册商标专用权。根据杜国发在淘宝网上的成交记录，其在2009年12月1日至2010年2月1日两个月时间内就成交仿冒产品20余件，成交价格共计人民币3077元(以下币种相同)。原告正品的价格是仿冒产品的五至十倍，杜国发给原告造成直接损失15 000元至30 000元，侵权仿冒品给正品造成的品质减损影响则无法估测。被告淘宝公司是淘宝网的运营商。自2009年9月开始，原告就淘宝网上存在的大量侵权商品向淘宝公司提出警告，并要求其采取事先审查、屏蔽关键词等有效措施控制侵权行为的蔓延，但淘宝公司未采取合理措施。自2009年9月开始，原告针对杜国发的侵权行为，曾7次发函给淘宝公司，要求其删除杜国发发布的侵权商品信息。淘宝公司对原告举报的侵权信息予以删除，但未采取其他制止侵权行为的措施。淘宝公司不顾原告的警告和权利要求，在知道杜国发以销售侵权商品为业的情况下，依然向杜国发提供网络服务，故意为侵犯他人注册商标专用权的行为提供便利条件，继续纵容、帮助杜国发实施侵权行为。故原告请求法院判令：杜国发、淘宝公司共同赔偿原告经济损失3万元；杜国发、淘宝公司共同赔偿原告支出的合理费用，包括公证费4800元、户籍信息查询费用100元、律师费5万元，共计54 900元；杜国发、淘宝公司在搜狐、新浪或其他同级别门户网站、新闻晨报及淘宝网上刊登说明告示并向原告致歉，说明淘宝网曾销售过侵犯原告商标专用权的产品。

被告杜国发辩称：其所销售的商品是从其他网站上订购的，其不知这些服装是侵权商品。原告衣念公司只举证证明其中的一件服装是假货，原告主张的经济损失及合理费用过高，没有依据。故请求驳回原告的诉讼请求。

被告淘宝公司辩称：一、原告衣念公司滥用权利。早在2006年8月，原告就开始针对淘宝网上出售的商品向淘宝公司提出投诉。在历经四年的投诉过程中，淘宝公司一直积极删除原告所指认的涉嫌侵权的信息，并始终按淘宝网当时适用的知识产权投诉规则，对涉嫌侵权人予以处理。原告投诉量巨大，仅以2009年9月29日至11月3日这段期间为例，原告投诉涉嫌侵权的商品信息累计达105 643条。根据淘宝公司的统计，原告投诉的数十万条商品信息中，约有20%的投诉是错误投诉。原告的轻率投诉引起了相关淘宝网用户的大量异议，并对淘宝公司的商誉造成损害。本案所涉及的投诉仅是原告数十万投诉信息中的个案。原告认定侵权的理由不充分，仅以低价、未经授权销售为由认定侵权。原告除要淘宝公司删除涉嫌侵权的信息外，还要求淘宝公司采取事先审查、屏蔽关键词，以及永久删除用户账号等措施。二、淘宝公司采取了合理审慎的措施，保护原告的合法权益。淘宝网为防止用户侵犯他人知识产权采取了合理的保护措施，包括对卖家用户的真实身份采取了合理的审查措施、组建团队及时删除权利人投诉的涉嫌侵权的信息、制定并不断完善知识产权保护规则。三、淘宝公司未侵犯原告的注册商标专用权。原告针对被告杜国发的7次投诉中有4次不涉及原告主张的第1545520号注册商

标和第1326011号注册商标。原告向淘宝公司主张杜国发侵权的7次投诉均未附任何证据,没有任何证据的投诉是不适格的投诉,淘宝公司可以不予接受。但考虑到如果不予删除链接,可能导致原告的权益受到损害,为了平衡原告和被投诉人之间的合法利益,淘宝公司暂时采取了只删除信息,但不予处罚的措施。淘宝公司善意的删除行为,并不能就此推定淘宝公司明知杜国发及其他被投诉人存在屡次重复侵权而怠于采取任何措施。在本案中,原告也只是公证购买了杜国发销售的一件商品并鉴定为假货,不能由此认定其他7次投诉的商品为仿冒品,也不能由此认定杜国发销售的其余商品为仿冒品。综上,淘宝公司并不构成侵权,请求驳回原告的诉讼请求。

【一审争议焦点】

本案一审的争议焦点是:1.被告杜国发的销售行为是否侵害了原告衣念公司的注册商标专用权;2.被告淘宝公司是否知道网络用户利用其网络服务实施侵权行为以及是否采取了合理、必要的措施以避免侵权行为的发生;3.淘宝公司是否构成侵权。

【一审裁判理由】

上海市浦东新区人民法院一审认为:

原告衣念公司经依兰德有限公司许可,享有第1545520号注册商标和第1326011号注册商标独占许可使用权。原告享有的注册商标专用权受法律保护,他人不得销售侵犯注册商标专用权的商品。本案中,第1545520号商标核定使用商品为服装,被告杜国发销售的商品与该商标核定使用的商品相同。经比对,杜国发销售的涉案商品上熊头图案与第1545520号商标图案在脸型、五官、头戴饰品及形态上都极为相似,以相关公众一般注意力为标准,两者在视觉上基本无差别,构成相同商标。第1326011号商标核定使用的商品为茄克(服装)、短裤、工作服、汗衫、衬衫、内衣、围巾、短统袜、帽子、运动鞋。杜国发销售的涉案商品与该商标核定使用的商品不同,但两者在功能、生产部门、销售渠道等方面基本相同,按照相关公众的一般认知,两者应为类似商品。杜国发销售的涉案商品吊牌上有与第1326011号商标相同的Teenie Weenie文字和心型图案,不同之处在于该吊牌的心型图案中多了两行英文:“Fly To Dreams!”和“CHARACTER STUDIO”。因Teenie Weenie文字和心型图案构成了涉案服装吊牌图案的主要内容,足以导致消费者对商品来源产生误认,故构成近似商标。综上,杜国发销售的涉案商品应认定为侵犯第1545520号和第1326011号注册商标专用权的商品。杜国发辩称,其销售的产品有合法来源,且不知销售的商品侵犯了他人的注册商标专用权。《中华人民共和国商标法》第五十六条第三款规定,销售不知道是侵犯注册商标专用权的商品,能证明该商品是自己合法取得的并说明提供者的,不承担赔偿责任。杜国发不能举证证明其销售的商品有合法来源,且在衣念公司多次投诉,被告淘宝公司多次删除其发布商品信息后,杜国发应当知道其销售的商品侵犯他人注册商标专用权,故其抗辩意见不能成立,应当依法承担侵权责任。

网络用户利用网络实施侵权行为的,被侵权人有权通知网络服务提供者采取删除、屏蔽、断开链接等必要措施。在2009年9月29日至2009年11月11日期间,原告衣念公司发现被告杜国发通过淘宝网销售侵权商品后,先后7次向淘宝公司发送侵权通知函,被告淘宝公司审核后先后7次删除了杜国发发布的商品信息。淘宝公司认为,其已经采取了必要的措施。法院认为,网络服务提供者接到通知后及时删除侵权信息是其免于承担赔偿责任的条件之一,但并非是充分条件。网络服务提供者删除信息后,如果网络用户仍然利用其提供的网络服务继续实施侵权行为,网络服务提供者则应当进一步采取必要的措施以制止继续侵权。哪些措施属于必要的措施,应当根据网络服务的类型、技术可行性、成本、侵权情节等因素确定。具体到网络交易平台服务提供商,这些措施可以是对网络用户进行公开警告、降低信用评级、限制发布商品信息直至关闭该网络用户的账户等。淘宝公司作为国内最大的网络交易平台服务提供商,完全有能力对网络用户的违规行为进行管理。淘宝公司也实际制定并发布了一系列的网络用户行为规则,也曾对一些网络用户违规行为进行处罚。淘宝公司若能够严格根据其制定的规则对违规行为进行处理,虽不能完全杜绝网络用户的侵权行为,但可增加网络用户侵权的难度,从而达到减少侵权的目的。就本案而言,淘宝公司接到衣念公司的投诉通知后,对投诉的内容进行了审核并删除了杜国发发布的商品信息。根据淘宝网当时有效的用户行为管理规则,其在接到衣念公司的投诉并经核实后还应对杜国发采取限制发布商品信息、扣分、直至冻结账户等处罚措施,但淘宝公司除了删除商品信息外没有采取其他任何处罚措施。在7次有效投诉的情况下,淘宝公司应当知道杜国发利用其网络交易平台销售侵权商品,但淘宝公司对此未采取必要措施以制止侵权，杜国发仍可不受限制地发布侵权商品信息。淘宝公司有条件、有能力针对特定侵权人杜国发采取措施，淘宝公司在知道杜国发多次发布侵权商品信息的情况下，未严格执行其管理规则，依然为杜国发提供网络服务，此是对杜国发继续实施侵权行为的放任、纵容。其故意为杜国发销售侵权商品提供便利条件，构成帮助侵权，具有主观过错，应承担连带赔偿责任。

关于赔偿数额，因原、被告均未举证证明被告杜国发因侵权所得利益或者原告衣念公司因被侵权所受损失，经综合考虑涉案商标具有较高知名度、杜国发网店经营规模较小、获利不多等因素，酌情确定经济损失赔偿额为3000元。原告主张律师费、公证费、查档费等开支，法院根据开支的真实性、关联性、必要性和合理性，酌情支持合理费用7000元。因被告侵犯原告的商标专用权，并不涉及人格利益，故原告要求被告赔礼道歉的诉讼请求，不予支持。

【一审裁判结果】

上海市浦东新区人民法院依照《中华人民共和国民法通则》第一百三十条、《中华人民共和国商标法》第五十二条第（二）项、第（五）项、第五十六条、最高人民法院《关于贯彻执行〈中华人民共和国民法通则〉若干问题的意见（试行）》第一百四十八条第一款、最高人民法院《关于审理商标民事纠纷案件适用法律若干问题的解释》第十六条第一款、第二款、第十七条、《中华人民共和国商标法实施条例》第五十条第（二）项的规定，于2011年1月17日判决如下：

一、被告杜国发、淘宝公司于判决生效之日起十日内共同赔偿原告衣念公司经济损失人民币3000元；

二、被告杜国发、淘宝公司于判决生效之日起十日内共同赔偿原告衣念公司合理费用人民币7000元；

三、驳回原告衣念公司其余诉讼请求。

本案受理费人民币1922元（已由原告预交），由原告衣念公司负担922元，由被告杜国发、淘宝公司负担1000元。

【上诉情况】

淘宝公司不服一审判决，向上海市第一中级人民法院提起上诉，请求二审法院依法改判驳回衣念公司对于淘宝公司的全部诉讼请求。淘宝公司的主要上诉理由是：

一、因被上诉人衣念公司涉案7次投诉未提供判断侵权的证明，不属于有效投诉，上诉人淘宝公司无法知道被上诉人存在多次投诉，无法对被投诉信息是否构成侵权予以审核，故无法对被投诉卖家采取进一步的处理措施。1. 被上诉人涉案的7次投诉中，4次涉及依兰德有限公司的另一个注册商标“SCAT”，与本案被上诉人起诉主张的第1545520号和第1326011号注册商标无关联。其余的3次投诉均没有提交判断侵权的证明，不是有效的投诉。而一次有效的投诉，应当包括判断侵权成立的初步证明或者理由，否则上诉人即使收到投诉，看到的仍然是商品信息本身，在商品信息本身没有卖家自认侵权的情况下，上诉人收到投诉后并不知道发生了侵权。此外，7次投诉必须是针对同一件商品不同时间发布的信息才是7次有效的投诉，但是原审法院对这一节事实以及该7次投诉的商品信息是否构成侵权均未予查清，故原审法院认定7次投诉是有效投诉错误。2. 被上诉人在向上诉人投诉时不提交判断侵权的证明，上诉人对于被投诉信息无法审核是否构成侵权，故上诉人只能尽谨慎义务暂时对相关的被投诉商品信息予以删除。由于无法审核被投诉信息是否构成侵权，上诉人未能对被投诉的卖家予以处罚。原审法院认定上诉人对被上诉人投诉的信息进行了人工审核并删除认为构成侵权的商品信息，属认定事实错误。3. 被上诉人通过关键字搜索时，使用的关键字是“TW”、“小熊”等文字，其搜索结果的相关性、准确度差，被上诉人在商品侵权通知函中所附的涉嫌侵权信息中存在维尼小熊个性照片台历定制的不相关的链接信息，且被上诉人每日投诉量非常大，导致上诉人无法在每天数万条投诉信息中判断是否发生了多次投诉。4. 被上诉人7次投诉未按淘宝网规定的要求对重复投诉的具体时间、次数进行标注。

二、上诉人淘宝公司不知道原审被告杜国发存在侵权行为，对于杜国发的侵权行为不具有过错。原审法院以上诉人删除了投诉信息认定上诉人知道杜国发多次发布侵权商品信息没有法律依据，认定上诉人放纵杜国发继续实施侵权行为，故意为杜国发销售侵权商品提供便利条件更是没有事实和法律依据。

被上诉人衣念公司答辩称：上诉人淘宝公司明知原审被告杜国发存在侵权行为，仍未采取任何措施以防止再次侵权行为的发生，其为侵权行为提供了网络服务帮助。

一、被上诉人衣念公司的投诉函均具明了判断侵权成立的初步证明和理由。其在函中指出相关链接商品并非其公司生产或者委托生产,且进一步指明了其公司产品是直营模式销售,未曾授权他人经销或者代理;其公司与委托加工工厂定量生产,对超额产品约定了销毁等处理方式;其公司直营店目前销售价均在吊牌价格的50%以上,他人买入其公司产品再以低于50%折扣销售,不符合交易常识等多项理由。

二、上诉人淘宝公司针对被上诉人衣念公司投诉函的回函中表明经其查看相关信息,暂无法判断侵权成立,从未向被上诉人提出过被上诉人的投诉函存在未提供判断侵权的证明或理由等不符合要求之情况。况且,被上诉人自2006年以来,针对淘宝网上的侵权商品信息频繁投诉,上诉人从未向被上诉人表明上诉人的投诉是无效投诉。上诉人根据被上诉人提供的判断标准方法及单方面陈述可以认定相关链接侵权,且上诉人已作删除,并提供侵权卖家信息附在上诉人邮件中。而原审被告杜国发的注册信息亦在上述邮件中,上诉人并没有将杜国发的信息列在"无法判断链接清单"中,而且在长达2个月的期间内,杜国发对于上诉人删除被投诉信息未提出异议。

三、根据上诉人淘宝公司的规定,权利人投诉应提供:判断侵权成立的初步证明是网页上明显的侵权信息、公证购买证明、卖家在聊天中自认。这种要求将使权利人不堪重负,亦与法律精神相悖。

四、淘宝网作为国内最大的网上购物平台,完全有能力管理网络用户的违规行为,然上诉人淘宝公司对于被上诉人衣念公司的多次投诉仅作删除商品信息处理,未进一步采取适当措施,如果其能严格按照其制定的规则对侵权用户进行处罚,可以制止卖家的违规行为。

原审被告杜国发称,其从事厂家代理,并不知道发布信息的商品侵权。其同意上诉人的意见。

【二审争议焦点】

本案二审的争议焦点仍然是:上诉人淘宝公司是否知道原审被告杜国发在淘宝网上实施商标侵权行为以及是否采取了合理、必要的措施,其在本案中是否应当承担侵权责任。

【二审裁判理由】

上海市第一中级人民法院二审认为:

被上诉人衣念公司经注册商标专用权人的授权许可,依法享有第1545520号、第1326011号注册商标独占使用权,有权针对侵犯商标专用权的行为提起诉讼。根据《中华人民共和国商标法》第52条规定,销售侵犯注册商标专用权的商品的行为,属侵犯注册商标专用权。原审法院关于原审被告杜国发销售侵犯第1545520号、第1326011号注册商标专用权的商品构成商标侵权的认定及理由正当,应予维持。

上诉人淘宝公司作为淘宝网的经营者,其在本案中为原审被告杜国发销售侵权商品提供网络交易平台,其未直接实施销售侵权商品的行为,而属于网络服务提供者。网络服务提供者对于网络用户的侵权行为一般不具有预见和避免的能力,因此,并不因为网络用户的侵权行为而当然需承担侵权赔偿责任。但是如果网络服务提供者明知或者应当知道网络用户利用其所提供的网络服务实施侵权行为,而仍然为侵权行为人提供网络服务或者没有采取适当的避免侵权行为发生的措施的,则应当与网络用户承担共同侵权责任。

具体到本案,法院认为:首先,在案证据证明被上诉人衣念公司从2006年起就淘宝网上的商标侵权向上诉人淘宝公司投诉,而且投诉量巨大,然而至2009年11月,淘宝网上仍然存在大量被投诉侵权的商品信息,况且在上诉人删除的被投诉商品信息中,遭到卖家反通知的比率很小,由此可见,上诉人对于在淘宝网上大量存在商标侵权商品之现象是知道的,而且也知道对于被上诉人这样长期大量的投诉所采取的仅作删除链接的处理方式见效并不明显。其次,被上诉人的投诉函明确了其认为侵权的商品信息链接及相关的理由,虽然被上诉人没有就每一个投诉侵权的链接说明侵权的理由或提供判断侵权的证明,但是被上诉人已经向上诉人提供了相关的权利证明、投诉侵权的链接地址,并说明了侵权判断的诸多理由,而且被上诉人向上诉人持续投诉多年,其所投诉的理由亦不外乎被上诉人在投诉函中所列明的几种情况,因此上诉人实际也知晓一般情况下的被上诉人投诉的侵权理由类型。上诉人关于被上诉人未提供判断侵权成立的证明,其无法判断侵权成立的上诉理由不能成立;上诉人在处理被上诉人的投诉链接时,必然要查看相关链接的商品信息,从而对于相关商品信息是否侵权有初步了解和判断。因此,通过查看相关链接信息,作为经常处理商标侵权投诉的上诉人也应知道淘宝网上的卖家实施侵犯被上诉人商标权的行为。再次,在案的公证书表明被上诉人购买被控侵权商品时原审被告杜国发在其网店内公告:"本店所出售的部分是专柜正品,部分是仿原单货,质量可以绝对放心……",从该公告内容即可明显看出杜国发销售侵权商品,上诉人在处理相关被投诉链接信息时对此当然是知道的,由此亦能证明上诉人知道杜国发实施商标侵权行为。最后,判断侵权不仅从投诉人提供的证据考查,还应结合卖家是否反通知来进行判断,通常情况下,经过合法授权的商品信息被删除,被投诉人不可能会漠然处之,其肯定会作出积极回应,及时提出反通知,除非确实是侵权商品信息。故本案上诉人在多次删除杜国发的商品信息并通知杜国发被删除原因后,杜国发并没有回应或提出申辩,据此完全知道杜国发实施了销售侵权商品行为。

综合上述因素,法院认为上诉人淘宝公司知道原审被告杜国发利用其网络服务实施商标侵权行为,但仅是被动地根据权利人通知采取没有任何成效的删除链接之措施,未采取必要的能够防止侵权行为发生的措施,从而放任、纵容侵权行为的发生,其主观上具有过错,客观上帮助了杜国发实施侵权行为,构成共同侵权,应当与杜国发承担连带责任。

上诉人淘宝公司提出被上诉人衣念公司涉案的7次投诉,4次投诉与被上诉人在本案中主张的商标权利无关,其余3次未提供判断侵权的证明,7次投诉未针对同一商品不同时间发布,不是有效投诉。法院认为,商标权利人向网络服务提供者发出的通知内容应当能够向后者传达侵权事实可能存在以及被侵权人具有权利主张的信息。对于发布侵权商品信息的卖家,无论是一次发布行为还是多次发布行为,多次投诉针对的是同一商品还是不同商品,是同一权利人的同一商标还是不同商标,均能够足以使网络服务提供者知道侵权事实可能存在,并足以使其对被投诉卖家是否侵权有理性的认识。因此,本案被上诉人的7次投诉足以向上诉人表明了原审被告杜国发存在侵权行为的信息,上诉人的前述上诉理由不能成立,不予采信。

上诉人淘宝公司提出被上诉人衣念公司投诉量大、投诉准确率差,且未作重复投诉标注,导致其无法发现重复投诉的情况。法院认为,在案证据证明自2009年9月29日至2009年11月18日,被上诉人投诉的侵权商品信息有131 261条,上诉人删除了其中的117 861条。2010年2月23日至2010年4月12日,被上诉人投诉的商品信息有153 277条,上诉人删除了其中的124 742条。被上诉人如此大量的投诉以及上诉人如此大量的删除更加证明了上诉人仅采取删除措施并未使淘宝网上侵权现象有所改善。同时,被上诉人大量的投诉以及投诉准确率会影响到上诉人审查被投诉信息所耗费的人力和时间,但与上诉人是否能够发现重复投诉并无多大关联。因此,上诉人的该项上诉理由亦不能成立,不予采信。

综上所述,一审认定事实基本清楚,适用法律正确。上诉人淘宝公司的相关上诉理由不能成立,其上诉请求不予支持。

【二审裁判结果】

上海市第一中级人民法院依照《中华人民共和国民事诉讼法》第一百五十三条第一款第(一)项之规定,于2011年4月25日判决如下:

驳回上诉,维持原判。

二审案件受理费人民币800元,由上诉人淘宝公司负担。

本判决为终审判决。

维多利亚的秘密商店品牌管理有限公司诉上海锦天服饰有限公司侵害商标权及不正当竞争纠纷案

【裁判摘要】

国外某品牌拥有者在国内就该品牌注册了商标,但又在国外将该品牌商品授权他人处分,国内经销商通过正规渠道从该被授权人处进口该品牌正牌商品并在国内转售的,根据商标权利用尽原则,该进口并转售的正牌商品不会造成相关公众对所售商品来源的混淆、误认,不构成商标侵权。

【基本案情】

原告维多利亚的秘密商店品牌管理有限公司(以下简称维多利亚的秘密公司)因与被告上海锦天服饰有限公司(以下简称锦天公司)发生侵害商标权及不正当竞争纠纷,向上海市第二中级人民法院提起诉讼。

原告维多利亚的秘密公司诉称:原告是一家成立于1977年的美国公司,英文商号为"VICTORIA'S SECRET",对应的中文翻译为"维多利亚的秘密",原告对上述商号享有企业名称权。原告在中国注册了多个"维多利亚的秘密"、"VICTORIA'S SECRET"商标,在本案中原告要求保护"维多利亚的秘密"(第35类和第25类)、"VICTORIA'S SECRET"(第25类)和"VICTORIA'S SECRET PINK"(第35类)共四个注册商标(以下简称涉案注册商标)。原告将上述商标使用在内衣、化妆品等商品及商店招牌、橱窗设计、广告宣传上,通过长期使用与广泛宣传,原告的涉案注册商标已经具有极高的知名度并达到驰名程度。原告发现，被告锦天公司未经授权对外宣称其为原告的总经销商，在中国以直营或特许加盟形式开展经营活动，并在上述经营活动中使用原告的“维多利亚的秘密”、“VICTORIA'S SECRET”商标和企业名称对外销售商品。原告认为，被告的行为侵害了原告的注册商标专用权，并构成擅自使用他人企业名称和虚假宣传的不正当竞争，故诉至法院，请求判令：1. 被告停止商标侵权及不正当竞争行为；2. 被告赔偿原告经济损失人民币500万元，其中包括合理费用人民币233 323元。

被告锦天公司辩称：1. 被告销售的商品来源于原告维多利亚的秘密公司的母公司案外人有限品牌有限公司（Limited Brands, Inc）（以下简称LBI公司），即被告销售的是正牌商品。其整个购买经过是：2007年，经案外人American Fashion Brands, LLC（以下简称AFB公司）介绍，LBI公司与被告达成出售LBI公司价值约510万美元“VICTORIA'S SECRET”品牌内衣商品的交易，并于2007年当年实际履行完毕。在该笔交易履行过程中，被告委托案外人宁波亿泰控股集团股份有限公司（以下简称宁波亿泰公司）于2007年10月和11月，先后开具信用证付款给LBI公司200万美元和约310万美元，后LBI公司于2007年11月和12月委托运输将相应商品由美国加州运至中国宁波港。因此，原告的注册商标专用权利已经用尽，被告有权再行出售上述商品并进行必要宣传，并不构成商标侵权；2. 由于原告在中国境内没有经营零售业务，被告作为LBI公司“VICTORIA'S SECRET”品牌的经销商，事实上也确实是中国大陆境内唯一的经销商，被告自称总经销商并无不可，故被告不存在虚假宣传的不正当竞争行为。综上，请求驳回原告的诉讼请求。

【争议焦点】

本案一审的主要争议焦点是：一、被告锦天公司的行为是否构成侵害原告维多利亚的秘密公司的注册商标专用权；二、被告的行为是否构成不正当竞争；三、本案的赔偿问题。

【裁判理由】

上海市第二中级人民法院一审认为：

一、被告锦天公司的行为是否构成侵害原告维多利亚的秘密公司的注册商标专用权

根据原、被告提交的证据材料，法院认定如下事实：1. 被告锦天公司销售的被控侵权商品系来源于原告维多利亚的秘密公司的母公司LBI公司。2. 被告不存在以特许加盟形式授权他人销售维多利亚的秘密品牌内衣商品的行为，被告与案外人之间的品牌终端销售合同并没有关于商标等知识产权经营资源授权的约定，也没有约定加盟费等特许经营费用，因此被告与上述零售商之间仍属于购销关系。

据此，法院认为，被告锦天公司从原告维多利亚的秘密公司的母公司LBI公司处购进维多利亚的秘密品牌正牌内衣商品后，以批发销售的方式向多家零售商销售商品的行为确实有违其与LBI公司“转售只能（非目录或因特网）传统零售”的约定，但被告销售的商品是从LBI公司处购买并通过正规渠道进口的正牌商品，而非假冒商品，被告在销售商品的过程中在商品吊牌、衣架、包装袋、宣传册上使用原告涉案注册商标的行为属于销售行为的一部分，不会造成相关公众对商品来源的混淆、误认。因此，在本案中，被告向零售商销售被控侵权商品的行为不构成侵害原告的注册商标专用权。

二、被告锦天公司的行为是否构成不正当竞争

法院认为，原告维多利亚的秘密公司在中国境内并没有实体经营活动，且其提交的证据也不足以证明其主体的字号已经具有一定的知名度，为相关公众的知悉，因此，原告的企业字号尚不属于我国反不正当竞争法保护的企业名称，且被告锦天公司销售的商品也非假冒商品，因此，被告的行为不构成擅自使用他人企业名称的不正当竞争行为。但是，根据《反不正当竞争法》第九条的规定，经营者不得利用广告或者其他方法，对商品的质量、制作成分、性能、用途、生产者、有效期限、产地等作引人误解的虚假宣传。在本案中，被告没有证据证明自己确实是“美国顶级内衣品牌维多利亚秘密唯一指定总经销商”，事实上，被告仅是从原告母公司LBI公司处购进了库存产品在国内销售，被告的这种宣称会使相关公众误以为被告与原告存在授权许可关系，从而获取不正当的竞争优势，也会对原告今后在中国境内的商业活动产生影响，致使原告的利益受到损害。因此，被告存在虚构事实以引人误解的主观恶意，实施了虚假宣传的客观行为，构成不正当竞争，应当承担停止侵权、赔偿损失的民事责任。

三、本案的赔偿问题

法院认为，被告锦天公司在本案中实施的是虚假宣传的不正当竞争行为，故法院对原告的赔偿数额计算方式不予采信。鉴于本案中没有证据证明原告因被告侵权

所受到的实际损失以及被告的侵权获利，法院依据《反不正当竞争法》及其司法解释的有关规定，根据原、被告提交的证据材料，综合考虑本案中被告的侵权行为方式、侵权持续时间、侵权损害后果、侵权获利状况等因素，酌情确定赔偿数额。另外，法院也将根据原告提交的代理费、查档打印费、公证费、差旅费发票等支付凭证，以及案件的复杂程度等因素酌情确定合理费用的数额。

【裁判结果】

上海市第二中级人民法院依照《中华人民共和国商标法》第五十二条第（二）项，《中华人民共和国反不正当竞争法》第五条第（三）项、第九条、第二十条，最高人民法院《关于审理不正当竞争民事案件应用法律若干问题的解释》第六条第一款、第十七条第一款，最高人民法院《关于审理涉及驰名商标保护的民事纠纷案件应用法律若干问题的解释》第三条第一款第（一）项之规定，于2013年4月23日判决：

一、被告锦天公司立即停止对原告维多利亚的秘密公司虚假宣传的不正当竞争行为；

二、被告锦天公司应于本判决生效之日起十日内，赔偿原告维多利亚的秘密公司经济损失人民币6万元；

三、被告锦天公司应于本判决生效之日起十日内，赔偿原告维多利亚的秘密公司合理费用人民币2万元；

四、驳回原告维多利亚的秘密公司的其余诉讼请求。

一审宣判后，双方当事人在法定期间内均未上诉，该判决已经发生法律效力。

四、专　利

《中华人民共和国专利法》导读：

1984年3月12日，六届全国人大常委会第四次会议通过了《中华人民共和国专利法》。本法于1992年9月4日进行了修改，扩大了专利保护范围，延长了专利保护期限。随着体制改革不断深化、对外开放逐步扩大，2000年8月25日，九届全国人大常委会第十七次会议对专利法作了第二次修改。修改后的《专利法》的主要内容如下：

（一）修改前的专利法按不同的所有制，规定国有单位对其专利权只是“持有人”，其他单位对其专利权才是“所有人”，上述规定与国有企业改革的精神已经不相适应。修改后的专利法不再按所有制确定专利权的归属，规定：执行本单位的任务或者主要是利用本单位的物质技术条件所完成的发明创造为职务发明创造。职务发明创造申请专利的权利属于该单位；申请被批准后，该单位为专利权人。非职务发明创造，申请专利的权利属于发明人或者设计人；申请被批准后，该发明人或者设计人为专利权人。

修改后的专利法相应取消了“全民所有制单位转让专利申请权或者专利权的，必须经上级主管机关批准”的规定，政府主管部门不必也不宜干预属于国有企业自主权范围内的转让专利申请权或者专利权的行为。

（二）进一步完善专利保护制度

（1）增加规定不经专利权人许可，他人不得“许诺销售”其专利产品的内容。“许诺销售”是以做广告、在商店货架或者展销会陈列等方式作出销售商品的许诺。《与贸易有关的知识产权协议》明确规定，专利权包括未经专利权人许可，他人不得“许诺销售”其专利产品的内容。

（2）专利法只规定了专利权被授予后专利侵权纠纷的诉讼时效，没有规定发明专利申请公布后、专利权被授予前使用该发明未支付适当使用费引起争议的诉讼时效。为了更好地保护专利权，修改后的专利法增加规定：发明专利申请公布后至专利权授予前使用该发明未支付适当使用费的，专利权人要求支付使用费的诉讼时效为二年，自专利权人得知或者应当得知他人使用其发明之日起计算，但是，专利权人于专利权授予之日前即已得知或者应当得知的，自专利权授予之日起计算。

（3）因为实用新型专利申请不进行实质审查。为了维护公众利益，防止不法分子恶意申请实用新型专利，妨碍他人正常的生产、经营活动，修改后的专利法增加规定：“专利侵权纠纷涉及实用新型专利的，人民法院或者管理专利工作的部门可以要求专利权人出具由国务院专利行政部门作出的检索报告。”

（4）增加规定确定专利侵权赔偿额的计算方法。司法实践中，一些案件虽能认定为侵权，但难以确定赔偿额。为了切实保护专利权人的合法权益，修改后的专利法增加一条规定：“侵犯专利权的赔偿数额，按照权利人因被侵权所受到的损失或者侵权人因侵权所获得的利益确定；被侵权人的损失或者侵权人获得的利益难以确定的，参照该专利许可使用费的倍数合理确定。”

（5）假冒他人专利尚不构成犯罪的，应当给予适当的行政处罚。修改后的专利增加规定：假冒他人专利的，除依法承担民事责任外，由管理专利工作的部门责令改正并予公告，没收违法所得，可以并处违法所得三倍以下的罚款，没有违法所得的，可以处五万元以下的罚款；构成犯罪的，依法追究刑事责任。

（三）简化、完善有关程序

（1）修改前的专利法第三十六条第二款规定："发明专利已经在外国提出过申请的，申请人请求实质审查的时候，应当提交该国为审查其申请进行检索的资料或者审查结果的资料。"现在修改为，发明专利已经在外国提出过申请的，国务院专利行政部门可以要求申请人在指定期限内提交该国为审查其申请进行检索的资料或者审查结果的资料。

（2）为了进一步简化程序，避免因程序重复导致专利权长期处于不稳定状态，修改后的专利法取消了撤销程序，只保留无效程序，并将现行专利法第四十八条修改为："自国务院专利行政部门公告授予专利权之日起，任何单位或者个人认为该专利权的授予不符合本法有关规定的，可以请求专利复审委员会宣告该专利权无效。"

（3）在发明专利权无效诉讼中，请求宣告发明专利权无效程序的对方当事人与诉讼有利害关系。为了保护对方当事人的正当利益，修改后的专利法增加规定："对专利复审委员会宣告专利权无效或者维持专利权的决定不服的，可以自收到通知之日起三个月内向人民法院起诉。人民法院应当通知无效宣告请求程序的对方当事人作为第三人参加诉讼。"

为贯彻实施修改后的专利法，2002 年 12 月 28 日，国务院颁布了新修改的《专利法实施细则》，自 2003 年 3 月 1 日起施行；细则于 2010 年修订。2008 年 12 月 27 日，十一届全国人大常委会第六次会议对专利法进行了第三次修改。本次修改，首先是要进一步加强对专利权的保护，激励自主创新，促进专利技术的实施，推动专利技术向现实生产力转化，提高我国自主创新能力，完成建设创新型国家的目标。其次，保持与世界接轨。世贸组织多哈部长级会议通过了《关于〈与贸易有关的知识产权协定〉与公共健康的宣言》（下称《宣言》），世界贸易组织总理事会通过了落实《宣言》的《修改〈与贸易有关的知识产权协定〉议定书》（下称《议定书》）。《宣言》和《议定书》允许世贸组织成员突破《与贸易有关的知识产权协定》的限制，在规定条件下给予实施药品专利的强制许可。另外，《生物多样性公约》对利用专利制度保护遗传资源作了规定，我国作为遗传资源大国，需要通过修改现行专利法，行使该公约赋予的权利。

1. 综 合

中华人民共和国专利法

1. 1984年3月12日第六届全国人民代表大会常务委员会第四次会议通过

2. 根据1992年9月4日第七届全国人民代表大会常务委员会第二十七次会议《关于修改〈中华人民共和国专利法〉的决定》第一次修正

3. 根据2000年8月25日第九届全国人民代表大会常务委员会第十七次会议《关于修改〈中华人民共和国专利法〉的决定》第二次修正

4. 根据2008年12月27日第十一届全国人民代表大会常务委员会第六次会议《关于修改〈中华人民共和国专利法〉的决定》第三次修正

目 录

第一章 总 则

第一条 【立法目的】为了保护专利权人的合法权益,鼓励发明创造,推动发明创造的应用,提高创新能力,促进科学技术进步和经济社会发展,制定本法。

第二条 【发明创造范围】本法所称的发明创造是指发明、实用新型和外观设计。

发明,是指对产品、方法或者其改进所提出的新的技术方案。

实用新型,是指对产品的形状、构造或者其结合所提出的适于实用的新的技术方案。

外观设计,是指对产品的形状、图案或者其结合以及色彩与形状、图案的结合所作出的富有美感并适于工业应用的新设计。

第三条 【管理部门】国务院专利行政部门负责管理全国的专利工作;统一受理和审查专利申请,依法授予专利权。

省、自治区、直辖市人民政府管理专利工作的部门负责本行政区域内的专利管理工作。

第四条 【保密处理】申请专利的发明创造涉及国家安全或者重大利益需要保密的,按照国家有关规定办理。

第五条 【不授专利权情形】对违反法律、社会公德或者妨害公共利益的发明创造,不授予专利权。

对违反法律、行政法规的规定获取或者利用遗传资源,并依赖该遗传资源完成的发明创造,不授予专利权。

第六条 【职务发明】执行本单位的任务或者主要是利用本单位的物质技术条件所完成的发明创造为职务发明创造。职务发明创造申请专利的权利属于该单位;申请被批准后,该单位为专利权人。

非职务发明创造,申请专利的权利属于发明人或者设计人;申请被批准后,该发明人或者设计人为专利权人。

利用本单位的物质技术条件所完成的发明创造,单位与发明人或者设计人订有合同,对申请专利的权利和专利权的归属作出约定的,从其约定。

第七条 【非职务专利申请对待】对发明人或者设计人的非职务发明创造专利申请,任何单位或者个人不得压制。

第八条 【合作发明专利权归属】两个以上单位或者个人合作完成的发明创造、一个单位或者个人接受其他单位或者个人委托所完成的发明创造,除另有协议的以外,申请专利的权利属于完成或者共同完成的单位或者个人;申请被批准后,申请的单位或者个人为专利权人。

第九条 【同一发明创造只授一项专利】同样的发明创造只能授予一项专利权。但是,同一申请人同日对同样的发明创造既申请实用新型专利又申请发明专利,先获得的实用新型专利权尚未终止,且申请人声明放弃该实用新型专利权的,可以授予发明专利权。

两个以上的申请人分别就同样的发明创造申请专利的,专利权授予最先申请的人。

第十条 【申请权、专利权转让】专利申请权和专利权可以转让。

中国单位或者个人向外国人、外国企业或者外国其他组织转让专利申请权或者专利权的,应当依照有关法律、行政法规的规定办理手续。

转让专利申请权或者专利权的,当事人应当订立书面合同,并向国务院专利行政部门登记,由国务院专利行政部门予以公告。专利申请权或者专利权的转让自登记之日起生效。

第十一条 【排他规定】发明和实用新型专利权被授予后,除本法另有规定的以外,任何单位或者个人未经专利权人许可,都不得实施其专利,即不得为生产经营目的制造、使用、许诺销售、销售、进口其专利产品,或者使用其专利方法以及使用、许诺销售、销售、进口依照该专利方法直接获得的产品。

外观设计专利权被授予后,任何单位或者个人未经专利权人许可,都不得实施其专利,即不得为生产经营目的制造、许诺销售、销售、进口其外观设计专利产品。

第十二条 【许可合同】任何单位或者个人实施他人专利的,应当与专利权人订立实施许可合同,向专利权人支付专利使用费。被许可人无权允许合同规定以外的任何单位或者个人实施该专利。

第十三条 【发明实施费用支付】发明专利申请公布后,申请人可以要求实施其发明的单位或者个人支付适当的费用。

第十四条 【公益发明】国有企业事业单位的发明专利,对国家利益或者公共利益具有重大意义的,国务院有关主管部门和省、自治区、直辖市人民政府报经国务院批准,可以决定在批准的范围内推广应用,允许指定的单位实施,由实施单位按照国家规定向专利权人支付使用费。

第十五条 【共有专利权的实施】专利申请权或者专利权的共有人对权利的行使有约定的,从其约定。没有约定的,共有人可以单独实施或者以普通许可方式许可他人实施该专利;许可他人实施该专利的,收取的使用费应当在共有人之间分配。

除前款规定的情形外,行使共有的专利申请权或者专利权应当取得全体共有人的同意。

第十六条 【职务发明奖励】被授予专利权的单位应当对职务发明创造的发明人或者设计人给予奖励;发明创造专利实施后,根据其推广应用的范围和取得的经济效益,对发明人或者设计人给予合理的报酬。

第十七条 【署名权与标识权】发明人或者设计人有权在专利文件中写明自己是发明人或者设计人。

专利权人有权在其专利产品或者该产品的包装上标明专利标识。

第十八条 【涉外规定】在中国没有经常居所或者营业所的外国人、外国企业或者外国其他组织在中国申请专利的,依照其所属国同中国签订的协议或者共同参加的国际条约,或者依照互惠原则,根据本法办理。

第十九条 【外国人或组织专利事务委托】在中国没有经常居所或者营业所的外国人、外国企业或者外国其他组织在中国申请专利和办理其他专利事务的,应当委托依法设立的专利代理机构办理。

中国单位或者个人在国内申请专利和办理其他专利事务的,可以委托依法设立的专利代理机构办理。

专利代理机构应当遵守法律、行政法规,按照被代理人的委托办理专利申请或者其他专利事务;对被代理人发明创造的内容,除专利申请已经公布或者公告的以外,负有保密责任。专利代理机构的具体管理办法由国务院规定。

第二十条 【中国人涉外专利申请委托】任何单位或者个人将在中国完成的发明或者实用新型向外国申请专利的,应当事先报经国务院专利行政部门进行保密审查。保密审查的程序、期限等按照国务院的规定执行。

中国单位或者个人可以根据中华人民共和国参加的有关国际条约提出专利国际申请。申请人提出专利国际申请的,应当遵守前款规定。

国务院专利行政部门依照中华人民共和国参加的有关国际条约、本法和国务院有关规定处理专利国际申请。

对违反本条第一款规定向外国申请专利的发明或者实用新型,在中国申请专利的,不授予专利权。

第二十一条 【专利审查要求】国务院专利行政部门及其专利复审委员会应当按照客观、公正、准确、及时的要求,依法处理有关专利的申请和请求。

国务院专利行政部门应当完整、准确、及时发布专利信息,定期出版专利公报。

在专利申请公布或者公告前,国务院专利行政部门的工作人员及有关人员对其内容负有保密责任。

第二章 授予专利权的条件

第二十二条 【授予条件】授予专利权的发明和实用新型,应当具备新颖性、创造性和实用性。

新颖性,是指该发明或者实用新型不属于现有技术;也没有任何单位或者个人就同样的发明或者实用新型在申请日以前向国务院专利行政部门提出过申请,并记载在申请日以后公布的专利申请文件或者公告的专利文件中。

创造性,是指与现有技术相比,该发明具有突出的实质性特点和显著的进步,该实用新型具有实质性特点和进步。

实用性,是指该发明或者实用新型能够制造或者使用,并且能够产生积极效果。

本法所称现有技术,是指申请日以前在国内外为公众所知的技术。

第二十三条　【外观设计专利权授予条件】授予专利权的外观设计,应当不属于现有设计;也没有任何单位或者个人就同样的外观设计在申请日以前向国务院专利行政部门提出过申请,并记载在申请日以后公告的专利文件中。

授予专利权的外观设计与现有设计或者现有设计特征的组合相比,应当具有明显区别。

授予专利权的外观设计不得与他人在申请日以前已经取得的合法权利相冲突。

本法所称现有设计,是指申请日以前在国内外为公众所知的设计。

第二十四条　【新颖性保持特殊规定】申请专利的发明创造在申请日以前六个月内,有下列情形之一的,不丧失新颖性:

(一)在中国政府主办或者承认的国际展览会上首次展出的;

(二)在规定的学术会议或者技术会议上首次发表的;

(三)他人未经申请人同意而泄露其内容的。

第二十五条　【不授予专利权情形】对下列各项,不授予专利权:

(一)科学发现;

(二)智力活动的规则和方法;

(三)疾病的诊断和治疗方法;

(四)动物和植物品种;

(五)用原子核变换方法获得的物质;

(六)对平面印刷品的图案、色彩或者二者的结合作出的主要起标识作用的设计。

对前款第(四)项所列产品的生产方法,可以依照本法规定授予专利权。

第三章　专利的申请

第二十六条　【发明或实用新型专利申请文件】申请发明或者实用新型专利的,应当提交请求书、说明书及其摘要和权利要求书等文件。

请求书应当写明发明或者实用新型的名称,发明人的姓名,申请人姓名或者名称、地址,以及其他事项。

说明书应当对发明或者实用新型作出清楚、完整的说明,以所属技术领域的技术人员能够实现为准;必要的时候,应当有附图。摘要应当简要说明发明或者实用新型的技术要点。

权利要求书应当以说明书为依据,清楚、简要地限定要求专利保护的范围。

依赖遗传资源完成的发明创造,申请人应当在专利申请文件中说明该遗传资源的直接来源和原始来源;申请人无法说明原始来源的,应当陈述理由。

第二十七条　【外观设计专利权申请文件】申请外观设计专利的,应当提交请求书、该外观设计的图片或者照片以及对该外观设计的简要说明等文件。

申请人提交的有关图片或者照片应当清楚地显示要求专利保护的产品的外观设计。

第二十八条　【申请日确定】国务院专利行政部门收到专利申请文件之日为申请日。如果申请文件是邮寄的,以寄出的邮戳日为申请日。

第二十九条　【申请优先权】申请人自发明或者实用新型在外国第一次提出专利申请之日起十二个月内,或者自外观设计在外国第一次提出专利申请之日起六个月内,又在中国就相同主题提出专利申请的,依照该外国同中国签订的协议或者共同参加的国际条约,或者依照相互承认优先权的原则,可以享有优先权。

申请人自发明或者实用新型在中国第一次提出专利申请之日起十二个月内,又向国务院专利行政部门就相同主题提出专利申请的,可以享有优先权。

第三十条　【优先权书面声明】申请人要求优先权的,应当在申请的时候提出书面声明,并且在三个月内提交第一次提出的专利申请文件的副本;未提出书面声明或者逾期未提交专利申请文件副本的,视为未要求优先权。

第三十一条　【专利数量确定】一件发明或者实用新型专利申请应当限于一项发明或者实用新型。属于一个总的发明构思的两项以上的发明或者实用新型,可以作为一件申请提出。

一件外观设计专利申请应当限于一项外观设计。同一产品两项以上的相似外观设计,或者用于同一类别并且成套出售或者使用的产品的两项以上外观设计，可以作为一件申请提出。

第三十二条 【申请撤回】申请人可以在被授予专利权之前随时撤回其专利申请。

第三十三条 【申请文件的修改】申请人可以对其专利申请文件进行修改，但是，对发明和实用新型专利申请文件的修改不得超出原说明书和权利要求书记载的范围，对外观设计专利申请文件的修改不得超出原图片或者照片表示的范围。

第四章 专利申请的审查和批准

第三十四条 【审查公布】国务院专利行政部门收到发明专利申请后，经初步审查认为符合本法要求的，自申请日起满十八个月，即行公布。国务院专利行政部门可以根据申请人的请求早日公布其申请。

第三十五条 【实质审查】发明专利申请自申请日起三年内，国务院专利行政部门可以根据申请人随时提出的请求，对其申请进行实质审查；申请人无正当理由逾期不请求实质审查的，该申请即被视为撤回。

国务院专利行政部门认为必要的时候，可以自行对发明专利申请进行实质审查。

第三十六条 【实质审查资料提交】发明专利的申请人请求实质审查的时候，应当提交在申请日前与其发明有关的参考资料。

发明专利已经在外国提出过申请的，国务院专利行政部门可以要求申请人在指定期限内提交该国为审查其申请进行检索的资料或者审查结果的资料；无正当理由逾期不提交的，该申请即被视为撤回。

第三十七条 【申请不符规定的处理】国务院专利行政部门对发明专利申请进行实质审查后，认为不符合本法规定的，应当通知申请人，要求其在指定的期限内陈述意见，或者对其申请进行修改；无正当理由逾期不答复的，该申请即被视为撤回。

第三十八条 【驳回申请情形】发明专利申请经申请人陈述意见或者进行修改后，国务院专利行政部门仍然认为不符合本法规定的，应当予以驳回。

第三十九条 【发明专利权的授予】发明专利申请经实质审查没有发现驳回理由的，由国务院专利行政部门作出授予发明专利权的决定，发给发明专利证书，同时予以登记和公告。发明专利权自公告之日起生效。

第四十条 【实用新型和外观设计专利权的授予】实用新型和外观设计专利申请经初步审查没有发现驳回理由的，由国务院专利行政部门作出授予实用新型专利权或者外观设计专利权的决定，发给相应的专利证书，同时予以登记和公告。实用新型专利权和外观设计专利权自公告之日起生效。

第四十一条 【专利申请复审】国务院专利行政部门设立专利复审委员会。专利申请人对国务院专利行政部门驳回申请的决定不服的，可以自收到通知之日起三个月内，向专利复审委员会请求复审。专利复审委员会复审后，作出决定，并通知专利申请人。

专利申请人对专利复审委员会的复审决定不服的，可以自收到通知之日起三个月内向人民法院起诉。

第五章 专利权的期限、终止和无效

第四十二条 【专利权期限】发明专利权的期限为二十年，实用新型专利权和外观设计专利权的期限为十年，均自申请日起计算。

第四十三条 【年费】专利权人应当自被授予专利权的当年开始缴纳年费。

第四十四条 【专利权提前终止情形】有下列情形之一的，专利权在期限届满前终止：

（一）没有按照规定缴纳年费的；

（二）专利权人以书面声明放弃其专利权的。

专利权在期限届满前终止的，由国务院专利行政部门登记和公告。

第四十五条 【专利权授予异议】自国务院专利行政部门公告授予专利权之日起，任何单位或者个人认为该专利权的授予不符合本法有关规定的，可以请求专利复审委员会宣告该专利权无效。

第四十六条 【异议审查】专利复审委员会对宣告专利权无效的请求应当及时审查和作出决定，并通知请求人和专利权人。宣告专利权无效的决定，由国务院专利行政部门登记和公告。

对专利复审委员会宣告专利权无效或者维持专利权的决定不服的，可以自收到通知之日起三个月内向人民法院起诉。人民法院应当通知无效宣告请求程序的对方当事人作为第三人参加诉讼。

第四十七条 【专利权宣告无效的效力和处理】宣告无效的专利权视为自始即不存在。

宣告专利权无效的决定，对在宣告专利权无效前人民法院作出并已执行的专利侵权的判决、调解书，已经履行或者强制执行的专利侵权纠纷处理决定，以及已经履行的专利实施许可合同和专利权转让合同，不具有追溯力。但是因专利权人的恶意给他人造成的损失,应当给予赔偿。

依照前款规定不返还专利侵权赔偿金、专利使用费、专利权转让费,明显违反公平原则的,应当全部或者部分返还。

第六章 专利实施的强制许可

第四十八条 【对具备实施条件单位的强制许可】有下列情形之一的,国务院专利行政部门根据具备实施条件的单位或者个人的申请,可以给予实施发明专利或者实用新型专利的强制许可:

(一)专利权人自专利权被授予之日起满三年,且自提出专利申请之日起满四年,无正当理由未实施或者未充分实施其专利的;

(二)专利权人行使专利权的行为被依法认定为垄断行为,为消除或者减少该行为对竞争产生的不利影响的。

第四十九条 【公益性强制许可】在国家出现紧急状态或者非常情况时,或者为了公共利益的目的,国务院专利行政部门可以给予实施发明专利或者实用新型专利的强制许可。

第五十条 【药品专利强制许可】为了公共健康目的,对取得专利权的药品,国务院专利行政部门可以给予制造并将其出口到符合中华人民共和国参加的有关国际条约规定的国家或者地区的强制许可。

第五十一条 【依赖型专利强制许可】一项取得专利权的发明或者实用新型比前已经取得专利权的发明或者实用新型具有显著经济意义的重大技术进步,其实施又有赖于前一发明或者实用新型的实施的,国务院专利行政部门根据后一专利权人的申请,可以给予实施前一发明或者实用新型的强制许可。

在依照前款规定给予实施强制许可的情形下,国务院专利行政部门根据前一专利权人的申请,也可以给予实施后一发明或者实用新型的强制许可。

第五十二条 【半导体技术强制许可限制】强制许可涉及的发明创造为半导体技术的,其实施限于公共利益的目的和本法第四十八条第(二)项规定的情形。

第五十三条 【强制许可实施的重心】除依照本法第四十八条第(二)项、第五十条规定给予的强制许可外,强制许可的实施应当主要为了供应国内市场。

第五十四条 【申请强制许可的证据提交】依照本法第四十八条第(一)项、第五十一条规定申请强制许可的单位或者个人应当提供证据,证明其以合理的条件请求专利权人许可其实施专利,但未能在合理的时间内获得许可。

第五十五条 【强制许可的通知及公告】国务院专利行政部门作出的给予实施强制许可的决定,应当及时通知专利权人,并予以登记和公告。

给予实施强制许可的决定,应当根据强制许可的理由规定实施的范围和时间。强制许可的理由消除并不再发生时,国务院专利行政部门应当根据专利权人的请求,经审查后作出终止实施强制许可的决定。

第五十六条 【独占实施权的排除】取得实施强制许可的单位或者个人不享有独占的实施权,并且无权允许他人实施。

第五十七条 【费用支付】取得实施强制许可的单位或者个人应当付给专利权人合理的使用费,或者依照中华人民共和国参加的有关国际条约的规定处理使用费问题。付给使用费的,其数额由双方协商;双方不能达成协议的,由国务院专利行政部门裁决。

第五十八条 【起诉情形】专利权人对国务院专利行政部门关于实施强制许可的决定不服的,专利权人和取得实施强制许可的单位或者个人对国务院专利行政部门关于实施强制许可的使用费的裁决不服的,可以自收到通知之日起三个月内向人民法院起诉。

第七章 专利权的保护

第五十九条 【保护范围】发明或者实用新型专利权的保护范围以其权利要求的内容为准,说明书及附图可以用于解释权利要求的内容。

外观设计专利权的保护范围以表示在图片或者照片中的该产品的外观设计为准,简要说明可以用于解释图片或者照片所表示的该产品的外观设计。

第六十条 【纠纷解决】未经专利权人许可,实施其专利,即侵犯其专利权,引起纠纷的,由当事人协商解决;不愿协商或者协商不成的,专利权人或者利害关系人可以向人民法院起诉,也可以请求管理专利工作的部门处理。管理专利工作的部门处理时,认定侵权行为成立的,可以责令侵权人立即停止侵权行为,当事人不服的,可以自收到处理通知之日起十五日内依照《中华人民共和国行政诉讼法》向人民法院起诉;侵权人期满不起诉又不停止侵权行为的,管理专利工作的部门可以申请人民法院强制执行。进行处理的管理专利工作的部门应当事人的请求,可以就侵犯专利权的赔偿数额进行调解;调解不成的,当事人可以依照《中华人民共和国民事诉讼法》向人民法院起诉。

第六十一条　【专利侵权纠纷的举证要求】专利侵权纠纷涉及新产品制造方法的发明专利的,制造同样产品的单位或者个人应当提供其产品制造方法不同于专利方法的证明。

专利侵权纠纷涉及实用新型专利或者外观设计专利的,人民法院或者管理专利工作的部门可以要求专利权人或者利害关系人出具由国务院专利行政部门对相关实用新型或者外观设计进行检索、分析和评价后作出的专利权评价报告,作为审理、处理专利侵权纠纷的证据。

第六十二条　【不构成侵权情形】在专利侵权纠纷中,被控侵权人有证据证明其实施的技术或者设计属于现有技术或者现有设计的,不构成侵犯专利权。

第六十三条　【假冒专利的法律责任】假冒专利的,除依法承担民事责任外,由管理专利工作的部门责令改正并予公告,没收违法所得,可以并处违法所得四倍以下的罚款;没有违法所得的,可以处二十万元以下的罚款;构成犯罪的,依法追究刑事责任。

第六十四条　【查处涉嫌假冒专利行为】管理专利工作的部门根据已经取得的证据,对涉嫌假冒专利行为进行查处时,可以询问有关当事人,调查与涉嫌违法行为有关的情况;对当事人涉嫌违法行为的场所实施现场检查;查阅、复制与涉嫌违法行为有关的合同、发票、账簿以及其他有关资料;检查与涉嫌违法行为有关的产品,对有证据证明是假冒专利的产品,可以查封或者扣押。

管理专利工作的部门依法行使前款规定的职权时,当事人应当予以协助、配合,不得拒绝、阻挠。

第六十五条　【侵权赔偿数额确定】侵犯专利权的赔偿数额按照权利人因被侵权所受到的实际损失确定;实际损失难以确定的,可以按照侵权人因侵权所获得的利益确定。权利人的损失或者侵权人获得的利益难以确定的,参照该专利许可使用费的倍数合理确定。赔偿数额还应当包括权利人为制止侵权行为所支付的合理开支。

权利人的损失、侵权人获得的利益和专利许可使用费均难以确定的,人民法院可以根据专利权的类型、侵权行为的性质和情节等因素,确定给予一万元以上一百万元以下的赔偿。

第六十六条　【诉前保全】专利权人或者利害关系人有证据证明他人正在实施或者即将实施侵犯专利权的行为,如不及时制止将会使其合法权益受到难以弥补的损害的,可以在起诉前向人民法院申请采取责令停止有关行为的措施。

申请人提出申请时,应当提供担保;不提供担保的,驳回申请。

人民法院应当自接受申请之时起四十八小时内作出裁定;有特殊情况需要延长的,可以延长四十八小时。裁定责令停止有关行为的,应当立即执行。当事人对裁定不服的,可以申请复议一次;复议期间不停止裁定的执行。

申请人自人民法院采取责令停止有关行为的措施之日起十五日内不起诉的,人民法院应当解除该措施。

申请有错误的,申请人应当赔偿被申请人因停止有关行为所遭受的损失。

第六十七条　【诉前证据保全】为了制止专利侵权行为,在证据可能灭失或者以后难以取得的情况下,专利权人或者利害关系人可以在起诉前向人民法院申请保全证据。

人民法院采取保全措施,可以责令申请人提供担保;申请人不提供担保的,驳回申请。

人民法院应当自接受申请之时起四十八小时内作出裁定;裁定采取保全措施的,应当立即执行。

申请人自人民法院采取保全措施之日起十五日内不起诉的,人民法院应当解除该措施。

第六十八条　【诉讼时效】侵犯专利权的诉讼时效为二年,自专利权人或者利害关系人得知或者应当得知侵权行为之日起计算。

发明专利申请公布后至专利权授予前使用该发明未支付适当使用费的,专利权人要求支付使用费的诉讼时效为二年,自专利权人得知或者应当得知他人使用其发明之日起计算,但是,专利权人于专利权授予之日前即已得知或者应当得知的,自专利权授予之日起计算。

第六十九条　【不视为侵权情形】有下列情形之一的,不视为侵犯专利权:

(一)专利产品或者依照专利方法直接获得的产品,由专利权人或者经其许可的单位、个人售出后,使用、许诺销售、销售、进口该产品的;

(二)在专利申请日前已经制造相同产品、使用相同方法或者已经作好制造、使用的必要准备,并且仅在原有范围内继续制造、使用的;

（三）临时通过中国领陆、领水、领空的外国运输工具，依照其所属国同中国签订的协议或者共同参加的国际条约，或者依照互惠原则，为运输工具自身需要而在其装置和设备中使用有关专利的；

（四）专为科学研究和实验而使用有关专利的；

（五）为提供行政审批所需要的信息，制造、使用、进口专利药品或者专利医疗器械的，以及专门为其制造、进口专利药品或者专利医疗器械的。

第七十条 【**不承担赔偿责任情形**】为生产经营目的使用、许诺销售或者销售不知道是未经专利权人许可而制造并售出的专利侵权产品，能证明该产品合法来源的，不承担赔偿责任。

第七十一条 【**泄露国家秘密的处罚**】违反本法第二十条规定向外国申请专利，泄露国家秘密的，由所在单位或者上级主管机关给予行政处分；构成犯罪的，依法追究刑事责任。

第七十二条 【**侵权行政处分**】侵夺发明人或者设计人的非职务发明创造专利申请权和本法规定的其他权益的，由所在单位或者上级主管机关给予行政处分。

第七十三条 【**主管部门推荐专利产品的禁止及处罚**】管理专利工作的部门不得参与向社会推荐专利产品等经营活动。

管理专利工作的部门违反前款规定的，由其上级机关或者监察机关责令改正，消除影响，有违法收入的予以没收；情节严重的，对直接负责的主管人员和其他直接责任人员依法给予行政处分。

第七十四条 【**渎职处罚**】从事专利管理工作的国家机关工作人员以及其他有关国家机关工作人员玩忽职守、滥用职权、徇私舞弊，构成犯罪的，依法追究刑事责任；尚不构成犯罪的，依法给予行政处分。

第八章 附 则

第七十五条 【**手续费用缴纳**】向国务院专利行政部门申请专利和办理其他手续，应当按照规定缴纳费用。

第七十六条 【**生效日期**】本法自1985年4月1日起施行。

施行修改后的专利法的过渡办法

1. 2009年9月29日国家知识产权局令第53号公布

2. 自2009年10月1日起施行

第一条 为了保障2008年12月27日公布的《全国人民代表大会常务委员会关于修改〈中华人民共和国专利法〉的决定》的施行，依照立法法第八十四条的规定，制定本办法。

第二条 修改前的专利法的规定适用于申请日在2009年10月1日前（不含该日，下同）的专利申请以及根据该专利申请授予的专利权；修改后的专利法的规定适用于申请日在2009年10月1日以后（含该日，下同）的专利申请以及根据该专利申请授予的专利权；但本办法以下各条对申请日在2009年10月1日前的专利申请以及根据该申请授予的专利权的特殊规定除外。

前款所述申请日的含义依照专利法实施细则的有关规定理解。

第三条 2009年10月1日以后请求给予实施专利的强制许可的，适用修改后的专利法第六章的规定。

第四条 管理专利工作的部门对发生在2009年10月1日以后的涉嫌侵犯专利权行为进行处理的，适用修改后的专利法第十一条、第六十二条、第六十九条、第七十条的规定。

第五条 管理专利工作的部门对发生在2009年10月1日以后的涉嫌假冒专利行为进行查处的，适用修改后的专利法第六十三条、第六十四条的规定。

第六条 专利权人在2009年10月1日以后标明专利标识的，适用修改后的专利法第十七条的规定。

第七条 在中国没有经常居所或者营业所的外国人、外国企业或者外国其他组织在2009年10月1日以后委托或者变更专利代理机构的，适用修改后的专利法第十九条的规定。

第八条 本办法自2009年10月1日起施行。

国家知识产权局专利局关于施行修改后专利法有关事项的通知

2009年9月29日

为施行修改后的专利法，对2009年10月1日以后（含该日）提交专利申请或办理其他专利事务涉及的有关事项，通知如下：

一、同一申请人同日对同样的发明创造既申请实用新型专利又申请发明专利的，应当在申请时分别填写国家知识产权局制定的《同日申请发明专利和实用新型专利的声明》,说明对同样的发明创造已申请了另一专利。

二、任何单位或者个人将在中国完成的发明或者实用新型向外国申请专利的,应当事先请求国家知识产权局进行保密审查,填写国家知识产权局制定的《向外国申请专利保密审查请求书》。

三、申请人就依赖遗传资源完成的发明创造申请专利的,应当填写国家知识产权局制定的《遗传资源来源披露登记表》,说明该遗传资源的直接来源和原始来源,无法说明原始来源的,应当陈述理由。

四、申请外观设计专利的,应当提交对该外观设计的简要说明,不提交外观设计简要说明的不予受理;外观设计简要说明的撰写,参照2009年10月版《外观设计简要说明》的注意事项。

五、国家知识产权局仅对申请日(有优先权的,指优先权日)在2009年10月1日之后(含该日)的实用新型专利或者外观设计专利作出专利权评价报告;对申请日(有优先权的,指优先权日)在2009年10月1日之前的实用新型专利,只作出实用新型专利检索报告。

六、对于涉及上述第一条、第二条、第三条内容的新申请以及申请日之后提交的专利权评价报告请求书、向外国申请专利保密审查请求书和遗传资源来源披露登记表,申请人应当直接向国家知识产权局专利局受理处以纸件形式递交或寄交,各专利代办处和国家知识产权局电子申请系统暂不受理和接收上述专利申请和专利文件。

最高人民法院关于学习贯彻修改后的专利法的通知

1. 2009年9月27日
2. 法发〔2009〕49号

各省、自治区、直辖市高级人民法院,解放军军事法院,新疆维吾尔自治区高级人民法院生产建设兵团分院:

《全国人民代表大会常务委员会关于修改〈中华人民共和国专利法〉的决定》于2008年12月27日经第十一届全国人民代表大会常务委员会第六次会议审议通过,自2009年10月1日起施行。为了保证修改后的专利法的贯彻实施,现就有关问题通知如下:

一、认真做好修改后的专利法的学习、贯彻工作。修改后的专利法,适度调整了专利授权条件,赋予外观设计专利权人许诺销售权,强化专利侵权损害赔偿责任,明确规定诉前证据保全措施、现有技术和现有设计抗辩事由等,对激励自主创新、促进科学技术进步和经济社会发展具有十分重要的意义,是我国专利制度发展历程中又一里程碑。各级人民法院要充分认识专利法修改的重要意义,高度重视修改后的专利法的学习、贯彻工作,结合人民法院的实际情况,制定学习、贯彻的具体计划和措施,学习好、领会好新的立法精神,为贯彻实施修改后的专利法打下良好的基础。

二、人民法院审理侵犯专利权纠纷案件,对于2009年10月1日以前的被诉侵犯专利权行为,适用修改前的专利法;对于2009年10月1日以后的被诉侵犯专利权行为,适用修改后的专利法;对于发生在2009年10月1日以前且持续到2009年10月1日以后的被诉侵犯专利权行为,依据修改前和修改后的专利法侵权人均应承担赔偿责任的,适用修改后的专利法确定赔偿数额。

三、被诉侵犯专利权行为发生在2009年10月1日以前,当事人在2009年10月1日以后向人民法院申请采取责令停止有关行为的措施、申请保全证据的,适用修改后的专利法。

四、人民法院适用修改后的专利法审理专利纠纷案件时,《最高人民法院关于对诉前停止侵犯专利权行为适用法律问题的若干规定》、《最高人民法院关于审理专利纠纷案件适用法律问题的若干规定》与修改后的专利法相抵触的内容,不再适用。

五、各级人民法院在适用修改后的专利法的过程中,要不断总结经验。对遇到的问题,要认真研究并提出意见,及时向最高人民法院请示报告,以保证修改后的专利法正确贯彻实施。

特此通知。

中华人民共和国专利法实施细则

1. 2001年6月15日国务院令第306号公布
2. 根据2002年12月28日国务院令第368号《关于修改〈中华人民共和国专利法实施细则〉的决定》第一次修订
3. 根据2010年1月9日国务院令第569号《关于修改〈中华人民共和国专利法实施细则〉的决定》第二次修订

第一章　总　　则

第一条　根据《中华人民共和国专利法》(以下简称专利

法),制定本细则。

第二条 专利法和本细则规定的各种手续,应当以书面形式或者国务院专利行政部门规定的其他形式办理。

第三条 依照专利法和本细则规定提交的各种文件应当使用中文;国家有统一规定的科技术语的,应当采用规范词;外国人名、地名和科技术语没有统一中文译文的,应当注明原文。

依照专利法和本细则规定提交的各种证件和证明文件是外文的,国务院专利行政部门认为必要时,可以要求当事人在指定期限内附送中文译文;期满未附送的,视为未提交该证件和证明文件。

第四条 向国务院专利行政部门邮寄的各种文件,以寄出的邮戳日为递交日;邮戳日不清晰的,除当事人能够提出证明外,以国务院专利行政部门收到日为递交日。

国务院专利行政部门的各种文件,可以通过邮寄、直接送交或者其他方式送达当事人。当事人委托专利代理机构的,文件送交专利代理机构;未委托专利代理机构的,文件送交请求书中指明的联系人。

国务院专利行政部门邮寄的各种文件,自文件发出之日起满15日,推定为当事人收到文件之日。

根据国务院专利行政部门规定应当直接送交的文件,以交付日为送达日。

文件送交地址不清,无法邮寄的,可以通过公告的方式送达当事人。自公告之日起满1个月,该文件视为已经送达。

第五条 专利法和本细则规定的各种期限的第一日不计算在期限内。期限以年或者月计算的,以其最后一月的相应日为期限届满日;该月无相应日的,以该月最后一日为期限届满日;期限届满日是法定休假日的,以休假日后的第一个工作日为期限届满日。

第六条 当事人因不可抗拒的事由而延误专利法或者本细则规定的期限或者国务院专利行政部门指定的期限,导致其权利丧失的,自障碍消除之日起2个月内,最迟自期限届满之日起2年内,可以向国务院专利行政部门请求恢复权利。

除前款规定的情形外,当事人因其他正当理由延误专利法或者本细则规定的期限或者国务院专利行政部门指定的期限,导致其权利丧失的,可以自收到国务院专利行政部门的通知之日起2个月内向国务院专利行政部门请求恢复权利。

当事人依照本条第一款或者第二款的规定请求恢复权利的,应当提交恢复权利请求书,说明理由,必要时附具有关证明文件,并办理权利丧失前应当办理的相应手续;依照本条第二款的规定请求恢复权利的,还应当缴纳恢复权利请求费。

当事人请求延长国务院专利行政部门指定的期限的,应当在期限届满前,向国务院专利行政部门说明理由并办理有关手续。

本条第一款和第二款的规定不适用专利法第二十四条、第二十九条、第四十二条、第六十八条规定的期限。

第七条 专利申请涉及国防利益需要保密的,由国防专利机构受理并进行审查;国务院专利行政部门受理的专利申请涉及国防利益需要保密的,应当及时移交国防专利机构进行审查。经国防专利机构审查没有发现驳回理由的,由国务院专利行政部门作出授予国防专利权的决定。

国务院专利行政部门认为其受理的发明或者实用新型专利申请涉及国防利益以外的国家安全或者重大利益需要保密的,应当及时作出按照保密专利申请处理的决定,并通知申请人。保密专利申请的审查、复审以及保密专利权无效宣告的特殊程序,由国务院专利行政部门规定。

第八条 专利法第二十条所称在中国完成的发明或者实用新型,是指技术方案的实质性内容在中国境内完成的发明或者实用新型。

任何单位或者个人将在中国完成的发明或者实用新型向外国申请专利的,应当按照下列方式之一请求国务院专利行政部门进行保密审查:

(一)直接向外国申请专利或者向有关国外机构提交专利国际申请的,应当事先向国务院专利行政部门提出请求,并详细说明其技术方案;

(二)向国务院专利行政部门申请专利后拟向外国申请专利或者向有关国外机构提交专利国际申请的,应当在向外国申请专利或者向有关国外机构提交专利国际申请前向国务院专利行政部门提出请求。

向国务院专利行政部门提交专利国际申请的,视为同时提出了保密审查请求。

第九条 国务院专利行政部门收到依照本细则第八条规定递交的请求后,经过审查认为该发明或者实用新型可能涉及国家安全或者重大利益需要保密的,应当及时向申请人发出保密审查通知;申请人未在其请求递交日起4个月内收到保密审查通知的,可以就该发明或者实用新型向外国申请专利或者向有关国外机构提交专利国际申请。

国务院专利行政部门依照前款规定通知进行保密审查的,应当及时作出是否需要保密的决定,并通知申请人。申请人未在其请求递交日起6个月内收到需要保密的决定的,可以就该发明或者实用新型向外国申请专利或者向有关国外机构提交专利国际申请。

第十条 专利法第五条所称违反法律的发明创造,不包括仅其实施为法律所禁止的发明创造。

第十一条 除专利法第二十八条和第四十二条规定的情形外,专利法所称申请日,有优先权的,指优先权日。

本细则所称申请日,除另有规定的外,是指专利法第二十八条规定的申请日。

第十二条 专利法第六条所称执行本单位的任务所完成的职务发明创造,是指:

(一)在本职工作中作出的发明创造;

(二)履行本单位交付的本职工作之外的任务所作出的发明创造;

(三)退休、调离原单位后或者劳动、人事关系终止后1年内作出的,与其在原单位承担的本职工作或者原单位分配的任务有关的发明创造。

专利法第六条所称本单位,包括临时工作单位;专利法第六条所称本单位的物质技术条件,是指本单位的资金、设备、零部件、原材料或者不对外公开的技术资料等。

第十三条 专利法所称发明人或者设计人,是指对发明创造的实质性特点作出创造性贡献的人。在完成发明创造过程中,只负责组织工作的人、为物质技术条件的利用提供方便的人或者从事其他辅助工作的人,不是发明人或者设计人。

第十四条 除依照专利法第十条规定转让专利权外,专利权因其他事由发生转移的,当事人应当凭有关证明文件或者法律文书向国务院专利行政部门办理专利权转移手续。

专利权人与他人订立的专利实施许可合同,应当自合同生效之日起3个月内向国务院专利行政部门备案。

以专利权出质的,由出质人和质权人共同向国务院专利行政部门办理出质登记。

第二章 专利的申请

第十五条 以书面形式申请专利的,应当向国务院专利行政部门提交申请文件一式两份。

以国务院专利行政部门规定的其他形式申请专利的,应当符合规定的要求。

申请人委托专利代理机构向国务院专利行政部门申请专利和办理其他专利事务的,应当同时提交委托书,写明委托权限。

申请人有2人以上且未委托专利代理机构的,除请求书中另有声明的外,以请求书中指明的第一申请人为代表人。

第十六条 发明、实用新型或者外观设计专利申请的请求书应当写明下列事项:

(一)发明、实用新型或者外观设计的名称;

(二)申请人是中国单位或者个人的,其名称或者姓名、地址、邮政编码、组织机构代码或者居民身份证件号码;申请人是外国人、外国企业或者外国其他组织的,其姓名或者名称、国籍或者注册的国家或者地区;

(三)发明人或者设计人的姓名;

(四)申请人委托专利代理机构的,受托机构的名称、机构代码以及该机构指定的专利代理人的姓名、执业证号码、联系电话;

(五)要求优先权的,申请人第一次提出专利申请(以下简称在先申请)的申请日、申请号以及原受理机构的名称;

(六)申请人或者专利代理机构的签字或者盖章;

(七)申请文件清单;

(八)附加文件清单;

(九)其他需要写明的有关事项。

第十七条 发明或者实用新型专利申请的说明书应当写明发明或者实用新型的名称,该名称应当与请求书中的名称一致。说明书应当包括下列内容:

(一)技术领域:写明要求保护的技术方案所属的技术领域;

(二)背景技术:写明对发明或者实用新型的理解、检索、审查有用的背景技术;有可能的,并引证反映这些背景技术的文件;

(三)发明内容:写明发明或者实用新型所要解决的技术问题以及解决其技术问题采用的技术方案,并对照现有技术写明发明或者实用新型的有益效果;

(四)附图说明:说明书有附图的,对各幅附图作简略说明;

(五)具体实施方式:详细写明申请人认为实现发

明或者实用新型的优选方式；必要时，举例说明；有附图的，对照附图。

发明或者实用新型专利申请人应当按照前款规定的方式和顺序撰写说明书，并在说明书每一部分前面写明标题，除非其发明或者实用新型的性质用其他方式或者顺序撰写能节约说明书的篇幅并使他人能够准确理解其发明或者实用新型。

发明或者实用新型说明书应当用词规范、语句清楚，并不得使用“如权利要求……所述的……”一类的引用语，也不得使用商业性宣传用语。

发明专利申请包含一个或者多个核苷酸或者氨基酸序列的，说明书应当包括符合国务院专利行政部门规定的序列表。申请人应当将该序列表作为说明书的一个单独部分提交，并按照国务院专利行政部门的规定提交该序列表的计算机可读形式的副本。

实用新型专利申请说明书应当有表示要求保护的产品的形状、构造或者其结合的附图。

第十八条 发明或者实用新型的几幅附图应当按照“图1，图2，……”顺序编号排列。

发明或者实用新型说明书文字部分中未提及的附图标记不得在附图中出现，附图中未出现的附图标记不得在说明书文字部分中提及。申请文件中表示同一组成部分的附图标记应当一致。

附图中除必需的词语外，不应当含有其他注释。

第十九条 权利要求书应当记载发明或者实用新型的技术特征。

权利要求书有几项权利要求的，应当用阿拉伯数字顺序编号。

权利要求书中使用的科技术语应当与说明书中使用的科技术语一致，可以有化学式或者数学式，但是不得有插图。除绝对必要的外，不得使用“如说明书……部分所述”或者“如图……所示”的用语。

权利要求中的技术特征可以引用说明书附图中相应的标记，该标记应当放在相应的技术特征后并置于括号内，便于理解权利要求。附图标记不得解释为对权利要求的限制。

第二十条 权利要求书应当有独立权利要求，也可以有从属权利要求。

独立权利要求应当从整体上反映发明或者实用新型的技术方案，记载解决技术问题的必要技术特征。

从属权利要求应当用附加的技术特征，对引用的权利要求作进一步限定。

第二十一条 发明或者实用新型的独立权利要求应当包括前序部分和特征部分，按照下列规定撰写：

（一）前序部分：写明要求保护的发明或者实用新型技术方案的主题名称和发明或者实用新型主题与最接近的现有技术共有的必要技术特征；

（二）特征部分：使用“其特征是……”或者类似的用语，写明发明或者实用新型区别于最接近的现有技术的技术特征。这些特征和前序部分写明的特征合在一起，限定发明或者实用新型要求保护的范围。

发明或者实用新型的性质不适于用前款方式表达的，独立权利要求可以用其他方式撰写。

一项发明或者实用新型应当只有一个独立权利要求，并写在同一发明或者实用新型的从属权利要求之前。

第二十二条 发明或者实用新型的从属权利要求应当包括引用部分和限定部分，按照下列规定撰写：

（一）引用部分：写明引用的权利要求的编号及其主题名称；

（二）限定部分：写明发明或者实用新型附加的技术特征。

从属权利要求只能引用在前的权利要求。引用两项以上权利要求的多项从属权利要求，只能以择一方式引用在前的权利要求，并不得作为另一项多项从属权利要求的基础。

第二十三条 说明书摘要应当写明发明或者实用新型专利申请所公开内容的概要，即写明发明或者实用新型的名称和所属技术领域，并清楚地反映所要解决的技术问题、解决该问题的技术方案的要点以及主要用途。

说明书摘要可以包含最能说明发明的化学式；有附图的专利申请，还应当提供一幅最能说明该发明或者实用新型技术特征的附图。附图的大小及清晰度应当保证在该图缩小到4厘米×6厘米时，仍能清晰地分辨出图中的各个细节。摘要文字部分不得超过300个字。摘要中不得使用商业性宣传用语。

第二十四条 申请专利的发明涉及新的生物材料，该生物材料公众不能得到，并且对该生物材料的说明不足以使所属领域的技术人员实施其发明的，除应当符合专利法和本细则的有关规定外，申请人还应当办理下列手续：

（一）在申请日前或者最迟在申请日（有优先权

的，指优先权日），将该生物材料的样品提交国务院专利行政部门认可的保藏单位保藏，并在申请时或者最迟自申请日起4个月内提交保藏单位出具的保藏证明和存活证明；期满未提交证明的，该样品视为未提交保藏；

（二）在申请文件中，提供有关该生物材料特征的资料；

（三）涉及生物材料样品保藏的专利申请应当在请求书和说明书中写明该生物材料的分类命名（注明拉丁文名称）、保藏该生物材料样品的单位名称、地址、保藏日期和保藏编号；申请时未写明的，应当自申请日起4个月内补正；期满未补正的，视为未提交保藏。

第二十五条　发明专利申请人依照本细则第二十四条的规定保藏生物材料样品的，在发明专利申请公布后，任何单位或者个人需要将该专利申请所涉及的生物材料作为实验目的使用的，应当向国务院专利行政部门提出请求，并写明下列事项：

（一）请求人的姓名或者名称和地址；

（二）不向其他任何人提供该生物材料的保证；

（三）在授予专利权前，只作为实验目的使用的保证。

第二十六条　专利法所称遗传资源，是指取自人体、动物、植物或者微生物等含有遗传功能单位并具有实际或者潜在价值的材料；专利法所称依赖遗传资源完成的发明创造，是指利用了遗传资源的遗传功能完成的发明创造。

就依赖遗传资源完成的发明创造申请专利的，申请人应当在请求书中予以说明，并填写国务院专利行政部门制定的表格。

第二十七条　申请人请求保护色彩的，应当提交彩色图片或者照片。

申请人应当就每件外观设计产品所需要保护的内容提交有关图片或者照片。

第二十八条　外观设计的简要说明应当写明外观设计产品的名称、用途，外观设计的设计要点，并指定一幅最能表明设计要点的图片或者照片。省略视图或者请求保护色彩的，应当在简要说明中写明。

对同一产品的多项相似外观设计提出一件外观设计专利申请的，应当在简要说明中指定其中一项作为基本设计。

简要说明不得使用商业性宣传用语，也不能用来说明产品的性能。

第二十九条　国务院专利行政部门认为必要时，可以要求外观设计专利申请人提交使用外观设计的产品样品或者模型。样品或者模型的体积不得超过30厘米×30厘米×30厘米，重量不得超过15公斤。易腐、易损或者危险品不得作为样品或者模型提交。

第三十条　专利法第二十四条第（一）项所称中国政府承认的国际展览会，是指国际展览会公约规定的在国际展览局注册或者由其认可的国际展览会。

专利法第二十四条第（二）项所称学术会议或者技术会议，是指国务院有关主管部门或者全国性学术团体组织召开的学术会议或者技术会议。

申请专利的发明创造有专利法第二十四条第（一）项或者第（二）项所列情形的，申请人应当在提出专利申请时声明，并自申请日起2个月内提交有关国际展览会或者学术会议、技术会议的组织单位出具的有关发明创造已经展出或者发表，以及展出或者发表日期的证明文件。

申请专利的发明创造有专利法第二十四条第（三）项所列情形的，国务院专利行政部门认为必要时，可以要求申请人在指定期限内提交证明文件。

申请人未依照本条第三款的规定提出声明和提交证明文件的，或者未依照本条第四款的规定在指定期限内提交证明文件的，其申请不适用专利法第二十四条的规定。

第三十一条　申请人依照专利法第三十条的规定要求外国优先权的，申请人提交的在先申请文件副本应当经原受理机构证明。依照国务院专利行政部门与该受理机构签订的协议，国务院专利行政部门通过电子交换等途径获得在先申请文件副本的，视为申请人提交了经该受理机构证明的在先申请文件副本。要求本国优先权，申请人在请求书中写明在先申请的申请日和申请号的，视为提交了在先申请文件副本。

要求优先权，但请求书中漏写或者错写在先申请的申请日、申请号和原受理机构名称中的一项或者两项内容的，国务院专利行政部门应当通知申请人在指定期限内补正；期满未补正的，视为未要求优先权。

要求优先权的申请人的姓名或者名称与在先申请文件副本中记载的申请人姓名或者名称不一致的，应当提交优先权转让证明材料，未提交该证明材料的，视为未要求优先权。

外观设计专利申请的申请人要求外国优先权，其在先申请未包括对外观设计的简要说明，申请人按照本细则第二十八条规定提交的简要说明未超出在先申请文件的图片或者照片表示的范围的，不影响其享有优先权。

第三十二条 申请人在一件专利申请中，可以要求一项或者多项优先权；要求多项优先权的，该申请的优先权期限从最早的优先权日起计算。

申请人要求本国优先权，在先申请是发明专利申请的，可以就相同主题提出发明或者实用新型专利申请；在先申请是实用新型专利申请的，可以就相同主题提出实用新型或者发明专利申请。但是，提出后一申请时，在先申请的主题有下列情形之一的，不得作为要求本国优先权的基础：

（一）已经要求外国优先权或者本国优先权的；

（二）已经被授予专利权的；

（三）属于按照规定提出的分案申请的。

申请人要求本国优先权的，其在先申请自后一申请提出之日起即视为撤回。

第三十三条 在中国没有经常居所或者营业所的申请人，申请专利或者要求外国优先权的，国务院专利行政部门认为必要时，可以要求其提供下列文件：

（一）申请人是个人的，其国籍证明；

（二）申请人是企业或者其他组织的，其注册的国家或者地区的证明文件；

（三）申请人的所属国，承认中国单位和个人可以按照该国国民的同等条件，在该国享有专利权、优先权和其他与专利有关的权利的证明文件。

第三十四条 依照专利法第三十一条第一款规定，可以作为一件专利申请提出的属于一个总的发明构思的两项以上的发明或者实用新型，应当在技术上相互关联，包含一个或者多个相同或者相应的特定技术特征，其中特定技术特征是指每一项发明或者实用新型作为整体，对现有技术作出贡献的技术特征。

第三十五条 依照专利法第三十一条第二款规定，将同一产品的多项相似外观设计作为一件申请提出的，对该产品的其他设计应当与简要说明中指定的基本设计相似。一件外观设计专利申请中的相似外观设计不得超过10项。

专利法第三十一条第二款所称同一类别并且成套出售或者使用的产品的两项以上外观设计，是指各产品属于分类表中同一大类，习惯上同时出售或者同时使用，而且各产品的外观设计具有相同的设计构思。

将两项以上外观设计作为一件申请提出的，应当将各项外观设计的顺序编号标注在每件外观设计产品各幅图片或者照片的名称之前。

第三十六条 申请人撤回专利申请的，应当向国务院专利行政部门提出声明，写明发明创造的名称、申请号和申请日。

撤回专利申请的声明在国务院专利行政部门作好公布专利申请文件的印刷准备工作后提出的，申请文件仍予公布；但是，撤回专利申请的声明应当在以后出版的专利公报上予以公告。

第三章 专利申请的审查和批准

第三十七条 在初步审查、实质审查、复审和无效宣告程序中，实施审查和审理的人员有下列情形之一的，应当自行回避，当事人或者其他利害关系人可以要求其回避：

（一）是当事人或者其代理人的近亲属的；

（二）与专利申请或者专利权有利害关系的；

（三）与当事人或者其代理人有其他关系，可能影响公正审查和审理的；

（四）专利复审委员会成员曾参与原申请的审查的。

第三十八条 国务院专利行政部门收到发明或者实用新型专利申请的请求书、说明书（实用新型必须包括附图）和权利要求书，或者外观设计专利申请的请求书、外观设计的图片或者照片和简要说明后，应当明确申请日、给予申请号，并通知申请人。

第三十九条 专利申请文件有下列情形之一的，国务院专利行政部门不予受理，并通知申请人：

（一）发明或者实用新型专利申请缺少请求书、说明书（实用新型无附图）或者权利要求书的，或者外观设计专利申请缺少请求书、图片或者照片、简要说明的；

（二）未使用中文的；

（三）不符合本细则第一百二十一条第一款规定的；

（四）请求书中缺少申请人姓名或者名称，或者缺少地址的；

（五）明显不符合专利法第十八条或者第十九条

第一款的规定的;

(六)专利申请类别(发明、实用新型或者外观设计)不明确或者难以确定的。

第四十条 说明书中写有对附图的说明但无附图或者缺少部分附图的,申请人应当在国务院专利行政部门指定的期限内补交附图或者声明取消对附图的说明。申请人补交附图的,以向国务院专利行政部门提交或者邮寄附图之日为申请日;取消对附图的说明的,保留原申请日。

第四十一条 两个以上的申请人同日(指申请日;有优先权的,指优先权日)分别就同样的发明创造申请专利的,应当在收到国务院专利行政部门的通知后自行协商确定申请人。

同一申请人在同日(指申请日)对同样的发明创造既申请实用新型专利又申请发明专利的,应当在申请时分别说明对同样的发明创造已申请了另一专利;未作说明的,依照专利法第九条第一款关于同样的发明创造只能授予一项专利权的规定处理。

国务院专利行政部门公告授予实用新型专利权,应当公告申请人已依照本条第二款的规定同时申请了发明专利的说明。

发明专利申请经审查没有发现驳回理由,国务院专利行政部门应当通知申请人在规定期限内声明放弃实用新型专利权。申请人声明放弃的,国务院专利行政部门应当作出授予发明专利权的决定,并在公告授予发明专利权时一并公告申请人放弃实用新型专利权声明。申请人不同意放弃的,国务院专利行政部门应当驳回该发明专利申请;申请人期满未答复的,视为撤回该发明专利申请。

实用新型专利权自公告授予发明专利权之日起终止。

第四十二条 一件专利申请包括两项以上发明、实用新型或者外观设计的,申请人可以在本细则第五十四条第一款规定的期限届满前,向国务院专利行政部门提出分案申请;但是,专利申请已经被驳回、撤回或者视为撤回的,不能提出分案申请。

国务院专利行政部门认为一件专利申请不符合专利法第三十一条和本细则第三十四条或者第三十五条的规定的,应当通知申请人在指定期限内对其申请进行修改;申请人期满未答复的,该申请视为撤回。

分案的申请不得改变原申请的类别。

第四十三条 依照本细则第四十二条规定提出的分案申请,可以保留原申请日,享有优先权的,可以保留优先权日,但是不得超出原申请记载的范围。

分案申请应当依照专利法及本细则的规定办理有关手续。

分案申请的请求书中应当写明原申请的申请号和申请日。提交分案申请时,申请人应当提交原申请文件副本;原申请享有优先权的,并应当提交原申请的优先权文件副本。

第四十四条 专利法第三十四条和第四十条所称初步审查,是指审查专利申请是否具备专利法第二十六条或者第二十七条规定的文件和其他必要的文件,这些文件是否符合规定的格式,并审查下列各项:

(一)发明专利申请是否明显属于专利法第五条、第二十五条规定的情形,是否不符合专利法第十八条、第十九条第一款、第二十条第一款或者本细则第十六条、第二十六条第二款的规定,是否明显不符合专利法第二条第二款、第二十六条第五款、第三十一条第一款、第三十三条或者本细则第十七条至第二十一条的规定;

(二)实用新型专利申请是否明显属于专利法第五条、第二十五条规定的情形,是否不符合专利法第十八条、第十九条第一款、第二十条第一款或者本细则第十六条至第十九条、第二十一条至第二十三条的规定,是否明显不符合专利法第二条第三款、第二十二条第二款、第四款、第二十六条第三款、第四款、第三十一条第一款、第三十三条或者本细则第二十条、第四十三条第一款的规定,是否依照专利法第九条规定不能取得专利权;

(三)外观设计专利申请是否明显属于专利法第五条、第二十五条第一款第(六)项规定的情形,是否不符合专利法第十八条、第十九条第一款或者本细则第十六条、第二十七条、第二十八条的规定,是否明显不符合专利法第二条第四款、第二十三条第一款、第二十七条第二款、第三十一条第二款、第三十三条或者本细则第四十三条第一款的规定,是否依照专利法第九条规定不能取得专利权;

(四)申请文件是否符合本细则第二条、第三条第一款的规定。

国务院专利行政部门应当将审查意见通知申请人,要求其在指定期限内陈述意见或者补正;申请人期满未答复的,其申请视为撤回。申请人陈述意见或者补正后,国务院专利行政部门仍然认为不符合前款所列各项规定的,应当予以驳回。

第四十五条 除专利申请文件外,申请人向国务院专利行政部门提交的与专利申请有关的其他文件有下列情形之一的,视为未提交:

(一)未使用规定的格式或者填写不符合规定的;

(二)未按照规定提交证明材料的。

国务院专利行政部门应当将视为未提交的审查意见通知申请人。

第四十六条 申请人请求早日公布其发明专利申请的,应当向国务院专利行政部门声明。国务院专利行政部门对该申请进行初步审查后,除予以驳回的外,应当立即将申请予以公布。

第四十七条 申请人写明使用外观设计的产品及其所属类别的,应当使用国务院专利行政部门公布的外观设计产品分类表。未写明使用外观设计的产品所属类别或者所写的类别不确切的,国务院专利行政部门可以予以补充或者修改。

第四十八条 自发明专利申请公布之日起至公告授予专利权之日止,任何人均可以对不符合专利法规定的专利申请向国务院专利行政部门提出意见,并说明理由。

第四十九条 发明专利申请人因有正当理由无法提交专利法第三十六条规定的检索资料或者审查结果资料的,应当向国务院专利行政部门声明,并在得到有关资料后补交。

第五十条 国务院专利行政部门依照专利法第三十五条第二款的规定对专利申请自行进行审查时,应当通知申请人。

第五十一条 发明专利申请人在提出实质审查请求时以及在收到国务院专利行政部门发出的发明专利申请进入实质审查阶段通知书之日起的3个月内,可以对发明专利申请主动提出修改。

实用新型或者外观设计专利申请人自申请日起2个月内,可以对实用新型或者外观设计专利申请主动提出修改。

申请人在收到国务院专利行政部门发出的审查意见通知书后对专利申请文件进行修改的,应当针对通知书指出的缺陷进行修改。

国务院专利行政部门可以自行修改专利申请文件中文字和符号的明显错误。国务院专利行政部门自行修改的,应当通知申请人。

第五十二条 发明或者实用新型专利申请的说明书或者权利要求书的修改部分,除个别文字修改或者增删外,应当按照规定格式提交替换页。外观设计专利申请的图片或者照片的修改,应当按照规定提交替换页。

第五十三条 依照专利法第三十八条的规定,发明专利申请经实质审查应当予以驳回的情形是指:

(一)申请属于专利法第五条、第二十五条规定的情形,或者依照专利法第九条规定不能取得专利权的;

(二)申请不符合专利法第二条第二款、第二十条第一款、第二十二条、第二十六条第三款、第四款、第五款、第三十一条第一款或者本细则第二十条第二款规定的;

(三)申请的修改不符合专利法第三十三条规定,或者分案的申请不符合本细则第四十三条第一款的规定的。

第五十四条 国务院专利行政部门发出授予专利权的通知后,申请人应当自收到通知之日起2个月内办理登记手续。申请人按期办理登记手续的,国务院专利行政部门应当授予专利权,颁发专利证书,并予以公告。

期满未办理登记手续的,视为放弃取得专利权的权利。

第五十五条 保密专利申请经审查没有发现驳回理由的,国务院专利行政部门应当作出授予保密专利权的决定,颁发保密专利证书,登记保密专利权的有关事项。

第五十六条 授予实用新型或者外观设计专利权的决定公告后,专利法第六十条规定的专利权人或者利害关系人可以请求国务院专利行政部门作出专利权评价报告。

请求作出专利权评价报告的,应当提交专利权评价报告请求书,写明专利号。每项请求应当限于一项专利权。

专利权评价报告请求书不符合规定的,国务院专利行政部门应当通知请求人在指定期限内补正;请求人期满未补正的,视为未提出请求。

第五十七条 国务院专利行政部门应当自收到专利权评价报告请求书后2个月内作出专利权评价报告。对同一项实用新型或者外观设计专利权,有多个请求人请求作出专利权评价报告的,国务院专利行政部门仅作出一份专利权评价报告。任何单位或者个人可以查阅或者复制该专利权评价报告。

第五十八条 国务院专利行政部门对专利公告、专利单行本中出现的错误，一经发现，应当及时更正，并对所作更正予以公告。

第四章 专利申请的复审与专利权的无效宣告

第五十九条 专利复审委员会由国务院专利行政部门指定的技术专家和法律专家组成，主任委员由国务院专利行政部门负责人兼任。

第六十条 依照专利法第四十一条的规定向专利复审委员会请求复审的，应当提交复审请求书，说明理由，必要时还应当附具有关证据。

复审请求不符合专利法第十九条第一款或者第四十一条第一款规定的，专利复审委员会不予受理，书面通知复审请求人并说明理由。

复审请求书不符合规定格式的，复审请求人应当在专利复审委员会指定的期限内补正；期满未补正的，该复审请求视为未提出。

第六十一条 请求人在提出复审请求或者在对专利复审委员会的复审通知书作出答复时，可以修改专利申请文件；但是，修改应当仅限于消除驳回决定或者复审通知书指出的缺陷。

修改的专利申请文件应当提交一式两份。

第六十二条 专利复审委员会应当将受理的复审请求书转交国务院专利行政部门原审查部门进行审查。原审查部门根据复审请求人的请求，同意撤销原决定的，专利复审委员会应当据此作出复审决定，并通知复审请求人。

第六十三条 专利复审委员会进行复审后，认为复审请求不符合专利法和本细则有关规定的，应当通知复审请求人，要求其在指定期限内陈述意见。期满未答复的，该复审请求视为撤回；经陈述意见或者进行修改后，专利复审委员会认为仍不符合专利法和本细则有关规定的，应当作出维持原驳回决定的复审决定。

专利复审委员会进行复审后，认为原驳回决定不符合专利法和本细则有关规定的，或者认为经过修改的专利申请文件消除了原驳回决定指出的缺陷的，应当撤销原驳回决定，由原审查部门继续进行审查程序。

第六十四条 复审请求人在专利复审委员会作出决定前，可以撤回其复审请求。

复审请求人在专利复审委员会作出决定前撤回其复审请求的，复审程序终止。

第六十五条 依照专利法第四十五条的规定，请求宣告专利权无效或者部分无效的，应当向专利复审委员会提交专利权无效宣告请求书和必要的证据一式两份。无效宣告请求书应当结合提交的所有证据，具体说明无效宣告请求的理由，并指明每项理由所依据的证据。

前款所称无效宣告请求的理由，是指被授予专利的发明创造不符合专利法第二条、第二十条第一款、第二十二条、第二十三条、第二十六条第三款、第四款、第二十七条第二款、第三十三条或者本细则第二十条第二款、第四十三条第一款的规定，或者属于专利法第五条、第二十五条的规定，或者依照专利法第九条规定不能取得专利权。

第六十六条 专利权无效宣告请求不符合专利法第十九条第一款或者本细则第六十五条规定的，专利复审委员会不予受理。

在专利复审委员会就无效宣告请求作出决定之后，又以同样的理由和证据请求无效宣告的，专利复审委员会不予受理。

以不符合专利法第二十三条第三款的规定为理由请求宣告外观设计专利权无效，但是未提交证明权利冲突的证据的，专利复审委员会不予受理。

专利权无效宣告请求书不符合规定格式的，无效宣告请求人应当在专利复审委员会指定的期限内补正；期满未补正的，该无效宣告请求视为未提出。

第六十七条 在专利复审委员会受理无效宣告请求后，请求人可以在提出无效宣告请求之日起1个月内增加理由或者补充证据。逾期增加理由或者补充证据的，专利复审委员会可以不予考虑。

第六十八条 专利复审委员会应当将专利权无效宣告请求书和有关文件的副本送交专利权人，要求其在指定的期限内陈述意见。

专利权人和无效宣告请求人应当在指定期限内答复专利复审委员会发出的转送文件通知书或者无效宣告请求审查通知书；期满未答复的，不影响专利复审委员会审理。

第六十九条 在无效宣告请求的审查过程中，发明或者实用新型专利的专利权人可以修改其权利要求书，但是不得扩大原专利的保护范围。

发明或者实用新型专利的专利权人不得修改专利说明书和附图，外观设计专利的专利权人不得修改图片、照片和简要说明。

第七十条 专利复审委员会根据当事人的请求或者案情需要，可以决定对无效宣告请求进行口头审理。

专利复审委员会决定对无效宣告请求进行口头审理的，应当向当事人发出口头审理通知书，告知举行口头审理的日期和地点。当事人应当在通知书指定的期限内作出答复。

无效宣告请求人对专利复审委员会发出的口头审理通知书在指定的期限内未作答复，并且不参加口头审理的，其无效宣告请求视为撤回；专利权人不参加口头审理的，可以缺席审理。

第七十一条 在无效宣告请求审查程序中，专利复审委员会指定的期限不得延长。

第七十二条 专利复审委员会对无效宣告的请求作出决定前，无效宣告请求人可以撤回其请求。

专利复审委员会作出决定之前，无效宣告请求人撤回其请求或者其无效宣告请求被视为撤回的，无效宣告请求审查程序终止。但是，专利复审委员会认为根据已进行的审查工作能够作出宣告专利权无效或者部分无效的决定的，不终止审查程序。

第五章　专利实施的强制许可

第七十三条 专利法第四十八条第（一）项所称未充分实施其专利，是指专利权人及其被许可人实施其专利的方式或者规模不能满足国内对专利产品或者专利方法的需求。

专利法第五十条所称取得专利权的药品，是指解决公共健康问题所需的医药领域中的任何专利产品或者依照专利方法直接获得的产品，包括取得专利权的制造该产品所需的活性成分以及使用该产品所需的诊断用品。

第七十四条 请求给予强制许可的，应当向国务院专利行政部门提交强制许可请求书，说明理由并附具有关证明文件。

国务院专利行政部门应当将强制许可请求书的副本送交专利权人，专利权人应当在国务院专利行政部门指定的期限内陈述意见；期满未答复的，不影响国务院专利行政部门作出决定。

国务院专利行政部门在作出驳回强制许可请求的决定或者给予强制许可的决定前，应当通知请求人和专利权人拟作出的决定及其理由。

国务院专利行政部门依照专利法第五十条的规定作出给予强制许可的决定，应当同时符合中国缔结或者参加的有关国际条约关于为了解决公共健康问题而给予强制许可的规定，但中国作出保留的除外。

第七十五条 依照专利法第五十七条的规定，请求国务院专利行政部门裁决使用费数额的，当事人应当提出裁决请求书，并附具双方不能达成协议的证明文件。国务院专利行政部门应当自收到请求书之日起3个月内作出裁决，并通知当事人。

第六章　对职务发明创造的发明人或者设计人的奖励和报酬

第七十六条 被授予专利权的单位可以与发明人、设计人约定或者在其依法制定的规章制度中规定专利法第十六条规定的奖励、报酬的方式和数额。

企业、事业单位给予发明人或者设计人的奖励、报酬，按照国家有关财务、会计制度的规定进行处理。

第七十七条 被授予专利权的单位未与发明人、设计人约定也未在其依法制定的规章制度中规定专利法第十六条规定的奖励的方式和数额的，应当自专利权公告之日起3个月内发给发明人或者设计人奖金。一项发明专利的奖金最低不少于3000元；一项实用新型专利或者外观设计专利的奖金最低不少于1000元。

由于发明人或者设计人的建议被其所属单位采纳而完成的发明创造，被授予专利权的单位应当从优发给奖金。

第七十八条 被授予专利权的单位未与发明人、设计人约定也未在其依法制定的规章制度中规定专利法第十六条规定的报酬的方式和数额的，在专利权有效期限内，实施发明创造专利后，每年应当从实施该项发明或者实用新型专利的营业利润中提取不低于2%或者从实施该项外观设计专利的营业利润中提取不低于0.2%，作为报酬给予发明人或者设计人，或者参照上述比例，给予发明人或者设计人一次性报酬；被授予专利权的单位许可其他单位或者个人实施其专利的，应当从收取的使用费中提取不低于10%，作为报酬给予发明人或者设计人。

第七章　专利权的保护

第七十九条 专利法和本细则所称管理专利工作的部门，是指由省、自治区、直辖市人民政府以及专利管理工作量大又有实际处理能力的设区的市人民政府设立的管理专利工作的部门。

第八十条 国务院专利行政部门应当对管理专利工作的部门处理专利侵权纠纷、查处假冒专利行为、调解专利纠纷进行业务指导。

第八十一条 当事人请求处理专利侵权纠纷或者调解专利纠纷的,由被请求人所在地或者侵权行为地的管理专利工作的部门管辖。

两个以上管理专利工作的部门都有管辖权的专利纠纷,当事人可以向其中一个管理专利工作的部门提出请求;当事人向两个以上有管辖权的管理专利工作的部门提出请求的,由最先受理的管理专利工作的部门管辖。

管理专利工作的部门对管辖权发生争议的,由其共同的上级人民政府管理专利工作的部门指定管辖;无共同上级人民政府管理专利工作的部门的,由国务院专利行政部门指定管辖。

第八十二条 在处理专利侵权纠纷过程中,被请求人提出无效宣告请求并被专利复审委员会受理的,可以请求管理专利工作的部门中止处理。

管理专利工作的部门认为被请求人提出的中止理由明显不能成立的,可以不中止处理。

第八十三条 专利权人依照专利法第十七条的规定,在其专利产品或者该产品的包装上标明专利标识的,应当按照国务院专利行政部门规定的方式予以标明。

专利标识不符合前款规定的,由管理专利工作的部门责令改正。

第八十四条 下列行为属于专利法第六十三条规定的假冒专利的行为:

(一)在未被授予专利权的产品或者其包装上标注专利标识,专利权被宣告无效后或者终止后继续在产品或者其包装上标注专利标识,或者未经许可在产品或者产品包装上标注他人的专利号;

(二)销售第(一)项所述产品;

(三)在产品说明书等材料中将未被授予专利权的技术或者设计称为专利技术或者专利设计,将专利申请称为专利,或者未经许可使用他人的专利号,使公众将所涉及的技术或者设计误认为是专利技术或者专利设计;

(四)伪造或者变造专利证书、专利文件或者专利申请文件;

(五)其他使公众混淆,将未被授予专利权的技术或者设计误认为是专利技术或者专利设计的行为。

专利权终止前依法在专利产品、依照专利方法直接获得的产品或者其包装上标注专利标识,在专利权终止后许诺销售、销售该产品的,不属于假冒专利行为。

销售不知道是假冒专利的产品,并且能够证明该产品合法来源的,由管理专利工作的部门责令停止销售,但免除罚款的处罚。

第八十五条 除专利法第六十条规定的外,管理专利工作的部门应当事人请求,可以对下列专利纠纷进行调解:

(一)专利申请权和专利权归属纠纷;

(二)发明人、设计人资格纠纷;

(三)职务发明创造的发明人、设计人的奖励和报酬纠纷;

(四)在发明专利申请公布后专利权授予前使用发明而未支付适当费用的纠纷;

(五)其他专利纠纷。

对于前款第(四)项所列的纠纷,当事人请求管理专利工作的部门调解的,应当在专利权被授予之后提出。

第八十六条 当事人因专利申请权或者专利权的归属发生纠纷,已请求管理专利工作的部门调解或者向人民法院起诉的,可以请求国务院专利行政部门中止有关程序。

依照前款规定请求中止有关程序的,应当向国务院专利行政部门提交请求书,并附具管理专利工作的部门或者人民法院的写明申请号或者专利号的有关受理文件副本。

管理专利工作的部门作出的调解书或者人民法院作出的判决生效后,当事人应当向国务院专利行政部门办理恢复有关程序的手续。自请求中止之日起1年内,有关专利申请权或者专利权归属的纠纷未能结案,需要继续中止有关程序的,请求人应当在该期限内请求延长中止。期满未请求延长的,国务院专利行政部门自行恢复有关程序。

第八十七条 人民法院在审理民事案件中裁定对专利申请权或者专利权采取保全措施的,国务院专利行政部门应当在收到写明申请号或者专利号的裁定书和协助执行通知书之日中止被保全的专利申请权或者专利权的有关程序。保全期限届满,人民法院没有裁定继续采取保全措施的,国务院专利行政部门自行恢复有关程序。

第八十八条 国务院专利行政部门根据本细则第八十六条和第八十七条规定中止有关程序,是指暂停专利申请的初步审查、实质审查、复审程序,授予专利权程序和专利权无效宣告程序;暂停办理放弃、变更、转移专利权或者专利申请权手续,专利权质押手续以及专利权期限届满前的终止手续等。

第八章 专利登记和专利公报

第八十九条 国务院专利行政部门设置专利登记簿,登记下列与专利申请和专利权有关的事项:

(一)专利权的授予;

(二)专利申请权、专利权的转移;

(三)专利权的质押、保全及其解除;

(四)专利实施许可合同的备案;

(五)专利权的无效宣告;

(六)专利权的终止;

(七)专利权的恢复;

(八)专利实施的强制许可;

(九)专利权人的姓名或者名称、国籍和地址的变更。

第九十条 国务院专利行政部门定期出版专利公报,公布或者公告下列内容:

(一)发明专利申请的著录事项和说明书摘要;

(二)发明专利申请的实质审查请求和国务院专利行政部门对发明专利申请自行进行实质审查的决定;

(三)发明专利申请公布后的驳回、撤回、视为撤回、视为放弃、恢复和转移;

(四)专利权的授予以及专利权的著录事项;

(五)发明或者实用新型专利的说明书摘要,外观设计专利的一幅图片或者照片;

(六)国防专利、保密专利的解密;

(七)专利权的无效宣告;

(八)专利权的终止、恢复;

(九)专利权的转移;

(十)专利实施许可合同的备案;

(十一)专利权的质押、保全及其解除;

(十二)专利实施的强制许可的给予;

(十三)专利权人的姓名或者名称、地址的变更;

(十四)文件的公告送达;

(十五)国务院专利行政部门作出的更正;

(十六)其他有关事项。

第九十一条 国务院专利行政部门应当提供专利公报、发明专利申请单行本以及发明专利、实用新型专利、外观设计专利单行本,供公众免费查阅。

第九十二条 国务院专利行政部门负责按照互惠原则与其他国家、地区的专利机关或者区域性专利组织交换专利文献。

第九章 费 用

第九十三条 向国务院专利行政部门申请专利和办理其他手续时,应当缴纳下列费用:

(一)申请费、申请附加费、公布印刷费、优先权要求费;

(二)发明专利申请实质审查费、复审费;

(三)专利登记费、公告印刷费、年费;

(四)恢复权利请求费、延长期限请求费;

(五)著录事项变更费、专利权评价报告请求费、无效宣告请求费。

前款所列各种费用的缴纳标准,由国务院价格管理部门、财政部门会同国务院专利行政部门规定。

第九十四条 专利法和本细则规定的各种费用,可以直接向国务院专利行政部门缴纳,也可以通过邮局或者银行汇付,或者以国务院专利行政部门规定的其他方式缴纳。

通过邮局或者银行汇付的,应当在送交国务院专利行政部门的汇单上写明正确的申请号或者专利号以及缴纳的费用名称。不符合本款规定的,视为未办理缴费手续。

直接向国务院专利行政部门缴纳费用的,以缴纳当日为缴费日;以邮局汇付方式缴纳费用的,以邮局汇出的邮戳日为缴费日;以银行汇付方式缴纳费用的,以银行实际汇出日为缴费日。

多缴、重缴、错缴专利费用的,当事人可以自缴费日起3年内,向国务院专利行政部门提出退款请求,国务院专利行政部门应当予以退还。

第九十五条 申请人应当自申请日起2个月内或者在收到受理通知书之日起15日内缴纳申请费、公布印刷费和必要的申请附加费;期满未缴纳或者未缴足的,其申请视为撤回。

申请人要求优先权的,应当在缴纳申请费的同时缴纳优先权要求费;期满未缴纳或者未缴足的,视为未要求优先权。

第九十六条 当事人请求实质审查或者复审的,应当在专利法及本细则规定的相关期限内缴纳费用;期满未缴纳或者未缴足的,视为未提出请求。

第九十七条 申请人办理登记手续时,应当缴纳专利登记费、公告印刷费和授予专利权当年的年费;期满未缴纳或者未缴足的,视为未办理登记手续。

第九十八条 授予专利权当年以后的年费应当在上一年度期满前缴纳。专利权人未缴纳或者未缴足的,国务院专利行政部门应当通知专利权人自应当缴纳年费期满之日起6个月内补缴,同时缴纳滞纳金;滞纳金的金额按照每超过规定的缴费时间1个月,加收当年全额年费的5%计算;期满未缴纳的,专利权自应当缴纳年费期满之日起终止。

第九十九条 恢复权利请求费应当在本细则规定的相关期限内缴纳;期满未缴纳或者未缴足的,视为未提出请求。

延长期限请求费应当在相应期限届满之日前缴纳;期满未缴纳或者未缴足的,视为未提出请求。

著录事项变更费、专利权评价报告请求费、无效宣告请求费应当自提出请求之日起1个月内缴纳;期满未缴纳或者未缴足的,视为未提出请求。

第一百条 申请人或者专利权人缴纳本细则规定的各种费用有困难的,可以按照规定向国务院专利行政部门提出减缴或者缓缴的请求。减缴或者缓缴的办法由国务院财政部门会同国务院价格管理部门、国务院专利行政部门规定。

第十章 关于国际申请的特别规定

第一百零一条 国务院专利行政部门根据专利法第二十条规定,受理按照专利合作条约提出的专利国际申请。

按照专利合作条约提出并指定中国的专利国际申请(以下简称国际申请)进入国务院专利行政部门处理阶段(以下称进入中国国家阶段)的条件和程序适用本章的规定;本章没有规定的,适用专利法及本细则其他各章的有关规定。

第一百零二条 按照专利合作条约已确定国际申请日并指定中国的国际申请,视为向国务院专利行政部门提出的专利申请,该国际申请日视为专利法第二十八条所称的申请日。

第一百零三条 国际申请的申请人应当在专利合作条约第二条所称的优先权日(本章简称优先权日)起30个月内,向国务院专利行政部门办理进入中国国家阶段的手续;申请人未在该期限内办理该手续的,在缴纳宽限费后,可以在自优先权日起32个月内办理进入中国国家阶段的手续。

第一百零四条 申请人依照本细则第一百零三条的规定办理进入中国国家阶段的手续的,应当符合下列要求:

(一)以中文提交进入中国国家阶段的书面声明,写明国际申请号和要求获得的专利权类型;

(二)缴纳本细则第九十三条第一款规定的申请费、公布印刷费,必要时缴纳本细则第一百零三条规定的宽限费;

(三)国际申请以外文提出的,提交原始国际申请的说明书和权利要求书的中文译文;

(四)在进入中国国家阶段的书面声明中写明发明创造的名称、申请人姓名或者名称、地址和发明人的姓名,上述内容应当与世界知识产权组织国际局(以下简称国际局)的记录一致;国际申请中未写明发明人的,在上述声明中写明发明人的姓名;

(五)国际申请以外文提出的,提交摘要的中文译文,有附图和摘要附图的,提交附图副本和摘要附图副本,附图中有文字的,将其替换为对应的中文文字;国际申请以中文提出的,提交国际公布文件中的摘要和摘要附图副本;

(六)在国际阶段向国际局已办理申请人变更手续的,提供变更后的申请人享有申请权的证明材料;

(七)必要时缴纳本细则第九十三条第一款规定的申请附加费。

符合本条第一款第(一)项至第(三)项要求的,国务院专利行政部门应当给予申请号,明确国际申请进入中国国家阶段的日期(以下简称进入日),并通知申请人其国际申请已进入中国国家阶段。

国际申请已进入中国国家阶段,但不符合本条第一款第(四)项至第(七)项要求的,国务院专利行政部门应当通知申请人在指定期限内补正;期满未补正的,其申请视为撤回。

第一百零五条 国际申请有下列情形之一的,其在中国的效力终止:

(一)在国际阶段,国际申请被撤回或者被视为撤回,或者国际申请对中国的指定被撤回的;

(二)申请人未在优先权日起32个月内按照本细则第一百零三条规定办理进入中国国家阶段手续的;

（三）申请人办理进入中国国家阶段的手续，但自优先权日起32个月期限届满仍不符合本细则第一百零四条第（一）项至第（三）项要求的。

依照前款第（一）项的规定，国际申请在中国的效力终止的，不适用本细则第六条的规定；依照前款第（二）项、第（三）项的规定，国际申请在中国的效力终止的，不适用本细则第六条第二款的规定。

第一百零六条　国际申请在国际阶段作过修改，申请人要求以经修改的申请文件为基础进行审查的，应当自进入日起2个月内提交修改部分的中文译文。在该期间内未提交中文译文的，对申请人在国际阶段提出的修改，国务院专利行政部门不予考虑。

第一百零七条　国际申请涉及的发明创造有专利法第二十四条第（一）项或者第（二）项所列情形之一，在提出国际申请时作过声明的，申请人应当在进入中国国家阶段的书面声明中予以说明，并自进入日起2个月内提交本细则第三十条第三款规定的有关证明文件；未予说明或者期满未提交证明文件的，其申请不适用专利法第二十四条的规定。

第一百零八条　申请人按照专利合作条约的规定，对生物材料样品的保藏已作出说明的，视为已经满足了本细则第二十四条第（三）项的要求。申请人应当在进入中国国家阶段声明中指明记载生物材料样品保藏事项的文件以及在该文件中的具体记载位置。

申请人在原始提交的国际申请的说明书中已记载生物材料样品保藏事项，但是没有在进入中国国家阶段声明中指明的，应当自进入日起4个月内补正。期满未补正的，该生物材料视为未提交保藏。

申请人自进入日起4个月内向国务院专利行政部门提交生物材料样品保藏证明和存活证明的，视为在本细则第二十四条第（一）项规定的期限内提交。

第一百零九条　国际申请涉及的发明创造依赖遗传资源完成的，申请人应当在国际申请进入中国国家阶段的书面声明中予以说明，并填写国务院专利行政部门制定的表格。

第一百一十条　申请人在国际阶段已要求一项或者多项优先权，在进入中国国家阶段时该优先权要求继续有效的，视为已经依照专利法第三十条的规定提出了书面声明。

申请人应当自进入日起2个月内缴纳优先权要求费；期满未缴纳或者未缴足的，视为未要求该优先权。

申请人在国际阶段已依照专利合作条约的规定，提交过在先申请文件副本的，办理进入中国国家阶段手续时不需要向国务院专利行政部门提交在先申请文件副本。申请人在国际阶段未提交在先申请文件副本的，国务院专利行政部门认为必要时，可以通知申请人在指定期限内补交；申请人期满未补交的，其优先权要求视为未提出。

第一百一十一条　在优先权日起30个月期满前要求国务院专利行政部门提前处理和审查国际申请的，申请人除应当办理进入中国国家阶段手续外，还应当依照专利合作条约第二十三条第二款规定提出请求。国际局尚未向国务院专利行政部门传送国际申请的，申请人应当提交经确认的国际申请副本。

第一百一十二条　要求获得实用新型专利权的国际申请，申请人可以自进入日起2个月内对专利申请文件主动提出修改。

要求获得发明专利权的国际申请，适用本细则第五十一条第一款的规定。

第一百一十三条　申请人发现提交的说明书、权利要求书或者附图中的文字的中文译文存在错误的，可以在下列规定期限内依照原始国际申请文本提出改正：

（一）在国务院专利行政部门作好公布发明专利申请或者公告实用新型专利权的准备工作之前；

（二）在收到国务院专利行政部门发出的发明专利申请进入实质审查阶段通知书之日起3个月内。

申请人改正译文错误的，应当提出书面请求并缴纳规定的译文改正费。

申请人按照国务院专利行政部门的通知书的要求改正译文的，应当在指定期限内办理本条第二款规定的手续；期满未办理规定手续的，该申请视为撤回。

第一百一十四条　对要求获得发明专利权的国际申请，国务院专利行政部门经初步审查认为符合专利法和本细则有关规定的，应当在专利公报上予以公布；国际申请以中文以外的文字提出的，应当公布申请文件的中文译文。

要求获得发明专利权的国际申请，由国际局以中文进行国际公布的，自国际公布日起适用专利法第十三条的规定；由国际局以中文以外的文字进行国际公布的，自国务院专利行政部门公布之日起适用专利法第十三条的规定。

对国际申请，专利法第二十一条和第二十二条中所称的公布是指本条第一款所规定的公布。

第一百一十五条　国际申请包含两项以上发明或者实用新型的,申请人可以自进入日起,依照本细则第四十二条第一款的规定提出分案申请。

在国际阶段,国际检索单位或者国际初步审查单位认为国际申请不符合专利合作条约规定的单一性要求时,申请人未按照规定缴纳附加费,导致国际申请某些部分未经国际检索或者未经国际初步审查,在进入中国国家阶段时,申请人要求将所述部分作为审查基础,国务院专利行政部门认为国际检索单位或者国际初步审查单位对发明单一性的判断正确的,应当通知申请人在指定期限内缴纳单一性恢复费。期满未缴纳或者未足额缴纳的,国际申请中未经检索或者未经国际初步审查的部分视为撤回。

第一百一十六条　国际申请在国际阶段被有关国际单位拒绝给予国际申请日或者宣布视为撤回的,申请人在收到通知之日起2个月内,可以请求国际局将国际申请档案中任何文件的副本转交国务院专利行政部门,并在该期限内向国务院专利行政部门办理本细则第一百零三条规定的手续,国务院专利行政部门应当在接到国际局传送的文件后,对国际单位作出的决定是否正确进行复查。

第一百一十七条　基于国际申请授予的专利权,由于译文错误,致使依照专利法第五十九条规定确定的保护范围超出国际申请的原文所表达的范围的,以依据原文限制后的保护范围为准;致使保护范围小于国际申请的原文所表达的范围的,以授权时的保护范围为准。

第十一章　附　　则

第一百一十八条　经国务院专利行政部门同意,任何人均可以查阅或者复制已经公布或者公告的专利申请的案卷和专利登记簿,并可以请求国务院专利行政部门出具专利登记簿副本。

已视为撤回、驳回和主动撤回的专利申请的案卷,自该专利申请失效之日起满2年后不予保存。

已放弃、宣告全部无效和终止的专利权的案卷,自该专利权失效之日起满3年后不予保存。

第一百一十九条　向国务院专利行政部门提交申请文件或者办理各种手续,应当由申请人、专利权人、其他利害关系人或者其代表人签字或者盖章;委托专利代理机构的,由专利代理机构盖章。

请求变更发明人姓名、专利申请人和专利权人的姓名或者名称、国籍和地址、专利代理机构的名称、地址和代理人姓名的,应当向国务院专利行政部门办理著录事项变更手续,并附具变更理由的证明材料。

第一百二十条　向国务院专利行政部门邮寄有关申请或者专利权的文件,应当使用挂号信函,不得使用包裹。

除首次提交专利申请文件外,向国务院专利行政部门提交各种文件、办理各种手续的,应当标明申请号或者专利号、发明创造名称和申请人或者专利权人姓名或者名称。

一件信函中应当只包含同一申请的文件。

第一百二十一条　各类申请文件应当打字或者印刷,字迹呈黑色,整齐清晰,并不得涂改。附图应当用制图工具和黑色墨水绘制,线条应当均匀清晰,并不得涂改。

请求书、说明书、权利要求书、附图和摘要应当分别用阿拉伯数字顺序编号。

申请文件的文字部分应当横向书写。纸张限于单面使用。

第一百二十二条　国务院专利行政部门根据专利法和本细则制定专利审查指南。

第一百二十三条　本细则自2001年7月1日起施行。1992年12月12日国务院批准修订、1992年12月21日中国专利局发布的《中华人民共和国专利法实施细则》同时废止。

施行修改后的专利法实施细则的过渡办法

1. 2010年1月21日国家知识产权局令第54号公布
2. 自2010年2月1日起施行

第一条　为了保障2010年1月9日公布的《国务院关于修改〈中华人民共和国专利法实施细则〉的决定》的施行,依照立法法第八十四条的规定,制定本办法。

第二条　修改前的专利法实施细则的规定适用于申请日在2010年2月1日前(不含该日)的专利申请以及根据该专利申请授予的专利权;修改后的专利法实施细则的规定适用于申请日在2010年2月1日以后(含该日,下同)的专利申请以及根据该专利申请授予的专利权;但本办法以下各条对申请日在2010年2月1日前的专利申请以及根据该申请授予的专利权的特殊规定除外。

第三条 2010年2月1日以后以不符合专利法第二十三条第三款的规定为理由提出无效宣告请求的，对该无效宣告请求的审查适用修改后的专利法实施细则第六十六条第三款的规定。

第四条 2010年2月1日以后提出无效宣告请求的，对该无效宣告请求的审查适用修改后的专利法实施细则第七十二条第二款的规定。

第五条 专利国际申请的申请人在2010年2月1日以后办理进入中国国家阶段手续的，该国际申请适用修改后的专利法实施细则第十章的规定。

第六条 在2010年2月1日以后请求国家知识产权局中止有关程序的，适用修改后的专利法实施细则第九十三条和第九十九条的规定，不再缴纳中止程序请求费。

在2010年2月1日以后请求退还多缴、重缴、错缴的专利费用的，适用修改后的专利法实施细则第九十四条第四款的规定。

在2010年2月1日以后缴纳申请费、公布印刷费和申请附加费的，适用修改后的专利法实施细则第九十五条的规定。

在2010年2月1日以后办理授予专利权的登记手续的，适用修改后的专利法实施细则第九十三条和第九十七条的规定，不再缴纳申请维持费。

第七条 本办法自2010年2月1日起施行。

国家知识产权局专利局关于施行修改后专利法实施细则有关事项的通知

2010年1月29日

为施行修改后的专利法实施细则，对2010年2月1日以后（含该日）提交专利申请或办理其他专利事务涉及的有关事项，通知如下：

一、为配合修改后专利法实施细则的施行，国家知识产权局专利局对请求类表格进行了修订，并在国家知识产权局政府网站 www. sipo. gov. cn 上对外公布，申请人应当下载并使用规定格式的表格。

二、根据修改后专利法实施细则第四十一条第二款的规定，同一申请人同日对同样的发明创造既申请实用新型专利又申请发明专利的，应当在发明专利请求书第21栏和实用新型专利请求书第18栏分别填写声明，不再提交《同日申请发明专利和实用新型专利的声明》表格。

上述申请可以通过国家知识产权局专利局受理处、各代办处或国家知识产权局电子申请系统提交。

三、2009年10月1日开始使用的《向外国申请专利保密审查请求书》、《遗传资源来源披露登记表》和《专利权评价报告请求书》三张表格继续使用。

四、申请人在提交新申请的同时一并提交《遗传资源来源披露登记表》的，可以通过国家知识产权局专利局受理处、各代办处或国家知识产权局电子申请系统提交。

申请人在提交申请后单独提交该表格的，应当直接向国家知识产权局专利局受理处或通过国家知识产权局电子申请系统提交，各代办处不予接收。

五、根据修改后专利法实施细则第八条的规定，任何单位或者个人将在中国完成的发明或者实用新型向外国申请专利请求保密审查的，按照以下情形办理：

1. 申请人仅提交《向外国申请专利保密审查请求书》和《技术方案说明书》而不提交专利申请的，应当直接向国家知识产权局专利局受理处以纸件形式递交或寄交；

2. 申请人在提交新申请的同时一并提交《向外国申请专利保密审查请求书》的，可以通过国家知识产权局专利局受理处、各代办处或国家知识产权局电子申请系统提交；

申请人在提交申请后单独提交《向外国申请专利保密审查请求书》的，应当直接向国家知识产权局专利局受理处或通过国家知识产权局电子申请系统提交，各代办处不予接收；

3. 申请人提交专利国际申请的，视为同时提交了《向外国申请专利保密审查请求书》。

六、专利权人或利害关系人提交《专利权评价报告请求书》的，可以通过国家知识产权局专利局受理处或国家知识产权局电子申请系统提交。

七、2010年2月1日后，国家知识产权局不再收取申请维持费、中止程序请求费、强制许可请求费及强制许可使用费的裁决请求费四项费用。

国防专利条例

1. 2004年9月17日国务院、中央军事委员会令第418号公布
2. 自2004年11月1日起施行

第一章 总 则

第一条 为了保护有关国防的发明专利权,确保国家秘密,便利发明创造的推广应用,促进国防科学技术的发展,适应国防现代化建设的需要,根据《中华人民共和国专利法》,制定本条例。

第二条 国防专利是指涉及国防利益以及对国防建设具有潜在作用需要保密的发明专利。

第三条 国家国防专利机构(以下简称国防专利机构)负责受理和审查国防专利申请。经国防专利机构审查认为符合本条例规定的,由国务院专利行政部门授予国防专利权。

国务院国防科学技术工业主管部门和中国人民解放军总装备部(以下简称总装备部)分别负责地方系统和军队系统的国防专利管理工作。

第四条 涉及国防利益或者对国防建设具有潜在作用被确定为绝密级国家秘密的发明不得申请国防专利。

国防专利申请以及国防专利的保密工作,在解密前依照《中华人民共和国保守国家秘密法》和国家有关规定进行管理。

第五条 国防专利权的保护期限为20年,自申请日起计算。

第六条 国防专利在保护期内,因情况变化需要变更密级、解密或者国防专利权终止后需要延长保密期限的,国防专利机构可以作出变更密级、解密或者延长保密期限的决定;但是对在申请国防专利前已被确定为国家秘密的,应当征得原确定密级和保密期限的机关、单位或者其上级机关的同意。

被授予国防专利权的单位或者个人(以下统称国防专利权人)可以向国防专利机构提出变更密级、解密或者延长保密期限的书面申请;属于国有企业事业单位或者军队单位的,应当附送原确定密级和保密期限的机关、单位或者其上级机关的意见。

国防专利机构应当将变更密级、解密或者延长保密期限的决定,在该机构出版的《国防专利内部通报》上刊登,并通知国防专利权人,同时将解密的国防专利报送国务院专利行政部门转为普通专利。国务院专利行政部门应当及时将解密的国防专利向社会公告。

第七条 国防专利申请权和国防专利权经批准可以向国内的中国单位和个人转让。

转让国防专利申请权或者国防专利权,应当确保国家秘密不被泄露,保证国防和军队建设不受影响,并向国防专利机构提出书面申请,由国防专利机构进行初步审查后依照本条例第三条第二款规定的职责分工,及时报送国务院国防科学技术工业主管部门、总装备部审批。

国务院国防科学技术工业主管部门、总装备部应当自国防专利机构受理申请之日起30日内作出批准或者不批准的决定;作出不批准决定的,应当书面通知申请人并说明理由。

经批准转让国防专利申请权或者国防专利权的,当事人应当订立书面合同,并向国防专利机构登记,由国防专利机构在《国防专利内部通报》上刊登。国防专利申请权或者国防专利权的转让自登记之日起生效。

第八条 禁止向国外的单位和个人以及在国内的外国人和外国机构转让国防专利申请权和国防专利权。

第九条 需要委托专利代理机构申请国防专利和办理其他国防专利事务的,应当委托国防专利机构指定的专利代理机构办理。专利代理机构及其工作人员对在办理国防专利申请和其他国防专利事务过程中知悉的国家秘密,负有保密义务。

第二章 国防专利的申请、审查和授权

第十条 申请国防专利的,应当向国防专利机构提交请求书、说明书及其摘要和权利要求书等文件。

国防专利申请人应当按照国防专利机构规定的要求和统一格式撰写申请文件,并亲自送交或者经过机要通信以及其他保密方式传交国防专利机构,不得按普通函件邮寄。

国防专利机构收到国防专利申请文件之日为申请日;申请文件通过机要通信邮寄的,以寄出的邮戳日为申请日。

第十一条 国防专利机构定期派人到国务院专利行政部门查看普通专利申请,发现其中有涉及国防利益或者对国防建设具有潜在作用需要保密的,经国务院专利行政部门同意后转为国防专利申请,并通知申请人。

普通专利申请转为国防专利申请后,国防专利机

构依照本条例的有关规定对该国防专利申请进行审查。

第十二条 授予国防专利权的发明,应当具备新颖性、创造性和实用性。

新颖性,是指在申请日之前没有同样的发明在国外出版物上公开发表过、在国内出版物上发表过、在国内使用过或者以其他方式为公众所知,也没有同样的发明由他人提出过申请并在申请日以后获得国防专利权。

创造性,是指同申请日之前已有的技术相比,该发明有突出的实质性特点和显著的进步。

实用性,是指该发明能够制造或者使用,并且能够产生积极效果。

第十三条 申请国防专利的发明在申请日之前6个月内,有下列情形之一的,不丧失新颖性:

(一)在国务院有关主管部门、中国人民解放军有关主管部门举办的内部展览会上首次展出的;

(二)在国务院有关主管部门、中国人民解放军有关主管部门召开的内部学术会议或者技术会议上首次发表的;

(三)他人未经国防专利申请人同意而泄露其内容的。

有前款所列情形的,国防专利申请人应当在申请时声明,并自申请日起2个月内提供有关证明文件。

第十四条 国防专利机构对国防专利申请进行审查后,认为不符合本条例规定的,应当通知国防专利申请人在指定的期限内陈述意见或者对其国防专利申请进行修改、补正;无正当理由逾期不答复的,该国防专利申请即被视为撤回。

国防专利申请人在自申请日起6个月内或者在对第一次审查意见通知书进行答复时,可以对其国防专利申请主动提出修改。

申请人对其国防专利申请文件进行修改不得超出原说明书和权利要求书记载的范围。

第十五条 国防专利申请人陈述意见或者对国防专利申请进行修改、补正后,国防专利机构认为仍然不符合本条例规定的,应当予以驳回。

第十六条 国防专利机构设立国防专利复审委员会,负责国防专利的复审和无效宣告工作。

国防专利复审委员会由技术专家和法律专家组成,其主任委员由国防专利机构负责人兼任。

第十七条 国防专利申请人对国防专利机构驳回申请的决定不服的,可以自收到通知之日起3个月内,向国防专利复审委员会请求复审。国防专利复审委员会复审并作出决定后,通知国防专利申请人。

第十八条 国防专利申请经审查认为没有驳回理由或者驳回后经过复审认为不应当驳回的,由国务院专利行政部门作出授予国防专利权的决定,并委托国防专利机构颁发国防专利证书,同时在国务院专利行政部门出版的专利公报上公告该国防专利的申请日、授权日和专利号。国防专利机构应当将该国防专利的有关事项予以登记,并在《国防专利内部通报》上刊登。

第十九条 任何单位或者个人认为国防专利权的授予不符合本条例规定的,可以向国防专利复审委员会提出宣告该国防专利权无效的请求。

第二十条 国防专利复审委员会对宣告国防专利权无效的请求进行审查并作出决定后,通知请求人和国防专利权人。宣告国防专利权无效的决定,国防专利机构应当予以登记并在《国防专利内部通报》上刊登,国务院专利行政部门应当在专利公报上公布。

第三章 国防专利的实施

第二十一条 国防专利机构应当自授予国防专利权之日起3个月内,将该国防专利有关文件副本送交国务院有关主管部门或者中国人民解放军有关主管部门。收到文件副本的部门,应当在4个月内就该国防专利的实施提出书面意见,并通知国防专利机构。

第二十二条 国务院有关主管部门、中国人民解放军有关主管部门,可以允许其指定的单位实施本系统或者本部门内的国防专利;需要指定实施本系统或者本部门以外的国防专利的,应当向国防专利机构提出书面申请,由国防专利机构依照本条例第三条第二款规定的职责分工报国务院国防科学技术工业主管部门、总装备部批准后实施。

国防专利机构对国防专利的指定实施予以登记,并在《国防专利内部通报》上刊登。

第二十三条 实施他人国防专利的单位应当与国防专利权人订立书面实施合同,依照本条例第二十五条的规定向国防专利权人支付费用,并报国防专利机构备案。实施单位不得允许合同规定以外的单位实施该国防专利。

第二十四条 国防专利权人许可国外的单位或者个人实施其国防专利的,应当确保国家秘密不被泄露,保证国防和军队建设不受影响,并向国防专利机构提出书面申请,由国防专利机构进行初步审查后依照本条例第三条第二款规定的职责分工,及时报送国务院国防科学技术工业主管部门、总装备部审批。

国务院国防科学技术工业主管部门、总装备部应当自国防专利机构受理申请之日起30日内作出批准或者不批准的决定;作出不批准决定的,应当书面通知申请人并说明理由。

第二十五条　实施他人国防专利的,应当向国防专利权人支付国防专利使用费。实施使用国家直接投入的国防科研经费或者其他国防经费进行科研活动所产生的国防专利,符合产生该国防专利的经费使用目的的,可以只支付必要的国防专利实施费;但是,科研合同另有约定或者科研任务书另有规定的除外。

前款所称国防专利实施费,是指国防专利实施中发生的为提供技术资料、培训人员以及进一步开发技术等所需的费用。

第二十六条　国防专利指定实施的实施费或者使用费的数额,由国防专利权人与实施单位协商确定;不能达成协议的,由国防专利机构裁决。

第二十七条　国家对国防专利权人给予补偿。国防专利机构在颁发国防专利证书后,向国防专利权人支付国防专利补偿费,具体数额由国防专利机构确定。属于职务发明的,国防专利权人应当将不少于50%的补偿费发给发明人。

第四章　国防专利的管理和保护

第二十八条　国防专利机构出版的《国防专利内部通报》属于国家秘密文件,其知悉范围由国防专利机构确定。

《国防专利内部通报》刊登下列内容:

(一)国防专利申请中记载的著录事项;

(二)国防专利的权利要求书;

(三)发明说明书的摘要;

(四)国防专利权的授予;

(五)国防专利权的终止;

(六)国防专利权的无效宣告;

(七)国防专利申请权、国防专利权的转移;

(八)国防专利的指定实施;

(九)国防专利实施许可合同的备案;

(十)国防专利的变更密级、解密;

(十一)国防专利保密期限的延长;

(十二)国防专利权人的姓名或者名称、地址的变更;

(十三)其他有关事项。

第二十九条　国防专利权被授予后,有下列情形之一的,经国防专利机构同意,可以查阅国防专利说明书:

(一)提出宣告国防专利权无效请求的;

(二)需要实施国防专利的;

(三)发生国防专利纠纷的;

(四)因国防科研需要的。

查阅者对其在查阅过程中知悉的国家秘密负有保密义务。

第三十条　国务院有关主管部门、中国人民解放军有关主管部门和各省、自治区、直辖市的国防科学技术工业管理部门应当指定一个机构管理国防专利工作,并通知国防专利机构。该管理国防专利工作的机构在业务上受国防专利机构指导。

承担国防科研、生产任务以及参与军事订货的军队单位、国务院履行出资人职责的企业和国务院直属事业单位,应当指定相应的机构管理本单位的国防专利工作。

第三十一条　国防专利机构应当事人请求,可以对下列国防专利纠纷进行调解:

(一)国防专利申请权和国防专利权归属纠纷;

(二)国防专利发明人资格纠纷;

(三)职务发明的发明人的奖励和报酬纠纷;

(四)国防专利使用费和实施费纠纷。

第三十二条　除《中华人民共和国专利法》和本条例另有规定的以外,未经国防专利权人许可实施其国防专利,即侵犯其国防专利权,引起纠纷的,由当事人协商解决;不愿协商或者协商不成的,国防专利权人或者利害关系人可以向人民法院起诉,也可以请求国防专利机构处理。

第三十三条　违反本条例规定,泄露国家秘密的,依照《中华人民共和国保守国家秘密法》和国家有关规定处理。

第五章　附　　则

第三十四条　向国防专利机构申请国防专利和办理其他手续,应当按照规定缴纳费用。

第三十五条　《中华人民共和国专利法》和《中华人民共和国专利法实施细则》的有关规定适用于国防专利,但本条例有专门规定的依照本条例的规定执行。

第三十六条 本条例自2004年11月1日起施行。1990年7月30日国务院、中央军事委员会批准的《国防专利条例》同时废止。

企业专利工作管理办法(试行)

1. 2000年1月5日国家知识产权局、国家经济贸易委员会发布
2. 国知发管字〔2000〕第2号

总　　则

第一条 为规范企业专利工作,充分发挥专利制度在企业发展中的作用,促进企业技术创新和形成企业自主知识产权,推动企业加强对知识产权的管理、保护和利用,制定本办法。

第二条 企业专利工作的任务是充分依靠和运用专利制度,使专利机制成为促进企业技术创新的一个主要动力机制和保护机制,鼓励和调动企业职工的积极性,为企业技术创新以及生产、经营全过程服务。

第三条 国务院专利工作行政主管部门、宏观经济调控部门共同负责对企业专利工作进行宏观指导和协调。

企业的专利状况指标及专利管理水平作为评价考核企业经营管理水平和技术创新工作业绩的重要依据。

第四条 本办法适用于国有企业及国有控股企业(以下简称企业),其他企业可参照执行。企业应根据本办法并结合自身状况建立和完善各项具体专利管理规章制度。

地方各级专利管理机关、宏观经济调控部门可以根据本办法及相关法规政策制定适合本地企业情况的具体实施措施办法。

第一章　企业专利工作人员及机构

第五条 有条件的企业应配备专职专利工作人员,建立专门机构。其他企业可根据工作需要,明确承担专利工作的机构和专职或者兼职人员。

企业专利工作机构的具体组织结构及管理模式,可根据本办法要求并结合企业自身情况灵活建制。企业主要负责人应主管和统筹企业专利工作。

第六条 企业缺乏条件配备专利工作者,可以从社会中介机构聘请具有注册执业资格的专业人员任企业专利顾问,帮助企业开展专利工作。

企业专利顾问应严格按照执业要求履行职务,保守企业秘密。

第七条 企业要明确企业专利工作者、企业专利顾问的工作任务和职责,提供工作条件,保障他们应有的权利,支持他们参加专利以及其他相关业务的培训、交流等活动。

第八条 各级专利管理机关应对企业专利顾问及其执业活动予以业务指导。要适时组织企业专利工作者、企业专利顾问开展业务培训及业务交流等活动。

第二章　专利产权管理

第九条 企业要制定适应本企业情况的覆盖企业各相关环节的专利产权管理制度。企业专利产权管理的内容包括:

(一)专利技术开发;

(二)专利申请、维持、放弃的确定,职务与非职务发明的审查;

(三)专利评价、评估;

(四)专利资产运营,包括专利权转让、许可贸易、运用实施,专利作价投资,专利权质押等;

(五)企业技术活动中形成的与专利申请相关技术档案的管理及对技术人员业务活动的规范;

(六)对涉及专利技术开发权益的流动人员相关活动的规范;

(七)专利权保护,包括专利侵权监视、专利诉讼及专利权边境保护等;

(八)其他企业专利产权管理事项。

第十条 企业要建立职工发明创造、申请专利的申报与审查制度,制订具体申报、审查程序和办法。

大中型企业可在基层技术单位(项目组)及其他必要的企业基层单位指定兼职专利联络员,由专利联络员配合企业专利工作机构或企业专利顾问开展发明创造、申请专利的申报等工作。

第十一条 企业对做出的发明创造,应进行分析评价,凡应该申请专利的,及时申请国内外专利。

对符合申请专利的发明创造应先提出专利申请,取得专利申请日后,再进行科技评价、评估、评奖、产品展览与销售等会导致技术发明公开丧失新颖性的活动。

对于不适于申请专利的发明创造,一般应将其纳入企业技术秘密保护范围,从本企业专利战略及经营实际出发需要公开的除外。

第十二条 企业职务发明创造在申请专利前,有关人员应对该发明创造保密。企业职工调离、离退休,或者外来学习进修、临时工作人员在离开企业前,应将其从事、参与企业技术工作的技术资料交给企业,并承担保密义务。未经企业许可,不得擅自发表涉及应予保密内容的文章,不得将属于企业的发明创造申请个人专利。

第十三条 职工将其非职务发明创造申请专利,企业应予支持,不得压制和侵犯其专利申请权和专利权。需要企业出具证明的,由企业审查确认后,出具非职务发明证明。

职工就其做出的发明创造的职务与非职务性质与企业发生争议的,可提请当地专利管理机关处理,确认为非职务发明的,由专利管理机关为其出具处理决定。

第十四条 企业与其他单位签订有关技术开发的合同,或者签订其他在将来履行中可能产生发明创造的合同时,合同应明确发明创造的专利申请权和专利权的归属。

对于跨单位学习进修、合作、工作的人员及企业临时聘用人员,企业应当事先就该人员在学习、工作中做出的发明创造的专利申请权及专利权归属与其本人及接受或派出单位签订合同。未签订合同或者合同规定不明确的,其专利申请权和专利权的归属按照国家有关规定处理。

第十五条 需向国外申请专利的项目,企业应进行可行性论证。

企业建立中外合资、合作企业时,外方以技术、设备、产品作投资的,企业应就所涉及的专利和相关技术领域进行专利检索和论证。

企业与外方签订涉及专利或将来可能涉及专利问题的涉外合同,应对专利事宜或可能涉及的专利事宜作明确约定。

第十六条 企业对其专利或专利申请,应依法及时交纳年费或申请维持费,维持其有效。对拟在法定期限届满前放弃或终止的专利和专利申请,要予以论证确认并建立管理档案。

第十七条 企业应依法维护其专利权益。发生被侵权,或者与他方产生专利侵权纠纷或其他专利纠纷的,及时采取措施,必要时请求专利管理机关处理,或向人民法院起诉。

企业职工有权保护本企业的专利权不受侵犯。发现侵犯本企业专利权行为,应及时向企业报告,并帮助做好调查取证工作。

企业专利权益涉及海关保护的,要按照知识产权海关保护条例要求,及时向海关总署申请办理专利权海关保护备案。

企业应避免侵犯他人专利权。

第十八条 企业要定期对专利权及专利申请状况进行统计分析与评估,估算企业专利资产,并将其纳入企业财会核算管理体系,作为企业经营决策的依据。

企业联营、兼并及对外合资、合作,开展重大技术贸易,涉及专利的企业应依照国家有关规定进行专利资产评估。企业开展上述专利资产评估应委托符合执业要求的中介机构完成。

第三章 专利信息利用

第十九条 企业要建立适合本企业的专利信息利用机制。

大中型企业应逐步建立企业专利信息数据库,有条件的企业要建立企业专利信息计算机管理系统。缺乏条件建立专利信息数据库的企业可依托社会专利信息中介机构与专利信息网络利用专利信息。

企业专利工作者、专利顾问要及时收集、研究与企业有关的专利信息,为企业技术创新、经营管理等相关企业活动提出对策。

第二十条 地方专利管理机关、宏观经济调控部门应采取措施促进专利信息的传播、开发和利用。要鼓励和支持本地区专利信息网络建设,逐步建立本地区中国专利信息网网站。鼓励和支持社会专利服务中介机构开展专利信息服务。

第二十一条 企业在产品、技术研究开发立项之前,应进行专利文献检索,在研究开发过程中及完成后,要进行必要的跟踪检索。企业研究开发项目进行鉴定验收时应有专利检索报告。

企业技术创新项目申请列入政府经济科技计划或者政府参与投资的,项目审批部门应当要求项目承担企业提供专利检索报告作为审批立项的依据之一。项目取得阶段性成果或完成后,承担企业向项目审批部门申报时,申报材料应提供项目所涉及技术领域的新的专利检索报告,及项目中产生的发明创造是否申请专利的说明。

第二十二条 企业开展对外贸易有下列情形之一的,应进行项目专利检索:

(一)技术、成套设备和关键设备的进出口;

（二）未在国内销售过的原材料和产品的进口；

（三）未在其他国家和地区销售过的原材料和产品的出口。

第二十三条 对企业重大的新技术、新产品研究开发项目，或者企业具有重大市场前景需要申请外国专利的技术创新成果，企业要进行项目专利战略研究，提出专利战略分析报告。

第四章 考核评价与扶持措施

第二十四条 企业专利状况指标作为评价企业技术创新工作与专利工作的主要考核指标，包括：

（一）专利权、专利申请权拥有量指标，包括自主开发和引进的专利权、专利申请权；

（二）专利开发率指标，包括年度专利权、专利申请权数与同期研究开发投资额比，年度专利权、专利申请权数与企业技术人员数比等；

（三）专利收益指标，包括自主开发专利和引进专利的收益；

（四）企业专利管理状况，包括专利管理综合水平，专利产权管理状况，专利信息利用状况，制定与实施专利战略状况，专利收益分配与奖励状况等。

企业应将企业专利状况指标及专利管理要求纳入企业有关负责人任期考核目标。

第二十五条 国务院专利工作行政主管部门、宏观经济调控部门共同制定企业专利工作达标和优秀两级评价标准，对企业进行评价。由企业自愿申报，省级以上专利管理机关、宏观经济调控部门组织评价。

对专利工作优秀并符合有关要求的企业，纳入有关扶持企业计划或其他政策支持范围。

第二十六条 对于政府财政支持的科技计划项目所取得的新技术成果，除合同规定应向社会推广或保密外，项目承担企业可以申请专利，并可以有偿转让或自行实施，所得收益属于承担企业。

第二十七条 各级专利管理机关、宏观经济调控部门应优先将拥有自主专利权并符合有关条件的高新技术项目推荐纳入国家有关经济和科技计划。优先向社会推荐有自主专利权的高新技术产品。对拥有自主专利权且形成一定产业规模具有市场前景的新产品和新技术，采取倾斜支持政策。

地方可以根据本地情况制定鼓励支持专利技术实施和产业化的具体措施。鼓励和支持地方建立专利基金，鼓励企业建立企业的专利基金。

第二十八条 鼓励和支持企业依托高等院校、科研院所等社会技术力量开展以专利为目标的技术创新活动。支持高等院校、科研院所及技术持有人以专利权入股，与企业合作建立新的经营实体。鼓励企业从高等院校或科研院所引进专利进行技术创新。

第二十九条 地方专利管理机关应鼓励发展面向企业服务的社会专利中介服务机构，引导帮助本地区成立企业专利工作者协会、专利顾问协会等有关企业专利工作的社会团体组织，并予以业务指导。

第五章 利益分配与奖励

第三十条 企业要根据专利法及实施细则和国家相关政策规定要求，建立企业内部合理的专利利益分配与奖励制度。对企业专利发明人或设计人作出的专利及其实施效益定期评价，兑现应分配利益与奖励。

专利利益分配与奖励应与专利发明人、设计人的贡献和专利实施效益对应。专利利益分配与奖励形式可以用股权分配，一次性支付应分配金额，或者按实施效益的一定比例提成等符合国家政策的形式。

第三十一条 企业开展专利利益分配与奖励，对专利及其实施效益评价时，可以组织专门委员会依国家规定的评价要求评价。

第三十二条 职务专利发明人、设计人对企业关于其职务专利及实施效益的评价与利益分配、奖励持严重异议的，可以向企业所在地专利管理机关申诉和请求处理。申诉事实成立的，专利管理机关可以督促企业重新进行评价及分配、奖励，或者直接依法作出处理。企业对专利管理机关的处理决定应予履行。

第三十三条 在依托产学研合作的企业技术创新活动中，对高等院校、科研院所的专利完成人及专利实施的主要完成人，企业应支付与其实际贡献相当的报酬，可以用股权收益分配等符合国家政策的形式支付报酬。

企业可以在研究开发前订立的合同中约定研究开发完成后取得专利权及专利实施后，给予专利完成人的分配比例。

第三十四条 企业应将专利发明与设计成绩作为考核技术人员工作的重要依据。

企业在聘任技术人员职务和给予相关奖励时，应将其申请专利和获专利权情况，作为考核的主要依据之一。

企业技术人员所作出职务专利产生突出效益的，

可作为有突出贡献的专业人员,在评定技术职务时破格晋升。

第三十五条 企业开展技术创新项目的鉴定验收与奖励时,应将项目申请专利及获专利权情况作为重要考评依据。

第三十六条 各级专利管理机关、宏观经济调控部门要适时表彰专利技术创新成绩显著的企业、优秀项目和先进个人,在企业专利工作中做出突出贡献的企业专利工作机构、专利工作者、专利顾问以及其他专利工作人员。

在企业专利工作中做出显著成绩获得表彰、奖励的人员,其成绩作为职务聘任和晋升的主要依据之一。

第六章 责任与处罚

第三十七条 企业可以依据本办法制定本企业具体的责任追究制度。对违反本办法规定,造成企业专利资产和其他财产损失的,给予责任人员行政处分。

第三十八条 未及时申请专利或忽视专利权保护工作造成企业严重损失的,企业有关负责人及直接责任者应按国家政策法规和企业规定承担责任。

职工将职务发明创造以非职务发明创造申请专利的,或者有其他严重违反本办法规定侵犯、损害企业权益行为造成企业严重损失的,企业应依法采取措施,追究其应承担的责任。

第三十九条 企业专利顾问玩忽职守、履行职责不当或者泄露秘密,造成企业损失的,依据有关法律、法规和政策规定,承担相应责任。专利管理机关可根据有关规定视专利顾问过错情节作出相应处罚。

附 则

第四十条 本办法由国家知识产权局与国家经济贸易委员会解释。

第四十一条 本办法自发布之日起施行。原中国专利局、国家经贸委、国家科委1994年颁布的《企业专利工作办法》(国专发管字〔1994〕第117号)同时废止。

专利费用减缓办法

1. 2006年10月12日国家知识产权局令第39号公布

2. 自2006年11月13日起施行

第一条 根据《中华人民共和国专利法实施细则》及有关文件规定,特制定本办法。

第二条 申请人或者专利权人缴纳有关专利费用确有困难的,可以依照本办法请求国家知识产权局专利局(以下简称"专利局")减缓缴纳有关费用。

第三条 经专利局批准,下列专利费用可以减缓:

一、申请费(其中公布印刷费、申请附加费不予减缓);

二、发明专利申请审查费;

三、年费(自授予专利权当年起三年内的年费);

四、发明专利申请维持费;

五、复审费。

第四条 申请人或者专利权人为个人的,可以请求减缓缴纳85%的申请费、发明专利申请审查费和年费及80%的发明专利申请维持费和复审费。

申请人或者专利权人为单位的,可以请求减缓缴纳70%的申请费、发明专利申请审查费和年费及60%的发明专利申请维持费和复审费。

两个或者两个以上的个人或者个人与单位共同申请专利的,可以请求减缓缴纳70%的申请费、发明专利申请审查费和年费及60%的发明专利申请维持费和复审费。

两个或者两个以上的单位共同申请专利的,不予减缓专利费用。

第五条 专利申请人可以在提出专利申请的同时一并请求减缓缴纳本办法第三条规定的五种费用。在专利局受理专利申请后,申请费不再减缓。申请人或者专利权人只能就尚未到期的费用请求减缓缴纳,并且应当在有关费用缴纳期限届满日的二个半月之前提出费用减缓请求。

第六条 申请人或者专利权人请求专利费用减缓的,应当提交费用减缓请求书,必要时还应附具有关证明文件。

费用减缓请求书应当由全体申请人或专利权人签字或者盖章。

第七条 个人请求专利费用减缓的,应当在费用减缓请求书中如实填写本人的年收入情况,必要时应当根据专利局的要求,提供市级以上人民政府管理专利工作的部门出具的关于其经济困难情况的证明。

两个或者两个以上的个人共同请求专利费用减缓的,应当在费用减缓请求书中如实填写每个人的年收入情况,必要时应当根据专利局的要求,提供市级以上人民政府管理专利工作的部门出具的关于其经济困难情况的证明。

单位请求专利费用减缓的，应当在费用减缓请求书中，如实填写经济困难情况，并附具市级以上人民政府管理专利工作的部门出具的证明。

个人与单位共同请求专利费用减缓的，个人应当在费用减缓请求书中如实填写本人的年收入情况，单位应当如实填写经济困难情况，并附具市级以上人民政府管理专利工作的部门出具的证明。

市级以上人民政府管理专利工作的部门出具的证明应当说明请求专利费用减缓的单位的性质是企业、事业单位还是机关团体，并说明其经济困难情况。

第八条 专利局收到费用减缓请求书后，应当进行审查，作出是否批准费用减缓请求的决定，并通知申请人或者专利权人。

第九条 有下列情况之一的，专利费用减缓请求不予批准：

（一）未使用专利局制定的费用减缓请求书的；

（二）全体申请人或者专利权人未在费用减缓请求书中签字或者盖章的；

（三）提出费用减缓请求的单位或者个人未提供符合本办法第七条规定的证明的；

（四）申请人或者专利权人的个人年收入超过二万五千元人民币的；

（五）费用减缓请求书中未注明全体申请人或者专利权人的个人年收入的；

（六）申请人或者专利权人为两个以上单位的；

（七）费用减缓请求书中的申请人或者专利权人名称或者发明创造名称与专利请求书中的相应内容不一致的。

第十条 请求人应当在专利法及其实施细则规定的期限内，按照全额缴纳有关费用。专利费用减缓请求经专利局批准的，缴纳数额为批准减缓后的剩余部分。

第十一条 批准专利费用减缓请求的决定作出后，专利局发现该决定存在错误的，可以自行更正，并将更正结果通知申请人或者专利权人。

申请人或者专利权人在请求专利费用减缓时提供虚假情况或者虚假文件的，专利局应当在查实后撤销批准专利费用减缓请求的决定，并通知申请人或者专利权人在指定期限内补缴全部已经减缓缴纳的费用；当事人逾期不补缴或补缴金额不足的，专利局按缴纳费用不足，依法作出相应处理决定。

第十二条 申请人或者专利权人应当在其发明创造取得经济收益后，补缴所减缓的各项专利费用。

专利权质押登记办法

1. 2010年8月26日国家知识产权局令第56号公布
2. 自2010年10月1日起施行

第一条 为了促进专利权的运用和资金融通，保障债权的实现，规范专利权质押登记，根据《中华人民共和国物权法》、《中华人民共和国担保法》、《中华人民共和国专利法》及有关规定，制定本办法。

第二条 国家知识产权局负责专利权质押登记工作。

第三条 以专利权出质的，出质人与质权人应当订立书面质押合同。

质押合同可以是单独订立的合同，也可以是主合同中的担保条款。

第四条 以共有的专利权出质的，除全体共有人另有约定的以外，应当取得其他共有人的同意。

第五条 在中国没有经常居所或者营业所的外国人、外国企业或者外国其他组织办理专利权质押登记手续的，应当委托依法设立的专利代理机构办理。

中国单位或者个人办理专利权质押登记手续的，可以委托依法设立的专利代理机构办理。

第六条 当事人可以通过邮寄、直接送交等方式办理专利权质押登记相关手续。

第七条 申请专利权质押登记的，当事人应当向国家知识产权局提交下列文件：

（一）出质人和质权人共同签字或者盖章的专利权质押登记申请表；

（二）专利权质押合同；

（三）双方当事人的身份证明；

（四）委托代理的，注明委托权限的委托书；

（五）其他需要提供的材料。

专利权经过资产评估的，当事人还应当提交资产评估报告。

除身份证明外，当事人提交的其他各种文件应当使用中文。身份证明是外文的，当事人应当附送中文译文；未附送的，视为未提交。

对于本条第一款和第二款规定的文件，当事人可以提交电子扫描件。

第八条　国家知识产权局收到当事人提交的质押登记申请文件后,应当通知申请人。

第九条　当事人提交的专利权质押合同应当包括以下与质押登记相关的内容:

(一)当事人的姓名或者名称、地址;

(二)被担保债权的种类和数额;

(三)债务人履行债务的期限;

(四)专利权项数以及每项专利权的名称、专利号、申请日、授权公告日;

(五)质押担保的范围。

第十条　除本办法第九条规定的事项外,当事人可以在专利权质押合同中约定下列事项:

(一)质押期间专利权年费的缴纳;

(二)质押期间专利权的转让、实施许可;

(三)质押期间专利权被宣告无效或者专利权归属发生变更时的处理;

(四)实现质权时,相关技术资料的交付。

第十一条　国家知识产权局自收到专利权质押登记申请文件之日起7个工作日内进行审查并决定是否予以登记。

第十二条　专利权质押登记申请经审查合格的,国家知识产权局在专利登记簿上予以登记,并向当事人发送《专利权质押登记通知书》。质权自国家知识产权局登记时设立。

经审查发现有下列情形之一的,国家知识产权局作出不予登记的决定,并向当事人发送《专利权质押不予登记通知书》:

(一)出质人与专利登记簿记载的专利权人不一致的;

(二)专利权已终止或者已被宣告无效的;

(三)专利申请尚未被授予专利权的;

(四)专利权处于年费缴纳滞纳期的;

(五)专利权已被启动无效宣告程序的;

(六)因专利权的归属发生纠纷或者人民法院裁定对专利权采取保全措施,专利权的质押手续被暂停办理的;

(七)债务人履行债务的期限超过专利权有效期的;

(八)质押合同约定在债务履行期届满质权人未受清偿时,专利权归质权人所有的;

(九)质押合同不符合本办法第九条规定的;

(十)以共有专利权出质但未取得全体共有人同意的;

(十一)专利权已被申请质押登记且处于质押期间的;

(十二)其他应当不予登记的情形。

第十三条　专利权质押期间,国家知识产权局发现质押登记存在本办法第十二条第二款所列情形并且尚未消除的,或者发现其他应当撤销专利权质押登记的情形的,应当撤销专利权质押登记,并向当事人发出《专利权质押登记撤销通知书》。

专利权质押登记被撤销的,质押登记的效力自始无效。

第十四条　国家知识产权局在专利公报上公告专利权质押登记的下列内容:出质人、质权人、主分类号、专利号、授权公告日、质押登记日等。

专利权质押登记后变更、注销的,国家知识产权局予以登记和公告。

第十五条　专利权质押期间,出质人未提交质权人同意其放弃该专利权的证明材料的,国家知识产权局不予办理专利权放弃手续。

第十六条　专利权质押期间,出质人未提交质权人同意转让或者许可实施该专利权的证明材料的,国家知识产权局不予办理专利权转让登记手续或者专利实施合同备案手续。

出质人转让或者许可他人实施出质的专利权的,出质人所得的转让费、许可费应当向质权人提前清偿债务或者提存。

第十七条　专利权质押期间,当事人的姓名或者名称、地址、被担保的主债权种类及数额或者质押担保的范围发生变更的,当事人应当自变更之日起30日内持变更协议、原《专利权质押登记通知书》和其他有关文件,向国家知识产权局办理专利权质押登记变更手续。

第十八条　有下列情形之一的,当事人应当持《专利权质押登记通知书》以及相关证明文件,向国家知识产权局办理质押登记注销手续:

(一)债务人按期履行债务或者出质人提前清偿所担保的债务的;

(二)质权已经实现的;

(三)质权人放弃质权的;

(四)因主合同无效、被撤销致使质押合同无效、被撤销的；

（五）法律规定质权消灭的其他情形。

国家知识产权局收到注销登记申请后，经审核，向当事人发出《专利权质押登记注销通知书》。专利权质押登记的效力自注销之日起终止。

第十九条 专利权在质押期间被宣告无效或者终止的，国家知识产权局应当通知质权人。

第二十条 专利权人没有按照规定缴纳已经质押的专利权的年费的，国家知识产权局应当在向专利权人发出缴费通知书的同时通知质权人。

第二十一条 本办法由国家知识产权局负责解释。

第二十二条 本办法自2010年10月1日起施行。1996年9月19日中华人民共和国专利局令第八号发布的《专利权质押合同登记管理暂行办法》同时废止。

专利标识标注办法

1. 2012年3月8日国家知识产权局令第63号公布
2. 自2012年5月1日起施行

第一条 为了规范专利标识的标注方式，维护正常的市场经济秩序，根据《中华人民共和国专利法》（以下简称专利法）和《中华人民共和国专利法实施细则》的有关规定，制定本办法。

第二条 标注专利标识的，应当按照本办法予以标注。

第三条 管理专利工作的部门负责在本行政区域内对标注专利标识的行为进行监督管理。

第四条 在授予专利权之后的专利权有效期内，专利权人或者经专利权人同意享有专利标识标注权的被许可人可以在其专利产品、依照专利方法直接获得的产品、该产品的包装或者该产品的说明书等材料上标注专利标识。

第五条 标注专利标识的，应当标明下述内容：

（一）采用中文标明专利权的类别，例如中国发明专利、中国实用新型专利、中国外观设计专利；

（二）国家知识产权局授予专利权的专利号。

除上述内容之外，可以附加其他文字、图形标记，但附加的文字、图形标记及其标注方式不得误导公众。

第六条 在依照专利方法直接获得的产品、该产品的包装或者该产品的说明书等材料上标注专利标识的，应当采用中文标明该产品系依照专利方法所获得的产品。

第七条 专利权被授予前在产品、该产品的包装或者该产品的说明书等材料上进行标注的，应当采用中文标明中国专利申请的类别、专利申请号，并标明"专利申请，尚未授权"字样。

第八条 专利标识的标注不符合本办法第五条、第六条或者第七条规定的，由管理专利工作的部门责令改正。

专利标识标注不当，构成假冒专利行为的，由管理专利工作的部门依照专利法第六十三条的规定进行处罚。

第九条 本办法由国家知识产权局负责解释。

第十条 本办法自2012年5月1日起施行。2003年5月30日国家知识产权局令第二十九号发布的《专利标记和专利号标注方式的规定》同时废止。

国家知识产权局行政复议规程

1. 2012年7月18日国家知识产权局令第66号公布
2. 自2012年9月1日起施行

第一章 总 则

第一条 为了防止和纠正违法或者不当的具体行政行为，保护公民、法人和其他组织的合法权益，保障和监督国家知识产权局依法行使职权，根据《中华人民共和国行政复议法》和《中华人民共和国行政复议法实施条例》，制定本规程。

第二条 公民、法人或者其他组织认为国家知识产权局的具体行政行为侵犯其合法权益的，可以依照本规程向国家知识产权局申请行政复议。

第三条 国家知识产权局负责法制工作的机构（以下称"行政复议机构"）具体办理行政复议事项，履行下列职责：

（一）受理行政复议申请；

（二）向有关部门及人员调查取证，调阅有关文档和资料；

（三）审查具体行政行为是否合法与适当；

（四）办理一并请求的行政赔偿事项；

（五）拟订、制作和发送行政复议法律文书；

（六）办理因不服行政复议决定提起行政诉讼的应诉事项；

（七）督促行政复议决定的履行；

（八）办理行政复议、行政应诉案件统计和重大行

政复议决定备案事项;

(九)研究行政复议工作中发现的问题,及时向有关部门提出行政复议意见或者建议。

第二章 行政复议范围和参加人

第四条 除本规程第五条另有规定外,有下列情形之一的,可以依法申请行政复议:

(一)对国家知识产权局作出的有关专利申请、专利权的具体行政行为不服的;

(二)对国家知识产权局作出的有关集成电路布图设计登记申请、布图设计专有权的具体行政行为不服的;

(三)对国家知识产权局专利复审委员会作出的有关专利复审、无效的程序性决定不服的;

(四)对国家知识产权局作出的有关专利代理管理的具体行政行为不服的;

(五)认为国家知识产权局作出的其他具体行政行为侵犯其合法权益的。

第五条 对下列情形之一,不能申请行政复议:

(一)专利申请人对驳回专利申请的决定不服的;

(二)复审请求人对复审请求审查决定不服的;

(三)专利权人或者无效宣告请求人对无效宣告请求审查决定不服的;

(四)专利权人或者专利实施强制许可的被许可人对强制许可使用费的裁决不服的;

(五)国际申请的申请人对国家知识产权局作为国际申请的受理单位、国际检索单位和国际初步审查单位所作决定不服的;

(六)集成电路布图设计登记申请人对驳回登记申请的决定不服的;

(七)集成电路布图设计登记申请人对复审决定不服的;

(八)集成电路布图设计权利人对撤销布图设计登记的决定不服的;

(九)集成电路布图设计权利人、非自愿许可取得人对非自愿许可报酬的裁决不服的;

(十)集成电路布图设计权利人、被控侵权人对集成电路布图设计专有权侵权纠纷处理决定不服的;

(十一)法律、法规规定的其他不能申请行政复议的情形。

第六条 依照本规程申请行政复议的公民、法人或者其他组织是复议申请人。

在具体行政行为作出时其权利或者利益受到损害的其他利害关系人可以申请行政复议,也可以作为第三人参加行政复议。

第七条 复议申请人、第三人可以委托代理人代为参加行政复议。

第三章 申请与受理

第八条 公民、法人或者其他组织认为国家知识产权局的具体行政行为侵犯其合法权益的,可以自知道该具体行政行为之日起60日内提出行政复议申请。

因不可抗力或者其他正当理由耽误前款所述期限的,该期限自障碍消除之日起继续计算。

第九条 有权申请行政复议的公民、法人或者其他组织向人民法院提起行政诉讼,人民法院已经依法受理的,不得向国家知识产权局申请行政复议。

向国家知识产权局申请行政复议,行政复议机构已经依法受理的,在法定行政复议期限内不得向人民法院提起行政诉讼。

国家知识产权局受理行政复议申请后,发现在受理前或者受理后当事人向人民法院提起行政诉讼并且人民法院已经依法受理的,驳回行政复议申请。

第十条 行政复议申请应当符合下列条件:

(一)复议申请人是认为具体行政行为侵犯其合法权益的专利申请人、专利权人、集成电路布图设计登记申请人、集成电路布图设计权利人或者其他利害关系人;

(二)有具体的行政复议请求和理由;

(三)属于行政复议的范围;

(四)在法定申请期限内提出。

第十一条 申请行政复议应当提交行政复议申请书一式两份,并附具必要的证据材料。被申请复议的具体行政行为以书面形式作出的,应当附具该文书或者其复印件。

委托代理人的,应当附具授权委托书。

第十二条 行政复议申请书应当载明下列内容:

(一)复议申请人的姓名或者名称、通信地址、联系电话;

(二)具体的行政复议请求;

(三)申请行政复议的主要事实和理由;

(四)复议申请人的签名或者盖章;

(五)申请行政复议的日期。

第十三条 行政复议申请书可以使用国家知识产权局制作的标准表格。

行政复议申请书可以手写或者打印。

第十四条 行政复议申请书应当以邮寄、传真或者当面递交等方式向行政复议机构提交。

第十五条 行政复议机构自收到行政复议申请书之日起5日内，根据情况分别作出如下处理：

（一）行政复议申请符合本规程规定的，予以受理，并向复议申请人发送受理通知书；

（二）行政复议申请不符合本规程规定的，决定不予受理并书面告知理由；

（三）行政复议申请书不符合本规程第十一条、第十二条规定的，通知复议申请人在指定期限内补正；期满未补正的，视为放弃行政复议申请。

第四章 审理与决定

第十六条 在审理行政复议案件过程中，行政复议机构可以向有关部门和人员调查情况，也可应请求听取复议申请人或者第三人的口头意见。

第十七条 行政复议机构应当自受理行政复议申请之日起7日内将行政复议申请书副本转交有关部门。该部门应当自收到行政复议申请书副本之日起10日内提出维持、撤销或者变更原具体行政行为的书面答复意见，并提交当时作出具体行政行为的证据、依据和其他有关材料。期满未提出答复意见的，不影响行政复议决定的作出。

复议申请人、第三人可以查阅前款所述书面答复意见以及作出具体行政行为所依据的证据、依据和其他有关材料，但涉及保密内容的除外。

第十八条 行政复议决定作出之前，复议申请人可以要求撤回行政复议申请。准予撤回的，行政复议程序终止。

第十九条 行政复议期间，具体行政行为原则上不停止执行。行政复议机构认为需要停止执行的，应当向有关部门发出停止执行通知书，并通知复议申请人及第三人。

第二十条 审理行政复议案件，以法律、行政法规、部门规章为依据。

第二十一条 具体行政行为认定事实清楚，证据确凿，适用依据正确，程序合法，内容适当的，应当决定维持。

第二十二条 被申请人不履行法定职责的，应当决定其在一定期限内履行法定职责。

第二十三条 具体行政行为有下列情形之一的，应当决定撤销、变更该具体行政行为或者确认该具体行政行为违法，并可以决定由被申请人重新作出具体行政行为：

（一）主要事实不清，证据不足的；

（二）适用依据错误的；

（三）违反法定程序的；

（四）超越或者滥用职权的；

（五）具体行政行为明显不当的；

（六）出现新证据，撤销或者变更原具体行政行为更为合理的。

第二十四条 具体行政行为有下列情形之一的，可以决定变更该具体行政行为：

（一）认定事实清楚，证据确凿，程序合法，但是明显不当或者适用依据错误的；

（二）认定事实不清，证据不足，经行政复议程序审理查明事实清楚，证据确凿的。

第二十五条 有下列情形之一的，应当驳回行政复议申请并书面告知理由：

（一）复议申请人认为被申请人不履行法定职责而申请行政复议，行政复议机构受理后发现被申请人没有相应法定职责或者在受理前已经履行法定职责的；

（二）行政复议机构受理行政复议申请后，发现该行政复议申请不符合受理条件的。

第二十六条 复议申请人申请行政复议时可以一并提出行政赔偿请求。行政复议机构依据国家赔偿法的规定对行政赔偿请求进行审理，在行政复议决定中对赔偿请求一并作出决定。

第二十七条 行政复议决定应当自受理行政复议申请之日起60日内作出，但是情况复杂不能在规定期限内作出的，经审批后可以延长期限，并通知复议申请人和第三人。延长的期限最多不得超过30日。

第二十八条 行政复议决定以国家知识产权局的名义作出。行政复议决定书应当加盖国家知识产权局行政复议专用章。

第二十九条 行政复议期间，行政复议机构发现相关行政行为违法或者需要做好善后工作的，可以制作行政复议意见书。有关部门应当自收到行政复议意见书之日起60日内将纠正相关行政违法行为或者做好善后工作的情况通报行政复议机构。

行政复议期间,行政复议机构发现法律、法规、规章实施中带有普遍性的问题,可以制作行政复议建议书,向有关部门提出完善制度和改进行政执法的建议。

第五章　期间与送达

第三十条　期间开始之日不计算在期间内。期间届满的最后一日是节假日的,以节假日后的第一日为期间届满的日期。本规程中有关"5 日"、"7 日"、"10 日"的规定是指工作日,不含节假日。

第三十一条　行政复议决定书直接送达的,复议申请人在送达回证上的签收日期为送达日期。行政复议决定书邮寄送达的,自交付邮寄之日起满 15 日视为送达。

行政复议决定书一经送达,即发生法律效力。

第三十二条　复议申请人或者第三人委托代理人的,行政复议决定书除送交代理人外,还应当按国内的通讯地址送交复议申请人和第三人。

第六章　附　　则

第三十三条　外国人、外国企业或者外国其他组织向国家知识产权局申请行政复议,适用本规程。

第三十四条　行政复议不收取费用。

第三十五条　本规程自 2012 年 9 月 1 日起施行。2002 年 7 月 25 日国家知识产权局令第二十四号发布的《国家知识产权局行政复议规程》同时废止。

国家标准涉及专利的管理规定(暂行)

1. 2013 年 12 月 19 日国家标准化管理委员会、国家知识产权局发布

2. 自 2014 年 1 月 1 日起施行

第一章　总　　则

第一条　为规范国家标准管理工作,鼓励创新和技术进步,促进国家标准合理采用新技术,保护社会公众和专利权人及相关权利人的合法权益,保障国家标准的有效实施,依据《中华人民共和国标准化法》、《中华人民共和国专利法》和《国家标准管理办法》等相关法律法规和规章制定本规定。

第二条　本规定适用于在制修订和实施国家标准过程中对国家标准涉及专利问题的处置。

第三条　本规定所称专利包括有效的专利和专利申请。

第四条　国家标准中涉及的专利应当是必要专利,即实施该项标准必不可少的专利。

第二章　专利信息的披露

第五条　在国家标准制修订的任何阶段,参与标准制修订的组织或者个人应当尽早向相关全国专业标准化技术委员会或者归口单位披露其拥有和知悉的必要专利,同时提供有关专利信息及相应证明材料,并对所提供证明材料的真实性负责。参与标准制定的组织或者个人未按要求披露其拥有的专利,违反诚实信用原则的,应当承担相应的法律责任。

第六条　鼓励没有参与国家标准制修订的组织或者个人在标准制修订的任何阶段披露其拥有和知悉的必要专利,同时将有关专利信息及相应证明材料提交给相关全国专业标准化技术委员会或者归口单位,并对所提供证明材料的真实性负责。

第七条　全国专业标准化技术委员会或者归口单位应当将其获得的专利信息尽早报送国家标准化管理委员会。

第八条　国家标准化管理委员会应当在涉及专利或者可能涉及专利的国家标准批准发布前,对标准草案全文和已知的专利信息进行公示,公示期为 30 天。任何组织或者个人可以将其知悉的其他专利信息书面通知国家标准化管理委员会。

第三章　专利实施许可

第九条　国家标准在制修订过程中涉及专利的,全国专业标准化技术委员会或者归口单位应当及时要求专利权人或者专利申请人作出专利实施许可声明。该声明应当由专利权人或者专利申请人在以下三项内容中选择一项:

(一)专利权人或者专利申请人同意在公平、合理、无歧视基础上,免费许可任何组织或者个人在实施该国家标准时实施其专利;

(二)专利权人或者专利申请人同意在公平、合理、无歧视基础上,收费许可任何组织或者个人在实施该国家标准时实施其专利;

(三)专利权人或者专利申请人不同意按照以上两种方式进行专利实施许可。

第十条　除强制性国家标准外,未获得专利权人或者专利申请人根据第九条第一项或者第二项规定作出的专利实施许可声明的,国家标准不得包括基于该专利的条款。

第十一条 涉及专利的国家标准草案报批时，全国专业标准化技术委员会或者归口单位应当同时向国家标准化管理委员会提交专利信息、证明材料和专利实施许可声明。除强制性国家标准外，涉及专利但未获得专利权人或者专利申请人根据第九条第一项或者第二项规定作出的专利实施许可声明的，国家标准草案不予批准发布。

第十二条 国家标准发布后，发现标准涉及专利但没有专利实施许可声明的，国家标准化管理委员会应当责成全国专业标准化技术委员会或者归口单位在规定时间内获得专利权人或者专利申请人作出的专利实施许可声明，并提交国家标准化管理委员会。除强制性国家标准外，未能在规定时间内获得专利权人或者专利申请人根据第九条第一项或者第二项规定作出的专利实施许可声明的，国家标准化管理委员会可以视情况暂停实施该国家标准，并责成相应的全国专业标准化技术委员会或者归口单位修订该标准。

第十三条 对于已经向全国专业标准化技术委员会或者归口单位提交实施许可声明的专利，专利权人或者专利申请人转让或者转移该专利时，应当事先告知受让人该专利实施许可声明的内容，并保证受让人同意受该专利实施许可声明的约束。

第四章 强制性国家标准涉及专利的特殊规定

第十四条 强制性国家标准一般不涉及专利。

第十五条 强制性国家标准确有必要涉及专利，且专利权人或者专利申请人拒绝作出第九条第一项或者第二项规定的专利实施许可声明的，应当由国家标准化管理委员会、国家知识产权局及相关部门和专利权人或者专利申请人协商专利处置办法。

第十六条 涉及专利或者可能涉及专利的强制性国家标准批准发布前，国家标准化管理委员会应当对标准草案全文和已知的专利信息进行公示，公示期为30天；依申请，公示期可以延长至60天。任何组织或者个人可以将其知悉的其他专利信息书面通知国家标准化管理委员会。

第五章 附 则

第十七条 国家标准中所涉及专利的实施许可及许可使用费问题，由标准使用人与专利权人或者专利申请人依据专利权人或者专利申请人作出的专利实施许可声明协商处理。

第十八条 等同采用国际标准化组织（ISO）和国际电工委员会（IEC）的国际标准制修订的国家标准，该国际标准中所涉及专利的实施许可声明同样适用于国家标准。

第十九条 在制修订国家标准过程中引用涉及专利的标准的，应当按照本规定第三章的规定重新要求专利权人或者专利申请人作出专利实施许可声明。

第二十条 制修订国家标准涉及专利的，专利信息披露和专利实施许可声明的具体程序依据《标准制定的特殊程序第1部分：涉及专利的标准》国家标准中有关规定执行。

第二十一条 国家标准文本有关专利信息的编写要求按照《标准化工作导则》国家标准中有关规定执行。

第二十二条 制修订行业标准和地方标准中涉及专利的，可以参照适用本规定。

第二十三条 本规定由国家标准化管理委员会和国家知识产权局负责解释。

第二十四条 本规定自2014年1月1日起施行。

中国专利奖评奖办法

1. *2014年3月20日国家知识产权局办公室发布*
2. *国知办发管字〔2014〕13号*

第一条 评奖宗旨

引导和推进知识产权工作对创新型国家建设，以及促进经济发展方式转变发挥重要作用；鼓励和表彰专利权人和发明人（设计人）对技术（设计）创新及经济社会发展做出的突出贡献。

第二条 评奖周期

国家知识产权局与世界知识产权组织共同开展中国专利奖评选工作，每年举办一届。

第三条 奖项设置

中国专利奖设中国专利金奖及中国专利优秀奖、中国外观设计金奖及中国外观设计优秀奖。

中国专利金奖及中国专利优秀奖，从发明专利和实用新型专利中评选产生，中国专利金奖评出20项。中国外观设计金奖及中国外观设计优秀奖，从外观设计专利中评选产生，中国外观设计金奖评出5项。

第四条 评审组织

国家知识产权局设立中国专利奖评审委员会（以

下称“评审委员会”),会同世界知识产权组织开展中国专利奖的评审、批准和授奖等有关工作。评审委员会下设评审办公室,负责日常组织协调工作。

第五条 评价指标及权重

一、发明、实用新型专利

(一)专利质量(25%)。评价:1.新颖性、创造性、实用性;2.文本质量。

(二)技术先进性(25%)。评价:1.原创性及重要性;2.相比当前同类技术的优缺点;3.专利技术的通用性。

(三)运用及保护措施和成效(35%)。评价:1.专利运用及保护措施;2.经济效益及市场份额。

(四)社会效益及发展前景(15%)。评价:1.社会效益;2.行业影响力;3.政策适应性。

二、外观设计专利

(一)专利质量(25%)。评价:1.创新性和工业适用性;2.文本质量。

(二)设计要点及理念的表达(25%)。评价:1.设计要点独特性;2.艺术性及象征性;3.功能性。

(三)运用及保护措施和成效(35%)。评价:1.专利运用及保护措施;2.经济效益及市场份额。

(四)社会效益及发展前景(15%)。评价:1.社会效益;2.发展前景。

第六条 推荐及评审程序

一、中国专利奖参评项目采用推荐方式,由各地知识产权局、国务院有关部门和单位知识产权工作管理机构、全国性行业协会、中国科学院院士和中国工程院院士等根据当年评选通知要求择优推荐。

二、评审办公室负责对推荐项目进行初审,并组织开展有关初评工作。

三、评审办公室根据初评情况,提出预获奖项目名单,报评审委员会。

四、评审委员会对预获奖项目名单进行审定,确定获奖项目及其奖励等级。

五、评审办公室在国家知识产权局政府网站公示评选结果。

第七条 异议处理

一、中国专利奖评选工作接受社会监督,社会公众对公示项目有异议的,可在规定时间内向评审办公室提出。

二、评审办公室接收异议材料,成立异议处理小组,对异议的具体情况进行分析,形成异议分析材料及处理意见并向评审委员会报告,经评审委员会决定后,将处理意见通知异议方和项目申报人、推荐单位。

三、参与异议处理的有关人员对异议者的身份及有关异议信息予以保密。

第八条 授奖

国家知识产权局及世界知识产权组织根据评选结果公示情况,对无异议或异议不成立的项目予以授奖,联合向获得金奖项目的发明人(设计人)颁发奖牌和证书,向专利权人颁发奖牌;国家知识产权局向获得优秀奖项目的发明人(设计人)颁发证书,向专利权人颁发奖牌。

国家知识产权局会同世界知识产权组织召开会议,共同表彰有关获奖的发明人(设计人)及专利权人。

国家知识产权局通过电视、网络、报刊等媒体公布获奖结果;对于获奖的项目,专利权人可以在其产品上标注奖项名称及获奖时间。

第九条 撤奖

对于获奖项目,若发现报送材料不实,且有证据证明不符合获奖条件的,由评审办公室提出撤销授奖的意见,经评审委员会批准,撤销授奖并追回奖牌和证书。

第十条 本办法由中国专利奖评审办公室负责解释。

第十一条 本办法自公布之日起执行。

国家知识产权局等关于进一步加强职务发明人合法权益保护促进知识产权运用实施的若干意见

1. 2012年11月26日国家知识产权局、教育部、科学技术部、工业和信息化部、财政部、人力资源和社会保障部、农业部、国务院国有资产监督管理委员会、国家税务总局、国家工商行政管理总局、国家版权局、国家林业局、解放军总装备部发布

2. 国知发法字[2012]122号

为贯彻落实《国家中长期人才发展规划纲要(2010—2020年)》(以下简称《人才发展规划纲要》),保护职务发明人合法权益,充分发挥创新型科技人才的作用,建设创新型国家和人才强国,现提出以下意见。

一、充分认识加强职务发明人合法权益保护的重要意义

改革开放以来,我国建立和完善了职务发明人权益保护制度,职务发明人从事知识产权创造、运用及实施的积极性和主动性不断提高,职务发明创造在我国经济社会发展中作用日益突出。但从总体看,职务发明人权益保护工作仍有待进一步改进和加强,主要体现在:相关立法和制度仍有待落实和完善;对保护职务发明人合法权益的重要性认识还不到位,侵害职务发明人合法权益的现象时有发生;对职务发明人的激励还需要进一步加大力度。

为此,《人才发展规划纲要》提出,要保护科技成果创造者的合法权益。广大职务发明人是科技创新人才的重要力量,保护科技成果创造者合法权益的突出重点在于进一步加强职务发明人合法权益的保护工作,促进知识产权的运用与实施。同时,实施人才强国战略、科教兴国战略和知识产权战略,需要健全和完善有利于职务发明及其知识产权运用与实施的激励机制和权益分配机制,进一步加强对职务发明人合法权益的有效保护,营造有利于人才成长和发挥作用的社会氛围和法律政策环境,为创新型国家建设和经济社会又好又快发展提供更雄厚的人才保障。

二、加强职务发明人合法权益保护的总体要求

加强对职务发明人权益保护工作的指导、支持和宣传。地方各级人民政府和有关部门要结合本地区和本部门的实际情况,积极采取有效措施,加强对企事业单位和军队单位开展职务发明人合法权益保护工作的指导和督查,支持企事业单位和军队单位依法建立和完善职务发明的知识产权管理制度;引导扶持企事业单位和军队单位提高知识产权运用和保护能力,采取可行方式加快实现知识产权的经济价值,为及时实现职务发明人的合法权益提供物质保障;加大职务发明人权益保护制度的宣传普及力度,培育和营造尊重人才、崇尚创新的社会环境。

认真执行法律法规和相关政策,确保职务发明人的权益落到实处。企事业单位和军队单位要在符合国家相关法律法规和政策的前提下,完善与职务发明相关的内部规章制度,做到机制透明、程序顺畅、责任清晰、奖酬合理;认真落实《专利法》、《促进科技成果转化法》等法律法规中有关职务发明的规定,合法合理地确定单位内发明创造的知识产权归属,保障职务发明人署名权和获得奖励、报酬的权利,充分发挥职务发明人在知识产权运用实施方面的能动作用;妥善预防和及时化解与职务发明人权益相关的争议和矛盾,营造心情舒畅、踊跃创新、奋发进取的和谐氛围,做到人尽其才、才尽其用。

三、建立健全规章制度,明确责任、权利与义务

(一)建立发明创造报告制度。国有企事业单位和军队单位应当建立发明创造报告制度,明确研发过程中尤其是形成发明创造后单位与发明人之间的权利、义务与责任,及时确定发明创造的权益归属。国有企事业单位和军队单位可以根据本单位的具体情况,明确发明人应当就其完成的与单位业务有关的发明创造及时向单位报告,并附具该发明是否为职务发明的意见;单位收到发明人的报告后,应当及时确认并告知发明人该发明是否为职务发明,以及采取何种方式对该发明进行知识产权保护。

(二)建立职务发明相关管理制度。国有企事业单位和军队单位应当建立职务发明的知识产权管理制度,设立专门机构或者指定专门人员负责知识产权管理工作。建立健全单位内部知识产权资产管理档案,对于经确认的职务发明应当进行综合评价,决定是否申请专利或者采取其他知识产权保护措施,并积极维护知识产权的有效性。对于经综合评价决定放弃的专利权或者其他知识产权,应当在放弃之前告知发明人。

(三)建立和完善职务发明奖励和报酬制度。国有企事业单位和军队单位应当依法建立和完善职务发明的奖励和报酬规章制度,遵循精神激励和物质奖励相结合的原则,明确职务发明奖励、报酬的条件、程序、方式和数额。单位与发明人约定奖励、报酬的数额或者方式的,应当切实履行承诺。单位在制定职务发明的奖励和报酬规章制度时,应当充分听取和吸纳研发人员的意见和建议。

四、依法保护职务发明人的合法权益,鼓励职务发明人参与职务发明及其知识产权的运用与实施

(四)鼓励单位与发明人约定发明创造的知识产权归属。对于利用本单位物质技术条件完成的发明创造,除法律、行政法规另有规定的以外,单位可以与发明人约定由双方共同申请和享有专利权或者相关知识产权,或者由发明人申请并享有专利权或者相关知识产权、单位享有免费实施权。发明创造获得知识产权后,单位和发明人按照约定行使权利、履行义务。

(五)支持职务发明人受让单位拟放弃的知识产权。国家设立的高等院校、科研院所拟放弃其享有的专利权或者其他相关知识产权的,应当在放弃前一个月内通知职务发明人。职务发明人愿意受让的,可以通过与单位协商,有偿或者无偿获得该专利权或者相关知识产权。单位应当积极协助办理权利转让手续。

(六)鼓励职务发明人积极参与知识产权的运用与实施。国家设立的高等院校、科研院所就职务发明获得知识产权后,无正当理由两年内未能运用实施的,职务发明人经与单位协商约定可以自行运用实施。职务发明人因此获得的收益,应当按照约定以适当比例返还单位。

(七)保障职务发明人在专利文件以及各类相关文件中的署名权。署名权是发明人的精神权利,受法律保护。只有对职务发明的实质性特点作出创造性贡献的人员才享有在专利文件以及各类相关文件上的署名权。未对职务发明的实质性特点作出创造性贡献,只负责组织工作的人员、为物质技术条件的利用提供方便的人员或者从事其他辅助工作的人员,不应作为发明人署名。

(八)提高职务发明的报酬比例。在未与职务发明人约定也未在单位规章制度中规定报酬的情形下,国有企事业单位和军队单位自行实施其发明专利权的,给予全体职务发明人的报酬总额不低于实施该发明专利的营业利润的3%;转让、许可他人实施发明专利权或者以发明专利权出资入股的,给予全体职务发明人的报酬总额不低于转让费、许可费或者出资比例的20%。国有企事业单位和军队单位拥有的其他知识产权可以参照上述比例办理。

(九)合理确定职务发明的报酬数额。单位应当建立职务发明的报酬核算机制。在核算报酬数额时,应当考虑每项职务发明对整个产品或者工艺经济效益的贡献,以及每位职务发明人对每项职务发明的贡献等因素。因单位经营策略或者发展模式的需要而低价、无偿转让或者许可他人实施职务发明专利或者相关知识产权时,应当参照相关技术的市场价格,合理确定对职务发明人的报酬数额。

(十)及时给予职务发明人奖励和报酬。除与职务发明人另有约定的以外,单位应当在公告授予专利权或者其他相关知识产权之日起三个月内发放奖金;单位许可他人实施或者转让知识产权的,应当在许可费、转让费到账后三个月内支付报酬;单位自行实施专利或者其他相关知识产权且以现金形式逐年支付报酬的,应当在每个会计年度结束后三个月内支付报酬。以股权形式支付报酬的,应当按法律法规和单位规章制度的规定予以分红。单位应当在自行实施知识产权之日或者许可合同、转让合同生效之日起的合理期限内,将自行实施、许可他人实施或者转让知识产权等有关情况通报给相关的职务发明人。

(十一)保障特定情形下职务发明人获得奖励和报酬的权利。职务发明人与原单位解除或者终止劳动关系或者人事关系后,除与原单位另有约定外,其从原单位获得奖励和报酬的权利不变;职务发明人逝世的,其获得奖金和报酬的权利由继承人继承。

五、完善保护职务发明人权益的政策措施,强化对职务发明人权益保护工作的督导

(十二)落实和完善职务发明人获得奖金和报酬的财政税收优惠政策。企业给予职务发明人的奖金和报酬列入成本,事业单位和军队单位给予职务发明人的奖金和报酬按国家有关规定列支。对职务发明人的奖金和报酬按照国家税法的相关规定实行优惠,充分调动职务发明人从事职务发明创造及运用实施的积极性、主动性和创造性。

(十三)将与职务发明知识产权相关要素纳入考评范围。鼓励高等院校、科研院所在评定职称、晋职晋级时,将科研人员从事知识产权创造、运用及实施的情况纳入考评范围,同等条件下予以优先考虑。

(十四)将对职务发明人权益的保护情况纳入考核指标。单位落实职务发明制度的情况,作为评定知识产权试点示范单位或者享受专利申请资助政策的重要考评因素予以考虑,并纳入对国有企事业单位领导人员的考核范围。

(十五)建立职务发明人维权援助机制。各级地方知识产权管理部门和国防知识产权管理部门要建立和完善职务发明人维权援助机制,指定专门机构为单位和职务发明人提供维权援助服务。单位与发明人就发明创造及其知识产权归属或者职务发明奖励和报酬的方式或者数额进行约定的,可以将有关协议向所在地省、自治区、直辖市知识产权管理部门或者国防知识产权管理部门备案。对于发生的职务发明纠纷,各级地方知识产权管理部门和国防知识产权管理部门应当及时依法调解和处理。

各地区、各部门、各有关单位应当根据本意见的原则要求,结合本地区、本部门和本单位的实际情况,制定具体的落实办法和措施。

2. 专利代理

专利代理条例

1. 1991年3月4日国务院令第76号公布
2. 自1991年4月1日起施行

第一章 总 则

第一条 为了保障专利代理机构以及委托人的合法权益,维护专利代理工作的正常秩序,制定本条例。

第二条 本条例所称专利代理是指专利代理机构以委托人的名义、在代理权限范围内,办理专利申请或者办理其他专利事务。

第二章 专利代理机构

第三条 本条例所称专利代理机构是指接受委托人的委托,在委托权限范围内,办理专利申请或者办理其他专利事务的服务机构。

专利代理机构包括:

(一)办理涉外专利事务的专利代理机构;

(二)办理国内专利事务的专利代理机构;

(三)办理国内专利事务的律师事务所。

第四条 专利代理机构的成立,必须符合下列条件:

(一)有自己的名称、章程、固定办公场所;

(二)有必要的资金和工作设施;

(三)财务独立,能够独立承担民事责任;

(四)有三名以上具有专利代理人资格的专职人员和符合中国专利局规定的比例的具有专利代理人资格的兼职人员。

律师事务所开办专利代理业务的,必须有前款第四项规定的专职人员。

第五条 向专利管理机关申请成立专利代理机构,应当提交下列文件:

(一)成立专利代理机构的申请书,并写明专利代理机构的名称、办公场所、负责人姓名;

(二)专利代理机构章程;

(三)专利代理人姓名及其资格证书;

(四)专利代理机构资金和设施情况的书面证明。

第六条 申请成立办理国内专利事务的专利代理机构,或者律师事务所申请开办专利代理业务的,应当经过其主管机关同意后,报请省、自治区、直辖市专利管理机关审查;没有主管机关的,可以直接报请省、自治区、直辖市专利管理机关审查。审查同意的,由审查机关报中国专利局审批。

申请成立办理涉外专利事务的专利代理机构,应当依照《中华人民共和国专利法》的有关规定办理。办理涉外专利事务的专利代理机构,经中国专利局批准的,可以办理国内专利事务。

第七条 专利代理机构自批准之日起成立,依法开展专利代理业务,享有民事权利,承担民事责任。

第八条 专利代理机构承办下列事务:

(一)提供专利事务方面的咨询;

(二)代写专利申请文件,办理专利申请;请求实质审查或者复审的有关事务;

(三)提出异议,请求宣告专利权无效的有关事务;

(四)办理专利申请权、专利权的转让以及专利许可的有关事务;

(五)接受聘请,指派专利代理人担任专利顾问;

(六)办理其他有关事务。

第九条 专利代理机构接受委托,承办业务,应当有委托人具名的书面委托书,写明委托事项和委托权限。

专利代理机构可以根据需要,指派委托人指定的专利代理人承办代理业务。

专利代理机构接受委托,承办业务,可以按照国家有关规定收取费用。

第十条 专利代理机构接受委托后,不得就同一内容的专利事务接受有利害关系的其他委托人的委托。

第十一条 专利代理机构应当聘任有《专利代理人资格证书》的人员为专利代理人。对聘任的专利代理人应当办理聘任手续,由专利代理机构发给《专利代理人工作证》,并向中国专利局备案。

初次从事专利代理工作的人员,实习满一年后,专利代理机构方可发给《专利代理人工作证》。

专利代理机构对解除聘任关系的专利代理人,应当及时收回其《专利代理人工作证》,并报中国专利局备案。

第十二条 专利代理机构变更机构名称、地址和负责人的,应当报中国专利局予以变更登记,经批准登记后,变更方可生效。

专利代理机构停业,应当在妥善处理各种尚未办结的事项后,向原审查机关申报,并由该机关报中国专利局办理有关手续。

第十三条　已批准的专利代理机构,因情况变化不再符合本条例第四条规定的条件,并在一年内仍不能具备这些条件的,原审查的专利管理机关应当建议中国专利局撤销该专利代理机构。

第三章　专利代理人

第十四条　本条例所称专利代理人是指获得《专利代理人资格证书》,持有《专利代理人工作证》的人员。

第十五条　拥护中华人民共和国宪法,并具备下列条件的中国公民,可以申请专利代理人资格:

(一)十八周岁以上,具有完全的民事行为能力;

(二)高等院校理工科专业毕业(或者具有同等学历),并掌握一门外语;

(三)熟悉专利法和有关的法律知识;

(四)从事过两年以上的科学技术工作或者法律工作。

第十六条　申请专利代理人资格的人员,经本人申请,专利代理人考核委员会考核合格的,由中国专利局发给《专利代理人资格证书》。

专利代理人考核委员会由中国专利局、国务院有关部门以及专利代理人的组织的有关人员组成。

第十七条　专利代理人必须承办专利代理机构委派的专利代理工作,不得自行接受委托。

第十八条　专利代理人不得同时在两个以上专利代理机构从事专利代理业务。

专利代理人调离专利代理机构前,必须妥善处理尚未办结的专利代理案件。

第十九条　获得《专利代理人资格证书》,五年内未从事专利代理业务或者专利行政管理工作的,其《专利代理人资格证书》自动失效。

第二十条　专利代理人在从事专利代理业务期间和脱离专利代理业务后一年内,不得申请专利。

第二十一条　专利代理人依法从事专利代理业务,受国家法律的保护,不受任何单位和个人的干涉。

第二十二条　国家机关工作人员,不得到专利代理机构兼职,从事专利代理工作。

第二十三条　专利代理人对其在代理业务活动中了解的发明创造的内容,除专利申请已经公布或者公告的以外,负有保守秘密的责任。

第四章　罚　　则

第二十四条　专利代理机构有下列情形之一的,其上级主管部门或者省、自治区、直辖市专利管理机关,可以给予警告处罚;情节严重的,由中国专利局给予撤销机构处罚:

(一)申请审批时隐瞒真实情况,弄虚作假的;

(二)擅自改变主要登记事项的;

(三)未经审查批准,或者超越批准专利代理业务范围,擅自接受委托,承办专利代理业务的;

(四)从事其他非法业务活动的。

第二十五条　专利代理人有下列行为之一,情节轻微的,由其所在的专利代理机构给予批评教育。情节严重的,可以由其所在的专利代理机构解除聘任关系,并收回其《专利代理人工作证》;由省、自治区、直辖市专利管理机关给予警告或者由中国专利局给予吊销《专利代理人资格证书》处罚:

(一)不履行职责或者不称职以致损害委托人利益的;

(二)泄露或者剽窃委托人的发明创造内容的;

(三)超越代理权限,损害委托人利益的;

(四)私自接受委托,承办专利代理业务,收取费用的。

前款行为,给委托人造成经济损失的,专利代理机构承担经济赔偿责任后,可以按一定比例向该专利代理人追偿。

第二十六条　被处罚的专利代理机构对中国专利局撤销其机构,被处罚的专利代理人对吊销其《专利代理人资格证书》的处罚决定不服的,可以向中国专利局申请复议,不服复议决定的,可以在收到复议决定书十五日内,向人民法院起诉。

第五章　附　　则

第二十七条　本条例由中国专利局负责解释。

第二十八条　本条例自1991年4月1日起施行。1985年9月4日国务院批准,同年9月10日中国专利局发布的《专利代理暂行规定》同时废止。

中国专利局关于贯彻《专利代理条例》的几点意见

1. 1991年4月19日

2. 国专发法字〔1991〕第63号

各省、自治区、直辖市专利管理局(处),各涉外专利代理机构:

中华人民共和国国务院第76号令发布的《专利代理条例》(以下简称《条例》),是有关专利代理工作的重要法规。《条例》就专利代理机构的设置条件、审批手续、专利代理人的资格及其考核、资格与职务分离以及专利代理机构和专利代理人职责等问题做了明确的规定。《条例》明确了专利代理工作的方向,对促进专利代理工作进一步制度化、规范化,推动专利事业发展将起到重要作用,必须认真地贯彻执行。

现就《条例》的贯彻执行问题,提出如下意见:

一、关于专利代理机构的性质

专利代理机构受委托人的委托,办理专利申请或其他专利事务。专利代理业务涉及的是发明创造,属于科学技术工作范畴。专利代理人为理工科大学毕业,并有一定的实践经验。专利代理人撰写专利申请文件的过程是对发明创造的再加工,属于技术性强的高智能创造性劳动。代理工作又要执行有关专利的法律法规。所以,专利代理机构的性质是带法律性的科技服务机构。

二、关于成立专利代理机构的条件

《条例》规定了成立专利代理机构应当符合的条件。

(1)关于名称、章程和固定办公场所

专利代理机构要以自己的名义进行民事活动,必须有自己的名称。专利代理机构的名称应当反映出该专利代理机构的业务范围和地区所属关系,不能随意确定。

章程是指组织内部的组织规程或办事条例。专利代理机构章程就是专利代理机构根据业务工作的需要所制定的规章制度。所有专利代理机构都应当依法制订组织章程,对本机构的业务范围、人员构成、职责划分等作出明确的规定。

固定的办公场所,是指专利代理机构进行业务活动的所在地。

(2)关于必要的资金和工作设施

必要的资金是专利代理机构能够独立承担民事责任所要求的。必要的资金,是指专利代理机构必须拥有的能够独立支配的经费。包括国家财政拨款和符合国家规定的其他经费。设立专利代理机构的必要资金不得少于三万元。

专利代理机构应当具备一定的工作设施,如:打字机、复印机等等。

(3)关于财务独立,能够独立承担民事责任

财务独立是指专利代理机构应当有独立的账号,机构内部实行独立的经济核算,并按国家有关规定实行预算管理。

专利代理机构应当以自己所拥有的财产或经费承担在专利代理活动中的债务,以及专利代理人在专利代理活动中给他人造成损害时的赔偿责任。国家或其上级主管部门不能代替专利代理机构承担责任。

(4)关于专职专利代理人和兼职专利代理人及其比例

专职代理人是指在该专利代理机构工作,并以专利代理为职业的在职专利代理人。

专职代理人和兼职代理人的比例不得超过一比三,即如果专利代理机构拥有三名专职代理人,则所聘用的兼职专利代理人不得超过九名。

三、关于已在中国专利局备案的专利代理机构的整顿和过渡问题

1. 凡符合《条例》规定条件的专利代理机构,应当尽快办理重新登记手续,办理国内专利事务的专利代理机构和办理国内专利事务的律师事务所,经上级主管部门同意后,报请省、自治区、直辖市专利管理机关审查,审查同意的,由审查机关报中国专利局审批;涉外专利代理机构直接报中国专利局,中国专利局将于明年第一季度公告已于今年年底前重新登记备案及新设立的专利代理机构名单,以后将每年公告一次。

专利代理机构申请重新登记时应当提交以下文件:

(1)重新登记申请书,申请书应写明专利代理机构的名称、办公场所、负责人姓名等,申请书格式由中国专利局统一制定,各省、自治区、直辖市专利管理机关印制后发放。各涉外专利代理机构直接向中国专利局领取。

(2)专利代理机构章程。

(3)专利代理人姓名及其资格证书复印件。

(4)上级编委下达的有关人员编制的批准文件复印件。

(5)专利代理机构拥有的资金和工作设施情况的证明文件。

2. 目前尚不具备《条例》规定条件的专利代理机构,应当积极创造条件,按《条例》第十三条的要求,争取在一年内办理重新登记手续;对于少数在一年内办理重新登记确有困难的专利代理机构,经向有关省、自治区、直辖市专利管理机关申请,并经中国专利局同意后可酌情延长一年的期限,但最迟不超过1994年4月1日。自1994年4月1日起仍不符合条件或未办理重新登记的专利代理机构不得以专利代理机构名义承办新的专利代理业务,这些机构可过渡为企事业单位或机关内部的专利工作机构。

3. 专利代理机构在重新登记前不得聘任新的兼职代理人;所聘任的新的专职代理人必须在该机构的编制之内。

4. 专利代理机构变更机构名称、地址和负责人,在报中国专利局予以变更登记的同时,应当抄报有关省、自治区、直辖市专利管理机关。

四、关于新设立专利代理机构的问题

凡符合《条例》规定条件的,自1991年4月1日起可按《条例》规定手续申请成立新的专利代理机构。申请书格式由中国专利局统一制定,各省、自治区、直辖市专利管理机关印制后发放。涉外专利代理机构直接向中国专利局领取。

已在中国专利局备案的专利代理机构,绝大部分属全民所有制。民办性质的目前只在北京、天津等个别城市试点,尚待进一步摸索经验。除正在试点的以外,新的民办形式的专利代理机构目前以暂不批准设立为宜。

五、关于专利代理人的工作证发放问题

《专利代理人工作证》拟由中国专利局委托中华全国专利代理人协会统一印制,并发至已重新登记或新设立的专利代理机构。专利代理机构按照《条例》第十一条的规定发给专利代理人。在报中国专利局备案的同时,抄报有关省、自治区、直辖市专利管理机关。

六、关于专利代理人资格证书的发放问题

专利代理机构重新登记后,其原有的专利代理人原来所持有的《专利代理人证书》换发《专利代理人资格证书》。在新设立的专利代理人机构中工作的专利代理人,原已持有的《专利代理人证书》同样换发《专利代理人资格证书》。

自1994年4月1日起,原《专利代理人证书》一律停止使用,届时仍持有该证书者,换发《专利代理人资格证书》。

七、关于专利代理人的资格考试问题

专利代理人资格考试拟两年举行一次。考试由专利代理人考核委员会统一命题,统一判卷。每次考试均根据需要设立考点,由专利代理人考核委员会委托专利管理机关或中华全国专利代理人协会在全国同时组织考试。

第一次全国专利代理人资格考试将于1992年秋季举行。

《条例》第二十七条规定,本条例由中国专利局负责解释。我们将对各地的情况进行调查研究,在广泛听取意见的基础上,对《条例》实施中的其他有关问题再做具体规定。

请各专利管理机关,专利代理机构将执行中的经验和问题及时告我局法律政策部。

专利代理机构年检办法

1. 1998年1月16日国家知识产权局发布
2. 国专发法字〔1998〕第11号

第一条　为了加强对专利代理机构的管理,规范专利代理行为,保障当事人的合法权益,引导专利代理行业健康有序地发展,根据《专利代理条例》及有关规定制定本办法。

第二条　国家知识产权局对专利代理机构的执业资格、业务状况和执业纪律等事项进行年检。

专利管理机关和中华全国专利代理人协会依本办法做好相应工作。

第三条　凡经国家知识产权局批准设立或开办业务的专利代理机构均应参加年检。

国家知识产权局对通过年检的专利代理机构予以年检注册。

第四条　专利代理机构年检内容包括:

(一)专利代理机构执业资格及主要登记事项;

(二)专利代理机构业务开展情况;
(三)专利代理机构执业纪律情况;
(四)专利代理机构财务审计情况;
(五)专利代理人情况;
(六)专利代理人培训情况;
(七)应当年检的其他内容。

第五条 专利代理机构应当提交下列年检材料:
(一)专利代理机构年检登记表;
(二)专利代理机构工作报告;
(三)专利代理机构注册证副本;
(四)专利代理人工作证;
(五)审计报告;
(六)其他需要提交的文件。

第六条 专利代理机构工作报告应当全面反映两年内专利代理机构的业务活动、执业纪律、内部管理以及其他需要报告的事项。

第七条 各省、自治区、直辖市专利管理机关(以下简称地方专利管理机关)应当结合本地区实际情况,组织落实专利代理机构年检工作。

第八条 专利代理机构应当按照规定认真填写《专利代理机构年检登记表》并备齐有关材料,负责人应对材料内容予以审查并作出机构自检鉴定,及时报送地方专利管理机关。

第九条 涉外专利代理机构的年检材料直接报送国家知识产权局。

第十条 地方专利管理机关对专利代理机构的年检材料进行审查并签署意见,也可以根据需要对材料内容进行核实。签署意见后的年检材料应当及时上报国家知识产权局。

第十一条 国家知识产权局委托中华全国专利代理人协会对专利代理人的职业道德、执业纪律、业务培训等事项进行年检。

中华全国专利代理人协会对通过年检的专利代理人的工作证加盖"年检"章,并将专利代理人年检情况报国家知识产权局。

第十二条 国家知识产权局对上报的专利代理机构年检材料按照规定进行审查。必要时,国家知识产权局可以对专利代理机构进行核查。通过年检的专利代理机构由国家知识产权局在专利代理机构注册证副本上加盖"年检"章。

第十三条 未通过年检的专利代理机构由国家知识产权局根据情况作出警告、撤销的处罚。

第十四条 无正当理由逾期不参加年检的专利代理机构视为未通过年检。

第十五条 首次参加年检的专利代理机构,通过年检后领取专利代理机构注册证副本和专利代理机构标识牌。

第十六条 对专利代理机构年检每两年一次。年检时间为年检年度的2月1日至6月30日。

第十七条 国家知识产权局应当将专利代理机构年检结果予以公告。

第十八条 本办法由国家知识产权局负责解释。

第十九条 本办法自公布之日起实施。

专利代理惩戒规则(试行)

1. 2002年12月12日国家知识产权局令第25号公布
2. 自2003年1月1日起施行

第一条 为了加强对专利代理机构和专利代理人的执业监督,规范专利代理执业行为,维护专利代理行业的正常秩序,根据《中华人民共和国专利法》和《专利代理条例》制定本规则。

第二条 专利代理机构、专利代理人执业应当遵守法律、法规和规章的规定,恪守专利代理职业道德和执业纪律。

专利代理机构和专利代理人执业应当接受国家、社会和当事人的监督。

第三条 专利代理机构或者专利代理人违反有关法律、法规和规章规定的,由专利行政部门按照本规则给予惩戒。

国家知识产权局和各省、自治区、直辖市知识产权局分别设立专利代理惩戒委员会,具体实施本规则。

第四条 对专利代理机构的惩戒分为:
(一)警告;
(二)通报批评;
(三)停止承接新代理业务3至6个月;
(四)撤销专利代理机构。

第五条 对专利代理人的惩戒分为:
(一)警告;
(二)通报批评;
(三)收回专利代理人执业证书;
(四)吊销专利代理人资格。

第六条 专利代理机构有下列情形之一的,应当责令其改正,并给予本规则第四条规定的惩戒:

(一)申请设立时隐瞒真实情况,弄虚作假的;

(二)擅自改变主要登记事项的;

(三)擅自设立分支机构的;

(四)年检逾期又不主动补报的;

(五)以不正当手段招揽业务的;

(六)接受委托后,无正当理由拒绝进行代理的;

(七)就同一专利申请或者专利案件接受有利害关系的其他委托人的委托的;

(八)因过错给当事人造成重大损失的;

(九)从事其他违法业务活动或者违反国务院有关规定的。

第七条 专利代理人有下列情形之一的,应当责令其改正,并给予本规则第五条规定的惩戒:

(一)同时在两个以上专利代理机构执业的;

(二)诋毁其他专利代理人、专利代理机构的,或者以不正当方式损害其利益的;

(三)私自接受委托、私自向委托人收取费用、收受委托人财物、利用提供专利代理服务的便利牟取当事人争议的权益、或者接受对方当事人财物的;

(四)妨碍、阻扰对方当事人合法取得证据的;

(五)干扰专利审查工作或者专利行政执法工作的正常进行的;

(六)专利行政部门的工作人员退休、离职后从事专利代理业务,对本人审查、处理过的专利申请案件或专利案件进行代理的;

(七)泄露委托人的商业秘密或者个人隐私的;

(八)因过错给当事人造成重大损失的;

(九)从事其他违法业务活动的。

第八条 有下列情形之一的,应当给予直接责任人本规则第五条第(三)项或者第(四)项规定的惩戒,可以同时给予其所在专利代理机构本规则第四条第(三)项或者第(四)项规定的惩戒:

(一)违反专利法第十九条的规定,泄露委托人发明创造的内容的;

(二)剽窃委托人的发明创造的;

(三)向专利行政部门的工作人员行贿的,或者指使、诱导当事人行贿的;

(四)提供虚假证据、隐瞒重要事实的,或者指使、引诱他人提供虚假证据、隐瞒重要事实的;

(五)受刑事处罚的(过失犯罪除外);

(六)从事其他违法业务活动后果严重的。

第九条 具有专利代理人资格、但没有取得专利代理人执业证书的人员为牟取经济利益而接受专利代理委托,从事专利代理业务的,应当责令其停止非法执业活动,并记录在案。有本规则第七条、第八条所列行为的,应当给予警告、通报批评、吊销专利代理人资格的惩戒。

第十条 按本规则应当给予惩戒,但有下列情形之一的,可以从轻处分:

(一)主动承认错误并承担责任的;

(二)及时采取有效措施,防止不良后果发生或者减轻不良后果的。

按本规则应当给予惩戒,但有下列情形之一的,可以从重处分:

(一)对检举人、证人打击报复的;

(二)案发后订立攻守同盟或者隐匿、销毁证据,阻挠调查的。

第十一条 国家知识产权局专利代理惩戒委员会由国家知识产权局、中华全国专利代理人协会的人员和专利代理人的代表组成。

省、自治区、直辖市专利代理惩戒委员会由省、自治区、直辖市知识产权局的人员和专利代理人的代表组成。

专利代理惩戒委员会委员的任期为三年。

第十二条 专利代理惩戒委员会委员有下列情形之一的,应当自行回避;当事人也有权申请他们回避:

(一)是案件当事人或者当事人近亲属的;

(二)与案件的处理结果有利害关系的;

(三)与案件当事人有其他关系,可能影响处理结果公正的。

第十三条 对专利代理机构和专利代理人违反法律、法规和规章规定的行为,任何单位或者个人都有权向该专利代理机构所在地的省、自治区、直辖市专利代理惩戒委员会投诉。必要时,国家知识产权局专利代理惩戒委员会和省、自治区、直辖市专利代理惩戒委员会也可以依职权主动立案。

第十四条 专利代理惩戒委员会应当在受理投诉之日或者主动立案之日起的3个月内做出决定。

省、自治区、直辖市专利代理惩戒委员会认为需要吊销专利代理人资格、撤销专利代理机构的,应当将其调查结果和惩戒理由上报国家知识产权局专利代理惩戒委员会。国家知识产权局专利代理惩戒委员会应当在收到上报材料之日起的2个月内做出决定。

第十五条 专利代理惩戒委员会表决通过惩戒决定前，应当允许当事人进行陈述或者申辩，并对当事人提出的事实、证据和理由进行调查核实。

第十六条 专利代理惩戒委员会表决通过惩戒决定后，应当制作惩戒决定书，记载以下事项：

（一）被惩戒的专利代理机构或者专利代理人的名称、姓名和地址；

（二）事由及调查核实的结果；

（三）专利代理惩戒委员会的决定；

（四）决定日期。

第十七条 专利代理惩戒委员会做出的惩戒决定应当经同级知识产权局批准，并以该局的名义发出。

惩戒决定书应当在批准之日起的10日内送达被惩戒的专利代理机构或者专利代理人。

第十八条 专利代理惩戒委员会的委员和工作人员在正式送达惩戒决定书之前负有保密责任。

第十九条 对专利代理惩戒委员会的惩戒决定不服的，可以在收到惩戒决定书之日起的2个月内依法申请复议，也可以直接向人民法院提起行政诉讼。

第二十条 省、自治区、直辖市专利代理惩戒委员会应当在其惩戒决定生效之日起的10日内向国家知识产权局专利代理惩戒委员会备案。

惩戒决定生效后，除给予警告的以外，由做出惩戒决定的专利代理惩戒委员会在政府网站或者新闻媒体上予以公布。

第二十一条 专利代理惩戒委员会的具体工作章程和惩戒决定书表格由国家知识产权局统一制定。

第二十二条 本规则由国家知识产权局负责解释。

第二十三条 本规则自2003年1月1日起施行。

专利代理管理办法

1. 2003年6月6日国家知识产权局令第30号公布

2. 根据2011年3月28日国家知识产权局令第61号《关于修改〈专利代理管理办法〉的决定》修正

第一章 总 则

第一条 为了完善专利代理制度，维护专利代理行业的正常秩序，保障专利代理机构和专利代理人依法执业，根据《专利法》和《专利代理条例》以及国务院的有关规定，制定本办法。

第二条 国家知识产权局和各省、自治区、直辖市知识产权局依照《专利法》、《专利代理条例》和本办法对专利代理机构、专利代理人进行管理和监督。

中华全国专利代理人协会应组织、引导专利代理机构和专利代理人模范执行《专利法》、《专利代理条例》和本办法，规范执业行为、严格行业自律、不断提高行业服务水平。

第二章 专利代理机构及其办事机构的设立、变更、停业和撤销

第三条 专利代理机构的组织形式为合伙制专利代理机构或者有限责任制专利代理机构。

合伙制专利代理机构应当由3名以上合伙人共同出资发起，有限责任制专利代理机构应当由5名以上股东共同出资发起。

合伙制专利代理机构的合伙人对该专利代理机构的债务承担无限连带责任；有限责任制专利代理机构以该机构的全部资产对其债务承担责任。

第四条 设立专利代理机构应当符合下列条件：

（一）具有符合本办法第七条规定的机构名称；

（二）具有合伙协议书或者章程；

（三）具有符合本办法第五条、第六条规定的合伙人或者股东；

（四）具有必要的资金。设立合伙制专利代理机构的，应当具有不低于5万元人民币的资金；设立有限责任制专利代理机构的，应当具有不低于10万元人民币的资金；

（五）具有固定的办公场所和必要的工作设施。

律师事务所申请开办专利代理业务的，在该律师事务所执业的专职律师中应当有3名以上具有专利代理人资格。

第五条 专利代理机构的合伙人或者股东应当符合下列条件：

（一）具有专利代理人资格；

（二）具有2年以上在专利代理机构执业的经历；

（三）能够专职从事专利代理业务；

（四）申请设立专利代理机构时的年龄不超过65周岁；

（五）品行良好。

第六条 有下列情形之一的,不得作为专利代理机构的合伙人或股东:

(一)不具有完全民事行为能力的;

(二)在国家机关或企、事业单位工作,尚未正式办理辞职、解聘或离休、退休手续的;

(三)作为另一专利代理机构的合伙人或者股东不满2年的;

(四)受到《专利代理惩戒规则(试行)》第五条规定的通报批评或者收回专利代理人执业证的惩戒不满3年的;

(五)受刑事处罚的(过失犯罪除外)。

第七条 专利代理机构只能享有和使用一个名称。

专利代理机构的名称应当由该机构所在城市名称、字号、"专利代理事务所"、"专利代理有限公司"或者"知识产权代理事务所"、"知识产权代理有限公司"组成。其字号不得在全国范围内与正在使用或者已经使用过的专利代理机构的字号相同或者相近似。

律师事务所开办专利代理业务的,可以使用该律师事务所的名称。

第八条 设立专利代理机构应当提交下列申请材料:

(一)设立专利代理机构申请表;

(二)专利代理机构的合伙协议书或者章程;

(三)验资证明;

(四)专利代理人资格证和身份证的复印件;

(五)人员简历及人事档案存放证明和离退休证件复印件;

(六)办公场所和工作设施的证明;

(七)其他必要的证明材料。

律师事务所申请开办专利代理业务的,应当提交下列申请材料:

(一)开办专利代理业务申请表;

(二)主管该律师事务所的司法行政机关出具的同意其开办专利代理业务的函件;

(三)律师事务所合伙协议书或者章程;

(四)律师事务所执业许可证复印件和资金证明;

(五)专利代理人的律师执业证、专利代理人资格证和身份证的复印件;

(六)办公场所和工作设施的证明;

(七)其他必要的证明材料。

上述证明材料应当是在申请设立专利代理机构或开办专利代理业务之前的6个月内出具的证明材料。

第九条 设立专利代理机构的审批程序如下:

(一)申请设立专利代理机构的,应当向其所在地的省、自治区、直辖市知识产权局提出申请。经审查,省、自治区、直辖市知识产权局认为符合本办法规定条件的,应当自收到申请之日起30日内上报国家知识产权局批准;认为不符合本办法规定条件的,应当自收到申请之日起30日内书面通知申请人。

(二)国家知识产权局对符合本办法规定条件的申请,应当自收到上报材料之日起30日内作出批准决定,通知上报的省、自治区、直辖市知识产权局,并向新设立的机构颁发专利代理机构注册证和机构代码;对不符合本办法规定条件的申请,应当自收到上报材料之日起30日内通知上报的省、自治区、直辖市知识产权局重新进行审查。

律师事务所申请开办专利代理业务的,参照上述规定进行审批。

第十条 专利代理机构变更名称、地址、章程、合伙人或者股东等注册事项的,应当向国家知识产权局申请,同时报所在省、自治区、直辖市知识产权局。变更经国家知识产权局批准后生效。

第十一条 专利代理机构停业或者撤销的,应当在妥善处理各种尚未办结的事项后,向其所在地的省、自治区、直辖市的知识产权局申请。经审查同意的,应当将专利代理机构注册证及标识牌交回省、自治区、直辖市知识产权局,并向国家知识产权局办理停业或撤销手续。

第十二条 专利代理机构在本省内设立办事机构的,应当向所在地的省、自治区、直辖市知识产权局申请。经批准的,由省、自治区、直辖市知识产权局报国家知识产权局备案。

专利代理机构跨省设立办事机构的,应当在获得其所在地的省、自治区、直辖市知识产权局同意后,向办事机构所在地的省、自治区、直辖市知识产权局申请。经批准的,由办事机构所在地的省、自治区、直辖市知识产权局报国家知识产权局备案。

第十三条 申请设立办事机构的专利代理机构应当符合下列条件:

(一)设立时间满2年以上;

(二)具有10名以上专利代理人;

(三)通过上一年度年检。

第十四条 专利代理机构的办事机构应当符合下列条件:

（一）具有2名以上由专利代理机构派驻或者聘用的专职专利代理人；

（二）具有固定的办公场所和必要的资金；

（三）办事机构的名称由专利代理机构全名称、办事机构所在城市名称和“办事处”组成。

第十五条 各省、自治区、直辖市知识产权局可以附加规定专利代理机构在其行政区域内设立办事机构的其他条件和程序，并将有关规定报国家知识产权局备案。

第十六条 专利代理机构的办事机构不得以其单独名义办理专利代理业务，其人事、财务、业务等由其所属专利代理机构统一管理。专利代理机构应当对其办事机构的业务活动承担民事责任。

专利代理机构跨省设立办事机构的，其办事机构应当接受办事机构所在地的省、自治区、直辖市知识产权局的指导和监督。

第十七条 办事机构停业或者撤销的，应当在妥善处理各种尚未办结的事项后，向办事机构所在地的省、自治区、直辖市知识产权局申请。经批准的，由该知识产权局报国家知识产权局备案，同时抄报专利代理机构所在地的省、自治区、直辖市知识产权局。

专利代理机构停业或者撤销的，其办事机构应当同时终止。

第三章 专利代理人的执业

第十八条 专利代理人执业应当接受批准设立的专利代理机构的聘请任用，并持有专利代理人执业证。

第十九条 专利代理机构聘用专利代理人应当按照自愿和协商一致的原则与受聘的专利代理人订立聘用协议。订立聘用协议的双方应当遵守并履行协议。

第二十条 颁发专利代理人执业证应当符合下列条件：

（一）具有专利代理人资格；

（二）能够专职从事专利代理业务；

（三）不具有专利代理或专利审查经历的人员在专利代理机构中连续实习满1年，并参加上岗培训；

（四）由专利代理机构聘用；

（五）颁发时的年龄不超过70周岁；

（六）品行良好。

第二十一条 有下列情形之一的，不予颁发专利代理人执业证：

（一）不具有完全民事行为能力的；

（二）申请前在另一专利代理机构执业，尚未被该专利代理机构解聘并未办理专利代理人执业证注销手续的；

（三）领取专利代理执业证后不满1年又转换专利代理机构的；

（四）受到《专利代理惩戒规则（试行）》第五条规定的收回专利代理人执业证的惩戒不满3年的；

（五）受刑事处罚的（过失犯罪除外）。

第二十二条 申请颁发专利代理人执业证应当提交下列材料：

（一）专利代理人执业证申请表；

（二）专利代理人资格证和身份证的复印件；

（三）人事档案存放证明或者离、退休证件复印件；

（四）专利代理机构出具的聘用协议；

（五）申请前在另一专利代理机构执业的，应提交该专利代理机构的解聘证明；

（六）首次申请颁发专利代理执业证的，应提交其实习所在专利代理机构出具的实习证明和参加上岗培训的证明。

第二十三条 中华全国专利代理人协会负责颁发、变更以及注销专利代理人执业证的具体事宜，国家知识产权局依法进行监督和指导。

第二十四条 经审核，中华全国专利代理人协会认为专利代理人执业证的颁发申请符合本办法规定条件的，应当在收到申请之日起的15日内颁发专利代理人执业证；认为不符合条件的，应当在收到申请之日起的15日内书面通知申请人。

第二十五条 专利代理机构辞退专利代理人的，应当提前30日通知该专利代理人；专利代理人辞职的，应当提前30日通知其所在的专利代理机构。

专利代理机构与专利代理人解除聘用关系的，应当由专利代理机构收回其专利代理人执业证，出具解聘证明，并在出具解聘证明之日起的10日内向中华全国专利代理人协会办理专利代理人执业证注销手续。

第二十六条 专利代理机构停业或者撤销的，应当在获得省、自治区、直辖市知识产权局审查同意之日起的10日内，收回其全部专利代理人执业证并向中华全国专利代理人协会办理专利代理人执业证注销手续。

第二十七条 中华全国专利代理人协会应当在颁发、变更或者注销专利代理人执业证之日起的5日内向国家知识产权局备案并上报有关材料，同时抄送专利代理机构所在省、自治区、直辖市知识产权局。

第二十八条　未持有专利代理人执业证的人员不得以专利代理人的名义,为牟取经济利益从事专利代理业务。

第二十九条　专利代理人承办专利代理业务应当以所在专利代理机构的名义接受委托,与委托人订立书面委托合同,统一收取费用并如实入帐。专利代理人不得私自接受委托,办理专利代理业务并收取费用。

第四章　专利代理机构及专利代理人的年检

第三十条　国家知识产权局负责组织、指导专利代理机构和专利代理人的年检,委托各省、自治区、直辖市知识产权局以及国防专利局具体实施专利代理机构和专利代理人的年检。

凡经批准设立的专利代理机构以及开办专利代理业务的律师事务所均应当参加年检。专利代理机构的办事机构应当随其专利代理机构参加年检,有关材料同时抄报办事机构所在地的省、自治区、直辖市知识产权局。

中华全国专利代理人协会配合参与专利代理机构和专利代理人的年检。

第三十一条　专利代理机构和专利代理人的年检每年进行一次,时间为9月1日至10月31日。

第三十二条　专利代理机构和专利代理人的年检内容包括:

(一)专利代理机构是否符合本办法规定的设立条件;

(二)专利代理机构的合伙人或者股东是否符合本办法规定的条件;

(三)在专利代理机构中执业的专利代理人是否持有专利代理人执业证,是否按照要求参加执业培训;

(四)专利代理机构和专利代理人是否有《专利代理惩戒规则(试行)》第六条、第七条、第八条列出的违法违纪行为;

(五)专利代理机构自前次年检完毕以来的专利代理业务数量;

(六)专利代理机构的财务情况;

(七)应当予以年检的其他内容。

第三十三条　专利代理机构应当提交下列年检材料:

(一)专利代理机构和专利代理人年检登记表;

(二)专利代理机构的工作报告;

(三)专利代理机构注册证副本;

(四)专利代理人执业证;

(五)财务报表;

(六)其他需要提交的文件。

专利代理机构的工作报告应当全面反映本办法第三十二条规定的各项内容。

第三十四条　经年检发现专利代理机构和专利代理人不符合本办法规定的,省、自治区、直辖市知识产权局应当责令其在指定期限内予以改正;逾期不予改正的,给予年检不合格的结论。

经年检发现专利代理机构或者专利代理人有《专利代理惩戒规则(试行)》第六条、第七条、第八条列出的违法违纪行为的,可以提请各省、自治区、直辖市专利代理惩戒委员会给予惩戒。

第三十五条　年检合格的,由各省、自治区、直辖市知识产权局在专利代理机构的注册证以及该机构中执业的专利代理人执业证上加盖该年度年检合格的印章;年检不合格的,加盖年检不合格的印章。

未参加年检或年检不合格的专利代理机构,在下次年检合格之前不得在国家知识产权局和各地知识产权局办理新的专利代理业务。

第三十六条　各省、自治区、直辖市知识产权局应当在完成专利代理机构和专利代理人的年检之日起的10日内将年检情况总结和年检登记表报国家知识产权局备案,并将专利代理人执业证的年检结果送中华全国专利代理人协会备案。

国家知识产权局将向社会公布专利代理机构和专利代理人的年检结果。

第三十七条　国家知识产权局、各省、自治区、直辖市知识产权局和中华全国专利代理人协会的工作人员应当对专利代理机构年检中不予公开的内容保密。

第五章　附　　则

第三十八条　本办法由国家知识产权局负责解释。

第三十九条　本办法自2003年7月15日起施行。

国家知识产权局关于促进专利代理行业发展的若干意见

1. 2014年2月28日

2. 国知发法字〔2014〕12号

专利代理行业是专利制度有效运转的重要支撑,经过近30年的发展,专利代理行业规模持续扩大,服务能力稳步提升，业务领域不断扩展，有力地推动了我国专利事业的发展。但总体上，专利代理行业仍存在人才资源不足、服务质量不高、区域发展不平衡等问题。为全面贯彻落实党的十八届三中全会精神，深入实施国家知识产权战略，扩大专利代理人队伍，提高专利代理服务质量，充分发挥专利代理服务创新主体的作用，支撑创新驱动发展，现提出以下意见：

一、扩大行业规模，激发市场活力

（一）吸引优秀人才进入行业。允许具有理工科背景的在读满一年以上的研究生报名参加全国专利代理人资格考试。做好面向高校在校生的专利代理行业宣传工作，组织有针对性的考前培训。探索建立与高校联合培养知识产权实务人才的长效机制，引进实务师资，完善课程设置和教学方式，培养国际化、复合型、实用性人才。

（二）多渠道集聚人才优势。营造有利于人才顺畅流动的环境，广泛集聚有资质的优秀人才进入专利代理行业执业发展。对于同时具有专利代理人资格证和法律职业资格证的人员，其律师执业经历视为专利代理执业经历；对于企业、高等院校、科研院所中具有专利代理人资格证的人员，其从事本单位专利申请工作的经历视为专利代理执业经历。

（三）促进资源配置的区域平衡。引导、鼓励大中型专利代理机构到专利代理服务需求旺盛地区、专利代理人才紧缺地区开设分支机构，在符合相关条件的前提下，允许在分支机构中专职执业的专利代理人数量由2名降为1名。加强对分支机构的管理和监督，充分发挥分支机构的积极作用。

（四）健全专利代理行业退出机制。简化专利代理机构组织形式变更以及注销程序，增强审批流程的可操作性和便利性。协调相关部门建立信息交换和资源共享机制，指导和监督专利代理机构认真履行组织形式变更、注销的法定程序和法律责任。

二、创新服务模式，加大支持力度

（五）加强行业发展规划，完善行业标准体系。研究制定专利代理行业发展中长期规划，进一步明确行业发展的方向、目标、主要任务及政策措施。构建以专利代理服务标准、专利代理质量评价指标和专利代理机构管理规范为支撑的行业标准体系。

（六）推动形成规范化、多元化的专利代理服务市场。加强专利代理行业监管，积极协调、联合相关部门整顿和规范专利代理市场秩序。搭建多种形式的对接平台，引导、鼓励专利代理机构和专利代理人更新服务理念、拓展服务范围，在不断提高专利申请基础业务服务质量的同时，为创新主体提供专利维权、知识产权托管、知识产权分析评议、专利分析和预警、专利技术转让和许可等多种服务。

（七）激发行业协会活力。支持行业协会加强自身能力建设，鼓励扶持行业协会发挥自律作用，全面提升行业诚信水平。支持行业协会健全、完善专利代理人培训制度，扩大培训人员范围，满足从业人员对培训的多样性需求。

本意见自发布之日起实施。现有相关规定与本意见不一致的，以本意见为准。

3. 专利申请

关于规范专利申请行为的若干规定

1. 2007年8月27日国家知识产权局令第45号公布
2. 自2007年10月1日起施行

第一条　为了规范申请专利的行为,维护正常的专利工作秩序,依据专利法、专利法实施细则和专利代理条例制定本规定。

第二条　提交或者代理提交专利申请的,应当遵照法律、法规和规章的有关规定,恪守诚实信用原则,不得从事非正常申请专利的行为。

第三条　本规定所称非正常申请专利的行为是指:

(一)同一单位或者个人提交多件内容明显相同的专利申请,或者指使他人提交多件内容明显相同的专利申请;

(二)同一单位或者个人提交多件明显抄袭现有技术或者现有设计的专利申请,或者指使他人提交多件明显抄袭现有技术或者现有设计的专利申请;

(三)专利代理机构代理提交本条第(一)项或者第(二)项所述类型的专利申请。

第四条　国家知识产权局对非正常申请专利的行为,除依据专利法及其实施细则的规定对提交的专利申请进行处理之外,可以视情节采取下列处理措施:

(一)不予减缓专利费用;已经减缓的,全部或者部分追缴;

(二)在国家知识产权局政府网站以及《中国知识产权报》上予以通报;

(三)在国家知识产权局的专利申请数量统计中扣除非正常申请专利的数量;

(四)建议各地人民政府管理专利工作的部门不予资助或者奖励;已经资助或者奖励的,建议全部或者部分追还;

(五)建议中华全国专利代理人协会对从事非正常申请专利行为的专利代理机构以及专利代理人采取行业自律措施,必要时建议专利代理惩戒委员会根据《专利代理惩戒规则(暂行)》的规定给予相应惩戒;

(六)通过非正常申请专利的行为骗取资助和奖励,情节严重构成犯罪的,依法移送有关机关追究刑事责任。

第五条　国家知识产权局采取本规定第四条所列处理措施前,应当给予当事人陈述意见的机会。

第六条　各地人民政府管理专利工作的部门应当引导公众和专利代理机构依法提交专利申请。

专利代办处发现非正常申请专利行为的,应当及时报告国家知识产权局。

第七条　本规定自2007年10月1日起施行。

关于专利电子申请的规定

1. 2010年8月26日国家知识产权局令第57号公布
2. 自2010年10月1日起施行

第一条　为了规范与通过互联网传输并以电子文件形式提出的专利申请(以下简称专利电子申请)有关的程序和要求,方便申请人提交专利申请,提高专利审批效率,推进电子政务建设,依照《中华人民共和国专利法实施细则》(以下简称专利法实施细则)第二条和第十五条第二款,制定本规定。

第二条　提出专利电子申请的,应当事先与国家知识产权局签订《专利电子申请系统用户注册协议》(以下简称用户协议)。

开办专利电子申请代理业务的专利代理机构,应当以该专利代理机构名义与国家知识产权局签订用户协议。

申请人委托已与国家知识产权局签订用户协议的专利代理机构办理专利电子申请业务的,无须另行与国家知识产权局签订用户协议。

第三条　申请人有两人以上且未委托专利代理机构的,以提交电子申请的申请人为代表人。

第四条　发明、实用新型和外观设计专利申请均可以采用电子文件形式提出。

依照专利法实施细则第一百零一条第二款的规定进入中国国家阶段的专利申请,可以采用电子文件形式提交。

依照专利法实施细则第一百零一条第一款的规定向国家知识产权局提出专利国际申请的,不适用本规定。

第五条　申请专利的发明创造涉及国家安全或者重大利益需要保密的,应当以纸件形式提出专利申请。

申请人以电子文件形式提出专利申请后，国家知识产权局认为该专利申请需要保密的，应当将该专利申请转为纸件形式继续审查并通知申请人。申请人在后续程序中应当以纸件形式递交各种文件。

依照专利法实施细则第八条第二款第（一）项直接向外国申请专利或者向有关国外机构提交专利国际申请的，申请人向国家知识产权局提出的保密审查请求和技术方案应当以纸件形式提出。

第六条 提交专利电子申请和相关文件的，应当遵守规定的文件格式、数据标准、操作规范和传输方式。专利电子申请和相关文件未能被国家知识产权局专利电子申请系统正常接收的，视为未提交。

第七条 申请人办理专利电子申请各种手续的，应当以电子文件形式提交相关文件。除另有规定外，国家知识产权局不接受申请人以纸件形式提交的相关文件。不符合本款规定的，相关文件视为未提交。

以纸件形式提出专利申请并被受理后，除涉及国家安全或者重大利益需要保密的专利申请外，申请人可以请求将纸件申请转为专利电子申请。

特殊情形下需要将专利电子申请转为纸件申请的，申请人应当提出请求，经国家知识产权局审批并办理相关手续后可以转为纸件申请。

第八条 申请人办理专利电子申请的各种手续的，对专利法及其实施细则或者专利审查指南中规定的应当以原件形式提交的相关文件，申请人可以提交原件的电子扫描文件。国家知识产权局认为必要时，可以要求申请人在指定期限内提交原件。

申请人在提出专利电子申请时请求减缴或者缓缴专利法实施细则规定的各种费用需要提交有关证明文件的，应当在提出专利申请时提交证明文件原件的电子扫描文件。未提交电子扫描文件的，视为未提交有关证明文件。

第九条 采用电子文件形式向国家知识产权局提交的各种文件，以国家知识产权局专利电子申请系统收到电子文件之日为递交日。

对于专利电子申请，国家知识产权局以电子文件形式向申请人发出的各种通知书、决定或者其他文件，自文件发出之日起满15日，推定为申请人收到文件之日。

第十条 专利法及其实施细则和专利审查指南中关于专利申请和相关文件的所有规定，除专门针对以纸件形式提交的专利申请和相关文件的规定之外，均适用于专利电子申请。

第十一条 本规定由国家知识产权局负责解释。

第十二条 本规定自2010年10月1日起施行。2004年2月12日国家知识产权局令第三十五号发布的《关于电子专利申请的规定》同时废止。

关于台湾同胞专利申请的若干规定

1. 2010年11月15日国家知识产权局令第58号公布
2. 自2010年11月22日起施行

第一条 为了方便台湾同胞向国家知识产权局申请专利，制定本规定。

第二条 台湾地区申请人（以下简称申请人）在台湾地区专利主管机构第一次提出发明或者实用新型专利申请之日起十二个月内，或者第一次提出外观设计专利申请之日起六个月内，又在国家知识产权局就相同主题提出专利申请的，可以要求享有其台湾地区在先申请的优先权（以下简称台湾地区优先权）。

申请人根据前款规定要求台湾地区优先权的，其在先申请的申请日应当在2010年9月12日（含当日）以后。

第三条 申请人可以在一件申请中要求一项或者多项台湾地区优先权；要求多项台湾地区优先权的，该申请的台湾地区优先权期限从最早的在先申请的申请日起计算。

第四条 申请人要求台湾地区优先权的，应当在向国家知识产权局提出专利申请的同时在请求书中声明，并且在三个月内提交由台湾地区专利主管机构出具的在先申请文件的副本；未在请求书中声明或者期满未提交在先申请文件副本的，视为未要求台湾地区优先权。

申请人在请求书中声明要求台湾地区优先权的，应当写明在先申请的申请日和申请号，并写明原受理机构为“台湾地区”。

第五条 申请人要求一项或者多项台湾地区优先权而在请求书的声明中未写明或者错写其中某件在先申请的申请日、申请号和原受理机构名称中的一项或者两项内容，但申请人已在规定的期限内提交了在先申请文件副本的，国家知识产权局应当通知申请人补正；申请人期满未答复或者补正后仍不符合规定的，视为未要求该项台湾地区优先权。

第六条　申请人要求多项台湾地区优先权的，应当提交全部在先申请文件副本。

在先申请文件副本至少应当表明原受理机构、申请人、申请日、申请号。在先申请文件副本不符合规定的，国家知识产权局应当通知申请人补正；申请人期满未答复或者补正后仍不符合规定的，视为未提交该在先申请文件副本。

国家知识产权局依据有关协议，通过电子交换途径获得在先申请文件副本的，视为申请人提交了符合规定的在先申请文件副本。

申请人已向国家知识产权局提交过在先申请文件副本，需要再次提交的，可以仅提交该副本的题录，但应当注明在先申请文件副本的原件所在申请案卷的申请号。

第七条　要求台湾地区优先权的申请人与在先申请文件副本中记载的申请人不一致的，应当在向国家知识产权局提出专利申请之日起三个月内提交台湾地区优先权转让证明或者有关说明；期满未提交或者提交的文件不符合规定的，视为未要求台湾地区优先权。

第八条　申请人要求台湾地区优先权后，可以撤回其全部或者其中某一项或者几项台湾地区优先权要求。

申请人撤回其台湾地区优先权要求的，应当提交全体申请人签字或者盖章的撤回台湾地区优先权声明；撤回台湾地区优先权声明不符合规定的，视为未提出撤回台湾地区优先权声明。

申请人撤回其台湾地区优先权要求导致该申请的最早台湾地区优先权日变更，且自该台湾地区优先权日起算的各种期限尚未届满的，其台湾地区优先权期限应当自变更后的最早台湾地区优先权日或者申请日起算；撤回台湾地区优先权的声明是在变更前的最早台湾地区优先权日起十五个月之后到达国家知识产权局的，则在后专利申请的公布期限仍按照变更前的最早台湾地区优先权日起算。

第九条　要求台湾地区优先权的，应当在缴纳申请费的同时，根据专利法实施细则第九十三条的规定缴纳台湾地区优先权要求费；期满未缴纳或者未缴足的，视为未要求台湾地区优先权。

第十条　被视为未要求台湾地区优先权并属于下列情形之一的，申请人可以根据专利法实施细则第六条的规定请求恢复要求台湾地区优先权的权利：

（一）由于未在指定期限内办理补正手续导致视为未要求台湾地区优先权的；

（二）要求台湾地区优先权声明中至少一项内容填写正确，但未在规定的期限内提交在先申请文件副本或者台湾地区优先权转让证明文件或者有关说明的；

（三）要求台湾地区优先权声明中至少一项内容填写正确，但未在规定的期限内缴纳或者缴足台湾地区优先权要求费的；

（四）分案申请的原申请要求了台湾地区优先权的。

除上述情形外，其他原因造成被视为未要求台湾地区优先权的，不予恢复。

第十一条　申请人提出的专利申请文件中，含有与现行法律、法规、规章相抵触的词句的，国家知识产权局应当通知申请人在两个月内删除或者修改，期满不答复的，其申请被视为撤回；申请人拒绝删除、修改或者修改后仍不符合规定的，应当驳回该专利申请。明显不涉及技术内容的词句，国家知识产权局可以依职权删除并通知申请人；申请人不同意删除的，应当驳回该专利申请。

第十二条　国家知识产权局依申请人请求出具申请文件副本的，应当先根据本规定第十一条对申请文件用语进行审查；申请文件中含有与现行法律、法规、规章相抵触的词句的，在初审合格之前不予办理。

第十三条　申请人不愿公布其地址的，可在“申请人地址”栏中注明“中国台湾”。

第十四条　本规定自2010年11月22日起施行。原中国专利局1993年3月29日颁布的《关于受理台胞专利申请的规定》（国专发法字〔1993〕第63号）和1993年4月23日颁布的《关于台胞申请专利手续中若干问题的处理办法》（国专发审字〔1993〕第69号）同时废止。

发明专利申请优先审查管理办法

1. 2012年6月19日国家知识产权局令第65号公布

2. 自2012年8月1日起施行

第一条　为了促进产业结构优化升级，推进国家知识产权战略实施，加快建设创新型国家，根据《中华人民共和国专利法》和《中华人民共和国专利法实施细则》的有关规定，制定本办法。

第二条 国家知识产权局根据申请人的请求对符合条件的发明专利申请予以优先审查，自优先审查请求获得同意之日起一年内结案。

第三条 依据国家知识产权局与其他国家或者地区专利审查机构签订的双边或者多边协议开展优先审查的，按照有关规定处理，不适用本办法。

第四条 可以予以优先审查的发明专利申请包括：

（一）涉及节能环保、新一代信息技术、生物、高端装备制造、新能源、新材料、新能源汽车等技术领域的重要专利申请；

（二）涉及低碳技术、节约资源等有助于绿色发展的重要专利申请；

（三）就相同主题首次在中国提出专利申请又向其他国家或地区提出申请的该中国首次申请；

（四）其他对国家利益或者公共利益具有重大意义需要优先审查的专利申请。

第五条 对发明专利申请进行优先审查的数量，由国家知识产权局根据不同专业技术领域的审查能力、上一年度专利授权量以及本年度待审量等情况确定。

第六条 请求优先审查的发明专利申请应当是电子申请。

请求对尚未进入实质审查程序的发明专利申请进行优先审查的，申请人应当启动实质审查程序。

第七条 申请人办理优先审查手续的，应当提交下列材料：

（一）由省、自治区、直辖市知识产权局审查并签署意见和加盖公章的《发明专利申请优先审查请求书》；

（二）由具备专利检索条件的单位出具的符合规定格式的检索报告，或者由其他国家或者地区专利审查机构出具的检索报告和审查结果及其中文译文。

第八条 第七条第二项所称专利检索条件是指：

（一）具备使用《专利审查指南》规定的检索用专利文献和非专利文献进行检索的条件；

（二）检索人员具有专业技术背景、接受过专利实务培训和检索培训；

（三）能够由相应专业技术领域的检索人员按照《专利审查指南》的有关要求对请求优先审查的发明专利申请进行检索。

第九条 国家知识产权局负责受理和审核优先审查请求，并及时将审核意见通知申请人。

第十条 对于同意进行优先审查的发明专利申请，国家知识产权局应当及时处理，并自同意优先审查请求之日起三十个工作日内发出第一次审查意见通知书。

第十一条 对于优先审查的发明专利申请，申请人应当尽快作出答复或者补正。申请人答复审查意见通知书的期限为两个月。申请人延期答复的，国家知识产权局将停止优先审查，按一般申请处理。

第十二条 本办法由国家知识产权局负责解释。

第十三条 本办法自2012年8月1日起施行。

农业部办公厅关于兽药产品专利有关问题的函

1. 2012年3月20日

2. 农办医函〔2012〕12号

中国兽医药品监察所：

你所《关于江西中成中药原料有限公司申报兽药产品批准文号有关问题的请示》（中监所（质监）〔2012〕11号）收悉。经研究，现答复如下。

一、在国内拥有专利且需兽医管理部门履行保护的兽药，专利权属人应当向你所提供其已获专利权的证明性文件及相关说明，并在中国兽药信息网发布专利声明。

二、其他兽药生产企业申请生产监测期届满但有知识产权保护的兽药产品时，应当提交与专利权属人签订的转让合同或对他人的专利不构成侵权的声明。

三、兽药产品发生专利权纠纷的，由当事人按照有关专利法律法规解决。专利管理部门或人民法院最终依法认定侵权行为成立的，兽医管理部门依法注销已核发的产品批准文号。

国家知识产权局关于专利电子申请通知书纸件副本发文有关事项的业务通知

2013年7月30日

自2010年专利电子申请（以下简称电子申请）推广工作开展以来，在广大申请人和代理机构的积极配合下，电子申请工作取得了新突破。2013年6月，全国专利月电子申请率达到85%,代理机构月电子申请率达到99%。为响应国家节能环保、建设节约型社会的总体要求,结合电子申请业务的发展现状,实现按需发文,现就电子申请通知书纸件副本(以下简称通知书副本)发文有关事项通知如下:

一、2013年8月1日起,专利局向电子申请用户发送的各种通知书和决定,均以电子文件形式通过专利电子申请系统发送,不再主动向电子申请中指定的收件地址邮寄通知书副本。

二、电子申请注册用户可以通过电子申请网站提出请求,由专利局向其专利申请收件地址邮寄通知书副本,未提出请求的视为不需要通知书副本,用户可登陆专利电子申请网站(www. cponline. gov. cn)查询操作方法。

三、电子申请注册用户可以通过电子申请网站提出请求时指定专利代办处(以下简称代办处),在被指定的代办处办理相关手续后,以自取业务的方式获取通知书副本。

四、电子申请注册用户(包括专利代理机构和企业申请人)可以通过在代办处办理长期自取通知书信箱业务的方式获取通知书副本。

五、电子申请注册用户对于未能下载的通知书数据,可通过中国专利查询系统(www. cpquery. gov. cn)进行相关通知书数据的查询和下载。

六、为使电子申请用户尽快适应新的通知书获取方式,2013年8月1日至15日为过渡期,期间专利局将继续保持原通知书副本的发文方式。

七、本通知涉及的通知书副本有:电子申请受理阶段发出的“专利申请受理通知书”、“费用减缓审批通知书”、“缴纳申请费通知书”、“向外国申请专利保密意见通知书”、“文件不受理通知书”;电子申请授权阶段发出的“授予发明专利权通知书”、“授予实用新型专利权通知书”、“授予外观设计专利权通知书”、“办理登记手续通知书”;电子申请变更业务的“手续合格通知书”;以及因电子申请注册用户未在通知书推定收到日前下载通知书,而为其发出的通知书副本。

特此通知。

4. 专利许可

专利实施许可合同备案办法

1. 2011年6月27日国家知识产权局令第62号公布
2. 自2011年8月1日起施行

第一条 为了切实保护专利权,规范专利实施许可行为,促进专利权的运用,根据《中华人民共和国专利法》、《中华人民共和国合同法》和相关法律法规,制定本办法。

第二条 国家知识产权局负责全国专利实施许可合同的备案工作。

第三条 专利实施许可的许可人应当是合法的专利权人或者其他权利人。

以共有的专利权订立专利实施许可合同的,除全体共有人另有约定或者《中华人民共和国专利法》另有规定的外,应当取得其他共有人的同意。

第四条 申请备案的专利实施许可合同应当以书面形式订立。

订立专利实施许可合同可以使用国家知识产权局统一制订的合同范本;采用其他合同文本的,应当符合《中华人民共和国合同法》的规定。

第五条 当事人应当自专利实施许可合同生效之日起3个月内办理备案手续。

第六条 在中国没有经常居所或者营业所的外国人、外国企业或者外国其他组织办理备案相关手续的,应当委托依法设立的专利代理机构办理。

中国单位或者个人办理备案相关手续的,可以委托依法设立的专利代理机构办理。

第七条 当事人可以通过邮寄、直接送交或者国家知识产权局规定的其他方式办理专利实施许可合同备案相关手续。

第八条 申请专利实施许可合同备案的,应当提交下列文件:

(一)许可人或者其委托的专利代理机构签字或者盖章的专利实施许可合同备案申请表;

(二)专利实施许可合同;

(三)双方当事人的身份证明;

(四)委托专利代理机构的,注明委托权限的委托书;

(五)其他需要提供的材料。

第九条 当事人提交的专利实施许可合同应当包括以下内容:

(一)当事人的姓名或者名称、地址;

(二)专利权项数以及每项专利权的名称、专利号、申请日、授权公告日;

(三)实施许可的种类和期限。

第十条 除身份证明外,当事人提交的其他各种文件应当使用中文。身份证明是外文的,当事人应当附送中文译文;未附送的,视为未提交。

第十一条 国家知识产权局自收到备案申请之日起7个工作日内进行审查并决定是否予以备案。

第十二条 备案申请经审查合格的,国家知识产权局应当向当事人出具《专利实施许可合同备案证明》。

备案申请有下列情形之一的,不予备案,并向当事人发送《专利实施许可合同不予备案通知书》:

(一)专利权已经终止或者被宣告无效的;

(二)许可人不是专利登记簿记载的专利权人或者有权授予许可的其他权利人的;

(三)专利实施许可合同不符合本办法第九条规定的;

(四)实施许可的期限超过专利权有效期的;

(五)共有专利权人违反法律规定或者约定订立专利实施许可合同的;

(六)专利权处于年费缴纳滞纳期的;

(七)因专利权的归属发生纠纷或者人民法院裁定对专利权采取保全措施,专利权的有关程序被中止的;

(八)同一专利实施许可合同重复申请备案的;

(九)专利权被质押的,但经质权人同意的除外;

(十)与已经备案的专利实施许可合同冲突的;

(十一)其他不应当予以备案的情形。

第十三条 专利实施许可合同备案后,国家知识产权局发现备案申请存在本办法第十二条第二款所列情形并且尚未消除的,应当撤销专利实施许可合同备案,并向当事人发出《撤销专利实施许可合同备案通知书》。

第十四条 专利实施许可合同备案的有关内容由国家知识产权局在专利登记簿上登记,并在专利公报上公告以下内容:许可人、被许可人、主分类号、专利号、申请日、授权公告日、实施许可的种类和期限、备案日期。

专利实施许可合同备案后变更、注销以及撤销的,国家知识产权局予以相应登记和公告。

第十五条 国家知识产权局建立专利实施许可合同备案数据库。公众可以查询专利实施许可合同备案的法律状态。

第十六条 当事人延长实施许可的期限的,应当在原实施许可的期限届满前2个月内,持变更协议、备案证明和其他有关文件向国家知识产权局办理备案变更手续。

变更专利实施许可合同其他内容的,参照前款规定办理。

第十七条 实施许可的期限届满或者提前解除专利实施许可合同的,当事人应当在期限届满或者订立解除协议后30日内持备案证明、解除协议和其他有关文件向国家知识产权局办理备案注销手续。

第十八条 经备案的专利实施许可合同涉及的专利权被宣告无效或者在期限届满前终止的,当事人应当及时办理备案注销手续。

第十九条 经备案的专利实施许可合同的种类、期限、许可使用费计算方法或者数额等,可以作为管理专利工作的部门对侵权赔偿数额进行调解的参照。

第二十条 当事人以专利申请实施许可合同申请备案的,参照本办法执行。

申请备案时,专利申请被驳回、撤回或者视为撤回的,不予备案。

第二十一条 当事人以专利申请实施许可合同申请备案的,专利申请被批准授予专利权后,当事人应当及时将专利申请实施许可合同名称及有关条款作相应变更;专利申请被驳回、撤回或者视为撤回的,当事人应当及时办理备案注销手续。

第二十二条 本办法自2011年8月1日起施行。2001年12月17日国家知识产权局令第十八号发布的《专利实施许可合同备案管理办法》同时废止。

专利实施强制许可办法

1. 2012年3月15日国家知识产权局令第64号公布
2. 自2012年5月1日起施行

第一章 总 则

第一条 为了规范实施发明专利或者实用新型专利的强制许可(以下简称强制许可)的给予、费用裁决和终止程序,根据《中华人民共和国专利法》(以下简称专利法)、《中华人民共和国专利法实施细则》及有关法律法规,制定本办法。

第二条 国家知识产权局负责受理和审查强制许可请求、强制许可使用费裁决请求和终止强制许可请求并作出决定。

第三条 请求给予强制许可、请求裁决强制许可使用费和请求终止强制许可,应当使用中文以书面形式办理。

依照本办法提交的各种证件、证明文件是外文的,国家知识产权局认为必要时,可以要求当事人在指定期限内附送中文译文;期满未附送的,视为未提交该证件、证明文件。

第四条 在中国没有经常居所或者营业所的外国人、外国企业或者外国其他组织办理强制许可事务的,应当委托依法设立的专利代理机构办理。

当事人委托专利代理机构办理强制许可事务的,应当提交委托书,写明委托权限。一方当事人有两个以上且未委托专利代理机构的,除另有声明外,以提交的书面文件中指明的第一当事人为该方代表人。

第二章 强制许可请求的提出与受理

第五条 专利权人自专利权被授予之日起满3年,且自提出专利申请之日起满4年,无正当理由未实施或者未充分实施其专利的,具备实施条件的单位或者个人可以根据专利法第四十八条第一项的规定,请求给予强制许可。

专利权人行使专利权的行为被依法认定为垄断行为的,为消除或者减少该行为对竞争产生的不利影响,具备实施条件的单位或者个人可以根据专利法第四十八条第二项的规定,请求给予强制许可。

第六条 在国家出现紧急状态或者非常情况时,或者为了公共利益的目的,国务院有关主管部门可以根据专利法第四十九条的规定,建议国家知识产权局给予其指定的具备实施条件的单位强制许可。

第七条 为了公共健康目的,具备实施条件的单位可以根据专利法第五十条的规定,请求给予制造取得专利权的药品并将其出口到下列国家或者地区的强制许可:

(一)最不发达国家或者地区;

(二)依照有关国际条约通知世界贸易组织表明

希望作为进口方的该组织的发达成员或者发展中成员。

第八条 一项取得专利权的发明或者实用新型比前已经取得专利权的发明或者实用新型具有显著经济意义的重大技术进步，其实施又有赖于前一发明或者实用新型的实施的，该专利权人可以根据专利法第五十一条的规定请求给予实施前一专利的强制许可。国家知识产权局给予实施前一专利的强制许可的，前一专利权人也可以请求给予实施后一专利的强制许可。

第九条 请求给予强制许可的，应当提交强制许可请求书，写明下列各项：

（一）请求人的姓名或者名称、地址、邮政编码、联系人及电话；

（二）请求人的国籍或者注册的国家或者地区；

（三）请求给予强制许可的发明专利或者实用新型专利的名称、专利号、申请日、授权公告日，以及专利权人的姓名或者名称；

（四）请求给予强制许可的理由和事实、期限；

（五）请求人委托专利代理机构的，受托机构的名称、机构代码以及该机构指定的代理人的姓名、执业证号码、联系电话；

（六）请求人的签字或者盖章；委托专利代理机构的，还应当有该机构的盖章；

（七）附加文件清单；

（八）其他需要注明的事项。

请求书及其附加文件应当一式两份。

第十条 强制许可请求涉及两个或者两个以上的专利权人的，请求人应当按专利权人的数量提交请求书及其附加文件副本。

第十一条 根据专利法第四十八条第一项或者第五十一条的规定请求给予强制许可的，请求人应当提供证据，证明其以合理的条件请求专利权人许可其实施专利，但未能在合理的时间内获得许可。

根据专利法第四十八条第二项的规定请求给予强制许可的，请求人应当提交已经生效的司法机关或者反垄断执法机构依法将专利权人行使专利权的行为认定为垄断行为的判决或者决定。

第十二条 国务院有关主管部门根据专利法第四十九条建议给予强制许可的，应当指明下列各项：

（一）国家出现紧急状态或者非常情况，或者为了公共利益目的需要给予强制许可；

（二）建议给予强制许可的发明专利或者实用新型专利的名称、专利号、申请日、授权公告日，以及专利权人的姓名或者名称；

（三）建议给予强制许可的期限；

（四）指定的具备实施条件的单位名称、地址、邮政编码、联系人及电话；

（五）其他需要注明的事项。

第十三条 根据专利法第五十条的规定请求给予强制许可的，请求人应当提供进口方及其所需药品和给予强制许可的有关信息。

第十四条 强制许可请求有下列情形之一的，不予受理并通知请求人：

（一）请求给予强制许可的发明专利或者实用新型专利的专利号不明确或者难以确定；

（二）请求文件未使用中文；

（三）明显不具备请求强制许可的理由；

（四）请求给予强制许可的专利权已经终止或者被宣告无效。

第十五条 请求文件不符合本办法第四条、第九条、第十条规定的，请求人应当自收到通知之日起15日内进行补正。期满未补正的，该请求视为未提出。

第十六条 国家知识产权局受理强制许可请求的，应当及时将请求书副本送交专利权人。除另有指定的外，专利权人应当自收到通知之日起15日内陈述意见；期满未答复的，不影响国家知识产权局作出决定。

第三章 强制许可请求的审查和决定

第十七条 国家知识产权局应当对请求人陈述的理由、提供的信息和提交的有关证明文件以及专利权人陈述的意见进行审查；需要实地核查的，应当指派两名以上工作人员实地核查。

第十八条 请求人或者专利权人要求听证的，由国家知识产权局组织听证。

国家知识产权局应当在举行听证7日前通知请求人、专利权人和其他利害关系人。

除涉及国家秘密、商业秘密或者个人隐私外，听证公开进行。

举行听证时，请求人、专利权人和其他利害关系人可以进行申辩和质证。

举行听证时应当制作听证笔录，交听证参加人员确认无误后签字或者盖章。

根据专利法第四十九条或者第五十条的规定建议或者请求给予强制许可的,不适用听证程序。

第十九条 请求人在国家知识产权局作出决定前撤回其请求的,强制许可请求的审查程序终止。

在国家知识产权局作出决定前,请求人与专利权人订立了专利实施许可合同的,应当及时通知国家知识产权局,并撤回其强制许可请求。

第二十条 经审查认为强制许可请求有下列情形之一的,国家知识产权局应当作出驳回强制许可请求的决定:

(一)请求人不符合本办法第四条、第五条、第七条或者第八条的规定;

(二)请求给予强制许可的理由不符合专利法第四十八条、第五十条或者第五十一条的规定;

(三)强制许可请求涉及的发明创造是半导体技术的,其理由不符合专利法第五十二条的规定;

(四)强制许可请求不符合本办法第十一条或者第十三条的规定;

(五)请求人陈述的理由、提供的信息或者提交的有关证明文件不充分或者不真实。

国家知识产权局在作出驳回强制许可请求的决定前,应当通知请求人拟作出的决定及其理由。除另有指定的外,请求人可以自收到通知之日起15日内陈述意见。

第二十一条 经审查认为请求给予强制许可的理由成立的,国家知识产权局应当作出给予强制许可的决定。在作出给予强制许可的决定前,应当通知请求人和专利权人拟作出的决定及其理由。除另有指定的外,双方当事人可以自收到通知之日起15日内陈述意见。

国家知识产权局根据专利法第四十九条作出给予强制许可的决定前,应当通知专利权人拟作出的决定及其理由。

第二十二条 给予强制许可的决定应当写明下列各项:

(一)取得强制许可的单位或者个人的名称或者姓名、地址;

(二)被给予强制许可的发明专利或者实用新型专利的名称、专利号、申请日及授权公告日;

(三)给予强制许可的范围和期限;

(四)决定的理由、事实和法律依据;

(五)国家知识产权局的印章及负责人签字;

(六)决定的日期;

(七)其他有关事项。

给予强制许可的决定应当自作出之日起5日内通知请求人和专利权人。

第二十三条 国家知识产权局根据专利法第五十条作出给予强制许可的决定的,还应当在该决定中明确下列要求:

(一)依据强制许可制造的药品数量不得超过进口方所需的数量,并且必须全部出口到该进口方;

(二)依据强制许可制造的药品应当采用特定的标签或者标记明确注明该药品是依据强制许可而制造的;在可行并且不会对药品价格产生显著影响的情况下,应当对药品本身采用特殊的颜色或者形状,或者对药品采用特殊的包装;

(三)药品装运前,取得强制许可的单位应当在其网站或者世界贸易组织的有关网站上发布运往进口方的药品数量以及本条第二项所述的药品识别特征等信息。

第二十四条 国家知识产权局根据专利法第五十条作出给予强制许可的决定的,由国务院有关主管部门将下列信息通报世界贸易组织:

(一)取得强制许可的单位的名称和地址;

(二)出口药品的名称和数量;

(三)进口方;

(四)强制许可的期限;

(五)本办法第二十三条第三项所述网址。

第四章 强制许可使用费裁决请求的审查和裁决

第二十五条 请求裁决强制许可使用费的,应当提交强制许可使用费裁决请求书,写明下列各项:

(一)请求人的姓名或者名称、地址;

(二)请求人的国籍或者注册的国家或者地区;

(三)给予强制许可的决定的文号;

(四)被请求人的姓名或者名称、地址;

(五)请求裁决强制许可使用费的理由;

(六)请求人委托专利代理机构的,受托机构的名称、机构代码以及该机构指定的代理人的姓名、执业证号码、联系电话;

(七)请求人的签字或者盖章;委托专利代理机构的,还应当有该机构的盖章;

(八)附加文件清单;

(九)其他需要注明的事项。

请求书及其附加文件应当一式两份。

第二十六条 强制许可使用费裁决请求有下列情形之一的，不予受理并通知请求人：

（一）给予强制许可的决定尚未作出；

（二）请求人不是专利权人或者取得强制许可的单位或者个人；

（三）双方尚未进行协商或者经协商已经达成协议。

第二十七条 国家知识产权局受理强制许可使用费裁决请求的，应当及时将请求书副本送交对方当事人。除另有指定的外，对方当事人应当自收到通知之日起15日内陈述意见；期满未答复的，不影响国家知识产权局作出决定。

强制许可使用费裁决过程中，双方当事人可以提交书面意见。国家知识产权局可以根据案情需要听取双方当事人的口头意见。

第二十八条 请求人在国家知识产权局作出决定前撤回其裁决请求的，裁决程序终止。

第二十九条 国家知识产权局应当自收到请求书之日起3个月内作出强制许可使用费的裁决决定。

第三十条 强制许可使用费裁决决定应当写明下列各项：

（一）取得强制许可的单位或者个人的名称或者姓名、地址；

（二）被给予强制许可的发明专利或者实用新型专利的名称、专利号、申请日及授权公告日；

（三）裁决的内容及其理由；

（四）国家知识产权局的印章及负责人签字；

（五）决定的日期；

（六）其他有关事项。

强制许可使用费裁决决定应当自作出之日起5日内通知双方当事人。

第五章 终止强制许可请求的审查和决定

第三十一条 有下列情形之一的，强制许可自动终止：

（一）给予强制许可的决定规定的强制许可期限届满；

（二）被给予强制许可的发明专利或者实用新型专利终止或者被宣告无效。

第三十二条 给予强制许可的决定中规定的强制许可期限届满前，强制许可的理由消除并不再发生的，专利权人可以请求国家知识产权局作出终止强制许可的决定。

请求终止强制许可的，应当提交终止强制许可请求书，写明下列各项：

（一）专利权人的姓名或者名称、地址；

（二）专利权人的国籍或者注册的国家或者地区；

（三）请求终止的给予强制许可决定的文号；

（四）请求终止强制许可的理由和事实；

（五）专利权人委托专利代理机构的，受托机构的名称、机构代码以及该机构指定的代理人的姓名、执业证号码、联系电话；

（六）专利权人的签字或者盖章；委托专利代理机构的，还应当有该机构的盖章；

（七）附加文件清单；

（八）其他需要注明的事项。

请求书及其附加文件应当一式两份。

第三十三条 终止强制许可的请求有下列情形之一的，不予受理并通知请求人：

（一）请求人不是被给予强制许可的发明专利或者实用新型专利的专利权人；

（二）未写明请求终止的给予强制许可决定的文号；

（三）请求文件未使用中文；

（四）明显不具备终止强制许可的理由。

第三十四条 请求文件不符合本办法第三十二条规定的，请求人应当自收到通知之日起15日内进行补正。期满未补正的，该请求视为未提出。

第三十五条 国家知识产权局受理终止强制许可请求的，应当及时将请求书副本送交取得强制许可的单位或者个人。除另有指定的外，取得强制许可的单位或者个人应当自收到通知之日起15日内陈述意见；期满未答复的，不影响国家知识产权局作出决定。

第三十六条 国家知识产权局应当对专利权人陈述的理由和提交的有关证明文件以及取得强制许可的单位或者个人陈述的意见进行审查；需要实地核查的，应当指派两名以上工作人员实地核查。

第三十七条 专利权人在国家知识产权局作出决定前撤回其请求的，相关程序终止。

第三十八条 经审查认为请求终止强制许可的理由不成立的，国家知识产权局应当作出驳回终止强制许可请求的决定。在作出驳回终止强制许可请求的决定前，应当通知专利权人拟作出的决定及其理由。除另有指定的外,专利权人可以自收到通知之日起15日内陈述意见。

第三十九条　经审查认为请求终止强制许可的理由成立的,国家知识产权局应当作出终止强制许可的决定。在作出终止强制许可的决定前,应当通知取得强制许可的单位或者个人拟作出的决定及其理由。除另有指定的外,取得强制许可的单位或者个人可以自收到通知之日起15日内陈述意见。

终止强制许可的决定应当写明下列各项:

(一)专利权人的姓名或者名称、地址;

(二)取得强制许可的单位或者个人的名称或者姓名、地址;

(三)被给予强制许可的发明专利或者实用新型专利的名称、专利号、申请日及授权公告日;

(四)给予强制许可的决定的文号;

(五)决定的事实和法律依据;

(六)国家知识产权局的印章及负责人签字;

(七)决定的日期;

(八)其他有关事项。

终止强制许可的决定应当自作出之日起5日内通知专利权人和取得强制许可的单位或者个人。

附　　则

第四十条　已经生效的给予强制许可的决定和终止强制许可的决定,以及强制许可自动终止的,应当在专利登记簿上登记并在专利公报上公告。

第四十一条　当事人对国家知识产权局关于强制许可的决定不服的,可以依法申请行政复议或者提起行政诉讼。

第四十二条　本办法由国家知识产权局负责解释。

第四十三条　本办法自2012年5月1日起施行。2003年6月13日国家知识产权局令第三十一号发布的《专利实施强制许可办法》和2005年11月29日国家知识产权局令第三十七号发布的《涉及公共健康问题的专利实施强制许可办法》同时废止。

国家知识产权局关于专利实施许可合同备案有关事项的通知

1. 2002年1月24日

2. 国知发管字〔2002〕9号

各省、自治区、直辖市知识产权局:

根据我局第十八号局长令,《专利实施许可合同备案管理办法》(以下简称《办法》)自2002年1月1日起施行。与此同时,《专利实施许可合同备案申请表》、《专利实施许可合同备案证明》、《专利实施许可合同不予备案通知》、《专利实施许可合同备案变更申请表》、《专利实施许可合同备案注销申请表》、《专利实施许可合同备案注销通知》启用。现就专利实施许可合同备案的有关事项通知如下,请遵照执行。

一、我局协调管理司主管专利实施许可合同备案工作。

我局授权各省、自治区、直辖市管理专利工作的部门为专利实施许可合同备案部门。

二、当事人应当自合同生效之日起3个月内向合同备案部门提交备案文件,办理备案手续。

涉外专利合同按照《办法》第十一条的规定办理。

三、地方备案部门受理备案申请后,在两个工作日内通过传真或者电子邮件向我局协调管理司确认有关专利权、专利申请权的法律状态。

我局协调管理司在收到确认文件后两个工作日内,对法律状态属于《办法》第十五条情况的,以传真形式通知地方备案部门不予备案。未收到有关通知的,地方备案部门继续进行审核程序。

四、各合同备案部门按照《办法》规定对备案申请进行审核,符合要求的,在受理备案申请后7个工作日内向当事人出具准予备案证明;不符合要求的,向当事人发出不予备案通知。

五、地方备案部门在备案手续办理完毕后3日内将备案审核意见、合同副本报送我局协调管理司。

六、当事人办理合同延期、提前解除、备案注销等手续时,应填写专利实施许可合同备案变更申请表、专利实施许可合同备案注销申请表,按照《办法》有关规定办理。

地方备案部门在前款备案手续办理完毕后3个工作日内将审核意见以及当事人提交的有关文件报送我局协调管理司。

七、我局协调管理司将合同备案的有关内容通知专利局初审及流程管理部,在专利登记簿上登记,并在专利公报上公告。

八、我局协调管理司负责建立、管理专利合同管理数据库,进行相关的研究、咨询。

九、我局协调管理司负责对地方备案部门进行培训、检查、考核。

特此通知。

·典型案例·

翁立克诉上海浦东伊维燃油喷射有限公司、上海柴油机股份有限公司职务发明设计人报酬纠纷案

【裁判摘要】

根据《中华人民共和国专利法》第十六条以及《中华人民共和国专利法实施细则》第七十六条的规定，被授予专利权的国有企业事业单位许可他人实施其专利的，应当从许可实施该项专利收取的使用费纳税后提取不低于10%作为报酬支付发明人或者设计人。根据《中华人民共和国专利法》第四十七条第二款的规定，宣告专利权无效的决定，对在宣告专利权无效前人民法院作出并已执行的专利侵权的判决、裁定，已经履行或者强制执行的专利侵权纠纷处理决定，以及已经履行的专利实施许可合同和专利权转让合同，不具有追溯力。但是因专利权人的恶意给他人造成的损失，应当给予赔偿。根据上述规定，在发明人、设计人起诉要求许可他人实施专利的专利权人依法支付职务发明设计人报酬的案件中，即使专利因丧失新颖性被宣告无效，专利权人以该专利已经被宣告无效为由，拒绝支付在专利权被宣告无效之前已经发生的专利实施许可行为所应支付的职务发明设计人报酬的，人民法院仍不应予以支持。

【基本案情】

原告翁立克因与被告上海浦东伊维燃油喷射有限公司（以下简称伊维公司）、上海柴油机股份有限公司（以下简称上柴公司）发生职务发明设计人报酬纠纷，向上海市第一中级人民法院提起诉讼。

原告翁立克诉称：原告曾在被告伊维公司任职，系“P7N型喷油泵总成”和“PE型喷油泵总成”两项科技成果的第一完成人和主要贡献者，前述科技成果中“喷油泵挺柱体滚轮锁簧装置”、“矩形截面柱塞弹簧喷油泵”两项技术系原告的职务发明。2001年4月17日，伊维公司的母公司亦即被告上柴公司向中华人民共和国国家知识产权局（以下简称国家知识产权局）申请了涉案专利，并于次年1月23日获得授权。2003年11月1日，上柴公司与伊维公司签订合同将涉案专利无偿转让给伊维公司。2003年11月4日，伊维公司与案外人上海电装燃油喷射有限公司（以下简称电装公司）签订了《P7、PE型柴油喷射泵技术转让协议》，根据该协议，电装公司应向伊维公司支付人民币250万元的入门费和产品净售价4%的技术提成费。至2005年12月31日，电装公司已支付了“P7型柴油喷射泵技术”提成费人民币598万余元，以及“PE型柴油喷射泵技术”入门费人民币250万元和提成费人民币1090万余元。此外，伊维公司还自行生产、销售过使用了涉案专利的相关产品。《中华人民共和国专利法实施细则》（以下简称专利法实施细则）第七十六条规定：“被授予专利权的国有企业事业单位许可其他单位或者个人实施其专利的，应当从许可实施该项专利收取的使用费纳税后提取不低于10%作为报酬支付发明人或者设计人。”上海市《关于进一步加强本市知识产权工作的若干意见》和上海市《关于实施〈上海中长期科学和技术发展规划纲要(2006~2020年)〉若干配套政策的通知》均规定，专利权人在专利许可他人实施后可在税后收益中提取不低于30%作为设计人的报酬。原告是“P7N型喷油泵总成”和“PE型喷油泵总成”科技成果的第一完成人和主要贡献者，也是“喷油泵挺柱体滚轮锁簧装置”和“矩形截面柱塞弹簧喷油泵”的唯一发明人，上柴公司与伊维公司许可他人实施专利，应当依法向原告支付相应职务报酬。综上，请求人民法院判令两被告向原告支付截至2007年4月的两项职务发明创造专利许可使用费的职务报酬人民币200万元。

原告翁立克起诉时还主张被告伊维公司支付自行实施专利的职务报酬等三项内容，经两次变更诉讼请求后不再提起，但保留对该部分职务报酬权益另案追索的权利。

被告伊维公司、上柴公司辩称：1. 原告翁立克无权向伊维公司主张“P7N型喷油泵总成”和“PE型喷油泵总成”两项涉案专利的职务报酬请求权。涉案两项专利不是原告在被告伊维公司任职期间完成的，而是由上柴公司的相关技术人员在1994年完成的，2003年11月1日，上柴公司与伊维公司签订合同，将涉案专利转让给伊维公司，伊维公司许可案外人使用转让来的专利自然无需向本公司工作人员支付报酬；2. 翁立克无权向上柴公司主张涉案两项专利的职务报酬请求权。涉案两项专利均已被宣告无效，上柴公司在转让专利时未获任何利益，向原告支付职务报酬没有依据；3. 原告所主张的职务报酬金额不合理。原告拥有的两项职务发明只是相关喷油泵总成中的零部件，该发明在喷油泵总成中的贡献度仅

为3.65%，原告主张支付200万元没有法律依据。综上，原告的诉讼请求没有事实根据和法律依据，不应支持。

【一审争议焦点】

本案一审的争议焦点是：1. 原告翁立克是否享有向被告伊维公司、上柴公司主张“P7N型喷油泵总成”和“PE型喷油泵总成”两项涉案专利的职务报酬请求权。2. 如果原告有权主张，如何确定报酬的计算方式。

【一审裁判理由】

上海市第一中级人民法院一审认为：

一、关于第一个争议焦点

《中华人民共和国专利法》（以下简称专利法）第十六条规定：“被授予专利权的单位应当对职务发明创造的发明人或者设计人给予奖励；发明创造专利实施后，根据其推广应用的范围和取得的经济效益，对发明人或者设计人给予合理的报酬。”专利法实施细则第七十六条规定：“被授予专利权的国有企业事业单位许可其他单位或者个人实施其专利的，应当从许可实施该项专利收取的使用费纳税后提取不低于10%作为报酬支付发明人或者设计人。”被告伊维公司、上柴公司提供了柱塞弹簧、挺柱体部件及P7加强泵的图纸，称涉案专利是由上柴公司工作人员完成，但一方面涉案专利证书上记载的设计人为原告翁立克，另一方面，上柴公司向伊维公司无偿转让涉案技术时双方形成的共识是涉案专利应该归属伊维公司，专利权人登记为上柴公司是由于伊维公司是上柴公司的一个子公司，专利申请统一由上柴公司出面办理的缘故，双方共同签署的书面情况已证明了这一点。此外，两被告提供的图纸本身也不能作为直接证明涉案专利是由上柴公司工作人员完成。综合考虑以上因素，对两被告称原告不是涉案“喷油泵挺柱体滚轮锁簧装置”和“矩形截面柱塞弹簧喷油泵”实用新型专利的设计人的主张，不予认定。原告有权就涉案两项职务发明创造主张合理的报酬，伊维公司许可案外人电装公司实施上述专利并收取了使用费，应当依法从中提取一定比例作为报酬支付给原告。至于原告主张上柴公司承担报酬支付的连带责任的问题，签订涉案技术许可使用协议的是伊维公司，从中获取收益的也是伊维公司，上柴公司与伊维公司转让专利权是为了解决知识产权的归属问题，未许可其他人使用，原告也认可涉案职务发明是在伊维公司任职期间完成的，故对原告要求上柴公司承担连带责任的主张不予支持。

庭审中，被告上柴公司、伊维公司提供《退款及关于〈P7、PE型柴油喷射泵技术转让协议〉的补充协议》，称伊维公司与电装公司已协商确定涉讼专利在转让技术中所占的比重，并且在专利权被宣告无效后，将此前收取的专利所涉之许可使用费退还给电装公司。首先，涉案专利在转让技术中所占的比重是本案需要认定的重要事实，关系到原告翁立克主张的报酬数额的认定，也与科咨中心出具的专业鉴定相矛盾，两被告与电装公司所签订补充协议内容，无权约束作为补充协议第三人的原告，也不能作为直接认定本案事实的根据，涉案专利在转让技术中所占的比重应当以科咨中心出具的专业鉴定为准。其次，专利法第四十七条第二款规定：“宣告专利权无效的决定，对在宣告专利权无效前人民法院作出并已执行的专利侵权的判决、裁定，已经履行或者强制执行的专利侵权纠纷处理决定，以及已经履行的专利实施许可合同和专利权转让合同，不具有追溯力。但是因专利权人的恶意给他人造成的损失，应当给予赔偿。”因此，在本案涉案专利权被宣告无效之前，被告伊维公司与电装公司已经发生的专利实施许可行为是有效的，伊维公司仍需根据相关法律规定应向职务发明创造设计人支付报酬。此外，伊维公司认为其已经奖励了原告，并提供了相关单据，对于这个问题，一方面，伊维公司对原告的这些奖励，并不是向职务发明创造设计人支付报酬，其数额也不符合专利法实施细则第七十六条的规定，另一方面，从这些奖励给付的时间来看，均在伊维公司与电装公司签约之前，与原告在本案中所主张的报酬无关。综上，对两被告庭审中提出的前述主张，均不予支持。

二、关于第二个争议焦点

涉案两项专利权已于2005年12月23日被宣告无效，在原告翁立克没有证据表明该两项专利仍处于有效法律状态的情况下，原告只能要求被告伊维公司支付专利权被宣告无效前基于专利许可使用费的收取所应提取的相应报酬。

关于计算基数问题，首先，从《P7、PE型柴油喷射泵技术转让协议》相关条款分析，被告伊维公司依协议所收取的款项之对价为“根据本协议3.1款提供技术情报以及根据本协议第2条许可权利”，而协议附件中所列“技术情报”内容又不完全都是合同产品P7泵和PE泵总成技术直接对应之载体，依据科咨中心出具的补充鉴定结论所确定的比重，伊维公司收取的合同款项中的70%左右才是与喷油泵总成技术许可相关的使用费；其次，由于涉案专利只是喷油泵总成技术中的一部分，那么应当再依据专利在P7泵或PE泵中的技术贡献率来确定喷油泵总成技术的许可使用费中与专利相关的费用，根据科咨中心出具的鉴定结论，P7泵总成技术许可使用费中的约5%为该产品所应用专利"喷油泵挺柱体滚轮锁簧装置"对应的收益，PE泵总成技术许可使用费中的约10%为该产品所应用涉案两项专利对应的收益；第三，计算报酬的基数应为税后收益，且伊维公司与电装公司的协议中也约定税款由许可方伊维公司自行缴纳，原告提出的减免税情形缺乏证据予以佐证，不予采信。综上，涉案专利报酬的计算基数应将伊维公司收取的协议款项纳税后计算70%，结合专利在合同产品中技术贡献率分别计算。故伊维公司许可电装公司在P7泵中使用"喷油泵挺柱体滚轮锁簧装置"专利所获得的税后净收益为168 104.69元，许可电装公司在PE泵中使用涉案两项专利所获得的税后净收益为753 433.86元。

关于提取比例问题，专利法实施细则第七十六条的规定只确定了一个最低比例，上海市《关于进一步加强本市知识产权工作的若干意见》规定："企业要进一步加大对专利发明人的激励，自觉维护专利发明人的权益。专利权的持有单位在专利技术转让或者许可他人实施后，可以在收益纳税后提取不低于30%，作为发明人或者设计人的报酬。"上海市《关于实施〈上海中长期科学和技术发展规划纲要(2006～2020年)〉若干配套政策的通知》规定："切实保障专利发明人或设计人的权益。专利权所有单位在专利转让或许可他人实施后，可在税后收益中提取不低于30%作为发明人或设计人的报酬。其中，专利权所有单位为高校和科研院所的，可提取的比例不低于50%。或可参照上述比例，实行发明人或设计人的技术入股。"前述规定使用了"可以"这样的指导性文字，均不能直接计算提取比例。因此，计算涉案发明人或设计人的报酬数额应当结合案情全面分析。原告翁立克提起本案诉讼不久，电装公司即向专利复审委宣告涉案专利权无效。原告在庭审时称，电装公司所依据的证据持有人应为被告上柴公司、伊维公司，而且两被告之间存在明显的关联关系，双方发生的销售事实不足以否定专利新颖性，电装公司向专利复审委宣告涉案专利权无效是和两被告恶意串通的非法行为。法院认为，本案作为民事诉讼，对该部分内容不予以审理。但是，从伊维公司在收到涉案专利无效宣告请求审查决定后3个月内未能采取有效措施挽救专利权的消极行为来看，涉案专利的无效直接致使原告不能根据涉案专利在专利权期限届满之前继续被推广应用所产生的经济效益而主张报酬。综合考虑全案各项因素，将提取比例酌定为30%。

综上，被告伊维公司应当支付的数额是其许可电装公司在P7泵中使用"喷油泵挺柱体滚轮锁簧装置"专利所获得的税后净收益为168 104.69元计算30%，为50 431.41元，以及许可电装公司在PE泵中使用涉案两项专利所获得的税后净收益为753 433.86元计算30%，为226 030.16元，两项之和为276 461.57元。

【一审裁判结果】

上海市第一中级人民法院于2007年12月25日判决：

一、被告伊维公司应从许可电装公司实施专利号为ZL01238898.X"喷油泵挺柱体滚轮锁簧装置"和专利号为ZL01238896.3"矩形截面柱塞弹簧喷油泵"两项实用新型专利所收取的使用费中提取人民币276 461.57元作为报酬支付给原告翁立克；

二、原告的其余诉讼请求不予支持。

案件受理费人民币20 010元，由原告翁立克负担8622元，被告伊维公司负担11 388元；技术鉴定费人民币52 000元，由原告负担12 000元，伊维公司负担40 000元。

【上诉情况】

翁立克与伊维公司均不服一审判决，向上海市高级人民法院提起上诉。

上诉人翁立克上诉请求撤销原审判决，判令上诉人伊维公司与一审被告上柴公司向其支付涉案专利许可使用费的职务报酬人民币200万元。主要理由是：第一，科咨中心出具的《技术鉴定报告书》与《补充鉴定报告书》根本不具可靠性和合理性，一审判决据以认定的涉案专利之技术贡献和涉案转让费中的"喷油泵总成技术之比重"及其职务报酬的"计算基数"完全属于认定事实错误。《技术鉴定报告书》提出的"技术贡献率构成"，既未经过事实调查，又未进行必要的技术分析。《补充鉴定报告书》中"P7泵和PE泵总成技术在协议所涉全部转让内容中的技术比重为70%左右；管理体系在协议所涉及全部转让内容中的比重为30%左右"的结论，没有事实依据。30%的"提取比例"只是普通情况下所适用的提取比例，鉴于本案的实际情况，提取比例可以进一步提高至50%，甚至更高。第二，一审判决没有查清涉案技术转让费(提成费)是否纳税以及免税的情况，致使计算基数有误，属于认定事实不清。第三，一审判决认定要求上柴公司承担相应阶段职务报酬支付之连带责任的诉求“于法无据”,属于适用法律不当。2004年4月23日以前,“矩形截面柱塞弹簧喷油泵”的专利权人是上柴公司,2004年2月7日以前,“喷油泵挺柱体滚轮锁簧装置”的专利权人是上柴公司,上柴公司应当依法承担相应期间内职务发明报酬纠纷的相应法律责任。第四,因伊维公司与上柴公司的责任致使涉案专利权被宣告无效,造成预期利益损失,“计算报酬时间段”应延伸至涉案专利权的届满期限2011年4月。

上诉人伊维公司上诉请求撤销原审判决,并依法改判。主要理由是:第一,涉案专利权已经无效,伊维公司不应支付相关报酬。第二,一审判决报酬按30%提取不合理。第三,一审判决伊维公司承担80%的鉴定费不合理,应根据责任比例分摊。

上诉人翁立克答辩称:上诉人伊维公司的上诉请求没有法律依据:一、同意一审判决关于涉案专利权被宣告无效,但伊维公司仍需承担职务报酬的论述。二、专利使用费的提取是下有保底,上不封顶。三、本案过错在于伊维公司和上柴公司,伊维公司当然应当承担大部分鉴定费。

上诉人伊维公司答辩称:一、两份鉴定报告是科学的、严谨的,鉴定结论是基本准确的。二、涉案专利权被宣告无效,并非恶意,按30%比例提取专利使用费比例过高。三、完全同意一审判决对上柴公司不应该承担连带责任的论述。上诉人翁立克的上诉没有法律依据,应当驳回。

一审被告上柴公司未提出上诉,陈述其同意上诉人伊维公司的答辩意见,并称自己不存在免税的情况。

【二审裁判理由】

上海市高级人民法院二审认为:

一、关于上诉人翁立克的上诉主张

一审法院委托科咨中心对涉案技术问题进行鉴定,程序合法,鉴定专家在充分听取各方当事人的意见、全面查阅了各方当事人提供的与鉴定相关的材料,并结合鉴定专家的专业知识与经验,所得出的鉴定结论应予以采信。上诉人翁立克称《技术鉴定报告书》与《补充鉴定报告书》不具可靠性和合理性,没有提供充分的事实与法律依据,不予支持。根据专利法实施细则的规定,上诉人伊维公司的义务是从许可实施涉案专利收取的使用费纳税后提取不低于10%作为报酬支付给翁立克,一审法院结合本案的实际情况,全面分析,将专利使用费提取比例酌定为到30%,符合法律规定,说理得当,应予维持,现翁立克要求将提取比例提高到50%,甚至更高,既没有提交新的证据,又没有其他充分的理由,不予支持。

根据财政部、国家税务总局《关于企业所得税若干优惠政策的通知》(财税〔1994〕001)的规定,企业事业单位进行技术转让,以及在技术转让过程中发生的与技术转让有关的技术咨询、技术服务、技术培训的所得,年净收入在30万元以下的,暂免征收所得税。但其前提条件是要经税务机关审核。根据财政部、国家税务总局《关于贯彻落实〈中共中央国务院关于加强技术创新,发展高科技,实现产业化的决定〉有关税收问题的通知》(财税字〔1999〕273号)的规定,对单位和个人(包括外商投资企业、外商投资设立的研究开发中心、外国企业和外籍个人)从事技术转让、技术开发业务和与之相关的技术咨询、技术服务业务取得的收入,免征营业税。但免税必须经过审批程序:纳税人从事技术转让、开发业务申请免征营业税时,须持技术转让、开发的书面合同,到纳税人所在地省级科技主管部门进行认定,再持有关的书面合同和科技主管部门审核意见证明报当地省级主管税务机关审核。综上,办理免税事项需要进行相应审核程序。上诉人翁立克一、二审均未提供相关审核方面的证据,只是认为纳税以及免税的情况未查清,但仅凭该点怀疑就要求增加专利使用费提取数额,没有事实根据,不予支持。

上诉人翁立克要求一审被告上柴公司应当与上诉人伊维公司承担连带责任,对于该项主张,一审法院已经进行了充分地论述,说理准确,应予维持,故对翁立克要求上柴公司与伊维公司承担连带责任的主张,不予支持。

上诉人翁立克要求对预期利益进行分成,将“计算报酬时间段”应延伸至涉案专利的届满期限2011年4月。根据专利法及其实施细则的规定,作为发明人或者设计人报酬的专利使用费分成,是对实施相应专利已经实现利益的分成,并不包括对期待利益的分成。故翁立克的该项主张没有法律依据,不予支持。翁立克认为涉案专利权被宣告无效系上诉人伊维公司的责任,但本案系民事诉讼,该部分内容不在审理范围之内,翁立克可另案解决。

二、关于上诉人伊维公司的上诉主张

一审判决上诉人伊维公司支付上诉人翁立克的专利使用费分成,是涉案专利被宣告无效之前的专利使用费分成,这些专利使用费是伊维公司已经实现的涉案专利许可使用费,本案不存在专利权人伊维公司的恶意给被许可人电装公司造成损失的情形,根据专利法的规定,伊维公司并无义务返还被许可人电装公司在涉案专利权被宣告无效之前已经收取的专利使用费。伊维公司关于涉案专利权已经无效,伊维公司不应支付相关报酬的上诉理由不能成立。

上诉人伊维公司上诉称,一审判决中,由伊维公司承担80%的鉴定费用不当,法院认为,一审判决根据本案的具体情况,适当调整专利使用费分成比例,酌情确定鉴定费分配比例,符合法律规定,伊维公司该项上诉理由不成立,不予支持。

综上,上诉人翁立克与上诉人伊维公司的上诉请求均没有事实根据和法律依据,应予驳回。

【二审裁判结果】

上海市高级人民法院依照《中华人民共和国民事诉讼法》第一百五十三条第一款第(一)项,于2008年4月18日判决:

驳回上诉,维持原判。

本案二审案件受理费人民币5446元,由上诉人翁立克与上诉人伊维公司各半负担人民币2723元。

本判决为终审判决。

5. 侵权认定与行政执法

(1)专利侵权认定

国家知识产权局办公室关于对青岛路博环保科技有限公司涉嫌假冒他人专利案件有关问题的答复

1. 2008年3月17日
2. 办函字〔2008〕34号

青岛市知识产权局:

《关于青岛路博环保科技有限公司涉嫌假冒他人专利一案管辖问题的请示》(青知法〔2008〕1号)收悉。经研究,现答复如下:

根据专利法实施细则第八十四条规定,未经许可,在广告或者其他宣传材料中使用他人的专利号,使人将所涉及的技术误认为是他人的专利技术属于假冒他人专利的行为。根据国家知识产权局制定的《专利行政执法办法》第二十二条规定,查处假冒他人专利行为由行为发生地的管理专利工作的部门管辖。据此,如在青岛路博环保科技有限公司网站上发布的广告信息涉嫌假冒他人专利行为,青岛市知识产权局可以对该案进行查处。

特此函复。

国家知识产权局办公室关于对洛阳冠奇工贸有限公司涉及专利侵权案件有关问题的复函

1. 2008年4月10日
2. 办函字〔2008〕44号

山东省知识产权局:

《关于洛阳冠奇工贸有限公司专利侵权案件有关问题的请示》(鲁知法字〔2008〕11号)收悉。经研究,答复如下:

专利法第五十七条第二款规定:"专利侵权纠纷涉及新产品制造方法的发明专利的,制造同样产品的单位或者个人应当提供其产品制造方法不同于专利方法的证明。"据此,在专利侵权纠纷处理程序中,只有在满足以下两个条件的前提下,才能适用举证责任倒置的规定:第一,依照专利方法制造的产品应当是新产品,所述"新产品"是在专利申请日以前在我国未曾出现过的产品;第二,被请求人制造的产品与采用专利方法制造的产品相同。

特此函复。

国家知识产权局办公室关于沈阳瑞丰假冒专利案有关问题的复函

1. 2011年7月1日
2. 国知办函管字〔2011〕215号

辽宁省知识产权局:

《关于"沈阳海为举报沈阳瑞丰假冒专利案"有关问题的请示》(辽知发〔2011〕3号)收悉。经研究,现答复如下:

2009年10月1日起施行的修改后的《专利法》将修改前的《专利法》第五十八条规定的"假冒他人专利行为"和第五十九条规定的"冒充专利行为"统一规定为"假冒专利行为",同时提高了对假冒专利行为的行政处罚力度。《施行修改后的专利法的过渡办法》(国家知识产权局第53号令)第五条规定,"管理专利工作的部门对发生在2009年10月1日之后的涉嫌假冒专利行为进行查处的,适用修改后的专利法第六十三、六十四条的规定。"虽然《专利法实施细则》从2010年2月1日起施行,但不影响专利法从2009年10月1日起实施。

你局请示所述,沈阳瑞丰电力设备有限公司在2009年初印制了产品说明书1000份,其中标注了专利号200620092960.6,并一直使用至2010年。该专利于2008年1月获得授权,专利权人是杨焕金(沈阳瑞丰公司股东)、于孝增。该专利因未缴年费于2009年12月9日终止。2010年11月19日,你局依法扣押了沈阳瑞丰公司剩余的产品说明书125份,并认定产品说明书对该专利的创新点"内凸式结构"没有体现,目前生产销售的储油柜生产技术与该专利不完全一致。但请示附件及附送的案卷副本材料所述内容与请示内容有不完全相符之处。为依法认定假冒专利行为,你局应当就以下证明材料进一步调查取证:一是在专利权有效期内,沈阳瑞丰公司在其产品说明书上标注专利号是否得到了专利权人的同意；二是该专利权终止时间的证据；三是有关涉嫌假冒专利行为发生时间。

在进一步调查取证的基础上，假冒专利行为发生在2009年10月1日之前的，你局应当对是否构成假冒他人专利行为或冒充专利行为进行认定，并分别依据修改前的《专利法》第五十八、五十九条予以处罚，其中，假冒他人专利行为人的违法所得可以依据修改前的《专利行政执法办法》第三十八条的规定进行计算；假冒专利行为发生在2009年10月1日之后的，适用修改后《专利法》第六十三条予以处罚，其中，行为人的违法所得可以依据修改后的《专利行政执法办法》第四十五条的规定进行计算。

特此函复。

国家知识产权局专利管理司关于对有关假冒专利行为认定的复函

2012年12月5日

济南市知识产权局：

你局《关于如何认定假冒专利行为的请示》收悉。经研究，答复如下：

关于案例一，我司认为按照现行《专利法实施细则》第八十四条第一款第五项："其他使公众混淆，将未被授予专利权的技术或者设计误认为是专利技术或者专利设计的行为"的规定，应当认定为属于假冒专利行为。

关于案例二，我司认为按照现行《专利法实施细则》第八十四条第一款第一项："在未被授予专利权的产品或者其包装上标注专利标识"的规定，应当认定为属于假冒专利行为。但是涉案专利权人主观故意不明显，建议在处罚方式上"责令改正"即可。对于此类案件，我司认为：对于专利标识标注行为人和相应专利的权利人为同一人的情况，如果实际产品与标识标注的专利产品有较大区别（例如，明显不属于同一发明构思），则应依法认定为假冒专利行为并依法严肃处理；如果实际产品与标识标注的专利产品区别较小（例如，实际产品是对相关专利产品的少许改动或改进），则也应依法认定为假冒专利行为，但综合考虑该行为的情节、性质、结果、影响等因素，可在一定程度上从轻处罚（例如，首次出现该行为时责令改正即可）。

以上意见，仅供参考。

国家知识产权局办公室关于襄阳仪骏波微电子设备有限公司涉及专利侵权案件有关问题意见的函

1. 2012年12月20日

2. 国知办函管字〔2012〕469号

湖北省知识产权局：

《关于涉嫌专利侵权案件有关疑问的咨询函》（鄂知函〔2012〕31号）收悉。经研究，答复如下：

一、关于立案时间

专利法实施细则第八十九条规定，国务院专利行政部门设置专利登记簿，登记专利权的转移、专利权的恢复等事项。《专利审查指南》第五部分第九章规定，"专利权授予之后，专利的法律状态的变更仅在专利登记簿上记载，由此导致专利登记簿和专利证书上记载内容不一致的，以专利登记簿上记载的法律状态为准。"我局认为专利权权属变更采取公示原则，专利权的设立、归属、变动、消灭等均需专利局登记和公告后方可生效。而民事司法判决书的拘束力羁束对象仅包括作出裁决的法院、当事人和相关单位。本案中法院判决书是专利行政部门应当事人申请进行权属变更的依据。

按照《专利行政执法办法》第九条规定，请求管理专利工作的部门处理专利侵权纠纷时应提供"专利权有效的证明，即专利登记簿副本，或者专利证书和当年缴纳专利年费的收据。"因此，本案中在司法判决至专利局完成权属变更手续前，在专利局登记簿中并没有记录相关的权属变更，当事人无法提供合格的专利权属证明材料，管理专利工作的部门无法立案。

二、关于侵权时间判定

我局认为，王波利用职务之便自行将公司所有的实用新型专利转至个人名下的行为，已被法院判定为无效行为。按照《民法通则》第五十八条"无效的民事行为，从行为开始起就没有法律约束力"，襄阳市仪骏电子设备有限公司应始终是该项实用新型专利的合法权利人。王波生产销售专利产品的行为应始终未得到合法专利权人的许可，因此，从其生产销售专利产品之日起即涉嫌侵犯涉案专利权。

以上意见，供参考。

(2)专利行政执法

全国专利行政执法工作会议纪要

1. 2004年1月20日国家知识产权局发布
2. 国知发管字[2004]9号

为深入贯彻全国整顿和规范市场经济秩序工作会议精神,落实"依法治国"基本方略,进一步加强专利行政执法工作,提高依法行政水平;国家知识产权局于2003年12月23日在京召开全国专利行政执法工作会议。国家知识产权局局长王景川出席会议并讲话,副局长杨正午、田力普、林炳辉、张勤,中纪委派驻纪检组长、局党组成员邢胜才和秘书长陈仲华出席了会议。全国整顿和规范市场经济秩序工作领导小组办公室副秘书长向欣、公安部经济犯罪侦查局副局长高峰出席会议并讲话。张勤副局长和邢胜才组长分别主持了上午和下午的会议。各省、自治区、直辖市知识产权局及专利工作试点城市知识产权局、国家知识产权局有关部门、最高人民法院与最高人民检察院有关负责同志参加了会议。

王景川局长的讲话客观、全面地总结了近年来本系统行政执法工作的成就与经验,实事求是地指出了存在的不足;要求掌握规律、科学把握知识产权行政执法涉及的若干重要关系;密切结合当前形势和专利行政执法工作现状,提出了今后一段时期专利行政执法的十项重点工作任务。

全国整规办向欣副秘书长在讲话中充分肯定了知识产权局系统一年来在整规工作中的做法和成绩,并指出,明年全国整规工作部署中专利、知识产权行政执法保护的地位会有一个新的提升。她希望进一步加强整规办与知识产权局的协作,共同完成好国务院部署的工作任务。

公安部高峰副局长在讲话中阐明了公安系统打击知识产权违法犯罪行为的思路;高度评价了国家知识产权局与公安部等部门的执法联席会议机制;并表示公安系统将进一步加强与知识产权系统的执法协作关系;共同完善我国知识产权保护。

会议认真学习、讨论了王景川局长的讲话;检查总结了知识产权局系统贯彻落实全国整规工作会议精神的实际情况;研究了如何适应我国涉外知识产权纠纷和争议不断上升的形势,进一步增强对重大知识产权保护问题的预警和应对能力;结合有关执法部门的不同职能和各地区特点,交流了进一步加强跨部门、跨地区执法协作并与司法机关加强沟通的思路和经验;研究交流了本系统加速提高行政执法信息化程度、改善行政执法条件和完善行政执法培训工作的内容和方法等。

会议部署了今后一个时期专利行政执法工作的重点任务。

张勤副局长作会议总结。他指出,会议代表一致认为,王景川局长的讲话客观、深刻,有利于促进本系统深入全面贯彻"三个代表"重要思想,对全国专利行政执法工作具有很强的指导意义。他要求各地方知识产权局及局内有关部门和机构要认真、深入贯彻王局长讲话精神,以讲话的精神指导专利行政执法工作的开展。他还归纳了代表们在分组讨论中提出的建议与意见。他对各有关部门、司法机关对这次会议的支持配合表示感谢,对地方局根据要求积极做好参会准备工作和有关部门高效、认真的会议筹备、组织工作表示肯定。

邢胜才组长在主持会议时指出,要根据王景川局长讲话、张勤副局长会议总结,结合分组讨论提出的主要建议与意见,进一步改善、加强专利行政执法工作。

在广泛交流经验、客观总结工作的基础上;经过深入研究、讨论,会议对今后一段时期的专利行政执法工作提出以下要求:

一、专利行政执法工作必须在认清形势、把握规律基础上,正确认识知识产权行政执法涉及的若干重要关系:即正确认识合理有效保护知识产权权利人的合法权益与促进科技创新的关系;正确认识合理有效保护知识产权权利人的合法权益与扩大对外开放、提高外商来华投资规模及改善外商投资结构的关系。

二、必须把专利行政执法保护工作放在服务于全党中心工作、服务于全面建设小康社会宏伟目标的战略高度来认识,着力从以下十方面改善和加强今后一段时期的专利行政执法保护工作。

(一)顺应新形势,应对新挑战,针对新问题,不断完善知识产权保护的法规和政策体系,为建立诚信、有序、规范的市场经济秩序创造良好的法制、政策环境。

(二)全面加强行政执法能力建设,强化行政执法手段，严格行政执法程序；规范行政执法行为，大幅度提高行政执法水平和效率，坚决打击侵犯和假冒知识产权的行为；维护和整顿市场经济秩序。

（三）支持和鼓励组建各类知识产权自律性、维权性组织，发挥专利保护协会和其他行业协会在知识产权保护方面的功能，在行业内部逐步建立起自觉尊重他人权利、善于规避他人权利、有效维护自身权利的长效机制。

（四）注重总结侵权行为发生的内在规律，实行打击与防范相结合，治标与治本相结合，不断增强打击侵权行为和制造销售假冒伪劣商品的主动性和预见性；特别在遏制群体侵权行为方面要提高行政执法的实效性；进一步加大部门之间跨地区执法协作的范围和力度。要着手研究和制定专利技术产品的市场准入规则。

（五）进一步严格重大案件的报告制度，加强重大案例，特别是涉外知识产权纠纷案例的上报、收集和研究工作，大幅度提高我国企业的诉求能力和应诉能力。

（六）坚持不懈地开展知识产权法制宣传和教育工作，大幅度提高社会各界的知识产权意识，努力营造全社会尊重和保护知识产权的良好氛围。

（七）密切关注对外贸易中的知识产权问题；逐步建立知识产权保护的应急和预警机制，尽快提高我国企业防范和规避国外技术性贸易壁垒的能力。

（八）密切关注国际科技合作和中外合资企业中知识产权的管理，深入研究、抓紧制定国际科技合作和中外合资企业中形成的知识产权权利归属政策，逐步建立起合理的知识产权利益分享机制。

（九）切实加强以专利技术信息为主的知识产权信息服务，注意跟踪国外机构在我国申请专利的动向和诉权专利的法律状况，通过综合的统计分析，研究国外企业核心竞争力的形成机制和发展动向，预测其对我国自主创新和产业发展的影响，选择典型的行业进行深入研究，逐步提出相应对策。通过这项工作为企业制定和实施以专利战略为主的知识产权战略，进而科学地选择科技创新的重点领域、重要方向、重大课题，努力创造拥有自主知识产权的核心技术和配套技术，加快培育和发展企业核心竞争力提供有力的支持。这将有利于从根本上遏制知识产权侵权。

（十）大力加强行政执法的组织机构和能力建设，努力培养出一大批懂业务、会管理、熟悉我国与主要贸易伙伴国知识产权法律、法规及知识产权国际规则，爱岗敬业，恪尽职守的专门人才。

三、国家知识产权局应尽快研究、努力解决地方知识产权局在会上提出的以下建议与问题。

（一）进一步加强执法指导、推动和协调工作，根据中编办“三定”方案与国家知识产权局局内职能分工的文件要求，加强内部协调，结合形势发展需要制订、修订规范性指导文件，加强法律解释工作，建立统一的专利行政执法工作程序与标准；

（二）加强跨部门、跨地区专利行政执法协作，组织全国性专利行政执法专项行动，加强行政执法工作经验交流，组织典型案例的研究分析及汇编整理工作；加强专利行政执法培训统筹协调工作，组织专利行政执法领域的人员出国培训与考察；

（三）完善专利行政执法体系建设，强化执法手段，改善执法条件；努力争取实行执法标志、服装、车辆三统一；

（四）整合资源，统一规划；从国家层面上进行专利行政执法信息化建设，提供专利法律状态的检索和依据；

（五）进一步加强流通领域及会展中的专利行政执法保护工作。

四、国家知识产权局有关部门、机构和各地方知识产权局应根据各自职责，认真、高效、全面地贯彻会议精神。

专利行政执法办法

1. 2010年12月29日国家知识产权局令第60号公布
2. 自2011年2月1日起施行

第一章 总 则

第一条 为规范专利行政执法行为，保护专利权人和社会公众的合法权益，维护社会主义市场经济秩序，根据《中华人民共和国专利法》、《中华人民共和国专利法实施细则》以及其他有关法律法规，制定本办法。

第二条 管理专利工作的部门开展专利行政执法，即处理专利侵权纠纷、调解专利纠纷以及查处假冒专利行为，适用本办法。

第三条 管理专利工作的部门处理专利侵权纠纷应当以事实为依据、以法律为准绳，遵循公正、及时的原则。

管理专利工作的部门调解专利纠纷，应当遵循自愿、合法的原则,在查明事实、分清是非的基础上,促使当事人相互谅解,达成调解协议。

管理专利工作的部门查处假冒专利行为,应当以事实为依据、以法律为准绳,遵循公正、公开的原则,给予的行政处罚应当与违法行为的事实、性质、情节以及社会危害程度相当。

第四条 管理专利工作的部门应当设置专门机构或者配备专职执法人员开展专利行政执法。

案件承办人员应当持有国家知识产权局或者省、自治区、直辖市人民政府颁发的专利行政执法证件。案件承办人员执行公务时应当严肃着装。

第五条 对有重大影响的专利侵权纠纷案件、假冒专利案件,国家知识产权局在必要时可以组织有关管理专利工作的部门处理、查处。

对于行为发生地涉及两个以上省、自治区、直辖市的重大案件,有关省、自治区、直辖市管理专利工作的部门可以报请国家知识产权局协调处理或者查处。

管理专利工作的部门开展专利行政执法遇到疑难问题的,国家知识产权局应当给予必要的指导和支持。

第六条 管理专利工作的部门可以依据本地实际,委托有实际处理能力的市、县级人民政府设立的专利管理部门查处假冒专利行为、调解专利纠纷。

委托方应当对受托方查处假冒专利和调解专利纠纷的行为进行监督和指导,并承担法律责任。

第七条 管理专利工作的部门指派的案件承办人员与当事人有直接利害关系的,应当回避,当事人有权申请其回避。当事人申请回避的,应当说明理由。

案件承办人员的回避,由管理专利工作部门的负责人决定。是否回避的决定作出前,被申请回避的人员应当暂停参与本案的工作。

第二章 专利侵权纠纷的处理

第八条 请求管理专利工作的部门处理专利侵权纠纷的,应当符合下列条件:

(一)请求人是专利权人或者利害关系人;

(二)有明确的被请求人;

(三)有明确的请求事项和具体事实、理由;

(四)属于受案管理专利工作的部门的受案和管辖范围;

(五)当事人没有就该专利侵权纠纷向人民法院起诉。

第一项所称利害关系人包括专利实施许可合同的被许可人、专利权人的合法继承人。专利实施许可合同的被许可人中,独占实施许可合同的被许可人可以单独提出请求;排他实施许可合同的被许可人在专利权人不请求的情况下,可以单独提出请求;除合同另有约定外,普通实施许可合同的被许可人不能单独提出请求。

第九条 请求管理专利工作的部门处理专利侵权纠纷的,应当提交请求书及下列证明材料:

(一)主体资格证明,即个人应当提交居民身份证或者其他有效身份证件,单位应当提交有效的营业执照或者其他主体资格证明文件副本及法定代表人或者主要负责人的身份证明;

(二)专利权有效的证明,即专利登记簿副本,或者专利证书和当年缴纳专利年费的收据。

专利侵权纠纷涉及实用新型或者外观设计专利的,管理专利工作的部门可以要求请求人出具由国家知识产权局作出的专利权评价报告(实用新型专利检索报告)。

请求人应当按照被请求人的数量提供请求书副本及有关证据。

第十条 请求书应当记载以下内容:

(一)请求人的姓名或者名称、地址,法定代表人或者主要负责人的姓名、职务,委托代理人的,代理人的姓名和代理机构的名称、地址;

(二)被请求人的姓名或者名称、地址;

(三)请求处理的事项以及事实和理由。

有关证据和证明材料可以以请求书附件的形式提交。

请求书应当由请求人签名或者盖章。

第十一条 请求符合本办法第八条规定条件的,管理专利工作的部门应当在收到请求书之日起5个工作日内立案并通知请求人,同时指定3名或者3名以上单数承办人员处理该专利侵权纠纷;请求不符合本办法第八条规定条件的,管理专利工作的部门应当在收到请求书之日起5个工作日内通知请求人不予受理,并说明理由。

第十二条 管理专利工作的部门应当在立案之日起5个工作日内将请求书及其附件的副本送达被请求人,要求其在收到之日起15日内提交答辩书并按照请求人的数量提供答辩书副本。被请求人逾期不提交答辩书的,不影响管理专利工作的部门进行处理。

被请求人提交答辩书的,管理专利工作的部门应当在收到之日起5个工作日内将答辩书副本送达请求人。

第十三条 管理专利工作的部门处理专利侵权纠纷案件时,可以根据当事人的意愿进行调解。双方当事人达成一致的,由管理专利工作的部门制作调解协议书,加盖其公章,并由双方当事人签名或者盖章。调解不成的,应当及时作出处理决定。

第十四条 管理专利工作的部门处理专利侵权纠纷,可以根据案情需要决定是否进行口头审理。管理专利工作的部门决定进行口头审理的,应当至少在口头审理3个工作日前将口头审理的时间、地点通知当事人。当事人无正当理由拒不参加的,或者未经允许中途退出的,对请求人按撤回请求处理,对被请求人按缺席处理。

第十五条 管理专利工作的部门举行口头审理的,应当将口头审理的参加人和审理要点记入笔录,经核对无误后,由案件承办人员和参加人签名或者盖章。

第十六条 专利法第五十九条第一款所称的“发明或者实用新型专利权的保护范围以其权利要求的内容为准”,是指专利权的保护范围应当以其权利要求记载的技术特征所确定的范围为准,也包括与记载的技术特征相等同的特征所确定的范围。等同特征是指与记载的技术特征以基本相同的手段,实现基本相同的功能,达到基本相同的效果,并且所属领域的普通技术人员无需经过创造性劳动就能够联想到的特征。

第十七条 除达成调解协议或者请求人撤回请求之外,管理专利工作的部门处理专利侵权纠纷应当制作处理决定书,写明以下内容:

(一)当事人的姓名或者名称、地址;

(二)当事人陈述的事实和理由;

(三)认定侵权行为是否成立的理由和依据;

(四)处理决定认定侵权行为成立并需要责令侵权人立即停止侵权行为的,应当明确写明责令被请求人立即停止的侵权行为的类型、对象和范围;认定侵权行为不成立的,应当驳回请求人的请求;

(五)不服处理决定提起行政诉讼的途径和期限。

处理决定书应当加盖管理专利工作的部门的公章。

第十八条 管理专利工作的部门或者人民法院作出认定侵权成立并责令侵权人立即停止侵权行为的处理决定或者判决之后,被请求人就同一专利权再次作出相同类型的侵权行为,专利权人或者利害关系人请求处理的,管理专利工作的部门可以直接作出责令立即停止侵权行为的处理决定。

第十九条 管理专利工作的部门处理专利侵权纠纷,应当自立案之日起4个月内结案。案件特别复杂需要延长期限的,应当由管理专利工作的部门负责人批准。经批准延长的期限,最多不超过1个月。

案件处理过程中的公告、鉴定、中止等时间不计入前款所述案件办理期限。

第三章 专利纠纷的调解

第二十条 请求管理专利工作的部门调解专利纠纷的,应当提交请求书。

请求书应当记载以下内容:

(一)请求人的姓名或者名称、地址,法定代表人或者主要负责人的姓名、职务,委托代理人的,代理人的姓名和代理机构的名称、地址;

(二)被请求人的姓名或者名称、地址;

(三)请求调解的具体事项和理由。

单独请求调解侵犯专利权赔偿数额的,应当提交有关管理专利工作的部门作出的认定侵权行为成立的处理决定书副本。

第二十一条 管理专利工作的部门收到调解请求书后,应当及时将请求书副本通过寄交、直接送交或者其他方式送达被请求人,要求其在收到之日起15日内提交意见陈述书。

第二十二条 被请求人提交意见陈述书并同意进行调解的,管理专利工作的部门应当及时立案,并通知请求人和被请求人进行调解的时间和地点。

被请求人逾期未提交意见陈述书,或者在意见陈述书中表示不接受调解的,管理专利工作的部门不予立案,并通知请求人。

第二十三条 管理专利工作的部门调解专利纠纷可以邀请有关单位或者个人协助,被邀请的单位或者个人应当协助进行调解。

第二十四条 当事人经调解达成协议的,由管理专利工作的部门制作调解协议书,加盖其公章,并由双方当事人签名或者盖章;未能达成协议的,管理专利工作的部门以撤销案件的方式结案,并通知双方当事人。

第二十五条 因专利申请权或者专利权的归属纠纷请求调解的,当事人可以持管理专利工作的部门的受理通知书请求国家知识产权局中止该专利申请或者专利权的有关程序。

经调解达成协议的,当事人应当持调解协议书向国家知识产权局办理恢复手续;达不成协议的,当事人应当持管理专利工作的部门出具的撤销案件通知书向国家知识产权局办理恢复手续。自请求中止之日起满1年未请求延长中止的,国家知识产权局自行恢复有关程序。

第四章　假冒专利行为的查处

第二十六条　管理专利工作的部门发现或者接受举报发现涉嫌假冒专利行为的,应当及时立案,并指定两名或者两名以上案件承办人员进行调查。

第二十七条　查处假冒专利行为由行为发生地的管理专利工作的部门管辖。

管理专利工作的部门对管辖权发生争议的,由其共同的上级人民政府管理专利工作的部门指定管辖;无共同上级人民政府管理专利工作的部门的,由国家知识产权局指定管辖。

第二十八条　管理专利工作的部门查封、扣押涉嫌假冒专利产品的,应当经其负责人批准。查封、扣押时,应当向当事人出具有关通知书。

管理专利工作的部门查封、扣押涉嫌假冒专利产品,应当当场清点,制作笔录和清单,由当事人和案件承办人员签名或者盖章。当事人拒绝签名或者盖章的,由案件承办人员在笔录上注明。清单应当交当事人一份。

第二十九条　案件调查终结,经管理专利工作的部门负责人批准,根据案件情况分别作如下处理:

(一)假冒专利行为成立应当予以处罚的,依法给予行政处罚;

(二)假冒专利行为轻微并已及时改正的,免予处罚;

(三)假冒专利行为不成立的,依法撤销案件;

(四)涉嫌犯罪的,依法移送公安机关。

第三十条　管理专利工作的部门作出行政处罚决定前,应当告知当事人作出处罚决定的事实、理由和依据,并告知当事人依法享有的权利。

管理专利工作的部门作出较大数额罚款的决定之前,应当告知当事人有要求举行听证的权利。当事人提出听证要求的,应当依法组织听证。

第三十一条　当事人有权进行陈述和申辩,管理专利工作的部门不得因当事人申辩而加重行政处罚。

管理专利工作的部门对当事人提出的事实、理由和证据应当进行核实。当事人提出的事实属实、理由成立的,管理专利工作的部门应当予以采纳。

第三十二条　对情节复杂或者重大违法行为给予较重的行政处罚的,应当由管理专利工作的部门负责人集体讨论决定。

第三十三条　经调查,假冒专利行为成立应当予以处罚的,管理专利工作的部门应当制作处罚决定书,写明以下内容:

(一)当事人的姓名或者名称、地址;

(二)认定假冒专利行为成立的证据、理由和依据;

(三)处罚的内容以及履行方式;

(四)不服处罚决定申请行政复议和提起行政诉讼的途径和期限。

处罚决定书应当加盖管理专利工作的部门的公章。

第三十四条　管理专利工作的部门查处假冒专利案件,应当自立案之日起1个月内结案。案件特别复杂需要延长期限的,应当由管理专利工作的部门负责人批准。经批准延长的期限,最多不超过15日。

案件处理过程中听证、公告等时间不计入前款所述案件办理期限。

第五章　调查取证

第三十五条　在专利侵权纠纷处理过程中,当事人因客观原因不能自行收集部分证据的,可以书面请求管理专利工作的部门调查取证。管理专利工作的部门根据情况决定是否调查收集有关证据。

在处理专利侵权纠纷、查处假冒专利行为过程中,管理专利工作的部门可以根据需要依职权调查收集有关证据。

执法人员调查收集有关证据时,应当向当事人或者有关人员出示其行政执法证件。当事人和有关人员应当协助、配合,如实反应情况,不得拒绝、阻挠。

第三十六条　管理专利工作的部门调查收集证据可以查阅、复制与案件有关的合同、账册等有关文件;询问当事人和证人;采用测量、拍照、摄像等方式进行现场勘验。涉嫌侵犯制造方法专利权的,管理专利工作的部门可以要求被调查人进行现场演示。

管理专利工作的部门调查收集证据应当制作笔

录。笔录应当由案件承办人员、被调查的单位或者个人签名或者盖章。被调查的单位或者个人拒绝签名或者盖章的，由案件承办人员在笔录上注明。

第三十七条 管理专利工作的部门调查收集证据可以采取抽样取证的方式。

涉及产品专利的，可以从涉嫌侵权的产品中抽取一部分作为样品；涉及方法专利的，可以从涉嫌依照该方法直接获得的产品中抽取一部分作为样品。被抽取样品的数量应当以能够证明事实为限。

管理专利工作的部门进行抽样取证应当制作笔录和清单，写明被抽取样品的名称、特征、数量以及保存地点，由案件承办人员、被调查的单位或者个人签字或者盖章。被调查的单位或者个人拒绝签名或者盖章的，由案件承办人员在笔录上注明。清单应当交被调查人一份。

第三十八条 在证据可能灭失或者以后难以取得，又无法进行抽样取证的情况下，管理专利工作的部门可以进行登记保存，并在7日内作出决定。

经登记保存的证据，被调查的单位或者个人不得销毁或者转移。

管理专利工作的部门进行登记保存应当制作笔录和清单，写明被登记保存证据的名称、特征、数量以及保存地点，由案件承办人员、被调查的单位或者个人签名或者盖章。被调查的单位或者个人拒绝签名或者盖章的，由案件承办人员在笔录上注明。清单应当交被调查人一份。

第三十九条 管理专利工作的部门需要委托其他管理专利工作的部门协助调查收集证据的，应当提出明确的要求。接受委托的部门应当及时、认真地协助调查收集证据，并尽快回复。

第四十条 海关对被扣留的侵权嫌疑货物进行调查，请求管理专利工作的部门提供协助的，管理专利工作的部门应当依法予以协助。

管理专利工作的部门处理涉及进出口货物的专利案件的，可以请求海关提供协助。

第六章 法律责任

第四十一条 管理专利工作的部门认定专利侵权行为成立，作出处理决定，责令侵权人立即停止侵权行为的，应当采取下列制止侵权行为的措施：

（一）侵权人制造专利侵权产品的，责令其立即停止制造行为，销毁制造侵权产品的专用设备、模具，并且不得销售、使用尚未售出的侵权产品或者以任何其他形式将其投放市场；侵权产品难以保存的，责令侵权人销毁该产品；

（二）侵权人未经专利权人许可使用专利方法的，责令侵权人立即停止使用行为，销毁实施专利方法的专用设备、模具，并且不得销售、使用尚未售出的依照专利方法所直接获得的侵权产品或者以任何其他形式将其投放市场；侵权产品难以保存的，责令侵权人销毁该产品；

（三）侵权人销售专利侵权产品或者依照专利方法直接获得的侵权产品的，责令其立即停止销售行为，并且不得使用尚未售出的侵权产品或者以任何其他形式将其投放市场；尚未售出的侵权产品难以保存的，责令侵权人销毁该产品；

（四）侵权人许诺销售专利侵权产品或者依照专利方法直接获得的侵权产品的，责令其立即停止许诺销售行为，消除影响，并且不得进行任何实际销售行为；

（五）侵权人进口专利侵权产品或者依照专利方法直接获得的侵权产品的，责令侵权人立即停止进口行为；侵权产品已经入境的，不得销售、使用该侵权产品或者以任何其他形式将其投放市场；侵权产品难以保存的，责令侵权人销毁该产品；侵权产品尚未入境的，可以将处理决定通知有关海关；

（六）停止侵权行为的其他必要措施。

第四十二条 管理专利工作的部门作出认定专利侵权行为成立并责令侵权人立即停止侵权行为的处理决定后，被请求人向人民法院提起行政诉讼的，在诉讼期间不停止决定的执行。

侵权人对管理专利工作的部门作出的认定侵权行为成立的处理决定期满不起诉又不停止侵权行为的，管理专利工作的部门可以申请人民法院强制执行。

第四十三条 管理专利工作的部门认定假冒专利行为成立的，应当责令行为人采取下列改正措施：

（一）在未被授予专利权的产品或者其包装上标注专利标识、专利权被宣告无效后或者终止后继续在产品或者其包装上标注专利标识或者未经许可在产品或者产品包装上标注他人的专利号的，立即停止标注行为，消除尚未售出的产品或者其包装上的专利标识；产品上的专利标识难以消除的，销毁该产品或者包装；

(二)销售第(一)项所述产品的,立即停止销售行为;

(三)在产品说明书等材料中将未被授予专利权的技术或者设计称为专利技术或者专利设计,将专利申请称为专利,或者未经许可使用他人的专利号,使公众将所涉及的技术或者设计误认为是他人的专利技术或者专利设计的,立即停止发放该材料,销毁尚未发出的材料,并消除影响;

(四)伪造或者变造专利证书、专利文件或者专利申请文件的,立即停止伪造或者变造行为,销毁伪造或者变造的专利证书、专利文件或者专利申请文件,并消除影响;

(五)其他必要的改正措施。

第四十四条 管理专利工作的部门认定假冒专利行为成立,作出处罚决定的,应当予以公告。

第四十五条 管理专利工作的部门认定假冒专利行为成立的,可以按照下列方式确定行为人的违法所得:

(一)销售假冒他人专利的产品的,以产品销售价格乘以所销售产品的数量作为其违法所得;

(二)订立假冒他人专利的合同的,以收取的费用作为其违法所得。

第四十六条 管理专利工作的部门作出处罚决定后,当事人申请行政复议或者向人民法院提起行政诉讼的,在行政复议或者诉讼期间不停止决定的执行。

第四十七条 假冒专利行为的行为人应当自收到处罚决定书之日起15日内,到指定的银行缴纳处罚决定书写明的罚款;到期不缴纳的,每日按罚款数额的百分之三加处罚款。

第四十八条 拒绝、阻碍管理专利工作的部门依法执行公务的,由公安机关根据《中华人民共和国治安管理处罚法》的规定给予处罚;情节严重构成犯罪的,由司法机关依法追究刑事责任。

第七章 附 则

第四十九条 管理专利工作的部门可以通过寄交、直接送交、留置送达、公告送达或者其他方式送达有关法律文书和材料。

第五十条 本办法由国家知识产权局负责解释。

第五十一条 本办法自2011年2月1日起施行。2001年12月17日国家知识产权局令第十九号发布的《专利行政执法办法》同时废止。

国家知识产权局关于加强专利行政执法工作的决定

1. 2011年6月27日发布
2. 国知发管字〔2011〕74号

各省、自治区、直辖市及计划单列市、副省级城市、新疆生产建设兵团知识产权局;国家知识产权局机关各部门,专利局各部门,局直属各单位、各社会团体:

为深入贯彻党中央、国务院关于加强知识产权执法的工作部署,加快推进专利行政执法制度建设,切实建立健全专利行政执法工作长效机制,进一步提升全国知识产权系统执法能力,促进经济社会发展,国家知识产权局作出如下决定。

一、大力推进专利行政执法制度建设

(一)推进制定和完善专利保护法规规章

加快推进制定和完善专利保护法规,大力加强专利侵权救济制度建设,切实解决专利执法手段不强、专利侵权救济措施不力等问题,依法加大对侵权假冒行为的打击力度。

加强知识产权举报投诉维权援助制度建设,鼓励和支持开展知识产权举报投诉工作。

(二)强化专利行政执法工作责任制度

各地方知识产权局必须将执法办案工作列入重要议事日程,主要领导和有关人员必须依职责履行执法工作责任,坚决消除执法办案中的推诿现象,积极参与行政诉讼,确保公正、廉洁、高效执法,全面提高依法行政水平。

对国家知识产权局安排的专项执法任务,地方知识产权局必须按要求高质量完成。省、自治区、直辖市知识产权局应根据实际需要,对行政区域内知识产权局安排执法办案工作任务,提出并督促落实责任要求。

(三)建立专利行政执法工作督查制度

国家知识产权局对省(区、市)知识产权局执法工作组织年度督查和专项督查。省(区、市)知识产权局对行政区域内知识产权局执法工作开展年度督查和专项督查。

督查中应核验执法档案、执法数据、办案条件、维权中心设置及12330接收举报投诉和转交办理等情况。接受督查的地方知识产权局应就督查中提出的突出问题进行整改。

（四）建立专利行政执法案件督办制度

国家知识产权局对具有重大影响的专利侵权案件和假冒专利案件进行督办。省（区、市）知识产权局对行政区域内具有较大影响的专利侵权案件和假冒专利案件进行督办。根据实际情况，对有关案件进行公开挂牌督办。加大对大型展会上发生的侵权假冒案件的督办工作力度。

负责督办的知识产权局应跟踪案件办理进程，接受督办的地方知识产权局对督办案件应尽快办理并及时提交办理结果。

（五）建立专利行政执法工作考核评价制度

国家知识产权局对各省（区、市）知识产权局、进入5·26专利执法推进工程的知识产权局和维权中心进行考核评价。省（区、市）知识产权局对行政区域内知识产权局执法维权工作进行考核评价。

制定专利行政执法及举报投诉维权工作评价标准，以执法办案数量和质量及举报投诉维权工作接转数量和质量作为重要内容，客观全面评价执法维权工作。

（六）完善专利行政执法信息报送公开制度

各地方知识产权局按要求的周期向上级知识产权局报送执法统计数据、执法办案材料。重大案件及时报送。执法统计数据应全面客观地反映依据专利法及其实施细则、地方专利保护条例、专利行政执法办法、展会知识产权保护办法等法律法规，调解、处理和查处案件的情况。

国家知识产权局和省（区、市）知识产权局在政府网站上公开执法统计数据。

（七）建立知识产权举报投诉奖励制度

鼓励权利人和社会各界对知识产权侵权假冒行为的举报投诉，加快建立知识产权举报投诉奖励制度。

国家知识产权局鼓励地方知识产权局和知识产权维权援助中心加快制定和实施知识产权举报投诉奖励办法，对通过12330平台举报投诉的人员按照规定给予奖励。地方知识产权局和知识产权维权援助中心对提供重要线索和多次提供线索的举报投诉人员给予奖励。知识产权举报投诉奖励应以事实为依据，以证据为基础，鼓励实名举报投诉。要建立健全举报投诉保密机制，切实保护举报投诉人合法权益。

二、切实完善专利行政执法工作机制

（八）创新专利纠纷行政调解工作机制

要大力开展各类专利纠纷的行政调解工作，创新工作机制，根据专利类型和纠纷的实际情况，简化调解程序，采取快速有效的调解方式。

优化专利侵权救济与确权无效程序的衔接机制，充分发挥行政执法简便、快捷的优势。

（九）完善专利行政执法协作机制

完善跨地区专利行政执法协作机制，规范跨地区专利行政执法协作。省（区、市）知识产权局负责在本行政区域内组织开展跨省的执法协作办案工作，安排、指导有关知识产权局及时完成跨省执法协作办案任务。

加强与公安、工商、版权、海关、文化、广电、质检、农业、林业等部门的执法协作。强化与司法机关的沟通协调，推进行政调解与司法调解的衔接，协同提高解决专利侵权纠纷的效率。加强与公安机关的协作，推进行政执法与刑事执法的衔接，对涉嫌刑事犯罪的假冒专利行为和涉及专利的诈骗行为，要及时移送公安机关，予以坚决整治。

（十）健全专利行政执法工作激励机制

国家知识产权局将执法维权工作考评结果作为执法专项支持的重要依据，对表现突出的地方知识产权局和维权中心给予表彰，并加大支持力度；对考评结果不合格的，视情况提出限期整改要求，或作出退出5·26工程、维权中心序列的决定。考评结果将作为全国专利工作先进集体评选和城市试点示范工作评价的重要内容之一，对考评结果不合格的市知识产权局，所在城市不再列入国家知识产权局城市试点示范序列。

省（区、市）知识产权局要根据各市专利行政执法考评结果，加强对执法工作突出的市局的支持力度。地方知识产权局对执法办案工作突出的执法处（科）室和人员给予表彰奖励。

（十一）建立知识产权保护社会信用评价监督机制

建立知识产权保护社会信用评价标准，对地方知识产权局执法工作开展社会满意度调查与评价，对企业侵权假冒行为进行监测与评价，建立知识产权诚信档案。

要充分发挥协会、中介机构、研究机构和各类群众组织的作用，构建多层次的知识产权保护社会信用评价监督机制。

（十二）建立高层次人才和重大项目知识产权维权援助服务机制

加快建立高层次人才和重大项目知识产权维权援助服务机制。选择有条件的地区先行先试，通过全面监测、主动跟踪、专题指导、提前介入、快速维权等措施，充分发挥知识产权维权对高层次人才和重大项目高水平创新的激励作用，为我国引进高层次人才、发挥高层次人才作用，支持原创性、基础性重大发明创造，加快战略性新兴产业发展营造良好环境。

对涉及高层次人才和重大项目且影响广泛的专利纠纷，相应区域的维权中心和知识产权局应及时组织开展专利预警与应对部署。

（十三）深化专利保护重点联系机制

加强与各类专利保护重点联系基地的沟通协调，积极取得司法机构、研究机构、法律服务机构和市场主体的支持与协助。

各地方知识产权局应根据需要，选择各类符合条件的机构进入当地专利保护重点联系机制，或推荐进入全国专利保护重点联系机制，借助各方资源，促进专利行政执法工作水平的提高，营造良好的执法环境。

三、全面加强专利行政执法能力建设

（十四）加强专利行政执法队伍建设

依法积极推进专利行政执法队伍建设，确保专利行政执法专职人员数量，稳定与发展执法队伍。省（区、市）知识产权局、副省级城市及进入5·26工程的地级市知识产权局应依据专利法和有关编制工作的政策法规，明确专门承担执法职责的处室；其他城市知识产权局应明确主要承担执法职责的科室。在争得当地编制部门同意的情况下，省（区、市）知识产权局加挂专利行政执法总队牌子，副省级城市、地级市知识产权局加挂专利行政执法支队牌子。县级知识产权局根据需要依法加强专利行政执法队伍建设，为积极依法开展专利行政执法工作提供队伍保障。

建立健全各级专利行政执法指导机构、知识产权举报投诉维权指挥调度机构。国家知识产权局根据需要向地方派驻执法督导员。省（区、市）知识产权局根据需要向行政区域内知识产权局派驻执法督导员。各地方知识产权局根据需要，在各类园区、商业场所、产业集聚区、大型会展及其他大型活动场所选派执法监督人员和志愿人员。

（十五）提高专利行政执法人员业务素质

专利行政执法人员取得专利行政执法证后方可从事执法办案工作。省（区、市）知识产权局负责组织行政区域内人员参加全国专利行政执法人员上岗培训。组织由国家知识产权局颁证的专利行政执法人员上岗培训，应提前报国家知识产权局同意。国家知识产权局对具备资格、参加专利行政执法上岗培训且考试合格的人员颁发专利行政执法证。要完善专利行政执法上岗培训和各类专利行政执法业务培训的管理与协调工作。

要结合工作实践中的突出问题，组织专利执法专题研讨交流活动。支持执法工作人员参加国内外业务研修及在职攻读学位，加快培养执法业务骨干。

（十六）改善专利行政执法工作条件

省（区、市）知识产权局、副省级城市及进入5·26工程的地级市知识产权局要设立专门的专利纠纷调处场所。其他城市知识产权局要设立可供专利纠纷调处的场所。要为执法人员提供基本的办案设备。承担专利执法工作职责的地方知识产权局应配置必要的执法装备。执法办案时应严肃着装。执法着装、执法用车、执法标志必须遵守国家有关规定。执法着装和执法车的标志应使用国家知识产权局核准的执法标志，以增强执法办案的规范性、严肃性与协调性，确保执法人员现场办案时的人身安全。

对国家知识产权局给予的执法专项支持，地方知识产权局应争取地方政府财政匹配，协同推进改善执法条件。

（十七）加大专利行政执法信息化建设力度

要加快全国专利行政执法工作信息网络建设，健全专利行政执法电子档案库，配置专利执法电子查询设备，建立即时查询系统。

各地方知识产权局必须建立完整一致的纸质和电子专利执法档案，配置专用的执法档案保存设备。

（十八）加强知识产权举报投诉维权援助工作平台建设

要大力加强12330知识产权举报投诉维权援助工作平台建设，加快全国知识产权举报投诉维权援助网络建设，建立健全知识产权举报投诉维权援助案件电子档案库。

国家知识产权局根据各维权中心运行情况，在全国建设若干重点中心。

国家知识产权局办公室关于对使用《专利行政执法办法》第十条有关问题的复函

1. 2009年1月22日
2. 办函字〔2009〕15号

甘肃省知识产权局：

《关于如何使用〈专利行政执法办法〉第十条的请示函》(甘知函字〔2008〕21号)收悉。经研究，现答复如下。

我局认为，依法处理专利侵权纠纷，必须充分尊重当事人依法享有的陈述、申辩或者听证权利，满足程序公正的条件。与书面形式相比，口头审理具有质证辩论充分的优点，有利于公正及时解决侵权纠纷。因此，在经过调查以及当事人书面陈述意见后，如果案情仍未查明，管理专利工作的部门应当进行口头审理。但是，根据现行《专利行政执法办法》第十条“可以根据案情需要决定是否进行口头审理”的规定，口头审理并不是管理专利工作的部门处理侵权纠纷时的必经程序。管理专利工作的部门在通过调查等方式已经查明案件事实，且当事人没有争议的情况下，可以决定不进行口头审理。另外，现行《专利行政执法办法》只要求在进行口头审理的情况下及时通知当事人，而对不进行口头审理的情况未作任何强制性规定。因此，管理专利工作的部门没有专门就不进行口头审理的做法先行通知当事人的义务。

特此函复。

6. 专利纠纷诉讼

最高人民法院关于审理侵犯专利权纠纷案件应用法律若干问题的解释

1. 2009年12月21日最高人民法院审判委员会第1480次会议通过
2. 2009年12月28日公布
3. 法释〔2009〕21号
4. 自2010年1月1日起施行

为正确审理侵犯专利权纠纷案件，根据《中华人民共和国专利法》、《中华人民共和国民事诉讼法》等有关法律规定，结合审判实际，制定本解释。

第一条　人民法院应当根据权利人主张的权利要求，依据专利法第五十九条第一款的规定确定专利权的保护范围。权利人在一审法庭辩论终结前变更其主张的权利要求的，人民法院应当准许。

权利人主张以从属权利要求确定专利权保护范围的，人民法院应当以该从属权利要求记载的附加技术特征及其引用的权利要求记载的技术特征，确定专利权的保护范围。

第二条　人民法院应当根据权利要求的记载，结合本领域普通技术人员阅读说明书及附图后对权利要求的理解，确定专利法第五十九条第一款规定的权利要求的内容。

第三条　人民法院对于权利要求，可以运用说明书及附图、权利要求书中的相关权利要求、专利审查档案进行解释。说明书对权利要求用语有特别界定的，从其特别界定。

以上述方法仍不能明确权利要求含义的，可以结合工具书、教科书等公知文献以及本领域普通技术人员的通常理解进行解释。

第四条　对于权利要求中以功能或者效果表述的技术特征，人民法院应当结合说明书和附图描述的该功能或者效果的具体实施方式及其等同的实施方式，确定该技术特征的内容。

第五条　对于仅在说明书或者附图中描述而在权利要求中未记载的技术方案，权利人在侵犯专利权纠纷案件中将其纳入专利权保护范围的，人民法院不予支持。

第六条　专利申请人、专利权人在专利授权或者无效宣告程序中，通过对权利要求、说明书的修改或者意见陈述而放弃的技术方案，权利人在侵犯专利权纠纷案件中又将其纳入专利权保护范围的，人民法院不予支持。

第七条　人民法院判定被诉侵权技术方案是否落入专利权的保护范围，应当审查权利人主张的权利要求所记载的全部技术特征。

被诉侵权技术方案包含与权利要求记载的全部技术特征相同或者等同的技术特征的，人民法院应当认定其落入专利权的保护范围；被诉侵权技术方案的技术特征与权利要求记载的全部技术特征相比，缺少权利要求记载的一个以上的技术特征，或者有一个以上技术特征不相同也不等同的，人民法院应当认定其没有落入专利权的保护范围。

第八条　在与外观设计专利产品相同或者相近种类产品上，采用与授权外观设计相同或者近似的外观设计的，人民法院应当认定被诉侵权设计落入专利法第五十九条第二款规定的外观设计专利权的保护范围。

第九条　人民法院应当根据外观设计产品的用途，认定产品种类是否相同或者相近。确定产品的用途，可以参考外观设计的简要说明、国际外观设计分类表、产品的功能以及产品销售、实际使用的情况等因素。

第十条　人民法院应当以外观设计专利产品的一般消费者的知识水平和认知能力，判断外观设计是否相同或者近似。

第十一条　人民法院认定外观设计是否相同或者近似时，应当根据授权外观设计、被诉侵权设计的设计特征，以外观设计的整体视觉效果进行综合判断；对于主要由技术功能决定的设计特征以及对整体视觉效果不产生影响的产品的材料、内部结构等特征，应当不予考虑。

下列情形，通常对外观设计的整体视觉效果更具有影响：

(一)产品正常使用时容易被直接观察到的部位相对于其他部位；

(二)授权外观设计区别于现有设计的设计特征相对于授权外观设计的其他设计特征。

被诉侵权设计与授权外观设计在整体视觉效果上无差异的，人民法院应当认定两者相同；在整体视觉效果上无实质性差异的，应当认定两者近似。

第十二条　将侵犯发明或者实用新型专利权的产品作为

零部件,制造另一产品的,人民法院应当认定属于专利法第十一条规定的使用行为;销售该另一产品的,人民法院应当认定属于专利法第十一条规定的销售行为。

将侵犯外观设计专利权的产品作为零部件,制造另一产品并销售的,人民法院应当认定属于专利法第十一条规定的销售行为,但侵犯外观设计专利权的产品在该另一产品中仅具有技术功能的除外。

对于前两款规定的情形,被诉侵权人之间存在分工合作的,人民法院应当认定为共同侵权。

第十三条 对于使用专利方法获得的原始产品,人民法院应当认定为专利法第十一条规定的依照专利方法直接获得的产品。

对于将上述原始产品进一步加工、处理而获得后续产品的行为,人民法院应当认定属于专利法第十一条规定的使用依照该专利方法直接获得的产品。

第十四条 被诉落入专利权保护范围的全部技术特征,与一项现有技术方案中的相应技术特征相同或者无实质性差异的,人民法院应当认定被诉侵权人实施的技术属于专利法第六十二条规定的现有技术。

被诉侵权设计与一个现有设计相同或者无实质性差异的,人民法院应当认定被诉侵权人实施的设计属于专利法第六十二条规定的现有设计。

第十五条 被诉侵权人以非法获得的技术或者设计主张先用权抗辩的,人民法院不予支持。

有下列情形之一的,人民法院应当认定属于专利法第六十九条第(二)项规定的已经作好制造、使用的必要准备:

(一)已经完成实施发明创造所必需的主要技术图纸或者工艺文件;

(二)已经制造或者购买实施发明创造所必需的主要设备或者原材料。

专利法第六十九条第(二)项规定的原有范围,包括专利申请日前已有的生产规模以及利用已有的生产设备或者根据已有的生产准备可以达到的生产规模。

先用权人在专利申请日后将其已经实施或作好实施必要准备的技术或设计转让或者许可他人实施,被诉侵权人主张该实施行为属于在原有范围内继续实施的,人民法院不予支持,但该技术或设计与原有企业一并转让或者承继的除外。

第十六条 人民法院依据专利法第六十五条第一款的规定确定侵权人因侵权所获得的利益,应当限于侵权人因侵犯专利权行为所获得的利益;因其他权利所产生的利益,应当合理扣除。

侵犯发明、实用新型专利权的产品系另一产品的零部件的,人民法院应当根据该零部件本身的价值及其在实现成品利润中的作用等因素合理确定赔偿数额。

侵犯外观设计专利权的产品为包装物的,人民法院应当按照包装物本身的价值及其在实现被包装产品利润中的作用等因素合理确定赔偿数额。

第十七条 产品或者制造产品的技术方案在专利申请日以前为国内外公众所知的,人民法院应当认定该产品不属于专利法第六十一条第一款规定的新产品。

第十八条 权利人向他人发出侵犯专利权的警告,被警告人或者利害关系人经书面催告权利人行使诉权,自权利人收到该书面催告之日起一个月内或者自书面催告发出之日起二个月内,权利人不撤回警告也不提起诉讼,被警告人或者利害关系人向人民法院提起请求确认其行为不侵犯专利权的诉讼的,人民法院应当受理。

第十九条 被诉侵犯专利权行为发生在2009年10月1日以前的,人民法院适用修改前的专利法;发生在2009年10月1日以后的,人民法院适用修改后的专利法。

被诉侵犯专利权行为发生在2009年10月1日以前且持续到2009年10月1日以后,依据修改前和修改后的专利法的规定侵权人均应承担赔偿责任的,人民法院适用修改后的专利法确定赔偿数额。

第二十条 本院以前发布的有关司法解释与本解释不一致的,以本解释为准。

最高人民法院关于对诉前停止侵犯专利权行为适用法律问题的若干规定

1. *2001年6月5日最高人民法院审判委员会第1179次会议通过*
2. *2001年6月7日公布*
3. *法释〔2001〕20号*
4. *自2001年7月1日起施行*

为切实保护专利权人和其他利害关系人的合法权益,根据《中华人民共和国民法通则》、《中华人民共和国专利法》(以下简称专利法)、《中华人民共和国民事

诉讼法》(以下简称民事诉讼法)的有关规定,现就有关诉前停止侵犯专利权行为适用法律若干问题规定如下:

第一条 根据专利法第六十一条的规定,专利权人或者利害关系人可以向人民法院提出诉前责令被申请人停止侵犯专利权行为的申请。

提出申请的利害关系人,包括专利实施许可合同的被许可人、专利财产权利的合法继承人等。专利实施许可合同被许可人中,独占实施许可合同的被许可人可以单独向人民法院提出申请;排他实施许可合同的被许可人在专利权人不申请的情况下,可以提出申请。

第二条 诉前责令停止侵犯专利权行为的申请,应当向有专利侵权案件管辖权的人民法院提出。

第三条 专利权人或者利害关系人向人民法院提出申请,应当递交书面申请状;申请状应当载明当事人及其基本情况、申请的具体内容、范围和理由等事项。申请的理由包括有关行为如不及时制止会使申请人合法权益受到难以弥补的损害的具体说明。

第四条 申请人提出申请时,应当提交下列证据:

(一)专利权人应当提交证明其专利权真实有效的文件,包括专利证书、权利要求书、说明书、专利年费交纳凭证。提出的申请涉及实用新型专利的,申请人应当提交国务院专利行政部门出具的检索报告。

(二)利害关系人应当提供有关专利实施许可合同及其在国务院专利行政部门备案的证明材料,未经备案的应当提交专利权人的证明,或者证明其享有权利的其他证据。

排他实施许可合同的被许可人单独提出申请的,应当提交专利权人放弃申请的证明材料。

专利财产权利的继承人应当提交已经继承或者正在继承的证据材料。

(三)提交证明被申请人正在实施或者即将实施侵犯其专利权的行为的证据,包括被控侵权产品以及专利技术与被控侵权产品技术特征对比材料等。

第五条 人民法院作出诉前停止侵犯专利权行为的裁定事项,应当限于专利权人或者利害关系人申请的范围。

第六条 申请人提出申请时应当提供担保,申请人不提供担保的,驳回申请。

当事人提供保证、抵押等形式的担保合理、有效的,人民法院应当准予。

人民法院确定担保范围时,应当考虑责令停止有关行为所涉及产品的销售收入,以及合理的仓储、保管等费用;被申请人停止有关行为可能造成的损失,以及人员工资等合理费用支出;其他因素。

第七条 在执行停止有关行为裁定过程中,被申请人可能因采取该项措施造成更大损失的,人民法院可以责令申请人追加相应的担保。申请人不追加担保的,解除有关停止措施。

第八条 停止侵犯专利权行为裁定所采取的措施,不因被申请人提出反担保而解除。

第九条 人民法院接受专利权人或者利害关系人提出责令停止侵犯专利权行为的申请后,经审查符合本规定第四条的,应当在四十八小时内作出书面裁定;裁定责令被申请人停止侵犯专利权行为的,应当立即开始执行。

人民法院在前述期限内,需要对有关事实进行核对的,可以传唤单方或双方当事人进行询问,然后再及时作出裁定。

人民法院作出诉前责令被申请人停止有关行为的裁定,应当及时通知被申请人,至迟不得超过五日。

第十条 当事人对裁定不服的,可以在收到裁定之日起十日内申请复议一次。复议期间不停止裁定的执行。

第十一条 人民法院对当事人提出的复议申请应当从以下方面进行审查:

(一)被申请人正在实施或即将实施的行为是否构成侵犯专利权;

(二)不采取有关措施,是否会给申请人合法权益造成难以弥补的损害;

(三)申请人提供担保的情况;

(四)责令被申请人停止有关行为是否损害社会公共利益。

第十二条 专利权人或者利害关系人在人民法院采取停止有关行为的措施后十五日内不起诉的,人民法院解除裁定采取的措施。

第十三条 申请人不起诉或者申请错误造成被申请人损失的,被申请人可以向有管辖权的人民法院起诉请求申请人赔偿,也可以在专利权人或者利害关系人提起的专利权侵权诉讼中提出损害赔偿的请求,人民法院可以一并处理。

第十四条 停止侵犯专利权行为裁定的效力,一般应维持到终审法律文书生效时止。人民法院也可以根据案情,确定具体期限;期限届满时,根据当事人的请求仍可作出继续停止有关行为的裁定。

第十五条 被申请人违反人民法院责令停止有关行为裁定的,依照民事诉讼法第一百零二条的规定处理。

第十六条 人民法院执行诉前停止侵犯专利权行为的措施时,可以根据当事人的申请,参照民事诉讼法第七十四条的规定,同时进行证据保全。

人民法院可以根据当事人的申请,依照民事诉讼法第九十二条、第九十三条的规定进行财产保全。

第十七条 专利权人或者利害关系人向人民法院提起专利侵权诉讼时,同时提出先行停止侵犯专利权行为请求的,人民法院可以先行作出裁定。

第十八条 诉前停止侵犯专利权行为的案件,申请人应当按照《人民法院诉讼收费办法》及其补充规定交纳费用。

最高人民法院关于审理专利纠纷案件适用法律问题的若干规定

1. 2001年6月19日最高人民法院审判委员会第1180次会议通过

2. 2001年6月22日公布

3. 法释〔2001〕21号

4. 根据2013年4月1日最高人民法院《关于修改〈最高人民法院关于审理专利纠纷案件适用法律问题的若干规定〉的决定》(法释〔2013〕9号)修正

为了正确审理专利纠纷案件,根据《中华人民共和国民法通则》(以下简称民法通则)、《中华人民共和国专利法》(以下简称专利法)、《中华人民共和国民事诉讼法》和《中华人民共和国行政诉讼法》等法律的规定,作如下规定:

第一条 人民法院受理下列专利纠纷案件:

1. 专利申请权纠纷案件;
2. 专利权权属纠纷案件;
3. 专利权、专利申请权转让合同纠纷案件;
4. 侵犯专利权纠纷案件;
5. 假冒他人专利纠纷案件;
6. 发明专利申请公布后、专利权授予前使用费纠纷案件;
7. 职务发明创造发明人、设计人奖励、报酬纠纷案件;
8. 诉前申请停止侵权、财产保全案件;
9. 发明人、设计人资格纠纷案件;
10. 不服专利复审委员会维持驳回申请复审决定案件;
11. 不服专利复审委员会专利权无效宣告请求决定案件;
12. 不服国务院专利行政部门实施强制许可决定案件;
13. 不服国务院专利行政部门实施强制许可使用费裁决案件;
14. 不服国务院专利行政部门行政复议决定案件;
15. 不服管理专利工作的部门行政决定案件;
16. 其他专利纠纷案件。

第二条 专利纠纷第一审案件,由各省、自治区、直辖市人民政府所在地的中级人民法院和最高人民法院指定的中级人民法院管辖。

最高人民法院根据实际情况,可以指定基层人民法院管辖第一审专利纠纷案件。

第三条 当事人对专利复审委员会于2001年7月1日以后作出的关于实用新型、外观设计专利权撤销请求复审决定不服向人民法院起诉的,人民法院不予受理。

第四条 当事人对专利复审委员会于2001年7月1日以后作出的关于维持驳回实用新型、外观设计专利申请的复审决定,或者关于实用新型、外观设计专利权无效宣告请求的决定不服向人民法院起诉的,人民法院应当受理。

第五条 因侵犯专利权行为提起的诉讼,由侵权行为地或者被告住所地人民法院管辖。

侵权行为地包括:被控侵犯发明、实用新型专利权的产品的制造、使用、许诺销售、销售、进口等行为的实施地;专利方法使用行为的实施地,依照该专利方法直接获得的产品的使用、许诺销售、销售、进口等行为的实施地;外观设计专利产品的制造、销售、进口等行为的实施地;假冒他人专利的行为实施地。上述侵权行为的侵权结果发生地。

第六条 原告仅对侵权产品制造者提起诉讼,未起诉销售者,侵权产品制造地与销售地不一致的,制造地人民法院有管辖权;以制造者与销售者为共同被告起诉的,销售地人民法院有管辖权。

销售者是制造者分支机构,原告在销售地起诉侵权产品制造者制造、销售行为的,销售地人民法院有管辖权。

第七条 原告根据1993年1月1日以前提出的专利申请和根据该申请授予的方法发明专利权提起的侵权诉讼,参照本规定第五条、第六条的规定确定管辖。

人民法院在上述案件实体审理中依法适用方法发明专利权不延及产品的规定。

第八条 提起侵犯实用新型专利权诉讼的原告,应当在起诉时出具由国务院专利行政部门作出的检索报告。

侵犯实用新型、外观设计专利权纠纷案件的被告请求中止诉讼的,应当在答辩期内对原告的专利权提出宣告无效的请求。

第九条 人民法院受理的侵犯实用新型、外观设计专利权纠纷案件,被告在答辩期间内请求宣告该项专利权无效的,人民法院应当中止诉讼,但具备下列情形之一的,可以不中止诉讼:

(一)原告出具的检索报告未发现导致实用新型专利丧失新颖性、创造性的技术文献的;

(二)被告提供的证据足以证明其使用的技术已经公知的;

(三)被告请求宣告该项专利权无效所提供的证据或者依据的理由明显不充分的;

(四)人民法院认为不应当中止诉讼的其他情形。

第十条 人民法院受理的侵犯实用新型、外观设计专利权纠纷案件,被告在答辩期间届满后请求宣告该项专利权无效的,人民法院不应当中止诉讼,但经审查认为有必要中止诉讼的除外。

第十一条 人民法院受理的侵犯发明专利权纠纷案件或者经专利复审委员会审查维持专利权的侵犯实用新型、外观设计专利权纠纷案件,被告在答辩期间内请求宣告该项专利权无效的,人民法院可以不中止诉讼。

第十二条 人民法院决定中止诉讼,专利权人或者利害关系人请求责令被告停止有关行为或者采取其他制止侵权损害继续扩大的措施,并提供了担保,人民法院经审查符合有关法律规定的,可以在裁定中止诉讼的同时一并作出有关裁定。

第十三条 人民法院对专利权进行财产保全,应当向国务院专利行政部门发出协助执行通知书,载明要求协助执行的事项,以及对专利权保全的期限,并附人民法院作出的裁定书。

对专利权保全的期限一次不得超过六个月,自国务院专利行政部门收到协助执行通知书之日起计算。如果仍然需要对该专利权继续采取保全措施的,人民法院应当在保全期限届满前向国务院专利行政部门另行送达继续保全的协助执行通知书。保全期限届满前未送达的,视为自动解除对该专利权的财产保全。

人民法院对出质的专利权可以采取财产保全措施,质权人的优先受偿权不受保全措施的影响;专利权人与被许可人已经签订的独占实施许可合同,不影响人民法院对该专利权进行财产保全。

人民法院对已经进行保全的专利权,不得重复进行保全。

第十四条 2001年7月1日以前利用本单位的物质技术条件所完成的发明创造,单位与发明人或者设计人订有合同,对申请专利的权利和专利权的归属作出约定的,从其约定。

第十五条 人民法院受理的侵犯专利权纠纷案件,涉及权利冲突的,应当保护在先依法享有权利的当事人的合法权益。

第十六条 专利法第二十三条所称的在先取得的合法权利包括:商标权、著作权、企业名称权、肖像权、知名商品特有包装或者装潢使用权等。

第十七条 专利法第五十六条第一款所称的"发明或者实用新型专利权的保护范围以其权利要求的内容为准,说明书及附图可以用于解释权利要求",是指专利权的保护范围应当以权利要求书中明确记载的必要技术特征所确定的范围为准,也包括与该必要技术特征相等同的特征所确定的范围。

等同特征是指与所记载的技术特征以基本相同的手段,实现基本相同的功能,达到基本相同的效果,并且本领域的普通技术人员无需经过创造性劳动就能够联想到的特征。

第十八条 侵犯专利权行为发生在2001年7月1日以前的,适用修改前专利法的规定追究民事责任;发生在2001年7月1日以后的,适用修改后专利法的规定追究民事责任。

第十九条 假冒他人专利的,人民法院可以依照专利法第五十八条的规定追究其民事责任。管理专利工作的部门未给予行政处罚的,人民法院可以依照民法通则第一百三十四条第三款的规定给予民事制裁,适用民事罚款数额可以参照专利法第五十八条的规定确定。

第二十条 人民法院依照专利法第五十七条第一款的规定追究侵权人的赔偿责任时，可以根据权利人的请求，按照权利人因被侵权所受到的损失或者侵权人因侵权所获得的利益确定赔偿数额。

权利人因被侵权所受到的损失可以根据专利权人的专利产品因侵权所造成销售量减少的总数乘以每件专利产品的合理利润所得之积计算。权利人销售量减少的总数难以确定的，侵权产品在市场上销售的总数乘以每件专利产品的合理利润所得之积可以视为权利人因被侵权所受到的损失。

侵权人因侵权所获得的利益可以根据该侵权产品在市场上销售的总数乘以每件侵权产品的合理利润所得之积计算。侵权人因侵权所获得的利益一般按照侵权人的营业利润计算，对于完全以侵权为业的侵权人，可以按照销售利润计算。

第二十一条 被侵权人的损失或者侵权人获得的利益难以确定，有专利许可使用费可以参照的，人民法院可以根据专利权的类别、侵权人侵权的性质和情节、专利许可使用费的数额、该专利许可的性质、范围、时间等因素，参照该专利许可使用费的1至3倍合理确定赔偿数额；没有专利许可使用费可以参照或者专利许可使用费明显不合理的，人民法院可以根据专利权的类别、侵权人侵权的性质和情节等因素，一般在人民币5000元以上30万元以下确定赔偿数额，最多不得超过人民币50万元。

第二十二条 人民法院根据权利人的请求以及具体案情，可以将权利人因调查、制止侵权所支付的合理费用计算在赔偿数额范围之内。

第二十三条 侵犯专利权的诉讼时效为二年，自专利权人或者利害关系人知道或者应当知道侵权行为之日起计算。权利人超过二年起诉的，如果侵权行为在起诉时仍在继续，在该项专利权有效期内，人民法院应当判决被告停止侵权行为，侵权损害赔偿数额应当自权利人向人民法院起诉之日起向前推算二年计算。

第二十四条 专利法第十一条、第六十三条所称的许诺销售，是指以做广告、在商店橱窗中陈列或者在展销会上展出等方式作出销售商品的意思表示。

第二十五条 人民法院受理的侵犯专利权纠纷案件，已经过管理专利工作的部门作出侵权或者不侵权认定的，人民法院仍应当就当事人的诉讼请求进行全面审查。

第二十六条 以前的有关司法解释与本规定不一致的，以本规定为准。

最高人民法院关于在专利侵权诉讼中原被告双方均拥有实用新型专利权应如何处理的批复

1. 1993年8月16日

2. 〔1993〕经他字第20号

北京市高级人民法院：

你院京高法〔1992〕143号关于“天津市东郊农牧场诉中国人民解放军3608工厂专利侵权上诉案”有关问题的请示收悉。经研究并征求专利复审委员会的意见。答复如下：

在专利侵权诉讼中，人民法院应当依据中国专利局授予的有效专利权作为法律保护的客体，审查其是否受到侵害。至于原告的专利权或者原、被告双方各自拥有的专利权是否真正符合专利性条件，应当由诉讼当事人通过撤销程序或者无效程序解决；诉讼当事人不向专利复审委员会请求撤销或宣告对方专利权无效的，人民法院应当认定诉讼当事人拥有的专利权有效。

对于相同或者类似产品，不同的发明人都拥有专利权的有以下三种情形：一是不同的发明人对该产品所作出的发明创造的发明点不同，他们的技术方案之间有本质区别；二是在后的专利技术是对在先的专利技术的改进或改良，它比在先的专利技术更先进，但实施该技术，有赖于实施前一项专利技术，因而它属于从属专利；三是因实用新型专利未经实质审查，前后两项实用新型专利的技术方案相同或者等同，后一项实用新型专利属于重复授权。

人民法院在审理专利侵权纠纷案件时，根据专利法规定的先申请原则，只要原告先于被告提出专利申请，则应当依据原告的专利权保护范围，审查被告制造的产品主要技术特征是否完全覆盖原告的专利保护范围。在一般情况下，前述第一种情形由于被告发明的技术方案同原告发明的技术方案有本质的区别，故被告不构成侵权，后两种情形或者被告为了实施其从属专利而未经在先专利权人的许可，实施了在先的专利技术；或者由于前后两项实用新型专利的技术方案相同或者等同,被告对后一项重复授权专利技术的实施,均构成对原告专利权的侵犯。因此,人民法院不应当仅以被告拥有专利权为由,不进行是否构成专利侵权的分析判断即驳回原告的诉讼请求,而应当分析被告拥有专利权的具体情况以及与原告专利权的关系,从而判定是否构成侵权。

此复

最高人民法院关于专利侵权案件受理问题的复函

1. 1995年7月7日

2. 法函〔1995〕93号

湖北省高级人民法院:

你院鄂高法明传(1995)161号请示收悉,经研究,答复如下:

一、专利侵权案件中有关赔偿责任和赔偿数额的纠纷,若经专利管理机关调解后,当事人一方或双方反悔的,以对方当事人为被告提起诉讼的,人民法院应作为民事案件受理。

二、专利管理机关依据《中华人民共和国专利法》第六十条的规定,作出责令侵权人停止侵权行为,并赔偿损失的处理决定,若当事人一方或双方对专利管理机关作出的处理决定不服,以专利管理机关为被告提起诉讼的,人民法院应作为行政案件受理。

最高人民法院对国家知识产权局《关于如何协助执行法院财产保全裁定的函》的答复意见

1. 2000年1月28日

2. 〔2000〕法知字第3号

国家知识产权局:

贵局《关于如何协助执行法院财产保全裁定的函》收悉。经研究,对有关问题的意见如下:

一、专利权作为无形财产,可以作为人民法院财产保全的对象。人民法院对专利权进行财产保全,应当向国家知识产权局送达协助执行通知书,写明要求协助执行的事项,以及对专利权财产保全的期限,并附人民法院作出的裁定书。根据《中华人民共和国民事诉讼法》第九十三条、第一百零三条的规定,贵局有义务协助执行人民法院对专利权财产保全的裁定。

二、贵局来函中提出的具体意见第二条中拟要求人民法院提交"中止程序请求书"似有不妥。依据人民法院依法作出的财产保全民事裁定书和协助执行通知书,贵局即承担了协助执行的义务,在财产保全期间应当确保专利申请权或者专利权的法律状态不发生变更。在此前提下,贵局可以依据《专利法》和《专利审查指南》规定的程序,并根据法院要求协助执行的具体事项,自行决定中止有关专利程序。

三、根据最高人民法院《关于适用〈民事诉讼法〉若干问题意见》第102条规定,对出质的专利权也可以采取财产保全措施,但质权人有优先受偿权。至于专利权人与被许可人已经签订的独占实施许可合同,则不影响专利权人的权利状态,也可以采取财产保全。

四、贵局协助人民法院对专利权进行财产保全的期限为6个月,到期可以续延。如到期未续延,该财产保全即自动解除。

以上意见供参考。

最高人民法院关于对出具检索报告是否为提起实用新型专利侵权诉讼的条件的请示的答复

1. 2001年11月13日

2. 〔2001〕民三函字第2号

北京市高级人民法院:

你院京高法〔2001〕279号《关于出具检索报告是否提起实用新型专利侵权诉讼条件的请示》收悉,经研究,答复如下:

最高人民法院《关于审理专利纠纷案件适用法律问题的若干规定》第八条第一款规定:"提起侵犯实用新型专利权诉讼的原告,应当在起诉时出具由国务院专利行政部门作出的检索报告。"该司法解释是根据《专利法》第五十七条第二款的规定作出的,主要针对在专利侵权诉讼中因被告提出宣告专利权无效导致中止诉讼问题而采取的措施。因此,检索报告,只是作为实用新型专利权有效性的初步证据,并非出具检索报告是原告提起实用新型专利侵权诉讼的条件。该司法解释所称“应当”,意在强调从严执行这项制度,以防过于宽松而使之失去意义。凡符合民事诉讼法第一百零八条规定的起诉条件的案件,人民法院均应当立案受理。但对于原告坚持不出具检索报告,且被告在答辩期间内提出宣告该项实用新型专利权无效的请求,如无其他可以不中止诉讼的情形,人民法院应当中止诉讼。

同意你院请示中的第二种意见。

最高人民法院对国家知识产权局《关于征求对协助执行专利申请权财产保全裁定的意见的函》的答复意见

1. 2001年10月25日

2. 〔2001〕民三函字第1号

国家知识产权局：

贵局《关于征求对协助执行专利申请权财产保全裁定的意见的函》收悉。经研究,对有关问题答复如下：

一、专利申请权属于专利申请人的一项财产权利,可以作为人民法院财产保全的对象。人民法院根据《民事诉讼法》有关规定采取财产保全措施时,需要对专利申请权进行保全的,应当向国家知识产权局发出协助执行通知书,载明要求保全的专利申请的名称、申请人、申请号、保全期限以及协助执行保全的内容,包括禁止变更著录事项、中止审批程序等,并附人民法院作出的财产保全民事裁定书。

二、对专利申请权的保全期限一次不得超过6个月,自国家知识产权局收到协助执行通知书之日起计算。如果期限届满仍然需要对该专利申请权继续采取保全措施的,人民法院应当在保全期限届满前向国家知识产权局重新发出协助执行通知书,要求继续保全。否则,视为自动解除对该专利申请权的财产保全。

三、贵局收到人民法院发出的对专利申请权采取财产保全措施的协助执行通知书后,应当确保在财产保全期间专利申请权的法律状态不发生改变。因此,应当中止被保全的专利申请的有关程序。同意贵局提出的比照《专利法实施细则》第八十七条的规定处理的意见。

以上意见供参考。

最高人民法院关于对江苏省高级人民法院《关于当宣告专利权无效或者维持专利权的决定已被提起行政诉讼时相关的专利侵权案件是否应当中止审理问题的请示》的批复

1. 2003年4月15日

2. 〔2002〕民三他字第8号

江苏省高级人民法院：

你院《关于当宣告专利权无效或者维持专利权的决定已被提起行政诉讼时相关的专利侵权案件是否应当中止审理问题的请示》收悉。经研究,答复如下：

人民法院在审理侵犯专利权民事案件过程中,当事人不服专利复审委员会有关宣告专利权无效或者维持专利权的决定,在法定期间内依法向人民法院提起行政诉讼的,该侵犯专利权民事案件可以不中止诉讼。但是,根据现有证据材料,受理该侵犯专利权民事案件的人民法院认为继续审理与相关专利行政案件的判决结果可能发生冲突的,经当事人书面申请,也可以中止诉讼。

你院请示中所涉及的陈建民诉南京三能电力仪表有限公司和苏州工业园区大余电子有限公司专利侵权上诉一案是否中止诉讼,由你院根据上述处理原则并结合本案的具体情况决定。

此复

最高人民法院对“处理专利侵权纠纷可否认定部分侵权”问题的答复

1. 2004年7月26日

2. 〔2004〕行他字第8号

辽宁省高级人民法院：

你院〔2004〕辽行终字第3号《关于处理专利侵权纠纷可否认定部分侵权的请示报告》收悉。经研究,答复如下：

判断专利侵权通常适用“全面覆盖”原则,即被控侵权产品要具有专利独立权利要求记载的全部必要技术特征,方能认定侵权成立,不存在部分侵权的问题。就本案来说,权利要求1记载的是粉镀锌的方法,权利要求2记载的是粉镀锌装置,两者均为独立权利要求,当被控侵权的方法具有权利要求1记载的全部必要技术特征时,即构成对该方法专利权的侵犯;当被控侵权的方法和装置同时具有权利要求1和权利要求2记载的全部必要技术特征时，既构成对该专利的方法专利权的侵犯，也构成对该专利的产品专利权的侵犯。

此复

最高人民法院关于在专利侵权诉讼中能否直接裁判涉案专利属于从属专利或者重复授权专利问题的函

1. 2004年12月6日

2. 〔2004〕民三他字第9号

云南省高级人民法院：

你院云高法报〔2004〕91号《关于人民法院能否直接裁判无独立请求权的第三人的专利为从属专利等问题的请示》收悉。经研究，根据所涉及案件的具体情况，答复如下：

人民法院审理专利侵权纠纷案件时，无须在判决中直接认定当事人拥有或者实施的专利是否属于某项专利的从属专利，也不宜认定是否属于重复授权专利。但是，根据专利法规定的先申请原则，应当依法保护申请在先的专利。不论被控侵权物是否具有专利，只要原告的专利是在先申请的，则应根据被控侵权物的技术特征是否完全覆盖原告的专利权保护范围，判定被告是否构成专利侵权。在进行技术对比判定时，应当以申请在先的原告专利的权利要求记载的全部必要技术特征与被控侵权物的相应技术特征进行对比。被控侵权物包含了权利要求记载的全部技术特征的，或者被控侵权物的个别或某些技术特征虽然与权利要求记载的相应技术特征不相同，但依据等同原则属于与权利要求记载的技术特征相等同的技术特征的，人民法院应当认定被控侵权物落入专利权保护范围，被告构成专利侵权。

此复

最高人民法院关于昆明制药集团股份有限公司与昆明龙津药业有限公司专利侵权纠纷一案的答复

1. 2005年9月20日

2. 〔2005〕民三他字第10号

云南省高级人民法院：

你院云高法报〔2005〕68号《关于昆明制药集团股份有限公司与昆明龙津药业有限公司专利侵权纠纷上诉案》有关问题的请示收悉。经研究，答复如下：

一、根据《中华人民共和国专利法实施细则》第二十一条第一款规定，权利要求书应当有独立权利要求，也可以有从属权利要求。因此，一件申请的权利要求当中，应当至少有一项独立权利要求。在符合《中华人民共和国专利法》第三十一条第一款及《中华人民共和国专利法实施细则》第三十五条有关发明或者实用新型专利申请的单一性规定的情况下，即属于一个总的发明构思的两项以上发明或者实用新型作为一件专利申请时，权利要求书中可以有两项或者两项以上独立权利要求。其中，写在最前面的独立权利要求为第一独立权利要求，其他独立权利要求为并列独立权利要求。《审查指南》第二部分2.2.1(2)对属于一个总的发明构思的两项以上发明规定了六种权利要求的撰写方式，其中，"产品和专用于制造该产品的方法的独立权利要求"的组合即为撰写方式之一。因此，属于一个总的发明构思的两项以上发明或者实用新型专利，其权利要求书中可以有两项或者两项以上独立权利要求。

又根据《中华人民共和国专利法实施细则》第二十一条第二款和第三款规定，独立权利要求应当从整体上反映发明或者实用新型的技术方案，记载解决技术问题的必要技术特征。从属权利要求应当用附加的技术特征，对引用的权利要求进一步限定。因此，只有从属权利要求对所引用的权利要求有限定作用，而独立权利要求之间不具有相互限定的作用，应当按照各自的内容确定专利权的保护范围。

就本案来说，昆明制药集团股份有限公司拥有的"灯盏花素粉针剂及制备方法"发明专利，实质上是"灯盏花素粉针剂"产品和制造该产品的方法两个发明，二者属于一个总的发明构思，可以作为一件专利申请，其权利要求1记载的是"灯盏花素粉针剂"产品的技术方案，权利要求2记载的是制造该产品的方法的技术方案，二者均为独立权利要求，属于前述《审查指南》规定的"产品和专用于制造该产品的方法的独立权利要求组合"的撰写方式。由于权利要求1和权利要求2都是独立权利要求，应当按照各自的权利要求的内容确定专利权的保护范围，权利要求2对权力要求1不具有限定作用。故此，同意你院审判委员会的第二种处理意见。

二、有关本案产品涉及的检测问题，如果国家没有制定相关的检测标准，可以参照《中华人民共和国合同法》第六十二条第一款第(一)项的规定，按照本领域的惯常作法来进行检测。只要所采用的方法具有充分的科学依据,其检测结果一般可以作为定案的依据。至于本案中云南省分析测试中心所作的检测结果能否作为定案的依据,请你院根据上述原则,并结合案件的具体情况予以确定。

最高人民法院关于广东省高级人民法院请示阳江虹阳食品工业有限公司与叶冠东专利侵权纠纷案的答复

1. 2007年6月20日

2. 〔2006〕民三他字第19号

广东省高级人民法院:

你院粤高法[2006]380号《关于阳江虹阳食品工业有限公司与叶冠东专利侵权纠纷一案如何适用法律的请示》收悉。经研究,答复如下:

根据《中华人民共和国专利法》第五十六条第一款的规定,发明或者实用新型专利权的保护范围以其权利要求的内容为准,说明书及附图可以用于解释权利要求。对于权利要求记载的技术特征,应当首先以说明书及附图为依据进行解释。权利要求书等有关表述歧义,不能直接得出具体、确定、惟一的解释的,应当依据所属领域的技术人员通过阅读权利要求书和说明书及附图,对实现要求保护的技术方案得出具体、确定、惟一的解释,以达到确定该专利保护范围的目的。本案所涉及技术方案中的滤网的位置,所属领域技术人员通过阅读权利要求书和说明书及附图后综合判断,应当可以得出滤网只能在桶体底部胶质出口之上的理解。至于本案被控侵权产品是否落入专利保护范围,请你院经依法审判自行认定。

此复。

最高人民法院关于对当事人能否选择从属权利要求确定专利权保护范围的请示的答复

1. 2007年11月13日

2. 〔2007〕民三他字第10号

江苏省高级人民法院:

你院《关于连云港鹰游纺机有限责任公司与江阴周庄纺织设备厂专利侵权纠纷一案的请示》收悉。经研究,答复如下:

一、当事人放弃独立权利要求,自愿选择从属权利要求确定专利权保护范围的,人民法院应当允许。专利法第五十六条第一款规定,发明或者实用新型专利权的保护范围以其权利要求的内容为准。专利法实施细则第二十一条第一款规定,权利要求书应当有独立权利要求,也可以有从属权利要求。由于专利法第五十六条第一款所说的"权利要求"没有仅限定为专利法实施细则第二十一条第一款规定的"独立权利要求",因此也应当包括实施细则规定的"从属权利要求"。"从属权利要求"是附加的技术特征,对其所引用的权利要求包括独立权利要求作进一步的限定,因此从属权利要求所限定的专利权的保护范围要小于独立权利要求或者其所引用的权利要求所限定的专利权的保护范围。因此,在当事人放弃独立权利要求,自愿选择从属权利要求作为其专利权保护范围的依据的情况下,由于这种选择既不违反法律,也没有损害社会公众利益,人民法院应当允许。

二、当事人选择从属权利要求确定专利权保护范围与该专利权是否经过无效程序似没有直接关系,但与案件是否中止诉讼有关系。正如前述,既然当事人选择从属权利要求确定专利权保护范围并不违反法律,也不损害社会公众利益,那么一项专利权无论经过宣告专利权无效程序还是没有经过宣告专利权无效程序,都应当允许当事人选择从属权利要求确定专利权保护范围。但是,当一方当事人所选择的从属权利要求不具备法律稳定性并且符合民事诉讼法及本院有关司法解释规定的中止诉讼的情形时,人民法院应当中止诉讼。例如,当专利权是实用新型专利时,由于未经过实质审查,也未经过宣告专利权无效程序对其有效性进行审查,甚至也未提供检索报告证明该实用新型专利权具备法律稳定性的初步证据,或者提供的检索报告初步证明该实用新型专利权的所有权利要求缺乏新颖性、创造性,那么无论是该实用新型专利权的独立权利要求还是从属权利要求均不具备法律稳定性。在此情况下,一方当事人仍然可以放弃独立权利要求而选择从属权利要求作为确定其专利权保护范围的依据。但是,由于所选择的从属权利要求也不具备法律稳定性,如果对方当事人在答辩期内提出宣告该专利权无效请求并申请中止诉讼的,人民法院应当中止诉讼,待专利无效结果作出后再恢复诉讼。如果对方当事人明确表示拒绝提出宣告该实用新型专利权无效请求并且不申请中止诉讼,而仅以不侵权或者公知技术进行抗辩的,当事人选择从属权利要求作为确定其专利权保护范围依据的,人民法院也可以不中止诉讼,在推定该实用新型专利权有效的基础上,直接进行侵权对比或者确认公知技术抗辩是否成立。

三、当当事人放弃独立权利要求,选择从属权利要求确定专利权保护范围时,应当以其所选择的从属权利要求记载的技术特征与该从属权利要求所引用的权利要求记载的技术特征共同限定该专利权的保护范围。这就是说,不能仅以该从属权利要求本身记载的技术特征作为确定专利权保护范围的依据,也不能将没有引用关系的其他权利要求记载的技术特征加在一起作为确定专利权保护范围的依据。因为每一个从属权利要求与其所引用的权利要求记载的都系各自不同的完整的技术方案,应当分别受到保护。例如,本案中,权利要求1为独立权利要求,权利要求2、3、4、5均为从属权利要求。其中,权利要求2与其所引用的权利要求1;权利要求3与其所引用的权利要求1;权利要求3与其所引用的权利要求2和权利要求2引用的权利要求1;权利要求4与其所引用的权利要求1;权利要求4与其所引用的权利要求2和权利要求2引用的权利要求1;权利要求5与其所引用的权利要求1,均为独立的技术方案,专利权人可以选择其中的一个或者全部予以保护,法院可以引导专利权人作出适当的选择。

四、在当事人没有放弃独立权利要求,自愿选择从属权利要求确定专利权保护范围的情况下,人民法院不得自行采用从属权利要求确定专利权的保护范围。因为独立权利要求的保护范围最大,在当事人没有主动放弃保护请求的情况下,人民法院应当尊重当事人的选择。当当事人没有明确放弃以独立权利要求确定专利权保护范围时,如果另一方当事人对该独立权利要求提出公知技术抗辩并且成立的,人民法院应当依照公知技术抗辩原则处理,认定被控侵权产品或者方法属于公知技术,不构成侵权。

此复

最高人民法院关于朝阳兴诺公司按照建设部颁发的行业标准《复合载体夯扩桩设计规程》设计、施工而实施标准中专利的行为是否构成侵犯专利权问题的函

1. 2008年7月8日

2. 〔2008〕民三他字第4号

辽宁省高级人民法院:

你院《关于季强、刘辉与朝阳市兴诺建筑工程有限公司专利侵权纠纷一案的请示》(〔2007〕辽民四知终字第126号)收悉。经研究,答复如下:

鉴于目前我国标准制定机关尚未建立有关标准中专利信息的公开披露及使用制度的实际情况,专利权人参与了标准的制定或者经其同意,将专利纳入国家、行业或者地方标准的,视为专利权人许可他人在实施标准的同时实施该专利,他人的有关实施行为不属于专利法第十一条所规定的侵犯专利权的行为。专利权人可以要求实施人支付一定的使用费,但支付的数额应明显低于正常的许可使用费;专利权人承诺放弃专利使用费的,依其承诺处理。

对于你院所请示的案件,请你院在查明有关案件事实,特别是涉案专利是否已被纳入争议标准的基础上,按照上述原则依法作出处理。

此复。

·指导案例·

最高人民法院指导案例20号

——深圳市斯瑞曼精细化工有限公司诉深圳市坑梓自来水有限公司、深圳市康泰蓝水处理设备有限公司侵害发明专利权纠纷案

(最高人民院审判委员会讨论通过
2013年11月8日发布)

【关键词】

民事　知识产权　侵害　发明专利权　临时保护期　后续行为

【裁判要点】

在发明专利申请公布后至专利权授予前的临时保护期内制造、销售、进口的被诉专利侵权产品不为专利法禁止的情况下，其后续的使用、许诺销售、销售，即使未经专利权人许可，也不视为侵害专利权，但专利权人可以依法要求临时保护期内实施其发明的单位或者个人支付适当的费用。

【相关法条】

《中华人民共和国专利法》第十一条、第十三条、第六十九条

【基本案情】

深圳市斯瑞曼精细化工有限公司（以下简称斯瑞曼公司）于2006年1月19日向国家知识产权局申请发明专利，该专利于2006年7月19日公开，2009年1月21日授权公告，授权的发明名称为“制备高纯度二氧化氯的设备”，专利权人为斯瑞曼公司。该专利最近一次年费缴纳时间为2008年11月28日。2008年10月20日，深圳市坑梓自来水有限公司（以下简称坑梓自来水公司）与深圳市康泰蓝水处理设备有限公司（以下简称康泰蓝公司）签订《购销合同》一份，坑梓自来水公司向康泰蓝公司购买康泰蓝二氧化氯发生器一套，价款26万元。康泰蓝公司已于2008年12月30日就上述产品销售款要求税务机关代开统一发票。在上述《购销合同》中，约定坑梓自来水公司分期向康泰蓝公司支付设备款项，康泰蓝公司为坑梓自来水公司提供安装、调试、维修、保养等技术支持及售后服务。

2009年3月16日，斯瑞曼公司向广东省深圳市中级人民法院诉称：其拥有名称为“制备高纯度二氧化氯的设备”的发明专利（以下简称涉案发明专利），康泰蓝公司生产、销售和坑梓自来水公司使用的二氧化氯生产设备落入涉案发明专利保护范围。请求判令二被告停止侵权并赔偿经济损失30万元、承担诉讼费等费用。在本案中，斯瑞曼公司没有提出支付发明专利临时保护期使用费的诉讼请求，在一审法院已作释明的情况下，斯瑞曼公司仍坚持原诉讼请求。

【裁判结果】

广东省深圳市中级人民法院于2010年1月6日作出（2009）深中法民三初字第94号民事判决：康泰蓝公司停止侵权，康泰蓝公司和坑梓自来水公司连带赔偿斯瑞曼公司经济损失8万元。康泰蓝公司、坑梓自来水公司均提起上诉，广东省高级人民法院于2010年11月15日作出（2010）粤高法民三终字第444号民事判决：驳回上诉，维持原判。坑梓自来水公司不服二审判决，向最高人民法院申请再审。最高人民法院于2011年12月20日作出（2011）民提字第259号民事判决：撤销原一、二审判决，驳回斯瑞曼公司的诉讼请求。

【裁判理由】

最高人民法院认为：斯瑞曼公司在本案中没有提出支付发明专利临时保护期使用费的诉讼请求，因此本案的主要争议焦点在于，坑梓自来水公司在涉案发明专利授权后使用其在涉案发明专利临时保护期内向康泰蓝公司购买的被诉专利侵权产品是否侵犯涉案发明专利权，康泰蓝公司在涉案发明专利授权后为坑梓自来水公司使用被诉专利侵权产品提供售后服务是否侵犯涉案发明专利权。

对于侵犯专利权行为的认定，应当全面综合考虑专利法的相关规定。根据本案被诉侵权行为时间，本案应当适用2000年修改的《中华人民共和国专利法》。专利法第十一条第一款规定：“发明和实用新型专利权被授予后，除本法另有规定的以外，任何单位或者个人未经专利权人许可，都不得实施其专利，即不得为生产经营目的制造、使用、许诺销售、销售、进口其专利产品，或者使用其专利方法以及使用、许诺销售、销售、进口依照该专利方法直接获得的产品。”第十三条规定：“发明专利申请公布后，申请人可以要求实施其发明的单位或者个人支付适当的费用。”第六十二条规定：“侵犯专利权的诉讼时效为二年，自专利权人或者利害关系人得知或者应当得知侵权行为之日起计算。发明专利申请公布后至专利权授予前使用该发明未支付适当使用费的，专利权人要求支付使用费的诉讼时效为二年，自专利权人得知或者应当得知他人使用其发明之日起计算，但是，专利权人于专利权授予之日前即已得知或者应当得知的，自专利权授予之日起计算。”综合考虑上述规定，专利法虽然规定了申请人可以要求在发明专利申请公布后至专利权授予之前（即专利临时保护期内）实施其发明的单位或者个人支付适当的费用，即享有请求给付发明专利临时保护期使用费的权利，但对于专利临时保护期内实施其发明的行为并不享有请求停止实施的权利。因此，在发明专利临时保护期内实施相关发明的，不属于专利法禁止的行为。在专利临时保护期内制造、销售、进口被诉专利侵权产品不为专利法禁止的情况下，其后续的使用、许诺销售、销售该产品的行为，即使未经专利权人许可，也应当

得到允许。也就是说，专利权人无权禁止他人对专利临时保护期内制造、销售、进口的被诉专利侵权产品的后续使用、许诺销售、销售。当然，这并不否定专利权人根据专利法第十三条规定行使要求实施其发明者支付适当费用的权利。对于在专利临时保护期内制造、销售、进口的被诉专利侵权产品，在销售者、使用者提供了合法来源的情况下，销售者、使用者不应承担支付适当费用的责任。

认定在发明专利授权后针对发明专利临时保护期内实施发明得到的产品的后续使用、许诺销售、销售等实施行为不构成侵权，符合专利法的立法宗旨。一方面，专利制度的设计初衷是“以公开换保护”，且是在授权之后才能请求予以保护。对于发明专利申请来说，在公开日之前实施相关发明，不构成侵权，在公开日后也应当允许此前实施发明得到的产品的后续实施行为；在公开日到授权日之间，为发明专利申请提供的是临时保护，在此期间实施相关发明，不为专利法所禁止，同样也应当允许实施发明得到的产品在此期间之后的后续实施行为，但申请人在获得专利权后有权要求在临时保护期内实施其发明者支付适当费用。由于专利法没有禁止发明专利授权前的实施行为，则专利授权前制造出来的产品的后续实施也不构成侵权。否则就违背了专利法的立法初衷，为尚未公开或者授权的技术方案提供了保护。另一方面，专利法规定了先用权，虽然仅规定了先用权人在原有范围内继续制造相同产品、使用相同方法不视为侵权，没有规定制造的相同产品或者使用相同方法制造的产品的后续实施行为是否构成侵权，但是不能因为专利法没有明确规定就认定上述后续实施行为构成侵权，否则，专利法规定的先用权没有任何意义。

本案中，康泰蓝公司销售被诉专利侵权产品是在涉案发明专利临时保护期内，该行为不为专利法所禁止。在此情况下，后续的坑梓自来水公司使用所购买的被诉专利侵权产品的行为也应当得到允许。因此，坑梓自来水公司后续的使用行为不侵犯涉案发明专利权。同理，康泰蓝公司在涉案发明专利授权后为坑梓自来水公司使用被诉专利侵权产品提供售后服务也不侵犯涉案发明专利权。

·典型案例·

江苏拜特进出口贸易有限公司、江苏省淮安市康拜特地毯有限公司诉许赞有因申请临时措施损害赔偿纠纷案

【裁判摘要】

《中华人民共和国民事诉讼法》第九十六条规定：“申请有错误的，申请人应当赔偿被申请人因财产保全所遭受的损失。”最高人民法院《关于对诉前停止侵犯专利权行为适用法律问题的若干规定》第十三条规定：“申请人不起诉或者申请错误造成被申请人损失的，被申请人可以向有管辖权的人民法院起诉请求申请人赔偿，也可以在专利权人或者利害关系人提起的专利权侵权诉讼中提出损害赔偿的请求，人民法院可以一并处理。”据此，专利权人的专利权最终被宣告无效，专利权人提出财产保全和停止侵犯专利权申请给被申请人造成损失的，属于上述法律、司法解释规定的“申请有错误”，被申请人据此请求申请人依法予以赔偿的，人民法院应予支持。

【基本案情】

原告江苏拜特进出口贸易有限公司（以下简称拜特公司）、江苏省淮安市康拜特地毯有限公司（以下简称康拜特公司）因与被告许赞有发生申请临时措施损害赔偿纠纷，向江苏省南京市中级人民法院提起诉讼。

原告拜特公司、康拜特公司诉称：2004 年 4 月 6 日，被告许赞有向南京市中级人民法院起诉拜特公司、康拜特公司侵犯其 01333737. 8 号“地毯（竹）”外观设计专利权，南京市中级人民法院根据许赞有的申请于 2004 年 4 月 6 日裁定查封了两原告银行存款 30 万元。同年 4 月 19 日，许赞有又以侵犯该专利为由另案起诉两原告，南京市中级人民法院根据许赞有的申请于同年 5 月 13 日查封拜特公司通过南京海关出口的地毯产品，查封（冻结）两原告银行存款 240 万元。

2005 年 8 月 18 日，国家知识产权局专利复审委员会（以下简称专利复审委）以 7432 号无效审查决定，宣告被告许赞有的涉案 01333737. 8 号“地毯（竹）”外观设计专利权全部无效，后北京市高级人民法院以（2006）高行终字第 256 号行政判决维持该决定。据此，涉案专利自始无效。由于许赞有的不当申请，致使原告拜特公司、

康拜特公司大量银行存款被冻结，为维持正常经营，两原告不得不对外借款，并额外支付利息款164 327.01元。由于拜特公司出口地毯产品被查封，不能正常履行已经签订的合同，不得不按合同支付高额违约赔偿金，后该部分地毯产灭失。此外，许赞有还须承担实际发生的运费、报关费、商检费、港口费、掏箱费、集装箱暂存费等费用损失计1 838 988.29元。请求判令许赞有赔偿两原告损失共计2 003 315.3元，由许赞有承担本案全部诉讼费用。

被告许赞有辩称：1. 原告拜特公司和康拜特公司全部诉讼请求的法律依据均系《中华人民共和国民事诉讼法》（以下简称民事诉讼法）第九十六条之规定，并无实体法依据；2. 两原告提起的本案诉讼是因为许赞有涉案专利权被宣告无效，但被告提出保全在前，涉案专利权被宣告无效在后，故两原告认为许赞有在专利有效期内提出财产保全申请错误没有法律依据；3. 依据《中华人民共和国专利法》（以下简称专利法）第四十七条规定，宣告无效的专利权视为自始即不存在，但只有当专利权人的恶意给他人造成损失的，才应当承担赔偿责任。两原告提交的证据并不能证明被告系恶意造成他人损失。请求法院依法驳回两原告的诉讼请求。

【一审争议焦点】

本案争议焦点是：1. 被告许赞有涉案专利被宣告无效，许赞有应否对其进行的财产保全申请以及“先行责令被告立即停止侵犯专利权行为”的申请给原告拜特公司和康拜特公司造成的损失予以赔偿；2. 如果应予赔偿，赔偿的数额应如何确定。

【一审裁判理由】

南京市中级人民法院一审认为：

一、关于第一个争议焦点。

被告许赞有申请了财产保全。财产保全主要是为了保证人民法院作出的判决能够得到有效执行，但因为该措施是一种强制性保全措施，如果滥用，可能会造成被申请人的财产损失。为了防止财产保全被滥用，民事诉讼法一方面规定了财产保全应当具备的条件、范围等，规定法院可以责令申请人提供担保，另一方面也规定了申请不当的法律后果，民事诉讼法第九十六条规定：“申请有错误的，申请人应当赔偿被申请人因财产保全所遭受的损失。”

在案件审理的过程中，被告许赞有还申请了“先行责令被告立即停止侵犯专利权行为”。该申请属于诉讼中临时措施的申请，在人民法院尚未对被控侵权人确属侵权作出生效判决前先行实施临时措施，主要是为了避免被控侵权人继续侵权导致专利权人损失进一步扩大或者造成无法挽回的损失，是对专利权人合法权益的保护，但是，该保护措施也不能滥用。

本案中，被告许赞有申请财产保全的目的是为了保证人民法院作出的判决能够得到有效执行，这一点的前提和基础是被告的诉讼请求得到了法院的支持，如果被告的诉讼请求没有获得支持，则关于财产保全的申请即失去其应有的基础。民事诉讼法对申请错误的法律后果作出了明确规定，规定当事人申请财产保全需提供担保，目的在于使被申请人可能因申请错误而遭受的损失切实得到赔偿。按照权利与义务相适应原则，申请人享有相关民事强制措施利益的同时，也应承担可能面临的风险责任。被告的诉讼请求能否被人民法院支持，在其申请财产保全时无法通过法院的程序性审查予以认定，只有通过实体审理并在作出最终生效判决后才能予以确认。因此，被告在申请财产保全时，不仅要对其诉讼请求能否得到法院支持这一诉讼风险进行判断，还要权衡可能因申请错误所承担的法律责任，慎重地决定是否有必要申请财产保全。一旦申请错误，并由此给被申请人造成损害的，理应承担相应的赔偿责任。

被告许赞有在诉讼中还向人民法院提出了先行停止侵犯专利权行为的申请，在人民法院尚未对被控侵权人确属侵权作出生效判决前先行实施临时措施，是保护专利权人合法利益的需要。但在二审期间，被告的涉案专利被宣告无效。根据专利法第四十七条第一款规定：“宣告无效的专利权视为自始即不存在。”被告不享有涉案专利权，被告所提出的先行停止侵犯专利权行为申请的基础丧失，其诉讼请求最终被二审法院驳回。被告的行为属于申请错误，对被申请人由此造成的财产损失应予赔偿。

根据专利法第四十七条第二款的规定，宣告专利权无效的决定，对在宣告专利权无效前人民法院作出并已执行的专利侵权的判决、裁定，不具有追溯力。但是，因专利权人的恶意给他人造成的损失，应当给予赔偿。被告许赞有根据该规定，主张自己因没有主观恶意，故对于其错误的财产保全以及“先行责令被告立即停止侵犯专利权行为”的申请不应承担任何赔偿责任。法院认为，专利法第四十七条第二款规定中的“判决、裁定”，是指人民法院对于相关的专利侵权案件经过审理后作出的涉及专利侵权的“判决、裁定”，而人民法院因当事人提起财产保全以及“先行责令被告立即停止侵犯专利权行为”申请作出的裁定,主要是为了保证人民作出的判决能够得到有效执行,避免被控侵权人继续侵权导致专利权人损失进一步扩大,其内容并不含有关于被控侵权人的行为是否侵犯他人专利权的评价。因此,涉案财产保全以及“先行责令被告立即停止侵犯专利权行为”的裁定不属于专利法第四十七条第二款规定中的“判决、裁定”,申请人是否存在恶意,不影响其因申请错误给他人造成损失应承担赔偿的义务。故许赞有的该项主张没有法律依据。

二、关于第二个争议焦点。

原告拜特公司主张因不能履行与案外人安立(香港)有限公司 PIN960/04 号合同,支付赔偿金 4 万美元(折合人民币 330 600 元),该笔损失系法院根据被告许赞有申请,作出“先行责令被告立即停止侵犯专利权行为”的裁定,导致拜特公司无法履行相应合同所致,故应由被告予以赔偿。

对原告拜特公司和康拜特公司被扣押和查封在其库房内的竹地毯产品1110条,两原告主张被告许赞有对其中的1069条进行赔偿,予以准许。两原告主张应按照每条16.5美元的价格计算损失,并承担相应利息,但由于该批产品虽被查封和扣押,并未实际灭失。根据本案查明的事实,两原告正常出口销售涉案竹地毯与通过拍卖等方式另行处理该类产品之间的差价约为 122 782 元,故应当以该差价款确定赔偿数额。

在专利权人依法提出先行停止侵犯专利权行为申请,并提供担保的情况下,被申请人应严格遵守人民法院已作出的“责令停止侵犯专利权行为”裁定,对该裁定不服,可以寻找其他合法的救济途径,不能擅自违反生效裁定,否则造成的损失属于自行扩大的经济损失,应自行承担法律后果。本案中,原告拜特公司、康拜特公司在人民法院已下达生效裁定的情况下,本应立即停止生产、销售与涉案专利相同或相近似的产品,并可在被告许赞有败诉的情况下寻求赔偿。但拜特公司仍以履行合同为由,公然违反法院生效裁定,出口销售涉嫌侵权产品,并因此导致该批产品被扣押和查封,由此造成的损失,包括运费、报关费、商检费、港口费、掏箱费、集装箱暂存费等,均系其违法行为所致,属自行扩大造成的损失,理应由其自行承担。

此外,原告拜特公司和康拜特公司主张被告许赞有应当赔偿两原告因财产被冻结而被迫向私人借款所导致的借款利息与同期银行存款利息的差额损失。法院认为,首先,银行贷款利率明显低于月息1%。拜特公司和康拜特公司以明显高于同期银行贷款利率的利息向私人借贷,不恰当地扩大了损失。其次,即使银行账户被冻结,两原告仍有合法融资渠道,无需以高息向个人借款。因此,该损失属于两原告自行扩大的损失,对于两原告的该项主张,不予支持。

【一审裁判结果】

南京市中级人民法院于 2007 年 10 月 22 日判决:一、被告许赞有赔偿由于其错误申请财产保全措施给原告拜特公司造成的经济损失 19 152.51 元,赔偿因此给原告康拜特公司造成的经济损失 28 461.76 元;二、被告许赞有赔偿由于其错误申请“先行责令被告立即停止侵犯专利权行为”给原告拜特公司造成的经济损失 330 600 元;三、被告许赞有赔偿由于其错误申请“先行责令被告立即停止侵犯专利权行为”给原告拜特公司和康拜特公司造成的经济损失 122 782 元,并按同期银行贷款利率支付利息(自 2004 年 4 月 20 日至执行本判决时);四、驳回原告拜特公司和康拜特公司其他诉讼请求。

【上诉情况】

拜特公司、康拜特公司和许赞有均不服一审判决,向江苏省高级人民法院提出上诉。

上诉人拜特公司和康拜特公司请求撤销原判,依法改判。理由是:1. 最高人民法院《关于人民法院审理借贷案件的若干意见》(以下简称意见)第六条规定:“民间借贷的利率可以适当高于银行的利率,各地人民法院可根据本地区的实际情况具体掌握,但最高不得超过银行同类贷款利率的四倍(包含利率本数)。超出此限度的,超出部分的利息不予保护。”在银行账号和资金全部被冻结的情况下,拜特公司和康拜特公司无法通过正常途径从银行获得贷款。为了维持正常的生产经营,拜特公司和康拜特公司迫不得已向私人借款,且借贷利息并未超出意见规定的民间借贷利率的上限。一审判决不支持拜特公司和康拜特公司的该项诉讼请求,不按实际发生的利息损失计算赔偿额,没有法律依据。2. 一审判决认定海关扣押地毯所造成的损失系拜特公司违反人民法院生效裁定所致,因而不赔偿,是不正确的。人民法院对拜特公司的财产采取保全措施,并不是没收该财产,更不是销毁该财产,相反,应当妥善保管被扣押的财产,并保证被查封扣押的财产不灭失,价值不毁损。上诉人许赞有申请查封扣押拜特公司地毯的目的,也仅在于制止拜特公司出口该批货物，而不是要求人民法院没收该财产。因此，拜特公司的货物在被查封扣押期间，仍依法受法律保护。在查封扣押措施解除之后，被查封扣押的货物依法应当完好无损。现许赞有的财产保全申请被认定错误，而拜特公司被扣押的货物全部灭失，由此所遭受的损失理应得到赔偿。

上诉人许赞有上诉并答辩称：一审认定许赞有申请财产保全和先行责令上诉人拜特公司和康拜特公司立即停止侵犯专利权错误，并判令许赞有承担相应的赔偿责任，没有法律依据。许赞有采取被诉维权措施时，涉案专利尚处于有效状态，并未被宣告无效。许赞有依据民事诉讼法及专利法的有关规定，向法院提起诉讼，申请法院采取财产保全以及先行责令拜特公司和康拜特公司立即停止侵犯专利权措施，均属合法维权行为，并无主观恶意，况且许赞有在提起诉讼时，涉案专利权曾两次被提起无效宣告申请，最终均被维持有效，许赞有没有也不可能预见到会败诉，后涉案专利权确实被宣告无效，但依据专利法第四十七条第二款的精神，许赞有不应当承担赔偿责任。因此，请求撤销原判，改判驳回拜特公司和康拜特公司的全部诉讼请求，由拜特公司和康拜特公司负担本案一、二审诉讼费用。

上诉人拜特公司和康拜特公司答辩称：上诉人许赞有的上诉理由不正确，涉案保全申请是错误的，应当弥补我们因此遭受的损失。

【二审争议焦点】

本案二审争议焦点与一审争议焦点相同。

【二审裁判理由】

江苏省高级人民法院二审认为：

上诉人许赞有主张，依据专利法第四十七条第二款的精神，许赞有不应当承担赔偿责任。法院认为，一审判决对专利法第四十七条第二款规定的“判决、裁定”的含义进行了阐述，论述得当，二审予以支持。许赞有还主张，在本案审理前，涉案专利权曾两次被申请宣告无效，均被维持有效，许赞有没有也不可能预见到会败诉。法院认为，首先，外观设计专利的稳定性具有一定的相对性，专利权存在被宣告无效的可能。一项专利在提起诉讼时有效，并不意味着专利权诉讼最终必然胜诉。其次，财产保全和先行责令被告立即停止侵犯专利权是在认定侵权成立的判决作出之前对被申请人的权利采取的限制措施，如果被申请人实际并未侵权，会给被申请人造成相应的损失。因此，法律并未将申请财产保全和先行责令被控侵权人立即停止侵犯专利权规定为申请人维护自身权利必须要采取的措施，是否提出申请由申请人自行决定。第三，为了有效弥补错误申请给被申请人造成的损失，法律还规定申请人在申请财产保全和先行责令被控侵权人立即停止侵犯专利权的同时提供相应的担保，就是为了在申请人申请错误的情形下，更好地承担相应的赔偿义务。因此，许赞有在其申请财产保全和先行责令上诉人拜特公司、康拜特公司立即停止侵犯专利权时，应充分意识到其提出该申请的风险，并应承担该风险带来的法律后果。故许赞有称不应承担相应赔偿责任的主张没有法律依据，不予支持。

意见第六条规定，民间借贷的利率可以适当高于银行的利率，各地人民法院可根据本地区的实际情况具体掌握，但最高不得超过银行同类贷款利率的四倍（包含利率本数）。超出此限度的，超出部分的利息不予保护。上诉人拜特公司和康拜特公司据此认为，在银行账户均被冻结的情况下，其无法从银行取得贷款，只能向个人借款，且1%的月息没有超出意见第六条规定的利率上限，许赞有对该损失应予赔偿。法院认为，首先，一审法院已经论述，本案拜特公司和康拜特公司并非没有合适的融资渠道，以较高的利息向私人借款属于不适当地扩大损失，该论述准确，应予维持。此外，意见第六条规定的是借贷案件的利率问题，本案要解决的，是拜特公司和康拜特公司向私人借款而发生的利息损失应否赔偿的问题，不适用前述意见的规定。既然该部分损失属于拜特公司和康拜特公司自行扩大的损失，故不应予以支持。

关于上诉人拜特公司和康拜特公司被扣押的货物灭失的问题。在先行责令立即停止侵犯专利权的合法裁定下达之后，拜特公司和康拜特公司无视该裁定继续出口6930条地毯，从而被南京海关扣押，该扣押行为系拜特公司和康拜特公司违法行为造成的，故相应的仓储、保管等费用应当由拜特公司和康拜特公司负担。该批货物拖欠仓储保管费用，南京海关依法拍卖，得款充抵部分拖欠的仓储费用，拜特公司、康拜特公司要求上诉人许赞有承担该部分货物灭失的责任，没有法律依据，不予支持。

综上，上诉人拜特公司、康拜特公司以及上诉人许赞有的上诉请求，均没有事实根据和法律依据，应予驳回。一审判决认定事实清楚，适用法律正确，程序合法，应予维持。

【二审裁判结果】

江苏省高级人民法院依照《中华人民共和国民事诉

讼法》第一百五十三条第一款第（一）项之规定，于2008年5月30日判决如下：

驳回上诉，维持原判。

本判决为终审判决。

苏州工业园区新海宜电信发展股份有限公司诉南京普天通信股份有限公司、苏州工业园区华发科技有限公司侵犯专利权纠纷案

【裁判摘要】

现有技术抗辩是指在专利侵权纠纷中被控侵权人以其实施的技术属于现有技术为由，对抗专利侵权指控的不侵权抗辩事由。如被控侵权人有充分证据证明其实施的技术方案属于一份对比文献中记载的一项现有技术方案与所属领域技术人员广为熟知的常识的简单组合，则应当认定被控侵权人主张的现有技术抗辩成立，被控侵权物不构成侵犯专利权。

【基本案情】

原告苏州工业园区新海宜电信发展股份有限公司（以下简称新海宜公司）因与被告南京普天通信股份有限公司（以下简称普天公司）、被告苏州工业园区华发科技有限公司（以下简称华发公司）发生专利权纠纷，向江苏省苏州市中级人民法院提起诉讼。

原告新海宜公司诉称：原告于2002年3月13日向国家知识产权局申请名称为“槽道顶出纤结构”的实用新型专利并获得授权。之后，原告发现被告华发公司在苏州承揽“光纤通信”工程中以营利为目的使用涉案专利产品。经调查，华发公司承认侵权专利产品系向被告普天公司购得。两被告的行为严重侵犯了原告的合法权益，违反了《中华人民共和国专利法》关于专利权的排他性规定，请求判令：一、普天公司停止生产、销售侵权产品，销毁库存侵权产品和相关生产模具，赔偿原告经济损失20万元。二、华发公司停止以经营为目的经销和使用侵权产品并赔礼道歉。

被告普天公司辩称：国家知识产权局专利复审委员会（以下简称专利复审委员会）就涉案专利作出的第9694号无效宣告请求审查决定书尚未生效，普天公司已就该决定书提起行政诉讼，涉案专利处于不确定、不稳定状态；涉案专利权利要求1与美国专利（US6，192，181B1）所述区别技术特征在于是否“有出纤口盖，该出纤口盖盖在出纤口基体上”，该出纤口盖即相当于槽道盖板，而《长途通信传输机房铁架槽道安装设计标准》一书中揭示了“两种槽道均有电缆支架、侧板、底板、终端板及盖板等组成”，其中的盖板就是槽道盖板，故该区别技术特征已被该书所披露，构成公知技术，故被控侵权产品不构成对涉案专利权利要求1的侵权；被控侵权产品缺少了涉案专利权利要求2中的必要技术特征即缺少了原告新海宜公司涉案专利中的出纤口接头，降低了成本，方便了使用，具有一定的优势，故被控侵权产品也不构成对涉案专利权利要求2的侵权。

被告华发公司未作答辩也未提交证据。

【一审争议焦点】

本案一审的争议焦点是：1. 原告新海宜公司涉案实用新型专利是否有效及其权利要求保护范围的确定；2. 被告普天公司及被告华发公司的行为是否构成侵权及各自责任的确定。

【一审裁判理由】

苏州市中级人民法院一审认为：

原告新海宜公司的涉案实用新型专利申请日为2003年1月1日，处于专利权的有效保护期内，虽然被告普天公司在本案答辩期间提出专利无效宣告审查请求，但专利复审委员会2007年4月24日第9694号无效宣告请求审查决定书（以下简称第9694号决定书）已经维持涉案专利权有效，故该专利权在未经司法或行政途径撤销前仍具有有效性，专利权人可依法维护涉案专利权不受任何侵害。因专利权人新海宜公司在第7754号决定书中已经修改了该专利的权利要求书内容，且第7754号决定书已经第9694号决定书确认生效，故涉案专利权的保护范围应以第7754号决定书中修改后确认的权利要求1、2为准。

将被控侵权的光纤槽道活动出线口组件产品与涉案专利独立权利要求1相比对，其技术特征与涉案专利独立权利要求1载明的技术特征一一对应，落入涉案专利权的保护范围。诉讼中，被告普天公司以US6，192，181B1号美国专利及《长途通信传输机房铁架槽道安装设计标准》两份证据为依据进行现有技术抗辩。判断现有技术抗辩是否成立，应以一份对比文件所揭示的技术与被控侵权物使用的技术进行单独比对，而不能以组合而成的现有技术进行比对。将US6，192，181B1号美国专利与被控侵权产品比对，该专利文件缺少了在出纤口基体上设有活动式出纤口盖的技术特征，而《长途通信

传输机房铁架槽道安装设计标准》一书中既没有揭示相同或等同于涉案专利权利要求1的技术方案,也没有公开权利要求1中描述的“包括便于多次出纤的活动式出纤口盖,该出纤口盖盖在出纤口基体上”技术特征,两份证据均不能完全揭示被控侵权物的全部技术特征,故普天公司以现有技术进行抗辩的理由不能成立。将普天公司被控侵权的光纤槽道活动出线口组件产品与原告新海宜公司的涉案专利独立权利要求2相比对,在于前者较后者少了一个出纤口接头这一结构特征,而直接由波纹管的上端与下纤口卡接,而涉案专利权利要求2描述为:“包括一波纹管接头,该波纹管接头上端通过卡扣结构与下纤口端卡接,波纹管接头下端则与波纹管卡接”。两者技术构造不同,产生的技术效果也不同。而考虑到仅就两者相同的卡接连接方式这一技术特征而言,卡接方式属本领域内普通技术人员所知晓的通用的技术手段,故被控产品的技术特征与涉案专利权利要求2的技术特征既不相同也不等同,未落入涉案该实用新型专利权的保护范围。综上,普天公司生产、销售光纤槽道活动出线口组件产品的行为,侵犯了新海宜公司的涉案专利权,应当承担停止侵权、赔偿损失的法律责任。关于赔偿数额的认定,因新海宜公司未提供证据证明其因侵权行为所受到的损失或普天公司因侵权行为所获得的利益,也未提供有关专利许可使用费作为参考,故综合普天公司侵权行为的性质、情节,侵权产品的价值、利润等因素,酌情判令普天公司赔偿新海宜公司人民币10万元。对于新海宜公司要求普天公司销毁库存侵权产品以及相关生产模具的诉讼请求,因新海宜公司未提供证据证明普天公司尚存侵权产品,同时判令普天公司停止侵权及赔偿损失已足以达到制止侵权及维护新海宜公司合法权益的目的,故对新海宜公司的该诉讼请求不再支持。

被告华发公司以生产经营为目的,未经专利权人原告新海宜公司许可使用了落入其专利权保护范围的产品,该行为亦构成了侵权,但鉴于其已提供了涉案侵权产品的合法来源,故其应承担停止侵权的法律责任。

【一审裁判结果】

江苏省苏州市中级人民法院依照《中华人民共和国民事诉讼法》第一百三十条,《中华人民共和国民法通则》第一百一十八条,《中华人民共和国专利法》(本案适用2000年8月25日经第九届全国人民代表大会常务委员会第七次会议第二次修订通过的《中华人民共和国专利法》)第十一条第一款、第五十六条第一款、第六十三条第二款,最高人民法院《关于审理专利纠纷案件适用法律问题的若干规定》第十七条、第二十一条之规定,于2007年6月11日判决如下:

一、被告普天公司立即停止生产、销售侵犯原告新海宜公司ZL02219359.6号“槽道顶出纤结构”实用新型专利权产品的行为;

二、被告华发公司立即停止以经营为目的使用被告普天公司的侵权产品;

三、被告普天公司于判决生效之日起15日内赔偿原告新海宜公司经济损失10万元;

四、驳回原告新海宜公司的其他诉讼请求。

【上诉情况】

普天公司不服一审判决,向江苏省高级人民法院提起上诉,请求撤销一审判决,驳回被上诉人新海宜公司的诉讼请求。其主要理由是:一审法院针对普天公司提出的现有技术抗辩,未能综合考虑被控侵权产品与对比文件之间的关系,适用相关规则过于机械;即便认定专利侵权成立,其判决内容不够准确,对经济损失数额的自由裁量明显不当,判决赔偿10万元明显偏高。

被上诉人新海宜公司二审答辩称:一审未适用现有技术抗辩是正确的。现有技术抗辩是保护专利权人利益和公众利益的平衡点,该平衡点不能随意扩大。在国际惯例中均采用单独对比原则,并适用等同条件下的比对,这样才能兼顾两者利益的平衡。

原审被告华发公司经二审法院传票传唤未到庭参加诉讼,法院依法对其进行缺席审理。

【二审争议焦点】

本案二审的争议焦点是:上诉人普天公司主张现有技术抗辩能否成立。

【二审裁判理由】

江苏省高级人民法院二审认为:

被上诉人新海宜公司在一审中主张其涉案专利应以第7754号决定书中修改后的两个独立权利要求,即权利要求1、2为其保护范围。经一审法院比对,被控侵权产品的技术特征与涉案专利权利要求1的必要技术特征一一对应,落入该实用新型专利权的保护范围;而被控侵权产品与涉案专利权利要求2相比,缺少一个下纤口卡接的出纤口接头这一结构特征。据此,一审法院认为,针对涉案专利权利要求1,普天公司以两份组合的对比文件为依据进行现有技术抗辩不能成立,其行为侵犯涉案专利权;而针对涉案专利权利要求2,因两者技术构造不同,产生的技术效果不同,而卡接方式属于本领域普通技术人员所知晓的通用技术手段,故被控侵权产品的技术特征与涉案专利权利要求2的必要技术特征既不相同也不等同,未落入该权利要求确定的保护范围。鉴于上诉人普天公司仅针对涉案专利权利要求1所涉现有技术抗辩提起上诉,而新海宜公司未提起上诉,故二审仅围绕普天公司主张的现有技术抗辩能否成立进行审理。

现有技术抗辩是指在专利侵权纠纷中被控侵权人以其实施的技术属于现有技术为由,对抗专利侵权指控的不侵权抗辩事由。通常情况下,被控侵权人进行现有技术抗辩,只能援引一份对比文献中记载的一项现有技术方案,但是,在被控侵权人有充分证据证明其实施的技术方案属于一份对比文献中记载的一项现有技术方案与所属领域技术人员广为熟知的常识的简单组合,应当允许被控侵权人以该理由进行现有技术抗辩。本案中,上诉人普天公司以US6,192,181B1号美国专利和《长途通信传输机房铁架槽道安装设计标准》两份对比文件进行现有技术抗辩。将被控侵权产品与其中的US6,192,181B1号美国专利进行比对,被控侵权产品只是增加了在开放式的出纤口基体上设有活动式出纤口盖这一技术特征。国家通信行业《长途通信传输机房铁架槽道安装设计标准》中明确规定:"列、主槽道均由电缆支架、侧板、底板、终端板及盖板等组成。"虽然该国家标准中并未明确槽道上的盖板是否属于活动式盖板,但本领域技术人员根据国家标准的要求,在开放式出纤口基体上或槽道上通过设置活动式盖板,实现既对其中的光纤加以保护,同时又便于多次出纤和维护的作用,是容易联想到的。因此,相对于本领域普通技术人员而言,根据《长途通信传输机房铁架槽道安装设计标准》的要求,在槽道或开放式出纤口基体上加盖或者加活动式的盖,属于本领域中的一种公知常识。北京法院一、二审行政判决书亦认定本领域技术人员在开放式的出纤口基体或槽道上通过设置盖板达到对其中的光纤加以保护的作用是显而易见的。据此,普天公司提供的证据足以证明其主张的现有技术抗辩理由成立,被控侵权产品不构成侵犯涉案专利独立权利要求1。

综上,上诉人普天公司主张现有技术抗辩的上诉请求和理由成立,应予支持,一审判决认定现有技术抗辩不能成立错误,应予纠正。

【二审裁判结果】

江苏省高级人民法院依照《中华人民共和国专利法》第十一条,《中华人民共和国民事诉讼法》第一百五十三条第一款第(二)项之规定,于2009年9月14日判决如下:

一、撤销江苏省苏州市中级人民法院(2006)苏中民三初字第0077号民事判决。

二、驳回被上诉人新海宜公司的诉讼请求。

本判决为终审判决。

西安奥克自动化仪表有限公司诉上海辉博自动化仪表有限公司请求确认不侵犯专利权及上海辉博自动化仪表有限公司反诉西安奥克自动化仪表有限公司专利侵权纠纷案

【裁判摘要】

一、根据《中华人民共和国专利法》第五十六条第一款的规定,发明专利权的保护范围以其权利要求的内容为准,说明书及附图可以用于解释权利要求。当专利权人与被控侵权人对专利权利要求记载的技术特征的理解有分歧时,可以用专利说明书记载的相关内容解释权利要求所记载的技术特征的含义,并且应当以相关领域的普通技术人员对专利说明书的理解来进行解释,从而明确专利权的保护范围。

二、判断被控侵权产品或方法是否侵犯发明专利权,应当将被控侵权产品或方法的技术特征与发明专利权利要求的技术特征进行比较。如果被控侵权产品或方法包含与专利权利要求的全部技术特征相同的技术特征,或者被控侵权产品或方法的某个或某些技术特征虽与专利权利要求的对应技术特征不同但构成等同,则被控侵权产品或方法构成专利侵权,否则不构成专利侵权。

【基本案情】

原告西安奥克自动化仪表有限公司(以下简称奥克公司)因与被告上海辉博自动化仪表有限公司(以下简称辉博公司)发生请求确认不侵犯专利权纠纷,向上海市第一中级人民法院提起诉讼。辉博公司反诉奥克公司专利侵权。

原告奥克公司诉称:奥克公司与被告辉博公司业务范围相近,奥克公司生产的核料位计产品与辉博公司的同类产品在市场上具有竞争关系。"利用γ射线测量物位的方法"的发明专利的原专利权人为郭云昌,后该专利转移给辉博公司。辉博公司在奥克公司的用户中宣称奥克公司的产品侵犯了辉博公司的“利用γ射线测量物位的方法”的专利权，并警告用户如果使用奥克公司的产品，辉博公司会对该用户起诉。因此导致一些用户不再使用奥克公司的产品，还有大量潜在用户不敢使用奥克公司的产品。辉博公司的专利属于方法专利，奥克公司的产品没有使用辉博公司专利中的方法，不存在侵权。辉博公司的上述行为使奥克公司产品的销量受到严重影响，但辉博公司未向人民法院起诉奥克公司专利侵权，或者通过行政程序解决争议。为了避免损失进一步扩大，请求法院确认奥克公司的产品不侵犯辉博公司的专利权。

被告辉博公司辩称：辉博公司是“利用γ射线测量物位的方法”发明专利的专利权人，该专利目前处在有效期限内。2006年4月20日，原告奥克公司与案外人天洁公司签订了104套MRD系列核料位计产品购销合同，前述产品侵犯了辉博公司的专利，损害了辉博公司的经济利益，辉博公司依法发出权利声明后，奥克公司不但不停止侵权，反而诉至法院请求确认不侵权，故辉博公司提起反诉，诉讼请求是：1. 确认奥克公司侵犯辉博公司“利用γ射线测量物位的方法”的发明专利权；2. 判令奥克公司停止侵权；3. 判令奥克公司赔偿经济损失人民币50万元；4. 判令奥克公司承担辉博公司为制止侵权行为而支出的公证费和律师费等合理费用5万元。

【一审争议焦点】

本案一审的争议焦点是：原告奥克公司是否构成对被告辉博公司专利权的侵犯。

【一审裁判理由】

上海市第一中级人民法院一审认为：

根据本案查明的事实，被告辉博公司的名称为“利用γ射线测量物位的方法”的发明专利权合法有效，依法应当受到法律保护。《中华人民共和国专利法》（以下简称专利法）第五十六条第一款规定：“发明或者实用新型专利权的保护范围以其权利要求的内容为准，说明书及附图可以用于解释权利要求。”辉博公司的名称为“利用γ射线测量物位的方法”的发明权利要求的内容为：一种利用γ射线测量物位的方法，其特征在于采用以下步骤：(1)在容器外部设定位置测量出容器内待测物料和环境的γ射线水平；(2)标定测量到的γ射线水平与容器内物位的对应关系；(3)在容器外部设定位置测量实际的γ射线水平，根据上述标定的γ射线水平与容器内物位的对应关系，得到容器内物料的实际物位。上述内容即为涉案“利用γ射线测量物位的方法”的发明的保护范围。根据科服中心出具的鉴定结论，原告奥克公司生产、销售的MRD－AZY无放射源核料位计所使用的测量物位的方法与辉博公司的上述发明专利是基于相同的利用γ射线测量物位的原理，但采用了不同的技术方案实现对物料的非接触式测量。因为利用γ射线测量物位的原理属于公知技术范畴，人人皆可自由使用，而奥克公司核料位计产品实现对物料的非接触式测量的技术方案与辉博公司的方法专利不同，故奥克公司生产、销售的MRD－AZY无放射源核料位计所使用的测量物位的方法并未侵犯辉博公司发明专利权。

综上，原告奥克公司的诉讼请求合法，应予支持，被告辉博公司的反诉请求应予驳回。

【一审裁判结果】

上海市第一中级人民法院于2008年3月21日判决：

一、原告奥克公司生产的MRD－AZY无放射源核料位计所使用的测量物位的方法依法不构成对被告辉博公司名称为“利用γ射线测量物位的方法”的发明专利权（专利号：ZL03115824.2）的侵犯；

二、驳回被告辉博公司的反诉请求。

【上诉情况】

辉博公司不服一审判决，向上海市高级人民法院提起上诉，请求撤销一审关于本诉及反诉的判决，依法改判。主要理由是：1. 科服中心出具的鉴定结论是错误的。由于科服中心在鉴定时将被上诉人奥克公司产品使用方法的附加技术特征，即“应用核辐射空间分布场论建立γ场照射量率数学模型，设定已知参量通过计算”，认定为与辉博公司专利权利要求的必要技术特征相区别的技术特征，导致技术鉴定结论错误。2. 鉴定程序违法，遗漏鉴定内容。一审法院要求科服中心对奥克公司产品使用方法的技术特征与辉博公司专利权利要求的技术特征是否相同或等同进行鉴定，但科服中心没有对“是否等同”予以鉴定。3. 一审法院遗漏重要证据未提交鉴定机构。奥克公司在一审程序中提供的证据2，即奥克公司的料位计产品照片及说明书，已经表明辉博公司专利的必要技术特征与奥克公司产品使用的方法的相应技术特征相同，但一审法院在科服中心出具鉴定报告前，未将该证据材料提供给鉴定专家作为鉴定依据。4. 一审判决未正确适用专利法第五十六条第一款的规定确定辉博公司专利权的保护范围。奥克公司产品使用的方法包含了辉博公司专利权利要求的全部技术特征，构成对辉博公司专利权的侵犯。5. 一审判决及鉴定结论错误地缩小了辉博公司专利权的保护范围，因为"如何计算或如何标定γ射线水平与容器内物位的对应关系"并非辉博公司专利权利要求的必要技术特征，辉博公司专利权利要求保护范围是上位概念，该概念包含被控侵权方法，被控侵权方法属于下位概念。

被上诉人奥克公司辩称：一审判决认定事实清楚，适用法律正确，请求驳回上诉人辉博公司的上诉，维持原判。

【二审裁判理由】

上海市高级人民法院二审认为：

一、关于上诉人辉博公司提出的第一点上诉理由

本案中，科服中心提供的鉴定结论确认，上诉人辉博公司"利用γ射线测量物位的方法"发明专利权利要求1的第(2)、第(3)项技术特征与被上诉人奥克公司产品使用方法的对应技术特征并不相同，且奥克公司产品使用的方法与辉博公司的方法专利是基于相同的利用γ射线测量物位的原理而采用了不同的技术方案实现对粉煤灰的非接触式测量。因此，辉博公司方法专利权利要求1的第(2)、第(3)项技术特征与奥克公司产品使用方法的对应技术特征既不属于相同技术特征，也不属于等同技术特征，辉博公司虽然对此提出异议，但没有提出相应的事实根据和法律依据，故该点上诉理由不成立。

二、关于上诉人辉博公司提出的第二点上诉理由

科服中心的鉴定结论已经确认，上诉人辉博公司"利用γ射线测量物位的方法"发明专利权利要求1的第(2)、第(3)项技术特征与被上诉人奥克公司产品使用方法的对应技术特征并不相同，且奥克公司产品使用的方法与辉博公司的方法专利是基于相同的利用γ射线测量物位的原理而采用了不同的技术方案实现对粉煤灰的非接触式测量。可见，鉴定结论已经明确认定，奥克公司产品使用的方法与辉博公司方法专利相对应的不同技术特征不属于基本相同的技术手段，不构成等同特征。故该点上诉理由不能成立。

三、关于上诉人辉博公司提出的第三点上诉理由

被上诉人奥克公司产品的照片及说明书主要是对产品外形、产品结构特征与工作原理的简要记载，并没有记载该产品使用方法的全部技术特征。而判断奥克公司产品使用的方法是否侵权的关键，是要将奥克公司产品实际使用方法的技术特征与上诉人辉博公司专利权利要求的全部技术特征进行比较，而不是将奥克公司产品的照片及说明书与辉博公司专利权利要求相比较。因此，一审法院是否将奥克公司在一审程序中提交的证据2提供给鉴定专家作为鉴定依据，对本案鉴定结论的形成并无影响。故该点上诉理由不能成立。

四、关于上诉人辉博公司提出的第四点上诉理由

专利法第五十六条第一款规定："发明或者实用新型专利权的保护范围以其权利要求的内容为准，说明书及附图可以用于解释权利要求。"根据该规定，上诉人辉博公司涉案专利权利要求1的保护范围为该权利要求1所包含的上述三个技术特征所限定的技术方案，该方法专利的说明书及附图可以用于解释这三个技术特征所限定的技术方案。判断被上诉人奥克公司产品使用的方法是否侵犯辉博公司的专利权，应当将奥克公司产品使用的方法的技术特征与辉博公司专利权利要求的技术特征进行比较，如果奥克公司产品使用的方法包含与辉博公司专利权利要求的全部技术特征相同的技术特征，或者奥克公司产品使用的方法的某个或某些技术特征虽与辉博公司专利权利要求的对应技术特征不同但构成等同，则奥克公司产品使用的方法构成对辉博公司专利权的侵犯。否则，奥克公司产品使用的方法不构成对辉博公司专利权的侵犯。根据本案查明的事实，奥克公司产品使用的方法不构成对辉博公司专利权的侵犯，故该上诉理由不能成立。

五、关于上诉人辉博公司提出的第五点上诉理由

根据专利法第五十六条第一款的规定，专利说明书可以用于解释权利要求。根据二审查明的事实，上诉人辉博公司在其专利说明书的第3页对权利要求1的第(2)项技术特征进行了解释。对于该解释，相关领域的普通技术人员会作出如下的理解，即该技术特征要求在不同的物位状态下，分别测量物料和环境的放射性水平，并根据测量数据标定放射性水平与容器内物位的对应关系。因此，通过测量不同物位状态下物料和环境的放射性水平的方法来标定测量到的放射性水平与容器内物位的对应关系，属于辉博公司专利权利要求1的第(2)项技术特征包含的内容。故辉博公司主张的"如何计算或如何标定γ射线水平与容器内物位的对应关系"并非辉博公司专利权利要求的必要技术特征的观点不能成立。此外，被上诉人奥克公司产品使用的方法中与辉博公司专利权利要求1的第(2)项技术特征相对应的技术特征

是通过参数设定的方法进行的，即“应用核辐射空间分布场论建立现场γ场照射量率数学模型，设定已知参量通过计算，建立起容器内物料高度与γ照射量率的对应关系。”因此，辉博公司专利权利要求1的第(2)项技术特征与奥克公司产品使用方法的对应技术特征也不存在上下位概念的关系。故该上诉理由也不能成立。

综上，一审判决认定事实清楚，适用法律正确，审判程序合法，应予维持。上诉人辉博公司的上诉没有事实根据和法律依据，应予驳回。

【二审裁判结果】

上海市高级人民法院依照《中华人民共和国民事诉讼法》第一百五十三条第一款第(一)项的规定，于2008年6月5日判决：

驳回上诉，维持原判。

本判决为终审判决。

五、其他知识产权

资料补充栏

1. 植物新品种权

中华人民共和国植物新品种保护条例

1. 1997年3月20日国务院令第213号公布
2. 根据2013年1月31日国务院令第635号《关于修改〈中华人民共和国植物新品种保护条例〉的决定》第一次修订
3. 根据2014年7月29日国务院令第653号《关于修改部分行政法规的决定》第二次修订

第一章　总　　则

第一条　为了保护植物新品种权，鼓励培育和使用植物新品种，促进农业、林业的发展，制定本条例。

第二条　本条例所称植物新品种，是指经过人工培育的或者对发现的野生植物加以开发，具备新颖性、特异性、一致性和稳定性并有适当命名的植物品种。

第三条　国务院农业、林业行政部门（以下统称审批机关）按照职责分工共同负责植物新品种权申请的受理和审查并对符合本条例规定的植物新品种授予植物新品种权（以下称品种权）。

第四条　完成关系国家利益或者公共利益并有重大应用价值的植物新品种育种的单位或者个人，由县级以上人民政府或者有关部门给予奖励。

第五条　生产、销售和推广被授予品种权的植物新品种（以下称授权品种），应当按照国家有关种子的法律、法规的规定审定。

第二章　品种权的内容和归属

第六条　完成育种的单位或者个人对其授权品种，享有排他的独占权。任何单位或者个人未经品种权所有人（以下称品种权人）许可，不得为商业目的生产或者销售该授权品种的繁殖材料，不得为商业目的将该授权品种的繁殖材料重复使用于生产另一品种的繁殖材料；但是，本条例另有规定的除外。

第七条　执行本单位的任务或者主要是利用本单位的物质条件所完成的职务育种，植物新品种的申请权属于该单位；非职务育种，植物新品种的申请权属于完成育种的个人。申请被批准后，品种权属于申请人。

委托育种或者合作育种，品种权的归属由当事人在合同中约定；没有合同约定的，品种权属于受委托完成或者共同完成育种的单位或者个人。

第八条　一个植物新品种只能授予一项品种权。两个以上的申请人分别就同一个植物新品种申请品种权的，品种权授予最先申请的人；同时申请的，品种权授予最先完成该植物新品种育种的人。

第九条　植物新品种的申请权和品种权可以依法转让。

中国的单位或者个人就其在国内培育的植物新品种向外国人转让申请权或者品种权的，应当经审批机关批准。

国有单位在国内转让申请权或者品种权的，应当按照国家有关规定报经有关行政主管部门批准。

转让申请权或者品种权的，当事人应当订立书面合同，并向审批机关登记，由审批机关予以公告。

第十条　在下列情况下使用授权品种的，可以不经品种权人许可，不向其支付使用费，但是不得侵犯品种权人依照本条例享有的其他权利：

（一）利用授权品种进行育种及其他科研活动；

（二）农民自繁自用授权品种的繁殖材料。

第十一条　为了国家利益或者公共利益，审批机关可以作出实施植物新品种强制许可的决定，并予以登记和公告。

取得实施强制许可的单位或者个人应当付给品种权人合理的使用费，其数额由双方商定；双方不能达成协议的，由审批机关裁决。

品种权人对强制许可决定或者强制许可使用费的裁决不服的，可以自收到通知之日起3个月内向人民法院提起诉讼。

第十二条　不论授权品种的保护期是否届满，销售该授权品种应当使用其注册登记的名称。

第三章　授予品种权的条件

第十三条　申请品种权的植物新品种应当属于国家植物品种保护名录中列举的植物的属或者种。植物品种保护名录由审批机关确定和公布。

第十四条　授予品种权的植物新品种应当具备新颖性。新颖性，是指申请品种权的植物新品种在申请日前该品种繁殖材料未被销售，或者经育种者许可，在中国境内销售该品种繁殖材料未超过1年；在中国境外销售藤本植物、林木、果树和观赏树木品种繁殖材料未超过6年，销售其他植物品种繁殖材料未超过4年。

第十五条　授予品种权的植物新品种应当具备特异性。特异性，是指申请品种权的植物新品种应当明显区别于在递交申请以前已知的植物品种。

第十六条　授予品种权的植物新品种应当具备一致性。一致性,是指申请品种权的植物新品种经过繁殖,除可以预见的变异外,其相关的特征或者特性一致。

第十七条　授予品种权的植物新品种应当具备稳定性。稳定性,是指申请品种权的植物新品种经过反复繁殖后或者在特定繁殖周期结束时,其相关的特征或者特性保持不变。

第十八条　授予品种权的植物新品种应当具备适当的名称,并与相同或者相近的植物属或者种中已知品种的名称相区别。该名称经注册登记后即为该植物新品种的通用名称。

下列名称不得用于品种命名:

(一)仅以数字组成的;

(二)违反社会公德的;

(三)对植物新品种的特征、特性或者育种者的身份等容易引起误解的。

第四章　品种权的申请和受理

第十九条　中国的单位和个人申请品种权的,可以直接或者委托代理机构向审批机关提出申请。

中国的单位和个人申请品种权的植物新品种涉及国家安全或者重大利益需要保密的,应当按照国家有关规定办理。

第二十条　外国人、外国企业或者外国其他组织在中国申请品种权的,应当按其所属国和中华人民共和国签订的协议或者共同参加的国际条约办理,或者根据互惠原则,依照本条例办理。

第二十一条　申请品种权的,应当向审批机关提交符合规定格式要求的请求书、说明书和该品种的照片。

申请文件应当使用中文书写。

第二十二条　审批机关收到品种权申请文件之日为申请日;申请文件是邮寄的,以寄出的邮戳日为申请日。

第二十三条　申请人自在外国第一次提出品种权申请之日起12个月内,又在中国就该植物新品种提出品种权申请的,依照该外国同中华人民共和国签订的协议或者共同参加的国际条约,或者根据相互承认优先权的原则,可以享有优先权。

申请人要求优先权的,应当在申请时提出书面说明,并在3个月内提交经原受理机关确认的第一次提出的品种权申请文件的副本;未依照本条例规定提出书面说明或者提交申请文件副本的,视为未要求优先权。

第二十四条　对符合本条例第二十一条规定的品种权申请,审批机关应当予以受理,明确申请日、给予申请号,并自收到申请之日起1个月内通知申请人缴纳申请费。

对不符合或者经修改仍不符合本条例第二十一条规定的品种权申请,审批机关不予受理,并通知申请人。

第二十五条　申请人可以在品种权授予前修改或者撤回品种权申请。

第二十六条　中国的单位或者个人将国内培育的植物新品种向国外申请品种权的,应当按照职责分工向省级人民政府农业、林业行政部门登记。

第五章　品种权的审查与批准

第二十七条　申请人缴纳申请费后,审批机关对品种权申请的下列内容进行初步审查:

(一)是否属于植物品种保护名录列举的植物属或者种的范围;

(二)是否符合本条例第二十条的规定;

(三)是否符合新颖性的规定;

(四)植物新品种的命名是否适当。

第二十八条　审批机关应当自受理品种权申请之日起6个月内完成初步审查。对经初步审查合格的品种权申请,审批机关予以公告,并通知申请人在3个月内缴纳审查费。

对经初步审查不合格的品种权申请,审批机关应当通知申请人在3个月内陈述意见或者予以修正;逾期未答复或者修正后仍然不合格的,驳回申请。

第二十九条　申请人按照规定缴纳审查费后,审批机关对品种权申请的特异性、一致性和稳定性进行实质审查。

申请人未按照规定缴纳审查费的,品种权申请视为撤回。

第三十条　审批机关主要依据申请文件和其他有关书面材料进行实质审查。审批机关认为必要时,可以委托指定的测试机构进行测试或者考察业已完成的种植或者其他试验的结果。

因审查需要,申请人应当根据审批机关的要求提供必要的资料和该植物新品种的繁殖材料。

第三十一条　对经实质审查符合本条例规定的品种权申请,审批机关应当作出授予品种权的决定,颁发品种权证书,并予以登记和公告。

对经实质审查不符合本条例规定的品种权申请,审批机关予以驳回,并通知申请人。

第三十二条 审批机关设立植物新品种复审委员会。

对审批机关驳回品种权申请的决定不服的,申请人可以自收到通知之日起3个月内,向植物新品种复审委员会请求复审。植物新品种复审委员会应当自收到复审请求书之日起6个月内作出决定,并通知申请人。

申请人对植物新品种复审委员会的决定不服的,可以自接到通知之日起15日内向人民法院提起诉讼。

第三十三条 品种权被授予后,在自初步审查合格公告之日起至被授予品种权之日止的期间,对未经申请人许可,为商业目的生产或者销售该授权品种的繁殖材料的单位和个人,品种权人享有追偿的权利。

第六章 期限、终止和无效

第三十四条 品种权的保护期限,自授权之日起,藤本植物、林木、果树和观赏树木为20年,其他植物为15年。

第三十五条 品种权人应当自被授予品种权的当年开始缴纳年费,并且按照审批机关的要求提供用于检测的该授权品种的繁殖材料。

第三十六条 有下列情形之一的,品种权在其保护期限届满前终止:

(一)品种权人以书面声明放弃品种权的;

(二)品种权人未按照规定缴纳年费的;

(三)品种权人未按照审批机关的要求提供检测所需的该授权品种的繁殖材料的;

(四)经检测该授权品种不再符合被授予品种权时的特征和特性的。

品种权的终止,由审批机关登记和公告。

第三十七条 自审批机关公告授予品种权之日起,植物新品种复审委员会可以依据职权或者依据任何单位或者个人的书面请求,对不符合本条例第十四条、第十五条、第十六条和第十七条规定的,宣告品种权无效;对不符合本条例第十八条规定的,予以更名。宣告品种权无效或者更名的决定,由审批机关登记和公告,并通知当事人。

对植物新品种复审委员会的决定不服的,可以自收到通知之日起3个月内向人民法院提起诉讼。

第三十八条 被宣告无效的品种权视为自始不存在。

宣告品种权无效的决定,对在宣告前人民法院作出并已执行的植物新品种侵权的判决、裁定,省级以上人民政府农业、林业行政部门作出并已执行的植物新品种侵权处理决定,以及已经履行的植物新品种实施许可合同和植物新品种权转让合同,不具有追溯力;但是,因品种权人的恶意给他人造成损失的,应当给予合理赔偿。

依照前款规定,品种权人或者品种权转让人不向被许可实施人或者受让人返还使用费或者转让费,明显违反公平原则的,品种权人或者品种权转让人应当向被许可实施人或者受让人返还全部或者部分使用费或者转让费。

第七章 罚 则

第三十九条 未经品种权人许可,以商业目的生产或者销售授权品种的繁殖材料的,品种权人或者利害关系人可以请求省级以上人民政府农业、林业行政部门依据各自的职权进行处理,也可以直接向人民法院提起诉讼。

省级以上人民政府农业、林业行政部门依据各自的职权,根据当事人自愿的原则,对侵权所造成的损害赔偿可以进行调解。调解达成协议的,当事人应当履行;调解未达成协议的,品种权人或者利害关系人可以依照民事诉讼程序向人民法院提起诉讼。

省级以上人民政府农业、林业行政部门依据各自的职权处理品种权侵权案件时,为维护社会公共利益,可以责令侵权人停止侵权行为,没收违法所得和植物品种繁殖材料;货值金额5万元以上的,可处货值金额1倍以上5倍以下的罚款;没有货值金额或者货值金额5万元以下的,根据情节轻重,可处25万元以下的罚款。

第四十条 假冒授权品种的,由县级以上人民政府农业、林业行政部门依据各自的职权责令停止假冒行为,没收违法所得和植物品种繁殖材料;货值金额5万元以上的,处货值金额1倍以上5倍以下的罚款;没有货值金额或者货值金额5万元以下的,根据情节轻重,处25万元以下的罚款;情节严重,构成犯罪的,依法追究刑事责任。

第四十一条 省级以上人民政府农业、林业行政部门依据各自的职权在查处品种权侵权案件和县级以上人民政府农业、林业行政部门依据各自的职权在查处假冒授权品种案件时,根据需要,可以封存或者扣押与案件有关的植物品种的繁殖材料,查阅、复制或者封存与案件有关的合同、帐册及有关文件。

第四十二条 销售授权品种未使用其注册登记的名称的,由县级以上人民政府农业、林业行政部门依据各自的职权责令限期改正,可以处1000元以下的罚款。

第四十三条 当事人就植物新品种的申请权和品种权的权属发生争议的,可以向人民法院提起诉讼。

第四十四条 县级以上人民政府农业、林业行政部门的及有关部门的工作人员滥用职权、玩忽职守、徇私舞弊、索贿受贿,构成犯罪的,依法追究刑事责任;尚不构成犯罪的,依法给予行政处分。

第八章 附 则

第四十五条 审批机关可以对本条例施行前首批列入植物品种保护名录的和本条例施行后新列入植物品种保护名录的植物属或者种的新颖性要求作出变通性规定。

第四十六条 本条例自1997年10月1日起施行。

中华人民共和国植物新品种保护条例实施细则(林业部分)

1. 1999年8月10日国家林业局令第3号公布

2. 根据2011年1月25日国家林业局令第26号《关于废止和修改部分部门规章的决定》修订

第一章 总 则

第一条 根据《中华人民共和国植物新品种保护条例》(以下简称《条例》),制定本细则。

第二条 本细则所称植物新品种,是指符合《条例》第二条规定的林木、竹、木质藤本、木本观赏植物(包括木本花卉)、果树(干果部分)及木本油料、饮料、调料、木本药材等植物品种。植物品种保护名录,由国家林业局确定和公布。

第三条 国家林业局依照《条例》和本细则规定受理、审查植物新品种权的申请并授予植物新品种权(以下简称品种权)。

国家林业局植物新品种保护办公室(以下简称植物新品种保护办公室),负责受理和审查本细则第二条规定的植物新品种的品种权申请,组织与植物新品种保护有关的测试、保藏等业务,按国家有关规定承办与植物新品种保护有关的国际事务等具体工作。

第二章 品种权的内容和归属

第四条 《条例》所称的繁殖材料,是指整株植物(包括苗木)、种子(包括根、茎、叶、花、果实等)以及构成植物体的任何部分(包括组织、细胞)。

第五条 《条例》第七条所称的职务育种是指:

(一)在本职工作中完成的育种;

(二)履行本单位分配的本职工作之外的任务所完成的育种。

离开原单位后3年内完成的与其在原单位承担的本职工作或者分配的任务有关的育种;利用本单位的资金、仪器设备、试验场地、育种资源和其他繁殖材料及不对外公开的技术资料等。除前款规定情形之外的,为非职务育种。

第六条 《条例》所称完成植物新品种育种的人、品种权申请人、品种权人,均包括单位或者个人。

第七条 两个以上申请人就同一个植物新品种在同一日分别提出品种权申请的,植物新品种保护办公室可以要求申请人自行协商确定申请权的归属;协商达不成一致意见的,植物新品种保护办公室可以要求申请人在规定的期限内提供证明自己是最先完成该植物新品种育种的证据;逾期不提供证据的,视为放弃申请。

第八条 中国的单位或者个人就其在国内培育的植物新品种向外国人转让申请权或者品种权的,应当报国家林业局批准。

转让申请权或者品种权的,当事人应当订立书面合同,向国家林业局登记,并由国家林业局予以公告。

转让申请权或者品种权的,自登记之日起生效。

第九条 依照《条例》第十一条规定,有下列情形之一的,国家林业局可以作出或者依当事人的请求作出实施植物新品种强制许可的决定:

(一)为满足国家利益或者公共利益等特殊需要;

(二)品种权人无正当理由自己不实施或者实施不完全,又不许可他人以合理条件实施的。

请求植物新品种强制许可的单位或者个人,应当向国家林业局提出强制许可请求书,说明理由并附具有关证明材料各一式两份。

第十条 依照《条例》第十一条第二款规定,请求国家林业局裁决植物新品种强制许可使用费数额的,当事人应当提交裁决请求书,并附具不能达成协议的有关材料。国家林业局自收到裁决请求书之日起3个月内作出裁决并通知有关当事人。

第三章 授予品种权的条件

第十一条 授予品种权的，应当符合《条例》第十三条、第十四条、第十五条、第十六条、第十七条、第十八条和本细则第二条的规定。

第十二条 依照《条例》第四十五条的规定，对《条例》施行前首批列入植物品种保护名录的和《条例》施行后新列入植物品种保护名录的属或者种的植物品种，自名录公布之日起一年内提出的品种权申请，经育种人许可，在中国境内销售该品种的繁殖材料不超过4年的，视为具有新颖性。

第十三条 除《条例》第十八条规定的以外，有下列情形之一的，不得用于植物新品种命名：

（一）违反国家法律、行政法规规定或者带有民族歧视性的；

（二）以国家名称命名的；

（三）以县级以上行政区划的地名或者公众知晓的外国地名命名的；

（四）同政府间国际组织或者其他国际知名组织的标识名称相同或者近似的；

（五）属于相同或者相近植物属或者种的已知名称的。

第四章 品种权的申请和受理

第十四条 中国的单位和个人申请品种权的，可以直接或者委托代理机构向国家林业局提出申请。

第十五条 中国的单位和个人申请品种权的植物品种，如涉及国家安全或者重大利益需要保密的，申请人应当在请求书中注明，植物新品种保护办公室应当按国家有关保密的规定办理，并通知申请人；植物新品种保护办公室认为需要保密而申请人未注明的，按保密申请办理，并通知有关当事人。

第十六条 外国人、外国企业或者其他外国组织向国家林业局提出品种权申请和办理其他品种权事务的，应当委托代理机构办理。

第十七条 申请人委托代理机构向国家林业局申请品种权或者办理其他有关事务的，应当提交委托书，写明委托权限。

申请人为两个以上而未委托代理机构代理的，应当书面确定一方为代表人。

第十八条 申请人申请品种权时，应当向植物新品种保护办公室提交国家林业局规定格式的请求书、说明书以及符合本细则第十九条规定的照片各一式两份。

第十九条 《条例》第二十一条所称的照片，应当符合以下要求：

（一）有利于说明申请品种权的植物品种的特异性；

（二）一种性状的对比应在同一张照片上；

（三）照片应为彩色；照片规格为8.5厘米×12.5厘米或者10厘米×15厘米。

照片应当附有简要文字说明；必要时，植物新品种保护办公室可以要求申请人提供黑白照片。

第二十条 品种权的申请文件有下列情形之一的，植物新品种保护办公室不予受理：

（一）内容不全或者不符合规定格式的；

（二）字迹不清或者有严重涂改的；

（三）未使用中文的。

第二十一条 植物新品种保护办公室可以要求申请人送交申请品种权的植物品种和对照品种的繁殖材料，用于审查和检测。

第二十二条 申请人应当自收到植物新品种保护办公室通知之日起3个月内送交繁殖材料；送交种子的，申请人应当送至植物新品种保护办公室指定的保藏机构；送交无性繁殖材料的，申请人应当送至植物新品种办公室指定的测试机构。

申请人逾期不送交繁殖材料的，视为放弃申请。

第二十三条 申请人送交的繁殖材料应当依照国家有关规定进行检疫；应检疫而未检疫或者检疫不合格的，保藏机构或者测试机构不予接收。

第二十四条 申请人送交的繁殖材料不能满足测试或者检测需要以及不符合要求的，植物新品种保护办公室可以要求申请人补交。

申请人三次补交繁殖材料仍不符合规定的，视为放弃申请。

第二十五条 申请人送交的繁殖材料应当符合下列要求：

与品种权申请文件中所描述的该植物品种的繁殖材料相一致；最新收获或者采集的；无病虫害；未进行药物处理。申请人送交的繁殖材料已经进行了药物处理，应当附有使用药物的名称、使用的方法和目的。

第二十六条 保藏机构或者测试机构收到申请人送交的繁殖材料的，应当向申请人出具收据。

保藏机构或者测试机构对申请人送交的繁殖材料经检测合格的,应当出具检验合格证明,并报告植物新品种保护办公室;经检测不合格的,应当报告植物新品种保护办公室,由其按照有关规定处理。

第二十七条 保藏机构或者测试机构对申请人送交的繁殖材料,在品种权申请的审查期间和品种权的有效期限内,应当保密和妥善保管。

第二十八条 在中国没有经常居所或者营业所的外国人、外国企业或者其他外国组织申请品种权或者要求优先权的,植物新品种保护办公室可以要求其提供下列文件:

(一)国籍证明;

(二)申请人是企业或者其他组织的,其营业所或者总部所在地的证明文件;

(三)外国人、外国企业、外国其他组织的所属国承认中国的单位和个人可以按照该国国民的同等条件,在该国享有植物新品种的申请权、优先权和其他与品种权有关的证明文件。

第二十九条 申请人向国家林业局提出品种权申请之后,又向外国申请品种权的,可以请求植物新品种保护办公室出具优先权证明文件;符合条件的,植物新品种保护办公室应当出具优先权证明文件。

第三十条 申请人撤回品种权申请的,应当向国家林业局提出撤回申请,写明植物品种名称、申请号和申请日。

第三十一条 中国的单位和个人将在国内培育的植物新品种向国外申请品种权的,应当向国家林业局登记。

第五章 品种权的审查批准

第三十二条 国家林业局对品种权申请进行初步审查时,可以要求申请人就有关问题在规定的期限内提出陈述意见或者予以修正。

第三十三条 一件品种权申请包括二个以上品种权申请的,在实质审查前,植物新品种保护办公室应当要求申请人在规定的期限内提出分案申请;申请人在规定的期限内对其申请未进行分案修正或者期满未答复的,该申请视为放弃。

第三十四条 依照本细则第三十三条规定提出的分案申请,可以保留原申请日;享有优先权的,可保留优先权日,但不得超出原申请的范围。

分案申请应当依照《条例》及本细则的有关规定办理各种手续。

分案申请的请求书中应当写明原申请的申请号和申请日。原申请享有优先权的,应当提交原申请的优先权文件副本。

第三十五条 经初步审查符合《条例》和本细则规定条件的品种权申请,由国家林业局予以公告。

自品种权申请公告之日起至授予品种权之日前,任何人均可以对不符合《条例》和本细则规定的品种权申请向国家林业局提出异议,并说明理由。

第三十六条 品种权申请文件的修改部分,除个别文字修改或者增删外,应当按照规定格式提交替换页。

第三十七条 经实质审查后,符合《条例》规定的品种权申请,由国家林业局作出授予品种权的决定,向品种权申请人颁发品种权证书,予以登记和公告。

品种权人应当自收到领取品种权证书通知之日起3个月内领取品种权证书,并按照国家有关规定缴纳第一年年费。逾期未领取品种权证书并未缴纳年费的,视为放弃品种权,有正当理由的除外。品种权自作出授予品种权的决定之日起生效。

第三十八条 国家林业局植物新品种复审委员会(以下简称复审委员会)由植物育种专家、栽培专家、法律专家和有关行政管理人员组成。

复审委员会主任委员由国家林业局主要负责人指定。

植物新品种保护办公室根据复审委员会的决定办理复审的有关事宜。

第三十九条 依照《条例》第三十二条第二款的规定向复审委员会请求复审的,应当提交符合国家林业局规定格式的复审请求书,并附具有关的证明材料。复审请求书和证明材料应当各一式两份。

申请人请求复审时,可以修改被驳回的品种权申请文件,但修改仅限于驳回申请的决定所涉及的部分。

第四十条 复审请求不符合规定要求的,复审请求人可以在复审委员会指定的期限内补正;期满未补正或者补正后仍不符合规定要求的,该复审请求视为放弃。

第四十一条 复审请求人在复审委员会作出决定前,可以撤回其复审请求。

第六章 品种权的终止和无效

第四十二条 依照《条例》第三十六条规定,品种权在其保护期限届满前终止的,其终止日期为:

(一)品种权人以书面声明放弃品种权的,自声明之日起终止;

（二）品种权人未按照有关规定缴纳年费的，自补缴年费期限届满之日起终止；

（三）品种权人未按照要求提供检测所需的该授权品种的繁殖材料或者送交的繁殖材料不符合要求的，国家林业局予以登记，其品种权自登记之日起终止；

（四）经检测该授权品种不再符合被授予品种权时的特征和特性的，自国家林业局登记之日起终止。

第四十三条 依照《条例》第三十七条第一款的规定，任何单位或者个人请求宣告品种权无效的，应当向复审委员会提交国家林业局规定格式的品种权无效宣告请求书和有关材料各一式两份，并说明所依据的事实和理由。

第四十四条 已授予的品种权不符合《条例》第十四条、第十五条、第十六条和第十七条规定的，由复审委员会依据职权或者任何单位或者个人的书面请求宣告品种权无效。

宣告品种权无效，由国家林业局登记和公告，并由植物新品种保护办公室通知当事人。

第四十五条 品种权无效宣告请求书中未说明所依据的事实和理由，或者复审委员会就一项品种权无效宣告请求已审理并决定仍维持品种权的，请求人又以同一事实和理由请求无效宣告的，复审委员会不予受理。

第四十六条 复审委员会应当自收到无效宣告请求书之日起15日内将品种权无效宣告请求书副本和有关材料送达品种权人。品种权人应当在收到后3个月内提出陈述意见；逾期未提出的，不影响复审委员会审理。

第四十七条 复审委员会对授权品种作出更名决定的，由国家林业局登记和公告，并由植物新品种保护办公室通知品种权人，更换品种权证书。

授权品种更名后，不得再使用原授权品种名称。

第四十八条 复审委员会对无效宣告的请求作出决定前，无效宣告请求人可以撤回其请求。

第七章 文件的递交、送达和期限

第四十九条 《条例》和本细则规定的各种事项，应当以书面形式办理。

第五十条 依照《条例》和本细则规定提交的各种文件应当使用中文，并采用国家统一规定的科技术语。

外国人名、地名和没有统一中文译文的科技术语，应当注明原文。

依照《条例》和本细则规定提交的证明文件是外文的，应当附送中文译文；未附送的，视为未提交证明文件。

第五十一条 当事人提交的各种文件可以打印，也可以使用钢笔或者毛笔书写，但要整齐清晰，纸张只限单面使用。

第五十二条 依照《条例》和本细则规定，提交各种文件和有关材料的，当事人可以直接提交，也可以邮寄。邮寄时，以寄出的邮戳日为提交日。寄出的邮戳日不清晰的，除当事人能够提供证明外，以收到日为提交日。

依照《条例》和本细则规定，向当事人送达的各种文件和有关材料的，可以直接送交、邮寄或者以公告的方式送达。当事人委托代理机构的，送达代理机构；未委托代理机构的，送达当事人。

依本条第二款规定直接送达的，以交付日为送达日；邮寄送达的，自寄出之日起满15日，视为送达；公告送达的，自公告之日起满2个月，视为送达。

第五十三条 《条例》和本细则规定的各种期限，以年或者月计算的，以其最后一月的相应日为期限届满日；该月无相应日的，以该月最后一日为期限届满日；期限届满日是法定节假日的，以节假日后的第一个工作日为期限届满日。

第五十四条 当事人因不可抗力或者特殊情况耽误《条例》和本细则规定的期限，造成其权利丧失的，自障碍消除之日起2个月内，但是最多不得超过自期限届满之日起2年，可以向国家林业局说明理由并附具有关证明材料，请求恢复其权利。

第五十五条 《条例》和本细则所称申请日，有优先权的，指优先权日。

第八章 费用和公报

第五十六条 申请品种权的，应当按照规定缴纳申请费、审查费；需要测试的，应当缴纳测试费。授予品种权的，应当缴纳年费。

第五十七条 当事人缴纳本细则第五十六条规定费用的，可以向植物新品种保护办公室直接缴纳，也可以通过邮局或者银行汇付，但不得使用电汇。

通过邮局或者银行汇付的，应当注明申请号或者品种权证书号、申请人或者品种权人的姓名或者名称、费用名称以及授权品种名称。

通过邮局或者银行汇付时，以汇出日为缴费日。

第五十八条 依照《条例》第二十四条的规定，申请人可以在提交品种权申请的同时缴纳申请费，也可以在收到缴费通知之日起1个月内缴纳；期满未缴纳或者未缴足的，其申请视为撤回。

按照规定应当缴纳测试费的，自收到缴费通知之日起1个月内缴纳；期满未缴纳或者未缴足的，其申请视为放弃。

第五十九条　第一次年费应当于领取品种权证书时缴纳，以后的年费应当在前一年度期满前1个月内预缴。

第六十条　品种权人未按时缴纳第一年以后的年费或者缴纳数额不足的，植物新品种保护办公室应当通知品种权人自应当缴纳年费期满之日起6个月内补缴，同时缴纳金额为年费的25%的滞纳金。

第六十一条　自本细则施行之日起3年内，当事人缴纳本细则第五十六条规定的费用确有困难的，经申请并由国家林业局批准，可以减缴或者缓缴。

第六十二条　国家林业局定期出版植物新品种保护公报，公告品种权申请、授予、转让、继承、终止等有关事项。

植物新品种保护办公室设置品种权登记簿，登记品种权申请、授予、转让、继承、终止等有关事项。

第九章　附　　则

第六十三条　县级以上林业主管部门查处《条例》规定的行政处罚案件时，适用林业行政处罚程序的规定。

第六十四条　《条例》所称的假冒授权品种，是指：

（一）使用伪造的品种权证书、品种权号的；

（二）使用已经被终止或者被宣告无效品种权的品种权证书、品种权号的；

（三）以非授权品种冒充授权品种的；

（四）以此种授权品种冒充他种授权品种的；

（五）其他足以使他人将非授权品种误认为授权品种的。

第六十五条　当事人因植物新品种的申请权或者品种权发生纠纷，已向人民法院提起诉讼并受理的，应当向国家林业局报告并附具人民法院已受理的证明材料。国家林业局按照有关规定作出中止或者终止的决定。

第六十六条　在初步审查、实质审查、复审和无效宣告程序中进行审查和复审的人员，有下列情形之一的，应当申请回避；当事人或者其他有利害关系人也可以要求其回避：

（一）是当事人或者其代理人近亲属的；

（二）与品种权申请或者品种权有直接利害关系的；

（三）与当事人或者其他代理人有其他可能影响公正审查和审理关系的。

审查人员的回避，由植物新品种保护办公室决定；复审委员会人员的回避，由国家林业局决定。在回避申请未被批准前，审查和复审人员不得终止履行职责。

第六十七条　任何人经植物新品种保护办公室同意，可以查阅或者复制已经公告的品种权申请的案卷和品种权登记簿。

依照《条例》和本细则的规定，已被驳回、撤回或者视为放弃品种权申请的材料和已被放弃、无效宣告或者终止品种权的材料，由植物新品种保护办公室予以销毁。

第六十八条　请求变更品种权申请人和品种权人的，应当向植物新品种保护办公室办理著录事项变更手续，并提出变更理由和证明材料。

第六十九条　本细则由国家林业局负责解释。

第七十条　本细则自发布之日起施行。

中华人民共和国植物新品种保护条例实施细则（农业部分）

1. *2007年9月19日农业部令第5号公布*
2. *根据2011年12月31日农业部令2011年第4号《关于修订部分规章和规范性文件的决定》第一次修订*
3. *根据2014年4月25日农业部令2014年第3号《关于修订部分规章的决定》第二次修订*

第一章　总　　则

第一条　根据《中华人民共和国植物新品种保护条例》（以下简称《条例》），制定本细则。

第二条　农业植物新品种包括粮食、棉花、油料、麻类、糖料、蔬菜（含西甜瓜）、烟草、桑树、茶树、果树（干果除外）、观赏植物（木本除外）、草类、绿肥、草本药材、食用菌、藻类和橡胶树等植物的新品种。

第三条　依据《条例》第三条的规定，农业部为农业植物新品种权的审批机关，依照《条例》规定授予农业植物新品种权（以下简称品种权）。

农业部植物新品种保护办公室（以下简称品种保护办公室），承担品种权申请的受理、审查等事务，负责植物新品种测试和繁殖材料保藏的组织工作。

第四条　对危害公共利益、生态环境的植物新品种不授予品种权。

第二章 品种权的内容和归属

第五条 《条例》所称繁殖材料是指可繁殖植物的种植材料或植物体的其他部分，包括籽粒、果实和根、茎、苗、芽、叶等。

第六条 申请品种权的单位或者个人统称为品种权申请人；获得品种权的单位或者个人统称为品种权人。

第七条 《条例》第七条所称执行本单位任务所完成的职务育种是指下列情形之一：

（一）在本职工作中完成的育种；

（二）履行本单位交付的本职工作之外的任务所完成的育种；

（三）退职、退休或者调动工作后，3年内完成的与其在原单位承担的工作或者原单位分配的任务有关的育种。

《条例》第七条所称本单位的物质条件是指本单位的资金、仪器设备、试验场地以及单位所有的尚未允许公开的育种材料和技术资料等。

第八条 《条例》第八条所称完成新品种育种的人是指完成新品种育种的单位或者个人（以下简称育种者）。

第九条 完成新品种培育的人员（以下简称培育人）是指对新品种培育作出创造性贡献的人。仅负责组织管理工作、为物质条件的利用提供方便或者从事其他辅助工作的人不能被视为培育人。

第十条 一个植物新品种只能被授予一项品种权。

一个植物新品种由两个以上申请人分别于同一日内提出品种权申请的，由申请人自行协商确定申请权的归属；协商不能达成一致意见的，品种保护办公室可以要求申请人在指定期限内提供证据，证明自己是最先完成该新品种育种的人。逾期未提供证据的，视为撤回申请；所提供证据不足以作为判定依据的，品种保护办公室驳回申请。

第十一条 中国的单位或者个人就其在国内培育的新品种向外国人转让申请权或者品种权的，应当向农业部申请审批。

转让申请权或者品种权的，当事人应当订立书面合同，向农业部登记，由农业部予以公告，并自公告之日起生效。

第十二条 有下列情形之一的，农业部可以作出实施品种权的强制许可决定：

（一）为了国家利益或者公共利益的需要；

（二）品种权人无正当理由自己不实施，又不许可他人以合理条件实施的；

（三）对重要农作物品种，品种权人虽已实施，但明显不能满足国内市场需求，又不许可他人以合理条件实施的。

申请强制许可的，应当向农业部提交强制许可请求书，说明理由并附具有关证明文件各一式两份。

农业部自收到请求书之日起20个工作日内作出决定。需要组织专家调查论证的，调查论证时间不得超过3个月。同意强制许可请求的，由农业部通知品种权人和强制许可请求人，并予以公告；不同意强制许可请求的，通知请求人并说明理由。

第十三条 依照《条例》第十一条第二款规定，申请农业部裁决使用费数额的，当事人应当提交裁决申请书，并附具未能达成协议的证明文件。农业部自收到申请书之日起3个月内作出裁决并通知当事人。

第三章 授予品种权的条件

第十四条 依照《条例》第四十五条的规定，列入植物新品种保护名录的植物属或者种，从名录公布之日起1年内提出的品种权申请，凡经过育种者许可，申请日前在中国境内销售该品种的繁殖材料未超过4年，符合《条例》规定的特异性、一致性和稳定性及命名要求的，农业部可以授予品种权。

第十五条 具有下列情形之一的，属于《条例》第十四条规定的销售：

（一）以买卖方式将申请品种的繁殖材料转移他人；

（二）以易货方式将申请品种的繁殖材料转移他人；

（三）以入股方式将申请品种的繁殖材料转移他人；

（四）以申请品种的繁殖材料签订生产协议；

（五）以其他方式销售的情形。

具有下列情形之一的，视为《条例》第十四条规定的育种者许可销售：

（一）育种者自己销售；

（二）育种者内部机构销售；

（三）育种者的全资或者参股企业销售；

（四）农业部规定的其他情形。

第十六条 《条例》第十五条所称“已知的植物品种”，包括品种权申请初审合格公告、通过品种审定或者已推广应用的品种。

第十七条　《条例》第十六条、第十七条所称“相关的特征或者特性”是指至少包括用于特异性、一致性和稳定性测试的性状或者授权时进行品种描述的性状。

第十八条　有下列情形之一的,不得用于新品种命名:

(一)仅以数字组成的;

(二)违反国家法律或者社会公德或者带有民族歧视性的;

(三)以国家名称命名的;

(四)以县级以上行政区划的地名或者公众知晓的外国地名命名的;

(五)同政府间国际组织或者其他国际国内知名组织及标识名称相同或者近似的;

(六)对植物新品种的特征、特性或者育种者的身份等容易引起误解的;

(七)属于相同或相近植物属或者种的已知名称的;

(八)夸大宣传的。

已通过品种审定的品种,或获得《农业转基因生物安全证书(生产应用)》的转基因植物品种,如品种名称符合植物新品种命名规定,申请品种权的品种名称应当与品种审定或农业转基因生物安全审批的品种名称一致。

第四章　品种权的申请和受理

第十九条　中国的单位和个人申请品种权的,可以直接或者委托代理机构向品种保护办公室提出申请。

在中国没有经常居所的外国人、外国企业或其他外国组织,向品种保护办公室提出品种权申请的,应当委托代理机构办理。

申请人委托代理机构办理品种权申请等相关事务时,应当与代理机构签订委托书,明确委托办理事项与权责。代理机构在向品种保护办公室提交申请时,应当同时提交申请人委托书。品种保护办公室在上述申请的受理与审查程序中,直接与代理机构联系。

第二十条　申请品种权的,申请人应当向品种保护办公室提交请求书、说明书和品种照片各一式两份,同时提交相应的请求书和说明书的电子文档。

请求书、说明书按照品种保护办公室规定的统一格式填写。

第二十一条　申请人提交的说明书应当包括下列内容:

(一)申请品种的暂定名称,该名称应当与请求书的名称一致;

(二)申请品种所属的属或者种的中文名称和拉丁文名称;

(三)育种过程和育种方法,包括系谱、培育过程和所使用的亲本或者其他繁殖材料来源与名称的详细说明;

(四)有关销售情况的说明;

(五)选择的近似品种及理由;

(六)申请品种特异性、一致性和稳定性的详细说明;

(七)适于生长的区域或者环境以及栽培技术的说明;

(八)申请品种与近似品种的性状对比表。

前款第(五)、(八)项所称近似品种是指在所有已知植物品种中,相关特征或者特性与申请品种最为相似的品种。

第二十二条　申请人提交的照片应当符合以下要求:

(一)照片有利于说明申请品种的特异性;

(二)申请品种与近似品种的同一种性状对比应在同一张照片上;

(三)照片应为彩色,必要时,品种保护办公室可以要求申请人提供黑白照片;

(四)照片规格为8.5厘米×12.5厘米或者10厘米×15厘米;

(五)关于照片的简要文字说明。

第二十三条　品种权申请文件有下列情形之一的,品种保护办公室不予受理:

(一)未使用中文的;

(二)缺少请求书、说明书或者照片之一的;

(三)请求书、说明书和照片不符合本细则规定格式的;

(四)文件未打印的;

(五)字迹不清或者有涂改的;

(六)缺少申请人和联系人姓名(名称)、地址、邮政编码的或者不详的;

(七)委托代理但缺少代理委托书的。

第二十四条　中国的单位或者个人将国内培育的植物新品种向国外申请品种权的,应当向所在地省级人民政府农业行政主管部门申请登记。

第二十五条　申请人依照《条例》第二十三条的规定要求优先权的,应当在申请中写明第一次提出品种权申请的申请日、申请号和受理该申请的国家或组织；未写明的，视为未要求优先权。申请人提交的第一次品种权申请文件副本应当经原受理机关确认。

第二十六条　在中国没有经常居所或者营业所的外国人、外国企业和外国其他组织，申请品种权或者要求优先权的，品种保护办公室认为必要时，可以要求其提供下列文件：

（一）申请人是个人的，其国籍证明；

（二）申请人是企业或者其他组织的，其营业所或者总部所在地的证明；

（三）外国人、外国企业、外国其他组织的所属国，承认中国单位和个人可以按照该国国民的同等条件，在该国享有品种申请权、优先权和其他与品种权有关的权利的证明文件。

第二十七条　申请人在向品种保护办公室提出品种权申请12个月内，又向国外申请品种权的，依照该国或组织同中华人民共和国签订的协议或者共同参加的国际条约，或者根据相互承认优先权的原则，可以请求品种保护办公室出具优先权证明文件。

第二十八条　依照《条例》第十九条第二款规定，中国的单位和个人申请品种权的植物新品种涉及国家安全或者重大利益需要保密的，申请人应当在申请文件中说明，品种保护办公室经过审查后作出是否按保密申请处理的决定，并通知申请人；品种保护办公室认为需要保密而申请人未注明的，仍按保密申请处理，并通知申请人。

第二十九条　申请人送交的申请品种繁殖材料应当与品种权申请文件中所描述的繁殖材料相一致，并符合下列要求：

（一）未遭受意外损害；

（二）未经过药物处理；

（三）无检疫性的有害生物；

（四）送交的繁殖材料为籽粒或果实的，籽粒或果实应当是最近收获的。

第三十条　品种保护办公室认为必要的，申请人应当送交申请品种和近似品种的繁殖材料，用于申请品种的审查和检测。申请品种属于转基因品种的，应当附具生产性试验阶段的《农业转基因生物安全审批书》或《农业转基因生物安全证书（生产应用）》复印件。

申请人应当自收到品种保护办公室通知之日起3个月内送交繁殖材料。送交繁殖材料为籽粒或果实的，应当送至品种保护办公室植物新品种保藏中心（以下简称保藏中心）；送交种苗、种球、块茎、块根等无性繁殖材料的，应当送至品种保护办公室指定的测试机构。

申请人送交的繁殖材料数量少于品种保护办公室规定的，保藏中心或者测试机构应当通知申请人，申请人应自收到通知之日起1个月内补足。特殊情况下，申请人送交了规定数量的繁殖材料后仍不能满足测试或者检测需要时，品种保护办公室有权要求申请人补交。

第三十一条　繁殖材料应当依照有关规定实施植物检疫。检疫不合格或者未经检疫的，保藏中心或者测试机构不予接收。

保藏中心或者测试机构收到申请人送交的繁殖材料后应当出具书面证明，并在收到繁殖材料之日起20个工作日内（有休眠期的植物除外）完成生活力等内容的检测。检测合格的，应当向申请人出具书面检测合格证明；检测不合格的，应当通知申请人自收到通知之日起1个月内重新送交繁殖材料并取回检测不合格的繁殖材料，申请人到期不取回的，保藏中心或者测试机构应当销毁。

申请人未按规定送交繁殖材料的，视为撤回申请。

第三十二条　保藏中心和测试机构对申请品种的繁殖材料负有保密的责任，应当防止繁殖材料丢失、被盗等事故的发生，任何人不得更换检验合格的繁殖材料。发生繁殖材料丢失、被盗、更换的，依法追究有关人员的责任。

第五章　品种权的审查与批准

第三十三条　在初步审查、实质审查、复审和无效宣告程序中进行审查和复审人员有下列情形之一的，应当自行回避，当事人或者其他利害关系人可以要求其回避：

（一）是当事人或者其代理人近亲属的；

（二）与品种权申请或者品种权有直接利害关系的；

（三）与当事人或者其代理人有其他关系，可能影响公正审查和审理的。

审查人员的回避由品种保护办公室决定，复审人员的回避由植物新品种复审委员会主任决定。

第三十四条　一件植物品种权申请包括两个以上新品种的，品种保护办公室应当要求申请人提出分案申请。申请人在指定期限内对其申请未进行分案修正或者期满未答复的,视为撤回申请。

申请人按照品种保护办公室要求提出的分案申请,可以保留原申请日;享有优先权的,可保留优先权日。但不得超出原申请文件已有内容的范围。

分案申请应当依照《条例》及本细则的规定办理相关手续。

分案申请的请求书中应当写明原申请的申请号和申请日。原申请享有优先权的,应当提交原申请的优先权文件副本。

第三十五条　品种保护办公室对品种权申请的下列内容进行初步审查:

(一)是否符合《条例》第二十七条规定;

(二)选择的近似品种是否适当;申请品种的亲本或其他繁殖材料来源是否公开。

品种保护办公室应当将审查意见通知申请人。品种保护办公室有疑问的,可要求申请人在指定期限内陈述意见或者补正;申请人期满未答复的,视为撤回申请。申请人陈述意见或者补正后,品种保护办公室认为仍然不符合规定的,应当驳回其申请。

第三十六条　除品种权申请文件外,任何人向品种保护办公室提交的与品种权申请有关的材料,有下列情形之一的,视为未提出:

(一)未使用规定的格式或者填写不符合要求的;

(二)未按照规定提交证明材料的。

当事人当面提交材料的,受理人员应当当面说明材料存在的缺陷后直接退回;通过邮局提交的,品种保护办公室应当将视为未提出的审查意见和原材料一起退回;邮寄地址不清的,采用公告方式退回。

第三十七条　自品种权申请之日起至授予品种权之日前,任何人均可以对不符合《条例》第八条、第十三至第十八条以及本细则第四条规定的品种权申请,向品种保护办公室提出异议,并提供相关证据和说明理由。未提供相关证据的,品种保护办公室不予受理。

第三十八条　未经品种保护办公室批准,申请人在品种权授予前不得修改申请文件的下列内容:

(一)申请品种的名称、申请品种的亲本或其他繁殖材料名称、来源以及申请品种的育种方法;

(二)申请品种的最早销售时间;

(三)申请品种的特异性、一致性和稳定性内容。

品种权申请文件的修改部分,除个别文字修改或者增删外,应当按照规定格式提交替换页。

第三十九条　品种保护办公室负责对品种权申请进行实质审查,并将审查意见通知申请人。品种保护办公室可以根据审查的需要,要求申请人在指定期限内陈述意见或者补正。申请人期满未答复的,视为撤回申请。

第四十条　依照《条例》和本细则的规定,品种权申请经实质审查应当予以驳回的情形是指:

(一)不符合《条例》第八条、第十三条至第十七条规定之一的;

(二)属于本细则第四条规定的;

(三)不符合命名规定,申请人又不按照品种保护办公室要求修改的;

(四)申请人陈述意见或者补正后,品种保护办公室认为仍不符合规定的。

第四十一条　品种保护办公室发出办理授予品种权手续的通知后,申请人应当自收到通知之日起2个月内办理相关手续和缴纳第1年年费。对按期办理的,农业部授予品种权,颁发品种权证书,并予以公告。品种权自授权公告之日起生效。

期满未办理的,视为放弃取得品种权的权利。

第四十二条　农业部植物新品种复审委员会,负责审理驳回品种权申请的复审案件、品种权无效宣告案件和授权品种更名案件。具体规定由农业部另行制定。

第六章　文件的提交、送达和期限

第四十三条　依照《条例》和本细则规定提交的各种文件应当使用中文,并采用国家统一规定的科学技术术语和规范词。外国人名、地名和科学技术术语没有统一中文译文的,应当注明原文。

依照《条例》和本细则规定提交的各种证件和证明文件是外文的,应当附送中文译文;未附送的,视为未提交该证明文件。

第四十四条　当事人向品种保护办公室提交的各种文件应当打印或者印刷,字迹呈黑色,并整齐清晰。申请文件的文字部分应当横向书写,纸张只限单面使用。

第四十五条　当事人提交的各种文件和办理的其他手续,应当由申请人、品种权人、其他利害关系人或者其代表人签字或者盖章;委托代理机构的,由代理机构盖章。请求变更培育人姓名、品种权申请人和品种权人的姓名或者名称、国籍、地址、代理机构的名称和代理人姓名的,应当向品种保护办公室办理著录事项变更手续,并附具变更理由的证明材料。

第四十六条　当事人提交各种材料时,可以直接提交,也可以邮寄。邮寄时,应当使用挂号信函,不得使用包裹,一件信函中应当只包含同一申请的相关材料。邮寄的,以寄出的邮戳日为提交日。信封上寄出的邮戳日不清晰的,除当事人能够提供证明外,以品种保护办公室的收到日期为提交日。

品种保护办公室的各种文件,可以通过邮寄、直接送交或者以公告的方式送达当事人。当事人委托代理机构的,文件送交代理机构;未委托代理机构的,文件送交请求书中收件人地址及收件人或者第一署名人或者代表人。当事人拒绝接收文件的,该文件视为已经送达。

品种保护办公室邮寄的各种文件,自文件发出之日起满15日,视为当事人收到文件之日。

根据规定应当直接送交的文件,以交付日为送达日。文件送达地址不清,无法邮寄的,可以通过公告的方式送达当事人。自公告之日起满2个月,该文件视为已经送达。

第四十七条 《条例》和本细则规定的各种期限的第一日不计算在期限内。期限以年或者月计算的,以其最后一月的相应日为期限届满日;该月无相应日的,以该月最后一日为期限届满日。期限届满日是法定节假日的,以节假日后的第一个工作日为期限届满日。

第四十八条 当事人因不可抗力而耽误《条例》或者本细则规定的期限或者品种保护办公室指定的期限,导致其权利丧失的,自障碍消除之日起2个月内,最迟自期限届满之日起2年内,可以向品种保护办公室说明理由并附具有关证明文件,请求恢复其权利。

当事人因正当理由而耽误《条例》或者本细则规定的期限或者品种保护办公室指定的期限,造成其权利丧失的,可以自收到通知之日起2个月内向品种保护办公室说明理由,请求恢复其权利。

当事人请求延长品种保护办公室指定期限的,应当在期限届满前,向品种保护办公室说明理由并办理有关手续。

本条第一款和第二款的规定不适用《条例》第十四条、第二十三条、第三十二条第二、三款、第三十四条、第三十七条第二款规定的期限。

第四十九条 除《条例》第二十二条的规定外,《条例》所称申请日,有优先权的,指优先权日。

第七章 费用和公报

第五十条 申请品种权和办理其他手续时,应当按照国家有关规定向农业部缴纳申请费、审查费、年费。

第五十一条 《条例》和本细则规定的各种费用,可以直接缴纳,也可以通过邮局或者银行汇付。

通过邮局或者银行汇付的,应当注明品种名称,同时将汇款凭证的复印件传真或者邮寄至品种保护办公室,并说明该费用的申请号或者品种权号、申请人或者品种权人的姓名或名称、费用名称。

通过邮局或者银行汇付的,以汇出日为缴费日。

第五十二条 依照《条例》第二十四条的规定,申请人可以在提交品种权申请的同时缴纳申请费,但最迟自申请之日起1个月内缴纳申请费,期满未缴纳或者未缴足的,视为撤回申请。

第五十三条 经初步审查合格的品种权申请,申请人应当按照品种保护办公室的通知,在规定的期限内缴纳审查费。期满未缴纳或者未缴足的,视为撤回申请。

第五十四条 申请人在领取品种权证书前,应当缴纳授予品种权第1年的年费。以后的年费应当在前1年度期满前1个月内预缴。

第五十五条 品种权人未按时缴纳授予品种权第1年以后的年费,或者缴纳的数额不足的,品种保护办公室应当通知申请人自应当缴纳年费期满之日起6个月内补缴;期满未缴纳的,自应当缴纳年费期满之日起,品种权终止。

第五十六条 品种保护办公室定期发布植物新品种保护公报,公告品种权有关内容。

第八章 附　　则

第五十七条 《条例》第四十条、第四十一条所称的假冒授权品种行为是指下列情形之一:

(一)印制或者使用伪造的品种权证书、品种权申请号、品种权号或者其他品种权申请标记、品种权标记;

(二)印制或者使用已经被驳回、视为撤回或者撤回的品种权申请的申请号或者其他品种权申请标记;

(三)印制或者使用已经被终止或者被宣告无效的品种权的品种权证书、品种权号或者其他品种权标记;

(四)生产或者销售本条第(一)项、第(二)项和第(三)项所标记的品种;

(五)生产或销售冒充品种权申请或者授权品种名称的品种;

(六)其他足以使他人将非品种权申请或者非授

权品种误认为品种权申请或者授权品种的行为。

第五十八条 农业行政部门根据《条例》第四十一条的规定对封存或者扣押的植物品种繁殖材料,应当在三十日内做出处理;情况复杂的,经农业行政部门负责人批准可以延长,延长期限不超过三十日。

第五十九条 当事人因品种申请权或者品种权发生纠纷,向人民法院提起诉讼并且人民法院已受理的,可以向品种保护办公室请求中止有关程序。

依照前款规定申请中止有关程序的,应当向品种保护办公室提交申请书,并附具人民法院的有关受理文件副本。

在人民法院作出的判决生效后,当事人应当向品种保护办公室请求恢复有关程序。自请求中止之日起1年内,有关品种申请权或者品种权归属的纠纷未能结案,需要继续中止有关程序的,请求人应当在该期限内请求延长中止。期满未请求延长的,品种保护办公室可以自行恢复有关程序。

第六十条 已被视为撤回、驳回和主动撤回的品种权申请的案卷,自该品种权申请失效之日起满2年后不予保存。

已被宣告无效的品种权案卷自该品种权无效宣告之日起,终止的品种权案卷自该品种权失效之日起满3年后不予保存。

第六十一条 本细则自2008年1月1日起施行。1999年6月16日农业部发布的《中华人民共和国植物新品种保护条例实施细则(农业部分)》同时废止。

农业植物新品种权侵权案件处理规定

1. 2002年12月30日农业部令第24号公布
2. 自2003年2月1日起施行

第一条 为有效处理农业植物新品种权(以下简称品种权)侵权案件,根据《中华人民共和国植物新品种保护条例》(以下简称《条例》),制定本规定。

第二条 本规定所称的品种权侵权案件是指未经品种权人许可,以商业目的生产或销售授权品种的繁殖材料以及将该授权品种的繁殖材料重复使用于生产另一品种的繁殖材料的行为。

第三条 省级以上人民政府农业行政部门负责处理本行政辖区内品种权侵权案件。

第四条 请求省级以上人民政府农业行政部门处理品种权侵权案件的,应当符合下列条件:

(一)请求人是品种权人或者利害关系人;

(二)有明确的被请求人;

(三)有明确的请求事项和具体事实、理由;

(四)属于受案农业行政部门的受案范围和管辖;

(五)在诉讼时效范围内;

(六)当事人没有就该品种权侵权案件向人民法院起诉。

第一项所称利害关系人包括品种权实施许可合同的被许可人、品种权的合法继承人。品种权实施许可合同的被许可人中,独占实施许可合同的被许可人可以单独提出请求;排他实施许可合同的被许可人在品种权人不请求的情况下,可以单独提出请求;除合同另有约定外,普通实施许可合同的被许可人不能单独提出请求。

第五条 请求处理品种权侵权案件的诉讼时效为2年,自品种权人或利害关系人得知或应当得知侵权行为之日起计算。

第六条 请求省级以上人民政府农业行政部门处理品种权侵权案件的,应当提交请求书以及所涉及品种权的品种权证书,并且按照被请求人的数量提供请求书副本。

请求书应当记载以下内容:

(一)请求人的姓名或者名称、地址,法定代表人姓名、职务。委托代理的,代理人的姓名和代理机构的名称、地址;

(二)被请求人的姓名或者名称、地址;

(三)请求处理的事项、事实和理由。

请求书应当由请求人签名或盖章。

第七条 请求符合本办法第六条规定条件的,省级以上人民政府农业行政部门应当在收到请求书之日起7日内立案并书面通知请求人,同时指定3名以上单数承办人员处理该品种权侵权案件;请求不符合本办法第六条规定条件的,省级以上人民政府农业行政部门应当在收到请求书之日起7日内书面通知请求人不予受理,并说明理由。

第八条 省级以上人民政府农业行政部门应当在立案之日起7日内将请求书及其附件的副本通过邮寄、直接送交或者其他方式送被请求人,要求其在收到之日起15日内提交答辩书,并且按照请求人的数量提供答辩书副本。被请求人逾期不提交答辩书的，不影响省级以上人民政府农业行政部门进行处理。被请求人提交答辩书的，省级以上人民政府农业行政部门应当在收到之日起7日内将答辩书副本通过邮寄、直接送交或者其他方式送请求人。

第九条 省级以上人民政府农业行政部门处理品种权侵权案件一般以书面审理为主。必要时，可以举行口头审理，并在口头审理7日前通知当事人口头审理的时间和地点。当事人无正当理由拒不参加的，或者未经允许中途退出的，对请求人按撤回请求处理，对被请求人按缺席处理。

省级以上人民政府农业行政部门举行口头审理的，应当记录参加人和审理情况，经核对无误后，由案件承办人员和参加人签名或盖章。

第十条 除当事人达成调解、和解协议，请求人撤回请求之外，省级以上人民政府农业行政部门对侵权案件应作出处理决定，并制作处理决定书，写明以下内容：

（一）请求人、被请求人的姓名或者名称、地址，法定代表人或者主要负责人的姓名、职务，代理人的姓名和代理机构的名称；

（二）当事人陈述的事实和理由；

（三）认定侵权行为是否成立的理由和依据；

（四）处理决定：认定侵权行为成立的，应当责令被请求人立即停止侵权行为，写明处罚内容；认定侵权行为不成立的，应当驳回请求人的请求；

（五）不服处理决定申请行政复议或者提起行政诉讼的途径和期限。

处理决定书应当由案件承办人员署名，并加盖省级以上人民政府农业行政部门的公章。

第十一条 省级以上人民政府农业行政部门认定侵权行为成立并作出处理决定的，可以采取下列措施，制止侵权行为：

（一）侵权人生产授权品种繁殖材料或者直接使用授权品种的繁殖材料生产另一品种繁殖材料的，责令其立即停止生产，并销毁生产中的植物材料；已获得繁殖材料的，责令其不得销售；

（二）侵权人销售授权品种繁殖材料或者销售直接使用授权品种繁殖材料生产另一品种繁殖材料的，责令其立即停止销售行为，并且不得销售尚未售出的侵权品种繁殖材料；

（三）没收违法所得；

（四）处以违法所得5倍以下的罚款；

（五）停止侵权行为的其他必要措施。

第十二条 当事人对省级以上人民政府农业行政部门作出的处理决定不服的，可以依法申请行政复议或者向人民法院提起行政诉讼。期满不申请行政复议或者不起诉又不停止侵权行为的，省级以上人民政府农业行政部门可以申请人民法院强制执行。

第十三条 省级以上人民政府农业行政部门认定侵权行为成立的，可以根据当事人自愿的原则，对侵权所造成的损害赔偿进行调解。必要时，可以邀请有关单位和个人协助调解。

调解达成协议的，省级以上人民政府农业行政部门应当制作调解协议书，写明如下内容：

（一）请求人、被请求人的姓名或者名称、地址，法定代表人的姓名、职务。委托代理人的，代理人的姓名和代理机构的名称、地址；

（二）案件的主要事实和各方应承担的责任；

（三）协议内容以及有关费用的分担。调解协议书由各方当事人签名或盖章、案件承办人员签名并加盖省级以上人民政府农业行政部门的公章。调解书送达后，当事人应当履行协议。

调解未达成协议的，当事人可以依法向人民法院起诉。

第十四条 侵犯品种权的赔偿数额，按照权利人因被侵权所受到的损失或者侵权人因侵权所获得的利益确定。权利人的损失或者侵权人获得的利益难以确定的，按照品种权许可使用费的1倍以上5倍以下酌情确定。

第十五条 省级以上人民政府农业行政部门或者人民法院作出认定侵权行为成立的处理决定或者判决之后，被请求人就同一品种权再次作出相同类型的侵权行为，品种权人或者利害关系人请求处理的，省级以上人民政府农业行政部门可以直接作出责令立即停止侵权行为的处理决定并采取相应处罚措施。

第十六条 农业行政部门可以按照以下方式确定品种权案件行为人的违法所得：

（一）销售侵权或者假冒他人品种权的繁殖材料的，以该品种繁殖材料销售价格乘以销售数量作为其违法所得；

（二）订立侵权或者假冒他人品种权合同的，以收取的费用作为其违法所得。

第十七条　省级以上人民政府农业行政部门查处品种权侵权案件和县级以上人民政府农业行政部门查处假冒授权品种案件的程序,适用《农业行政处罚程序规定》。

第十八条　本办法由农业部负责解释。

第十九条　本办法自2003年2月1日起施行。

植物新品种保护项目管理暂行办法

1. 2009年12月29日农业部办公厅发布

2. 农办科〔2009〕73号

第一章　总　　则

第一条　为加强植物新品种保护项目管理,规范项目资金使用,提高资金使用效益,根据国家财政项目支出管理有关规定及相关法律法规,制定本办法。

第二条　项目资金主要用于植物新品种保护法规规章制定和修订、国家知识产权战略贯彻实施、品种权申请受理、审查、测试、授权、复审、技术支撑体系建设、行政执法、宣传培训、政策研究、履约和国际交流等工作。

第三条　项目由农业部组织实施。农业部负责制定发布项目申报指南、组织项目评审、审批立项、实施的监督检查、组织验收等。

第二章　项目申报与立项

第四条　农业部根据农业植物新品种保护工作总体部署,印发项目申报指南。

第五条　各有关地方农业行政主管部门及科研、教学和其他事业单位根据项目申报指南编制项目申报书,主要包括项目必要性、可行性、年度目标、预期效益、项目内容及金额、时间进度、人员分工、资金测算、单位情况等内容,并上报农业部。

第六条　农业部对项目申报书进行审查,择优审批立项,并与项目承担单位签订《植物新品种保护项目合同》。项目合同主要包括项目来由、年度目标、预期效益、项目内容及金额、时间进度、人员分工、资金测算、单位情况等内容。

第三章　项目执行及资金管理

第七条　项目实施时间原则上为一年,特殊项目可滚动实施。凡纳入计划的项目,要按期完成并达到规定的项目目标。

第八条　对已立项的项目,项目资金由农业部下达到项目承担单位,项目承担单位必须按照批复的项目预算和项目合同组织实施,不得随意调整项目内容、进度安排、资金使用方向等。如确需调整,必须报农业部批准。

第九条　项目承担单位要对植物新品种保护项目资金设立专账管理,专款专用。

第十条　项目承担单位要建立信息反馈制度,根据农业部的要求及时报送资金使用、工作进度等相关资料。项目承担单位于每年年底前将项目执行情况、资金使用情况总结报农业部。

第十一条　涉及保密的有关内容,按照国家有关保密工作法律法规执行。

第十二条　对骗取、挪用、截留、挤占项目资金的行为,依照《财政违法行为处罚处分条例》及相关法律法规追究有关单位及其责任人的法律责任。

第四章　检 查 验 收

第十三条　农业部按照批复的项目合同对项目承担单位的项目执行和资金使用情况进行检查,实行项目执行和资金使用情况与下年度项目资金安排挂钩。未完成项目内容和经费支出不合理的,下年度酌情减少项目资金或不予考虑资金支持,情节严重的将终止项目并视情况予以相应处罚。

第十四条　农业部对部分技术复杂且重大的项目实行验收,并在项目合同中予以明确。验收在项目完成后三个月内组织进行,项目承担单位应在验收前一个月向农业部提出验收申请,农业部视具体情况直接或委托有关单位进行验收。未能通过验收的项目须进行整改,整改完成后重新申请验收。无法进行验收的项目,除不可抗拒的因素外,项目承担单位及第一承担人要承担相应的责任。

第五章　附　　则

第十五条　本办法自发布之日起执行。

关于台湾地区申请人在大陆申请植物新品种权的暂行规定

2010年11月22日农业部、国家林业局公告第1487号公布施行

第一条　为保护台湾地区育种者的合法权益,促进植物新品种的培育和使用，制定本规定。

第二条 台湾地区的自然人、法人向大陆植物新品种权审批机关（以下简称审批机关）申请植物新品种权（以下简称品种权）及相关事务，适用本规定。

第三条 台湾地区的品种权申请人（以下简称申请人）向审批机关提出品种权及相关事务申请的，应当委托在大陆依法设立的代理机构办理。

第四条 申请人向审批机关提交的文件应当使用简体中文，日期应当使用公历，但证明文件除外。

第五条 在2010年9月12日（含当日）后，申请人自第一次提出品种权申请之日起12个月内，又在大陆就该植物新品种提出品种权申请，申请人要求将第一次申请日视为在大陆的申请日的，应当在申请时提出书面说明，并在3个月内提交经原审批机关确认的第一次提出的品种权申请文件的副本作为证明文件。未依照本规定提出书面说明或者提交证明文件的，视为未要求此项权利。

申请人在向审批机关提出第一次品种权申请之日起12个月内，又在大陆以外提出品种权申请的，可以请求审批机关出具第一次申请日的证明文件。

第六条 经育种者许可，在大陆销售品种繁殖材料未超过1年的；或者在大陆以外销售藤本植物、林木、果树和观赏树木品种繁殖材料未超过6年，销售其他植物品种繁殖材料未超过4年的，视为申请品种未丧失新颖性。

第七条 申请文件不得含有与现行法律、法规、规章相抵触的词句。

第八条 对不符合本规定第三条、第四条的，审批机关不予受理。

对不符合本规定第七条的，审批机关应当通知申请人在指定期限内予以修改；逾期未答复或者修改后仍不符合前款规定的，驳回其申请。

第九条 品种权申请的其他事宜，依据《中华人民共和国植物新品种保护条例》、《中华人民共和国植物新品种保护条例实施细则（农业部分）》和《中华人民共和国植物新品种保护条例实施细则（林业部分）》办理。

第十条 本规定自发布之日起施行。

最高人民法院关于审理植物新品种纠纷案件若干问题的解释

1. 2000年12月25日最高人民法院审判委员会第1154次会议通过

2. 2001年2月5日公布

3. 法释〔2001〕5号

4. 自2001年2月14日起施行

为依法受理和审判植物新品种纠纷案件，根据《中华人民共和国民事诉讼法》、《中华人民共和国行政诉讼法》的有关规定，现就有关问题解释如下：

第一条 人民法院受理的植物新品种纠纷案件主要包括以下几类：

（一）是否应当授予植物新品种权纠纷案件；

（二）宣告授予的植物新品种权无效或者维持植物新品种权的纠纷案件；

（三）授予品种权的植物新品种更名的纠纷案件；

（四）实施强制许可的纠纷案件；

（五）实施强制许可使用费的纠纷案件；

（六）植物新品种申请权纠纷案件；

（七）植物新品种权权利归属纠纷案件；

（八）转让植物新品种申请权和转让植物新品种权的纠纷案件；

（九）侵犯植物新品种权的纠纷案件；

（十）不服省级以上农业、林业行政管理部门依据职权对侵犯植物新品种权处罚的纠纷案件；

（十一）不服县级以上农业、林业行政管理部门依据职权对假冒授权品种处罚的纠纷案件。

第二条 人民法院在依法审查当事人涉及植物新品种权的起诉时，只要符合《中华人民共和国民事诉讼法》第一百零八条、《中华人民共和国行政诉讼法》第四十一条规定的民事案件或者行政案件的起诉条件，均应当依法予以受理。

第三条 本解释第一条所列第（一）至（五）类案件，由北京市第二中级人民法院作为第一审人民法院审理；第（六）至（十一）类案件，由各省、自治区、直辖市人民政府所在地和最高人民法院指定的中级人民法院作为第一审人民法院审理。

第四条 以侵权行为地确定人民法院管辖的侵犯植物新

品种权的民事案件,其所称的侵权行为地,是指未经品种权所有人许可,以商业目的生产、销售该授权植物新品种的繁殖材料的所在地,或者将该授权品种的繁殖材料重复使用于生产另一品种的繁殖材料的所在地。

第五条　关于是否应当授予植物新品种权的纠纷案件、宣告授予的植物新品种权无效或者维持植物新品种权的纠纷案件、授予品种权的植物新品种更名的纠纷案件,应当以行政主管机关植物新品种复审委员会为被告;关于实施强制许可的纠纷案件,应当以植物新品种审批机关为被告;关于强制许可使用费纠纷案件,应当根据原告所请求的事项和所起诉的当事人确定被告。

第六条　人民法院审理侵犯植物新品种权纠纷案件,被告在答辩期间内向行政主管机关植物新品种复审委员会请求宣告该植物新品种权无效的,人民法院一般不中止诉讼。

最高人民法院关于审理侵犯植物新品种权纠纷案件具体应用法律问题的若干规定

1. *2006年12月25日最高人民法院审判委员会第1411次会议通过*
2. *2007年1月12日公布*
3. *法释〔2007〕1号*
4. *自2007年2月1日起施行*

为正确处理侵犯植物新品种权纠纷案件,根据《中华人民共和国民法通则》、《中华人民共和国民事诉讼法》等有关规定,结合侵犯植物新品种权纠纷案件的审判经验和实际情况,就具体应用法律的若干问题规定如下:

第一条　植物新品种权所有人(以下称品种权人)或者利害关系人认为植物新品种权受到侵犯的,可以依法向人民法院提起诉讼。

前款所称利害关系人,包括植物新品种实施许可合同的被许可人、品种权财产权利的合法继承人等。

独占实施许可合同的被许可人可以单独向人民法院提起诉讼;排他实施许可合同的被许可人可以和品种权人共同起诉,也可以在品种权人不起诉时,自行提起诉讼;普通实施许可合同的被许可人经品种权人明确授权,可以提起诉讼。

第二条　未经品种权人许可,为商业目的生产或销售授权品种的繁殖材料,或者为商业目的将授权品种的繁殖材料重复使用于生产另一品种的繁殖材料的,人民法院应当认定为侵犯植物新品种权。

被控侵权物的特征、特性与授权品种的特征、特性相同,或者特征、特性的不同是因非遗传变异所致的,人民法院一般应当认定被控侵权物属于商业目的生产或者销售授权品种的繁殖材料。

被控侵权人重复以授权品种的繁殖材料为亲本与其他亲本另行繁殖的,人民法院一般应当认定属于商业目的将授权品种的繁殖材料重复使用于生产另一品种的繁殖材料。

第三条　侵犯植物新品种权纠纷案件涉及的专门性问题需要鉴定的,由双方当事人协商确定的有鉴定资格的鉴定机构、鉴定人鉴定;协商不成的,由人民法院指定的有鉴定资格的鉴定机构、鉴定人鉴定。

没有前款规定的鉴定机构、鉴定人的,由具有相应品种检测技术水平的专业机构、专业人员鉴定。

第四条　对于侵犯植物新品种权纠纷案件涉及的专门性问题可以采取田间观察检测、基因指纹图谱检测等方法鉴定。

对采取前款规定方法作出的鉴定结论,人民法院应当依法质证,认定其证明力。

第五条　品种权人或者利害关系人向人民法院提起侵犯植物新品种权诉讼时,同时提出先行停止侵犯植物新品种权行为或者保全证据请求的,人民法院经审查可以先行作出裁定。

人民法院采取证据保全措施时,可以根据案件具体情况,邀请有关专业技术人员按照相应的技术规程协助取证。

第六条　人民法院审理侵犯植物新品种权纠纷案件,应当依照民法通则第一百三十四条的规定,结合案件具体情况,判决侵权人承担停止侵害、赔偿损失等民事责任。

人民法院可以根据被侵权人的请求,按照被侵权人因侵权所受损失或者侵权人因侵权所得利益确定赔偿数额。被侵权人请求按照植物新品种实施许可费确定赔偿数额的,人民法院可以根据植物新品种实施许可的种类、时间、范围等因素,参照该植物新品种实施许可费合理确定赔偿数额。

依照前款规定难以确定赔偿数额的,人民法院可以综合考虑侵权的性质、期间、后果,植物新品种实施许可费的数额，植物新品种实施许可的种类、时间、范围及被侵权人调查、制止侵权所支付的合理费用等因素，在50万元以下确定赔偿数额。

第七条 被侵权人和侵权人均同意将侵权物折价抵扣被侵权人所受损失的，人民法院应当准许。被侵权人或者侵权人不同意折价抵扣的，人民法院依照当事人的请求，责令侵权人对侵权物作消灭活性等使其不能再被用作繁殖材料的处理。

侵权物正处于生长期或者销毁侵权物将导致重大不利后果的，人民法院可以不采取责令销毁侵权物的方法，但法律、行政法规另有规定的除外。

第八条 以农业或者林业种植为业的个人、农村承包经营户接受他人委托代为繁殖侵犯品种权的繁殖材料，不知道代繁物是侵犯品种权的繁殖材料并说明委托人的，不承担赔偿责任。

·典型案例·

江苏里下河地区农业科学研究所诉宝应县天补农资经营有限公司侵犯植物新品种权纠纷案

【裁判摘要】

知识产权中的权利用尽原则，是指专利权人、商标权人或著作权人等知识产权权利人自行生产、制造或者许可他人生产、制造的权利产品售出后，第三人使用或销售该产品的行为不视为侵权。权利用尽原则是对知识产权权利行使的一种限制制度，目的在于避免形成过度垄断，阻碍产品的自由市场流通，影响社会生产的发展和进步，同时也是对他人依法行使自己合法所有的财产权利的保护。我国对于植物新品种权的保护适用权利用尽原则，他人在市场上合法取得作为商品的植物新品种繁殖材料后再进行销售或者使用的，不构成侵权。

【基本案情】

原告江苏里下河地区农业科学研究所（以下简称里下河农科所）因与被告宝应县天补农资经营有限公司（以下简称天补公司）发生侵犯植物新品种权纠纷，向江苏省南京市中级人民法院提起诉讼。

原告里下河农科所诉称：原告在2003年9月1日和2005年11月1日分别获得中华人民共和国农业部授予的“扬麦11号”、“扬麦13号”和“扬麦16号”三份《植物新品种权证书》，证书号分别为第20030407号、第20050654号、第20050663号，品种权人均为原告。2007年9月21日、22日，被告天补公司及其法定代表人刘洪友分别从如东县种子公司、中江种业泰兴市神农种子直销门市部、高邮周巷乡农技站购买麦种“扬麦11号”49 500斤，单价为1.05元/斤，总计51 975元；“扬麦11号”30 000斤，单价为1.10元/斤，总计33 000元；“扬麦13号”40 000斤，单价为1.15元/斤，总计46 000元；“扬麦16号”10 000斤，单价为1.20元/斤，总计12 000元。以上合计购进麦种129 500斤，总计142 975元。后被告将上述麦种在被告分布于宝应的农资连锁店销售。被告的销售行为影响了原告及原告许可的扬州丰宝种业有限公司（以下简称丰宝公司）在宝应地区“扬麦系列”植物新品种（麦种）的销售计划，造成其销量下降。为维护品种权人的合法权益，请求判令被告：1. 立即停止未经原告许可的销售原告享有植物新品种权的繁殖材料的侵权行为；2. 赔偿原告损失人民币15万元；3. 负担本案诉讼费用。

被告天补公司辩称：1. 原告里下河农科所主体不适格，原告已将植物新品种权独占许可江苏金土地种业有限公司（以下简称金土地公司）；2. 原告的植物新品种权已被终止；3. 被告具有合法资质，可以从事相关农资购销活动，且所购麦种有合法来源，被告没有侵犯原告的植物新品种权；4. 原告要求15万元赔偿无法律依据。

【一审争议焦点】

本案一审的争议焦点为：一、原告里下河农科所诉讼主体资格是否适格；二、被告天补公司的销售行为是否侵犯原告享有的植物新品种权。

【一审裁判理由】

南京市中级人民法院一审认为：

一、根据相关法律规定，植物新品种权所有人或者利害关系人认为植物新品种权受到侵犯的，可以依法向人民法院提起诉讼。原告里下河农科所与南京农业大学是“扬麦11号”共同品种权人，南京农业大学明确授权原告以自己的名义对外行使权利并获得收益，故其有权行使“扬麦11号”的植物新品种权。同时，原告是“扬麦13号”、“扬麦16号”的品种权人，有权行使上述二项植物新品种权。原告虽将涉案植物新品种权独占许可金土地公司实施，但原告作为涉案植物新品种权人，认为植物新品种权受到侵犯时，有权作为权利人行使诉讼权利。即使授予金土地公司独占许可权,亦不影响原告作为植物新品种权利人行使诉讼权利。综上,原告具备诉讼主体资格,被告天补公司关于原告不是本案适格主体和原告授权金土地公司独占许可权后自身权利已终止的抗辩理由缺乏事实和法律依据,不予采纳。

二、被告天补公司的购销行为未侵犯原告里下河农科所享有的涉案植物新品种权。我国《植物新品种保护条例》第六条规定:"完成育种的单位或者个人对其授权品种,享有排他的独占权。任何单位或者个人未经品种权所有人许可,不得为商业目的生产或者销售该授权品种的繁殖材料,不得为商业目的将该授权品种的繁殖材料重复使用于生产另一品种的繁殖材料;但是,本条例另有规定的除外。"此条款的立法目的仅在于保护植物新品种权人对该品种首次生产、销售的行为。即植物新品种权人有生产、销售或授权他人生产、销售授权品种的繁殖材料的权利,同时也有禁止他人未经许可,以商业目的进行生产、销售的权利。对于经植物新品种权人或经其许可的授权人生产和销售的植物新品种的繁殖材料,由于系合法进入流通领域,按照知识产权法"权利用尽原理",植物新品种权人将其生产或者许可他人生产的授权品种和繁殖材料投放市场后,其专有销售权即告"用尽",他人在市场上合法取得作为商品的授权品种繁殖材料后再行销售或者使用则不构成侵权。根据本案事实,被告从如东县种子公司等处购进的"扬麦11号"、"扬麦13号"、"扬麦16号"麦种系原告许可他人经销的专版包装麦种,来源合法。另根据《中华人民共和国种子法》第二十九条第二款关于"种子经营者专门经营不再分装的包装种子的或者受具有种子经营许可证的种子经营者以书面委托代销其种子的,可以不办理种子经营许可证"的规定,被告的未再分装销售种子行为并不违反法律规定。故被告关于自己具有合法资质、可以从事相关种子购销活动的抗辩理由应予采信。被告在市场上合法取得"扬麦11号"、"扬麦13号"、"扬麦16号"麦种并再行销售的行为,不受植物新品种权所产生的禁止权制约,被告的上述行为没有侵犯原告享有的植物新品种权,原告的诉讼请求无事实和法律依据,不予支持。

【一审裁判结果】

南京市中级人民法院依据《中华人民共和国种子法》第二十九条第二款,《植物新品种保护条例》第六条、第三十九条的规定,于2008年6月20日判决如下:

驳回原告里下河农科所的诉讼请求。

本案案件受理费3300元,由原告里下河农科所负担。

【上诉情况】

里下河农科所不服一审判决,向江苏省高级人民法院提起上诉。主要理由是:一审判决认为《种子保护条例》仅在于保护首次生产、销售行为是不正确的,知识产权法领域的权利用尽原则并不适用于植物新品种权,否则植物新品种保护制度就失去了作用。请求撤销一审判决,依法改判。

被上诉人天补公司辩称:植物新品种权应当适用权利用尽原则。一审判决认定事实清楚,适用法律正确,应予维持。

【二审争议焦点】

本案二审的争议焦点是:被上诉人天补公司的销售行为是否侵犯上诉人里下河农科所涉案植物新品种权,权利用尽原则是否适用于对植物新品种权的保护。

【二审裁判理由】

江苏省高级人民法院二审认为:

被上诉人天补公司的销售行为是否构成侵权的问题,亦即是知识产权领域的权利用尽原则是否适用于对植物新品种权的保护的问题。所谓权利用尽原则,是指专利权人、商标权人或著作权人等知识产权权利人自行制造或者许可他人制造的权利产品售出后,第三人使用或销售该产品的行为不视为侵权。权利用尽原则是对知识产权权利行使的一种限制制度。植物新品种权作为知识产权领域的一种权利制度,同样存在权利用尽问题,即植物新品种权人销售的或经其同意出售的授权品种的繁殖材料售出后,其专有销售权即告"用尽",他人在市场上合法取得授权品种繁殖材料后再进行销售或者使用的,不构成侵权。首先,对植物新品种权利人首次生产、销售行为的保护,已使其权利得以实现。植物新品种权人依据法律的规定独占性生产并销售授权品种的繁殖材料后,已经从这种独占性的生产、销售活动中获得了应得的经济利益。该授权繁殖材料被合法投放市场后,他人对该繁殖材料再行销售或使用,不再需要得到植物新品种权人的许可或授权,且不构成侵权。植物新品种权适用权利用尽原则,是对植物新品种权利人行使权利的一种限制,目的在于避免形成过度垄断,阻碍产品的自由市场流通,影响社会生产的发展和进步,同时也是对他人依法行使自己合法所有的财产权利的保护。其次,《中华人民共和国民法通则》第一百四十二条第二款明确规定，中华人民共和国缔结或者参加的国际条约同中华人民共和国的民事法律有不同规定的，适用国际条约的规定，但中华人民共和国声明保留的除外。我国于1998年加入的《国际植物新品种权保护公约》(1978年文本)第十六条规定："受保护品种的材料或第十四条第(五)款所指品种的材料，或任何从该材料衍生的材料，已由育种家本人或经其同意在有关缔约方领土内出售之后，不受品种权制约，除非这类活动：(ⅰ)涉及该品种的进一步繁殖，或(ⅱ)涉及品种材料出口，使其繁殖，而进口国并不保护该品种所在的植物属或种。出口材料用于最终消费的情况例外。"该条规定明确指出植物新品种权领域对权利用尽原则的适用，因此应当认定，我国对于植物新品种权的保护适用权利用尽原则。上诉人里下河农科所认为涉案植物新品种繁殖材料售出后，被上诉人天补公司未经其授权，不得就上述繁殖材料再进行商业性销售，否则即构成侵权，应当承担侵权责任，其上述诉讼主张没有法律依据，不予支持。一审判决认定事实清楚，适用法律正确，应予维持。

【二审裁判结果】

江苏省高级人民法院依照《中华人民共和国民事诉讼法》第一百五十三条第一款第(一)项之规定，于2008年10月27日判决如下：

驳回上诉，维持原判。

二审案件受理费3300元，由上诉人里下河农科所负担。

本判决为终审判决。

2. 集成电路布图设计权

集成电路布图设计保护条例

1. 2001年4月2日国务院令第300号公布
2. 自2001年10月1日起施行

第一章 总 则

第一条 为了保护集成电路布图设计专有权,鼓励集成电路技术的创新,促进科学技术的发展,制定本条例。

第二条 本条例下列用语的含义:

(一)集成电路,是指半导体集成电路,即以半导体材料为基片,将至少有一个是有源元件的两个以上元件和部分或者全部互连线路集成在基片之中或者基片之上,以执行某种电子功能的中间产品或者最终产品;

(二)集成电路布图设计(以下简称布图设计),是指集成电路中至少有一个是有源元件的两个以上元件和部分或者全部互连线路的三维配置,或者为制造集成电路而准备的上述三维配置;

(三)布图设计权利人,是指依照本条例的规定,对布图设计享有专有权的自然人、法人或者其他组织;

(四)复制,是指重复制作布图设计或者含有该布图设计的集成电路的行为;

(五)商业利用,是指为商业目的进口、销售或者以其他方式提供受保护的布图设计、含有该布图设计的集成电路或者含有该集成电路的物品的行为。

第三条 中国自然人、法人或者其他组织创作的布图设计,依照本条例享有布图设计专有权。

外国人创作的布图设计首先在中国境内投入商业利用的,依照本条例享有布图设计专有权。

外国人创作的布图设计,其创作者所属国同中国签订有关布图设计保护协议或者与中国共同参加有关布图设计保护国际条约的,依照本条例享有布图设计专有权。

第四条 受保护的布图设计应当具有独创性,即该布图设计是创作者自己的智力劳动成果,并且在其创作时该布图设计在布图设计创作者和集成电路制造者中不是公认的常规设计。

受保护的由常规设计组成的布图设计,其组合作为整体应当符合前款规定的条件。

第五条 本条例对布图设计的保护,不延及思想、处理过程、操作方法或者数学概念等。

第六条 国务院知识产权行政部门依照本条例的规定,负责布图设计专有权的有关管理工作。

第二章 布图设计专有权

第七条 布图设计权利人享有下列专有权:

(一)对受保护的布图设计的全部或者其中任何具有独创性的部分进行复制;

(二)将受保护的布图设计、含有该布图设计的集成电路或者含有该集成电路的物品投入商业利用。

第八条 布图设计专有权经国务院知识产权行政部门登记产生。

未经登记的布图设计不受本条例保护。

第九条 布图设计专有权属于布图设计创作者,本条例另有规定的除外。

由法人或者其他组织主持,依据法人或者其他组织的意志而创作,并由法人或者其他组织承担责任的布图设计,该法人或者其他组织是创作者。

由自然人创作的布图设计,该自然人是创作者。

第十条 两个以上自然人、法人或者其他组织合作创作的布图设计,其专有权的归属由合作者约定;未作约定或者约定不明的,其专有权由合作者共同享有。

第十一条 受委托创作的布图设计,其专有权的归属由委托人和受托人双方约定;未作约定或者约定不明的,其专有权由受托人享有。

第十二条 布图设计专有权的保护期为10年,自布图设计登记申请之日或者在世界任何地方首次投入商业利用之日起计算,以较前日期为准。但是,无论是否登记或者投入商业利用,布图设计自创作完成之日起15年后,不再受本条例保护。

第十三条 布图设计专有权属于自然人的,该自然人死亡后,其专有权在本条例规定的保护期内依照继承法的规定转移。

布图设计专有权属于法人或者其他组织的,法人或者其他组织变更、终止后,其专有权在本条例规定的保护期内由承继其权利、义务的法人或者其他组织享有;没有承继其权利、义务的法人或者其他组织的,该布图设计进入公有领域。

第三章 布图设计的登记

第十四条 国务院知识产权行政部门负责布图设计登记工作,受理布图设计登记申请。

第十五条 申请登记的布图设计涉及国家安全或者重大利益,需要保密的,按照国家有关规定办理。

第十六条 申请布图设计登记,应当提交:

(一)布图设计登记申请表;

(二)布图设计的复制件或者图样;

(三)布图设计已投入商业利用的,提交含有该布图设计的集成电路样品;

(四)国务院知识产权行政部门规定的其他材料。

第十七条 布图设计自其在世界任何地方首次商业利用之日起2年内,未向国务院知识产权行政部门提出登记申请的,国务院知识产权行政部门不再予以登记。

第十八条 布图设计登记申请经初步审查,未发现驳回理由的,由国务院知识产权行政部门予以登记,发给登记证明文件,并予以公告。

第十九条 布图设计登记申请人对国务院知识产权行政部门驳回其登记申请的决定不服的,可以自收到通知之日起3个月内,向国务院知识产权行政部门请求复审。国务院知识产权行政部门复审后,作出决定,并通知布图设计登记申请人。布图设计登记申请人对国务院知识产权行政部门的复审决定仍不服的,可以自收到通知之日起3个月内向人民法院起诉。

第二十条 布图设计获准登记后,国务院知识产权行政部门发现该登记不符合本条例规定的,应当予以撤销,通知布图设计权利人,并予以公告。布图设计权利人对国务院知识产权行政部门撤销布图设计登记的决定不服的,可以自收到通知之日起3个月内向人民法院起诉。

第二十一条 在布图设计登记公告前,国务院知识产权行政部门的工作人员对其内容负有保密义务。

第四章 布图设计专有权的行使

第二十二条 布图设计权利人可以将其专有权转让或者许可他人使用其布图设计。

转让布图设计专有权的,当事人应当订立书面合同,并向国务院知识产权行政部门登记,由国务院知识产权行政部门予以公告。布图设计专有权的转让自登记之日起生效。

许可他人使用其布图设计的,当事人应当订立书面合同。

第二十三条 下列行为可以不经布图设计权利人许可,不向其支付报酬:

(一)为个人目的或者单纯为评价、分析、研究、教学等目的而复制受保护的布图设计的;

(二)在依据前项评价、分析受保护的布图设计的基础上,创作出具有独创性的布图设计的;

(三)对自己独立创作的与他人相同的布图设计进行复制或者将其投入商业利用的。

第二十四条 受保护的布图设计、含有该布图设计的集成电路或者含有该集成电路的物品,由布图设计权利人或者经其许可投放市场后,他人再次商业利用的,可以不经布图设计权利人许可,并不向其支付报酬。

第二十五条 在国家出现紧急状态或者非常情况时,或者为了公共利益的目的,或者经人民法院、不正当竞争行为监督检查部门依法认定布图设计权利人有不正当竞争行为而需要给予补救时,国务院知识产权行政部门可以给予使用其布图设计的非自愿许可。

第二十六条 国务院知识产权行政部门作出给予使用布图设计非自愿许可的决定,应当及时通知布图设计权利人。

给予使用布图设计非自愿许可的决定,应当根据非自愿许可的理由,规定使用的范围和时间,其范围应当限于为公共目的非商业性使用,或者限于经人民法院、不正当竞争行为监督检查部门依法认定布图设计权利人有不正当竞争行为而需要给予的补救。

非自愿许可的理由消除并不再发生时,国务院知识产权行政部门应当根据布图设计权利人的请求,经审查后作出终止使用布图设计非自愿许可的决定。

第二十七条 取得使用布图设计非自愿许可的自然人、法人或者其他组织不享有独占的使用权,并且无权允许他人使用。

第二十八条 取得使用布图设计非自愿许可的自然人、法人或者其他组织应当向布图设计权利人支付合理的报酬,其数额由双方协商;双方不能达成协议的,由国务院知识产权行政部门裁决。

第二十九条 布图设计权利人对国务院知识产权行政部门关于使用布图设计非自愿许可的决定不服的,布图设计权利人和取得非自愿许可的自然人、法人或者其他组织对国务院知识产权行政部门关于使用布图设计非自愿许可的报酬的裁决不服的,可以自收到通知之日起3个月内向人民法院起诉。

第五章 法律责任

第三十条 除本条例另有规定的外,未经布图设计权利人许可,有下列行为之一的,行为人必须立即停止侵权行为,并承担赔偿责任:

(一)复制受保护的布图设计的全部或者其中任何具有独创性的部分的;

(二)为商业目的进口、销售或者以其他方式提供受保护的布图设计、含有该布图设计的集成电路或者含有该集成电路的物品的。

侵犯布图设计专有权的赔偿数额,为侵权人所获得的利益或者被侵权人所受到的损失,包括被侵权人为制止侵权行为所支付的合理开支。

第三十一条 未经布图设计权利人许可,使用其布图设计,即侵犯其布图设计专有权,引起纠纷的,由当事人协商解决;不愿协商或者协商不成的,布图设计权利人或者利害关系人可以向人民法院起诉,也可以请求国务院知识产权行政部门处理。国务院知识产权行政部门处理时,认定侵权行为成立的,可以责令侵权人立即停止侵权行为,没收、销毁侵权产品或者物品。当事人不服的,可以自收到处理通知之日起15日内依照《中华人民共和国行政诉讼法》向人民法院起诉;侵权人期满不起诉又不停止侵权行为的,国务院知识产权行政部门可以请求人民法院强制执行。应当事人的请求,国务院知识产权行政部门可以就侵犯布图设计专有权的赔偿数额进行调解;调解不成的,当事人可以依照《中华人民共和国民事诉讼法》向人民法院起诉。

第三十二条 布图设计权利人或者利害关系人有证据证明他人正在实施或者即将实施侵犯其专有权的行为,如不及时制止将会使其合法权益受到难以弥补的损害的,可以在起诉前依法向人民法院申请采取责令停止有关行为和财产保全的措施。

第三十三条 在获得含有受保护的布图设计的集成电路或者含有该集成电路的物品时,不知道也没有合理理由应当知道其中含有非法复制的布图设计,而将其投入商业利用的,不视为侵权。

前款行为人得到其中含有非法复制的布图设计的明确通知后,可以继续将现有的存货或者此前的订货投入商业利用,但应当向布图设计权利人支付合理的报酬。

第三十四条 国务院知识产权行政部门的工作人员在布图设计管理工作中玩忽职守、滥用职权、徇私舞弊,构成犯罪的,依法追究刑事责任;尚不构成犯罪的,依法给予行政处分。

第六章 附 则

第三十五条 申请布图设计登记和办理其他手续,应当按照规定缴纳费用。缴费标准由国务院物价主管部门、国务院知识产权行政部门制定,并由国务院知识产权行政部门公告。

第三十六条 本条例自2001年10月1日起施行。

集成电路布图设计保护条例实施细则

1. 2001年9月18日国家知识产权局令第11号公布
2. 自2001年10月1日起施行

第一章 总 则

第一条 宗旨

为了保护集成电路布图设计(以下简称布图设计)专有权,促进我国集成电路技术的进步与创新,根据《集成电路布图设计保护条例》(以下简称条例),制定本实施细则(以下简称本细则)。

第二条 登记机构

条例所称的国务院知识产权行政部门是指国家知识产权局。

第三条 办理手续需用的形式

条例和本细则规定的各种文件,应当以书面形式或者以国家知识产权局规定的其他形式办理。

第四条 代理机构

中国单位或者个人在国内申请布图设计登记和办理其他与布图设计有关的事务的,可以委托专利代理机构办理。

在中国没有经常居所或者营业所的外国人、外国企业或者外国其他组织在中国申请布图设计登记和办理其他与布图设计有关的事务的,应当委托国家知识产权局指定的专利代理机构办理。

第五条 申请文件和申请日的确定

向国家知识产权局申请布图设计登记的,应当提交布图设计登记申请表和该布图设计的复制件或者图样;布图设计在申请日以前已投入商业利用的,还应当提交含有该布图设计的集成电路样品。

国家知识产权局收到前款所述布图设计申请文件之日为申请日。如果申请文件是邮寄的,以寄出的邮戳日为申请日。

第六条 文件的语言

依照条例和本细则规定提交的各种文件应当使用中文。国家有统一规定的科技术语的，应当采用规范词；外国人名、地名和科技术语没有统一中文译文的，应当注明原文。

依照条例和本细则规定提交的各种证件和证明文件是外文的，国家知识产权局认为必要时，可以要求当事人在指定期限内附送中文译文；期满未附送的，视为未提交该证件和证明文件。

第七条 文件的递交和送达

向国家知识产权局邮寄的各种文件，以寄出的邮戳日为递交日。邮戳日不清晰的，除当事人能够提出证明外，以国家知识产权局收到文件之日为递交日。

国家知识产权局的各种文件，可以通过邮寄、直接送交或者其他方式送达当事人。当事人委托专利代理机构的，文件送交专利代理机构；未委托专利代理机构的，文件送交申请表中指明的联系人。

国家知识产权局邮寄的各种文件，自文件发出之日起满15日，推定为当事人收到文件之日。

根据国家知识产权局规定应当直接送交的文件，以交付日为送达日。

文件送交地址不清，无法邮寄的，可以通过公告的方式送达当事人。自公告之日起满1个月，该文件视为已经送达。

第八条 期限的计算

条例和本细则规定的各种期限的第一日不计算在期限内。期限以年或者月计算的，以其最后一月的相应日为期限届满日；该月无相应日的，以该月最后一日为期限届满日。

期限届满日是法定节假日的，以节假日后的第一个工作日为期限届满日。

第九条 权利的恢复和期限的延长

当事人因不可抗拒的事由而耽误本细则规定的期限或者国家知识产权局指定的期限，造成其权利丧失的，自障碍消除之日起2个月内，但是最迟自期限届满之日起2年内，可以向国家知识产权局说明理由并附具有关证明文件，请求恢复其权利。

当事人因正当理由而耽误本细则规定的期限或者国家知识产权局指定的期限，造成其权利丧失的，可以自收到国家知识产权局的通知之日起2个月内向国家知识产权局说明理由，请求恢复其权利。

当事人请求延长国家知识产权局指定的期限的，应当在期限届满前，向国家知识产权局说明理由并办理有关手续。

条例规定的期限不得请求延长。

第十条 共有

布图设计是2个以上单位或者个人合作创作的，创作者应当共同申请布图设计登记；有合同约定的，从其约定。

涉及共有的布图设计专有权的，每一个共同布图设计权利人在没有征得其他共同布图设计权利人同意的情况下，不得将其所持有的那一部分权利进行转让、出质或者与他人订立独占许可合同或者排他许可合同。

第十一条 向外国人转让专有权

中国单位或者个人向外国人转让布图设计专有权的，在向国家知识产权局办理转让登记时应当提交国务院有关主管部门允许其转让的证明文件。

布图设计专有权发生转移的，当事人应当凭有关证明文件或者法律文书向国家知识产权局办理著录项目变更手续。

第二章 布图设计登记的申请和审查

第十二条 申请文件

以书面形式申请布图设计登记的，应当向国家知识产权局提交布图设计登记申请表一式两份以及一份布图设计的复制件或者图样。

以国家知识产权局规定的其他形式申请布图设计登记的，应当符合规定的要求。

申请人委托专利代理机构向国家知识产权局申请布图设计登记和办理其他手续的，应当同时提交委托书，写明委托权限。

申请人有2个以上且未委托专利代理机构的，除申请表中另有声明外，以申请表中指明的第一申请人为代表人。

第十三条 申请表

布图设计登记申请表应当写明下列各项：

（一）申请人的姓名或者名称、地址或者居住地；

（二）申请人的国籍；

（三）布图设计的名称；

（四）布图设计创作者的姓名或者名称；

（五）布图设计的创作完成日期；

(六)该布图设计所用于的集成电路的分类;

(七)申请人委托专利代理机构的,应当注明的有关事项;申请人未委托专利代理机构的,其联系人的姓名、地址、邮政编码及联系电话;

(八)布图设计有条例第十七条所述商业利用行为的,该行为的发生日;

(九)布图设计登记申请有保密信息的,含有该保密信息的图层的复制件或者图样页码编号及总页数;

(十)申请人或者专利代理机构的签字或者盖章;

(十一)申请文件清单;

(十二)附加文件及样品清单;

(十三)其他需要注明的事项。

第十四条 复制件或者图样

按照条例第十六条规定提交的布图设计的复制件或者图样应当符合下列要求:

(一)复制件或者图样的纸件应当至少放大到用该布图设计生产的集成电路的20倍以上;申请人可以同时提供该复制件或者图样的电子版本;提交电子版本的复制件或者图样的,应当包含该布图设计的全部信息,并注明文件的数据格式;

(二)复制件或者图样有多张纸件的,应当顺序编号并附具目录;

(三)复制件或者图样的纸件应当使用A4纸格式;如果大于A4纸的,应当折叠成A4纸格式;

(四)复制件或者图样可以附具简单的文字说明,说明该集成电路布图设计的结构、技术、功能和其他需要说明的事项。

第十五条 涉及保密信息的申请

布图设计在申请日之前没有投入商业利用的,该布图设计登记申请可以有保密信息,其比例最多不得超过该集成电路布图设计总面积的50%。含有保密信息的图层的复制件或者图样页码编号及总页数应当与布图设计登记申请表中所填写的一致。

布图设计登记申请有保密信息的,含有该保密信息的图层的复制件或者图样纸件应当置于在另一个保密文档袋中提交。除侵权诉讼或者行政处理程序需要外,任何人不得查阅或者复制该保密信息。

第十六条 集成电路样品

布图设计在申请日之前已投入商业利用的,申请登记时应当提交4件含有该布图设计的集成电路样品,并应当符合下列要求:

(一)所提交的4件集成电路样品应当置于能保证其不受损坏的专用器具中,并附具填写好的国家知识产权局统一编制的表格;

(二)器具表面应当写明申请人的姓名、申请号和集成电路名称;

(三)器具中的集成电路样品应当采用适当的方式固定,不得有损坏,并能够在干燥器中至少存放十年。

第十七条 不予受理

布图设计登记申请有下列情形的,国家知识产权局不予受理,并通知申请人:

(一)未提交布图设计登记申请表或者布图设计的复制件或者图样的,已投入商业利用而未提交集成电路样品的,或者提交的上述各项不一致的;

(二)外国申请人的所属国未与中国签订有关布图设计保护协议或者与中国共同参加有关国际条约;

(三)所涉及的布图设计属于条例第十二条规定不予保护的;

(四)所涉及的布图设计属于条例第十七条规定不予登记的;

(五)申请文件未使用中文的;

(六)申请类别不明确或者难以确定其属于布图设计的;

(七)未按规定委托代理机构的;

(八)布图设计登记申请表填写不完整的。

第十八条 文件的补正和修改

除本细则第十七条规定不予受理的外,申请文件不符合条例和本细则规定的条件的,申请人应当在收到国家知识产权局的审查意见通知之日起2个月内进行补正。补正应当按照审查意见通知书的要求进行。逾期未答复的,该申请视为撤回。

申请人按照国家知识产权局的审查意见补正后,申请文件仍不符合条例和本细则的规定的,国家知识产权局应当作出驳回决定。

国家知识产权局可以自行修改布图设计申请文件中文字和符号的明显错误。国家知识产权局自行修改的,应当通知申请人。

第十九条 申请的驳回

除本细则第十八条第二款另有规定的外,申请登记的布图设计有下列各项之一的,国家知识产权局应当作出驳回决定,写明所依据的理由:

（一）明显不符合条例第二条第（一）、（二）项规定的；

（二）明显不符合条例第五条规定的。

第二十条　布图设计专有权的生效

布图设计登记申请经初步审查没有发现驳回理由的，国家知识产权局应当颁发布图设计登记证书，并在国家知识产权局互联网站和中国知识产权报上予以公告。布图设计专有权自申请日起生效。

第二十一条　登记证书

国家知识产权局颁发的布图设计登记证书应当包括下列各项：

（一）布图设计权利人的姓名或者名称和地址；

（二）布图设计的名称；

（三）布图设计在申请日之前已经投入商业利用的，其首次商业利用的时间；

（四）布图设计的申请日及创作完成日；

（五）布图设计的颁证日期；

（六）布图设计的登记号；

（七）国家知识产权局的印章及负责人签字。

第二十二条　更正

国家知识产权局对布图设计公告中出现的错误，一经发现，应当及时更正，并对所作更正予以公告。

第三章　布图设计登记申请的复审、复议和专有权的撤销

第二十三条　复审和撤销机构

国家知识产权局专利复审委员会（以下简称专利复审委员会）负责对国家知识产权局驳回布图设计登记申请决定不服而提出的复审请求的审查，以及负责对布图设计专有权撤销案件的审查。

第二十四条　复审的请求

向专利复审委员会请求复审的，应当提交复审请求书，说明理由，必要时还应当附具有关证据。复审请求书不符合条例第十九条有关规定的，专利复审委员会不予受理。

复审请求不符合规定格式的，复审请求人应当在专利复审委员会指定的期限内补正；期满未补正的，该复审请求视为未提出。

第二十五条　复审程序中文件的修改

复审请求人在提出复审请求或者在对专利复审委员会的复审通知书作出答复时，可以修改布图设计申请文件；但是修改应当仅限于消除驳回决定或者复审通知书指出的缺陷。

修改的申请文件应当提交一式两份。

第二十六条　复审决定

专利复审委员会进行审查后，认为布图设计登记申请的复审请求不符合条例或者本细则有关规定的，应当通知复审请求人，要求其在指定期限内陈述意见。期满未答复的，该复审请求视为撤回；经陈述意见或者进行修改后，专利复审委员会认为该申请仍不符合条例和本细则有关规定的，应当作出维持原驳回决定的复审决定。

专利复审委员会进行复审后，认为原驳回决定不符合条例和本细则有关规定的，或者认为经过修改的申请文件消除了原驳回决定指出的缺陷的，应当撤销原驳回决定，通知原审查部门对该申请予以登记和公告。

专利复审委员会的复审决定，应当写明复审决定的理由，并通知布图设计登记申请人。

第二十七条　复审请求的撤回

复审请求人在专利复审委员会作出决定前，可以撤回其复审请求。

复审请求人在专利复审委员会作出决定前撤回其复审请求的，复审程序终止。

第二十八条　复议请求

当事人对国家知识产权局作出的下列具体行政行为不服或者有争议的，可以向国家知识产权局行政复议部门申请复议：

（一）不予受理布图设计申请的；

（二）将布图设计申请视为撤回的；

（三）不允许恢复有关权利的请求的；

（四）其他侵犯当事人合法权益的具体行政行为。

第二十九条　撤销程序

布图设计登记公告后，发现登记的布图设计专有权不符合集成电路布图设计保护条例第二条第（一）、（二）项、第三条、第四条、第五条、第十二条或者第十七条规定的，由专利复审委员会撤销该布图设计专有权。

撤销布图设计专有权的，应当首先通知该布图设计权利人，要求其在指定期限内陈述意见。期满未答复的，不影响专利复审委员会作出撤销布图设计专有权的决定。

专利复审委员会撤销布图设计专有权的决定应当

写明所依据的理由,并通知该布图设计权利人。

第三十条 撤销决定的公告

对专利复审委员会撤销布图设计专有权的决定未在规定期限内向人民法院起诉,或者在人民法院维持专利复审委员会撤销布图设计专有权决定的判决生效后,国家知识产权局应当将撤销该布图设计专有权的决定在国家知识产权局互联网站和中国知识产权报上公告。

被撤销的布图设计专有权视为自始即不存在。

第四章 布图设计专有权的保护

第三十一条 布图设计专有权的放弃

布图设计权利人在其布图设计专有权保护期届满之前,可以向国家知识产权局提交书面声明放弃该专有权。

布图设计专有权已许可他人实施或者已经出质的,该布图设计专有权的放弃应当征得被许可人或质权人的同意。

布图设计专有权的放弃应当由国家知识产权局登记和公告。

第三十二条 国家知识产权局受理侵权纠纷案件的条件

根据条例第三十一条的规定请求国家知识产权局处理布图设计专有权侵权纠纷的,应当符合下列条件:

(一)该布图设计已登记、公告;

(二)请求人是布图设计权利人或者与该侵权纠纷有直接利害关系的单位或者个人;

(三)有明确的被请求人;

(四)有明确的请求事项和具体的事实、理由;

(五)当事人任何一方均未就该侵权纠纷向人民法院起诉。

第三十三条 有关程序的中止和恢复

当事人因布图设计申请权或者布图设计专有权的归属发生纠纷,已经向人民法院起诉的,可以请求国家知识产权局中止有关程序。

依照前款规定请求中止有关程序的,应当向国家知识产权局提交请求书,并附具人民法院的有关受理文件副本。

在人民法院作出的判决生效后,当事人应当向国家知识产权局办理恢复有关程序的手续。自请求中止之日起一年内,有关布图设计申请权或者布图设计专有权归属的纠纷未能结案,需要继续中止有关程序的,请求人应当在该期限内请求延长中止。期满未请求延长的,国家知识产权局自行恢复有关程序。

人民法院在审理民事案件中裁定对布图设计专有权采取保全措施的,国家知识产权局在协助执行时中止被保全的布图设计专有权的有关程序。保全期限届满,人民法院没有裁定继续采取保全措施的,国家知识产权局自行恢复有关程序。

第五章 费　　用

第三十四条 应缴纳的费用

向国家知识产权局申请布图设计登记和办理其他手续时,应当缴纳下列费用:

(一)布图设计登记费;

(二)著录事项变更手续费、延长期限请求费、恢复权利请求费;

(三)复审请求费;

(四)非自愿许可许可请求费、非自愿许可使用费的裁决请求费。

前款所列各种费用的数额,由国务院价格管理部门会同国家知识产权局另行规定。

第三十五条 缴费手续

条例和本细则规定的各种费用,可以直接向国家知识产权局缴纳,也可以通过邮局或者银行汇付,或者以国家知识产权局规定的其他方式缴纳。

通过邮局或者银行汇付的,应当在送交国家知识产权局的汇单上至少写明正确的申请号以及缴纳的费用名称。不符合本款规定的,视为未办理缴费手续。

直接向国家知识产权局缴纳费用的,以缴纳当日为缴费日;以邮局汇付方式缴纳费用的,以邮局汇出的邮戳日为缴费日;以银行汇付方式缴纳费用的,以银行实际汇出日为缴费日。但是自汇出日至国家知识产权局收到日超过15日的,除邮局或者银行出具证明外,以国家知识产权局收到日为缴费日。

多缴、重缴、错缴布图设计登记费用的,当事人可以向国家知识产权局提出退款请求,但是该请求应当自缴费日起一年内提出。

第三十六条 缴费期限

申请人应当在收到受理通知书后2个月内缴纳布图设计登记费;期满未缴纳或者未缴足的,其申请视为撤回。

当事人请求恢复权利或者复审的,应当在条例及本细则规定的相关期限内缴纳费用;期满未缴纳或者未缴足的,视为未提出请求。

著录事项变更手续费、非自愿许可请求费、非自愿许可使用费的裁决请求费应当自提出请求之日起1个月内缴纳；延长期限请求费应当在相应期限届满前缴纳；期满未缴纳或者未缴足的，视为未提出请求。

第六章 附 则

第三十七条 布图设计登记簿

国家知识产权局设置布图设计登记簿，登记下列事项：

（一）布图设计权利人的姓名或者名称、国籍和地址及其变更；

（二）布图设计的登记；

（三）布图设计专有权的转移和继承；

（四）布图设计专有权的放弃；

（五）布图设计专有权的质押、保全及其解除；

（六）布图设计专有权的撤销；

（七）布图设计专有权的终止；

（八）布图设计专有权的恢复；

（九）布图设计专有权实施的非自愿许可。

第三十八条 布图设计公告

国家知识产权局定期在国家知识产权局互联网站和中国知识产权报上登载布图设计登记公报，公布或者公告下列内容：

（一）布图设计登记簿记载的著录事项；

（二）对地址不明的当事人的通知；

（三）国家知识产权局作出的更正；

（四）其他有关事项。

第三十九条 公众查阅和复制

布图设计登记公告后，公众可以请求查阅该布图设计登记簿或者请求国家知识产权局提供该登记簿的副本。公众也可以请求查阅该布图设计的复制件或者图样的纸件。

本细则第十四条所述的电子版本的复制件或者图样，除侵权诉讼或者行政处理程序需要外，任何人不得查阅或者复制。

第四十条 失效案卷的处理

布图设计登记申请被撤回、视为撤回或者驳回的，以及布图设计专有权被声明放弃、撤销或者终止的，与该布图设计申请或者布图设计专有权有关的案卷，自该申请失效或者该专有权失效之日起满3年后不予保存。

第四十一条 文件的邮寄

向国家知识产权局邮寄有关申请或者布图设计专有权的文件，应当使用挂号信函，一件信函应当只包含同一申请文件。电子版本的复制件或者图样和集成电路样品的邮寄方式应当保证其在邮寄过程中不受损坏。

第四十二条 本细则的解释

本细则由国家知识产权局负责解释。

第四十三条 本细则的实施日期

本细则自2001年10月1日起施行。

集成电路布图设计行政执法办法

2001年11月28日国家知识产权局令第17号公布施行

第一章 总 则

第一条 为了保护集成电路布图设计（以下简称布图设计）专有权，维护社会主义市场经济秩序，根据《集成电路布图设计保护条例》（以下简称条例）以及有关法律法规制定本办法。

第二条 条例第三十一条所称国务院知识产权行政部门是指国家知识产权局。

国家知识产权局设立集成电路布图设计行政执法委员会（以下简称行政执法委员会），负责处理侵犯布图设计专有权的纠纷，调解侵犯布图设计专有权的赔偿数额。

各省、自治区、直辖市的知识产权局应当协助、配合国家知识产权局开展集成电路布图设计行政执法工作。

第三条 行政执法委员会处理侵犯布图设计专有权的纠纷应当以事实为依据、以法律为准绳，遵循公正、及时的原则。

行政执法委员会调解侵犯布图设计专有权的赔偿数额应当按照法律规定，在查明事实、分清是非的基础上，促使当事人相互谅解，达成协议。

第二章 处理和调解程序

第四条 请求行政执法委员会处理布图设计专有权侵权纠纷的，应当符合下列条件：

（一）该布图设计已登记、公告；

（二）请求人是布图设计专有权的权利人或者与该侵权纠纷有直接利害关系的单位或者个人；

（三）有明确的被请求人；

(四)有明确的请求事项和具体事实、理由;

(五)当事人任何一方均未就该侵权纠纷向人民法院起诉。

第五条　请求人提出请求,应当向行政执法委员会提交请求书以及所涉及的布图设计登记证书副本。请求人应当按照被请求人的数量提供相应数量的请求书副本。

第六条　请求书应当记载以下内容:

(一)请求人的姓名或者名称、地址,法定代表人或者主要负责人的姓名、职务,委托代理人的,代理人的姓名和代理机构的名称、地址;

(二)被请求人的姓名或者名称、地址;

(三)请求处理的事项和具体事实、理由。

有关证据和证明材料可以请求书附件的形式提交。

请求书应当由请求人签名或盖章。

第七条　请求人应当提供证据,证明被请求人采用的布图设计与受保护的布图设计全部相同或者与受保护的布图设计中任何具有独创性的部分相同。

受保护的布图设计尚未投入商业利用的,请求人应当提供证据,证明被请求人有获知该布图设计的实际可能性。

第八条　请求不符合本办法第五条规定的,行政执法委员会应当在收到请求之日起的7日内通知请求人不予受理。

请求不符合本办法第六条、第七条、第八条规定的,行政执法委员会应当在收到请求之日起的7日内通知请求人在指定期限内予以补正。逾期未补正或者经补正仍不符合规定的,请求被视为未提出。

请求符合本办法第五条、第六条、第七条、第八条规定的,行政执法委员会应当及时立案并通知请求人,同时,应指定3名或3名以上单数承办人员组成合议组处理该侵权纠纷。

第九条　立案后,行政执法委员会应当及时将请求书及其附件的副本以寄交、直接送交或者其他方式送达被请求人,要求其在收到请求书副本之日起15日内提交答辩书一式2份。被请求人逾期不提交答辩书的,不影响行政执法委员会进行处理。

被请求人提交答辩书的,行政执法委员会应当在收到答辩书之日起的7日内将答辩书副本以寄交、直接送交或者其他方式送达请求人。

第十条　侵犯布图设计专有权纠纷涉及复杂技术问题,需要进行鉴定的,行政执法委员会可以委托有关单位进行专业技术鉴定。鉴定意见或者结论需经当事人质证方能作为定案的依据。

鉴定费用由当事人承担。

第十一条　在侵犯布图设计专有权纠纷的处理过程中,专利复审委员会对该布图设计专用权启动撤销程序的,行政执法委员会可以根据情况需要决定是否中止处理程序。

第十二条　行政执法委员会处理侵犯布图设计设计专有权的纠纷,可以根据案情需要决定是否进行口头审理。行政执法委员会决定进行口头审理的,应当至少在口头审理3日前让当事人得知进行口头审理的时间和地点。无正当理由拒不参加或者未经允许中途退出口头审理的,对请求人按撤回请求处理,对被请求人按缺席处理。

第十三条　行政执法委员会举行口头审理的,应当将口头审理的参加人和审理要点记入笔录,经核对无误后,由案件承办人员和参加人签名或盖章。

第十四条　除当事人达成调解、和解协议,或者请求人撤回请求之外,行政执法委员会处理侵犯布图设计专有权的纠纷应当作出处理决定书,写明以下内容:

(一)当事人的名称或姓名、地址;

(二)当事人陈述的事实和理由;

(三)认定侵权行为是否成立的理由和依据;

(四)处理决定,认定侵权行为成立的,应当明确写明责令被请求人立即停止的侵权行为的类型、对象和范围;认定侵权行为不成立的,应当驳回请求人的请求;

(五)不服处理决定向人民法院提起行政诉讼的途径和期限。

处理决定书应当由案件承办人员署名,加盖行政执法委员会的业务专用章。

第十五条　对行政执法委员会作出的处理决定不服,向人民法院提起行政诉讼的,由行政执法委员会主任委托合议组出庭应诉。

第十六条　在行政执法委员会或者人民法院作出认定侵权成立的处理决定或者判决之后,被请求人就同一布图设计专用权再次作出相同类型的侵权行为,布图设计专有权的权利人或者利害关系人请求处理的,行政执法委员会可以直接作出责令立即停止侵权行为的处理决定。

第十七条 当事人请求行政执法委员会就侵犯布图设计专有权的赔偿数额进行调解的,应当提交请求书。

请求书应当记载以下内容:

(一)请求人的姓名或者名称、地址、法定代表人或主要负责人的姓名、职务;

(二)被请求人的姓名或名称、地址;

(三)请求调解的具体事项和理由。

第十八条 行政执法委员会收到请求书后,应当及时将请求书副本通过寄交、直接送交或者其他方式送达被请求人,要求其在收到请求书副本之日起的15日内提交意见陈述书。

第十九条 被请求人提交意见陈述书并同意进行调解的,行政执法委员会应当及时立案,并通知请求人和被请求人进行调解的时间和地点。

被请求人逾期未提交意见陈述书,或者在意见陈述书中表示不接受调解的,行政执法委员会不予立案,并通知请求人。

第二十条 当事人经调解达成协议的,应当制作调解协议书,由双方当事人签名或者盖章,并交行政执法委员会备案;未达成协议的,行政执法委员会以撤销案件的方式结案,并通知双方当事人。

第三章 调查取证

第二十一条 行政执法委员会处理侵犯布图设计专用权的纠纷,可以根据案情需要,在处理过程中依职权调查收集有关证据。

第二十二条 行政执法委员会调查收集证据可以采用拍照、摄像等方式进行现场勘验;查阅、复制与案件有关的合同、账册等有关文件;询问当事人和证人。

行政执法委员会调查收集证据应当制作笔录。笔录应当由案件承办人员、被调查的单位或者个人签名或者盖章。被调查的单位或者个人拒绝签名或者盖章的,应当在笔录上注明。

第二十三条 行政执法委员会调查收集证据可以采取抽样取证的方式,从涉嫌侵权的产品中抽取一部分作为样品。被抽取样品的数量应当以能够证明事实为限。

行政执法委员会进行抽样取证应当制作笔录,写明被抽取样品的名称、特征、数量。笔录应当由案件承办人员、被调查单位或个人签字或盖章。

第二十四条 在证据可能灭失或者以后难以取得,又无法进行抽样取证的情况下,行政执法委员会可以进行登记保存,并在七日内作出决定。

经登记保存的证据,被调查的单位或个人不得销毁或转移。

行政执法委员会进行登记保存应当制作笔录,写明被登记保存证据的名称、特征、数量以及保存地点。笔录应当由案件承办人员、被调查的单位或个人签名或盖章。

第二十五条 行政执法委员会调查收集证据、核实证据材料的,有关单位或者个人应当如实提供,协助调查。

第二十六条 行政执法委员会调查收集证据、核实证据材料的,有关单位或个人应当如实提供,协助调查。

行政执法委员会委托有关省、自治区、直辖市人民政府的知识产权管理部门协助调查收集证据,应当提出明确的要求。接受委托的部门应当及时、认真地协助调查收集证据,并尽快回复。

第四章 法律责任

第二十七条 行政执法委员会认定侵权行为成立,作出处理决定书的,应当采取下列措施制止侵权行为:

(一)被请求人复制受保护的布图设计的,责令其立即停止复制行为,没收、销毁复制的图样、掩膜、专用设备以及含有该布图设计的集成电路;

(二)被请求人为商业目的进口、销售或者以其他方式提供受保护的布图设计的,责令其立即停止进口、销售或者提供行为,没收、销毁有关图样、掩膜;

(三)被请求人为商业目的进口、销售或者以其他方式提供含有受保护的布图设计的集成电路,并且知道或者有合理理由应当知道其中含有非法复制的布图设计的,责令其立即停止进口、销售或者提供行为,没收、销毁该集成电路;

(四)被请求人为商业目的进口、销售或者以其他方式提供含有侵权集成电路的物品,并且知道或者有合理理由应当知道其中含有非法复制的布图设计的,责令其立即停止进口、销售或者提供行为,从尚未销售、提供的物品中拆除该集成电路,没收、销毁该集成电路;被请求人拒不拆除的,没收、销毁该物品;

(五)停止侵权行为的其他必要措施。

第二十八条 行政执法委员会作出认定侵权行为成立的处理决定后,被请求人向人民法院提起行政诉讼的,在诉讼期间不停止决定的执行。

被请求人对行政执法委员会作出的认定侵权行为成立的处理决定期满不起诉又不停止侵权行为的,国家知识产权局可以请求人民法院强制执行。

第五章 附 则

第二十九条 本办法由国家知识产权局负责解释。

第三十条 本办法自2001年11月28日起施行。

最高人民法院关于开展涉及集成电路布图设计案件审判工作的通知

1. *2001年10月30日*
2. *法发〔2001〕24号*

各省、自治区、直辖市高级人民法院,解放军军事法院,新疆维吾尔自治区高级人民法院生产建设兵团分院:

国务院《集成电路布图设计保护条例》自2001年10月1日起施行。对集成电路布图设计专有权进行司法保护,是人民法院的一项新的审判任务。做好这项审判工作,将对保护集成电路布图设计权利人的合法权益,鼓励集成电路技术的创新,促进科学技术的发展具有重要意义。

为确保人民法院依法受理和公正审判涉及集成电路布图设计(以下简称布图设计)的案件,根据《中华人民共和国民事诉讼法》、《中华人民共和国行政诉讼法》及《集成电路布图设计保护条例》的有关规定,现就涉及布图设计案件审判工作的有关问题通知如下:

一、关于受理案件的范围

人民法院受理符合《中华人民共和国民事诉讼法》第一百零八条、《中华人民共和国行政诉讼法》第四十一条规定的起诉条件的下列涉及布图设计的案件:

(一)布图设计专有权权属纠纷案件;

(二)布图设计专有权转让合同纠纷案件;

(三)侵犯布图设计专有权纠纷案件;

(四)诉前申请停止侵权、财产保全案件;

(五)不服国务院知识产权行政部门驳回布图设计登记申请的复审决定的条件;

(六)不服国务院知识产权行政部门撤销布图设计登记申请决定的案件;

(七)不服国务院知识产权行政部门关于使用布图设计非自愿许可决定的案件;

(八)不服国务院知识产权行政部门关于使用布图设计非自愿许可的报酬的裁决的案件;

(九)不服国务院知识产权行政部门对侵犯布图设计专有权行为处理决定的案件;

(十)不服国务院知识产权行政部门行政复议决定的案件;

(十一)其他涉及布图设计的案件。

二、关于案件的管辖

本通知第一条所列第(五)至(十)类案件,由北京市第一中级人民法院作为第一审人民法院审理;其余各类案件,由各省、自治区、直辖市人民政府所在地,经济特区所在地和大连、青岛、温州、佛山、烟台市的中级人民法院作为第一审人民法院审理。

三、关于诉前申请采取责令停止有关行为措施的适用

对于申请人民法院采取诉前责令停止侵犯布图设计专有权行为措施的,应当参照《最高人民法院关于对诉前停止侵犯专利权行为适用法律问题的若干规定》执行。

四、关于中止诉讼

人民法院受理的侵犯布图设计专有权纠纷案件,被告以原告的布图设计专有权不具有足够的稳定性为由要求中止诉讼的,人民法院一般不中止诉讼。

各高、中级人民法院要组织有关审判人员认真学习、研究集成电路布图设计条例,熟悉掌握相关的法学理论和专业知识,努力提高审判人员的业务素质和司法水平。要积极开展涉及布图设计案件的调研工作,及时总结审判经验。对涉及布图设计案件终审裁决的法律文书,要及时报送最高人民法院。

3. 技术成果与技术秘密

中华人民共和国技术进出口管理条例

1. 2001年12月10日国务院令第331号公布
2. 根据2011年1月8日国务院令第588号《关于废止和修改部分行政法规的决定》修订

第一章 总 则

第一条 为了规范技术进出口管理,维护技术进出口秩序,促进国民经济和社会发展,根据《中华人民共和国对外贸易法》(以下简称对外贸易法)及其他有关法律的有关规定,制定本条例。

第二条 本条例所称技术进出口,是指从中华人民共和国境外向中华人民共和国境内,或者从中华人民共和国境内向中华人民共和国境外,通过贸易、投资或者经济技术合作的方式转移技术的行为。

前款规定的行为包括专利权转让、专利申请权转让、专利实施许可、技术秘密转让、技术服务和其他方式的技术转移。

第三条 国家对技术进出口实行统一的管理制度,依法维护公平、自由的技术进出口秩序。

第四条 技术进出口应当符合国家的产业政策、科技政策和社会发展政策,有利于促进我国科技进步和对外经济技术合作的发展,有利于维护我国经济技术权益。

第五条 国家准许技术的自由进出口;但是,法律、行政法规另有规定的除外。

第六条 国务院对外经济贸易主管部门(以下简称国务院外经贸主管部门)依照对外贸易法和本条例的规定,负责全国的技术进出口管理工作。省、自治区、直辖市人民政府外经贸主管部门根据国务院外经贸主管部门的授权,负责本行政区域内的技术进出口管理工作。

国务院有关部门按照国务院的规定,履行技术进出口项目的有关管理职责。

第二章 技术进口管理

第七条 国家鼓励先进、适用的技术进口。

第八条 有对外贸易法第十六条规定情形之一的技术,禁止或者限制进口。

国务院外经贸主管部门会同国务院有关部门,制定、调整并公布禁止或者限制进口的技术目录。

第九条 属于禁止进口的技术,不得进口。

第十条 属于限制进口的技术,实行许可证管理;未经许可,不得进口。

第十一条 进口属于限制进口的技术,应当向国务院外经贸主管部门提出技术进口申请并附有关文件。

技术进口项目需经有关部门批准的,还应当提交有关部门的批准文件。

第十二条 国务院外经贸主管部门收到技术进口申请后,应当会同国务院有关部门对申请进行审查,并自收到申请之日起30个工作日内作出批准或者不批准的决定。

第十三条 技术进口申请经批准的,由国务院外经贸主管部门发给技术进口许可意向书。

进口经营者取得技术进口许可意向书后,可以对外签订技术进口合同。

第十四条 进口经营者签订技术进口合同后,应当向国务院外经贸主管部门提交技术进口合同副本及有关文件,申请技术进口许可证。

国务院外经贸主管部门对技术进口合同的真实性进行审查,并自收到前款规定的文件之日起10个工作日内,对技术进口作出许可或者不许可的决定。

第十五条 申请人依照本条例第十一条的规定向国务院外经贸主管部门提出技术进口申请时,可以一并提交已经签订的技术进口合同副本。

国务院外经贸主管部门应当依照本条例第十二条和第十四条的规定对申请及其技术进口合同的真实性一并进行审查,并自收到前款规定的文件之日起40个工作日内,对技术进口作出许可或者不许可的决定。

第十六条 技术进口经许可的,由国务院外经贸主管部门颁发技术进口许可证。技术进口合同自技术进口许可证颁发之日起生效。

第十七条 对属于自由进口的技术,实行合同登记管理。

进口属于自由进口的技术,合同自依法成立时生效,不以登记为合同生效的条件。

第十八条 进口属于自由进口的技术,应当向国务院外经贸主管部门办理登记,并提交下列文件:

(一)技术进口合同登记申请书;

(二)技术进口合同副本;

(三)签约双方法律地位的证明文件。

第十九条　国务院外经贸主管部门应当自收到本条例第十八条规定的文件之日起3个工作日内,对技术进口合同进行登记,颁发技术进口合同登记证。

第二十条　申请人凭技术进口许可证或者技术进口合同登记证,办理外汇、银行、税务、海关等相关手续。

第二十一条　依照本条例的规定,经许可或者登记的技术进口合同,合同的主要内容发生变更的,应当重新办理许可或者登记手续。

经许可或者登记的技术进口合同终止的,应当及时向国务院外经贸主管部门备案。

第二十二条　设立外商投资企业,外方以技术作为投资的,该技术的进口,应当按照外商投资企业设立审批的程序进行审查或者办理登记。

第二十三条　国务院外经贸主管部门和有关部门及其工作人员在履行技术进口管理职责中,对所知悉的商业秘密负有保密义务。

第二十四条　技术进口合同的让与人应当保证自己是所提供技术的合法拥有者或者有权转让、许可者。

技术进口合同的受让人按照合同约定使用让与人提供的技术,被第三方指控侵权的,受让人应当立即通知让与人;让与人接到通知后,应当协助受让人排除妨碍。

技术进口合同的受让人按照合同约定使用让与人提供的技术,侵害他人合法权益的,由让与人承担责任。

第二十五条　技术进口合同的让与人应当保证所提供的技术完整、无误、有效,能够达到约定的技术目标。

第二十六条　技术进口合同的受让人、让与人应当在合同约定的保密范围和保密期限内,对让与人提供的技术中尚未公开的秘密部分承担保密义务。

在保密期限内,承担保密义务的一方在保密技术非因自己的原因被公开后,其承担的保密义务即予终止。

第二十七条　在技术进口合同有效期内,改进技术的成果属于改进方。

第二十八条　技术进口合同期满后,技术让与人和受让人可以依照公平合理的原则,就技术的继续使用进行协商。

第二十九条　技术进口合同中,不得含有下列限制性条款:

(一)要求受让人接受并非技术进口必不可少的附带条件,包括购买非必需的技术、原材料、产品、设备或者服务;

(二)要求受让人为专利权有效期限届满或者专利权被宣布无效的技术支付使用费或者承担相关义务;

(三)限制受让人改进让与人提供的技术或者限制受让人使用所改进的技术;

(四)限制受让人从其他来源获得与让与人提供的技术类似的技术或者与其竞争的技术;

(五)不合理地限制受让人购买原材料、零部件、产品或者设备的渠道或者来源;

(六)不合理地限制受让人产品的生产数量、品种或者销售价格;

(七)不合理地限制受让人利用进口的技术生产产品的出口渠道。

第三章　技术出口管理

第三十条　国家鼓励成熟的产业化技术出口。

第三十一条　有对外贸易法第十六条规定情形之一的技术,禁止或者限制出口。

国务院外经贸主管部门会同国务院有关部门,制定、调整并公布禁止或者限制出口的技术目录。

第三十二条　属于禁止出口的技术,不得出口。

第三十三条　属于限制出口的技术,实行许可证管理;未经许可,不得出口。

第三十四条　出口属于限制出口的技术,应当向国务院外经贸主管部门提出申请。

第三十五条　国务院外经贸主管部门收到技术出口申请后,应当会同国务院科技管理部门对申请出口的技术进行审查,并自收到申请之日起30个工作日内作出批准或者不批准的决定。

限制出口的技术需经有关部门进行保密审查的,按照国家有关规定执行。

第三十六条　技术出口申请经批准的,由国务院外经贸主管部门发给技术出口许可意向书。

申请人取得技术出口许可意向书后,方可对外进行实质性谈判,签订技术出口合同。

第三十七条　申请人签订技术出口合同后,应当向国务院外经贸主管部门提交下列文件,申请技术出口许可证:

(一)技术出口许可意向书;

(二)技术出口合同副本;

（三）技术资料出口清单；

（四）签约双方法律地位的证明文件。

国务院外经贸主管部门对技术出口合同的真实性进行审查，并自收到前款规定的文件之日起15个工作日内，对技术出口作出许可或者不许可的决定。

第三十八条 技术出口经许可的，由国务院外经贸主管部门颁发技术出口许可证。技术出口合同自技术出口许可证颁发之日起生效。

第三十九条 对属于自由出口的技术，实行合同登记管理。

出口属于自由出口的技术，合同自依法成立时生效，不以登记为合同生效的条件。

第四十条 出口属于自由出口的技术，应当向国务院外经贸主管部门办理登记，并提交下列文件：

（一）技术出口合同登记申请书；

（二）技术出口合同副本；

（三）签约双方法律地位的证明文件。

第四十一条 国务院外经贸主管部门应当自收到本条例第四十条规定的文件之日起3个工作日内，对技术出口合同进行登记，颁发技术出口合同登记证。

第四十二条 申请人凭技术出口许可证或者技术出口合同登记证办理外汇、银行、税务、海关等相关手续。

第四十三条 依照本条例的规定，经许可或者登记的技术出口合同，合同的主要内容发生变更的，应当重新办理许可或者登记手续。

经许可或者登记的技术出口合同终止的，应当及时向国务院外经贸主管部门备案。

第四十四条 国务院外经贸主管部门和有关部门及其工作人员在履行技术出口管理职责中，对国家秘密和所知悉的商业秘密负有保密义务。

第四十五条 出口核技术、核两用品相关技术、监控化学品生产技术、军事技术等出口管制技术的，依照有关行政法规的规定办理。

第四章 法律责任

第四十六条 进口或者出口属于禁止进出口的技术的，或者未经许可擅自进口或者出口属于限制进出口的技术的，依照刑法关于走私罪、非法经营罪、泄露国家秘密罪或者其他罪的规定，依法追究刑事责任；尚不够刑事处罚的，区别不同情况，依照海关法的有关规定处罚，或者由国务院外经贸主管部门给予警告，没收违法所得，处违法所得1倍以上5倍以下的罚款；国务院外经贸主管部门并可以撤销其对外贸易经营许可。

第四十七条 擅自超出许可的范围进口或者出口属于限制进出口的技术的，依照刑法关于非法经营罪或者其他罪的规定，依法追究刑事责任；尚不够刑事处罚的，区别不同情况，依照海关法的有关规定处罚，或者由国务院外经贸主管部门给予警告，没收违法所得，处违法所得1倍以上3倍以下的罚款；国务院外经贸主管部门并可以暂停直至撤销其对外贸易经营许可。

第四十八条 伪造、变造或者买卖技术进出口许可证或者技术进出口合同登记证的，依照刑法关于非法经营罪或者伪造、变造、买卖国家机关公文、证件、印章罪的规定，依法追究刑事责任；尚不够刑事处罚的，依照海关法的有关规定处罚；国务院外经贸主管部门并可以撤销其对外贸易经营许可。

第四十九条 以欺骗或者其他不正当手段获取技术进出口许可的，由国务院外经贸主管部门吊销其技术进出口许可证，暂停直至撤销其对外贸易经营许可。

第五十条 以欺骗或者其他不正当手段获取技术进出口合同登记的，由国务院外经贸主管部门吊销其技术进出口合同登记证，暂停直至撤销其对外贸易经营许可。

第五十一条 技术进出口管理工作人员违反本条例的规定，泄露国家秘密或者所知悉的商业秘密的，依照刑法关于泄露国家秘密罪或者侵犯商业秘密罪的规定，依法追究刑事责任；尚不够刑事处罚的，依法给予行政处分。

第五十二条 技术进出口管理工作人员滥用职权、玩忽职守或者利用职务上的便利收受、索取他人财物的，依照刑法关于滥用职权罪、玩忽职守罪、受贿罪或者其他罪的规定，依法追究刑事责任；尚不够刑事处罚的，依法给予行政处分。

第五章 附 则

第五十三条 对国务院外经贸主管部门作出的有关技术进出口的批准、许可、登记或者行政处罚决定不服的，可以依法申请行政复议，也可以依法向人民法院提起诉讼。

第五十四条 本条例公布前国务院制定的有关技术进出口管理的规定与本条例的规定不一致的，以本条例为准。

第五十五条 本条例自2002年1月1日起施行。1985年5月24日国务院发布的《中华人民共和国技术引进合同管理条例》和1987年12月30日国务院批准、

1988年1月20日对外经济贸易部发布的《中华人民共和国技术引进合同管理条例施行细则》同时废止。

科学技术成果鉴定办法

1. 1994年10月26日国家科学技术委员会令第19号公布
2. 自1995年1月1日起施行

第一章 总 则

第一条 为了加强科学技术成果(以下简称科技成果)鉴定工作的管理,正确判别科技成果的质量和水平,促进科技成果的完善和科技水平的提高,加速科技成果推广应用,根据《中华人民共和国科学技术进步法》,制定本办法。

第二条 科技成果鉴定是指有关科技行政管理机关聘请同行专家,按照规定的形式和程序,对科技成果进行审查和评价,并作出相应的结论。

第三条 科技成果鉴定工作应当坚持实事求是、科学民主、客观公正、注重质量、讲求实效的原则,保证科技成果鉴定工作的严肃性和科学性。

第四条 科技成果鉴定是评价科技成果质量和水平的方法之一,国家鼓励科技成果通过市场竞争,以及学术上的百家争鸣等多种方式得到评价和认可。

第五条 国家科学技术委员会(以下简称国家科委)归口管理、指导和监督全国的科技成果鉴定工作。

省、自治区、直辖市科学技术委员会归口管理、监督本地区的科技成果鉴定工作。

国务院各有关部门负责管理、监督本部门的科技成果鉴定工作。

第二章 鉴 定 范 围

第六条 列入国家和省、自治区、直辖市以及国务院有关部门科技计划(以下简称科技计划)内的应用技术成果,以及少数科技计划外的重大应用技术成果,按照本办法进行鉴定。

科技计划内的基础性研究、软科学研究等其他科技成果的验收和评价方法,由国家科委另行规定。

第七条 下列科技成果不组织鉴定:

(一)基础理论研究成果;

(二)软科学研究成果;

(三)已申请专利的应用技术成果;

(四)已转让实施的应用技术成果;

(五)企业、事业单位自行开发的一般应用技术成果;

(六)国家法律、法规规定,必须经过法定的专门机构审查确认的科技成果。

第八条 违反国家法律、法规规定,对社会公共利益或者环境和资源造成危害的项目,不受理鉴定申请。正在进行鉴定的,应当停止鉴定,已经通过鉴定的,应当撤销。

第三章 鉴 定 组 织

第九条 鉴定由国家科委或者省、自治区、直辖市科学技术委员会以及国务院有关部门的科技成果管理机构(以下简称组织鉴定单位)负责组织。必要时可以授权省级人民政府有关主管部门组织鉴定,或者委托有关单位(以下简称主持鉴定单位)主持鉴定。

第十条 组织鉴定单位和主持鉴定单位可以根据科技成果的特点选择下列鉴定形式:

(一)检测鉴定:指由专业技术检测机构通过检验、测试性能指标等方式,对科技成果进行评价。

(二)会议鉴定:指由同行专家采用会议形式对科技成果作出评价。需要进行现场考察、测试,并经过讨论答辩才能作出评价的科技成果,可以采用会议鉴定形式。

(三)函审鉴定:指同行专家通过书面审查有关技术资料,对科技成果作出评价。不需要进行现场考察、测试和答辩即可作出评价的科技成果,可以采用函审鉴定形式。

第十一条 采用检测鉴定时,由组织鉴定单位或者主持鉴定单位指定经过省、自治区、直辖市或者国务院有关部门认定的专业技术检测机构进行检验、测试。专业技术检测机构出具的检测报告是检测鉴定的主要依据。必要时,组织鉴定单位或者主持鉴定单位可以会同检测机构聘请三至五名同行专家,成立检测鉴定专家小组,提出综合评价意见。

第十二条 采用会议鉴定时,由组织鉴定单位或者主持鉴定单位聘请同行专家七至十五人组成鉴定委员会。鉴定委员会到会专家不得少于应聘专家的五分之四,鉴定结论必须经鉴定委员会专家三分之二以上多数或者到会专家的四分之三以上多数通过。

第十三条 采用函审鉴定时,由组织鉴定单位或者主持鉴定单位聘请同行专家五至九人组成函审组。提出函审意见的专家不得少于应聘专家的五分之四,鉴定结论必须依据函审组专家四分之三以上多数的意见形成。

第十四条 组织鉴定单位或者主持鉴定单位聘请的同行专家应当具备下列条件：

（一）具有高级技术职务（特殊情况下可聘请不多于四分之一的具有中级技术职务的中青年科技骨干）；

（二）对被鉴定科技成果所属专业有较丰富的理论知识和实践经验，熟悉国内外该领域技术发展的状况；

（三）具有良好的科学道德和职业道德。

被鉴定科技成果的完成单位、任务下达单位或者委托单位的人员不得作为同行专家参加对该成果的鉴定。公安、安全、国防等特殊部门确因保密需要的，可以另行规定。

非特殊情况，组织鉴定单位和主持鉴定单位一般不聘请非专业人员担任鉴定委员会、检测专家小组或者函审组成员。

第十五条 参加鉴定工作的专家在鉴定工作中应当对被鉴定的科技成果进行全面认真的技术评价，并对所提出的评价意见负责。

参加鉴定工作的专家应当保守被鉴定科技成果的技术秘密。

第十六条 参加鉴定工作的专家在鉴定工作中享有下列权利：

（一）独立对被鉴定的科技成果进行评价，不受任何单位和个人的干涉；

（二）要求科技成果完成单位或者个人提供充分、详实的技术资料（包括必要的原始资料），向科技成果完成单位或者个人提出质疑并要求作出解释，要求复核试验或者测试结果；

（三）充分发表个人意见，要求在鉴定结论中记载不同意见，可以拒绝在鉴定结论上签字；

（四）要求排除影响鉴定工作正常进行的干扰，必要时可以向组织鉴定单位和主持鉴定单位提出中止鉴定的请求。

第四章 鉴定程序

第十七条 需要鉴定的科技成果，由科技成果完成单位或者个人根据任务来源或者隶属关系，向其主管机关申请鉴定。

隶属关系不明确的，科技成果完成单位或者个人可以向其所在地区的省、自治区、直辖市科学技术委员会申请鉴定。

第十八条 申请科技成果鉴定，应当符合本办法第六条的规定，并具备下列条件：

（一）已完成合同的约定或者计划任务书规定的任务要求；

（二）不存在科技成果完成单位或者人员名次排列异议和权属方面的争议；

（三）技术资料齐全，并符合档案管理部门的要求；

（四）有经国家科委或者省、自治区、直辖市科学技术委员会或者国务院有关部门认的科技信息机构出具的查新结论报告。

第十九条 组织鉴定单位应当在收到鉴定申请之日起三十天内，明确是否受理鉴定申请，并作出答复。对符合鉴定条件的，应当批准并通知申请鉴定单位。对不符合鉴定条件的，不予受理。对特别重大的科技成果，受理申请的科技成果管理机构可以报请上一级科技成果管理机构组织鉴定。

第二十条 参加鉴定工作的专家，由组织鉴定单位从国家科委或者本省、自治区、直辖市科学技术委员会、国务院有关部门的科技成果鉴定评审专家库中遴选，申请鉴定单位不得自行推荐和聘请。

第二十一条 组织鉴定单位或者主持鉴定单位应当在确定的鉴定日期前十天，将被鉴定科技成果的技术资料送达承担鉴定任务的专家。

第二十二条 参加鉴定工作的专家，在收到技术资料后，应当认真进行审查，并准备鉴定意见。

第二十三条 科技成果鉴定的主要内容是：

（一）是否完成合同或计划任务书要求的指标；

（二）技术资料是否齐全完整，并符合规定；

（三）应用技术成果的创造性、先进性和成熟程度；

（四）应用技术成果的应用价值及推广的条件和前景；

（五）存在的问题及改进意见。

第二十四条 鉴定结论不写明“存在问题”和“改进意见”的，应退回重新鉴定，予以补正。

第二十五条 组织鉴定单位和主持鉴定单位应当对鉴定结论进行审核，并签署具体意见。鉴定结论不符合本办法有关规定的，组织鉴定单位或者主持鉴定单位应当及时指出,并责成鉴定委员会或者检测机构、函审组改正。

第二十六条 经鉴定通过的科技成果,由组织鉴定单位颁发《科学技术成果鉴定证书》。

第二十七条 科技成果鉴定的文件、材料,分别由组织鉴定单位和申请鉴定单位按照科技档案管理部门的规定归档。

第五章 鉴定管理

第二十八条 参加科技成果鉴定工作的有关人员,应当严格遵守科学道德和职业道德规范,抵制各种不正之风对鉴定工作的干扰,保证科技成果鉴定的严肃性和科学性。

第二十九条 科技成果完成者在申请鉴定过程中,应当据实提供必要的技术资料,包括真实的实验记录、国内外技术发展的背景材料,以及引用他人成果或者结论的参考文献等。

科技成果完成者不得以任何名目和理由向参加鉴定的有关人员赠送礼金(含有价券)和礼物。

第三十条 参加鉴定工作的专家应当对被鉴定的科技成果进行实事求是的评价,评价结论应当科学、客观、准确。

第三十一条 组织鉴定单位和主持鉴定单位应当严格控制鉴定会的规模,除参加鉴定工作的专家和少数必要的管理人员外,不得邀请其他人员参加。

组织鉴定单位和主持鉴定单位对在科技成果鉴定中出现的不正之风,应当及时制止并严肃查处。

第三十二条 国家科委对正在进行或者已经完成的科技成果鉴定,发现确有错误的,有权责令有关省、自治区、直辖市科学技术委员会,或者国务院有关部门及时纠正;错误严重而又处理不当的,有权组织复核和查处。

第三十三条 各省、自治区、直辖市科学技术委员会和国务院有关部门,对正在进行或者已经完成的科技成果鉴定,发现确有错误的,有权责令其授权组织鉴定的机关及时纠正;错误严重的,可以直接进行查处。

第三十四条 对参加鉴定工作的专家,组织鉴定单位可酌情发给技术咨询费。

第六章 法律责任

第三十五条 完成科技成果的单位或者个人窃取他人的科技成果的,或者在鉴定过程中徇私舞弊、弄虚作假的,一经查实,组织鉴定单位应当中止鉴定。已经完成鉴定的,应当予以撤销。已经给国家、社会造成损失的,由其所在单位或者上级主管机关给予直接责任人员行政处分。

第三十六条 组织鉴定单位或者主持鉴定单位的工作人员在鉴定工作中玩忽职守、以权谋私、收受贿赂的,由其所在单位或者上级主管机关给予行政处分。

第三十七条 参加鉴定工作的专家玩忽职守,故意作出虚假结论,造成不良后果的,由其所在单位或者上级主管机关给予行政处分,并取消其承担鉴定任务的资格。

第三十八条 参加鉴定的有关人员,未经完成科技成果的单位或者个人同意,擅自披露、使用或者向他人提供和转让被鉴定科技成果的关键技术的,应当依据有关法规,追究其法律责任;给科技成果完成单位或者个人造成损失的,应当赔偿损失。

涉及国家秘密技术的,依照《中华人民共和国保守国家秘密法》和科学技术保密的有关规定处理。

第七章 附则

第三十九条 本办法由国家科委解释。

第四十条 本办法自 1995 年 1 月 1 日起施行,1987 年 10 月 26 日国家科委发布的《中华人民共和国国家科学技术委员会科学技术成果鉴定办法》同时废止。

科学技术保密规定

1995 年 1 月 6 日国家科学技术委员会、国家保密局令第 20 号公布施行

第一章 总则

第一条 根据《中华人民共和国保守国家秘密法》和《中华人民共和国科学技术进步法》,制定本规定。

第二条 科学技术保密工作既要保障国家科学技术秘密的安全,又要促进科学技术的发展,有利于解放和发展生产力。

第三条 科学技术保密应当突出重点,确保重要国家科学技术秘密的安全,有控制地放宽一般国家科学技术秘密的交流与应用。

第四条 科学技术保密工作应当与科学技术管理工作相结合,是科技管理部门的重要职责。做好科学技术保密工作应当依靠广大科技工作者。

第五条 国家科学技术委员会(以下简称国家科委)按照职责管理全国的科学技术保密工作。各省、自治区、直辖市科技主管部门按照职责管理本地区的科学技术保密工作，中央国家机关各部门的科技主管机构按照职责管理本部门或者本系统的科学技术保密工作。

第六条 各级保密工作部门对科学技术保密工作负有指导、协调、监督和检查的职责。

第二章 国家科学技术秘密的范围和密级

第七条 关系国家的安全和利益，一旦泄露会造成下列后果之一的科学技术，应当列入国家科学技术秘密范围：

（一）削弱国家的防御和治安能力；

（二）影响我国技术在国际上的先进程度；

（三）失去我国技术的独有性；

（四）影响技术的国际竞争能力；

（五）损害国家声誉、权益和对外关系。

第八条 国家科学技术秘密的密级：

（一）绝密级

1. 国际领先，并且对国防建设或者经济建设具有特别重大影响的；

2. 能够导致高新技术领域突破的；

3. 能够整体反映国家防御和治安实力的。

（二）机密级

1. 处于国际先进水平，并且具有军事用途或者对经济建设具有重要影响的；

2. 能够局部反映国家防御和治安实力的；

3. 我国独有、不受自然条件因素制约、能体现民族特色的精华，并且社会效益或者经济效益显著的传统工艺。

（三）秘密级

1. 处于国际先进水平，并且与国外相比在主要技术方面具有优势，社会效益或者经济效益较大的；

2. 我国独有、受一定自然条件因素制约，并且社会效益或者经济效益很大的传统工艺。

第九条 有下列情形之一的，不列入国家科学技术秘密的范围：

（一）国外已经公开；

（二）在国际上无竞争能力且不涉及国家防御和治安能力；

（三）纯基础理论研究成果；

（四）在国内已经流传或者当地群众基本能够掌握的传统工艺；

（五）主要受当地气候、资源等自然条件因素制约且很难模拟其生产条件的传统工艺。

第十条 属于国家科学技术秘密的民用科学技术，原则上不定为绝密级。确需定为绝密级的，应当符合本规定第八条关于绝密级的规定，并报国家科委审批。

第三章 国家科学技术秘密密级的确定、变更及其解密

第十一条 国家科学技术秘密事项，应当依照下列规定确定密级：

（一）产生单位按照本规定第八条的规定及时确定密级；

（二）按照本规定第七条、第八条的规定，对科学技术成果难以确定其是否属于国家秘密和属于何种密级的，由产生单位按照《科技成果国家秘密密级评价方法》，及时确定密级；

（三）制定科研计划、规划时，有关单位应当按照本规定及时确定项目或者课题的密级。科技成果完成的同时，应当对其密级进行评价；

（四）有关单位应当在国家科学技术秘密事项的密级确定后三十日内，按照行政隶属关系上报省、自治区、直辖市的科技主管部门或者中央国家机关各部门的科技主管机构。

确定国家科学技术秘密事项的密级，应当同时确定其保密期限和保密要点。

第十二条 个人完成的科学技术成果，由其所在省、自治区、直辖市的科技主管部门确定密级，并按照本规定予以管理。

第十三条 国家科学技术秘密事项，有下列情形之一的，应当及时变更密级：

（一）知悉范围拟作较大改变的；

（二）一旦泄露对国家安全和利益的损害程度会发生明显变化的。

国家科学技术秘密事项密级的变更，由确定其密级的机关、单位决定。

第十四条 国家科学技术秘密事项，有下列情形之一的，应当及时解密：

（一）技术趋向陈旧，失去保密价值的；

（二）为使我国占领国际市场，且已有接替技术或者国外即将研究成功的；

（三）已经扩散而很难采取补救措施的；

（四）已在大范围试验推广，可保性较差的；

(五)可以从公开产品中获得的。

国家科学技术秘密事项保密期限届满的,自行解密。

对需在保密期限内解密的国家科学技术秘密事项,有关单位和个人可以提出解密建议。秘密级的报省、自治区、直辖市的科技主管部门或者中央国家机关各部门的科技主管机构审定;机密级、绝密级的报国家科委审定。审定结果应当在接到报告后的三十日内通知有关单位和个人。

第十五条 国家科委,各省、自治区、直辖市的科技主管部门,中央国家机关各部门的科技主管机构,以及确定密级的机关、单位对认为需要继续保密的,可以作出延长保密期限的决定,并在保密期限届满前三十日通知有关单位和个人。

第十六条 国家科委,各省、自治区、直辖市的科技主管部门和中央国家机关各部门的科技主管机构对国家科学技术秘密事项的确定、变更及其解密不符合国家有关保密法规和本规定的行为,有权予以纠正。

第十七条 各省、自治区、直辖市的科技主管部门和中央国家机关各部门的科技主管机构应当将本地区、本部门确定和变更国家秘密技术的密级及其解密的情况按年度报国家科委,由国家科委组织专家进行审核,并会同国家保密工作部门定期发布。

第四章 国家科学技术秘密保密管理

第十八条 国家科委管理全国科学技术保密工作,具体职责如下:

(一)制定或者会同有关部门制定科学技术保密工作的规章制度;

(二)指导国家科学技术秘密事项的确定和调整工作;

(三)按规定审查或者审批涉外的国家科学技术秘密事项;

(四)协助国家保密工作部门对科学技术保密工作进行检查和查处重大科学技术泄密事件;

(五)开展科学技术保密宣传教育,组织科学技术保密干部培训;

(六)表彰、奖励科学技术保密先进单位和个人。

国家科委下设国家科技保密办公室,负责科学技术保密管理的日常工作。

第十九条 各省、自治区、直辖市的科技主管部门和中央国家机关各部门的科技主管机构,在国家科委和本地区、本部门的保密工作部门的指导下,负责管理本地区、本部门或者本系统的科学技术保密工作。其主要职责如下:

(一)贯彻执行国家科学技术保密工作的方针、政策,制定本地区、本部门或者本系统的科学技术保密规章制度;

(二)指导本地区、本部门或者本系统国家科学技术秘密事项的确定和调整工作;

(三)按规定审查或者审批涉外的国家科学技术秘密事项;

(四)参与本地区、本部门或者本系统的重大科学技术活动和涉外科学技术活动,配合有关部门制定专项保密方案;

(五)协助保密工作部门检查本地区、本部门或者本系统的科学技术保密工作和查处科学技术泄密事件;

(六)表彰、奖励本地区、本部门或者本系统的科学技术保密先进单位和个人。

各省、自治区、直辖市的科技主管部门和中央国家机关各部门的科技主管机构,应当设立专门机构或者指定专人负责科学技术保密管理的日常工作。

第二十条 各级机关、单位、社会团体及个人,在下列科学技术合作与交流活动中,不得涉及国家科学技术秘密:

(一)进行公开的科学技术讲学、进修、考察、合作研究等活动;

(二)利用广播、电影、电视以及公开发行的报刊、书籍、图文资料和声像制品进行宣传或者发表论文;

(三)进行公开的科学技术展览、技术表演等活动。

第二十一条 在对外科学技术交流合作中,确需对外提供国家科学技术秘密的,应当按照国家有关规定办理审批手续。

因工作确需携运国家科学技术秘密资料、物品出境,应当按照国家有关规定进行保密审查,并办理出境手续。

第二十二条 接待境外人员参观国家科学技术秘密事项,应当由接待单位按照行政隶属关系报省、自治区、直辖市的科技主管部门或者中央国家机关各部门的科技主管机构审查批准。

第二十三条 国家秘密技术在国内转让,应当经技术完成单位的上级主管部门批准，并在合同中明确该项技术的密级、保密期限及受让方承担的保密义务。

第二十四条　国家秘密技术出口，应当依照国家秘密技术出口审查的有关规定办理审批手续。

第二十五条　以国家秘密技术在境内同境外的企业、其他经济组织和个人开办合营合资企业的，应当在立项前按照行政隶属关系报省、自治区、直辖市的科技主管部门或者中央国家机关各部门的科技主管机构审批；在境外合办企业的，视同国家秘密技术出口，应当依照国家秘密技术出口审查的有关规定办理审批手续。

第二十六条　推广应用国家秘密技术，应当选择有相应保密条件的单位进行，有关人员均负有保守国家秘密的义务。

第二十七条　对参与国家秘密技术研制的科技人员，有关机关、单位不得因其成果不宜公开发表、交流、推广而影响其评奖、表彰和职称的评定。

对确因保密而不能在境内外公开刊物上发表的论文，有关机关、单位应对论文的实际水平给予评价。

第二十八条　各级机关、单位应当按照有关规定做好国家科学技术秘密档案的管理工作。

第二十九条　绝密级国家秘密技术在保密期限内不得申请专利或者保密专利。

机密级、秘密级国家秘密技术在保密期限内可申请保密专利，但机密级的应当报国家科委批准，秘密级的应当报省、自治区、直辖市的科技主管部门或者中央国家机关各部门的科技主管机构批准。

机密级、秘密级国家秘密技术申请专利或者由保密专利转为专利的，应当按照本规定第十四条的规定先行办理解密手续。

第三十条　各级机关、单位对于为科学技术保密工作做出贡献、成绩显著的集体和个人，应当给予奖励；对于违反国家保密法规的行为，应当给予批评教育；对于情节严重，给国家安全和利益造成损害的，应当依照有关法律、法规给予有关责任人员以行政处分，触犯刑律的，交由司法机关追究其刑事责任。

第五章　附　　则

第三十一条　以国防为目的或者为主要目的的科学技术保密规定，由国防科学技术工业委员会依照国家规定的职责范围另行制定。

第三十二条　各省、自治区、直辖市的科技主管部门和中央国家机关各部门的科技主管机构可以根据本规定制定具体规定。

第三十三条　本规定由国家科委解释。

第三十四条　本规定自发布之日起施行。经国务院批准，1981 年颁布的《科学技术保密条例》同时废止。

国家科学技术委员会关于加强科技人员流动中技术秘密管理的若干意见

1. 1997 年 7 月 2 日

2. 国科发政字〔1997〕317 号

随着社会主义市场经济体制的逐步建立和完善，科技、经济体制改革的不断深入和发展，我国的科技人员流动工作有了新的发展，对促进科技成果转化，科研结构调整、人才分流，实现在社会主义市场经济体制下科技人才和技术资源的优化配置，深化科技体制改革，发挥了积极的作用。当前，随着社会经济生活的日益活跃，经济、技术竞争日益加剧，在科技人员流动中，也出现了一些值得重视的问题，如少数承担国家重点科技计划项目或者在科研、国防、军工等关键岗位上工作的科技人员擅自离职，给国家利益造成重大损失；科技人员在离职后侵犯原单位的知识产权和技术权益，特别是将原单位拥有的技术秘密，甚至经法定程序确定的国家科技秘密擅自披露、使用或允许他人使用；一些单位采取不正当手段挖走人才，破坏正常的科研秩序和市场竞争秩序，等等。因此，如何正确处理科技人员流动中所涉及的国家、单位和个人三者的利益关系，鼓励正当的人才流动活动，制止在流动中对国家科技秘密和单位技术秘密的侵犯行为，是当前科技体制改革中亟待解决的一个重要问题，需要明确有关具体的政策界限和管理措施，为此，提出如下意见：

一、科技人员流动是社会主义市场经济体制下劳动择业自由的体现，也是深化科技体制改革，促进科研结构调整、人才分流，实现科技人才和技术资源优化配置的一项重要措施。鼓励和支持部分科技人员以调离、辞职等方式到社会主义现代化建设中最能发挥其作用的岗位去工作。

科技人员流动应当依法有序地进行。科技人员在流动中，应当遵守国家的有关法律、法规和本单位的各项管理制度，自觉维护国家或者单位的合法权益。国家机关和企业事业单位要加强对科技人员流动的管理工作,对科研任务不饱满或者学科专业不适合本单位发展需要、自愿流动的科技人员,在组织和人事管理上应提供便利和支持。各级科技行政主管部门也应当加强对科技人员流动的宏观管理和政策引导,支持正当合理的科技人员流动活动。

二、本单位所拥有的技术秘密,是指由单位研制开发或者以其他合法方式掌握的、未公开的、能给单位带来经济利益或竞争优势,具有实用性且本单位采取了保密措施的技术信息,包括但不限于设计图纸(含草图)、试验结果和试验记录、工艺、配方、样品、数据、计算机程序等等。技术信息可以是有特定的完整的技术内容,构成一项产品、工艺、材料及其改进的技术方案,也可以是某一产品、工艺、材料等技术或产品中的部分技术要素。

技术秘密是一种重要的知识产权,其开发和完成凝聚着国家或者有关单位大量的人力和物力投入。因此,科技人员在流动中不得将本人在工作中掌握的、由本单位拥有的技术秘密(包括本人完成或参与完成的职务技术成果)非法披露给用人单位、转让给第三者或者自行使用。

三、企事业单位要加强对承担国家科技计划项目或者本单位重要科研任务的科技人员进行管理。对列入确定为国家重大科技计划项目的计划任务书或者有关合同课题组成员名单的科技人员,在科研任务尚未结束前要求调离、辞职,并可能泄露国家重大科技计划项目或者科研任务所涉及的技术秘密,危及国家安全和利益的,原则上不予批准。擅自离职,并给国家或者原单位造成经济损失或泄露有关技术秘密的,可以依据有关法律规定,要求其承担经济责任;用人单位有过错的,也应当依法承担连带赔偿责任。

四、企事业单位所拥有的技术秘密,凡依据国家科委、国家保密局发布的《科学技术保密规定》确定为国家科学技术秘密的,应当按该规定并参照本意见进行管理。各企事业单位和科技人员负有保守国家科学技术秘密的义务。在依据国家科委、国家保密局《科学技术保密规定》确定国家科学技术秘密时,应当确定涉密人员范围。涉密人员调离、辞职时,应当经确定密级的主管部门批准,并对其进行保密教育。未经批准擅自离职的,依法追究当事人及用人单位负责人的行政责任。故意或者过失泄露国家科学技术秘密,情节严重,并致使国家利益遭受重大损失的,依法追究当事人的刑事责任。

五、企事业单位应当对本单位拥有的技术秘密采取合法、有效的保密措施,并使这些措施有针对性地适用于科技成果的完成人、与因业务上可能知悉该技术秘密的人员或者业务相关人员,以及有关的行政管理人员。这些措施包括订立保密协议、建立保密制度、采用保密技术、采用适当的保密设施和装置以及采用其他合理的保密方法。有关保密措施应当是明确、明示的,并能够具体确定本单位所拥有的技术秘密的范围、种类、保密期限、保密方法以及泄密责任。单位未采取适当保密措施,或者有关技术信息的内容已公开、能够从公开渠道直接得到的,科技人员可以自行使用。

科技人员可以与其工作单位就该单位的技术秘密、职务技术成果的使用、转让等有关事项签订书面协议,约定科技人员可以自行使用的范围、方式、条件等具体问题。

六、企事业单位可以按照有关法律规定,与本单位的科技人员、行政管理人员,以及因业务上可能知悉技术秘密的人员或业务相关人员,签订技术保密协议。该保密协议可以与劳动聘用合同订为一个合同,也可以与有关知识产权权利归属协议合订为一个合同,也可以单独签订。

签订技术保密协议,应当遵循公平、合理的原则,其主要内容包括:保密的内容和范围、双方的权利和义务、保密期限、违约责任等。技术保密协议可以在有关人员调入本单位时签订,也可以与已在本单位工作的人员协商后签订。拒不签订保密协议的,单位有权不调入,或者不予聘用。但是,有关技术保密协议不得违反法律、法规规定,或非法限制科技人员的正当流动。协议条款所确定的双方权利义务不得显失公平。

承担保密义务的科技人员享有因从事技术开发活动而获取相应报酬和奖励的权利。单位无正当理由,拒不支付奖励和报酬的,科技人员或者有关人员有权要求变更或者终止技术保密协议。技术保密协议一经双方当事人签字盖章,即发生法律效力,任何一方违反协议的,另一方可以依法向有关仲裁机构申请仲裁或向人民法院提起诉讼。

七、单位可以在劳动聘用合同、知识产权权利归属协议或者技术保密协议中,与对本单位技术权益和经济利益有重要影响的有关行政管理人员、科技人员和其他相关人员协商,约定竞业限制条款,约定有关人员在离开单位后一定期限内不得在生产同类产品或经营同类业务且有竞争关系或者其他利害关系的其他单位内任职，或者自己生产、经营与原单位有竞争关系的同类产品或业务。凡有这种约定的，单位应向有关人员支付一定数额的补偿费。竞业限制的期限最长不得超过三年。

竞业限制条款一般应当包括竞业限制的具体范围、竞业限制的期限、补偿费的数额及支付方法、违约责任等内容。但与竞业限制内容相关的技术秘密已为公众所知悉，或者已不能为本单位带来经济利益或竞争优势，不具有实用性，或负有竞业限制义务的人员有足够证据证明该单位未执行国家有关科技人员的政策，受到显失公平待遇以及本单位违反竞业限制条款，不支付或者无正当理由拖欠补偿费的，竞业限制条款自行终止。

单位与有关人员就竞业限制条款发生争议的，任何一方有权依法向有关仲裁机构申请仲裁或向人民法院起诉。

八、企事业单位应当在科技人员或者有关人员离开本单位时，以书面或者口头形式向该人员重申其保密义务和竞业限制义务，并可以向其新任职的单位通报该人员在原单位所承担的保密义务和竞业限制义务。用人单位在科技人员或有关人员调入本单位时，应当主动了解该人员在原单位所承担的保密义务和竞业限制义务，并自觉尊重上述协议。明知该人员承担原单位保密义务或者竞业限制义务，并以获取有关技术秘密为目的故意聘用的，应当承担相应的法律责任。

九、科技人员或者其他有关人员在离开原单位后，利用在原单位掌握或接触的由原单位所拥有的技术秘密，并在此基础上作出新的技术成果或技术创新，有权就新的技术成果或技术创新予以实施或者使用，但在实施或者使用时利用了原单位所拥有的，且其本人负有保密义务的技术秘密时，应当征得原单位的同意，并支付一定的使用费；未征得原单位同意或者无证据证明有关技术内容为自行开发的新的技术成果或技术创新的，有关人员和用人单位应当承担相应的法律责任。

十、在工作期间接触或掌握本单位所拥有的技术秘密的离退休人员、行政管理人员以及其他因业务上可能知悉本单位拥有的技术秘密的人员，可以依照本意见进行管理。

十一、科技人员在完成本职工作和不侵犯本单位技术权益、经济利益的前提下，业余兼职从事技术开发和技术创新等活动的，应当依照国家有关法律、法规和 1988 年 1 月国务院批准的《国家科委关于科技人员业余兼职若干问题的意见》的规定，正确处理本职和兼职关系，不得在业余兼职活动中将本单位的技术秘密擅自提供给兼职单位，也不得利用兼职关系从兼职单位套取技术秘密，侵害兼职单位的技术权益。企事业单位可以参照本意见对有关兼职人员进行管理。

中华人民共和国合同法（节录）

1. 1999 年 3 月 15 日第九届全国人民代表大会第二次会议通过
2. 1999 年 3 月 15 日中华人民共和国主席令第 15 号公布
3. 自 1999 年 10 月 1 日起施行

第十八章　技 术 合 同

第一节　一 般 规 定

第三百二十二条　【定义】技术合同是当事人就技术开发、转让、咨询或者服务订立的确立相互之间权利和义务的合同。

第三百二十三条　【订立技术合同的原则】订立技术合同，应当有利于科学技术的进步，加速科学技术成果的转化、应用和推广。

第三百二十四条　【技术合同的主要条款】技术合同的内容由当事人约定，一般包括以下条款：

（一）项目名称；
（二）标的的内容、范围和要求；
（三）履行的计划、进度、期限、地点、地域和方式；
（四）技术情报和资料的保密；
（五）风险责任的承担；
（六）技术成果的归属和收益的分成办法；
（七）验收标准和方法；
（八）价款、报酬或者使用费及其支付方式；
（九）违约金或者损失赔偿的计算方法；
（十）解决争议的方法；
（十一）名词和术语的解释。

与履行合同有关的技术背景资料、可行性论证和技术评价报告、项目任务书和计划书、技术标准、技术规范、原始设计和工艺文件，以及其他技术文档，按照当事人的约定可以作为合同的组成部分。

技术合同涉及专利的，应当注明发明创造的名称、专利申请人和专利权人、申请日期、申请号、专利号以及专利权的有效期限。

第三百二十五条 【技术合同价款、报酬或使用费】技术合同价款、报酬或者使用费的支付方式由当事人约定,可以采取一次总算、一次总付或者一次总算、分期支付,也可以采取提成支付或者提成支付附加预付入门费的方式。

约定提成支付的,可以按照产品价格、实施专利和使用技术秘密后新增的产值、利润或者产品销售额的一定比例提成,也可以按照约定的其他方式计算。提成支付的比例可以采取固定比例、逐年递增比例或者逐年递减比例。

约定提成支付的,当事人应当在合同中约定查阅有关会计帐目的办法。

第三百二十六条 【职务技术成果的经济权属】职务技术成果的使用权、转让权属于法人或者其他组织的,法人或者其他组织可以就该项职务技术成果订立技术合同。法人或者其他组织应当从使用和转让该项职务技术成果所取得的收益中提取一定比例,对完成该项职务技术成果的个人给予奖励或者报酬。法人或者其他组织订立技术合同转让职务技术成果时,职务技术成果的完成人享有以同等条件优先受让的权利。

职务技术成果是执行法人或者其他组织的工作任务,或者主要是利用法人或者其他组织的物质技术条件所完成的技术成果。

第三百二十七条 【非职务技术成果的经济权属】非职务技术成果的使用权、转让权属于完成技术成果的个人,完成技术成果的个人可以就该项非职务技术成果订立技术合同。

第三百二十八条 【技术成果的精神权属】完成技术成果的个人有在有关技术成果文件上写明自己是技术成果完成者的权利和取得荣誉证书、奖励的权利。

第三百二十九条 【技术合同的无效】非法垄断技术、妨碍技术进步或者侵害他人技术成果的技术合同无效。

第二节 技术开发合同

第三百三十条 【定义及合同形式】技术开发合同是指当事人之间就新技术、新产品、新工艺或者新材料及其系统的研究开发所订立的合同。

技术开发合同包括委托开发合同和合作开发合同。

技术开发合同应当采用书面形式。

当事人之间就具有产业应用价值的科技成果实施转化订立的合同,参照技术开发合同的规定。

第三百三十一条 【委托人义务】委托开发合同的委托人应当按照约定支付研究开发经费和报酬;提供技术资料、原始数据;完成协作事项;接受研究开发成果。

第三百三十二条 【受托人义务】委托开发合同的研究开发人应当按照约定制定和实施研究开发计划;合理使用研究开发经费;按期完成研究开发工作,交付研究开发成果,提供有关的技术资料和必要的技术指导,帮助委托人掌握研究开发成果。

第三百三十三条 【委托人的违约责任】委托人违反约定造成研究开发工作停滞、延误或者失败的,应当承担违约责任。

第三百三十四条 【受托人的违约责任】研究开发人违反约定造成研究开发工作停滞、延误或者失败的,应当承担违约责任。

第三百三十五条 【合作开发各方的主要义务】合作开发合同的当事人应当按照约定进行投资,包括以技术进行投资;分工参与研究开发工作;协作配合研究开发工作。

第三百三十六条 【合作开发各方的违约责任】合作开发合同的当事人违反约定造成研究开发工作停滞、延误或者失败的,应当承担违约责任。

第三百三十七条 【合同的解除】因作为技术开发合同标的的技术已经由他人公开,致使技术开发合同的履行没有意义的,当事人可以解除合同。

第三百三十八条 【风险负担及通知义务】在技术开发合同履行过程中,因出现无法克服的技术困难,致使研究开发失败或者部分失败的,该风险责任由当事人约定。没有约定或者约定不明确,依照本法第六十一条的规定仍不能确定的,风险责任由当事人合理分担。

当事人一方发现前款规定的可能致使研究开发失败或者部分失败的情形时,应当及时通知另一方并采取适当措施减少损失。没有及时通知并采取适当措施,致使损失扩大的,应当就扩大的损失承担责任。

第三百三十九条 【技术成果的归属】委托开发完成的发明创造,除当事人另有约定的以外,申请专利的权利属于研究开发人。研究开发人取得专利权的,委托人可以免费实施该专利。

研究开发人转让专利申请权的,委托人享有以同等条件优先受让的权利。

第三百四十条 【合作开发技术成果的归属】合作开发完成的发明创造，除当事人另有约定的以外，申请专利的权利属于合作开发的当事人共有。当事人一方转让其共有的专利申请权的，其他各方享有以同等条件优先受让的权利。

合作开发的当事人一方声明放弃其共有的专利申请权的，可以由另一方单独申请或者由其他各方共同申请。申请人取得专利权的，放弃专利申请权的一方可以免费实施该专利。

合作开发的当事人一方不同意申请专利的，另一方或者其他各方不得申请专利。

第三百四十一条 【技术秘密成果的归属与分享】委托开发或者合作开发完成的技术秘密成果的使用权、转让权以及利益的分配办法，由当事人约定。没有约定或者约定不明确，依照本法第六十一条的规定仍不能确定的，当事人均有使用和转让的权利，但委托开发的研究开发人不得在向委托人交付研究开发成果之前，将研究开发成果转让给第三人。

第三节　技术转让合同

第三百四十二条 【内容及形式】技术转让合同包括专利权转让、专利申请权转让、技术秘密转让、专利实施许可合同。

技术转让合同应当采用书面形式。

第三百四十三条 【技术转让范围的约定】技术转让合同可以约定让与人和受让人实施专利或者使用技术秘密的范围，但不得限制技术竞争和技术发展。

第三百四十四条 【专利实施许可合同的限制】专利实施许可合同只在该专利权的存续期间内有效。专利权有效期限届满或者专利权被宣布无效的，专利权人不得就该专利与他人订立专利实施许可合同。

第三百四十五条 【专利实施许可合同让与人主要义务】专利实施许可合同的让与人应当按照约定许可受让人实施专利，交付实施专利有关的技术资料，提供必要的技术指导。

第三百四十六条 【专利实施许可合同受让人主要义务】专利实施许可合同的受让人应当按照约定实施专利，不得许可约定以外的第三人实施该专利；并按照约定支付使用费。

第三百四十七条 【技术秘密转让合同让与人的义务】技术秘密转让合同的让与人应当按照约定提供技术资料，进行技术指导，保证技术的实用性、可靠性，承担保密义务。

第三百四十八条 【技术秘密转让合同的受让人义务】技术秘密转让合同的受让人应当按照约定使用技术，支付使用费，承担保密义务。

第三百四十九条 【技术转让合同让与人基本义务】技术转让合同的让与人应当保证自己是所提供的技术的合法拥有者，并保证所提供的技术完整、无误、有效，能够达到约定的目标。

第三百五十条 【技术转让合同受让人技术保密义务】技术转让合同的受让人应当按照约定的范围和期限，对让与人提供的技术中尚未公开的秘密部分，承担保密义务。

第三百五十一条 【让与人违约责任】让与人未按照约定转让技术的，应当返还部分或者全部使用费，并应当承担违约责任；实施专利或者使用技术秘密超越约定的范围的，违反约定擅自许可第三人实施该项专利或者使用该项技术秘密的，应当停止违约行为，承担违约责任；违反约定的保密义务的，应当承担违约责任。

第三百五十二条 【受让人违约责任】受让人未按照约定支付使用费的，应当补交使用费并按照约定支付违约金；不补交使用费或者支付违约金的，应当停止实施专利或者使用技术秘密，交还技术资料，承担违约责任；实施专利或者使用技术秘密超越约定的范围的，未经让与人同意擅自许可第三人实施该专利或者使用该技术秘密的，应当停止违约行为，承担违约责任；违反约定的保密义务的，应当承担违约责任。

第三百五十三条 【技术合同让与人侵权责任】受让人按照约定实施专利、使用技术秘密侵害他人合法权益的，由让与人承担责任，但当事人另有约定的除外。

第三百五十四条 【后续技术成果的归属与分享】当事人可以按照互利的原则，在技术转让合同中约定实施专利、使用技术秘密后续改进的技术成果的分享办法。没有约定或者约定不明确，依照本法第六十一条的规定仍不能确定的，一方后续改进的技术成果，其他各方无权分享。

第三百五十五条 【技术进出口合同的法律适用】法律、行政法规对技术进出口合同或者专利、专利申请合同另有规定的，依照其规定。

第四节　技术咨询合同和技术服务合同

第三百五十六条 【内容】技术咨询合同包括就特定技

术项目提供可行性论证、技术预测、专题技术调查、分析评价报告等合同。

技术服务合同是指当事人一方以技术知识为另一方解决特定技术问题所订立的合同,不包括建设工程合同和承揽合同。

第三百五十七条 【技术咨询合同委托人主要义务】技术咨询合同的委托人应当按照约定阐明咨询的问题,提供技术背景材料及有关技术资料、数据;接受受托人的工作成果,支付报酬。

第三百五十八条 【技术咨询合同受托人主要义务】技术咨询合同的受托人应当按照约定的期限完成咨询报告或者解答问题;提出的咨询报告应当达到约定的要求。

第三百五十九条 【委托人与受托人的违约责任】技术咨询合同的委托人未按照约定提供必要的资料和数据,影响工作进度和质量,不接受或者逾期接受工作成果的,支付的报酬不得追回,未支付的报酬应当支付。

技术咨询合同的受托人未按期提出咨询报告或者提出的咨询报告不符合约定的,应当承担减收或者免收报酬等违约责任。

技术咨询合同的委托人按照受托人符合约定要求的咨询报告和意见作出决策所造成的损失,由委托人承担,但当事人另有约定的除外。

第三百六十条 【技术服务合同委托人义务】技术服务合同的委托人应当按照约定提供工作条件,完成配合事项;接受工作成果并支付报酬。

第三百六十一条 【技术服务合同受托人义务】技术服务合同的受托人应当按照约定完成服务项目,解决技术问题,保证工作质量,并传授解决技术问题的知识。

第三百六十二条 【技术服务合同双方当事人的违约责任】技术服务合同的委托人不履行合同义务或者履行合同义务不符合约定,影响工作进度和质量,不接受或者逾期接受工作成果的,支付的报酬不得追回,未支付的报酬应当支付。

技术服务合同的受托人未按照合同约定完成服务工作的,应当承担免收报酬等违约责任。

第三百六十三条 【新创技术成果的归属和分享】在技术咨询合同、技术服务合同履行过程中,受托人利用委托人提供的技术资料和工作条件完成的新的技术成果,属于受托人。委托人利用受托人的工作成果完成的新的技术成果,属于委托人。当事人另有约定的,按照其约定。

第三百六十四条 【技术培训合同、技术中介合同的法律适用】法律、行政法规对技术中介合同、技术培训合同另有规定的,依照其规定。

技术合同认定登记管理办法

1. 2000年2月16日科学技术部、财政部、国家税务总局发布
2. 国科发政字[2000]063号

第一条 为了规范技术合同认定登记工作,加强技术市场管理,保障国家有关促进科技成果转化政策的贯彻落实,制定本办法。

第二条 本办法适用于法人、个人和其他组织依法订立的技术开发合同、技术转让合同、技术咨询合同和技术服务合同的认定登记工作。

法人、个人和其他组织依法订立的技术培训合同、技术中介合同,可以参照本办法规定申请认定登记。

第三条 科学技术部管理全国技术合同认定登记工作。

省、自治区、直辖市和计划单列市科学技术行政部门管理本行政区划的技术合同认定登记工作。地、市、区、县科学技术行政部门设技术合同登记机构,具体负责办理技术合同的认定登记工作。

第四条 省、自治区、直辖市和计划单列市科学技术行政部门及技术合同登记机构,应当通过技术合同的认定登记,加强对技术市场和科技成果转化工作的指导、管理和服务,并进行相关的技术市场统计和分析工作。

第五条 法人和其他组织按照国家有关规定,根据所订立的技术合同,从技术开发、技术转让、技术咨询和技术服务的净收入中提取一定比例作为奖励和报酬,给予职务技术成果完成人和为成果转化做出重要贡献人员的,应当申请对相关的技术合同进行认定登记,并依照有关规定提取奖金和报酬。

第六条 未申请认定登记和未予登记的技术合同,不得享受国家对有关促进科技成果转化规定的税收、信贷和奖励等方面的优惠政策。

第七条 经认定登记的技术合同,当事人可以持认定登记证明,向主管税务机关提出申请,经审核批准后,享受国家规定的税收优惠政策。

第八条 技术合同认定登记实行按地域一次登记制度。技术开发合同的研究开发人、技术转让合同的让与人、技术咨询和技术服务合同的受托人，以及技术培训合同的培训人、技术中介合同的中介人，应当在合同成立后向所在地区的技术合同登记机构提出认定登记申请。

第九条　当事人申请技术合同认定登记，应当向技术合同登记机构提交完整的书面合同文本和相关附件。合同文本可以采用由科学技术部监制的技术合同示范文本；采用其他书面合同文本的，应当符合《中华人民共和国合同法》的有关规定。

采用口头形式订立技术合同的，技术合同登记机构不予受理。

第十条　技术合同登记机构应当对当事人提交申请认定登记的合同文本及相关附件进行审查，认为合同内容不完整或者有关附件不齐全的，应当以书面形式要求当事人在规定的时间内补正。

第十一条　申请认定登记的合同应当根据《中华人民共和国合同法》的规定，使用技术开发、技术转让、技术咨询、技术服务等规范名称，完整准确地表达合同内容。使用其他名称或者所表述内容在认定合同性质上引起混乱的，技术合同登记机构应当退回当事人补正。

第十二条　技术合同的认定登记，以当事人提交的合同文本和有关材料为依据，以国家有关法律、法规和政策为准绳。当事人应当在合同中明确相互权利与义务关系，如实反映技术交易的实际情况。当事人在合同文本中作虚假表示，骗取技术合同登记证明的，应当对其后果承担责任。

第十三条　技术合同登记机构对当事人所提交的合同文本和有关材料进行审查和认定。其主要事项是：

（一）是否属于技术合同；

（二）分类登记；

（三）核定技术性收入。

第十四条　技术合同登记机构应当自受理认定登记申请之日起30日内完成认定登记事项。技术合同登记机构对认定符合登记条件的合同，应当分类登记和存档，向当事人发给技术合同登记证明，并载明经核定的技术性收入额。对认定为非技术合同或者不符合登记条件的合同，应当不予登记，并在合同文本上注明“未予登记”字样，退还当事人。

第十五条　申请认定登记的合同，涉及国家安全或者重大利益需要保密的，技术合同登记机构应当采取措施保守国家秘密。

当事人在合同中约定了保密义务的，技术合同登记机构应当保守有关技术秘密，维护当事人的合法权益。

第十六条　当事人对技术合同登记机构的认定结论有异议的，可以按照《中华人民共和国行政复议法》的规定申请行政复议。

第十七条　财政、税务等机关在审核享受有关优惠政策的申请时，认为技术合同登记机构的认定有误的，可以要求原技术合同登记机构重新认定。财政、税务等机关对重新认定的技术合同仍认为认定有误的，可以按国家有关规定对当事人享受相关优惠政策的申请不予审批。

第十八条　经技术合同登记机构认定登记的合同，当事人协商一致变更、转让或者解除，以及被有关机关撤销、宣布无效时，应当向原技术合同登记机构办理变更登记或者注销登记手续。变更登记的，应当重新核定技术性收入；注销登记的，应当及时通知有关财政、税务机关。

第十九条　省、自治区、直辖市和计划单列市科学技术行政部门应当加强对技术合同登记机构和登记人员的管理，建立健全技术合同登记岗位责任制，加强对技术合同登记人员的业务培训和考核，保证技术合同登记人员的工作质量和效率。

技术合同登记机构进行技术合同认定登记工作所需经费，按国家有关规定执行。

第二十条　对于订立假技术合同或者以弄虚作假、采取欺骗手段取得技术合同登记证明的，由省、自治区、直辖市和计划单列市科学技术行政部门会同有关部门予以查处。涉及偷税的，由税务机关依法处理；违反国家财务制度的，由财政部门依法处理。

第二十一条　技术合同登记机构在认定登记工作中，发现当事人有利用合同危害国家利益、社会公共利益的违法行为的，应当及时通知省、自治区、直辖市和计划单列市科学技术行政部门进行监督处理。

第二十二条　省、自治区、直辖市和计划单列市科学技术行政部门发现技术合同登记机构管理混乱、统计失实、违规登记的，应当通报批评、责令限期整顿，并可给予直接责任人员行政处分。

第二十三条　技术合同登记机构违反本办法第十五条规定，泄露国家秘密的，按照国家有关规定追究其负责人和直接责任人员的法律责任；泄露技术合同约定的技术秘密,给当事人造成损失的,应当承担相应的法律责任。

第二十四条 本办法自发布之日起施行。1990年7月6日原国家科学技术委员会发布的《技术合同认定登记管理办法》同时废止。

技术合同认定规则

1. 2001年7月18日科学技术部发布

2. 国科发政字〔2001〕253号

第一章 一般规定

第一条 为推动技术创新,加速科技成果转化,保障国家有关促进科技成果转化法律法规和政策的实施,加强技术市场管理,根据《中华人民共和国合同法》及科技部、财政部、国家税务总局《技术合同认定登记管理办法》的规定,制定本规则。

第二条 技术合同认定是指根据《技术合同认定登记管理办法》设立的技术合同登记机构对技术合同当事人申请认定登记的合同文本从技术上进行核查,确认其是否符合技术合同要求的专项管理工作。

技术合同登记机构应当对申请认定登记的合同是否属于技术合同及属于何种技术合同作出结论,并核定其技术交易额(技术性收入)。

第三条 技术合同认定登记应当贯彻依法认定、客观准确、高效服务、严格管理的工作原则,提高认定质量,切实保障国家有关促进科技成果转化财税优惠政策的落实。

第四条 本规则适用于自然人(个人)、法人、其他组织之间依据《中华人民共和国合同法》第十八章的规定,就下列技术开发、技术转让、技术咨询和技术服务活动所订立的确立民事权利与义务关系的技术合同:

(一)技术开发合同

1. 委托开发技术合同
2. 合作开发技术合同

(二)技术转让合同

1. 专利权转让合同
2. 专利申请权转让合同
3. 专利实施许可合同
4. 技术秘密转让合同

(三)技术咨询合同

(四)技术服务合同

1. 技术服务合同
2. 技术培训合同
3. 技术中介合同

第五条 《中华人民共和国合同法》分则部分所列的其他合同,不得按技术合同登记。但其合同标的中明显含有技术开发、转让、咨询或服务内容,其技术交易部分能独立成立并且合同当事人单独订立合同的,可以就其单独订立的合同申请认定登记。

第六条 以技术入股方式订立的合同,可按技术转让合同认定登记。

以技术开发、转让、咨询或服务为内容的技术承包合同,可根据承包项目的性质和具体技术内容确定合同的类型,并予以认定登记。

第七条 当事人申请认定登记技术合同,应当向技术合同登记机构提交合同的书面文本。技术合同登记机构可以要求当事人一并出具与该合同有关的证明文件。

当事人拒绝出具或者所出具的证明文件不符合要求的,不予登记。

各技术合同登记机构应当向当事人推荐和介绍由科学技术部印制的《技术合同示范文本》供当事人在签订技术合同时参照使用。

第八条 申请认定登记的技术合同应当是依法已经生效的合同。当事人以合同书形式订立的合同,自双方当事人签字或者盖章时成立。依法成立的合同,自成立时生效。法律、行政法规规定应当办理批准、登记等手续生效的,依照其规定,在批准、登记后生效,如专利申请权转让合同、专利权转让合同等。

当事人为法人的技术合同,应当有其法定代表人或者其授权的人员在合同上签名或者盖章,并加盖法人的公章或者合同专用章;当事人为自然人的技术合同,应当有其本人在合同上签名或者盖章;当事人为其他组织的合同,应当有该组织负责人在合同上签名或者盖章,并加盖组织的印章。

印章不齐备或者印章与书写名称不一致的,不予登记。

第九条 法人、其他组织的内部职能机构或课题组订立的技术合同申请认定登记的,应当在申请认定登记时提交其法定代表人或组织负责人的书面授权证明。

第十条 当事人就承担国家科技计划项目而与有关计划主管部门或者项目执行部门订立的技术合同申请认定

登记,符合《中华人民共和国合同法》的规定并附有有关计划主管部门或者项目执行部门的批准文件的,技术合同登记机构应予受理,并进行认定登记。

第十一条 申请认定登记的技术合同,其标的范围不受行业、专业和科技领域限制。

第十二条 申请认定登记的技术合同,其技术标的或内容不得违反国家有关法律法规的强制性规定和限制性要求。

第十三条 技术合同标的涉及法律法规规定投产前需经有关部门审批或领取生产许可证的产品技术,当事人应当在办理有关审批手续或生产许可证后,持合同文本及有关批准文件申请认定登记。

第十四条 申请认定登记的合同涉及当事人商业秘密(包括经营信息和技术信息)的,当事人应当以书面方式向技术合同登记机构提出保密要求。

当事人未提出保密要求,而所申请认定登记的合同中约定了当事人保密义务的,技术合同登记机构应当主动保守当事人有关的技术秘密,维护其合法权益。

第十五条 申请认定登记的技术合同下列主要条款不明确的,不予登记:

(一)合同主体不明确的;

(二)合同标的不明确,不能使登记人员了解其技术内容的;

(三)合同价款、报酬、使用费等约定不明确的。

第十六条 约定担保条款(定金、抵押、保证等)并以此为合同成立条件的技术合同,申请认定登记时当事人担保义务尚未履行的,不予登记。

第十七条 申请认定登记的技术合同,合同名称与合同中的权利义务关系不一致的,技术合同登记机构应当要求当事人补正后重新申请认定登记;拒不补正的,不予登记。

第十八条 申请认定登记的技术合同,其合同条款含有下列非法垄断技术、妨碍技术进步等不合理限制条款的,不予登记:

(一)一方限制另一方在合同标的技术的基础上进行新的研究开发的;

(二)一方强制性要求另一方在合同标的基础上研究开发所取得的科技成果及其知识产权独占回授的;

(三)一方限制另一方从其他渠道吸收竞争技术的;

(四)一方限制另一方根据市场需求实施专利和使用技术秘密的。

第十九条 申请认定登记的技术合同,当事人约定提交有关技术成果的载体,不得超出合理的数量范围。

技术成果载体数量的合理范围,按以下原则认定:

(一)技术文件(包括技术方案、产品和工艺设计、工程设计图纸、试验报告及其他文字性技术资料),以通常掌握该技术和必要存档所需份数为限;

(二)磁盘、光盘等软件性技术载体、动植物(包括转基因动植物)新品种、微生物菌种,以及样品、样机等产品技术和硬件性技术载体,以当事人进行必要试验和掌握、使用该技术所需数量为限;

(三)成套技术设备和试验装置一般限于1—2套。

第二章 技术开发合同

第二十条 技术开发合同是当事人之间就新技术、新产品、新工艺、新材料、新品种及其系统的研究开发所订立的合同。

技术开发合同包括委托开发合同和合作开发合同。委托开发合同是一方当事人委托另一方当事人进行研究开发工作并提供相应研究开发经费和报酬所订立的技术开发合同。合作开发合同是当事人各方就共同进行研究开发工作所订立的技术开发合同。

第二十一条 技术开发合同的认定条件是:

(一)有明确、具体的科学研究和技术开发目标;

(二)合同标的为当事人在订立合同时尚未掌握的技术方案;

(三)研究开发工作及其预期成果有相应的技术创新内容。

第二十二条 单纯以揭示自然现象、规律和特征为目标的基础性研究项目所订立的合同,以及软科学研究项目所订立的合同,不予登记。

第二十三条 下列各项符合本规则第二十一条规定的,属于技术开发合同:

(一)小试、中试技术成果的产业化开发项目;

(二)技术改造项目;

(三)成套技术设备和试验装置的技术改进项目;

(四)引进技术和设备消化。吸收基础上的创新开发项目;

(五)信息技术的研究开发项目,包括语言系统、过程控制、管理工程、特定专家系统、计算机辅助设计、

计算机集成制造系统等,但软件复制和无原创性的程序编制的除外;

(六)自然资源的开发利用项目;

(七)治理污染、保护环境和生态项目;

(八)其他科技成果转化项目。

前款各项中属一般设备维修、改装、常规的设计变更及其已有技术直接应用于产品生产,不属于技术开发合同。

第二十四条 下列合同不属于技术开发合同:

(一)合同标的为当事人已经掌握的技术方案,包括已完成产业化开发的产品、工艺、材料及其系统;

(二)合同标的为通过简单改变尺寸、参数、排列,或者通过类似技术手段的变换实现的产品改型、工艺变更以及材料配方调整;

(三)合同标的为一般检验、测试、鉴定、仿制和应用。

第三章 技术转让合同

第二十五条 技术转让合同是当事人之间就专利权转让、专利申请权转让、专利实施许可、技术秘密转让所订立的下列合同:

(一)专利权转让合同,是指一方当事人(让与方)将其发明创造专利权转让受让方,受让方支付相应价款而订立的合同。

(二)专利申请权转让合同,是指一方当事人(让与方)将其就特定的发明创造申请专利的权利转让受让方,受让方支付相应价款而订立的合同。

(三)专利实施许可合同,是指一方当事人(让与方、专利权人或者其授权的人)许可受让方在约定的范围内实施专利,受让方支付相应的使用费而订立的合同。

(四)技术秘密转让合同,是指一方当事人(让与方)将其拥有的技术秘密提供给受让方,明确相互之间技术秘密使用权、转让权,受让方支付相应使用费而订立的合同。

第二十六条 技术转让合同的认定条件是:

(一)合同标的为当事人订立合同时已经掌握的技术成果,包括发明创造专利、技术秘密及其他知识产权成果;

(二)合同标的具有完整性和实用性,相关技术内容应构成一项产品、工艺、材料、品种及其改进的技术方案;

(三)当事人对合同标的有明确的知识产权权属约定。

第二十七条 当事人就植物新品种权转让和实施许可、集成电路布图设计权转让与许可订立的合同,按技术转让合同认定登记。

第二十八条 当事人就技术进出口项目订立的合同,可参照技术转让合同予以认定登记。

第二十九条 申请认定登记的技术合同,其标的涉及专利申请权、专利权、植物新品种权、集成电路布图设计权的,当事人应当提交相应的知识产权权利证书复印件。无相应证书复印件或者在有关知识产权终止、被宣告无效后申请认定登记的,不予登记。

申请认定登记的技术合同,其标的涉及计算机软件著作权的,可以提示当事人提供计算机软件著作权登记证明的复印件。

第三十条 申请认定登记的技术合同,其标的为技术秘密的,该项技术秘密应同时具备以下条件:

(一)不为公众所知悉;

(二)能为权利人带来经济利益;

(三)具有实用性;

(四)权利人采取了保密措施。

前款技术秘密可以含有公知技术成分或者部分公知技术的组合。但其全部或者实质性部分已经公开,即可以直接从公共信息渠道中直接得到的,不应认定为技术转让合同。

第三十一条 申请认定登记的技术合同,其合同标的为进入公有领域的知识、技术、经验和信息等(如专利权或有关知识产权已经终止的技术成果),或者技术秘密转让未约定使用权、转让权归属的,不应认定为技术转让合同。

前款合同标的符合技术咨询合同、技术服务合同条件的,可由当事人补正后,按技术咨询合同、技术服务合同重新申请认定登记。

第三十二条 申请认定登记的技术合同,其合同标的仅为高新技术产品交易,不包含技术转让成份的,不应认定为技术转让合同。

随高新技术产品提供用户的有关产品性能和使用方法等商业性说明材料,也不属于技术成果文件。

第四章 技术咨询合同

第三十三条 技术咨询合同是一方当事人(受托方)为另一方(委托方)就特定技术项目提供可行性论证、技术预测、专题技术调查、分析评价所订立的合同。

第三十四条 技术咨询合同的认定条件是：

（一）合同标的为特定技术项目的咨询课题；

（二）咨询方式为运用科学知识和技术手段进行的分析、论证、评价和预测；

（三）工作成果是为委托方提供科技咨询报告和意见。

第三十五条 下列各项符合本规则第三十四条规定的，属于技术咨询合同：

（一）科学发展战略和规划的研究；

（二）技术政策和技术路线选择的研究；

（三）重大工程项目、研究开发项目、科技成果转化项目、重要技术改造和科技成果推广项目等的可行性分析；

（四）技术成果、重大工程和特定技术系统的技术评估；

（五）特定技术领域、行业、专业技术发展的技术预测；

（六）就区域、产业科技开发与创新及特定技术项目进行的技术调查、分析与论证；

（七）技术产品、服务、工艺分析和技术方案的比较与选择；

（八）专用设施、设备、仪器、装置及技术系统的技术性能分析；

（九）科技评估和技术查新项目。

前款项目中涉及新的技术成果研究开发或现有技术成果转让的，可根据其技术内容的比重确定合同性质，分别认定为技术开发合同、技术转让合同或者技术咨询合同。

第三十六条 申请认定登记的技术合同，其标的为大、中型建设工程项目前期技术分析论证的，可以认定为技术咨询合同。但属于建设工程承包合同一部分、不能独立成立的情况除外。

第三十七条 就解决特定技术项目提出实施方案，进行技术服务和实施指导所订立的合同，不属于技术咨询合同。符合技术服务合同条件的，可退回当事人补正后，按技术服务合同重新申请认定登记。

第三十八条 下列合同不属于技术咨询合同：

（一）就经济分析、法律咨询、社会发展项目的论证、评价和调查所订立的合同；

（二）就购买设备、仪器、原材料、配套产品等提供商业信息所订立的合同。

第五章 技术服务合同

第三十九条 技术服务合同是一方当事人（受托方）以技术知识为另一方（委托方）解决特定技术问题所订立的合同。

第四十条 技术服务合同的认定条件是：

（一）合同的标的为运用专业技术知识、经验和信息解决特定技术问题的服务性项目；

（二）服务内容为改进产品结构、改良工艺流程、提高产品质量、降低产品成本、节约资源能耗、保护资源环境。实现安全操作、提高经济效益和社会效益等专业技术工作；

（三）工作成果有具体的质量和数量指标；

（四）技术知识的传递不涉及专利、技术秘密成果及其他知识产权的权属。

第四十一条 下列各项符合本规则第四十条规定，且该专业技术项目有明确技术问题和解决难度的，属于技术服务合同：

（一）产品设计服务，包括关键零部件、国产化配套件、专用工模量具及工装设计和具有特殊技术要求的非标准设备的设计，以及其他改进产品结构的设计；

（二）工艺服务，包括有特殊技术要求的工艺编制、新产品试制中的上艺技术指导，以及其他工艺流程的改进设计；

（三）测试分析服务，包括有特殊技术要求的技术成果测试分析，新产品、新材料、植物新品种性能的测试分析，以及其他非标准化的测试分析；

（四）计算机技术应用服务，包括计算机硬件、软件、嵌入式系统、计算机网络技术的应用服务，计算机辅助设计系统（CAD）和计算机集成制造系统（CIMS）的推广、应用和技术指导等；

（五）新型或者复杂生产线的调试及技术指导；

（六）特定技术项目的信息加工、分析和检索；

（七）农业的产前、产中、产后技术服务，包括为技术成果推广，以及为提高农业产量、品质、发展新品种、降低消耗、提高经济效益和社会效益的有关技术服务；

（八）为特殊产品技术标准的制订；

（九）对动植物细胞植入特定基因、进行基因重组；

（十）对重大事故进行定性定量技术分析；

（十一）为重大科技成果进行定性定量技术鉴定

或者评价。

前款各项属于当事人一般日常经营业务范围的,不应认定为技术服务合同。

第四十二条 下列合同不属于技术服务合同:

(一)以常规手段或者为生产经营目的进行一般加工、定作、修理、修缮、广告、印刷、测绘、标准化测试等订立的加工承揽合同和建设工程的勘察、设计、安装、施工、监理合同。但以非常规技术手段,解决复杂、特殊技术问题而单独订立的合同除外;

(二)就描晒复印图纸、翻译资料、摄影摄像等所订立的合同;

(三)计量检定单位就强制性计量检定所订立的合同;

(四)理化测试分析单位就仪器设备的购售、租赁及用户服务所订立的合同。

第六章 技术培训合同和技术中介合同

第四十三条 技术培训合同是当事人一方委托另一方对指定的专业技术人员进行特定项目的技术指导和业务训练所订立的合同。

技术培训合同是技术服务合同中的一种,在认定登记时应按技术培训合同单独予以登记。

第四十四条 技术培训合同的认定条件是:

(一)以传授特定技术项目的专业技术知识为合同的主要标的;

(二)培训对象为委托方指定的与特定技术项目有关的专业技术人员;

(三)技术指导和专业训练的内容不涉及有关知识产权权利的转移。

第四十五条 技术开发、技术转让等合同中涉及技术培训内容的,应按技术开发合同或技术转让合同认定,不应就其技术培训内容单独认定登记。

第四十六条 下列培训教育活动,不属于技术培训合同:

(一)当事人就其员工业务素质、文化学习和职业技能等进行的培训活动;

(二)为销售技术产品而就有关该产品性能、功能及使用、操作进行的培训活动。

第四十七条 技术中介合同是当事人一方(中介方)以知识、技术、经验和信息为另一方与第三方订立技术合同、实现技术创新和科技成果产业化进行联系、介绍、组织工业化开发并对履行合同提供专门服务所订立的合同。

技术中介合同是技术服务合同中的一种,在认定登记时应按技术中介合同单独予以登记。

第四十八条 技术中介合同的认定条件是:

(一)技术中介的目的是促成委托方与第三方进行技术交易,实现科技成果的转化;

(二)技术中介的内容应为特定的技术成果或技术项目;

(三)中介方应符合国家有关技术中介主体的资格要求。

第四十九条 技术中介合同可以以下列两种形式订立:

(一)中介方与委托方单独订立的有关技术中介业务的合同;

(二)在委托方与第三方订立的技术合同中载明中介方权利与义务的有关中介条款。

第五十条 根据当事人申请,技术中介合同可以与其涉及的技术合同一起认定登记,也可以单独认定登记。

第七章 核定技术性收入

第五十一条 技术合同登记机构应当对申请认定登记合同的交易总额和技术交易额进行审查,核定技术性收入。

申请认定登记的合同,应当载明合同交易总额、技术交易额。申请认定登记时不能确定合同交易总额、技术交易额的,或者在履行合同中金额发生变化的,当事人应当在办理减免税或提取奖酬金手续前予以补正。不予补正并违反国家有关法律法规的,应承担相应的法律责任。

第五十二条 本规则第五十一条用语的含义是:

(一)合同交易总额是指技术合同成交项目的总金额;

(二)技术交易额是指从合同交易总额中扣除购置设备、仪器、零部件、原材料等非技术性费用后的剩余金额。但合理数量标的物的直接成本不计入非技术性费用;

(三)技术性收入是指履行合同后所获得的价款、使用费、报酬的金额。

第五十三条 企业、事业单位和其他组织按照国家有关政策减免税、提取奖酬金和其他技术劳务费用,应当以技术合同登记机构核定的技术交易额或技术性收入为基数计算。

第八章 附 则

第五十四条 本规则自2001年7月18日起施行。1990

年7月27日原国家科委发布的《技术合同认定规则(试行)》同时废止。

最高人民法院关于审理技术合同纠纷案件适用法律若干问题的解释

1. 2004年11月30日最高人民法院审判委员会第1335次会议通过
2. 2004年12月16日公布
3. 法释〔2004〕20号
4. 自2005年1月1日起施行

为了正确审理技术合同纠纷案件,根据《中华人民共和国合同法》、《中华人民共和国专利法》和《中华人民共和国民事诉讼法》等法律的有关规定,结合审判实践,现就有关问题作出以下解释。

一、一般规定

第一条 技术成果,是指利用科学技术知识、信息和经验作出的涉及产品、工艺、材料及其改进等的技术方案,包括专利、专利申请、技术秘密、计算机软件、集成电路布图设计、植物新品种等。

技术秘密,是指不为公众所知悉、具有商业价值并经权利人采取保密措施的技术信息。

第二条 合同法第三百二十六条第二款所称"执行法人或者其他组织的工作任务",包括:

(一)履行法人或者其他组织的岗位职责或者承担其交付的其他技术开发任务;

(二)离职后一年内继续从事与其原所在法人或者其他组织的岗位职责或者交付的任务有关的技术开发工作,但法律、行政法规另有规定的除外。

法人或者其他组织与其职工就职工在职期间或者离职以后所完成的技术成果的权益有约定的,人民法院应当依约定确认。

第三条 合同法第三百二十六条第二款所称"物质技术条件",包括资金、设备、器材、原材料、未公开的技术信息和资料等。

第四条 合同法第三百二十六条第二款所称"主要利用法人或者其他组织的物质技术条件",包括职工在技术成果的研究开发过程中,全部或者大部分利用了法人或者其他组织的资金、设备、器材或者原材料等物质条件,并且这些物质条件对形成该技术成果具有实质性的影响;还包括该技术成果实质性内容是在法人或者其他组织尚未公开的技术成果、阶段性技术成果基础上完成的情形。但下列情况除外:

(一)对利用法人或者其他组织提供的物质技术条件,约定返还资金或者交纳使用费的;

(二)在技术成果完成后利用法人或者其他组织的物质技术条件对技术方案进行验证、测试的。

第五条 个人完成的技术成果,属于执行原所在法人或者其他组织的工作任务,又主要利用了现所在法人或者其他组织的物质技术条件的,应当按照该自然人原所在和现所在法人或者其他组织达成的协议确认权益。不能达成协议的,根据对完成该项技术成果的贡献大小由双方合理分享。

第六条 合同法第三百二十六条、第三百二十七条所称完成技术成果的"个人",包括对技术成果单独或者共同作出创造性贡献的人,也即技术成果的发明人或者设计人。人民法院在对创造性贡献进行认定时,应当分解所涉及技术成果的实质性技术构成。提出实质性技术构成并由此实现技术方案的人,是作出创造性贡献的人。

提供资金、设备、材料、试验条件,进行组织管理,协助绘制图纸、整理资料、翻译文献等人员,不属于完成技术成果的个人。

第七条 不具有民事主体资格的科研组织订立的技术合同,经法人或者其他组织授权或者认可的,视为法人或者其他组织订立的合同,由法人或者其他组织承担责任;未经法人或者其他组织授权或者认可的,由该科研组织成员共同承担责任,但法人或者其他组织因该合同受益的,应当在其受益范围内承担相应责任。

前款所称不具有民事主体资格的科研组织,包括法人或者其他组织设立的从事技术研究开发、转让等活动的课题组、工作室等。

第八条 生产产品或者提供服务依法须经有关部门审批或者取得行政许可,而未经审批或者许可的,不影响当事人订立的相关技术合同的效力。

当事人对办理前款所称审批或者许可的义务没有约定或者约定不明确的,人民法院应当判令由实施技术的一方负责办理,但法律、行政法规另有规定的除外。

第九条 当事人一方采取欺诈手段,就其现有技术成果作为研究开发标的与他人订立委托开发合同收取研究开发费用,或者就同一研究开发课题先后与两个或者两个以上的委托人分别订立委托开发合同重复收取研究开发费用的,受损害方依照合同法第五十四条第二款规定请求变更或者撤销合同的,人民法院应当予以支持。

第十条 下列情形,属于合同法第三百二十九条所称的"非法垄断技术、妨碍技术进步":

(一)限制当事人一方在合同标的技术基础上进行新的研究开发或者限制其使用所改进的技术,或者双方交换改进技术的条件不对等,包括要求一方将其自行改进的技术无偿提供给对方、非互惠性转让给对方、无偿独占或者共享该改进技术的知识产权;

(二)限制当事人一方从其他来源获得与技术提供方类似技术或者与其竞争的技术;

(三)阻碍当事人一方根据市场需求,按照合理方式充分实施合同标的技术,包括明显不合理地限制技术接受方实施合同标的技术生产产品或者提供服务的数量、品种、价格、销售渠道和出口市场;

(四)要求技术接受方接受并非实施技术必不可少的附带条件,包括购买非必需的技术、原材料、产品、设备、服务以及接收非必需的人员等;

(五)不合理地限制技术接受方购买原材料、零部件、产品或者设备等的渠道或者来源;

(六)禁止技术接受方对合同标的技术知识产权的有效性提出异议或者对提出异议附加条件。

第十一条 技术合同无效或者被撤销后,技术开发合同研究开发人、技术转让合同让与人、技术咨询合同和技术服务合同的受托人已经履行或者部分履行了约定的义务,并且造成合同无效或者被撤销的过错在对方的,对其已履行部分应当收取的研究开发经费、技术使用费、提供咨询服务的报酬,人民法院可以认定为因对方原因导致合同无效或者被撤销给其造成的损失。

技术合同无效或者被撤销后,因履行合同所完成新的技术成果或者在他人技术成果基础上完成后续改进技术成果的权利归属和利益分享,当事人不能重新协议确定的,人民法院可以判决由完成技术成果的一方享有。

第十二条 根据合同法第三百二十九条的规定,侵害他人技术秘密的技术合同被确认无效后,除法律、行政法规另有规定的以外,善意取得该技术秘密的一方当事人可以在其取得时的范围内继续使用该技术秘密,但应当向权利人支付合理的使用费并承担保密义务。

当事人双方恶意串通或者一方知道或者应当知道另一方侵权仍与其订立或者履行合同的,属于共同侵权,人民法院应当判令侵权人承担连带赔偿责任和保密义务,因此取得技术秘密的当事人不得继续使用该技术秘密。

第十三条 依照前条第一款规定可以继续使用技术秘密的人与权利人就使用费支付发生纠纷的,当事人任何一方都可以请求人民法院予以处理。继续使用技术秘密但又拒不支付使用费的,人民法院可以根据权利人的请求判令使用人停止使用。

人民法院在确定使用费时,可以根据权利人通常对外许可该技术秘密的使用费或者使用人取得该技术秘密所支付的使用费,并考虑该技术秘密的研究开发成本、成果转化和应用程度以及使用人的使用规模、经济效益等因素合理确定。

不论使用人是否继续使用技术秘密,人民法院均应当判令其向权利人支付已使用期间的使用费。使用人已向无效合同的让与人支付的使用费应当由让与人负责返还。

第十四条 对技术合同的价款、报酬和使用费,当事人没有约定或者约定不明确的,人民法院可以按照以下原则处理:

(一)对于技术开发合同和技术转让合同,根据有关技术成果的研究开发成本、先进性、实施转化和应用的程度,当事人享有的权益和承担的责任,以及技术成果的经济效益等合理确定;

(二)对于技术咨询合同和技术服务合同,根据有关咨询服务工作的技术含量、质量和数量,以及已经产生和预期产生的经济效益等合理确定。

技术合同价款、报酬、使用费中包含非技术性款项的,应当分项计算。

第十五条 技术合同当事人一方迟延履行主要债务,经催告后在30日内仍未履行,另一方依据合同法第九十四条第(三)项的规定主张解除合同的,人民法院应当予以支持。

当事人在催告通知中附有履行期限且该期限超过30日的,人民法院应当认定该履行期限为合同法第九十四条第(三)项规定的合理期限。

第十六条 当事人以技术成果向企业出资但未明确约定权属,接受出资的企业主张该技术成果归其享有的,人民法院一般应当予以支持，但是该技术成果价值与该技术成果所占出资额比例明显不合理损害出资人利益的除外。

当事人对技术成果的权属约定有比例的，视为共同所有，其权利使用和利益分配，按共有技术成果的有关规定处理，但当事人另有约定的，从其约定。

当事人对技术成果的使用权约定有比例的，人民法院可以视为当事人对实施该项技术成果所获收益的分配比例，但当事人另有约定的，从其约定。

二、技术开发合同

第十七条 合同法第三百三十条所称"新技术、新产品、新工艺、新材料及其系统"，包括当事人在订立技术合同时尚未掌握的产品、工艺、材料及其系统等技术方案，但对技术上没有创新的现有产品的改型、工艺变更、材料配方调整以及对技术成果的验证、测试和使用除外。

第十八条 合同法第三百三十条第四款规定的"当事人之间就具有应用价值的科技成果实施转化订立的"技术转化合同，是指当事人之间就具有产业实用价值但尚未实现工业化应用的科技成果包括阶段性技术成果，以实现该科技成果工业化应用为目标，约定后续试验、开发和应用等内容的合同。

第十九条 合同法第三百三十五条所称"分工参与研究开发工作"，包括当事人按照约定的计划和分工，共同或者分别承担设计、工艺、试验、试制等工作。

技术开发合同当事人一方仅提供资金、设备、材料等物质条件或者承担辅助协作事项，另一方进行研究开发工作的，属于委托开发合同。

第二十条 合同法第三百四十一条所称"当事人均有使用和转让的权利"，包括当事人均有不经对方同意而自己使用或者以普通使用许可的方式许可他人使用技术秘密，并独占由此所获利益的权利。当事人一方将技术秘密成果的转让权让与他人，或者以独占或者排他使用许可的方式许可他人使用技术秘密，未经对方当事人同意或者追认的，应当认定该让与或者许可行为无效。

第二十一条 技术开发合同当事人依照合同法的规定或者约定自行实施专利或使用技术秘密，但因其不具备独立实施专利或者使用技术秘密的条件，以一个普通许可方式许可他人实施或者使用的，可以准许。

三、技术转让合同

第二十二条 合同法第三百四十二条规定的"技术转让合同"，是指合法拥有技术的权利人，包括其他有权对外转让技术的人，将现有特定的专利、专利申请、技术秘密的相关权利让与他人，或者许可他人实施、使用所订立的合同。但就尚待研究开发的技术成果或者不涉及专利、专利申请或者技术秘密的知识、技术、经验和信息所订立的合同除外。

技术转让合同中关于让与人向受让人提供实施技术的专用设备、原材料或者提供有关的技术咨询、技术服务的约定，属于技术转让合同的组成部分。因此发生的纠纷，按照技术转让合同处理。

当事人以技术入股方式订立联营合同，但技术入股人不参与联营体的经营管理，并且以保底条款形式约定联营体或者联营对方支付其技术价款或者使用费的，视为技术转让合同。

第二十三条 专利申请权转让合同当事人以专利申请被驳回或者被视为撤回为由请求解除合同，该事实发生在依照专利法第十条第三款的规定办理专利申请权转让登记之前的，人民法院应当予以支持；发生在转让登记之后的，不予支持，但当事人另有约定的除外。

专利申请因专利申请权转让合同成立时即存在尚未公开的同样发明创造的在先专利申请被驳回，当事人依据合同法第五十四条第一款第（二）项的规定请求予以变更或者撤销合同的，人民法院应当予以支持。

第二十四条 订立专利权转让合同或者专利申请权转让合同前，让与人自己已经实施发明创造，在合同生效后，受让人要求让与人停止实施的，人民法院应当予以支持，但当事人另有约定的除外。

让与人与受让人订立的专利权、专利申请权转让合同，不影响在合同成立前让与人与他人订立的相关专利实施许可合同或者技术秘密转让合同的效力。

第二十五条 专利实施许可包括以下方式：

（一）独占实施许可，是指让与人在约定许可实施专利的范围内，将该专利仅许可一个受让人实施，让与人依约定不得实施该专利；

（二）排他实施许可，是指让与人在约定许可实施专利的范围内，将该专利仅许可一个受让人实施，但让与人依约定可以自行实施该专利；

（三）普通实施许可，是指让与人在约定许可实施专利的范围内许可他人实施该专利，并且可以自行实施该专利。

当事人对专利实施许可方式没有约定或者约定不明确的,认定为普通实施许可。专利实施许可合同约定受让人可以再许可他人实施专利的,认定该再许可为普通实施许可,但当事人另有约定的除外。

技术秘密的许可使用方式,参照本条第一、二款的规定确定。

第二十六条 专利实施许可合同让与人负有在合同有效期内维持专利权有效的义务,包括依法缴纳专利年费和积极应对他人提出宣告专利权无效的请求,但当事人另有约定的除外。

第二十七条 排他实施许可合同让与人不具备独立实施其专利的条件,以一个普通许可的方式许可他人实施专利的,人民法院可以认定为让与人自己实施专利,但当事人另有约定的除外。

第二十八条 合同法第三百四十三条所称"实施专利或者使用技术秘密的范围",包括实施专利或者使用技术秘密的期限、地域、方式以及接触技术秘密的人员等。

当事人对实施专利或者使用技术秘密的期限没有约定或者约定不明确的,受让人实施专利或者使用技术秘密不受期限限制。

第二十九条 合同法第三百四十七条规定技术秘密转让合同让与人承担的"保密义务",不限制其申请专利,但当事人约定让与人不得申请专利的除外。

当事人之间就申请专利的技术成果所订立的许可使用合同,专利申请公开以前,适用技术秘密转让合同的有关规定;发明专利申请公开以后、授权以前,参照适用专利实施许可合同的有关规定;授权以后,原合同即为专利实施许可合同,适用专利实施许可合同的有关规定。

人民法院不以当事人就已经申请专利但尚未授权的技术订立专利实施许可合同为由,认定合同无效。

四、技术咨询合同和技术服务合同

第三十条 合同法第三百五十六条第一款所称"特定技术项目",包括有关科学技术与经济社会协调发展的软科学研究项目,促进科技进步和管理现代化、提高经济效益和社会效益等运用科学知识和技术手段进行调查、分析、论证、评价、预测的专业性技术项目。

第三十一条 当事人对技术咨询合同受托人进行调查研究、分析论证、试验测定等所需费用的负担没有约定或者约定不明确的,由受托人承担。

当事人对技术咨询合同委托人提供的技术资料和数据或者受托人提出的咨询报告和意见未约定保密义务,当事人一方引用、发表或者向第三人提供的,不认定为违约行为,但侵害对方当事人对此享有的合法权益的,应当依法承担民事责任。

第三十二条 技术咨询合同受托人发现委托人提供的资料、数据等有明显错误或者缺陷,未在合理期限内通知委托人的,视为其对委托人提供的技术资料、数据等予以认可。委托人在接到受托人的补正通知后未在合理期限内答复并予补正的,发生的损失由委托人承担。

第三十三条 合同法第三百五十六条第二款所称"特定技术问题",包括需要运用专业技术知识、经验和信息解决的有关改进产品结构、改良工艺流程、提高产品质量、降低产品成本、节约资源能耗、保护资源环境、实现安全操作、提高经济效益和社会效益等专业技术问题。

第三十四条 当事人一方以技术转让的名义提供已进入公有领域的技术,或者在技术转让合同履行过程中合同标的技术进入公有领域,但是技术提供方进行技术指导、传授技术知识,为对方解决特定技术问题符合约定条件的,按照技术服务合同处理,约定的技术转让费可以视为提供技术服务的报酬和费用,但是法律、行政法规另有规定的除外。

依照前款规定,技术转让费视为提供技术服务的报酬和费用明显不合理的,人民法院可以根据当事人的请求合理确定。

第三十五条 当事人对技术服务合同受托人提供服务所需费用的负担没有约定或者约定不明确的,由受托人承担。

技术服务合同受托人发现委托人提供的资料、数据、样品、材料、场地等工作条件不符合约定,未在合理期限内通知委托人的,视为其对委托人提供的工作条件予以认可。委托人在接到受托人的补正通知后未在合理期限内答复并予补正的,发生的损失由委托人承担。

第三十六条 合同法第三百六十四条规定的"技术培训合同",是指当事人一方委托另一方对指定的学员进行特定项目的专业技术训练和技术指导所订立的合同,不包括职业培训、文化学习和按照行业、法人或者其他组织的计划进行的职工业余教育。

第三十七条 当事人对技术培训必需的场地、设施和试验条件等工作条件的提供和管理责任没有约定或者约定不明确的,由委托人负责提供和管理。

技术培训合同委托人派出的学员不符合约定条件,影响培训质量的,由委托人按照约定支付报酬。

受托人配备的教员不符合约定条件,影响培训质量,或者受托人未按照计划和项目进行培训,导致不能实现约定培训目标的,应当减收或者免收报酬。

受托人发现学员不符合约定条件或者委托人发现教员不符合约定条件,未在合理期限内通知对方,或者接到通知的一方未在合理期限内按约定改派的,应当由负有履行义务的当事人承担相应的民事责任。

第三十八条 合同法第三百六十四条规定的"技术中介合同",是指当事人一方以知识、技术、经验和信息为另一方与第三人订立技术合同进行联系、介绍以及对履行合同提供专门服务所订立的合同。

第三十九条 中介人从事中介活动的费用,是指中介人在委托人和第三人订立技术合同前,进行联系、介绍活动所支出的通信、交通和必要的调查研究等费用。中介人的报酬,是指中介人为委托人与第三人订立技术合同以及对履行该合同提供服务应当得到的收益。

当事人对中介人从事中介活动的费用负担没有约定或者约定不明确的,由中介人承担。当事人约定该费用由委托人承担但未约定具体数额或者计算方法的,由委托人支付中介人从事中介活动支出的必要费用。

当事人对中介人的报酬数额没有约定或者约定不明确的,应当根据中介人所进行的劳务合理确定,并由委托人承担。仅在委托人与第三人订立的技术合同中约定中介条款,但未约定给付中介人报酬或者约定不明确的,应当支付的报酬由委托人和第三人平均承担。

第四十条 中介人未促成委托人与第三人之间的技术合同成立的,其要求支付报酬的请求,人民法院不予支持;其要求委托人支付其从事中介活动必要费用的请求,应当予以支持,但当事人另有约定的除外。

中介人隐瞒与订立技术合同有关的重要事实或者提供虚假情况,侵害委托人利益的,应当根据情况免收报酬并承担赔偿责任。

第四十一条 中介人对造成委托人与第三人之间的技术合同的无效或者被撤销没有过错,并且该技术合同的无效或者被撤销不影响有关中介条款或者技术中介合同继续有效,中介人要求按照约定或者本解释的有关规定给付从事中介活动的费用和报酬的,人民法院应当予以支持。

中介人收取从事中介活动的费用和报酬不应当被视为委托人与第三人之间的技术合同纠纷中一方当事人的损失。

五、与审理技术合同纠纷有关的程序问题

第四十二条 当事人将技术合同和其他合同内容或者将不同类型的技术合同内容订立在一个合同中的,应当根据当事人争议的权利义务内容,确定案件的性质和案由。

技术合同名称与约定的权利义务关系不一致的,应当按照约定的权利义务内容,确定合同的类型和案由。

技术转让合同中约定让与人负责包销或者回购受让人实施合同标的技术制造的产品,仅因让与人不履行或者不能全部履行包销或者回购义务引起纠纷,不涉及技术问题的,应当按照包销或者回购条款约定的权利义务内容确定案由。

第四十三条 技术合同纠纷案件一般由中级以上人民法院管辖。

各高级人民法院根据本辖区的实际情况并报经最高人民法院批准,可以指定若干基层人民法院管辖第一审技术合同纠纷案件。

其他司法解释对技术合同纠纷案件管辖另有规定的,从其规定。

合同中既有技术合同内容,又有其他合同内容,当事人就技术合同内容和其他合同内容均发生争议的,由具有技术合同纠纷案件管辖权的人民法院受理。

第四十四条 一方当事人以诉讼争议的技术合同侵害他人技术成果为由请求确认合同无效,或者人民法院在审理技术合同纠纷中发现可能存在该无效事由的,人民法院应当依法通知有关利害关系人,其可以作为有独立请求权的第三人参加诉讼或者依法向有管辖权的人民法院另行起诉。

利害关系人在接到通知后 15 日内不提起诉讼的,不影响人民法院对案件的审理。

第四十五条 第三人向受理技术合同纠纷案件的人民法院就合同标的技术提出权属或者侵权请求时,受诉人民法院对此也有管辖权的,可以将权属或者侵权纠纷与合同纠纷合并审理;受诉人民法院对此没有管辖权

的,应当告知其向有管辖权的人民法院另行起诉或者将已经受理的权属或者侵权纠纷案件移送有管辖权的人民法院。权属或者侵权纠纷另案受理后,合同纠纷应当中止诉讼。

专利实施许可合同诉讼中,受让人或者第三人向专利复审委员会请求宣告专利权无效的,人民法院可以不中止诉讼。在案件审理过程中专利权被宣告无效的,按照专利法第四十七条第二款和第三款的规定处理。

六、其　　他

第四十六条　集成电路布图设计、植物新品种许可使用和转让等合同争议,相关行政法规另有规定的,适用其规定;没有规定的,适用合同法总则的规定,并可以参照合同法第十八章和本解释的有关规定处理。

计算机软件开发、许可使用和转让等合同争议,著作权法以及其他法律、行政法规另有规定的,依照其规定;没有规定的,适用合同法总则的规定,并可以参照合同法第十八章和本解释的有关规定处理。

第四十七条　本解释自2005年1月1日起施行。

全国法院知识产权审判工作会议关于审理技术合同纠纷案件若干问题的纪要

1. *2001年6月15日发布*
2. *法〔2001〕84号*

1999年3月15日,第九届全国人民代表大会第二次会议通过《中华人民共和国合同法》(以下简称合同法),并于同年10月1日起施行。合同法的颁布与施行,结束了经济合同法、涉外经济合同法和技术合同法三部合同法并存的局面,实现了三部合同法的统一。我国合同法律制度发生了重大变革。根据合同法规定,技术合同法被废止,其主要内容已被吸收在合同法分则的第十八章技术合同中。与之相适应,最高人民法院根据技术合同法和技术合同法实施条例制定的《关于审理科技纠纷案件的若干问题的规定》司法解释,也被废止。为了适应我国合同法律制度的重大变革,实现新旧合同法律制度的平稳过渡,最高人民法院正在有计划、有步骤地制定有关合同法的司法解释,目前已发布了《关于适用〈中华人民共和国合同法〉若干问题的解释(一)》,有关技术合同部分的司法解释被列为《关于适用〈中华人民共和国合同法〉若干问题的解释(三)》。

1999年8月,最高人民法院即开始进行《解释》(三)的起草工作,在对原有的技术合同法律、行政法规和司法解释进行清理的基础上,并根据合同法对技术合同新的规定和审判实践中出现的新情况、新问题,形成了征求意见稿。1999年11月,为贯彻执行合同法,最高人民法院在安徽省合肥市召开全国法院技术合同审判工作座谈会,全国31个高院和22个中院、2个基层法院近70余名代表参加了会议,李国光副院长出席会议并作了重要讲话。座谈会上对征求意见稿进行了充分讨论,有近20个法院还提交了书面意见。国家科技部和国家知识产权局亦派代表参加了会议。2000年4月上旬,原知识产权庭与国家科技部又共同在西安市召开技术合同法律问题研讨会,再次就征求意见稿征求了部分地方科委、科协组织、知识产权诉讼律师和专利代理人的意见。此后,还向全国人大常委会法工委、国务院法制办等8个部门和郑成思、梁慧星等11名专家书面征求意见。在广泛征求意见并反复修改的基础上,形成送审稿。

2001年6月12日至15日,最高人民法院在上海市召开全国法院知识产权审判工作会议。全国30个高级人民法院、新疆高院生产建设兵团分院、解放军军事法院、24个中级人民法院分管知识产权审判工作的副院长、知识产权审判庭或者负责知识产权审判工作的业务庭庭长或副庭长,以及全国人大法工委、全国人大教科文卫委、国务院法制办、国家科技部、国家工商行政管理总局、国家知识产权局、国家版权局等单位的负责同志,中国社会科学院知识产权中心、清华大学法学院、北京大学知识产权学院、中国人民大学知识产权教学与研究中心的著名专家学者等共120余人参加了会议。最高人民法院副院长曹建明出席会议并作了讲话。会议分析了当前知识产权审判工作面临的形势,总结了近二十年来知识产权审判工作的经验,部署了当前和今后一段时期人民法院知识产权审判工作的任务。会议着重围绕我国"入世"对知识产权审判工作的影响及应做的准备工作,贯彻新修改的专利法、合同法以及其他知识产权法律,充分发挥知识产权审判整体职能等议题,进行了深入的讨论。会议还对技术合同纠纷案件适用法律的若干问题进行了研讨。会议认为,为解决当前人民法院审理技术合同纠纷案件的急需,有必要将已经成熟的一些审判技术合同若干适用法律问题的原则纪要发给各地人民法院,以作为指导全国法院审理技术合同纠纷案件的指导意见。各地法院在执行中,要继续总结经验,及时将执行中有关问题反映给最高人民法院民事审判第三庭。以便将审判技术合同纠纷适用法律的司法解释稿修改得更加完善,待提交最高人民法院审判委员会讨论通过后正式发布施行。现就审理技术合同纠纷案件适用法律的若干问题纪要如下:

一、一般规定

(一)技术成果和技术秘密

1. 合同法第十八章所称技术成果,是指利用科学技术知识、信息和经验作出的产品、工艺、材料及其改进等技术方案,包括专利、专利申请、技术秘密和其他能够取得知识产权的技术成果(如植物新品种、计算机软件、集成电路布图设计和新药成果等)。

2. 合同法第十八章所称的技术秘密,是指不为公众所知悉、能为权利人带来经济利益、具有实用性并经权利人采取保密措施的技术信息。

前款所称不为公众所知悉,是指该技术信息的整体或者精确的排列组合或者要素,并非为通常涉及该信息有关范围的人所普遍知道或者容易获得;能为权利人带来经济利益、具有实用性,是指该技术信息因属于秘密而具有商业价值,能够使拥有者获得经济利益或者获得竞争优势;权利人采取保密措施,是指该技术信息的合法拥有者根据有关情况采取的合理措施,在正常情况下可以使该技术信息得以保密。

合同法所称技术秘密与技术秘密成果是同义语。

(二)职务技术成果与非职务技术成果

3. 法人或者其他组织与其职工在劳动合同或者其他协议中就职工在职期间或者离职以后所完成的技术成果的权益有约定的,依其约定确认。但该约定依法应当认定为无效或者依法被撤销、解除的除外。

4. 合同法第三百二十六条第二款所称执行法人或者其他组织的工作任务,是指:

(1)职工履行本岗位职责或者承担法人或者其他组织交付的其他科学研究和技术开发任务。

(2)离职、退职、退休后一年内继续从事与其原所在法人或者其他组织的岗位职责或者交付的任务有关的科学研究和技术开发,但法律、行政法规另有规定或者当事人另有约定的除外。

前款所称岗位职责,是指根据法人或者其他组织的规定,职工所在岗位的工作任务和责任范围。

5. 合同法第三百二十六条第二款所称物质技术条件,是指资金、设备、器材、原材料、未公开的技术信息和资料。

合同法第三百二十六条第二款所称主要利用法人或者其他组织的物质技术条件,是指职工在完成技术成果的研究开发过程中,全部或者大部分利用了法人或者其他组织的资金、设备、器材或者原材料,或者该技术成果的实质性内容是在该法人或者其他组织尚未公开的技术成果、阶段性技术成果或者关键技术的基础上完成的。但对利用法人或者其他组织提供的物质技术条件,约定返还资金或者交纳使用费的除外。

在研究开发过程中利用法人或者其他组织已对外公开或者已为本领域普通技术人员公知的技术信息,或者在技术成果完成后利用法人或者其他组织的物质条件对技术方案进行验证、测试的,不属于主要利用法人或者其他组织的物质技术条件。

6. 完成技术成果的个人既执行了原所在法人或者其他组织的工作任务,又就同一科学研究或者技术开发课题主要利用了现所在法人或者其他组织的物质技术条件所完成的技术成果的权益,由其原所在法人或者其他组织和现所在法人或者其他组织协议确定,不能达成协议的,由双方合理分享。

7. 职工于本岗位职责或者其所在法人或者其他组织交付的任务之外从事业余兼职活动或者与他人合作完成的技术成果的权益,按照其与聘用人(兼职单位)或者合作人的约定确认。没有约定或者约定不明确,依照合同法第六十一条的规定不能达成补充协议的,按照合同法第三百二十六条和第三百二十七条的规定确认。

依照前款规定处理时不得损害职工所在的法人或者其他组织的技术权益。

8. 合同法第三百二十六条和第三百二十七条所称完成技术成果的个人,是指对技术成果单独或者共同作出创造性贡献的人,不包括仅提供资金、设备、材料、试验条件的人员,进行组织管理的人员,协助绘制图纸、整理资料、翻译文献等辅助服务人员。

判断创造性贡献时,应当分解技术成果的实质性技术构成,提出实质性技术构成和由此实现技术方案的人是作出创造性贡献的人。对技术成果做出创造性贡献的人为发明人或者设计人。

（三）技术合同的主体

9. 法人或者其他组织设立的从事技术研究开发、转让等活动的不具有民事主体资格的科研组织（包括课题组、工作室等）订立的技术合同，经法人或者其他组织授权或者认可的，视为法人或者其他组织订立的合同，由法人或者其他组织承担责任；未经法人或者其他组织授权或者认可的，由该科研组织成员共同承担责任，但法人或者其他组织因该合同受益的，应当在其受益范围内承担相应的责任。

（四）技术合同的效力

10. 技术合同不因下列事由无效：

（1）合同标的技术未经技术鉴定；

（2）技术合同未经登记或者未向有关部门备案；

（3）以已经申请专利尚未授予专利权的技术订立专利实施许可合同。

11. 技术合同内容有下列情形的，属于合同法第三百二十九条所称"非法垄断技术，妨碍技术进步"：

（1）限制另一方在合同标的技术的基础上进行新的研究开发，或者双方交换改进技术的条件不对等，包括要求一方将其自行改进的技术无偿地提供给对方、非互惠性的转让给对方、无偿地独占或者共享该改进技术的知识产权；

（2）限制另一方从其他来源吸收技术；

（3）阻碍另一方根据市场的需求，按照合理的方式充分实施合同标的技术，包括不合理地限制技术接受方实施合同标的技术生产产品或者提供服务的数量、品种、价格、销售渠道和出口市场；

（4）要求技术接受方接受并非实施技术必不可少的附带条件，包括购买技术接受方并不需要的技术、服务、原材料、设备或者产品等和接收技术接受方并不需要的人才等；

（5）不合理地限制技术接受方自由选择从不同来源购买原材料、零部件或者设备等；

（6）禁止技术接受方对合同标的技术的知识产权的有效性提出异议的条件。

12. 技术合同内容有下列情形的，属于合同法第三百二十九条所称侵害他人技术成果：

（1）侵害他人专利权、专利申请权、专利实施权的；

（2）侵害他人技术秘密成果使用权、转让权的；

（3）侵害他人植物新品种权、植物新品种申请权、植物新品种实施权的；

（4）侵害他人计算机软件著作权、集成电路电路布图设计权、新药成果权等技术成果权的；

（5）侵害他人发明权、发现权以及其他科技成果权的。

侵害他人发明权、发现权以及其他科技成果权等技术成果完成人人身权利的合同，合同部分无效，不影响其他部分效力的，其他部分仍然有效。

13. 当事人使用或者转让其独立研究开发或者以其他正当方式取得的与他人的技术秘密相同或者近似的技术秘密的，不属于合同法第三百二十九条所称侵害他人技术成果。

通过合法的参观访问或者对合法取得的产品进行拆卸、测绘、分析等反向工程手段掌握相关技术的，属于前款所称以其他正当方式取得。但法律另有规定或者当事人另有约定的除外。

14. 除当事人另有约定或者技术成果的权利人追认的以外，技术秘密转让合同和专利实施许可合同的受让人，将合同标的技术向他人转让而订立的合同无效。

15. 技术转让合同中既有专利权转让或者专利实施许可内容，又有技术秘密转让内容，专利权被宣告无效或者技术秘密被他人公开的，不影响合同中另一部分内容的效力。但当事人另有约定的除外。

16. 当事人一方采取欺诈手段，就其现有技术成果作为研究开发标的与他人订立委托开发合同收取研究开发费用，或者就同一研究开发课题先后与两个或者两个以上的委托人分别订立委托开发合同重复收取研究开发费用的，受损害方可以依照合同法第五十四条第二款的规定请求变更或者撤销合同，但属于合同法第五十二条和第三百二十九条规定的情形应当对合同作无效处理的除外。

17. 技术合同无效或者被撤销后，研究开发人、让与人、受托人已经履行了约定的义务，且造成合同无效或者被撤销的过错在对方的，其按约定应当收取的研究开发经费、技术使用费和提供咨询服务的报酬，可以视为因对方原因导致合同无效或者被撤销给其造成的损失。

18. 技术合同无效或者被撤销后，当事人因合同取得的技术资料、样品、样机等技术载体应当返还权利人,并不得保留复制品;涉及技术秘密的,当事人依法负有保密义务。

19. 技术合同无效或者被撤销后,因履行合同所完成的新的技术成果或者在他人技术成果的基础上完成的后续改进部分的技术成果的权利归属和利益分享,当事人不能重新协议确定的,由完成技术成果的一方当事人享有。

20. 侵害他人技术秘密成果使用权、转让权的技术合同无效后,除法律、行政法规另有规定的以外,善意、有偿取得该技术秘密的一方可以继续使用该技术秘密,但应当向权利人支付合理的使用费并承担保密义务。除与权利人达成协议以外,善意取得的一方(使用人)继续使用该技术秘密不得超过其取得时确定的使用范围。当事人双方恶意串通或者一方明知或者应知另一方侵权仍然与其订立或者履行合同的,属于共同侵权,应当承担连带赔偿责任和保密义务,因该无效合同而取得技术秘密的当事人不得继续使用该技术秘密。

前款规定的使用费由使用人与权利人协议确定,不能达成协议的,任何一方可以请求人民法院予以裁决。使用人拒不履行双方达成的使用费协议的,权利人除可以请求人民法院判令使用人支付已使用期间的使用费以外,还可以请求判令使用人停止使用该技术秘密;使用人拒不执行人民法院关于使用费的裁决的,权利人除可以申请强制执行已使用期间的使用费外,还可以请求人民法院判令使用人停止使用该技术秘密。在双方就使用费达成协议或者人民法院作出生效裁决以前,使用人可以不停止使用该技术秘密。

21. 人民法院在裁决前条规定的使用费时,可以根据权利人善意对外转让该技术秘密的费用并考虑使用人的使用规模和经济效益等因素来确定;也可以依据使用人取得该技术秘密所支付的费用并考虑该技术秘密的研究开发成本、成果转化和应用程度和使用人的使用规模和经济效益等因素来确定。

人民法院应当对已使用期间的使用费和以后使用的付费标准一并作出裁决。

合同被确认无效后,使用人不论是否继续使用该技术秘密,均应当向权利人支付其已使用期间的使用费,其已向无效合同的让与人支付的费用应当由让与人负责返还,该费用中已由让与人作为侵权损害的赔偿直接给付权利人的部分,在计算使用人向权利人支付的使用费时相应扣除。

22. 法律、法规规定生产产品或者提供服务须经有关部门审批手续或者领取许可证,而实际尚未办理该审批手续或者领取许可证的,不影响当事人就有关产品的生产或者服务的提供所订立的技术合同的效力。

当事人对办理前款所称审批手续或者许可证的义务没有约定或者约定不明确,依照合同法第六十一条的规定不能达成补充协议的,除法律、法规另有规定的以外,由实施技术的一方负责办理。

(五)技术合同履行内容的确定

23. 当事人对技术合同的价款、报酬和使用费没有约定或者约定不明确,依照合同法第六十一条的规定不能达成补充协议的,人民法院可以按照以下原则处理:

(1)对于技术开发合同和技术转让合同,根据有关技术成果的研究开发成本、先进性、实施转化和应用的程度,当事人享有的权益和承担的责任,以及技术成果的经济效益和社会效益等合理认定;

(2)对于技术咨询合同和技术服务合同,根据有关咨询服务工作的数量、质量和技术含量,以及预期产生的经济效益和社会效益等合理认定。

技术合同价款、报酬、使用费中包含非技术性款项的,应当分项计算。

24. 当事人对技术合同的履行地点没有约定或者约定不明确,依照合同法第六十一条的规定不能达成补充协议的,技术开发合同以研究开发人所在地为履行地,但依据合同法第三百三十条第四款订立的合同以技术成果实施地为履行地;技术转让合同以受让人所在地为履行地;技术咨询合同以受托人所在地为履行地;技术服务合同以委托人所在地为履行地。但给付合同价款、报酬、使用费的,以接受给付的一方所在地为履行地。

25. 技术合同当事人对技术成果的验收标准没有约定或者约定不明确,在适用合同法第六十二条的规定时,没有国家标准、行业标准或者专业技术标准的,按照本行业合乎实用的一般技术要求履行。

当事人订立技术合同时所作的可行性分析报告中有关经济效益或者成本指标的预测和分析,不应当视为合同约定的验收标准,但当事人另有约定的除外。

(六)技术合同的解除与违约责任

26. 技术合同当事人一方迟延履行主要债务,经催告后在30日内仍未履行的,另一方可以依据合同法第九十四条第(三)项的规定解除合同。

当事人在催告通知中附有履行期限且该期限长于30日的,自该期限届满时,方可解除合同。

27. 有下列情形之一,使技术合同的履行成为不必要或者不可能时,当事人可以依据合同法第九十四条第(四)项的规定解除合同:

(1)因一方违约致使履行合同必备的物质条件灭失或者严重破坏,无法替代或者修复的;

(2)技术合同标的的项目或者技术因违背科学规律或者存在重大缺陷,无法达到约定的技术、经济效益指标的。

28. 专利实施许可合同和技术秘密转让合同约定按照提成支付技术使用费,受让人无正当理由不实施合同标的技术,并以此为由拒绝支付技术使用费的,让与人可以依据合同法第九十四条第(四)项的规定解除合同。

29. 在技术秘密转让合同有效期内,由于非受让人的原因导致合同标的技术公开且已进入公有领域的,当事人可以解除合同,但另有约定的除外。

30. 技术合同履行中,当事人一方在技术上发生的能够及时纠正的差错,或者为适应情况变化所作的必要技术调整,不影响合同目的实现的,不认为是违约行为,因此发生的额外费用自行承担。但因未依照合同法第六十条第二款的规定履行通知义务而造成对方当事人损失的,应当承担相应的违约责任。

31. 在履行技术合同中,为提供技术成果或者咨询服务而交付的技术载体和内容等与约定不一致的,应当及时更正、补充。不按时更正、补充的和因更正、补充有关技术载体和内容等给对方造成损失或者增加额外负担的,应当承担相应的违约责任。但一方所作技术改进,使合同的履行产生了比原合同更为积极或者有利效果的除外。

(七)技术合同的定性

32. 当事人将技术合同和其他合同内容合订为一个合同,或者将不同类型的技术合同内容合订在一个合同中的,应当根据当事人争议的权利义务内容,确定案件的性质和案由,适用相应的法律、法规。

33. 技术合同名称与合同约定的权利义务关系不一致的,应当按照合同约定的权利义务内容,确定合同的类型和案由,适用相应的法律、法规。

34. 当事人以技术开发、转让、咨询或者服务为承包内容订立的合同,属于技术合同。

35. 转让阶段性技术成果并约定后续开发义务的合同,就该阶段性技术成果的重复试验效果方面发生争议的,按照技术转让合同处理;就后续开发方面发生争议的,按照技术开发合同处理。

36. 技术转让合同中约定让与人向受让人提供实施技术的专用设备、原材料或者提供有关的技术咨询、技术服务的,这类约定属于技术转让合同的组成部分。因这类约定发生纠纷的,按照技术转让合同处理。

37. 当事人以技术入股方式订立联营合同,但技术入股人不参与联营体的经营管理,并且以保底条款形式约定联营体或者联营对方支付其技术价款或者使用费的,属于技术转让合同。

38. 技术转让合同中约定含让与人负责包销(回购)受让人实施合同标的技术制造的产品,仅因让与人不履行或者不能全部履行包销(回购)义务引起纠纷,不涉及技术问题的,按照包销(回购)条款所约定的权利义务内容确定案由,并适用相应的法律规定处理。

39. 技术开发合同当事人一方仅提供资金、设备、材料等物质条件,承担辅助协作事项,另一方进行研究开发工作的合同,属于委托开发合同。

40. 当事人一方以技术转让的名义提供已进入公有领域的技术,并进行技术指导,传授技术知识等,为另一方解决特定技术问题所订立的合同,可以视为技术服务合同履行,但属于合同法第五十二条和第五十四条规定情形的除外。

(八)几种特殊标的技术合同的法律适用

41. 新药技术成果转让和植物新品种申请权转让、植物新品种权转让和使用许可等合同争议,适用合同法总则的规定,并可以参照合同法第十八章和本解释关于技术转让合同的规定,但法律另有规定的,依照其规定。

42. 计算机软件开发、许可、转让等合同争议,著作权法以及其他法律另有规定的,依照其规定;没有规定的,适用合同法总则的规定,并可以参照合同法第十八章和本解释的有关规定。

二、技术开发合同

(一)相关概念

43. 合同法第三百三十条所称新技术、新产品、新工艺、新材料及其系统,是指当事人在订立技术合同时尚未掌握的产品、工艺、材料及其系统等技术方案,但在技术上没有创新的现有产品的改型、工艺变更、材料配方调整以及技术成果的验证、测试和使用除外。

44. 合同法第三百三十条第四款所称当事人之间就具有产业应用价值的科技成果实施转化订立的合同,是指当事人之间就具有实用价值但尚未能够实现商品化、产业化应用的科技成果(包括阶段性技术成果),以实现该科技成果的商品化、产业化应用为目标,约定有关后续试验、开发和应用等内容的合同。

45. 合同法第三百三十五条所称分工参与研究开发工作,是指按照约定的计划和分工共同或者分别承担设计、工艺、试验、试制等工作。

46. 合同法第三百四十一条所称技术秘密成果的使用权、转让权,是指当事人依据法律规定或者合同约定所取得的使用、转让技术秘密成果的权利。使用权是指以生产经营为目的自己使用或者许可他人使用技术秘密成果的权利;转让权是指向他人让与技术秘密成果的权利。

47. 合同法第三百四十一条所称当事人均有使用和转让的权利,是指当事人均有不经对方同意而自己使用或者以普通使用许可的方式许可他人使用技术秘密并独占由此获得的利益的权利。当事人一方将技术秘密成果的使用权、转让权全部让与他人,或者以独占、排他使用许可的方式许可他人使用技术秘密的,必须征得对方当事人的同意。

(二)当事人的权利和义务

48. 委托开发合同委托人在不妨碍研究开发人正常工作的情况下,有权依据合同法第六十条第二款的规定,对研究开发人履行合同和使用研究开发经费的情况进行必要的监督检查,包括查阅账册和访问现场。

研究开发人有权依据合同法第三百三十一条的规定,要求委托人补充必要的背景资料和数据等,但不得超过履行合同所需要的范围。

49. 研究开发成果验收时,委托开发合同的委托人和合作开发合同的当事人有权取得实施技术成果所必需的技术资料、试验报告和数据,要求另一方进行必要的技术指导,保证所提供的技术成果符合合同约定的条件。

50. 根据合同法第三百三十九条第一款和第三百四十条第一款的规定,委托开发或者合作开发完成的技术成果所获得的专利权为当事人共有的,实施该专利的方式和利益分配办法,由当事人约定。当事人没有约定或者约定不明确,依照合同法第六十一条的规定不能达成补充协议的,当事人均享有自己实施该专利的权利,由此所获得的利益归实施人。

当事人不具备独立实施专利的条件,以普通实施许可的方式许可一个法人或者其他组织实施该专利,或者与一个法人、其他组织或者自然人合作实施该专利或者通过技术入股与之联营实施该专利,可以视为当事人自己实施专利。

51. 根据合同法第三百四十一条的规定,当事人一方仅享有自己使用技术秘密的权利,但其不具备独立使用该技术秘密的条件,以普通使用许可的方式许可一个法人或者其他组织使用该技术秘密,或者与一个法人、其他组织或者自然人合作使用该技术秘密或者通过技术入股与之联营使用该技术秘密,可以视为当事人自己使用技术秘密。

三、技术转让合同

(一)技术转让合同的一般规定

52. 合同法第三百四十二条所称技术转让合同,是指技术的合法拥有者包括有权对外转让技术的人将特定和现有的专利、专利申请、技术秘密的相关权利让与他人或者许可他人使用所订立的合同,不包括就尚待研究开发的技术成果或者不涉及专利、专利申请或者技术秘密的知识、技术、经验和信息订立的合同。其中:

(1)专利权转让合同,是指专利权人将其专利权让与受让人,受让人支付价款所订立的合同。

(2)专利申请权转让合同,是指让与人将其特定的技术成果申请专利的权利让与受让人,受让人支付价款订立的合同。

(3)技术秘密转让合同,是指技术秘密成果的权利人或者其授权的人作为让与人将技术秘密提供给受让人,明确相互之间技术秘密成果使用权、转让权,受让人支付价款或者使用费所订立的合同。

(4)专利实施许可合同,是指专利权人或者其授权的人作为让与人许可受让人在约定的范围内实施专利,受让人支付使用费所订立的合同。

53. 技术转让合同让与人应当保证受让人按约定的方式实施技术达到约定的技术指标。除非明确约定让与人保证受让人达到约定的经济效益指标，让与人不对受让人实施技术后的经济效益承担责任。

转让阶段性技术成果，让与人应当保证在一定条件下重复试验可以得到预期的效果。

54. 技术转让合同中约定受让人取得的技术须经受让人小试、中试、工业性试验后才能投入批量生产的，受让人未经小试、中试、工业性试验直接投入批量生产所发生的损失，让与人不承担责任。

55. 合同法第三百四十三条所称实施专利或者使用技术秘密的范围，是指实施专利或者使用技术秘密的期限、地域和方式以及接触技术秘密的人员等。

56. 合同法第三百五十四条所称后续改进，是指在技术转让合同有效期内，当事人一方或各方对合同标的技术所作的革新或者改良。

57. 当事人之间就申请专利的技术成果所订立的许可使用合同，专利申请公开以前，适用技术秘密转让合同的有关规定；发明专利申请公开以后、授权以前，参照专利实施许可合同的有关规定；授权以后，原合同即为专利实施许可合同，适用专利实施许可合同的有关规定。

（二）专利权转让合同和专利申请权转让合同

58. 订立专利权转让合同或者专利申请权转让合同前，让与人自己已经实施发明创造的，除当事人另有约定的以外，在合同生效后，受让人有权要求让与人停止实施。

专利权或者专利申请权依照专利法的规定让与受让人后，受让人可以依法作为专利权人或者专利申请人对他人行使权利。

59. 专利权转让合同、专利申请权转让合同不影响让与人在合同成立前与他人订立的专利实施许可合同或者技术秘密转让合同的效力。有关当事人之间的权利义务依照合同法第五章的规定确定。

60. 专利申请权依照专利法的规定让与受让人前专利申请被驳回的，当事人可以解除专利申请权转让合同；让与受让人后专利申请被驳回的，合同效力不受影响。但当事人另有约定的除外。

专利申请因专利申请权转让合同成立时即存在尚未公开的同样发明创造的在先专利申请而被驳回的，当事人可以依据合同法第五十四条第一款第（二）项的规定请求予以变更或者撤销合同。

（三）专利实施许可合同

61. 专利实施许可合同让与人应当在合同有效期内维持专利权有效，但当事人另有约定的除外。

在合同有效期内，由于让与人的原因导致专利权被终止的，受让人可以依据合同法第九十四条第（四）项的规定解除合同，让与人应当承担违约责任；专利权被宣告无效的，合同终止履行，并依据专利法的有关规定处理。

62. 专利实施许可合同对实施专利的期限没有约定或者约定不明确，依照合同法第六十一条的规定不能达成补充协议的，受让人实施专利不受期限限制。

63. 专利实施许可可以采取独占实施许可、排他实施许可、普通实施许可等方式。

前款所称排他实施许可，是指让与人在已经许可受让人实施专利的范围内无权就同一专利再许可他人实施；独占实施许可，是指让与人在已经许可受让人实施专利的范围内无权就同一专利再许可他人实施或者自己实施；普通实施许可，是指让与人在已经许可受让人实施专利的范围内仍可以就同一专利再许可他人实施。

当事人对专利实施许可方式没有约定或者约定不明确，依照合同法第六十一条的规定不能达成补充协议的，视为普通实施许可。

专利实施许可合同约定受让人可以再许可他人实施该专利的，该再许可为普通实施许可，但当事人另有约定的除外。

64. 除当事人另有约定的以外，根据实施专利的强制许可决定而取得的专利实施权为普通实施许可。

65. 除当事人另有约定的以外，排他实施许可合同让与人不具备独立实施其专利的条件，与一个法人、其他组织或者自然人合作实施该专利，或者通过技术入股实施该专利，可视为让与人自己实施专利。但让与人就同一专利与两个或者两个以上法人、其他组织或者自然人分别合作实施或者入股联营的，属于合同法第三百五十一条规定的违反约定擅自许可第三人实施专利的行为。

66. 除当事人另有约定的以外，专利实施许可合同的受让人将受让的专利与他人合作实施或者入股联营的，属于合同法第三百五十二条规定的未经让与人同意擅自许可第三人实施专利的行为。

（四）技术秘密转让合同

67. 技术秘密转让合同对使用技术秘密的期限没有约定或者约定不明确，依照合同法第六十一条的规定不能达成补充协议的，受让人可以无限期地使用该技术秘密。

68. 合同法第三百四十七条所称技术秘密转让合同让与人的保密义务不影响其申请专利的权利，但当事人约定让与人不得申请专利或者明确约定让与人承担保密义务的除外。

69. 技术秘密转让可以采取本解释第63条规定的许可使用方式，并参照适用合同法和本解释关于专利实施许可使用方式的有关规定。

四、技术咨询合同和技术服务合同

（一）技术咨询合同

70. 合同法第三百五十六条第一款所称的特定技术项目，包括有关科学技术与经济、社会协调发展的软科学研究项目和促进科技进步和管理现代化，提高经济效益和社会效益的技术项目以及其他专业性技术项目。

71. 除当事人另有约定的以外，技术咨询合同受托人进行调查研究、分析论证、试验测定等所需费用，由受托人自己负担。

72. 技术咨询合同委托人提供的技术资料和数据或者受托人提出的咨询报告和意见，当事人没有约定保密义务的，在不侵害对方当事人对此享有的合法权益的前提下，双方都有引用、发表和向第三人提供的权利。

73. 技术咨询合同受托人发现委托人提供的资料、数据等有明显错误和缺陷的，应当及时通知委托人。委托人应当及时答复并在约定的期限内予以补正。

受托人发现前款所述问题不及时通知委托人的，视为其认可委托人提供的技术资料、数据等符合约定的条件。

（二）技术服务合同

74. 合同法第三百五十六条第二款所称特定技术问题，是指需要运用科学技术知识解决专业技术工作中的有关改进产品结构、改良工艺流程、提高产品质量、降低产品成本、节约资源能耗、保护资源环境、实现安全操作、提高经济效益和社会效益等问题。

75. 除当事人另有约定的以外，技术服务合同受托人完成服务项目，解决技术问题所需费用，由受托人自己负担。

76. 技术服务合同受托人发现委托人提供的资料、数据、样品、材料、场地等工作条件不符合约定的，应当及时通知委托人。委托人应当及时答复并在约定的期限内予以补正。

受托人发现前款所述问题不及时通知委托人的，视为其认可委托人提供的技术资料、数据等工作条件符合约定的条件。

77. 技术服务合同受托人在履约期间，发现继续工作对材料、样品或者设备等有损坏危险时，应当中止工作，并及时通知委托人或者提出建议。委托人应当在约定的期限内作出答复。

受托人不中止工作或者不及时通知委托人并且未采取适当措施的，或者委托人未按期答复的，对因此发生的危险后果由责任人承担相应的责任。

（三）技术培训合同

78. 合同法第三百六十四条所称技术培训合同，是指当事人一方委托另一方对指定的人员（学员）进行特定项目的专业技术训练和技术指导所订立的合同，不包括职业培训、文化学习和按照行业、单位的计划进行的职工业余教育。

79. 技术培训合同委托人的主要义务是按照约定派出符合条件的学员；保证学员遵守培训纪律，接受专业技术训练和技术指导；按照约定支付报酬。

受托人的主要义务是按照约定配备符合条件的教员；制定和实施培训计划，按期完成培训；实现约定的培训目标。

80. 当事人对技术培训必需的场地、设施和试验条件等的提供和管理责任没有约定或者约定不明确，依照合同法第六十一条的规定不能达成补充协议的，由委托人负责提供和管理。

81. 技术培训合同委托人派出的学员不符合约定条件，影响培训质量的，委托人应当按照约定支付报酬。

受托人配备的教员不符合约定条件，影响培训质量的，或者受托人未按照计划和项目进行培训，导致不能实现约定的培训目标的，应当承担减收或者免收报酬等违约责任。

受托人发现学员不符合约定条件或者委托人发现教员不符合约定条件的，应当及时通知对方改派。对方应当在约定的期限内改派。未及时通知或者未按约定改派的,责任人承担相应的责任。

(四)技术中介合同

82. 合同法第三百六十四条所称技术中介合同,是指当事人一方以知识、技术、经验和信息为另一方与第三人订立技术合同进行联系、介绍、组织商品化、产业化开发并对履行合同提供服务所订立的合同,但就不含有技术中介服务内容订立的各种居间合同除外。

83. 技术中介合同委托人的主要义务是提出明确的订约要求,提供有关背景材料;按照约定承担中介人从事中介活动的费用;按照约定支付报酬。

中介人的主要义务是如实反映委托人和第三人的技术成果、资信状况和履约能力;保守委托人和第三人的商业秘密;按照约定为委托人和第三人订立、履行合同提供服务。

84. 当事人对中介人从事中介活动的费用的负担没有约定或者约定不明确,依照合同法第六十一条的规定不能达成补充协议的,由中介人自己负担。当事人约定该费用由委托人承担但没有约定该费用的数额或者计算方法的,委托人应当支付中介人从事中介活动支出的必要费用。

前款所称中介人从事中介活动的费用,是指中介人在委托人和第三人订立技术合同前,进行联系、介绍活动所支出的通信、交通和必要的调查研究等费用。

85. 当事人对中介人的报酬数额没有约定或者约定不明确,依照合同法第六十一条的规定不能达成补充协议的,根据中介人的劳务合理确定,并由委托人负担。仅在委托人与第三人订立的技术合同中约定有中介条款,但对给付中介人报酬的义务没有约定或者约定不明确,依照合同法第六十一条的规定不能达成补充协议的,由委托人和第三人平均负担。

前款所称中介人的报酬,是指中介人为委托人与第三人订立技术合同,以及为其履行合同提供服务应当得到的收益。

86. 中介人未促成委托人与第三人之间的技术合同成立的,无权要求支付报酬,但可以要求委托人支付从事中介活动支出的必要费用。

87. 中介人故意隐瞒与订立技术合同有关的重要事实或者提供虚假情况,损害委托人利益的,应当承担免收报酬和损害赔偿责任。

88. 中介人收取的从事中介活动的费用和报酬不应视为委托人与第三人之间的技术合同纠纷中一方当事人的损失。

89. 中介人对造成委托人与第三人之间的技术合同的无效或者被撤销没有过错,且该技术合同无效或者被撤销不影响有关中介条款或者技术中介合同继续有效的,中介人仍有权按照约定收取从事中介活动的费用和报酬。

五、与审理技术合同纠纷有关的程序问题

(一)技术合同纠纷的管辖与受理

90. 技术合同纠纷属于与知识产权有关的纠纷,由中级以上人民法院管辖,但最高人民法院另行确定管辖的除外。

91. 合同中既有技术合同内容,又有其他合同内容,当事人就技术合同内容和其他合同内容均发生争议的,由具有技术合同纠纷案件管辖权的人民法院受理。

92. 一方当事人以诉讼争议的技术合同侵害他人技术成果为由主张合同无效或者人民法院在审理技术合同纠纷中发现可能存在该无效事由时,应当依法通知有关利害关系人作为有独立请求权的第三人参加诉讼。

93. 他人向受理技术合同纠纷的人民法院就该合同标的技术提出权属或者侵权主张时,受诉人民法院对此亦有管辖权的,可以将该权属或者侵权纠纷与合同纠纷合并审理;受诉人民法院对此没有管辖权的,应当告知其向有管辖权的人民法院另行起诉。权属或者侵权纠纷另案受理后,合同纠纷应当中止诉讼。

94. 专利实施许可合同诉讼中,受让人(被许可人)或者第三人向专利复审委员会请求宣告该专利权无效的,人民法院可以不中止诉讼。在审理过程中该专利权被宣告无效的,按照专利法的有关规定处理。

95. 因技术中介合同中介人违反约定的保密义务发生的纠纷,可以与技术合同纠纷合并审理。

96. 中介人一般不作为委托人与第三人之间的技术合同诉讼的当事人,但下列情况除外:

(1)中介人与技术合同一方当事人恶意串通损害另一方利益的,恶意串通的双方应列为共同被告,承担连带责任;

(2)中介人隐瞒技术合同一方当事人的真实情况给另一方造成损失的,中介人应列为被告,并依其过错承担相应的责任;

(3)因中介人不履行技术中介合同或者中介条款约定的其他义务,导致技术合同不能依约履行的,可以根据具体情况将中介人列为诉讼当事人。

(二)技术合同标的技术的鉴定

97. 在技术合同纠纷诉讼中,需对合同标的技术进行鉴定的,除法定鉴定部门外,当事人协商推荐共同信任的组织或者专家进行鉴定的,人民法院可予指定;当事人不能协商一致的,人民法院可以从由省级以上科技行政主管部门推荐的鉴定组织或者专家中选择并指定,也可以直接指定相关组织或者专家进行鉴定。

指定专家进行鉴定的,应当组成鉴定组。

鉴定人应当是三人以上的单数。

98. 鉴定应当以合同约定由当事人提供的技术成果或者技术服务内容为鉴定对象,从原理、设计、工艺和必要的技术资料等方面,按照约定的检测方式和验收标准,审查其能否达到约定的技术指标和经济效益指标。

99. 当事人对技术成果的检测方式或者验收标准没有约定或者约定不明确,依照合同法第六十一条的规定不能达成补充协议的,可以根据具体案情采用本行业常用的或者合乎实用的检测方式或者验收标准进行检测鉴定、专家评议或者验收鉴定。

对合同约定的验收标准明确、技术问题并不复杂的,可以采取当事人现场演示、操作、制作等方式对技术成果进行鉴定。

100. 技术咨询合同当事人对咨询报告和意见的验收或者评价办法没有约定或者约定不明确,依照合同法第六十一条的规定不能达成补充协议的,按照合乎实用的一般要求进行鉴定。

101. 对已经按照国家有关规定通过技术成果鉴定、新产品鉴定等鉴定,又无相反的证据能够足以否定该鉴定结论的技术成果,或者已经实际使用证明是成熟可靠的技术成果,在诉讼中当事人又对该技术成果的评价发生争议的,不再进行鉴定。

102. 不能以授予专利权的有关专利文件代替对合同标的技术的鉴定结论。

4. 域　名

中国互联网络域名管理办法

1. 2004年11月5日信息产业部令第30号公布
2. 自2004年12月20日起施行

第一章　总　　则

第一条　为促进中国互联网络的健康发展,保障中国互联网络域名系统安全、可靠地运行,规范中国互联网络域名系统管理和域名注册服务,根据国家有关规定,参照国际互联网络域名管理准则,制定本办法。

第二条　在中华人民共和国境内从事域名注册服务及相关活动,应当遵守本办法。

第三条　本办法下列用语的含义是:

(一)域名:是互联网络上识别和定位计算机的层次结构式的字符标识,与该计算机的互联网协议(IP)地址相对应。

(二)中文域名:是指含有中文文字的域名。

(三)域名根服务器:是指承担域名体系中根节点功能的服务器。

(四)域名根服务器运行机构:是指承担运行、维护和管理域名根服务器的机构。

(五)顶级域名:是指域名体系中根节点下的第一级域的名称。

(六)域名注册管理机构:是指承担顶级域名系统的运行、维护和管理工作的机构。

(七)域名注册服务机构:是指受理域名注册申请,直接完成域名在国内顶级域名数据库中注册、直接或间接完成域名在国外顶级域名数据库中注册的机构。

第四条　信息产业部负责中国互联网络域名的管理工作,主要职责是:

(一)制定互联网络域名管理的规章及政策;

(二)制定国家(或地区)顶级域名CN和中文域名体系;

(三)管理在中华人民共和国境内设置并运行域名根服务器(含镜像服务器)的域名根服务器运行机构;

(四)管理在中华人民共和国境内设立的域名注册管理机构和域名注册服务机构;

(五)监督管理域名注册活动;

(六)负责与域名有关的国际协调。

第五条　任何组织或者个人不得采取任何手段妨碍中华人民共和国境内互联网域名系统的正常运行。

第二章　域 名 管 理

第六条　我国互联网的域名体系由信息产业部以公告形式予以公布。根据域名发展的实际情况,信息产业部可以对互联网的域名体系进行调整,并发布更新公告。

第七条　中文域名是我国域名体系的重要组成部分。信息产业部鼓励和支持中文域名系统的技术研究和逐步推广应用。

第八条　在中华人民共和国境内设置域名根服务器及设立域名根服务器运行机构,应当经信息产业部批准。

第九条　申请设置互联网域名根服务器及设立域名根服务器运行机构,应当具备以下条件:

(一)具有相应的资金和专门人员;

(二)具有保障域名根服务器安全可靠运行的环境条件和技术能力;

(三)具有健全的网络与信息安全保障措施;

(四)符合互联网络发展以及域名系统稳定运行的需要;

(五)符合国家其他有关规定。

第十条　申请设置域名根服务器及设立域名根服务器运行机构,应向信息产业部提交以下书面申请材料:

(一)申请单位的基本情况;

(二)拟运行维护的域名根服务器情况;

(三)网络技术方案;

(四)网络与信息安全技术保障措施的证明。

第十一条　在中华人民共和国境内设立域名注册管理机构和域名注册服务机构,应当经信息产业部批准。

第十二条　申请成为域名注册管理机构,应当具备以下条件:

(一)在中华人民共和国境内设置顶级域名服务器(不含镜像服务器),且相应的顶级域名符合国际互联网域名体系和我国互联网域名体系;

(二)有与从事域名注册有关活动相适应的资金和专业人员;

(三)有从事互联网域名等相关服务的良好业绩和运营经验;

（四）有为用户提供长期服务的信誉或者能力；

（五）有业务发展计划和相关技术方案；

（六）有健全的域名注册服务监督机制和网络与信息安全保障措施；

（七）符合国家其他有关规定。

第十三条 申请成为域名注册管理机构的，应当向信息产业部提交下列材料：

（一）有关资金和人员的说明材料；

（二）对境内的顶级域名服务器实施有效管理的证明材料；

（三）证明申请人信誉的材料；

（四）业务发展计划及相关技术方案；

（五）域名注册服务监督机制和网络与信息安全技术保障措施；

（六）拟与域名注册服务机构签署的协议范本；

（七）法定代表人签署的遵守国家有关法律、政策和我国域名体系的承诺书。

第十四条 从事域名注册服务活动，应当具备下列条件：

（一）是依法设立的企业法人或事业法人；

（二）注册资金不得少于人民币100万元，在中华人民共和国境内设置有域名注册服务系统，且有专门从事域名注册服务的技术人员和客户服务人员；

（三）有为用户提供长期服务的信誉或者能力；

（四）有业务发展计划及相关技术方案；

（五）有健全的网络与信息安全保障措施；

（六）有健全的域名注册服务退出机制；

（七）符合国家其他有关规定。

第十五条 申请成为域名注册服务机构，应当向信息产业部提交以下书面材料：

（一）法人资格证明；

（二）拟提供注册服务的域名项目及技术人员、客户服务人员的情况说明；

（三）与相关域名注册管理机构或境外的域名注册服务机构签订的合作意向书或协议；

（四）用户服务协议范本；

（五）业务发展计划及相关技术方案；

（六）网络与信息安全技术保障措施的证明；

（七）证明申请人信誉的有关材料；

（八）法定代表人签署的遵守国家有关法律、政策的承诺书。

第十六条 对申请材料齐全、符合法定形式的，信息产业部应当向申请人发出受理申请通知书；对申请材料不齐全或者不符合法定形式的，应当当场或在五日内一次性书面告知申请人需要补齐的全部内容；对不予受理的，应当向申请人出具不予受理通知书，并说明理由。

第十七条 信息产业部应当自发出受理申请通知书之日起二十个工作日内完成审查工作，作出批准或者不予批准的决定。二十个工作日内不能作出决定的，经信息产业部负责人批准，可以延长十个工作日，并将延长期限的理由告知申请人。

予以批准的，出具批准意见书；不予以批准的，书面通知申请人并说明理由。

第十八条 域名注册管理机构应当自觉遵守国家相关的法律、行政法规和规章，保证域名系统安全、可靠地运行，公平、合理地为域名注册服务机构提供安全、方便的域名服务。

无正当理由，域名注册管理机构不得擅自中断域名注册服务机构的域名注册服务。

第十九条 域名注册服务机构应当自觉遵守国家相关法律、行政法规和规章，公平、合理地为用户提供域名注册服务。

域名注册服务机构不得采用欺诈、胁迫等不正当的手段要求用户注册域名。

第二十条 域名注册服务机构的名称、地址、法定代表人等登记信息发生变更或者域名注册服务机构与其域名注册管理机构的合作关系发生变更或终止时，域名注册服务机构应当在变更或终止后三十日内报信息产业部备案。

第二十一条 域名注册管理机构应当配置必要的网络和通信应急设备，制定切实有效的网络通信保障应急预案，健全网络与信息安全应急制度。

因国家安全和处置紧急事件的需要，域名注册管理机构和域名注册服务机构应当服从信息产业部的统一指挥与协调，遵守并执行信息产业部的管理要求。

第二十二条 信息产业部应当加强对域名注册管理机构和域名注册服务机构的监督检查，纠正监督检查过程中发现的违法行为。

第三章 域名注册

第二十三条 域名注册管理机构应当根据本办法制定相应的域名注册实施细则，报信息产业部备案后施行。

第二十四条 域名注册服务遵循“先申请先注册”原则。

第二十五条 为维护国家利益和社会公众利益，域名注册管理机构可以对部分保留字进行必要保护，报信息产业部备案后施行。

除前款规定外，域名注册管理机构和注册服务机构不得预留或变相预留域名。域名注册管理机构和注册服务机构在提供域名注册服务过程中不得代表任何实际或潜在的域名持有者。

第二十六条 域名注册管理机构和域名注册服务机构应当公布域名注册服务的内容、时限、费用，提供域名注册信息的公共查询服务，保证域名注册服务的质量，并有义务向信息产业部提供域名注册信息。

未经用户同意，域名注册管理机构和域名注册服务机构不得将域名注册信息用于前款规定以外的其他用途，但国家法律、行政法规另有规定的除外。

第二十七条 任何组织或个人注册和使用的域名，不得含有下列内容：

（一）反对宪法所确定的基本原则的；

（二）危害国家安全，泄露国家秘密，颠覆国家政权，破坏国家统一的；

（三）损害国家荣誉和利益的；

（四）煽动民族仇恨、民族歧视，破坏民族团结的；

（五）破坏国家宗教政策，宣扬邪教和封建迷信的；

（六）散布谣言，扰乱社会秩序，破坏社会稳定的；

（七）散布淫秽、色情、赌博、暴力、凶杀、恐怖或者教唆犯罪的；

（八）侮辱或者诽谤他人，侵害他人合法权益的；

（九）含有法律、行政法规禁止的其他内容的。

第二十八条 域名注册申请者应当提交真实、准确、完整的域名注册信息，并与域名注册服务机构签订用户注册协议。

域名注册完成后，域名注册申请者即成为其注册域名的持有者。

第二十九条 域名持有者应当遵守国家有关互联网络的法律、行政法规和规章。

因持有或使用域名而侵害他人合法权益的责任，由域名持有者承担。

第三十条 注册域名应当按期缴纳域名运行费用。域名注册管理机构应当制定具体的域名运行费用收费办法，并报信息产业部备案。

第三十一条 域名注册信息发生变更的，域名持有者应当在变更后三十日内向域名注册服务机构申请变更注册信息。

第三十二条 域名持有者可以选择和变更域名注册服务机构。域名持有者变更域名注册服务机构的，原域名注册服务机构应当承担转移域名持有者注册信息的义务。

无正当理由，域名注册服务机构不得阻止域名持有者变更域名注册服务机构。

第三十三条 域名注册管理机构应当设立用户投诉受理热线或采取其他必要措施，及时处理用户对域名注册服务机构提出的意见；难以及时处理的，必须向用户说明理由和相关处理时限。

对于向域名注册管理机构投诉没有处理结果或对处理结果不满意，或者对域名注册管理机构的服务不满意的，用户或域名注册服务机构可以向信息产业部提出申诉。

第三十四条 已注册的域名出现下列情形之一时，原域名注册服务机构应当予以注销，并以书面形式通知域名持有者：

（一）域名持有者或其代理人申请注销域名的；

（二）域名持有者提交的域名注册信息不真实、不准确、不完整的；

（三）域名持有者未按照规定缴纳相应费用的；

（四）依据人民法院、仲裁机构或域名争议解决机构作出的裁判，应当注销的；

（五）违反相关法律、行政法规及本办法规定的。

第三十五条 域名注册管理机构和域名注册服务机构有义务配合国家主管部门开展网站检查工作，必要时按要求暂停或停止相关的域名解析服务。

第四章 域名争议

第三十六条 域名注册管理机构可以指定中立的域名争议解决机构解决域名争议。

第三十七条 任何人就已经注册或使用的域名向域名争议解决机构提出投诉，并且符合域名争议解决办法规定的条件的，域名持有者应当参与域名争议解决程序。

第三十八条 域名争议解决机构作出的裁决只涉及争议域名持有者信息的变更。

域名争议解决机构作出的裁决与人民法院或者仲裁机构已经发生法律效力的裁判不一致的，域名争议解决机构的裁决服从于人民法院或者仲裁机构发生法律效力的裁判。

第三十九条 域名争议在人民法院、仲裁机构或域名争议解决机构处理期间，域名持有者不得转让有争议的域名，但域名受让方以书面形式同意接受人民法院裁判、仲裁裁决或争议解决机构裁决约束的除外。

第五章 罚 则

第四十条 违反本办法第八条、第十一条的规定，未经行政许可擅自设置域名根服务器或者设立域名根服务器运行机构、擅自设立域名注册管理机构和域名注册服务机构的，信息产业部应当根据《中华人民共和国行政许可法》第八十一条的规定，采取措施制止其开展业务或者提供服务，并视情节轻重，予以警告或处三万元以下罚款。

第四十一条 域名注册服务机构超出批准的项目范围提供域名注册服务的，由信息产业部责令限期改正；逾期不改正的，信息产业部应当根据《中华人民共和国行政许可法》第八十一条的规定，采取措施制止其提供超范围的服务，并视情节轻重，予以警告或处三万元以下罚款。

第四十二条 违反本办法第五条、第十八条、第十九条、第二十条、第二十五条、第二十六条、第三十二条、第三十五条规定的，由信息产业部责令限期改正，并视情节轻重，予以警告或处三万元以下罚款。

第四十三条 违反本办法第二十七条的规定，构成犯罪的，依法追究刑事责任；尚不构成犯罪的，由国家有关机关依照有关法律、行政法规的规定予以处罚。

第六章 附 则

第四十四条 在本办法施行前已经开展互联网域名注册服务的域名注册管理机构和域名注册服务机构，应当自本办法施行之日起六十日内，到信息产业部办理登记手续。

第四十五条 本办法自2004年12月20日起施行。2002年8月1日公布的《中国互联网络域名管理办法》（信息产业部令第24号）同时废止。

中国互联网络信息中心域名注册实施细则

1. 2012年5月28日中国互联网络信息中心发布

2. 自2012年5月29日起施行

第一章 总 则

第一条 为了规范域名注册服务和管理，根据《中国互联网络域名管理办法》（以下简称《域名管理办法》），制定本实施细则。

第二条 申请注册由中国互联网络信息中心负责管理的“.CN”、“.中国”、“.公司”、“.网络”域名，以及提供域名注册相关服务的，应当遵守本实施细则。

第三条 本实施细则涉及的域名体系遵守工业和信息化部关于中国互联网络域名体系的公告。

第二章 域名注册服务机构

第四条 在中华人民共和国境内提供本实施细则规定的域名注册服务，须经工业和信息化部批准，并与中国互联网络信息中心签订协议。

第五条 从事“.CN”、“.中国”、“.公司”、“.网络”域名的注册服务，应当具备以下条件：

（一）依法取得互联网信息服务增值电信业务经营许可证；

（二）在中华人民共和国境内设置有域名注册服务系统，且有专门从事域名注册服务的技术人员和客户服务人员；

（三）有为用户提供长期服务的信誉或者能力；

（四）有业务发展计划及相关技术方案；

（五）有健全的网络与信息安全保障措施；

（六）有健全的域名注册服务退出机制；

（七）符合国家其他有关规定。

第六条 拟从事“.CN”、“.中国”、“.公司”、“.网络”域名注册服务的，应当与中国互联网络信息中心签署《合作意向书》。

第七条 持与中国互联网络信息中心签署的《合作意向书》向工业和信息化部申请并经批准成为域名注册服务机构的，应当与中国互联网络信息中心签订协议。

第八条 域名注册服务机构应当规范开展域名注册服务，并与申请者签订单独域名注册协议。

第九条 域名注册服务机构应当在经营场所和网站首页、业务表格等显著位置放置或公布工业和信息化部的批准文号、批准的域名项目范围、中国互联网络信息中心及本注册服务机构的投诉服务电话等信息。

第十条 域名注册服务机构在提供域名注册服务时，应当保留与中国互联网络信息中心、域名申请者、域名持有者的来往文件和相关记录；除本细则另有规定的除外，保留期限不得少于三年。

第十一条 域名注册服务机构在开展域名注册服务时不得采取以下行为：

(一)冒用政府机构、企事业单位及社会团体等其他组织的名义,开展域名注册服务;

(二)使用虚假信息注册域名,变相占用域名资源;

(三)采用不正当竞争的手段,以误导用户、恐吓用户等方式开展域名注册服务;

(四)强迫用户延长域名注册期限,捆绑销售其他服务;

(五)不按照用户实际注册年限向中国互联网络信息中心提交注册信息;

(六)无正当理由拒绝域名持有者索取域名转移密码的申请,或对此转移申请向域名持有者收取费用;

(七)泄露用户注册信息侵犯用户的合法权益,或利用用户注册信息牟取不正当利益;

(八)以营利为目的,从事域名投资活动;

(九)其他违反法律法规或侵犯用户利益的行为。

域名注册服务机构如违反上述规定,中国互联网络信息中心将依据与其签订的相关协议追究相关责任,情节严重的,将终止与其签订的合作协议。

第十二条　域名注册服务机构应至少满足以下信息安全要求:

(一)有明确的信息安全责任人,明确2名应急联系人,负责7×24小时应急联系处置工作,并承诺相关人员信息发生变更后5个工作日内主动向行业主管部门报备;

(二)有与域名注册服务规模相适应的专职网络信息安全管理人员;

(三)建立信息安全管理部门,明确信息安全职责,制定并监督执行本机构的信息安全相关规章、要求和预案;

(四)建立健全网络信息安全保障制度,包括信息安全责任和考核奖惩、应急处置与报告、教育培训和演练制度等;

(五)按照行业主管部门的要求和标准建设相关信息安全技术保障措施,并接受相关测试检查。信息安全技术保障措施应至少具备以下功能:

1. 基础资源管理功能,对所注册域名及相应IP地址等进行动态监测和管理,并实时向通信管理部门报备;

2. 具备违法网站域名实时处置功能,对国家有关部门依法认定的违法网站域名及时暂停或停止解析;

3. 建立违法网站域名黑名单信息库,确保已列入黑名单库中的域名不得重新注册或使用。

第十三条　注册服务机构出现下列情况之一时,中国互联网络信息中心将终止相关协议,并报工业和信息化部备案:

(一)工业和信息化部取消域名注册服务机构资格;

(二)出现重大经营问题,不具备提供正常服务的能力;

(三)严重违反本实施细则、相关协议及其他管理规定。

注册服务机构被取消资格后应遵守以下规定:

(一)被取消资格后十日内将其负责注册的域名在具备资格的其他注册服务机构之间进行分配,或转移至中国互联网络信息中心指定的其他注册服务机构;

(二)域名注册服务机构被取消注册资格后的十日内,应将其保留的域名注册用户信息全部删除、销毁,并经中国互联网络信息中心检查确认。

第三章　域名注册的申请与审核

第十四条　除本细则另有规定外,任何自然人或者能独立承担民事责任的组织均可在本细则规定的顶级域名下申请注册域名。

第十五条　申请注册域名时,应向域名注册服务机构提交如下书面材料:

(一)申请者的身份证明材料;

(二)域名注册者联系人的身份证明材料;

(三)中国互联网络信息中心要求提交的其他材料。

域名注册服务机构应对上述材料的真实性、准确性、完整性进行核验,核验合格后的一个工作日内将上述书面材料递交至中国互联网络信息中心。

第十六条　申请注册域名时,申请者应当书面形式或电子形式向域名注册服务机构提交如下信息:

(一)申请注册的域名;

(二)域名主域名服务器和辅域名服务器的主机名以及IP地址;

(三)申请者为自然人的,应提交姓名、通信地址、联系电话、电子邮箱等;申请者为组织的,应提交其单位名称、组织机构代码、通信地址、电子邮箱、电话号码等;

（四）申请者的管理联系人、域名技术联系人、缴费联系人、承办人的姓名、通信地址、电子邮件、电话号码；

（五）域名注册年限。

域名注册服务机构应当在收到域名注册申请后一个工作日内向中国互联网络信息中心提交如上域名注册信息。

第十七条 申请者应当在域名注册协议中保证：

（一）遵守有关互联网络的法律和规定；

（二）遵守《域名管理办法》以及主管部门的其他相关规定；

（三）遵守本实施细则、域名争议解决办法等相关规定；

（四）提交的域名注册信息真实、准确、完整。

第十八条 中国互联网络信息中心收到第一次有效注册申请的日期为申请日。中国互联网络信息中心、域名注册服务机构应当将申请日告知申请者。

第十九条 域名注册服务机构应加强域名注册审查，确保通过本机构注册的域名不违反《域名管理办法》的规定；中国互联网络信息中心对已注册的域名进行复审。

中国互联网络信息中心对已注册域名的注册信息进行复核，对违反《域名管理办法》第二十七条规定及注册信息不真实、不准确、不完整的域名，通知域名注册服务机构予以注销。

第二十条 申请在“. GOV. CN”下注册三级域名时，应当符合下列条件：

（一）申请者应为行政机关法人或者法律、行政法规规定的行使行政职能的事业单位。

（二）向域名注册服务机构提交盖有申请单位公章的域名注册申请表和证明申请单位为政府机构的相关资料以及本细则规定的其他资料和域名注册信息。

域名注册服务机构应同时提交上述书面申请材料复印件。域名注册服务机构及中国互联网络信息中心应当在所注册域名的有效期内保留上述书面申请资料。

第二十一条 在“. EDU. CN”下申请注册三级域名的规则，由中国教育和科研计算机网网络中心另行规定。

第二十二条 在“. MIL. CN”下申请注册三级域名的规则，由中国长城互联网络信息中心另行规定。

第二十三条 在“. 政务. CN”、“. 公益. CN”下申请注册三级域名的规则由政务和公益机构域名注册管理中心另行规定。

第四章 域名的变更与注销

第二十四条 域名持有者之外的注册信息发生变更的，域名持有者应当按照申请注册域名时所选择的变更确认方式，在注册信息变更后的三十日内向域名注册服务机构申请变更注册信息。

域名注册服务机构应当在接到域名持有者变更的注册信息三个工作日内，将变更后的注册信息提交给中国互联网络信息中心。

未经域名持有者同意，域名注册服务机构不得对注册信息进行变更。

第二十五条 申请转让域名的，应当向域名注册服务机构提交合法有效的域名转让申请表、转让双方的身份证明材料。

域名注册服务机构收到前款资料后三个工作日内进行审核，审核合格后应予以变更持有者。

第二十六条 申请注销域名的，申请者应当向域名注册服务机构提交合法有效的域名注销申请表和身份证明材料。

域名注册服务机构收到前款资料后三个工作日内进行审核，审核合格后应予以注销。

第二十七条 投诉已注册域名违反《域名管理办法》及本实施细则规定的，中国互联网络信息中心对投诉进行调查，投诉成立的，中国互联网络信息中心将作出相应处理决定，作出决定后五个工作日内，由域名注册服务机构执行；投诉不成立的，向投诉者说明理由。

第二十八条 在域名处于诉讼程序、仲裁程序或域名争议解决程序期间，域名注册服务机构不得受理域名持有者转让或注销被争议域名的申请，但域名受让方以书面形式同意接受人民法院裁判、仲裁裁决或争议解决机构裁决约束的除外。

第五章 域名注册服务机构的变更

第二十九条 域名持有者在下列情况下不得申请变更域名注册服务机构：

（一）该域名注册后不满六十日；

（二）距该域名到期日不满十五日；

（三）该域名处于拖欠注册费用状态中；

（四）该域名持有者的主体身份不清楚或者存在争议；

(五)该域名处于在司法机构、仲裁机构或域名争议解决机构处理期间。

第三十条　变更前的域名注册服务机构(以下简称转出方)在收到域名持有者提交的有效变更申请材料后,应当在三个工作日内向域名注册信息中的域名注册者联系人电子邮箱发送正确的转移密码,且不得对转移申请向域名持有者收取费用。

如果转出方在收到域名持有者提交的有效变更申请材料后,超过三个工作日未能提供转移密码或提供不正确的转移密码的,中国互联网络信息中心可以直接变更注册服务机构。

第三十一条　变更后的域名注册服务机构(以下简称转入方)在接到域名持有者变更域名注册服务机构的申请后,应当向中国互联网络信息中心提出变更请求。

第三十二条　中国互联网络信息中心收到转入方的变更请求后,应当以书面形式(包括电子形式)通知转入方和转出方。如果转出方明确表示同意变更,或者中国互联网络信息中心在发出书面通知(包括电子形式)五个工作日内,没有收到转出方的答复,中国互联网络信息中心将变更注册服务机构。

第三十三条　如转出方拒绝变更请求,转出方应当及时书面通知(包括电子形式)中国互联网络信息中心和转入方,并说明拒绝的理由。

第三十四条　如果中国互联网络信息中心收到转出方发出的第二十九条所列出的拒绝变更理由,域名持有者此次变更申请过程终止;如果转出方提供的拒绝理由不在二十九条所列出的拒绝理由之列,中国互联网络信息中心可以执行域名注册服务机构的变更。

第三十五条　在更新数据库,并变更注册服务机构信息后,中国互联网络信息中心将以书面形式(包括电子形式)通知转出方和转入方。

第三十六条　域名注册服务机构变更完成以后,转入方应当向中国互联网络信息中心缴纳一年的域名运行费用。该域名的使用期限将在原有使用期限基础上延续一年。

第六章　用户信息保护

第三十七条　域名注册管理机构和域名注册服务机构在获取用户数据信息时,应征得用户同意,并采取传输加密等措施保障相应数据信息的传输安全,防止传输过程中泄露。

第三十八条　域名注册服务机构是用户信息保护的责任主体,域名注册服务机构发生用户信息泄露,应依据与用户签订的合同协议对用户进行赔偿。

第三十九条　域名注册管理机构和域名注册服务机构应采取充分的安全保障措施保障用户数据信息的存储安全,并保障存储系统的安全,防止存储过程中泄露。

第四十条　域名注册管理机构、域名注册服务机构等接收用户数据信息的机构应妥善保存存储有用户数据信息纸质资料、电子介质等。

第四十一条　域名注册管理机构、域名注册服务机构除在域名注册申请、审核及投诉处理过程中使用用户数据信息外,不得将用户数据信息用于任何其他用途。

第四十二条　域名注册管理机构、域名注册服务机构应采取措施加强对接触到用户数据信息人员的管理,防止出现人为信息泄露事件。

第四十三条　域名注册管理机构、域名注册服务机构应当明确告知用户收集和处理用户个人信息的方式、内容和用途以及信息泄露风险,并向用户说明本机构要采取的信息保护措施,不得将域名持有者提交的资料和信息泄露给他人,利用该信息牟利。在与用户签署的域名注册合同协议中,应明确规定域名注册服务机构对用户信息安全承担保护责任,写明采取的具体信息保护措施。

第四十四条　域名注册管理机构对域名注册服务机构的信息安全防护工作进行定期检查或抽查,发现有违规行为时,可以依据相关协议等追究其责任,发现违反《规范互联网信息服务市场秩序若干规定》的行为时,应当立即通知电信管理机构,由电信管理机构依法处罚。

第四十五条　中国互联网络信息中心对域名注册服务机构的“.CN、.中国、.公司、.网络”域名注册具有安全管理责任。注册服务机构在与中国互联网络信息中心签订注册服务协议前,应接受中国互联网络信息中心的用户信息保护安全检查和评估。

第四十六条　注册服务机构应规范域名注册业务规程。严格控制接触用户信息的人员范围,合理设定其用户信息操作权限。

第四十七条　域名注册服务机构应配合互联网行业主管部门处置木马、僵尸网络和移动互联网恶意程序控制域名等不良域名。

第七章　域名争议处理

第四十八条　域名注册服务机构应当积极配合人民法院、仲裁机构或者域名争议解决机构的域名争议解决工作。在收到域名争议解决机构依据《中国互联网络信息中心域名争议解决办法》、《中国互联网络信息中心域名争议解决办法程序规则》以及该机构依据上述规定制定的补充规则提出的要求后,域名注册服务机构应当在三个工作日答复;如未能在三个工作日内答复,应说明理由。

第四十九条 域名争议解决期间域名注册服务机构应当采取必要措施保证该域名不被注销、转让。

第五十条 域名争议解决机构裁决注销域名或者裁决将域名转移给投诉人的,自裁决在争议解决机构网站正式公布之日起满十日的,域名注册服务机构应予以执行。但被投诉人自裁决公布之日起十日内,提供有效证据证明有管辖权的人民法院或者仲裁机构已经受理相关争议的,争议解决机构的裁决暂停执行。

第八章 域名运行费用

第五十一条 根据《域名管理办法》的规定,域名注册服务机构对注册域名收取域名运行费用。

第五十二条 每年域名到期日同申请日。域名注册服务机构应当在域名到期前通过电子邮件等有效方式提醒域名持有者进行域名续费。域名持有者不得以未收到续费通知为由,拒绝续费。域名注册服务机构应保留上述通知记录。

域名到期后自动进入续费确认期,域名持有者在到期后30日内确认是否续费,如书面表示不续费,域名注册服务机构有权注销该域名;如果域名持有者在30日内未书面表示不续费,也未续费,域名注册服务机构有权30日后注销该域名。

续费确认期内,域名注册服务机构不得以未缴费为由改变或停止域名解析,但与域名持有者另有约定的除外。

第九章 用户投诉机制

第五十三条 中国互联网络信息中心设立域名注册服务质量监督投诉电话和电子邮箱,并在中国互联网络信息中心网站(http://www.cnnic.cn)进行公布。

第五十四条 中国互联网络信息中心在收到投诉后五个工作日内予以回复。

第五十五条 中国互联网络信息中心监督域名注册服务机构的注册服务行为。对于违反本实施细则规定的域名注册服务机构,中国互联网络信息中心将按照与域名注册服务机构签订的协议,对域名注册服务机构采取相应的处理措施。

第十章 附 则

第五十六条 在中国互联网络信息中心设立的WWW服务器(网址是:http://www.cnnic.cn)用于发布域名注册信息以及其他有关事项。

第五十七条 申请者在域名注册申请表中所填写的各项信息,由域名注册管理机构或者域名注册服务机构录入公众查询的数据库中,除法律规定不得公开或者申请者特别声明不得公开之外,域名注册管理机构向公众提供免费查询服务。

第五十八条 根据互联网络和域名系统的发展,以及相关法律、法规、政策的变化等情况,中国互联网络信息中心可以修改本实施细则。

第五十九条 本实施细则由中国互联网络信息中心负责解释。

第六十条 本实施细则自2012年5月29日起施行。2009年6月5日实施的《中国互联网络信息中心域名注册实施细则》同时废止。

中国互联网络信息中心域名争议解决办法

1. 2012年5月28日中国互联网络信息中心发布
2. 自2012年6月28日起施行

第一条 为了解决互联网络域名争议,根据有关法律、行政法规及《中国互联网络域名管理办法》的规定,制订本办法。

第二条 本办法适用于因互联网络域名的注册或者使用而引发的争议。所争议域名应当限于由中国互联网络信息中心负责管理的".CN"、".中国"、".公司"、".网络"域名。但是,所争议域名注册期限满两年的,域名争议解决机构不予受理。

第三条 域名争议由中国互联网络信息中心认可的争议解决机构受理解决。

争议解决机构应当根据本办法和《中国互联网络信息中心域名争议解决办法程序规则》,制订相应的补充规则。

第四条 争议解决机构实行专家组负责争议解决的制度。专家组由一名或三名掌握互联网络及相关法律知识,具备较高职业道德,能够独立并中立地对域名争议作出裁决的专家组成。域名争议解决机构通过在线方式公布可供投诉人和被投诉人选择的专家名册。

第五条 任何人认为他人已注册的域名与其合法权益发生冲突的,均可以向争议解决机构提出投诉。

争议解决机构受理投诉后,应当按照程序规则的规定组成专家组,并由专家组根据本办法及程序规则,遵循"独立、中立、便捷"的原则,在专家组成立之日起14日内对争议做出裁决。

第六条 裁决程序使用的语言为中文,但投诉人和被投诉人另有约定,或者专家组决定采用其他语言的除外。

第七条 投诉人和被投诉人应当对各自的主张承担举证责任。

第八条 符合下列条件的,投诉应当得到支持:

(一)被投诉的域名与投诉人享有民事权益的名称或者标志相同,或者具有足以导致混淆的近似性;

(二)被投诉的域名持有人对域名或者其主要部分不享有合法权益;

(三)被投诉的域名持有人对域名的注册或者使用具有恶意。

第九条 被投诉的域名持有人具有下列情形之一的,其行为构成恶意注册或者使用域名:

(一)注册或受让域名的目的是为了向作为民事权益所有人的投诉人或其竞争对手出售、出租或者以其他方式转让该域名,以获取不正当利益;

(二)多次将他人享有合法权益的名称或者标志注册为自己的域名,以阻止他人以域名的形式在互联网上使用其享有合法权益的名称或者标志;

(三)注册或者受让域名是为了损害投诉人的声誉,破坏投诉人正常的业务活动,或者混淆与投诉人之间的区别,误导公众;

(四)其他恶意的情形。

第十条 被投诉人在接到争议解决机构送达的投诉书之前具有下列情形之一的,表明其对该域名享有合法权益:

(一)被投诉人在提供商品或服务的过程中已善意地使用该域名或与该域名相对应的名称;

(二)被投诉人虽未获得商品商标或有关服务商标,但所持有的域名已经获得一定的知名度;

(三)被投诉人合理地使用或非商业性地合法使用该域名,不存在为获取商业利益而误导消费者的意图。

第十一条 投诉人针对同一被投诉人的多个域名提出争议的,投诉人或者被投诉人可以请求争议解决机构将多个争议合并为一个争议案件,由同一个专家组处理。是否合并处理,由专家组决定。

第十二条 在专家组就有关争议作出裁决之前,投诉人或者被投诉人认为专家组成员与对方当事人有利害关系,有可能影响案件的公正裁决的,可以向争议解决机构提出要求专家回避的请求,但应当说明提出回避请求所依据的具体事实和理由,并举证。是否回避,由争议解决机构决定。

第十三条 在域名争议解决程序中,除域名注册服务机构根据争议解决机构的要求提供与域名注册及使用有关的信息外,中国互联网络信息中心和域名注册服务机构不以任何身份或者方式参与争议解决程序。

第十四条 专家组根据投诉人和被投诉人提供的证据及争议涉及的事实,对争议进行裁决。专家组认定投诉成立的,应当裁决注销已经注册的域名,或者裁决将注册域名转移给投诉人。专家组认定投诉不成立的,应当裁决驳回投诉。

第十五条 在依据本办法提出投诉之前,争议解决程序进行中,或者专家组作出裁决后,投诉人或者被投诉人均可以就同一争议向中国互联网络信息中心所在地的中国法院提起诉讼,或者基于协议提请中国仲裁机构仲裁。

第十六条 争议解决机构裁决注销域名或者裁决将域名转移给投诉人的,自裁决公布之日起满10日的,域名注册服务机构予以执行。但被投诉人自裁决公布之日起10日内提供有效证据证明有管辖权的司法机关或者仲裁机构已经受理相关争议的,争议解决机构的裁决暂停执行。

对于暂停执行的争议解决机构的裁决,域名注册服务机构视情况作如下处理:

(一)有证据表明,争议双方已经达成和解的,执行和解协议;

(二)有证据表明,有关起诉或者仲裁申请已经被驳回或者撤回的,执行争议解决机构的裁决;

(三)有关司法机关或者仲裁机构作出裁判,且已发生法律效力的,执行该裁判。

第十七条 在域名争议解决期间以及裁决执行完毕前,域名持有人不得申请转让或者注销处于争议状态的域名,也不得变更域名注册服务机构,但受让人以书面形式同意接受争议解决裁决约束的除外。

第十八条 争议解决机构建立专门的互联网络网站，通过在线方式接受有关域名争议的投诉，并发布与域名争议有关的资料。但经投诉人或者被投诉人请求，争议解决机构认为发布后有可能损害投诉人或者被投诉人利益的资料和信息，可不予发布。

第十九条 中国互联网络信息中心可以根据互联网络及域名技术的发展，以及中国有关法律、行政法规及政策的变化等情况对本办法加以修改。修改后的办法将通过网站公布，且于公布之日起30日后实施。本办法修改前已经提交到争议解决机构的域名争议不适用新办法。

修改后的办法将自动成为域名持有人与域名注册服务机构之间已经存在的域名注册协议的一部分。域名持有人不同意接受争议解决办法或者其修改后的文本约束的，应当及时通知域名注册服务机构。收到通知后，域名注册服务机构将为其保留30日域名服务；30日后，有关域名将予注销。

第二十条 本办法由中国互联网络信息中心负责解释。

第二十一条 本办法自2012年6月28日起施行。2006年3月17日施行的原《中国互联网络信息中心域名争议解决办法》同时废止。

中国互联网络信息中心域名争议解决程序规则

1. 2012年5月28日中国互联网络信息中心发布
2. 自2012年6月28日起施行

第一章 总则与定义

第一条 为了保证域名争议解决程序的公正性、方便性及快捷性，根据中国互联网络信息中心《中国互联网络信息中心域名争议解决办法》（以下简称《解决办法》）的规定，制定本程序规则。

第二条 根据《解决办法》而进行的域名争议解决程序受本规则及域名争议解决机构根据本规则制定的《补充规则》所约束。

第三条 本规则（以下简称《程序规则》）中涉及的下列术语的含义是：

（一）《解决办法》：指中国互联网络信息中心制定的《中国互联网络信息中心域名争议解决办法》。《解决办法》构成域名持有人与域名注册服务机构之间的域名注册协议的一部分，对域名持有人和域名注册服务机构具有约束力。

（二）注册协议：指域名持有人与域名注册服务机构之间签订的域名注册协议。

（三）当事人：指域名争议的投诉人和被投诉人。

（四）投诉人：指对相关域名有争议，并依据《解决办法》与《程序规则》向域名争议解决机构提出投诉的一方当事人。

（五）被投诉人：指被投诉的域名持有人。

（六）域名注册管理机构：指中国互联网络信息中心（CNNIC）。

（七）域名注册服务机构：指经中国互联网络信息中心授权，负责受理域名注册申请并完成注册的机构。

（八）域名注册代理机构：指在注册服务机构授权范围内接受域名注册申请的机构。

（九）域名争议解决机构：指经由中国互联网络信息中心认可与授权，负责解决中国互联网络域名争议的机构。

（十）专家组：指由域名争议解决机构指定的审理有关域名争议投诉的一名或三名专家组成的小组。

（十一）专家：指由域名争议解决机构认可，并在域名争议解决机构网站上专家名册中公布的、有资格担任域名争议解决机构域名争议专家组成员的人。

（十二）《补充规则》指域名争议解决机构根据《程序规则》制定的《程序规则》的补充规则。

（十三）《简易规则》指域名争议解决机构根据《程序规则》和《补充规则》制定的适用于《解决办法》项下特殊类型域名争议的快速程序规则。

第二章 文件的提交与送达

第四条 域名争议案件文件的提交应当遵守以下原则：

（一）域名争议解决机构向一方当事人传送的任何文件，必须同时向另一方当事人传送副本；

（二）专家组传送给任何一方当事人的文件，必须同时向域名争议解决机构和另一方当事人传送副本；

（三）文件传送方有义务为其传送的文件保留记录，以记载有关文件传送的具体事实和情况，供有关当事方查阅，并用以制作相应的报告；

（四）当传送文件的一方当事人收到通知，被告知未收到其所传送的文件时，或者传送文件的当事人自己认为未能成功地传送有关文件时，该当事人应立即将有关情况通知域名争议解决机构。此后，任何文件的传送

与回复均应当依照域名争议解决机构的指示为之;

(五)任何一方当事人均可通知域名争议解决机构,更新其详细的联络信息。

第五条　域名争议解决机构有责任采取有效措施,确保被投诉人实际收到投诉书。被投诉人实际收到投诉书,或者域名争议解决机构为使被投诉人实际收到投诉书而实施以下行为后,上述责任即视为解除:

(一)按照域名注册管理机构及域名注册服务机构 WHOIS 数据库中记录的域名注册者、域名注册者联系人、管理联系人、技术联系人、承办人和缴费联系人的电子邮件地址,或者当域名对应于一个网站时,按照该网站联系方式中提供的电子邮件地址向被投诉人传送电子形式投诉书(包括可按照相关格式送达被投诉人的附件)的;

(二)按照被投诉人自行选择并通知域名争议解决机构的其他电子邮件地址,及在可行范围内由投诉人根据第十二条第五项提供的所有其他电子邮件地址向被投诉人发送投诉书的。

第六条　除前条规定的情形外,依本规则向投诉人或被投诉人传送的任何文件均应当通过网络以电子形式传送。但经争议解决机构同意,也可按照投诉人或被投诉人要求的其它合理方式送达。

第七条　投诉人和被投诉人向域名争议解决机构或专家组提交的任何文件均应当按照域名争议解决机构《补充规则》所规定的方法和方式(包括份数)提交。

第八条　除非当事人另有约定或者专家组在特殊情形下另有决定,域名争议解决程序所使用的语言应为中文。专家组对任何非以中文制作的文件可以要求当事人提交全部或部分中文译文。

第九条　除非本规则另有规定,或者专家组另有决定,本规则规定的所有文件于下列情况下应视为已经送达:

(一)过传真方式传送的,以传送确认书上显示的日期为准;

(二)通过邮寄或者邮政快递方式发送的,以邮寄回执上记载的日期为准;

(三)通过网络传送的,在传送日期可予验证的情况下,以该日期为准。

第十条　除非本规则另有规定,本规则规定的期间的起算日应当是根据前条规定推定的文件最早送达日。

第三章　投　诉

第十一条　任何机构或者个人均可以依据《解决办法》及《程序规则》的规定向经中国互联网络信息中心授权的域名争议解决机构提出投诉以启动域名争议解决程序。

第十二条　投诉书应当采用电子文件形式提交,并应当包括以下内容:

(一)依据《解决办法》和《程序规则》进行审理和裁决的明确请求;

(二)投诉人及其代理人的姓名(名称)、邮政地址、电子邮件地址、联系电话和传真号码;

(三)在域名争议解决程序中与投诉人联络的首选方式,包括联系人、联系方式及联络地址;

(四)是否选择处理争议的专家,以及选择由一人还是三人专家组。如果选择三人专家组裁决争议的,投诉人应当从域名争议解决机构专家名册中按其自行决定的顺序选择三名专家作为候选人,并写明专家姓名。投诉人也可以授权域名争议解决机构代其指定专家;

(五)就其所知,写明被投诉人(域名持有人)或其代表、代理人的姓名(名称)及详细的联络信息(包括所有的邮政地址、电子邮件地址、联系电话和传真号码)。上述信息应详细具体,足以允许域名争议解决机构将投诉人的投诉书按本规则规定的方式传送给被投诉人;

(六)写明争议域名;

(七)确定争议域名的注册服务机构和/或注册代理机构;

(八)投诉人投诉所依据的其针对争议域名所享有的权利或者合法利益,附带能够表明权利状况的所有资料;

(九)根据《解决办法》,说明据以提出投诉的理由,尤其应写明:

1. 被投诉人(域名持有人)的域名与投诉人享有民事权益的名称或标志相同,或者具有足以导致混淆的相似性;

2. 被投诉人(域名持有人)对该域名或者其主要部分不享有合法权益;

3. 被投诉人(域名持有人)对该域名的注册或使用具有恶意;

(就第3项而言,投诉人应说明《解决办法》第九条所规定的各个方面。有关说明文字应遵守域名争议解决机构《补充规则》规定的字数或文件页数的限制。)

（十）依据《解决办法》第十三条所寻求的救济方式；

（十一）如果存在就同一域名争议而提起的司法或仲裁程序，无论此类程序是否已经完结，均应当加以说明，并提交与该程序相关，且投诉人能够获得的所有资料；

（十二）投诉书的结尾应附有下列声明，并由投诉人或其法定代表人，或者授权的代理人签字或盖章：

"投诉人确认：有关投诉是依据《中国互联网络信息中心域名争议解决办法》、《中国互联网络信息中心域名争议解决办法程序规则》及相关法律而提出的；就本人所知，投诉书所载信息是完整的和准确的；有关的投诉及救济主张仅针对注册域名持有人，不涉及域名争议解决机构及专家组专家，也不涉及域名注册管理机构及注册服务机构、注册人员及域名注册代理机构。"

（十三）作为附件，提交能够证明权利状况的文件及任何其他相关文件。

第十三条 一份投诉可以针对同一域名持有人所注册的多个域名提出。

第十四条 域名争议解决机构收到投诉书后，应当根据《解决办法》、《程序规则》以及《补充规则》的规定对投诉书进行形式审查。

域名争议解决机构经审查认为投诉符合受理要求的，应于收到投诉人按规定缴纳的费用后，按本规则规定的方式将投诉书副本送达被投诉的域名持有人；经审查认为投诉文件在形式上存有缺陷的，域名争议解决机构应及时通知投诉人，要求其在规定时限内对投诉文件加以必要的修改。投诉人未在规定的时限内对投诉书予以修改，或修改后的文件仍不符合要求的，经域名争议解决机构书面通知，其投诉被视为撤回。

第十五条 域名争议解决机构依照《程序规则》第五条的规定完成向被投诉人送达投诉文件之日，为域名争议解决程序的正式开始日期。

第十六条 域名争议解决机构应当将争议解决程序的开始日期及时通知各方当事人和域名注册服务机构以及中国互联网络信息中心。

第四章 答 辩

第十七条 被投诉人应当在域名争议解决程序开始之日起20日内向域名争议解决机构提交答辩。

第十八条 答辩书应以电子文件形式提交，并应当包括以下内容：

（一）对投诉人的投诉主张进行反驳，并申明继续拥有和使用争议域名的依据和具体理由（答辩书该部分应当遵守域名争议解决机构《补充规则》所规定的字数或页数限制）；

（二）被投诉人及其授权代理人的姓名（名称）及详细的联络信息（邮政地址、电子邮件地址、联系电话和传真号码）；

（三）无论是电子文件还是有形书面文件，均应当注明在域名争议解决程序中与被投诉人进行联络的首选联络方式，包括联系人、联系方式及联络地址；

（四）如果投诉人在投诉书中选择一人专家组审理案件，则应当声明被投诉人是否选择将争议交由三人专家组审理；

（五）如果投诉人或被投诉人选择由三人专家组审理，被投诉人应当从域名争议解决机构公布的专家名单中按其自行决定的顺序选择三名专家作为候选人，并写明专家姓名。被投诉人也可以授权域名争议解决中心代其指定专家；

（六）如果存在就同一域名争议所提起的司法或仲裁程序，无论该程序是否已经完结，都应当加以说明，并提交被投诉人能够获得的、与该程序有关的全部资料；

（七）答辩书的结尾应附有下列声明，并经被投诉人或其法定代表人或其授权代理人签字或盖章：

"被投诉人确认，有关答辩是依据中国互联网络信息中心《中国互联网络信息中心域名争议解决办法》、《中国互联网络信息中心域名争议解决办法程序规则》及相关法律而进行的。就本人所知，答辩书所载信息是完整的和准确的。有关答辩及主张仅针对投诉人，不涉及域名争议解决机构及专家组专家，也不涉及域名注册管理机构及注册服务机构、注册人员及域名注册代理机构。"

（八）作为附件，提交能够证明权利状况的文件及任何其他相关文件。

第十九条 如果投诉人选择将争议交由一人专家组审理，而被投诉人选择将争议交由三人专家组审理，被投诉人则应当承担域名争议解决机构《补充规则》所规定的三人专家组费用的一半。该费用应当由被投诉人在向域名争议解决机构提交答辩时一并交付。如所应收取的费用未能按照要求缴付,争议将由一人专家组审理。

第二十条 应被投诉人的请求,域名争议解决机构在特殊情形下可以适当延长被投诉人提交答辩的期限。当事人也可协议延长被投诉人提交答辩的期限,但须征得域名争议解决机构的同意。

第五章 专家组的指定

第二十一条 域名争议解决机构应当在线公布专家名册。负责域名争议解决程序的专家组由一名或者三名专家组成。

第二十二条 如果投诉人和被投诉人均未选择三人专家组,域名争议解决机构将在收到被投诉人答辩或答辩期限届满后5日内从其专家名册中指定一名专家成立独任专家组。一人专家组费用应全部由投诉人承担。

第二十三条 如果投诉人或被投诉人之一方选择三人专家组,域名争议解决机构应当根据第二十五条和第二十六条所规定的程序指定三位专家。三人专家组费用应全部由投诉人承担,但三人专家组由被投诉人选择的除外。在后一种情形下,所涉费用应当由双方各半分担。

第二十四条 除非投诉人已经选择三人专家组并提供三名候选专家,投诉人应当在收到域名争议解决机构有关被投诉人选择三人专家组的答辩书后3日内,向域名争议解决机构提交将被指定作为案件专家组成员之一的三位候选专家的姓名。

第二十五条 如果投诉人或被投诉人之一方选择三人专家组,域名争议解决机构应当分别从投诉人和被投诉人各自提供的三位候选专家名单中指定一名专家。如果域名争议解决机构无法在5日内按照惯常条件从某一方当事人选择的专家中指定一名专家,则域名争议解决机构将自行从其专家名册中予以指定。第三名专家应当由域名争议解决机构从其专家名单中指定。第三名专家为首席专家。

第二十六条 如果被投诉人未提交答辩或提交了答辩但未表明如何选定专家组,域名争议解决机构应当以下述方式指定专家组:

(一)如果投诉人选择一人专家组,域名争议解决机构应当从其专家名册中指定一名专家;

(二)如果投诉人选择三人专家组,在可能的情况下,域名争议解决机构应当从投诉人提供的三位候选专家中指定一名专家,从其专家名册中指定第二名专家和首席专家。

第二十七条 是否接受指定,由专家自行决定。为了保证争议解决程序的快速、顺利进行,如果被当事人选定为候选人的专家不同意接受指定,域名争议解决机构将自行指定其他专家组成专家组。

第二十八条 专家组成立后,域名争议解决机构应当及时将案件移交专家组,并将专家组的组成情况及专家组应将裁决提交争议解决机构的日期及时通知各方当事人。

第二十九条 专家应当独立公正,并应在接受指定前向域名争议解决机构披露有可能对其独立性与公正性产生合理怀疑的任何情形。如果在程序进行过程中的任何阶段出现了可导致对其独立性与公正性产生合理怀疑的新情况,则该专家应当立即将该情形向域名争议解决机构披露。在这种情况下,域名争议解决机构有权指定其他专家。

专家在接受指定前应当向域名争议解决机构提交书面的独立性与公正性声明。

当事人一方认为某专家与对方当事人有利害关系,有可能影响案件的公正裁决的,应当在专家组就有关争议作出裁决前向域名争议解决机构提出。专家是否退出专家组,由域名争议解决机构决定。

第三十条 任何一方当事人或其代理人均不得与专家组进行单方联络。当事人一方与专家组或域名争议解决机构间的所有联络均应当通过域名争议解决机构根据其《补充规则》规定的方式指定的案件经办人进行。

第六章 审理和裁决

第三十一条 专家组应当根据《程序规则》和《补充规则》,以其认为适当的方式进行案件程序,基于投诉人和被投诉人投诉书和答辩书中各自的主张、所涉及的事实及所提交的证据,依据《解决办法》以及可予适用的法律规则对域名争议作出裁决。如果被投诉人未提交答辩,如无特殊情形,专家组应当依据投诉书裁决争议。

在争议处理过程中,专家组应当平等地对待双方当事人,给予当事人双方平等的陈述事实、说明理由及提供证据的机会。

专家组应确保争议解决程序快速进行。应当事人请求,专家组有权决定在特殊情况下延长本规则所确定的期限。

专家组有权认定证据的可采性、关联性、利害关系和证明力。

第三十二条　除投诉书与答辩书外，专家组有权要求任何一方当事人就案件提供进一步的说明及有关证据材料。

对于当事人在投诉书与答辩书之外自行提交的材料，除非当事人双方另有约定或专家组另有决定，专家组原则上不再接受。

第三十三条　正常情况下，域名争议解决程序不举行当庭听证（包括以电话会议、视频会议及网络会议方式进行的任何听证），但专家组认为有必要举行且当事人愿意承担相关费用的除外。

第三十四条　除非有特殊理由，如果一方当事人未能遵守《程序规则》和《补充规则》的规定或者专家组确定的任何期限，专家组将继续进行程序，直至就所涉争议作出裁决。

第三十五条　除非有特殊理由，如果一方当事人未能遵守《程序规则》和《补充规则》中的任何规定或专家组的任何指令，专家组有权依其认为适当的情形对此予以推论。

第三十六条　如果投诉人与被投诉人之间存有多个域名争议，投诉人或被投诉人均可以请求将这些争议交由一个专家组合并审理。该请求应向第一个被指定负责审理双方争议的专家组提出。该专家组有权决定将此类争议部分或全部予以合并审理，只要这些合并审理的争议受《解决办法》的约束。

第三十七条　如无特殊情形，专家组应于成立后14日内就所涉域名争议作出裁决，并将裁决书提交域名争议解决机构。

第三十八条　专家应在确认签署裁决前将裁决书草案提交域名争议解决机构。在不影响专家独立裁决的前提下，域名争议解决机构可以就裁决书的形式问题进行核阅。

第三十九条　在案件由三人专家组审理的情况下，裁决应当按照多数人的意见作出。每一位专家享有平等的表决权。专家组不能形成多数意见时，裁决依首席专家的意见作出。任何不同意见均应当载入裁决之中。

第四十条　裁决书应以电子形式作成，且应说明裁决结果及裁决理由，写明裁决作出的日期及专家的姓名。

如果专家组认为投诉的争议不属于其管辖的范围，应加以说明。如果专家组经审阅当事人所提交的文件后认定投诉具有恶意，专家组可以在裁决中宣布该投诉构成对域名争议解决程序的滥用。

第四十一条　如果在程序正式开始之前或进行的过程中，当事人一方就争议域名提起了司法程序或仲裁程序，域名争议解决机构或专家组有权决定中止或终止程序，或继续进行程序，直至作出裁决。

当事人一方如果在程序进行期间就争议域名提起了任何司法程序或仲裁程序，应当立即通知专家组和域名争议解决机构。

第四十二条　在专家组作出裁决之前，域名争议解决程序可因下列情况而终止：

（一）当事人之间自行达成和解；

（二）专家组认为域名争议解决程序由于其他原因已无必要继续进行或不可能继续进行，除非一方当事人在专家组规定的时间内提出合理的反对理由。

第七章　裁决的送达与公布

第四十三条　域名争议解决机构应当在收到专家组提交的裁决后三日内将裁决书以电子邮件形式通知各方当事人、相应的域名注册服务机构以及中国互联网络信息中心。

第四十四条　除非专家组根据当事人的请求或争议的具体情况另有决定，域名争议解决机构应当将裁决书的全部内容在上述第四十三条所规定的期限内在公开网站上予以公布。

第八章　费　　用

第四十五条　投诉人应根据域名争议解决机构《补充规则》或《简易规则》的规定，按规定的时间和金额，向域名争议解决机构支付固定的程序费用。

如果被投诉人选择将争议交由三人专家组审理，而不是交由投诉人选择的一人专家组审理，则三人专家组费用的一半应由被投诉人承担。在其他情形下，域名争议解决的所有费用应由投诉人承担。

第四十六条　在投诉人未根据《程序规则》和《补充规则》以及《简易规则》的规定向域名争议解决机构缴纳程序费用前，域名争议解决机构不应就有关投诉采取任何进一步的行动。

第四十七条　在特殊情形下，如果举行当庭听证，域名争议解决机构可以要求当事人双方另外支付费用。该费用应当由域名争议解决机构与当事人双方和专家组协商后确定。

第九章　附　　则

第四十八条　除故意行为外，域名争议解决机构及专家均不就本规则下与域名争议解决程序有关的任何行为或疏忽向任何一方当事人承担责任。

第四十九条 本规则规定的期限或者根据本规则确定的期限,应当自期限开始之次日起算。期限开始之日,不计算在期限内。

如果期限开始之次日为法定节假日,则从其后的第一个工作日开始计算。期限内的法定节假日应计算在期限内。期限届满日是法定节假的,以其后的第一个工作日为期限届满日。

第五十条 域名争议解决机构可以根据本《程序规则》制定相应的《补充规则》,也可以根据《程序规则》和《补充规则》制定适用于《解决办法》项下特殊类型域名争议的《简易规则》。

第五十一条 本《程序规则》由中国互联网络信息中心负责解释。

第五十二条 本《程序规则》自2012年6月28日起施行。2007年10月8日施行的原《中国互联网络信息中心域名争议解决办法程序规则》同时废止。

信息产业部关于调整中国互联网络域名体系的公告

1. 2008年3月19日

2. 信部电〔2008〕172号

为适应国际互联网多语种域名发展需要,支持国际互联网组织开展中文顶级域测试等工作,进一步做好公众服务机构中文域名注册管理工作,营造良好的域名发展环境,依据《中国互联网络域名管理办法》,对2006年2月6日公布的中国互联网络域名体系进行局部调整。现将调整后的中国互联网络域名体系予以公告。

中国互联网络域名体系

一、我国互联网络域名体系中各级域名可以由字母(A-Z,a-z,大小写等价)、数字(0-9)、连接符(-)或汉字组成,各级域名之间用实点(.)连接,中文域名的各级域名之间用实点或中文句号(。)连接。

二、我国互联网络域名体系在顶级域名"CN"之外暂设"中国"、"公司"、"网络"、"政务"和"公益"等中文顶级域名。中国—适用于在我国境内的单位;公司—适用于工商企业等营利性单位;网络—适用于拥有或利用网络设施提供服务的单位;政务—适用于党政群机关、政务部门等;公益—适用于非营利性单位。

三、顶级域名CN之下,设置"类别域名"和"行政区域名"两类英文二级域名。

设置"类别域名"分别为:AC—适用于科研机构;COM—适用于工、商、金融等企业;EDU—适用于中国的教育机构;GOV—适用于中国的政府机构;MIL—适用于中国的国防机构;NET—适用于提供互联网络服务的机构;ORG—适用于非营利性的组织;政务—适用于党政群机关、政务部门等;公益—适用于非营利性单位。

设置"行政区域名"34个,适用于我国的各省、自治区、直辖市、特别行政区的组织,分别为:BJ—北京市;SH—上海市;TJ—天津市;CQ—重庆市;HE—河北省;SX—山西省;NM—内蒙古自治区;LN—辽宁省;JL—吉林省;HL—黑龙江省;JS—江苏省;ZJ—浙江省;AH—安徽省;FJ—福建省;JX—江西省;SD—山东省;HA—河南省;HB—湖北省;HN—湖南省;GD—广东省;GX—广西壮族自治区;HI—海南省;SC—四川省;GZ—贵州省;YN—云南省;XZ—西藏自治区;SN—陕西省;GS—甘肃省;QH—青海省;NX—宁夏回族自治区;XJ—新疆维吾尔族自治区;TW—台湾省;HK—香港特别行政区;MO—澳门特别行政区。

四、在顶级域名CN下可以直接申请注册二级域名。

最高人民法院关于审理涉及计算机网络域名民事纠纷案件适用法律若干问题的解释

1. 2001年6月26日最高人民法院审判委员会第1182次会议通过

2. 2001年7月17日公布

3. 法释〔2001〕24号

4. 自2001年7月24日起施行

为了正确审理涉及计算机网络域名注册、使用等行为的民事纠纷案件(以下简称域名纠纷案件),根据《中华人民共和国民法通则》(以下简称民法通则)、《中华人民共和国反不正当竞争法》(以下简称反不正

当竞争法)和《中华人民共和国民事诉讼法》(以下简称民事诉讼法)等法律的规定,作如下解释:

第一条 对于涉及计算机网络域名注册、使用等行为的民事纠纷,当事人向人民法院提起诉讼,经审查符合民事诉讼法第一百零八条规定的,人民法院应当受理。

第二条 涉及域名的侵权纠纷案件,由侵权行为地或者被告住所地的中级人民法院管辖。对难以确定侵权行为地和被告住所地的,原告发现该域名的计算机终端等设备所在地可以视为侵权行为地。

涉外域名纠纷案件包括当事人一方或者双方是外国人、无国籍人、外国企业或组织、国际组织,或者域名注册地在外国的域名纠纷案件。在中华人民共和国领域内发生的涉外域名纠纷案件,依照民事诉讼法第四编的规定确定管辖。

第三条 域名纠纷案件的案由,根据双方当事人争议的法律关系的性质确定,并在其前冠以计算机网络域名;争议的法律关系的性质难以确定的,可以通称为计算机网络域名纠纷案件。

第四条 人民法院审理域名纠纷案件,对符合以下各项条件的,应当认定被告注册、使用域名等行为构成侵权或者不正当竞争:

(一)原告请求保护的民事权益合法有效;

(二)被告域名或其主要部分构成对原告驰名商标的复制、模仿、翻译或音译;或者与原告的注册商标、域名等相同或近似,足以造成相关公众的误认;

(三)被告对该域名或其主要部分不享有权益,也无注册、使用该域名的正当理由;

(四)被告对该域名的注册、使用具有恶意。

第五条 被告的行为被证明具有下列情形之一的,人民法院应当认定其具有恶意:

(一)为商业目的将他人驰名商标注册为域名的;

(二)为商业目的注册、使用与原告的注册商标、域名等相同或近似的域名,故意造成与原告提供的产品、服务或者原告网站的混淆,误导网络用户访问其网站或其他在线站点的;

(三)曾要约高价出售、出租或者以其他方式转让该域名获取不正当利益的;

(四)注册域名后自己并不使用也未准备使用,而有意阻止权利人注册该域名的;

(五)具有其他恶意情形的。

被告举证证明在纠纷发生前其所持有的域名已经获得一定的知名度,且能与原告的注册商标、域名等相区别,或者具有其他情形足以证明其不具有恶意的,人民法院可以不认定被告具有恶意。

第六条 人民法院审理域名纠纷案件,根据当事人的请求以及案件的具体情况,可以对涉及的注册商标是否驰名依法作出认定。

第七条 人民法院在审理域名纠纷案件中,对符合本解释第四条规定的情形,依照有关法律规定构成侵权的,应当适用相应的法律规定;构成不正当竞争的,可以适用民法通则第四条、反不正当竞争法第二条第一款的规定。

涉外域名纠纷案件,依照民法通则第八章的有关规定处理。

第八条 人民法院认定域名注册、使用等行为构成侵权或者不正当竞争的,可以判令被告停止侵权、注销域名,或者依原告的请求判令由原告注册使用该域名;给权利人造成实际损害的,可以判令被告赔偿损失。

·典型案例·

蒋海新诉飞利浦公司计算机网络域名纠纷案

【裁判摘要】

注册、使用的域名与他人的注册商标相同或近似,且无正当的注册、使用理由,并足以造成相关公众误认的,应认定为恶意注册、使用域名。

【基本案情】

原告蒋海新因与被告荷兰皇家飞利浦电子股份有限公司(以下简称飞利浦公司)发生计算机网络域名纠纷,向上海市第二中级人民法院提起诉讼。

原告诉称:经被告投诉,世界知识产权组织(以下简称 WIPO)的仲裁与调解中心裁决,将原告注册的 philipscis. com 域名转移给被告。原告认为:(1)被告的商标是 PHILIPS 七个字母,而原告注册的域名是 philipscis. com,比被告的商标多出 cis 这三个字母。至于多出的 cis 或者 scis,如果作为英文简称,会有比较广泛的含义,不是被告下属的通讯保安及视像产品部门(Communication, Security & Imaging,简称 CSI)的标识。原告注册的域名与被告的商标既不相同也不相似,不会混淆。被告不能认为凡包含 PHILIPS 字样的域名,均应归其所有。(2)域名

philipscis. com,是由通用的男性英文名 philip 以及 sc、is 三部分构成。原告将其作为域名注册,不仅因为其中的 philip 是通用名称,还因为这个词是原告自年轻时就使用的英文名;而 sc 是原告居住地 Shanghai China(中国上海)的缩写,is 是 Internet System(互联网系统)或 Internet Server(电脑伺服器)的缩写。对原告来说,这些单词都具有特殊的含义。原告将其注册为域名,没有任何恶意。(3)早在被告与原告发生域名争议前,原告就利用 google. com、yahoo. com 搜索引擎进行了搜索登记,使 philipscis. com 域名为互联网用户公知。在以这个域名开通的网站上,原告在明显部位标识了自己公司的 LOG 中英文动态标志,表明了网站所有人,不会造成互联网用户的误认。在这个网站上,原告经飞利浦保安及通讯系统特级经销商授权,向用户销售且仅销售被告公司的通讯、视像、保安系统产品、技术支持与服务。原告既没有将被告公司作为自己的竞争对手,也没有干扰被告公司的经营活动,因而是合理、善意地使用这个域名。(4)在原告将以 philipscis. com 为域名的网站推向互联网广大用户后,被告通过 WIPO 提起域名之争,具有恶意侵夺原告域名的动机。(5)WIPO 的仲裁与调解中心采用独任专家形式审理被告提起的域名之争。新加坡公民梁慧思作为专家审理中国的案件时,尽管其熟悉中国的语言和文字,但不可避免地存在地域、文化理解和表述上的差异,并且还带有个人偏向及其他因素,从而导致审理结果不公。原告注册使用 philipscis. com 域名,并不侵犯被告的商标权,WIPO 专家组的裁决没有依据。故请求判令:一、撤销或停止执行 WIPO 仲裁与调解中心的裁决;二、将域名 philipscis. com 判归原告所有。

被告辩称:飞利浦公司的 PHILIPS 商标,自 1891 年就在荷兰注册,之后又在包括中国在内的世界许多国家注册。飞利浦公司花费巨资维护该商标,使其成为公司最重要的财产之一。被告认为:(1)争议域名的前 7 个字母与被告的 PHILIPS 商标完全相同,易引起混淆。(2)被告从未授权原告在其网站上使用 PHILIPS 商标及标语,原告无视被告发出的要求其停止使用争议域名的信函,继续使用这个争议域名,而原告并未因使用这个域名而被普遍认知,其对这个域名不享有法律上的利益。(3)原告不仅使用包含 PHILIPS 商标的域名开通自己的网站,还在该网站上复制被告网站主页样式,销售被告的"通讯及视像保安系统"产品和推广相关的服务,甚至把被告享誉全球的服务标语"let's make things better"(让我们做得更好)也拿来在自己的网站上使用;原告的另一个中文网站 philipscss. com. cn 上的内容,与这个网站相同。在明知 PHILIPS 商标是驰名商标的情形下,原告仍注册并这样使用包含 PHILIPS 商标的域名,其恶意是明显的。(4)WIPO 专家组的审理,无论从程序还是实体,都符合有关知识产权条约的规定。综上,原告注册并使用争议域名的行为,确实侵犯了被告的商标权,因此其诉讼请求应当驳回。

【裁判理由】

上海市第二中级人民法院认为,本案是有关侵权的涉外民事纠纷,根据《中华人民共和国民法通则》第一百四十六条第一款的规定,处理本案应适用我国法律。

本案涉及商标侵权和域名的注册与使用,与此相关的我国法律、司法解释的规定有:《中华人民共和国商标法》第五十二条第(五)项规定,给他人的注册商标专用权造成其他损害的,属于侵犯注册商标专用权行为。最高人民法院在《关于审理商标民事纠纷案件适用法律若干问题的解释》第一条第(三)项中规定,"将与他人注册商标相同或者相近似的文字注册为域名,并且通过该域名进行相关商品交易的电子商务,容易使相关公众产生误认的"行为,属于商标法第五十二条第(五)项规定的"给他人的注册商标专用权造成其他损害的"行为。最高人民法院在《关于审理涉及计算机网络域名民事纠纷案件适用法律若干问题的解释》第四条规定:"人民法院审理域名纠纷案件,对符合以下各项条件的,应当认定被告注册、使用域名等行为构成侵权或者不正当竞争:(一)原告请求保护的民事权益合法有效;(二)被告域名或其主要部分构成对原告驰名商标的复制、模仿、翻译或音译;或者与原告的注册商标、域名等相同或近似,足以造成相关公众的误认;(三)被告对该域名或其主要部分不享有权益,也无注册、使用该域名的正当理由;(四)被告对该域名的注册、使用具有恶意。"第五条规定:"被告的行为被证明具有下列情形之一的,人民法院应当认定其具有恶意:(一)为商业目的将他人驰名商标注册为域名的;(二)为商业目的注册、使用与原告的注册商标、域名等相同或近似的域名,故意造成与原告提供的产品、服务或者原告网站的混淆,误导网络用户访问其网站或其他在线站点的;(三)曾要约高价出售、出租或者以其他方式转让该域名获取不正当利益的;(四)注册域名后自己并不使用也未准备使用,而有意阻止权利人注册该域名的;(五)具有其他恶意情形的。""被告举证证明在纠纷发生前其所持有的域名已经获得一定的知名度，且能与原告的注册商标、域名等相区别，或者具有其他情形足以证明其不具有恶意的，人民法院可以不认定被告具有恶意。”

根据上述法律和司法解释的规定，结合双方当事人争议情况，本案应解决以下问题：(1)被告飞利浦公司的商标是否受我国法律保护？(2)原告蒋海新注册并使用的域名是否与飞利浦公司的商标近似，并且足以造成相关公众误认？(3)蒋海新注册并使用该域名是否有正当理由，其对该域名或者该域名的主要部分是否享有权益？(4)蒋海新注册并使用该域名，是否怀有恶意？解决了这四个问题，双方当事人的争议焦点，即争议域名应归谁所有，就能一目了然。

关于第一点。被告飞利浦公司的PHILIPS商标已在我国注册，飞利浦公司对PHILIPS商标享有的商标权合法有效，双方当事人对此无异议，且原告蒋海新还承认PHILIPS商标是驰名商标。

关于第二点。原告蒋海新注册的域名philipscis. com，前七个字母philips与被告飞利浦公司的PHILIPS商标完全相同，后三个字母cis与飞利浦公司下属部门的简称CSI仅顺序不同，应当判定这个域名与飞利浦公司的商标近似，足以造成相关公众误认。

关于第三点。(1)原告蒋海新称，philip是其英文名，sc是其居住地的缩写，is是互联网系统或伺服器的缩写。对为何要将英文名、居住地与互联网系统或伺服器的缩写连在一起注册为域名，蒋海新不能解释。因此蒋海新的解释过于牵强，不具有说服力。(2)蒋海新称，其经飞利浦保安及通讯系统特级经销商的合法授权，从事飞利浦通讯及视像保安系统产品的销售，网站是为此项销售服务的，因此注册使用这个域名并无不当。事实是，获得飞利浦通讯及视像保安系统产品权的是新屋公司，不是蒋海新。况且商标和产品具有不同的权利，获得他人产品的经销权，不等于同时取得了在经营活动中使用他人商标的权利。(3)蒋海新称，其已在搜索引擎上对philipscis. com域名进行过登记，这个域名因其所作的登记而广为人知。事实是，只有互联网用户输入一定的关键字后，搜索引擎才能提供包含该关键字的网站或网页，不会在用户不输入关键字的情况下，将在搜索引擎上登记过的内容自动公之于众。仅作搜索登记，不能使域名广为人知。相反，互联网用户只有想了解被告飞利浦公司或者该公司的商标PHILIPS时，才会将PHILIPS作为关键字输入，搜索引擎也才能把有关PHILIPS的域名(包括蒋海新登记过的philipscis. com域名)提供给互联网用户。因此，在搜索引擎上对philipscis. com域名进行登记，不会使该域名广为人知，只会使互联网用户产生该域名对应的网站与飞利浦公司有某种关系的误解。蒋海新对该域名的主要部分不享有权益，没有注册使用该域名的正当理由。

关于第四点。(1)PHILIPS商标于1980年在中国注册后，经被告飞利浦公司的努力，该商标目前在我国已有相当的知名度。原告蒋海新注册的域名，前七个字母与PHILIPS商标完全相同，后三个字母虽与飞利浦公司的部门简称CSI顺序不同，但该域名对应的网站却主要销售飞利浦公司CSI部门的产品。(2)在争议域名对应的网站首页页面上，不仅出现了飞利浦公司的宣传标语，而且多处出现CSI字样。结合蒋海新注册的域名及其对域名的使用，应当认定：蒋海新注册该域名，意在借飞利浦公司的知名度，误导并吸引互联网用户访问其以该域名开通的网站，怀有侵犯飞利浦公司合法权益的恶意。

综上所述，原告蒋海新注册使用philipscis. com域名，确实侵犯了被告飞利浦公司的商标权，WIPO仲裁与调解中心裁决将域名philipscis. com转移给飞利浦公司，并无不妥。故对蒋海新关于其并未侵犯飞利浦公司权利，请求确认争议域名归其所有的主张，不予支持。

【裁判结果】

上海市第二中级人民法院于2003年12月25日判决：

对原告蒋海新的诉讼请求不予支持。

案件受理费人民币1000元，由原告蒋海新负担。

一审宣判后，双方当事人均未上诉，一审判决发生法律效力。

5. 其　他

传统工艺美术保护条例

1. 1997年5月20日国务院令第217号公布

2. 根据2013年7月18日国务院令第638号《关于废止和修改部分行政法规的决定》修订

第一条　为了保护传统工艺美术，促进传统工艺美术事业的繁荣与发展，制定本条例。

第二条　本条例所称传统工艺美术，是指百年以上，历史悠久，技艺精湛，世代相传，有完整的工艺流程，采用天然原材料制作，具有鲜明的民族风格和地方特色，在国内外享有声誉的手工艺品种和技艺。

第三条　国家对传统工艺美术品种和技艺实行保护、发展、提高的方针。

地方各级人民政府应当加强对传统工艺美术保护工作的领导，采取有效措施，扶持和促进本地区传统工艺美术事业的繁荣和发展。

第四条　国务院负责传统工艺美术保护工作的部门负责全国传统工艺美术保护工作。

第五条　国家对传统工艺美术品种和技艺实行认定制度。符合本条例第二条规定条件的工艺美术品种和技艺，依照本条例的规定认定为传统工艺美术品种和技艺。

第六条　传统工艺美术品种和技艺，由国务院负责传统工艺美术保护工作的部门聘请专家组成评审委员会进行评审；国务院负责传统工艺美术保护工作的部门根据评审委员会的评审结论，予以认定和公布。

第七条　制作传统工艺美术产品的企业和个人，可以向当地县级人民政府负责传统工艺美术保护工作的部门提出要求保护的品种和技艺的申请，由省、自治区、直辖市人民政府负责传统工艺美术保护工作的部门审核后，向国务院负责传统工艺美术保护工作的部门推荐。

第八条　申请认定传统工艺美术品种和技艺的企业和个人，应当按照国务院负责传统工艺美术保护工作的部门的规定，提交完整、详实的资料。

第九条　国家对认定的传统工艺美术技艺采取下列保护措施：

（一）搜集、整理、建立档案；

（二）征集、收藏优秀代表作品；

（三）对其工艺技术秘密确定密级，依法实施保密；

（四）资助研究，培养人才。

第十条　传统工艺美术品种中的卓越作品，经国务院负责传统工艺美术保护工作的部门聘请专家组成评审委员会进行评审后，由国务院负责传统工艺美术保护工作的部门命名为中国工艺美术珍品（以下简称珍品）。

第十一条　国家对珍品采取下列保护措施：

（一）国家征集、收购的珍品由中国工艺美术馆或者省、自治区、直辖市工艺美术馆、博物馆珍藏。

（二）珍品禁止出口。珍品出国展览必须经国务院负责传统工艺美术保护工作的部门会同国务院有关部门批准。

第十二条　符合下列条件并长期从事传统工艺美术制作的人员，由相关行业协会组织评审，可以授予中国工艺美术大师称号：

（一）成就卓越，在国内外享有声誉的；

（二）技艺精湛，自成流派的。

第十三条　县级以上人民政府有关部门对制作传统工艺美术品种特需的天然原料、材料，应当统筹规划、妥善安排。

第十四条　对制作传统工艺美术品种特需的宝石、玉石等珍稀矿种，国家依法加强保护，严禁乱采滥挖。

第十五条　国家鼓励地方各级人民政府根据本地区实际情况，采取必要措施，发掘和抢救传统工艺美术技艺，征集传统工艺美术精品，培养传统工艺美术技艺人才，资助传统工艺美术科学研究。

第十六条　对于制作经济效益不高、艺术价值很高并且面临失传的工艺美术品种的企业，各级人民政府应当采取必要措施，给予扶持和帮助。

第十七条　制作传统工艺美术产品的企业应当建立、健全传统工艺美术技艺的保护或者保密制度，切实加强对传统工艺美术技艺的管理。

从事传统工艺美术产品制作的人员，应当遵守国家有关法律、法规的规定，不得泄露在制作传统工艺美术产品过程中知悉的技术秘密和其他商业秘密。

第十八条　国家对在继承、保护、发展传统工艺美术事业中做出突出贡献的单位和个人，给予奖励。

第十九条　违反本条例规定，有下列行为之一的，由有关部门依照有关法律、行政法规的规定，给予行政处分或者行政处罚；构成犯罪的，依法追究刑事责任：

（一）窃取或者泄露传统工艺美术技艺秘密的；

（二）非法开采用于制作传统工艺美术的珍稀矿产资源或者盗卖用于制作传统工艺美术的珍稀矿产品的；

（三）私运珍品出境的。

制作、出售假冒中国工艺美术大师署名的传统工艺美术作品的，应当依法承担民事责任；有关部门可以依照有关法律、行政法规的规定给予行政处罚。

第二十条　本条例自发布之日起施行。

中药品种保护条例

1. 1992年10月14日国务院令第106号公布

2. 自1993年1月1日起施行

第一章　总　　则

第一条　为了提高中药品种的质量，保护中药生产企业的合法权益，促进中药事业的发展，制定本条例。

第二条　本条例适用于中国境内生产制造的中药品种，包括中成药、天然药物的提取物及其制剂和中药人工制成品。

申请专利的中药品种，依照专利法的规定办理，不适用本条例。

第三条　国家鼓励研制开发临床有效的中药品种，对质量稳定、疗效确切的中药品种实行分级保护制度。

第四条　国务院卫生行政部门负责全国中药品种保护的监督管理工作。国家中药生产经营主管部门协同管理全国中药品种的保护工作。

第二章　中药保护品种等级的划分和审批

第五条　依照本条例受保护的中药品种，必须是列入国家药品标准的品种。经国务院卫生行政部门认定，列为省、自治区、直辖市药品标准的品种，也可以申请保护。

受保护的中药品种分为一、二级。

第六条　条例下列条件之一的中药品种，可以申请一级保护：

（一）对特定疾病有特殊疗效的；

（二）相当于国家一级保护野生药材物种的人工制成品；

（三）用于预防和治疗特殊疾病的。

第七条　符合下列条件之一的中药品种，可以申请二级保护：

（一）符合本条例第六条规定的品种或者已经解除一级保护的品种；

（二）对特定疾病有显著疗效的；

（三）从天然药物中提取的有效物质及特殊制剂。

第八条　国务院卫生行政部门批准的新药，按照国务院卫生行政部门规定的保护期给予保护；其中，符合本条例第六条、第七条规定的，在国务院卫生行政部门批准的保护期限届满前六个月，可以重新依照本条例的规定申请保护。

第九条　申请办理中药品种保护的程序：

（一）中药生产企业对其生产的符合本条例第五条、第六条、第七条、第八条规定的中药品种，可以向所在地省、自治区、直辖市中药生产经营主管部门提出申请，经中药生产经营主管部门签署意见后转送同级卫生行政部门，由省、自治区、直辖市卫生行政部门初审签署意见后，报国务院卫生行政部门。特殊情况下，中药生产企业也可以直接向国家中药生产经营主管部门提出申请，由国家中药生产经营主管部门签署意见后转送国务院卫生行政部门，或者直接向国务院卫生行政部门提出申请。

（二）国务院卫生行政部门委托国家中药品种保护审评委员会负责对申请保护的中药品种进行审评。国家中药品种保护审评委员会应当自接到申请报告书之日起六个月内做出审评结论。

（三）根据国家中药品种保护审评委员会的审评结论，由国务院卫生行政部门征求国家中药生产经营主管部门的意见后决定是否给予保护。批准保护的中药品种，由国务院卫生行政部门发给《中药保护品种证书》。

国务院卫生行政部门负责组织国家中药品种保护审评委员会，委员会成员由国务院卫生行政部门与国家中药生产经营主管部门协商后，聘请中医药方面的医疗、科研、检验及经营、管理专家担任。

第十条　申请中药品种保护的企业，应当按照国务院卫生行政部门的规定，向国家中药品种保护审评委员会提交完整的资料。

第十一条　对批准保护的中药品种以及保护期满的中药

品种,由国务院卫生行政部门在指定的专业报刊上予以公告。

第三章　中药保护品种的保护

第十二条　中药保护品种的保护期限:

中药一级保护品种分别为三十年、二十年、十年。

中药二级保护品种为七年。

第十三条　中药一级保护品种的处方组成、工艺制法,在保护期限内由获得《中药保护品种证书》的生产企业和有关的药品生产经营主管部门、卫生行政部门及有关单位和个人负责保密,不得公开。

负有保密责任的有关部门、企业和单位应当按照国家有关规定,建立必要的保密制度。

第十四条　向国外转让中药一级保护品种的处方组成、工艺制法的,应当按照国家有关保密的规定办理。

第十五条　中药一级保护品种因特殊情况需要延长保护期限的,由生产企业在该品种保护期满前六个月,依照本条例第九条规定的程序申报,延长的保护期限由国务院卫生行政部门根据国家中药品种保护审评委员会的审评结果确定;但是,每次延长的保护期限不得超过第一次批准的保护期限。

第十六条　中药二级保护品种在保护期满后可以延长七年。

申请延长保护期的中药二级保护品种,应当在保护期满前六个月,由生产企业依照本条例第九条规定的程序申报。

第十七条　被批准保护的中药品种,在保护期内限于由获得《中药保护品种证书》的企业生产;但是,本条例第十九条另有规定的除外。

第十八条　国务院卫生行政部门批准保护的中药品种如果在批准前是由多家企业生产的,其中未申请《中药保护品种证书》的企业应当自公告发布之日起六个月内向国务院卫生行政部门申报,并依照本条例第十条的规定提供有关资料,由国务院卫生行政部门指定药品检验机构对该申报品种进行同品种的质量检验。国务院卫生行政部门根据检验结果,可以采取以下措施:

(一)对达到国家药品标准的,经征求国家中药生产经营主管部门意见后,补发《中药保护品种证书》。

(二)对未达到国家药品标准的,依照药品管理的法律、行政法规的规定撤销该中药品种的批准文号。

第十九条　对临床用药紧缺的中药保护品种,根据国家中药生产经营主管部门提出的仿制建议,经国务院卫生行政部门批准,由仿制企业所在地的省、自治区、直辖市卫生行政部门对生产同一中药保护品种的企业发放批准文号。该企业应当付给持有《中药保护品种证书》并转让该中药品种的处方组成、工艺制法的企业合理的使用费,其数额由双方商定;双方不能达成协议的,由国务院卫生行政部门裁决。

第二十条　生产中药保护品种的企业及中药生产经营主管部门,应当根据省、自治区、直辖市卫生行政部门提出的要求,改进生产条件,提高品种质量。

第二十一条　中药保护品种在保护期内向国外申请注册的,须经国务院卫生行政部门批准。

第四章　罚　　则

第二十二条　违反本条例第十三条的规定,造成泄密的责任人员,由其所在单位或者上级机关给予行政处分;构成犯罪的,依法追究刑事责任。

第二十三条　违反本条例第十七条的规定,擅自仿制中药保护品种的,由县级以上卫生行政部门以生产假药依法论处。

伪造《中药品种保护证书》及有关证明文件进行生产、销售的,由县级以上卫生行政部门没收其全部有关药品及违法所得,并可以论处以有关药品正品价格三倍以下罚款。

上述行为构成犯罪的,由司法机关依法追究刑事责任。

第二十四条　当事人对卫生行政部门的处罚决定不服的,可以依照有关法律、行政法规的规定,申请行政复议或者提起行政诉讼。

第五章　附　　则

第二十五条　有关中药保护品种的申报要求、申报表格等,由国务院卫生行政部门制定。

第二十六条　本条例由国务院卫生行政部门负责解释。

第二十七条　本条例自1993年1月1日起施行。

药品行政保护条例

1. 1992年12月19日国家医药管理局令第12号公布
2. 自1993年1月1日起施行

第一章　总　　则

第一条　为了扩大对外经济技术合作与交流,对外国药品独占权人的合法权益给予行政保护，制定本条例。

第二条 本条例所称药品，是指人用药品。

第三条 凡与中华人民共和国缔结有关药品行政保护双边条约或者协定的国家、地区的企业和其他组织以及个人，都可以依照本条例申请药品行政保护。

第四条 国务院药品生产经营行政主管部门受理和审查药品行政保护的申请，对符合本条例规定的药品给予行政保护，对申请人颁发药品行政保护证书。

第二章 行政保护的申请

第五条 申请行政保护的药品应当具备下列条件：

（一）1993年1月1日前依照中国专利法的规定其独占权不受保护的；

（二）1986年1月1日至1993年1月1日期间，获得禁止他人在申请人所在国制造、使用或者销售的独占权的；

（三）提出行政保护申请日前尚未在中国销售的。

第六条 药品行政保护的申请权属于该药品独占权人。

第七条 外国药品独占权人申请行政保护，应当委托国务院药品生产经营行政主管部门指定的代理机构代理。

第八条 申请人应当报送下列文件的中文、外文对照本：

（一）药品行政保护申请书；

（二）申请人所在国有关主管部门颁发的证明申请人享有该药品独占权的文件副本；

（三）申请人所在国有关主管部门颁发的准许制造或者销售该药品的文件副本；

（四）申请人与按照中国有关法律、法规取得药品制造或者销售许可的中国企业法人（包括外资企业、中外合资经营企业和中外合作经营企业）正式签订的在中国境内制造或者销售该药品的合同副本。

第九条 外国药品独占权人在申请药品行政保护之前或者之后，应当依照《中华人民共和国药品管理法》的规定，向国务院卫生行政部门申请办理该药品在中国境内制造或者销售许可的手续。

第三章 行政保护的审查和批准

第十条 国务院药品生产经营行政主管部门自收到行政保护申请文件之日起十五日内，进行初步审查，并分别情况作出以下处理：

（一）申请文件符合本条例第八条规定的，发给受理通知书，并予以公告；

（二）申请文件不符合本条例第八条规定的，要求申请人限期补正；过期不补正的，视为未申请。

第十一条 国务院药品生产经营行政主管部门应当自收到申请文件之日起，或者依照本条例第十条第（二）项的规定，自收到补正文件之日起，六个月内审查完毕。因特殊情况不能在六个月内审查完毕的，国务院药品生产经营行政主管部门应当及时通知申请人，并告之理由，适当延长审查时间。

经审查，符合本条例规定的，给予行政保护；不符合本条例规定的，不给予行政保护，并告之理由。

第十二条 国务院药品生产经营行政主管部门批准给予药品行政保护的，颁发药品行政保护证书，并予以公告。

第四章 行政保护的期限、终止、撤销和效力

第十三条 药品行政保护期为七年零六个月，自药品行政保护证书颁发之日起计算。

第十四条 外国药品独占权人应当自药品行政保护证书颁发的当年，开始缴纳年费。

第十五条 有下列情形之一的，行政保护在期限届满前终止：

（一）药品独占权在申请人所在国无效或者失效的；

（二）药品独占权人没有按照规定缴纳行政保护年费的；

（三）药品独占权人以书面形式声明放弃行政保护的；

（四）药品独占权人自药品行政保护证书颁发之日起一年内未向国务院卫生行政部门申请办理该药品在中国境内制造或者销售许可手续的。

第十六条 药品行政保证证书颁发后，任何组织或者个人认为给予该药品行政保护不符合本条例规定的，都可以请求国务院药品生产经营行政主管部门撤销对该药品的行政保护；药品独占权人对国务院药品生产经营行政主管部门的撤销决定不服的，可以向人民法院提起诉讼。

第十七条 药品行政保护的终止或者撤销，由国务院药品生产经营行政主管部门予以公告。

第十八条 对获得行政保护的药品，未经药品独占权人许可，国务院卫生行政部门和省、自治区、直辖市的卫生行政部门不得批准他人制造或者销售。

第十九条 未经获得药品行政保护的独占权人的许可，制造或者销售该药品的，药品独占权人可以请求国务院药品生产经营行政主管部门制止侵权行为；药品独

占权人要求经济赔偿的,可以向人民法院提起诉讼。

第五章　附　　则

第二十条　国务院药品生产经营行政主管部门对申请人提供的需要保密的资料,应当采取保密措施。

第二十一条　向国务院药品生产经营行政主管部门申请药品行政保护和办理有关手续,应当按照规定缴纳费用。

第二十二条　本条例的实施细则由国务院药品生产经营行政主管部门制定。

第二十三条　本条例由国务院药品生产经营行政主管部门负责解释。

第二十四条　本条例自1993年1月1日起施行。

农药管理条例(节录)

1. *1997年5月8日国务院令第216号公布*
2. *根据2001年11月29日国务院令第326号《关于修改〈农药管理条例〉的决定》修订*

……

第十条　国家对获得首次登记的、含有新化合物的农药的申请人提交的其自己所取得且未披露的试验数据和其他数据实施保护。

自登记之日起6年内,对其他申请人未经已获得登记的申请人同意,使用前款数据申请农药登记的,登记机关不予登记;但是,其他申请人提交其自己所取得的数据的除外。

除下列情况外,登记机关不得披露第一款规定的数据:

(一)公共利益需要;

(二)已采取措施确保该类信息不会被不正当地进行商业使用。

……

兽药管理条例(节录)

1. *2004年4月9日国务院令第404号公布*
2. *根据2014年7月29日国务院令第653号《关于修改部分行政法规的决定》修订*

……

第六条　国家鼓励研制新兽药,依法保护研制者的合法权益。

第七条　研制新兽药,应当具有与研制相适应的场所、仪器设备、专业技术人员、安全管理规范和措施。

研制新兽药,应当进行安全性评价。从事兽药安全性评价的单位应当遵守国务院兽医行政管理部门制定的兽药非临床研究质量管理规范和兽药临床试验质量管理规范。

省级以上人民政府兽医行政管理部门应当对兽药安全性评价单位是否符合兽药非临床研究质量管理规范和兽药临床试验质量管理规范的要求进行监督检查,并公布监督检查结果。

……

第九条　临床试验完成后,新兽药研制者向国务院兽医行政管理部门提出新兽药注册申请时,应当提交该新兽药的样品和下列资料:

(一)名称、主要成分、理化性质;

(二)研制方法、生产工艺、质量标准和检测方法;

(三)药理和毒理试验结果、临床试验报告和稳定性试验报告;

(四)环境影响报告和污染防治措施。

研制的新兽药属于生物制品的,还应当提供菌(毒、虫)种、细胞等有关材料和资料。菌(毒、虫)种、细胞由国务院兽医行政管理部门指定的机构保藏。

研制用于食用动物的新兽药,还应当按照国务院兽医行政管理部门的规定进行兽药残留试验并提供休药期、最高残留限量标准、残留检测方法及其制定依据等资料。

国务院兽医行政管理部门应当自收到申请之日起10个工作日内,将决定受理的新兽药资料送其设立的兽药评审机构进行评审,将新兽药样品送其指定的检验机构复核检验,并自收到评审和复核检验结论之日起60个工作日内完成审查。审查合格的,发给新兽药注册证书,并发布该兽药的质量标准;不合格的,应当书面通知申请人。

第十条　国家对依法获得注册的、含有新化合物的兽药的申请人提交的其自己所取得且未披露的试验数据和其他数据实施保护。

自注册之日起6年内,对其他申请人未经已获得注册兽药的申请人同意,使用前款规定的数据申请兽药注册的,兽药注册机关不予注册;但是,其他申请人提交其自己所取得的数据的除外。

除下列情况外，兽药注册机关不得披露本条第一款规定的数据：

（一）公共利益需要；

（二）已采取措施确保该类信息不会被不正当地进行商业使用。

……

饲料和饲料添加剂管理条例（节录）

1. 1999年5月29日国务院令第266号公布

2. 根据2001年11月29日国务院令第327号《关于修改〈饲料和饲料添加剂管理条例〉的决定》第一次修订

3. 2011年11月3日国务院令第609号第二次修订

4. 根据2013年12月7日国务院令第645号《关于修改部分行政法规的决定》第三次修订

……

第七条 国家鼓励研制新饲料、新饲料添加剂。

研制新饲料、新饲料添加剂，应当遵循科学、安全、有效、环保的原则，保证新饲料、新饲料添加剂的质量安全。

第八条 研制的新饲料、新饲料添加剂投入生产前，研制者或者生产企业应当向国务院农业行政主管部门提出审定申请，并提供该新饲料、新饲料添加剂的样品和下列资料：

（一）名称、主要成分、理化性质、研制方法、生产工艺、质量标准、检测方法、检验报告、稳定性试验报告、环境影响报告和污染防治措施；

（二）国务院农业行政主管部门指定的试验机构出具的该新饲料、新饲料添加剂的饲喂效果、残留消解动态以及毒理学安全性评价报告。

申请新饲料添加剂审定的，还应当说明该新饲料添加剂的添加目的、使用方法，并提供该饲料添加剂残留可能对人体健康造成影响的分析评价报告。

第九条 国务院农业行政主管部门应当自受理申请之日起5个工作日内，将新饲料、新饲料添加剂的样品和申请资料交全国饲料评审委员会，对该新饲料、新饲料添加剂的安全性、有效性及其对环境的影响进行评审。

全国饲料评审委员会由养殖、饲料加工、动物营养、毒理、药理、代谢、卫生、化工合成、生物技术、质量标准、环境保护、食品安全风险评估等方面的专家组成。全国饲料评审委员会对新饲料、新饲料添加剂的评审采取评审会议的形式，评审会议应当有9名以上全国饲料评审委员会专家参加，根据需要也可以邀请1至2名全国饲料评审委员会专家以外的专家参加，参加评审的专家对评审事项具有表决权。评审会议应当形成评审意见和会议纪要，并由参加评审的专家审核签字；有不同意见的，应当注明。参加评审的专家应当依法公平、公正履行职责，对评审资料保密，存在回避事由的，应当主动回避。

全国饲料评审委员会应当自收到新饲料、新饲料添加剂的样品和申请资料之日起9个月内出具评审结果并提交国务院农业行政主管部门；但是，全国饲料评审委员会决定由申请人进行相关试验的，经国务院农业行政主管部门同意，评审时间可以延长3个月。

国务院农业行政主管部门应当自收到评审结果之日起10个工作日内作出是否核发新饲料、新饲料添加剂证书的决定；决定不予核发的，应当书面通知申请人并说明理由。

第十条 国务院农业行政主管部门核发新饲料、新饲料添加剂证书，应当同时按照职责权限公布该新饲料、新饲料添加剂的产品质量标准。

……

第十三条 国家对已经取得新饲料、新饲料添加剂证书或者饲料、饲料添加剂进口登记证的、含有新化合物的饲料、饲料添加剂的申请人提交的其自己所取得且未披露的试验数据和其他数据实施保护。

自核发证书之日起6年内，对其他申请人未经已取得新饲料、新饲料添加剂证书或者饲料、饲料添加剂进口登记证的申请人同意，使用前款规定的数据申请新饲料、新饲料添加剂审定或者饲料、饲料添加剂进口登记的，国务院农业行政主管部门不予审定或者登记；但是，其他申请人提交其自己所取得的数据的除外。

除下列情形外，国务院农业行政主管部门不得披露本条第一款规定的数据：

（一）公共利益需要；

（二）已采取措施确保该类信息不会被不正当地进行商业使用。

……

六、反不正当竞争

《中华人民共和国反不正当竞争法》导读：

1993 年 9 月 2 日，八届全国人大常委会第三次会议审议并通过了《中华人民共和国反不正当竞争法》。《反不正当竞争法》有以下主要内容：

（一）关于不正当竞争行为。

《反不正当竞争法》第二章共十一条，具体列举了不正当竞争行为，其中大多数为国际立法例中所共有，只有个别行为是根据我国现实市场交易活动中的突出问题加以规定的。这里，需要对下列三种行为加以说明：

（1）《反不正当竞争法》第十三条规定，经营者不得从事下列有奖销售：一是采用谎称有奖或者故意让内定人员中奖的欺骗方式进行有奖销售；二是利用有奖销售的手段推销质次价高的商品；三是抽奖式的有奖销售，最高奖的金额超过五千元。关于“抽奖式的有奖销售”，国外在立法上一般也都是作为一种不正当竞争行为加以禁止的。在我国，有些经营者不是通过提高质量、降低成本、改善服务，进行正当竞争，提高经济效益，而是利用一般消费者的投机、发财心理，追逐所谓“效益”。在现实经济生活中，商家以此作为推销商品甚至是推销假冒伪劣商品的手段，对公平竞争秩序的破坏性很大，也败坏了社会风气。因此，《反不正当竞争法》对“抽奖式的有奖销售”明确予以禁止。

（2）《反不正当竞争法》第八条规定，经营者不得采用财物或者其他手段进行贿赂以销售或者购买商品。这里的“贿赂”不完全是刑法上的概念。刑法上的受贿主要指非法收受他人财物。所谓“其他手段进行贿赂”，如给对方的供销人员提供出国机会、免费旅游，以这类手段销售或者购买商品也属于不正当竞争行为。

（3）《反不正当竞争法》第十条对经营者不得采用不正当手段侵犯他人的商业秘密作了规定。有些国家专门制定保护商业秘密法，在没有单独立法的国家，一般都是在反不正当竞争法中对此加以规定。

（二）关于监督检查部门。

有些国家专门设立处理不正当竞争行为的全国性机构，如美国的联邦贸易委员会、日本的公正交易委员会、韩国的公正交易委员会。设立专门性机构，对于法律的贯彻实施是有好处的。但就我国的实际情况而言，工商行政管理部门的主要职能就是维护市场经济秩序，完全可以作为不正当竞争行为的监督检查部门。因此，《反不正当竞争法》规定，县级以上人民政府工商行政管理部门对不正当竞争行为进行监督检查；法律、行政法规规定由其他部门监督检查的，依照其规定。

（三）关于不正当竞争行为的法律责任。

根据我国的立法实践，并借鉴国外的经验，对不正当竞争行为分别规定了民事、行政和刑事三种责任。

为了充分保护不正当竞争行为受害人的民事权益，《反不正当竞争法》第二十条规定，经营者违反本法规定，给被侵害的经营者造成损害的，应当承担损害赔偿责任，被侵害的经营者的损失难以计算的，赔偿额为侵权人在侵权期间因侵权所获得的利润；并应当承担被侵害的经营者因调查该经营者侵害其合法权益的不正当竞争行为所支付的合理费用。

为了保证国家对市场活动的必要干预和对交易秩序的有效维持,《反不正当竞争法》规定,监督检查部门可以根据受害人的请求或者依据职权查处不正当竞争行为,责令停止违法行为,消除违法后果或者影响,可以根据情节给予罚款、责令停业整顿或者吊销营业执照等行政处罚。

此外,《反不正当竞争法》还规定,对于采用假冒、模仿、虚假手段从事市场交易,诋毁、贬低竞争对手的商业信誉、商品声誉,采用财物或者其他手段进行贿赂以销售或者购买商品,以及侵犯商业秘密等行为,情节严重、构成犯罪的,依法追究刑事责任。

与反不正当竞争相关的法律主要有:《商标法》、《专利法》等。为贯彻实施《反不正当竞争法》,2007 年 1 月最高人民法院公布了《关于审理不正当竞争民事案件应用法律若干问题的解释》。

中华人民共和国反不正当竞争法

1. 1993年9月2日第八届全国人民代表大会常务委员会第三次会议通过
2. 1993年9月2日中华人民共和国主席令第10号公布
3. 自1993年12月1日起施行

目　　录

第一章　总　　则

第一条　【目的】为保障社会主义市场经济健康发展，鼓励和保护公平竞争，制止不正当竞争行为，保护经营者和消费者的合法权益，制定本法。

第二条　【原则】经营者在市场交易中，应当遵循自愿、平等、公平、诚实信用的原则，遵守公认的商业道德。

本法所称的不正当竞争，是指经营者违反本法规定，损害其他经营者的合法权益，扰乱社会经济秩序的行为。

本法所称的经营者，是指从事商品经营或者营利性服务(以下所称商品包括服务)的法人、其他经济组织和个人。

第三条　【政府管理】各级人民政府应当采取措施，制止不正当竞争行为，为公平竞争创造良好的环境和条件。

县级以上人民政府工商行政管理部门对不正当竞争行为进行监督检查；法律、行政法规规定由其他部门监督检查的，依照其规定。

第四条　【监督】国家鼓励、支持和保护一切组织和个人对不正当竞争行为进行社会监督。

国家机关工作人员不得支持、包庇不正当竞争行为。

第二章　不正当竞争行为

第五条　【不正当竞争手段】经营者不得采用下列不正当手段从事市场交易，损害竞争对手：

(一)假冒他人的注册商标；

(二)擅自使用知名商品特有的名称、包装、装潢，或者使用与知名商品近似的名称、包装、装潢，造成和他人的知名商品相混淆，使购买者误认为是该知名商品；

(三)擅自使用他人的企业名称或者姓名，引人误认为是他人的商品；

(四)在商品上伪造或者冒用认证标志、名优标志等质量标志，伪造产地，对商品质量作引人误解的虚假表示。

第六条　【禁止垄断经营】公用企业或者其他依法具有独占地位的经营者，不得限定他人购买其指定的经营者的商品，以排挤其他经营者的公平竞争。

第七条　【禁止权力经营】政府及其所属部门不得滥用行政权力，限定他人购买其指定的经营者的商品，限制其他经营者正当的经营活动。

政府及其所属部门不得滥用行政权力，限制外地商品进入本地市场，或者本地商品流向外地市场。

第八条　【禁止贿赂方式经营】经营者不得采用财物或者其他手段进行贿赂以销售或者购买商品。在帐外暗中给予对方单位或者个人回扣的，以行贿论处；对方单位或者个人在帐外暗中收受回扣的，以受贿论处。

经营者销售或者购买商品，可以以明示方式给对方折扣，可以给中间人佣金。经营者给对方折扣、给中间人佣金的，必须如实入帐。接受折扣、佣金的经营者必须如实入帐。

第九条　【禁止虚假广告】经营者不得利用广告或者其他方法，对商品的质量、制作成分、性能、用途、生产者、有效期限、产地等作引人误解的虚假宣传。

广告的经营者不得在明知或者应知的情况下，代理、设计、制作、发布虚假广告。

第十条　【侵犯商业秘密行为】经营者不得采用下列手段侵犯商业秘密：

(一)以盗窃、利诱、胁迫或者其他不正当手段获取权利人的商业秘密；

(二)披露、使用或者允许他人使用以前项手段获取的权利人的商业秘密；

(三)违反约定或者违反权利人有关保守商业秘密的要求，披露、使用或者允许他人使用其所掌握的商业秘密。

第三人明知或者应知前款所列违法行为，获取、使用或者披露他人的商业秘密，视为侵犯商业秘密。

本条所称的商业秘密，是指不为公众所知悉、能为权利人带来经济利益、具有实用性并经权利人采取保密措施的技术信息和经营信息。

第十一条　【禁止倾销】经营者不得以排挤竞争对手为目的，以低于成本的价格销售商品。

有下列情形之一的，不属于不正当竞争行为：

(一)销售鲜活商品；

(二)处理有效期限即将到期的商品或者其他积压的商品；

(三)季节性降价；

(四)因清偿债务、转产、歇业降价销售商品。

第十二条　【禁止搭销】经营者销售商品，不得违背购买者的意愿搭售商品或者附加其他不合理的条件。

第十三条　【禁止有奖销售】经营者不得从事下列有奖销售：

(一)采用谎称有奖或者故意让内定人员中奖的欺骗方式进行有奖销售；

(二)利用有奖销售的手段推销质次价高的商品；

(三)抽奖式的有奖销售，最高奖的金额超过五千元。

第十四条　【禁止损害商誉】经营者不得捏造、散布虚伪事实，损害竞争对手的商业信誉、商品声誉。

第十五条　【禁止串通投标】投标者不得串通投标，抬高标价或者压低标价。

投标者和招标者不得相互勾结，以排挤竞争对手的公平竞争。

第三章　监 督 检 查

第十六条　【监督机关】县级以上监督检查部门对不正当竞争行为，可以进行监督检查。

第十七条　【监督机关职权】监督检查部门在监督检查不正当竞争行为时，有权行使下列职权：

(一)按照规定程序询问被检查的经营者、利害关系人、证明人，并要求提供证明材料或者与不正当竞争行为有关的其他资料；

(二)查询、复制与不正当竞争行为有关的协议、帐册、单据、文件、记录、业务函电和其他资料；

(三)检查与本法第五条规定的不正当竞争行为有关的财物，必要时可以责令被检查的经营者说明该商品的来源和数量，暂停销售，听候检查，不得转移、隐匿、销毁该财物。

第十八条　【监督检查程序】监督检查部门工作人员监督检查不正当竞争行为时，应当出示检查证件。

第十九条　【被检查者义务】监督检查部门在监督检查不正当竞争行为时，被检查的经营者、利害关系人和证明人应当如实提供有关资料或者情况。

第四章　法 律 责 任

第二十条　【民事责任及范围】经营者违反本法规定，给被侵害的经营者造成损害的，应当承担损害赔偿责任，被侵害的经营者的损失难以计算的，赔偿额为侵权人在侵权期间因侵权所获得的利润；并应当承担被侵害的经营者因调查该经营者侵害其合法权益的不正当竞争行为所支付的合理费用。

被侵害的经营者的合法权益受到不正当竞争行为损害的，可以向人民法院提起诉讼。

第二十一条　【假冒标识的行政及刑事责任】经营者假冒他人的注册商标，擅自使用他人的企业名称或者姓名，伪造或者冒用认证标志、名优标志等质量标志，伪造产地，对商品质量作引人误解的虚假表示的，依照《中华人民共和国商标法》、《中华人民共和国产品质量法》的规定处罚。

经营者擅自使用知名商品特有的名称、包装、装潢，或者使用与知名商品近似的名称、包装、装潢，造成和他人的知名商品相混淆，使购买者误认为是该知名商品的，监督检查部门应当责令停止违法行为，没收违法所得，可以根据情节处以违法所得一倍以上三倍以下的罚款；情节严重的，可以吊销营业执照；销售伪劣商品，构成犯罪的，依法追究刑事责任。

第二十二条　【以贿赂方式经营的行政及刑事责任】经营者采用财物或者其他手段进行贿赂以销售或者购买商品，构成犯罪的，依法追究刑事责任；不构成犯罪的，监督检查部门可以根据情节处以一万元以上二十万元以下的罚款，有违法所得的，予以没收。

第二十三条　【限定他人购买的责任】公用企业或者其他依法具有独占地位的经营者，限定他人购买其指定的经营者的商品，以排挤其他经营者的公平竞争的，省级或者设区的市的监督检查部门应当责令停止违法行为，可以根据情节处以五万元以上二十万元以下的罚款。被指定的经营者借此销售质次价高商品或者滥收费用的，监督检查部门应当没收违法所得，可以根据情节处以违法所得一倍以上三倍以下的罚款。

第二十四条　【虚假宣传的责任】经营者利用广告或者其他方法，对商品作引人误解的虚假宣传的，监督检查部门应当责令停止违法行为,消除影响,可以根据情节处以一万元以上二十万元以下的罚款。

广告的经营者,在明知或者应知的情况下,代理、设计、制作、发布虚假广告的,监督检查部门应当责令停止违法行为,没收违法所得,并依法处以罚款。

第二十五条 **【侵犯商业秘密的责任】**违反本法第十条规定侵犯商业秘密的,监督检查部门应当责令停止违法行为,可以根据情节处以一万元以上二十万元以下的罚款。

第二十六条 **【违反规定进行有奖销售的责任】**经营者违反本法第十三条规定进行有奖销售的,监督检查部门应当责令停止违法行为,可以根据情节处以一万元以上十万元以下的罚款。

第二十七条 **【串通投标的责任】**投标者串通投标,抬高标价或者压低标价;投标者和招标者相互勾结,以排挤竞争对手的公平竞争的,其中标无效。监督检查部门可以根据情节处以一万元以上二十万元以下的罚款。

第二十八条 **【处分被责令暂停销售财物的责任】**经营者有违反被责令暂停销售,不得转移、隐匿、销毁与不正当竞争行为有关的财物的行为的,监督检查部门可以根据情节处以被销售、转移、隐匿、销毁财物的价款的一倍以上三倍以下的罚款。

第二十九条 **【对处罚的救济】**当事人对监督检查部门作出的处罚决定不服的,可以自收到处罚决定之日起十五日内向上一级主管机关申请复议;对复议决定不服的,可以自收到复议决定书之日起十五日内向人民法院提起诉讼;也可以直接向人民法院提起诉讼。

第三十条 **【政府及主管部门违法的责任】**政府及其所属部门违反本法第七条规定,限定他人购买其指定的经营者的商品、限制其他经营者正当的经营活动,或者限制商品在地区之间正常流通的,由上级机关责令其改正;情节严重的,由同级或者上级机关对直接责任人员给予行政处分。被指定的经营者借此销售质次价高商品或者滥收费用的,监督检查部门应当没收违法所得,可以根据情节处以违法所得一倍以上三倍以下的罚款。

第三十一条 **【执法人员违法的责任】**监督检查不正当竞争行为的国家机关工作人员滥用职权、玩忽职守,构成犯罪的,依法追究刑事责任;不构成犯罪的,给予行政处分。

第三十二条 **【包庇者的责任】**监督检查不正当竞争行为的国家机关工作人员徇私舞弊,对明知有违反本法规定构成犯罪的经营者故意包庇不使他受追诉的,依法追究刑事责任。

第五章 附 则

第三十三条 **【生效日期】**本法自1993年12月1日起施行。

最高人民法院关于审理不正当竞争民事案件应用法律若干问题的解释

1. 2006年12月30日最高人民法院审判委员会第1412次会议通过
2. 2007年1月12日公布
3. 法释[2007]2号
4. 自2007年2月1日起施行

为了正确审理不正当竞争民事案件,依法保护经营者的合法权益,维护市场竞争秩序,依照《中华人民共和国民法通则》、《中华人民共和国反不正当竞争法》、《中华人民共和国民事诉讼法》等法律的有关规定,结合审判实践经验和实际情况,制定本解释。

第一条 在中国境内具有一定的市场知名度,为相关公众所知悉的商品,应当认定为反不正当竞争法第五条第(二)项规定的"知名商品"。人民法院认定知名商品,应当考虑该商品的销售时间、销售区域、销售额和销售对象,进行任何宣传的持续时间、程度和地域范围,作为知名商品受保护的情况等因素,进行综合判断。原告应当对其商品的市场知名度负举证责任。

在不同地域范围内使用相同或者近似的知名商品特有的名称、包装、装潢,在后使用者能够证明其善意使用的,不构成反不正当竞争法第五条第(二)项规定的不正当竞争行为。因后来的经营活动进入相同地域范围而使其商品来源足以产生混淆,在先使用者请求责令在后使用者附加足以区别商品来源的其他标识的,人民法院应当予以支持。

第二条 具有区别商品来源的显著特征的商品的名称、包装、装潢,应当认定为反不正当竞争法第五条第(二)项规定的"特有的名称、包装、装潢"。有下列情形之一的,人民法院不认定为知名商品特有的名称、包装、装潢:

(一)商品的通用名称、图形、型号;

(二)仅仅直接表示商品的质量、主要原料、功能、用途、重量、数量及其他特点的商品名称；

(三)仅由商品自身的性质产生的形状，为获得技术效果而需有的商品形状以及使商品具有实质性价值的形状；

(四)其他缺乏显著特征的商品名称、包装、装潢。

前款第(一)、(二)、(四)项规定的情形经过使用取得显著特征的，可以认定为特有的名称、包装、装潢。

知名商品特有的名称、包装、装潢中含有本商品的通用名称、图形、型号，或者直接表示商品的质量、主要原料、功能、用途、重量、数量以及其他特点，或者含有地名，他人因客观叙述商品而正当使用的，不构成不正当竞争行为。

第三条　由经营者营业场所的装饰、营业用具的式样、营业人员的服饰等构成的具有独特风格的整体营业形象，可以认定为反不正当竞争法第五条第(二)项规定的“装潢”。

第四条　足以使相关公众对商品的来源产生误认，包括误认为与知名商品的经营者具有许可使用、关联企业关系等特定联系的，应当认定为反不正当竞争法第五条第(二)项规定的“造成和他人的知名商品相混淆，使购买者误认为是该知名商品”。

在相同商品上使用相同或者视觉上基本无差别的商品名称、包装、装潢，应当视为足以造成和他人知名商品相混淆。

认定与知名商品特有名称、包装、装潢相同或者近似，可以参照商标相同或者近似的判断原则和方法。

第五条　商品的名称、包装、装潢属于商标法第十条第一款规定的不得作为商标使用的标志，当事人请求依照反不正当竞争法第五条第(二)项规定予以保护的，人民法院不予支持。

第六条　企业登记主管机关依法登记注册的企业名称，以及在中国境内进行商业使用的外国(地区)企业名称，应当认定为反不正当竞争法第五条第(三)项规定的“企业名称”。具有一定的市场知名度、为相关公众所知悉的企业名称中的字号，可以认定为反不正当竞争法第五条第(三)项规定的“企业名称”。

在商品经营中使用的自然人的姓名，应当认定为反不正当竞争法第五条第(三)项规定的“姓名”。具有一定的市场知名度、为相关公众所知悉的自然人的笔名、艺名等，可以认定为反不正当竞争法第五条第(三)项规定的“姓名”。

第七条　在中国境内进行商业使用，包括将知名商品特有的名称、包装、装潢或者企业名称、姓名用于商品、商品包装以及商品交易文书上，或者用于广告宣传、展览以及其他商业活动中，应当认定为反不正当竞争法第五条第(二)项、第(三)项规定的“使用”。

第八条　经营者具有下列行为之一，足以造成相关公众误解的，可以认定为反不正当竞争法第九条第一款规定的引人误解的虚假宣传行为：

(一)对商品作片面的宣传或者对比的；

(二)将科学上未定论的观点、现象等当作定论的事实用于商品宣传的；

(三)以歧义性语言或者其他引人误解的方式进行商品宣传的。

以明显的夸张方式宣传商品，不足以造成相关公众误解的，不属于引人误解的虚假宣传行为。

人民法院应当根据日常生活经验、相关公众一般注意力、发生误解的事实和被宣传对象的实际情况等因素，对引人误解的虚假宣传行为进行认定。

第九条　有关信息不为其所属领域的相关人员普遍知悉和容易获得，应当认定为反不正当竞争法第十条第三款规定的“不为公众所知悉”。

具有下列情形之一的，可以认定有关信息不构成不为公众所知悉：

(一)该信息为其所属技术或者经济领域的人的一般常识或者行业惯例；

(二)该信息仅涉及产品的尺寸、结构、材料、部件的简单组合等内容，进入市场后相关公众通过观察产品即可直接获得；

(三)该信息已经在公开出版物或者其他媒体上公开披露；

(四)该信息已通过公开的报告会、展览等方式公开；

(五)该信息从其他公开渠道可以获得；

(六)该信息无需付出一定的代价而容易获得。

第十条　有关信息具有现实的或者潜在的商业价值，能为权利人带来竞争优势的，应当认定为反不正当竞争法第十条第三款规定的“能为权利人带来经济利益、具有实用性”。

第十一条　权利人为防止信息泄漏所采取的与其商业价值等具体情况相适应的合理保护措施，应当认定为反不正当竞争法第十条第三款规定的“保密措施”。

人民法院应当根据所涉信息载体的特性、权利人保密的意愿、保密措施的可识别程度、他人通过正当方式获得的难易程度等因素，认定权利人是否采取了保密措施。

具有下列情形之一，在正常情况下足以防止涉密信息泄漏的，应当认定权利人采取了保密措施：

（一）限定涉密信息的知悉范围，只对必须知悉的相关人员告知其内容；

（二）对于涉密信息载体采取加锁等防范措施；

（三）在涉密信息的载体上标有保密标志；

（四）对于涉密信息采用密码或者代码等；

（五）签订保密协议；

（六）对于涉密的机器、厂房、车间等场所限制来访者或者提出保密要求；

（七）确保信息秘密的其他合理措施。

第十二条 通过自行开发研制或者反向工程等方式获得的商业秘密，不认定为反不正当竞争法第十条第（一）、（二）项规定的侵犯商业秘密行为。

前款所称"反向工程"，是指通过技术手段对从公开渠道取得的产品进行拆卸、测绘、分析等而获得该产品的有关技术信息。当事人以不正当手段知悉了他人的商业秘密之后，又以反向工程为由主张获取行为合法的，不予支持。

第十三条 商业秘密中的客户名单，一般是指客户的名称、地址、联系方式以及交易的习惯、意向、内容等构成的区别于相关公知信息的特殊客户信息，包括汇集众多客户的客户名册，以及保持长期稳定交易关系的特定客户。

客户基于对职工个人的信赖而与职工所在单位进行市场交易，该职工离职后，能够证明客户自愿选择与自己或者其新单位进行市场交易的，应当认定没有采用不正当手段，但职工与原单位另有约定的除外。

第十四条 当事人指称他人侵犯其商业秘密的，应当对其拥有的商业秘密符合法定条件、对方当事人的信息与其商业秘密相同或者实质相同以及对方当事人采取不正当手段的事实负举证责任。其中，商业秘密符合法定条件的证据，包括商业秘密的载体、具体内容、商业价值和对该项商业秘密所采取的具体保密措施等。

第十五条 对于侵犯商业秘密行为，商业秘密独占使用许可合同的被许可人提起诉讼的，人民法院应当依法受理。

排他使用许可合同的被许可人和权利人共同提起诉讼，或者在权利人不起诉的情况下，自行提起诉讼，人民法院应当依法受理。

普通使用许可合同的被许可人和权利人共同提起诉讼，或者经权利人书面授权，单独提起诉讼的，人民法院应当依法受理。

第十六条 人民法院对于侵犯商业秘密行为判决停止侵害的民事责任时，停止侵害的时间一般持续到该项商业秘密已为公众知悉时为止。

依据前款规定判决停止侵害的时间如果明显不合理的，可以在依法保护权利人该项商业秘密竞争优势的情况下，判决侵权人在一定期限或者范围内停止使用该项商业秘密。

第十七条 确定反不正当竞争法第十条规定的侵犯商业秘密行为的损害赔偿额，可以参照确定侵犯专利权的损害赔偿额的方法进行；确定反不正当竞争法第五条、第九条、第十四条规定的不正当竞争行为的损害赔偿额，可以参照确定侵犯注册商标专用权的损害赔偿额的方法进行。

因侵权行为导致商业秘密已为公众所知悉的，应当根据该项商业秘密的商业价值确定损害赔偿额。商业秘密的商业价值，根据其研究开发成本、实施该项商业秘密的收益、可得利益、可保持竞争优势的时间等因素确定。

第十八条 反不正当竞争法第五条、第九条、第十条、第十四条规定的不正当竞争民事第一审案件，一般由中级人民法院管辖。

各高级人民法院根据本辖区的实际情况，经最高人民法院批准，可以确定若干基层人民法院受理不正当竞争民事第一审案件，已经批准可以审理知识产权民事案件的基层人民法院，可以继续受理。

第十九条 本解释自2007年2月1日起施行。

关于禁止仿冒知名商品特有的名称、包装、装潢的不正当竞争行为的若干规定

1995年7月6日国家工商行政管理局令第33号公布施行

第一条 为了制止仿冒知名商品特有的名称、包装、装潢的不正当竞争行为，根据《中华人民共和国反不正当竞争法》（以下简称《反不正当竞争法》）的有关规定，制定本规定。

第二条　仿冒知名商品特有的名称、包装、装潢的不正当竞争行为，是指违反《反不正当竞争法》第五条第（二）项规定，擅自将他人知名商品特有的商品名称、包装、装潢作相同或者近似使用，造成他人的知名商品相混淆，使购买者误认为是该知名商品的行为。

前款所称使购买者误认为是该知名商品，包括足以使购买者误认为是该知名商品。

第三条　本规定所称知名商品，是指在市场上具有一定知名度，为相关公众所知悉的商品。

本规定所称特有，是指商品名称、包装、装潢非为相关商品所通用，并具有显著的区别性特征。

本规定所称知名商品特有的名称，是指知名商品独有的通用名称有显著区别的商品名称。但该名称已经作为商标注册的除外。

本规定所称包装，是指为识别商品以及方便携带、储运而使用在商品上的辅助物和容器。

本规定所称装潢，是指为识别与美化商品而在商品或者其包装上附加的文字、图案、色彩及其排列组合。

第四条　厂商品名称、包装、装潢被他人擅自作相同或者近似使用，足以造成购买者误认的，该商品即可认定为知名商品。

特有的商品名称、包装、装潢应当依照使用在先的原则予以认定。

第五条　对使用知名商品近似的名称、包装、装潢，可以根据主要部分和整复印象相近，一般购买者施以普通注意力会发生误认等综合分析认定。

一般购买者已经发生误认或者混淆的，可以认定为近似。

第六条　县级以上工商行政管理机关在监督检查仿冒知名商品特有的名称、包装、装潢的不正当竞争行为时，对知名商品和特有的名称、包装、装潢一并予以认定。

第七条　经营者有本规定第二条所列行为的，县级以上工商行政管理机关可以依据《反不正当竞争法》第二十一条第二款的规定对其进行处罚。

第八条　经营者有本规定第二条所列行为的，工商行政管理机关除依前条规定予以处罚外，对侵权物品可作如下处理：

（一）收缴并销毁或者责令并监督侵权人销毁尚未使用的侵权的包装和装潢；

（二）责令并监督侵权人消除现存商品上侵权的商品名称、包装和装潢；

（三）收缴直接专门用于印制侵权的商品包装和装潢的模具、印板和其他作案工具；

（四）采取前三项措施不足以制止侵权行为的，或者侵权的商品名称、包装和装潢厂商品难以分离的，责令并监督侵权人销毁侵权物品。

第九条　销售明知或者应知是仿冒知名商品特有的名称、包装、装潢的商品的，比照本规定第七条、第八条的规定予以处罚。

第十条　知名商品经营者已经取得专利的知名商品特有的包装、装潢被仿冒的，工商行政管理机关可以依据《反不正当竞争法》及本规定对侵权人予以处罚。

第十一条　本规定自发布之日起施行。

关于禁止侵犯商业秘密行为的若干规定

1. 1995年11月23日国家工商行政管理局令第41号公布
2. 根据1998年12月3日国家工商行政管理局令第86号《修改〈经济合同示范文本管理办法〉等33件规章超越〈行政处罚法〉规定处罚权限的内容》修正

第一条　为了制止侵犯商业秘密的行为，保护商业秘密权利人的合法权益，维护社会主义市场经济秩序，根据《中华人民共和国反不正当竞争法》（以下简称《反不正当竞争法》）的有关规定，制定本规定。

第二条　本规定所称商业秘密，是指不为公众所知悉、能为权利人带来经济利益、具有实用性并经权利人采取保密措施的技术信息和经营信息。

本规定所称不为公众所知悉，是指该信息是不能从公开渠道直接获取的。

本规定所称能为权利人带来经济利益、具有实用性，是指该信息具有确定的可应用性，能为权利人带来现实的或者潜在的经济利益或者竞争优势。

本规定所称权利人采取保密措施，包括订立保密协议，建立保密制度及采取其他合理的保密措施。

本规定所称技术信息和经营信息，包括设计、程序、产品配方、制作工艺、制作方法、管理诀窍、客户名单、货源情报、产销策略、招投标中的标底及标书内容等信息。

本规定所称权利人，是指依法对商业秘密享有所有权或者使用权的公民、法人或者其他组织。

第三条　禁止下列侵犯商业秘密的行为：

（一）以盗窃、利诱、胁迫或者其他不正当手段获取权利人的商业秘密；

（二）披露、使用或者允许他人使用以前项手段获取的权利人的商业秘密；

（三）与权利人有业务关系的单位和个人违反合同约定或者违反权利人保守商业秘密的要求，披露、使用或者允许他人使用其所掌握的权利人的商业秘密；

（四）权利人的职工违反合同约定或者违反权利人保守商业秘密的要求，披露、使用或者允许他人使用其所掌握的权利人的商业秘密。

第三人明知或者应知前款所列违法行为，获取、使用或者披露他人的商业秘密，视为侵犯商业秘密。

第四条 侵犯商业秘密行为由县级以上工商行政管理机关认定处理。

第五条 权利人（申请人）认为其商业秘密受到侵害，向工商行政管理机关申请查处侵权行为时，应当提供商业秘密及侵权行为存在的有关证据。

被检查的单位和个人（被申请人）及利害关系人、证明人，应当如实向工商行政管理机关提供有关证据。

权利人能证明被申请人所使用的信息与自己的商业秘密具有一致性或者相同性，同时能证明被申请人有获取其商业秘密的条件，而被申请人不能提供或者拒不提供其所使用的信息是合法获得或者使用的证据的，工商行政管理机关可以根据有关证据，认定被申请人有侵权行为。

第六条 对被申请人违法披露、使用、允许他人使用商业秘密将给权利人造成不可挽回的损失的，应权利人请求并由权利人出具自愿对强制措施后果承担责任的书面保证，工商行政管理机关可以责令被申请人停止销售使用权利人商业秘密生产的产品。

第七条 违反本规定第三条的，由工商行政管理机关依照《反不正当竞争法》第二十五条的规定，责令停止违法行为，并可以根据情节处以1万元以上20万元以下的罚款。

工商行政管理机关在依照前款规定予以处罚时，对侵权物品可以作如下处理：

（一）责令并监督侵权人将载有商业秘密的图纸、软件及其他有关资料返还权利人。

（二）监督侵权人销毁使用权利人商业秘密生产的、流入市场将会造成商业秘密公开的产品。但权利人同意收购、销售等其他处理方式的除外。

第八条 对侵权人拒不执行处罚决定，继续实施本规定第三条所列行为的，视为新的违法行为，从重予以处罚。

第九条 权利人因损害赔偿问题向工商行政管理机关提出调解要求的，工商行政管理机关可以进行调解。

权利人也可以直接向人民法院起诉，请求损害赔偿。

第十条 国家机关及其公务人员在履行公务时，不得披露或者允许他人使用权利人的商业秘密。

工商行政管理机关的办案人员在监督检查侵犯商业秘密的不正当竞争行为时，应当对权利人的商业秘密予以保密。

第十一条 本规定由国家工商行政管理局负责解释。

第十二条 本规定自公布之日起施行。

国家工商行政管理局关于擅自制造、销售知名商品特有包装、装潢的行为如何定性处罚问题的答复

1. 1997年5月7日
2. 工商公字〔1997〕第128号

湖南省工商行政管理局：

你局《关于制造、销售知名商品特有包装的行为应如何定性处罚的请示》（湘工商法字〔1996〕188号）收悉。现答复如下：

擅自制造、销售他人知名商品特有的包装、装潢的行为，其后果足以导致市场混淆，属于《反不正当竞争法》第五条第（二）项规定的擅自使用知名商品特有的包装、装潢的不正当竞争行为，应依据《反不正当竞争法》和《关于禁止仿冒知名商品特有的名称、包装、装潢的不正当竞争行为的若干规定》予以处罚。

国家工商行政管理局关于在非相同非类似商品上擅自将他人知名商品特有的名称、包装、装潢作相同或者近似使用的定性处理问题的答复

1. 1998年11月20日
2. 工商公字〔1998〕第267号

天津市工商行政管理局：

你局《关于对天津市丽雅日用化工厂生产的水果精

华果王洗发露是否可按〈反不正当竞争法〉第五条第(二)项之规定进行认定的请示》(津工商检字〔1998〕第12号)收悉。经研究,答复如下:

仿冒知名商品特有的名称、包装、装潢的不正当竞争行为一般发生在相同或类似商品上,但经营者在非相同、非类似商品上,擅自将他人知名商品特有的名称、包装、装潢作相同或者近似的使用,造成或者足以造成混淆或者误认的,亦违反《反不正当竞争法》第二条规定的市场竞争原则,可以按照《反不正当竞争法》第五条第(二)项的规定认定为不正当竞争行为,并按《反不正当竞争法》及国家工商行政管理局《关于禁止仿冒知名商品特有的名称、包装、装潢的不正当竞争行为的若干规定》的有关规定查处。

国家工商行政管理局关于擅自使用知名商品特有包装行为定性处理问题的答复

1. 1999年10月20日
2. 工商公字〔1999〕第274号

北京市工商行政管理局:

你局《关于"SAUQUICK(鲜迪)"等果汁饮料的包装是否构成对"SANQUICK(鲜的)"果汁饮料包装不正当竞争的请示》(京工商文字〔1999〕103号)收悉。经研究,答复如下:

知名商品特有的名称、包装、装潢均是《反不正当竞争法》第五条第(二)项保护的对象,其他经营者擅自将知名商品特有的名称、包装、装潢三者同时作相同或者近似使用,或者将其中之一作相同或者近似使用,造成或者足以造成消费者误认的,均构成《反不正当竞争法》第五条第(二)项所规范的不正当竞争行为,应当按照《反不正当竞争法》和国家工商行政管理局《关于禁止仿冒知名商品特有的名称、包装、装潢的不正当竞争行为的若干规定》予以查处。

国家工商行政管理总局关于擅自将他人知名商品特有的包装、装潢作相同或者近似使用并取得外观专利的行为定性处理问题的答复

1. 2003年3月27日
2. 工商公字〔2003〕第39号

四川省工商行政管理局:

你局《关于对擅自将他人知名商品特有的包装、装潢作相同或者近似使用并取得外观设计专利的行为能否按〈反不正当竞争法〉予以查处的请示》(川工商办〔2003〕26号)收悉。经研究,答复如下:

知名商品特有的包装、装潢是《反不正当竞争法》保护的一项重要权利,对其应当按照使用在先的原则予以认定和保护。经营者擅自将他人知名商品特有的包装、装潢作相同或者近似使用,并取得外观设计专利的行为,侵害他人知名商品特有的包装、装潢的在先使用权,造成或者足以造成购买者误认或者混淆的,违反了《反不正当竞争法》第五条第(二)项的规定,构成不正当竞争行为,应当按照《反不正当竞争法》和国家工商行政管理总局《关于禁止仿冒知名商品特有的名称、包装、装潢的不正当竞争行为的若干规定》予以查处。

国家工商行政管理总局关于擅自将他人知名餐饮服务特有的装饰、装修风格作相同或近似使用的行为定性处理问题的答复

1. 2003年6月25日
2. 工商公字〔2003〕第85号

海南省工商行政管理局:

你局《关于擅自将他人知名餐饮服务特有的装饰、装修风格作相同或近似使用的行为定性处理问题的请示》(琼工商公消字〔2003〕33号)收悉。经研究,答复如下:

一、《反不正当竞争法》第二条第三款明确规定,该法所称"商品"包括"服务",因此,服务业的竞争行为应受

《反不正当竞争法》规制，工商行政管理机关有权查处服务业中的不正当竞争行为。

二、在餐饮服务中，对服务起到美化和识别作用的装饰设计、装修风格，属于餐饮服务的装潢。经营者擅自将他人知名餐饮服务特有的装饰、装修风格作相同或近似使用，造成或足以造成市场混淆或者误认的行为，构成《反不正当竞争法》第五条第（二）项禁止的不正当竞争行为，可以按照《反不正当竞争法》以及国家工商行政管理总局《关于禁止仿冒知名商品特有的名称、包装、装潢的不正当竞争行为的若干规定》予以处罚。

·典型案例·

河北三河福成养牛集团总公司诉哈尔滨福成饮食有限公司昆明分公司侵犯注册商标专用权及不正当竞争纠纷案

【裁判摘要】

一、根据最高人民法院《关于审理商标民事纠纷案件适用法律若干问题的解释》第一条第（一）项的规定，将与他人注册商标相同或相近似的文字作为企业的字号在相同或者类似商品上突出使用，容易使相关公众产生误认的属于给他人注册商标专用权造成损害的行为。根据国家商标局《关于保护服务商标若干问题的意见》第七条第二款的规定，他人正常使用服务行业惯用标志，以及正常方式使用商号（字号）、姓名、地名、服务场所名称，表示服务特点，对服务事项进行说明等不构成侵犯服务商标专用权行为，但具有明显不正当竞争意图的除外。根据上述规定，企业将与他人注册商标相同或相近似的文字作为字号在相同或者类似商品上使用时应遵循诚实信用原则。行为人以攀附他人知名商标，混淆相关公众对于相关商品的认知为目的，随意简化自己的商号在商品上使用的，属于侵犯他人注册商标专用权的行为。

二、《反不正当竞争法》第五条规定："经营者不得采用下列不正当手段从事市场交易，损害竞争对手：（一）假冒他人的注册商标；（二）擅自使用知名商品特有的名称、包装、装潢，或者使用与知名商品近似的名称、包装、装潢，造成和他人的知名商品相混淆，使购买者误认为是该知名商品……"根据上述规定，擅自使用他人知名商品特有的名称、包装、装潢，或者使用与他人知名商品近似的名称、包装、装潢，造成和他人的知名商品相混淆，使消费者误认为是该知名商品的行为属不正当竞争行为。

【基本案情】

原告河北三河福成养牛集团总公司（以下简称三河福成公司）因与被告哈尔滨福成饮食有限公司昆明分公司（以下简称昆明福成公司）发生侵犯注册商标专用权及不正当竞争纠纷，向云南省昆明市中级人民法院提起诉讼。

原告三河福成公司诉称：三河福成公司于1999年获得国家商标局颁发的第1344801号商标注册证书，对餐馆、旅馆等服务项目享有"福成"注册商标专用权。被告昆明福成公司未经原告许可，在其经营场所店门的正面、左侧和上方的广告宣传文字、店内定餐卡、店内张贴的广告宣传资料和散发的宣传单中突出使用三河福成公司的注册商标文字"福成"，并擅自使用三河福成公司知名服务"福成肥牛火锅"的名称和特有装潢，足以使相关公众产生混淆和误认，侵犯三河福成公司注册商标专用权，并构成不正当竞争。请求法院判令昆明福成公司停止使用带有"福成"文字的企业名称，立即停止带有"福成"文字的各类广告宣传，更换带有"福成"文字的宣传招牌，消除影响，在《昆明日报》上向三河福成公司赔礼道歉，并赔偿三河福成公司经济损失人民币20万元。

被告昆明福成公司辩称：第一，涉案第1344801号注册商标已于2003年4月7日由原告三河福成公司转让给案外人河北三河福成养牛有限公司，该公司现已被注销，三河福成公司不具备适格的诉讼主体资格，无权提起诉讼。第二，昆明福成公司的行为并不会导致相关公众产生混淆和误认。"福成"作为昆明福成公司的企业字号，早在1997年12月就通过了工商行政机关的核准登记，本公司完全是合法使用自己的字号，不侵犯他人的注册商标专用权，也不构成不正当竞争。请求法院驳回三河福成公司的诉讼请求。

【一审争议焦点】

一审争议焦点为：1. 原告三河福成公司是否为适格原告；2. 被告昆明福成公司实施的行为属于在合理使用范围内对企业名称的正当使用，还是属于侵犯他人注册商标权。

【一审裁判理由】

昆明市中级人民法院一审认为：

一、关于原告三河福成公司是否为适格原告的问题。《中华人民共和国商标法》（以下简称商标法）第五十三条规定:"有本法第五十二条所列侵犯注册商标专用权行为之一,引起纠纷的,由当事人协商解决;不愿协商或者协商不成的,商标注册人或者利害关系人可以向人民法院起诉,也可以请求工商行政管理部门处理。……"最高人民法院《关于审理商标民事纠纷案件适用法律若干问题的解释》第四条规定:"商标法第五十三条规定的利害关系人,包括注册商标使用许可合同的被许可人、注册商标财产权利的合法继承人等。在发生注册商标专用权被侵害时,独占使用许可合同的被许可人可以向人民法院提起诉讼;排他使用许可合同的被许可人可以和商标注册人共同起诉,也可以在商标注册人不起诉的情况下,自行提起诉讼;普通使用许可合同的被许可人经商标注册人明确授权,可以提起诉讼。"根据上述规定,注册商标的利害关系人享有相应的诉权,利害关系人的范围包括注册商标许可使用合同的被许可人,独占使用许可合同的被许可人可以向人民法院提起诉讼。三河福成公司系涉案注册商标独占使用许可合同的被许可人,是本案适格原告。

二、关于被告昆明福成公司实施的行为是属于在合理使用范围内对企业名称的正当使用,还是属于侵犯他人注册商标权的问题。

第一,根据《中华人民共和国民法通则》第九十九条之规定,法人享有名称权。本案中,被告昆明福成公司企业名称权取得时间先于原告三河福成公司第1344801号注册商标专用权取得的时间。注册商标专用权和企业名称权均属受法律保护的民事权利,不论注册商标专用权还是企业名称权,权利人在行使的时候都应遵循诚实信用原则,避免因不当使用而造成权利冲突。

第二,根据《中华人民共和国公司法》第十四条的规定,设立分公司是法人的合法权利,哈尔滨福成公司登记设立被告昆明福成公司作为其分支机构,并在该分支机构名称中使用涉案企业名称并无不当,原告三河福成公司要求昆明福成公司停止使用带有"福成"文字的企业名称没有法律依据。

第三,根据国家工商管理总局商标局《关于保护服务商标若干问题的意见》第七条第二款的规定,他人正常使用服务行业惯用标志,以及正常方式使用商号(字号)、姓名、地名、服务场所名称,表示服务特点,对服务事项进行说明等不构成侵犯服务商标专用权行为。餐饮行业的经营方式一般采取店堂经营,在店堂的醒目位置(牌匾、门头等处)突出使用企业名称可以使消费者准确、直观地识别服务的提供者,而完整使用企业名称不易强化消费者对字号部分的识别印象,故在长期商业实践中逐渐发展出仅保留其中字号部分的简化使用方式。但合理简化使用的企业名称应当包括字号和行业性质部分,以确保企业名称的基本识别性,且不得刻意突出字号部分,否则就超出了正当使用的范围。被告昆明福成公司系从事餐饮服务的企业,"肥牛"是原料的通用名称,昆明福成公司使用的"福成火锅"、"福成肥牛火锅"和"福成肥牛火锅昆明旗舰店"等表述包括了企业字号,并且反映了该企业经核准经营的内容,没有突出其中的字号"福成"文字部分,属于合理简化使用企业名称,并不构成对原告三河福成公司合法权益的侵害。

综上,被告昆明福成公司并未侵犯原告三河福成公司注册商标专用权,三河福成公司的诉讼请求不能成立。

【一审裁判结果】

昆明市中级人民法院于2006年11月24日判决:驳回三河福成公司的诉讼请求。案件受理费5510元,由三河福成公司负担。

【上诉情况】

三河福成公司不服一审判决,向云南省高级人民法院提出上诉,请求撤销原判,依法改判。主要理由是:1.根据最高人民法院《关于审理商标民事纠纷案件适用法律若干问题的解释》第一条第(一)项之规定,将与他人注册商标相同或近似的文字在相同或近似商品上突出使用,容易使相关公众产生误认的即为商标侵权行为,原判将商标注册时间需先于企业字号核准登记时间作为适用该条规定的前提条件缺乏根据。2.企业名称的简化使用必须遵循诚实信用原则,且必须报登记主管机关备案,第1344801号注册商标具有很高的市场知名度,哈尔滨福成公司在设立昆明福成公司之前即是上诉人三河福成公司的客户,其完全知晓第1344801号注册商标的知名度,但仍恶意使用该商标"福成"文字,且未经任何备案程序,其使用行为并非企业名称的合理简化。3.三河福成公司的"福成肥牛火锅"系知名服务,昆明福成公司的装潢、广告用语、菜单等均与三河福成公司的特有名称、特有装潢相同,已构成不正当竞争。4.昆明福成公司的非法经营额依法可以确定,其营业利润应作为赔偿依据。此外,三河福成公司提出新证据证明涉案的1344801号注册商标已由河北三河福成养牛有限公司依法转让给三河福成公司,三河福成公司在本案中系商标专用权人。综上,一审判决认定事实不清,适用法律错误,应当依法改判。

被上诉人昆明福成公司辩称:1. 河北三河福成养牛有限公司于 2005 年 3 月已被注销,其民事行为及权利能力消灭,上诉人三河福成公司受让 1344801 号注册商标专用权无效,无权以注册商标专用权人名义提起本案诉讼;2. 昆明福成公司系哈尔滨福成公司在昆明市依法设立的分支机构,依法享有企业名称权;3. 昆明福成公司使用“福成火锅”、“福成肥牛火锅”、“福成肥牛火锅旗舰店”等表述属于合理简化使用企业名称,不构成对三河福成公司合法权益的侵害。请求二审法院驳回上诉,维持原判。

【二审争议焦点】

二审争议焦点为:1. 被上诉人昆明福成公司是否侵犯上诉人三河福成公司的注册商标专用权;2. 昆明福成公司的行为是否构成不正当竞争;3. 昆明福成公司的行为如果构成侵权,侵权赔偿数额应当如何确定。

【二审裁判理由】

云南省高级人民法院二审认为:

一、关于被上诉人昆明福成公司是否侵犯上诉人三河福成公司注册商标专用权的问题。

本案中,上诉人三河福成公司享有注册商标专用权的 1344801 号注册商标的文字部分为汉字“福成”,被上诉人昆明福成公司在其经营场所将“福成”二字作为字号使用。三河福成公司的注册商标专用权及昆明福成公司的企业名称权均为依法成立的权利,法律一方面保护权利依法行使,另一方面也禁止权利滥用。就注册商标专用权而言,商标法第四十四条规定:“使用注册商标,有下列行为之一的,由商标局责令限期改正或者撤销其注册商标:(一)自行改变注册商标的;(二)自行改变注册商标的注册人名义、地址或者其他注册事项的;(三)自行转让注册商标的;(四)连续三年停止使用的。”第五十一条规定:“注册商标的专用权,以核准注册的商标和核定使用的商品为限。”根据上述规定,注册商标专用权以核准注册的商标和核定使用的商品为限,法律保护的是完整使用注册商标的行为,禁止自行改变注册商标的变更使用和部分使用。本案中,三河福成公司在其经营场所的牌匾上完整、显著地标明了其 1344801 号注册商标,属依法使用,而昆明福成公司就其企业名称的使用是否属依法正常使用则是本案的关键。最高人民法院《关于审理商标民事纠纷案件适用法律若干问题的解释》第一条第(一)项规定:“将与他人注册商标相同或相近似的文字作为企业的字号在相同或者类似商品上突出使用,容易使相关公众产生误认的属于给他人注册商标专用权造成损害的行为。”故要确定昆明福成公司是否侵犯三河福成公司注册商标专用权,需要审查昆明福成公司对其名称的使用是否属正常使用以及该使用是否容易使相关公众产生误认。

1. 关于被上诉人昆明福成公司对其企业名称的使用是否属正常使用的问题。

国家工商行政管理局《企业名称登记管理实施办法》第三十九条规定,企业使用名称,应当遵循诚实信用原则。国家工商行政管理局《企业名称登记管理规定》第二十条明确规定:“企业的印章、银行账户、牌匾、信笺所使用的名称应当与登记注册的企业名称相同。从事商业、公共饮食、服务等行业的企业名称牌匾可适当简化,但应当报登记主管机关备案。”国家工商行政管理局《关于〈企业名称登记管理规定〉有关问题的答复》(工商企字〔2001〕第 28 号)第二条明确规定:“企业分支机构名称适用《企业名称登记管理规定》的有关规定。”根据上述规定,企业名称一般应当规范使用,使用时应当与登记注册的企业名称相同。特定行业允许在符合诚实信用原则的前提下依法适当简化使用企业名称,但仅限于在牌匾上使用。被上诉人昆明福成公司登记注册的企业名称为“哈尔滨福成饮食有限公司昆明分公司”,但并没有在经营场所规范、完整地使用其企业名称,相反,昆明福成公司在其经营场所的牌匾、外墙、内外装饰、宣传资料、定餐卡、菜单上,大量使用“福成”、“福成集团”、“福成肥牛”、“福成火锅”、“福成肥牛火锅”、“福成肥牛火锅昆明旗舰店”等与其企业名称不符的文字。法律只规定企业有依法“简化”企业名称的权利,而未规定企业可以随意变更企业名称。简化是在全称基础上的合理缩减,而非彻底抛弃原名称,随意使用与原名称完全不同的新名称,况且法律规定,企业名称的简化只允许在牌匾上使用,还须报登记主管机关备案,昆明福成公司的行为明显不符合法律的规定,故昆明福成公司并非正常使用其企业名称。

2. 关于被上诉人昆明福成公司对“福成”文字的使用是否容易使相关公众产生误认的问题。

从被上诉人昆明福成公司对“福成”文字的具体使用情况上看,昆明福成公司具有违背诚实信用原则的不正当竞争意图,主观上具有混淆服务来源的故意。第一,昆明福成公司经营场所牌匾上方挂有昆明福成公司自称享有商标专用权的“龙福成”注册商标灯箱，该商标本为卡通牛举旗图案并附有“龙福成”文字，但灯箱中标注的是卡通牛举旗图案并附有“福成”文字，昆明福成公司故意改变了其商标文字，使之与三河福成公司注册商标文字完全相同；第二，昆明福成公司店外灯箱上标有“龙福成肥牛火锅”文字，其中“龙”字明显小于其他文字，客观上突出了“福成”二字；第三，结合昆明福成公司对于“福成”文字的其他具体使用方法，如在定餐卡、经营场所装饰中广泛使用与其企业名称不符的“福成集团”、“福成肥牛”、“福成火锅”、“福成肥牛火锅”、“福成肥牛火锅昆明旗舰店”等文字来看，昆明福成公司正以突出“福成”二字的方法强化该二字在消费者认知中的印象，淡化“福成”二字来源，使公众不能明确“福成”究竟是三河福成公司商标的组成部分还是昆明福成公司企业名称的组成部分。此外，结合哈尔滨福成公司与昆明福成公司均和三河福成公司具有长期业务往来，知晓三河福成公司涉案注册商标相关情况的客观事实，可以认定昆明福成公司具有不正当竞争故意，违背诚实信用原则不当使用企业名称。国家工商管理总局商标局制订的《关于保护服务商标若干问题的意见》第七条第二款规定：“他人正常使用服务行业惯用标志，以及正常方式使用商号(字号)、姓名、地名、服务场所名称，表示服务特点，对服务事项进行说明等不构成侵犯服务商标专用权行为，但具有明显不正当竞争意图的除外。”由于昆明福成公司并非正常使用其字号，且具有明显不正当竞争故意，原判适用该规定认定昆明福成公司未侵犯三河福成公司注册商标专用权属适用法律错误。

从被上诉人昆明福成公司不当使用上诉人三河福成公司涉案注册商标文字“福成”的后果看，客观上会使普通消费者在认知上对权利主体产生混淆和误认。首先，从视觉印象上看，涉案注册商标是由汉字“福成”和汉语拼音“fucheng”与牛头型图案组合构成的组合商标，而汉字“福成”位于通常有较强视觉吸引力的上部，是该商标的视觉显著部分；拼音和图案结合在一起位于视觉吸引力较弱的下部，且从视觉效果上看比较模糊，并不十分醒目。一般情况下，消费者看到此商标时，视觉注意力首先是被汉字“福成”所吸引，消费者在不同场合分别看到涉案注册商标和昆明福成公司企业字号(福成)之后，会产生视觉上相似的认识。其次，从对涉案商标和企业名称的汉字部分的认知上看，企业名称通常只能通过汉字语义表达方式来实现其识别功能，就本案来看，涉案企业字号“福成”与涉案注册商标视觉显著部分汉字“福成”语义完全相同，很可能使消费者产生两者的主体相同或有密切关联的认识。加之昆明福成公司在其经营场所并未正常使用其企业名称，相反在牌匾、外墙、内外装饰等处突出使用“福成”文字，容易使相关公众产生误认。

综上所述，被上诉人昆明福成公司将与上诉人三河福成公司注册商标相同的文字“福成”作为企业的字号在相同服务上突出使用，容易使相关公众产生误认，已构成对三河福成公司1344801号注册商标专用权的侵害。

二、关于被上诉人昆明福成公司的行为是否构成不正当竞争的问题。

《中华人民共和国反不正当竞争法》(以下简称反不正当竞争法)第五条规定：“经营者不得采用下列不正当手段从事市场交易，损害竞争对手：(一)假冒他人的注册商标；(二)擅自使用知名商品特有的名称、包装、装潢，或者使用与知名商品近似的名称、包装、装潢，造成和他人的知名商品相混淆，使购买者误认为是该知名商品……”根据上述规定，擅自使用知名商品特有的名称、包装、装潢，或者使用与知名商品近似的名称、包装、装潢，造成和他人的知名商品相混淆，使消费者误认为是该知名商品的行为属不正当竞争行为。上诉人三河福成公司认为，被上诉人昆明福成公司擅自使用“福成肥牛火锅”这一知名服务的特有名称及其装潢，构成不正当竞争。昆明福成公司仍坚持其使用的是自己的企业名称，不构成不正当竞争。“福成肥牛火锅”系三河福成公司多年经营的知名火锅服务，本案具有适用反不正当竞争法第五条第(二)项之规定的前提。昆明福成公司在其经营场所明显标注“福成肥牛火锅”这一三河福成公司知名火锅服务的特有名称，该行为易使消费者产生误认，已构成不正当竞争。

三、关于如何计算侵权赔偿数额的问题。

被上诉人昆明福成公司将与上诉人三河福成公司注册商标相同的文字“福成”作为企业的字号在相同服务上突出使用，并擅自使用三河福成公司“福成肥牛火锅”这一知名火锅服务的特有名称，使消费者产生误认，已构成对三河福成公司1344801号注册商标专用权的侵害，并构成不正当竞争，应承担侵权责任，停止侵权、消除影响、赔礼道歉并赔偿损失。

商标法第五十六条第一款规定：“侵犯商标专用权的赔偿数额，为侵权人在侵权期间因侵权所获得的利益，或者被侵权人在侵权期间因被侵权所受到的损失，包括被侵权人为制止侵权行为所支付的合理开支。”第二款规定:“前款所称侵权人因侵权所得利益,或者被侵权人因被侵权所受损失难以确定的,由人民法院根据侵权行为的情节判决给予五十万元以下的赔偿。”反不正当竞争法第二十条第一款规定:“经营者违反本法规定,给被侵害的经营者造成损害的,应当承担损害赔偿责任,被侵害的经营者的损失难以计算的,赔偿额为侵权人在侵权期间因侵权所获得的利润;并应当承担被侵害的经营者因调查该经营者侵害其合法权益的不正当竞争行为所支付的合理费用。”本案中,因根据上诉人三河福成公司举证情况不足以认定被上诉人昆明福成公司因侵权所得利益(经营利润)或三河福成公司因侵权所受损失,故本案应根据商标法第五十六条第二款之规定在50万元以下确定赔偿金额。昆明福成公司自2005年成立至今共上缴营业税557 324元,营业额为11 146 480元。三河福成公司要求的20万元赔偿金额合理,应予支持。

【二审裁判结果】

云南省高级人民法院于2007年4月5日判决:

一、撤销云南省昆明市中级人民法院作出的一审民事判决;

二、被上诉人昆明福成公司立即停止对上诉人三河福成公司第1344801号注册商标文字“福成”及其知名服务的特有名称“福成肥牛火锅”的违法使用;

三、被上诉人昆明福成公司于本判决生效后十日内在《昆明日报》发表声明,向上诉人三河福成公司赔礼道歉,消除侵权影响;

四、被上诉人昆明福成公司于本判决生效后十日内赔偿上诉人三河福成公司经济损失人民币20万元;

五、驳回上诉人三河福成公司的其他诉讼请求。

一、二审案件受理费各5510元,均由被上诉人昆明福成公司负担。

本判决为终审判决。

七、侵犯知识产权的刑事责任

资料补充栏

中华人民共和国刑法(节录)

1. 1979年7月1日第五届全国人民代表大会第二次会议通过
2. 1997年3月14日第八届全国人民代表大会第五次会议修订
3. 根据1998年12月29日第九届全国人民代表大会常务委员会第六次会议通过的《关于惩治骗购外汇、逃汇和非法买卖外汇犯罪的决定》第一次修正
4. 根据1999年12月25日第九届全国人民代表大会常务委员会第十三次会议通过的《中华人民共和国刑法修正案》第二次修正
5. 根据2001年8月31日第九届全国人民代表大会常务委员会第二十三次会议通过的《中华人民共和国刑法修正案(二)》第三次修正
6. 根据2001年12月29日第九届全国人民代表大会常务委员会第二十五次会议通过的《中华人民共和国刑法修正案(三)》第四次修正
7. 根据2002年12月28日第九届全国人民代表大会常务委员会第三十一次会议通过的《中华人民共和国刑法修正案(四)》第五次修正
8. 根据2005年2月28日第十届全国人民代表大会常务委员会第十四次会议通过的《中华人民共和国刑法修正案(五)》第六次修正
9. 根据2006年6月29日第十届全国人民代表大会常务委员会第二十二次会议通过的《中华人民共和国刑法修正案(六)》第七次修正
10. 根据2009年2月28日第十一届全国人民代表大会常务委员会第七次会议通过的《中华人民共和国刑法修正案(七)》第八次修正
11. 根据2009年8月27日第十一届全国人民代表大会常务委员会第十次会议通过的《关于修改部分法律的决定》第九次修正
12. 根据2011年2月25日第十一届全国人民代表大会常务委员会第十九次会议通过的《中华人民共和国刑法修正案(八)》第十次修正

第二编 分 则

第三章 破坏社会主义市场经济秩序罪

第七节 侵犯知识产权罪

第二百一十三条 【假冒注册商标罪】未经注册商标所有人许可,在同一种商品上使用与其注册商标相同的商标,情节严重的,处三年以下有期徒刑或者拘役,并处或者单处罚金;情节特别严重的,处三年以上七年以下有期徒刑,并处罚金。

第二百一十四条 【销售假冒注册商标的商品罪】销售明知是假冒注册商标的商品,销售金额数额较大的,处三年以下有期徒刑或者拘役,并处或者单处罚金;销售金额数额巨大的,处三年以上七年以下有期徒刑,并处罚金。

第二百一十五条 【非法制造、销售非法制造的注册商标标识罪】伪造、擅自制造他人注册商标标识或者销售伪造、擅自制造的注册商标标识,情节严重的,处三年以下有期徒刑、拘役或者管制,并处或者单处罚金;情节特别严重的,处三年以上七年以下有期徒刑,并处罚金。

第二百一十六条 【假冒专利罪】假冒他人专利,情节严重的,处三年以下有期徒刑或者拘役,并处或者单处罚金。

第二百一十七条 【侵犯著作权罪】以营利为目的,有下列侵犯著作权情形之一,违法所得数额较大或者有其他严重情节的,处三年以下有期徒刑或者拘役,并处或者单处罚金;违法所得数额巨大或者有其他特别严重情节的,处三年以上七年以下有期徒刑,并处罚金:

(一)未经著作权人许可,复制发行其文字作品、音乐、电影、电视、录像作品、计算机软件及其他作品的;

(二)出版他人享有专有出版权的图书的;

(三)未经录音录像制作者许可,复制发行其制作的录音录像的;

(四)制作、出售假冒他人署名的美术作品的。

第二百一十八条 【销售侵权复制品罪】以营利为目的,销售明知是本法第二百一十七条规定的侵权复制品,违法所得数额巨大的,处三年以下有期徒刑或者拘役,并处或者单处罚金。

第二百一十九条 【侵犯商业秘密罪】有下列侵犯商业秘密行为之一,给商业秘密的权利人造成重大损失的,处三年以下有期徒刑或者拘役,并处或者单处罚金;造成特别严重后果的,处三年以上七年以下有期徒刑,并处罚金:

(一)以盗窃、利诱、胁迫或者其他不正当手段获取权利人的商业秘密的;

(二)披露、使用或者允许他人使用以前项手段获取的权利人的商业秘密的;

(三)违反约定或者违反权利人有关保守商业秘密的要求,披露、使用或者允许他人使用其所掌握的商业秘密的。

明知或者应知前款所列行为,获取、使用或者披露他人的商业秘密的,以侵犯商业秘密论。

本条所称商业秘密,是指不为公众所知悉,能为权利人带来经济利益,具有实用性并经权利人采取保密措施的技术信息和经营信息。

本条所称权利人,是指商业秘密的所有人和经商业秘密所有人许可的商业秘密使用人。

第二百二十条　【单位犯侵犯知识产权罪的处罚规定】 单位犯本节第二百一十三条至第二百一十九条规定之罪的,对单位判处罚金,并对其直接负责的主管人员和其他直接责任人员,依照本节各该条的规定处罚。

最高人民检察院、公安部关于公安机关管辖的刑事案件立案追诉标准的规定(一)(节录)

1. 2008年6月25日发布

2. 公通字[2008]36号

……

第二十六条　[侵犯著作权案(刑法第二百一十七条)] 以营利为目的,未经著作权人许可,复制发行其文字作品、音乐、电影、电视、录像作品、计算机软件及其他作品,或者出版他人享有专有出版权的图书,或者未经录音录像制作者许可,复制发行其制作的录音录像,或者制作、出售假冒他人署名的美术作品,涉嫌下列情形之一的,应予立案追诉:

(一)违法所得数额三万元以上的;

(二)非法经营数额五万元以上的;

(三)未经著作权人许可,复制发行其文字作品、音乐、电影、电视、录像作品、计算机软件及其他作品,复制品数量合计五百张(份)以上的;

(四)未经录音录像制作者许可,复制发行其制作的录音录像制品,复制品数量合计五百张(份)以上的;

(五)其他情节严重的情形。

以刊登收费广告等方式直接或者间接收取费用的情形,属于本条规定的"以营利为目的"。

本条规定的"未经著作权人许可",是指没有得到著作权人授权或者伪造、涂改著作权人授权许可文件或者超出授权许可范围的情形。

本条规定的"复制发行",包括复制、发行或者既复制又发行的行为。

通过信息网络向公众传播他人文字作品、音乐、电影、电视、录像作品、计算机软件及其他作品,或者通过信息网络传播他人制作的录音录像制品的行为,应当视为本条规定的"复制发行"。

侵权产品的持有人通过广告、征订等方式推销侵权产品的,属于本条规定的"发行"。

本条规定的"非法经营数额",是指行为人在实施侵犯知识产权行为过程中,制造、储存、运输、销售侵权产品的价值。已销售的侵权产品的价值,按照实际销售的价格计算。制造、储存、运输和未销售的侵权产品的价值,按照标价或者已经查清的侵权产品的实际销售平均价格计算。侵权产品没有标价或者无法查清其实际销售价格的,按照被侵权产品的市场中间价格计算。

第二十七条　[销售侵权复制品案(刑法第二百一十八条)] 以营利为目的,销售明知是刑法第二百一十七条规定的侵权复制品,涉嫌下列情形之一的,应予立案追诉:

(一)违法所得数额十万元以上的;

(二)违法所得数额虽未达到上述数额标准,但尚未销售的侵权复制品货值金额达到三十万元以上的。

……

最高人民检察院、公安部关于公安机关管辖的刑事案件立案追诉标准的规定(二)(节录)

1. 2010年5月7日发布

2. 公通字[2010]23号

……

第六十九条　[假冒注册商标案(刑法第二百一十三条)] 未经注册商标所有人许可,在同一种商品上使用与其注册商标相同的商标,涉嫌下列情形之一的,应予立案追诉:

(一)非法经营数额在五万元以上或者违法所得数额在三万元以上的;

(二)假冒两种以上注册商标,非法经营数额在三万元以上或者违法所得数额在二万元以上的；

（三）其他情节严重的情形。

第七十条 ［销售假冒注册商标的商品案（刑法第二百一十四条）］销售明知是假冒注册商标的商品，涉嫌下列情形之一的，应予立案追诉：

（一）销售金额在五万元以上的；

（二）尚未销售，货值金额在十五万元以上的；

（三）销售金额不满五万元，但已销售金额与尚未销售的货值金额合计在十五万元以上的。

第七十一条 ［非法制造、销售非法制造的注册商标标识案（刑法第二百一十五条）］伪造、擅自制造他人注册商标标识或者销售伪造、擅自制造的注册商标标识，涉嫌下列情形之一的，应予立案追诉：

（一）伪造、擅自制造或者销售伪造、擅自制造的注册商标标识数量在二万件以上，或者非法经营数额在五万元以上，或者违法所得数额在三万元以上的；

（二）伪造、擅自制造或者销售伪造、擅自制造两种以上注册商标标识数量在一万件以上，或者非法经营数额在三万元以上，或者违法所得数额在二万元以上的；

（三）其他情节严重的情形。

第七十二条 ［假冒专利案（刑法第二百一十六条）］假冒他人专利，涉嫌下列情形之一的，应予立案追诉：

（一）非法经营数额在二十万元以上或者违法所得数额在十万元以上的；

（二）给专利权人造成直接经济损失在五十万元以上的；

（三）假冒两项以上他人专利，非法经营数额在十万元以上或者违法所得数额在五万元以上的；

（四）其他情节严重的情形。

第七十三条 ［侵犯商业秘密案（刑法第二百一十九条）］侵犯商业秘密，涉嫌下列情形之一的，应予立案追诉：

（一）给商业秘密权利人造成损失数额在五十万元以上的；

（二）因侵犯商业秘密违法所得数额在五十万元以上的；

（三）致使商业秘密权利人破产的；

（四）其他给商业秘密权利人造成重大损失的情形。

……

最高人民法院、最高人民检察院关于办理侵犯知识产权刑事案件具体应用法律若干问题的解释

1. *2004年11月2日最高人民法院审判委员会第1331次会议、2004年11月11日最高人民检察院第十届检察委员会第28次会议通过*
2. *2004年12月8日公布*
3. *法释〔2004〕19号*
4. *自2004年12月22日起施行*

为依法惩治侵犯知识产权犯罪活动，维护社会主义市场经济秩序，根据刑法有关规定，现就办理侵犯知识产权刑事案件具体应用法律的若干问题解释如下：

第一条 未经注册商标所有人许可，在同一种商品上使用与其注册商标相同的商标，具有下列情形之一的，属于刑法第二百一十三条规定的“情节严重”，应当以假冒注册商标罪判处三年以下有期徒刑或者拘役，并处或者单处罚金：

（一）非法经营数额在五万元以上或者违法所得数额在三万元以上的；

（二）假冒两种以上注册商标，非法经营数额在三万元以上或者违法所得数额在二万元以上的；

（三）其他情节严重的情形。

具有下列情形之一的，属于刑法第二百一十三条规定的“情节特别严重”，应当以假冒注册商标罪判处三年以上七年以下有期徒刑，并处罚金：

（一）非法经营数额在二十五万元以上或者违法所得数额在十五万元以上的；

（二）假冒两种以上注册商标，非法经营数额在十五万元以上或者违法所得数额在十万元以上的；

（三）其他情节特别严重的情形。

第二条 销售明知是假冒注册商标的商品，销售金额在五万元以上的，属于刑法第二百一十四条规定的“数额较大”，应当以销售假冒注册商标的商品罪判处三年以下有期徒刑或者拘役，并处或者单处罚金。

销售金额在二十五万元以上的，属于刑法第二百一十四条规定的“数额巨大”，应当以销售假冒注册商标的商品罪判处三年以上七年以下有期徒刑，并处罚金。

第三条 伪造、擅自制造他人注册商标标识或者销售伪

造、擅自制造的注册商标标识,具有下列情形之一的,属于刑法第二百一十五条规定的“情节严重”,应当以非法制造、销售非法制造的注册商标标识罪判处三年以下有期徒刑、拘役或者管制,并处或者单处罚金:

(一)伪造、擅自制造或者销售伪造、擅自制造的注册商标标识数量在二万件以上,或者非法经营数额在五万元以上,或者违法所得数额在三万元以上的;

(二)伪造、擅自制造或者销售伪造、擅自制造两种以上注册商标标识数量在一万件以上,或者非法经营数额在三万元以上,或者违法所得数额在二万元以上的;

(三)其他情节严重的情形。

具有下列情形之一的,属于刑法第二百一十五条规定的“情节特别严重”,应当以非法制造、销售非法制造的注册商标标识罪判处三年以上七年以下有期徒刑,并处罚金:

(一)伪造、擅自制造或者销售伪造、擅自制造的注册商标标识数量在十万件以上,或者非法经营数额在二十五万元以上,或者违法所得数额在十五万元以上的;

(二)伪造、擅自制造或者销售伪造、擅自制造两种以上注册商标标识数量在五万件以上,或者非法经营数额在十五万元以上,或者违法所得数额在十万元以上的;

(三)其他情节特别严重的情形。

第四条 假冒他人专利,具有下列情形之一的,属于刑法第二百一十六条规定的“情节严重”,应当以假冒专利罪判处三年以下有期徒刑或者拘役,并处或者单处罚金:

(一)非法经营数额在二十万元以上或者违法所得数额在十万元以上的;

(二)给专利权人造成直接经济损失五十万元以上的;

(三)假冒两项以上他人专利,非法经营数额在十万元以上或者违法所得数额在五万元以上的;

(四)其他情节严重的情形。

第五条 以营利为目的,实施刑法第二百一十七条所列侵犯著作权行为之一,违法所得数额在三万元以上的,属于“违法所得数额较大”;具有下列情形之一的,属于“有其他严重情节”,应当以侵犯著作权罪判处三年以下有期徒刑或者拘役,并处或者单处罚金:

(一)非法经营数额在五万元以上的;

(二)未经著作权人许可,复制发行其文字作品、音乐、电影、电视、录像作品、计算机软件及其他作品,复制品数量合计在一千张(份)以上的;

(三)其他严重情节的情形。

以营利为目的,实施刑法第二百一十七条所列侵犯著作权行为之一,违法所得数额在十五万元以上的,属于“违法所得数额巨大”;具有下列情形之一的,属于“有其他特别严重情节”,应当以侵犯著作权罪判处三年以上七年以下有期徒刑,并处罚金:

(一)非法经营数额在二十五万元以上的;

(二)未经著作权人许可,复制发行其文字作品、音乐、电影、电视、录像作品、计算机软件及其他作品,复制品数量合计在五千张(份)以上的;

(三)其他特别严重情节的情形。

第六条 以营利为目的,实施刑法第二百一十八条规定的行为,违法所得数额在十万元以上的,属于“违法所得数额巨大”,应当以销售侵权复制品罪判处三年以下有期徒刑或者拘役,并处或者单处罚金。

第七条 实施刑法第二百一十九条规定的行为之一,给商业秘密的权利人造成损失数额在五十万元以上的,属于“给商业秘密的权利人造成重大损失”,应当以侵犯商业秘密罪判处三年以下有期徒刑或者拘役,并处或者单处罚金。

给商业秘密的权利人造成损失数额在二百五十万元以上的,属于刑法第二百一十九条规定的“造成特别严重后果”,应当以侵犯商业秘密罪判处三年以上七年以下有期徒刑,并处罚金。

第八条 刑法第二百一十三条规定的“相同的商标”,是指与被假冒的注册商标完全相同,或者与被假冒的注册商标在视觉上基本无差别、足以对公众产生误导的商标。

刑法第二百一十三条规定的“使用”,是指将注册商标或者假冒的注册商标用于商品、商品包装或者容器以及产品说明书、商品交易文书,或者将注册商标或者假冒的注册商标用于广告宣传、展览以及其他商业活动等行为。

第九条 刑法第二百一十四条规定的“销售金额”,是指销售假冒注册商标的商品后所得和应得的全部违法收入。

具有下列情形之一的,应当认定为属于刑法第二百一十四条规定的“明知”:

(一)知道自己销售的商品上的注册商标被涂改、

调换或者覆盖的；

（二）因销售假冒注册商标的商品受到过行政处罚或者承担过民事责任、又销售同一种假冒注册商标的商品的；

（三）伪造、涂改商标注册人授权文件或者知道该文件被伪造、涂改的；

（四）其他知道或者应当知道是假冒注册商标的商品的情形。

第十条 实施下列行为之一的，属于刑法第二百一十六条规定的“假冒他人专利”的行为：

（一）未经许可，在其制造或者销售的产品、产品的包装上标注他人专利号的；

（二）未经许可，在广告或者其他宣传材料中使用他人的专利号，使人将所涉及的技术误认为是他人专利技术的；

（三）未经许可，在合同中使用他人的专利号，使人将合同涉及的技术误认为是他人专利技术的；

（四）伪造或者变造他人的专利证书、专利文件或者专利申请文件的。

第十一条 以刊登收费广告等方式直接或者间接收取费用的情形，属于刑法第二百一十七条规定的“以营利为目的”。

刑法第二百一十七条规定的“未经著作权人许可”，是指没有得到著作权人授权或者伪造、涂改著作权人授权许可文件或者超出授权许可范围的情形。

通过信息网络向公众传播他人文字作品、音乐、电影、电视、录像作品、计算机软件及其他作品的行为，应当视为刑法第二百一十七条规定的“复制发行”。

第十二条 本解释所称“非法经营数额”，是指行为人在实施侵犯知识产权行为过程中，制造、储存、运输、销售侵权产品的价值。已销售的侵权产品的价值，按照实际销售的价格计算。制造、储存、运输和未销售的侵权产品的价值，按照标价或者已经查清的侵权产品的实际销售平均价格计算。侵权产品没有标价或者无法查清其实际销售价格的，按照被侵权产品的市场中间价格计算。

多次实施侵犯知识产权行为，未经行政处理或者刑事处罚的，非法经营数额、违法所得数额或者销售金额累计计算。

本解释第三条所规定的“件”，是指标有完整商标图样的一份标识。

第十三条 实施刑法第二百一十三条规定的假冒注册商标犯罪，又销售该假冒注册商标的商品，构成犯罪的，应当依照刑法第二百一十三条的规定，以假冒注册商标罪定罪处罚。

实施刑法第二百一十三条规定的假冒注册商标犯罪，又销售明知是他人的假冒注册商标的商品，构成犯罪的，应当实行数罪并罚。

第十四条 实施刑法第二百一十七条规定的侵犯著作权犯罪，又销售该侵权复制品，构成犯罪的，应当依照刑法第二百一十七条的规定，以侵犯著作权罪定罪处罚。

实施刑法第二百一十七条规定的侵犯著作权犯罪，又销售明知是他人的侵权复制品，构成犯罪的，应当实行数罪并罚。

第十五条 单位实施刑法第二百一十三条至第二百一十九条规定的行为，按照本解释规定的相应个人犯罪的定罪量刑标准的三倍定罪量刑。

第十六条 明知他人实施侵犯知识产权犯罪，而为其提供贷款、资金、账号、发票、证明、许可证件，或者提供生产、经营场所或运输、储存、代理进出口等便利条件、帮助的，以侵犯知识产权犯罪的共犯论处。

第十七条 以前发布的有关侵犯知识产权犯罪的司法解释，与本解释相抵触的，自本解释施行后不再适用。

最高人民法院、最高人民检察院
关于办理侵犯知识产权刑事案件
具体应用法律若干问题的解释（二）

1. *2007年4月4日最高人民法院审判委员会第1422次会议、最高人民检察院第十届检察委员会第75次会议通过*
2. *2007年4月5日公布*
3. *法释〔2007〕6号*
4. *自2007年4月5日起施行*

为维护社会主义市场经济秩序，依法惩治侵犯知识产权犯罪活动，根据刑法、刑事诉讼法有关规定，现就办理侵犯知识产权刑事案件具体应用法律的若干问题解释如下：

第一条 以营利为目的，未经著作权人许可，复制发行其文字作品、音乐、电影、电视、录像作品、计算机软件及其他作品，复制品数量合计在五百张（份）以上的，属于刑法第二百一十七条规定的“有其他严重情节”；复制品数量在二千五百张（份）以上的，属于刑法第二百一十七条规定的“有其他特别严重情节”。

第二条 刑法第二百一十七条侵犯著作权罪中的“复制发行”,包括复制、发行或者既复制又发行的行为。

侵权产品的持有人通过广告、征订等方式推销侵权产品的,属于刑法第二百一十七条规定的“发行”。

非法出版、复制、发行他人作品,侵犯著作权构成犯罪的,按照侵犯著作权罪定罪处罚。

第三条 侵犯知识产权犯罪,符合刑法规定的缓刑条件的,依法适用缓刑。有下列情形之一的,一般不适用缓刑:

(一)因侵犯知识产权被刑事处罚或者行政处罚后,再次侵犯知识产权构成犯罪的;

(二)不具有悔罪表现的;

(三)拒不交出违法所得的;

(四)其他不宜适用缓刑的情形。

第四条 对于侵犯知识产权犯罪的,人民法院应当综合考虑犯罪的违法所得、非法经营数额、给权利人造成的损失、社会危害性等情节,依法判处罚金。罚金数额一般在违法所得的一倍以上五倍以下,或者按照非法经营数额的50%以上一倍以下确定。

第五条 被害人有证据证明的侵犯知识产权刑事案件,直接向人民法院起诉的,人民法院应当依法受理;严重危害社会秩序和国家利益的侵犯知识产权刑事案件,由人民检察院依法提起公诉。

第六条 单位实施刑法第二百一十三条至第二百一十九条规定的行为,按照《最高人民法院、最高人民检察院关于办理侵犯知识产权刑事案件具体应用法律若干问题的解释》和本解释规定的相应个人犯罪的定罪量刑标准定罪处罚。

第七条 以前发布的司法解释与本解释不一致的,以本解释为准。

最高人民法院关于审理非法出版物刑事案件具体应用法律若干问题的解释

1. 1998年12月11日最高人民法院审判委员会第1032次会议通过
2. 1998年12月17日公布
3. 法释〔1998〕30号
4. 自1998年12月23日起施行

为依法惩治非法出版物犯罪活动,根据刑法的有关规定,现对审理非法出版物刑事案件具体应用法律的若干问题解释如下:

第一条 明知出版物中载有煽动分裂国家、破坏国家统一或者煽动颠覆国家政权、推翻社会主义制度的内容,而予以出版、印刷、复制、发行、传播的,依照刑法第一百零三条第二款或者第一百零五条第二款的规定,以煽动分裂国家罪或者煽动颠覆国家政权罪定罪处罚。

第二条 以营利为目的,实施刑法第二百一十七条所列侵犯著作权行为之一,个人违法所得数额在五万元以上,单位违法所得数额在二十万元以上的,属于“违法所得数额较大”;具有下列情形之一的,属于“有其他严重情节”:

(一)因侵犯著作权曾经两次以上被追究行政责任或者民事责任,两年内又实施刑法第二百一十七条所列侵犯著作权行为之一的;

(二)个人非法经营数额在二十万元以上,单位非法经营数额在一百万元以上的;

(三)造成其他严重后果的。

以营利为目的,实施刑法第二百一十七条所列侵犯著作权行为之一,个人违法所得数额在二十万元以上,单位违法所得数额在一百万元以上的,属于“违法所得数额巨大”;具有下列情形之一的,属于“有其他特别严重情节”:

(一)个人非法经营数额在一百万元以上,单位非法经营数额在五百万元以上的;

(二)造成其他特别严重后果的。

第三条 刑法第二百一十七条第(一)项中规定的“复制发行”,是指行为人以营利为目的,未经著作权人许可而实施的复制、发行或者既复制又发行其文字作品、音乐、电影、电视、录像作品、计算机软件及其他作品的行为。

第四条 以营利为目的,实施刑法第二百一十八条规定的行为,个人违法所得数额在十万元以上,单位违法所得数额在五十万元以上的,依照刑法第二百一十八条的规定,以销售侵权复制品罪定罪处罚。

第五条 实施刑法第二百一十七条规定的侵犯著作权行为,又销售该侵权复制品,违法所得数额巨大的,只定侵犯著作权罪,不实行数罪并罚。

实施刑法第二百一十七条规定的侵犯著作权的犯罪行为,又明知是他人的侵权复制品而予以销售,构成犯罪的，应当实行数罪并罚。

第六条 在出版物中公然侮辱他人或者捏造事实诽谤他人，情节严重的，依照刑法第二百四十六条的规定，分别以侮辱罪或者诽谤罪定罪处罚。

第七条 出版刊载歧视、侮辱少数民族内容的作品，情节恶劣，造成严重后果的，依照刑法第二百五十条的规定，以出版歧视、侮辱少数民族作品罪定罪处罚。

第八条 以牟利为目的，实施刑法第三百六十三条第一款规定的行为，具有下列情形之一的，以制作、复制、出版、贩卖、传播淫秽物品牟利罪定罪处罚：

（一）制作、复制、出版淫秽影碟、软件、录像带五十至一百张（盒）以上，淫秽音碟、录音带一百至二百张（盒）以上，淫秽扑克、书刊、画册一百至二百副（册）以上，淫秽照片、画片五百至一千张以上的；

（二）贩卖淫秽影碟、软件、录像带一百至二百张（盒）以上，淫秽音碟、录音带二百至四百张（盒）以上，淫秽扑克、书刊、画册二百至四百副（册）以上，淫秽照片、画片一千至二千张以上的；

（三）向他人传播淫秽物品达二百至五百人次以上，或者组织播放淫秽影、像达十至二十场次以上的；

（四）制作、复制、出版、贩卖、传播淫秽物品，获利五千至一万元以上的。

以牟利为目的，实施刑法第三百六十三条第一款规定的行为，具有下列情形之一的，应当认定为制作、复制、出版、贩卖、传播淫秽物品牟利罪“情节严重”：

（一）制作、复制、出版淫秽影碟、软件、录像带二百五十至五百张（盒）以上，淫秽音碟、录音带五百至一千张（盒）以上，淫秽扑克、书刊、画册五百至一千副（册）以上，淫秽照片、画片二千五百至五千张以上的；

（二）贩卖淫秽影碟、软件、录像带五百至一千张（盒）以上，淫秽音碟、录音带一千至二千张（盒）以上，淫秽扑克、书刊、画册一千至二千副（册）以上，淫秽照片、画片五千至一万张以上的；

（三）向他人传播淫秽物品达一千至二千人次以上，或者组织播放淫秽影、像达五十至一百场次以上的；

（四）制作、复制、出版、贩卖、传播淫秽物品，获利三万至五万元以上的。

以牟利为目的，实施刑法第三百六十三条第一款规定的行为，其数量（数额）达到前款规定的数量（数额）五倍以上的，应当认定为制作、复制、出版、贩卖、传播淫秽物品牟利罪“情节特别严重”。

第九条 为他人提供书号、刊号，出版淫秽书刊的，依照刑法第三百六十三条第二款的规定，以为他人提供书号出版淫秽书刊罪定罪处罚。

为他人提供版号，出版淫秽音像制品的，依照前款规定定罪处罚。

明知他人用于出版淫秽书刊而提供书号、刊号的，依照刑法第三百六十三条第一款的规定，以出版淫秽物品牟利罪定罪处罚。

第十条 向他人传播淫秽的书刊、影片、音像、图片等出版物达三百至六百人次以上或者造成恶劣社会影响的，属于“情节严重”，依照刑法第三百六十四条第一款的规定，以传播淫秽物品罪定罪处罚。

组织播放淫秽的电影、录像等音像制品达十五至三十场次以上或者造成恶劣社会影响的，依照刑法第三百六十四条第二款的规定，以组织播放淫秽音像制品罪定罪处罚。

第十一条 违反国家规定，出版、印刷、复制、发行本解释第一条至第十条规定以外的其他严重危害社会秩序和扰乱市场秩序的非法出版物，情节严重的，依照刑法第二百二十五条第（三）项的规定，以非法经营罪定罪处罚。

第十二条 个人实施本解释第十一条规定的行为，具有下列情形之一的，属于非法经营行为“情节严重”：

（一）经营数额在五万元至十万元以上的；

（二）违法所得数额在二万元至三万元以上的；

（三）经营报纸五千份或者期刊五千本或者图书二千册或者音像制品、电子出版物五百张（盒）以上的。

具有下列情形之一的，属于非法经营行为“情节特别严重”：

（一）经营数额在十五万元至三十万元以上的；

（二）违法所得数额在五万元至十万元以上的；

（三）经营报纸一万五千份或者期刊一万五千本或者图书五千册或者音像制品、电子出版物一千五百张（盒）以上的。

第十三条 单位实施本解释第十一条规定的行为，具有下列情形之一的，属于非法经营行为“情节严重”：

（一）经营数额在十五万元至三十万元以上的；

（二）违法所得数额在五万元至十万元以上的；

(三)经营报纸一万五千份或者期刊一万五千本或者图书五千册或者音像制品、电子出版物一千五百张(盒)以上的。

具有下列情形之一的,属于非法经营行为"情节特别严重":

(一)经营数额在五十万元至一百万元以上的;

(二)违法所得数额在十五万元至三十万元以上的;

(三)经营报纸五万份或者期刊五万本或者图书一万五千册或者音像制品、电子出版物五千张(盒)以上的。

第十四条 实施本解释第十一条规定的行为,经营数额、违法所得数额或者经营数量接近非法经营行为"情节严重"、"情节特别严重"的数额、数量起点标准,并具有下列情形之一的,可以认定为非法经营行为"情节严重"、"情节特别严重":

(一)两年内因出版、印刷、复制、发行非法出版物受过行政处罚两次以上的;

(二)因出版、印刷、复制、发行非法出版物造成恶劣社会影响或者其他严重后果的。

第十五条 非法从事出版物的出版、印刷、复制、发行业务,严重扰乱市场秩序,情节特别严重,构成犯罪的,可以依照刑法第二百二十五条第(三)项的规定,以非法经营罪定罪处罚。

第十六条 出版单位与他人事前通谋,向其出售、出租或者以其他形式转让该出版单位的名称、书号、刊号、版号,他人实施本解释第二条、第四条、第八条、第九条、第十条、第十一条规定的行为,构成犯罪的,对该出版单位应当以共犯论处。

第十七条 本解释所称"经营数额",是指以非法出版物的定价数额乘以行为人经营的非法出版物数量所得的数额。

本解释所称"违法所得数额",是指获利数额。

非法出版物没有定价或者以境外货币定价的,其单价数额应当按照行为人实际出售的价格认定。

第十八条 各省、自治区、直辖市高级人民法院可以根据本地的情况和社会治安状况,在本解释第八条、第十条、第十二条、第十三条规定的有关数额、数量标准的幅度内,确定本地执行的具体标准,并报最高人民法院备案。

最高人民法院、最高人民检察院关于办理侵犯著作权刑事案件中涉及录音录像制品有关问题的批复

1. *2005年9月26日最高人民法院审判委员会第1365次会议、2005年9月23日最高人民检察院第十届检察委员会第39次会议通过*
2. *2005年10月13日公布*
3. *法释〔2005〕12号*
4. *自2005年10月18日起施行*

各省、自治区、直辖市高级人民法院、人民检察院,解放军军事法院、军事检察院,新疆维吾尔自治区高级人民法院生产建设兵团分院、新疆生产建设兵团人民检察院:

《最高人民法院、最高人民检察院关于办理侵犯知识产权刑事案件具体应用法律若干问题的解释》发布以后,部分高级人民法院、省级人民检察院就关于办理侵犯著作权刑事案件中涉及录音录像制品的有关问题提出请示。经研究,批复如下:

以营利为目的,未经录音录像制作者许可,复制发行其制作的录音录像制品的行为,复制品的数量标准分别适用《最高人民法院、最高人民检察院关于办理侵犯知识产权刑事案件具体应用法律若干问题的解释》第五条第一款第(二)项、第二款第(二)项的规定。

未经录音录像制作者许可,通过信息网络传播其制作的录音录像制品的行为,应当视为刑法第二百一十七条第(三)项规定的"复制发行"。

此复

最高人民法院、最高人民检察院、公安部关于办理侵犯知识产权刑事案件适用法律若干问题的意见

1. *2011年1月10日*
2. *法发〔2011〕3号*

为解决近年来公安机关、人民检察院、人民法院在办理侵犯知识产权刑事案件中遇到的新情况、新问题,依法惩治侵犯知识产权犯罪活动,维护社会主义市场经济秩序,根据刑法、刑事诉讼法及有关司法解释的规

定，结合侦查、起诉、审判实践，制定本意见。

一、关于侵犯知识产权犯罪案件的管辖问题

侵犯知识产权犯罪案件由犯罪地公安机关立案侦查。必要时，可以由犯罪嫌疑人居住地公安机关立案侦查。侵犯知识产权犯罪案件的犯罪地，包括侵权产品制造地、储存地、运输地、销售地，传播侵权作品、销售侵权产品的网站服务器所在地、网络接入地、网站建立者或者管理者所在地，侵权作品上传者所在地，权利人受到实际侵害的犯罪结果发生地。对有多个侵犯知识产权犯罪地的，由最初受理的公安机关或者主要犯罪地公安机关管辖。多个侵犯知识产权犯罪地的公安机关对管辖有争议的，由共同的上级公安机关指定管辖，需要提请批准逮捕、移送审查起诉、提起公诉的，由该公安机关所在地的同级人民检察院、人民法院受理。

对于不同犯罪嫌疑人、犯罪团伙跨地区实施的涉及同一批侵权产品的制造、储存、运输、销售等侵犯知识产权犯罪行为，符合并案处理要求的，有关公安机关可以一并立案侦查，需要提请批准逮捕、移送审查起诉、提起公诉的，由该公安机关所在地的同级人民检察院、人民法院受理。

二、关于办理侵犯知识产权刑事案件中行政执法部门收集、调取证据的效力问题

行政执法部门依法收集、调取、制作的物证、书证、视听资料、检验报告、鉴定结论、勘验笔录、现场笔录，经公安机关、人民检察院审查，人民法院庭审质证确认，可以作为刑事证据使用。

行政执法部门制作的证人证言、当事人陈述等调查笔录，公安机关认为有必要作为刑事证据使用的，应当依法重新收集、制作。

三、关于办理侵犯知识产权刑事案件的抽样取证问题和委托鉴定问题

公安机关在办理侵犯知识产权刑事案件时，可以根据工作需要抽样取证，或者商请同级行政执法部门、有关检验机构协助抽样取证。法律、法规对抽样机构或者抽样方法有规定的，应当委托规定的机构并按照规定方法抽取样品。

公安机关、人民检察院、人民法院在办理侵犯知识产权刑事案件时，对于需要鉴定的事项，应当委托国家认可的有鉴定资质的鉴定机构进行鉴定。

公安机关、人民检察院、人民法院应当对鉴定结论进行审查，听取权利人、犯罪嫌疑人、被告人对鉴定结论的意见，可以要求鉴定机构作出相应说明。

四、关于侵犯知识产权犯罪自诉案件的证据收集问题

人民法院依法受理侵犯知识产权刑事自诉案件，对于当事人因客观原因不能取得的证据，在提起自诉时能够提供有关线索，申请人民法院调取的，人民法院应当依法调取。

五、关于刑法第二百一十三条规定的"同一种商品"的认定问题

名称相同的商品以及名称不同但指同一事物的商品，可以认定为"同一种商品"。"名称"是指国家工商行政管理总局商标局在商标注册工作中对商品使用的名称，通常即《商标注册用商品和服务国际分类》中规定的商品名称。"名称不同但指同一事物的商品"是指在功能、用途、主要原料、消费对象、销售渠道等方面相同或者基本相同，相关公众一般认为是同一种事物的商品。

认定"同一种商品"，应当在权利人注册商标核定使用的商品和行为人实际生产销售的商品之间进行比较。

六、关于刑法第二百一十三条规定的"与其注册商标相同的商标"的认定问题

具有下列情形之一，可以认定为"与其注册商标相同的商标"：

（一）改变注册商标的字体、字母大小写或者文字横竖排列，与注册商标之间仅有细微差别的；

（二）改变注册商标的文字、字母、数字等之间的间距，不影响体现注册商标显著特征的；

（三）改变注册商标颜色的；

（四）其他与注册商标在视觉上基本无差别、足以对公众产生误导的商标。

七、关于尚未附着或者尚未全部附着假冒注册商标标识的侵权产品价值是否计入非法经营数额的问题

在计算制造、储存、运输和未销售的假冒注册商标侵权产品价值时，对于已经制作完成但尚未附着（含加贴）或者尚未全部附着（含加贴）假冒注册商标标识的产品，如果有确实、充分证据证明该产品将假冒他人注册商标，其价值计入非法经营数额。

八、关于销售假冒注册商标的商品犯罪案件中尚未销售或者部分销售情形的定罪量刑问题

销售明知是假冒注册商标的商品，具有下列情形

之一的,依照刑法第二百一十四条的规定,以销售假冒注册商标的商品罪(未遂)定罪处罚:

(一)假冒注册商标的商品尚未销售,货值金额在十五万元以上的;

(二)假冒注册商标的商品部分销售,已销售金额不满五万元,但与尚未销售的假冒注册商标的商品的货值金额合计在十五万元以上的。

假冒注册商标的商品尚未销售,货值金额分别达到十五万元以上不满二十五万元、二十五万元以上的,分别依照刑法第二百一十四条规定的各法定刑幅度定罪处罚。

销售金额和未销售货值金额分别达到不同的法定刑幅度或者均达到同一法定刑幅度的,在处罚较重的法定刑或者同一法定刑幅度内酌情从重处罚。

九、关于销售他人非法制造的注册商标标识犯罪案件中尚未销售或者部分销售情形的定罪问题

销售他人伪造、擅自制造的注册商标标识,具有下列情形之一的,依照刑法第二百一十五条的规定,以销售非法制造的注册商标标识罪(未遂)定罪处罚:

(一)尚未销售他人伪造、擅自制造的注册商标标识数量在六万件以上的;

(二)尚未销售他人伪造、擅自制造的两种以上注册商标标识数量在三万件以上的;

(三)部分销售他人伪造、擅自制造的注册商标标识,已销售标识数量不满二万件,但与尚未销售标识数量合计在六万件以上的;

(四)部分销售他人伪造、擅自制造的两种以上注册商标标识,已销售标识数量不满一万件,但与尚未销售标识数量合计在三万件以上的。

十、关于侵犯著作权犯罪案件"以营利为目的"的认定问题

除销售外,具有下列情形之一的,可以认定为"以营利为目的":

(一)以在他人作品中刊登收费广告、捆绑第三方作品等方式直接或者间接收取费用的;

(二)通过信息网络传播他人作品,或者利用他人上传的侵权作品,在网站或者网页上提供刊登收费广告服务,直接或者间接收取费用的;

(三)以会员制方式通过信息网络传播他人作品,收取会员注册费或者其他费用的;

(四)其他利用他人作品牟利的情形。

十一、关于侵犯著作权犯罪案件"未经著作权人许可"的认定问题

"未经著作权人许可"一般应当依据著作权人或者其授权的代理人、著作权集体管理组织、国家著作权行政管理部门指定的著作权认证机构出具的涉案作品版权认证文书,或者证明出版者、复制发行者伪造、涂改授权许可文件或者超出授权许可范围的证据,结合其他证据综合予以认定。

在涉案作品种类众多且权利人分散的案件中,上述证据确实难以一一取得,但有证据证明涉案复制品系非法出版、复制发行的,且出版者、复制发行者不能提供获得著作权人许可的相关证明材料的,可以认定为"未经著作权人许可"。但是,有证据证明权利人放弃权利、涉案作品的著作权不受我国著作权法保护,或者著作权保护期限已经届满的除外。

十二、关于刑法第二百一十七条规定的"发行"的认定及相关问题

"发行",包括总发行、批发、零售、通过信息网络传播以及出租、展销等活动。

非法出版、复制、发行他人作品,侵犯著作权构成犯罪的,按照侵犯著作权罪定罪处罚,不认定为非法经营罪等其他犯罪。

十三、关于通过信息网络传播侵权作品行为的定罪处罚标准问题

以营利为目的,未经著作权人许可,通过信息网络向公众传播他人文字作品、音乐、电影、电视、美术、摄影、录像作品、录音录像制品、计算机软件及其他作品,具有下列情形之一的,属于刑法第二百一十七条规定的"其他严重情节":

(一)非法经营数额在五万元以上的;

(二)传播他人作品的数量合计在五百件(部)以上的;

(三)传播他人作品的实际被点击数达到五万次以上的;

(四)以会员制方式传播他人作品,注册会员达到一千人以上的;

(五)数额或者数量虽未达到第(一)项至第(四)项规定标准,但分别达到其中两项以上标准一半以上的;

(六)其他严重情节的情形。

实施前款规定的行为,数额或者数量达到前款第

（一）项至第（五）项规定标准五倍以上的，属于刑法第二百一十七条规定的“其他特别严重情节”。

十四、关于多次实施侵犯知识产权行为累计计算数额问题

依照《最高人民法院、最高人民检察院关于办理侵犯知识产权刑事案件具体应用法律若干问题的解释》第十二条第二款的规定，多次实施侵犯知识产权行为，未经行政处理或者刑事处罚的，非法经营数额、违法所得数额或者销售金额累计计算。

二年内多次实施侵犯知识产权违法行为，未经行政处理，累计数额构成犯罪的，应当依法定罪处罚。实施侵犯知识产权犯罪行为的追诉期限，适用刑法的有关规定，不受前述二年的限制。

十五、关于为他人实施侵犯知识产权犯罪提供原材料、机械设备等行为的定性问题

明知他人实施侵犯知识产权犯罪，而为其提供生产、制造侵权产品的主要原材料、辅助材料、半成品、包装材料、机械设备、标签标识、生产技术、配方等帮助，或者提供互联网接入、服务器托管、网络存储空间、通讯传输通道、代收费、费用结算等服务的，以侵犯知识产权犯罪的共犯论处。

十六、关于侵犯知识产权犯罪竞合的处理问题

行为人实施侵犯知识产权犯罪，同时构成生产、销售伪劣商品犯罪的，依照侵犯知识产权犯罪与生产、销售伪劣商品犯罪中处罚较重的规定定罪处罚。

最高人民法院刑二庭关于集体商标是否属于我国刑法的保护范围问题的复函

1. 2009年4月10日
2. 〔2009〕刑二函字第28号

公安部经济犯罪侦查局：

贵局公经知产〔2009〕29号《关于就一起涉嫌假冒注册商标案征求意见的函》收悉。经研究，答复如下：

一、我国《商标法》第三条规定：“经商标局核准注册的商标为注册商标，包括商品商标、服务商标和集体商标、证明商标；商标注册人享有商标专用权，受法律保护。”因此，刑法第二百一十三条至二百一十五条所规定的“注册商标”应当涵盖“集体商标”。

二、商标标识中注明了自己的注册商标的同时，又使用了他人注册为集体商标的地理名称，可以认定为刑法规定的“相同的商标”。根据贵局提供的材料，山西省清徐县溢美源醋业有限公司在其生产的食用醋的商标上用大号字体在显著位置上清晰地标明“镇江香（陈）醋”，说明其已经使用了与江苏省镇江市醋业协会所注册的“镇江香（陈）醋”集体商标相同的商标。而且，山西省清徐县溢美源醋业有限公司还在其商标标识上注明了江苏省镇江市丹阳市某香醋厂的厂名厂址和QS标志，也说明其实施假冒注册“镇江香（陈）醋”集体商标的行为。

综上，山西省清徐县溢美源醋业有限公司的行为涉嫌触犯刑法第二百一十三条至二百一十五条的规定。

以上意见，供参考。

·典型案例·

江苏省苏州市虎丘区人民检察院诉成都共软网络科技有限公司、孙显忠、张天平、洪磊、梁焯勇侵犯著作权案

【裁判摘要】

一、根据《中华人民共和国刑法》第二百一十七条的规定，行为人以营利为目的，未经著作权人许可复制发行其文字作品、音乐、电影、电视、录像作品、计算机软件及其他作品，违法所得数额较大或者有其他严重情节的，构成侵犯著作权罪。判断行为人的行为是否构成侵犯著作权罪，应当从行为人是否以营利为目的、复制行为是否未经著作权人许可、是否实施了发行行为等方面加以分析。

二、行为人未经著作权人许可复制其计算机软件，通过修改相应程序捆绑其他软件后在互联网上发布供他人下载，并因此获取广告费等收益的，属于《刑法》第二百一十七条规定的“以营利为目的”的“复制发行”行为。

【基本案情】

江苏省苏州市虎丘区人民检察院以被告单位成都共软网络科技有限公司（以下简称共软公司）及被告人孙显忠、张天平、洪磊、梁焯勇犯侵犯著作权罪，向江苏省苏州市虎丘区人民法院提起公诉。

起诉书指控：2006年12月至2008年8月期间，四川网联互动广告有限公司（以下简称网联广告公司，另案

处理)和被告单位共软公司出于营利目的,由被告人孙显忠指示被告人张天平和被告人洪磊、梁焯勇合作,在未经微软公司许可的情况下,复制微软 Windows XP 计算机软件后制作多款"番茄花园"版软件,并以修改浏览器主页、默认搜索页面、捆绑其他公司软件等形式,在"番茄花园"版软件中分别加载百度时代网络技术(北京)有限公司、北京阿里巴巴信息技术有限公司、北京搜狗科技发展有限公司、网际快车信息技术有限公司等多家单位的商业插件,通过互联网在"番茄花园"网站、"热度"网站发布供公众下载 10 余万次,百度时代网络技术(北京)有限公司、北京阿里巴巴信息技术有限公司、北京搜狗科技发展有限公司、网际快车信息技术有限公司支付网联广告公司和共软公司广告费共 2 977 630.39 元。《中华人民共和国刑法》(以下简称刑法)第二百一十七条规定:"以营利为目的,有下列侵犯著作权情形之一,违法所得数额较大或者有其他严重情节的,处三年以下有期徒刑或者拘役,并处或者单处罚金;违法所得数额巨大或者有其他特别严重情节的,处三年以上七年以下有期徒刑,并处罚金:(一)未经著作权人许可,复制发行其文字作品、音乐、电影、电视、录像作品、计算机软件及其他作品的;……"根据该规定,共软公司、孙显忠、张天平、洪磊、梁焯勇的行为均构成侵犯著作权罪,应当依法惩处。张天平有自首情节,依法可以从轻或者减轻处罚。提请法院依法审理。

被告单位共软公司辩称:被告单位并未触犯法律,被告单位法定代表人也不知道本公司的行为触犯了法律。

被告单位共软公司的辩护人认为:被告单位及其法定代表人、股东会、董事会均未以任何形式参与"番茄花园"侵权,客观上被告单位也没有与被告人洪磊签订合作合同,被告人孙显忠的个人行为不能代表公司行为;被告单位涉案收入从 2007 年 4 月开始,应当与网联广告公司的收入区分开来;起诉书指控的 290 余万元中包括被告单位的合法收入,应当予以扣除;被告单位拥有大量自主知识产权,为国家和社会作出了巨大贡献,目前因账户被冻结濒临破产,请法院酌情考虑被告单位的实际情况,依法维护其合法权益。

被告人孙显忠辩称:起诉书指控的犯罪事实有误,本人在案发前放手让被告人张天平与"番茄花园"合作,直到案发本人才知道"番茄花园"侵犯微软公司的软件著作权,本人的行为不构成犯罪。

被告人孙显忠的辩护人认为:孙显忠未实施非法复制、发行他人计算机软件作品的行为,其经营内容是网络推广联盟,即利用自己的软件、主题资源包、格调网、极速浏览器等与其他公司合作。孙显忠不具有非法复制、发行微软 Windows XP 软件的主观故意,也没有指使被告人洪磊侵犯他人著作权;起诉书指控的 290 余万元中包括合法经营收入,发行微软 Windows XP 软件中还有其他人通过刻制光盘进行的二次传播;孙显忠主观恶性很小,认罪态度良好,且并未在相关活动中获得个人利益。建议法院按照疑罪从无的原则依法处理。

被告人张天平对起诉书指控的犯罪事实无异议。

被告人张天平的辩护人认为:张天平在工作过程中逐渐了解到"番茄花园"网站上有微软 Windows XP 软件供人下载,但张天平并没有参与复制、发行,其行为只是为了履行自己的工作职责,主观恶性很小;张天平作为被告单位共软公司的市场总监,按照公司要求将广告投放在"番茄花园"网站上,是基于自己的工作职责而为,没有亲自参与微软 Windows XP 软件的复制发行;张天平具有自首情节,认罪态度较好,且系初犯,建议法院依法对张天平予以减轻处罚。

被告人洪磊对起诉书指控的犯罪事实无异议。

被告人洪磊的辩护人认为:起诉书关于违法所得数额巨大、情节严重的认定没有事实依据,现有证据不能证实百度公司等单位支付给网联广告公司及被告单位共软公司的 200 多万元广告费,完全是对应于复制、发行"番茄花园"版微软 Windows XP 软件的收入;起诉书关于被告单位及被告人通过互联网在"番茄花园"网站、"热度"网站发布微软 Windows XP 软件供公众下载累计达 10 多万次的指控没有依据,只能认定为一般的点击数。

被告人梁焯勇对起诉书指控的犯罪事实无异议。

被告人梁焯勇的辩护人认为:梁焯勇只是"番茄花园"的雇员,根据被告人洪磊的要求制作了微软 Windows XP 美化版软件,在整个案件中也只占很小的一部分。最初梁焯勇的个人收入是洪磊收入的 3%,后来为每月 8000 元,说明梁焯勇在本案中不起主要作用,系从犯,应当从轻或减轻处罚;起诉书指控的广告费收入并不等同于违法犯罪所得,其中包括部分合法收入。

【争议焦点】

本案的争议焦点是:被告单位共软公司及被告人孙显忠、张天平、洪磊、梁焯勇的行为是否构成侵犯著作权罪。

【裁判理由】

苏州市虎丘区人民法院经审理认为:

刑法第二百一十七条规定:“以营利为目的,有下列侵犯著作权情形之一,违法所得数额较大或者有其他严重情节的,处三年以下有期徒刑或者拘役,并处或者单处罚金;违法所得数额巨大或者有其他特别严重情节的,处三年以上七年以下有期徒刑,并处罚金:(一)未经著作权人许可,复制发行其文字作品、音乐、电影、电视、录像作品、计算机软件及其他作品的;……”该条就侵犯著作权罪作出了明确规定。判断本案被告单位共软公司及被告人孙显忠、张天平、洪磊、梁焯勇的行为是否构成侵犯著作权罪,应当根据该条规定,从行为人是否以营利为目的、是否在未经软件著作权人许可的情况下进行复制、是否实施了发行行为几个方面分别加以分析。

首先,关于被告单位共软公司及被告人孙显忠、张天平、洪磊、梁焯勇实施涉案行为是否以营利为目的的问题。最高人民法院、最高人民检察院《关于办理侵犯知识产权刑事案件具体应用法律若干问题的解释》第十一条第一款规定:“以刊登收费广告等方式直接或者间接收取费用的情形,属于刑法第二百一十七条规定的‘以营利为目的’。”本案中,虽然被告单位及各被告人通过互联网在“番茄花园”网站、“热度”网站发布涉案“番茄花园”版Windows系列软件时,是供公众免费下载的,没有直接从中营利,但在发布涉案“番茄花园”版Windows系列软件的同时,被告单位及各被告人通过修改浏览器主页、默认搜索页面、捆绑需推广的客户商业软件等手段,获得了广告费、推广费等巨额间接收入,共计人民币2 924 287.09元。因此,可以认定共软公司、孙显忠、张天平与洪磊、梁焯勇实施涉案行为的真实意图,正是在于追求巨额广告费、推广费收益,明显具有营利目的。

第二,关于被告单位共软公司及被告人孙显忠、张天平、洪磊、梁焯勇是否未经著作权人许可而复制涉案系列软件的问题。经查,微软公司是微软Windows软件的合法著作权人。根据苏州市公安局信息网络安全监察处制作的远程勘验工作记录,“番茄花园”版Windows系列软件在界面上显示该软件系微软公司授权“番茄花园”制作,而根据微软公司出具的证明,微软公司没有授权任何个人、公司制作其软件。根据中国版权保护中心版权鉴定委员会出具的中版鉴字(2008)第008号至第024号鉴定报告以及中版鉴字(2008)第008号至第024号-2号鉴定报告的补充说明,涉案“番茄花园”版Windows系列软件与微软Windows软件相比对,二者的核心程序均集中在Windows目录下,且二者的目录结构和文件存在大量相同的内容。据此,可以认定涉案“番茄花园”版Windows系列软件是根据微软Windows软件核心程序进行复制的产物,被告单位及各被告人系在未经软件著作权人许可的情况下实施侵权复制行为。被告人孙显忠、张天平、洪磊、梁焯勇在供述中,亦承认涉案“番茄花园”版Windows系列软件系盗用微软Windows软件加以修改、美化而成。

第三,关于被告单位共软公司及被告人孙显忠、张天平、洪磊、梁焯勇是否实施了发行行为的问题。信息网络领域的“发行”存在一定的特殊性,与一般媒介的“发行”行为有区别。根据最高人民法院、最高人民检察院《关于办理侵犯知识产权刑事案件具体应用法律若干问题的解释》第十一条第三款的规定,行为人通过信息网络向公众传播他人文字作品、音乐、电影、电视、录像作品、计算机软件及其他作品的行为,应当视为刑法第二百一十七条规定的“发行”行为。据此,本案被告单位及各被告人通过互联网发布涉案“番茄花园”版Windows系列软件供不特定社会公众下载,无论其是否收取下载费用,都应当视为刑法第二百一十七条规定的“发行”行为。

最高人民法院、最高人民检察院《关于办理侵犯知识产权刑事案件具体应用法律若干问题的解释》第五条第二款规定:“以营利为目的,实施刑法第二百一十七条所列侵犯著作权行为之一,违法所得数额在十五万元以上的,属于‘违法所得数额巨大’……”根据本案查明的事实,被告单位共软公司及被告人孙显忠、张天平、洪磊、梁焯勇通过实施涉案行为,收取广告费、推广费共计人民币2 924 287.09元,属于违法所得数额巨大。最高人民法院、最高人民检察院《关于办理侵犯知识产权刑事案件具体应用法律若干问题的解释(二)》第一条规定:“以营利为目的,未经著作权人许可,复制发行其文字作品、音乐、电影、电视、录像作品、计算机软件及其他作品,复制品数量合计在五百张(份)以上的,属于刑法第二百一十七条规定的‘有其他严重情节’;复制品数量在二千五百张(份)以上的,属于刑法第二百一十七条规定的‘有其他特别严重情节’。”根据苏州市公安局信息网络安全监察处对“番茄花园”网站和“热度”网站进行远程勘验的结果,洪磊负责制作的“番茄花园”WINXP SP3 V.3300、WINXP SP2 V3.3、WINXP SP3 V1.0、WINXP SP2 V3.5、WINXP SP2 V3.4、WINXP SP3 V1.21、WINXP SP3 V1.1、WINXP SP2安装版和免激活版等侵权软件累计下载71 583次,梁焯勇负责制作的“番茄花园”WINXP SP2 V6.2、LEI NLITE XP SP3 V1.0 美化版等侵权软件累计下载 8018 次。据此,可以认定涉案复制品数量在 2500 张(份)以上,被告单位及各被告人实施涉案侵犯著作权犯罪行为具有刑法第二百一十七条规定的“其他特别严重情节”。

综上,被告单位共软公司及被告人孙显忠、张天平、洪磊、梁焯勇以营利为目的,未经著作权人许可复制发行其计算机软件,违法所得数额巨大,情节特别严重,均已构成侵犯著作权罪。孙显忠作为被告单位直接负责的主管人员,张天平作为被告单位的直接责任人员,应当依法承担刑事责任。在共同犯罪中,被告单位及孙显忠、张天平、洪磊均起主要作用,均系主犯,应按照其参与的全部犯罪处罚。梁焯勇受洪磊指使复制、发行他人计算机软件,在共同犯罪中起辅助作用,系从犯,应减轻处罚。张天平犯罪后自动投案,如实供述自己的罪行,构成自首,依法可减轻处罚。

【裁判结果】

苏州市虎丘区人民法院依据刑法第二百一十七条第一款第(一)项,第二百二十条,第二十五条第一款、第四款,第六十四条,第二十七条第一款、第二款,第六十七条第一款及最高人民法院、最高人民检察院《关于办理侵犯知识产权刑事案件具体应用法律若干问题的解释》第五条第二款,最高人民法院、最高人民检察院《关于办理侵犯知识产权刑事案件具体应用法律若干问题的解释(二)》第一条之规定,于 2009 年 8 月 20 日判决:

一、被告单位成都共软网络科技有限公司犯侵犯著作权罪,判处罚金人民币 877.286127 万元,上缴国库。

二、被告人孙显忠犯侵犯著作权罪,判处有期徒刑三年六个月,并处罚金人民币 100 万元,上缴国库。

三、被告人张天平犯侵犯著作权罪,判处有期徒刑二年,并处罚金人民币 10 万元,上缴国库。

四、被告人洪磊犯侵犯著作权罪,判处有期徒刑三年六个月,并处罚金人民币 100 万元,上缴国库。

五、被告人梁焯勇犯侵犯著作权罪,判处有期徒刑二年,并处罚金人民币 10 万元,上缴国库。

六、被告单位成都共软网络科技有限公司的违法所得计人民币 292.428709 万元,予以没收,上缴国库。

一审宣判后,被告单位共软公司及被告人孙显忠、张天平、洪磊、梁焯勇均未提出上诉,公诉机关未提起抗诉,一审判决已经发生法律效力。

八、重要国际公约

资料补充栏

与贸易有关的知识产权协定（TRIPs）

1. 1994年4月15日于马拉喀什签订
2. 自2001年12月11日起对中国生效

目　　录

各成员，

期望减少对国际贸易的扭曲和阻碍，并考虑到需要促进对知识产权的有效和充分保护，并保证实施知识产权的措施和程序本身不成为合法贸易的障碍；

认识到，为此目的，需要制定有关下列问题的新的规则和纪律：

（a）GATT 1994的基本原则和有关国际知识产权协定或公约的适用性；

（b）就与贸易有关的知识产权的效力、范围和使用，规定适当的标准和原则；

（c）就实施与贸易有关的知识产权规定有效和适当的手段，同时考虑各国法律制度的差异；

（d）就在多边一级防止和解决政府间争端规定有效和迅速的程序；

（e）旨在最充分地分享谈判结果的过渡安排；

认识到需要一个有关原则、规则和纪律的多边框架，以处理冒牌货的国际贸易问题；

认识到知识产权属私权；

认识到各国知识产权保护制度的基本公共政策目标，包括发展目标和技术目标；

还认识到最不发达国家成员在国内实施法律和法规方面特别需要最大的灵活性，以便它们能够创造一个良好和可行的技术基础；

强调通过多边程序达成加强的承诺以解决与贸易有关的知识产权争端从而减少紧张的重要性；

期望在WTO与世界知识产权组织（本协定中称“WIPO”）以及其他有关国际组织之间建立一种相互支持的关系；

特此协议如下：

第一部分　总则和基本原则

第1条　义务的性质和范围

1. 各成员应实施本协定的规定。各成员可以，但并无义务，在其法律中实施比本协定要求更广泛的保护，只要此种保护不违反本协定的规定。各成员有权在其各自的法律制度和实践中确定实施本协定规定的适当方法。

2. 就本协定而言，“知识产权”一词指作为第二部分第1节至第7节主题的所有类别的知识产权。

3. 各成员应对其他成员的国民给予本协定规定的待遇。就有关的知识产权而言，其他成员的国民应理解为符合《巴黎公约》（1967）、《伯尔尼公约》（1971）、《罗马公约》和《关于集成电路的知识产权条约》规定的保护资格标准的自然人或法人，假设所有WTO成员均为这些公约的成员。任何利用《罗马公约》第5条第3款或第6条第2款中规定的可能性的成员，均应按这些条款中所预想的那样，向与贸易有关的知识产权理事会（“TRIPS理事会”）作出通知。

第2条　知识产权公约

1. 就本协定的第二部分、第三部分和第四部分而言，各成员应遵守《巴黎公约》（1967）第1条至第12条和第19条。

2. 本协定第一部分至第四部分的任何规定不得

背离各成员可能在《巴黎公约》、《伯尔尼公约》、《罗马公约》和《关于集成电路的知识产权条约》项下相互承担的现有义务。

第 3 条　国民待遇

1. 在知识产权保护方面,在遵守《巴黎公约》(1967)、《伯尔尼公约》(1971)、《罗马公约》或《关于集成电路的知识产权条约》中各自规定的例外的前提下,每一成员给予其他成员国民的待遇不得低于给予本国国民的待遇。就表演者、录音制品制作者和广播组织而言,此义务仅适用于本协定规定的权利。任何利用《伯尔尼公约》第 6 条或《罗马公约》第 16 条第 1 款(b)项规定的可能性的成员,均应按这些条款中所预想的那样,向 TRIPS 理事会作出通知。

2. 各成员可利用第 1 款下允许的在司法和行政程序方面的例外,包括在一成员管辖范围内指定送达地址或委派代理人,但是这些例外应为保证遵守与本协定规定发生不相抵触的法律和法规所必需,且这种做法的实施不会对贸易构成变相限制。

第 4 条　最惠国待遇

对于知识产权保护,一成员对任何其他国家国民给予的任何利益、优惠、特权或豁免,应立即无条件地给予所有其他成员的国民。一成员给予的属下列情况的任何利益、优惠、特权或豁免,免除此义务:

(a)自一般性的、并非专门限于知识产权保护的关于司法协助或法律实施的国际协定所派生;

(b)依照《伯尔尼公约》(1971)或《罗马公约》的规定所给予,此类规定允许所给予的待遇不属国民待遇性质而属在另一国中给予待遇的性质;

(c)关于本协定项下未作规定的有关表演者、录音制品制作者以及广播组织的权利;

(d)自《WTO 协定》生效之前已生效的有关知识产权保护的国际协定所派生,只要此类协定向 TRIPS 理事会作出通知,并对其他成员的国民不构成任意的或不合理的歧视。

第 5 条　关于取得或维持保护的多边协定

第 3 条和第 4 条的义务不适用于在 WIPO 主持下订立的有关取得或维持知识产权的多边协定中规定的程序。

第 6 条　权利用尽

就本协定项下的争端解决而言,在遵守第 2 条和第 4 条规定的前提下,本协定的任何规定不得用于处理知识产权的权利用尽问题。

第 7 条　目标

知识产权的保护和实施应有助于促进技术革新及技术转让和传播,有助于技术知识的创造者和使用者的相互利益,并有助于社会和经济福利及权利与义务的平衡。

第 8 条　原则

1. 在制定或修改其法律和法规时,各成员可采用对保护公共健康和营养,促进对其社会经济和技术发展至关重要部门的公共利益所必需的措施,只要此类措施与本协定的规定相一致。

2. 只要与本协定的规定相一致,可能需要采取适当措施以防止知识产权权利持有人滥用知识产权或采取不合理地限制贸易或对国际技术转让造成不利影响的做法。

第二部分　关于知识产权效力、范围和使用的标准

第 1 节　版权和相关权利

第 9 条　与《伯尔尼公约》的关系

1. 各成员应遵守《伯尔尼公约》(1971)第 1 条至第 21 条及其附录的规定。但是,对于该公约第 6 条之二授予或派生的权利,各成员在本协定项下不享有权利或义务。

2. 版权的保护仅延伸至表达方式,而不延伸至思想、程序、操作方法或数学概念本身。

第 10 条　计算机程序和数据汇编

1. 计算机程序,无论是源代码还是目标代码,应作为《伯尔尼公约》(1971)项下的文字作品加以保护。

2. 数据汇编或其他资料,无论机器可读还是其他形式,只要由于对其内容的选取或编排而构成智力创作,即应作为智力创作加以保护。该保护不得延伸至数据或资料本身,并不得损害存在于数据或资料本身的任何版权。

第 11 条　出租权

至少就计算机程序和电影作品而言,一成员应给予作者及其合法继承人准许或禁止向公众商业性出租其有版权作品的原件或复制品的权利。一成员对电影作品可不承担此义务,除非此种出租已导致对该作品的广泛复制,从而实质性减损该成员授予作者及其合法继承人的专有复制权。就计算机程序而言,如该程序本身不是出租的主要标的,则此义务不适用于出租。

第 12 条 保护期限

除摄影作品或实用艺术作品外，只要一作品的保护期限不以自然人的生命为基础计算，则该期限自作品经授权出版的日历年年底计算即不得少于 50 年，或如果该作品在创作后 50 年内未经授权出版，则为自作品完成的日历年年底起计算的 50 年。

第 13 条 限制和例外

各成员对专有权作出的任何限制或例外规定仅限于某些特殊情况，且与作品的正常利用不相冲突，也不得无理损害权利持有人的合法权益。

第 14 条 对表演者、录音制品（唱片）制作者和广播组织的保护

1. 就将其表演固定在录音制品上而言，表演者应有可能防止下列未经其授权的行为：固定其未曾固定的表演和复制该录制品。表演者还应有可能阻止下列未经其授权的行为：以无线广播方式播出和向大众传播其现场表演。

2. 录音制品制作者应享有准许或禁止直接或间接复制其录音制品的权利。

3. 广播组织有权禁止下列未经其授权的行为：录制、复制录制品、以无线广播方式转播以及将其电视广播向公众传播。如各成员未授予广播组织此类权利，则在遵守《伯尔尼公约》（1971）规定的前提下，应给予广播的客体的版权所有权人阻止上述行为的可能性。

4. 第 11 条关于计算机程序的规定在细节上作必要修改后应适用于录音制品制作者和按一成员法律确定的录音制品的任何其他权利持有人。如在 1994 年 4 月 15 日，一成员在录音制品的出租方面已实施向权利持有人公平付酬的制度，则可维持该制度，只要录音制品的商业性出租不对权利持有人的专有复制权造成实质性减损。

5. 本协定项下表演者和录音制品制作者可获得的保护期限，自该固定或表演完成的日历年年底计算，应至少持续至 50 年年末。按照第 3 款给予的保护期限，自广播播出的日历年年底计算，应至少持续 20 年。

6. 任何成员可就第 1 款、第 2 款和第 3 款授予的权利，在《罗马公约》允许的限度内，规定条件、限制、例外和保留。但是，《伯尔尼公约》（1971）第 18 条的规定在细节上作必要修改后也应适用于表演者和录音制品制作者对录音制品享有的权利。

第 2 节　商　　标

第 15 条 可保护客体

1. 任何标记或标记的组合，只要能够将一企业的货物和服务区别于其他企业的货物或服务，即能够构成商标。此类标记，特别是单词，包括人名、字母、数字、图案的成分和颜色的组合以及任何此类标记的组合，均应符合注册为商标的条件。如标记无固有的区别有关货物或服务的特征，则各成员可以由通过使用而获得的显著性作为注册的条件。各成员可要求，作为注册的条件，这些标记应为视觉上可感知的。

2. 第 1 款不得理解为阻止一成员以其他理由拒绝商标的注册，只要这些理由不背离《巴黎公约》（1967）的规定。

3. 各成员可以将使用作为注册条件。但是，一商标的实际使用不得作为接受申请的一项条件。不得仅以自申请日起 3 年期满后商标未按原意使用为由拒绝该申请。

4. 商标所适用的货物或服务的性质在任何情况下不得形成对商标注册的障碍。

5. 各成员应在商标注册前或在注册后迅速公布每一商标，并应对注销注册的请求给予合理的机会。此外，各成员可提供机会以便对商标的注册提出异议。

第 16 条 授予的权利

1. 注册商标的所有权人享有专有权，以阻止所有第三方未经该所有权人同意在贸易过程中对与已注册商标的货物或服务的相同或类似货物或服务使用相同或类似标记，如此类使用会导致混淆的可能性。在对相同货物或服务使用相同标记的情况下，应推定存在混淆的可能性。上述权利不得损害任何现有的优先权，也不得影响各成员以使用为基础提供权利的可能性。

2.《巴黎公约》（1967）第 6 条之二在细节上作必要修改后应适用于服务。在确定一商标是否驰名时，各成员应考虑相关部门公众对该商标的了解程度，包括在该成员中因促销该商标而获得的了解程度。

3.《巴黎公约》（1967）第 6 条之二在细节上作必要修改后应适用于与已注册商标的货物或服务不相类似的货物或服务，只要该商标在对那些货物或服务的使用方面可表明这些货物或服务与该注册商标所有权人之间存在联系，且此类使用有可能损害该注册商标所有权人的利益。

第17条 例外

各成员可对商标所授予的权利规定有限的例外,如合理使用描述性词语,只要此类例外考虑到商标所有权人和第三方的合法权益。

第18条 保护期限

商标的首次注册及每次续展的期限均不得少于7年。商标的注册应可以无限续展。

第19条 关于使用的要求

1. 如维持注册需要使用商标,则只有在至少连续3年不使用后方可注销注册,除非商标所有权人根据对商标使用存在的障碍说明正当理由。出现商标人意志以外的情况而构成对商标使用的障碍,例如对受商标保护的货物或服务实施进口限制或其他政府要求,此类情况应被视为不使用商标的正当理由。

2. 在受所有权人控制的前提下,另一人使用一商标应被视为为维持注册而使用该商标。

第20条 其他要求

在贸易过程中使用商标不得受特殊要求的无理妨碍,例如要求与另一商标一起使用,以特殊形式使用或要求以损害其将一企业的货物或服务区别于另一企业的货物或服务能力的方式使用。此点不排除要求将识别生产该货物或服务的企业的商标与区别该企业的所涉具体货物或服务的商标一起使用,但不将两者联系起来。

第21条 许可和转让

各成员可对商标的许可和转让确定条件,与此相关的理解是,不允许商标的强制许可,且注册商标的所有权人有权将商标与该商标所属业务同时或不同时转让。

第3节 地理标识

第22条 地理标识的保护

1. 就本协定而言,"地理标识"指识别一货物来源于一成员领土或该领土内一地区或地方的标识,该货物的特定质量、声誉或其他特性主要归因于其地理来源。

2. 就地理标识而言,各成员应向利害关系方提供法律手段以防止:

(a)在一货物的标志或说明中使用任何手段标明或暗示所涉货物来源于真实原产地之外的一地理区域,从而在该货物的地理来源方面使公众产生误解;

(b)构成属《巴黎公约》(1967)第10条之二范围内的不公平竞争行为的任何使用。

3. 如一商标包含的或构成该商标的地理标识中所标明的领土并非货物的来源地,且如果在该成员中在此类货物的商标中使用该标识会使公众对其真实原产地产生误解,则该成员在其立法允许的情况下可依职权或在一利害关系方请求下,拒绝该商标注册或宣布注册无效。

4. 根据第1款、第2款和第3款给予的保护可适用于虽在文字上表明货物来源的真实领土、地区或地方,但却虚假地向公众表明该货物来源于另一领土的地理标识。

第23条 对葡萄酒和烈酒地理标识的附加保护

1. 每一成员应为利害关系方提供法律手段,以防止将识别葡萄酒的地理标识用于并非来源于所涉地理标识所标明地方的葡萄酒,或防止将识别烈酒的地理标识用于并非来源于所涉地理标识所标明地方的烈酒,即使对货物的真实原产地已标明,或该地理标识用于翻译中,或附有"种类"、"类型"、"特色"、"仿制"或类似表达方式。

2. 对于一葡萄酒商标包含识别葡萄酒的地理标识或由此种标识构成,或如果一烈酒商标包含识别烈酒的地理标识或由此种标识构成,一成员应在其立法允许的情况下依职权或在一利害关系方请求下,对不具备此来源的此类葡萄酒或烈酒,拒绝该商标注册或宣布注册无效。

3. 在葡萄酒的地理标识同名的情况下,在遵守第22条第4款规定的前提下,应对每一种标识予以保护。每一成员应确定相互区分所涉同名标识的可行条件,同时考虑保证公平对待有关生产者且使消费者不致产生误解的需要。

4. 为便利葡萄酒地理标识的保护,应在TRIPS理事会内谈判建立关于葡萄酒地理标识通知和注册的多边制度,使之能在参加该多边制度的成员中获得保护。

第24条 国际谈判;例外

1. 各成员同意进行谈判,以加强根据第23条对单个地理标识的保护。一成员不得使用以下第4款至第8款的规定,以拒绝进行谈判或订立双边或多边协定。在此类谈判中,各成员应自愿考虑这些规定继续适用于其使用曾为此类谈判主题的单个地理标识。

2. TRIPS理事会应继续对本节规定的适用情况进行审议;第一次审议应在《WTO协定》生效后2年

之内进行。任何影响遵守这些规定下的义务的事项均可提请理事会注意,在一成员请求下,理事会应就有关成员之间未能通过双边或诸边磋商找到满意解决办法的事项与任何一成员或多个成员进行磋商。理事会应采取各方同意的行动,以便利本节的运用,并促进本节目标的实现。

3. 在实施本节时,一成员不得降低《WTO 协定》生效之日前已在该成员中存在的对地理标识的保护。

4. 本节的任何规定均不得要求一成员阻止其任何国民或居民在货物或服务方面继续以类似方式使用另一成员识别葡萄酒或烈酒的一特定地理标识,如其国民或居民在相同或有关的货物或服务上在该成员领土内已连续使用该地理标识(a)在 1994 年 4 月 15 日前已至少有 10 年,或(b)在该日期之前的使用是善意的。

5. 如一商标的申请或注册是善意的,或如果一商标的权利是在以下日期之前通过善意的使用取得的:

(a)按第六部分确定的这些规定在该成员中适用之日前;或

(b)该地理标识在其起源国获得保护之前;

为实施本节规定而采取的措施不得因一商标与一地理标识相同或类似而损害该商标注册的资格或注册的有效性或商标的使用权。

6. 如任何其他成员关于货物或服务的地理标识与一成员以通用语文的惯用术语作为其领土内此类货物或服务的普通名称相同,则本节的任何规定不得要求该成员对其他成员的相关标识适用本节的规定。如任何其他成员用于葡萄酒产品的地理标识与在《WTO 协定》生效之日一成员领土内已存在的葡萄品种的惯用名称相同,则本节的任何规定不得要求该成员对其他成员的相关标识适用本节的规定。

7. 一成员可规定,根据本节提出的关于一商标的使用或注册的任何请求必须在对该受保护标识的非法使用已在该成员中广为人知后 5 年内提出,或如果商标在一成员中的注册日期早于上述非法使用在该成员中广为人知的日期,只要该商标在其注册之日前已公布,则该请求必须在该商标在该成员中注册之日起 5 年内提出,只要该地理标识未被恶意使用或注册。

8. 本节的规定决不能损害任何人在贸易过程中使用其姓名或其业务前任的姓名的权利,除非该姓名使用的方式会使公众产生误解。

9. 各成员在本协定项下无义务保护在起源国不受保护或已停止保护,或在该国中已废止的地理标识。

第 4 节　工 业 设 计

第 25 条　保护的要求

1. 各成员应对新的或原创性的独立创造的工业设计提供保护。各成员可规定,如工业设计不能显著区别于已知的设计或已知设计特征的组合,则不属新的或原创性设计。各成员可规定该保护不应延伸至主要出于技术或功能上的考虑而进行的设计。

2. 每一成员应保证为获得对纺织品设计的保护而规定的要求,特别是有关任何费用、审查或公布的要求,不得无理损害寻求和获得此种保护的机会。各成员有权通过工业设计法或版权法履行该项义务。

第 26 条　保护

1. 受保护的工业设计的所有权人有权阻止第三方未经所有权人同意而生产、销售或进口所载或所含设计是一受保护设计的复制品或实质上是复制品的物品,如此类行为为商业目的而采取。

2. 各成员可对工业设计的保护规定有限的例外,只要此类例外不会与受保护的工业设计的正常利用发生无理抵触,也不会无理损害受保护工业设计所有权人的合法权益,同时考虑第三方的合法权益。

3. 可获得的保护期限应至少达到 10 年。

第 5 节　专　　利

第 27 条　可授予专利的客体

1. 在遵守第 2 款和第 3 款规定的前提下,专利可授予所有技术领域的任何发明,无论是产品还是方法,只要它们具有新颖性、包含发明性步骤,并可供工业应用。在遵守第 65 条第 4 款、第 70 条第 8 款和本条第 3 款规定的前提下,对于专利的获得和专利权的享受不因发明地点、技术领域、产品是进口的还是当地生产的而受到歧视。

2. 各成员可拒绝对某些发明授予专利权,如在其领土内阻止对这些发明的商业利用是维护公共秩序或道德,包括保护人类、动物或植物的生命或健康或避免对环境造成严重损害所必需的,只要此种拒绝授予并非仅因为此种利用为其法律所禁止。

3. 各成员可拒绝对下列内容授予专利权:

(a)人类或动物的诊断、治疗和外科手术方法;

(b)除微生物外的植物和动物,以及除非生物和微生物外的生产植物和动物的主要生物方法。但是,各成员应规定通过专利或一种有效的特殊制度或通过这两者的组合来保护植物品种。本项的规定应在《WTO 协定》生效之日起 4 年后进行审议。

第 28 条 授予的权利

1. 一专利授予其所有权人下列专有权利:

(a)如一专利的客体是产品,则防止第三方未经所有权人同意而进行制造、使用、标价出售、销售或为这些目的而进口该产品的行为;

(b)如一专利的客体是方法,则防止第三方未经所有权人同意而使用该方法的行为,并防止使用、标价出售、销售或为这些目的而进口至少是以该方法直接获得产品的行为。

2. 专利所有权人还有权转让或以继承方式转移其专利并订立许可合同。

第 29 条 专利申请人的条件

1. 各成员应要求专利申请人以足够清晰和完整的方式披露其发明,使该专业的技术人员能够实施该发明,并可要求申请人在申请之日,或在要求优先权的情况下在申请的优先权日,指明发明人所知的实施该发明的最佳方式。

2. 各成员可要求专利申请人提供关于申请人相应的国外申请和授予情况的信息。

第 30 条 授予权利的例外

各成员可对专利授予的专有权规定有限的例外,只要此类例外不会对专利的正常利用发生无理抵触,也不会无理损害专利所有权人的合法权益,同时考虑第三方的合法权益。

第 31 条 未经权利持有人授权的其他使用

如一成员的法律允许未经权利持有人授权即可对一专利的客体作其他使用,包括政府或经政府授权的第三方的使用,则应遵守下列规定:

(a)授权此种使用应一事一议;

(b)只有在拟使用者在此种使用之前已经按合理商业条款和条件努力从权利持有人处获得授权,但此类努力在合理时间内未获得成功,方可允许此类使用。在全国处于紧急状态或在其他极端紧急的情况下,或在公共非商业性使用的情况下,一成员可豁免此要求。尽管如此,在全国处于紧急状态或在其他极端紧急的情况下,应尽快通知权利持有人。在公共非商业性使用的情况下,如政府或合同方未作专利检索即知道或有显而易见的理由知道一有效专利正在或将要被政府使用或为政府而使用,则应迅速告知权利持有人;

(c)此类使用的范围和期限应仅限于被授权的目的,如果是半导体技术,则仅能用于公共非商业性使用,或用于补救经司法或行政程序确定为限制竞争行为;

(d)此种使用应是非专有的;

(e)此种使用应是不可转让的,除非与享有此种使用的那部分企业或商誉一同转让;

(f)任何此种使用的授权应主要为供应授权此种使用的成员的国内市场;

(g)在充分保护被授权人合法权益的前提下,如导致此类使用的情况已不复存在且不可能再次出现,则有关此类使用的授权应终止。在收到有根据的请求的情况下,主管机关有权审议这些情况是否继续存在;

(h)在每一种情况下应向权利持有人支付适当报酬,同时考虑授权的经济价值;

(i)与此种使用有关的任何决定的法律效力应经过司法审查或经过该成员中上一级主管机关的独立审查;

(j)任何与就此种使用提供的报酬有关的决定应经过司法审查或该成员中上一级主管机关的独立审查;

(k)如允许此类使用以补救经司法或行政程序确定的限制竞争的行为,则各成员无义务适用(b)项和(f)项所列条件。在确定此类情况下的报酬数额时,可考虑纠正限制竞争行为的需要。如导致授权的条件可能再次出现,则主管机关有权拒绝终止授权;

(l)如授权此项使用以允许利用一专利("第二专利"),而该专利在不侵害另一专利("第一专利")的情况下不能被利用,则应适用下列附加条件:

(i)与第一专利中要求的发明相比,第二专利中要求的发明应包含重要的、具有巨大经济意义的技术进步;

(ii)第一专利的所有权人有权以合理的条件通过交叉许可使用第二专利具有的发明;以及

(iii)就第一专利授权的使用不得转让,除非与第二专利一同转让。

第 32 条 撤销/无效

对任何有关撤销或宣布一专利无效的决定应可进

行司法审查。

第 33 条 保护期限

可获得的保护期限不得在自申请之日起计算的 20 年期满前结束。

第 34 条 方法专利:举证责任

1. 就第 28 条第 1 款(b)项所指的侵害所有权人权利的民事诉讼而言,如一专利的客体是获得一产品的方法,则司法机关有权责令被告方证明其获得相同产品的方法不同于已获专利的方法。因此,各成员应规定至少在下列一种情况下,任何未经专利所有权人同意而生产的相同产品,如无相反的证明,则应被视为是通过该已获专利方法所获得的:

(a)如通过该已获专利方法获得的产品是新的;

(b)如存在实质性的可能性表明该相同产品是由该方法生产的,而专利所有权人经过合理努力不能确定事实上使用了该方法。

2. 只有满足(a)项所指条件或只有满足(b)项所指条件,任何成员方有权规定第 1 款所指的举证责任在于被指控的侵权人。

3. 在引述相反证据时,应考虑被告方在保护其制造和商业秘密方面的合法权益。

第 6 节 集成电路布图设计(拓扑图)

第 35 条 与《IPIC 条约》的关系

各成员同意依照《IPIC 条约》第 2 条至第 7 条(第 6 条第 3 款除外)及第 12 条和第 16 条第 3 款,对集成电路的布图设计(拓扑图)(本协定中称"布图设计")提供保护,此外还同意遵守下列规定。

第 36 条 保护范围

在遵守第 37 条第 1 款规定的前提下,如从事下列行为未经权利持有人授权,则应视为非法:为商业目的进口、销售或分销受保护的布图设计、含有受保护的布图设计的集成电路、或含有此种集成电路的物品,只要该集成电路仍然包含非法复制的布图设计。

第 37 条 无须权利持有人授权的行为

1. 尽管有第 36 条的规定,但是如从事或命令从事该条所指的与含有非法复制的布图设计的集成电路或包含此种集成电路的物品有关的行为的人,在获得该集成电路或包含该集成电路的物品时,不知道且无合理的根据知道其中包含此种非法复制的布图设计,则任何成员不得将从事该条所指的任何行为视为非法。各成员应规定,在该人收到关于该布图设计被非法复制的充分通知后,可对现有的存货和此前的订货从事此类行为,但有责任向权利持有人支付费用,数额相当于根据就此种布图设计自愿达成的许可协议应付的合理使用费。

2. 第 31 条(a)项至(k)项所列条件在细节上作必要修改后应适用于任何有关布图设计的非自愿许可情况或任何未经权利持有人授权而被政府或为政府而使用的情况。

第 38 条 保护期限

1. 在要求将注册作为保护条件的成员中,布图设计的保护期限不得在自提交注册申请之日起或自世界任何地方首次进行商业利用之日起计算 10 年期限期满前终止。

2. 在不要求将注册作为保护条件的成员中,布图设计的保护期限不得少于自世界任何地方首次进行商业利用之日起计算的 10 年。

3. 尽管有第 1 款和第 2 款的规定,任何一成员仍可规定保护应在布图设计创作 15 年后终止。

第 7 节 对未披露信息的保护

第 39 条

1. 在保证针对《巴黎公约》(1967)第 10 条之二规定的不公平竞争而采取有效保护的过程中,各成员应依照第 2 款对未披露信息和依照第 3 款提交政府或政府机构的数据进行保护。

2. 自然人和法人应有可能防止其合法控制的信息在未经其同意的情况下以违反诚实商业行为的方式向他人披露,或被他人取得或使用,只要此类信息:

(a)属秘密,即作为一个整体或就其各部分的精确排列和组合而言,该信息尚不为通常处理所涉信息范围内的人所普遍知道,或不易被他们获得;

(b)因属秘密而具有商业价值;并且

(c)由该信息的合法控制人,在此种情况下采取合理的步骤以保持其秘密性质。

3. 各成员如要求,作为批准销售使用新型化学个体制造的药品或农业化学物质产品的条件,需提交通过巨大努力取得的、未披露的试验数据或其他数据,则应保护该数据,以防止不正当的商业使用。此外,各成员应保护这些数据不被披露,除非属为保护公众所必需,或除非采取措施以保证该数据不被用在不正当的商业使用中。

第8节　对协议许可中限制竞争行为的控制

第40条

1. 各成员同意,一些限制竞争的有关知识产权的许可活动或条件可对贸易产生不利影响,并会妨碍技术的转让和传播。

2. 本协定的任何规定均不得阻止各成员在其立法中明确规定在特定情况下可构成对知识产权的滥用并对相关市场中的竞争产生不利影响的许可活动或条件。如以上所规定的,一成员在与本协定其他规定相一致的条件下,可按照该成员的有关法律法规,采取适当的措施以防止或控制此类活动,包括诸如排他性返授条件、阻止对许可效力提出质疑的条件和强制性一揽子许可等。

3. 应请求,每一成员应与任一其他成员进行磋商,只要该成员有理由认为被请求进行磋商成员的国民或居民的知识产权所有权人正在采取的做法违反请求进行磋商成员关于本节主题的法律法规,并希望在不妨害根据法律采取任何行动及不损害两成员中任一成员作出最终决定的充分自由的情况下,使该立法得到遵守。被请求的成员应对与提出请求成员的磋商给予充分和积极的考虑,并提供充分的机会,并在受国内法约束和就提出请求的成员保障其机密性达成相互满意的协议的前提下,通过提供与所涉事项有关的、可公开获得的非机密信息和该成员可获得的其他信息进行合作。

4. 如一成员的国民或居民在另一成员领土内因被指控违反该另一成员有关本节主题的法律法规而被起诉,则该另一成员应按与第3款预想的条件相同的条件给予该成员磋商的机会。

第三部分　知识产权的实施

第1节　一般义务

第41条

1. 各成员应保证其国内法中包括关于本部分规定的实施程序,以便对任何侵犯本协定所涵盖知识产权的行为采取有效行动,包括防止侵权的迅速救济措施和制止进一步侵权的救济措施。这些程序的实施应避免对合法贸易造成障碍并为防止这些程序被滥用提供保障。

2. 有关知识产权的实施程序应公平和公正。这些程序不应不必要的复杂和费用高昂,也不应限定不合理的时限或造成无理的迟延。

3. 对一案件是非曲直的裁决,最好采取书面形式并说明理由。至少应使诉讼当事方可获得,而不造成不正当的迟延。对一案件是非曲直的裁决只能根据已向各方提供听证机会的证据作出。

4. 诉讼当事方应有机会要求司法机关对最终行政裁定进行审查,并在遵守一成员法律中有关案件重要性的司法管辖权规定的前提下,至少对案件是非的初步司法裁决的法律方面进行审查。但是,对刑事案件中的无罪判决无义务提供审查机会。

5. 各方理解,本部分并不产生任何建立与一般法律实施制度不同的知识产权实施制度的义务,也不影响各成员实施一般法律的能力。本部分的任何规定在实施知识产权与实施一般法律的资源分配方面,也不产生任何义务。

第2节　民事和行政程序及救济

第42条　公平和公正的程序

各成员应使权利持有人可获得有关实施本协定涵盖的任何知识产权的民事司法程序。被告有权获得及时的和包含足够细节的书面通知,包括权利请求的依据。应允许当事方由独立的法律顾问代表出庭,且程序不应制定强制本人出庭的过重要求。此类程序的所有当事方均有权证明其权利请求并提供所有相关证据。该程序应规定一种确认和保护机密信息的方法,除非此点会违背现有的宪法规定的必要条件。

第43条　证据

1. 如一当事方已出示可合理获得的足以证明其权利请求的证据,并指明在对方控制之下的与证实其权利请求有关的证据,则司法机关在遵守在适当的情况下可保证保护机密信息条件的前提下,有权命令对方提供此证据。

2. 如一诉讼方在合理期限内自行且无正当理由拒绝提供或不提供必要的信息,或严重阻碍与一实施行动有关的程序,则一成员可授权司法机关在向其提供信息的基础上,包括由于被拒绝提供信息而受到不利影响的当事方提出的申诉或指控,作出肯定或否定的初步或最终裁决,但应向各当事方提供就指控或证据进行听证的机会。

第44条　禁令

1. 司法机关有权责令一当事方停止侵权,特别是有权在结关后立即阻止涉及知识产权侵权行为的进口货物进入其管辖范围内的商业渠道。如受保护的客体是在一人知道或有合理的根据知道从事该客体的交易会构成知识产权侵权之前取得或订购的，则各成员无义务给予此种授权。

2. 尽管有本部分其他条款的规定，但是只要符合第二部分专门处理未经权利持有人授权的政府使用或政府授权的第三方使用而作出的规定，各成员可将针对可使用的救济限于依照第31条(h)项支付的报酬。在其他情况下，应适用本部分下的救济，或如果这些救济与一成员的法律不一致，则应采取宣告式判决，并应可获得适当的补偿。

第45条　赔偿费

1. 对于故意或有充分理由应知道自己从事侵权活动的侵权人，司法机关有权责令侵权人向权利持有人支付足以补偿其因知识产权侵权所受损害的赔偿。

2. 司法机关还有权责令侵权人向权利持有人支付有关费用，其中可包括有关的律师费用。在适当的情况下，各成员可授权司法机关责令其退还利润和/或支付法定的赔偿，即使侵权人故意或有充分理由知道自己从事侵权活动。

第46条　其他补救

为有效制止侵权，司法机关有权在不给予任何补偿的情况下，责令将已被发现侵权的货物清除出商业渠道，以避免对权利持有人造成任何损害，或下令将其销毁，除非此点会违背现有的宪法规定的必要条件。司法机关还有权在不给予任何补偿的情况下，责令将主要用于制造侵权货物的材料和工具清除出商业渠道，以便将产生进一步侵权的风险减少到最低限度。在考虑此类请求时，应考虑侵权的严重程度与给予的救济以及第三方利益之间的均衡性。对于冒牌货，除例外情况外，仅除去非法加贴的商标并不足以允许该货物放行进入商业渠道。

第47条　获得信息的权利

各成员可规定，司法机关有权责令侵权人将生产和分销侵权货物或服务过程中涉及的第三方的身份及其分销渠道告知权利持有人，除非此点与侵权的严重程度不相称。

第48条　对被告的赔偿

1. 如应一当事方的请求而采取措施且该当事方滥用实施程序，则司法机关有权责令该当事方向受到错误禁止或限制的当事方就因此种滥用而受到的损害提供足够的补偿。司法机关还有权责令该申请当事方支付辩方费用，其中可包括适当的律师费。

2. 就实施任何有关知识产权的保护或实施的法律而言，只有在管理该法过程中采取或拟采取的行动是出于善意的情况下，各成员方可免除公共机构和官员采取适当救济措施的责任。

第49条　行政程序

如由于行政程序对案件是非曲直的裁决而导致责令进行任何民事救济，则此类程序应符合与本节所列原则实质相当的原则。

第3节　临 时 措 施

第50条

1. 司法机关有权责令采取迅速和有效的临时措施以便：

(a)防止侵犯任何知识产权，特别是防止货物进入其管辖范围内的商业渠道，包括结关后立即进入的进口货物；

(b)保存关于被指控侵权的有关证据。

2. 在适当时，特别是在任何迟延可能对权利持有人造成不可补救的损害时，或存在证据被销毁的显而易见的风险时，司法机关有权采取不作预先通知的临时措施。

3. 司法机关有权要求申请人提供任何可合理获得的证据，以使司法机关有足够程度的确定性确信该申请人为权利持有人，且该申请人的权利正在受到侵犯或此种侵权已迫近，并有权责令申请人提供足以保护被告和防止滥用的保证金或相当的担保。

4. 如已经采取不作预先通知的临时措施，则至迟应在执行该措施后立刻通知受影响的各方。应被告请求，应对这些措施进行审查，包括进行听证，以期在作出关于有关措施的通知后一段合理期限内，决定这些措施是否应进行修改、撤销或确认。

5. 执行临时措施的主管机关可要求申请人提供确认有关货物的其他必要信息。

6. 在不损害第4款规定的情况下，如导致根据案件是非曲直作出裁决的程序未在一合理期限内启动，则应被告请求，根据第1款和第2款采取的临时措施应予撤销或终止生效，该合理期限在一成员法律允许的情况下由责令采取该措施的司法机关确定，如未作出此种确定，则不超过20个工作日或31天，以时间长者为准。

7. 如临时措施被撤销或由于申请人的任何作为

或不作为而失效,或如果随后认为不存在知识产权侵权或侵权威胁,则应被告请求,司法机关有权责令申请人就这些措施造成的任何损害向被告提供适当补偿。

8. 在作为行政程序的结果可责令采取任何临时措施的限度内,此类程序应符合与本节所列原则实质相当的原则。

第4节　与边境措施相关的特殊要求

第51条　海关中止放行

各成员应在符合以下规定的情况下,采取程序使在有正当理由怀疑假冒商标或盗版货物的进口有可能发生的权利持有人,能够向行政或司法主管机关提出书面申请,要求海关中止放行此类货物进入自由流通。各成员可针对涉及其他知识产权侵权行为的货物提出此种申请,只要符合本节的要求。各成员还可制定关于海关中止放行自其领土出口的侵权货物的相应程序。

第52条　申请

任何启动第51条下程序的权利持有人需要提供充分的证据,以使主管机关相信,根据进口国法律,可初步推定权利持有人的知识产权受到侵犯,并提供货物的足够详细的说明以便海关易于辨认。主管机关应在一合理期限内告知申请人是否已受理其申请,如主管机关已确定海关采取行动的时限,则应将该时限通知申请人。

第53条　保证金或同等的担保

1. 主管机关有权要求申请人提供足以保护被告和主管机关并防止滥用的保证金或同等的担保。此类保证金或同等的担保不得无理阻止对这些程序的援用。

2. 如按照根据本节提出的申请,海关根据非司法机关或其他独立机关的裁决对涉及工业设计、专利、集成电路布图设计或未披露信息的货物中止放行进入自由流通,而第55条规定的期限在获得适当授权的机关未给予临时救济的情况下已期满,只要符合所有其他进口条件,则此类货物的所有人、进口商或收货人有权在对任何侵权交纳一笔足以保护权利持有人的保证金后有权要求予以放行。该保证金的支付不得损害对权利持有人的任何其他可获得的补救,如权利持有人未能在一合理期限内行使诉讼权,则该保证金应予解除。

第54条　中止放行的通知

根据第51条作出的对货物的中止放行应迅速通知进口商和申请人。

第55条　中止放行的时限

如在向申请人送达关于中止放行的通知后不超过10个工作日的期限内,海关未被告知一非被告的当事方已就关于案件是非曲直的裁决提出诉讼,或未被告知获得适当授权的机关已采取临时措施延长货物中止放行的期限,则此类货物应予放行,只要符合所有其他进口或出口条件;在适当的情况下,此时限可再延长10个工作日。如已启动就案件是非曲直作出裁决的诉讼,则应被告请求,应进行审查,包括进行听证,以期在一合理期限内决定这些措施是否应予修正、撤销或确认。尽管有上述规定,但是如依照临时司法措施中止或继续中止货物的放行,则应适用第50条第6款的规定。

第56条　对进口商和货物所有权人的赔偿

有关主管机关有权责令申请人向进口商、收货人和货物所有权人对因货物被错误扣押或因扣押按照第55条放行的货物而造成的损失支付适当的补偿。

第57条　检验和获得信息的权利

在不损害保护机密信息的情况下,各成员应授权主管机关给予权利持有人充分的机会要求海关对扣押的货物进行检查,以证实权利持有人的权利请求。主管机关还有权给予进口商同等的机会对此类货物进行检查。如对案件的是非曲直作出肯定确定,则各成员可授权主管机关将发货人、进口商和收货人的姓名和地址及所涉货物的数量告知权利持有人。

第58条　依职权的行动

如各成员要求主管机关自行采取行动,并对其已取得初步证据证明一知识产权正在被侵犯的货物中止放行,则:

(a)主管机关可随时向权利持有人寻求可帮助其行使这些权力的任何信息;

(b)进口商和权利持有人应被迅速告知中止放行的行动。如进口商向主管机关就中止放行提出上诉,则中止放行应遵守在细节上作必要修改的第55条所列条件;

(c)只有在采取或拟采取的行动是出于善意的情况下,各成员方可免除公共机构和官员采取适当救济措施的责任。

第59条　救济

在不损害权利持有人可采取的其他诉讼权并在遵

守被告寻求司法机关进行审查权利的前提下，主管机关有权依照第46条所列原则责令销毁或处理侵权货物。对于假冒商标货物，主管机关不得允许侵权货物在未作改变的状态下再出口或对其适用不同的海关程序，但例外情况下除外。

第60条　微量进口

各成员可将旅客个人行李中夹带的或在小件托运中运送的非商业性少量货物排除在述规定的适用范围之外。

第5节　刑事程序

第61条

各成员应规定至少将适用于具有商业规模的蓄意假冒商标或盗版案件的刑事程序和处罚。可使用的救济应包括足以起到威慑作用的监禁和/或罚金，并应与适用于同等严重性的犯罪所受到的处罚水平一致。在适当的情况下，可使用的救济还应包括扣押、没收和销毁侵权货物和主要用于侵权活动的任何材料和工具。各成员可规定适用于其他知识产权侵权案件的刑事程序和处罚，特别是蓄意并具有商业规模的侵权案件。

第四部分　知识产权的取得和维持及当事方之间的相关程序

第62条

1. 各成员可要求作为取得或维持第二部分第2节至第6节下规定的知识产权的一项条件，应符合合理的程序和手续。此类程序和手续应与本协定的规定相一致。

2. 如知识产权的取得取决于该权利的给予或注册，则各成员应保证，给予或注册的程序在遵守取得该权利的实质性条件的前提下，允许在一合理期限内给予或注册该权利，以避免无根据地缩短保护期限。

3.《巴黎公约》(1967)第4条在细节上作必要修改后应适用于服务标记。

4. 有关取得或维持知识产权的程序，及在一成员法律对此类程序作出规定的情况下，行政撤销和诸如异议、撤销和注销等当事方之间的程序，应适用于第41条第2款和第3款所列一般原则。

5. 第4款下所指的任何程序中的行政终局裁决均应由司法或准司法机关进行审议。但是，在异议或行政撤销不成立的情况下，无义务提供机会对裁决进行此种审查，只要此类程序的根据可成为无效程序的理由。

第五部分　争端的防止和解决

第63条　透明度

1. 一成员有效实施的、有关本协定主题（知识产权的效力、范围、取得、实施和防止滥用）的法律和法规及普遍适用的司法终局裁决和行政裁定应以本国语文公布，或如果此种公布不可行，则应使之可公开获得，以使政府和权利持有人知晓。一成员政府或政府机构与另一成员政府或政府机构之间实施的有关本协定主题的协定也应予以公布。

2. 各成员应将第1款所指的法律和法规通知TRIPS理事会，以便在理事会审议本协定运用情况时提供帮助。理事会应努力尝试将各成员履行此义务的负担减少到最小程度，且如果与WIPO就建立法律和法规的共同登记处的磋商获得成功，则可决定豁免直接向理事会通知此类法律和法规的义务。理事会还应考虑在这方面就源自《巴黎公约》(1967)第6条之三的规定、在本协定项下产生的通知义务需要采取的任何行动。

3. 每一成员应准备就另一成员的书面请求提供第1款所指类型的信息。一成员如有理由认为属知识产权领域的一特定司法裁决、行政裁定或双边协定影响其在本协定项下的权利，也可书面请求为其提供或向其告知此类具体司法裁决、行政裁定或双边协定的足够细节。

4. 第1款、第2款和第3款中的任何规定均不得要求各成员披露会妨碍执法或违背公共利益或损害特定公私企业合法商业利益的机密信息。

第64条　争端解决

1. 由《争端解决谅解》详述和实施的GATT 1994第22条和第23条的规定适用于本协定项下产生的磋商和争端解决，除非本协定中另有具体规定。

2. 自《WTO协定》生效之日起5年内，GATT 1994第23条第1款(b)项和(c)项不得适用于本协定项下的争端解决。

3. 在第2款所指的时限内，TRIPS理事会应审查根据本协定提出的、属GATT 1994第23条第1款(b)项和(c)项规定类型的起诉的范围和模式，并将其建议提交部长级会议供批准。部长级会议关于批准此类建议或延长第2款中时限的任何决定只能经协商一致作出，且经批准的建议应对所有成员生效，无须进一步的正式接受程序。

第六部分　过渡性安排

第 65 条　过渡性安排

1. 在遵守第 2 款、第 3 款和第 4 款的前提下,任何成员在《WTO 协定》生效之日起 1 年的一般期限期满前无义务适用本协定的规定。

2. 一发展中国家成员有权将按第 1 款规定的实施日期再推迟 4 年实施本协定的规定,但第 3 条、第 4 条和第 5 条除外。

3. 正处在从中央计划经济向市场和自由企业经济转型过程中的任何其他成员,及正在进行知识产权制度结构改革并在制订和实施知识产权法律和法规方面面临特殊困难的成员,也可受益于第 2 款设想的延迟期。

4. 如一发展中国家成员按照本协定有义务将产品专利保护扩大至在按第 2 款规定的、对其适用本协定的一般日期其领土内尚未接受保护的技术领域,则该成员可再推迟 5 年对此类技术领域适用本协定第二部分第 5 节关于产品专利的规定。

5. 利用第 1 款、第 2 款、第 3 款或第 4 款下的过渡期的一成员应保证,在过渡期内其法律、法规和做法的任何变更不会导致降低其与本协定规定一致性的程度。

第 66 条　最不发达国家成员

1. 鉴于最不发达国家成员的特殊需要和要求,其经济、财政和管理的局限性,以及其为创立可行的技术基础所需的灵活性,不得要求此类成员在按第 65 条第 1 款定义的适用日期起 10 年内适用本协定的规定,但第 3 条、第 4 条和第 5 条除外。TRIPS 理事会应最不发达国家成员提出的有根据的请求,应延长该期限。

2. 发达国家成员应鼓励其领土内的企业和组织,促进和鼓励向最不发达国家成员转让技术,以使这些成员创立一个良好和可行的技术基础。

第 67 条　技术合作

为促进本协定的实施,发达国家成员应发展中国家成员和最不发达国家成员的请求,并按双方同意的条款和条件,应提供有利于发展中国家成员和最不发达国家成员的技术和资金合作。此种合作应包括帮助制定有关知识产权保护和实施以及防止其被滥用的法律和法规,还应包括支持设立或加强与这些事项有关的国内机关和机构,包括人员培训。

第七部分　机构安排;最后条款

第 68 条　与贸易有关的知识产权理事会

TRIPS 理事会应监督本协定的运用,特别是各成员遵守本协定项下义务的情况,并为各成员提供机会就与贸易有关的知识产权事项进行磋商。理事会应履行各成员所指定的其他职责,特别是在争端解决程序方面提供各成员要求的任何帮助。在履行其职能时,TRIPS 理事会可向其认为适当的任何来源进行咨询和寻求信息。经与 WIPO 磋商,理事会应寻求在其第一次会议后 1 年内达成与该组织各机构进行合作的适当安排。

第 69 条　国际合作

各成员同意相互进行合作,以消除侵犯知识产权的国际货物贸易。为此,它们应在其政府内设立联络点并就此作出通知,并准备就侵权货物的贸易交流信息。它们特别应就假冒商标货物和盗版货物的贸易而促进海关之间的信息交流和合作。

第 70 条　对现有客体的保护

1. 对于在本协定对所涉成员适用之日前发生的行为,本协定不产生义务。

2. 除非本协定另有规定,否则本协定对于在本协定对所涉成员适用之日已存在的、在上述日期在该成员中受到保护、或符合或随后符合根据本协定条款规定的保护标准的所有客体产生义务。就本款及第 3 款和第 4 款而言,关于现有作品的版权义务应仅根据《伯尔尼公约》(1971)第 18 条确定,关于录音制品制作者和表演者对现有录音制品享有权利的义务应仅按照根据本协定第 14 条第 6 款适用的《伯尔尼公约》(1971)第 18 条确定。

3. 对于在本协定对所涉成员适用之日已进入公共领域的客体,该成员无义务恢复保护。

4. 对于有关包含受保护客体的特定对象的任何行为,如在与本协定相符的立法条款下构成侵权,且如果该行为在该成员接受本协定之日前已经开始,或已经为此进行大量投资,则任何成员可就在该成员适用本协定之日起继续实施此类行为规定权利持有人可获补偿的限度。但是,在此类情况下,该成员至少应规定支付公平的补偿。

5. 一成员无义务对于在其适用本协定之日前购买的原版或复制品适用第 11 条和第 14 条第 4 款的规定。

6. 如在本协定生效日期公布之前政府已授权使用，对于无权利持有人授权的此类使用，则各成员不需适用第 31 条的规定或第 27 条第 1 款关于专利权享有不应因技术领域的不同而有所歧视的要求。

7. 在知识产权的保护是以注册为条件的情况下，应允许对在本协定对所涉成员适用之日前未决的保护申请进行修改，以便申请人要求本协定项下规定的任何加强的保护。此类修改不应包括新的事项。

8. 如截至《WTO 协定》生效之日一成员仍未按照其在第 27 条下的义务对药品和农药获得专利保护，则该成员应：

(a)尽管有第六部分的规定，自《WTO 协定》生效之日起提供据以提出此类发明的专利申请的方法；

(b)自本协定适用之日起，对这些申请适用本协定规定的授予专利的标准，如同这些标准在申请之日已在该成员中适用，或如果存在并请求优先权，则适用优先的申请日期；以及

(c)自给予专利时起和在依照本协定第 33 条自提出申请之日起计算的剩余专利期限内，依照本协定对这些申请中符合(b)项所指的保护标准的申请提供专利保护。

9. 如依照第 8 款(a)项一产品在一成员中属专利申请的客体，则尽管有第六部分的规定，仍应给予专有销售权，期限或为在该成员中获得销售许可后 5 年，或为至一产品专利在该成员中被授予或被拒绝时为止，以时间短者为准，只要在《WTO 协定》生效之后，已在另一成员中提出专利申请、一产品已获得专利以及已在该另一成员中获得销售许可。

第 71 条　审议和修正

1. TRIPS 理事会应在第 65 条第 2 款所指的过渡期期满后，审议本协定的实施情况。理事会应在考虑实施过程中所获经验的同时，在该日期后 2 年内、并在此后以同样间隔进行审议。理事会还可按照有理由修改或修正本协定的任何新的发展情况进行审议。

2. 仅适于提高在其他多边协定中达成和实施的、并由 WTO 所有成员在这些协定项下接受的知识产权保护水平的修正，在 TRIPS 理事会经协商一致所提建议的基础上，可依照《WTO 协定》第 10 条第 6 款提交部长级会议采取行动。

第 72 条　保留

未经其他成员同意，不得对本协定的任何规定提出保留。

第 73 条　安全例外

本协定的任何规定不得解释为：

(a)要求一成员提供其认为如披露则会违背其根本安全利益的任何信息；或

(b)阻止一成员采取其认为对保护其根本安全利益所必需的任何行动：

(i)与裂变和聚变物质或衍生这些物质的物质有关的行动；

(ii)与武器、弹药和作战物资的贸易有关的行动，及与此类贸易所运输的直接或间接供应军事机关的其他货物或物资有关的行动；

(iii)在战时或国际关系中的其他紧急情况下采取的行动；或

(c)阻止一成员为履行《联合国宪章》项下的维持国际和平与安全的义务而采取的任何行动。

修改《与贸易有关的知识产权协定》议定书

1. 2005 年 12 月 6 日世界贸易组织总理事会通过

2. 2007 年 10 月 28 日第十届全国人民代表大会常务委员会第三十次会议批准

世界贸易组织各成员，

注意到总理事会依照《马拉喀什建立世界贸易组织协定》(以下称《WTO 协定》)第 10 条第 1 段在文件 WT/L/641 中的决定，

特此协议如下：

一、《与贸易有关的知识产权协定》(以下称《TRIPS 协定》)，在本议定书根据第 4 段生效之时，应按照本议定书附件规定修改，在《TRIPS 协定》第 31 条后插入第 31 条之二，并在第 73 条后插入《TRIPS 协定》附件。

二、在未获得其他成员同意的情况下，不得就本议定书的任何条款作出保留。

三、本议定书应开放供各成员接受，直至 2007 年 12 月 1 日或者部长级会议可能决定的更晚的日期。

四、本议定书应按照《WTO 协定》第 10 条第 3 段生效。

五、本议定书应交存世界贸易组织总干事，总干事须及时向每一成员提供一份经核正无误的副本，以及每一根据第 3 段作出接受的通报。

六、本议定书须根据《联合国宪章》第102条的规定进行登记。

二〇〇五年十二月六日订于日内瓦。正本一份,用英文、法文和西班牙文写成,三种文本同等作准。

附件:1. 第31条之二

2.《与贸易有关的知识产权协定》附件

附件1:

第31条之二

一、一出口成员在第31条(f)项下的义务不适用于,在为生产并出口药品至一有资格进口的成员之目的的必要范围内,并在符合本协定附件第2段所列的条件下,授予之强制许可。

二、若一出口成员根据本条及本协定附件确立的体制,授予一项强制许可,则该成员须依据第31条(h)项支付适当报酬,同时考虑该出口成员授权之使用对于有关进口成员的经济价值。若该有资格进口的成员对同一产品授予一项强制许可,因其报酬根据本段第一句已在有关出口成员支付,该进口成员在第31条(h)项下之义务不适用于这些产品。

三、为了利用规模经济以增强药品的购买力,并促进药品的本地生产:若一个发展中或者最不发达的WTO成员是GATT1994第24条以及1979年11月28日《关于发展中成员差别和更优惠待遇、互惠和更充分参与的决定》(L/4903)意义下的区域贸易协定的成员,且该区域贸易协定至少一半以上的现有成员属于联合国最不发达国家名单上的国家,则在确保该成员的一项强制许可项下生产或者进口的一种药品能够出口到有关区域贸易协定下其他遭受共同公共健康问题的发展中或者最不发达成员市场的必要限度内,该成员在第31条(f)项下的义务不再适用。各方理解此规定将不影响有关专利权的地域属性。

四、各成员不得根据GATT1994第23条第1款(b)项及(c)项,对任何与本条及本协定附件的规定相一致的措施提出质疑。

五、本条及本协定附件不影响成员在本协定下享有的在第31条(f)项和(h)项之外的,包括经《关于〈TRIPS协定〉与公共健康的宣言》(WT/MIN(01)/DEC/2)重申的权利、义务和灵活性,以及对其的解释。本条及本协定附件也并不影响依照第31条(f)项规定在强制许可下所生产的药品能够出口的限度。

附件2:

《与贸易有关的知识产权协定》附件

一、在第31条之二和本附件中:

(一)"药品"是指,为了解决《关于〈TRIPS协定〉与公共健康的宣言》(WT/MIN(01)/DEC/2)第1段中确认的公共健康问题所需的医药行业的专利产品或通过专利方法生产的产品。各方理解该产品生产所必需的活性成分及其使用所需的配套诊断器具亦包括在内[①];

(二)"有资格进口的成员"是指,任何最不发达成员及任何已向TRIPS理事会通报[②]意图作为进口成员利用依第31条之二及本附件建立的体制(以下称体制)的其他成员。各方理解成员可以在任何时间通报其将完全或者在一定限度内利用这一体制,例如仅在国家紧急状态下或者其他极端紧迫情形或者非商业性的公共使用的情况下。各方注意到,部分成员将不作为进口成员[③]使用本体制,同时另外部分成员声明使用该体制的情况将不超出国家紧急状态或者其他极端紧迫的情形;

(三)"出口成员"是指,利用本体制,为有资格进口的成员生产及向其出口药品的成员。

二、第31条之二第1款中所提及的条件包括:

(一)有资格进口的成员[④]已向TRIPS理事会通报[⑤]:

1. 列明所需产品的名称和预计数量[⑥];

---

① 本款不影响本段第2款的内容。

② 各方理解,为了使用这一体制,此项通报不必获得某个WTO机构的批准。

③ 澳大利亚、加拿大、欧共体及(就第31条之二及本附件而言)其成员、冰岛、日本、新西兰、挪威、瑞士和美国。

④ 第31条之二第3款规定的区域组织,可以代表其成员中使用本体制的有资格进口成员,在其同意的情况下,作出联合通报,以提供本款所要求信息。

⑤ 各方理解,为了使用这一体制,此项通报不必获得某个WTO机构的批准。

⑥ 此通报将由WTO秘书处通过WTO网站上专为本体制设立的网页予以公开。

2. 确认该有资格进口的成员，除最不发达成员以外，已通过一种本附件附录所列方法证明其医药行业没有或者没有足够的有关产品的生产能力；并且

3. 确认，若一药品在其地域内被授予专利，其已经或者计划根据本协定第31条、第31条之二及本附件的规定授予一项强制许可。①

（二）出口成员在本体制下授予的强制许可须包括以下条件：

1. 在该许可下可生产的数量仅以满足有资格进口成员的需求为限，且此项生产的全部必须出口至业已将其需求通报TRIPS理事会的成员；

2. 在该许可下生产的产品必须通过特定标签或标记明确注明该产品是在本体制下生产的。供应商应通过特殊包装和（或）通过产品本身的特殊颜色和（或）形状对此类产品加以区别，只要这一区别是可行的且不对价格产生显著影响；并且

3. 装运前，被许可人须在网站②发布如下信息：

运往上述第1项所列每一目的地的数量；及

上述第2项所指的该产品的区别特征；

（三）出口成员须将有关强制许可的授予，包括其所附条件，向TRIPS理事会通报③④。所提供的信息必须包括：被许可人的名称和地址，被授予许可的产品，许可的生产数量，产品供应的目的国，及许可期限。通报还须指明上述第2款第3项中的网址。

三、为了确保根据本体制进口的有关产品在其进口后被用于公共健康目的，有资格进口的成员在其措施范围内，必须采取与其行政能力和贸易转移风险相适应的合理措施，以防止本体制下其实际进口入境产品的再出口。当有资格进口的成员是发展中成员或者最不发达成员，且在实施本条时遇到困难时，发达成员必须，应请求且在双方同意的条件下，提供技术和资金合作，以促进本条的实施。

四、各成员必须运用本协定下业已要求具备的法律手段，确保适用有效的法律措施以防止在本体制下生产的产品以不符合本体制规定的方式进口、在其境内销售或向其市场转移。若任何成员认为此种措施被证明不足以实现此目标，则该成员可以就该事项提请TRIPS理事会审议。

五、为了利用规模经济以增强药品的购买力，并促进药品的本地生产，各方确认应促进适用于第31条之二第3款所述成员的授予区域专利体制的发展。为此，发达成员承诺根据本协定第67条，包括与其他相关政府间组织联合，提供技术合作。

六、为了解决没有或者缺乏医药行业生产能力的成员所面临的问题，各成员确认在医药行业推动技术转让和能力建设必要性。为此，鼓励有资格进口的成员和出口成员以促进上述目标实现的方式使用本体制。各成员承诺在开展本协定第66条第2款、《关于〈TRIPS协定〉与公共健康的宣言》第7段及TRIPS理事会的任何其他相关工作时，在给予医药行业技术转让和能力建设特别关注方面，进行合作。

七、为了确保本体制的有效运行，TRIPS理事会须对其运行状况进行年度审议，并每年将其运行情况报告总理事会。

《〈与贸易有关的知识产权协定〉附件》的附录

医药行业生产能力的评估

最不发达成员被认为在医药行业没有或者缺乏足够生产能力。

对于其他有资格进口的成员，可以通过下列方式之一确定其没有或者缺乏有关药品的生产能力：

（一）该有关成员已经证明其在医药行业没有生产能力；

或者

（二）在该成员在此行业具有部分生产能力的情况下，该成员已调查了该能力并发现，除专利所有者拥有或控制的生产能力之外，其目前不足以满足自身需要。当证明此种生产能力已经充分可以满足该成员需要时，本体制不得再适用于该成员。

---

① 本项不影响本协定第66条第1款。

② 被许可人为此目的可以使用自己的网站，也可以在WTO秘书处的帮助下，使用WTO网站专为本体制设立的网页。

③ 各方理解，为了使用这一体制，此项通报不必获得某个WTO机构的批准。

④ 此通报将由WTO秘书处通过WTO网站上专为本体制设立的网页予以公开。

伯尔尼保护文学和艺术作品公约
(1971年巴黎文本)

1. 1886年9月9日于伯尔尼签订

2. 1896年5月4日于巴黎补充完备,1908年11月13日于柏林修订,1914年3月20日于伯尔尼补充完备,1928年6月2日于罗马、1948年6月26日于布鲁塞尔、1967年7月14日于斯德哥尔摩、1971年7月24日于巴黎先后修订,1979年10月2日更改

3. 1992年7月1日第七届全国人民代表大会常务委员会第二十六次会议决定中华人民共和国加入,同时声明根据公约附件第一条的规定,享有附件第二条和第三条规定的权利

本同盟各成员国,共同受到尽可能有效、尽可能一致地保护作者对其文学艺术作品所享权利的愿望的鼓舞。

承认1967年在斯德哥尔摩举行的修订会议工作的重要性。

决定修订斯德哥尔摩会议通过的公约文本但不更动该公约文本第一至二十条和第二十二至二十六条。

下列签字的全权代表经交验全权证书认为妥善后,兹协议如下:

第一条 适用本公约的国家为保护作者对其文学艺术作品所享权利结成一个同盟。

第二条 1."文学艺术作品"一词包括文学、科学和艺术领域内的一切作品,不论其表现形式或方式如何,诸如书籍、小册子和其他著作;讲课、演讲、讲道和其他同类性质作品;戏剧或音乐戏剧作品;舞蹈艺术作品和哑剧作品;配词或未配词的乐曲;电影作品以及使用电影摄影术类似的方法表现的作品;图画、油画、建筑、雕塑、雕刻和版画;摄影作品以及使用与摄影术类似的方法表现的作品;实用美术作品;与地理、地形、建筑或科学有关的示意图、地图、设计图、草图和立体作品。

2. 本同盟各成员国得通过国内立法规定文学艺术作品或其中之一类或数类作品如果未以某种物质形式固定下来即不受保护。

3. 翻译、改编、乐曲整理以及对某文学或艺术作品的其他改造应得到与原作同等的,但不损害原作版权的保护。

4. 本同盟各成员国对立法、行政或司法性质的官方文件以及这些文件的正式译本的保护由其国内立法确定。

5. 文学或艺术作品的汇编,诸如百科全书和选集,凡由于对内容的选择和编排而成为智力创作的,应得到相应的、但不损害汇编内每一作品的版权的保护。

6. 本条所提到的作品在本同盟所有成员国内享受保护。此种保护系为作者及其权利继承人的利益而行使。

7. 依照本公约第七条第4款之规定,关于实用美术作品以及工业设计和模型的法律的适用范围,以及此类作品、设计和模型得到保护的条件,由本同盟各成员国国内立法予以规定。在起源国仅仅作为设计和模型受到保护的作品,在本同盟其他成员国只享受各该国给予设计和模型的那种专门保护;但如在该国并不给予这种专门保护,则这些作品将作为艺术作品得到保护。

8. 本公约的保护不适用于日常新闻或纯属报刊消息性质的社会新闻。

第二条之二 1. 政治演讲和诉讼过程中发表的言论是否全部或部分地排除于上条提供的保护之外,属于本同盟各成员国国内立法的范围。

2. 公开发表的演讲、讲话或其他同类性质的作品,如为新闻报道的目的有此需要,在什么条件下可由报刊转载,进行无线或有线广播,以及以第十一条之二第1款的方式向公众传送,也属于本同盟各成员国国内立法的范围。

3. 然而,作者享有将上两款提到的作品汇编起来的专有权利。

第三条 1. 根据本公约,

(a)作者为本同盟任何成员国的国民者,其作品无论已否出版,都受到保护;

(b)作者非本同盟任何成员国的国民者,其作品首次在本同盟一个成员国出版,或在一个非本同盟成员国和一个同盟成员国同时出版的都受到保护。

2. 非本同盟任何成员国的国民但定居于一个成员国国内的作者,为实施本公约享有该成员国国民的待遇。

3. "已出版作品"一词指得到作者同意后出版的作品,而不论其复制件的制作方式如何,只要从这部著作的性质来看,复制件的发行方式能满足公众的合理需要。戏剧、音乐戏剧或电影作品的上演,音乐作品的演奏,文学作品的当众朗诵,文学或艺术作品的有线或无线传播,美术作品的展出和建筑作品的建造不算作出版。

4. 一个作品在首次出版后三十天内在两个或两个以上国家内出版,则该作品应视为同时在几个国家内出版。

第四条 下列作者,即使不具备第三条规定的条件,仍然适用本公约的保护:

(a)制片人的办事处或定居地在本同盟某一成员国内的电影作品的作者。

(b)建造在本同盟某一成员国内的建造物或构成本同盟某一成员国内建筑物一部分的绘画和造型艺术作品的作者。

第五条 1. 就享受本公约保护的作品而论,作者在作品起源国以外的本同盟成员国中享受各该国法律现在给予和今后可能给予其国民的权利,以及本公约特别授予的权利。

2. 享受和行使这些权利不需要履行任何手续,也不论作品起源国是否存在保护。因此,除本公约条款外,只要被要求给以保护的国家的法律才能决定保护范围以及为保护作者的权利而向其提供的补救方法。

3. 起源国的保护由该国法律规定。但如作者不是得到本公约保护的作品起源国的国民,他在该国仍享有同本国作者相同的权利。

4. 起源国指的是:

(a)对于首次在本同盟某一成员国出版的作品,以该国家为起源国;对于在分别给予不同保护期的几个本同盟成员国同时出版的作品,以立法给予最短保护期的国家为起源国;

(b)对于同时在非本同盟成员国和本同盟成员国出版的作品,以后者为起源国;

(c)对于未出版的作品或首次在非本同盟成员国出版而未同时在本同盟成员国出版的作品,以作者为其国民的本同盟成员国为起源国,然而

(1)对于制片人主要办事处或定居地在本同盟某一成员国内的电影作品,以该国为起源国。

(2)对于建造在本同盟某一成员国内的建筑物或构成本同盟某一成员国建筑物一部分的绘画和造型艺术作品,以该国为起源国。

第六条 1. 任何非本同盟成员国如未能充分保护本同盟某一成员国国民所作的作品,后一国可对其作品首次出版时系该其他国家国民而又不在任何本同盟成员国内定居的作者作品的保护加以限制。如首次出版国利用这种权利,则本同盟其他成员国对由此而受到特殊待遇的作品也无须给予比首次出版国所给予的更广泛的保护。

2. 前款所规定的任何限制均不影响在此种限制实施之前作者在本同盟任一成员国出版的作品已经获得的权利。

3. 根据本条对版权之保护施加限制的本同盟成员国应以书面声明通知世界知识产权组织总干事(以下称总干事),详细说明保护受到限制的国家以及这些国家国民的作者的权利所受的各种限制。总干事应立即向本同盟所有成员国通报该项声明。

第六条之二 1. 不受作者经济权利的影响,甚至在上述经济权利转让之后,作者仍保有要求其作品作者身份的权利,并享有反对对上述作品进行任何歪曲、割裂或其他更改,或有损于其声誉的其他一切损害的权利。

2. 根据以上第1款给予作者的权利,在其死后应至少保留到作者经济权利期满为止,并由被要求给予保护的国家本国法所授权的人或机构行使之。但在批准或加入本公约文本时其法律中所未包括有保证在作者死后保护以上第1款承认的全部权利的各国,有权规定对这些权利中某些权利在作者死后不予保留。

3. 为保障本条所承认的权利而采取的补救方法应依照被要求给予保护的国家的法律规定。

第七条 1. 本公约给予的保护期应为作者有生之年及其死后五十年内。

2. 但就电影作品而言,本同盟成员国有权规定保护期在作者同意下自作品公映后五十年满期,如自作品摄制完成五十年内尚未公映,则自作品摄制完成后五十年满期。

3. 至于不具名作品和笔名作品,本公约给予的保护期自其合法向公众发表之日起五十年内有效。但根据作者采用的笔名可以毫无疑问地确定作者身份时,该保护期则为第1款所规定的期限。如不具名作品或笔名作品的作者在上述期间内公开其身份,所适用的保护期应为第1款所规定的保护期限。本同盟成员国没有义务保护有充分理由假定其作者已死去五十年的不具名作品或笔名作品。

4. 作为艺术作品而加以保护的摄影作品及实用美术作品的保护期限由本同盟各成员国的法律规定;

但这一期限不应少于自该作品完成之后算起的二十五年。

5. 作者死后的保护期和以上第2、3、4款所规定的期限从其死亡或上述各款提及事件发生之时开始,但这种期限应从死亡或所述事件发生之后次年的1月1日开始计算。

6. 本同盟成员国有权给予比前述各款规定更长的保护期。

7. 受本公约罗马文本约束并在此公约文本签署时有效的本国法律中规定了短于前述各款期限的保护期的本同盟成员国,有权在加入或批准此公约文本时维持这种期限。

8. 无论如何,期限将由被要求给予保护的国家的法律加以规定;但是,除该国家的法律另有规定者外,这种期限不得超过作品起源国规定的期限。

第七条之二 前条的规定同样适用于合作作品的版权,但作者死后的保护期应从最后死亡的作者死亡时算起。

第八条 受本公约保护的文学艺术作品的作者,在对原作享有权利的整个保护期内,享有翻译和授权翻译其作品的专有权利。

第九条 1. 受本公约保护的文学艺术作品的作者,享有授权以任何方式和采取任何形式复制这些作品的专有权利。

2. 本同盟成员国法律得允许在某些特殊情况下复制上述作品,只要这种复制不损害作品的正常使用也不致无故侵害作者的合法利益。

3. 所有录音或录像均应视为本公约所指的复制。

第十条 1. 从一部合法向公众发表的作品中摘出引文,包括以报刊摘要形式摘引报纸期刊的文章,只要符合合理使用,在为达到目的的正当需要范围内,就属合法。

2. 本同盟成员国法律以及成员国之间现有或将要签订的特别协议得规定,可以合法地通过出版物、无线电广播或录音录像使用文学艺术作品作为教学的解说的权利,只要是在为达到目的的正当需要范围内使用,并符合合理使用。

3. 前面各款提到的摘引和使用应说明出处,如原出处有作者姓名,也应同时说明。

第十条之二 1. 本同盟各成员国的法律得允许通过报刊、无线电广播或对公众有线广播,转载发表在报纸、期刊上的讨论经济、政治或宗教的时事性文章,或具有同样性质的广播作品,但以对这种转载、广播或转播并未明确予以保留的情况为限。然而,均应明确说明材料出处;对违反这一义务的制裁由被要求给予保护的国家的法律确定。

2. 在用摄影或电影手段,或通过无线电广播或对公众有线广播报道时事新闻时,在事件过程中看到或听到的文学艺术作品在为报道目的正当需要范围内予以复制和向公众发表的条件,也由本同盟各成员国的法律规定。

第十一条 1. 戏剧作品、音乐戏剧作品或音乐作品的作者享有下列专有权利:(1)授权公开演出和演奏其作品,包括用各种手段和方式公开演出和演奏;(2)授权用各种手段公开播送其作品的表演和演奏。

2. 戏剧作品或音乐戏剧作品的作者,在享有对其原作的权利的整个期间应享有对其作品的译作的同等权利。

第十一条之二 1. 文学艺术作品的作者享有下列专有权利:

(1)授权以无线电广播其作品或以任何其他无线传送符号、声音或图像的方法向公众传播其作品;(2)授权由原广播机构以外的另一机构通过有线广播或无线广播向公众传播其作品;(3)授权通过扩音器或其他任何传送符号、声音或图像的类似工具向公众传送广播作品。

2. 行使以上第1款所指的权利的条件由本同盟成员国的法律规定,但这些条件的效力严格限于对此作出规定的国家。在任何情况下,这些条件均不应有损于作者的精神权利,也不应有损于作者获得公正报酬的权利,该报酬在没有协议情况下应由主管当局规定之。

3. 除另有规定外,根据本条第1款的授权,不应意味着授权利用录音或录像工具录制广播作品。但本同盟成员国法律得确定某一广播机构使用其自身设备并为其自身播送之用而进行临时录制的规章。本同盟成员国法律也可以以批准由于这些录制品具有的特殊文献性质而由国家档案馆保存。

第十一条之三 1. 文学作品的作者享有下列专有权利:(1)授权公开朗诵其作品,包括用各种手段或方式公开朗诵。(2)授权用各种手段公开播送其作品的朗诵。

2. 文学作品作者在对其原作享有权利的整个期间,应享有对其作品的译作的同等权利。

第十二条 文学艺术作品的作者享有授权对其作品进行改编、整理和其他改造的专有权利。

第十三条 1. 本同盟每一成员国可就其本国情况对乐曲作者及允许其歌词与乐曲一道录音的歌词作者授权对上述乐曲以及乐曲连同歌词进行录音的专有权利规定保留及条件;但这类保留及条件之效力严格限于对此作出规定的国家,而且在任何情况下均不得损害作者获得在没有协议情况下由主管当局规定的公正报酬的权利。

2. 根据1928年6月2日在罗马和1948年6月26日在布鲁塞尔签订的公约第十三条第3款在本同盟成员国内录制的乐曲录音,自该国受本文本约束之日起的两年期限以内,可以不经乐曲作者同意在该国进行复制。

3. 根据本条第1、2款制作的录音品,如未经有关方面批准输入,视此种录音为侵权录制品的国家,可予没收。

第十四条 1. 文学艺术作品的作者享有下列专有权利:(1)授权将这类作品改编或复制成电影以及发行经过如此改编或复制的作品;(2)授权公开演出演奏以及向公众有线广播经过如此改编或复制的作品。

2. 根据文学或艺术作品制作的电影作品以任何其他艺术形式改编,在不损害电影作品作者授权的情况下,仍须经原作作者授权。

3. 第十三条第1款的规定应不适用(于电影)。

第十四条之二 1. 在不损害已被改编或复制的所有作品的版权的情况下,电影作品应作为原作受到保护。电影作品版权所有者享有原作的同等权利,包括前一条提到的权利。

2. (a)确定电影作品版权的所有者,属于被要求给予保护的国家法律规定的范围。

(b)然而,在其法律承认参加电影作品制作的作者应属于版权所有者的本同盟成员国内,这些作者,如果应允参加此项工作,除非有相反或特别的规定,不能反对对电影作品的复制、发行、公开演出演奏、向公众有线广播、无线电广播、向公众发表、配制解说和配音。

(c)为适用本款b项,上面提到的应允形式是否应是一项书面合同或一项相当的文书,这一问题应由电影制片人主要办事处或定居地的本同盟成员国的法律加以规定。然而被要求给予保护的本同盟成员国的法律得规定这一应允应是一项书面合同或一项相当的文书。运用这一权利的国家应以书面声明通知总干事,并由后者将这一声明立即通知本同盟所有其他成员国。

(d)“相反或特别的规定”指的是上述应允附有的限制性条件。

3. 除非本国法律另有规定,本条第2款b项之规定不适用于为电影作品创作的剧本、台词和乐曲的作者,也不适用于电影作品的主要导演。但本同盟成员国中其法律并未规定对电影导演适用本条第2款b项者,应以书面声明通知总干事,总干事应将此声明立即转达本同盟所有其他成员国。

第十四条之三 1. 对于作家和作曲家的艺术原作和原稿,作者或作者死后由国家法律所授权的人或机构享有不可剥夺的权利,在作者第一次转让作品之后对作品进行的任何转售中分享利益。

2. 只有在作者本国法律承认这种保护的情况下,才可在本同盟的成员国内要求上款所规定的保护;而且保护的程度应限于被要求给予保护的国家的法律所允许的程度。

3. 分享利益之方式和比例由各国法律确定。

第十五条 1. 受本公约保护的文学艺术作品的作者,只要其名字以通常方式出现在该作品上,在没有相反证据的情况下,即视为该作品的作者并有权在本同盟成员国中对侵犯其权利的人提起诉讼。即使作者采用的是笔名,只要根据作者的笔名可以毫无疑问地确定作者的身份,本款也同样适用。

2. 以通常方式在电影作品上署名的自然人或法人,除非有相反的证据,即假定为该作品的制片人。

3. 对于不具名作品和以上第1款所述情况以外的笔名作品,如果出版者的名字出现在作品上,在没有相反证据的情况下,该出版者即视为作者的代表,并以此资格有权维护和行使作者的权利。当作者公开其身份并证实其为作者时,本款的规定即停止适用。

4. (a)对作者的身份不明但有充分理由假定该作者是本同盟某一成员国国民的未出版的作品,该国法律得指定主管当局代表该作者并有权维护和行使作者在本同盟成员国内之权利。

(b)根据本规定而指定主管当局的本同盟成员国应以书面声明将此事通知总干事,声明中写明被指定的当局全部有关情况。总干事应将此声明立即通知本同盟所有其他成员国。

第十六条 1. 对于侵犯作品版权的所有复制品,在原作有权得到法律保护的本同盟成员国,都可以予以没收。

2. 上款规定同样适用于来自对某作品不予保护或停止保护的国家的复制品。

3. 没收应按各国法律实行。

第十七条 如果本同盟任何成员国的主管当局认为有必要对于任何作品或复制品的发行、演出、展出,通过法律或治安条例行使许可、监督或禁止权利,本公约的条款绝不应妨碍本同盟各成员国政府的这种权利。

第十八条 1. 本公约适用于所有在本公约开始生效时尚未因保护期满而在其起源国失去版权的作品。

2. 但是,如果作品因原来规定保护期已满而在被要求给予保护的国家已失去版权,则该作品不再重新受保护。

3. 本原则应按照本同盟成员国之间现有的或将要缔结的有关特别公约所规定的条款实行。在没有这种条款的情况下,各国分别规定实行上述原则的方式。

4. 新加入本同盟时以及因实行第七条或放弃保留而扩大保护范围时,以上规定也同样适用。

第十九条 如果本同盟成员国的本国法律提供更广泛的保护,本公约条款不妨碍要求适用这种规定。

第二十条 本同盟各成员国政府保留在它们之间签订给予作者比本公约所规定的更多的权利,或者包括不违反本公约的其他条款的特别协议的权利。凡符合上述条件的现有协议的条款仍然适用。

第二十一条 1. 有关发展中国家的特别条款载于附件。

2. 在遵守第二十八条第 1 款 b 项规定的情况下,附件构成本文本的组成部分。

第二十二条 1. (a)本同盟设一大会,由受第二十二至二十六条约束的本同盟成员国组成。

(b)每一国家的政府由一名代表作为其代表,并可由若干名副代表、顾问及专家协助之。

(c)每个代表团的费用由指派它的政府负担。

2. (a)大会:

(1)处理有关维持及发展本同盟以及实施本公约的一切问题;

(2)在适当考虑到不受第二十二至二十六条约束的本同盟成员国的意见的情况下,向成立世界知识产权组织(以下称"产权组织")的公约中提到的国际知识产权局(以下称"国际局")发出有关筹备修订会议的指示;

(3)审查和批准产权组织总干事有关本同盟的报告及活动,向其发出有关本同盟主管问题的必要指示;

(4)选举大会执行委员会成员;

(5)审查和批准执行委员会的报告及活动,并向它发出指示;

(6)制订计划,通过本同盟三年期预算和批准其决算;

(7)通过本同盟财务条例;

(8)设立为实现同盟目标而需要的专家委员会和工作组;

(9)决定哪些非本同盟成员国和政府间组织及非政府间国际性组织以观察员身份参加它的会议;

(10)通过对第二十二至二十六条的修改;

(11)为实现本同盟目标而采取其他适宜行动;

(12)履行本公约所包含的其他所有任务;

(13)行使成立产权组织的公约所赋予它的并为它所接受的权利。

(b)对于还涉及产权组织管理的其他同盟的问题,大会在了解到产权组织协调委员会的意见后作出决定。

3. (a)大会每一成员国有一票。

(b)大会成员国的半数构成法定人数。

(c)尽管有 b 项的规定,如开会时出席国家不足半数,但相当或多于大会成员国 1/3,则可作出决定;除有关大会程序之决定外,大会的决定须具备下列条件方可执行;国际局将上述决定通知未出席大会的成员国,请它们在上述通知之时起三个月内用书面投票或弃权。如果在期满时,用这样方式投票或弃权的国家的数目达到开会时法定人数的欠缺数目,同时已获得必要的多数,上述决定即可执行。

(d)除第二十六条第 2 款规定的情况外,大会的决定以投票数 2/3 的多数通过。

(e)弃权不视为投票。

(f)一个代表只能代表一个国家,也只能以该国名义投票。

(g)非大会成员国的本同盟成员国以观察员身份参加会议。

4. (a)大会每三年举行一届常会,由总干事召集,除特殊情况外,与产权组织的全体大会在同时同地举行。

(b)大会在执行委员会的要求下或大会成员国 1/4 的国家要求下,由总干事召集应举行特别会议。

5. 大会通过其议事规则。

第二十三条 1. 大会设执行委员会。

2. (a)执委会由大会在其成员国中选出的国家组成。此外,产权组织所在地的国家除第二十五条第 7 款 b 项的情况外,在执委会中有一当然席位。

(b)执委会每一成员国政府有一名代表作为其代表,可由若干名副代表、顾问及专家协助之。

(c)每个代表团的费用由指派它的政府负担。

3. 执委会成员国数目为大会成员国数目的 1/4。在计算席位时,以四相除剩下的余数不计算。

4. 在选举执委会成员国时,大会要适当考虑按地区公平分配和保证使可能签订有关本同盟的特别协议的国家参加执委会的必要性。

5. (a)执委会成员国的任期自它们当选的该届大会闭会时起至大会下届常会闭会时止。

(b)执委会的成员国重新当选的数目最多不得超过 2/3。

(c)大会制定执委会成员国选举和可能重新当选的程序。

6. (a)执行委员会:

(1)拟定大会议程草案;

(2)向大会提交有关总干事草拟的本同盟的计划草案和三年期预算草案的建议;

(3)在计划和三年期预算的范围内,对总干事草拟的年度计划和预算提出意见;

(4)向大会提交总干事的定期报告和财务年度决算报告,并附以必要的评论意见;

(5)根据大会决定并考虑到大会两届常会之间出现的情况,采取有利于总干事执行本同盟计划的一切措施;

(6)履行在本公约范围内赋予它的其他一切任务。

(b)对于还涉及产权组织管理的其他同盟的问题,执行委员会在了解到产权组织协调委员会的意见后作出决定。

7. (a)执委会在总干事的召集下,每年举行一届常会,尽可能与产权组织协调委员会同时同地举行。

(b)执委会在总干事倡议下,或是应执委会主席或 1/4 成员国的要求,由总干事召集举行特别会议。

8. (a)执委会每一成员国有一票。

(b)执委会成员国的半数构成法定人数。

(c)决议投票数中简单多数票作出。

(d)弃权不视为投票。

(e)一个代表只能代表一个国家,也只能以该国名义投票。

9. 非执委会成员国的本同盟成员国以观察员身份参加其会议。

10. 执行委员会通过其议事规则。

第二十四条 1. (a)本同盟的行政工作由国际局负责,该局接替与保护工业产权国际公约设立的同盟局合并的本同盟局的工作。

(b)国际局负担本同盟各机构的秘书处的工作。

(c)产权组织总干事是本同盟最高官员并代表本同盟。

2. 国际局汇集并出版有关保护版权的资料,本同盟每一成员国应尽快将有关保护版权的所有新法律及官方文件通知国际局。

3. 国际局出版一种月刊。

4. 国际局应本同盟各成员国之请求,向它们提供有关保护版权问题的资料。

5. 国际局从事各项研究并提供有利于保护版权的服务。

6. 总干事及由他指派的任何工作人员均可出席大会、执委会、其他各种专家委员会或工作组的会议,但无表决权。总干事或由他指派的一名工作人员为这些机构的当然秘书。

7. (a)国际局根据大会指示和与执委会合作,筹备修订除第二十二至二十六条外的公约条款的会议。

(b)国际局可就筹备修订会议征询政府间组织和非政府间国际性组织的意见。

(c)总干事和由他指派的人员可参加这些会议的审议,但无表决权。

8. 国际局执行交付给它的所有其他工作。

第二十五条 1. (a)本同盟有自己的预算。

(b)本同盟的预算包括本同盟本身的收入及支出,它对各同盟共同开支预算的缴款,以及在情况需要时,交给产权组织会议预算支配的款项。

(c)不专属本同盟而同样属于产权组织管理的其他一个或几个同盟在开支,视为各同盟在共同开支。

本同盟在共同开支中所占份额视这些开支与它的关系而定。

2. 本同盟预算的确定须考虑到与其他由产权组织管理的同盟的预算相协调的要求。

3. 本同盟预算的经费来源如下:

(1)本同盟成员国的会费;

(2)国际局代表本同盟提供服务的收入;

(3)销售国际局有关本同盟的出版物的所得以及这些出版物的版税;

(4)捐款、遗赠及补助金;

(5)租金、利息及其他杂项收入。

4. (a)为确定成员国在预算中缴纳的份额,本同盟的每个成员国分别归入各级并根据下列所定数量单位缴纳每年的会费:

第一级………………25 个单位

第二级………………20 个单位

第三级………………15 个单位

第四级………………10 个单位

第五级……………… 5 个单位

第六级……………… 3 个单位

第七级……………… 1 个单位

(b)除以前已经指明者外,每个国家在交存其批准书或加入书时,须说明它希望被列入哪一级。也可以改变级别。如果某一成员国希望降低其级别,它应在某一届常会期间将此事通知大会。这一变动自该届会议后的那一日历年开始时生效。

(c)每个国家每年会费数额在所有国家每年向本同盟交付的会费总数中所占比例,同它所在的那一级的单位数在全部国家的单位总数中所占比例相同。

(d)会费应于每年 1 月 1 日支付。

(e)逾期未缴纳会费的国家,如拖欠总数达到或超过过去整整两年内它应缴纳的会费数,则不得行使它在本同盟任何机构中的表决权。但如该机构认为这种拖欠系由于非常及不可避免之情况,则可允许该国保留行使其表决权。

(f)如在新的会计年度开始前还未通过预算,则可按照财务条例规定的手续将前一年的预算延期实行。

5. 国际局代表本同盟提供的服务应得收入的数额由总干事确定,总干事向大会和执委会就此提出报告。

6. (a)本同盟拥有一笔由每一成员国一次付款组成的周转基金。如基金不足,由大会决定增加。

(b)每个国家对上述基金的首次付款数以及追加数应按基金成立或决定增加当年该国缴纳会费数的比例。

(c)付款的比例及方式由大会根据总干事的提议并征求产权组织协调委员会意见后决定。

7. (a)与产权组织所在地的国家签订的会址协定规定,如周转基金不足,可由该国垫款。垫款数和垫款条件由该国和产权组织每次分别签订协定。在该国承诺垫付款项期间,该国在执委会中占有一席当然席位。

(b)a 项所指国家和产权组织均有权以书面通知方式废止提供垫款的保证。这种废止自通知提出那一年底起三年后生效。

8. 根据财务条例规定的方式,账目审计由大会同意指派的一个或几个本同盟成员国或外聘审计员担任。

第二十六条　1. 所有大会成员国,执委会或总干事均可提出修改第二十二、二十三、二十四、二十五及本条的建议。这些建议由总干事在提交大会审查前至少六个月通知大会成员国。

2. 第 1 款所指的各条的修改应由大会通过,通过需要投票数的四分之三;但对第二十二条及本款的任何修改需经投票数的五分之四通过。

3. 第 1 款所提各条的任何修改,至少要在总干事收到在修改通过时为大会成员国的四分之三国家根据它们各自的宪法批准修改的书面通知一个月后才能生效。以这种方式接受的这些条款的修改对修改生效时为大会成员国的所有国家或其后成为成员国的国家具有约束力;但任何增加本同盟成员国财务义务的修改只对那些已通知这类修改表示接受的国家有约束力。

第二十七条　1. 本公约可进行修订,以便使之得到改善,从而使本同盟体制臻于完善。

2. 为此目的,可相继在本同盟一个成员国内举行同盟成员国代表的会议。

3. 除第二十六条有关修改第二十二至二十六条的规定外,所有对本文本的修订,包括附件的修订,均需投票数全体一致通过。

第二十八条　1. (a)凡签署此公约文本的任何本同盟成员国均可批准此公约文本,如尚未签署,则可加入本公约。批准或加入书交存总干事处。

(b)本同盟任何成员国在其批准书或加入书中均

可声明其批准或加入不适用第一至二十一条及附件;但如该国已根据附件第六条第1款作出声明,则它在上述文件中可只声明其批准或加入不适用于第一至二十一条。

(c)凡根据b项已声明其批准或加入对该项所提到的条款不发生效力的本同盟任何成员国可在其后任何时候声明将其批准或加入的效力扩大到这些条款。这一声明交存总干事处。

2.(a)第一至二十一条及附件在实现下述两个条件后3个月生效:

(1)至少有5个本同盟成员国批准或加入此公约文本而未按照第1款b项作过声明;

(2)法国、西班牙、大不列颠及北爱尔兰联合王国、美利坚合众国已受到1971年7月24日在巴黎修订过的世界版权公约的约束。

(b)a项提到的生效,对于至少在生效前三个月交存批准书或加入书但未按第1款b项作过声明的本同盟成员国具有效力。

(c)就b项对之不适用的已批准或加入此公约文本而未按照第1款b项作过声明的所有本同盟成员国而言,第一至二十一条及附件在总干事通知该批准书或加入书交存之日后三个月生效,除非交存文件中注明有更晚的日期。在后一情况下,第一至二十一条及附件则在注明的日期对该国生效。

(d)a至c项的规定不影响附件第六条的适用。

3. 对不管是否按照第1款b项作过声明而批准或加入此公约文本的任何本同盟成员国,第二十二至三十八条在总干事通知已交存批准书或加入书之日后三个月生效,除非交存文件中注明有更晚的日期。在后一情况下,第二十二至三十八条则在注明的日期对该国生效。

第二十九条 1. 非本同盟成员国可加入本公约成为本公约的缔约国和本同盟成员国。加入书交存总干事处。

2.(a)除b项规定的情况外,对所有非本同盟成员国,本公约在总干事通知其加入书交存之日后三个月生效,除非交存文件中注明有更晚的日期。在后一情况下,本公约则在注明的日期对该国生效。

(b)如适用a项的生效先于适用第二十八条第2款a项的第一至二十一条及附件的生效,则在此间隔期间,上述国家将受本公约布鲁塞尔文本第一至二十条的约束,以代替第一至二十一条及附件的约束。

第二十九条之二 不受本公约斯德哥尔摩文本第二十二至三十八条约束的任何国家,为适用建立产权组织公约第十四条第2款的唯一目的,其批准或加入此公约文本即等于批准或加入斯德哥尔摩文本,但受该文本第二十八条第1款b项第1目的限制。

第三十条 1. 除本条第2款、第二十八条第1款b项、第三十三条第2款以及附件所允许的例外以外,批准或加入当然意味着接受本公约的一切条款并享有本公约规定的一切利益。

2.(a)凡标准或加入此公约文本的本同盟成员国,除附件第五条第2款规定的情况外,可保有它原来作出的保留的利益,条件是在交存其批准书或加入书时作出这项声明。

(b)所有非本同盟成员国在加入本公约并在不违反附件第五条第2款的情况下,可以声明它准备以1986年在巴黎补充完备的本同盟1886年公约第五条的规定至少临时代替此公约文本有关翻译权的第八条,条件是这些规定仅指译成该国通用语文的翻译。在不违反附件第一条第6款b项的情况下,任何国家对于使用持此保留条件的国家为其起源国的作品的翻译权,有权实行与后一国提供的相同的保护。

(c)任何国家可在随时通知总干事,撤回这类保留。

第三十一条 1. 任何国家可在其批准书或加入书中声明,或在以后随时书面通知总干事,本公约适用于在声明或通知中指明的其对外关系由该国负责的全部或部分领土。

2. 任何已作出这种声明或通知的国家可随时通知总干事本公约不再适用于这些领土的全部或一部分。

3.(a)按照第1款作出的任何声明和载有该声明的文件中的批准或加入同时生效,按照该款作出的任何通知在总干事发出通知三个月后生效。

(b)按照第2款作出的通知在总干事收到该通知十二个月后生效。

4. 本条不得解释为意指本同盟任何成员国承认或默许本同盟另一成员国根据适用第1款作出的声明而使本公约对之适用的任何领土的事实状态。

第三十二条 1. 此公约文本在本同盟各成员国之间的关系方面和在它适用的限度内,代替1886年9月9日的伯尼尔公约及其以后的修订文本。在与未批准或未加入此公约文本的本同盟成员国的关系方面,以前生效的文本全部保持其适用性,或在此公约文本不能根据前句规定代替以前文本的限度内保持其适用性。

2. 成为此公约文本缔约国的非本同盟成员国,在除第3款规定的情况外,对于不受此公约文本约束或虽受其约束但已作过第二十八条第1款b项规定的声明的本同盟任何成员国,适用此公约文本。上述国家承认,本同盟该成员国,在同它们的关系上:

(1)适用它受其约束的最近文本的规定,并且

(2)在不违反附件第一条第6款规定的情况下,有权使保护与此公约文本规定的水平相适应。

3. 援用附件规定的任何权利的任何国家在同不受此公约文本约束的本同盟其他任何成员国的关系上,可以适用附件中有关它援用的一种或多种权利的规定,但以该其他成员国已接受适用上述规定为条件。

第三十三条　1. 两个或两个以上本同盟成员国在解释或适用本公约方面发生的争端,经谈判不能解决时,如果有关国家不能就其他解决办法达成协议,则其中任何一方均可按国际法院规约的方式通过起诉将争端提交国际法院。将争端提交国际法院的起诉国应通知国际局,国际局应将此事告知本同盟其他成员国。

2. 任何国家在签署此公约文本或交存其批准书或加入书时,可声明它不受第1款规定的约束。在有关该国和本同盟其他任何成员国间的任何争端方面,不适用第1款的规定。

3. 任何按照第2款规定作出声明的国家,可随时通知总干事撤回其声明。

第三十四条　1. 在遵守第二十九条之二规定的情况下,任何国家在第一至二十一条及附件生效后,不得批准或加入本公约以前的各次文本。

2. 在第一至二十一条及附件生效后,任何国家不得根据附在斯德哥尔摩文本后的有关发展中国家的议定书第五条发表声明。

第三十五条　1. 本公约无限期生效。

2. 任何国家可通知总干事废止此公约文本。这一废止也连带废止以前的所有文本,并只对废止的该国有效,而对本同盟其他成员国,本公约继续有效和继续执行。

3. 废止自总干事收到通知之日起一年后生效。

4. 任何国家自成为本同盟成员国之日算起未满五年者,不得行使本条规定之废止权。

第三十六条　1. 本公约的所有缔约国家承诺根据其宪法采取必要措施保证本公约的实施。

2. 不言而喻,本国在受到本公约约束时,应按照其本国法律使本公约的规定付诸实施。

第三十七条　1. (a)此公约文本在以英法两种语文写成的单一文本上签署,除第2款规定的情况下,此公约文本由总干事处保存。

(b)总干事在与有关政府协商后,制订德文、阿拉伯文、西班牙文、意大利文和葡萄牙文以及大会指定的其他语文的正式文本。

(c)在对不同语文文本的解释发生争议时,以法文本为准。

2. 此公约文本开放供签署到1972年1月31日为止。在此日期以前,第1款a项提到的文本交由法兰西共和国政府保存。

3. 总干事应将签字的此公约文本的两份副本核正无误后转送本同盟所有成员国政府,并可根据请求,转送任何其他国家的政府。

4. 本文由总干事送请联合国秘书处登记。

5. 总干事将下列情况通知本同盟所有成员国政府:签署情况,批准书或加入书的交存,包括在这些文件中的或适用第二十八条第1款c项、第三十条第2款a、b项和第三十三条第2款而作出的声明的交存,此公约文本全部规定的生效情况,废止的通知和适用第三十条第2款c项、第三十一条第1、2款、第三十三条第3款和第三十八条第1款的通知以及附件中提到的通知。

第三十八条　1. 凡未批准或加入此公约文本以及不受斯德哥尔摩文本第二十二至二十六条约束的本同盟成员国,如果愿意,均可在1975年4月26日前,行使上述各条规定的权利,就像受它们约束的那样。任何愿意行使上述权利的国家均可为此目的向总干事交存一份书面通知,该通知自收到之日起生效。直到上述日期为止,这些国家应视为大会成员国。

2. 在本同盟成员国尚未全部成为产权组织成员国之前,产权组织国际局同时作为本同盟的局进行工作,总干事即该局局长。

3. 在本同盟所有成员国均成为产权组织成员国时,本同盟局的权利、义务和财产即归属产权组织国际局。

附件：

第一条 1. 根据联合国大会惯例被视为发展中国家的任何国家、凡已批准或已加入由本附件作为其组成部分的此公约文本，但由于其经济情况及社会或文化需要而又不能在当前作出安排以确保对此公约文本规定的全部权利进行保护者，可在其交存批准书或加入书的同时，或在不违反附件第五条第1款c项的条件下，在以后任何日期，在向总干事提交的通知中声明，它将援用附件第二条所规定的权利或第三条所规定的权利，或这两项所规定的权利。它可以按照附件第五条第1款a项规定作出声明，以代替援用附件第二条所规定的权利。

2. (a)任何按照第1款规定作出并在第一至二十一条及本附件依第二十八条第2款规定生效之日算起十年期限期满以前通知的声明，直到这一期限期满前都有效。通过在现行十年期限期满前最多十五个月最少三个月内向总干事提交通知，该声明可以全部或部分地每十年顺延一次。

(b)按照第1款规定作出并在第一至二十一条及本附件依第二十八条第2款规定生效之日算起十年期满以后作出的任何声明，直到现行十年期满前都有效。该声明可以按照a项第二句的规定延期。

3. 任何不再被认为是第1款所指的发展中国家的本同盟成员国，不再有资格像第2款所规定的那样延长其声明，不论它是正式撤回其声明，该国在现行十年期限期满时，或在停止被视为发展中国家三年后即失去援用第1款所指的权利的可能性，两项时限以较晚到期的时限为准。

4. 在按照第1款或第2款规定作出的声明停止生效时，如果根据本附件规定发给的许可证制作的复制品尚有存货时，这些复制品可以继续发行直到售完为止。

5. 受此公约文本规定约束并根据第三十一条第1款就使此公约文本适用于其情况可能类似第1款所指国家的情况的特定领土而提交声明或通知的任何国家，可就此领土作出第1款所指的声明或第2款所指的延期通知。在这种声明或通知有效期间本附件的规定应适用于它所指的领土。

6. (a)一国援用第1款所指的任何一种权利这一事实，不应使另一国给予起源国为前一国家的作品低于根据第一至二十条所应给予的保护。

(b)第三十条第2款b项第二句规定的对等权利，在根据附件第一条第3款的适用期限期满前，不得用于其起源国为根据附件第五条第1款a项作出声明国家的作品。

第二条 1. 任何声明援用本条规定的权利的国家，就以印刷形式或其他任何类似的复制形式出版的作品而言，均有权以由主管当局根据附件第四条在下述条件下发给非专有和不可转让的许可证来代替第八条规定的专有翻译权。

2. (a)除第3款的情况外，如果一部作品自首次出版算起三年或根据该国本国法律规定更长的时间期满而翻译权所有者或在其授权下尚未以该国通用语文出版译本，该国任何国民都可得到用该国通用语文翻译该作品并以印刷形式或其他任何类似的复制形式出版该译本的许可证。

(b)如果以有关语文出版的译文的所有版本均已售完，也可根据本条发给许可证。

3. (a)如果译文不是本同盟一个或数个发达国家中通用的语文，则用一年期限来代替第2款a项规定的三年期限。

(b)在通用同一种语文的本同盟发达国家的一致协议下，如果要译成这种语文，第一款所提到的所有国家都可以根据该协议规定的更短期限来代替第2款a项规定的三年期限，但不得少于一年。尽管如此，如涉及的语文为英文、法文或西班牙文，上一句的规定仍不适用。所有这方面的协议应由缔约国政府通知总干事。

4. (a)根据本条规定需要经过三年期限才能取得的许可证，需要经过六个月的补充期限才能颁发；而需经过一年期限才能取得的许可证，则需经过九个月的补充期限，此期限

(1)自申请人履行附件第四条第1款规定的手续之日算起；

(2)如翻译权所有者的身份或地址不详，则自申请人根据附件第四条第2款的规定将其向发给许可证的主管当局提交的申请书副本寄出之日算起。

(b)如果在上述六个月或九个月的期限未满期间，由翻译权所有者或经其授权用申请使用的语文将译本出版，则不得根据本条发给许可证。

5. 本条所指任何许可证之颁发只限于教学、学习

或研究之用。

6. 如果翻译权所有者或经其授权出版的一个译本的价格同在有关国家内同类作品通行的价格相似,这个译本的语文和基本内容又同根据许可证出版的译本的语文和内容相同,则应撤销根据本条发给的许可证。在撤销许可证前业已出版的本册可一直发行到售完为止。

7. 对主要由图画组成的作品,其文字的翻译出版与图画的复制出版的许可证只有在附件第三条规定的条件也得到履行的情况下才能发给。

8. 在作者停止其作品的全部版本的发行时,则不得根据本条发给任何许可证。

9. (a)对翻译一部已以印刷形式或其他任何类似的复制形式出版的作品发给的许可证,也可根据广播机构向第1款所指国家主管当局提出的要求,发给总部设在该国的广播机构,但必须符合下列全部条件:

(1)译文是根据依该国法律制作并获得的版本翻译的;

(2)译文只能用于教学广播或向特定专业的专家传播专门技术或科学研究成果的广播;

(3)译文专门为第2目所指目的使用,并通过对该国境内听众的合法广播进行,其中包括专为此项广播目的而通过录音或录像手段合法录制的广播;

(4)所有对译文的使用均无任何营利性质。

(b)广播机构根据本款发给的许可证制作的译文其录音或录像也可以为a项规定的目的和条件,并经上述广播机构同意,为设在发给许可证的主管当局所在国内的任何其他广播机构使用。

(c)只要符合a项列举的所有准则和条件,也可对广播机构颁发许可证以翻译专为学校和大学使用而制作与出版的视听教材中的所有课文。

(d)在不违犯a到c项的情况下,前面几款的规定适用于本款规定的所有许可证的颁发与使用。

第三条　1. 任何声明援用本条规定的权利的国家,均有权以由主管当局依下述条件并根据附件第四条发给非专有和不可转让的许可证来代替第九条规定的专有复制权。

2. (a)关于根据第7款而适用本条的作品,当

(1)自该作品特定版本首次出版之日算起的第3款规定的期限期满时,或

(2)由第1款所指的国家法律规定的并自同一日期算起的更长的期限期满时,若该版的版本尚无复制权所有者或在其授权下,以与同类作品在该国通行的价格相似的价格在该国出售,以满足广大公众或学校及大学教学之需要,则该国任何国民都可得到许可证,以此种价格或更低价格复制和出版该版本的供系统教学之用。

(b)根据本条规定的条件,也可对复制及出版a项所述已发行的版本发给许可证,如果在适用的期限期满后,该版经授权的版本在有关国家已脱销六个月,而无法以同该国内对同类作品要求的价格供应广大公众供系统教学之用。

3. 第2款a项第1目所指的期限为五年。但

(1)对有关数学和自然科学以及技术的作品,则为三年;

(2)小说、诗歌、戏剧和乐曲以及美术书籍,则为七年。

4. (a)根据本条规定在三年后可取得的许可证,需等六个月期限期满后才能颁发,此期限

(1)自申请人履行附件第四条第1款规定的手续之日算起;

(2)如复制权所有者的身份或地址不详,则自申请人根据附件第四条第2款的规定将其向发给许可证的主管当局提交的申请书副本寄出之日算起。

(b)在其他情况下及适用附件第四条第2款时,许可证不得在寄出申请书副本后三个月期满以前发给。

(c)如果在a项和b项规定的六个月或三个月期间,出现第2款a项提到的出售情况,则不得根据本条发给任何许可证。

(d)在作者已停止为进行复制及出版而申请许可证的该版的全部版本的发行时,不得发给任何许可证。

5. 在下列情况下不得根据本条发给复制和出版一本作品的译本许可证。

(1)所涉及的译本并非由翻译权所有者或在其授权下出版;

(2)译本所用的不是申请许可证所在国的通用语文。

6. 如果某一作品某版的复制品是由复制权所有者或经其授权以同该国同类作品相似的价格,为供应广大公众或为系统教学之用而在第1款所指的国内出售,而该版的语文和基本内容又同根据许可证出版的

版本语文和内容相同,则应撤销根据本条发给的所有许可证,在撤销许可证前业已出版的本册可一直发行到售完为止。

7. (a)除b项规定的情况外,本条适用的作品只限于以印刷的形式或任何其他类似的复制形式出版的作品。

(b)本条同样适用经合法制作以录音录像形式复制用的受保护作品的视听资料,以及用许可证申请国通用语文翻译的和该视听资料中的文字部分的译本,条件是所涉及的视听资料的制作和出版限系统教学使用的唯一目的。

第四条 1. 附件第二条或第三条所指的任何许可证的发给,须经申请人按照有关国家现行规定,证明他根据不同情况已向权利所有者提出翻译出版译本,或复制和出版版本的要求,而又未能得到授权,或经过相当努力仍未能找到权利所有者。在向权利所有者提出这一要求的同时,申请人还必须将这一申请通知第2款提到的任何国内或国际情报中心。

2. 如申请人无法找到权利所有者,即应通知挂号航邮将向发给许可证的主管当局提交的申请书的副本,寄给该作品上列有名称的出版者和据信为出版者主要业务中心所在国的政府为此目的向总干事递交的通知中所指定的任何国内或国际情报中心。

3. 在根据附件第二条和第三条发给的许可证出版的译本或复制本的所有印制件上都应列出作者姓名。在所有印制件应有作品名称。如系译本,原作名称在任何情况下应列于所有印制件上。

4. (a)任何根据附件第二条或第三条发给的许可证不得扩大到印制件的出口,许可证只适用于在申请许可证的该国领土内根据情况出版译本或复制本。

(b)为适用a项规定,凡从任何领土向根据第一条第5款规定代表该领土作过声明的国家运寄印制件应视为出口。

(c)当根据附件第二条就译成英文、西班牙文或法文以外语文的译本发给许可证的一国政府机构或任何其他公共机构将根据该许可证出版的译本的印制件运寄到另一国时,为了a项的目的,这一寄送不作为出口看待,但需符合以下所有条件:

(1)收件人需为发给许可证的主管当局所属国的国民个人或由这些国民组成的组织;

(2)印制件只供教学、学习或研究使用;

(3)印制件寄给收件人及其进一步分发均无任何营利性质;

(4)印制件寄往的国家与其主管当局发给许可证的国家订有协议,批准这种印制件的接收或分发或两者同时批准,后一国家政府已将该协议通知总干事。

5. 所有根据附件第二条或第三条发给许可证出版的印制件均需载有有关语文的通知,说明该印制件只能在该许可证适用的国家或领土内发行。

6. (a)在国家范围内做出适当的规定,以保证

(1)许可证之发给应根据不同情况给翻译权或复制权所有者一笔公平合理的报酬,此种报酬应符合有关两国个人之间自由谈判的许可证通常支付版税的标准;而且

(2)保证这笔报酬的支付和转递;如果存在着国家对外汇的管制,则主管当局应通过国际机构,尽一切努力保证使这笔报酬以国际上可兑换的货币或其等值货币转递。

(b)应通过国家法律采取适当措施,以保证在不同情况下作品的正确翻译或精确复制。

第五条 1. (a)任何有权声明援用附件第二条规定的权利的国家,在批准或加入此公约文本时,可不作这一声明,而代之以下述声明:

(1)如果它是第三十条第2款a项适用的国家,则代之以按照该条款有关翻译权的规定作一声明;

(2)如果它是第三十条第2款a项所不适用的国家,即使是本同盟成员国,则代之以按照第三十条第2款b项第一句的规定作一声明。

(b)在一国已不再被认为是附件第一条第1款所指的发展中国家的情况下,根据本款所作的声明继续有效。直到按照附件第一条第3款规定的适用期限期满之日为止。

(c)所有按照本款作出声明的国家以后不得援用附件第二条规定的权利,即使撤回该声明后也不得援用。

2. 除第3款的情况外,所有已援用附件第二条规定的权利的国家以后均不得根据第1款作出声明。

3. 不再被视为附件第一条第1款所指的发展中国家的任何国家,最迟可以在附件第一条第3款的适用期限期满前两年,可以按照第三十条第2款b项第一句作出声明,即使它是同盟成员国。这一声明将在根据附件第一条第3款的适用期限期满之日生效。

第六条　1. 本同盟任何成员国,自此公约文本日期起和在受到第一至二十一条及本附件的约束以前的任何时候都可以作以下声明:

(1)对于一旦受第一至二十一条和本附件约束,即有权援用附件第一条第1款提到的权利的国家,它将对其起源国为如下国家的作品适用附件第二条或第三条或同时适用两条的规定,这一国家在适用以下第2目时,同意将上述两条适用于这类作品,或者这一国家受第一至二十一条及本附件的约束;这一声明可以提到附件第五条而不是第二条;

(2)它同意根据以上第1目作过声明或根据附件第一条发出过通知的国家对它作为起源国的作品适用本附件。

2. 所有按第1款作出声明均以书面形式作出并交存总干事。声明自交存之日起生效。

世界版权公约
(1971年巴黎修订本)

1. 1952年9月6日于日内瓦签订
2. 1971年7月24日于巴黎修订
3. 1992年7月1日第七届全国人民代表大会常务委员会第二十六次会议决定中华人民共和国加入,同时声明根据公约第五条之二的规定,享有公约第五条之三、之四规定的权利
4. 自1992年10月30日起对中国生效

缔约各国,

出于保证在所有国家给文学、科学和艺术作品以版权保护的愿望;

确信适用于世界各国并以世界公约确定下来的、补充而无损于现行各种国际制度的版权保护制度,将保证对个人权利的尊重,并鼓励文学、科学和艺术的发展;

相信这种世界版权保护制度将会促进人类精神产品更加广泛的传播和增进国际了解;

决定修订1952年9月6日于日内瓦签订的《世界版权公约》(下称"1952年公约"),

为此特协议如下:

第一条　缔约各国承允对文学、科学、艺术作品——包括文字、音乐、戏剧和电影作品,以及绘画、雕刻和雕塑——的作者及其他版权所有者的权利,提供充分有效的保护。

第二条　(一)任何缔约国国民出版的作品及在该国首先出版的作品,在其他各缔约国中,均享有其他缔约国给予其本国国民在本国首先出版之作品的同等保护,以及本公约特许的保护。

(二)任何缔约国国民未出版的作品,在其他各缔约国中,享有该其他缔约国给予其国民未出版之作品的同等保护,以及本公约特许的保护。

(三)为实施本公约,任何缔约国可依本国法律将定居该国的任何人视为本国国民。

第三条　(一)任何缔约国依其国内法要求履行手续——如缴送样本、注册登记、刊登启事、办理公证文件、偿付费用或在该国国内制作出版等——作为版权保护的条件者,对于根据本公约加以保护并在该国领土以外首次出版而其作者又非本国国民的一切作品,应视为符合上述要求,只要经作者或版权所有者授权出版的作品的所有各册,自首次出版之日起,标有©的符号,并注明版权所有者之姓名、首次出版年份等,其标注的方式和位置应使人注意到版权的要求。

(二)本条第(一)款的规定,不得妨碍任何缔约国在本国初版的作品或其国民于任何地方出版的作品为取得和享有版权而提出的履行手续或其他条件的要求。

(三)本条第(一)款的规定,不得妨碍任何缔约国做出如下的规定:凡要求司法救助者,必须在起诉时履行程序性要求,诸如起诉人须通过本国辩护人出庭,或由起诉人将争讼的作品送交法院或行政当局,或兼送两处;但未能履行上述程序性要求,不应影响版权的效力,而且如对要求给予版权保护的所在地国家的国民不作这种要求,也不应将这种要求强加于另一缔约国的国民。

(四)缔约各国应有法律措施保护其他各缔约国国民尚未出版的作品,而无须履行手续。

(五)如果某缔约国准许有一个以上的版权保护期限,而第一个期限比第四条中规定的最短期限之一更长,则对于第二个或其后的版权期限,不应要求该国执行本条第(一)款的规定。

第四条　(一)根据第二条和本条规定,某作品的版权保护期限,应由该作品要求给予版权保护所在地的缔约国的法律来规定。

(二)甲、受本公约保护的作品,其保护期限不得少于作者有生之年及其死后的二十五年。但是,如果任何缔约国在本公约对该国生效之日,已将某些种类作品的保护期限规定为自该作品首次出版以后的某一段时间,则该缔约国有权保持其规定,并可将这些规定扩大应用于其他种类的作品。对所有这些种类的作品,其版权保护期限自首次出版之日起,不得少于二十五年。

乙、任何缔约国如在本公约对该国生效之日尚未根据作者有生之年确定保护期限,则有权根据情况,从作品首次出版之日或从出版前的登记之日起计算版权保护期,只要根据情况从作品首次出版之日或出版前的登记之日算起,版权保护期限不少于二十五年。

丙、如果某缔约国的法律准许有两个或两个以上的连续保护期限,则第一个保护期限不得短于本款甲、乙两项所规定的最短期限之一。

(三)本条第(二)款的规定不适用于摄影作品或实用美术作品;但这些缔约国对摄影作品或实用美术作品作为艺术品给予保护时,对上述每一类作品规定期限不得少于十年。

(四)甲、任何缔约国对某一作品给予的保护期限,均不长于有关缔约国(如果是未出版的作品,则指作家所属的缔约国;如果是已出版的作品,则指首先出版作品的缔约国)的法律对该作品所属的同类作品规定的保护期限。

乙、为实施本款甲项,如果某缔约国的法律准予有两个或两个以上的连续保护期限,该国的保护期限应视为是这些期限的总和。但是,如果上述国家对某一特定作品在第二或任何后续的期限内,因某种原因不给予版权保护,则其他各缔约国无义务在第二或任何后续的期限内给予保护。

(五)为实施本条第(四)款,某缔约国国民在非缔约国首次出版的作品应按照在该作者所属的缔约国首先出版来处理。

(六)为实施本条第(四)款,如果某作品在两个或两个以上缔约国内同时出版,该作品应视为在保护期限最短的缔约国内首先出版。任何作品如在首次出版三十日内在两个或两个以上缔约国内出版,则应视为在上述缔约国内同时出版。

第四条之二　(一)本公约第一条所述的权利,应包括保证作者经济利益的各种基本权利,其中有准许以任何方式复制、公开表演及广播等专有权利。本条的规定可扩大适用于受本公约保护的各类作品,无论它们是原著形式还是从原著演绎而来的任何形式。

(二)但是,任何缔约国根据其国内法可以对本条第(一)款所述的权利做出符合本公约精神和内容的例外规定。凡法律允许做出例外规定的任何缔约国,必须对已做出例外规定的各项权利给予合理而有效的保护。

第五条　(一)第一条所述各项权利,应包括作者翻译和授权他人翻译受本公约保护的作品,以及出版和授权他人出版上述作品译本的专有权利。

(二)然而,任何缔约国根据其国内法可以对文字作品的翻译权利加以限制;但必须遵照如下规定:

甲、如果一部文字作品自首次出版算起七年期满而翻译权所有者或在其授权下尚未以该缔约国通用语文出版译本,该缔约国任何国民都可从主管当局得到用该国通用语文翻译该作品并出版译本的非专有许可证。

乙、该国民须按照有关国家的现行规定,证明他根据不同情况已向翻译权所有者提出翻译和出版译本的要求,而又未能得到授权,或经过相当努力仍未能找到权利所有者。如果以缔约国通用语文翻译的以前所有版本均已售完,也可根据同样条件发给许可证。

丙、如申请人无法找到翻译权所有者,即应将申请书的副本寄给该作品上列有名称的出版者,如果翻译权所有者国籍业已弄清,则应将申请书的副本送交翻译权所有者所属国家的外交或领事代表,或送交该国政府指定的机构。许可证不得在寄出申请书副本后两个月期满以前发给。

丁、国内法律应做出相应规定,以保证翻译权所有者得到公平而符合国际标准的补偿,保证这种补偿的支付和传递,并保证准确地翻译该作品。

戊、凡经出版的译本复制品,均应刊印原著名称及作者姓名。许可证只适用于在申请许可证的该缔约国领土内出版译本。此种出版的复制品可以输入到另一缔约国并在其境内出售,只要该国通用语文和作品的译文是同一种语文,并且该国的法律对此种许可做出了规定,而且对进口和出售不予禁止。如无上述条件,在某缔约国进口和销售上述译本应受该国法律和协定的管制,许可证不得由被许可人转让。

己、在作者已停止全部作品复制品的发行时,不得发给任何许可证。

第五条之二　(一)根据联合国大会惯例被视为发展中国家的任何缔约国,可在批准、接受或参加本公约时,或在以后任何日期向联合国教育科学文化组织总干事(下称总干事)提交的通知中声明,将援用第五条之三或之四中任何一条或全部例外规定。

(二)任何这种通知书自公约生效之日起十年内有效,或在提交该通知书时十年期限的所余时间内有效;如果在现行期限期满前最多十五个月最少三个月向总干事提交通知,该通知可以全部或部分地每十年顺延一次。根据本条规定,首次通知书也可在延续的十年期间提出。

(三)尽管有本条第(二)款的规定,任何不再被认为是第(一)款所指的发展中国家的缔约国,不再有资格像第(一)款或第(二)款所规定的那样延长其通知,不论它是否正式撤回其通知,该国在现行十年期限期满时,或在停止被视为发展中国家三年后即失去援用第五条之三和之四的例外规定的可能性。

(四)根据第五条之三和之四的例外规定而制作的作品复制品,在根据本条规定交存的通知书有效期满后,可以继续发行直到售完为止。

(五)依照第十三条就使公约适用于其情况可能类似第(一)款所指国家的情况的特定国家或领地而提交通知的缔约国,或依照本条就此国家或领地提交或延长通知。在这种通知有效期间本公约第五条之三和之四的规定应适用于它所指的国家或领地。由上述国家或领地向缔约国运寄作品复制品应视为第五条之三和之四所称的出口。

第五条之三　(一)甲、凡适用第五条之二第(一)款的任何缔约国,均可以该国法律规定的三年或三年以上的期限取代第五条第(二)款规定的七年期限;然而,某一作品译成的文字如在一个或若干个发达国家内并非通用,而上述国家又是本公约或仅是1952年公约的缔约国,则上述期限应是一年而不是三年。

乙、在通用同一种语文的本公约或仅参加1952年公约的发达国家的一致协议下,如果要译成这种语文,第五条之二第(一)款所提到的所有国家都可以根据该协议规定的另一期限来代替本款甲项规定的三年期限,但不得少于一年。尽管如此,如涉及的语文为英文、法文或西班牙文,此项规定仍不适用。所有这方面的协议应通知总干事。

丙、许可证的发给,须经申请人按照有关国家现行规定,证明他已向翻译权所有者提出授权要求,而又未能得到,或经过相当努力仍未能找到权利所有者。在向权利所有者提出这一要求的同时,申请人还必须将这一申请通知联合国教育科学文化组织设立的国际版权情报中心,或出版者主要营业地点所在的缔约国政府交存总干事的通知书中所指定的任何国家或地区的情报中心。

丁、如果申请人无法找到翻译权所有者,即应通过挂号航邮将申请书的副本寄给该作品上列有名称的出版者,并同时寄给本款丙项所述的任何国家或地区的情报中心。如无上述中心可通知,他应将申请书的抄件送交联合国教育科学文化组织设立的国际版权情报中心。

(二)甲、根据本条规定三年后可获得的许可证须再过六个月后才能颁发,一年后可获得的许可证须再过九个月后才能颁发。上述六或九个月的期限应按第(一)款丙项的规定,从申请许可证之日算起,如翻译权所有者的身份、地址不详,则按第(一)款丁项的规定从申请书的副本发出之日算起。

乙、翻译权所有者本人或授权他人在上述六个月或九个月内已将译著出版,则不得再颁发许可证。

(三)本条所指任何许可证之颁发只限于教学、学习或研究之用。

(四)甲、任何根据本条发给的许可证不得扩大到作品复制品的出口,许可证只适用于在申请许可证的该国领土内出版。

乙、所有根据本条发给许可证出版的作品复制品均需载有有关语文的通知,说明作品复制品只能在发给许可证的缔约国内发行。如果该作品刊有第三条第(一)款规定的启事,其译本各册均应刊印相同的启事。

丙、某缔约国政府机构或其他公众团体根据本条规定已颁发许可证将某作品译成除英、法、西班牙语之外的另一种文字,而当该政府机构或公众团体向另一国递送根据上述许可证而准备好的译本复制品,则不适用本款甲项有关禁止出口的规定,如果

(1)收件人为发给许可证的缔约国国民个人,或由这些国民组成的组织;

(2)作品复制品只供教学、学习或研究使用;

(3)作品复制品寄给收件人及其进一步分发均无任何营利性质,并且

(4)作品复制品寄往的国家与缔约国订有协议，批准这种作品复制品的接收或分发或两者同时批准，任何一方政府已将该协议通知总干事。

(五)在国家范围内作出适当的规定，以保证

甲、许可证之发给应给予一笔合理的报酬，此种报酬应符合有关两国个人之间自由谈判的许可证通常支付版税的标准；而且

乙、保证这笔报酬的支付和转递；如果存在着国家对外汇的管制，则主管当局应通过国际机构，尽一切努力保证使这笔报酬以国际上可兑换的货币或某等值货币转递。

(六)如果某作品的译本一旦由翻译权所有者本人或授权他人在某缔约国内出版发行，其文字与该国已特许的版本一样，其内容又大体相同，其价格与该国同类作品的一般索价相当，则根据本条规定由上述缔约国颁发之许可证应停止生效。在撤销许可证前业已出版的作品复制品可一直发行到售完为止。

(七)对主要由图画组成的作品，其文字的翻译与图画的复制的许可证只有在第五条之四规定的条件也得到履行的情况下才能发给。

(八)甲、对翻译一部已以印刷形式或其他类似的复制形式出版的受本公约保护的作品发给的许可证，也可根据总部设在适用第五条之二的缔约国的广播机构在该国提出的要求，发给该广播机构，但必须符合下列条件：

(1)译文是根据该缔约国法律制作并获得的作品复制品翻译的；

(2)译文只能用于教学广播或向特定专业的专家传播专门技术或科学研究成果的广播；

(3)译文专门为第二目所指目的使用，并通过对缔约国境内听众的合法广播进行，其中包括专为此项广播目的而通过录音或录像手段合法录制的广播；

(4)译文的录音或录像只能在其总部设在颁发许可证的缔约国的广播组织之间交换；

(5)所有译文的使用均无任何营利性质。

乙、只要符合甲项列举的所有准则和条件，也可对广播机构颁发许可证以翻译专为大、中、小学使用而制作与出版的视听教材中的所有课文。

丙、在遵守本款甲、乙两项规定的条件下，本条其他规定均适用于许可证的颁发和使用。

(九)在遵守本条规定的条件下，依本条颁发的任何许可证应受第五条各项规定的约束。即使在第五条第(二)款规定的七年期限届满后，上述许可证也应继续受到第五条和本条规定的约束；但上述期限到期后，许可证持有者有权请求以仅受第五条约束的新许可证来代替上述许可证。

第五条之四 (一)凡适用第五条之二第(一)款规定的任何缔约国均可采纳下述规定：

甲、(1)自本条第(三)款所述的文学、科学或艺术作品特定版本首次出版之日算起在丙项规定的期限期满时，或

(2)由缔约国国家法律规定的日期算起的更长的期限期满时，若该版的作品复制品尚无复制权所有者或在其授权下，以与同类作品在该国通行的价格相似的价格在该国出售，以满足广大公众或大、中、小学教学之需要，则该国任何国民均可向主管当局申请得到非专有许可证，以此种价格或更低价格复制和出版该版本供大、中、小学教学之用。许可证的发给，须经国民按照该国现行规定，证明他已向权利所有者提出出版作品的要求，而又未能得到授权，或经过相当努力仍未能找到权利所有者。在向权利所有者提出这一要求的同时，申请人还必须将这一申请通知联合国教育科学文化组织设立的国际版权情报中心，或丁项所述的任何国家或地区的情报中心。

乙、根据同样的条件，也可发给许可证，如果经权利所有者授权制作的该版作品复制品在该国已脱销六个月，而无法以同该国内对同类作品要求的价格相似的价格供应广大公众或供大、中、小学教学之用。

丙、本款甲项所指的期限为五年。但

(1)对有关数学和自然科学以及技术的作品，则为三年；

(2)小说、诗歌、戏剧和音乐作品以及美术书籍，则为七年。

丁、如果申请人无法找到复制权所有者，即应通知挂号航邮将申请书的副本，寄给该作品上列有名称的出版者和据信为出版者主要业务中心所在国的政府为此目的向总干事递交的通知中所指定的任何国内或国际情报中心。如无上述通知书，他应将申请书的抄件递交联合国教育科学文化组织设立的国际情报中心。在发出申请书抄件之日起三个月内不得颁发许可证。

戊、在下述情况下，不得按本条规定颁发三年后可获得的许可证：

(1)从本款甲项所述的申请许可证之日算起未满六个月者，或如果复制权所有者的身份或地址不明，则从本款丁项所述的申请书的副本发出之日起未满六个月者；

(2)如果在此期间本款甲项所述的版本的作品复制品已开始发行。

己、作者姓名及其作品原版的标题应刊印在复制出版的所有作品复制品上。许可证持有者不得转让其许可证。

庚、应通过国家法律采取适当措施，以保证作品原版的准确复制。

辛、在下列情况下不得根据本条发给复制和出版一部作品的译本许可证。

(1)所涉及的译本并非由翻译权所有者或在其授权下出版；

(2)译本所用的不是有权颁发许可证的国家的通用语文。

(二)第(一)款的例外规定应受下述补充规定的约束：

甲、所有根据本条发给许可证出版的作品复制品均需载有有关语文的通知，说明该作品复制品只能在该许可证适用的缔约国内发行。如果该版本载有第三条第(一)款规定的启事，则该版本的所有各册均应刊印相同的启事。

乙、在国家范围内做出适当的规定，以保证

(1)许可证之发给应给一笔合理的报酬，此种报酬应符合有关两国个人之间自由谈判的许可证通常支付版税的标准；而且

(2)保证这笔报酬的支付和转递；如果存在着国家对外汇的管制，则主管当局应通过国际机构，尽一切努力保证使这笔报酬以国际上可兑换的货币或其等值货币传递。

丙、如果某一作品某版的复制品是由复制权所有者或经其授权以同该国同类作品相似的价格，为供应广大公众或为大、中、小学教学之用而在该缔约国内出售，而该版的语文和基本内容又同根据许可证出版的版本语文和内容相同，则应撤销本条发给的许可证。在撤销许可证前业已制作的作品复制品可一直发行到售完为止。

丁、在作者已停止该版的全部作品复制品的发行时，不得发给任何许可证。

(三)甲、除乙项规定的情况外，本条适用的文学、科学或艺术作品只限于以印刷形式或任何其他类似的复制形式出版的作品。

乙、本条同样适用于以视听形式合法复制的受保护作品或包含受保护作品的视听资料，以及用有权颁发许可证的缔约国通用语文翻译的该视听资料中的文字部分的译本，条件是所涉及的视听资料的制作和出版限大、中、小学教学使用的唯一目的。

第六条　本公约所用"出版"一词，系指以有形形式复制，并向公众发行的能够阅读或可看到的作品复制品。

第七条　本公约不适用于公约在被要求给予保护的缔约国生效之日已完全丧失保护或从未受过保护的作品或作品的权利。

第八条　(一)本公约的修订日期为1971年7月24日，它应交由总干事保存，并应在上述日期起的一百二十天内向1952年公约的所有参加国开放签字。本公约须经各签字国批准或接受。

(二)未在本公约上签字的国家均可加入。

(三)批准、接受或加入本公约须向总干事交存有关文件方为有效。

第九条　(一)本公约将于交存十二份批准、接受或加入证书之后三个月生效。

(二)其后，本公约将对每个国家在其交存批准、接受或加入证书三个月后生效。

(三)加入本公约的任何国家，如未加入1952年公约，也应被视为加入了该公约。但是，如果交存其加入证书是在本公约生效之前，则该国加入1952年公约须以本公约生效为条件。在本公约生效后，任何国家均不得只加入1952年公约。

(四)本公约参加国与只参加1952年公约的国家之间的关系，应服从1952年公约的规定。但是，只参加1952年公约的任何国家，可向总干事交存通知书，宣布承认1971年公约适用于该国国民的作品和在该国首次出版的本公约签字国的作品。

第十条　(一)所有缔约国承诺根据其宪法采取必要措施保证本公约的实施。

(二)不言而喻，本公约在任何缔约国生效时，应按照其本国法律使本公约的规定付诸实施。

第十一条　(一)设立一"政府间委员会"，其职责如下：

甲、研究世界版权公约的适用和实施事宜；

乙、做好定期修订本公约的准备工作；

丙、与“联合国教育科学文化组织”、“国际保护文学艺术作品联盟”、“美洲国家组织”等各有关国际组织合作，研究有关国际保护版权的任何问题；

丁、将“政府间委员会”的各项活动通知世界版权公约的参加国。

（二）该委员会将由参加本公约或只参加 1952 年公约的十八个国家的代表组成。

（三）该委员会成员的选择应根据各国的地理位置、人口、语文和发展水平，适当考虑到各国利益的均衡。

（四）联合国教育科学文化组织总干事、世界知识产权组织总干事和美洲国家组织秘书长的代表可以顾问身份参加该委员会的会议。

第十二条 政府间委员会认为必要时，或经本公约至少十个缔约国的要求，得召集会议对本公约进行修改。

第十三条 （一）任何缔约国，在交存其批准、接受或加入证书时，或在其后的任何时间内，可在致总干事的通知书中，宣布本公约适用于由它对其国际关系负责的所有国家或领地，或其中任何一个国家或领地；因此，本公约于第九条规定的三个月期限期满后，将适用于通知书中提到的国家或领地。倘无此类通知书，本公约将不适用于此类国家或领地。

（二）但是，本条款不得理解为某一缔约国承认或默认另一缔约国根据本条规定使本公约对之适用的国家或领地的事实状况。

第十四条 （一）任何缔约国可以自己的名义或代表，根据第十三条规定发出的通知书所涉及的所有或其中一个国家或领地，废除本公约。废除本公约应以通知书方式寄交总干事。此种废除也构成对 1952 年公约的废除。

（二）此种废除只对有关的缔约国或其所代表的国家或领地有效，并应于收到通知书之日起十二个月后生效。

第十五条 两个或两个以上缔约国在解释或适用本公约方面发生的争端，经谈判不能解决时，如果有关国家不能就其他解决办法达成协议，应将争议提交国际法院裁决。

第十六条 （一）本公约用英文、法文和西班牙文三种文字制定，三种文本应予签署并具有同等效力。

（二）总干事在和有关政府协商后，将制定阿拉伯文、德文、意大利文和葡萄牙文的正式文本。

（三）某个或数个缔约国有权与总干事协商后由总干事制定它们选择的语文的其他文本。

（四）所有这些文本均附在本公约签字文本之后。

第十七条 （一）本公约绝不影响伯尔尼保护文学艺术作品公约的条款或由该公约设立的联盟的会员资格。

（二）为实施前款规定，本条附有一项声明。对于在 1951 年 1 月 1 日受伯尔尼公约约束的各国或已受或在以后某一日期可能受该公约约束的国家，此声明是本公约的组成部分。这些国家在本公约上签字也应视为在该声明上签字，而这些国家的批准、接受或加入本公约应包括该声明。

第十八条 本公约将不废除美洲各共和国中仅限两国或数国之间现在有效或可能生效的多边或双边版权公约或协定。无论在现有的此类公约或协定生效的条款与本公约的条款之间，或在本公约的条款与本公约生效之后美洲两个或数个共和国可能制定的新公约或协定的条款之间出现分歧时，应以最近制定的公约或协定为准。任何缔约国在本公约生效前，对该国依据现有公约或协定所获得的版权不应受到影响。

第十九条 本公约将不废除在两个或数个缔约国之间有效的多边或双边公约或协定。一旦此类现有公约或协定的条款与本公约的条款出现分歧时，将以本公约的条款为准。任何缔约国于本公约在该国生效前，依据现有公约或协定所获得的版权将不受影响，本条规定将不影响第十七条、第十八条各款的实行。

第二十条 对本公约不得有任何保留。

第二十一条 （一）总干事应将本公约的核证无误的副本送交各有关国家并送交联合国秘书长登记。

（二）总干事还应将已交存的批准、接受和加入证书，本公约的生效日期，根据本公约发出的通知书及根据第十四条做出的废除，通知所有有关国家。

关于第十七条的附加声明

国际保护文学艺术作品联盟（以下称“伯尔尼联盟”）的会员国和本公约的签字国，

为了在该联盟基础上加强其相互关系，并避免在伯尔尼公约和世界版权公约并存的情况下可能出现的任何冲突，认识到某些国家按照其文化、社会和经济发展阶段而调整其版权保护水平的暂时需要，经共同商定，接受以下声明的各项规定：

甲、除本声明乙项规定外,某作品起源国为伯尔尼公约成员国的国家,已于1951年1月1日之后退出伯尔尼联盟者,将不得在伯尔尼联盟的国家境内受到世界版权公约的保护。

乙、如某一缔约国按联合国大会确定的惯例被视为发展中的国家,并在该国退出伯尔尼联盟时,将一份它认为自己是发展中国家的通知书交存联合国教育科学文化组织总干事,只要该国可以援用本公约第五条之二的例外规定,则本声明甲项的规定不应适用。

丙、只要涉及到所保护的某些作品,按伯尔尼公约规定,其原出版国家是伯尔尼联盟的一个成员国,世界版权公约即不应适用于伯尔尼联盟各国的关系上。

有关第十一条的决议

修订世界版权公约会议,

考虑了本公约第十一条规定的政府间委员会的问题,对此附加了本决议,

特决议如下:

(一)委员会创始时应包括依1952年公约第十一条及其所附的决议而设立的政府间委员会的十二个成员国的代表;此外,还包括以下国家的代表:阿尔及利亚、澳大利亚、日本、墨西哥、塞内加尔和南斯拉夫。

(二)任何未参加1952年公约并在本公约生效后召开的本委员会第一次例会之前未加入本公约的国家,应由委员会根据第十一条第(二)款和第(三)款的规定在其第一次例会上选择的其他国家来取代。

(三)本公约一经生效,依本决议第(一)款成立的本委员会应被认为按本公约第十一条规定组成。

(四)本公约生效后一年内,委员会应举行一次会议。此后委员会应至少每两年举行一次例会。

(五)委员会应选举主席一人、副主席两人,并应按照下列原则确立自己的程序规则:

甲、委员会的成员国任期通常应为六年,每两年有三分之一成员国离任,但经理解:首批三分之一成员国的任期,应在本公约生效后召开的第二次例会结束时终止,下一批三分之一成员国的任期应在第三次例会结束时终止,最后一批三分之一成员国的任期应在第四次例会结束时终止。

乙、委员会递补空缺职位的程序、成员资格期满的次序连任资格和选举程序的规则,应以平衡成员国连任的需要和成员国代表轮换的需要,以及本公约第十一条第(三)款的各点考虑为基础。

希望由联合国教育科学文化组织提供委员会秘书处的人员。

下列签署人交存各自的全权证书后,在本公约上签字,以昭信守。

1971年7月24日订于巴黎,正本一份。

保护工业产权巴黎公约
(1967年斯德哥尔摩文本)

1. 1883年3月20日于巴黎签订
2. 1900年12月14日于布鲁塞尔、1911年6月2日于华盛顿、1925年11月6日于海牙、1934年6月2日于伦敦、1958年10月31日于里斯本、1967年7月14日于斯德哥尔摩先后修订
3. 1984年11月14日第六届全国人民代表大会常务委员会第八次会议决定中华人民共和国加入,同时声明对公约第二十八条第一款予以保留,不受该款约束
4. 自1985年3月19日起对中国生效

目　录

第一条 本联盟的建立;工业产权的范围

(1)适用本公约的国家组成联盟,以保护工业产权。

(2)工业产权的保护对象有专利、实用新型、外观设计、商标、服务标记、厂商名称、货源标记或原产地名称,和制止不正当竞争。

(3)对工业产权应作最广义的理解,不仅应适用于工业和商业本身,而且也应同样适用于农业和采掘业,适用于一切制成品或天然产品,例如:酒类、谷物、烟叶、水果、牲畜、矿产品、矿泉水、啤酒、花卉和谷类的粉。

(4)专利应包括本联盟各国的法律所承认的各种工业专利,如输入专利、改进专利、增补专利和增补证书等。

第二条 本联盟各国国民的国民待遇

(1)本联盟任何国家的国民,在保护工业产权方面,应在本联盟所有其他国家内享有各该国法律现在或今后授予各该国国民的各种利益;一切都不应损害本公约特别规定的权利。因此,他们应和各该国国民享有同样的保护,对侵犯他们的权利享有同样的法律上的救济手段,但是以他们遵守对各该国国民规定的条件和手续为限。

(2)但是,对于本联盟国家的国民不得规定在其要求保护的国家需有住所或营业所才能享有工业产权。

(3)本联盟各国法律中关于司法和行政程序、管辖权以及指定送达地址或委派代理人的规定,工业产权法中可能有所要求的,均可明确地予以保留。

第三条 某类人与本联盟国家的国民同样待遇

本联盟以外各国的国民,在本联盟一个国家的领土内设有住所或有真实、有效的工商业营业所的,应享有与本联盟各国国民同样的待遇。

第四条 A. 至I. 专利、实用新型、外观设计、商标、发明人证书:优先权。G. 专利:申请的分案

A.—(1)已经在本联盟的一个国家正式提出专利、实用新型、外观设计或商标注册的申请的任何人,

或其权利继受人,为了在其他国家提出申请,在下列规定的期间内应享有优先权。

(2)依照本联盟任何国家的国内法或依照本联盟各国之间缔结的双边或多边条约,与正规的国家申请相当的任何申请,应认为产生优先权。

(3)正规的国家申请是指足以确定在有关国家中提出申请日期的任何申请,而不问该申请以后的结局如何。

B.—因此,在上述期间届满前,在本联盟的任何其他国家后来提出的任何申请,不应由于在这期间完成的任何行为,特别是另一项申请的提出、发明的公布或利用、外观设计复制品的出售、或商标的使用而成为无效,而且这些行为不能产生任何第三人的权利或个人占有的任何权利。第三人在作为优先权基础的第一次申请的日期以前所取得的权利,按照本联盟每一国家的国内法予以保留。

C.—(1)上述优先权的期间,对于专利和实用新型应为十二个月,对于外观设计和商标应为六个月。

(2)这些期间应自第一次申请提出之日起算;提出申请的当日不应计入期间之内。

(3)如果期间的最后一日是请求保护地国家的法定假日或者是主管局不接受申请的日子,期间应延至其后的第一个工作日。

(4)在本联盟同一国家内就第(2)项所称的以前第一次申请同样的主题所提出的后一申请,如果在提出该申请时前一申请已被撤回、放弃或驳回,没有提供公众阅览,也没有遗留任何权利,而且如果前一申请没有成为要求优先权的基础,应认为是第一次申请,其申请日应为优先权期间的起算日。在这以后,前一申请不得作为要求优先权的基础。

D.—(1)任何人希望利用以前提出的一项申请的优先权的,需要作出声明,说明提出该申请的日期和受理该申请的国家。每一国家应确定必须作出该项声明的最后日期。

(2)这些事项应在主管机关的出版物中,特别是在专利证书和专利说明书中予以载明。

(3)本联盟国家可以要求作出优先权声明的任何人提交以前提出的申请(说明书、附图等)的副本。该副本经原受理申请的机关证实无误后,不需要任何认证,并且无论如何都可以在后一申请提出后三个月内随时提交,不需缴纳费用。本联盟国家可以要求该副本附有上述机关出具的载明申请日期的证明书和译本。

(4)对提出申请时要求优先权的声明不得规定其他的手续。本联盟每一国家应确定不遵守本条规定的手续的后果,但这种后果不能超过优先权的丧失。

(5)以后,可以要求提供进一步的证明。

任何人利用以前提出的一项申请的优先权的,需写明该申请的号码;此号码应按上述第(2)项的规定予以公布。

E.—(1)在根据实用新型申请的优先权而在一个国家提出外观设计申请的情况,优先权的期间应与对外观设计规定的优先权期间一样。

(2)此外,可以准许根据专利申请的优先权而在一个国家提出实用新型的申请,反之亦一样。

F.—本联盟的任何国家不得由于申请人要求多项优先权(即使这些优先权产生于不同的国家),或者由于要求一项或多项优先权的申请中含有作为优先权基础的申请中所没有包括的一个或几个因素,而拒绝给予优先权或驳回专利申请,但以在上述两种情况都有该国法律所规定的发明单一性为限。

关于作为优先权基础的申请中所没有包括的因素,以后提出的申请应按照通常条件产生优先权。

G.—(1)如果审查发现一项专利申请包括一个以上的发明,申请人可以将该申请分成若干分案申请,保留第一次申请的日期为各该分案申请的日期,如果有优先权,并保有优先权的利益。

(2)申请人也可以主动将一项专利申请分案,保留第一次申请的日期为各该分案申请的日期,如果有优先权,并保有优先权的权益。本联盟各国有权决定允许这种分案的条件。

H.—不得以作为优先权基础的发明中的某些因素没有包含在原属国申请列举的请求权中为理由,而拒绝给予优先权,但以申请文件从全体看来已经明确地写明这些因素为限。

I.—(1)在申请人有权自行选择申请专利证书或发明人证书的国家提出发明人证书的申请应产生本条规定的优先权,其条件和效力与专利证书的申请一样。

(2)在申请人有权自行选择申请专利证书或发明人证书的国家,发明人证书的申请人,根据本条关于申请专利证书的规定,应享有以专利、实用新型或发明人证书的申请为基础的优先权。

第四条之二 专利:就同一发明在不同国家取得的专利是相互独立的

(1)本联盟国家的国民向本联盟各国申请的专利,与在本联盟其他国家或非本联盟国家就同一发明所取得的专利各不相关。

(2)上述规定,应从不受限制的意义来理解,特别是指在优先权期限内申请的各项专利,就其无效和丧失权利的理由以及其正常的期间而言,是相互独立的。

(3)这项规定应适用于本规定开始生效时已存在的一切专利。

(4)在有新国家加入的情形,这项规定同样适用于加入时新加入国和其他国家已经存在的专利。

(5)在本联盟各国,因享有优先权的利益而取得的专利的有效期间,与假设没有优先权的利益而申请或授予的专利的有效期间相同。

第四条之三 专利:在专利证书上记载发明人

发明人有权要求在专利证书上记载自己是发明人。

第四条之四 专利:在法律限制销售的情况下取得专利的条件

不得以专利产品的销售或依专利方法制造的产品的销售受到国内法的限制为理由,而拒绝授予专利或使专利无效。

第五条 A. 专利:物品的进口;不实施或不充分实施;强制许可。B. 外观设计:不实施;物品的进口。C. 商标;不使用;不同的形式;共有人的使用。D. 专利、实用新型、商标、外观设计:标记

A.(1)专利权人将在本联盟任何国家内制造的物品输入到对该物品授予专利的国家,不应导致该项专利的丧失。

(2)本联盟各国都有权采取立法措施规定授予强制许可,以防止由于行使专利所赋予的专有权而可能产生的滥用,例如:不实施。

(3)除强制许可的授予不足以防止上述滥用外,不应规定专利的丧失。自授予第一个强制许可之日起两年届满前不得提起剥夺或撤销专利的诉讼。

(4)自专利申请提出之日起四年届满以前,或自授予专利之日起三年届满以前,以后满期的期间为准,不得以不实施或不充分实施为理由申请强制许可;如果专利权人的不作为是有正当理由的,应拒绝强制许可。这种强制许可不是独占性的,而且除与利用该许可的部分企业或牌号一起转让外,不得转让,包括授予分许可证的形式在内。

(5)上述各项规定准用于实用新型。

B. —对外观设计的保护,在任何情况下,都不得以不实施或以进口物品与受保护的外观设计相同为理由而使其丧失。

C. —(1)如果在任何国家,注册商标的使用是强制的,只有经过适当的期间,而且只有有关人员没有证明其不使用有正当理由,才可以取消注册。

(2)商标所有人使用的商标,在形式上与其在本联盟国家之一所注册的商标的形式只有细节的不同,而并未改变其显著性的,不应导致注册无效。也不应减少对该商标所给予的保护。

(3)根据请求保护地国家的国内法认为商标共同所有人的几个工商企业,在相同或类似商品上共同使用同一商标不应妨碍在本联盟任何国家内注册,也不应以任何方式减少对该商标所给予的保护,但以这种使用并未导致公众产生误解,而且不违反公共利益为限。

D. —不应要求在商品上表示或载明专利、实用新型、商标注册或外观设计保存,作为承认取得保护权利的一个条件。

第五条之二 一切工业产权:缴纳权利维持费的宽限期;专利;恢复

(1)缴纳规定的工业产权维持费,应给予不少于六个月的宽限期,但是如果本国法律有规定,必须缴纳附加费。

(2)本联盟各国对因未缴费而终止的专利有权规定予以恢复。

第五条之三 专利:构成船舶、飞机或陆上车辆一部分的专利器件

在本联盟任何国家内,下列情况不应认为是侵犯专利权人的权利。

(1)本联盟其他国家的船舶暂时或偶然地进入上述国家的领水时,在该船的船身、机器、船具、索具及其他附件上使用构成发明专利的器件,但以专为该船的需要而使用这些器件为限;

(2)本联盟其他国家的飞机或陆上车辆暂时或偶然地进入上述国家时,在该飞机或陆上车辆的构造或操纵中或者在该飞机或陆上车辆的附件上使用构成专利的器件。

第五条之四 专利:利用进口国的专利方法制造产品的进口

一种产品输入到对该产品的制造方法有专利保护的本联盟国家时,专利权人对该进口产品应享有进口国法律对在该国制造的产品根据方法专利所给予的一切权利。

第五条之五 外观设计

外观设计在本联盟所有国家均应受到保护。

第六条 商标:注册条件;同一商标在不同国家所受保护的独立性

(1)商标的申请和注册条件,由本联盟各国的本国法律决定。

(2)但本联盟任何国家,对本联盟国家的国民提出的商标注册申请,不得以未在原属国申请、注册或续展为理由而予以拒绝或使注册无效。

(3)在本联盟一个国家正式注册的商标,与在本联盟其他国家注册的商标,包括在原属国注册的商标在内,各不相关。

第六条之二 商标:驰名商标

(1)本联盟各国承诺,如本国法律允许,应依职权,或依利害关系人请求,对构成商标注册国或使用国主管机关认为在该国已经驰名、属于有权享受本公约利益的人所有的、用于相同或相似商品商标的复制、仿制或翻译,而易于产生混淆的商标,拒绝或取消注册,并禁止使用。这些规定,在商标的主要部分构成上述驰名商标的复制或假冒,易于产生混淆时,也应适用。

(2)自注册之日起至少五年的期间内,应允许提出取消这种商标的请求。本联盟各国可以规定一个期间,在这期间内允许提出禁止使用这种商标的请求。

(3)对于以欺诈手段取得注册或使用的商标提出取消注册或禁止使用的请求的,不应规定时间限制。

第六条之三 商标:关于国徽、官方标志和政府间组织标志的禁例

(1)(a)本联盟各国同意,对未经主管机关许可,而将本联盟国家的国徽、国旗和国家的其他标志、各该国用以表明监督和证明的官方符号和检验印章以及从徽章学的观点看来的任何仿制用作商标或商标的组成部分,拒绝注册或使其注册无效,并采取适当措施禁止使用。

(b)上述(a)项规定应同样适用于本联盟一个或一个以上国家参加的政府间国际组织的徽章、旗帜、其他标志、缩写和名称,但已成为现行国际协定规定予以保护的徽章、旗帜、其他标志、缩写和名称除外。

(c)不应要求本联盟任何国家适用上述(b)项规定,损害本公约在该国生效前善意取得权利的商标所有人。在上述(a)项所指的商标使用或注册不会使公众理解为有关组织与这种徽章、旗帜、标志、缩写和名称有联系时,或者如果这种使用或注册大概不会使公众误解为使用人与该组织有联系时,即不应要求本联盟国家适用该项规定。

(2)关于禁止使用表明监督和证明的官方符号和检验印章的规定,应只适用于企图将带有这种标记的商标用于同类或类似商品的情况。

(3)(a)为了实施这些规定,本联盟国家同意将它们希望或今后可能希望完全或在一定限度内受本条保护的国家标志与表明监督和证明的官方符号和检验印章的清单,以及以后对这项清单的一切修改,经由国际局相互通知。本联盟各国应在适当的时候使公众可以获悉通知的清单。

但是,就国旗而言,这种相互通知并不是强制性的。

(b)本条第(1)款(b)项的规定仅适用于政府间国际组织经由国际局通知本联盟国家的徽章、旗帜、其他标志、缩写和名称。

(4)本联盟任何国家如有异议,可以在收到通知后十二个月内经由国际局向有关国家或政府间国际组织提出。

(5)至于国旗,上述第(1)款规定的措施仅适用于1925年11月6日以后注册的商标。

(6)至于本联盟国家国旗以外的国家标志、官方符号和检验印章,以及政府间国际组织的徽章、旗帜、其他标志、缩写和名称,上述各项规定仅适用于接到第(3)款规定的通知超过两个月后所注册的商标。

(7)在有欺诈的情况下,各国有权取消即使是在1925年11月6日以前注册的标有国家标志、符号和检验印章的商标。

(8)任何国家的国民经许可使用其本国国家标志、符号和检验印章者,即使与其他国家的国家标志、符号和检验印章相类似,仍可加以使用。

(9)本联盟各国承诺,如未经许可而在商业中使用本联盟其他国家的国徽,具有使人对商品的原产地产生误解的性质时,应禁止其使用。

(10)上述各项规定不应妨碍各国行使第六条之五B款第(3)项所规定的权利,即对未经许可而带有本联盟国家的国徽、国旗、国家的其他标志,或官方符号和检验印章的商标,以及带有上述第(1)款所述的政府间国际组织特有标记的商标,拒绝予以注册或使其注册无效。

第六条之四 商标:商标的转让

(1)根据本联盟国家的法律,商标只有在与其所属企业或商誉同时转让才有效时,如该企业或商誉在该国的部分连同在该国制造或销售标有被转让商标的商品的专有权一起转让予受让人,即足以承认其转让为有效。

(2)如果受让人使用受让的商标事实上会引起公众对标有该商标的商品的原产地、性质或重要品质发生误解,上述规定并不使本联盟国家负有承认该项商标转让为有效的义务。

第六条之五 商标:在本联盟一个国家注册的商标在本联盟其他国家所受的保护

A. —(1)在原属国正式注册的每一商标,除应受本条规定的保留条件的约束外,本联盟其他国家也应和在原属国注册那样接受申请和给予保护。各该国家在正式注册前可以要求提供原属国主管机关发给的注册证书。该项注册证书不需认证。

(2)原属国系指申请人设有真实、有效的工商业营业所的本联盟国家;或者如果申请人在本联盟内没有这样的营业所,则指他设有住所的本联盟国家;或者如果申请人在本联盟内没有住所,但是本联盟国家的国民,则指他有国籍的国家。

B. —除下列情况下,对本条所指的商标既不得拒绝注册也不得使注册无效。

(1)商标具有侵犯第三人在被请求给予保护的国家既得权利的性质的;

(2)商标缺乏显著性,或者完全是由商业中用以表示商品的种类、质量、数量、用途、价值、原产地或生产时间的记号、标记所组成,或者在被请求给予保护的国家的现代语言或善意和公认的商务实践中已经成为惯用的;

(3)商标违反道德或公共秩序,尤其是具有欺骗公众的性质。这一点应理解为不得仅仅因为商标不符合商标立法的规定即认为该商标违反公共秩序,除非该规定本身同公共秩序有关。

但本规定应受第十条之二的适用范围的约束。

C. —(1)决定一个商标是否适合于受保护,必须考虑到一切实际情况,特别是商标已使用期间的长短。

(2)商标中有的构成部分与在原属国受保护的商标有所不同,但并未改变其显著性,亦不影响其与原属国注册的商标形式上的同一性的,本联盟其他国家不得仅仅以此为理由而拒绝予以注册。

D. —如果任何人要求保护的商标未在原属国注册的,不得享受本条各规定的利益。

E. —但商标注册在原属国续展,在任何情况下决不包含在该商标已经注册的本联盟其他国家续展注册的义务。

F. —在第四条规定的期间内提出商标注册的申请,即使原属国在该期间届满后才核准注册,其优先权利益也不受影响。

第六条之六 商标:服务标记

本联盟各国承诺保护服务标记。不应要求本联盟各国对该项标记的注册作出规定。

第六条之七 商标:未经所有人授权而以代理人或代表人名义注册

(1)如本联盟一个国家的商标所有人的代理人或代表人未经该所有人授权而以自己名义向本联盟一个或一个以上的国家申请商标注册,该所有人有权反对所申请的注册或要求取消注册,如该国法律允许,该所有人可以要求将该项注册转让给自己,除非该代理人或代表人能证明其行为是正当的。

(2)商标所有人如未授权使用,以适用上述第(1)款的规定为条件,有权反对其代理人或代表人使用其商标。

(3)国内立法可以规定商标所有人行使本条规定的权利的合理期限。

第七条 商标:使用商标的商品的性质

使用商标的商品的性质在任何情况下不应妨碍该商标的注册。

第七条之二 商标:集体商标

(1)如果社团的存在不违反其原属国的法律,即使该社团没有工商业营业所,本联盟各国承诺受理申请,并保护属于社团的集体商标。

(2)各国应自行审定关于保护集体商标的特别条件,如果商标违反公共利益,可以拒绝保护。

(3)如果社团的存在不违反原属国的法律,不得以该社团未在被请求给予保护国家设有营业所，或不是根据该国的法律所组成为理由，拒绝对该社团的这些商标给予保护。

第八条　厂商名称

厂商名称应在本联盟一切国家内受到保护，无须申请或注册，也不论其是否为商标的一部分。

第九条　商标：厂商名称：对非法标有商标或厂商名称的商品在进口时予以扣押

（1）一切非法标有商标或厂商名称的商品在输入到该项商标或厂商名称有权受到法律保护的本联盟国家时，应予以扣押。

（2）在实施非法附加商标或厂商名称的国家或在该商品已输入进去的国家，同样应执行扣押。

（3）扣押应遵照各国国内法的规定，依检察官或其他主管机关或利害关系人（无论为自然人或法人）的请求执行。

（4）主管机关对于过境商品没有执行扣押的义务。

（5）如国家法律不准在输入时扣押，应代之以禁止输入或在国内扣押。

（6）如一国法律不准在输入时扣押，也不允许禁止输入或在国内扣押，在法律作出相应修改以前，应代之以该国国民按该国法律在此种情况下可以采取的诉讼和救济手段。

第十条　虚假标记：对标有虚假的原产地或生产者标记的商品在进口时予以扣押

（1）上条各项规定应适用于直接或间接使用虚假的原产地、生产者、制造者或商人标记的商品的情况。

（2）凡从事此项商品的生产、制造或销售的生产者、制造者或商人，无论为自然人或法人，其营业所设在被虚伪标为原产地的地方、该地所在的地区、被虚伪标为原产国的国家、或者在使用该虚假标记的国家者，在任何情况下均应视为利害关系人。

第十条之二　不正当竞争

（1）本联盟各国必须对各该国国民保证给予取缔不正当竞争的有效保护。

（2）凡在工商业活动中违反诚实的惯例的竞争行为即构成不正当竞争的行为。

（3）特别禁止下列各项：

1. 不论依什么方法，性质上对竞争者的营业所、商品或工商业活动造成混乱的一切行为；

2. 在经营商业中，性质上损害竞争者的营业所、商品或工商业活动的信誉的虚伪说法；

3. 在经营商业中使用会使公众对商品的性质、制造方法、特点、用途或数量易于产生误解的表示或说法。

第十条之三　商标、厂商名称、虚假标记、不正当竞争：救济手段、起诉权

（1）本联盟各国承诺，对本联盟其他国家的国民保证采取有效地制止第九条、第十条和第十条之二所述的一切行为的适当的法律上救济手段。

（2）本联盟各国并承诺采取措施，准许不违反其本国法律而存在的联合会和社团，代表有利害关系的工业家、生产者和商人，在被请求给予保护的国家法律允许该国的联合会和社团提出控诉的范围内，为了制止第九条、第十条和第十条之二所述的行为，向法院或行政机关提出控诉。

第十一条　发明、实用新型、外观设计、商标：在某些国际展览会中的临时保护

（1）本联盟国家应按其本国法律对在本联盟任何国家领土内举办的官方的或经官方承认的国际展览会展出的商品中可以取得专利的发明、实用新型、外观设计和商标，给予临时保护。

（2）该项临时保护不应延展第四条规定的期间。如以后要求优先权，任何国家的主管机关可以规定其期间应自该商品参加展览会之日起算。

（3）每一个国家认为必要时可以要求提供证明文件，证实展出的物品及其参加展览会的日期。

第十二条　国家工业产权专门机构

（1）本联盟各国承诺设立工业产权专门机构和向公众传递专利、实用新型、外观设计和商标的中央机构。

（2）该专门机构应定期出版公报，按时公布：

（a）专利权人的姓名和取得专利的发明的概要；

（b）注册商标的复制。

第十三条　本联盟大会

（1）（a）本联盟设大会，由本联盟中受第十三条至第十七条约束的国家组成。

（b）每一国政府应有一名代表，可辅以若干副代表、顾问和专家。

（c）各代表团的费用由委派该代表团的政府负担。

(2)(a)大会的职权如下：

(i)处理有关维持和发展本联盟及执行本公约的一切事项；

(ii)对建立世界知识产权组织(以下简称“本组织”)公约中所述的知识产权国际局(以下简称“国际局”)作关于筹备修订会议的指示，但应适当考虑本联盟国家中不受第十三条至第十七条约束的国家所提的意见；

(iii)审查和批准本组织总干事有关本联盟的报告和活动，并就本联盟权限内的事项对总干事作一切必要的指示；

(iv)选举大会执行委员会的委员；

(v)审查和批准执行委员会的报告和活动，并对该委员会作指示；

(vi)决定本联盟计划和通过三年预算，并批准决算；

(vii)通过本联盟的财务规则；

(viii)为实现本联盟的目的，成立必要的专家委员会和工作组；

(ix)决定接受哪些非本联盟成员国的国家以及哪些政府间组织和非政府间国际组织以观察员身份参加本联盟会议；

(x)通过第十三条至第十七条的修改；

(xi)采取旨在促进实现本联盟目标的任何其他行动；

(xii)履行按照本公约是适当的其他职责；

(xiii)行使本组织公约中授予并经本联盟接受的权利。

(b)关于与本组织管理的其他联盟共同有关的事项，大会应在听取本组织协调委员会的意见后作出决议。

(3)(a)除(b)项另有规定应适用该规定外，一名代表仅能代表一个国家。

(b)本联盟一些国家根据一项专门协定的条款组成一个共同机构，对各该国家具有第十二条所述的国家工业产权专门机构性质者，在讨论时，可以由这些国家中的一国作为共同代表。

(4)(a)大会每一成员国应有一票表决权。

(b)大会成员国的半数构成开会的法定人数。

(c)尽管有(b)项的规定，如任何一次会议出席的国家不足大会成员国的半数但达到三分之一或三分之一以上时，大会可以作出决议，但是，除有关其本身的议事程序的决议外，所有其他决议只有符合下述条件才能生效。国际局应将这些决议通知未出席的大会成员国，请其在通知之日起三个月的期间内以书面表示是否赞成或弃权。如该期间届满时，这些表示是否赞成或弃权的国家数目达到会议本身开会的法定人数所缺少的国家数目，只要同时也取得了规定的多数票，这些决议即可生效。

(d)除第十七条第(2)款另有规定应适用该规定外，大会决议需有所投票数的三分之二票。

(e)弃权不应认为是投票。

(5)(a)除(b)项另有规定应适用该规定外，一名代表只能以一国名义投票。

(b)第(3)款(b)项所指的本联盟成员国，一般应尽量派遣本国的代表团出席大会。然而，如其中任何国家由于特殊原因不能派出本国代表团时，可以授权上述国家中其他国家代表团以其名义投票，但每一代表团只能为一个国家代理投票。代理投票的权限应由国家元首或主管部长签署的文件授予。

(6)非大会成员国的本联盟国家可以派观察员出席大会的会议。

(7)(a)大会通常会议每三历年召开一次，由总干事召集，在无特殊情况下，和本组织的大会同时间同地点召开。

(b)大会临时会议由总干事应执行委员会或占四分之一的大会成员国的要求召开。

(8)大会应通过其本身的议事规程。

第十四条　执行委员会

(1)大会设执行委员会。

(2)(a)执行委员会由大会从大会成员国中选出的国家组成。此外，本组织总部所在地国家，除第十六条第(7)款(b)项另有规定应适用该规定外，在该委员会中有当然的席位。

(b)执行委员会各成员国政府应各有一名代表，可辅以若干副代表、顾问和专家。

(c)各代表团的费用应由委派该代表团的政府负担。

(3)执行委员会成员国的数目应相当于大会成员国的四分之一。在确定席位数目时，用四除后余数不计。

(4)选举执行委员会委员时，大会应适当注意公平的地区分配,以及组成执行委员会的国家中有与本联盟有关系的专门协定的缔约国的必要性。

(5)(a)执行委员会委员的任期应自选出委员的大会会议闭幕开始直到下届通常会议闭幕为止。

(b)执行委员会委员可以连选连任,但其数目最多不得超过委员的三分之二。

(c)大会应制定有关执行委员会委员选举和可能连选的详细规则。

(6)(a)执行委员会的职权如下:

(i)拟订大会议事日程草案;

(ii)就总干事拟订的本联盟计划草案和三年预算向大会提出建议;

(iii)在计划和三年预算范围内,批准总干事拟订的年度预算和计划;

(iv)将总干事的定期报告和年度财务决算报告,附具适当的意见,提交大会;

(v)根据大会决议,并考虑到大会两届通常会议中间发生的情况,采取一切必要措施保证总干事执行本联盟的计划;

(vi)执行本公约所规定的其他职责。

(b)关于与本组织管理的其他联盟共同有关的事项,执行委员会应在听取本组织协调委员会的意见后作出决议。

(7)(a)执行委员会每年举行一次通常会议,由总干事召集,最好和本组织协调委员会同时间同地点召开。

(b)执行委员会临时会议应由总干事依其本人倡议或应委员会主席或四分之一委员的要求而召开。

(8)(a)执行委员会每一成员国应有一票表决权。

(b)执行委员会委员的半数构成开会的法定人数。

(c)决议需有所投票数的简单多数。

(d)弃权不应认为是投票。

(e)一名代表仅能代表一个国家,并以一个国家名义投票。

(9)非执行委员会委员的本联盟国家可以派观察员出席执行委员会的会议。

(10)执行委员会应通过其本身的议事规程。

第十五条　国际局

(1)(a)有关本联盟的行政工作应由国际局执行。国际局是由本联盟事务局和保护文学艺术作品国际公约所建立的联盟事务局合并而成。

(b)国际局特别应设置本联盟各机构的秘书处。

(c)本组织总干事为本联盟最高行政官员,并代表本联盟。

(2)国际局汇集有关工业产权的情报并予公布。本联盟各成员国应迅速将一切有关保护工业产权的新法律和正式文本送交国际局;此外,还应向国际局提供其工业产权机构发表的和保护工业产权直接有关并对国际局工作有用的出版物。

(3)国际局应出版月刊。

(4)国际局应依请求向本联盟任何国家提供有关保护工业产权问题的情报。

(5)国际局应进行研究,并提供服务,以促进对工业产权的保护。

(6)总干事及其指定的职员应参加大会、执行委员会及任何其他专家委员会和工作组的一切会议,但无表决权。总干事或其指定的职员为这些机构的当然秘书。

(7)(a)国际局应按照大会的指示,与执行委员会合作,筹备对本公约第十三条至第十七条以外的其他条款的修订会议。

(b)国际局可以就修订会议的筹备工作同政府间组织和非政府间国际组织协商。

(c)总干事及其指定的人员应参加这些会议的讨论,但无表决权。

(8)国际局应执行指定的任何其他任务。

第十六条　财务

(1)(a)本联盟应制定预算。

(b)本联盟的预算应包括本联盟本身的收入和支出,对各联盟共同开支预算的摊款,以及需要时对本组织成员国会议预算提供的款项。

(c)并不单是本联盟的、而且也是与本组织所管理的其他一个或一个以上的联盟有关的支出,应认为各联盟的共同支出。本联盟在该项共同支出中的摊款应与本联盟在其中所享的利益成比例。

(2)本联盟预算的制定应适当考虑到与本组织管理的其他联盟预算相协调的需要。

(3)本联盟预算的财政来源如下:

(i)本联盟国家的会费;

(ii)国际局提供有关本联盟的服务应收取的费用;

(iii)国际局有关本联盟出版物的售款或版税；

(iv)赠款、遗赠和补助金；

(v)租金、利息和其他杂项收入。

(4)(a)为了确定对预算的应缴会费，本联盟每一国家应属于下列的一个等级，并以所属等级的单位数为基础缴纳年度会费：

等级Ⅰ………25

等级Ⅱ………20

等级Ⅲ………15

等级Ⅳ………10

等级Ⅴ………5

等级Ⅵ………3

等级Ⅶ………1

(b)除已经指定等级外，每一国家应在交存批准书或加入书的同时，表明自己愿属哪一等级。任何国家都可以改变其等级。如果选择较低的等级，必须在大会的一届通常会议上声明。这种改变应在该届会议后的下一历年开始时生效。

(c)每一国家的年度会费的数额在所有国家向本联盟预算缴纳的会费单位数额在所有缴纳会费总额中所占的比例，应与该国的单位数额在所有缴纳会费国家的单位总数中所占的比例相同。

(d)会费应于每年一月一日缴纳。

(e)一个国家欠缴的会费数额等于或超过其前两个整年的会费数额的，不得在该国是其中成员的本联盟任何机构内行使表决权。但是如果本联盟任何机构，证实该国延迟缴费系由于特殊的和不可避免的情况的，则在这期间内可以允许该国在该机构继续行使其表决权。

(f)如预算在新的财政年度开始前尚未通过，按财务规则的规定，预算应与上一年度预算的水平相同。

(5)国际局提供有关本联盟的服务应收取的费用的数额由总干事确定，并报告大会和执行委员会。

(6)(a)本联盟应设工作基金，由本联盟每一国家一次缴纳的款项组成。如基金不足，大会应决定予以增加。

(b)每一国家向上述基金初次缴纳的数额或在基金增加时缴纳的数额，应和建立基金或决定增加基金的一年该国缴纳的会费成比例。

(c)缴款的比例和条件应由大会根据总干事的建议，并听取本组织协调委员会的意见后规定。

(7)(a)在本组织与其总部所在地国家缔结的总部协定中应规定，工作基金不足时该国应予贷款。每次贷款的数额和条件应由本组织和该国签订单独的协定。该国在承担贷款义务期间，应在执行委员会中有当然席位。

(b)(a)项所指的国家和本组织都各自有权以书面通知废除贷款的义务。废除应于发出通知当年年底起三年后生效。

(8)账目审查工作应按财务规则的规定，由本联盟一个或一个以上国家或外界审计师进行。审计师应由大会在征得同意后指定。

第十七条　对第十三条至第十七条的修正

(1)修正第十三、十四、十五、十六条和本条的提案，可以由大会成员国、执行委员会或总干事提出。这类提案应由总干事至少在大会审议六个月前通知大会成员国。

(2)对第(1)款所述的各条的修正案须由大会通过。通过需有所投票数的四分之三票，但第十三条和本款的修正案需有所投票数的五分之四票。

(3)第(1)款所述的各条的修正案，总干事在收到大会通过修正案时四分之三的大会成员国依照各该国宪法程序表示接受修正案的书面通知一个月后发生效力。各该条的修正案在经接受后对修正案生效时大会成员国以及以后成为大会成员国的所有国家都有约束力，但有关增加本联盟国家的财政义务的修正案，仅对通知接受该修正案的国家有约束力。

第十八条　对第一条至第十二条和第十八条至第三十条的修订

(1)本公约将交付修订，以便采用一些旨在改善本联盟制度的修正案。

(2)为此目的，将陆续在本联盟国家之一举行本联盟成员国代表会议。

(3)对第十三条至第十七条的修正应按照第十七条的规定办理。

第十九条　专门协定

本联盟国家同意，在与本公约的规定下相抵触的范围内，保留有相互间分别签订关于保护工业产权的专门协定的权利。

第二十条　本联盟国家的批准或加入；生效

(1)(a)本联盟国家已在本议定书上签字者，可以批准本议定书，未签字者可以加入本议定书。批准书和加入书应递交总干事保存。

(b)本联盟国家可以在其批准书或加入书中声明其批准或加入不适用于:

(i)第一条至第十二条,或

(ii)第十三条至第十七条。

(c)本联盟国家根据(b)项的规定使其批准或加入的效力不适用于该项所述的两组条文之一者,可以随时声明将其批准或加入的效力扩大到该组条文。该项声明书应递交总干事保存。

(2)(a)第一条至第十二条,对于最早递交批准书或加入书而未作上述第(1)款(b)项第(i)目所允许的声明的本联盟十个国家,在递交第十份批准书或加入书三个月后,发生效力。

(b)第十三条至第十七条,对于最早递交批准书或加入书而未作上述第(1)款(b)项第(ii)目所允许的声明的本联盟十个国家,在递交第十份批准书或加入书三个月后,发生效力。

(c)以第(1)款(b)项第(i)目和第(ii)目所述的两组条文按照(a)项和(b)项的规定每一组开始生效为条件,除第(1)款(b)项另有规定应适用该规定外,第一条至第十七条,对于(a)项和(b)项所述的递交批准书或加入书的国家以外的、或按第(1)款(c)项递交声明的任何国家以外的本联盟任何国家,在总干事就该项递交发出通知之日起三个月后,发生效力,除非所递交的批准书、加入书或声明已经指定以后的日期。在后一情况下,本议定书对该国应在其指定的日期发生效力。

(3)第十八条至第三十条,对递交批准书或加入书的本联盟任何国家,应在第(1)款(b)项所述的两组条文中任何一组条文按照第(2)款(a)、(b)或(c)项对该国生效的日期中比较早的那一日发生效力。

第二十一条　本联盟以外国家的加入;生效

(1)本联盟以外任何国家都可加入本议定书,成为本联盟的成员。加入书应递交总干事保存。

(2)(a)本联盟以外的任何国家在本议定书的任何规定生效前一个月或一个月以上递交加入书的,本议定书应在其规定按照第二十条第(2)款(a)或(b)项最先发生效力之日对该国发生效力,除非该加入书中已经指定以后的日期;但应遵守下列条件:

(i)如第一条至第十二条在上述日期尚未发生效力,在这些规定发生效力以前该国应暂时代之以受里斯本议定书第一条至第十二条的约束;

(ii)如第十三条至第十七条在上述日期尚未发生效力,在这些规定发生效力以前该国应暂时代之以受里斯本议定书第十三条、第十四条第(3)款、第(4)款和第(5)款的约束。如果该国在其加入书中指定了以后的日期,本议定书应在其指定的日期对该国发生效力。

(b)本联盟以外的任何国家在本议定书的一组条文发生效力或发生效力前一个月内递交加入书的,除应受(a)项但书的约束外,本议定书应在总干事发出其加入的通知之日起三个月后对该国发生效力,除非该加入书已经指定以后的日期。在后一情况下,本议定书应在其指定的日期对该国发生效力。

(3)本联盟以外的任何国家在本议定书全部发生效力后或发生效力前一个月内递交加入书的,本议定书应在总干事发出其加入的通知之日起三个月后对该国发生效力,除非该加入书已经指定以后的日期。在后一情况下,本议定书应在其指定的日期对该国发生效力。

第二十二条　批准或加入的后果

除适用第二十条第(1)款(b)项和第二十八条第(2)款的规定可能有例外外,批准或加入应自动导致接受本议定书的全部条款并享受本议定书的全部利益。

第二十三条　加入以前的议定书

在本议定书全部发生效力以后,各国不得加入本公约以前的议定书。

第二十四条　领地

(1)任何国家可以在其批准书或加入书中声明,或在以后任何时候以书面通知总干事,本公约适用于该国声明或通知中所指定的由该国负责其对外关系的全部或部分领地。

(2)任何国家已经作出上述声明或提出上述通知的,可以在任何时候通知总干事,本公约停止适用于该项领地的全部或部分。

(3)(a)根据第(1)款提出的声明,应与包括该项声明的批准书或加入书同时发生效力;根据该款提出的通知应在总干事通知此事后三个月发生效力。

(b)根据第(2)款提出的通知,应在总干事收到此项通知十二个月后生效。

第二十五条　在国内执行本公约

(1)本公约的缔约国承诺,根据其宪法,采取保证本公约施行的必要措施。

(2)各国同意在递交批准书或加入书时应有能力根据其本国法律实施本公约的规定。

第二十六条 退出

(1)本公约无限期地有效。

(2)任何国家可以通知总干事退出本议定书。该项退出也构成退出本公约以前的一切议定书。退出仅对提出退出的国家发生效力,本公约对本联盟其他国家仍完全有效。

(3)自总干事收到退出通知之日起一年后,退出发生效力。

(4)任何国家在成为本联盟成员之日起五年届满以前不得行使本条所规定的退出权利。

第二十七条 以前议定书的适用

(1)关于适用本议定书的国家之间的关系及其适用的范围,本议定书取代 1883 年 3 月 20 日的巴黎公约和以后的修订议定书。

(2)(a)关于不适用或不全部适用本议定书但适用 1958 年 10 月 31 日的里斯本议定书的国家,里斯本议定书仍全部有效,或在按第(1)款的规定本议定书尚未取代该议定书的范围内有效。

(b)同样,关于既不适用本议定书或其一部分,也不适用里斯本议定书的国家,1934 年 6 月 2 日的伦敦议定书仍全部有效,或在按第(1)款的规定本议定书尚未取代该议定书的范围内有效。

(c)同样,关于既不适用本议定书或其一部分,也不适用里斯本议定书,也不适用伦敦议定书的国家,1925 年 11 月 6 日的海牙议定书仍全部有效,或在按第(1)款的规定本议定书尚未取代该议定书的范围内有效。

(3)本联盟以外的国家成为本议定书的缔约国的,对非本议定书的缔约国或者虽然是本议定书的缔约国但按照第二十条第(1)款(b)项第(i)目提出声明的本联盟任何国家,应适用本议定书。前项国家承认在其与上述本联盟国家的关系上,可以适用后者所参加的最近议定书的规定。

第二十八条 争议

(1)本联盟两个或两个以上国家之间对本公约的解释或适用有争议不能谈判解决时,有关国家之一可以按照国际法院规约将争议提交国际法院,除非有关国家同意通过其他办法解决。将争议提交法院的国家应通知国际局;国际局应将此事提请本联盟其他国家注意。

(2)每一国家在签署本议定书或递交批准书或加入书时,可以声明自己认为不受第(1)款规定的约束。关于该国与本联盟任何其他国家之间的任何争议,上述第(1)款的规定概不适用。

(3)根据上述第(2)款提出声明的任何国家可以在任何时候通知总干事撤回其声明。

第二十九条 签字、语言、保存职责

(1)(a)本议定书的签字本为一份,用法语写成,由瑞典政府保存。

(b)总干事在与有关政府协商后,应制定英语、德语、意大利语、葡萄牙语、俄罗斯语、西班牙语以及大会指定的其他语言的正式文本。

(c)如对各种文本的解释有不同意见,应以法语文本为准。

(2)本议定书在 1968 年 1 月 13 日以前在斯德哥尔摩开放签字。

(3)总干事应将经瑞典政府证明的本议定书签字文本二份分送本联盟所有国家政府,并根据请求,送给任何其他国家政府。

(4)总干事应将本议定书交联合国秘书处登记。

(5)总干事应将签字、交存批准书或加入书和各该文件中包括的或按第二十条第(1)款(c)项提出的声明、本议定书任何规定的生效、退出的通知以及按照第二十四条提出的通知等,通知本联盟所有国家政府。

第三十条 过渡条款

(1)在第一任总干事就职前,本议定书所指本组织国际局或总干事应分别视为指本联盟事务局或其局长。

(2)凡不受第十三条至第十七条约束的本联盟国家在建立本组织公约生效后五年内,可以随其自愿行使本议定书第十三条至第十七条规定的权利,如同各国受这些条文的约束一样。希望行使该项权利的国家应以书面通知总干事;该通知自收到之日起发生效力。在该项期间届满前,这些国家应视为大会的成员国。

(3)在本联盟所有国家未完全成为本组织的成员国以前,本组织国际局也行使本联盟事务局的职责,而总干事也行使该事务局局长的职责。

(4)一俟本联盟所有国家都成为本组织成员国以后,本联盟事务局的权利、义务和财产均移交给本组织国际局。

商标国际注册马德里协定

1. *1891年4月14日于马德里签订*
2. *1900年11月14日于布鲁塞尔、1911年6月2日于华盛顿、1925年11月6日于海牙、1934年6月2日于伦敦、1957年6月15日于尼斯、1967年7月14日于斯德哥尔摩、1979年10月2日于斯德哥尔摩先后修订*
3. *自1989年10月4日起对中国生效*

目　录

第一条　成立特别同盟;向国际局申请商标注册;所属国的定义

(一)本协定所适用的国家组成商标国际注册特别同盟。

(二)任何缔约国的国民,可以通过原属国的注册当局,向成立世界知识产权组织(以下称“本组织”)公约中的知识产权国际局(以下称“国际局”)提出商标注册申请,以在一切其他本协定参加国取得其已在所属国注册的用于商品或服务项目的标记的保护。

(三)称为原属国的国家是:申请人置有真实有效的工商业营业所的特别同盟国家;如果他在特别同盟国家中没有这种营业所,则为其有住所的特别同盟国家;如果他在特别同盟境内没有住所,但系特别同盟国家的国民,则为他作为其国民的国家。

第二条　关于巴黎公约第三条(对某些种类的人给予同盟国国民的同样待遇)

未参加本协定的国家的国民,在依本协定组成的特别同盟领土内,符合保护工业产权巴黎公约第三条所规定的条件者,得与缔约国国民同样对待。

第三条　申请国际注册的内容

(一)每一个国际注册申请必须用细则所规定的格式提出;商标原属国的注册当局应证明这种申请中的具体项目与本国注册簿中的具体项目相符合,并说明商标在原属国的申请和注册的日期和号码及申请国际注册的日期。

(二)申请人应指明使用要求保护的商标的商品或服务项目,如果可能,也应指明其根据商标注册商品和服务项目国际分类尼斯协定所分的相应类别。如果申请人未指明,国际局应将商品或服务项目分入该分类的适当类别。申请人所作的类别说明须经国际局检查，此项检查由国际局会同本国注册当局进行。如果本国注册当局和国际局意见不一致时，以后者的意见为准。

（三）如果申请人要求将颜色作为其商标的一个显著特点，他必须：

(1)说明实际情况，并随同申请书提出说明所要求的颜色或颜色组合的通知书；

(2)随同申请书加交所述商标的彩色图样，附于国际局的通知书后。这种图样的份数由细则规定。

（四）国际局应对根据第一条规定提出申请的商标立即予以注册。如果国际局在向所属国申请国际注册后两个月内收到申请时，注册时应注明在原属国申请国际注册的日期，如果在该期限内未收到申请，国际局则按其收到申请的日期进行登记。国际局应不迟延地将这种注册通知有关注册当局。根据注册申请所包括的具体项目，注册商标应在国际局所出的定期刊物上公布。如商标含有图形部分或特殊字体，细则可以决定是否须由申请人提供印版。

（五）考虑到要在各缔约国公告注册商标，每一个注册当局得依据保护工业产权巴黎公约第十六条第（四）款第(1)项所规定的单位数的比例和细则所规定的条件，从国际局那里免费收到一些上述刊物和一些减价本。在所有缔约国，只需要此种公告，不必再要求申请人作其他公告。

第三条之二　“领土限制”

（一）任何缔约国可在任何时候书面通知本组织总干事（以下称“总干事”），通过国际注册所得到的保护，只有在商标所有人明确要求时，才得以延伸至该国。

（二）这种通知，在总干事通知其他缔约国后六个月发生效力。

第三条之三　要求“领土延伸”

（一）要求将通过国际注册所得到的保护延伸至一个利用第三条之二所规定的权利的国家时，必须在第三条（一）所谈到的申请中特别提明。

（二）在国际注册以后所提出的关于领土延伸的任何要求，必须用细则所规定的格式，通过原属国的注册当局提出。国际局应立即将这种要求注册，不迟延地通知有关注册当局，并在国际局所出的定期刊物上公布。这种领土延伸自在国际注册簿上已经登记的日期开始生效，在有关的商标国际注册的有效期届满时停止效力。

第四条　国际注册的效力

（一）从根据第三条之三在国际局生效的注册日期开始，商标在每个有关缔约国的保护，应如同该商标直接在该国提出注册的一样。第三条所规定的商品和服务项目类别的说明，不得在决定商标保护范围方面约束缔约国。

（二）办理国际注册的每个商标，享有保护工业产权巴黎公约第四条所规定的优先权，而不必再履行该条（四）款所规定的各项手续。

第四条之二　以国际注册代替原先的国家注册

（一）如某一商标已在一个或更多的缔约国提出注册，后来又以同一所有人或其权利继承者的名义经国际局注册，该国际注册应视为已代替原先的国家注册，但不损及基于这种原先注册的既得权利。

（二）国家注册当局应依请求将国际注册在其注册簿上予以登记。

第五条　各国注册当局的批驳

（一）某一商标注册或根据第三条所作的延伸保护的请求经国际局通知各国注册当局后，经国家法律授权的注册当局有权声明在其领土上不能给予这种商标以保护。根据保护工业产权巴黎公约，这种拒绝只能以对申请本国注册的商标同样适用的理由为根据。但是，不得仅仅以除非用在一些限定的类别或限定的商品或服务项目上，否则本国法律不允许注册为理由而拒绝给予保护，即使是部分拒绝也不行。

（二）想行使这种权利的各国注册当局，应在其本国法律规定的时间内，并最迟不晚于商标国际注册后或根据第三条之三所作的保护延伸的请求后一年之内，向国际局发出批驳通知，并随附所有理由的说明。

（三）国际局将不迟延地将此通知的批驳声明的抄件一份转给原属国的注册当局和商标所有人，如该注册当局已向国际局指明商标所有人的代理人，则转给其代理人。有关当事人得有同样的补救办法，犹如该商标曾由他向拒绝给予保护的国家直接申请注册一样。

（四）经任何有关当事人请示，批驳商标的理由应由国际局通知他们。

（五）如在上述至多一年的时间内，国家注册当局未将关于批驳商标注册或保护延伸请求的任何临时或最终的决定通知国际局，则就有关商标而言，它即失去本条第(一)款所规定的权利。

(六)若未及时给予商标所有人机会辩护其权利，主管当局不得声明撤销国际商标。撤销应通知国际局。

第五条之二 关于商标某些部分使用的合法性的证明文件

各缔约国注册当局可能规定需要就商标某些组成部分例如纹章、附有纹章的盾、肖像、名誉称号、头衔、商号或非属申请人的姓名或其他类似标记等的使用的合法性提供证明文件。这些证明文件除经所属国认证或证明外，其他一概免除。

第五条之三 国际注册簿登记事项的副本、预先查询、国际注册簿摘录

(一)国际局得对任何提出要求的人发给某具体商标在注册簿登记事项的副本，但应征收细则所规定的费用。

(二)国际局亦可收费办理国际商标的预先查询。

(三)为了向缔约国之一提供而请求发给的国际注册簿摘录，免除一切认证。

第六条 国际注册的有效期。国际注册的独立性。在原属国的保护的终止

(一)在国际局的商标注册的有效期为二十年，并可根据第七条规定的条件予以续展。

(二)自国际注册的日期开始满五年时，这种注册即与在原属国原先注册的国家商标无关系，但受下列规定的限制。

(三)自国际注册的日期开始五年之内，如根据第一条而在原属国原先注册的国家商标已全部或部分不复享受法律保护时，那么，国际注册所得到的保护，不论其是否已经转让，也全部或部分不再产生权利。当五年期限届满前因引起诉讼而致停止法律保护时，本规定亦同样适用。

(四)如自动撤销或依据职权被撤销，原属国的注册当局应要求撤销在国际局的商标，国际局应予以撤销。当引起法律诉讼时，上述注册当局应依据职权或经原告请求，将诉讼已经开始的申诉文件或其他证明文件的抄件，以及法院的最终判决，寄给国际局，国际局应在国际注册簿上予以登记。

第七条 国际注册的续展

(一)任何注册均可续展，期限自上一次期限届满时算起为二十年，续展仅需付基本费用，需要时，则按第八条第(二)款的规定付补加费。

(二)续展不包括对以前注册的最后式样的任何变更。

(三)根据1957年6月15日尼斯议定书或本议定书的规定所办的第一次续展得包括对注册的有关国际分类的类别说明。

(四)保护期满前六个月，国际局应发送非正式通知，提醒商标所有人或其代理人确切的届满日期。

(五)对国际注册的续展可给予六个月的宽展期，但要收根据细则规定的罚款。

第八条 国家收费、国际收费、多余收入的分配，附加费及补加费

(一)原属国的注册当局，可自行规定为其自身利益向申请国际注册或续展的商标所有人收取国家费用。

(二)在国际局的商标注册预收国际费用，包括：

(1)基本费；

(2)对超过国际分类三类以上的所申请的商标的商品或服务项目，每超过一类收一笔附加费；

(3)对根据第三条之三的保护延伸要求，收补加费。

(三)然而，如若商品或服务项目的类数已由国际局确定或有争议，在不损及注册日期的情况下，第(二)款第(2)项所规定的附加费可于细则所规定的期限内交付。如在上述期限到期时，申请人还未交附加费，或者商品或服务项目单还未减缩到需要的程度，则国际注册申请被视作已经放弃。

(四)国际注册各种收入每年所得，除第二款第(2)、(3)项所规定的以外，经扣除为执行本议定书所需要的用款，由国际局在本议定书参加国之间平分。如在本议定书生效时，某国尚未批准或加入，要到它批准或加入时，它才有权分得按对它适用的原先议定书计算的一份多余收入。

(五)第(二)款第(2)项所规定的附加费所得的款额，按每年在每国申请保护的商标数的比例在每年年终分给本议定书参加国或1957年6月15日尼斯议定书参加国；对于预先审查的国家，此数要乘以细则所决定的系数。如在本议定书生效时，某国尚未批准或加入，要到它批准或加入时，它才有权分得按尼斯议定书计算的一份金额。

(六)来自第(二)款第(3)项所规定的补加费的金

额，应根据第（五）款的条件，在行使第三条之二所规定的权利的国家间进行分配。如在本议定书生效以前，某国尚未批准或加入，要到它批准或加入时，它才有权分得按尼斯议定书计算的一份金额。

第八条之二　在一国或更多的国家放弃权利

以自己名义取得国际注册的人，可在任何时候放弃在一个或更多的缔约国的保护，办法是向其本国注册当局提出一项声明，要求通知国际局；国际局据以通知保护已被放弃的国家。对放弃不收任何费用。

第九条　本国注册簿的变更亦影响到国际注册。在国际注册中言及减缩商品和服务项目单。该单项目的增加。该单项目的替代

（一）以其自己名义取得国际注册的人的本国注册当局应同样将在本国注册簿中所作一切关于商标的取消、撤销、放弃、转让和其他变更通知国际局，如果这种变更也影响到国际注册的话。

（二）国际局应将这些变更在国际注册簿上登记，通知各缔约国注册当局，并在其刊物上公布。

（三）当以其自己名义取得国际注册的人要求减缩该项注册适用的商品或服务项目单时，应履行类似的手续。

（四）办理这些事宜应交费，费用由细则规定。

（五）以后对上述商品或服务项目单增加新的商品或服务项目，须按第三条规定提出新的申请才能取得。

（六）以一项商品或服务替代另一项，视同增加一项。

第九条之二　所有人国家变更引起的国际商标的转让

（一）当在国际注册簿上注册的一个商标转让给一个缔约国的人，而该缔约国不是此人以其自己名义取得国际注册的国家时，后一国家的注册当局得将该转让通知国际局。国际局应登记该转让，通知其他注册当局，并在刊物上予以公布。如果转让是在国际注册后未满五年时间内办的，国际局应征得新所有人所属国家的注册当局的同意，如可能，并应将该商标在新所有人所属国家的注册日期和注册号码公布。

（二）凡将国际注册簿上注册的商标转让给一个无权申请国际商标的人，均不予登记。

（三）在因新所有人的国家拒绝同意，或因已转让给一个无权申请国际注册的人，因而不能在国际注册簿上登记转让时，原所有人国家的注册当局有权要求国际局在其注册簿上撤销该商标。

第九条之三　仅就部分注册商品或服务项目转让国际商标，或仅转让给某些缔约国。关于巴黎公约第六条之四（商标转让）

（一）如果已通知国际局仅就部分注册商品或服务项目转让国际商标，国际局应在注册簿上登记。如果所转让的那部分商品或服务项目与转让人所保留注册的那部分商品或服务项目类似，每个缔约国均有权拒绝承认转让的有效性。

（二）国际商标只在一个与几个缔约国转让，国际局应同样予以登记。

（三）在上述情况下，如果在所有人的国家发生了变更，且如果在从国际注册之时开始不满五年的时间里，国际商标已经转让，新所有人所属国家的注册当局应按第九条之二的规定予以承认。

（四）上述各款规定的执行，受保护工业产权巴黎公约第六条之四的约束。

第九条之四　几个缔约国的统一注册当局。几个缔约国要求按一单个国家对待

（一）如果本特别同盟的几个国家同意统一其国内商标立法，它们可以通知总干事：

（1）以一个统一注册当局代替其中每个国家的注册当局；

（2）本条以前所有规定的全部或一部，在它们各自的全部领土适用视为在一单个国家适用。

（二）此项通知在总干事通知其他缔约国六个月后开始生效。

第十条　本特别同盟的大会

（一）（1）本特别同盟设立由批准或加入本议定书的国家所组成的大会。

（2）每国政府可有一名代表，并可由若干副代表、顾问及专家协助其工作。

（3）代表团的费用，除每个成员国一位代表的旅费及生活津贴外，均由派遣它的政府负担。

（二）（1）大会的职责是：

1. 处理关于维持和发展同盟以及实施本协定的所有事宜；

2. 就修订会议的准备工作向国际局发指示，在这方面要对尚未批准或加入本议定书的本特别同盟成员国的意见予以适当考虑；

3. 修改细则，包括确定第八条第二款所提到的费

用以及关于国际注册的其他费用;

4. 审查和批准总干事有关本特别同盟的报告和活动,就本同盟主管范围内的事宜向他作必要的指示;

5. 决定本特别同盟的计划,通过三年一次的预算,以及批准其最后账目;

6. 通过本特别同盟的财务规则;

7. 视需要成立专家和工作小组委员会,以实现本特别同盟的宗旨;

8. 决定允许哪些非本特别同盟成员国以及哪些政府间和非政府间国际组织作为观察员参加会议;

9. 通过对第十条至第十三条的修改;

10. 采取其他适当的行动以进一步实现本特别同盟的宗旨;

11. 行使根据本协定认为合适的其他职责。

(2)关于与本组织所管理的其他同盟有关的事宜,大会在听取本组织协调委员会的建议后,作出决定。

(三)(1)大会的每个成员国均有表决权。

(2)大会的成员国的半数构成法定人数。

(3)不管第(2)项的规定如何,在任何一次会议上,如果出席会议国家的数目不到大会成员国的一半,但达到或超过三分之一时,大会可以作出决议,但所有这种决议除有关其自身的程序的决定外只有履行下列条件,才能生效。国际局应将上述决议通知未出席的大会成员国,请它们在通知之日起三个月内以书面投票或弃权。如果在此期限满后,以这种方式投票或弃权的国家的数目达到了会议本身所缺法定人数的数目,只要同时仍取得了所规定的多数,这种决议就生效。

(4)除第十三条第(二)款规定的以外,大会决议需要三分之二的投票数。

(5)弃权不得视为投票。

(6)一位代表只能代表一个国家并以一个国家的名义投票。

(7)本特别同盟成员国中的非大会成员国得允许作为大会会议的观察员。

(四)(1)如没有特殊情况,大会例会在每第三个历年举行一次,由总干事召集。时间与地点与开本组织大会的时间、地点一致。

(2)经大会四分之一成员国的要求,应由总干事召集特别会议。

(3)每次会议的日程由总干事准备。

(五)大会制定自己的议事规则。

第十一条 国际局

(一)(1)国际局办理国际注册和履行有关职责以及处理同本特别同盟有关的其他行政工作。

(2)尤其是,国际局应为大会会议进行准备,并为大会以及可能已由大会成立的专家和工作小组委员会提供秘书处。

(3)总干事是特别同盟的行政负责人,并代表本特别同盟。

(二)总干事及由他所指定的任何职员应参加大会及大会所设立的专家或工作小组委员会的所有会议,但没有表决权。总干事或由他所指定的一名职员是那些机构的当然秘书。

(三)(1)国际局得根据大会的指示,为修订本协定中第十至十三条以外的规定所开的会议作准备。

(2)国际局可以就修订会议要做的准备与政府间组织和非政府间的国际组织进行协商。

(3)总干事及由他所指定的人得参加那些会议的讨论,但没有表决权。

(四)国际局应执行分配给它的其他任务。

第十二条 财务

(一)(1)本特别同盟应有预算。

(2)本特别同盟的预算包括本特别同盟本身的收入和开支,对各同盟共同开支预算的摊款,以及在适当时用作本组织成员国会议预算的款项。

(3)不是专为本特别同盟,而是同时为本组织所管理的一个或更多的其他同盟所开支的款项,视为各同盟共同开支。本特别同盟在这种共同开支中负担的部分,按本特别同盟在其中的权益的比例计算。

(二)制定本特别同盟的预算时,应适当考虑与本组织所管理的其他同盟的预算相协调。

(三)特别同盟的预算从下述来源供给资金:

(1)国际注册费以及国际局所提供的与本特别同盟有关的其他服务的其他收费;

(2)与本特别同盟有关的国际局的出版物的售价或其版税;

(3)捐款、遗赠和补助金;

(4)租金、利息及其他杂项收入。

(四)(1)第八条第(二)款谈到的收费金额及其他有关国际注册的收费经总干事提议,由大会确定。

（2）这些收费金额的规定，除第八条第（二）款第（2）、（3）项所谈到的附加费和补加费外，应能使本特别同盟的各种收费及其他来源的总收入至少足敷国际局有关本特别同盟的开支。

（3）如果预算未能在新的财政年度开始前通过，则应按财务规则的规定保持上一年的预算水平。

（五）国际局提供的有关本特别同盟其他服务的收费额，除第（四）款第（1）项的规定的以外，由总干事确定开报告大会。

（六）（1）本特别同盟设有工作基金，由本特别同盟的每个国家一次付款组成。如果基金不足时，大会得决定增加基金。

（2）每个国家对上述基金的第一次支付额或其在基金增加时的份额，按该国作为保护工业产权巴黎同盟成员国在其建立基金或决定增加基金那年为巴黎同盟预算分摊的比例计算。

（3）付款的比例和条件由大会根据总干事的提议并听取本组织协调委员会的意见后确定。

（4）只要大会授权使用本特别同盟的储备金作为工作基金，大会可以暂缓执行第（1）、（2）、（3）项的规定。

（七）（1）在与本组织总部所在国家所达成的总部协定中，应规定当工作基金不足时，该国应给予垫款。垫款的金额及条件由该国和本组织间根据具体情况另订协定。

（2）前项（1）所提到的国家以及本组织均有权以书面通知废止给予垫款的约定。废止通知从通知之年年底起三年后生效。

（八）账目稽核按财务规则的规定由本特别同盟的一国或数国或由外面的查账员进行。查账员由大会得其同意后指定之。

第十三条　对第十条至第十三条的修改

（一）提议对第十、十一、十二及本条进行修改，可由大会的任何成员国或总干事首先提出。这种提议至少应在大会审议前六个月由总干事通知大会成员国。

（二）对第（一）款谈到的条文所作的修改，由大会通过。通过时需要四分之三投票数，如若对第十条或本款进行修改，则需五分之四的投票数。

（三）第（一）款规定的对条文的任何修改，当大会已通过，且总干事已从四分之三的成员国那里收到了根据各自宪法程序予以接受的书面通知后一个月起开始生效。对上述条文所作的修改，对其开始生效时的大会成员或以后成为大会成员的所有国家都有约束力。

第十四条　批准和加入、生效。参加早先的议定书；关于巴黎公约第二十四条（领土）

（一）任何本特别同盟成员国已经就本议定书签字的，可予以批准；如果尚未签字，可以加入。

（二）（1）本特别同盟以外的任何国家但系保护工业产权巴黎公约成员者，可以加入本议定书，由此成为本特别同盟的成员。

（2）一旦国际局被通知这样的一个国家已加入本议定书，它应根据第三条向该国的注册当局发出当时享受国际保护的商标的汇总通知。

（3）这种通知本身应保证这些商标在所述国家的领土内享受上述规定的利益，并注明一年期限的开始日期，在这一年中，有关注册当局可以提出第五条所规定的声明。

（4）但在加入本议定书时，任何这种国家可以声明，除对以前已在该国有了相同且仍有效的国家注册一经有关当事人请求即应予承认的那些国际商标外，本议定书仅适用于自该国的加入生效以后所注册的商标。

（5）国际局接到这种声明即不必作出上述的汇总通知。国际局仅就自新国家加入之日起一年之内它收到了关于要利用第（4）项所规定的例外的详细请求的那些商标发出通知。

（6）国际局对在加入本议定书时声明要利用第三条之二所规定的权利的国家不发汇总通知。所述国家亦可同时声明，本议定书仅使用于自其加入生效之日起所注册的商标；但这种限制不得影响已经在这些国家有了相同的本国注册的，并可能引起根据第三条之三和第八条第（二）款第（3）项作出和通知了领土延伸要求的国际商标。

（7）属于本款规定的一项通知中的商标注册，视为代替了在新缔约国的加入生效前直接向该国所办的注册。

（三）批准书和加入书应交给总干事存档。

（四）（1）对于已经将其批准书和加入书交存的头五个国家，本议定书自第五个文件交存后三个月起开始生效。

（2）对于其他任何国家，本议定书在总干事将该国的批准书或加入书发出通知之日后三个月起开始生效,但在批准书或加入书中规定有一个较迟的日期时除外。在后者情况下,本议定书对该国自其规定的日期开始生效。

(五)批准或加入本议定书,即当然接受本议定书的所有条款并享受本议定书的所有利益。

(六)本议定书生效后,一个国家只有同时批准或加入本议定书,才可以参加1957年6月15日的尼斯议定书。加入尼斯议定书以前的议定书,即使是同时批准或参加本议定书,也是不允许的。

(七)保护工业产权巴黎公约第二十四条的规定适用于本协定。

第十五条 退约

(一)本协定无时间限制地保持有效。

(二)任何国家可以通知总干事声明退出本议定书。这种退约亦构成退出原先的所有议定书,但只影响到作此通知的国家,协定对本特别同盟的其他国家继续全部有效。

(三)退约自总干事接到通知之日后一年生效。

(四)成为本特别同盟成员尚不满五年的国家,不得行使本条所规定的退约权。

(五)截止退约生效之日为止所注册的国际商标,如在第五条所规定的一年期限内未被拒绝,应在国际保护期内继续享有同在该退约国直接提出者一样的保护。

第十六条 先前议定书的适用

(一)(1)在已经批准或加入本议定书的本特别同盟成员国家间,自本议定书对它们生效之日起,本议定书即代替1891年马德里协定在本议定书以前的其他文本。

(2)但是,已经批准或加入本议定书的本特别同盟的任何成员国,如先前没有根据1957年6月15日尼斯议定书第十二条第(四)款的规定退出先前文本,在它与未批准或加入本议定书的国家的关系中,应继续受先前文本的约束。

(二)已参加本议定书的非本特别同盟成员国,应对通过未参加本议定书的任一本特别同盟成员国的国家主管机关向国际局办理的国际注册,适用本议定书,只就这些国家说这种注册符合本议定书的要求。对于通过已参加本议定书的非本特别同盟成员国的国家主管机关向国际局办理的国际注册,这些国家承认,上述本特别同盟成员国可以要求遵守它所参加的那个最新议定书的规定。

第十七条 签字、语言、保存职责

(一)(1)本议定书在一个法文原本上签字,存于瑞士政府。

(2)大会所指定其他国语言的正本,由总干事经与有关政府磋商后确定。

(二)本议定书在斯德哥尔摩开放签字至1968年1月13日止。

(三)总干事应将经过瑞士政府证明的本议定书签字原本的副本两份送给本特别同盟所有国家的政府,并送给提出请求的任何其他国家的政府。

(四)总干事应将本议定书在联合国秘书处登记。

(五)总干事应将下述情况通知本特别同盟的所有国家:签字、批准书或加入书及这些文件所包括的任何声明的交存,本议定书任何规定的生效,退约通知,按照第三条之二、第九条之四、第十四条第(七)款以及第十五条第(二)款所发的通知。

第十八条 过渡规定

(一)在第一任总干事就职以前,本议定书所指的本组织国际局或总干事应分别理解为保护工业产权巴黎公约所成立的同盟局或其干事。

(二)在成立本组织的公约生效后五年内,未批准或加入本议定书的本特别同盟成员国如果希望的话,可以行使第十至十三条所规定的权利,犹如这些国家受这些条文的约束一样。任何希望行使这种权利的国家得就此书面通知总干事。这种通知从接到之日起有效。这种国家被视为是大会成员直到所述期限届满时为止。

·典型案例·

英特宜家系统有限公司诉台州市中天塑业有限公司著作权纠纷案

【裁判摘要】

我国是《伯尔尼保护文学艺术作品公约》、《与贸易有关的知识产权协议》的参加国,根据著作权法以及国务院《实施国际著作权条约的规定》,外国实用艺术作品受我国法律保护。

司法实践中,对于实用艺术作品的著作权保护,人民法院一般是从实用艺术作品的实用性与艺术性角度分别予以考虑，对于实用性部分不适用著作权法保护，但对于艺术性部分可以归入著作权法规定的“美术作品”予以依法保护。外国实用艺术作品的权利人申请著作权保护时，应当首先从审美意义方面予以审查，如果涉案实用艺术作品不具备美术作品应当具备的艺术高度，即使被控侵权产品与涉案作品构成相似或者基本相同，也不能作为实用艺术作品获得著作权保护。

【基本案情】

原告英特宜家系统有限公司（以下简称英特宜家公司）因与被告台州市中天塑业有限公司（以下简称中天公司）发生著作财产权纠纷，向上海市第二中级人民法院提起诉讼。

原告英特宜家公司诉称：原告创立于1943年，是世界上最大的家具零售公司，在31个国家和地区设立了190多家专营店。玛莫特（Mammut）系列儿童家具是在原告的指导下，由设计师莫滕·谢尔斯特鲁普（Morten Kjelstrup）和服装设计师阿伦·厄斯特（Allan Ostgaard）代表原告设计完成，原告是玛莫特系列作品的著作权人。玛莫特系列商品多年前就在商品目录和多本书籍中刊载，1994年，玛莫特童椅还获得瑞典“年度家具”的大奖。被告中天公司未经原告允许擅自抄袭玛莫特系列作品的设计，生产和销售了多种型号的儿童椅和儿童凳，并在其公司网站上展示侵权商品。自2004年起，原告就委托律师多次致函被告要求其停止侵权行为，被告对此置之不理，还将侵权设计申请了外观设计专利，后专利被国家知识产权局专利复审委员会宣告无效。玛莫特系列儿童椅和儿童凳，属于家具，具有实用性，同时具有较高的艺术性，属于受中国法律保护的实用艺术作品。被告生产、销售侵权作品及网络宣传行为侵犯了原告的著作权，给原告造成了极大的经济损失。请求判令：1. 被告立即停止一切侵犯原告玛莫特系列作品著作权的行为；2. 被告立即收回已投入市场的侵权产品、销毁侵权商品存货和生产模具、印模，销毁带有侵权商品的包装及宣传材料；3. 被告立即删除 www. ztpc. cc 网页中展示的侵权产品图片；4. 被告赔偿原告包括合理费用在内的经济损失人民币50万元；5. 被告就其侵权行为在《新民晚报》、《钱江晚报》上刊登声明，消除影响。

被告中天公司辩称：1. 原告英特宜家公司不具备本案诉讼主体资格；2. 玛莫特系列产品在设计上更多考虑家具实用功能方面的要求，不具有实用艺术品应当具有的独创性和艺术性等特征，不属于实用艺术作品，而是实用工业品，与国内外的其他椅子没有什么区别；3. 被告生产的产品是被告的设计人员独立创作完成的，不存在侵犯他人著作权的事实。此外，在涉案产品设计完成之前，与该产品外形基本一致的家具设计就曾在动画作品中出现。综上，原告的诉讼请求应当被驳回。

【争议焦点】

本案的争议焦点是：被告中天公司生产的涉案儿童凳、儿童椅产品是否侵犯原告英特宜家公司的著作权。

【裁判理由】

上海市第二中级人民法院一审认为：

《中华人民共和国著作权法》（以下简称著作权法）第二条第二款规定：“外国人、无国籍人的作品根据其作者所属国或者经常居住地国同中国签订的协议或者共同参加的国际条约享有的著作权，受本法保护。”我国是《伯尔尼保护文学艺术作品公约》（以下简称伯尔尼公约）、《与贸易有关的知识产权协议》的参加国，在伯尔尼公约中，实用艺术作品被归入“文学艺术作品”受到保护。国务院《实施国际著作权条约的规定》第六条规定：“对外国实用艺术作品的保护期，为自该作品完成起二十五年。美术作品（包括动画形象设计）用于工业制品的，不适用前款规定。”根据上述规定，外国实用艺术作品受我国法律保护。被告中天公司认为原告英特宜家公司不具备本案诉讼主体资格的主张没有法律依据，不予支持。

著作权法第三条规定：“本法所称的作品，包括以下列形式创作的文学、艺术和自然科学、社会科学、工程技术等作品：……（四）美术、建筑作品……”前述规定中，未将实用艺术作品单列为作品，在司法实践中，根据我国参加的国际公约和相关法律规定，对实用艺术作品的著作权保护，是从实用艺术作品的实用性和艺术性角度分别予以考虑，对于实用性部分不适用著作权保护，对于艺术性部分可以归入著作权法规定的“美术作品”予以依法保护。《中华人民共和国著作权法实施条例》第四条第八项规定：“美术作品，是指绘画、书法、雕塑等以线条、色彩或者其他方式构成的有审美意义的平面或者立体的造型艺术作品。”外国实用艺术作品的权利人申请著作权保护时，应当审查涉案实用艺术作品在审美意义上是否具有美术作品应当具备的艺术高度，从审美意义上分析作品的艺术高度，一般从作品思想、表达方式是否具备独创性等方面考察。本案中,涉案的玛莫特儿童椅由椅背、椅垫和椅腿三个部分组成,椅背是由一块梯形的实木和三根矩形木条组成,其中上部的梯形实木占据了整个椅背近二分之一的空间,椅垫是一般椅凳的基本结构,椅腿是由四根立椎体组成,呈上窄、下宽的形状。玛莫特儿童凳由凳面和凳腿两部分组成,凳面是上下均等的圆形实体,形状与一般的儿童凳无异,凳腿是四根纺锤状棒体。根据上述事实,玛莫特儿童椅和儿童凳从表达形式来讲,设计要点主要体现在造型线条上,简单、流畅的线条力图体现朴实而略带童趣的作品思想,但这样的设计思想并不能与其他普通儿童用品设计思想完全区别开来;从表达的独创性来讲,玛莫特儿童椅和儿童凳除了在细节方面立椎体以及纺锤状棒体的凳腿与普通的儿童椅和儿童凳有所区别外,整体外形上与绝大多数普通的儿童椅和儿童凳区别不大。总体而言,玛莫特儿童椅和儿童凳属于造型设计较为简单的儿童椅和儿童凳,不具备美术作品应当具备的艺术高度。因此,尽管被告中天公司生产的涉案儿童凳、儿童椅产品与原告英特宜家公司的玛莫特儿童椅和儿童凳从整体上看构成相似或者基本相同,也不构成对原告著作权的侵犯。

【裁判结果】

上海市第二中级人民法院于2009年8月22日判决:

驳回原告英特宜家公司的诉讼请求。

一审判决宣判后,双方当事人均未提出上诉,一审判决已经发生法律效力。

图书在版编目(CIP)数据

2015中华人民共和国知识产权法律法规全书：含司法解释／法律出版社法规中心编. —5版. —北京：法律出版社，2015.1
(法律法规全书系列)
ISBN 978-7-5118-6964-7

Ⅰ. ①2… Ⅱ. ①法… Ⅲ. ①知识产权法—汇编—中国 Ⅳ. ①D923.409

中国版本图书馆CIP数据核字(2014)第231580号

责任编辑／张 戢　　**装帧设计**／马 帅

出版／法律出版社　　**编辑统筹**／法规出版分社
总发行／中国法律图书有限公司　　**经销**／新华书店
印刷／北京北苑印刷有限责任公司　　**责任印制**／吕亚莉

开本／787毫米×960毫米 1/16　　**印张**／41.5　**字数**／1208千
版本／2015年1月第5版　　**印次**／2015年1月第1次印刷

法律出版社／北京市丰台区莲花池西里7号(100073)
电子邮件／info@lawpress.com.cn　　**销售热线**／010-63939792/9779
网址／www.lawpress.com.cn　　**咨询电话**／010-63939796

中国法律图书有限公司／北京市丰台区莲花池西里7号(100073)
全国各地中法图分、子公司电话：
第一法律书店／010-63939781/9782　**西安分公司**／029-85388843　**上海公司**／021-62071010/1636
北京分公司／010-62534456　**深圳公司**／0755-83072995　**重庆公司**／023-65382816/2908

书号：ISBN 978-7-5118-6964-7　　**定价**：78.00元

(如有缺页或倒装，中国法律图书有限公司负责退换)

对本丛书部分读者意见的统一回复

编者按:本套丛书出版以来,收到了大量的读者意见反馈表,网上书店也有大量评论。大部分读者对本丛书表示了肯定和好评,编者在此一并致以诚挚的谢意。读者的批评和差评也是我们改进的动力,编者在此对于一些典型的“差评”统一予以回复,希望能够解答读者的疑虑。

作为工具书是不错了，但是本身没有什么原创性，都是一些资料的集合卖这么贵就有点坑了，资料都是在网上可以下载的

不可否认法规工具书确实存在原创性不足、资料并非独家等问题。本书编辑出版的目的就在于为读者提供查询的便利，避免读者在几百万条的法规库中苦苦寻找自己需要的那几十个文件。因为即使有搜索引擎，是否能搜全、搜到的文本是否准确、有没有遗漏本领域关键条文，也是不少读者担心的问题，而这正是本书出版的价值所在。至于定价，不管是原创也好、汇编也罢，目前国内的图书出版仍然是按照成本定价法，即书越厚越贵，印量越小越贵，因此作为小印量的专业类图书，本书的定价标准可能比小说等大众类高印量图书略贵，但仍然是根据成本测算确定的合理价格，并非暴利。

内容很翔实，但是缺点亦显而易见：没有对重点法条进行详解

如您所见，本书已经很厚了，如果再增加对重点法条的详解，可能维持目前这个定价较为困难。本书的主要功能是在本领域提供便利和全面的查询，如需深入理解学习，建议您购买配套的主体法注释本或者释义，二者定价都不高，相信能满足您的需求。

书拿到了，缺少第17–32页，心情一下子很不好，懒得退了，正版书出这种问题实在无法原谅

图书在装订过程中的确有可能出现缺页的情况，虽然概率极低，但目前确实难以完全避免。如果读者正好购买到缺页的图书，请与本书责任编辑或责任印制联系免费退换。联系方式请见书末读者意见反馈表。

发现有些法规收录不全

本书收录的法规在出版前经过了编者的时效性核实，对于已经失效或废止的法规均未收录在内。如您发现有您需要的、本书编辑出版前已经公布的法律文件未被收录，请通过邮箱或书末所附电话告诉我们。如确系本领域重要文件，我们将在再版时予以添加。对于本书出版后一年内新公布的法律文件，我们将通过电子版的方式为您提供免费增补。

法规不是很全，有很多节选的

同上，请将您需要的法规告知我们。关于节选，本套丛书编纂的原则是尽可能的全文收录。但确实存在一些文件很长，但通篇又只有个别条文与本领域有关（如合同法律法规全书收录的《城市房地产管理法》，其中与房屋租赁合同相关的部分只占很小的比例），为了节省篇幅以尽可能调低定价，我们做了节选处理，请读者谅解。

同事也想买几套，就是到现在还缺货，不知道什么时候能买到

本书为受众群体较小的专业类图书，出于库存压力和成本考虑，每年均限量印刷，印刷的副本销售完后便不再重印，只能等待年底更新。如果网店断货时间较长，建议您去实体店看看有无剩余，或者等来年再购买新版。

2015 版《知识产权法律法规全书》
读者意见反馈表

<table>
<tr><td rowspan="4">读者基本情况</td><td>姓　　名</td><td></td><td>性　　别</td><td></td></tr>
<tr><td>年　　龄</td><td></td><td>职业/职务</td><td></td></tr>
<tr><td>购书时间</td><td></td><td>购书价格</td><td></td></tr>
<tr><td>购书地点</td><td colspan="3">□新华书店　□法律书店　□网上书店　□其他________</td></tr>
<tr><td rowspan="5">读者建议意见</td><td colspan="4">您认为本书的内容质量如何?　□很好　□较好　□一般　□差劲</td></tr>
<tr><td colspan="4">您认为本书的装帧设计如何?　□很好　□较好　□一般　□差劲</td></tr>
<tr><td colspan="4">您认为本书收录的法规还缺少哪些您需要的?(可附页)</td></tr>
<tr><td colspan="4">您认为本书在编校质量上还存在哪些错误?(可附页)</td></tr>
<tr><td colspan="4">您对本书的其他建议:(可附页)</td></tr>
<tr><td rowspan="2">法规增补服务</td><td>□免费增补电子版</td><td colspan="3">向以下电子邮件地址________________发送免费法规增补材料,增补本书出版后一年内更新的内容,需待本书出版时间一年后提供增补</td></tr>
<tr><td>□有偿增补纸质版</td><td colspan="3">每 1 年增补一次,全年 100 元
注:有偿增补内容为权威新法规资讯读物《司法业务文选》,内含当年所有新通过或修改的法律、司法解释,以及重要的行政法规、规章、规范性文件,年底统一邮寄。选择有偿增补的读者请从邮局汇款,注明订购增补服务,收款地址:北京市丰台区莲花池西里 7 号法律出版社,收款人:《司法业务文选》编辑部。
有偿增补服务联系人:陶玉霞　电话:010 - 63939633</td></tr>
</table>

请沿虚线剪下上半页寄回(或拍照/扫描后传至电子邮箱)

地址:北京市丰台区莲花池西里 7 号法律出版社法规中心　邮编:100073
2015 版《知识产权法律法规全书》编辑电话:(010)63939825
联系人:张　戢　电子邮箱:faguizhongxin@163.com